Schneider/Becker
Wohnungseigentumsrecht für Anfänger

Wohnungseigentumsrecht
für Anfänger

von

Prof. Wolfgang Schneider
Professor an der Hochschule für Wirtschaft und Recht Berlin a.D.

und

Prof. Dr. Matthias Becker
Professor an der Fachhochschule für Rechtspflege Nordrhein-Westfalen
Bad Münstereifel

2., vollständig überarbeitete Auflage

2026

C.H.BECK

Zitiervorschlag: Schneider/Becker WohnungseigentumsR § ... Rn. ...

beck.de

ISBN PRINT 978 3 406 75696 2

Wilhelmstraße 9, 80801 München
info@beck.de
Druck und Bindung: Beltz Grafische Betriebe GmbH
Am Fliegerhorst 8, 99947 Bad Langensalza

Satz: Medienservice Frauchiger e.K.
Zweikirchener Str. 7, 84036 Kumhausen
Umschlag: Martina Busch, Grafikdesign
Homburg Saar

chbeck.de/nachhaltig
produktsicherheit.beck.de

Gedruckt auf säurefreiem, alterungsbeständigem Papier
(hergestellt aus chlorfrei gebleichtem Zellstoff)

Zur 2. Auflage

Seit dem Erscheinen der ersten Auflage sind nunmehr fast neun Jahre vergangen. In der Zwischenzeit hat der Gesetzgeber uns u.a. im Jahre 2020 das Wohnungseigentumsmodernisierungsgesetz (WEMoG) beschert. Diese Novelle hat zahlreiche und grundlegende Änderungen zur Folge gehabt, die eine umfassende Neubearbeitung des Lernbuchs erforderlich gemacht haben. Mit der Neuauflage hat zugleich Matthias Becker als langjähriger Freund und Mitautor Teile der Bearbeitung übernommen.

Wir bedanken uns bei unserem Lektor Dr. Christian Rosner, der diese neue Auflage immer wieder angeschoben hat.

Für Anregungen und Hinweise sind wir stets dankbar.

Bad Münstereifel/Dinslaken, im Mai 2026

Matthias Becker
Wolfgang Schneider

Inhaltsübersicht

Inhaltsverzeichnis

Anstelle eines Vorwortes

Einerseits ...

... verbinden Generationen von Studenten unterschiedlicher (Fach-) Hochschulen mit der Rechtsmaterie „Wohnungseigentumsrecht" ein gewisses Unbehagen. Vorlesungen, Übungen und häusliche Studien haben sich unter dem allseits herrschenden Zeitdruck stets an einem Fundus zig hundertfacher Gerichtsentscheidungen und zahlreicher sich mit schöner Regelmäßigkeit widersprechender Literaturmeinungen abzuarbeiten.[1]

Das im Wohnungseigentumsrecht typische Gemengelage notwendiger sachenrechtlicher Strukturen mit gemeinschaftsrechtlichen Ausprägungen ist dem nach klaren Strukturen suchenden Juristen suspekt. Schrifttum lässt sich für den Anfänger nur mühsam finden. Der „rote Faden" bleibt leider viel zu oft verborgen. In Klausuren zeigt sich dementsprechend bisweilen eine gewisse Orientierungslosigkeit angesichts der Vielschichtigkeit des Rechtsinstituts. Für Einige bleibt das Wohnungseigentumsrecht deshalb ein fortdauerndes Mysterium, dessen Anforderungen man sich am Liebsten entziehen möchte.

Selbst der Bundesgerichtshof zollte dieser besonderen Eigentumsform den gebührenden Respekt, als er bereits im Jahre 1980 von „so komplizierten Gebilden wie Wohnungseigentümergemeinschaften" sprach.[2] Diese „Gebilde" sind seither sicherlich nicht einfacher geworden.

Andererseits ...

... wird die Anzahl der in Deutschland vorhandenen Eigentumswohnungen entgegen allen früheren Annahmen[3] mit dem Stichtag 9.5.2011 auf rd. 9,3 Mio[4] ermittelt. „Die Anzahl der Eigentumswohnungen (macht) heute einen Anteil von knapp 25 % (!) an den gesamten 25,9 Mio Haus- und Grundbesitzeigentümern (...) in privater Hand aus. Anders berechnet: Etwa 16 % aller Wohnungen in Deutschland sind danach Eigentumswohnungen."[5] Und der Trend zeigt weiter deutlich nach oben.[6]

---

[1] In kaum einem Rechtsgebiet ist die berühmte „aA" so verbreitet wie im WEG.

[2] BGHZ 78, 166 = NJW 1981, 282.

[3] Kott/Behrens Haus- und Grundbesitz und Immobilienvermögen privater Haushalte in Statistisches Bundesamt (Hrsg.), Wirtschaft und Statistik Heft 10/2009, S. 999, 1003 ff. gingen noch von ca. 6,4 Mio Eigentumswohnungen aus.

[4] www.destatis.de/DE/PresseService/Presse/Pressekonferenzen/2013/Zensus2011/gwz_zensus2011.pdf?__blob=publicationFile S. 6 (Stand: Mai 2013).

[5] Heinrich ZMR 2012, 421 (422).

[6] Gutachterausschuss für Grundstückswerte in Berlin (Hrsg.) Bericht über den Berliner Grundstücksmarkt 2013/14, S. 81: „2013 (2012) wurden in Berlin rd. 28 % mehr Eigentumswohnungen neu begründet als im Vorjahr. Die Anzahl stieg auf 13.840 (10.812) Neubegründungen. Hiervon entfallen 4.662 (3.548) Wohnungen auf neu erstellte bzw. zu erstellende Objekte; dies entspricht einem Anstieg um rund 31 %. Demgegenüber ist die Zahl der umgewandelten Wohnungen mit rd. 26 % auf 9.178 (7.264) deutlich gestiegen." Ders. 2014/15, S. 81: „2014 (2013) wurden in Berlin rd. 10 % mehr Eigentumswohnungen neu begründet als im Vorjahr. Die Anzahl stieg auf 15.174 (13.840) Neubegründungen. Hiervon entfallen 3.878 (4.662) Wohnungen auf neu erstellte bzw. zu erstellende

In Ballungsgebieten dominiert diese Rechtsform – gemessen an der Zahl der Vertragsabschlüsse – inzwischen den Immobilienverkehr.[7] Damit einher gehen außer den eigentlichen, vorgelagerten Begründungsvorgängen jeweils zahlreiche Folgegeschäfte wie zB die grundbuchgesicherten Immobilienfinanzierungen. Auch die Preise für Eigentumswohnungen in Ballungsgebieten explodieren mittlerweile. So nennt beispielsweise das Frühjahrsgutachten 2016 des „Rates der Wirtschaftsweisen" gegenüber dem Vorjahr noch einmal nahezu verdoppelte Preissteigerungsraten bei den Verkaufspreisen von 18,8 % für Stuttgart, 14,4 % für Berlin, 12,9 % für München und 12,5 % für Köln.[8]

Darum ...

... wird jeden heutzutage (nicht nur) mit Immobilienrecht befassten Juristen diese Materie über kurz oder lang einholen – man kann ihr kaum noch ausweichen. Eine möglichst frühzeitige Befassung mit dem Thema ist deshalb ratsam, zumal zahlreiche Berührungspunkte mit anderen, auf den ersten Blick unverdächtigen Rechtsgebieten bestehen. Man denke zB nur an den (schenk[9]- oder vermächtnisweisen[10]) Erwerb einer Eigentumswohnung oder eines Anteils hieran[11] durch einen Minderjährigen, die baurechtliche Ordnungsverfügung gegen den Verwalter einer Wohnungseigentumsanlage als Störer wegen unterlassener Brandschutzmaßnahmen[12], die Behandlung von wohnungseigentumsrechtlichen Hausgeldansprüchen in der Gesamt[13]- und Einzelzwangsvollstreckung[14], die Gel-

---

Objekte; dies entspricht einem Rückgang von rund 17 %. Demgegenüber ist die Zahl der umgewandelten Wohnungen mit rd. 23 % auf 11.296 (9.178) erneut deutlich gestiegen." Ders. 2015/16, S. 88: „2015 (2014) wurden in Berlin rd. 61 % mehr Eigentumswohnungen neu begründet als im Vorjahr. Die Anzahl stieg auf 24.452 (15.174) Neubegründungen. Hiervon entfallen 7.121 (3.878) Wohnungen auf neu erstellte bzw. noch zu erstellende Objekte; dies entspricht einem Anstieg von rund 84 %. Die Zahl der umgewandelten Wohnungen ist mit rd. 53 % auf 17.331 (11.296) ebenfalls deutlich gestiegen.".

[7] So beziehen sich zB in der Bundeshauptstadt Berlin – ohne Paketverkäufe – 76,4 % aller im Jahr 2013 bzw. 77,2 % (aller im Jahr 2014) und 80,3 % (im Jahr 2015) erfassten Kauffälle von Immobilien auf Wohnungs- und Teileigentumsrechte (Quelle: Gutachterausschuss für Grundstückswerte in Berlin, Bericht über den Berliner Grundstücksmarkt 2013/2014, S. 68 bzw. 2014/2015 S. 68 und 2015/16 S. 75; https://www.berlin.de/gutachterausschuss/marktinformationen/marktanalyse/artikel.175633.php). Für die Landeshauptstadt Düsseldorf zeigen sich in NRW ähnliche Zahlen: dort beziehen sich über 71 % aller im Jahr 2014 bzw. knapp 70 % aller im Jahr 2015 erfassten Kauffälle von Immobilien auf Wohnungs- und Teileigentumsrechte (Quelle: Gutachterausschuss für Grundstückswerte in der Landeshauptstadt Düsseldorf, Grundstücksmarktbericht der Landeshauptstadt Düsseldorf, Stichtag 1.1.2015, S. 4; https://www.duesseldorf.de/gutachterausschuss/pdf/bericht012015.pdf bzw. Stichtag 1.1.2016, S. 4; https://www.boris.nrw.de/borisfachdaten/gmb/2016/GMB_107_2016_pflichtig.pdf).

[8] Zit. nach Tagesspiegel v. 17.2.2016, S. 14 bzw. http://www.tagesspiegel.de/wirtschaft/.fruehjahrsgutachten-der-immobilienweisen-wohnungspreise-in-deutschland-viel-zu-hoch/.12970572.html.

[9] BGHZ 187, 119 = FamRZ 2010, 2065 = NJW 2010, 3643 = Rpfleger 2011, 203 = ZWE 2011, 32.

[10] OLG München DNotZ 2013, 205 = FamRZ 2013, 494.

[11] OLG Köln Rpfleger 2015, 541 = ZWE 2015, 318.

[12] OVG Münster ZMR 2011, 425 = ZWE 2011, 166.

[13] BGH NJW 2011, 3098 = Rpfleger 2011, 686 = ZfIR 2011, 825.

[14] BGHZ 198, 216 = NJW 2013, 3515 = Rpfleger 2014, 31 = ZfIR 2013, 806 = ZMR 2014, 80 = ZWE 2013, 466.

tendmachung von steuerlichen Sonderabschreibungen im Rahmen von Modernisierungsmaßnahmen[15] u.v.m.

Ein besonderes Näheverhältnis besteht dabei zum Mietrecht und zum allgemeinen Liegenschaftsrecht. Die Nähe zum Mietrecht kommt nicht nur in ausdrücklichen gesetzlichen Verweisungen zum Ausdruck (vgl. § 16 Abs. 3, § 22 Abs. 2 WEG), sondern explizit auch in der Schaffung einer eigenen Fachanwaltschaft für Miet- und Wohnungseigentumsrecht.[16] Die Nähe zum Liegenschaftsrecht ist mittlerweile völlig zu Recht (intensiver) Bestandteil des materielle und formelle Rechtsfragen umfassenden Studiums an den öffentlichen (Fach-) Hochschulen für Rechtspflege geworden.[17]

Zur besseren Orientierung …

… im wohnungseigentumsrechtlichen Dickicht soll deshalb dieses Büchlein die unterschiedlichen rechtlichen Grundlagen des Wohnungseigentums und deren Verknüpfungen anschaulich vermitteln und Verständnis für die vielschichtige Materie wecken. Dafür werden thematische Schwerpunkte gebildet, die keineswegs sämtliche Problemstellungen behandeln oder gar lösen wollen. In den ausgewählten Kapiteln soll das vergleichsweise schwierige Rechtsgebiet aber keineswegs „weichgespült“ werden; Sie werden deshalb an der einen oder anderen Stelle sicherlich auch zweimal lesen müssen. Wenn es im Laufe der Lektüre jedoch gelingen sollte, ein wenig Neugierde beim geneigten Leser zu wecken und möglicherweise sogar zur weiteren Befassung mit dem Wohnungseigentumsrecht und seinen juristischen Verästelungen zu animieren, dann wäre mein Ziel bei Weitem erreicht.

Hilfreich bei der Durchdringung des komplexen Lernstoffes ist sicherlich eine profunde Grundkenntnis des materiellen und formellen Liegenschaftsrechts. Dafür kann das von *Wilsch* in der vorliegenden Reihe des Beck-Verlages herausgegebene Buch *„Die Grundbuchordnung für Anfänger, 2. Aufl. 2017“* wertvolle Einstiegshilfen geben.

Ich wünsche allen Studierenden bei der Lektüre zahlreiche und nachhaltige „Aha-Erlebnisse“. Für Anregungen und Kritik bin ich stets empfänglich und dankbar.

Mein besonderer Dank gilt zuvorderst meiner ausgesprochen leidensfähigen Ehefrau sowie meinem immer wieder ermunternden und unterstützenden Lektor Dr. Rosner für ihre jeweils unendlich scheinende Geduld und Nachsicht mit mir (insbesondere, wenn ich die zeitlichen Vorgaben ein wenig überstrapaziert haben sollte).

Berlin, im Juni 2017 *Wolfgang Schneider*

---

[15] BFH/NV 2011, 1860 = HFR 2011, 1309.

[16] Vgl. insbesondere § 14c Nr. 3, 5 u. 6 FAO idF v. 1.11.2015, abrufbar unter http://www.brak.de/w/files/02_fuer_anwaelte/berufsrecht/fao_stand_01_11_2015.pdf.

[17] Vgl. exemplarisch die Studienpläne für den Studiengang Rechtspflege an der Hochschule für Wirtschaft und Recht Berlin v. 16.10.2013, S. 13, abrufbar unter http://www.berlin.de/imperia/md/content/senatsverwaltungen/justiz/kammergericht/ausbildung/.studienplan_theorie_rechtspfleger.pdf?start&ts=1348473808&file=studienplan_theorie_.rechtspfleger.pdf sowie die Studienordnung der Fachhochschule für Rechtspflege Nordrhein-Westfalen – Fassung v. 1.8.2011 – S. 68, abrufbar unter http://www.fhr.nrw.de/.aufgaben/lehre/rechtspflege/studien-und-ausbildungsplaene/StudienordnungundPlaene.pdf.

Literatur

Wie sehen es andere …

… oder wo man sonst vielleicht auch mal zur Vertiefung reinschauen könnte: (Weil Sie als Neuling in der Materie nicht ohne Weiteres sicher feststellen können, ob eine Entscheidung oder Aussage evtl. durch die umfassende WEG-Novelle 2020 überholt sein könnte, raten wir grundsätzlich davon ab, Literatur aus der Zeit vor dem Jahr 2020 zu verwenden! Sie wird aus diesem Grunde nachfolgend auch nicht aufgenommen.)

Kommentare (Paragraphenbezogene Darstellungen):

Abramenko/Riecke/Schneider (ARS), WEG, 6. Aufl. 2025
Bärmann, WEG, 16. Aufl. 2025
Bärmann/Pick, WEG, 21. Aufl. 2025
Elzer, Stichwort-Kommentar Wohnungseigentumsrecht, 2. Aufl. 2024
Jennißen, WEG, 8. Aufl. 2023
Hogenschurz, WEG, 3. Aufl. 2021
Hügel/Elzer, Wohnungseigentumsgesetz, 4. Aufl. 2025
Niedenführ, WEG, 14. Aufl. 2025

Handbücher (Themenbezogene Darstellungen):

Beck'sches Notarhandbuch, 8. Aufl. 2024
Drasdo/Elzer, Münchener Handbuch des Wohnungseigentumsrechts, 8. Aufl. 2023
Fuhrländer/Füllbeck, Praxishandbuch WEG-Verwaltung, 2022
Greiner, Wohnungseigentumsrecht, 5. Aufl. 2022
Harz/Riecke, Handbuch Miet- und Wohnungseigentumsrecht, 8. Aufl. 2025
Hügel, Wohnungseigentum, 5. Aufl. 2021
Köhler, Anwalts-Handbuch Wohnungseigentumsrecht, 5. Aufl. 2023
H. Müller/Fichtner, Praktische Fragen des Wohnungseigentums, 7. Aufl. 2022

Kurzkommentierungen (finden sich im Rahmen von Sachenrechtskommentierungen) in:

Erman BGB, 17. Aufl. 2023
Grüneberg (vormals Palandt), Bürgerliches Gesetzbuch, 85. Aufl. 2026
Münchner Kommentar zum BGB, Anhang nach § 854–§ 902 BGB, Bd. 8, 10. Aufl. 2026
Prütting/Wegen/Weinreich (PWW) BGB, 20. Aufl. 2025
NK-BGB, Bd. 3, 5. Aufl. 2022
Bamberger/Roth/Hau/Poseck BGB Bd. 3, 5. Aufl. 2023

Weitere Kommentierungen (mit besonders grundbuchrechtlicher Akzentuierung):

Bauer/Schaub, GBO, 5. Aufl. 2023 (AT E)
Demharter, GBO, 33. Aufl. 2023; Anhang zu § 3 GBO
Hügel, GBO, 5. Aufl. 2024
KEHE, Grundbuchrecht, 9. Aufl. 2023

Meikel, GBO, 12. Aufl. 2020, Einl Teil B
Lemke, GBO, 3. Aufl. 2022
Schöner/Stöber, Grundbuchrecht, 16. Aufl. 2020, Rn. 2800 ff.

Weitere Kommentierungen (mit besonders zwangsvolltreckungsrechtlicher Akzentuierung):

Böttcher, ZVG, 7. Aufl. 2022
Dassler/Schiffhauer/Hintzen/Engels/Rellermeyer (Dassler u.a.), ZVG, 16. Aufl. 2020
Depré, ZVG, 3. Aufl. 2024
Schneider, ZVG, 1. Aufl. 2020
Stöber, ZVG, 24. Aufl. 2026

Ausgewählte Monographien (gegenstandsbezogene Abhandlungen):

Drasdo, Die Eigentümerversammlung nach WEG, 5. Aufl. 2014
Häublein, Sondernutzungsrechte und ihre Begründung im Wohnungseigentumsrecht, 2003
Hogenschurz, Das Sondernutzungsrecht nach dem Wohnungseigentumsgesetz, 2008
M. Müller, Änderungen des sachenrechtlichen Grundverhältnisses der Wohnungseigentümer – insbesondere durch den bevollmächtigten Bauträger, 2010
Ott, Das Sondernutzungsrecht im Wohnungseigentum, 2000

Formularbücher:

Beck'sches Formularbuch Wohnungseigentumsrecht (Hrsg. *H. Müller*), 5. Aufl. 2022
Elzer/Fritsch/Meier, Wohnungseigentumsrecht, 4. Aufl. 2023
Kölner Formularbuch Wohnungseigentumsrecht (Hrsg. J. Weber), 3. Aufl. 2026

Online-Optionen:

Insbesondere die o.g. Werke von Hogenschurz (Hrsg.) als BeckOK und das Münchener Handbuch Wohnungseigentumsrecht sind beim Beck-Verlag online gestellt. Dies gilt insbesondere auch für den BeckOGK.
WoltersKluwer Deutschland bietet über Jurion online-Optionen insbesondere für die Werke von Abramenko/Riecke/Schneider (ARS) und Meikel.
Der Zugang über juris ermöglicht einen online-Zugriff insbesondere auf die Werke von Jennißen und den juris-PK WEGmit einer eigenen Kommentierung zum WEG.

Spezialliteratur zur WEG-Novelle 2020:

Abramenko, Das neue Wohnungseigentumsrecht, 2020
Blankenstein, WEG-Reform 2020, 2020
Dötsch/Schultzky/Zschieschack (D/S/Z), WEG-Recht 2021, 2021
Lehmann-Richter/Wobst, Wohnungseigentumsrecht, 1. Aufl. 2020
Skauradszun/Elzer/Hinz/Riecke (SEHR), Die WEG-Reform 2020, 2021

Abkürzungsverzeichnis

aA	anderer Ansicht
aaO	am angegebenen Ort
Abs.	Absatz
Abschn.	Abschnitt
Abt.	Abteilung
aE	am Ende
abw.	abweichend
aF	alte Fassung
AfA	Absetzung für Abnutzung
AG	Amtsgericht
AHB	Anwaltshandbuch
AktG	Aktiengesetz
Anh.	Anhang
Anm.	Anmerkung
Art.	Artikel
Aufl.	Auflage
AVV	Allgemeine Verwaltungsvorschrift über die Ausstellung von Bescheinigungen gem. § 7 Abs. 4 Nr. 2 und § 32 Abs. 2 Nr. 2 des Wohnungseigentumsgesetzes vom 19.03.1974
AVA	Allgemeine Verwaltungsvorschrift für die Ausstellung von Bescheinigungen nach dem Wohnungseigentumsgesetz vom 06.07.2021
Az.	Aktenzeichen
BauGB	Baugesetzbuch
BayObLG	Bayerisches Oberstes Landesgericht
BayObLGZ	Entscheidungen des Bayerischen Obersten Landesgerichts in Zivilsachen
Bd.	Band
BdF	Bundesminister der Finanzen
BDSG	Bundesdatenschutzgesetz
Begr.	Begründung
II. BVO	Zweite Berechnungsverordnung
BeurkG	Beurkundungsgesetz
BFH	Bundesfinanzhof
BFHE	Sammlung der Entscheidungen des Bundesfinanzhofs
BewG	Bewertungsgesetz
BGB	Bürgerliches Gesetzbuch
BGBl.	Bundesgesetzblatt
BGH	Bundesgerichtshof
BGHZ	Entscheidungen des Bundesgerichtshofs in Zivilsachen (zit. nach Bänden)
BNotO	Bundesnotarordnung
BRAO	Bundesrechtsanwaltsordnung
BR-Drucks.	Bundesratsdrucksache
BT-Drucks.	Bundestagsdrucksache
BVerwGE	Entscheidungen des Bundesverwaltungsgerichts
BWNotZ	Zeitschrift für das Notariat in Baden-Württemberg
bzgl.	bezüglich
bzw.	beziehungsweise

ca.	circa
CuR	Contracting und Recht
DaBaGG	Gesetz zur Einführung eines Datenbankgrundbuchs
dh	das heißt
DNotI	Deutsches Notarinstitut
DNotZ	Deutsche Notarzeitschrift
DVO	Durchführungsverordnung
EnEV	Verordnung über energiesparenden Wärmeschutz und energiesparende Anlagetechnik bei Gebäuden (Energieeinsparverordnung)
ErbbauRG	Erbbaurechtsgesetz
ERVGBG	Gesetz zur Einführung des elektronischen Rechtsverkehrs und der elektronischen Akte im Grundbuchverfahren sowie zur Änderung weiterer grundbuch-, register- und kostenrechtlicher Vorschriften
EStG	Einkommensteuergesetz
etc.	et cetera (und so weiter)
ETV	Eigentümerversammlung
evtl.	eventuell
f., ff.	folgende
FA	Finanzamt
FAO	Fachanwaltsordnung
FG	Finanzgericht
fG	freiwillige Gerichtsbarkeit
FGPrax	Praxis der Freiwilligen Gerichtsbarkeit – vormals OLGZ
Fn	Fußnote
FS	Festschrift
GBA	Grundbuchamt
GBO	Grundbuchordnung
GE	Gemeinschaftseigentum
Geb.	Gebühren
GewO	Gewerbeordnung
ggf.	gegebenenfalls
GKG	Gerichtskostengesetz
GmbH	Gesellschaft mit beschränkter Haftung
GmbHG	GmbH-Gesetz
Gms-OGB	Gemeinsamer Senat der obersten Gerichtshöfe des Bundes
GNotKG	Gesetz über Kosten der freiwilligen Gerichtsbarkeit für Gerichte und Notare
GO	Gemeinschaftsordnung
GrEStG	Grunderwerbsteuergesetz
GrStG	Grundsteuergesetz
HGB	Handelsgesetzbuch
hM	herrschende Meinung
HOAI	Honorarordnung für Architekten und Ingenieure
Hrsg.	Herausgeber
idF	in der Fassung
idR	in der Regel
iE	im Einzelnen
ieS	im engeren Sinne

InsO	Insolvenzordnung
iSd	im Sinne der (des)
iÜ	im Übrigen
iVm	in Verbindung mit
JuS	Juristische Schulung
KG	Kammergericht Berlin
KKZ	Kommunal-Kassen-Zeitschrift
Komm.	Kommentar
KV	Kostenverzeichnis
LG	Landgericht
Ls	Leitsatz
MaBV	Makler- und Bauträgerverordnung
MDR	Monatsschrift für Deutsches Recht
m. E.	meines Erachtens
MEA	Miteigentumsanteil
MietRB	Mietrechtsberater
MittBayNot	Mitteilungen des Bayerischen Notarvereins, der Notarkasse und der Landesnotarkammer Bayern
MittRhNotK	Mitteilunge der Rheinischen Notarkammer – später RNotZ
MWSt	Mehrwertsteuer
nF	neue Fassung
NJW	Neue Juristische Wochenschrift
NJW-RR	NJW Rechtsprechungs-Report
N/K/V	Niedenführ/Kümmel/Vandenhouten
NotBZ	Zeitschrift für die notarielle Beratungs- und Beurkundungspraxis
Nr.	Nummer
NZG	Neue Zeitschrift für Gesellschaftsrecht
NZM	Neue Zeitschrift für Miet- und Wohnungsrecht
OFD	Oberfinanzdirektion
OLG	Oberlandesgericht
OLGZ	Entscheidungen der Oberlandesgerichte in Zivilsachen einschließlich der freiwilligen Gerichtsbarkeit – später FGPrax
p. a.	pro Jahr
PiG	Partner im Gespräch, Schriftenreihe des Evangelischen Bundesverbandes für Immobilienwesen e.V.
Rn.	Randnummer
RG	Reichsgericht
RNotZ	Rheinische Notarzeitschrift – vormals MittRhNotK
Rpfleger	Der Deutsche Rechtspfleger
Rspr.	Rechtsprechung
RVG	Gesetz über die Vergütung der Rechtsanwältinnen und Rechtsanwälte
S.	Seite
sa	siehe auch
SE	Sondereigentum

so	siehe oben
str.	strittig
StBerG	Steuerberatungsgesetz
StGB	Strafgesetzbuch
TOP	Tagesordnungspunkt
Tz.	Textziffer
ua	unter anderem
uU	unter Umständen
usw	und so weiter
UStG	Umsatzsteuergesetz
vgl.	vergleiche
Vfg.	Verfügung
v. H.	vom Hundert
VO	Verordnung
VOB	Vergabe- und Vertragsordnung für Bauleistungen
Vorbem.	Vorbemerkung
WEG	Wohnungseigentumsgesetz
WoBauG	Wohnungsbaugesetz
WoBindG	Wohnungsbindungsgesetz
WoflV	Wohnflächenverordnung
WoVermG	Wohnungsvermittlungsgesetz
WuM	Wohnungswirtschaft und Mietrecht
zB	zum Beispiel
ZfIR	Zeitschrift für Immobilienrecht
ZIP	Zeitschrift für Wirtschaftsrecht
ZMR	Zeitschrift für Miet- und Raumrecht
ZNotP	Zeitschrift für die Notarpraxis
ZPO	Zivilprozeßordnung
zT	zum Teil
ZVG	Zwangsversteigerungsgesetz
ZWE	Zeitschrift für Wohnungseigentumsrecht
zZt	zur Zeit

§ 1. Warum überhaupt Wohnungseigentum?

Ausgewählte Literatur zur Ergänzung und Vertiefung:
Bärmann, Zur Theorie des Wohnungseigentums, NJW 1989, 1057; *Coester-Waltjen,* Gesamthandsgemeinschaften, Jura 1990, 469; *Coester-Waltjen,* Miteigentum nach Bruchteilen, Jura 1990, 330; *Döbler,* Vereinbarungen nach § 1010 Abs. 1 BGB in der notariellen Praxis, MittRhNotK 1983, 181; *Hilbrandt,* Der Bruchteil bei der Bruchteilsgemeinschaft, AcP 202 (2002), 631; *Merle,* Das Wohnungseigentum im System des bürgerlichen Rechts (1979); *F. Müller* Verwaltungs- und Benutzungsregelung nach § 1010 BGB, Rpfleger 2002, 554; *Stresemann,* Der Armenhäusler der Rechtsgeschichte, FS Tolksdorf (2014), S. 129; *Thümmel,* Stockwerkseigentum in Baden nach französischem Recht und die Einwirkung des württembergischen Rechts, BWNotZ 1984, 5; *Thümmel,* Abschied vom Stockwerkseigentum (?), JZ 1980, 125; *Weitnauer,* Miteigentum – Gesamthand – Wohnungseigentum, FS Seuß (1987), 295; *Zipperer,* Probleme der Überleitung von Stockwerkseigentum in Wohnungseigentum nach den BGBAG BW §§ 37 ff. mit besonderer Berücksichtigung der Badischen Verhältnisse, BWNotZ 1985, 49.

I. Ein (wirklich nur ganz) kurzer historischer Ausflug

1. Notwendigkeit

Ein Blick in die Geschichte ist unerlässlich, um das aktuell geltende Wohnungseigentumsrecht richtig verstehen und einordnen zu können. Er wird uns gleichsam zu den Wurzeln des Immobiliarsachenrechts führen, ohne deren Kenntnis das Entstehen des Wohnungseigentumsrechts und seine rechtliche Qualifizierung nicht gedacht werden können. Ich verspreche, es kurz zu machen und die Ausführungen auf das Notwendige zu beschränken. 1

2. Der Rechtsgrundsatz des römischen Rechts

Zumindest das frühe römische Recht war bereits von der Vorstellung der Einheit der Eigentumsverhältnisse am Grundstück und dem darauf befindlichen Gebäude geprägt. Das nach seiner Rezeption durch das BGB[1] noch heute allenthalben zu findende sachenrechtliche Credo spiegelt sich in folgendem lateinischen (Merk-)Satz: 2

„*Superficies solo cedit*".[2]

---

[1] Vgl. die „Motive zu dem Entwurfe eines Bürgerlichen Gesetzbuches für das Deutsche Reich", Bd. III Sachenrecht 1888, S. 42 ff.

[2] Für die Nichtlateiner: „Das Bauwerk geht mit dem Boden". Der Satz beschreibt das römisch-rechtliche Verständnis, wonach Gebäude das rechtliche Schicksal des Grundstücks teilen.

Danach können nicht nur ganze Gebäude, sondern auch reale Gebäudeteile als wesentliche Bestandteile (wie zB Keller, Stallungen, Zimmer, Theaterlogen usw.[3]) nicht im Eigentum eines anderen als des Grundstückseigentümers stehen; kurzum: sie sind sonderrechtsunfähig.

3. Das Stockwerkseigentum nach deutschem Recht

3 Demgegenüber hatte sich im deutschen wie auch im angelsächsischen und romanischen Rechtsraum[4] bereits frühzeitig die **Möglichkeit eines Eigentums an realen Teilen eines Gebäudes** herausgebildet.[5] Dieses sog „Stockwerkseigentum" (mitunter auch als „Geschoßeigentum" oder „Gelaßeigentum" bezeichnet) war regional unterschiedlich verbreitet[6] und neben Erbteilungen wohl auch der Enge der mittelalterlichen Städte geschuldet.[7] Seine Ausgestaltung konnte sogar so weit gehen, dass Räume von dem einen Haus in das unmittelbar angrenzende Nachbarhaus übergriffen (in Süddeutschland das sog „Herbergsrecht").[8]

4 Aufgrund der fehlenden rechtlichen und tatsächlichen Abgrenzung der unterschiedlichen Eigentumssphären und der dadurch bedingten unsicheren Rechtsverhältnisse einerseits sowie der bestehenden „indivision forcée"[9] andererseits entwickelten sich die solchermaßen entstandenen Gemeinschaften zu einer Quelle fortwährender Streitigkeiten.[10] Sprichwörtlich sind heute noch die baden-württembergischen **„Streit- und Händelhäuser"**.

4. Der Akzessionsgrundsatz des BGB

5 Das am 1.1.1900 in Kraft getretene BGB begriff unter dem seinerzeitigen Einfluss der Pandektistik[11] in römisch-rechtlicher Tradition das Stockwerkseigentum

---

[3] Wolff/Raiser Sachenrecht 10. Aufl. 1957, § 89 I.

[4] Als „Keimzelle" vieler Rechtsordnungen setzte insbes. Art. 664 Code civil die Zulässigkeit von abgeschichtetem Eigentum voraus.

[5] S. dazu die ausführlichen Darstellungen und Rechtsvergleichungen bei Bärmann Einl. WEG, 1. Aufl. 1958.

[6] Die „Motive zu dem Entwurfe eines Bürgerlichen Gesetzbuches für das Deutsche Reich", Bd. III Sachenrecht 1888, S. 44 f. nennen als Verbreitungsgebiete für das vorherrschende Stockwerkseigentum Baden, Bayern, Württemberg, Meiningen (Thüringen), Schleswig und Frankfurt a.M. Demgegenüber habe das Stockwerkseigentum im Bereich des preußischen ALR „nach der neueren Praxis keinen Boden".

[7] Weitnauer/Wirths WEG, 1. Aufl. 1951, Vorbemerkungen zum 1. Teil Rn. 2; ähnlich Wolff/Raiser Sachenrecht 10. Aufl. 1957, § 89 I.

[8] Vgl. Weitnauer/Wirths WEG, 1. Aufl. 1951, Vorbemerkungen zum 1. Teil Rn. 2.

[9] Dh einer unkündbaren „Zwangsgemeinschaft" im Gegensatz zu einem Mietverhältnis.

[10] Motive zu dem Entwurfe eines Bürgerlichen Gesetzbuches für das Deutsche Reich, Bd. III Sachenrecht 1888, S. 45.

[11] Die heutige Einteilung des Privatrechts (Allgemeiner Teil; Schuldrecht; Sachenrecht; Familienrecht; Erbrecht) geht in lediglich veränderter Reihenfolge auf das Pandektensystem zurück. Herausragende Vertreter waren u.a. G.A. Heise („Grundriß eines Systems des allgemeinen Civilrechts zum Behuf von Pandekten-Vorlesungen"); B. Windscheid (Mitglied der I. BGB-Kommission v. 1874–1883; „Lehrbuch des Pandektenrechts") , und H. Dernburg („Pandekten"; „Das preußische Hypothekenrecht").

deshalb als „Regelwidrigkeit".[12] Stattdessen wurde insbesondere mit den §§ 93, 94 BGB der **Akzessionsgrundsatz** normiert. Auch die Verbindung einer vormals beweglichen Sache mit einem Grundstück zu dessen wesentlichem Bestandteil führt nach § 946 BGB zur Erstreckung des Grundstückseigentums auf diese Sache. Eine reale (insbesondere horizontale) Teilung des Eigentums an demselben Grundstück mit seinen wesentlichen Bestandteilen war damit ausgeschlossen.

Der vorrangige **Zweck** dieser Regelung besteht darin, die durch die Verbindung 6
geschaffenen wirtschaftlichen Werte möglichst zu erhalten[13], was durch eine die Trennung begünstigende Zulassung von Sonderrechten gefährdet sein würde. Für Gebäude dient diese Regelung auch der Sicherheit im Rechtsverkehr. Im Grundstücksverkehr ist die Schaffung klarer und sicherer Rechtsverhältnisse nämlich von besonderer Bedeutung.[14]

Bitte lesen Sie jetzt die §§ 93, 94 und § 946 BGB!

5. Das Schicksal des Stockwerkseigentums in Deutschland

Echtes Stockwerkseigentum kann seit dem Inkrafttreten des BGB in Deutsch- 7
land nicht mehr neu begründet werden (Art. 189 Abs. 1 S. 3 EGBGB). Das zur Zeit des Inkrafttretens des BGB bestehende Stockwerkseigentum blieb allerdings bestehen (Art. 182 S. 1 EGBGB). Es ist auch heute noch hauptsächlich in den Landesteilen von Baden und Württemberg anzutreffen.[15]

[12] Motive zu dem Entwurfe eines Bürgerlichen Gesetzbuches für das Deutsche Reich, Bd. III Sachenrecht 1888, S. 45.

[13] Bei dieser Gelegenheit sei kurz an den ähnlichen Überlegungen geschuldeten „Hypothekenhaftungsverband" der §§ 1120 ff. BGB erinnert.

[14] BGHZ 104, 298 = DNotZ 1989, 420 = NJW 1988, 2789 unter Hinweis auf die Motive zu dem Entwurfe eines Bürgerlichen Gesetzbuches für das Deutsche Reich, Bd. III Sachenrecht 1888, S. 41.

[15] Im Jahr des Inkrafttretens des WEGs wurde das echte Stockwerkseigentum noch mit ca. 10.000 bis 11.000 Einheiten angegeben; Weitnauer/Wirths WEG, 1. Aufl. 1951, Vorbemerkungen zum 1. Teil Rn. 4.

Beispiel:[16]

(verkürztes Eintragungsbeispiel)

Amtsgerichtsbezirk	**Grundbuchamt**	**Grundbuch von**	**Nummer**	**Bestandsverzeichnis** Einlegeblatt
Bad Waldsee	**Bad Waldsee**	**Waldsee**		**1**

Lfd.Nr. der Grund-stücke	Bish. lfd.Nr. der Grd.st.	Bezeichnung der Grundstücke und der mit dem Eigentum verbundenen Rechte			Größe		
		a) Gemarkung					
		b) Karte	Flurstück	c) Wirtschaftsart und Lage	ha	a	m²
1	2	3			4		
1		**Stockwerkseigentum**		an dem Grundstück			
		SO 5846	96/7	-Straße 11 Gebäude- und Freifläche		1	23
		mit folgendem Inhalt: der untere Stock (Teil) von einem zweistöckigen Wohnhaus bestehend in einer Wohnstube, einer Küche, 2 Kammern, 1 Werkstatt mit Trockenofen, 1 getrennten Keller, 1 Holzplatz, Hauseingang und der Hälfte Orbet, Anteil am Hofraum neben dem Haus. Der Meßgehalt des Hauses ist -:94 qm mit Abtritt -: 1 qm und Hofraum -: 28 qm. weitere Stockwerkseigentum: Grundbuch Blatt-Nr.					
2		SO 5846	96/8	Gebäude- und Freifläche			48

Allerdings hat der historische Gesetzgeber mit Art. 131 EGBGB ersatzweise die Möglichkeit zugelassen, sog **uneigentliches Stockwerkseigentum** landesrechtlich zu begründen.[17] Es handelt sich dabei um Miteigentum mit Benutzungs- und Gemeinschaftsregelungen bei gleichzeitiger Unauflöslichkeit der Gemeinschaft. Aufgrund landesrechtlicher Bestimmungen kann echtes Stockwerkseigentum in unechtes übergeleitet werden.[18] Die Überführung in Wohnungseigentum nach heutigem Recht erleichtert § 49 WEG (vormals § 63 WEG aF).

7a Ein in der Folgezeit unternommener Versuch, das Stockwerkseigentum wiederzubelegen, erlangte keine Gesetzeskraft.[19]

[16] Für das aus seinem Privatbesitz zur Verfügung gestellte Ansichtsmuster bedanke ich mich ausdrücklich bei Herrn Dipl.-Rechtspfleger Gerhard Schmidberger aus Heilbronn.

[17] Von dieser Möglichkeit hatte lediglich und auch nur für einen kurzen Zeitraum Baden-Württemberg Gebrauch gemacht; vgl. iE Bärmann Einl. III WEG, 1. Aufl. 1958, S. 70 mwN Art. 131 EGBGB ist unverändert in Kraft.

[18] Vgl. zB Art. 62 des BayAGBGB v. 20.9.1982 (GVBl. S. 803). Zu den damit verbundenen Buchungsfragen im Grundbuch vgl. OLG München FGPrax 2009, 9.

[19] Vgl. dazu „Gesetzentwurf betreffend das Stockwerkseigentum" in Hugenberg, Die neue Stadt 1935, S. 49 ff.

II. Warum BGB-Recht allein nicht ausreichend ist

1. Die normative Kraft des Faktischen

Nach dem Ende des 2. Weltkrieges bestand nicht nur die Notwendigkeit, die 8
durch den Krieg zerstörten Städte wieder aufzubauen, um neuen Wohn- und Geschäftsraum zu schaffen. Zur Verschärfung der **Wohnungsnot** trug auch die Flucht und Vertreibung von ca. 12 bis 14 Millionen Deutschen aus Mittel- und Osteuropa bei, wovon ein Großteil in der späteren Bundesrepublik Aufnahme fand.[20] Dem steigenden Bedarf an Wohnraum und dem Streben nach finanzierbarem Immobiliareigentum konnte mit den vorhandenen rechtlichen Möglichkeiten auf Dauer nicht mehr Rechnung getragen werden.

Die Schaffung neuen Wohnraums ließ sich aber insbesondere dadurch erleich- 9
tern, dass ein Bauwilliger nicht die mit dem Kauf des Grundstücks und des gesamten Hauses verbundenen Kosten allein zu schultern hätte. So hatte bereits nach dem 1. Weltkrieg die Novellierung der seinerzeitigen (wenigen) Erbbaurechtsbestimmungen[21] eine **Kostenreduzierung** durch die rechtlich gesicherte Verselbständigung des Bauwerks als Erwerbsgegenstand ermöglicht (vgl. aktuell § 1 Abs. 1 ErbbauRG). Durch die Bestellung eines Erbbaurechts bleiben die Eigentumsverhältnisse am Grundstück unberührt; das Bauwerk wird in Durchbrechung des Akzessionsgrundsatzes allein dem Erbbaurecht als Bestandteil zugeordnet (vgl. aktuell § 12 Abs. 1 S. 1 u. 2 ErbbauRG).

Nach dem 2. Weltkrieg sollte eine noch viel größere Aufbauleistung gar 10
ohne nennenswertes Eigenkapital (Währungsreform) durch Verschaffung von Individual-Eigentum in einem (ggf. auch erst noch zu errichtenden) Gebäude ermöglicht werden. Dafür genügte jedoch der Rückgriff auf das seinerzeit schon bekannte Erbbaurecht nicht; § 1 Abs. 3 ErbbauRG verbietet nämlich gerade die Beschränkung des Erbbaurechts auf einen Teil eines Gebäudes, insbesondere ein Stockwerk. Auch die übrigen dinglichen Rechte eignen sich nicht für die Schaffung neuen Wohnraums.

2. Rechtsgemeinschaft als Grundlage

Als Grundgerüst konnte deshalb nur eine **ideelle Rechtsgemeinschaft** zur 11
Gestaltung der Eigentumsverhältnisse in Betracht kommen. Nur auf diese Weise lässt sich nämlich gewährleisten, dass die tatsächlich und wirtschaftlich bestehenden Abhängigkeiten mehrerer Beteiligter an einem Mehrfamilienhaus auch rechtlich abgebildet werden. Andernfalls wäre es nämlich vorstellbar, dass der Eigentümer der Erdgeschosswohnung zugleich auch alleiniger Eigentümer der Grundmauern sein könnte, während der Eigentümer des Obergeschosses zugleich

[20] Faulenbach, Die Vertreibung der Deutschen aus den Gebieten jenseits von Oder und Neiße, 2002 mwN zit. nach http://www.bpb.de/apuz/26557/die-vertreibung-der-deutschen-aus-den-gebieten-jenseits-von-oder-und-neisse#footnodeid1-1.

[21] Vgl. insoweit die an die Stelle der §§ 1012–1017 BGB getretene ErbbauVO (heute ErbbauRG) v. 15.1.1919 (RGBl. S. 72).

alleiniger Eigentümer des Daches wäre. Die rechtliche Grundlage einer Beteiligung mehrerer Personen ist damit nicht primär wie beim echten Stockwerkseigentum in einer Eigentümerstellung bzgl. einzelner realer Gebäudeteile, sondern in einer ideellen Rechtsgemeinschaft dieser Personen am gesamten gemeinschaftlichen Gegenstand angelegt.

Damit wird also die Einheit der Eigentumsverhältnisse am Grundstück mit dem Gebäude zunächst entsprechend dem Akzessionsgrundsatz vorausgesetzt. Die angestrebte Individualisierung einzelner Rechtsbereiche kann sich demgemäß nur unter dieser Vorgabe vollziehen.

a) Bruchteilsgemeinschaft

12 Als ideelle Rechtsgemeinschaft bietet sich nach deutschem Recht zunächst die Gemeinschaft nach Bruchteilen an (§§ 741 ff. BGB). Steht – wie in unserem Fall – das Eigentum an einer Sache mehreren nach Bruchteilen zu, so gelten ergänzend die speziellen Vorschriften der §§ 1008 bis 1011 BGB. Miteigentum nach Bruchteilen ist damit rechtlich eine Unterart der Bruchteilsgemeinschaft.[22]

Beispiel:

Eigentümer eines Grundstücks sind die Eheleute M und F zu je ½-Anteil.
Eigentümer eines Garagenvorhofes sind die 30 anliegenden Garageneigentümer zu je 1/30-Anteil.

Kennzeichnendes Merkmal einer Bruchteilsgemeinschaft ist also die Angabe mehrerer **rechnerischer Quoten** an dem gemeinschaftlichen Gegenstand, die in der Summe wieder ein Ganzes ergeben. Aufgeteilt ist demnach die Rechtszuständigkeit am Grundstück als gemeinschaftlicher Sache, nicht aber die Sache selbst. Die Bruchteilsgemeinschaft als solche ist dabei nicht rechtsfähig.[23]

Bitte lesen Sie jetzt die §§ 741 und 1008 BGB!

13 Dem einzelnen Bruchteilseigentümer steht damit lediglich ein ideeller – Sie werden jetzt möglicherweise sagen: ein virtueller – Anteil zu, der sich nicht konkret lokalisieren lässt. Jeder Bruchteilseigentümer kann allerdings über seinen Anteil frei verfügen (§ 747 S. 1 BGB). Über den gemeinschaftlichen Gegenstand im Ganzen können die Bruchteilseigentümer jedoch nur gemeinschaftlich verfügen (§ 747 S. 2 BGB).

---

[22] Die Bezeichnungen werden häufig synonym verwendet. Ebenfalls findet sich der Begriff „Miteigentum" gelegentlich auch zur Beschreibung der sogleich noch zu erörternden Gesamthandsberechtigungen. Nach der gesetzlichen Sprachregelung ist dies nicht vorgesehen; „Miteigentum" kann es danach nur bei einer Bruchteilsgemeinschaft an einer Sache geben, nicht aber an Gesamthandseigentum; vgl. Staudinger/Thole (2019) BGB § 1008 Rn. 3 aE.

[23] Bork ZIP 2001, 545.

Wiederholung:

Sie sollten sich bei dieser Gelegenheit noch einmal den **Verfügungsbegriff** in Erinnerung rufen:
Unter einer Verfügung ist bekanntlich ein *Rechtsgeschäft* zu verstehen, *durch das der Verfügende unmittelbar (dinglich) auf ein bestehendes Recht einwirkt, indem er es* ***a****ufhebt,* ***b****elastet,* ***ü****berträgt oder* ***v****erändert.*[24] *(„ABÜV")*

Demzufolge kann ein Bruchteilseigentümer seinen ideellen Miteigentumsanteil auf eine andere Person übertragen, ihn mit dinglichen Rechten belasten (natürlich nur, soweit diese überhaupt auf einem Anteil lasten können[25]) und ihn auch verändern, zB gem. § 3 Abs. 6 GBO unterteilen. Miteigentum nach Bruchteilen ist seinem Wesen nach damit dem Alleineigentum gleichartig[26]; es ist Eigentum und ein selbständiges Recht wie das ganze Recht.[27] Die Vorschriften über das Eigentum sind demgemäß auch auf das Miteigentum nach Bruchteilen anzuwenden.[28]

Bitte lesen Sie jetzt § 747 BGB!

b) Gesamthandsgemeinschaften

Die in § 741 BGB angesprochenen anderen Möglichkeiten zur Gestaltung 14
von Gemeinschaftsverhältnissen („sofern sich nicht aus dem Gesetz ein anderes ergibt") konzentrieren sich eigentumsmäßig auf die sog **Gesamthandsgemeinschaften.** Allerdings gibt es eine einheitliche Rechtsfigur der Gesamthand im BGB bis heute nicht.[29] Gesamthandsgemeinschaften sind vom historischen Gesetzgeber als Rechtsinstitute des Schuldrechts (Gesellschaft bürgerlichen Rechts; GbR), des Familienrechts (eheliche Gütergemeinschaft) und des Erbrechts (Erbengemeinschaft) vorgesehen worden. Aktuell wird man nur noch die Gütergemeinschaft und die Erbengemeinschaft als Gesamthandsgemeinschaft einordnen können, nachdem die (Außen-)Gesellschaft bürgerlichen Rechts auch liegenschaftsrechtlich selbst als rechtsfähig angesehen wird.[30]

Das Gesetz bestimmte in den §§ 718 Abs. 1 1416 Abs. 1 S. 1 und 2032 Abs. 1 15
BGB, dass die jeweiligen den Berechtigten zuzuordnenden Gegenstände „gemeinschaftliches Vermögen" der Gesamthandsberechtigten werden. Daraus scheint

---

[24] Vgl. BGHZ 75, 221, 226 = NJW 1980, 175; BGHZ 1, 294, 304 = NJW 1951, 645, 647.

[25] Vgl. dazu § 1066 Abs. 1 (für Nießbrauchsrechte), § 1095 (für Vorkaufsrechte), § 1106 (für Reallasten), § 1114 (für Hypotheken), § 1192 Abs. 1 (für Grundschulden) und § 1199 Abs. 1 BGB (für Rentenschulden).

[26] BGHZ 115, 1 = DNotZ 1992, 359 = NJW 1991, 2488.

[27] BGHZ 36, 365 = NJW 1962, 1203.

[28] BGHZ 172, 209 = DNotZ 2007, 840 = NJW 2007, 2254 = ZfIR 2008, 19 = ZMR 2007, 793; allerdings mit dem gemeinschaftsrechtlich begründeten Aufgabeverbot für einen Miteigentumsanteil.

[29] MüKoBGB/Schäfer, 8. Aufl. 2020, § 705 Rn. 297.

[30] Vgl. zunächst die durch das ERVGBG 2009 eingefügten § 899a BGB und § 47 Abs. 2 GBO für eine bereits eingetragene GbR einerseits sowie BGHZ 189, 274 = DNotZ 2011, 711 = NJW 2011, 1958 = ZfIR 2011, 487 für eine erwerbende GbR andererseits. Die am 1.1.2024 in Kraft tretende Neufassung der §§ 705 ff. BGB durch das Gesetz zur Modernisierung des Personengesellschaftsrechts (MoPeG) v. 10.8.2021 (BGBl. I 3436) hat jetzt endgültig vom Gesamthausmodell Abstand genommen.

sich zunächst idealtypisch im Unterschied zur sprachlich auf den Einzelgegenstand bezogenen Bruchteilsgemeinschaft der Miteigentümer ableiten zu lassen, dass die gesamthänderische Berechtigung sich auf eine Vermögensmasse als Inbegriff von Sachen und Rechten bezieht.[31] Die Anzahl der einer Mehrheit von Berechtigten zuzuordnenden Gegenstände mag zwar vielfach eine erste Unterscheidung indizieren; es ist heute jedoch anerkannt, dass eine gesamthänderische Bindung auch nur (noch) einen Einzelgegenstand erfassen kann[32] bzw. mehrere Personen aufgrund desselben Entstehungsgrundes mehrere Grundstücke in identischer Bruchteilsberechtigung zustehen können.[33]

16 Entscheidendes Abgrenzungsmerkmal gegenüber der Bruchteilsgemeinschaft ist vielmehr die jeweilige Zusammenfassung der gesamthänderisch gebundenen Vermögensgegenstände zu einem einheitlichen **Sondervermögen**[34], das vom sonstigen Vermögen seiner Berechtigten separiert ist. Zur Verhinderung eigenmächtiger Verfügungen seitens der Berechtigten schloss das Gesetz jeweils Verfügungen eines Gesamthänders über seinen **Anteil an den einzelnen** zum Gesamthandsvermögen gehörenden **Gegenständen** aus.

Bitte lesen Sie jetzt die noch aktuellen §§ 1419 Abs. 1, 2033 Abs. 2 BGB!

17 Die Möglichkeit der **Verfügung eines Gesamthänders** über seinen abstrakten **Anteil an dem gesamthänderisch gebundenen Vermögen** insgesamt richtet sich wiederum nach dem Näheverhältnis der Mitberechtigten. So ist eine Verfügung über den Anteil am Gesamtgut der Gütergemeinschaft während der Ehezeit naheliegenderweise ausgeschlossen (§ 1419 Abs. 1 BGB), bei der GbR entgegen dem Wortlaut des Gesetzes (vgl. § 719 Abs. 1 BGB aF) als Verfügung über die Mitgliedschaft nach ganz hM zulässig gewesen, aber von der Zustimmung der Mitgesellschafter abhängig[35] und bei der Erbengemeinschaft aufgrund der nicht freiwillig eingegangenen Bindung jederzeit möglich (§ 2033 Abs. 1 S. 1 BGB).

c) Bruchteilsberechtigung oder gesamthänderische Bindung?

18 Akzeptiert man die Prämisse, dass sich das neue Rechtsgebilde möglichst nahtlos in das bestehende Zivilrechtssystem des BGB einfügen lassen muss[36], hatte sich die Auswahl der strukturbildenden Merkmale maßgeblich an den Verfügungsmöglichkeiten zu orientieren. Nur wenn das „Eigenheim auf der Etage" auch **verkehrsfähig** ist, wird es vom Rechtsverkehr und speziell im Rahmen von kreditgestütztem Immobilienerwerb auch von den Banken als Finanzierungsgrundlage angenommen werden.

19 Nach dem zuvor Dargestellten beschränkt sich die dingliche Rechtsposition eines Gesamthänders allerdings auf seinen vermögensrechtlichen Anteil an der

---

[31] So noch Schulze-Osterloh, Das Prinzip der gesamthänderischen Bindung, 1972.

[32] BGH NJW 1969, 92.

[33] BGHZ 140, 63 = NJW 1999, 781 („Rittergut").

[34] Statt vieler MüKoBGB/Schäfer, 8. Aufl. 2020, § 705 Rn. 298.

[35] BGHZ 81, 82 = DNotZ 1982, 490 = NJW 1981, 2747; BGHZ 71, 296 = DNotZ 1978, 556 = NJW 1978, 1525; BGHZ 44, 229 = NJW 1966, 499.

[36] „Ziel des Entwurfs ist es, den Gedanken des Wohnungseigentums unter tunlichster Schonung unseres allgemeinen Rechtssystems wieder einzuführen"; BR-Drs. 75/51, S. 4. Vgl. auch Weitnauer JZ 1951, 161.

Gesamthand als solcher[37]; ein unmittelbares **Verfügungsrecht** über die einzelne Sache kommt ihm nicht zu. Eine gewünschte (Einzel-) Verfügungsmöglichkeit besteht demgegenüber nur bei einem Miteigentümer nach Bruchteilen (vgl. § 747 S. 1 BGB). Nur bei Eintragung eines entsprechenden Bruchteils im Grundbuch (vgl. § 47 GBO) sind dann zB auch (Einzel-) Belastungen des jeweiligen Miteigentums mit den o.g. dinglichen Rechten möglich.

Merke:

Verfügungsgegenstand kann für einen Gesamthänder allenfalls der Anteil an der Gesamthandsgemeinschaft als solcher sein. Daran können aber mit konstitutiver Wirkung keine beschränkten dinglichen Rechte eingetragen werden, weil es sich um ein Sondervermögen und nicht um ein Grundstück handelt.
Verfügungsgegenstand bei einem Miteigentümer ist demgegenüber der ideelle Bruchteil am Grundstück, der nach den Regeln des Volleigentums im angegebenen Umfang mit bestimmten beschränkten dinglichen Rechten (insbesondere Finanzierungsrechten) unmittelbar belastet werden kann.

Aus diesem Grunde kann das Gemeinschaftsverhältnis mehrerer Beteiligter an einem Grundstück nur auf der Grundlage von Miteigentum nach Bruchteilen gestaltet werden.[38]

3. Warum eine Bruchteilsgemeinschaft nach BGB den Anforderungen gleichwohl nicht genügen kann

a) Gewöhnliche Bruchteilsgemeinschaft der Miteigentümer

Auf der Grundlage einer Bruchteilsgemeinschaft mehrerer Miteigentümer 20
besteht zunächst unverändert die Einheit der Eigentumsverhältnisse am Grundstück mit dem Gebäude fort. Jedem Miteigentümer gehört ein ideeller – verkehrsfähiger – Anteil an dem Grundstück samt aufstehendem Gebäude. Es fragt sich daher, ob nicht bereits nach bürgerlichem Recht das Miteigentum in der Weise ausgestaltet werden kann, dass einzelnen Bruchteilseigentümern ein eigener tatsächlicher und rechtlicher Herrschaftsbereich zugeordnet werden könnte, der gleichsam verkehrsfähig und damit auch beleihbar ist. Dies ist bei einer gewöhnlichen Bruchteilsgemeinschaft allerdings nicht der Fall.

b) Gewöhnliche Bruchteilsgemeinschaft mit Gebrauchsvereinbarung

Die gewöhnliche **Bruchteilsgemeinschaft** ließe sich jedoch dahingehend **modi-** 21
fizieren, dass die Miteigentümer die Verwaltung und insbesondere Benutzung des gemeinschaftlichen Eigentums gem. §§ 743 Abs. 2 ff. BGB durch Vereinbarung regeln. Auf diese Weise könnte zB jedem Miteigentümer eine bestimmte Wohnung zur alleinigen Nutzung zugewiesen werden.

---

[37] MüKoBGB/Schäfer, 9. Aufl. 2024, § 705 Rn. 298.
[38] Weitnauer/Wirths WEG, 1. Aufl. 1951, Vorbemerkungen zum 1. Teil Rn. 18.

22 Eine solche Vereinbarung ist zwar möglich, sie wirkt jedoch als schuldrechtlicher Vertrag zunächst nur zwischen den unmittelbar vertragschließenden Parteien („inter partes"). Gegen den Sondernachfolger eines Eigentümers wirkt eine Vereinbarung nur dann, wenn sie als Belastung des Anteils auch im Grundbuch eingetragen ist (§ 1010 Abs. 1 Var. 1 BGB)[39]. Der Begriff des „Sondernachfolgers" entspricht dabei dem des § 746 BGB.[40]

Merke:

Als **Sondernachfolger** in die getroffenen Verwaltungs- und Benutzungsregelungen ist danach jeder rechtsgeschäftliche Erwerber eines Bruchteils oder eines Anteils an einem Bruchteil anzusehen. Durch eine anteilige Veräußerung eines Bruchteils entsteht keine Untergemeinschaft[41]; es bilden sich vielmehr lediglich verkleinerte Bruchteile. Das Gleiche hat auch für einen durch Zuschlag in der Zwangsversteigerung erwerbenden Ersteher zu gelten.[42] Sondernachfolger ist außer dem Bruchteilserwerber auch der Erwerber eines beschränkten dinglichen Rechts, zB eines Nießbrauchs- oder Pfandrechts am Bruchteil.[43]
Kein Sondernachfolger ist, wer einen Bruchteil oder einen Anteil an einem Bruchteil im Wege der Gesamtrechtsnachfolge erwirbt (zB durch Erbfolge gem. § 1922 Abs. 1 BGB oder durch Vereinbarung von Gütergemeinschaft gem. § 1416 Abs. 1 S. 1, Abs. 2 BGB), weil der **Gesamtrechtsnachfolger** ohnehin an die vorhandenen Rechtsbeziehungen gebunden ist.

Den Begriff des „Sondernachfolgers" sollten Sie sich einprägen; er wird Ihnen an späterer Stelle noch einmal begegnen.

Wiederholung:

Sie sollten bei dieser Gelegenheit die Ihnen bereits bekannten Begriffe des **Gesamtrechtsnachfolgers** („Universalsukzession"), des **Sonderrechtsnachfolgers** („partielle Universalsukzession"[44]) und des **Einzelrechtsnachfolgers** („Singularsukzession"[45]) noch einmal wiederholen und jetzt gegenüber einem **Sondernachfolger** iSd §§ 1010 Abs. 1, 746 BGB abgrenzen!

c) Gewöhnliche Bruchteilsgemeinschaft mit eingetragener Verwaltungs- und Benutzungsregelung

23 Nach den zuvor entwickelten Grundsätzen drängt es sich für die Miteigentümer geradezu auf, eine über die Verwaltung und Benutzung des gemeinschaft-

---

[39] Bei Immobiliareigentum verdrängt § 1010 BGB wegen der damit verbundenen Publizitätswirkung der Grundbucheintragung den ansonsten einschlägigen § 746 BGB. Um allen Zweifeln gleich zu begegnen: Die Vorschrift des § 1010 ist auf Gesamthandseigentum ebensowenig entsprechend anwendbar (OLG Oldenburg DNotZ 2012, 944) wie § 746 BGB (BGH DNotZ 2009, 448 = NJW-RR 2009, 515).

[40] MüKoBGB/K. Schmidt, 9. Aufl. 2024, § 1010 Rn. 3.

[41] Vgl. MüKoBGB/K. Schmidt, 9. Aufl. 2024, § 746 Rn. 4 mwN.

[42] Vgl. BayObLG NJW-RR 1988, 1163.

[43] Allg. M. vgl. nur MüKoBGB/K. Schmidt, 9. Aufl. 2024, § 746 Rn. 4; Grüneberg/Sprau BGB § 746 Rn. 1.

[44] Vgl. insoweit zB § 56 Abs. 1 SGB I, § 4 S. 1 HöfeO; verschiedene Gesamt- und Sonderrechtsnachfolgeregelungen finden sich zB auch im UmwG.

[45] Vgl. zB § 566 Abs. 1 BGB.

lichen Eigentums getroffene **Vereinbarung** durch Eintragung in das Grundbuch zu **verdinglichen.** Auf diese Weise könnte das schuldrechtliche Band zwischen den ursprünglich am Abschluss der Vereinbarung Beteiligten nunmehr auch auf einen Sondernachfolger im Eigentum erstreckt werden.

Bitte lesen Sie jetzt § 1010 Abs. 1 Var. 1 BGB!

Die **Eintragung** einer solchen Verwaltungs- und Benutzungsregelung gem. § 1010 Abs. 1 BGB erfolgt als Belastung in der II. Abteilung des Grundbuchs.[46]

Allerdings würde eine solche Erstreckung auf einen Sondernachfolger die 24
angestrebte Wirkung nicht vollständig erreichen. Zwar wären alle derzeitigen und zukünftigen Miteigentümer grundsätzlich an die vereinbarte Verwaltungs- und Benutzungsregelung gebunden, jedem Miteigentümer stünde aber unabhängig von einer solchen Regelung jederzeit das Recht zu, die **Aufhebung der Gemeinschaft** zu verlangen (§ 749 Abs. 1 BGB). Solange dieses Recht nicht ebenfalls zumindest für eine bestimmte Zeit ausgeschlossen wird, ist jeder Miteigentümer der fortwährenden Gefahr eines Auseinandersetzungsverlangens ausgesetzt. Die Auseinandersetzung einer Miteigentümergemeinschaft könnte ggf. im Wege der sog „Teilungsversteigerung" gem. §§ 180 ff. ZVG durchgesetzt werden (§ 753 Abs. 1 S. 1 BGB).[47]

Das Recht, die **Aufhebung** der Gemeinschaft zu verlangen, kann aber für 25
immer oder auf Zeit **ausgeschlossen** werden (vgl. § 751 S. 1 BGB). Damit auch diese Vereinbarung gegenüber einem Sondernachfolger im Eigentum wirkt, bedarf sie wegen der damit verbundenen Publizitätswirkung gem. § 1010 Abs. 1 Var. 2 BGB ebenfalls der Eintragung in das Grundbuch.[48]

Bitte lesen Sie jetzt § 1010 Abs. 1 Var. 2 WEG!

Die **Eintragung** eines Aufhebungsausschlusses gem. § 1010 Abs. 1 BGB erfolgt wiederum als Belastung in der II. Abteilung des Grundbuchs.[49] Buchungstechnisch werden Verwaltungs- und Benutzungsregelungen mit Aufhebungsausschluss oftmals zu einer Eintragung zusammengefasst.[50]

d) Gewöhnliche Bruchteilsgemeinschaft mit eingetragener Verwaltungs- und Benutzungsregelung sowie eingetragenem Auseinandersetzungsausschluss

Aber auch nach der Grundbucheintragung einer vereinbarten Verwaltungs- 26
und Benutzungsregelung mit dem Ausschluss des Rechtes, die Auseinanderset-

---

[46] BayObLGZ 1973, 84 = Rpfleger 1973, 246 auch zur Art der Eintragung.

[47] Der Begriff „Teilungsversteigerung" ist missverständlich, weil in dem Verfahren gerade keine (Ver-) Teilung des unteilbaren Vollstreckungsgegenstandes oder des an seine Stelle getretenen teilbaren Surrogates (Geld) erfolgt. Das Verfahren heißt daher auch „Zwangsversteigerung zum Zwecke der Aufhebung einer Gemeinschaft"; § 180 Abs. 1 ZVG.

[48] Vgl. FG München MittBayNot 2008, 77 auch zur steuerlichen Behandlung der eingetragenen Regelungen für den sog „wirtschaftlichen Eigentümer".

[49] BayObLG MittBayNot 1981, 183.

[50] F. Müller Rpfleger 2002, 554 f.; Schöner/Stöber, 16. Aufl. 2020, Rn. 1460.

zung der Gemeinschaft verlangen zu können (**§ 1010 Abs. 1 BGB**), wäre das einem Miteigentümer zustehende Nutzungsrecht an einer ihm überlassenen Wohnung aus mehreren Gründen **nicht vollstreckungsfest.**

aa) Vorliegen eines wichtigen Grundes

27 Zum einen kann die Aufhebung der Gemeinschaft gleichwohl verlangt werden, wenn ein wichtiger Grund vorliegt (§ 749 Abs. 2 S. 1 BGB).[51] Eine dem entgegenstehende Regelung wäre nichtig (§ 749 Abs. 3 BGB).

28 Allerdings hat der BGH auch entschieden, dass unter bestimmten Voraussetzungen eine Verpflichtung des die Aufhebung betreibenden Miteigentümers bestehen kann, seinen Anteil gegen Zahlung des Marktwertes auf die die Gemeinschaft fortsetzenden Teilhaber zu übertragen.[52] Dies könnte im Einzelfall zumindest den Erhalt der Restgemeinschaft gewährleisten.

bb) Keine Erstreckungswirkung gegenüber Gläubiger

29 Davon jedoch einmal abgesehen bietet eine solchermaßen mit einer eingetragenen Verwaltungs- und Benutzungsregelung samt Aufhebungsausschluss verstetigte Miteigentümergemeinschaft jedoch einen entscheidenden Schwachpunkt: Hat nämlich ein Gläubiger die **Pfändung des Anteils eines Teilhabers** erwirkt, so kann er ohne Rücksicht auf die Vereinbarung die Aufhebung der gesamten Gemeinschaft verlangen, sofern der Schuldtitel nicht bloß vorläufig vollstreckbar ist (§ 751 S. 2 BGB). Die Vorschrift findet nach ganz überwiegender Ansicht auch dann Anwendung, wenn der Aufhebungsausschluss gem. § 1010 Abs. 1 BGB im Grundbuch eingetragen ist.[53] Das Gleiche gilt im Insolvenzverfahren (§ 84 Abs. 2 S. 1 InsO).

Bitte lesen Sie jetzt § 751 S. 2 BGB![54]

30 Der Gläubiger eines Miteigentümers kann demzufolge nicht nur unmittelbar in den Miteigentumsanteil seines Schuldners die Zwangsvollstreckung betreiben (zB aus einem am Miteigentumsanteil zuvor eingetragenen Grundpfandrecht; vgl. § 864 Abs. 2 ZPO, § 1147 BGB), sondern er kann nach Pfändung des Anspruchs auf Aufhebung der Gemeinschaft die **Zwangsversteigerung des gesamten Grundstücks** erreichen (§ 753 Abs. 1 S. 1 BGB, § 181 Abs. 2 S. 1 ZVG).[55] Auf diese Weise könnten die übrigen zahlungskräftigen Eigentümer ihr Miteigentum verlieren,

---

[51] Instruktiv BGH NJW-RR 1995, 334 („Hundezucht und -pension").

[52] BGH DNotZ 2005, 205 = NJW-RR 2005, 308.

[53] Böttcher ZVG, 7. Aufl. 2022, § 180 Rn. 14; Erman/Aderhold BGB, 16. Aufl. 2020, § 1010 Rn. 2; MüKoBGB/K. Schmidt, 9. Aufl. 2024, § 1010 Rn. 5; Grüneberg/Sprau § 751 Rn. 2; Grüneberg/Herrler BGB § 1010 Rn. 2; Schöner/Stöber, 16. Aufl. 2020, Rn. 1465; aA LG u. AG Frankfurt Rpfleger 2011, 684.

[54] Wenn Ihnen die Formulierung des Gesetzes irgendwie eigentümlich vorkommen sollte, haben Sie sich nicht getäuscht. Die „Pfändung" eines immobilen Anteils ist nach der Konzeption unseres Zwangsvollstreckungsrechts nämlich gar nicht vorgesehen (vgl. § 803 Abs. 1 S. 1 ZPO einerseits und §§ 864, 866 Abs. 1 ZPO andererseits). Wenn Sie jetzt neugierig geworden sein sollten, empfiehlt sich zur Entstehungsgeschichte und den praktischen Folgen des § 751 S. 2 BGB ganz besonders der Beitrag von Becker, Das Recht des Gläubigers auf Aufhebung einer Bruchteilsgemeinschaft am Grundstück, ZfIR 2016, 521.

[55] BGHZ 90, 207 = NJW 1984, 1968 = Rpfleger 1984, 283.

obwohl sie zum Gläubiger des schuldnerischen Miteigentümers in keiner direkten Rechtsbeziehung stehen.

cc) Untergangsgefährdung

Letztlich kommt noch verschärfend hinzu, dass im Grundbuch eingetragene 31
Vereinbarungen zwischen Miteigentümern über Verwaltungs- und Benutzungsregelungen sowie über den Ausschluss des Rechts, die Aufhebung der Gemeinschaft verlangen zu können, als Anteilsbelastungen in einem **Rangverhältnis** zu anderen Rechten und Belastungen am Grundstück stehen.[56] Sie nehmen damit am Rangsystem des § 10 Abs. 1 ZVG teil und sind deshalb in einem Zwangsversteigerungsverfahren potentiell untergangsgefährdet (vgl. § 52 Abs. 1 iVm § 45 Abs. 1 ZVG), sofern die Miteigentümergemeinschaft durch den Zuschlag nicht ohnehin beendet wird.

Zu beachten ist außerdem, dass der Ausschluss des Rechts, die Aufhebung 32
der Gemeinschaft zu verlangen, nicht zwangsläufig alle möglichen, auch später hinzukommenden Miteigentümer umfassen muss. Dies bedürfte vielmehr einer besonderen Regelung.[57] Damit droht nach einer Unterteilung eines Miteigentumsanteils der **Verlust der Regelung in der Binnenbeziehung** zwischen den Eigentümern des unterteilten Anteils.

e) Zwischenergebnis

Die im BGB geregelte Bruchteilsgemeinschaft ist als Rechtsgemeinschaft zwar 33
grundsätzlich geeignet, die Eigentumsverhältnisse an einem Grundstück mit aufstehendem Gebäude in einer verkehrsfähigen Art und Weise auszugestalten, ohne zugleich den Akzessionsgrundsatz aufgeben zu müssen. Allerdings ist nach BGB-Recht eine vollstreckungsfeste Ausgestaltung der Bruchteilsgemeinschaft an einem Grundstück zugunsten der Miteigentümer nicht zu erreichen, wenn diesen alleinige Herrschaftsbereiche zugewiesen werden sollen.

Weil auch andere genossenschaftsrechtliche Modelle letztlich nicht vollstreckungsfest zu gestalten waren[58], bedurfte es einer zusätzlichen rechtlichen Komponente, um auf der Basis des Miteigentums nicht nur eine störanfällige nutzungsrechtliche, sondern eine darüber hinausgreifende vollstreckungsfeste Rechtsstellung zu entwickeln.

---

[56] F. Müller Rpfleger 2002, 554 (555); Schöner/Stöber, 16. Aufl. 2020, Rn. 1471.

[57] Vgl. OLG München 23.2.2015 – 34 Wx 7/14, NJW-RR 2015, 1499.

[58] Vgl. die interessanten Schilderungen bei Bärmann WEG, 1. Aufl. 1958, Einl. III S. 65 f.

III. Sachenrechtliche Anforderungen an das neue Rechtsinstitut

1. Verkehrsfähigkeit

a) Besonders ausgestaltetes Miteigentum

34 Geht man zunächst sachenrechtlich vom Miteigentum am Grundstück als konzeptioneller Grundlage aus, lässt sich eine über bloße nutzungsrechtliche Absicherungen hinausgehende Verselbständigung dadurch erreichen, dass bestimmte, räumlich näher beschriebene Bereiche aus dem Herrschaftsbereich des bisherigen Miteigentums herausgelöst und einem Miteigentümer allein als echtes Eigentum zugeordnet werden.[59] Mit einer solchen Verfahrensweise ist eine **teilweise Durchbrechung des Akzessionsgrundsatzes** für diese näher beschriebenen räumlichen Herrschaftsbereiche eines Alleineigentümers verbunden. Die §§ 93, 94 BGB müssen für diesen eigentumsmäßigen Sonderbereich also außer Kraft gesetzt werden.[60]

35 **Rechtstechnisch** erfolgt dies nicht als Belastung des jeweiligen Miteigentums, sondern als gegenständliche Beschränkung der bisherigen – unbeschränkten – Rechtsposition der übrigen Bruchteilsberechtigten. Damit diese Beschränkung des Miteigentums auch gegenüber allen Miteigentümern wirken kann, müssen sämtliche Miteigentümer einer solchen wechselseitigen Beschränkung ihres Miteigentums zugunsten räumlich näher beschriebener Eigentumssphären der übrigen Alleineigentümer zustimmen. Diese Zustimmung muss dabei reziprok – also durch Vertragsschluss aller Miteigentümer – erfolgen, weil es denknotwendig ausgeschlossen ist, dass an ein und demselben Grundstück sowohl „normales" als auch „beschränktes" Miteigentum nebeneinander bestehen können.[61] In einem solchen Fall würde nämlich das „normale" Miteigentum auch den gegenständlich verselbständigten Eigentumsbereich der anderen Miteigentümer erfassen, so dass dieser nicht mehr sonderrechtsbestimmt wäre.

36 Man kann also gewissermaßen bildlich von **„Inseln des Alleineigentums" im „Meer des Gemeinschaftseigentums"** sprechen. Der wechselseitig eingeräumte gegenständliche Sonderbereich des Alleineigentums wird **„Sondereigentum"** genannt.

Bitte lesen Sie jetzt § 3 Abs. 1 S. 1 WEG!

---

[59] In diesem Sinne auch BGHZ 177, 338 = NJW 2008, 2982 = ZfIR 2008, 734 = ZMR 2008, 894 = ZWE 2008, 426.

[60] Vgl. BR-Drs. 75/51, 9.

[61] Das bisweilen auftretende Problem substanzloser (auch: „isolierter") Miteigentumsanteile werden wir an späterer Stelle aufgreifen; für neugierig gewordene Leser: s. zunächst nur BGHZ 109, 179 = DNotZ 1990, 377 = NJW 1990, 447 = ZMR 1990, 112 („Heizwerkfall").

b) Untrennbare Rechtseinheit

Der mit Alleineigentum verbundene Miteigentumsanteil muss als eigenstän- 37
diges **verkehrsfähiges Objekt** konzeptioniert sein. Für den mit Sondereigentum verbundenen Miteigentumsanteil gelten grundsätzlich die für Miteigentumsanteile an Grundstücken geltenden Vorschriften. Er kann also ebenfalls veräußert werden, er kann insbesondere mit Grundpfandrechten belastet werden und er ist vererblich.[62]

Dazu gehört insbesondere auch, dass **isolierte Verfügungen** über eines der 38
beiden sachenrechtlichen Elemente allein grundsätzlich **ausgeschlossen** sein müssen[63], damit die beiden Elemente kein getrenntes rechtliches Schicksal nehmen können.

Bitte lesen Sie jetzt § 6 Abs. 1 WEG!

2. Abgeschlossenheit

Damit nicht die bekannten Probleme des in Verruf geratenen Stockwerkseigen- 39
tums reproduziert werden, bedürfen die Sondereigentumsbereiche einer klaren **tatsächlichen und rechtlichen Abgrenzung**. Sie sollen gegenüber anderem Sondereigentum und gegenüber dem gemeinschaftlichen Eigentum „abgeschlossen" sein. Das Abgeschlossenheitserfordernis „soll zur Vermeidung aller jener Streitigkeiten beitragen, die auf unklaren tatsächlichen und rechtlichen Verhältnissen beruhen und das Stockwerkseigentum alter Art in Verruf gebracht haben".[64]

Bitte lesen Sie jetzt § 3 Abs. 3 Var. 1 WEG!
(Zur zweiten Variante „Bestimmtheit durch Maßangaben" kommen wir erst später).

3. Unauflöslichkeit

Aus dem zuvor Gesagten ergibt sich zwingend, dass die modifizierte Bruch- 40
teilsgemeinschaft am Grundstück weder einem eigentümerseitigen, noch einem gläubigerseitigen Auseinandersetzungsverlangen ausgesetzt sein darf. Die Gestaltung eines **absolut wirkenden Aufhebungsausschlusses** gewährleistet auch die Begrenzung eines evtl. Vollstreckungszugriffs auf das zu schaffende Alleineigentum des unmittelbaren Schuldners, ohne die übrigen Miteigentümer zu tangieren. Dazu muss die Anwendung der § 751 S. 2 BGB und § 84 Abs. 2 InsO ausgeschlossen sein, was nur der Fall ist, wenn die Neuregelung nicht am Rang-

---

[62] BR-Drs. 75/51, 8.

[63] Vgl. OLG Düsseldorf FGPrax 2019, 250 = Rpfleger 2019, 710; OLG München NZM 2018, 128 = ZMR 2017, 822 = ZWE 2017, 309 auch zur am Gesetzeszweck orientierten Ausnahmemöglichkeit.

[64] BR-Drs. 75/51, 10; vgl. auch BGH NJW 1991, 1611 = ZMR 1991, 185 (Vorlageentscheidung) und GmS-OGB BGHZ 119, 42 = NJW 1992, 3290 = ZMR 1993, 25.

system des ZVG teilnimmt. Eine solche ranglose Regelung findet sich nunmehr als Inhalt – und nicht mehr als Belastung – des Eigentums in § 11 WEG.

Bitte lesen Sie jetzt § 11 Abs. 1 u. 2 WEG!

41 Eine davon abweichende Vereinbarung ist allein für den Fall zugelassen, dass das Gebäude ganz oder teilweise zerstört wird und eine Verpflichtung zum Wiederaufbau nicht besteht (§ 11 Abs. 1 S. 3 WEG). Dann hat die Aufrechterhaltung der Gemeinschaft allerdings auch ihren Sinn verloren.[65]

IV. Unterschiedliche theoretische Ansätze

42 Sie haben sich bis hierhin sozusagen „by the way" die ersten basics des neuen Rechtsinstituts „Wohnungseigentum" erarbeitet. Wir werden später noch weitere zwingende Rechtsgrundlagen kennenlernen. Auf Ihrem bisherigen Weg sind Sie einem Aufbau gefolgt, dem ein spezifisches Verständnis von Wohnungseigentum zugrunde liegt.

Es soll an dieser Stelle aber nicht verschwiegen werden, dass die hier dargestellte Sichtweise nicht die einzig denkbare und deshalb auch nicht unumstritten ist. Man unterscheidet im Wesentlichen zwischen folgenden **Lehrmeinungen zur Rechtsnatur** von Wohnungseigentum:

1. Die Auffassung von der Prädominanz des Miteigentums

43 Die hier zugrunde gelegte Auffassung versteht Wohnungseigentum als ein besonders ausgestaltetes Miteigentum nach Bruchteilen (§ 1008 BGB), das grundsätzlich am Akzessionsprinzip festhält. Die Einräumung von Sondereigentum durchbricht dieses Prinzip lediglich, um den Miteigentümern einen rechtlichen und tatsächlichen Zugriff auf die reale Gebäudesubstanz zu ermöglichen. Das Miteigentum am Grundstück ist ebenso wie das Sondereigentum Eigentum iSd § 903 BGB.[66]

44 Wichtigster **Vertreter** dieser Linie war sicherlich *Weitnauer*.[67] Auch nach der WEG-Novelle 2007 und dem WEMoG 2020 existiert neben der „Verwaltungsgemeinschaft" der Wohnungseigentümer noch eine sachenrechtliche Grundlage für eine Gemeinschaft der Bruchteilseigentümer.[68]

---

[65] BR-Drs. 75/51, 17f.

[66] BGHZ 116, 392 = NJW 1992, 978; BGHZ 49, 250 = NJW 1968, 499; OLG München NJW 2010, 1467; BayObLG ZWE 2002, 76; Weitnauer/Briesemeister, 9. Aufl. 2005, WEG Vor § 1 Rn. 24 u. 57.

[67] Vgl. neben zahlreichen Aufsätzen insbes. die von ihm bis zur 8. Aufl. herausgegebene Kommentierung zum WEG (zuletzt 9. Aufl. 2005).

[68] Zur Abgrenzung gegenüber der rechtsfähigen „Verwaltungsgemeinschaft" später mehr; vgl. auch BGH NJW 2013, 1962.

2. Die Auffassung von der dreigliedrigen Einheit des Wohnungseigentums

Größter dogmatischer Gegenspieler Weitnauers war seinerzeit *Bärmann*, der bei der Schaffung des Wohnungseigentums von einem neuen Rechtsinstitut sui generis ausging. Die dabei herausgearbeitete dreigliedrige Einheit des Wohnungseigentums (Miteigentum, Sondereigentum und Mitgliedschaftsrechte) wurde von ihm auch als „Trinität" bezeichnet.[69] 45

Als weiterer **Vertreter** dieser sog „Einheitstheorie" ist neben *Bärmann* – allerdings unter Reduzierung des Miteigentumsanteils auf eine rechnerische Buchungsgröße – auch *Röll* zu nennen.[70] Vgl. zu diesem Ansatz auch *Commichau.*[71] 46

3. Die Auffassung vom Wohnungseigentum als grundstücksgleichem Recht

Bisweilen wird versucht, den Besonderheiten des Wohnungseigentums dadurch Rechnung zu tragen, dass es als grundstücksgleiches Recht einordnet wird. Als hauptsächlicher **Vertreter** dieses Ansatzes ist hier der frühe *Merle* zu nennen.[72] 47

Diese Ansicht hat sich jedoch zu Recht nicht durchsetzen können.[73] Es fehlt insbesondere an dem für grundstücksgleiche Rechte typischen Fortbestand des Grundstücks als eigenständigem Rechtsobjekt.[74] 48

4. Die gesellschaftsrechtlichen Auffassungen

Die gesellschaftsrechtlichen Erklärungsversuche wollen die Gemeinschaft der Wohnungseigentümer primär unter dem Aspekt gesamthänderischer Bindung betrachten. Als wichtigster **Vertreter** ist hier insbesondere *Junker*[75] zu nennen. 49

Wohnungseigentum soll danach als dinglicher Anteil an einer Gesellschaft nach dem WEG einzuordnen sein, weil die gesetzliche Konstruktion des WEG gescheitert sei. Der luftleere Raum sei nämlich nicht sondereigentumsfähig.[76] Die gesellschaftsrechtlichen Auffassungen von Wohnungseigentum haben jedoch zu Recht keine Akzeptanz erfahren; sie sind letztlich mit den sachenrechtlichen Determinanten des Wohnungseigentums unvereinbar. 50

Die früheren **Meinungsunterschiede** insbesondere zwischen den beiden erstgenannten Auffassungen sollen an dieser Stelle nicht weiter vertieft werden; sie sind 51

---

[69] Bärmann WEG, 1. Aufl. 1958, Einleitung S. 164.

[70] MüKoBGB/Röll, 3. Aufl. 1997, Vorb. § 1 Rn. 12.

[71] MüKoBGB/Commichau, 8. Aufl. 2020, Vorb. Rn. 27 ff., der allerdings in der Bezeichnung der Theorien von der hier verwendeten Terminologie abweicht.

[72] Merle Das Wohnungseigentum im System des bürgerlichen Rechts 1979, S. 172; vgl. auch Staudinger/Thole (2019) BGB § 1008 Rn. 11 .

[73] Vgl. OLG München ZWE 2010, 459 aE.

[74] Zutr. Bärmann/Armbrüster WEG § 1 Rn. 6; Sauren NJW 1985, 180 mwN.

[75] Junker, Die Gesellschaft nach dem Wohnungseigentumsgesetz, 1993; vgl. auch Schulze-Osterloh, Das Prinzip der gesamthänderischen Bindung, 1972.

[76] Junker S. 205.

spätestens seit der Novelle 2007 angesichts der noch zu besprechenden gemeinschaftsrechtlichen Neuregelungen **weitgehend in den Hintergrund getreten.**[77]

Wiederholungsaufgaben und Vertiefungsfragen

1. Beschreiben Sie den wesentlichen Unterschied zwischen echtem Stockwerkseigentum und Wohnungseigentum.
2. Worin besteht der hauptsächliche Unterschied zwischen einer Bruchteilsgemeinschaft und einer Gemeinschaft zur gesamten Hand?
3. Inwiefern handelt es sich bei Wohnungseigentum um „zusammengesetztes Eigentum"?

Respekt – Sie haben sich bis zu diesem Punkt die ersten sachenrechtlichen Grundlagen des Wohnungseigentums erarbeitet.

Es ist deshalb an der Zeit für eine erste ☕.

[77] In diesem Sinne auch Bärmann/Armbrüster WEG § 1 Rn. 7.

§ 2. Zur Terminologie

Ausgewählte Literatur zur Ergänzung und Vertiefung:

Heinemann, Nachbareigentum im Wohnungseigentumsrecht, ZMR 2016, 680; *Hügel,* Die Umwandlung von Teileigentum zu Wohnungseigentum und umgekehrt, FS Bub (2007), 137; *Hurst,* „Mit-Sondereigentum" und „abgesondertes Miteigentum", noch ungelöste Probleme des Wohnungseigentumsgesetzes, DNotZ 1968, 131; *Sauren*, Mitsondereigentum – eine Bilanz, DNotZ 1988, 667.

Spezielle Literatur aus der Zeit nach Inkrafttreten des WEMoG:

Hügel/Elzer, Unbewohnbares Wohnungseigentum? – Zugleich zur „AVA 2021" NZM 2023, 57; *Schneider*, Praktischer Umgang mit der AVA ZfIR 2023, 116; *Wobst*, Die Neufassung der Allgemeinen Verwaltungsvorschrift für die Ausstellung von Bescheinigungen nach dem Wohnungseigentumsgesetz (AVA) DNotZ 2021, 582.

I. Begriffsbildung

Aus den im → § 1 entwickelten Grundsätzen lassen sich nunmehr zwanglos 1 die maßgeblichen rechtlichen Termini ableiten. Der Gesetzgeber unterscheidet bereits mit der Begriffsbildung, ob das Alleineigentum an einer Wohnung oder an nicht zu Wohnzwecken dienenden Räumlichkeiten eines Gebäudes bestehen soll. Demgemäß kann an Wohnungen das Wohnungseigentum, an nicht zu Wohnzwecken dienenden Räumen eines Gebäudes das Teileigentum begründet werden. Unter einem **Gebäude** ist dabei eine Baulichkeit zu verstehen, die einem Gebrauch durch Menschen zugängliche Räume enthält.[1] Die Begriffe werden anschließend legal definiert.

Bitte lesen Sie zunächst § 1 Abs. 1 WEG!

1. Wohnungseigentum

„Wohnungseigentum ist das Sondereigentum an einer Wohnung in Verbindung mit dem Miteigentumsanteil an dem gemeinschaftlichen Eigentum, zu dem es gehört." 2

Bitte lesen Sie jetzt § 1 Abs. 2 WEG!

Der Begriff der „Wohnung" ist gesetzlich nicht definiert. Maßgebend ist die 3 Verkehrsauffassung auf der Grundlage der baulichen Gestaltung[2], nicht allein die

[1] LG Frankfurt NJW 1971, 759; Hügel/Elzer WEG § 3 Rn. 23.
[2] Grüneberg/Wicke WEG § 1 Rn. 2; Hügel/Elzer § 1 Rn. 13; Staudinger/Rapp (2018) WEG § 1 Rn. 3.

subjektive Zweckbestimmung.[3] Unter einer „**Wohnung**" ist danach die Summe der Räume, welche die Führung eines Haushaltes ermöglichen, zu verstehen; dazu gehören stets eine Küche oder ein Raum mit Kochgelegenheit sowie Wasserversorgung, Abfluss und WC. Eine Wohnung dient dem Menschen dazu, seinen Lebensmittelpunkt zu gestalten[4]; sie muss deshalb als Aufenthaltsraum für Menschen geeignet sein.[5] Die Eigenschaft als Wohnung geht nicht dadurch verloren, dass einzelne Räume vorübergehend oder dauernd zu beruflichen oder gewerblichen Zwecken benutzt werden. Räume, die zwar zu Wohnzwecken bestimmt sind, aber die genannten Voraussetzungen nicht erfüllen, können nicht als Wohnung (...) angesehen werden.[6] Nicht maßgeblich ist der öffentlich-rechtliche Wohnraumbegriff, der sich objektiv an der tatsächlichen und baurechtlichen Eignung, subjektiv an der Bestimmung des Nutzungsberechtigten orientiert. Eine bestimmte Mindestgröße für eine Wohnung iS des § 1 Abs 2 WEG ist nicht erforderlich. Der Wohnungsbegriff nach dem II. Wohnungsbaugesetz/Wohnungsraum-Förderungsgesetz ist öffentlich-rechtlich bestimmt und auf das WEG nicht anzuwenden.[7] Zu einer Wohnung können Nebenräume gehören, die außerhalb des eigentlichen Wohnungsabschlusses liegen (z.B. Kellerräume oder Abstellräume). Im Grundbuch wird dann wegen der eindeutig überwiegenden wohnungsmäßigen Nutzung ein „Wohnungseigentum" eingetragen.[8]

---

[3] So aber Wobst DNotZ 2021, 582, 589.

[4] BayObLG FGPrax 2005, 11 = NZM 2005, 263.

[5] BGH NJW 2018, 3238 = ZfIR 2018, 553; BGH DNotZ 2018, 48 = ZWE 2017, 367.

[6] Vgl. auch die inzwischen außer Kraft getretene Nr. 4 der Allgemeinen Verwaltungsvorschrift für die Ausstellung von Bescheinigungen gemäß § 7 Abs. 4 Nr. 2 und § 32 Abs. 2 Nr. 2 des Wohnungseigentumsgesetzes vom 19.3.1974 (BAnz. Nr. 58 vom 23.3.1974); s. 1. Aufl. Anhang III. Die jetzt im Anhang III wiedergegebene aktuelle AVA verhält sich nicht mehr über Ausstattungsfragen.

[7] Staudinger/Rapp (2018) WEG § 1 Rn. 4.

[8] Hügel/Elzer WEG § 1 Rn. 14; Staudinger/Rapp (2018) WEG § 1 Rn. 6.

Beispiel: 4

(verkürztes Eintragungsbeispiel)

Amtsgericht Duisburg **Grundbuch von Duisburg** **Blatt 2261**

Bestandsverzeichnis

Laufende Nummer der Grundstücke	Bisherige laufende Nummer der Grundstücke	Bezeichnung der Grundstücke und der mit dem Eigentum verbundenen Rechte					Größe		
		Gemarkung (Vermessungsbezirk)	Karte		Liegenschaftsbuch	Wirtschaftsart und Lage			
			Flur	Flurstück					
		a	b		c/d	e	ha	a	m²
1	2	3					4		
1		187/10.000stel Miteigentumsanteil an dem Grundstück							
		Duisburg	1	101		Gebäude- und Freifläche, Kardinal-Galen-Straße 124		02	34
		verbunden mit dem Sondereigentum an der im Aufteilungsplan vom 24. März 2000 mit Nr. 1 bezeichneten Wohnung im Erdgeschoss links mit einem Kellerraum im Kellergeschoss.							
		.							
		.							

Zu weiteren Informationen über die Grundbucheintragung → §4 Rn. 42ff.

Unter einem „**Raum**“ ist der durch Fußboden, Wände und Decke begrenzte 5 Luftraum zu verstehen, der einen ungehinderten Zutritt durch Dritte ausschließt.[9]

Hinweis:

Der Gesetzgeber erweitert damit den Sachbegriff des §90 BGB, weil ein Luftraum kein körperlicher Gegenstand ist.[10]

An einem Raum soll Sondereigentum jedoch nur eingeräumt werden, wenn auch sichergestellt ist, dass dieses in sich abgeschlossen ist.[11] Zum **Abgeschlossenheitserfordernis** → §4 Rn. 53ff.

Wegen der durch das WEMoG neu eröffneten Gestaltungsmöglichkeiten in Anlehnung an den Raumbegriff → §3 Rn. 27ff.; zur insoweit bestehenden Bemaßungspflicht → §4 Rn. 55a.

Wenngleich der Geschoßwohnungsbau unzweifelhaft im Vordergrund steht, 6 kann nach dieser Terminologie Wohnungseigentum nicht nur an einzelnen Wohnungen innerhalb eines Gebäudes begründet werden. Auch mehrere auf einem Grundstück errichtete Gebäude könnten danach in die Rechtsform des „Woh-

[9] Vgl. GmS-OGB BGHZ 119, 42 = NJW 1992, 3290; OLG München NZM 2006, 635.
[10] Bärmann/Armbrüster WEG §5 Rn. 8; Hügel/Elzer WEG §3 Rn. 28.
[11] Vgl. §3 Abs. 3 und §8 Abs. 2 WEG.

nungseigentums" überführt werden.[12] Dies wird insbesondere bei Doppel- und Reihenhäusern der Fall sein, wenn deren gemeinsames Grundstück nicht real geteilt werden kann (faktische Realteilung), aber auch mehrere selbständige Baukörper auf einem gemeinsamen Grundstück sind denkbar.[13] Man spricht dann von sog **Mehrhausanlagen.**

2. Teileigentum

7 „Teileigentum ist das Sondereigentum an nicht zu Wohnzwecken dienenden Räumen eines Gebäudes in Verbindung mit dem Miteigentumsanteil an dem gemeinschaftlichen Eigentum, zu dem es gehört."

Bitte lesen Sie jetzt § 1 Abs. 3 WEG!

8 Der Unterschied zwischen „Wohnungen" und „nicht zu Wohnzwecken dienenden Räumen" ergibt sich somit allein aus der Zweckbestimmung der im Sondereigentum stehenden Räume. Man spricht in diesem Zusammenhang auch von einer Zweckbestimmung im weiteren Sinne.[14] Die mit Wohnungs- und Teileigentum gesetzlich vorgesehenen Grundtypen der Nutzungsbefugnis schließen sich – vorbehaltlich anderer Vereinbarungen – gegenseitig aus; jedenfalls im Hinblick auf eine Einheit, an der angesichts ihrer Ausstattung sowohl Wohnungs- als auch Teileigentum begründet werden könnte, gibt es keine Nutzungen, die zugleich als Wohnen und nicht als Wohnen anzusehen sind.[15] Unter einem Raum ist auch bei einem Teileigentum der allseitig begrenzte Luftraum zu verstehen.[16]

Beispiel:

Nicht zu Wohnzwecken dienende Räume sind zB Läden, Werkstatträume, sonstige gewerbliche Räume, Praxisräume, Garagen u. dgl.
Die Abgrenzung zwischen Wohnungs- und Teileigentum kann bisweilen diffizil sein. So hatte die höchstrichterliche Rechtsprechung in jüngerer Zeit mehrfach Gelegenheit, sich mit Fragen der Zweckbestimmung zu befassen.[17]

---

[12] BGH NJW-RR 2001, 800 = NZM 2001, 435; OLG Düsseldorf FGPrax 2004, 267 = Rpfleger 2004, 691.

[13] Vgl. BGH NJW 2012, 2434 = ZWE 2012, 271; BGHZ 186, 51 = NJW 2010, 2513 = ZfIR 2010, 637 = ZWE 2010, 362.

[14] Vgl. BGH NJW 2020, 1354 = ZfIR 2020, 308 = ZMR 2020, 322 = ZWE 2020, 180; OLG München NJW 2014, 3584 = ZWE 2014, 426.

[15] BGHZ 216, 333 = NJW 2018, 41 = ZfIR 2018, 17 = ZMR 2018, 238 = ZWE 2018, 28.

[16] OLG Jena NotBZ 2005, 219.

[17] Vgl. u.a. BGH ZfIR 2019, 542 = ZMR 2019, 425 = ZWE 2019, 268 [tageweise Unterbringung wohnungsloser Personen]; BGH ZfIR 2018, 451 = ZMR 2018, 782 [Nutzung eines Teileigentums zu Wohnzwecken]; BGHZ 216, 333 = NJW 2018, 41 = ZfIR 2018, 17 = ZMR 2018, 238 = ZWE 2018, 28 [heimähnliche Unterbringung von Flüchtlingen und Asylbewerbern]; vgl. auch unter öffentlich-rechtlichem Aspekt VG München IMR 2020, 387 [Nutzung einer Wohnung für „Medizintouristen"].

(verkürztes Eintragungsbeispiel)

Amtsgericht Duisburg **Grundbuch von Duisburg** **Blatt 2345**

Bestandsverzeichnis

Laufende Nummer der Grundstücke	Bisherige laufende Nummer der Grundstücke	Bezeichnung der Grundstücke und der mit dem Eigentum verbundenen Rechte					Größe		
		Gemarkung (Vermessungsbezirk)	Karte		Liegenschaftsbuch	Wirtschaftsart und Lage			
			Flur	Flurstück					
		a	b		c/d	e	ha	a	m²
1	2	3					4		
1		10/10.000stel Miteigentumsanteil an dem Grundstück							
		Duisburg	1	101		Gebäude- und Freifläche, Kardinal-Galen-Straße 124		02	34
		verbunden mit dem Sondereigentum an der im Aufteilungsplan vom 24. März 2000 mit Nr. 35 bezeichneten Garage.							
		.							
		.							

Zu weiteren Informationen über die Grundbucheintragung → § 4 Rn. 42.

3. Kombiniertes Wohnungs- und Teileigentum

Wohnungs- und Teileigentumseinheiten unterscheiden sich also lediglich in 9
der vereinbarten Nutzungsbefugnis; rechtlich gibt es keinen strukturellen Unterschied. Infolgedessen kann ein Miteigentumsanteil auch gleichzeitig mit dem Sondereigentum an einer Wohnung und mit dem Sondereigentum an nicht zu Wohnzwecken dienenden Räumen verbunden werden.

Beispiel:

In der Praxis finden sich bisweilen Miteigentumsanteile, die zugleich mit dem Sondereigentum an einer Wohnung und mit einem sondereigentumsfähigen PKW-Stellplatz in einer Tiefgarage kombiniert sind.

(verkürztes Eintragungsbeispiel)

Amtsgericht Duisburg **Grundbuch von Duisburg** **Blatt 2310**

Bestandsverzeichnis

Laufende Nummer der Grundstücke	Bisherige laufende Nummer der Grundstücke	Bezeichnung der Grundstücke und der mit dem Eigentum verbundenen Rechte					Größe		
		Gemarkung (Vermessungsbezirk)	Karte: Flur	Karte: Flurstück	Liegenschaftsbuch	Wirtschaftsart und Lage			
		a	b		c/d	e	ha	a	m²
1	2	3					4		
1		197/10.000stel Miteigentumsanteil an dem Grundstück							
		Duisburg	1	101		Gebäude- und Freifläche, Kardinal-Galen-Straße 124		02	34
		verbunden mit dem Sondereigentum an der im Aufteilungsplan vom 24. März 2000 mit Nr. 18 bezeichneten Wohnung sowie der mit Nr. 27 bezeichneten Garage.							
		.							
		.							

Zu weiteren Informationen über die Grundbucheintragung → § 4 Rn. 42.

10 Maßgeblich für die **Abgrenzung** von Wohnungs- und Teileigentum ist lediglich die bauliche Eignung und Zweckbestimmung der im Sondereigentum stehenden Räumlichkeiten. Auf die tatsächliche Nutzung kommt es dagegen nicht an.[18] Die Eigenschaft als Wohnung geht auch nicht dadurch verloren, dass einzelne Räume vorübergehend oder dauernd zu beruflichen oder gewerblichen Zwecken genutzt werden.[19]

11 Die Zuordnung eines Sondereigentums zum „Wohnungseigentum" oder „Teileigentum" beinhaltet nach überwiegender Ansicht eine allgemeine **Zweckbestimmung.**[20] Bisweilen wird diese Zuordnungsentscheidung auch als „Zweckbestimmung im weiteren Sinne"[21] bezeichnet und von einer solchen „im engeren Sinne"[22] unterschieden, bei der dann lediglich noch die konkrete Nutzung eines Sondereigentums (zB als Büroraum) näher festgelegt wird.[23]

[18] BayObLG Rpfleger 1973, 139.

[19] Vgl dazu die inzwischen aufgehobene Nr. 4 der Allgemeinen Verwaltungsvorschrift für die Ausstellung von Bescheinigungen gemäß § 7 Abs. 4 Nr. 2 und § 32 Abs. 2 Nr. 2 des Wohnungseigentumsgesetzes vom 19.3.1974 (BAnz. Nr. 58 vom 23.3.1974); → 1. Aufl. Anh. III.

[20] BayObLG NZM 2005, 263; BayObLG NJW-RR 1998, 946.

[21] BayObLG WE 1995, 157 mablAnm Weitnauer.

[22] Abl. Armbrüster ZMR 2005, 244 (246 f.).

[23] Vgl. BGHZ 223, 305 = NJW 2020, 921 = ZfIR 2020, 314 = ZMR 2020, 202 = ZWE 2020, 144 [Eisdiele im Teileigentum].

Bei der Festlegung des Nutzungszwecks anlässlich der Begründung des Sondereigentums handelt es sich nach inzwischen ganz überwiegender Auffassung um eine **Zweckbestimmung mit Vereinbarungscharakter** gem. § 5 Abs. 4 S. 1 iVm § 10 Abs. 1 S. 2 u. 3 WEG[24], die den Rechtsinhalt des Sondereigentums ausformt. Zur inhaltlichen Ausgestaltung des Sondereigentums, ausf. → § 5 Rn. 30 ff. Die Zweckbestimmung bewirkt, dass sich der einzelne Wohnungs- bzw. Teileigentümer darauf verlassen kann, dass jedenfalls keine Nutzung zulässig ist, die mehr als die angegebene stört oder beeinträchtigt.[25] 12

4. Gemeinschaftliches Eigentum

Wir haben bereits im → § 1 herausgearbeitet, dass das Gemeinschaftsverhältnis mehrerer Beteiligter an einem Grundstück auf der Grundlage von Miteigentum nach Bruchteilen gestaltet werden muss, um ein verkehrsfähiges Rechtsgebilde zu erhalten. Ein Element des Wohnungs- und Teileigentums ist demgemäß der „Miteigentumsanteil an dem gemeinschaftlichen Eigentum" (vgl. § 1 Abs. 2 u. Abs. 3 WEG). Gemeinschaftliches Eigentum im Sinne des WEGs sind das Grundstück und das Gebäude, soweit sie nicht im Sondereigentum oder im Eigentum eines Dritten stehen. 13

Bitte lesen Sie jetzt § 1 Abs. 5 WEG!

Die Vorschrift wird ergänzt durch § 5 Abs. 2 WEG, der regelt, welche Gegenstände weiterhin zwingend zum Gemeinschaftseigentum gehören müssen. Das sind diejenigen Teile des Gebäudes, die für dessen Bestand oder Sicherheit erforderlich sind, sowie Anlagen und Einrichtungen, die dem gemeinschaftlichen Gebrauch der Wohnungseigentümer dienen. 14

Bitte lesen Sie jetzt § 5 Abs. 2 WEG!

Der Umfang des gemeinschaftlichen Eigentums wird damit negativ durch den des Sondereigentums definiert.[26] Diejenigen Bereiche, die nicht zum Sondereigentum erklärt worden sind, zählen zum Gemeinschaftseigentum. Es besteht also eine Vermutung für die Zugehörigkeit der Bestandteile eines Gebäudes zum gemeinschaftlichen Eigentum.[27] 15

---

[24] BGH ZMR 2021, 992 = ZWE 2021, 451; BGH ZWE 2015, 208; BGH ZMR 2012, 793 = ZWE 2012, 361; KG ZfIR 2015, 622 (Ls); OLG München ZMR 2014, 568; OLG München ZWE 2014, 121; KG Rpfleger 2013, 515 = ZWE 2013, 323; KG ZWE 2011, 84; KG NZM 2007, 604; OLG Hamm NZM 2007, 294; OLG Schleswig ZMR 2006, 891; OLG Frankfurt NJW-RR 2005, 1445; OLG Bremen ZWE 2002, 184; BayObLG NZM 2001, 137; Bärmann/Armbrüster WEG § 1 Rn. 26 ff.; Hügel FS Bub 2007, 137; ARS/Schneider WEG § 1 Rn. 49; F. Schmidt ZWE 2005, 315; Weitnauer/Lüke § 15 Rn. 15; aA noch KG ZMR 2005, 223; BayObLG ZMR 1997, 537; Ott ZfIR 2005, 129, 130 f.; Riecke/Schmid/Elzer, 3. Aufl., WEG § 3 Rn. 22; Wenzel ZWE 2006, 62.

[25] BayObLG ZMR 1991, 232 für eine vereinbarte Nutzung als Wohnung; BGH 10.7.2015 – V ZR 169/14 u. BayObLG WuM 1989, 524 für eine vereinbarte Nutzung als „Laden(raum)".

[26] ARS/Schneider WEG § 1 Rn. 60.

[27] OLG Düsseldorf ZMR 2000, 551; Bärmann/Armbrüster WEG § 1 Rn. 53; ARS/Schneider WEG § 1 Rn. 60.

16 Es erscheint wichtig, bereits an dieser Stelle darauf hinzuweisen, dass das **Gemeinschaftsvermögen** der Eigentümergemeinschaft **nicht** zum gemeinschaftlichen Eigentum der Bruchteilseigentümer gehört.[28] Dies mag beim ersten Lesen verwundern. Unter dem Gemeinschaftsvermögen ist jedoch gem. § 9a Abs. 3 WEG die Gesamtheit der im Rahmen der Verwaltung des Gemeinschaftseigentums erlangten Sachen und Rechte sowie der entstandenen Verbindlichkeiten zu verstehen. Es handelt sich insoweit nicht um gemeinschaftliches Eigentum im Sinne des § 1 Abs. 5 WEG, sondern um ein verbandsbezogenes Sondervermögen, an dem die Wohnungseigentümer mitgliedschaftlich berechtigt sind.

Merke bereits jetzt:

Neben der sachenrechtlich aus den Miteigentümern gebildeten Bruchteilsgemeinschaft existiert noch eine zweite, korporativ verfasste Gemeinschaft der Wohnungseigentümer.[29]

Über diese Gemeinschaft der Wohnungseigentümer werden Sie in → § 7 Rn. 1 ff. mehr lesen.

5. Grundstück

17 Bei dem in Wohnungs- und Teileigentum aufzuteilenden Grundstück muss es sich um ein Grundstück im Rechtssinne handeln. Das setzt die Eintragung eines räumlich abgegrenzten Teils der Erdoberfläche im Bestandsverzeichnis des Grundbuchs unter einer selbständigen laufenden Nummer voraus.[30]

Merke:

Ein **Grundstück im Rechtssinne** kann demnach aus mehreren unselbständigen, katastermäßig noch nicht verschmolzenen Flurstücken bestehen. Umgekehrt kann aber ein Flurstück nicht aus mehreren Grundstücken bestehen.[31]

18 Besonderheiten gelten für ein gem. Art. 233 § 4 EGBGB fortbestehendes **Gebäudeeigentum.** Es kann nicht in Wohnungs- und Teileigentumsrechte aufgeteilt werden, weil keine rechtliche Verbindung zu einem Miteigentumsanteil am Grundstück besteht.[32] Der Gebäudeeigentümer müsste dafür zunächst das Grundstück erwerben.

---

[28] Bärmann/Armbrüster WEG § 1 Rn. 55; ARS/Schneider WEG § 1 Rn. 62; insoweit nicht zutreffend LG Schwerin ZMR 2009, 401.

[29] Inzwischen überwiegt diese sog Trennungstheorie; BGH NJW 2010, 1007 = Rpfleger 2010, 293 = ZfIR 2010, 108 mAnm Elzer; BGH NZM 2007, 411 = ZMR 2007, 875; KG ZMR 2014, 300; OLG München ZWE 2013, 425; aA noch Armbrüster ZWE 2006, 470; Wenzel NZM 2006, 321.

[30] RGZ 84, 265, 270; KGJ 53, 171; OLG Celle FGPrax 2010, 224; OLG München Rpfleger 2009, 673; BayObLG Rpfleger 1981, 190; OLG Hamm NJW 1966, 2411; BayObLGZ 1954, 258, 262.

[31] OLG München Rpfleger 2009, 673; BayObLGZ 1954, 258, 264.

[32] OLG Jena Rpfleger 1996, 194; Hügel DtZ 1996, 66; aA Heinze DtZ 1995, 195.

Wegen der grundsätzlich möglichen Aufteilung von Erbbaurechten in **Wohnungs- und Teilerbbaurechte** → § 15 Rn. 1 ff.

Gem. § 1 Abs. 4 WEG kann Wohnungs- und Teileigentum allerdings nur **an einem Grundstück im Rechtssinne** gebildet werden. 19

Bitte lesen Sie jetzt § 1 Abs. 4 WEG!

Soweit das Wohnungseigentum also an mehreren bisher selbständig gebuchten Grundstücken begründet werden soll, bedarf es der vorherigen rechtlichen Vereinigung (§ 890 Abs. 1 BGB) bzw. Bestandteilszuschreibung (§ 890 Abs. 2 BGB), um zu einer Rechtseinheit zu gelangen. Die bloße buchungstechnische Zusammenschreibung der beteiligten Grundstücke auf einem Grundbuchblatt gem. § 4 GBO ist hierfür nicht ausreichend.[33] Verfahrensrechtlich können Vereinigung bzw. Bestandteilszuschreibung unter den Voraussetzungen der §§ 5 bzw. 6 GBO in das Grundbuch eingetragen werden.

Hinweis:

Mehr zur Vereinigung und Bestandteilszuschreibung werden Sie im → § 4 Rn. 1 ff. erfahren.[34]

Besondere Probleme ergeben sich im Falle eines **Grenzüberbaus** (vgl. § 912 BGB). Entscheidend ist dabei, ob eine eigentumsmäßige Zuordnung des Überbaus zum überbauenden, in Wohnungseigentumsrechte aufzuteilenden Grundstück (Stammgrundstück) festgestellt werden kann. Kann der Überbau eigentumsrechtlich dem Stammgrundstück als wesentlicher Bestandteil zugeordnet werden, so kann nach heute ganz hM dieses Grundstück auch in Wohnungs- und Teileigentumsrechte aufgeteilt werden.[35] Literatur und Rechtsprechung haben für die unterschiedlichen Möglichkeiten eines Grenzüberbaus bestimmte Fallgruppen entwickelt.[36] 20

6. Sondereigentum

Im Gesetz wird der Begriff des Sondereigentums nicht ausdrücklich definiert. 21 Aus dem Zusammenspiel des § 1 Abs. 2 bzw. Abs. 3 WEG mit der gesetzlichen Regelung in § 1 Abs. 5 WEG zum gemeinschaftlichen Eigentum ergibt sich jedoch, dass Sondereigentum das Alleineigentum an denjenigen Räumen bzw. Flächen und Bestandteilen ist, die nach § 3 Abs. 1 u. 2 WEG zum Sondereigen-

---

[33] OLG Saarbrücken NJW 1972, 691.

[34] Ausführlich zur Verbindung von Grundstücken unter Berücksichtigung des DaBaGG Böttcher ZNotP 2013, 367.

[35] BGHZ 237, 184 = NJW 2023, 3090 = ZfIR 2023, 546 = ZWE 2023, 395; OLG Karlsruhe ZWE 2014, 23; OLG Stuttgart ZWE 2011, 410; OLG Karlsruhe DNotZ 1986, 753 mAnm Ludwig; OLG Hamm Rpfleger 1984, 98; Brünger MittRhNotK 1987, 269; Demharter Rpfleger 1983, 133; Ludwig DNotZ 1983, 411; Rastätter BWNotZ 1986, 79; Tersteegen RNotZ 2006, 433.

[36] Vgl. KG MittBayNot 2016, 145; ARS/Schneider WEG § 1 Rn. 259 ff.

tum bestimmt werden und gem. §5 Abs. 1 u. 2 WEG auch sondereigentumsfähig sind.[37]

Hinweis:

Zur Sondereigentumsfähigkeit, ausführlich → §3 Rn. 1 ff.

22 Aus §1 Abs. 5 WEG folgt weiterhin, dass Sondereigentum die Ausnahme und gemeinschaftliches Eigentum die Regel darstellt. Wird kein Sondereigentum an einem Raum begründet, steht dieser folglich im Gemeinschaftseigentum.[38] Eine Verpflichtung zur Totalaufteilung des Gebäudes gibt es nicht.

23 An dieser Stelle erscheint es zielführend, bereits frühzeitig auf die gesetzliche Systematik bei der Begründung von Sondereigentum hinzuweisen. Danach wird der **Gegenstand des Sondereigentums** nach den Absätzen 1 bis 3 des §5 WEG bestimmt (dazu ausführlich → §3 Rn. 1 ff.). Darüber hinaus ermöglicht das Gesetz den Wohnungseigentümern jedoch weiterhin, Vereinbarungen über ihr Verhältnis untereinander nach den Vorschriften des 4. Abschnitts des WEG zum **Inhalt des Sondereigentums** zu machen (§5 Abs. 4 S. 1 WEG). Dieses vertraglich geregelte Verhältnis der Wohnungseigentümer untereinander bildet quasi die Satzung[39] der Gemeinschaft (**Gemeinschaftsordnung**).

Merke:

Anders als bei gewöhnlichem Immobiliareigentum des BGB besteht beim Wohnungseigentum die Möglichkeit, die aus dem Eigentumsrecht folgenden Befugnisse nach den Besonderheiten der jeweiligen Wohnanlage mit dinglicher Wirkung zu konkretisieren oder auch zu modifizieren (vgl. §10 Abs. 1 u. 3 WEG). Solchermaßen als **Inhalt des Sondereigentums** im Grundbuch eingetragene Vereinbarungen stellen keine – untergangsgefährdete – Belastung des Sondereigentums dar; ihnen kommt daher – vergleichbar den inhaltlichen Regelungen bei einem Erbbaurecht gem. §2 ErbbauRG – auch kein grundbuchmäßiger Rang zu.[40]

Wegen der Verdinglichung gemeinschaftsbezogener Regelungen → §5.

7. Raumeigentum

24 Die Bezeichnung „Raumeigentum" ist in der Praxis weit verbreitet.[41] Sie spiegelt das durchaus verständliche Bemühen wider, den im Gesetz fehlenden gemeinsamen Oberbegriff für das Wohnungs- und Teileigentum zu bilden. Lite-

---

[37] Bärmann/Armbrüster WEG §1 Rn. 14; Weitnauer/Briesemeister WEG §1 Rn. 4.

[38] BGHZ 109, 179 = NJW 1990, 447 = Rpfleger 1990, 62; OLG München NZM 2006, 635.

[39] In diesem Sinne auch BGH ZWE 2012, 361 und BGHZ 163, 154 = NJW 2005, 2061 = Rpfleger 2005, 521 = ZfIR 2005, 506 = ZMR 2005, 547 = ZWE 2005, 422.

[40] Vgl. Bärmann/Armbrüster WEG §5 Rn. 125.

[41] Vgl. nur die jeweilige Sachverhaltsdarstellung bei OLG Frankfurt ZWE 2015, 320; KG Rpfleger 2013, 199; OLG München ZWE 2011, 267; OLG München NZM 2007, 842; OLG Köln ZMR 2005, 403.

ratur[42] und Rechtsprechung[43] gebrauchen diesen Begriff ebenfalls. Allerdings hat er durch die WEG-Novelle 2007 wiederum keinen Eingang in das Gesetz selbst gefunden.[44] Durch die WEG-Novelle 2020 ist der Begriff nunmehr problematisch geworden, weil Sondereigentum jetzt auch an Flächen begründet werden kann (§ 3 Abs. 1 S. 2 WEG: Sondereigentum an Stellplätzen; § 3 Abs. 2 WEG: Sondereigentum an Annexeigentum).

Schaubild

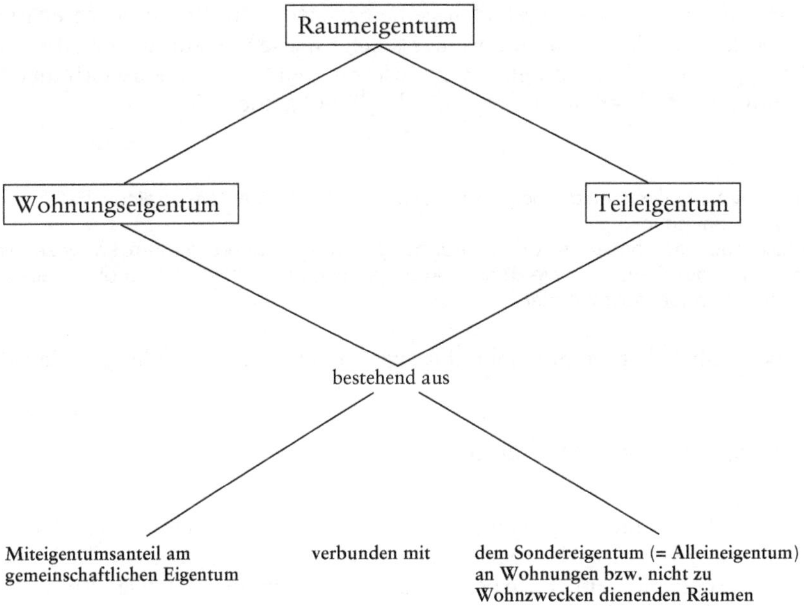

Da zwischen Wohnungs- und Teileigentum nach dem zuvor Gesagten kein 25
struktureller Unterschied besteht, bestimmt das Gesetz für Teileigentumseinheiten die entsprechende Anwendung der Vorschriften über das Wohnungseigentum. Sprachlich wird deshalb oftmals (wie in der Bezeichnung des Gesetzes selbst) nur der Begriff „Wohnungseigentum" verwendet; durch die genannte Verweisung ist jedoch sichergestellt, dass die Vorschriften auch auf das Teileigentum entsprechende Anwendung finden.[45]

Bitte lesen Sie jetzt § 1 Abs. 6 WEG!

[42] Müller 2. Teil Rn. 1; Weitnauer/Briesemeister WEG § 1 Rn. 2 f.
[43] OLG Hamm NZM 2007, 448 = Rpfleger 2007, 137; OLG Saarbrücken NZM 2006, 588 und dass. NZM 2006, 590; OLG Frankfurt NZM 2006, 144.
[44] Bärmann/Armbrüster WEG § 1 Rn. 3; ARS/Schneider WEG § 1 Rn. 48.
[45] Bärmann/Armbrüster WEG § 1 Rn. 3; ARS/Schneider WEG § 1 Rn. 46.

II. Abgrenzung

1. Unzulässiges Mitsondereigentum

26 Es fragt sich, ob nicht möglicherweise nur einigen (aber nicht allen!) Wohnungseigentümern das Sondereigentum an einem Raum oder an sonstigen sondereigentumsfähigen Gegenständen gemeinschaftlich in Bruchteilsberechtigung zustehen kann. Die Begründung eines solchermaßen verstandenen Mitsondereigentums im Sinne einer dinglich verselbständigten Untergemeinschaft an einzelnen Räumen oder Gebäudeteilen sieht das WEG jedoch nicht vor.

Beispiel:

Nicht möglich ist demnach die Begründung von Mitsondereigentum an einem Kellerraum für nur zwei Wohnungen.[46]
Ebenfalls ausgeschlossen ist die Begründung von Mitsondereigentum an wesentlichen Bestandteilen des Gebäudes wie zB einer Abwasserhebeanlage lediglich für die im Souterrain gelegenen Wohnungseigentümer.[47]

27 Davon unberührt bleibt jedoch das sog Nachbareigentum (dazu sogleich).

2. Zulässiges Nachbareigentum

28 Es handelt sich hierbei um einen Anwendungsfall allgemeinen Nachbarrechts im Sinne der §921ff. BGB.[48] Steht danach das Eigentum an einem Gebäudeteil, der nicht zwingend gem. §5 Abs.2 WEG zum Gemeinschaftseigentum gehört, zwei benachbarten Wohnungseigentümern zu, so sind diese im Zweifel Miteigentümer zu gleichen Bruchteilen (§922 S.4 iVm §742 BGB).[49]

Beispiel:

Vorstellbar sind solche Eigentumsverhältnisse beispielsweise an nichttragenden Zwischenwänden oder bei einem von der Hauptleitung abzweigenden Rohrstück, das zwei Sondereigentumseinheiten versorgt.[50]

---

[46] BGH ZWE 2012, 81; BGHZ 130, 159, 168 = NJW 1995, 2851 = Rpfleger 1996, 19; OLG Karlsruhe Rpfleger 2014, 313 = ZWE 2014, 162;BayObLG ZWE 2000, 213; BayObLGZ 1995, 399 = DNotZ 1996, 660; BayObLGZ 1987, 390 = DNotZ 1988, 316 = Rpfleger 1988, 102; BayObLGZ 1981, 407; OLG Düsseldorf Rpfleger 1975, 308.

[47] OLG Schleswig DNotZ 2007, 620 m. insoweit zust. Anm. Commichau.

[48] Staudinger/Rapp WEG §5 Rn.61.

[49] Sauren DNotZ 1988, 667, 675; Staudinger/Rapp WEG §5 Rn.61.

[50] BGHZ 146, 241 = DNotZ 2002, 127 = NJW 2001, 1212 = ZWE 2001, 314; OLG Schleswig DNotZ 2007, 620 m. insoweit abl. Anm. Commichau; OLG München NJW-RR 2006, 297; OLG Zweibrücken Rpfleger 1987, 106; Bärmann/Armbrüster WEG §5 Rn.122; Schöner/Stöber Rn.2824; grds. abl. Heinemann ZMR 2016, 680.

Allerdings ist die Terminologie hier nicht immer ganz eindeutig. Soweit der BGH vom „gemeinsamen Sondereigentum“[51] bzw. von „Mitsondereigentum an der (...) Trennwand“ spricht[52], ist eigentlich Nachbareigentum gemeint.[53]

3. Unzulässiges abgesondertes Miteigentum

Ebenfalls kann auch zwingendes Gemeinschaftseigentum nicht mehreren 29
Wohnungseigentümern separiert zustehen.

Beispiel:

So können zB die Treppenhäuser in einer Mehrhausanlage nicht nur den jeweiligen Miteigentümern des nutzenden Gebäudes eigentumsmäßig zugeordnet werden.[54]

4. Unzulässiges Unterwohnungseigentum

Die Begründung eines Wohnungseigentums an einem Wohnungseigentum als 30
Unterwohnungseigentum ähnlich einem Untererbbaurecht an einem Erbbaurecht ist nicht möglich.[55] Da die Anzahl der zur Verfügung stehenden Miteigentumsanteile nicht über ein Ganzes hinaus vermehrt werden kann, bleibt nur der Weg über die Unterteilung einer Einheit.

Hinweis:

Zur Unterteilung können Sie mehr im → § 6 Rn. 109 ff. lesen.

Wiederholungsaufgaben und Vertiefungsfragen

1. Wodurch unterscheidet sich Wohnungseigentum von Teileigentum?
2. Könnte man nach dem zuvor entwickelten Verständnis von Wohnungs- und Teileigentum auf eine nähere Bestimmung des Raumeigentums nicht gänzlich verzichten, um die spätere Nutzungsmöglichkeit offen zu halten?

Puh – das war jetzt eine ganze Salve von Begrifflichkeiten, die aber für die weitere Lektüre unerlässlich sind.

Sie können jetzt sicherlich eine zweite ☕ vertragen, bevor wir uns der gegenständlichen Ebene etwas näher zuwenden.

---

[51] BGHZ 146, 241 = NJW 2001, 1212 = ZfIR 2001, 209 = ZMR 2001, 289 = ZWE 2001, 314 [„Wanddurchbruch“].

[52] BGHZ 177, 338 = NJW 2008, 2982 = ZfIR 2008, 734 = ZMR 2008, 897 = ZWE 2008, 426 [„Luftschranke“].

[53] In diesem Sinne jetzt auch BGHZ 208, 29 = NJW 2016, 473 = ZWE 2016, 79.

[54] OLG Celle ZWE 2009, 128; BayObLGZ 1981, 407 = DNotZ 1982, 246.

[55] OLG Köln OLGZ 1984, 294 = Rpfleger 1984, 268; Bärmann/Armbrüster WEG § 1 Rn. 17; ARS/Schneider WEG § 1 Rn. 69.

§ 3. Zur Abgrenzung von Gemeinschafts- und Sondereigentum (Gegenstand des Sondereigentums)

Ausgewählte Literatur zur Ergänzung und Vertiefung:

Frank, Zur grundbuchmäßigen Behandlung von Stellplätzen in Doppelstockgaragen, MittBayNot 1994, 512; *Grziwotz,* Die Abgrenzung von Gemeinschafts- und Sondereigentum, NotBZ 2013, 161; *Häublein*, Wem gehört die Fußbodenheizung?, ZMR 2016, 935; *Hügel/Elzer,* Über die Grenzen des Sondereigentums, DNotZ 2013, 487; *Hügel/Elzer,* Vereinbarungen zum Sondereigentum?, DNotZ 2012, 4; *Lehmann-Richter*, Das BGH-Heizkörper-Urteil: Kritik und Konsequenzen, ZWE 2013, 69; *Oertel*, Die Wärmeerzeugungsanlage – Wesentlicher Bestandteil oder Scheinbestandteil des Gebäudes, CuR 2004, 6; *Schmid*, Heizkörper als Sondereigentum, MDR 2011, 1081; *F. Schmidt*, Balkone als Sondereigentum, MittBayNot 2001, 442; *Schneider*, Die sachenrechtliche Zuordnung von Rauchwarnmeldern in Eigentumswohnungsanlagen, ZMR 2010, 822; *Schultz*, Die Zuordnung von Thermostatventilen und Heizkörpern zum Sondereigentum und deren Auswirkung bei der Anwendung der Energieeinsparungs- und Heizkostenverordnung, DWE 2012, 97.

Spezielle Literatur aus der Zeit nach Inkrafttreten des WEMoG:

DNotI-Gutachten, Sondereigentumsfähigkeit von Parksystemen mit horizontal und vertikal verschiebbaren Parkblechen; Mehrfachparker, DNotI-Report 2021, 161; DNotI-Gutachten, Eigentum an baulichen Anlagen auf Freiflächen-Sondereigentum/Annex-Eigentum; Sondereigentumsfähigkeit der Grundfläche des Ausgangsgebäudes; DNotI-Report 2021, 97; *Elzer*, Das Flächen- und Annexeigentum nach der WEG-Reform, ZNotP 2021, 97; *Forschner*, (Neue) Gestaltungsfragen nach dem WEMoG, 2020, ZNotP 2021, 202; *Köther*, Abgrenzung von Gemeinschafts- und Sondereigentum in der notariellen Praxis, RNotZ 2021, 377; *M. Müller*, Zu den sachenrechtlichen Änderungen durch das WEMoG, ZWE 2020, 445; *Schneider*, Neues im Sachen- sowie Grundbuchrecht und Aufgaben des Verwalters, ZWE 2021, 237.

I. Bedeutung der Abgrenzung

Der Abgrenzung von gemeinschaftlichem Eigentum einerseits und Sonder- 1
eigentum andererseits kommt für das Wohnungseigentum eine zentrale Bedeutung zu. So kann ein Wohnungseigentümer mit den im Sondereigentum stehenden Gebäudeteilen grundsätzlich nach Belieben verfahren, insbesondere also (in Verbindung mit dem Miteigentumsanteil) als Alleineigentümer darüber verfügen.

Bitte lesen Sie jetzt § 13 Abs. 1 WEG!

Den Alleineigentümer trifft mangels anderslautender Vereinbarung nach der gesetzlichen Leitvorstellung spiegelbildlich allein die Pflicht zur Erhaltung (Instandhaltung und Instandsetzung) seines Sondereigentums (vgl. noch ausdrücklich § 14 Nr. 1 WEG aF); er hat auch die Kosten dafür allein zu tragen.[1]

[1] Vgl. MüKo BGB/Scheller, 10. Aufl. 2026, § 16 Rn 18.

Nur ihm stehen insoweit auch weiterhin die dinglichen Abwehransprüche gem. §§985, 1004 BGB zu[2]

2 Anders verhält es sich in Bezug auf das gemeinschaftliche Eigentum. Hier ist jeder Wohnungseigentümer nur zum Mitgebrauch des gemeinschaftlichen Eigentums nach Maßgabe des §14 WEG berechtigt (§16 Abs.1 S.3 WEG). An den Früchten des gemeinschaftlichen Eigentums und des Gemeinschaftsvermögens gebührt jedem Wohnungseigentümer ein Anteil nach Maßgabe des §16 Abs.1 S.1 WEG. Sachenrechtliche Verfügungen sind nur durch sämtliche Miteigentümer möglich.[3]

Bitte lesen Sie jetzt §16 Abs.1 WEG!

Die Verwaltung des gemeinschaftlichen Eigentums oblag bis zum Inkrafttreten des WEMoG den Wohnungseigentümern gemeinschaftlich (§20 WEG aF); nunmehr obliegt die Verwaltung der eigens zu diesem Zweck „entdeckten" (rechtsfähigen) Gemeinschaft der Wohnungseigentümer als eigenständigem Personenverband (§18 Abs.1 WEG). Die dieser Gemeinschaft entstehenden Kosten der Verwaltung und des gemeinschaftlichen Gebrauchs des gemeinschaftlichen Eigentums hat jeder Wohnungseigentümer nach dem Verhältnis seines Anteils zu tragen (§16 Abs.2 WEG). Das Regelungskonzept des WEMoG zeigt sich konsequenterweise in der entsprechenden Ausübungsbefugnis für die Wohnungseigentümer. Die Gemeinschaft der Wohnungseigentümer übt jetzt nämlich die sich aus dem gemeinschaftlichen Eigentum ergebenden Rechte sowie solche Rechte der Wohnungseigentümer aus, die eine einheitliche Rechtsverfolgung erfordern, und nimmt die entsprechenden Pflichten der Wohnungseigentümer wahr (§9a Abs.2 WEG).

Hinweis:

Zur (rechtsfähigen) Gemeinschaft der Wohnungseigentümer als körperschaftlich verfasstem Verband werden Sie mehr im → §7 erfahren.

3 Die Regelungen des WEGs über die Zuordnung zum Gemeinschafts- bzw. Sondereigentum betreffen den räumlichen Ausübungsbereich des Eigentums. Ihnen kommt **sachenrechtlicher Charakter** zu; sie sind deshalb nicht disponibel.[4]

---

[2] BGH NJW 2015, 1442 = ZWE 2015, 212; BayObLG ZWE 2000, 174.

[3] Vgl. BGH NJW 2013, 1962 = ZWE 2013, 330 für die Veräußerung von Teilen des gemeinschaftlichen Grundstücks.

[4] Vgl. BGHZ 50, 56 = NJW 1968, 1230.

II. Gemeinschaftseigentum

1. Grundstück sowie Teile, Anlagen und Einrichtungen des Gebäudes, die nicht im Sondereigentum oder im Eigentum eines Dritten stehen

Wie Ihnen aus → § 2 bereits bekannt ist, ist gemeinschaftliches Eigentum im Sinne des WEGs außer dem (ggf. Rest-)Grundstück das Gebäude mit denjenigen Teilen, Anlagen und Einrichtungen, die nicht im Sondereigentum oder im Eigentum eines Dritten stehen (§ 1 Abs. 5 WEG). 4

Wiederholung:

Sie sollten sich bei dieser Gelegenheit noch einmal den zentralen **Grundstücksbegriff** in Erinnerung rufen (→ § 2 Rn. 17).

Unter „Grundstück" wird also nicht nur die bebaute, sondern auch die unbebaute Grundstücksfläche verstanden.

Damit verbleiben die Bereiche, die nicht positiv zum Sondereigentum erklärt 5 werden, im gemeinschaftlichen Eigentum. Es besteht somit eine (Beweis-)Vermutung[5] für die Zugehörigkeit der Teile, Anlagen und Einrichtungen zum gemeinschaftlichen Eigentum, die sich aber nicht auf das Eigentum Dritter erstreckt.

Als **Dritteigentum** kommen insbesondere Einrichtungsgegenstände mit Schein- 6 bestandteils- oder Zubehöreigenschaft in Betracht (vgl. §§ 95, 97 BGB).

Beispiel:

Zu denken ist hier bspw. an Heizungsanlagen, die auf der Grundlage des Wärme-Contractings betrieben werden[6] oder an von Mietern eingebrachte Einbauküchen.[7] Auch an bestimmten Versorgungsanlagen und -leitungen (wie zB Wasser/Abwasser, Strom, Gas, Fernwärme, Kabelfernsehen oder Telefon) kann aufgrund besonderer Rechtsvorschriften Eigentum Dritter – nämlich der Versorgungsunternehmen bzw. der Netzbetreiber – bestehen.[8]

2. Zwingendes Gemeinschaftseigentum

a) Regelungssystematik

Ergänzt wird die Regelung des § 1 Abs. 5 WEG durch § 5 Abs. 2 WEG, der 7 anordnet, welche Gegenstände weiterhin zwingend zum Gemeinschaftseigentum gehören müssen. Das sind diejenigen Teile des Gebäudes, die für dessen Bestand

---

[5] OLG Düsseldorf ZMR 2000, 551; Bärmann/Armbrüster WEG § 1 Rn. 53; ARS/Schneider § 1 Rn. 60.

[6] Vgl. OLG Düsseldorf RNotZ 2008, 24; in diesem Zusammenhang lesenswert Oertel CuR 2004, 6.

[7] Vgl. BGH NJW 2009, 1078 = ZMR 2009, 271.

[8] Ausf. Rathke ZWE 2010, 352 (354 mwN).

oder Sicherheit erforderlich sind. sowie Anlagen und Einrichtungen, die dem gemeinschaftlichen Gebrauch der Wohnungseigentümer dienen.

Bitte lesen Sie noch einmal § 5 Abs. 2 WEG!

8 Die Regelung des § 5 Abs. 2 WEG will bestimmte grundsätzlich sondereigentumsfähige Bereiche der individuellen Dispositionsfreiheit eines Wohnungseigentümers entziehen.[9] Dadurch soll eine „Monopolisierung" solcher Gegenstände verhindert werden, auf deren Gebrauch und Unversehrtheit sämtliche oder zumindest einige Wohnungseigentümer angewiesen sind.[10] Die Zuordnung nach § 5 Abs. 2 WEG ist deshalb vorrangig gegenüber derjenigen nach Abs. 1.[11]

9 Regelungssystematisch stellt § 5 Abs. 2 WEG allerdings eine Ausnahme zu § 5 Abs. 1 WEG dar. Folglich kann sich die zwingende Zuordnung zum Gemeinschaftseigentum wie bei § 5 Abs. 1 WEG nur auf wesentliche Bestandteile des Grundstücks oder des Gebäudes iSd § 93, 94 BGB beziehen.[12] Diese Erkenntnis bestätigt unsere früheren Überlegungen:

Wiederholung:

Erinnern Sie sich noch? Mit der Zuordnung von Alleineigentum an Räumen ist eine *teilweise* Durchbrechung des Akzessionsgrundsatzes für die näher beschriebenen räumlichen Herrschaftsbereiche des Sondereigentümers verbunden. Die §§ 93, 94 BGB werden also nur für diesen eigentumsmäßigen Sonderbereich außer Kraft gesetzt[13]; im übrigen verbleibt es beim Akzessionsgrundsatz.

10 Wird gegen die Zuordnungsgrundsätze des § 5 Abs. 2 WEG verstoßen und eine **fehlerhafte Zuordnung** zum Sondereigentum vorgenommen, so wird das Grundbuch unrichtig iSd § 894 BGB.[14] Es verbleibt dann für den fehlerhaft zugeordneten Bereich materiell-rechtlich bei gemeinschaftlichem Eigentum.[15] Im übrigen wird die Entstehung von Wohnungseigentum jedoch nicht gehindert; die fehlerhafte Begründung des Sondereigentums bleibt auf den gegenständlich betroffenen Bereich begrenzt.[16]

11 In Betracht kommen kann im Falle einer unzulässigen Zuordnung zum Sondereigentum ggf. die **Umdeutung** in eine von § 16 Abs. 2 WEG abweichende Kostentragungsverpflichtung hinsichtlich der notwendigen Erhaltung (Instandhaltung und Instandsetzung) des im gemeinschaftlichen Eigentum verbliebenen Bereichs

[9] Hügel/Elzer WEG § 5 Rn. 23.

[10] Bärmann/Armbrüster WEG § 5 Rn. 26.

[11] Bärmann/Armbrüster WEG § 5 Rn. 25; aA Jennißen/Grziwotz WEG § 5 Rn. 15.

[12] BGH NJW 1975, 688; Bärmann/Armbrüster WEG § 5 Rn. 28; Hügel/Elzer WEG § 5 Rn. 23; Schneider ZMR 2010, 822 (824).

[13] Vgl. BR-Drs. 75/51, 9.

[14] BGH NJW 1991, 2909 = Rpfleger 1991, 454; Bärmann/Armbrüster WEG § 5 Rn. 31.

[15] OLG München Rpfleger 2020, 651 = ZWE 2020, 276; OLG Frankfurt FGPrax 1997, 139 = Rpfleger 1997, 374 = ZfIR 1997, 417 = ZMR 1997, 367.

[16] BGHZ 109, 179 = NJW 1990, 447 = Rpfleger 1990, 62 = ZMR 1990, 112 [„Heizwerkfall"]; vgl. auch OLG München ZWE 2012, 487.

(§ 140 BGB).[17] Das Ersatzgeschäft darf dann allerdings nicht weiter reichen als die ursprünglich geplante, aber fehlerhafte Zuordnung.[18]

Wegen einer evtl. Umdeutung in ein sog Sondernutzungsrecht → § 5 Rn. 77.

b) Teile des Gebäudes, die für dessen Bestand oder Sicherheit erforderlich sind

aa) Räume

§ 5 Abs. 2 WEG erwähnt „Räume" nicht explizit. Gleichwohl besteht Einver- 12
nehmen, dass nach dem Sinn und Zweck der Vorschrift nicht nur Gebäudebestandteile, sondern auch Räume von der Norm erfasst werden.[19] Räumlichkeiten, die dem gemeinschaftlichen Gebrauch der Wohnungseigentümer dienen, können demzufolge nicht zum Sondereigentum bestimmt werden.

Beispiel:

Solche Räume können zB Treppenhäuser, Flure oder Kellergänge sein.

bb) Bestand und Sicherheit des Gebäudes

Zwingendes Gemeinschaftseigentum sind ferner diejenigen Teile des Gebäu- 13
des, die für dessen Bestand und Sicherheit erforderlich sind. Es handelt sich hierbei zunächst um die **konstruktiven Gebäudebestandteile.**

Beispiel:

Zu den konstruktiven Bauteilen in diesem Sinne gehören zB das Fundament des Hauses[20], die Geschossdecken[21], die Außenmauern,[22] die tragenden Wände[23] und das Dach[24].

Die konstruktiven Bestandteile sind auch bei **Mehrhausanlagen** nicht sonder- 14
eigentumsfähig.[25] Andernfalls näherte man sich unter Verstoß gegen den sachenrechtlichen Typenzwang erbbaurechtlichen Gestaltungsmodellen an. Dies gilt selbst dann, wenn sie jeweils nur das Sondereigentum eines einzelnen Wohnungseigentümers begrenzen sollten.[26]

---

[17] Vgl. für Fensterelemente OLG Karlsruhe ZWE 2011, 38; OLG Karlsruhe NZM 2002, 220; BayObLG ZfIR 2000, 132; OLG Düsseldorf NZM 1998, 269; für Isolierschichten OLG Hamm ZMR 1997, 193; für ein Dach OLG Hamm ZMR 1996, 503.

[18] Ausf. Bonifacio MietRB 2010, 91.

[19] BGH NJW 1991, 2909 = Rpfleger 1991, 454; BGHZ 73, 302 = NJW 1979, 2391 = Rpfleger 1979, 255; OLG Hamm OLGZ 1993, 43 = NJW-RR 1992, 1296; Bärmann/Armbrüster WEG § 5 Rn. 30; Hügel/Elzer DNotZ 2012, 4, 6.

[20] Bärmann/Armbrüster WEG § 5 Rn. 35.

[21] OLG München NZM 2008, 493 = ZMR 2008, 232 (für Geschossdecken einer Tiefgarage); OLG Hamm ZMR 1997, 193.

[22] BGH NJW 2008, 3122.

[23] OLG Frankfurt ZMR 2009, 215.

[24] OLG Düsseldorf FGPrax 2004, 16 = ZMR 2004, 280 für ein Garagendach.

[25] BGH NJW-RR 2001, 800; BGHZ 50, 56 = NJW 1968, 1230.

[26] OLG Düsseldorf FGPrax 2004, 267 = Rpfleger 2004, 691 = ZfIR 2004, 778.

Beispiel:

Auf demselben Grundstück im Rechtssinne sind mehrere freistehende Einfamilienhäuser errichtet worden, die bautechnisch vollkommen selbständig sind.

Den besonderen Verwaltungs- und Abrechnungsbedürfnissen in einer solchen Mehrhausanlage kann durch Einräumung umfassender Sondernutzungsrechte am gemeinschaftlichen Eigentum (dazu → § 5 Rn. 74 ff.) und Bildung sog Untergemeinschaften[27] Rechnung getragen werden.

15 Soweit Teile des Gebäudes dem Bestand und der Sicherheit dienen, ohne zugleich konstruktive Anlagen oder Einrichtungen darzustellen, bestimmt sich ihre Erforderlichkeit nach der **Verkehrsauffassung.**[28] Besteht eine öffentlich-rechtliche Verpflichtung zur Ausstattung mit bestimmten Gegenständen, ist Erforderlichkeit anzunehmen.

Beispiel:

Solche zwar nicht konstruktiven, aber gleichwohl für Bestand und Sicherheit erforderlichen Bauteile sind zB aus Brandschutzgründen erforderliche Betonabdeckungen.[29]

cc) Dem gemeinschaftlichen Gebrauch dienende Anlagen und Einrichtungen

16 Anlagen sind idR technische Ausstattungen; Einrichtungen werden oftmals Räumlichkeiten darstellen.[30] Es ist maßgeblich darauf abzustellen, ob die Anlage oder Einrichtung dem gemeinschaftlichen Gebrauch der Wohnungseigentümer zu dienen bestimmt ist.[31] Dazu ist es nicht erforderlich, dass sämtliche Wohnungseigentümer von der Anlage oder Einrichtung profitieren.[32] Es genügt, dass **mindestens zwei Wohnungseigentümer** auf die Nutzung angewiesen sind und die Versagung des Gebrauchs infolge der Bildung von Sondereigentum den schutzwürdigen Belangen der Gemeinschaft zuwiderlaufen würde.[33]

Beispiele:

- Dem gemeinschaftlichen Gebrauch dient etwa ein Treppenhaus, das lediglich der Benutzung der in den Obergeschossen befindlichen Räume dienen soll.[34]
- Ebenfalls im Gemeinschaftseigentum steht eine mehreren Doppelstockgaragen dienende gemeinsame Hydraulik-Anlage.[35]

17 Zu den Anlagen und Einrichtungen gehören auch solche, die der **Bewirtschaftung und Versorgung** der Sondereigentumseinheiten dienen.

---

[27] Zu Gestaltungselementen s. Hügel NZM 2010, 8.
[28] Bärmann/Armbrüster WEG § 5 Rn. 38.
[29] OLG München NZM 2008, 493.
[30] NKV/Vandenhouten WEG § 5 Rn. 35.
[31] BGHZ 78, 225 = NJW 1981, 455.
[32] BGH ZWE 2012, 81.
[33] Bärmann/Armbrüster WEG § 5 Rn. 39; Hügel/Elzer DNotZ 2013, 487 (493).
[34] BayObLGZ 1981, 407 = DNotZ 1982, 246.
[35] BGH ZWE 2012, 81.

Beispiel:

Ist eine Heizungsanlage wesentlicher Bestandteil, so stand sie mit dem für sie bestimmten Heizungsraum nach bisherigem Verständnis regelmäßig zwingend im gemeinschaftlichen Eigentum.[36]

Achtung:

- Eine **Heizungsanlage** kann nach hM jedoch dann sondereigentumsfähig sein, wenn die Versorgung nicht auf die eigene Wohnanlage beschränkt ist und auch fremde Wohngebäude umfasst.[37]
- Der **Raum**, in dem sich die Anlage befindet, mussten schon bisher nicht zwingend im Gemeinschaftseigentum stehen, wenn die Anlage keinen ständigen Bedienungs-, Kontroll- und Wartungsaufwand erfordert[38] oder der Raum nach seiner Art, Lage und Beschaffenheit noch anderen gleichwertigen Nutzungszwecken dienen kann.[39]

Der BGH hat nunmehr die Sondereigentumsfähigkeit von Räumen mit dem gemeinschaftlichen Gebrauch dienenden Anlagen und Einrichtungen anerkannt und die Zugangsproblematik über § 14 WEG gelöst.

Grundsätzlich müssen auch die Räumlichkeiten, die den **einzigen Zugang** zu einem im gemeinschaftlichen Eigentum stehenden Raum eröffnen, gemeinschaftliches Eigentum sein.[40] Zugangsmöglichkeiten können allerdings ggf. auch von Nachbargrundstücken eröffnet werden, wenn diese dauerhaft durch Dienstbarkeiten gesichert sind.[41]

dd) Veränderung der äußeren Gestaltung

Sondereigentum ist ebenfalls ausgeschlossen an Gebäudebestandteilen, durch 18
deren Veränderung, Beseitigung oder Einfügung die **äußere Gestaltung** des Gebäudes verändert wird (arg. § 5 Abs. 1 WEG a.E.).

Beispiel:

Die äußere Gestaltung ist zB betroffen bei Veränderungen des Außenanstrichs oder der von einem Laubengang aus zugänglichen Eingangstür.[42] Beides kann daher nur im gemeinschaftlichen Eigentum stehen.

---

[36] BGHZ 73, 302 = NJW 1979, 2391; jetzt aufgegeben von BGH NZM 2026, 308
[37] BGH NJW 1975, 688.
[38] BGH NJW 1991, 2909; LG Duisburg NJW-RR 2014, 267.
[39] OLG Bremen ZWE 2016, 324; OLG Schleswig ZMR 2006, 886; OLG Saarbrücken MittRhNotK 1998, 361; LG Duisburg NJW-RR 2014, 267.
[39a] BGH NZM 2026, 308.
[40] BGH NJW 1991, 2909; OLG Dresden ZWE 2017, 306; BayObLG MittBayNot 1992, 331; BayObLG DNotZ 1989, 433; BayObLGZ 1986, 26 = MittBayNot 1986, 78; krit. Röll DNotZ 1986, 707.
[41] OLG Düsseldorf NJW-RR 1987, 333.
[42] BGH NJW 2014, 379 = ZWE 2014, 81.

III. Sondereigentum

1. Sondereigentum an Räumen und Gebäudebestandteilen

19 Gegenstand des Sondereigentums sind zunächst die gemäß § 3 Abs. 1 S. 1 WEG bestimmten Räume sowie die zu diesen Räumen gehörenden Bestandteile des Gebäudes, die verändert, beseitigt oder eingefügt werden können, ohne dass dadurch das gemeinschaftliche Eigentum oder ein auf Sondereigentum beruhendes Recht eines anderen Wohnungseigentümers über das bei einem geordneten Zusammenleben unvermeidliche Maß hinaus beeinträchtigt oder die äußere Gestaltung des Gebäudes verändert wird. Insoweit handelt es sich um die im WEG ursprünglich angelegte „gebäudeinterne" Konzeption.

Bitte lesen Sie jetzt § 5 Abs. 1 S 1 WEG!

a) Bestimmte Räume

20 Unter einem **„Raum"** ist der durch Fußboden, Wände und Decke begrenzte Luftraum zu verstehen, der einen ungehinderten Zutritt durch Dritte ausschließt.[43] Die Bezugnahme auf § 3 Abs. 1 S. 1 WEG stellt sicher, dass auch Wohnungen mit ihren Nebenräumen unter die Regelung des § 5 Abs. 1 S. 1 WEG fallen.[44]

Wiederholung:

Schauen Sie doch bitte zum Raum- und Wohnungsbegriff noch einmal in das → § 2 Rn. 3 ff.

21 Die **Bestimmung** von Räumen **zu Sondereigentum** erfolgt im Rahmen der Begründung von Wohnungseigentum entweder durch vertragliche Einräumung oder einseitige Teilung (§ 2 WEG). Soll kein Sondereigentum an einem bestimmten Raum begründet werden, so reicht die Nichteinräumung aus; einer ausdrücklichen Regelung bedarf es insoweit nicht.[45] Entsteht durch einen nachträglichen Anbau ein weiterer Raum, so verbleibt dieser mangels einer Bestimmung im gemeinschaftlichen Eigentum.[46] Zu den Grenzen der Sondereigentumsfähigkeit bei Mehrhausanlagen → Rn. 14.

Hinweise:

- Zu den beiden Begründungsarten werden Sie mehr im → § 4 erfahren.
- Zur Umwandlung von gemeinschaftlichem Eigentum in Sondereigentum und umgekehrt werden Sie mehr im → § 6 Rn. 99 ff. erfahren.

---

[43] Vgl. GmS-OGB BGHZ 119, 42 = NJW 1992, 3290; OLG München NZM 2006, 635.
[44] NKV/Vandenhouten WEG § 5 Rn. 11.
[45] NKV/Vandenhouten WEG § 5 Rn. 12.
[46] OLG Celle ZWE 2009, 128.

22 Die positive Zuordnung zum Sondereigentum im Teilungsvertrag bzw. in der Teilungserklärung wird durch **Eintragung in das Grundbuch** vollzogen (§§ 7 Abs. 1 S. 2, 8 Abs. 2 WEG). Dabei kann zur näheren Bezeichnung des Gegenstandes des Sondereigentums auf die Eintragungsbewilligung Bezug genommen werden (§§ 7 Abs. 3 S. 1, 8 Abs. 2 WEG). Der Gegenstand des Sondereigentums bestimmt sich daher allein nach der Grundbucheintragung und dem dabei regelmäßig in Bezug genommenen Aufteilungsplan gem. § 7 Abs. 4 S. 1 Nr. 1 WEG; auf die tatsächliche Bauausführung kommt es nicht an.[47]

Hinweis:

Lesen Sie mehr zur Grundbucheintragung mit Beispielen im → § 4 Rn. 1 ff.

b) Gebäudebestandteile

23 Nach der Systematik des Gesetzes werden nur **wesentliche Gebäudebestandteile** iSd §§ 93, 94 BGB erfasst.[48] Diese können ihre Eigenschaft entweder durch feste Verbindung mit dem Grundstück erlangt haben (§§ 93, 94 Abs. 1 BGB) oder sie wurden wesentliche Bestandteile des Gebäudes, weil sie zur Herstellung des Gebäudes eingefügt worden sind (§ 94 Abs. 2 BGB).[49] Als wesentlich sind Bestandteile dann anzusehen, wenn sie nicht voneinander getrennt werden können, ohne dass der eine oder der andere Teil zerstört oder in seinem Wesen verändert wird (§ 93 BGB).

Beispiele:

Innenputz, Oberbodenbelag[50].

Nicht sondereigentumsfähig iSd § 5 Abs. 1 S. 1 WEG sind demnach einfache Bestandteile, Scheinbestandteile, Zubehör und Inventar des Wohnungseigentümers, weil sie nicht von § 93 BGB abweichen können (vgl. § 3 Abs. 1 S. 1 WEG); sie folgen allesamt eigentumsrechtlich den allgemeinen Vorschriften.

Beispiele:

- **Einfache Grundstücksbestandteile (arg. § 93 BGB)**: in Betracht kommt eine auf einen Lichtmast aufgesetzte Leuchte einer Straßenbeleuchtungsanlage, deren Mast fest mit dem Grundstück verbunden ist, die selbst aber lediglich einfacher Bestandteil der Straßenleuchte und damit mittelbar auch des Straßengrundstücks ist.[51]
- **Scheinbestandteile (§ 95 BGB)**: s. bereits → Rn. 6.
- **Zubehör (§ 97 BGB)**: In Betracht kommen nicht mit einer Einsatzleitstelle verbundene mobile Rauchwarnmelder.[52]
- **Inventar**: In Betracht kommt die Wohnungseinrichtung eines Wohnungseigentümers.[53]

---

47 BGHZ 208, 29 = NJW 2016, 473 = ZWE 2016, 79 mwN.

48 BGHZ 73, 302 = NJW 1979, 2391; BGH NJW 1975, 688; BayObLG ZWE 2000, 213.

49 Hügel/Elzer WEG § 5 Rn. 9; Staudinger/Rapp WEG § 5 Rn. 19.

50 BGH NJW 2015, 1442 = ZWE 2015, 212.

51 Stieper CuR 2012, 96, 100.

52 LG Hamburg ZWE 2012, 55; LG Hamburg ZWE 2011, 286; Abramenko ZWE 2013, 117 (118); Bärmann/Armbrüster WEG § 5 Rn. 55 Stw Brandmelder; Hügel/Elzer WEG § 5 Rn. 50 (Stw. „Rauchwarnmelder"); Schneider ZMR 2010, 822 (824); undeutlich BGH NJW 2013, 3092 =ZWE 2013, 358; aA Grziwotz NotBZ 2013, 168; Schmidt/Breiholdt/Riecke ZMR 2008, 341 (343).

53 Hügel/Elzer WEG § 5 Rn. 9; Staudinger/Rapp WEG § 5 Rn. 21.

24 Bestandteile eines Gebäudes können – anders als Räume! – nicht rechtsgeschäftlich zum Gegenstand des Sondereigentums erklärt werden. Die **eigentumsrechtliche Zuordnung** erfolgt in diesem Fall vielmehr allein **durch das Gesetz** (§ 5 Abs. 1 S. 1 WEG).[54] Eine Rechtsmacht etwa des teilenden Eigentümers zur Eigentumszuordnung von Gebäudebestandteilen zum Sondereigentum begründet das WEG demgegenüber nicht.[55] Finden sich im Teilungsvertrag bzw. in der Teilungserklärung gleichwohl Zuordnungen, kann diesen keine konstitutive, sondern nur deklaratorische Bedeutung zukommen.[56]

25 Für die sachenrechtliche Zuordnung müssen die Gebäudebestandteile zu einem im Sondereigentum stehenden Raum „gehören". Dies ist unproblematisch der Fall, wenn sich der Gebäudebestandteil innerhalb des Sondereigentums befindet. Ob darüber hinaus neben dem **räumlichen Zusammenhang** auch ein **baulich funktionaler Zusammenhang** ausreicht[57], wenn sich der Gebäudebestandteil außerhalb der räumlichen Begrenzung des Sondereigentums befindet, aber nur diesem ausschließlich dient, ist noch nicht abschließend geklärt[58], wenngleich zu bejahen.

Beispiel:

Eine Abwasserhebeanlage, die sich im gemeinschaftseigenen Heizungskeller befindet, aber lediglich der Wasserentsorgung einer einzelnen Eigentumswohnung dient, gehört als Gebäudebestandteil zu den Sondereigentumsräumen, deren Abwässer sie entsorgt und ist damit Gegenstand des Sondereigentums.[59]

26 Darüber hinaus müssen die Bestandteile des Gebäudes verändert, beseitigt oder eingefügt werden können, ohne dass dadurch das gemeinschaftliche Eigentum oder ein auf Sondereigentum beruhendes Recht eines anderen Wohnungseigentümers über **das bei einem geordneten Zusammenleben unvermeidliche Maß** hinaus beeinträchtigt oder die **äußere Gestaltung** des Gebäudes verändert wird.

2. Sondereigentum an Grundstücksflächen

27 Das WEMoG ermöglicht jetzt erstmalig auch die Begründung von Sondereigentum an Teilen des Grundstücks; seit dem 01.12.2020 bietet das Gesetz dafür zwei neue Möglichkeiten. Bildlich gesprochen könnte man sagen, das (Sonder-)Eigentum tritt aus der dreidimensionalen Gebäudehülle heraus. Damit dies ohne einen Systembruch erfolgen kann, knüpft der Gesetzgeber in beiden Fällen an den bekannten Raumbegriff an.

---

[54] BGH NJW 2013, 1154 = ZWE 2013, 205; aA noch BGH NJW 2011, 2958 = ZWE 2011, 394.

[55] BGH NJW 2013, 1154 = ZWE 2013, 205; Hügel/Elzer DNotZ 2012 4 (5); Schneider ZMR 2010, 822, 824; Kümmel, FS Merle (2010), S. 207 (216).

[56] BGH NJW 2014, 379 = ZWE 2014, 81; Elzer NotBZ 2014, 321.

[57] LG München I ZWE 2013, 165; Bärmann/Armbrüster WEG § 5 Rn. 22; Hügel/Elzer DNotZ 2013, 487 (491); Köther RNotZ 2021, 377, 395; Lehmann-Richter ZWE 2013, 69 (70).

[58] AA wohl BGH NJW 2013, 1154 = ZWE 2013, 205.

[59] OLG Düsseldorf NZM 2001, 752.

a) (Selbstständiges) Stellplatzeigentum

Gem. § 3 Abs. 1 S. 2 WEG gelten Stellplätze jetzt als Raum iSd S. 1. Der Gesetz- 28
geber fingiert also über diese Ergänzung die Raumeigenschaft (nicht nur, aber insbesondere) für Pkw-Stellplätze auf dem Grundstück im Freien, die dadurch (iVm einem Miteigentumsanteil) selbstständig als eigenes Teileigentum gebucht werden können. Das bisher in der Praxis gebräuchliche „Sondernutzungsrecht" soll auf diese Weise entbehrlich werden.

Hinweis:

Lesen Sie mehr zu den unverändert möglichen Sondernutzungsrechten mit Beispielen im → § 5 Rn. 74 ff.

Bitte lesen Sie jetzt § 3 Abs. 1 S 2 WEG!

Die Vorschrift ist sprachlich nicht besonders gelungen; Gegenstand und Inhalt 29
der Neuregelung sind jeweils auslegungsbedürftig. So lässt sich allein aus dem Wortlaut nicht erkennen, dass tatsächlich sämtliche Stellplätze auf dem Grundstück von ihr erfasst werden sollen.[60] Auch ist der Begriff des Stellplatzes inhaltlich unscharf. Insoweit dürfte allerdings inzwischen überwiegend Konsens bestehen, dass nicht nur Pkw-Stellplätze, sondern alle Stellplätze zum Abstellen von Fahrzeugen im erforderlichen Ausmaß gemeint sind, die für die Fortbewegung von Menschen geeignet sind.[61] Nach diesem Verständnis kann zB an Mülltonnenstellplätzen kein Sondereigentum begründet werden.[62]

Ebenfalls noch nicht entschieden ist, ob § 5 Abs. 1 S. 2 WEG auf Stellplatz- 30
eigentum Anwendung findet.

Bitte lesen Sie jetzt § 5 Abs. 1 S 2 WEG!

Auch wenn nach dem Wortlaut wohl nur die Fallgestaltung des sog. Anne- 30a
xeigentums angesprochen wird (dazu sogleich), ergibt sich aus der Gesetzesbegründung[63] eine gewollte Anwendung auf das Stellplatzeigentum. Demnach soll § 94 BGB für das Stellplatzeigentum entsprechend gelten, d.h. ein mit der Stellplatzfläche verbundenes Gebäude steht zwingend – und damit auch mit seinen konstruktiven Bauteilen – vollständig im Eigentum des Stellplatzeigentümers. Somit können in ein und derselben Wohnungseigentumsanlage zwei unterschiedliche Rechtsformen von Gebäudeeigentum mit unterschiedlichen Kosten- und Verwaltungsregelungen existieren.[64]

Besondere gestalterische und rechtliche Fragestellungen ergeben sich aus der 31
Anwendung des § 3 Abs. 1 S. 2 WEG auf Mehrfachparker (sog. Duplex- oder

---

[60] Vgl. RegE BT-Drs. 19/18791 S. 39. Die Fiktion soll alle Arten von Stellplätzen unabhängig von ihrer Lage in, unter oder auf einem Gebäude und auf dem Grundstück sowie in Mehrfachparkern erfassen.

[61] Abramenko, Das neue Wohnungseigentumsrecht, § 1 Rn. 4; Hügel/Elzer WEG § 3 Rn. 61; Lehmann-Richter/ Wobst Rn. 1667; Schneider ZWE 2021, 237f. mwN.

[62] AA allerdings Grüneberg/Wicke, 81. Aufl. 2022, WEG § 3 Rn. 8: Stellplatz auch für Container.

[63] RegE BT-Drs. 19/18791, S. 38.

[64] Becker/Schneider ZfIR 2020, 281, 285.

Quattroparker).[65] Wenn nunmehr die einzelne Stellplatzfläche eines Mehrfachparkers sondereigentumsfähig sein kann, so braucht auf die bisher übliche Bildung nur einer Teileigentumseinheit für den gesamten Mehrfachparker mit internen Nutzungsregelungen nicht mehr zurückgegriffen zu werden.[66] Daraus ergeben sich dann allerdings nicht nur im Hinblick auf § 905 BGB neue eigentumsmäßige Konsequenzen, sondern auch Kostentragungs- und Verwaltungsfragen, die sinnvollerweise einer Regelung bedürfen. Inzwischen hat der BGH die Auffassung bestätigt, wonach es möglich sein soll, an horizontal verschiebbaren Stellplatzflächen Sondereigentum zu begründen, wenn nur ein bestimmter Palettenstellplatz zum alleinigen Gebrauch fest zugewiesen wird („mobiles Immobiliareigentum").[67]

b) (Unselbstständiges) Annexeigentum

32 Gem. § 3 Abs. 2 WEG kann jetzt außerdem Sondereigentum auf einen außerhalb des Gebäudes liegenden Teil des Grundstücks erstreckt werden, es sei denn, die Wohnung oder die nicht zu Wohnzwecken dienenden Räume bleiben dadurch wirtschaftlich nicht die Hauptsache. Auf diese Weise schafft der Gesetzgeber die Möglichkeit, raumgebundenes Sondereigentum auf bisher nicht sondereigentumsfähige Grundstücksflächen außerhalb des Gebäudes als „Anhängsel" zu erstrecken. Solche Nebenflächen sind nicht selbstständig verkehrsfähig, sondern auf die Anbindung an ein Wohnungs- bzw. Teileigentum angewiesen; sie bilden lediglich einen eigentumsrechtlichen Annex und können deshalb auch nicht selbstständig im Grundbuch gebucht werden. Gedacht wurde dabei wohl vornehmlich an Terrassen- und Gartenflächen, an denen nach bisheriger Rechtslage lediglich Sondernutzungsrechte begründet werden konnten.[68] In solchen Fällen wird die Hauptsacheeigenschaft der Wohnung bzw. der sonstigen Räume grundsätzlich vermutet. Eine Prüfung durch das Grundbuchamt hat daher nur bei konkreten anderweitigen Anhaltspunkten zu erfolgen.[69]

Bitte lesen Sie jetzt § 3 Abs. 2 WEG!

33 Eine Übertragung des Annexeigentums kann vor diesem Hintergrund nur innerhalb der Eigentümergemeinschaft möglich sein; dabei ist wiederum das Erfordernis des § 3 Abs. 2 Hs. 2 WEG zu beachten.[70] Die Erstreckungsmöglichkeit für das Sondereigentum ist nicht an ein bestimmtes räumliches Näheverhältnis zur Haupteinheit gebunden. So kann etwa als Hauptsache auch das Sondereigen-

---

[65] Dazu s. zB Schneider ZWE 2021, 237f.

[66] Vgl. noch zum früheren Recht BGH NJW 2014, 1879 = Rpfleger 2014, 362 = ZfIR 2014, 441 = ZMR 2015, 232 = ZWE 2014, 211.

[67] BGH 07.03.2024 – V ZB 46/23; BeckOGK/M. Müller WEG § 3 Rn. 125, 129; BeckOK WEG/Leidner § 3 Rn. 16; MüKoBGB/Krafka WEG § 3 Rn. 48; Forschner ZNotP 2021, 202, 203; Dötsch/Schultzky/Zschieschack WEG-Recht 2021, Kap. 1 Rn. 7; abl. Bauer/Schaub/Schneider Einl E Rn. 92b; Elzer ZNotP 2021, 97 (99).

[68] Vgl. BT-Drs. 19/18791, 37.

[69] OLG Rostock NJW 2023, 617 = ZMR 2023, 654 = ZWE 2023, 79.

[70] Grüneberg/Wicke WEG § 3 Rn. 10.

tum an der Wohnung im 4. Obergeschoß mit Annexeigentum im Gartenbereich verbunden werden.[71]

Errichtet ein Wohnungseigentümer auf dem in seinem Sondereigentum stehenden Grundstücksteil ein Gebäude, so steht das Eigentum an diesem Gebäude gem. § 5 Abs. 1 S. 2 WEG in entsprechender Anwendung von § 94 Abs. 1 BGB allein diesem Sondereigentümer zu.[72] An den für Bestand und Sicherheit notwendigen konstruktiven Gebäudeteilen (zB dem Dach) besteht in diesem Fall kein zwingendes Gemeinschaftseigentum; § 5 Abs. 2 WEG gilt für solche Gebäude nicht.[73]

Mit der Begründung und dem rechtlichen Schicksal von Annexeigentum sind 34
weitere noch nicht abschließend geklärte Rechtsfragen verbunden. Dazu gehören insbesondere die Bestimmung der Kriterien für die wirtschaftliche Hauptsacheeigenschaft, die Rechtsfolgen bei einem Verstoß gegen eben diese Voraussetzung[74] sowie Fragen nach Verfügungen über Annexeigentum.[75]

IV. Sachenrechtliche Vereinbarungen zum Gemeinschaftseigentum

Wenn Sie bis hierhin durchgehalten haben, mag folgendes Zitat zweier renom- 35
mierter Wohnungseigentumsrechtler ein wenig Hoffnung geben:

> „Wem diese sachenrechtlichen Überlegungen für den Alltag der Wohnungseigentümer zu diffizil und zu kompliziert handhabbar oder wem die Ergebnisse der Rechtsprechung zu wenig überzeugend und vorhersehbar erscheinen, sollte darüber nachdenken, den bisher wenig beschrittenen Weg über § 5 Abs. 3 WEG zu gehen, indem das im Einzelfall bestehende Sondereigentum an den Gebäudebestandteilen insgesamt zum gemeinschaftlichen Eigentum erklärt wird. Sachenrechtliche Abgrenzungsfragen stellen sich dann nicht.
> Im Gegenzug bedarf es dann aber einer stimmigen Kostenverteilung für diese Bestandteile und einer exakten Regelung über die Verwaltungszuständigkeit für diese.“[76]

Hinweis: 36

Damit Sie sich nicht im Dickicht der Regelungen zur Raumeigenschaft und Sondereigentumsfähigkeit verfangen, enthalten die einschlägigen Kommentare zu § 5 WEG Zusammenstellungen alphabetisch sortierter Einzelfallentscheidungen.

---

[71] Dressler-Berlin Rpfleger 2021, 193 (194); Hügel/Elzer WEG § 3 Rn. 66; M. Müller ZWE 2020, 445 (449); SEHR/Schneider § 3 Rn. 21.
[72] BT-Drs. 19/18791, S. 38.
[73] BT-Drs. 19/18791, S. 38; aA Dötsch/Schultzky/Zschieschack Kap. 1 Rn. 30.
[74] Bei Interesse sei Ihnen zB der Beitrag in der ZWE 2021, 237 mwN zur Vertiefung empfohlen.
[75] Schneider ZMR 2023, 937.
[76] Hügel/Elzer DNotZ 2013, 487 (496).

Wiederholungsaufgaben und Vertiefungsfragen

1. Können Mülltonnen im Gemeinschaftseigentum stehen? Begründen Sie Ihre Rechtsansicht.
2. Steht die von einem Wohnungseigentümer angeschaffte und in seinem Wohnzimmer aufgestellte Wohnlandschaft (bestehend aus einem überdimensionierten Sofa und mehreren Sesseln) in dessen Sondereigentum?

§ 4. Begründung des Wohnungseigentums

Ausgewählte Literatur zur Ergänzung und Vertiefung:

Becker M., Die Einpersonen-Eigentümergemeinschaft, FS Seuß (2007), S. 19; *Becker J.*, Die Rechtsnatur der Abgeschlossenheitsbescheinigung nach dem Wohnungseigentumsgesetz und das Prüfungsrecht des Grundbuchamts, NJW 1991, 2742; *Böttcher*, Verbindung von Grundstücken unter Berücksichtigung des DaBaGG, ZNotP 2013, 367; *Bub*, Aufteilungsplan und Abgeschlossenheitsbescheinigung, WE 1991, 124 und WE 1991, 150; *Demharter*, Isolierter Miteigentumsanteil beim Wohnungseigentum, NZM 2000, 1196; *Demharter*, Wohnungseigentum und Überbau, Rpfleger 1983, 133; *Ertl*, AGB-Kontrolle von Gemeinschaftsordnungen der Wohnungseigentümer durch das Grundbuchamt?, DNotZ 1981, 149; *Gaberdiel*, Mängel bei der Begründung von Wohnungseigentum, NJW 1972, 847; *Grziwotz*, Abgeschlossenheit einer Wohnung, MietRB 2013, 127; *Heismann*, Die werdende Wohnungseigentümergemeinschaft – ein traditionelles Rechtsinstitut des WEG auf dem dogmatischen Prüfstand, ZMR 2004, 10; *Hügel*, Begründung von Wohnungseigentum mittels eines vorläufigen Aufteilungsplans; NotBZ 2003, 147; *Klühs*, Dingliche und grundbuchverfahrensrechtliche Auswirkungen der Nichterrichtung von Wohnungs- bzw. Teileigentum, ZWE 2010, 730; *Lotter*, Zum Inhalt des Aufteilungsplans nach § 7 Abs, 4 Satz 1 Nr. 1 WEG, MittBayNot 1993, 144; *Ludwig*, Grenzüberbau bei Wohnungs- und Teileigentum, DNotZ 1983, 411; *Pause*, Begründung von Wohnungseigentum an Altbauten ohne Abgeschlossenheitsbescheinigung?, NJW 1990, 3178; *Rapp*, Wohnungseigentum und aufteilungsplanwidrige Bauausführung, MittBayNot 2016, 474; *Reymann*, Werdende Wohnungseigentümergemeinschaft bei der Vorratsteilung – Fortexistenz bis zur Veräußerung der letzten Einheit?, ZWE 2012, 357; *Röll*, Rechenfehler bei der Aufteilung zu Wohnungseigentum, MittBayNot 1996, 175; *F. Schmidt*, Der Alleineigentümerstatus im Wohnungseigentum, ZMR 2009, 725; *Schneider*, Zustimmungen Drittberechtigter bei der Begründung von Wohnungseigentum, ZNotP 2010, 299 u. 387; *Tersteegen*, Der Überbau in der notariellen Praxis, RNotZ 2006, 433; *Thoma*, Rechtsprobleme bei der Aufteilung von Grundbesitz in Wohnungseigentum, RNotZ 2008, 121; *Ulmer*, AGB und einseitig gesetzte Gemeinschaftsordnungen von Wohnungseigentümern, FS Weitnauer (1980), S. 205.

Spezielle Literatur aus der Zeit nach Inkrafttreten des WEMoG:

Böhringer, Eintragung von Haftungsklauseln bei Wohnungseigentum, Rpfleger 2022, 375; *Böhringer*, Die neuen Sondereigentumstypen des § 3 WEG im Grundbuchverfahren, Rpfleger 2021, 393; DNotI-Gutachten Begriff der Maßangaben bei Stellplätzen DNotI-Report 2022, 155; *Dressler-Berlin*, Die Auswirkungen des Wohnungseigentumsmodernisierungsgesetzes (WEMoG) auf die Arbeit des Grundbuchgerichts – ein erster Überblick, Rpfleger 2021, 193; *Hügel/Elzer*, Unbewohnbares Wohnungseigentum? – Zugleich zur „AVA 2021" NZM 2023, 57; *Schneider*, Praktischer Umgang mit der AVA ZfIR 2023, 116; *Wobst*, Die Neufassung der Allgemeinen Verwaltungsvorschrift für die Ausstellung von Bescheinigungen nach dem Wohnungseigentumsgesetz (AVA) DNotZ 2021, 582.

I. Begründungsmöglichkeiten und Gesetzessystematik

Im → § 1 haben wir die historische Entstehung des Wohnungseigentums in 1
Deutschland auf der Grundlage einer Bruchteilsgemeinschaft entwickelt. Der Gesetzgeber fügt dieser Begründungsart eine zweite Möglichkeit hinzu. Gem. § 2 WEG kann Wohnungs- und Teileigentum (nur) auf folgenden beiden Wegen

begründet werden: entweder durch die Ihnen schon bekannte **vertragliche Einräumung von Sondereigentum** (§§ 3, 4 WEG) oder auch durch eine **einseitige Teilungserklärung** (§ 8 WEG). Andere Begründungsmöglichkeiten sieht das Gesetz nicht vor.[1] Allerdings können diese beiden Möglichkeiten miteinander kombiniert werden.[2]

Bitte lesen Sie jetzt § 2 WEG!

Ist das Wohnungseigentum erst einmal wirksam entstanden, ist die Art seiner Begründung für den weiteren Rechtsverkehr unerheblich.[3]

2 **Regelungssystematisch** hat der Gesetzgeber die vertragliche Begründung gem. § 3 WEG in den Vordergrund gestellt. Die nachfolgenden Vorschriften der §§ 4 bis 7 WEG beziehen sich zunächst auf diese Begründungsmöglichkeit. Für die mittlerweile in der Praxis jedoch weitaus gebräuchlichere Teilungserklärung gem. § 8 WEG enthält § 8 Abs. 2 WEG eine Rückverweisung auf die insoweit anwendbaren Vorschriften.

3 **Hinweis:**

Sie sollten bereits jetzt darauf achten, die beiden Begründungsarten auch **sprachlich** sauber zu trennen. Die leider im WEG-Alltag oftmals anzutreffende „Teilungserklärung“ als Sammelbegriff für beide Begründungsvorgänge beschreibt richtigerweise lediglich die einseitige Entstehungsvariante gem. § 8 WEG.

II. Materiell-rechtliche Voraussetzungen

1. Vertragliche Einräumung von Sondereigentum (§ 3 WEG)

a) Vorhandene Bruchteilsgemeinschaft

4 Die vertragliche Einräumung von Sondereigentum ist Ihnen bereits bekannt. Diese Möglichkeit kommt immer dann in Betracht, wenn die für die Begründung von Wohnungseigentum benötigten Miteigentumsanteile schon vorhanden sind und diese durch die Miteigentümer nur noch vertraglich wechselseitig mit Sondereigentum verknüpft werden müssen.

Bitte lesen Sie jetzt noch einmal § 3 Abs. 1 S. 1 WEG!

In diesem Fall besteht also schon eine Miteigentümergemeinschaft gem. §§ 741, 1008 BGB, so dass die künftigen Wohnungseigentümer bereits bekannt und in gewöhnlicher Bruchteilsgemeinschaft miteinander verbunden sind (§ 3 Abs. 1

[1] Keine Begründung von Wohnungseigentum durch letztwillige Verfügung; vgl. BGH NJW 2002, 2712 = ZWE 2002, 461. Ebenfalls keine Begründung von Wohnungseigentum durch Richterspruch; vgl. OLG Oldenburg FamRZ 1996, 1437.

[2] Beispiele bei ARS/Schneider WEG § 2 Rn. 13 ff.

[3] OLG Celle ZMR 2009, 214.

S. 1 WEG). Über die Größe und die Anzahl der Miteigentumsanteile enthält das Gesetz keine Angaben (→ Rn. 16).

b) Vorgängige Änderungen in der Zusammensetzung

Bilden die Beteiligten demgegenüber noch eine **Gesamthandsgemeinschaft** (zB Erbengemeinschaft gem. §§ 2032 ff. BGB), muss für eine vertragliche Begründung von Wohnungseigentum zuvor die Umwandlung in eine Bruchteilsgemeinschaft erfolgen.[4] 5

Eine der Begründung von Wohnungseigentum vorhergehende **Verschiebung der** bisherigen **Miteigentumsanteile** zur Schaffung veränderter Quoten bedarf neben dem eigentlichen Teilungsvertrag einer zusätzlichen Auflassung gem. §§ 873 Abs. 1, 925 BGB.[5] 6

Dabei sind auch **Zusammenlegungen mehrerer Bruchteile** zur Bildung eines größeren Miteigentumsanteils denkbar, an dem dann die einbringenden Eigentümer in ihrem bisherigen Verhältnis berechtigt sind. 7

Beispiel:

Die Beteiligten A, B, C und D sind Miteigentümer eines Grundstücks zu je 1/4 Miteigentumsanteil. Die Eheleute A und B legen nunmehr ihre beiden 1/4-Anteile in der Weise zusammen, dass zur Vorbereitung der Bildung von Wohnungseigentum ein 1/2 Miteigentumsanteil entsteht, der dann mit dem Sondereigentum an einer Wohnung verbunden wird. Das neu gebildete Wohnungseigentum steht den Eheleuten A und B zu je 1/2 Anteil in Bruchteilsgemeinschaft zu.[6] Wegen der besonderen wohnungseigentumsrechtlichen Verbundenheit der Miteigentumsanteile liegt hierin keine unzulässige Aufteilung eines gewöhnlichen Bruchteilseigentums in Unterbruchteilseigentum.[7]

Im Hinblick auf § 6 WEG müssen allerdings immer sämtliche vorhandenen Miteigentumsanteile mit Sondereigentum verbunden werden (vgl. auch § 3 Abs. 1 S. 1 WEG: „(...) daß *jedem* der Miteigentümer (...) das Sondereigentum an einer bestimmten Wohnung (...) eingeräumt wird."

c) Dingliche Einigung

Für die vertragliche Einräumung des Sondereigentums ist die **dingliche Einigung** aller Bruchteilseigentümer erforderlich (§ 4 Abs. 1 WEG). Sie bedarf der für die Auflassung vorgeschriebenen **Form** (§ 4 Abs. 2 S. 1 WEG; § 925 BGB); eine notarielle Beurkundung ist materiell-rechtlich somit nicht erforderlich. Die Einräumung von Sondereigentum darf nicht unter einer **Bedingung oder Zeitbestimmung** erfolgen (§ 4 Abs. 2 Satz 2 WEG). Erfolgt die Grundbucheintragung trotz unwirksamer Einigung, weil zB die Form nicht gewahrt wurde, wird dieser Gründungsmangel insgesamt geheilt, sobald ein Dritter gutgläubig eine der vom Gründungsakt erfassten Eigentumswohnungen erwirbt.[8] 8

---

4 OLG Hamm OLGZ 1968, 89 = DNotZ 1968, 489.
5 BayObLG DNotZ 1986, 237.
6 BGHZ 86, 393 = NJW 1983, 1672.
7 BGHZ 13, 133 = NJW 1954, 1035.
8 BGHZ 109, 179 = NJW 1990, 447 = Rpfleger 1990, 62 – Heizwerkfall.

9 Für die **Verpflichtung** zur Begründung von Sondereigentum gilt § 311b Abs. 1 BGB entsprechend (§ 4 Abs. 3 WEG).

Bitte lesen Sie jetzt § 4 WEG!

d) Grundbucheintragung

10 Für die Entstehung von Wohnungseigentum ist weiterhin noch die Grundbucheintragung erforderlich (§ 4 Abs. 1 WEG). Die Eintragung der einzelnen Wohnungseigentumseinheiten erfolgt auf eigenen, besonders anzulegenden Grundbuchblättern (§ 7 Abs. 1 S. 1 WEG). Sie stellen das Grundbuch i.S. des BGB und der GBO dar; jedes **Wohnungs- und Teileigentumsgrundbuch** (§ 1 WGV) ist wie ein selbständiges Grundstücksgrundbuch zu behandeln.

Beispiel:

(verkürztes Eintragungsbeispiel)

Rechtslage *vor* der vertraglichen Einräumung des Sondereigentums (ohne Belastungen)

Amtsgericht Duisburg **Grundbuch von Duisburg** **Blatt 100**

Bestandsverzeichnis

Laufende Nummer der Grundstücke	Bisherige laufende Nummer der Grundstücke	Bezeichnung der Grundstücke und der mit dem Eigentum verbundenen Rechte					Größe		
		Gemarkung (Vermessungsbezirk)	Karte		Liegenschaftsbuch	Wirtschaftsart und Lage			
			Flur	Flurstück					
		a	b		c/d	e	ha	a	m²
1	2	3					4		
1		Duisburg	1	101		Gebäude- und Freifläche, Kardinal-Galen-Straße 124		02	34

Amtsgericht Duisburg **Grundbuch von Duisburg** **Blatt 100**

Erste Abteilung

Laufende Nummer der Eintragung	Eigentümer	Laufende Nummer der Grundstücke im Bestandsverzeichnis	Grundlage der Eintragung
1	2	3	4
1	1. Karl Kumpel, geboren am 22.3.1958, Duisburg – zu 1/8-Anteil – 2. Elfriede Bergmann, geborene Steiger, geboren am 7.2.1963; Essen – zu 1/8-Anteil – 3.	1	Aufgelassen am 15.9.1998; eingetragen am 20.11.1998

Rechtslage *nach* der vertraglichen Einräumung des Sondereigentums (ohne Belastungen)

Amtsgericht Duisburg **Wohnungsgrundbuch von Duisburg** **Blatt 10000**

Bestandsverzeichnis

Laufende Nummer der Grundstücke	Bisherige laufende Nummer der Grundstücke	Bezeichnung der Grundstücke und der mit dem Eigentum verbundenen Rechte					Größe		
		Gemarkung (Vermessungsbezirk)	Karte		Liegenschaftsbuch	Wirtschaftsart und Lage			
			Flur	Flurstück					
		a	b		c/d	e	ha	a	m²
1	2	3					4		
1		$^1/_8$tel Miteigentumsanteil an dem Grundstück							
		Duisburg	1	101		Gebäude- und Freifläche, Kardinal-Galen-Straße 124		02	34
		verbunden mit dem Sondereigentum an der im Aufteilungsplan vom 24. März 2000 mit Nr. 2 bezeichneten Wohnung im Erdgeschoss links.							
		. .							

Amtsgericht Duisburg **Wohnungsgrundbuch von Duisburg** **Blatt 10000**

Erste Abteilung

Laufende Nummer der Eintragung	Eigentümer	Laufende Nummer der Grundstücke im Bestandsverzeichnis	Grundlage der Eintragung
1	2	3	4
1	Karl Kumpel, geboren am 22.3.1958, Duisburg	1	Aufgrund Einräumung von Sondereigentum gem. § 3 WEG vom 25.2.2009 eingetragen am 24.3.2009.

Zur weiteren grundbuchmäßigen Behandlung → Rn. 42 ff.

Merke:

Bei der vertraglichen Einräumung von Sondereigentum setzt sich das zuvor bestehende Miteigentum der bisherigen Bruchteilseigentümer in der Weise fort, dass die vormals gewöhnlichen Miteigentumsanteile nach der Verbindung mit Sondereigentum unverändert mit den jeweiligen Miteigentumsanteilen der Wohnungseigentümer übereinstimmen. Lediglich der Gegenstand des gemeinschaftlichen Eigentums hat sich durch die wechselseitige Einräumung von Sondereigentum reduziert.

Hinweis:

Einen **Mustertext** für die vertragliche Einräumung von Sondereigentum finden Sie im → **Beck'schen Formularbuch WEG**.

2. Teilungserklärung durch den (Allein-)Eigentümer (§ 8 WEG)

a) Teilungserklärung

11 Diese in der Praxis weitaus häufiger vorkommende Art der Begründung von Wohnungseigentum bietet sich vor allem für Bauträger an. Sie dient allerdings auch (Erben-)Gemeinschaften zur Vorbereitung einer späteren Auseinandersetzung durch sukzessive Abveräußerungen.

Bitte lesen Sie jetzt § 8 WEG!

12 Der Eigentümer eines Grundstücks zerlegt das bisher einheitliche Eigentum am Grundstück in Miteigentumsanteile und verbindet diese jeweils mit Sondereigentum (vgl. § 8 Abs. 1 WEG). § 8 WEG ermöglicht damit die Bildung von **Miteigentumsanteilen in der Hand eines Alleineigentümers**, was nach gewöhn-

lichem bürgerlichen Recht gar nicht möglich wäre.[9] Dieselbe Befugnis steht auch mehreren Personen zu, denen das aufzuteilende Grundstück in einem bestimmten Gemeinschaftsverhältnis gehört.

Die Teilungserklärung gem. § 8 WEG ist kein Vertrag, sondern eine **einseitige materielle Willenserklärung**, die gegenüber dem Grundbuchgericht abzugeben ist. Sie muss von demjenigen abgegeben werden, der im Zeitpunkt der Anlegung der Wohnungs- und Teileigentumsgrundbücher Eigentümer des betroffenen Grundstücks ist.[10] Steht das aufzuteilende Grundstück im Eigentum einer Bruchteils- oder Gesamthandsgemeinschaft, ist die Teilungserklärung von sämtlichen Mitgliedern der Gemeinschaft abzugeben. Für die materielle Teilungserklärung ist eine besondere **Form** nicht vorgeschrieben, wenngleich sich in der Praxis eine notarielle Beurkundung wegen der damit verbundenen Bezugnahmemöglichkeiten in den anschließenden Veräußerungsverträgen als zweckmäßig erweist (vgl. § 13 Abs. 1 S. 1 BeurkG). Die Teilungserklärung konnte bereits nach zutreffender Ansicht (nun ausdrücklich in § 8 Abs. 2 WEG in Bezug genommenen § 4 Abs. 2 S. 2 WEG) **nicht bedingt oder befristet** abgegeben werden.[11] 13

Eine Bindung an die Teilungserklärung kann nach überwiegender Auffassung zwar nicht nach § 873 Abs. 2 BGB eintreten, wohl aber in entsprechender Anwendung von § 875 Abs. 2 BGB.[12] Bei vorhandenen **Verfügungsbeeinträchtigungen** ist eine wirksame Begründung demzufolge nach § 878 BGB möglich.[13] 14

Bei der Begründung von Wohnungseigentum durch einen **Nichteigentümer** kann es jedoch keinen Gutglaubensschutz nach § 892 Abs. 1 BGB geben, weil es insoweit an einem Verkehrsgeschäft fehlt.[14] War das Grundstücksgrundbuch also unrichtig, werden durch die Aufteilung auch die Wohnungs- und Teileigentumsgrundbücher unrichtig. 15

b) Bestimmung der Miteigentumsanteile

Rechtlich steht beim Wohnungseigentum der Miteigentumsanteil am Grundstück im Vordergrund (vgl. § 6 WEG).[15] Die **Größe der Miteigentumsanteile** bestimmt der teilende Grundstückseigentümer selbst; er kann grundsätzlich auch die **Anzahl der Miteigentumsanteile** frei bestimmen.[16] Insoweit macht das 16

[9] BGHZ 49, 250 = NJW 1968, 499; KG Rpfleger 2020, 505; OLG München FGPrax 2018, 158; BayObLGZ 1996, 41 = NJW-RR 1996, 1041; LG Köln MittRhNotK 1977, 32; Wolff/Raiser § 89 Abs. III 2. Fn. 14: „Anomalie". Eine Parallele findet sich in § 3 Abs. 6 GBO, dort allerdings unter der Voraussetzung, dass die Miteigentumsanteile des Alleineigentümers zugleich den herrschenden Grundstücken zugeordnet werden.

[10] OLG Düsseldorf DNotZ 1976, 168.

[11] NKV/Vandenhouten WEG § 8 Rn. 8.

[12] LG Leipzig NotBZ 2000, 342 mAnm Egerland; Bamberger/Roth/Hügel WEG § 8 Rn. 2; Bauer/Schaub/Kilian § 19 Rn. 165; Erman/Artz § 878 Rn. 2; Meikel/Böttcher Nach § 20 GBO Rn. 71, 86 mwN; MüKoBGB/Kohler § 878 Rn. 23; Grüneberg/Herrler WEG § 878 Rn. 4; Staudinger/C. Heinze (2018) BGB § 878 Rn. 9; aA, da es keinen von der Teilung begünstigten Dritten gebe, LG Köln MittRhNotK 1984, 16; Demharter § 13 Rn. 9; Schöner/Stöber Rn. 113.

[13] BGH ZfIR 2017, 113 für eine Erhaltungssatzung iSd § 172 Abs. 1 S. 1 Nr. 2 BauGB.

[14] OLG Frankfurt ZMR 1974, 251.

[15] BGHZ 49, 250 = NJW 1968, 499.

[16] Die noch in einem Gesetzentwurf des Bundesrates vorgesehene Begrenzung auf max. 100 Miteigentumsanteile ist nicht Gesetz geworden; vgl. BR-Drs. 133/76.

Gesetz keine Vorgaben. Es kann daher grundsätzlich jeder beliebig große (oder kleine) Miteigentumsanteil mit jedem beliebig wertvollen Sondereigentum verbunden werden. Miteigentum und Sondereigentum brauchen also nicht in einem bestimmten Wertverhältnis zueinander zu stehen.[17] Auch eine bestimmte Bindung an die Grundfläche oder die Nutzungsart des Sondereigentums besteht nicht.[18] Notwendig ist nur, dass die Summe aller Miteigentumsanteile wieder ein Ganzes ergibt und sämtliche Miteigentumsanteile mit Sondereigentum verbunden werden (vgl. noch ausdrücklich § 8 Abs. 1 WEG aF: „(...) daß mit *jedem* Anteil das Sondereigentum an einer bestimmten Wohnung (...) verbunden ist"; jetzt in der Legaldefinition von Sondereigentum „versteckt".).

Hinweis:

Wenn die Festlegung der Miteigentumsanteile keiner gesetzlichen Bestimmung unterliegt, muss es auch möglich sein, Sondereigentum nachträglich zu erweitern, ohne dabei zugleich die Höhe des ihm zugeordneten Miteigentumsanteils zu ändern.[19] Ebenfalls muss dann auch eine spätere Veränderung der Miteigentumsanteile ohne gleichzeitige Veränderung des Sondereigentums möglich sein.[20]
Schauen Sie dazu einmal in → § 6 Rn. 47 ff.

Im Hinblick auf die gesetzlich vorgesehene Kosten- und Lastenverteilung gem. § 16 Abs. 2 WEG dürfte es sich allerdings empfehlen, **sachgerechte Maßstäbe** für die Größenbildung der Miteigentumsanteile heranzuziehen. Dies gilt erst recht angesichts der jetzt in § 9a Abs. 4 S. 1 WEG normierten Außenhaftung der Wohnungseigentümer. Der gebräuchlichste Maßstab ist das Verhältnis der Wohn- und Nutzflächen der einzelnen Einheiten zueinander.[21]

c) Grundbucheintragung

17 Für die Entstehung von Wohnungseigentum ist weiterhin die Grundbucheintragung erforderlich (§ 8 Abs. 2 S. 1 WEG aF; die Verweisungstechnik des WEMoG hat diesen Tatbestand in § 8 Abs. 2 WEG übersehen; vgl. den insoweit nicht erwähnten § 4 Abs. 1 WEG). Die Eintragung der einzelnen Wohnungseigentumseinheiten kann ebenfalls nur auf besonderen Grundbuchblättern erfolgen (§ 8 Abs. 2 WEG), die das Grundbuch i.S. des BGB und der GBO darstellen (§ 1 WGV).

18 Nach der wirksamen Aufteilung gem. § 8 WEG bestehen rechtlich selbstständige Wohnungseigentumsrechte, die sich zunächst alle in der Hand des teilenden Grundstückseigentümers befinden. Man spricht deshalb auch von einer **Vorratsteilung,** die lediglich dazu dient, als rechtstechnische Maßnahme die spätere Entstehung einer Wohnungseigentümergemeinschaft vorzubereiten.

---

[17] BGH ZMR 2012, 116 = ZWE 2012, 30; BGH NJW-RR 1999, 1214; BGH NJW 1986, 2759 = ZMR 1986, 365; BGH NJW 1976, 1976 = ZMR 1977, 81; OLG München RNotZ 2014, 434; OLG Düsseldorf ZWE 2001, 388; BayObLG ZWE 2000, 171.

[18] OLG Hamm ZMR 2003, 286.

[19] BGH NJW 1986, 2759 = ZMR 1986, 365.

[20] BGH NJW 1976, 1976 = ZMR 1977, 81; BayObLGZ 1993, 166 = NJW-RR 1993, 1043.

[21] Staudinger/Rapp WEG § 3 Rn. 5.

Merke:

Der Aufteilungsvorgang gem. §8 WEG führt allein für sich **niemals** zu einer **Veränderung der bestehenden Eigentumsverhältnisse**. Derjenige Eigentümer, der zuvor am ungeteilten Grundstück als Alleineigentümer im Grundstücksgrundbuch eingetragen war, wird auch nach vollzogener Aufteilung wiederum als Alleineigentümer in sämtlichen für die Miteigentumsanteile verbunden mit Sondereigentum neu gebildeten Wohnungsgrundbüchern eingetragen sein. Das Gleiche gilt, wenn mehrere Eigentümer unter Angabe eines Gemeinschaftsverhältnisses im Grundstücksgrundbuch eingetragen waren (zB in Erbengemeinschaft). Auch insoweit setzen sich die bisherigen Eigentumsverhältnisse unverändert an sämtlichen neu gebildeten Wohnungseigentumseinheiten fort.[22]

Hinweis:

Einen **Mustertext** für die einseitige Aufteilung eines Grundstücks in Wohnungseigentumsrechte finden Sie im → **Beck'schen Formularbuch WEG**.

3. Gemeinsame Begründungsvoraussetzungen

a) Zustimmungen dinglich Berechtigter

Die Begründung von Wohnungseigentum kann im Einzelfall die **Zustimmung** 19 **dinglich Berechtigter** gem. §§ 876, 877 BGB erforderlich machen, wenn deren im Grundbuch eingetragene Rechte beeinträchtigt werden können. Ob dies der Fall ist, beurteilt sich zum Einen nach dem bisherigen Belastungsgegenstand der Rechte und zum Anderen nach der Begründungsart des Wohnungseigentums.

Bitte lesen Sie jetzt §§ 876, 877 BGB!

Der Kreis der in Betracht kommenden Rechte ist abschließend im Gesetz geregelt und umfasst – in der Reihenfolge ihrer Nennung im BGB – folgende Rechte:

„Numerus clausus der dinglichen Rechte"

- Grunddienstbarkeiten (§§ 1018 ff. BGB)
- Nießbrauchsrechte (§§ 1030 ff. BGB)
- Beschränkte persönliche Dienstbarkeiten (§§ 1090 ff. BGB)
- (Privatrechtliche) Vorkaufsrechte (§§ 1094 ff. BGB)
- Reallasten (§§ 1105 ff. BGB)
- Hypotheken (§§ 1113 ff. BGB)
- Grundschulden (§§ 1191 ff. BGB)
- Rentenschulden (§§ 1199 ff. BGB).

Hinzu kommen nach dem Inkrafttreten des WEG noch

- Dauerwohn- und Dauernutzungsrechte (§§ 31 ff. WEG).

[22] KG Rpfleger 1995, 17; OLG Zweibrücken MittBayNot 1983, 242; BayObLGZ 1969, 82 = NJW 1969, 883.

aa) Das gesamte Grundstück als bisheriger Belastungsgegenstand

20 Ist Belastungsgegenstand eines dinglichen Rechtes das gesamte, in Wohnungs- und Teileigentumsrechte zu überführende Grundstück, scheidet nach heute ganz vorherrschendem Verständnis ein Zustimmungserfordernis Drittberechtigter aus, weil das **Haftungsobjekt als Ganzes** durch die Begründung von Wohnungseigentum **nicht verändert** wird.[23] Ein dingliches Recht wird sich nach der Begründung an sämtlichen neu gebildeten Einheiten fortsetzen, so dass in der Summe wiederum alle dann mit Sondereigentum verbundenen Miteigentumsanteile belastet sind („Globalrechte"). Eine Beeinträchtigung dinglich Berechtigter ist deshalb nicht erkennbar.

Dasselbe hat für eine zuvor **an sämtlichen Miteigentumsanteilen bestehende Belastung** des in Wohnungseigentum zu überführenden Grundstücks zu gelten.[24]

21 So werden insbesondere Grundpfandrechte und Reallasten zu **Gesamtrechten** (§§1132 Abs.1 S.1, 1192 Abs.1, 1200 Abs.1, 1107 BGB). Dies hat zur Folge, dass bei sämtlichen beteiligten Wohnungsgrundbüchern von Amts wegen sog Mithaftvermerke einzutragen sind (§48 GBO), da andernfalls der Anschein eines Einzelrechts mit der Gefahr gutgläubigen Erwerbs entstehen könnte.

22 Sie wissen bereits, dass Wohnungseigentümer ihr Verhältnis untereinander durch Vereinbarungen ausgestalten können. Auch solche wohnungseigentumsrechtlichen Regelungen zur **Gemeinschaftsordnung** anlässlich der Begründung von Wohnungseigentum vermögen nicht in den Bestand dinglicher (Global-) Rechte einzugreifen.

Beispiel

Die mögliche inhaltliche Ausgestaltung des Eigentums durch Vereinbarung einer **Veräußerungsbeschränkung** gem. §12 WEG für die neu entstehenden Wohnungseigentumsrechte ändert nichts an dem Haftungsobjekt als Ganzem.[25] Näheres zur wohnungseigentumsrechtlichen Veräußerungsbeschränkung finden Sie im → §5 Rn.126ff.
Ebenso ist die Zustimmung eines **Dienstbarkeitsberechtigten** an dem aufzuteilenden Grundstück selbst dann nicht erforderlich, wenn dessen Rechtsposition durch die vorgesehene Gemeinschaftsordnung berührt werden könnte.[26] Eine die Dienstbarkeitsausübung beeinträchtigende Nutzung des Grundstücks kann nämlich gem. §§1027, 1004 BGB unterbunden werden.[27]

---

[23] BGH NJW 2012, 1226 = ZWE 2012, 219; BGHZ 49, 250 = NJW 1968, 499; OLG Frankfurt FGPrax 1997, 139 = ZMR 1997, 367; OLG Frankfurt FGPrax 1996, 139 = Rpfleger 1996, 340 mwN; BayObLG Rpfleger 1986, 177; BayObLG NJW 1958, 2016; Bärmann/Armbrüster WEG §2 Rn.23; Demharter/Schäfer Anh zu §3 Rn.17; Hügel/Kral SB WEG Rn.112; Grüneberg/Wicke WEG §3 Rn.1 und §8 Rn.1; ARS/Schneider WEG §7 Rn.48ff.; Schöner/Stöber Rn.2849; Weitnauer/Briesemeister WEG §3 Rn.74 und §8 Rn.15.

[24] BayObLGZ 1958, 273 = NJW 1958, 2016; OLG Stuttgart NJW 1954, 682; Bärmann/Armbrüster WEG §2 Rn.24; Hügel/Kral SB WEG Rn.112.

[25] OLG Frankfurt NJW-RR 1996, 918 = Rpfleger 1996, 340.

[26] ZB durch Einräumung eines Alleinnutzungsrechtes zugunsten eines Wohnungseigentümers an einer Grundstücksfläche, die der Rechtsausübung seitens des eingetragenen Grunddienstbarkeitsberechtigten unterliegt.

[27] ARS/Schneider WEG §7 Rn.53; Röll MittBayNot 2002, 397; Schöner/Stöber Rn.2849; BeckOK WEG/Kral §8 Rn.24; aA BayObLG NJW-RR 2002, 1526 =NZM 2002, 488 = Rpfleger 2002, 432.

Soweit ein dingliches Recht seiner Natur nach an einem einzelnen Wohnungseigentum bestehen kann (zB ein Wohnungsrecht gem. §§ 1090, 1093 BGB), werden die übrigen neu gebildeten Einheiten durch die Begründung des Wohnungseigentums von dieser Belastung frei. Ein solches Recht besteht in diesem Fall nur an demjenigen Wohnungseigentumsrecht fort, auf dessen Raumeinheit es sich ausschließlich erstreckt (§§ 1090 Abs. 2, 1026 BGB).[28] Im Übrigen kann Grundbuchberichtigung erfolgen (§ 22 Abs. 1 GBO), wenn ein entsprechender Nachweis in der Form des § 29 Abs. 1 GBO geführt wird oder die Unrichtigkeit bei dem Grundbuchgericht offenkundig ist.[29] Überschreitet der Ausübungsbereich des Wohnungsrechts jedoch die Nutzungsbefugnisse eines Sondereigentümers, müssen sämtliche Wohnungseigentumsrechte belastet bleiben.[30] 23

Merke: ☞

Ist das gesamte in Wohnungseigentum zu überführende Grundstück oder sind sämtliche Miteigentumsanteile hieran mit dinglichen Rechten zugunsten Dritter belastet, erfolgt durch die Begründung von Wohnungseigentum kein Eingriff in deren Rechtspositionen. Ein etwaiges **Zustimmungserfordernis** gem. §§ 876, 877 BGB **entfällt** daher **unabhängig von der Entstehungsart** des Wohnungseigentums.

Hinweis: 24

An diesen Grundsätzen hat sich auch durch die Einführung der neuen Rangklasse 2 des § 10 Abs. 1 ZVG zum 1.7.2007 nichts geändert. Wird aufgrund dieses **Hausgeldprivilegs** zB wegen rückständiger Hausgeldzahlungen die Zwangsversteigerung betrieben, erlöschen durch eine Zuschlagserteilung nach den gesetzlichen Versteigerungsbedingungen zwar die nachgehenden Grundpfandrechte, Reallasten, Vorkaufsrechte und Nießbrauchsrechte in der Rangklasse 4 des § 10 Abs. 1 ZVG, so dass bisweilen angenommen wurde, diese „Globalberechtigten" seien von der Begründung des Wohnungseigentums betroffen.[31] Sie brauchen allerdings mangels einer planwidrigen Regelungslücke nicht gem. §§ 877, 876 BGB zuzustimmen.[32] Die Vorschriften sind nach Auffassung des BGH nicht anwendbar, wenn lediglich eine Teilung des Vollrechts stattfindet. Hinzu kommt, dass die bloße Aufteilung für sich allein noch keine Gemeinschaft und somit auch noch keine Hausgeldansprüche entstehen lässt. Auch die Berechtigten von Grunddienstbarkeiten und beschränkten persönlichen Dienstbarkeiten müssen nicht zustimmen, weil sie selbst im Falle des Betreibens einer Zwangsversteigerung aus § 10 Abs. 1 Nr. 2 ZVG unter bestimmten Voraussetzungen bestehen bleiben können (vgl. § 52 Abs. 2 S. 2 lit. b ZVG).
Zur Immobiliarvollstreckung in ein Wohnungseigentum → § 13 Rn. 1 ff.

---

[28] OLG Oldenburg NJW-RR 1989, 273; OLG Frankfurt DNotZ 1960, 153 = NJW 1959, 1977; BayObLG NJW 1957, 1840; Bauer/Schaub/Schneider AT E Rn. 188; Hügel/Kral SB WEG Rn. 113.

[29] ARS/Schneider WEG § 7 Rn. 58.

[30] OLG Hamm DNotZ 2001, 216 mAnm v. Oefele = ZWE 2000, 372.

[31] So zuvor insbes. OLG Frankfurt ZWE 2011, 405; Kesseler NJW 2010, 2317; Timme/Kesseler, 2. Aufl., § 3 Rn. 30; ihm folgend Böttcher NotBZ 2010, 239.

[32] BGH NJW 2012, 1226 = ZWE 2012, 219; OLG Celle ZWE 2012, 276; OLG München NJW 2011, 3588 = ZWE 2011, 266; OLG Oldenburg ZWE 2011, 224; KG ZfIR 2011, 254 mzustAnm Heinemann = ZWE 2011, 81; Becker/Schneider ZfIR 2011, 545; Schneider ZNotP 2010, 299; ders. ZNotP 2010, 387.

bb) Lediglich ein Miteigentumsanteil als bisheriger Belastungsgegenstand

25 **(1) Begründung von Wohnungseigentum gem. § 8 WEG.** Ist **Belastungsgegenstand** eines dinglichen Rechts von vornherein nur ein ideeller **Miteigentumsanteil** an dem ungeteilten Grundstück, so kann im Falle der Teilung gem. **§ 8 WEG** nichts anderes gelten.

Hinweis:

Solche Bruchteilsbelastungen eines im Miteigentum stehenden Grundstücks sind nur zulässig mit Nießbrauchsrechten (§ 1066 BGB), Vorkaufsrechten (§ 1095 BGB), Reallasten (§ 1106 BGB) und Grundpfandrechten (§ 1114 BGB iVm §§ 1192 Abs. 1, 1199 Abs. 1BGB).

Ein dingliches Recht der vorgenannten Art wird sich nach der Begründung von Wohnungseigentumsrechten unverändert an sämtlichen neu gebildeten Einheiten fortsetzen, so dass auch in diesem Fall in der Summe immer noch der ursprüngliche Miteigentumsanteil haftet.[33]

Beispiel

In der Praxis finden sich gelegentlich für Grundstücke im Eigentum von Eheleuten allein am Miteigentumsanteil des Ehemannes eingetragene Zwangshypotheken wegen Steuerschulden aus dessen gewerblicher Tätigkeit. Der weitere Miteigentumsanteil der Ehefrau ist demgegenüber lastenfrei. Teilen die Eheleute nun das Grundstück gem. § 8 WEG in Wohnungseigentumsrechte auf, wird sich die Zwangshypothek als Belastung des betreffenden halben Miteigentumsanteils des Ehemannes an jeder neuen Einheit fortsetzen. Eine solchermaßen entstandene „Gesamtzwangssicherungshypothek" verstößt auch nicht gegen § 867 Abs. 2 ZPO.[34]

26 **(2) Begründung von Wohnungseigentum gem. § 3 WEG.** Ist **Belastungsgegenstand** eines dinglichen Rechts dagegen nur ein **Miteigentumsanteil** an dem ungeteilten Grundstück und die Begründung des Wohnungseigentums vollzieht sich durch Einräumung des Sondereigentums gem. **§ 3 WEG,** so lastet ein dingliches Recht infolge der Verbindung des Miteigentumsanteils mit einem Sondereigentum nach der Begründung zwar weiterhin auf demselben Miteigentumsanteil. Die qualitative Veränderung des belasteten Miteigentumsanteils ergibt sich in diesem Fall allerdings aus der geänderten Eigentumszuordnung der vormals mithaftenden gegenständlichen Sondereigentumsbereiche, die nunmehr zugunsten anderer Einheiten dem bisherigen gewöhnlichen Miteigentum entzogen werden. Diese Inhaltsänderung macht die Zustimmung der dinglich Berechtigten gem. §§ 876, 877 BGB erforderlich.[35] Ob dem Entzug der übrigen Sondereigentums-

[33] Demharter/Schäfer Anh zu § 3 Rn. 18b; ARS/Schneider WEG § 7 Rn. 63; BeckOK WEG/Kral § 8 Rn. 23.

[34] OLG Hamm ZfIR 1998, 115; BayObLGZ 1996, 41 = NJW-RR 1996, 1041; allgemein BGH NJW 2012, 1226 = ZWE 2012, 219.

[35] BGH NJW 2012, 1226 = ZWE 2012, 219; OLG Hamm ZfIR 1998, 115; OLG Frankfurt OLGZ 1990, 253 = NJW-RR 1990, 1042; BayObLG Rpfleger 1986, 177; Bamberger/Roth/Hügel WEG § 4 Rn. 6; Bärmann/Armbrüster WEG § 2 Rn. 26; Demharter/Schäfer Anh zu § 3 Rn. 17; ARS/Schneider WEG § 7 Rn. 64; Schöner/Stöber Rn. 2849; Staudinger/Rapp WEG § 3 Rn. 24; Weitnauer/Briesemeister WEG § 3 Rn. 75 und 79; aA nur noch LG Wuppertal Rpfleger 1987, 366 mablAnm Meyer-Stolte.

bereiche *wertmäßig* die Zuordnung des eigenen Sondereigentums entspricht, ist für die Beurteilung unerheblich; §§ 876, 877 BGB stellen allein auf die (mögliche) *rechtliche* Beeinträchtigung ab.[36]

Merke:

Ein Zustimmungserfordernis Drittberechtigter kann bei der Begründung von Wohnungseigentum überhaupt nur in Betracht kommen, wenn Miteigentümer sich Sondereigentum gem. § 3 WEG vertraglich einräumen und ein Miteigentumsanteil zuvor bereits mit einem dinglichen Einzelrecht belastet ist.

b) Ein Grundstück im Rechtssinne

Nach § 1 Abs. 4 WEG darf Wohnungseigentum nicht an mehreren Grund- 27
stücken im Rechtssinne begründet werden. Werden mehrere Grundstücke zur Errichtung der Wohnungseigentumsanlage benötigt, so müssen diese zunächst rechtlich miteinander verbunden werden. Dies kann nur durch eine **Vereinigung** (§ 890 Abs. 1 BGB, § 5 GBO) oder **Bestandteilszuschreibung** (§ 890 Abs. 2 BGB, § 6 GBO) geschehen.[37]

Wiederholung:

Wiederholen Sie jetzt bitte aus dem → § 2 Rn. 17 ff. den **Grundstücksbegriff.**

Die rechtliche Verbindung von Grundstücken ist grundsätzlich nur möglich, 28
wenn diese demselben Eigentümer gehören und hiervon – insbesondere angesichts unterschiedlicher Belastungen mit Verwertungsrechten – Verwirrung nicht zu besorgen ist (§ 5 Abs. 1, § 6 Abs. 1 S. 1 u. Abs. 2 GBO).[38] Weiterhin sollen die Grundstücke im selben Grundbuch- und Vermessungsbezirk liegen sowie unmittelbar aneinandergrenzen (§ 5 Abs. 2 S. 1, § 6 Abs. 2 GBO).[39] Von dem letztgenannten Erfordernis kann jedoch abgewichen werden, wenn hierfür, insbesondere wegen der Zusammengehörigkeit baulicher Anlagen und Nebenanlagen, ein erhebliches Bedürfnis besteht (§ 5 Abs. 2 Satz 2, § 6 Abs. 2 GBO).

Beispiel:

Ein solches Bedürfnis kann insbesondere bei der Begründung von Wohnungs- und Teileigentum an mehreren rechtlich selbständigen Grundstücken bestehen, wenn das Wohnhaus sich auf dem einen Grundstück und die zugehörigen Pkw-Stellplätze/Garagen sich auf einem anderen, nicht unmittelbar angrenzenden Grundstück befinden.

Mit dem Grundstücksbegriff eng verknüpft ist die rechtliche Klärung eines 29
etwaigen **Grenzüberbaus.** Wohnungseigentum an einem auf das Nachbargrundstück überbauten Gebäudeteil kann nur begründet werden, wenn der Überbau

[36] Vgl. BGHZ 145, 133 = NJW 2000, 3643; BGHZ 91, 343 = NJW 1984, 2409.
[37] OLG München 20.9.2011 – 34 Wx 373/11.
[38] Dazu ausf. Meikel/Böttcher § 5 Rn. 31 ff. und Lemke/Schneider § 5 Rn. 52 ff. je mwN.
[39] Meikel/Böttcher § 5 Rn. 57 ff. und Lemke/Schneider § 5 Rn. 80 ff. je mwN.

eigentumsmäßig dem überbauenden und in Wohnungseigentumsrechte aufzuteilenden Stammgrundstück zugeordnet werden kann.[40]

Wiederholung:

Wiederholen Sie jetzt bitte aus dem → § 2 Rn. 20 ff. die Ausführungen zum **Grenzüberbau.**

c) Gebäude

30 Sondereigentum kann – abgesehen von den neuen Eigentumsformen des Stellplatzeigentums (§ 3 Abs. 1 S. 2 WEG) und des Annexeigentums (§ 3 Abs. 2 WEG) – nur an **Räumen** in einem bereits errichteten (**Bestandsbau**) oder an einem erst noch zu errichtenden Gebäude (**Neubau**) gebildet werden (vgl. § 3 Abs. 1 S. 1, per def. § 8 Abs. 1 WEG). Im letzteren Fall besteht bis zur Fertigstellung des Gebäudes eine Art „Anwartschaftsrecht" auf Erlangung von Sondereigentum, das schrittweise mit dem Baufortschritt zum Vollrecht erstarkt.[41] Das Wohnungseigentumsrecht ist jedoch bereits mit der Anlegung der Wohnungsgrundbücher anwendbar und nicht erst mit vollständiger Fertigstellung der Baulichkeiten.[42]

d) Miteigentumsanteile und Sondereigentum

31 Die Summe aller Miteigentumsanteile muss wieder **ein Ganzes** ergeben.[43] Zur Korrektur kann ggf. eine Zwischenverfügung nach § 18 Abs. 1 GBO erlassen werden.[44] Jeder Miteigentumsanteil muss dabei zwingend mit Sondereigentum verbunden werden.[45] Sog. freie („**isolierte**") **Anteile**, die nicht mit Sondereigentum verbunden sind, können weder (bei der vertraglichen Begründung) „übrig bleiben", noch rechtsgeschäftlich (bei der Vorratsteilung) begründet werden, weil sie denknotwendig dann auch den Bereich des eingeräumten Sondereigentums anderer Einheiten erfassen müssten (vgl. § 6 WEG).

Isolierte Miteigentumsanteile können jedoch uU nachträglich kraft Gesetzes entstehen.

Beispiel

Verstößt die Einräumung von Sondereigentum an einem Gebäudeteil gegen zwingende gesetzliche Vorschriften (zB unzulässige Einräumung von Sondereigentum an einer Heizungsanlage gem. § 5 Abs. 2 WEG[46]), ist die Begründung des Sondereigentums insoweit unwirksam; die Räumlichkeit verblieb im Gemeinschaftseigentum.[47] War mit dem betreffen-

---

[40] Verschiedene Fallgruppen finden sich bei KG 19.8.2015 – 1 W 765/15; ARS/Schneider WEG § 1 Rn. 253 ff.

[41] BGHZ 110, 36 = NJW 1990, 1111 (Bauverbotsfall); OLG Frankfurt ZMR 2012, 30; OLG Hamm ZMR 2006, 60; BayObLGZ 2001, 328 = ZWE 2002, 121.

[42] OLG Hamm ZMR 2007, 213.

[43] Über Korrekturmöglichkeiten bei Über- und Unterverteilung s. Röll MittBayNot 1996, 175.

[44] KG DNotZ 2023, 209.

[45] BGHZ 109, 179 = NJW 1990, 447 (Heizwerkfall).

[46] BGHZ 73, 302 = NJW 1979, 2391.

[47] BGHZ 109, 179 = NJW 1990, 447 (Heizwerkfall); vgl. aber jetzt BGH NZM 2026, 308; OLG Hamm Rpfleger 2007, 137.

den Miteigentumsanteil nur dieser eine – nicht sondereigentumsfähige – Raum verbunden, entsteht isoliertes Miteigentum.[48]

Es darf auch **kein isoliertes Sondereigentum** gebildet werden; die Verbindung 32
mit einem Miteigentumsanteil ist gem. § 6 WEG notwendige Voraussetzung für dessen wirksame Entstehung.[49] Allerdings können mit einem Miteigentumsanteil durchaus **mehrere** abgeschlossene **Wohnungen** verbunden werden.[50] Umgekehrt können jedoch nicht mehrere Miteigentumsanteile mit nur einem Sondereigentum verbunden werden[51]; die Begründung von sog Mitsondereigentum im Sinne einer dinglich verselbständigten Untergemeinschaft ist unzulässig.[52]

Wiederholung:

Wiederholen Sie jetzt bitte aus dem → § 2 Rn. 26 ff. die Ausführungen zum unzulässigen **Mitsondereigentum** (→ Rn. 26) und zum unzulässigen **abgesonderten Miteigentum** (→ Rn. 29).

e) Bestimmung und Abgrenzung des Eigentumsbereiche

Sowohl der Vertrag über die Einräumung von Sondereigentum gem. § 3 WEG 33
als auch die einseitige Teilungserklärung gem. § 8 WEG erfordern eine **ausdrückliche Zuordnung** näher bezeichneter gegenständlicher Bereiche **zum** Sondereigentum. **Gegenstand des Sondereigentums** sind nämlich nur die gemäß § 3 Abs. 1 S. 1 WEG bestimmten Räume sowie die zu diesen Räumen gehörenden Bestandteile des Gebäudes, die verändert, beseitigt oder eingefügt werden können, ohne dass dadurch das gemeinschaftliche Eigentum oder ein auf Sondereigentum beruhendes Recht eines anderen Wohnungseigentümers über das bei einem geordneten Zusammenleben unvermeidliche Maß hinaus beeinträchtigt oder die äußere Gestaltung des Gebäudes verändert wird (§§ 5 Abs. 1 S. 1 iVm § 8 Abs. 2 WEG). Die Festlegung muss im Rahmen der durch § 5 Abs. 1 S. 1 und 2 WEG gezogenen Grenzen eindeutig und zweifelsfrei erfolgen (dazu vgl. ausf. → Kap. 3); andernfalls verbleibt der betreffende Gegenstand im gemeinschaftlichen Eigentum (§ 1 Abs. 5 WEG). Das Gleiche hat nun auch für die durch das WEMoG eingeführten neuen Eigentumsformen des Flächeneigentums an Stellplätzen (§ 3 Abs. 1 S. 2 WEG und Annexeigentum gem. § 3 Abs. 2 WEG zu gelten.

Damit verbunden ist die notwendige **Abgrenzung** des gemeinschaftlichen 34
Eigentums vom zukünftigen Sondereigentum. Beides erfolgt in der Praxis regelmäßig durch sprachliche Beschreibung unter gleichzeitiger Bezugnahme auf einen zeichnerischen Aufteilungsplan für die Gesamtanlage (dazu → Rn. 45 ff.).

---

48 BGHZ 109, 179 = NJW 1990, 447 (Heizwerkfall); ebenso BGH NJW 2004, 1798 = ZWE 2004, 263 (Abweichende Bauausführung); BGHZ 130, 159 = NJW 1995, 2851 (Widerspruch zwischen Aufteilungsplan und Teilungserklärung).

49 OLG Karlsruhe ZWE 2014, 162; OLG München ZfIR 2008, 115; BayObLGZ 1995, 399 = NJW-RR 1996, 721.

50 BGHZ 146, 241 = NJW 2001, 1212 (Wanddurchbruch); instruktiv OLG Düsseldorf 30.11.2015 – 3 Wx 272/15; KG OLGZ 1989, 385 = NJW-RR 1989, 1360; BayObLGZ 1971, 102 = DNotZ 1971, 473.

51 BGHZ 86, 393 = NJW 1983, 1672.

52 BGH ZMR 2012, 377 = ZWE 2012, 81; BGHZ 130, 159, 168 = NJW 1995, 2851; OLG Karlsruhe ZWE 2014, 162; BayObLG ZWE 2000, 213.

f) Regelungen zur Gemeinschaftsordnung

35 Der Begriff der Gemeinschaftsordnung ist gesetzlich nicht definiert. Im Allgemeinen wird hierunter die **Gesamtheit aller schuldrechtlichen Vereinbarungen** verstanden, durch die die Wohnungseigentümer ihr Verhältnis untereinander in Ergänzung oder Abweichung von den Vorschriften des WEGs oder den übrigen dispositiven Bestimmungen des materiellen Rechts regeln sowie **sämtliche Beschlüsse,** die sich nicht auf einen Ausführungsakt beschränken, sondern das **Grundverhältnis** der Wohnungseigentümer berühren.[53] Die Vereinbarungen (und diese Art von Beschlüssen) bilden in ihrer Gesamtheit die Verfassung der Gemeinschaft; sie sind der **Satzung** einer juristischen Person vergleichbar.[54]

Hinweis:

Zum leichteren Verständnis für Sie soll im Folgenden der Begriff der **Gemeinschaftsordnung** lediglich auf die **Gesamtheit der wohnungseigentumsrechtlichen Vereinbarungen** und der durch sie legitimierten Mehrheitsbeschlüsse (vgl. § 5 Abs. 4 S. 1 WEG) beschränkt werden.

36 In der Praxis ist es üblich, sowohl einem Begründungsvertrag gem. § 3 WEG als auch einer Teilungserklärung gem. § 8 WEG Regelungen einer (zukünftigen) Gemeinschaftsordnung beizufügen. Dies ist durchaus zweckmäßig, jedoch keineswegs zwingend.[55] Eine **Gemeinschaftsordnung** ist nämlich **keine Tatbestandsvoraussetzung** für die wirksame Begründung von Wohnungseigentum.[56] Fehlen solche Regelungen (ausnahmsweise) einmal, verbleibt es bei dem zwischen allen Wohnungseigentümern bestehenden gesetzlichen Schuldverhältnis, das den Regelungen des WEGs (insbes. den §§ 10 bis 29) und den ergänzend anwendbaren Bestimmungen des BGBs über die Bruchteilsgemeinschaft unterliegt (§ 10 Abs. 1 S. 1 WEG).[57]

37 Regeln die Wohnungseigentümer jedoch ihr Verhältnis untereinander in Ergänzung oder Abweichung von Vorschriften des WEGs (§ 10 Abs. 1 S. 2 WEG), wirken insoweit getroffene **Vereinbarungen** gegenüber dem Sondernachfolger eines Wohnungseigentümers nur dann, wenn sie auch als **Inhalt des Sondereigentums** im Grundbuch eingetragen sind (§ 10 Abs. 3 S. 1 WEG). Der Grundbucheintragung von Vereinbarungen der Wohnungseigentümer kommt daher Bedeutung zur Erlangung eines Sukzessionsschutzes zu. Die Vorschriften sind über §§ 5 Abs. 4 S. 1, 8 Abs. 2 WEG auf Vorgaben des teilenden Eigentümers in einseitigen Teilungserklärungen entsprechend anwendbar.

Bitte lesen Sie jetzt § 5 Abs. 4 S. 1 sowie § 10 Abs. 1 und 3 WEG!

[53] Vgl. Bärmann/Suilmann WEG § 10 Rn. 83; ARS/Schneider WEG § 3 Rn. 159 je mwN auch zu engeren und weiteren Ansätzen.

[54] BGH ZWE 2012, 361; BGHZ 163, 154 = NJW 2005, 2061 = ZWE 2005, 422; BGH NJW 2003, 2165 = ZWE 2003, 259.

[55] BGH NJW 2002, 2712 = ZWE 2002, 461.

[56] ARS/Schneider WEG § 3 Rn. 159 und § 8 Rn. 57.

[57] BGH NJW 2002, 2712 = ZWE 2002, 461; BGHZ 141, 224 = NJW 1999, 2108 = ZWE 2000, 23.

Aus diesem Grund müssen insbesondere die zur Eintragung vorgesehenen Vereinbarungen den gesetzlichen Anforderungen der §§ 134, 138 und §§ 242, 305 ff. BGB genügen. Zum Prüfungsrecht des Grundbuchgerichts s. auch → Rn. 42. 38

Ausgewählte Beispiele

a) Beispiele zu § 134 BGB

Abweichende Vereinbarungen sind im Bereich der Gemeinschaftsordnung nicht zulässig, soweit dort zwingendes Recht entgegensteht[58]:

- Unauflöslichkeit der Gemeinschaft und Ausschluss eines Insolvenzverfahrens (§ 11 WEG);
- Versagung einer vereinbarten Veräußerungszustimmung (§ 12 Abs. 2 WEG);
- Anspruch auf Entziehung des Wohnungseigentums (§ 17 Abs. 3 WEG);
- Regelung und Zeitdauer einer Verwalterbestellung sowie keine Beschränkungen der Bestellung und Abberufung (§ 26 Abs. 1 WEG);
- Wiederholte Bestellung des Verwalters frühestens ein Jahr vor Ablauf (§ 26 Abs. 2 WEG);
- Verfahrensrecht (§ 43 ff. WEG);
- Keine Ersteherhaftung für Altschulden nach Zuschlagserteilung (§ 56 S. 2 ZVG).

b) Beispiele zu §§ 138, 242 BGB

Unzulässig ist folgende sittenwidrige Vereinbarung:

- Willkürliche Benachteiligung bestimmter Personengruppen bei der Erteilung einer Veräußerungszustimmung[59];

Als gegen die Grundsätze von Treu und Glauben verstoßend ist folgende Vereinbarung unzulässig:

- Feststellung eines veränderten Abstimmungsergebnisses aufgrund einer unzulässigen Stimmrechtsregelung nach Durchführung der Abstimmung.[60]

c) Anwendung der §§ 305 ff. BGB?

Inzwischen ist höchstrichterlich geklärt die alte Streitfrage, ob von dem teilenden Eigentümer einseitig vorgegebene Bestimmungen darüber hinaus einer AGB-Kontrolle gem. §§ 305 ff. BGB unterliegen.[61] Richtigerweise wird man dies wohl verneinen müssen. Der BGH hat dies grds. verneint.[62] Bei der vertraglichen Begründung mangelt es regelmäßig bereits an der einseitigen „Setzung" und dem Vielzahlerfordernis.[63] Bei der einseitigen Aufteilung scheidet eine unmittelbare Anwendung der §§ 305 ff. BGB auf die Gemeinschaftsordnung aus, weil die Rechtswirkungen im Erwerbsfall kraft Gesetzes und nicht kraft vertraglicher Bestimmung eintreten.[64] Für eine weitergehende Analogie bestand schon bisher kein Bedürfnis; vielmehr spricht im Hinblick auf die starken gesellschaftsrechtlichen Einflüsse einiges für die Anwendung des § 310 Abs. 4 S. 1 BGB auch auf die wohnungseigentumsrechtliche Gemein-

---

58 Vgl. Bärmann/Suilmann WEG § 10 Rn. 95; ARS/Schneider WEG § 7 Rn. 139.

59 OLG Zweibrücken MittBayNot 1994, 44.

60 LG Regensburg NJW-RR 1991, 1169.

61 Noch offen gelassen u.a. in BGH NJW 2012, 676 = ZWE 2012, 175 (Zuordnungsvorbehalt für Sondernutzungsrecht), BGH NJW 2011, 679 = ZWE 2011, 122 (Stimmrechtsausschluss); BGH NJW 2007, 213 = DNotZ 2007, 39 (Betreutes Wohnen); BGHZ 151, 164 = NJW 2002, 3240 = ZWE 2002, 570 (Verwalterbestellung in Teilungserklärung).

62 BGHZ 227, 289 = ZfIR 2021, 394 = ZMR 2021, 405 = ZWE 2021, 273).

63 Allgem. M. Ertl DNotZ 1981, 149 (151); Ulmer FS Weitnauer (1980), S. 205, 209; Weitnauer/Briesemeister WEG § 7 Rn. 25.

64 KG ZWE 2017, 413; OLG Frankfurt NJW-RR 1998, 1707 = ZfIR 1998, 235; OLG Hamburg FGPrax 1996, 132; BayObLG NJW-RR 1992, 83; Bärmann/Armbrüster WEG § 2 Rn. 49 ff.; ARS/Schneider WEG § 7 Rn. 184; Schöner/Stöber Rn. 2815; Staudinger/Rapp WEG § 7 Rn. 35.

schaftsordnung.[65] Nach Auffassung des BGH unterliegen allerdings von dem teilenden Eigentümer vorgegebene Bestimmungen in der Gemeinschaftsordnung, die in einem spezifischen Zusammenhang mit der einseitigen Aufteilung stehen, einer Inhaltskontrolle im Hinblick auf einen Missbrauch der einseitigen Gestaltungsmacht; diese Inhaltskontrolle richtet sich unter Berücksichtigung der Besonderheiten des Einzelfalls am Maßstab von Treu und Glauben gemäß §242 BGB aus.[66]

Hinweis:

Mit dem Inhalt des Sondereigentums werden wir uns noch ausführlicher im → §5 befassen.

g) Genehmigungserfordernisse

aa) Gerichtliche Genehmigungserfordernisse

39 Soweit unter elterlicher Sorge, Vormundschaft, Betreuung oder Pflegschaft stehende Personen an der Begründung von Wohnungseigentum beteiligt sind, benötigen die **gesetzlichen Vertreter** nach §1850 Nr.1, §1643 Abs.1, §1888 BGB eine (familien-, oder betreuungs-)**gerichtliche Genehmigung,** weil nach hM eine Verfügung über das Grundstück i.S. dieser Vorschriften vorliegt. Bei der Begründung von Wohnungseigentum gem. **§3 WEG** ist dies unstreitig, weil die bisher „normalen" Miteigentumsanteile mit Sondereigentum verbunden werden und dem bisherigen Miteigentum Sondereigentumsbereiche zugunsten anderer Miteigentümer entzogen werden; es liegt damit nach überwiegender Auffassung[67] eine Inhaltsänderung des Eigentums vor.[68]

40 Im Falle der Aufteilung gem. **§8 WEG** wird diese Sichtweise jedoch zunehmend bestritten. Während überwiegend wohl immer noch zumindest von einer verfügungsähnlichen, das Genehmigungserfordernis begründenden Handlung ausgegangen wird[69], befindet sich eine ablehnende Auffassung im Vordringen, die für diese Begründungsart lediglich ein – genehmigungsfreies – sog neutrales Geschäft annehmen will.[70] Offen bleibt dabei allerdings, wie dann für einzelne Einheiten nachteilige Regelungen (zB in der Kosten- und Lastentragung) ausreichende Berücksichtigung im Rahmen einer Veräußerungsgenehmigung für eine profitable Einheit finden können.

---

[65] AA – analoge Anwendung: Meikel/Böttcher Einl D Rn.135ff.; Ulmer FS Weitnauer (1980), S.205.

[66] BGHZ 227, 289 = ZfIR 2021, 394 = ZMR 2021, 405 = ZWE 2021, 273).

[67] Nach weitergehender Ansicht soll eine Verfügung durch Neuzuordnung des Eigentums vorliegen; Bamberger/Roth/Hügel WEG §4 Rn.6; Staudinger/Rapp WEG §4 Rn.3.

[68] Bamberger/Roth/Hügel WEG §4 Rn.7; Bärmann/Armbrüster WEG §2 Rn.28f.; ARS/Schneider WEG §7 Rn.86; Schöner/Stöber Rn.2850; Staudinger/Rapp WEG §4 Rn.22.

[69] Bamberger/Roth/Hügel WEG §8 Rn.5; Jennißen/Zimmer §4 Rn.34; Klüsener Rpfleger 1981, 464; NK-BGB/Heinemann §2 Rn.6 WEG; ARS/Schneider WEG §7 Rn.86; Schöner/Stöber Rn.2850; differenzierend Staudinger/Rapp WEG §8 Rn.20.

[70] KG ZWE 2015, 118; Bärmann/Armbrüster WEG §2 Rn.33; MüKoBGB/Krafka WEG §8 Rn.11; RGRK/Augustin §8 Rn.3.

bb) Öffentlich-rechtliche Genehmigungserfordernisse

Daneben können für die Begründung von Wohnungseigentum weitere **behördliche Genehmigungserfordernisse** in Betracht kommen: 41

- für **Fremdenverkehrsgebiete** gem. § 22 Abs. 1 BauGB;[71]
- für **Umlegungs- und Enteignungsverfahren** gem. § 51, § 108 BauGB;[72]
- für Gebiete zur **Erhaltung bestimmter Milieustrukturen** aufgrund einer Erhaltungssatzung gem. § 172 Abs. 1 Satz 4 BauGB;[73]
- für Gebiete mit **angespannten Wohnungsmärkten** im Sinne von § 201a Satz 3 und 4 aufgrund einer Rechtsverordnung gem. § 250 Abs. 1 BauGB;[74]
- für die neuen Bundesländer gem. § 3 Satz 2 Nr. 1 GVO iVm § 2 GVO wegen der damit verbundenen Änderung etwaiger **Restitutionsansprüche** bei vertraglicher Einräumung von Sondereigentum;[75]
- für den Nachweis fehlender oder erfüllter Grunderwerbsteuerpflicht gem. § 22 GrEStG (sog **Unbedenklichkeitsbescheinigung**) bei vertraglicher Einräumung von Sondereigentum gem. § 3 WEG; die Teilung gem. § 8 WEG unterfällt mangels Eigentumswechsels keiner Grunderwerbsteuer.[76]

III. Grundbuchmäßige Behandlung

1. Formelle Eintragungsvoraussetzungen

a) Prüfungskompetenz des Grundbuchgerichts

Das Grundbuchgericht hat im Rahmen der ihm zur Verfügung stehenden Beweismittel zu prüfen, ob Wohnungseigentum nach den vorgelegten Unterlagen wirksam begründet werden kann. Dies macht auch im formellen Eintragungsverfahren grundsätzlich eine Prüfung der vorgenannten materiell-rechtlichen Entstehungsvoraussetzungen nicht entbehrlich. Das Grundbuchgericht hat allerdings – abgesehen von den in § 20 GBO genannten Ausnahmen – nicht die Wirksamkeit der materiell-rechtlichen Einigung zu prüfen; ihm kommt darüber hinaus aber die notwendige Prüfungskompetenz zu, solange es sich um die Beantwortung von Rechtsfragen handelt. Weiß das Grundbuchgericht, dass durch die bewilligte Eintragung das Grundbuch unrichtig würde, darf es die Eintragung also nicht vornehmen; denn es ist seine Aufgabe, das Grundbuch nach Möglichkeit mit der 42

[71] Vgl. dazu ausf. DNotI-Gutachten in DNotI-Report 2008, 97.

[72] Vgl. Bärmann/Armbrüster WEG § 2 Rn. 18; ARS/Schneider WEG § 7 Rn. 89 f.; Schöner/Stöber Rn. 3863; aA für Teilungen gem. § 8 WEG aufgrund der fehlenden Verfügung Battis/Krautzberger/Löhr/Reidt § 51 Rn. 14.

[73] Vgl. BGH 12.10.2016 – V ZB 198/15; KG 13.10.2016 – 1 W 303/16; OLG Hamm 1999, 132 = Rpfleger 1999, 487; OLG Zweibrücken DNotZ 1999, 825 = Rpfleger 1999, 441; Schöner/Stöber Rn. 3853 b.

[74] Vgl. KG DNotZ 2023, 209; KG NZM 2022, 109; KG ZMR 2022, 140.

[75] Bamberger/Roth/Hügel WEG § 4 Rn. 9; Frenz DtZ 1994, 56, 57; Schöner/Stöber Rn. 4108a.

[76] LG Saarbrücken NZM 1998, 924; Bärmann/Armbrüster WEG § 2 Rn. 47; ARS/Schneider WEG § 7 Rn. 87.

wirklichen Rechtslage in Einklang zu halten und eine Grundbuchunrichtigkeit zu verhindern.[77] Die in §29 Abs.1 GBO normierte **Beweismittelbeschränkung** verdrängt also keineswegs die Beachtung des **Legalitätsprinzips**. Gemessen daran darf das Grundbuchgericht aber gerade nicht sehenden Auges unrichtige Eintragungen herbeiführen.[78]

43 Vor diesem Hintergrund sind die allgemeinen und besonderen Eintragungsvoraussetzungen zu prüfen. Die entsprechende Prüfung hat richtigerweise auch bereits im Anlegungsverfahren für das Wohnungseigentum stattzufinden[79] und nicht erst in einem nachgelagerten Prozess gem. §43ff. WEG.[80]

b) Allgemeine Eintragungsvoraussetzungen

44 Die Prüfung der allgemeinen Eintragungsvoraussetzungen auf der Grundlage einer Eintragungsbewilligung (sog „formelles Konsensprinzip") umfasst insbesondere folgende Punkte:

- Zuständigkeiten (§1 GBO)
- Antragstellung (§13 GBO)
  - Antragserklärung und -berechtigung, ggf. Vertretung
  - Antragsinhalt
  - Antragsform
- Bewilligung (§19 GBO)
  - Bewilligungserklärung und -berechtigung, auch mittelbar Betroffener, ggf. Vertretung
  - Bewilligungsinhalt
  - Bewilligungsform
- Voreintragung (§39 GBO)
- Briefvorlage (§41f. GBO)
- Genehmigungen

Zur Vermeidung von Wiederholungen kann auf die Ausführungen von *Wilsch* „Die Grundbuchordnung für Anfänger" in dieser Reihe verwiesen werden.

Die Ihnen jetzt bekannten materiell-rechtlichen Entstehungsvoraussetzungen für Wohnungseigentum sind im Rahmen des Bewilligungsinhalts zu berücksichtigen.

c) Besondere Eintragungsvoraussetzungen

aa) Aufteilungsplan

45 Der verfahrensrechtlich notwendigen Eintragungsbewilligung (§19 GBO) ist als Anlage eine von der Baubehörde mit Unterschrift und Siegel oder Stempel versehene Bauzeichnung beizufügen, aus der die Aufteilung des Gebäudes und

---

[77] BGH NJW 2021, 1673; BGH 16.2.2012 – V ZB 204/11, BeckRS 2012, 6466.

[78] Enger dagegen Hügel/Elzer WEG §7 Rn.55: nur offensichtliche Nichtigkeitsgründe sollen zur Zurückweisung berechtigen.

[79] OLG Frankfurt NJW-RR 1998, 1707; OLG Zweibrücken MittBayNot 1994, 44; BayObLGZ 1997, 139 = DNotZ 1997, 970.

[80] So aber Staudinger/Rapp WEG §7 Rn.38; Weitnauer DNotZ 1989, 430 für die Prüfung gem. §242 BGB.

des Grundstücks sowie die Lage und Größe der im Sondereigentum und der im Gemeinschaftseigentum stehenden Teile des Gebäudes und des Grundstücks ersichtlich ist (sog **Aufteilungsplan**).

Bitte lesen Sie jetzt § 7 Abs. 4 S. 1 Nr. 1 WEG!

Danach ist für die Abgrenzung des Sondereigentums nicht die tatsächliche Bauausführung, sondern allein der Aufteilungsplan maßgeblich.[81] Er soll sicherstellen, dass dem Bestimmtheitsgrundsatz des Sachen- und Grundbuchrechts Rechnung getragen wird, indem er die Aufteilung des Gebäudes sowie die Lage und Größe des Sondereigentums und der im gemeinschaftlichen Eigentum stehenden Gebäude- und Grundstücksteile ersichtlich macht. Bei Grundstücken ergibt sich der Grenzverlauf aus der dem Liegenschaftskataster zugrundeliegenden Liegenschaftskarte (vgl. § 2 Abs. 2 GBO); hierauf erstreckt sich die Vermutung der Richtigkeit des Grundbuchs gem. § 891 Abs. 1 BGB. Dieselbe sachenrechtliche **Abgrenzungsfunktion** wie das Liegenschaftskataster erfüllt bei der Aufteilung in Wohnungseigentum der Aufteilungsplan, der an die Stelle der Vermessung und katastermäßigen Erfassung tritt.[82]

Dieser Bedeutung des Aufteilungsplans entspricht das grundbuchmäßige 46
Buchungsverfahren. So kann bei der Eintragung von Wohnungseigentum zur näheren Bezeichnung des Gegenstands und des Inhalts des Sondereigentums grds. auf die Eintragungsbewilligung Bezug genommen werden (§ 7 Abs. 3 S. 1 WEG); in der Eintragungsbewilligung wiederum wird auf den Aufteilungsplan verwiesen, so dass letzterer ebenfalls zur Grundbucheintragung gehört (sog **„doppelte Bezugnahme“**). Daraus ergibt sich zugleich, dass mit dem Aufteilungsplan als Bestandteil der Eintragungsbewilligung der Inhalt einer Teilungserklärung gem. § 8 Abs. 1 WEG übereinstimmen muss. Alle **Widersprüche** zwischen dem Inhalt der Teilungserklärung selbst und dem Inhalt des in Bezug genommenen Aufteilungsplans machen die Erklärung inhaltlich unbestimmt, so dass eine Eintragung nicht erfolgen kann.[83]

Die von der Baubehörde mit Unterschrift und Siegel oder Stempel zu versehene 47
Bauzeichnung wurde bisher im Maßstab von mindestens 1 : 100 erstellt[84]; die aktuelle AVA v. 06.07.2021[85] enthält eine solche Vorgabe nicht mehr. Die Bauzeichnung setzt sich regelmäßig aus **Grundrissen** der einzelnen Stockwerke, **Schnitten** und **Ansichten** des Gebäudes zusammen.[86] Der Aufteilungsplan muss sich demgemäß auf alle Teile eines Gebäudes beziehen, auch auf den Keller und

---

[81] Gegen die bisher ganz vorherrschende Meinung: BGHZ 208, 39 = NJW 2016, 473 = ZfIR 2016, 276 = ZMR 2016, 215 = ZWE 2016, 79.

[82] BGHZ 208, 39 = NJW 2016, 473 = ZfIR 2016, 276 = ZMR 2016, 215 = ZWE 2016, 79; BGHZ 177, 338 = NJW 2008, 2982 = ZfIR 2008, 734 = ZMR 2008, 897 = ZWE 2008, 426 („Luftschranke“); BGHZ 130, 159 = NJW 1995, 2851 (Widerspruch zwischen Aufteilungsplan und Teilungserklärung).

[83] OLG Köln NJW-RR 1993, 204.

[84] Früher ausdrücklich in Nr. 2 der Allgemeinen Verwaltungsvorschrift für die Ausstellung von Bescheinigungen gemäß § 7 Abs. 4 Nr. 2 und § 32 Abs. 2 Nr. 2 des Wohnungseigentumsgesetzes vom 19.3.1974 (BAnz. Nr. 58 vom 23.3.1974) angeordnet; → 1. Aufl. Anhang III.

[85] BAnz AT 12.07.2021 B2.

[86] KG Rpfleger 2023, 156; KG ZMR 2023, 128; BayObLG DNotZ 1998, 377; BayObLGZ 1980, 226 = DNotZ 1980, 747.

das Dachgeschoss.[87] Er soll auch den Grundrissplan eines nur beschränkt nutzbaren Spitzbodens enthalten, gleichgültig, ob dieser Gemeinschaftseigentum oder Sondereigentum ist; die bloße Darstellung des Spitzbodens im Schnittplan soll nicht genügen.[88] Neben den Grundrissen der Wohnungen muss der Aufteilungsplan auch Ansichten des Gebäudes enthalten, wobei sich Unterschrift und Siegel (Stempel) der Baubehörde auch darauf beziehen müssen.[89] Eine zeichnerische Darstellung nur eines Gebäudeteils, zB nur der im Sondereigentum stehenden Teile, genügt nicht.[90] Das Erfordernis von Grundrissen und Ansichten gilt grundsätzlich auch für **selbstständige Garagen**, an denen Sondereigentum begründet werden soll.[91] Sollen diese dagegen im gemeinschaftlichen Eigentum verbleiben, genügt ein Grundriss, aus dem sich Lage und Größe der Garagen ersehen lassen; Ansichten und Schnitte sind dann nicht erforderlich.[92]

48 Alle zu demselben Wohnungseigentum gehörenden Einzelräume, auch die außerhalb der eigentlichen Wohnungen liegenden, zB Speicher, Keller[93], sind mit der jeweils gleichen **Nummer** zu kennzeichnen (§ 7 Abs. 4 S. 1 Nr. 1 WEG); eine nochmalige verbale Beschreibung in der Teilungserklärung ist dann nicht notwendig, solange eine Zuordnung zum Sondereigentum anderweitig festgestellt werden kann.[94] Innerhalb einer Wohnung muss nicht jeder Raum mit einer Nummer gekennzeichnet werden, es genügt vielmehr die farbige Umrandung der Wohnung.[95] Wenn in der Eintragungsbewilligung für die einzelnen Sondereigentumsrechte Nummern angegeben werden, sollen sie mit denen des Aufteilungsplans übereinstimmen (§ 7 Abs. 4 S. 2 WEG). Diese Grundsätze sollen auch dann gelten, wenn die Teilungserklärung vor der Grundbucheintragung noch geändert wird.[96]

---

[87] BayObLGZ 1980, 226 = DNotZ 1980, 747.

[88] So BayObLG MittBayNot 1997, 2910; aA F. Schmidt MittBayNot 1997, 276; ARS/Schneider WEG § 7 Rn. 110 zumindest für den Fall, dass der im Gemeinschaftseigentum verbleibende Spitzboden schon aufgrund seiner Standhöhe nicht zum dauernden Aufenthalt von Menschen geeignet ist und auch sonst keine weiteren darstellungsbedürftigen Merkmale aufweist.

[89] BayObLG MittBayNot 1984, 130; BayObLGZ 1980, 226 = DNotZ 1980, 747; LG Lüneburg Rpfleger 1979, 314.

[90] LG Lüneburg Rpfleger 1979, 314.

[91] OLG Düsseldorf ZWE 2000, 369; OLG Hamm OLGZ 1977, 264, 272 = DNotZ 1977, 308; BayObLGZ 1973, 267 = NJW 1974, 152.

[92] BayObLG MittBayNot 1993, 215.

[93] LG Heilbronn BWNotZ 1976, 125.

[94] OLG Köln NJW-RR 1993, 204 im konkreten Fall zumindest fragwürdig.

[95] LG Bayreuth MittBayNot 1975, 102.

[96] OLG München MittBayNot 2011, 229; BayObLG Rpfleger 1991, 414; aA ARS/Schneider WEG § 7 Rn. 114 mwN; jetzt wohl auch OLG München ZWE 2017, 309.

Beispiel:

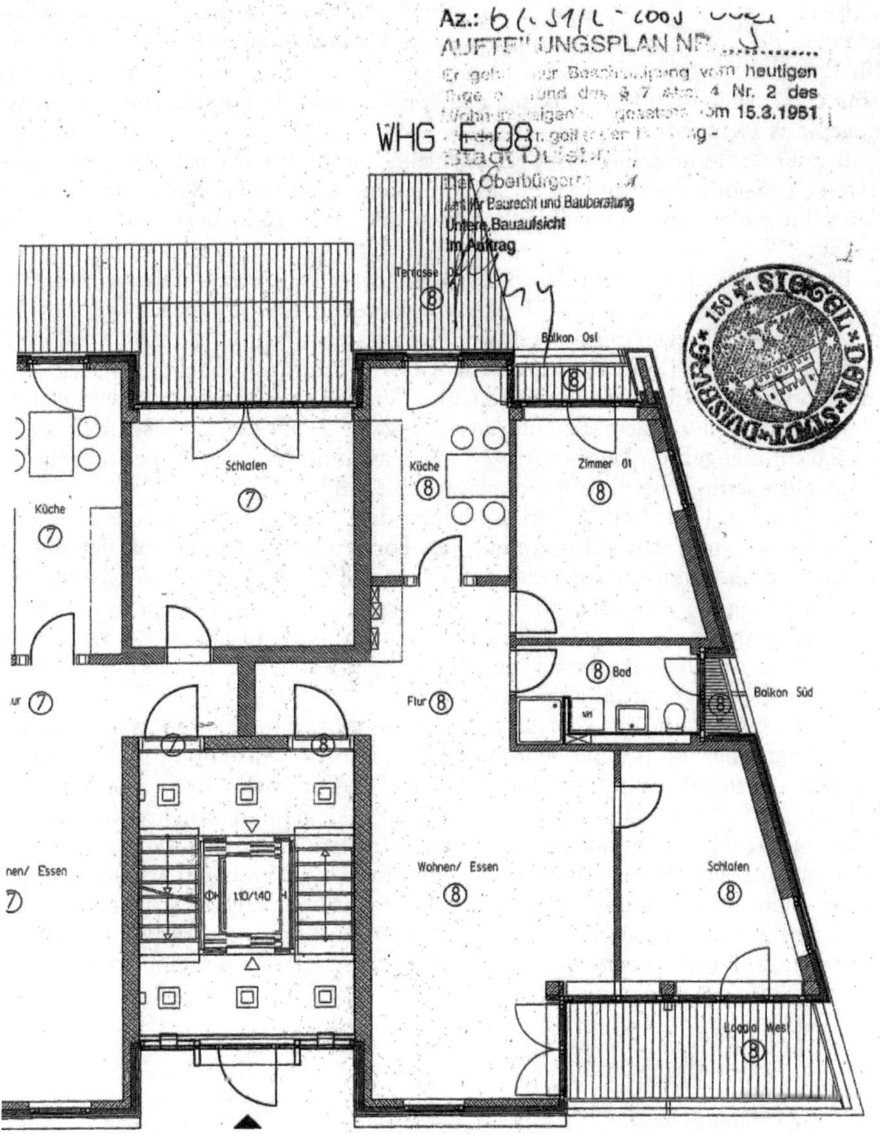

WHG E-08
Terrasse
Balkon Ost
Schlafen
Küche
Zimmer 01
Küche
Bad
Balkon Süd
Flur
Wohnen/ Essen
Wohnen/ Essen
Schlafen
Loggia West
1.10/1.40
EINGANG

49 Befinden sich mehrere Bauwerke auf dem in Wohnungseigentum aufzuteilenden Grundstück, muss sich aus dem Aufteilungsplan auch die genaue **Lage der Gebäude** ergeben.[97] Aber auch bei nur einem Baukörper wurde richtigerweise zur genauen Bestimmung seines Standortes die Vorlage eines amtlichen Lageplanes für erforderlich gehalten, um das Vorliegen eines evtl. Überbaues feststellen zu können.[98] Nach dem Inkrafttreten des WEMoG ist die Vorlage eines **amtlichen Lageplans** zwingend.[99]

50 Bei der Aufteilung in Wohnungseigentum kann mit nur einem Miteigentumsanteil das Sondereigentum an zwei in sich abgeschlossenen Wohnungen, die im Aufteilungsplan mit unterschiedlichen Nummern bezeichnet sind, verbunden werden.[100]

51 Es handelt sich bei dem Aufteilungsplan um eine andere Voraussetzung der Grundbucheintragung iSd § 29 Abs. 1 S. 2 GBO. Das Grundbuchgericht hat deshalb das Vorliegen der gesetzlichen Voraussetzungen des § 7 Abs. 4 S. 1 Nr. 1 WEG zu prüfen. Diese **Prüfungspflicht des Grundbuchgerichts** erstreckt sich insbesondere auf die Vollständigkeit und Widerspruchsfreiheit der vorgelegten Pläne, eine ordnungsgemäße Nummerierung der Sondereigentumseinheiten und die Zusammengehörigkeit der Aufteilungspläne mit der weiterhin erforderlichen Abgeschlossenheitsbescheinigung (dazu sogleich).[101]

52 § 7 Abs. 4 S. 1 Nr. 1 WEG verlangt nicht, dass schon bei der Niederschrift der Teilungserklärung bzw. Einräumung des Sondereigentums der von der Baubehörde amtlich bestätigte Aufteilungsplan als Anlage der unterschriftsbeglaubigten Erklärung beigefügt sein muss.[102] „Beifügen" ist nach der Gesetzesgenese in diesem Zusammenhang nicht beurkundungstechnisch iSd §§ 9 Abs. 1 S. 3, 13, 44 BeurkG zu verstehen. Bei Errichtung der Teilungserklärung liegt deshalb oftmals nur ein **vorläufiger Aufteilungsplan** vor.

Für die Eintragung des Wohnungseigentums muss dann allerdings dem Grundbuchgericht der von der Baubehörde amtlich erstellte Aufteilungsplan vorgelegt werden. Bei der **Prüfung der Identität** zwischen dem vorläufigen und dem endgültigen Aufteilungsplan ergeben sich in der Praxis dann häufig Probleme. Diese Prüfung hat das Grundbuchgericht nach zutreffender Ansicht selbst vorzunehmen; es kann sich dieser Pflicht auch nicht durch das Verlangen nach einer notariellen Identitätserklärung entziehen.[103] Vielmehr bedarf es einer formgerechten Nachtragserklärung der Beteiligten, wenn vorläufiger und amtlich bestätigter Aufteilungsplan sich widersprechen. Andernfalls verbleibt nur eine kostenpflichtige Zurückweisung ihres Antrags.

---

[97] OLG Hamm OLGZ 1977, 264 (272) = DNotZ 1977, 308; OLG Bremen Rpfleger 1980, 68; LG Lüneburg Rpfleger 1979, 314.

[98] Riecke/Schmid/Schneider WEG § 7 Rn. 88 mwN.

[99] Bärmann/Armbrüster WEG § 7 Rn. 91; MüKoBGB/Krafka WEG § 7 Rn. 28; Forschner ZNotP 2021, 202, 204; Wobst DNotZ 2021, 582 (585); aA KG ZMR 2023, 128; Kümmel NotBZ 2022, 441 (447f.): nur wenn Freiflächen zu Sondereigentum bestimmt werden.

[100] LG Passau MittBayNot 2004, 264.

[101] Hügel/Elzer WEG § 7 Rn. 53; ARS/Schneider WEG § 7 Rn. 185.

[102] OLG Düsseldorf ZWE 2010, 368; vgl. hierzu auch DNotI – Report 1999, 17.

[103] BayObLGZ 2002, 397 = DNotZ 2003, 275 mAnm F. Schmidt = MittBayNot 2003, 127 mAnm Morhard = ZfIR 2003, 382; Hügel NotBZ 2003, 147.

bb) Abgeschlossenheits- und Flächenbescheinigung

Der Eintragungsbewilligung (§ 19 GBO) ist weiterhin als Anlage eine Bescheinigung der Baubehörde[104] beizufügen, dass die Voraussetzungen des § 3 Abs. 3 WEG vorliegen (sog **Abgeschlossenheits- und Flächenbescheinigung**). 53

Bitte lesen Sie jetzt § 7 Abs. 4 S. 1 Nr. 2 und § 3 Abs. 3 WEG!

(1) Abgeschlossenheit (§ 3 Abs. 3 Var. 1 WEG). Das WEG selbst definiert den **Begriff der Abgeschlossenheit** nicht. Lediglich in § 5 der AVA[105] finden sich Ausführungshinweise zur Erteilung der entsprechenden Bescheinigungen. Danach sind Wohnungen und nicht zu Wohnzwecken dienende Räume abgeschlossen, wenn sie baulich vollkommen von fremden Wohnungen und Räumen abgetrennt sind (zum Beispiel durch Wände und Decken) und einen eigenen abschließbaren Zugang unmittelbar vom Freien, von einem Treppenhaus oder einem Vorraum haben; der Zugang darf nicht über ein anderes Sondereigentum oder ohne dingliche Absicherung über ein Nachbargrundstück führen. Zu einer abgeschlossenen Wohnung oder zu in sich abgeschlossenen, nicht zu Wohnzwecken dienenden Räumen können zusätzliche abschließbare Räume außerhalb des jeweiligen Abschlusses gehören.

Aus diesen Erfordernissen werden allgemein folgende inhaltsbestimmende 54
Merkmale abgeleitet[106]:

- **Abgegrenztheit** (eigentliche Abgeschlossenheit)
  Ein Sondereigentum muss gegenüber anderem Sonder- und Gemeinschaftseigentum klar abgegrenzt sein. Eine solche bauliche Absonderung lässt sich zB durch Wände und Decken erreichen. Dies schließt es nicht aus, dass nicht alle zu demselben Sondereigentum gehörenden Räume auch in einem baulichen Verbund zueinander stehen. Ausreichend ist, dass jedenfalls die miteinander verbundenen Räume in sich jeweils abgeschlossen sind. Deshalb können auch außerhalb einer Wohnung liegende Räume zum Sondereigentum dieser Einheit gehören. Voraussetzung ist jedoch, dass es sich insoweit lediglich um verschließbare Nebenräume handelt.[107] Die zu Wohnzwecken mindestens erforderlichen Räume müssen hingegen innerhalb eines abgeschlossenen Verbundes stehen und über Wasserversorgung, Ausguss und WC verfügen.[108] Unschädlich ist eine zwischen zwei Wohnungen befindliche, jederzeit zu öffnende Verbindungstür.[109] Auch ein zeitweises Betretungsrecht für andere Wohnungseigentümer schadet der Abgeschlossenheit nicht.[110]

---

[104] Die vormals in § 7 Abs. 4 S. 3 WEG enthaltene Ermächtigung der Bundesländer zur Bestimmung öffentlich bestellter oder anerkannter Sachverständiger für das Bauwesen **zur Ausfertigung und Bescheinigung** anstelle der Baubehörde ist durch das WEMoG aufgehoben worden.

[105] Allgemeine Verwaltungsvorschrift für die Ausstellung von Bescheinigungen nach dem Wohnungseigentumsgesetz (AVA) v. 6. Juli 2021 (BAnz AT 12.07.2021 B2); → Anhang.

[106] Vgl. BayObLGZ 1983, 266 = ZMR 1984, 359.

[107] Weitergehend offenbar LG Bielefeld Rpfleger 2000, 387.

[108] So nach hier vertretener Auffassung auch weiterhin zutreffend KG ZWE 2013, 322; zur Ausstattung sogleich.

[109] KG OLGZ 1985, 129 = DNotZ 1985, 437; LG Köln MittRhNotK 1993, 224.

[110] BayObLG DNotZ 1989, 433.

- **Zugangsmöglichkeit**
  Das Sondereigentum muss einen eigenen abschließbaren Zugang unmittelbar vom Freien, von einem Treppenhaus oder einem Vorraum haben.[111] Das Erfordernis der Abgeschlossenheit einer Wohnung bezieht sich jedoch nicht auf die Abschließung gegenüber Räumen auf einem anderen Grundstück.[112] Der nach § 3 Abs. 3 WEG notwendige freie Zugang zu den Wohnungen kann deshalb auch in der Weise geschaffen werden, dass die Benutzung des im Nachbargebäude befindlichen und im Eigentum eines Dritten stehenden Treppenhauses durch eine Grunddienstbarkeit zugunsten aller jeweiligen Wohnungseigentümer sichergestellt wird.[113]
  Streitig ist mit dem Inkrafttreten der aktuellen AVA geworden, ob das bisherige – noch ausdrücklich in der früheren AVV geregelte – **Ausstattungserfordernis für Wohnungen** durch die Änderung nun entfallen ist. Allerdings sollte mit der neuen Fassung der AVA eine inhaltliche Änderung nicht verbunden sein.[114] Nach hier vertretener Auffassung ergeben sich Ausstattungserfordernisse bereits aus der Funktion eines Sondereigentums als Wohnung.[115] In einer Wohnung muss man auch wohnen können.

- **Ausstattung**
  Um die vorgesehene Wohnungsnutzung überhaupt zu ermöglichen, bedarf es einer Mindestausstattung. Dazu gehörten bereits nach Nr. 4 und 5a der AVV[116] innerhalb der Wohnung zumindest eine Kochgelegenheit, die Versorgung mit Wasser, ein Ausguss und ein WC.[117] Unschädlich war ein außerhalb des Wohnungsverbundes liegender Raum mit zusätzlichen Ausstattungsmerkmalen.[118] Dem allgemeinen Wohnungsbegriff[119] entsprechend wurde weiterhin ein Stromanschluss innerhalb der Wohnung gefordert.[120] Bad, Dusche und Heizung wurden demgegenüber ebensowenig verlangt[121] wie eigene Zähler- und Messvorrichtungen für Strom, Gas, Wasser oder Heizung.[122]

Daran ist nach hier vertretener Auffassung auch weiterhin festzuhalten. Das Grundbuchgericht hat die Einhaltung dieser Mindestanforderungen unter Berücksichtigung des Legalitätsprinzips bei der Anlegung der neuen („Wohnungs-"!)Grundbücher von Amts wegen zu prüfen (vgl. § 7 Abs. 1 WEG); die

---

[111] OLG München ZWE 2009, 25; BayObLG NJWE-MietR 1997, 80.
[112] BayObLGZ 1990, 279 = DNotZ 1991, 480.
[113] OLG Düsseldorf OLGZ 1987, 51 = DNotZ 1987, 235.
[114] BR-Drs. 312/21, S. 9.
[115] Vgl. Bärmann/Armbrüster WEG § 1 Rz. 15, § 3 Rz. 96; BeckOGK/M. Müller, Stand: 1. 3. 2024, WEG § 1 Rn. 162.
[116] Allgemeine Verwaltungsvorschrift für die Ausstellung von Bescheinigungen gemäß § 7 Abs. 4 Nr. 2 und § 32 Abs. 2 Nr. 2 des Wohnungseigentumsgesetzes vom 19.3.1974 (BAnz. Nr. 58 vom 23.3.1974); → 1. Aufl. Anhang III.
[117] KG ZWE 2013, 322; OLG Zweibrücken ZWE 2001, 395.
[118] Vgl. OLG Nürnberg ZWE 2012, 317 für ein zusätzliches WC in einem separaten Raum.
[119] Vgl. BFHE 187, 445 = NZM 1999, 186: „Zusammenfassung mehrerer Räume (…), in denen ein selbständiger Haushalt geführt werden kann.".
[120] Hügel/Elzer WEG § 3 Rn. 40; Riecke/Schmid/Elzer/Schneider WEG § 3 Rn. 64.
[121] Pfeilschifter/Wüstenberg WuM 2004, 635, 639; zT aA wohl Bärmann/Armbrüster WEG § 3 Rn. 79.
[122] Bärmann/Armbrüster WEG § 3 Rn. 61 unter Hinweis auf die tlw. abweichende Gesetzesbegründung.

Grundbucheintragung einer nicht zu Wohnzwecken geeigneten Einheit als Wohnung ist unzulässig.[123] Aus diesem Grund setzt die vorzulegende Bauzeichnung die Erkennbarkeit einer Einheit als potenzielles Wohnungseigentum voraus.[124]

Bei **nicht zu Wohnzwecken dienenden Räumen** müssen Abgegrenztheit und Zugangsmöglichkeit ebenso vorliegen. Lediglich bei den Ausstattungsmerkmalen können die Anforderungen für Teileigentum hinter denen für Wohnungseigentum zurückbleiben. So ist zB ein Teileigentum auch dann abgeschlossen, wenn sich ein zum Sondereigentum gehörendes WC außerhalb der Einheit befindet.[125] Auch einzelne Hotelzimmer oder Hotelappartements können nach zutreffender Auffassung Teileigentum sein.[126] 55

(2) **Maßangaben (§ 3 Abs. 3 Var. 2 WEG).** Gem. § 3 Abs. 3 Var. 2 WEG sollen Stellplätze (§ 3 Abs. 1 S. 2 WEG) sowie außerhalb des Gebäudes liegende Teile des Grundstücks (§ 3 Abs. 2 WEG) durch Maßangaben im Aufteilungsplan bestimmt sein. Da für dieses Sondereigentum mangels Raumeigenschaft keine Abgeschlossenheit gem. § 3 Abs. 3 Var. 1 WEG bescheinigt werden kann, ist für die genannten Bereiche eine **Flächenbescheinigung** erforderlich. Die Maßangaben zu Stellplätzen und Teilen des Grundstücks müssen es daher ermöglichen, die Größe und Lage der zum Sondereigentum gehörenden Flächen ausgehend von den Grenzen des Grundstücks oder eines Gebäudes zu bestimmen.[127] Dazu bedarf es **konkreter Maßangaben**; der Rückgriff auf einen angegebenen Maßstab reicht dafür nicht aus.[128] 55a

Soweit sich ein (Einzel-)Stellplatz in einer Garage befindet, kann wegen der vorhandenen Raumeigenschaft wie bisher deren Abgeschlossenheit bescheinigt werden; i.ü. werden sämtliche Stellplätze – nicht nur aushäusige – von dem Maßangabenerfordernis erfasst. In Doppelstockgaragen/Doppelparkern und Quattroparkern ist nunmehr der einzelne Stellplatz sondereigentumsfähig (vgl. § 7 AVA). Für mobile Palettenstellplätze soll jedenfalls dann nichts anderes gelten, wenn ein bestimmter Palettenstellplatz zum alleinigen Gebrauch fest zugewiesen ist [129]

Zu den rechtlichen Gestaltungsmöglichkeiten bei Pkw-Stellplätzen s. ausführlich → § 5 Rn. 125a.

Das Abgeschlossenheits- und Flächenerfordernis ist in § 3 Abs. 3 WEG lediglich als **Sollvorschrift** ausgestaltet. Erfolgt die Eintragung des Sondereigentums in das Grundbuch also trotz fehlender Abgeschlossenheit, ist das Wohnungs- bzw. Teileigentum dennoch wirksam entstanden[130]; das Grundbuch ist nicht unrichtig.[131] 56

---

[123] Schneider ZfIR 2023, 116 (118).

[124] Bärmann/Armbrüster WEG § 3 Rn. 96; BeckOGK/M. Müller Stand 01.03.2024 § 3 WEG Rn. 216; Erman/Grziwotz § 1 Rn. 7; Hügel/Elzer NZM 2023, 57 (60); Köther RNotZ 2021, 377, 382; Ruge AnwZert MietR 15/2021 Anm. 2; Schneider ZfIR 2023; 116, 118; aA KG ZfIR 2023, 138 = ZMR 2023, 386; KG ZMR 2023, 127; BeckOK WEG/Leidner Stand 02.04.2024 § 3 Rn. 64.2; Wobst MittBayNot 2022, 322 (323), ders. DNotZ 2021, 582 (588f.).

[125] KG ZWE 2013, 322; OLG Düsseldorf ZfIR 1997, 760.

[126] OLG München ZWE 2017, 175; OLG Naumburg NotBZ 2005, 221 Ls.; Bärmann/Armbrüster WEG § 3 Rn. 73 ff.; Häublein NotBZ 2004, 243; aA OVG Lüneburg DNotZ 1984, 390; LG Halle NZM 2004, 748.

[127] § 6 AVA v. 6.7.2021 (BAnz AT 12.07.2021 B2).

[128] Bärmann/Armbrüster WEG § 3 Rn. 107; DNotI-Gutachten DNotI-Report 2022, 155; Hügel/Elzer WEG § 3 Rn. 65; Wobst DNotZ 2021, 582, 587

[129] BGH 07.03.2024 – V ZB 46/23, NZM 2024, 424.

[130] BGHZ 177, 338 = NJW 2008, 2982 = ZWE 2008, 426 („Luftschranke"); BGHZ 110, 36 = BGH NJW 1990, 1111 („Bauverbotsfall").

[131] OLG München ZWE 2013, 409.

Wiederholung:

Wiederholen Sie bei dieser Gelegenheit bitte die Begriffe „**Mussvorschrift**", „**Sollvorschrift**" sowie „**Kannvorschrift**". Grenzen Sie diese drei Normtypen nach den unterschiedlichen Rechtsfolgen im Falle eines Verstoßes gegeneinander ab.

Sondereigentum entsteht demgemäß auch dann, wenn die gem. § 7 Abs. 4 S. 1 Nr. 2 WEG notwendige Abgeschlossenheits- und Flächenbescheinigung gar nicht oder mängelbehaftet vorgelegen haben sollte. Die Bescheinigung der Abgeschlossenheit des Sondereigentums durch die Baubehörde dient lediglich der Erleichterung der Prüfung des Eintragungsantrags durch das Grundbuchgericht und ist nicht Voraussetzung für dessen Entstehen. Für das Entstehen des Sondereigentums ist die Bescheinigung vielmehr ohne Bedeutung, sofern die Eintragung in das Grundbuch erfolgt.[132]

57 Gleichwohl darf das Grundbuchgericht die beantragte Begründung von Wohnungseigentum nicht vollziehen, wenn die in § 7 Abs. 4 S. 1 Nr. 2 geforderte Abgeschlossenheits- und Flächenbescheinigung nicht vorliegt; eine fehlende Bescheinigung stellt ein **Eintragungshindernis** dar.[133] Liegt eine Abgeschlossenheits- und Flächenbescheinigung vor, darf das Grundbuchgericht aber nicht dazu beitragen, Wohnungs- oder Teileigentum materiell ohne Abgeschlossenheit entstehen zu lassen. Es ist daher an die von der Baubehörde erteilte Abgeschlossenheitsbescheinigung nach ganz überwiegender und zutreffender Auffassung nicht gebunden, wenn sich aus den Eintragungsunterlagen eindeutig die Unrichtigkeit der Bescheinigung ergibt.[134] Dem Grundbuchgericht kommt daher ein selbstständiges materielles **Prüfungsrecht** hinsichtlich der Rechtsfrage der Abgeschlossenheit zu (nicht dagegen bauordnungsrechtlicher oder -technischer Voraussetzungen!), das richtigerweise mit einer entsprechenden **Prüfungspflicht** im Wege der **Evidenzkontrolle** korrespondiert.[135] Aus diesem Grunde hat das Grundbuchgericht nach hier vertretener Auffassung auch die fehlende Bescheinigung eines Sondereigentums als „Wohnung" im Wege einer Zwischenverfügung zu beanstanden.[136]

Die Baubehörde darf eine von ihr erteilte Abgeschlossenheitsbescheinigung nachträglich für kraftlos erklären, wenn der zugrundeliegende Aufteilungsplan durch bauliche Veränderungen des Gebäudes unrichtig geworden ist und den Umfang des Sondereigentums sowie des Gemeinschaftseigentums und der zulässigen Nutzung nicht mehr zutreffend darstellt.[137]

---

[132] BGHZ 177, 338 = NJW 2008, 2982 = ZWE 2008, 426 („Luftschranke").

[133] OLG Frankfurt ZWE 2012, 34; OLG Zweibrücken ZWE 2001, 395; BayObLGZ 1990, 168 = DNotZ 1991, 477; BayObLG DWE 1990, 102.

[134] OLG Nürnberg ZWE 2012, 317; OLG Frankfurt ZWE 2012, 34; BayObLGZ 1989, 447 = DNotZ 1990, 260; KG OLGZ 1985, 129 = DNotZ 1985, 437; aA LG Frankfurt/M. NJW 1971, 759.

[135] GmS-OGB BGHZ 119, 42 = NJW 1992, 3290; OLG Düsseldorf ZfIR 1997, 760; BayObLGZ 1989, 447 = DNotZ 1990, 260; Bärmann/Armbrüster WEG § 7 Rn. 124; Bub WE 1991, 150 (155); Hügel/Elzer WEG § 7 Rn. 54; ARS/Schneider WEG § 7 Rn. 190.

[136] Hügel/Elzer NZM 2023, 57; Schneider ZfIR 2023, 116, 118; aA KG ZfIR 2023, 138 = ZMR 2023, 386.

[137] BVerwGE 100, 83 = NJW 1997, 71.

Beispiel:

Der Oberbürgermeister
Amt für Baurecht und betrieblichen Umweltschutz
Untere Bauaufsichts - / Denkmalbehörde

DUISBURG am Rhein

63 Stadtverwaltung Duisburg, 47049 Duisburg

Herrn
Karl Kumpel
Kardinal-Galen-Straße 124
47051 Duisburg

Datum	15.10.2021
Ihre Nachricht vom	
Auskunft erteilt	Herr Mitarbeiter
Telefon	(0203) 999 9999
Telefax	(0203) 999 9999
Zimmer	999
Dienstgebäude	Friedrich-Albert-Lange-Platz 7 - Stadthaus -
Sprechzeiten	nach Vereinbarung
Bahn	Linie 79, 901, 903 König-Heinrich-Platz
eMail	amt@stadt-duisburg.de

• Bescheinigung nach dem Wohnungseigentumsgesetz
auf Grund des § 7 Abs. 4 Satz 1 Nr. 2 / § 32 Abs. 2 Satz 2 Nr. 2 des Wohnungseigentumsgesetzes (WEG) in der Fassung der Bekanntmachung vom 12.01.2021 (BGBl. I Seite 34) in der zur Zeit geltenden Fassung

Aktenzeichen:	Grundstück:	
63-222-L-2021-9999	Kardinal-Galen-Straße 124	47051 Duisburg
Gemarkung:	Flur:	Flurstück(e):
Duisburg	1	101

Maßnahme:
Abgeschlossenheitserklärungen (L): Antrag auf Ausstellung einer Abgeschlossenheitsbescheinigung nach dem Wohnungseigentumsgesetz

Sehr geehrter Herr Kumpel,

die in den beiliegenden Aufteilungsplänen-Nr. **1 - 9**

mit Nummer **1 - 11** bezeichneten Wohnungen

mit Nummer **12 - 16** bezeichneten nicht zu Wohnzwecken dienenden Räume

In dem bestehenden Gebäude auf dem Grundstück

47051 Duisburg, Kardinal-Galen-Straße 124

Gemarkung:	Flur:	Flurstück:
Duisburg	**1**	**101**

Grundbuch von: **Duisburg** Blatt: **1055**

sind in sich abgeschlossen.

2

Seite 2 - Bescheinigung nach dem Wohnungseigentumsgesetz v. 15.10.2021 / 63-222-L-2021-9999

Sie entsprechen daher dem Erfordernis des § 3 Abs. 3/§ 32 Abs. 1 des WEG.

Eine bauordnungsrechtliche Prüfung hat im Zusammenhang mit der Erteilung der Abgeschlossenheitsbescheinigung nach dem Wohnungseigentumsgesetz nicht stattgefunden.

Mit freundlichen Grüßen
Im Auftrag

(L.S.)

Mitarbeiter

Hinweis:

Die vorstehend wiedergegebene Abgeschlossenheits- und Flächenbescheinigung entspricht nicht dem gem. § 8 Abs. 1 AVA vorgegebenen Muster Anlage I. Die Praxis mehrerer – insbesondere großstädtischer Bauämter – geht im Hinblick auf dessen fehlende Aussagekraft dahin, die Abgeschlossenheits- und Flächenbescheinigung gem. § 3 Abs. 3 WEG zusammen mit dem Aufteilungsplan in der gewohnten Weise – aussagekräftig – zu erteilen. Damit wird zugleich dem Grundbuchgericht wie bisher auch die Eigenschaft von Wohnungen bescheinigt. Nach hier vertretener Auffassung ist damit den Minimalanforderungen der neuen AVA Genüge getan; ein Mehr an Aussagekraft kann jedenfalls bis zu der angemahnten Änderung[138] der AVA über die aufgezeigten Anwendungsschwierigkeiten hinweghelfen.[139]

d) Prüfungsaufbau

58 Aus den zuvor genannten allgemeinen und besonderen Eintragungsvoraussetzungen lässt sich das nachfolgende Prüfungsschema für die Begründung von Wohnungseigentum ableiten. Der Aufbau orientiert sich dabei wegen der praktischen Bedeutung grundsätzlich an der unter → Rn. 44 dargestellten allgemeinen Prüfungsabfolge für Grundbucheintragungen auf der Grundlage einer Eintragungsbewilligung (§ 19 GBO). Die sich für eine vertragliche Einräumung von Sondereigentum ergebenden Abweichungen sind integriert; die inhaltliche Prüfung der Bewilligung folgt den gesetzlichen Elementen des Wohnungseigentums:

Miteigentumsanteil (am *gemeinschaftlichen* Eigentum, u.a. (Rest-)**Grst.**) + **Sondereigentum** (= *Allein*-eigentum) →
- **Gegenstand** des SE (§ 5 Abs. 1–3 WEG)
- **Inhalt** des SE (§ 5 Abs. 4 WEG)

59 Dies wird Ihnen hoffentlich die Reproduzierbarkeit des Prüfungsaufbaus erleichtern.

---

[138] Hügel/Elzer NZM 2023, 57, 61.
[139] Schneider ZfIR 2023, 116, 121.

Prüfungsschema (Begründung von Wohnungseigentum)				
I.	**Zuständigkeiten (§ 1 Abs. 1 S. 1 u. 2 GBO)**			
II.	**Antrag (§ 13 GBO)**			
	1.	**Antragserklärung und -berechtigung** Antragsberechtigter ist allein der Grundstückseigentümer. Bei mehreren Eigentümern genügt der wirksame Antrag eines Miteigentümers.[140]		
	2.	**Antragsinhalt** Begründung von Wohnungseigentum; ggf. zusätzlich vorherige Grundstücksverbindung in Form der Vereinigung oder Bestandteilszuschreibung (dazu → Rn. 27 f.).		
	3.	**Antragsform** Schriftform ist im Hinblick auf das erforderliche Präsentat ausreichend (§ 13 Abs. 2 S. 1 GBO, § 30 GBO). Zur elektronischen Antragstellung s. § 135 GBO.		
III.	**Eintragungsbewilligung (§ 19 GBO)**			
	1.	**Bewilligungserklärung[141] und -berechtigung**		
		a)	**Unmittelbar Betroffener** (Bewilligungsmacht u. -befugnis)	
			– Im Falle des **§ 8 WEG** (sämtliche) Eigentümer (vgl. § 891 Abs. 1 BGB).[142]	
			– Im Falle des **§ 3 WEG** (sämtliche) Miteigentümer (vgl. § 891 Abs. 1 BGB). Daneben soll nach überwiegender Ansicht gem. § 4 Abs. 2 S. 1 WEG auch § 20 GBO Anwendung finden, dh auch die dingliche Einigung vorzulegen sein.[143]	
		b)	**Mittelbar Betroffene** wer materiell-rechtlich zustimmen muss, muss grds. auch verfahrensrechtlich bewilligen[144] (→ Rn. 19 ff.).	
	2.	**Bewilligungsinhalt**		
		a)	**Allgemeine Angaben**	
			aa)	Angaben zum Berechtigten gem. § 15 GBV.
			bb)	Angaben zum Grundstück gem. § 28 GBO.

[140] S. auch Demharter/Kienzle zu § 13 Rn. 45.

[141] Die gem. § 8 Abs. 2 , § 7 Abs. 3 WEG erforderliche Eintragungsbewilligung kann allerdings in der Teilungserklärung zu sehen sein; OLG Köln NJW-RR 1993, 204; OLG Hamm OLGZ 1985, 19 = DNotZ 1985, 552; OLG Zweibrücken OLGZ 1982, 263; LG Itzehoe ZMR 2008, 736.

[142] ARS/Schneider WEG § 8 Rn. 4.

[143] OLG Düsseldorf ZWE 2010, 368; Meikel/Böttcher GBO § 20 Rn. 59; Schöner/Stöber Rn. 2842; Staudinger/Rapp WEG § 4 Rn. 4; aA OLG Zweibrücken OLGZ 1982, 263; Demharter/Schäfer Anh zu § 3 Rn. 41.

[144] BGHZ 91, 343 = NJW 1984, 2409.

		b)	**Miteigentumsanteile**	
			aa)	Aufteilung in Miteigentumsanteile/Vorliegen von Miteigentumsanteilen, deren Summe ein Ganzes ergibt (→ Rn. 31).
			bb)	Alle Miteigentumsanteile müssen mit Sondereigentum verbunden sein (→ Rn. 31).
		c)	**Grundstück/Gebäude**	
			aa)	Es muss *ein* Grundstück im Rechtssinn vorliegen, § 1 Abs. 4 WEG Ggf. vorherige Vereinigung oder Bestandteilszuschreibung (→ Rn. 27).
			bb)	Zumindest ein Gebäude muss bestehen oder geplant sein (→ Rn. 30). Ausnahme § 3 Abs. 2: Über die Fiktionsregelung wäre jetzt auch Teileigentum an Stellplätzen ohne Gebäude denkbar, solange nur gemeinschaftliches Eigentum vorhanden ist.
			cc)	Klärung einer evtl. Überbauproblematik (→ Rn. 29).
		d)	**Gegenstand des Sonder- und Gemeinschaftseigentums**	
			aa)	Zuordnungserklärung von Räumen zum Sondereigentum[145]
			bb)	Sondereigentumsfähigkeit (→ § 3).
			cc)	Abgrenzung zwischen Sonder – und Gemeinschaftseigentum (→ Rn. 33 f.).
			dd)	Kein isoliertes Sondereigentum/Keine isolierten Miteigentumsanteile infolge fehlender Sondereigentumsfähigkeit (→ Rn. 32).
			ee)	Ggf. Bestimmung selbstständigen Stellplatz-Sondereigentums am Grundstück (§ 3 Abs. 1 S. 2). (→ § 3 Rn. 28 ff.)
			ff)	Ggf. Bestimmung unselbstständigen erstreckten Sondereigentums am Grundstück (§ 3 Abs. 2) mit Angabe einer Raumeinheit als Hauptsache (→ § 3 Rn. 32 ff.)
			gg)	Auch bei fiktiver Raumeigenschaft (§ 3 Abs. 1 S. 2) und erstrecktem Sondereigentum (§ 3 Abs. 2) immer noch „restliches" Miteigentum vorhanden?
		e)	**Inhalt des Sondereigentums/Gemeinschaftsordnung**	
			aa)	Vereinbarkeit mit den gesetzlichen Bestimmungen (§ 134 BGB), insbesondere des WEG (→ Rn. 38).
			bb)	Kein Verstoß gegen die guten Sitten (§ 138 BGB; → Rn. 38).
			cc)	Kein Verstoß gegen Treu und Glauben (§ 242 BGB; → Rn. 38).

[145] Eine Zuordnung zum Gemeinschaftseigentum ist nicht erforderlich; was nicht zum Sondereigentum erklärt wird, verbleibt im Gemeinschaftseigentum (vgl. § 1 Abs. 5, § 5 Abs. 2 WEG).

			dd)	Nach zutreffender Ansicht keine Prüfung AGB-rechtlicher Normen (§§ 305 ff. BGB; → Rn. 38).
			ee)	Typische inhaltliche Regelungen: Wohnungseigentumsrechtliche Öffnungsklauseln (→ § 5 Rn. 54 ff.) Sondernutzungsrechte (→ § 5 Rn. 74 ff.) Veräußerungsbeschränkungen (→ § 5 Rn. 126 ff.) Haftungsklauseln (→ § 5 Rn. 172 ff.)
	3.	**Bewilligungsform (§ 29 GBO)** Bewilligungen (§ 19 GBO) müssen zumindest notariell beglaubigt sein (§ 29 Abs. 1 Satz 1 GBO). Der von der hM für die vertragliche Einräumung des Sondereigentums geforderte Nachweis der dinglichen Einigung (§ 20 GBO) bedarf der notariellen Beurkundung (§ 29 Abs. 1 Satz 2 GBO).		
IV.	**Voreintragung (§ 39 GBO)**[146]			
V.	**Briefvorlage (§ 41 f. GBO)** Zum Vollzug einer Teilungserklärung gem. § 8 WEG bedarf es mangels Eintragung „bei dem Recht" nicht der Vorlage etwaig erteilter Grundpfandrechtsbriefe (vgl. § 41 Abs. 1 S. 1 GBO).[147] Vollzieht sich die Begründung des Wohnungseigentums jedoch gem. § 3 WEG sind etwaig erteilte Grundpfandrechtsbriefe zum Nachweis der Legitimation der zustimmenden Gläubiger dem Grundbuchgericht vorzulegen.[148]			
VI.	**Genehmigungen und Bescheinigungen**			
	a)	**Gerichtliche Genehmigungen** (→ Rn. 39)		
	b)	**Behördliche Genehmigungen/Bescheinigungen** (→ Rn. 41)		
VII.	**Besondere Eintragungsvoraussetzungen**			
	1.	**Aufteilungsplan gem. § 7 Abs. 4 S. 1 Nr. 1 WEG** (→ Rn. 45).		
	2.	**Abgeschlossenheits- und Flächenbescheinigung gem. § 7 Abs. 4 S. 1 Nr. 2 WEG** (→ Rn. 53).		

2. Grundbucheintragungen

a) Schließung des Grundstücksgrundbuches

Soweit dort nicht weitere Grundstücke verzeichnet sind, wird das Grundbuchblatt des Grundstücks von Amts wegen geschlossen (§ 7 Abs. 1 Satz 3 WEG).

[146] Bei vorheriger Änderung der Miteigentumsquoten im Fall des § 3 WEG (dazu DNotI-Gutachten DNotI-Report 2002, 81) oder Erwerb des gem. § 8 WEG zu teilenden Grundstücks (dazu Schöner/Stöber Rn. 2864) genügt die unmittelbare Eintragung der jeweiligen Erwerber als (Mit-)Eigentümer in den neu anzulegenden Wohnungsgrundbüchern.

[147] LG Stralsund NotBZ 2005, 230.

[148] Bauer/Schaub/Schneider § 41 Rn. 16.

b) Anlegung separater Wohnungs- u. Teileigentumsgrundbücher

An seiner Stelle wird für jeden Miteigentumsanteil von Amts wegen ein besonderes Grundbuchblatt angelegt (**Realfolium** – § 7 Abs. 1 S. 1, Abs. 5 WEG). Der Miteigentumsanteil an dem Grundstück ist als zahlenmäßiger **Bruchteil** gem. § 47 GBO auszudrücken (§ 3 Abs. 1 lit. a) WGV). Die Angabe der Miteigentumsanteile bezieht sich auf das in Wohnungseigentum aufgeteilte **Grundstück.** Das Grundstück wird dabei nach den allgemeinen Vorschriften anhand der (bisherigen) Katasterdaten unter Angabe von Gemarkung, Flur, Flurstück, Wirtschaftsart, Lage und Größe bezeichnet (§ 3 Abs. 1 lit. b) u. Abs. 4 WGV).

60 Auf diesem Wohnungs- bzw. Teileigentumsgrundbuch ist das zu dem Miteigentumsanteil gehörende **Sondereigentum** einzutragen (§ 7 Abs. 1 S. 2 WEG; § 3 Abs. 1 lit. c) WGV). Die Beschreibung der Räumlichkeiten wird sich dabei regelmäßig an dem gem. § 7 Abs. 4 S. 1 Nr. 1 WEG der Bewilligung beizufügenden Aufteilungsplan orientieren. Verwendet die Bezeichnung des Sondereigentums eine **Lageangabe** (z. B. „verbunden mit dem Sondereigentum an der Wohnung im Erdgeschoß links, im Aufteilungsplan mit Nr. 1 bezeichnet"), so ist diese mangels anderer Angaben grundsätzlich vom Eingang aus zu sehen.[149] Der Angabe von **Wohnungsgrößen** bei der Eintragung bedarf es nicht; eine gleichwohl erfolgte Eintragung kann wie bei einem ungeteilten Grundstück nicht am öffentlichen Glauben des Grundbuchs teilnehmen.[150]

61 In den Wohnungs- und Teileigentumsgrundbüchern ist jeweils als **Beschränkung des Miteigentums** die Einräumung der zu den anderen Miteigentumsanteilen gehörenden Sondereigentumsrechte einzutragen (§ 7 Abs. 1 S. 2 WEG, § 3 Abs. 1 lit. c) WGV).

62 Bei der Eintragung in das Grundbuch kann grds. zur näheren Bezeichnung des Gegenstandes und des Inhalts des Sondereigentums auf die Eintragungsbewilligung **Bezug** genommen werden (§ 7 Abs. 3 S. 1 WEG, § 3 Abs. 2 1. Hs. WGV). Wegen der ausdrücklichen Eintragung von Sondernutzungsrechten, Veräußerungsbeschränkungen und Haftungsklauseln → § 5 Rn. 94, § 5 Rn. 131 ff. sowie → § 5 Rn. 175.

63 Die genannten Vorschriften gelten im Falle der einseitigen Aufteilung eines Grundstücks entsprechend (§ 8 Abs. 2 WEG).

Bitte lesen Sie jetzt § 7 Abs. 1 bis 3 WEG und § 3 WGV!

---

[149] OLG München NZM 2008, 810.
[150] Staudinger/Picker (2019) BGB § 892 Rn. 66.

Beispiel:

(verkürztes Eintragungsbeispiel)

Amtsgericht Duisburg **Grundbuch von Duisburg** **Blatt 2261**

Bestandsverzeichnis

Laufende Nummer der Grundstücke	Bisherige laufende Nummer der Grundstücke	Bezeichnung der Grundstücke und der mit dem Eigentum verbundenen Rechte					Größe		
		Gemarkung (Vermessungsbezirk)	Karte: Flur	Karte: Flurstück	Liegenschaftsbuch	Wirtschaftsart und Lage			
		a	b		c/d	e	ha	a	m²
1	2	3					4		
1		187/10.000stel Miteigentumsanteil an dem Grundstück							
		Duisburg	1	101		Gebäude- und Freifläche, Kardinal-Galen-Straße 124		02	34
		verbunden mit dem Sondereigentum an der im Aufteilungsplan vom 24. März 2000 mit Nr. 1 bezeichneten Wohnung im Erdgeschoss links mit einem Kellerraum im Kellergeschoss.							
		Für jeden Miteigentumsanteil ist ein besonderes Grundbuch angelegt (Nr. 2261 bis Nr. 2374). Der hier eingetragene Miteigentumsanteil ist durch die zu den anderen Miteigentumsanteilen gehörenden Sondereigentumsrechte beschränkt.							
		Es sind Sondernutzungsrechte begründet hinsichtlich der hinter dem Haus gelegenen Gartenfläche und der insgesamt 15 Pkw-Einstellplätze (StP 1 bis StP 15). Dem jeweiligen Eigentümer der Einheit Nr. 1 steht das Sondernutzungsrecht an der hinter dem Haus gelegenen Gartenfläche zu.							
		Wegen Gegenstand und Inhalt des Sondereigentums wird Bezug genommen auf die Bewilligung vom 15. Mai 2000 (Notar Dr. Helmut Genau in Duisburg – UR-Nr. 555/00).							
		Der Miteigentumsanteil ist von Blatt 1055 hierher übertragen, eingetragen am 22. Mai 2000.							

IV. Vormerkungen

1. Erwerbsvormerkung nach Begründung des Wohnungseigentums

64 Der schuldrechtliche Anspruch auf Übertragung eines Wohnungseigentums bedarf der notariellen Beurkundung (§4 Abs. 3 WEG, §311b Abs. 1 BGB) und kann nach vollzogener Begründung des Wohnungseigentums aufgrund einer Bewilligung (§19 GBO) des eingetragenen Wohnungseigentümers durch Eintragung einer Erwerbsvormerkung (§883 BGB) zugunsten eines Dritten wie bei einem gewöhnlichen Grundstück im jeweiligen Wohnungsgrundbuch gesichert werden. Dabei spielt es keine Rolle, ob das Wohnungseigentum bereits errichtet worden ist oder erst noch fertiggestellt werden muss.[151]

2. Vormerkung vor Begründung des Wohnungseigentums

a) Gesicherter Anspruch

65 Einerseits kann der schuldrechtliche Anspruch eines Miteigentümers auf vertragliche **Einräumung von Sondereigentum** durch Eintragung einer Vormerkung in das Grundbuch gesichert werden.[152]

66 Andererseits kann aber auch schon *vor* Anlegung des Wohnungsgrundbuchs der (beurkundete, s.o.) Anspruch eines Dritten auf Veräußerung einer Eigentumswohnung durch Eintragung einer Vormerkung in das Grundbuch für das noch ungeteilte Grundstück gesichert werden. Eine solche Vormerkung sichert allerdings – unabhängig von der beabsichtigten Begründungsart des Wohnungseigentums – einen über den reinen Übertragungsanspruch hinausgehenden Anspruch des zukünftigen Wohnungserwerbers auf **Übertragung eines Miteigentumsanteils und Verbindung mit noch zu begründendem Sondereigentum.**[153]

Voraussetzung hierfür ist, dass der schuldrechtliche **Anspruch**, der durch die Vormerkung gesichert werden soll, nach Inhalt und Gegenstand **bestimmt oder** wenigstens **eindeutig bestimmbar** ist. Bei einem Gebäude, das in Wohnungseigentum überführt werden soll, genügt es, dass die Wohnung in der Eintragungsbewilligung so beschrieben ist, dass sie aufgrund der Beschreibung der Örtlichkeit zweifelsfrei festgestellt werden kann. Der Vorlage eines Aufteilungsplanes oder des Bauplanes für das Gebäude bedarf es dagegen nicht zwingend.[154] Dies gilt nicht nur für bereits fertig gestellte, sondern auch für noch nicht errichtete Gebäude.[155] Bloße Bestimmbarkeit genügt jedoch wegen §47 GBO nicht für die

---

[151] OLG Köln DNotZ 1985, 450.
[152] F. Schmidt FS Bärmann und Weitnauer (1990), S. 545, 552.
[153] OLG Köln DNotZ 1985, 450; BayObLG DNotZ 1977, 544.
[154] OLG Köln DNotZ 1985, 450; BayObLG DNotZ 1977, 544.
[155] BayObLG DNotZ 1992, 426.

Angabe der **Größe des Miteigentumsanteils**; hier bedarf es vielmehr ziffernmäßiger Bestimmtheit.[156]

b) Bewilligungserfordernis und Belastungsgegenstand

Während im Fall der Teilung gem. § 8 WEG unstreitig nur die Bewilligung 67
des Grundstückseigentümers für die Eintragung der Vormerkung am noch ungeteilten Grundstück erforderlich ist (§ 19 GBO), besteht im Fall der vertraglichen Einräumung des Sondereigentums gem. § 3 WEG Streit über die Frage, ob die Eintragung der Vormerkung wirksam nur aufgrund Bewilligung aller Miteigentümer an sämtlichen Miteigentumsanteilen erfolgen kann, da deren Mitwirkung für die Einräumung von Sondereigentum nach § 3 WEG notwendig ist.[157] Nach zutreffender Ansicht genügt jedoch zur Eintragung nur an einem oder mehreren Miteigentumsanteilen die Bewilligung des jeweils betroffenen Miteigentümers, da das Grundbuchgericht nicht zu prüfen habe, ob dieser die Verpflichtung auch allein erfüllen kann oder nicht.[158]

V. Der „werdende Wohnungseigentümer“ im Gründungsstadium

1. Entstehen der Wohnungseigentümergemeinschaft

Nach dem zuvor Gesagten entsteht bei der vertraglichen Einräumung von 68
Sondereigentum gem. **§ 3 WEG** eine (Bruchteils-)Gemeinschaft der Wohnungseigentümer, sobald für jeden Miteigentumsanteil verbunden mit Sondereigentum ein eigenes Wohnungsgrundbuch angelegt worden ist und die bisherigen Miteigentümer dort als Wohnungseigentümer eingetragen sind. Der Übergang von der gewöhnlichen Bruchteilsgemeinschaft zur Wohnungseigentümergemeinschaft wird sich danach in aller Regel bruchlos durch die Grundbucheintragung vollziehen.[159] Ein Bedürfnis für eine vorgezogene Anwendung wohnungseigentumsrechtlicher Bestimmungen ist deshalb grundsätzlich nicht erkennbar[160], zumal es den Bruchteilseigentümern freisteht, die vorgezogene Anwendung wohnungs-

---

[156] LG Hamburg Rpfleger 1982, 272; Hügel/Elzer WEG § 4 Rn. 33; ARS/Schneider WEG § 4 Rn. 24; Staudinger/Rapp WEG § 4 Rn. 14; aA OLG Düsseldorf DNotZ 1997, 162; LG Dresden MittBayNot 2002, 115.

[157] So BayObLGZ 1992, 40 = DNotZ 1992, 426; BayObLG DNotZ 1977, 544; Staudinger/Rapp WEG § 4 Rn. 15.

[158] So OLG Köln DNotZ 1985, 450; Bärmann/Armbrüster WEG § 4 Rn. 47; Hügel/Elzer WEG § 4 Rn. 34; ARS/Schneider WEG § 4 Rn. 25; F. Schmidt, FS Bärmann und Weitnauer, (1990), S. 545, 552.

[159] Sollten die späteren Miteigentümer bereits als „Bauherrengemeinschaft“ in Gesellschaft bürgerlichen Rechts verbunden sein, würden insoweit §§ 705 ff. BGB Anwendung finden.

[160] BayObLGZ 2002, 82 = ZWE 2002, 309; KG ZWE 2001, 275; BayObLG ZWE 2001, 74; BayObLG WE 1998, 149; weitergehend Hügel/Elzer WEG § 3 Rn. 63.

eigentumsrechtlicher Regelungen vertraglich zu vereinbaren (vgl. § 744 Abs. 1 BGB).[161]

69 Demgegenüber ist bei einer Vorratsteilung gem. **§ 8 WEG** die Wohnungseigentümergemeinschaft der Bruchteilsberechtigten erst dann in Vollzug gesetzt, wenn die Wohnungsgrundbücher angelegt und wenigstens ein Erwerber neben dem teilenden Eigentümer dort als Wohnungseigentümer eingetragen ist.[162] Es mussten also verschiedene Miteigentümer für mehrere Einheiten eingetragen sein; eine „Ein-Personen-Gemeinschaft" sah das WEG bis zum Inkrafttreten des WEMoG nicht vor (vgl. § 10 Abs. 7 S. 4 WEG aF).[163]

2. Notwendigkeit für ein Vorziehen der WEG-Regelungen bei der Vorratsteilung

70 Bei der Aufteilung eines Grundstücks gem. **§ 8 WEG** können demzufolge zwischen dem Verkauf und der Übergabe einer Wohnung einerseits und der Eintragung des ersten Miteigentümers im Grundbuch andererseits Jahre vergehen. Das gilt insbesondere bei einem Kauf vom Bauträger, wenn der Erwerber unter Berufung auf Gewährleistungsansprüche Kaufpreisanteile zurückhält, Auflassung und Eigentumsumschreibung jedoch erst nach vollständiger Bezahlung des Kaufpreises geschuldet sind. In dieser **Zeitspanne** konnten nach dem Wortlaut des Gesetzes die Regelungen des WEGs unmittelbar noch keine Anwendung finden. Andererseits muss die Wohnanlage aber schon ab Bezugsfertigkeit und Übergabe der verkauften Wohnungen bewirtschaftet und verwaltet werden. Dies sollte im Hinblick auf die unterschiedlichen Interessenlagen der Beteiligten jedoch nicht allein dem Veräußerer überlassen bleiben, sondern unter Mitwirkung der künftigen Eigentümer bereits nach den Regeln erfolgen, deren Geltung die Beteiligten ohnehin anstreben. Eine entsprechende vertragliche Vereinbarung zwischen teilendem Eigentümer und Ersterwerbern stößt hier indessen auf Schwierigkeiten, weil sie sich nicht nur auf das Verhältnis der Vertragsparteien beschränken, sondern sämtliche Erwerber gleichermaßen einbeziehen müsste.[164]

3. Die Rechtsfigur des werdenden Wohnungseigentümers

71 Es war deshalb anerkannt, dass Erwerber von Wohnungseigentum bereits im Anlaufstadium noch vor Entstehen der eigentlichen Wohnungseigentümergemein-

---

[161] BayObLGZ 2002, 82 = ZWE 2002, 309; zur Vereinbarkeit wohnungseigentumsrechtlicher Bestimmungen zwischen Erbbauberechtigten vgl. auch BGH NJW 2005, 2622 = ZWE 2005, 438.

[162] BGHZ 177, 53 = NJW 2008, 2639 = ZWE 2008, 378; BayObLG ZMR 2004, 767; OLG Hamm FGPrax 2003, 111; BayObLG ZWE 2003, 387; BayObLGZ 1990, 101 = NJW 1990, 3216.

[163] AA in Anlehnung an gesellschaftsrechtliche Konzeptionen schon früh F. Schmidt ZMR 2009, 725; Becker, FS Seuß (2007), S. 19.

[164] BGH NJW 2015, 2877 = ZfIR 2015, 765 = ZMR 2015, 878 = ZWE 2015, 406; BGHZ 177, 53 = NJW 2008, 2639 = ZfIR 2008, 866 = ZMR 2008, 805 = ZWE 2008, 378.

schaft eine sog werdende Gemeinschaft („Vorgemeinschaft") bilden, auf die die Vorschriften des Wohnungseigentumsgesetzes entsprechend anzuwenden sind.[165] Voraussetzung dafür war, dass der Erwerber einer Einheit[166] aufgrund einer **rechtlich verfestigten Erwerbsposition** ein berechtigtes Interesse daran erlangt hatte, die mit dem Wohnungseigentum verbundenen Mitwirkungsrechte an der Verwaltung der Wohnanlage vorzeitig auszuüben. Eine solche Erwerbsposition war nach höchstrichterlicher Auffassung[167] dann entstanden, wenn

- ein wirksamer, auf die Übereignung von Wohnungseigentum gerichteter **Erwerbsvertrag** vorlag[168] **und**
- der Übereignungsanspruch durch eine **Auflassungsvormerkung** gesichert war[169] **und**
- der **Besitz** an der Wohnung an den Erwerber übergeben worden ist.[170]

Beispiel

Der Bauträger hat nach Teilung des Grundstücks gem. §8 WEG die Wohnung Nr.1 an den Erwerber E1 verkauft. In dem notariell beurkundeten Vertrag wird dem Erwerber der Besitz eingeräumt sowie die Eintragung einer Erwerbsvormerkung in das angelegte Wohnungsgrundbuch zu seinen Gunsten bewilligt. Die Umschreibung des Eigentums soll jedoch erst nach vollständiger Zahlung des Kaufpreises vom Notar veranlasst werden.
In der Folge wird die Vormerkung zugunsten des Erwerbers in das Wohnungsgrundbuch eingetragen; der Erwerber bezieht die Wohnung. Wegen streitiger Baumängel hält der Erwerber jedoch noch einen Teil des Kaufpreises zurück.

Nach Auffassung des BGH sollte es noch **nicht** einmal der vorherigen **Anlegung** separater **Wohnungsgrundbücher** bedürfen, da der Übertragungsanspruch auch durch Eintragung einer Erwerbsvormerkung am noch ungeteilten Grundstück gesichert werden könne. Ein Erwerber sei in diesem Fall in gleicher Weise vor einseitigen Änderungen der Teilungserklärung geschützt wie der Berechtigte einer in einem Wohnungsgrundbuch eingetragenen Vormerkung. Der gesicherte Anspruch müsse sich allerdings auf den Erwerb des Wohnungseigentums und 72

---

[165] Grundlegend BGHZ 177, 53 = DNotZ 2008, 930 = NJW 2008, 2639 = ZfIR 2008, 866 = ZMR 2008, 805 = ZWE 2008, 378 mit zahlreichen Nachweisen.

[166] Keine werdende Wohnungseigentümergemeinschaft bei Übertragung sämtlicher Miteigentumsanteile an denselben Erwerber, OLG München FGPrax 2006, 63.

[167] BGH 11.12.2015 – V ZR 80/15; BGH NJW 2015, 2877 = ZfIR 2015, 765 = ZMR 2015, 878 = ZWE 2015, 406; BGHZ 193, 219 = NJW 2012, 2650 = ZfIR 2012, 603 = ZMR 2012, 711 = ZWE 2012, 369; BGHZ 177, 53 = DNotZ 2008, 930 = NJW 2008, 2639 = ZMR 2008, 805 = ZWE 2008, 378.

[168] Zur Wirksamkeit des schuldrechtlichen Anspruchs und seiner nachträglichen Beseitigung vgl. OLG Dresden ZMR 2010, 462 = ZWE 2010, 188 (Nichtigkeit des Kaufvertrages wegen Sittenwidrigkeit), BayObLG FGPrax 1995, 232 (Rücktritt vom Kaufvertrag bei fortdauernder Grundbucheintragung als Vormerkungsberechtigter); vgl. demgegenüber aber OLG Stuttgart ZMR 2005, 983 = WuM 2005, 669 Ls. (treuwidriges Verhalten durch verspätete Berufung auf die Nichtigkeit des Kaufvertrages im Strukturvertrieb) und LG Nürnberg-Fürth ZWE 2010, 465 (Ohne besondere Anhaltspunkte keine Prüfung der Nichtigkeit des Erwerbsvertrages im Hausgeldprozess).

[169] Ein durch Erklärung der Auflassung und Antragstellung beim Grundbuchgericht entstandenes Anwartschaftsrecht war gleich zu behandeln; Bärmann/Suilmann WEG § 10 Rn. 17; Wenzel NZM 2008, 625.

[170] Keine Besitzverschaffung durch verbotene Eigenmacht; BGH ZfIR 2016, 237 = ZMR 2016, 299 = ZWE 2016, 169.

nicht lediglich auf die Übertragung eines schlichten Miteigentumsanteils richten (→ Rn. 65).[171]

4. Zuordnung der Rechtspositionen

73 Die vorverlagerte Anwendung der Vorschriften des Wohnungseigentumsgesetzes auf den noch nicht im Grundbuch als Eigentümer eingetragenen Erwerber im Gründungsstadium einer Wohnungseigentümergemeinschaft erfolgte „jedenfalls im Innenverhältnis, dh im Verhältnis zwischen dem teilenden Eigentümer und den Ersterwerbern".[172] Nach dem Sinn und Zweck der Rechtsfigur gingen daher mit dem Eintritt in die werdende Eigentümergemeinschaft sämtliche Mitgliedschaftsrechte und -pflichten aus dem späteren Volleigentum auf die Erwerber eines Wohnungseigentums über. Dem entsprach komplementär beim teilenden Eigentümer die Beendigung seiner Mitgliedschaftsrechte und -pflichten für die jeweilige Wohnungseinheit mit der dinglichen Sicherung des Erwerbers und dessen Inbesitznahme.[173] Es bestand also **keine doppelte Mitgliedschaft** hinsichtlich derselben Einheit; die Gefahr einer Mitgliederkonkurrenz erwächst deshalb nicht.

74 Dem aufteilenden **Bauträger** verblieb lediglich seine **sachenrechtlich unveränderte Rechtsstellung** als eingetragener Eigentümer.[174] Ihm blieben damit weiterhin sachenrechtliche Verfügungen vorbehalten (wie zB Änderungen der Sondereigentumsbereiche, der Anzahl der gebildeten Einheiten etc.). Wegen etwaig bestehender Zustimmungspflichten → § 6).

75 Demgegenüber bewirkte das möglichst schnelle und umfassende Vorziehen der endgültigen Gemeinschaftsstrukturen eine **Verlagerung der gemeinschaftsrechtlichen Kompetenzen.** So waren zB zur Eigentümerversammlung diejenigen Personen zu laden, die die Gemeinschaft faktisch in Vollzug gesetzt haben.[175] Das Stimmrecht gebührte sodann für „seine" Einheit dem werdenden Wohnungseigentümer[176], und zwar allein unter Ausschluss des noch im Grundbuch eingetragenen teilenden Eigentümers.[177] Zur Durchsetzung dieser Rechtspositionen bestand auch das notwendige Anfechtungsrecht.[178] Konsequenterweise traf dann auch die Verpflichtung zur Zahlung der künftig fällig werdenden Hausgeldbeiträge

---

171 BGHZ 177, 53 = DNotZ 2008, 930 = NJW 2008, 2639 = ZMR 2008, 805 = ZWE 2008, 378; aA Becker ZfIR 2008, 869; Schneider ZWE 2010, 449.

172 BGHZ 177, 53 Rn. 12 = DNotZ 2008, 930 = NJW 2008, 2639 = ZMR 2008, 805 = ZWE 2008, 378.

173 Wenzel NZM 2008, 625 (628).

174 Auch Vereinbarungen der werdenden Wohnungseigentümer können ohne Mitwirkung des teilenden Eigentümers nicht als Inhalt des Sondereigentums im Grundbuch verdinglicht werden; BeckOK WEG/Dötsch, edit. 25, § 10 Rn. 59.

175 OLG Hamm ZMR 2007, 712 mablAnm Elzer; OLG Düsseldorf ZMR 2007, 126; OLG Köln NZM 2006, 301 = ZMR 2006, 383; OLG Köln ZMR 2004,859; BeckOK BGB/Hügel § 24 Rn. 12.

176 OLG Hamm ZMR 2007, 712 mablAnm Elzer; OLG Düsseldorf ZMR 2007, 126; OLG Köln NZM 2006, 301 = ZMR 2006, 383.

177 OLG Hamm ZMR 2007, 712 mablAnm Elzer; BayObLGZ 1981, 50 = ZMR 1981, 249; BeckOK BGB/Hügel § 25 Rn. 3; Wenzel NZM 2008, 625 (628); aA ARS/Riecke WEG § 25 Rn. 19.

178 OLG Hamm WuM 2000, 319.

gem. §§ 16 Abs. 2, 28 Abs. 2 WEG allein den werdenden Wohnungseigentümer; teilender Eigentümer und Erwerber haften insoweit nicht gesamtschuldnerisch.[179]

Merke:

Die Rechtsfigur des werdenden Wohnungseigentümers belässt im Falle der Vorratsteilung gem. § 8 WEG die sachenrechtlichen Zuständigkeiten bis zum Vollzug des Eigentumswechsels unverändert beim eingetragenen (teilenden) Eigentümer. Demgegenüber erlangt der werdende Wohnungseigentümer – kumulativ – durch den Abschluss des Erwerbsvertrages, die Eintragung einer Erwerbsvormerkung sowie den Besitzübergang an der erworbenen Wohnungseinheit eine rechtlich verfestigte Position, die ihm bereits im Vorgriff auf die zu erwartende Eigentumsumschreibung die bisher dem Alleineigentümer zustehenden Mitgliedschaftsrechte allein und ausschließlich zuordnet.

5. Kontinuität der Rechtsstellung

Wohnungserwerber, die beim Erwerb vom Bauträger die vorgenannten Voraussetzungen erfüllen, werden als **Ersterwerber** bezeichnet. Deren Rechtsstellung entfällt auch später nicht dadurch, dass die eigentliche Wohnungseigentümergemeinschaft im Rechtssinne entsteht. Zwar endete die werdende Wohnungseigentümergemeinschaft mit der Eintragung des ersten Eigentumserwerbs in einem Wohnungsgrundbuch.[180] 76

Beispiel (Fortsetzung)

Wird im vorgenannten Beispiel also der Erwerber E2 bei der Wohnungseinheit Nr. 2 vor dem immer noch prozessierenden E1 als Eigentümer in das Grundbuch eingetragen, entsteht durch diese Eintragung die endgültige Gemeinschaft.

Gleichwohl setzte sich die Wohnungseigentümergemeinschaft dann aber aus Gründen der Kontinuität für eine **Übergangszeit aus werdenden und Volleigentümern** zusammen.[181] Mit der Umwandlung der werdenden Gemeinschaft in die endgültige Wohnungseigentümergemeinschaft änderte sich die Identität der Gemeinschaft nicht.[182] 77

Ein werdender Wohnungseigentümer bleibt i.Ü. auch dann Mitglied der Gemeinschaft, wenn er die Einheit unter **Abtretung** des vorgemerkten Übereignungsanspruchs und Besitzübertragung veräußert; der Erwerber ist nicht als werdender Wohnungseigentümer anzusehen.[183] 78

---

[179] BGH NJW 2015, 2877 = ZfIR 2015, 765 = ZMR 2015, 878 = ZWE 2015, 406; BGHZ 193, 219 = NJW 2012, 2650 = ZfIR 2012, 603 = ZMR 2012, 711 = ZWE 2012, 369; BeckOK BGB/Hügel § 16 Rn. 28; Schneider ZWE 2010, 204 (206); Wenzel NZM 2008, 625 (629).

[180] OLG Düsseldorf ZMR 2007, 126; OLG Köln ZMR 2004,859; BayObLGZ 1990, 101 = NJW 1990, 3216.

[181] BGHZ 177, 53 = DNotZ 2008, 930 = NJW 2008, 2639 = Rpfleger 2008, 564 = ZMR 2008, 805 = ZWE 2008, 378; OLG Köln NZM 2006, 301 = ZMR 2006, 383 unter Aufgabe von OLG Köln NJW-RR 1999, 959 = NZM 1999,765.

[182] NKV/Kümmel § 10 Rn. 14.

[183] BGHZ 206, 281 = NJW 2015, 2877 = ZWE 2015, 406.

6. Erst- und Zweiterwerb

79 Der **Ersterwerb** eines werdenden Wohnungseigentümers kann sich demnach eigentlich nur bis zum Entstehen einer vollständig und rechtlich in Vollzug gesetzten Eigentümergemeinschaft realisieren. Der anschließende Erwerb von einem eingetragenen Wohnungseigentümer nach Invollzugsetzung der Gemeinschaft erfolgt dagegen immer von einem Volleigentümer; er wird deshalb als sog **Zweiterwerb** angesehen.[184]

80 Auf den **Zweiterwerber** finden jedoch die Vorschriften des WEGs vor seiner Eigentumseintragung keine Anwendung. Erst die Umschreibung des Eigentums im Grundbuch führt hier zur **Mitgliedschaft** in der Wohnungseigentümergemeinschaft.[185] Auch ein üblicherweise vormerkungsgesicherter Zweiterwerber hat keine originären Miteigentümerpflichten. Mangels einer abweichenden Ermächtigung im Erwerbsvertrag kommt ihm weder ein Stimmrecht zu, noch schuldet er Hausgeldbeiträge.

81 Der BGH möchte in seiner jüngeren Rechtsprechung allerdings auch denjenigen Erwerber, der sein Wohnungseigentum erst nach rechtlicher Invollzugsetzung der Gemeinschaft vom teilenden Bauträger erwirbt, – zumindest „für einen gewissen Zeitraum" – ebenfalls noch als Ersterwerber ansehen. Bei der ersten Eigentumsumschreibung auf einen anderen Erwerber handele es sich nämlich um einen zufälligen Zeitpunkt; Ersterwerber würden auf diese Weise ohne sachlichen Grund beim Erwerb vom selben Bauträger unterschiedlich behandelt, obwohl ihre Interessenlage in Bezug auf den Bauträger vergleichbar sei.[186]

Beispiel (Fortsetzung)

Schließt der Bauträger einen weiteren vormerkungsgesicherten Erwerbsvertrag für die Wohnung Nr. 3 mit E3, so ist eine Besitzerlangung *nach* dem zwischenzeitlichen Eigentumserwerb des E2 für die Einordnung des E3 als Ersterwerber unschädlich.[187]

82 Die daraufhin unternommenen Versuche zur **zeitlichen Begrenzung des Ersterwerberstatus** in Anlehnung an die fünfjährige werkvertragliche Verjährungsfrist[188] konnten letztlich allein schon deshalb nicht überzeugen, weil dem Erwerb nicht immer werkvertragliche Vorschriften zugrunde liegen müssen (so zB im Schenkungsfall).[189] Man konnte solche Abgrenzungsschwierigkeiten letztlich nur vermeiden, wenn man auf eine zeitliche Begrenzung für die Einbeziehung eines Ersterwerbers in die Gemeinschaft entweder gänzlich verzichtet und **jeden Erwerb vom Bauträger** unter den genannten Voraussetzungen als **Ersterwerb**

---

[184] BGHZ 87, 138 = NJW 1983, 1615 = Rpfleger 1983, 310; BGHZ 106, 113 = NJW 1989, 1087 = Rpfleger 1989, 150; BGH NJW 1994, 3352 = Rpfleger 1995, 150 = ZMR 1995, 37.

[185] BGHZ 106, 113 = NJW 1989, 1087; OLG Zweibrücken NZM 1999, 322 = ZMR 1999, 358; BayObLGZ 1990, 101 = NJW 1990, 3216.

[186] BGHZ 193, 219 = NJW 2012, 2650 = ZfIR 2012, 603 = ZMR 2012, 711 = ZWE 2012, 369; BGHZ 177, 53 = DNotZ 2008, 930 = NJW 2008, 2639 = Rpfleger 2008, 564 = ZMR 2008, 805 = ZWE 2008, 378; LG Ellwangen NJW-RR 1996, 973; Heismann ZMR 2004, 13; Coester NJW 1990, 3184.

[187] BGHZ 193, 219 = NJW 2012, 2650 = ZfIR 2012, 603 = ZMR 2012, 711 = ZWE 2012, 369.

[188] Timme MDR 2012, 1068; Wenzel NZM 2008, 625 (627).

[189] Hügel/Elzer WEG § 10 Rn. 15.

ansieht[190] **oder** wieder zur früheren Ansicht zurückkehrt, nach der mit dem Entstehen der endgültigen Eigentümergemeinschaft das Hinzutreten eines weiteren Wohnungseigentümers wegen der ansonsten zeitlich unbeschränkten Aufnahme von „Nachzüglern“ **immer** als **Zweiterwerb** anzusehen sein wird.[191] Der BGH hat die Streitfrage noch kurz vor Inkrafttreten des WEMoG im Sinne der erstgenannten Ansicht entschieden.[192]

Mit dem Inkrafttreten des WEMoG kommen die Bestimmungen des WEG 83
bereits vor der Eintragung des ersten Erwerbers mit der Anlegung der Wohnungsgrundbücher zur Anwendung (§ 9a Abs. 1 S. 2 WEG). Für die Annahme einer (rechtsfähigen) **werdenden Wohnungseigentümergemeinschaft** ist daher nach aktueller Rechtslage **kein Raum** mehr. Demgegenüber bedarf es des Rechtsinstituts des **werdenden Wohnungseigentümers unverändert**, um die Zuordnung der Rechte und Pflichten für einen Erwerber zu regeln. Diese Aufgabe übernimmt nun der neu geschaffene § 8 Abs. 3 WEG; er tritt – mit wenigen Abweichungen- an die Stelle des bisherigen Richterrechts.

Mit der Kodifizierung des werdenden Wohnungseigentümer stellt der Gesetzge- 84
ber in Übereinstimmung mit der o.g. „last-minute-Rechtsprechung“ des BGH klar, dass **jeder Erwerb vom teilenden Eigentümer** ohne Rücksicht auf die Dauer eines verstrichenen Zeitraumes seit der Begründung als Ersterwerb anzusehen ist. Die **Anlegung der Wohnungsgrundbücher** ist nun Voraussetzung für die Anwendung der wohnungseigentumsrechtlichen Vorschriften. Für die von § 8 Abs. 3 WEG verlangte **Besitzübergabe** ist die Übergabe **der zum Sondereigentum gehörenden Räume** ausreichend; auf die Übergabe oder Fertigstellung des gemeinschaftlichen Eigentums kommt es nicht an. Auch wenn die Vorschrift nach dem Wortlaut lediglich einen vormerkungsgesicherten Anspruch verlangt, kann doch richtigerweise nur ein **rechtwirksamer Anspruch** die gewünschte Rechtsposition verschaffen.[193]

Bitte lesen Sie jetzt § 8 Abs. 3 WEG!

VI. Mängel bei der Begründung

Anlässlich der Begründung von Wohnungs- und Teileigentum kann es aus 85
unterschiedlichen Ursachen zu sogenannten **Gründungsmängeln** kommen. Man kann nach der Art der Mängel bzw. Fehler solche mit rein baulicher Veranlassung und solche mit überwiegend (verfahrens-)rechtlicher Ursache unterscheiden.

---

190 So Bärmann/Suilmann WEG 14. Aufl. § 10 Rn. 19; Reymann ZWE 2009, 233.
191 So Hügel/Elzer WEG § 10 Rn. 15.
192 BGH ZfIR 2020, 542 = ZMR 2020, 673 = ZWE 2020, 267.
193 Becker/Schneider ZfIR 2020, 281, 290; Hügel/Elzer WEG § 8 Rn. 77.

1. Bauliche Mängel und Fehler

a) Fehlende Fertigstellung des Gebäudes

86 Gem. § 3 Abs. 1 S. 1 WEG und § 8 Abs. 1 WEG (im Hinblick auf die Legaldefinition des Sondereigentums) kann Wohnungseigentum ausdrücklich auch an erst noch zu errichtenden Gebäuden begründet werden. In beiden Fällen entsteht zunächst ein **isolierter** (substanzloser) **Miteigentumsanteil**[194], der mit einem „Anwartschaftsrecht" auf Erwerb des mit dem Miteigentumsanteil zu verbindenden Sondereigentums als Vollrecht verknüpft ist.[195] Mit der Errichtung entsteht dann das einem Miteigentumsanteil jeweils zugeordnete Sondereigentum an einer Wohnung („**schrittweise Fertigstellung**").

87 Wird das **Gebäude endgültig nicht errichtet,**[196] bleibt das Wohnungseigentum in dem Zustand wirksam, in dem es sich bei der Grundbucheintragung befand, also der Substanz nach nur in Form eines Miteigentumsanteils am Grundstück.[197] Auch bei der Zerstörung eines Gebäudes wandelt sich das mit dem Miteigentumsanteil verbundene Sondereigentum wieder in eine „Anwartschaft" um (dazu mehr im → § 14 Rn. 2). Ein automatischer Untergang des „Anwartschaftsrechts" bei **objektiver Unmöglichkeit** der Fertigstellung ist nach sachenrechtlichem Verständnis nicht denkbar; es bedarf vielmehr einer sachenrechtlichen Vereinbarung aller Miteigentümer.[198]

88 Sämtliche Wohnungseigentümer sind untereinander verpflichtet, im Rahmen des Zumutbaren und ggf. gegen Ausgleichszahlungen an der **Beseitigung** dieses rechtlich unzulässigen Zustandes mitzuwirken.[199] Dies kann im Einzelfall durch Abschluss einer Anpassungsvereinbarung der Miteigentümer (zB zur Schaffung neuen Sondereigentums und Verbindung mit dem isolierten Miteigentumsanteil) oder durch Übernahme des isolierten Miteigentumsanteils seitens der anderen Miteigentümer geschehen.[200] Ob eine **Bauverpflichtung** der Wohnungseigentümer besteht, ist streitig.[201]

89 Auf den Eigentümer eines **isolierten Miteigentumsanteils** finden die Bestimmungen des WEGs Anwendung.[202] Er ist deshalb auch zur anteiligen Kosten-

---

194 Zur Terminologie vgl. Hügel ZMR 2004, 549.

195 OLG Hamm DNotZ 2003, 945; OLG Hamburg NZM 2003, 108; BayObLG NJW-RR 2002, 224.

196 Im Fall BayObLGZ 2001, 328 = ZWE 2002, 121 nach fast 30 Jahren; demgegenüber im Fall OLG Hamm NZM 2006, 142: Insolvenz des Bauträgers reicht für die Annahme einer endgültigen Nichterrichtung nicht aus.

197 BGHZ 110, 36 = NJW 1990, 1111 (Bauverbotsfall); BayObLGZ 2001, 328 = ZWE 2002, 121.

198 BayObLGZ 2001, 328 = ZWE 2002, 121; Hügel/Elzer WEG § 3 Rn. 98; aA OLG Hamm NZM 2006, 142.

199 BGH NJW 2004, 1798 = Rpfleger 2004, 207; OLG München NZM 2008, 810; Demharter NZM 2000, 1196 (1198).

200 Vgl. BGHZ 130, 159 = NJW 1995, 2851; OLG Hamm NZM 2007, 448.

201 Bejahend OLG Hamm NZM 2006, 142; OLG Hamburg NZM 2003, 108; Lutter AcP 164, 144; aA Hügel/Elzer WEG § 3 Rn. 100f.

202 Umstritten ist lediglich, ob die Regelungen des WEG unmittelbare Anwendung finden (so Hügel, ZMR 2004, 549 (553); ARS/Schneider WEG § 3 Rn. 152 mwN) oder ob sich der isolierte Miteigentümer wie ein werdender Wohnungseigentümer behandeln lassen muss (so BGH NJW-RR 2005, 10 = ZWE 2005, 64).

tragung verpflichtet.[203] Über einen isolierten Miteigentumsanteil kann auch rechtsgeschäftlich durch Übertragung **verfügt** werden.[204]

b) Keine Grundbuchunrichtigkeit durch abweichende Bauausführung

Eine abweichende Bauausführung kann nicht zur Unrichtigkeit des Grund- 90
buchs führen.[205] Die genaue Umgrenzung der Wohnungseigentumseinheiten wird rechtlich durch die Teilungserklärung in Verbindung mit dem Aufteilungsplan in Verbindung mit der Abgeschlossenheits- und Flächenbescheinigung festgelegt. Dies gilt auch dann, wenn das Sondereigentum an einer bestimmten Wohnung in einem auf dem Grundstück erst noch zu errichtenden Gebäude eingeräumt wird. Ausgangspunkt der Aufteilung sind also nicht die tatsächlich bestehenden Raumverhältnisse, sondern der Grundbuchinhalt (vgl. §§ 3, 8 WEG). Bauliche Abweichungen von der im Grundbuch eingetragenen Teilungserklärung oder dem in Bezug genommenen Aufteilungsplan können also nicht zu einer Änderung der sachenrechtlichen Rechtslage führen. Maßgeblich ist allein der eingetragene Grundbuchinhalt; die tatsächlich bestehenden Raumverhältnisse bestimmen nicht das sachenrechtliche Eigentum.[206]

c) Änderungen der Raumaufteilung im Sondereigentum

Grundrissverschiebungen lediglich **innerhalb einer Wohnung** ohne Änderung 91
der im Aufteilungsplan niedergelegten äußeren Umfangsgrenzen beeinträchtigen die Entstehung des Sondereigentums solange nicht, wie die erforderliche Bestimmtheit der Abgrenzung des Sondereigentums von anderem Sondereigentum sowie vom Gemeinschaftseigentum nicht berührt wird.[207]

d) Zusätzliche Räumlichkeiten

Werden zusätzliche Räumlichkeiten gebaut, verbleiben diese im Gemein- 92
schaftseigentum. Eine Überführung in Sondereigentum ist nur nach den Regeln der §§ 3, 4 WEG möglich.[208]

e) Errichtung an anderer Stelle

Wird das Gebäude abweichend vom Aufteilungsplan an anderer Stelle auf dem 93
Grundstück oder in anderer Form errichtet, so entsteht sachenrechtlich Wohnungseigentum mit Sondereigentum in diesem Gebäude, sofern Gemeinschafts-

---

[203] OLG Hamm NZM 2007, 448.
[204] BGH NJW-RR 2005, 10 = ZWE 2005, 64; OLG Hamm NZM 2007, 448.
[205] BGH NJW 2016, 473 = ZWE 2016, 79; OLG Zweibrücken ZWE 2006, 186.
[206] BGH NJW 2016, 473 = ZWE 2016, 79; OLG Frankfurt ZWE 2011, 414; KG ZWE 2001, 554; BayObLG DNotZ 1999, 212.
[207] OLG Düsseldorf RNotZ 2016, 582 = ZMR 2016, 895; OLG Bamberg NJW-RR 2003, 1138; OLG Hamm Rpfleger 1986, 374; BayObLG DNotZ 1982, 242 = Rpfleger 1982, 21.
[208] OLG Celle ZWE 2009, 128; OLG-Report München 2005, 607; BayObLG NJW-RR 1990, 657.

eigentum und Sondereigentum zweifelsfrei voneinander abgrenzbar sind. Solange trotz der Abweichung eine Abgrenzung zwischen diesen beiden zweifelsfrei möglich ist, hat der Aufteilungsplan seine Funktion erfüllt und es entsteht Sondereigentum an dem Gebäude, so wie es errichtet wird.[209] Es genügt nämlich, wenn trotz der Abweichung die dem Sondereigentum zugrundeliegende Raumeinheit genügend bestimmbar ist, also die Abgrenzungen der im Gemeinschaftseigentum und im Sondereigentum stehenden Gebäudeteile nach wie vor übereinstimmen.[210] Maßgeblich ist die Erwägung, dass Gegenstand des Sondereigentums nicht die einzelnen Räume sind, sondern die aus einzelnen Räumen zusammengesetzte Wohnung. Solange die Identität der einzelnen Wohnung demnach sichergestellt ist, sind die Gegenstände von Sondereigentum und Gemeinschaftseigentum hinreichend bestimmt.[211]

Wird bei der tatsächlichen Bauausführung von dem Aufteilungsplan jedoch in einer Weise abgewichen, die es **unmöglich** macht, die errichteten Räume einer in dem Aufteilungsplan ausgewiesenen Raumeinheit **zuzuordnen,** kann kein Sondereigentum, sondern nach § 1 Abs. 5 WEG nur gemeinschaftliches Eigentum entstehen. Ein Wohnungseigentümer kann in einem solchen Fall nur einen isolierten Miteigentumsanteil erwerben.[212]

f) Baulicher Übergriff auf fremdes Eigentum

94 Eine mit der Änderung der Raumaufteilung evtl. verbundene **Einbeziehung gemeinschaftlichen Eigentums oder fremden Sondereigentums** in die veränderte Wohnung kann nach dem zuvor Gesagten grundsätzlich nicht zur Entstehung von Sondereigentum führen. Lediglich in Fällen geringfügiger Überschreitungen des im Aufteilungsplan festgelegten Sondereigentumsbereiches wurde demgegenüber aus Gründen der Praktikabilität von der früher hM angenommen, dass gleichwohl Sondereigentum entsprechend der tatsächlichen Bauausführung entstehen könne, solange eine eindeutige Identifizierung möglich sei.[213] Solche geringfügigen Abweichungen sollten bis zu einer Grenze von 3 % angenommen werden können.[214] Der BGH ist dem entgegengetreten[215] und hat wie zuvor schon für wesentliche Abweichungen bestätigt, dass Sondereigentum nur in den Grenzen des Aufteilungsplanes, also unabhängig von der tatsächlichen räumlichen Begrenzung auch an Teilen eines Raumes (!), entstehen können soll, solange sich die im Sondereigentum stehenden Räume nach dem Aufteilungsplan identifizieren lassen.[216] Ist dies aufgrund der tatsächlichen Bauausführung nicht mehr möglich,

[209] BGHZ 177, 338 = DNotZ 2009, 50 = NJW 2008, 2982 = Rpfleger 2008, 631; BGH DNotZ 2004, 371 = NJW 2004, 1798; OLG Hamburg NZM 2003, 109; BayObLG NJW-RR 1990, 332.

[210] OLG Hamburg NZM 2003, 109; OLG Köln Rpfleger 1982, 374.

[211] BayObLG DNotZ 1982, 242; krit. Hügel/Elzer WEG § 3 Rn. 94.

[212] BGH DNotZ 2004, 371 = NJW 2004, 1798 = ZWE 2004, 263.

[213] OLG Hamburg NZM 2003, 109; OLG Karlsruhe NJW-RR 1993, 1294; Niedenführ/Kümmel/Vandenhouten § 7 Rn. 35; aA Hügel/Elzer WEG § 3 Rn. 89f.

[214] Armbrüster ZWE 2005, 182 (188); Bärmann/Armbrüster WEG § 2 Rn. 77; enger noch Timme/Kesseler § 3 Rn. 87: Überschreiten der Erheblichkeitsschwelle bereits bei einer absoluten Verschiebung von mehr als 5 cm.

[215] BGH NJW 2016, 473 = ZWE 2016, 79.

[216] BGH NJW 2016, 473 = ZWE 2016, 79; BGHZ 177, 338 = DNotZ 2009, 50 = NJW 2008, 2982 („Luftschranke"); OLG Zweibrücken NZM 2006, 586; BayObLG DNotZ

entsteht kein Sondereigentum, so dass es bei dem zuvor entwickelten Grundsatz der allein maßgeblichen Grundbuchlage nach dem Aufteilungsplan verbleiben kann und sich die Räumlichkeiten insoweit im gemeinschaftlichen Eigentum befinden.[217]

Die zum **Überbau** entwickelten Grundsätze sollen nach allerdings umstrittener 95
Ansicht insoweit nicht entsprechend anwendbar sein.[218] Richtigerweise wird man jedoch bei Abweichungen davon auszugehen haben, dass Sondereigentum wegen der Abweichung von der vereinbarten Rechtslage in jedem Fall mangels Raumeigenschaft überhaupt noch nicht wirksam entstanden ist.[219] Ein solcher Mangel kann durch Anpassung der baulichen Verhältnisse an die sachenrechtliche Vereinbarung behoben werden. Kommt eine solche Korrektur aus tatsächlichen oder überwiegenden wirtschaftlichen Gründen nicht in Betracht, dann besteht unter Anwendung des §242 BGB ein Anspruch der Miteigentümer untereinander auf **Anpassung der dinglichen Rechtslage** an die tatsächlichen Verhältnisse.[220] Insoweit kann auch ein Anspruch auf Leistung einer Ausgleichszahlung in Betracht kommen.[221]

2. (Verfahrens-)rechtliche Mängel und Fehler

a) Nichtigkeit der Aufteilung nach allgemeinen Regeln

Der Teilungsvertrag unterliegt den allgemeinen Regelungen des BGB. Dem- 96
gemäß können die zur Begründung des Sondereigentums abgegebenen Willenserklärungen aus unterschiedlichen Gründen nichtig sein. In Betracht kommt hier insbesondere eine **Nichtigkeit wegen Geschäftsunfähigkeit** (§105 BGB), **wegen Formmangels** (§125 BGB) und **wegen nachträglicher Anfechtung** zB wegen Irrtums (§§142 Abs. 1, 119 BGB). Unter Zugrundelegung der allgemeinen Grundsätze müsste der Teilungsvertrag in den genannten Fällen als von Anfang an unwirksam angesehen werden.[222]

Dies trägt jedoch nicht den besonderen Anforderungen eines mitgliedschaftlich 97
verfassten Verbandes Rechnung (dazu ausführlich → §7), der aufgrund seiner komplexen Organisation nicht mehr ohne weiteres rückabgewickelt werden kann. Aus diesem Grunde wendet die hM die **Regeln über die fehlerhafte Gesellschaft** entsprechend auf die fehlerhafte Wohnungseigentümergemeinschaft an.[223] Woh-

1999, 212 = NZM 1998, 973; OLG Celle OLGZ 1981, 106; Armbrüster ZWE 2005, 182 (190).

[217] BGH NJW 2004, 1798 = ZWE 2004, 263.

[218] BGH NJW 2016, 473 = ZWE 2016, 79; BayObLG DNotZ 1993, 741; Riecke/Schmid/Schneider §3 Rn. 95; Weitnauer/Briesemeister WEG §3 Rn. 44; aA Bamberger/Roth/Hügel WEG §3 Rn. 15 u. 21; Bauer/v. Oefele, 3. Aufl., AT V Rn. 258 und 265; Ertl WE 1992, 221; Staudinger/Rapp WEG §3 Rn. 78 b.

[219] Riecke/Schmid/Schneider WEG §3 Rn. 184.

[220] BayObLG DNotZ 2004, 126; KG NZM 2001, 1127.

[221] Vgl. KG NZM 2001, 1127; BayObLG NZM 2000, 1024.

[222] BeckOK WEG/Kral §7 Rn. 93 bejahte deshalb in den genannten Fällen eine Grundbuchunrichtigkeit mit der Möglichkeit der Berichtigung gem. §894 BGB, §22 GBO.

[223] Bärmann/Armbrüster WEG §2 Rn. 56 f.; ARS/Schneider WEG §3 Rn. 35 ff.; Weitnauer/Briesemeister WEG §3 Rn. 36; offen gelassen von OLG Hamm NZM 2004, 787 (789); aA Bamberger/Roth/Hügel WEG §3 Rn. 15.

nungseigentümern ist es damit verwehrt, sich ex tunc auf die anfängliche Nichtigkeit zu berufen. Sie müssen sich vielmehr trotz mangelhafter Begründung des Wohnungseigentums ab Invollzugsetzung der Gemeinschaft[224] bis zur Geltendmachung der Unwirksamkeit als voll wirksame Wohnungseigentümergemeinschaft behandeln lassen. Sachenrechtlich wird der unwirksame **Gründungsakt** in dem Augenblick **insgesamt geheilt,** in dem ein Dritter gutgläubig auch nur eine der gebildeten Wohnungseinheiten erwirbt. Wohnungseigentum kann nämlich nicht nur an einer Wohnung entstehen.[225]

b) Unrichtige Angabe der Miteigentumsanteile

97a Die Summe sämtlicher Miteigentumsanteile muss zwingend wieder ein Ganzes ergeben. Bloße **Additions- oder Schreibfehler** können immer dann im Wege der Berichtigung beseitigt werden, wenn die Aufteilung nach einem für alle Einheiten nachvollziehbaren Maßstab (zB dem Verhältnis der Wohnfläche) erfolgen sollte.[226] In diesen Fällen kann die fehlerhafte Gesamtaufteilung durch Angleichung der Miteigentumsanteile im Nenner der Einheiten erreicht werden (zB 999/1.000 in 999/999 oder 1001/1.000 in 1.001/1.001). Eine Zustimmung dinglich Berechtigter ist für eine solche Anpassung nach zutreffender Ansicht nicht erforderlich.[227] Den Beteiligten sollte allerdings vor der Richtigstellung Gelegenheit zur Stellungnahme eingeräumt werden.

In allen übrigen Fällen führen Abweichungen bei der Anlegung der Wohnungsgrundbücher entweder zu einer Unter- oder Überverteilung bei den Miteigentumsanteilen. Im Falle der **Unterverteilung** entsteht ein isolierter Miteigentumsanteil, der von den Wohnungseigentümern gem. §§ 242, 313 BGB unter Berücksichtigung der gemeinschaftsrechtlichen Bindungen nach den vom BGH[228] aufgezeigten Grundsätzen zB durch Vereinigung (§ 890 Abs. 1 BGB) oder Zuschreibung (§ 890 Abs. 2 BGB)[229] wieder zu beseitigen ist. Im Falle der **Überverteilung** ist die Aufteilung insgesamt unwirksam; auch ein gutgläubiger Erwerb ist durch die Doppelbuchung ausgeschlossen.[230]

c) Unterbliebene Zuordnung zum Sondereigentum

98 Sondereigentum kann wirksam nur begründet werden, wenn auch eine entsprechende rechtsgeschäftliche **Zuordnungserklärung** vorliegt. Räume, die nur im Aufteilungsplan als zum Sondereigentum gehörend bezeichnet sind, verbleiben im Gemeinschaftseigentum.[231] Etwas anderes kann dann gelten, wenn zwar in der Teilungserklärung keine ausdrückliche Zuordnung erfolgt ist, dort jedoch wegen des Gegenstandes und der Lage des Sondereigentums auf den Aufteilungsplan

[224] Nach Bärmann/Armbrüster WEG § 2 Rn. 58 ist dafür der Zeitpunkt der Bildung eines Gemeinschaftsvermögens iSd § 9a Abs. 3 WEG anzunehmen.
[225] Bamberger/Roth/Hügel WEG § 3 Rn. 15; Röll, FS Seuß (1987), 233 (236); Weitnauer/Briesemeister WEG § 3 Rn. 38.
[226] Röll MittBayNot 1996, 175; Staudinger/Rapp WEG § 3 Rn. 47.
[227] Röll MittBayNot 1996, 175 (176).
[228] BGH NJW-RR 2005, 10 = NZM 2004, 876.
[229] Vgl. BGHZ 109, 179 = DNotZ 1990, 377 = NJW 1990, 447.
[230] Grüneberg/Herrler BGB § 892 Rn. 11; Staudinger/Rapp BGB § 3 Rn. 47 a.
[231] OLG Düsseldorf ZMR 2004, 611; OLG Stuttgart Rpfleger 1981, 109.

verwiesen wird. In diesem Fall ist der Zuordnungswille eindeutig erkennbar, wenn die verwendete Nummerierung der Räume identisch ist.[232] Dies hat jetzt auch für Grundstücksflächen im Annexeigentum zu gelten.

d) Fehlerhafte Zuordnung zum Sondereigentum

Wird ein **nicht sondereigentumsfähiger Raum** durch die Grundbucheintra- 99
gung als Sondereigentum ausgewiesen, verbleibt dieser gleichwohl im Gemeinschaftseigentum, weil insoweit wirksam kein Sondereigentum begründet werden kann.[233] Die Eintragung ist inhaltlich unzulässig und daher von Amts wegen gem. § 53 Abs. 1 S. 2 GBO zu löschen.[234] Die fehlgeschlagene Begründung von Sondereigentum kann jedoch unter bestimmten Voraussetzungen gem. § 140 BGB in ein Sondernutzungsrecht für den Berechtigten umgedeutet werden.[235] Ist mit dem fraglichen Miteigentumsanteil kein weiteres Sondereigentum verbunden, entsteht wiederum ein isolierter Miteigentumsanteil, zu dessen Beseitigung die Wohnungseigentümer – ggf. auch gegen Ausgleichszahlungen – verpflichtet sind.[236] Die Behebung dieses gesetzlich nicht vorgesehenen Zustandes kann auch durch Übernahme des isolierten Miteigentumsanteils seitens der übrigen Wohnungseigentümer geschehen. Bis dahin unterliegt der Inhaber des isolierten Miteigentumsanteils jedoch den Regeln des WEG und ist deshalb auch zur anteiligen Kostentragung verpflichtet.[237]

Die fehlerhafte Zuordnung eines Raumes zum Sondereigentum lässt die Wirk- 100
samkeit der übrigen Wohnungseigentumsrechte allerdings unberührt. Ein Mangel des Gründungvertrages wird durch den gutgläubigen Erwerb auch nur eines Wohnungseigentums insgesamt geheilt.[238]

e) Fehlende Kennzeichnung von Sondereigentum

Bezeichnet zwar die Teilungserklärung einen mit entsprechender Nummerie- 101
rung zugeordneten Raum als Sondereigentum, verbleibt dieser gleichwohl im Gemeinschaftseigentum, wenn er im Aufteilungsplan als solches ausgewiesen ist und nicht unter ausdrücklicher Ausräumung des Widerspruchs Sondereigentum begründet worden ist.[239]

---

232 OLG Frankfurt DNotZ 1998, 387 = NJW-RR 1997, 1305; OLG Zweibrücken ZMR 1996, 387.

233 BGHZ 109, 179 = DNotZ 1990, 377 = NJW 1990, 447 = Rpfleger 1990, 62 für einen Kellerraum mit einer Heizungsanlage im Sondereigentum.

234 BayObLG DNotZ 2000, 205; zur Grundbucheintragung in diesem Fall s. Demharter Anh zu § 3 Rn. 12.

235 Dazu s. im einzelnen ARS/Schneider WEG § 5 Rn. 27 ff. mwN.

236 Vgl. BGHZ 130, 159 = DNotZ 1996, 289 = NJW 1995, 2851; BGH DNotZ 2004, 371 = NZM 2004, 103.

237 OLG Hamm NZM 2007, 448.

238 BGHZ 109, 179 = DNotZ 1990, 377 = NJW 1990, 447; BayObLG NZM 1998, 525.

239 OLG München NZM 2006, 704; BayObLG DNotZ 1982, 242.

Beispiel

Die fehlende Kennzeichnung des gewollten Sondereigentums findet sich in der Praxis häufig bei **Balkonen.**[240] In Rechtsprechung[241] und Literatur[242] mehren sich allerdings die Stimmen, die den Balkonraum unabhängig von einer Nummerierung als räumliche Fortsetzung der Wohnung begreifen und ihn daher kraft Gesetzes als zum Sondereigentum der Gesamtwohnung gehörend ansehen.

f) Widersprüchliche Angaben zum Gegenstand des Sondereigentums

102 Stimmen die wörtliche Beschreibung des Gegenstandes eines Sondereigentums im Text der zur Eintragung bewilligten **Teilungserklärung** und die Angaben im **Aufteilungsplan** nicht überein, so ist grundsätzlich keiner der sich widersprechenden Erklärungsinhalte vorrangig und aus diesem Grunde kein Sondereigentum entstanden.[243] Die Angaben im Aufteilungsplan verdrängen also nicht den Inhalt der Teilungserklärung. Betrifft der offene Widerspruch das gesamte Sondereigentum einer Wohnungseinheit, so entsteht ein isolierter Miteigentumsanteil, wodurch jedoch die Wirksamkeit der Wohnungseigentumsbegründung hinsichtlich der übrigen Einheiten nicht berührt wird.[244] Selbst wenn bei Bildung von Wohnungseigentum aufgrund eines wegen Verstoßes gegen das Bestimmtheitsgebot fehlerhaften Gründungsakts ausschließlich isolierte Miteigentumsanteile entstanden sind und Sondereigentum an den Räumen der Wohnanlage bisher gar nicht begründet wurde, können die als Wohnungseigentümer eingetragenen Berechtigten nachträglich den ursprünglich fehlerhaften Gründungsakt ändern und somit erstmals Sondereigentum zur Entstehung bringen.[245]

g) Unrichtige Angabe der Zweckbestimmung

103 Wird in der Grundbucheintragung die Zweckbestimmung abweichend von der zugrundeliegenden Vereinbarung angegeben, so handelt es sich um eine tatsächliche Unrichtigkeit, die von Amts wegen berichtigt werden kann.

Beispiel

Im Grundbuch ist versehentlich „Wohnungseigentum" statt „Teileigentum" eingetragen worden.

Das eingetragene Sondereigentum ist mit der fehlerhaften Bezeichnung gleichwohl wirksam entstanden, so dass den Anforderungen des § 7 Abs. 1 WEG

---

240 OLG Frankfurt FGPrax 1997, 139; LG Wuppertal RNotZ 2009, 48; LG Frankfurt a.M. NJW-RR 1990, 1238 = WE 1991, 124 mablAnm Bielefeld.

241 OLG München ZWE 2012, 37.

242 Bielefeld Wohnungseigentümer, 30; Diester Rechtsfragen Rn. 109 ff.; Hügel RNotZ 2009, 49; ARS/Schneider WEG § 7 Rn. 118 u. 256; F. Schmidt MittBayNot 2001, 442; wohl auch Schöner/Stöber Rn. 2852 Fn. 15.

243 BGH DNotZ 2004, 371 = NZM 2004, 103; BGHZ 130, 159 = DNotZ 1996, 289 mkritAnm Röll NJW 1995, 2851; OLG München ZWE 2012, 487; OLG München NZM 2008, 810 = ZWE 2009, 39; OLG Hamm FGPrax 2003, 208; OLG Hamburg NZM 2001, 132; BayObLG DNotZ 2000, 205.

244 BGHZ 130, 159 = DNotZ 1996, 289 = NJW 1995, 2851.

245 OLG München NZM 2008, 810 = ZWE 2009, 39.

Genüge getan ist.[246] Danach hat die Eintragung des *Sondereigentums* in das Grundbuch zu erfolgen, nicht aber dessen Qualifizierung als Wohnungs- oder Teileigentum. Die Bezeichnung als Wohnungs- oder Teileigentum wird als Zweckbestimmung nach der überwiegenden Auffassung nicht als konstitutiv für die sachenrechtliche Aufteilung angesehen. Die Eintragung ist in einem solchen Fall deshalb auch nicht als inhaltlich unzulässig zu löschen.[247]

Ebenso kann verfahren werden, wenn bei der Grundbucheintragung statt 104
zutreffend von „Sondereigentum" versehentlich von einem „Sondernutzungsrecht" die Rede ist. Die Grundbucheintragung ist dann so zu verstehen, als hätte sie von Anfang an zutreffend das neu zugeordnete Sondereigentum betroffen.[248]

h) Widersprüchliche Zweckbestimmungen

Weichen die Angaben zur Zweckbestimmung des Sondereigentums im **Tei-** 105
lungsvertrag von denen im **Aufteilungsplan** ab, so kommt den Angaben im Plan kein Vorrang zu. Widersprechen sich die Angaben, so kann ein unbefangener Betrachter nicht von der am engsten begrenzten Nutzungsmöglichkeit ausgehen.[249] Regelmäßig wird den Angaben im Aufteilungsplan dabei der Charakter eines „Nutzungsvorschlags" zukommen.[250]

Enthalten dagegen die **Teilungserklärung** und die **Gemeinschaftsordnung** 106
hinsichtlich der Zweckbestimmung eines Sondereigentums widersprüchliche Angaben, so geht grundsätzlich die Regelung in der Gemeinschaftsordnung vor; in diesem Fall hat die nähere Beschreibung eines Teileigentums in der Teilungserklärung in der Regel nicht die Bedeutung einer Nutzungsbeschränkung.[251]

Dasselbe gilt auch dann, wenn **Aufteilungsplan** und **Gemeinschaftsordnung** 107
einander widersprechen.[252] Eine vereinbarte Zweckbestimmung wird nicht dadurch in Frage gestellt, dass im Aufteilungsplan die einzelnen Räume eines Sondereigentums anders bezeichnet sind.[253]

i) Fehlerhafte Regelungen in der Gemeinschaftsordnung

Im Grundbuch eingetragene Regelungen der Gemeinschaftsordnung, die gegen 108
gesetzliche Bestimmungen verstoßen (→ Rn. 98), sind unwirksam. Im übrigen bleibt die Begründung des Wohnungseigentums jedoch wirksam. An die Stelle

---

[246] Hügel, FS Bub (2007), 137 (148); ARS/Schneider WEG § 7 Rn. 250; Schöner/Stöber Rn. 2872b; BeckOK WEG/Kral § 7 Rn. 85, der allerdings unter Hinweis auf Bauer/v. Oefele AT V Rn. 233 auf eine abweichende Angabe in der Aufschrift abstellt; wie hier Bärmann/Armbrüster WEG § 1 Rn. 32 – anders allerdings Bärmann/Armbrüster WEG § 7 Rn. 50.

[247] So aber OLG Stuttgart ZWE 2022, 444; OLG München ZWE 2017, 126; BayObLG NJW-RR 1998, 735.

[248] OLG München MietRB 2013, 329.

[249] OLG Frankfurt ZMR 1993, 125.

[250] BGH ZWE 2013, 20; BGH ZWE 2010, 178; OLG Frankfurt ZWE 2008, 433; OLG Hamm NZM 2007, 294; OLG Hamburg NZM 2001, 132.

[251] OLG Düsseldorf FGPrax 2003, 202; BayObLG ZMR 1998, 184; BayObLG DNotZ 1989, 426; OLG Hamm WE 1990, 95; Bärmann/Armbrüster WEG § 7 Rn. 17.

[252] OLG Schleswig ZMR 2004, 68; Bärmann/Armbrüster WEG § 7 Rn. 18.

[253] BayObLG ZfIR 2004, 129 Ls.; ARS/Schneider WEG § 3 Rn. 46.

der unzulässigen Regelung treten im Wege der ergänzenden Vertragsauslegung die gesetzlichen Bestimmungen; eine Gesamtnichtigkeit gem. § 139 BGB ist nicht anzunehmen.[254]

j) Fehlender Aufteilungsplan

109 **Fehlt** bei der Begründung des Wohnungseigentums der **Aufteilungsplan,** so ist die Teilung unwirksam. Es mangelt an der grundbuchmäßigen Bestimmtheit sowohl des Sonder- als auch des Gemeinschaftseigentums.[255]

110 Wird bei der Begründung von Wohnungseigentum auf einen zum Zeitpunkt der Beurkundung nicht vorliegenden Aufteilungsplan in den Wohnungsgrundbüchern Bezug genommen, wird der später **nachgereichte Plan** zum Inhalt des Grundbuchs und nimmt an dessen öffentlichem Glauben teil. Ein solcher Gründungsmangel wird durch einen nachfolgenden gutgläubigen Erwerb geheilt.[256]

k) Widersprüchliche Angaben in den Anlagen zur Eintragungsbewilligung

111 Sind die als Aufteilungsplan vorgelegten **Bauzeichnungen** in sich **widersprüchlich,** so kann der Aufteilungsplan nicht Grundlage für die Anlegung der Wohnungsgrundbücher sein. Das gleiche gilt für die auf der Grundlage eines solchen Plans erteilte Abgeschlossenheits- und Flächenbescheinigung.[257]

l) Fehlende oder nachträglich wegfallende Abgeschlossenheit

112 Stellt sich erst nach der Grundbucheintragung heraus, dass die **Abgeschlossenheitsvoraussetzungen** zu diesem Zeitpunkt tatsächlich gar **nicht vorgelegen** haben, entfällt gleichwohl das eingetragene Sondereigentum nicht nachträglich. Die Entstehung des Sondereigentums wird nicht dadurch in Frage gestellt, dass die Sollbestimmung des § 3 Abs. 3 WEG außer Acht gelassen wurde.[258]

113 Auch ein späterer **Wegfall der Abgeschlossenheit** zB durch Umbaumaßnahmen berührt nicht die Wirksamkeit der Aufteilung und damit auch nicht die Zuordnung von Sondereigentum.[259] Rechte dinglich gesicherter Gläubiger können nicht davon abhängen, ob im Einzelfall die Voraussetzungen der Abgeschlossenheit auch tatsächlich erfüllt sind.[260] Sondereigentum an einem Raum soll selbst dann entstehen können, wenn es an einer tatsächlichen Abgrenzung des Raumes

[254] Staudinger/Rapp WEG § 3 Rn. 64.

[255] Staudinger/Rapp WEG § 3 Rn. 47.

[256] OLG Karlsruhe NJW-RR 1993, 1294.

[257] BayObLG Rpfleger 1993, 335.

[258] BGHZ 177, 338 = NJW 2008, 2982 = ZWE 2008, 426 („Luftschranke"); BGHZ 110, 36 = BGH NJW 1990, 1111 („Bauverbotsfall"). Bärmann/Armbrüster WEG § 3 Rn. 57; ARS/Schneider WEG § 3 Rn. 115 je mwN.

[259] BGHZ 146, 241 = DNotZ 2002, 127 = NJW 2001, 1212 („Mauerdurchbruch"); OLG München ZWE 2009, 25; OLG Köln NJW-RR 1994, 717; BayObLG Rpfleger 1991, 414.

[260] BayObLG DNotZ 1982, 242 = Rpfleger 1982, 21; Röll Rpfleger 1983, 380 (382).

gegenüber fremdem Sondereigentum fehlt, solange nur die Begrenzung des Sondereigentums nach dem Aufteilungsplan und der Bauausführung eindeutig ist.[261]

Erst recht wird der Bestand des Sondereigentums nicht dadurch gefährdet, dass **114**
bei Anlegung des Sondereigentums eine Abgeschlossenheits**bescheinigung fehlte** oder eine bereits erteilte im Nachhinein **für kraftlos erklärt** wird.[262]

Wiederholungsaufgaben und Vertiefungsfragen

1. Können in einem Wohnungsgrundbuch auch zwei Eigentumswohnungen gebucht sein?
2. Kann an einem Altbau Wohnungseigentum begründet werden, wenn sich dort die Toiletten jeweils für zwei Wohnungen gemeinschaftlich auf der Halbetage befinden?
3. Kann ein einmal zur Grundakte eingereichter Aufteilungsplan mit Abgeschlossenheitsbescheinigung nach einer Zurückweisung des Teilungsantrags gem. § 8 WEG zu einem späteren Zeitpunkt für einen neuerlich gestellten Antrag wieder verwendet werden? Wie lang darf dieser Zeitraum ggf. sein?

---

[261] BGH NJW 2016, 473 = ZWE 2016, 79; BGHZ 177, 338 = DNotZ 2009, 50 = NJW 2008, 2982 („Luftschranke").

[262] Vgl. BVerwG NJW 1997, 71.

§ 5. Gesetzlicher und rechtsgeschäftlicher Inhalt des Eigentums

Ausgewählte Literatur zur Ergänzung und Vertiefung:

Becker/Kümmel, Die Grenzen der Beschlusskompetenz der Wohnungseigentümer, ZWE 2001, 128; *Ertl*, Dingliche und verdinglichte Vereinbarungen über den Gebrauch des Wohnungseigentums DNotZ 1988, 4; *Ertl*, AGB-Kontrolle von Gemeinschaftsordnungen der Wohnungseigentümer durch das Grundbuchamt? DNotZ 1981, 149; Graßhof, Eigentumsgarantie versus Mehrheitsprinzip – die Verfassungsmäßigkeit einer gesetzlichen Regelung zur Einführung des Mehrheitsprinzips, ZWE 2003, 33; *Häublein*, Bindung des Erwerbers an Vereinbarungen der Wohnungseigentümer durch notariellen Erwerbsvertrag, DNotZ 2005,741; *A. Ott*, Zur Bindung von Sondernachfolgern an Verträge der Wohnungseigentümer mit Dritten, ZMR 2002,169; *Schneider* Grundbucheintragung und Nachweis von Beschlüssen der Wohnungseigentümer, ZfIR 2022, 349; *Schuschke*, Die Regelungsinstrumente der Wohnungseigentümergemeinschaft, NZM 2001, 497; *Wenzel*, Beschluss oder Vereinbarung?, NZM 2003, 217; *Wenzel*, Der vereinbarungsersetzende, vereinbarungswidrige und vereinbarungsändernde Mehrheitsbeschluss, ZWE 2000, 2.

Ausgewählte Literatur zur wohnungseigentumsrechtlichen **Öffnungsklausel**:

Armbrüster, Vereinbarte Öffnungsklauseln in der Gemeinschaftsordnung, ZWE 2013, 242; *Blankenstein*, Öffnungsklauseln in der Gemeinschaftsordnung, ZWE 2016, 197; *Briesemeister*, Öffnungsklausel und Belastungsverbot, ZWE 2015, 116; *Gaier*, Zustimmung dinglicher Berechtigter zur Eintragung einer Öffnungsklausel im Grundbuch, ZWE 2005, 39; *Hügel*, Öffnungsklauseln in Gemeinschaftsordnungen, NotBZ 2004, 205; *Hügel*, Vereinbarungen aufgrund so genannter Öffnungsklauseln, ZWE 2002, 503; *Hügel*, Die Mehrheitsvereinbarung im Wohnungseigentumsrecht, DNotZ 2001, 176; *Jacoby*, Gesetzliche „Öffnungsklausel" zur Änderung der Gemeinschaftsordnung?, ZWE 2013, 61; *M. Müller*, Eintragungsfähigkeit von Öffnungsklausel-Beschlüssen, ZMR 2011, 103; *A. Ott*, Zur Eintragung von Mehrheitsbeschlüssen im Grundbuch bei sogenannter Öffnungsklausel, ZWE 2001, 466; *Schneider*, Grundbucheintragung wohnungseigentumsrechtlicher Öffnungsklauseln und darauf beruhender Regelungen nach der WEG-Novelle (2007), NotBZ 2008, 442; *Schneider*, Auswirkungen der „Jahrhundertentscheidung" im Wohnungseigentumsrecht auf das Grundbuchverfahren, Rpfleger 2002, 503; *Schultzky*, Anforderungen an Beschlüsse aufgrund vereinbarter Öffnungsklauseln; MietRB 2015, 60; *Wenzel*, Öffnungsklauseln und Grundbuchpublizität im Wohnungseigentumsrecht, ZNotP 2004, 170 = ZWE 2004, 130.

Ausgewählte Literatur zu **Sondernutzungsrechten**:

Böhringer, Begründung und spätere Veränderungen von Sondernutzungsrechten, NotBZ 2003, 285; *Bornemann*, Der Erwerb von Sondernutzungsrechten im Wohnungseigentumsrecht (2000); *Böttcher*, Sondernutzungsrechte bei der Veräußerung von Eigentumswohnungen, NotBZ 2007,201; *Ertl*, Eintragung von Sondernutzungsrechten im Sinne des § 15 WEG, Rpfleger 1979, 81; *Falkner*, Sondernutzungsrechte – Übertragung und gestreckte Begründung, ZNotP 2017, 251; *Francastel*, Die Begründung von Sondernutzungsrechten in der notariellen Praxis, RNotZ 2015, 385; *Frank*, Zur grundbuchmäßigen Behandlung von Stellplätzen in Doppelstockgaragen MittBayNot 1994, 512; *Häublein*, Sondernutzungsrechte und ihre Begründung im Wohnungseigentumsrecht (2003); *Hogenschurz*, Das Sondernutzungsrecht nach WEG (2008); *Hügel/Elzer*, Sondernutzungsrechte am Sondereigentum, DNotZ 2014, 403; *Kreuzer*, Sondernutzungsrechte: Begründung, Übertragung, Änderung FS Merle (2000), 203; *A. Ott*, Das Sondernutzungsrecht im Wohnungseigentum (2000); *Rieger*, Vorbehalten, zugewiesen und vergessen: Zur nachträglichen Eintragung zugewiesener Sondernutzungsrechte, DNotZ 2020, 431; *Schmenger*, Begründung, Änderung, Übertragung und Erlöschen von dinglichen und schuldrechtlichen Sondernutzungsrechten, BWNotZ 2003, 73; *F. Schmidt*, Die Entwicklung des Sondernutzungsrechts von den Anfängen bis heute, FS Derleder (2015), 425; *Schnauder*, Die Relativität der Sondernutzungsrechte FS Bärmann und Weitnauer (1990), 567; *Schneider*, Sondernutzungsrechte im Grundbuch Teile I u. II, Rpfleger 1998, 9 u. 53; *Schweiger*, Sondernutzungsrechte im Wohnungseigentum (1987).

Ausgewählte Literatur zur wohnungseigentumsrechtlichen **Veräußerungsbeschränkung**:

Böttcher, Aufhebung der Veräußerungsbeschränkung des § 12 WEG, ZNotP 2007, 373; *Drasdo*, Die Aufhebung der Veräußerungsbeschränkung nach § 12 WEG, RNotZ 2007, 264; *Hallmann*, Probleme der Veräußerungsbeschränkung nach § 12 WEG, MittRhNotK 1985, 1; *Hügel*, Aktuelles zur Veräußerungsbeschränkung nach § 12 WEG, MittBayNot 2016, 109; *M. Müller*, Zustimmungserfordernis bei Unterteilung von Wohnungs- oder Teileigentum, ZWE 2012, 22; *Schneider*, Erleichterte Löschung einer Veräußerungsbeschränkung gem. § 12 WEG, ZfIR 2023, 568; *Wenzel*, Beschlusskompetenz zur Aufhebung einer Veräußerungsbeschränkung gemäß § 12 Abs. 4 WEG, ZWE 2008, 69; *Wilsch*, Die Aufhebung von Veräußerungsbeschränkungen nach § 12 Abs. 4 WEG, NotBZ 2007, 305.

Ausgewählte Literatur zur wohnungseigentumsrechtlichen **Haftungsklausel**:

Böhringer, Eintragung von Haftungsklauseln bei Wohnungseigentum, Rpfleger 2022, 375; Häublein, Ausdrückliche Eintragung nach Haftungsvereinbarungen in das Grundbuch – die Zeit drängt inzwischen sehr!; ZWE 2025, 235; Schneider, die bis zum 31.12.2025 unterbliebene Direkteintragung einer wohnungseigentumsrechtlichen Haftungsklausel, ZMR 2025, 1047; *Schneider*, Grundbucheintragungen und –kosten nach dem WEMoG, ZfIR 2020, 822.

Ausgewählte Literatur zu **baulichen Maßnahmen** (s. i. ü → § 9 Rn. 1 ff.):

Hügel, Der nachträgliche Ausbau von Dachgeschossen – Gestaltungsmöglichkeiten in der Gemeinschaftsordnung; RNotZ 2005, 149; *Lehmann-Richter*, Ausbaurechte in der Gemeinschaftsordnung, ZWE 2017, 203.

I. Die gesetzliche Regelungshierarchie

1 Wir haben im vorhergehenden Kapitel bereits gelernt, dass mit der Begründung des Wohnungseigentums in der weit überwiegenden Zahl der Fälle auch das Eigentum ausformende Regelungen als Inhalt des Sondereigentums in das Grundbuch eingetragen werden. Dies bedarf noch ein wenig der Systematisierung und Vertiefung.

2 Die **Regelungssystematik** des Gesetzes ergibt sich zunächst aus § 10 Abs. 1 S. 1 WEG. Danach bestimmt sich das Verhältnis der Wohnungseigentümer untereinander nach den Vorschriften des WEGs und, soweit das Gesetz keine besonderen Bestimmungen enthält, nach den Vorschriften des Bürgerlichen Gesetzbuches über die Gemeinschaft (§§ 741 ff., 1008 ff. BGB). Die Wohnungseigentümer können von den Vorschriften des WEGs abweichende Vereinbarungen treffen, soweit nicht etwas anderes ausdrücklich bestimmt ist (§ 10 Abs. 1 S. 2 WEG). Desweiteren kann aus § 23 Abs. 1 S. 1 WEG entnommen werden, dass darüber hinaus in Angelegenheiten, über die nach diesem Gesetz oder nach einer Vereinbarung der Wohnungseigentümer die Wohnungseigentümer durch Beschluss entscheiden

können, Beschlussfassungen in einer Versammlung der Wohnungseigentümer erfolgen können. Daraus lässt sich folgendes Stufenmodell ableiten:

Schaubild Regelungshierarchie

1. Stufe: Zwingende Vorschriften des WEG
2. Stufe: Vereinbarungen der Wohnungseigentümer
3. Stufe: Beschlüsse der Wohnungseigentümer
4. Stufe: Subsidiär Vorschriften des BGB über die Gemeinschaft

Bitte lesen Sie jetzt § 10 Abs. 1 und § 23 Abs. 1 S. 1 WEG!

Die zwingenden gesetzlichen Vorschriften des Wohnungseigentumsrechts zur Gemeinschaft der Wohnungseigentümer und zur Verwaltung des gemeinschaftlichen Eigentums haben Sie bereits im → § 4 Rn. 38 ff. kennengelernt. 3

Wiederholung:

Wiederholen Sie jetzt bitte aus dem → § 4 Rn. 38 ff. die Ausführungen zu den zwingenden gesetzlichen Vorschriften im 2. und 3. Abschnitt des WEGs.

Darüber hinaus besteht im Gegensatz zu gewöhnlichen Grundstücksnachbarn zwischen den Mitgliedern einer Wohnungseigentümergemeinschaft ein **gesetzliches Schuldverhältnis,** durch das u.a. die Rechte des § 13 WEG, aber auch die Verhaltenspflichten des § 14 WEG begründet werden (dazu nachfolgend mehr im II. Abschnitt). Dieses gesetzliche Schuldverhältnis bildet die Grundlage für Treue- und Rücksichtnahmepflichten der Wohnungseigentümer im Sinne von § 241 Abs. 2 WEG.[1] 4

Im Rahmen dieser rechtlichen Sonderverbindung unterscheidet das WEG zwischen Angelegenheiten, welche die Wohnungseigentümer durch Beschluss gemäß § 23 Abs. 1 und 3, bei einem Versammlungsbeschluss mit Stimmenmehrheit (§ 25 Abs. 1 WEG), regeln können, und solchen Angelegenheiten, über die nur durch allseitige Vereinbarung befunden werden darf. Eine Vereinbarung verlangt § 10 Abs. 1 S. 2 WEG für eine vom dispositiven Gesetzesrecht abweichende Regelung des Gemeinschaftsverhältnisses (dazu nachfolgend → Rn. 31 ff.). Demgegenüber betreffen die gesetzlich vorgesehenen Beschlussangelegenheiten das der Gemeinschaftsordnung nachrangige Verhältnis der Wohnungseigentümer untereinander, namentlich die Ausgestaltung des ordnungsmäßigen Gebrauchs und die ordnungsmäßige Verwaltung des gemeinschaftlichen Eigentums (§§ 18, 19 WEG)).[2] 5

[1] StRspr vgl. nur BGH NJW 2014, 1653 = ZWE 2014, 208; BGH NJW 2012, 2725 = ZWE 2012, 319; BGH NJW 2007, 292 = ZWE 2007, 32; BGHZ 141, 224 = NJW 1999, 2108 = ZWE 2000, 23.

[2] BGHZ 115, 151 = DNotZ 1992, 226 = NJW 1991, 2637 noch zum früheren Recht (§ 15 Abs. 2, § 21 Abs. 1 und 3 WEG).

II. Gesetzlicher Inhalt des Wohnungseigentums

1. Rechte der Wohnungseigentümer

6 Jeder Wohnungseigentümer kann, soweit nicht das Gesetz oder Rechte Dritter entgegenstehen, mit den im Sondereigentum stehenden Gebäudeteilen nach Belieben verfahren (§ 13 Abs. 1 WEG). Er ist außerdem zum Mitgebrauch des gemeinschaftlichen Eigentums nach Maßgabe des § 14 WEG berechtigt (§ 16 Abs. 1 S. 3 WEG). An den Früchten des gemeinschaftlichen Eigentums und des Gemeinschaftsvermögens gebührt jedem Wohnungseigentümer ein Anteil nach Maßgabe des § 16 Abs. 1 S. 2 WEG (§ 16 Abs. 1 S. 1 WEG).

Bitte lesen Sie jetzt § 13 Abs. 1 und § 16 Abs. 1 WEG!

a) Rechte aus dem Sondereigentum

7 § 13 Abs. 1 WEG räumt einem Wohnungseigentümer in Bezug auf sein Sondereigentum dem gewöhnlichen Grundstückseigentümer entsprechende Befugnisse ein (vgl. § 903 S. 1 BGB).[3] Der Wohnungseigentümer hat insoweit die Rechtsstellung eines **Alleineigentümers**; er kann das Sondereigentum insbesondere bewohnen, vermieten, verpachten oder in sonstiger Weise nutzen. Das Gebrauchsrecht umfasst auch das Recht zum Um- und Ausbau der im Sondereigentum stehenden Gebäudeteile.[4]

Beispiel

Der Sondereigentümer kann etwa den zum Sondereigentum gehörenden Fußbodenbelag entfernen und (in den Grenzen des § 14 WEG – dazu sogleich) durch einen anderen ersetzen.[5]

Hinzu kommt das bereits aus § 747 BGB bekannte Verfügungsrecht des Bruchteilseigentümers.

Hinweis:

Die Verfügungsmöglichkeiten beim Wohnungseigentum werden noch ausführlich im → § 6 dargestellt.

8 Die Rechte des Sondereigentümers bestehen allerdings nicht unbeschränkt. Sie reichen nur soweit, wie nicht das Gesetz oder Rechte Dritter entgegenstehen. Gesetzliche **Beschränkungen** ergeben sich dabei u.a. aus § 14 WEG; Drittrechte

[3] BGHZ 223, 305 = NJW 2020, 921 = ZfIR 2020, 314 = ZWE 2020, 144 (Eisdielenfall).
[4] Bärmann/Suilmann WEG § 13 Rn. 13.
[5] OLG Düsseldorf ZWE 2001, 616.

können zB auch aus (im Grundbuch eingetragenen) Vereinbarungen der Wohnungseigentümer erwachsen.[6]

Beispiel

Die Wohnungseigentümer können in der Gemeinschaftsordnung die Vermietung des Sondereigentums von der Zustimmung des WEG-Verwalters abhängig machen.[7]

Jeder Wohnungseigentümer kann andere **von Einwirkungen** auf das Sonder- 9
eigentum **ausschließen.** Dazu stehen ihm zivilrechtlich die Abwehrklage nach § 1004 BGB, die Vindikationsklage nach § 985 BGB und die Besitzschutzklagen nach § 861f. BGB zur Verfügung.[8] Im Verhältnis zu außenstehenden Dritten finden darüber hinaus auch die Vorschriften des privaten und des öffentlichen Nachbarrechts Anwendung; im Innenverhältnis der Wohnungseigentümer treten wegen des intensivierten Nachbarschaftsverhältnisses an deren Stelle grundsätzlich die Regelungen des § 14 WEG.[9] Unterlassungs- und Beseitigungsansprüche gem. § 14 Abs. 2 Nr. 1 WEG, die auf die Abwehr von Störungen im räumlichen Bereich des Sondereigentums gerichtet sind, kann der einzelne Wohnungseigentümer auch dann selbstständig geltend machen, wenn zugleich das gemeinschaftliche Eigentum von den Störungen betroffen ist.[10]

b) Rechte aus dem Miteigentum

§ 16 Abs. 1 S. 3 WEG berechtigt jeden Wohnungseigentümer zum Mitgebrauch 10
des gemeinschaftlichen Eigentums nach Maßgabe des § 14 WEG. Mitgebrauch in diesem Sinn ist das aus der Gemeinschaft der Eigentümer herzuleitende Recht der Eigentümer, den seiner Natur nach nicht in ideelle oder reale Bruchteile aufteilbaren Mitbesitz (§ 866 BGB) auszuüben.[11] Mitgebrauch ist auch noch bei einem mittelbaren (Fremd-)Gebrauch gegeben, der an die Stelle des unmittelbaren Gebrauchs den Anteil an den Mieteinnahmen treten lässt.[12]

Beispiel

Mangels entgegenstehender Vereinbarung beschließen die Wohnungseigentümer über die Vermietung von Kellerräumen im Gemeinschaftseigentum.

Neben solchen mittelbaren Sachfrüchten gebühren dem Wohnungseigentümer 11
auch unmittelbar ein Bruchteil der Früchte des gemeinschaftlichen Eigentums und des Gemeinschaftsvermögens nach dem Verhältnis der eingetragenen Miteigentumsanteile (§ 16 Abs. 1 S. 1 u. 2 WEG).

[6] BGHZ 223, 305 = NJW 2020, 921 = ZfIR 2020, 314 = ZWE 2020, 144 (Eisdielenfall).
[7] OLG Frankfurt NJW-RR 2005, 1604. Vgl. auch zum Verbot einer kurzzeitigen Vermietung aufgrund einer allgemeinen Öffnungsklausel BGHZ 221, 373 = NJW 2019, 2083 = ZWE 2019, 415.
[8] Bärmann/Suilmann WEG § 13 Rn. 8.
[9] BVerfG NJW-RR 2006, 726.
[10] BGH ZWE 2021, 446.
[11] BGH NJW 2017, 64 = ZWE 2016, 453; BayObLGZ 1973, 267 = NJW 1974, 152.
[12] BGHZ 144, 386 = NJW 2000, 3211 = ZWE 2001, 21.

Beispiele

Früchte des gemeinschaftlichen Eigentums (§ 1 Abs. 5 WEG): In Betracht kommen hier alle natürlichen Erzeugnisse wie etwa Früchte von Obstbäumen auf dem gemeinschaftlichen Grundstück, aber auch gezahlte Überbaurenten.
Früchte des Gemeinschaftsvermögens (§ 9a Abs. 3 WEG): In Betracht kommen hier bspw. Einkünfte aus der (zwangsweisen) Verwertung von Grundpfandrechten, die zugunsten der rechtsfähigen Gemeinschaft eingetragen waren (→ § 13).

12 Die Ansprüche aus §§ 985 und 1004 BGB bzgl. des Miteigentums kann ein Wohnungseigentümer nach dem Inkrafttreten des WEMoG nicht mehr allein geltend machen.[13] Das Verwaltungsmonopol liegt nun allein bei der rechtsfähigen GdWE (§ 18 Abs. 1 S. 1 WEG).[14]

2. Pflichten der Wohnungseigentümer

13 Die hier maßgebliche Vorschrift des § 14 WEG begrenzt die Rechte der Wohnungseigentümer gem. § 13 WEG; sie stellt die zentrale Norm des innergemeinschaftlichen Nachbarrechts dar. Die Regelungen sind wohl bis auf das Verwaltungsmonopol der Gemeinschaft[15] nachgiebig und können durch Vereinbarungen und Gebrauchsregelungen ergänzt und modifiziert werden. Im Anwendungsbereich des § 14 WEG hatte sich eine reichhaltige Judikatur entwickelt. Die aktuelle gesetzliche Fassung unterscheidet nun zwischen Pflichten der Wohnungseigentümer gegenüber der rechtsfähigen Wohnungseigentümergemeinschaft und den Pflichten der Wohnungseigentümer untereinander.

a) Pflichten der Wohnungseigentümer gegenüber der Wohnungseigentümergemeinschaft

aa) Einhalten von Gesetzen, Vereinbarungen und Beschlüssen

14 Gem. § 14 Abs. 1 Nr. 1 WEG ist jeder Wohnungseigentümer gegenüber der Gemeinschaft der Wohnungseigentümer verpflichtet, die gesetzlichen Regelungen, Vereinbarungen und Beschlüsse einzuhalten.

Bitte lesen Sie jetzt § 14 Abs. 1 Nr. 1 WEG!

15 Die Vorschrift ersetzt den vormaligen § 15 Abs. 3 WEG aF; die bisherige Unterscheidung zwischen Verwaltung und Gebrauch wurde aufgegeben.[16] Aus dem Sinn und Zweck der Norm ergibt sich, dass das in der Gemeinschaft geltende Regelwerk eingehalten werden soll.[17] Der Wohnungseigentümer hat dafür zu sorgen, dass vereinbarte oder beschlossene Gebrauchsregelungen auch durch solche Personen eingehalten werden, denen die Nutzung überlassen worden ist (wie zB Familienangehörige; Mieter und Nießbraucher).

---

[13] So noch zum früheren Recht BGHZ 116, 392 = NJW 1992, 978.
[14] BGH ZWE 2022, 256; BGH ZWE 2021, 451.
[15] Vgl. Hügel/Elzer WEG § 14 Rn. 2.
[16] BT-Drs. 19/18791, 52.
[17] Bärmann/Suilmann WEG § 14 Rn. 6 – also nicht jede Rechtsnorm.

Die Pflichten umfassen u.a.:

Beispiele

- **Instandhaltungspflichten** des Sondereigentums: Jeder Wohnungseigentümer ist verpflichtet, die im Sondereigentum stehenden Gebäudeteile so instand zu halten, dass dadurch keinem der anderen Wohnungseigentümer über das bei einem geordneten Zusammenleben unvermeidliche Maß hinaus ein Nachteil erwächst (so noch ausdrücklich § 14 Nr. 1 WEG aF). Auch nach dem Wegfall der bisherigen ausdrücklichen Regelung ist dem Sondereigentum diese Instandhaltungsverpflichtung aber immanent.[18] Die Instandhaltungspflicht besteht allerdings nur in dem von § 14 Abs. 2 Nr. 1 vorgegebenen Rahmen. Deshalb ist der Zustand des Sondereigentums solange ohne Bedeutung, als von ihm keine negativen Einflüsse auf das gemeinschaftliche Eigentum oder fremdes Sondereigentum ausgehen. Bis zu dieser Grenze kann ein Wohnungseigentümer seine Wohnung sogar ungenutzt leer stehen lassen.[19] Allerdings trifft diesen Sondereigentümer dann eine Pflicht zum schonenden Nichtgebrauch.[20]
- **Beachtung von Gebrauchsregelungen**: Die Pflicht betrifft sowohl das Sondereigentum als auch das gemeinschaftliche Eigentum (vgl. § 16 Abs. 1 S. 3 WEG). Die Prozessführungsbefugnis der GdWE ergibt sich für das Gemeinschaftseigentum dabei aus § 1004 BGB, § 9a Abs. 2 WEG.[21] Auf diese Weise können auch Vermietungsbeschränkungen oder -verbote sowohl gegenüber dem Wohnungseigentümer als auch gegenüber einem Mieter gem. § 1004 Abs. 1 BGB durchgesetzt werden.[22]

bb) Dulden von Einwirkungen

Gem. § 14 Abs. 1 Nr. 2 WEG ist jeder Wohnungseigentümer weiterhin gegen- 16
über der Gemeinschaft der Wohnungseigentümer verpflichtet, das Betreten seines Sondereigentums und andere Einwirkungen auf dieses und das gemeinschaftliche Eigentum zu dulden, die den Vereinbarungen oder Beschlüssen entsprechen. Bestehen keine Vereinbarungen oder Beschlüsse, hat der Wohnungseigentümer solche Einwirkungen zu dulden, aus denen ihm über das bei einem geordneten Zusammenleben unvermeidliche Maß hinaus kein Nachteil erwächst.

Bitte lesen Sie jetzt § 14 Abs. 1 Nr. 2 WEG!

§ 14 Abs. 1 Nr. 2 WEG ersetzt die vormalige Regelung des § 14 Nr. 4 Hs. 1 17
WEG aF und umfasst jetzt auch „andere Einwirkungen“. Beschlussfassungen der Wohnungseigentümer haben den durch die Vorschrift vorgegebenen Rahmen zu beachten; andernfalls entspricht eine davon abweichende Beschlussfassung nicht mehr ordnungsmäßiger Verwaltung und ist anfechtbar.

Die Duldungspflichten umfassen u.a.:

Beispiele

- **Betreten des Sondereigentums**: Erforderlich ist das Betreten des Sondereigentums nicht schon zum Zwecke der bloßen Kontrolle oder Beobachtung von Meldeanlagen oder

---

[18] Bärmann/Suilmann WEG § 14 Rn. 9.

[19] Vgl. BGH ZWE 2011, 394 zur fehlenden Beheizbarkeit.

[20] Bärmann/Suilmann WEG § 14 Rn. 13.

[21] Vgl. BGH ZfIR 2022, 233 = ZWE 2022, 256; BGH ZfIR 2021, 489 = ZWE 2021, 451.

[22] Vgl. BGHZ 223, 305 = NJW 2020, 921 = ZfIR 2020, 314 = ZWE 2020, 144 (Eisdielenfall) noch zum früheren Recht.

sonstigen Einrichtungen, die für das Gemeinschaftseigentum von Bedeutung sind.[23] Auch gestattet § 14 Abs. 1 Nr. 2 WEG kein Betreten zu anderen Zwecken, etwa zur Überwachung der Einhaltung von Hausordnung oder Gebrauchsregelungen. Es bedarf – insbesondere im Hinblick auf den besonderen Schutz der Wohnung gem. Art. 13 GG – vielmehr konkreter Anhaltspunkte dafür, dass zB anlässlich beschlossener **Erhaltungsmaßnahmen** oder **baulicher Veränderungen** ein Betreten erforderlich ist.[24] Ein Wohnungseigentümer muss das Betreten seines Sondereigentums für **Wartungs- und Reparaturarbeiten** am gemeinschaftlichen Eigentum – wie etwa Heizkostenzählern – dulden.[25] Bei **Notmaßnahmen** hat eine Interessenabwägung zu erfolgen, ob die erforderlichen Arbeiten auf einem milderen Weg erfolgen können.[26]

- **Duldung anderer Einwirkungen:** Der Einwirkungsbegriff orientiert sich an § 906 BGB; er umfasst positive Immissionen, nicht aber ohne weiteres immaterielle Einwirkungen, die das ästhetische oder sittliche Empfinden beeinträchtigen können.[27] So kann etwa für die **Reparatur von Versorgungsleitungen** das Aufstemmen von Wänden oder für eine **Balkonsanierung** die Zerstörung des Bodenbelags unerlässlich sein.[28] Zu dulden ist grds. die Durchführung **beschlossener Erhaltungsmaßnahmen** oder **baulicher Veränderungen** mit den damit verbundenen Einschränkungen (wie etwa der Errichtung eines Baugerüstes, Baulärm, Erschütterungen, Baustaub).[29]

18 Im Übrigen dürfen sich aus dem Gebrauch des Sondereigentums und dem Mitgebrauch des gemeinschaftlichen Eigentums keine Einwirkungen ergeben, die über das bei einem geordneten Zusammenleben unvermeidliche Maß hinausgehen. Das Recht zum Gebrauch des Sondereigentums und zum Mitgebrauch des Gemeinschaftseigentums folgt damit dem Gebot der gegenseitigen Rücksichtnahme. Verweigert ein Wohnungseigentümer ungerechtfertigt seine Mitwirkung, verletzt er die ihm gem. § 14 Abs. 1 Nr. 2 obliegenden Pflichten. Diese Pflichtverletzung kann Grundlage für einen Schadensersatzanspruch gem. § 280 Abs. 1 BGB sein.[30]

b) Pflichten der Wohnungseigentümer untereinander

aa) Beeinträchtigungsverbot hinsichtlich fremden Sondereigentums

19 Jeder Wohnungseigentümer ist gegenüber den übrigen Wohnungseigentümern verpflichtet, deren Sondereigentum nicht über das in § 14 Abs. 1 Nr. 2 WEG bestimmte Maß hinaus zu beeinträchtigen (§ 14 Abs. 2 Nr. 1 WEG).

Bitte lesen Sie jetzt § 14 Abs. 2 Nr. 1 WEG!

20 Die Vorschrift soll der bisherigen Regelung in § 14 Nr. 1 WEG aF entsprechen.[31] Nach dieser Norm bestand allerdings ein Beeinträchtigungsverbot nicht nur für das Sondereigentum, sondern auch für das gemeinschaftliche Eigentum. Die Befugnis zur Abwehr von Beeinträchtigungen des gemeinschaftlichen Eigen-

---

[23] OLG Zweibrücken ZWE 2001, 171.
[24] OLG Celle ZMR 2004, 364; OLG Hamburg ZMR 2000, 479.
[25] LG München I ZMR 2019, 445.
[26] LG Hamburg ZMR 2014, 392.
[27] Vgl. BGHZ 95, 307 = NJW 1985, 2823.
[28] BayObLG ZMR 2004, 762.
[29] Bärmann/Suilmann WEG § 14 Rn. 50.
[30] Bärmann/Suilmann WEG § 14 Rn. 42.
[31] BT-Drs. 19/18791, 53.

tums hat der Gesetzgeber jetzt aber ausschließlich der rechtsfähigen GdWE zugeordnet, da ihr allein auch die Verwaltung des gemeinschaftlichen Eigentums obliegt (vgl. § 18 Abs. 1 S. 1 WEG).[32] § 14 Abs. 2 Nr. 1 WEG ist damit auf die Geltendmachung von Unterlassungs- und Beseitigungsansprüchen zur Abwehr konkreter **Beeinträchtigungen des Sondereigentums** beschränkt.[33] Der einzelne Wohnungseigentümer kann diesen Anspruch auch dann selbstständig geltend machen, wenn die Störungen zugleich das gemeinschaftliche Eigentum betreffen.[34]

Beeinträchtigungen des Sondereigentums können sich auch aus einer Verein- 21
barungen oder Beschlüssen widersprechenden Benutzung ergeben.[35] Soweit solche Regelung nicht getroffen worden sind, können sich im Einzelfall unter Einbeziehung aller fallbezogenen Umstände erhebliche Beeinträchtigungen ergeben.[36]

Beispiele

- Veränderungen im Trittschall einer Wohnung.[37]
- Geruchsbelästigungen durch Küchendünste[38] oder im Treppenhaus versprühtes Parfum.[39]
- Einhalten von Ruhezeiten.[40]
- Ausschluss bestimmter Tierhaltung (hier: Kampfhund).[41]
- Aufstellen von Gartenzwergen[42], insbesondere in exhibitionistischer Pose.[43]

bb) Dulden von Einwirkungen

Jeder Wohnungseigentümer ist gegenüber den übrigen Wohnungseigentümern 22
verpflichtet, Einwirkungen nach Maßgabe des § 14 Abs. 1 Nr. 2 zu dulden (§ 14 Abs. 2 Nr. 2 WEG).

Bitte lesen Sie jetzt § 14 Abs. 2 Nr. 2 WEG!

Die Vorschrift begründet die Pflicht des einzelnen Wohnungseigentümers, Ein- 23
wirkungen auf das Sondereigentum und gemeinschaftliche Eigentum im Umfang des § 14 Abs. 1 Nr. 2 WEG zu dulden. Einen korrespondierenden eigenständigen Unterlassungsanspruch der Wohnungseigentümer untereinander enthält die

---

32 BT-Drs. 19/18791, 53.

33 Bärmann/Suilmann WEG § 14 Rn. 73; aA Hügel/Elzer WEG § 14 Rn. 46, die allerdings über die Ausübungsbefugnis des § 9a Abs. 2 WEG zu dem gleichen mit § 1004 BGB übereinstimmenden Ergebnis kommen.

34 BGH ZfIR 2022, 233 = ZWE 2022, 256; BGH ZWE 2022, 408; BGH ZfIR 2021, 497 = ZWE 2021, 446.

35 BR-Drs. 168/20, 56.

36 Vgl. Hügel/Elzer WEG § 14 Rn. 54.

37 BGH NJW 2015, 1442 = ZfIR 2015, 391 = ZWE 2015, 212: mangels abweichender Vereinbarungen ist grds. auf die bei der Errichtung des Gebäudes maßgeblichen Werte der DIN 4109 abzustellen.

38 BayObLG ZWE 2000, 411.

39 OLG Düsseldorf NJW-RR 2003, 1098.

40 BGHZ 139, 288 = NJW 1998, 3713.

41 KG ZMR 2004, 704.

42 OLG Hamburg OLGZ 1988, 308 = NJW 1988, 2052.

43 AG Essen-Borbeck NJW-RR 2000, 461. Wenn Sie mehr über die rechtliche Behandlung von Gartenzwergen in Wohnungseigentümergemeinschaften erfahren möchten, sei Ihnen der Beitrag von Schmittmann MDR 2000, 753 empfohlen.

Norm demgegenüber nicht.[44] Die Wohnungseigentümer können lediglich nach § 14 Abs. 2 Nr. 1 WEG verlangen, dass nicht gerechtfertigte Beeinträchtigungen ihres Sondereigentums unterbleiben; die Abwehr nicht gerechtfertigter Beeinträchtigungen des gemeinschaftlichen Eigentums ist dagegen Aufgabe der rechtsfähigen GdWE.[45]

c) Ausgleichsanspruch

24 Gem. § 14 Abs. 3 WEG kann ein Wohnungseigentümer einen angemessenen Ausgleich in Geld verlangen, wenn er eine Einwirkung zu dulden hat, die über das zumutbare Maß hinausgeht.

Bitte lesen Sie jetzt § 14 Abs. 3 WEG!

25 § 14 Abs. 3 WEG gewährt dem betroffenen Wohnungseigentümer keinen Schadensersatzanspruch, sondern in Anlehnung an § 906 Abs. 2 S. 2 WEG lediglich einen angemessenen Ausgleichsanspruch. Ähnlich wie die Vorgängerregelung in § 14 Nr. 4 Hs. 2 WEG aF ist die Regelung als – verschuldensunabhängiger[46] – **Aufopferungsanspruch** ausgestaltet, der nur beim Überschreiten des zumutbaren Maßes im Sinne einer Sonderopfergrenze zur Anwendung kommen kann.[47] Es reicht deshalb nicht aus, dass die Einwirkungen lediglich die durch § 14 Abs. 1 Nr. 2 WEG gezogene Grenzen überschreiten.[48] Grundsätzlich nicht ausgleichsfähig sind sog. auffangbare Beeinträchtigungen des Gebrauchs, die durch eine zumutbare Umdisponierung kompensiert werden können.[49] Auf den Anspruch finden die allgemeinen Vorschriften der §§ 249 ff. BGB über Art, Inhalt und Umfang der Schadensersatzleistung Anwendung.[50]

26 Der Schadensersatzanspruch umfasst zunächst den **primären** Ausgleich von **Substanzschäden** am Sondereigentum[51] ggf. mitsamt einem am Gemeinschaftseigentum zugeordneten Sondernutzungsrecht.[52] Dazu gehört auch die Verschlechterung des Zustands des Sondereigentums.[53] Weiterhin zählen aber auch sekundär alle adäquat kausal mit der Einwirkung im Zusammenhang stehenden Schäden dazu, nicht jedoch solche Schäden, die bereits infolge des die Erhaltungsmaßnahme auslösenden Mangels des gemeinschaftlichen Eigentums eingetreten sind.[54] Insoweit können allerdings Schadensersatzansprüche aus § 280 Abs. 1 BGB wegen Verletzung der dem Verband obliegenden Instandhaltungspflichten (vgl. § 18 Abs. 1 WEG) in Betracht kommen. Zu den **Sekundäransprüchen** gehören etwa:

---

[44] BT-Drs. 19/18791, 53.
[45] BT-Drs. 19/18791, 53.
[46] BGH ZfIR 2022, 498 = ZWE 2022, 403.
[47] BT-Drs. 19/18791, 53f.
[48] BT-Drs. 19/18791, 54.
[49] BGH DNotZ 1993, 694 = NJW 1993, 1793.
[50] BGH ZfIR 2022, 498 = ZWE 2022, 403; BGH ZWE 2017, 216.
[51] BGH ZWE 2017, 216.
[52] OLG Düsseldorf ZMR 2006, 459.
[53] BGH ZWE 2017, 216.
[54] Jew. noch zum früheren Recht BGHZ 219, 60 = NJW NJW 2018, 3305 = ZfIR 2018, 666; BGH ZWE 2017, 216; OLG München ZMR 2008, 562.

Beispiele

- zusätzliche Mietzahlungen für Ersatzwohnraum.[55]
- Schaden durch entgangenen Gewinn (bspw. Mietausfallschaden).[56]
- Ausgleich für fehlenden Eigengebrauch von Teilen einer Eigentumswohnung über einen längeren Zeitraum (bspw. einer Terrasse).[57]
- Umzugs-, Transport- und Lagerkosten[58]

Ein Wohnungseigentümer kann den Schaden, der ihm nach § 14 Abs. 3 WEG 27 zu ersetzen ist, auch **fiktiv** in Höhe des Nettobetrags der Reparaturkosten abrechnen, wenn er oder ein Familienangehöriger ihn in Eigenarbeit beseitigt.[59]

Ein Wohnungseigentümer ist außerdem berechtigt, anstelle einer Entschädi- 28 gung vorrangig die **Wiederherstellung** der beschädigten Bauteile zu verlangen (vgl. § 249 Abs. 1 BGB). Zwar ist ein solcher Wiederherstellungsanspruch nicht ausdrücklich im WEG geregelt, er ist jedoch dem Anspruch aus § 14 Abs. 3 WEG nach dem Gebot der wechselseitigen Rücksichtnahme vorgelagert.[60]

Zur außergerichtlichen **Erfüllung** des Ausgleichsanspruchs eines Wohnungs- 29 eigentümers nach § 14 Abs. 3 WEG ist ein Beschluss der Wohnungseigentümer unerlässlich. Einen solchen Anspruch darf der WEG-Verwalter nicht von sich aus ohne einen Beschluss der Wohnungseigentümer erfüllen.[61] Beschließt eine Wohnungseigentümergemeinschaft Instandsetzungsmaßnahmen am gemeinschaftlichen Eigentum, die notwendigerweise auch Substanzeingriffe am Sondereigentum erfordern, so ist diese ausnahmsweise befugt, zugleich diejenigen Maßnahmen zu beschließen, die zur Wiederherstellung des Sondereigentums erforderlich sind.[62] Wird der Anspruch erfüllt, handelt es sich um Kosten der Verwaltung iSd § 16 Abs. 2 S. 1 WEG.[63] Die Berücksichtigung des auf den Betroffenen entfallenden Anteils erfolgt durch Umlage in der Jahresabrechnung, nicht dagegen durch Kürzung seines Anspruchs gegen den Verband.[64]

---

55 BGHZ 153, 182 = NJW 2003, 826 = ZfIR 2003, 242 = ZWE 2003, 175.

56 BGHZ 153, 182 = NJW 2003, 826 = ZfIR 2003, 242 = ZWE 2003, 175; OLG Frankfurt NZM 2007, 251; OLG Köln WuM 1997, 60; mit Betriebskosten LG Frankfurt/M. ZWE 2014, 403.

57 BayObLGZ 1987, 50 = ZMR 1987, 227; anders für Teile eines Teileigentums BayObLGZ 1994, 140 = DNotZ 1995, 66.

58 BGHZ 153, 182 = NJW 2003, 826 = ZfIR 2003, 242 = ZWE 2003, 175.

59 BGH ZWE 2017, 216; OLG München NJW 2020, 1683.

60 Bärmann/Suilmann WEG § 14 Rn. 102.

61 BGHZ 207, 40 = NJW 2016, 1310 = ZfIR 2016, 349 = ZWE 2016, 136; LG München I ZWE 2014, 185.

62 Noch zum früheren Recht BGH ZfIR 2022, 498 = ZWE 2022, 403.

63 BGHZ 207, 40 = NJW 2016, 1310 = ZfIR 2016, 349 = ZWE 2016, 136; LG Frankfurt/M. ZWE 2014, 403.

64 BGHZ 207, 40 = NJW 2016, 1310 = ZfIR 2016, 349 = ZWE 2016, 136; LG Frankfurt/M. ZWE 2014, 403.

III. Rechtsgeschäftlicher Inhalt des Sondereigentums

1. Vorüberlegungen

30 Ihnen ist bereits aus § 4 bekannt, dass die Wohnungseigentümer von den Vorschriften dieses Gesetzes abweichende **Vereinbarungen** treffen **können** (§ 10 Abs. 1 S. 2 WEG). Der gesetzliche Inhalt des Wohnungseigentums kann auf diesem Wege in Verbindung mit einer entsprechenden Grundbucheintragung weitgehend rechtsgeschäftlich ausgestaltet bzw. abgeändert werden (vgl. § 5 Abs. 4 S. 1 WEG). Für die Gesamtheit der wohnungseigentumsrechtlichen Vereinbarungen haben wir dort den Begriff der „**Gemeinschaftsordnung**" gefunden.

Wiederholung:

Wiederholen Sie jetzt bitte aus dem § 4 die Ausführungen zur Gemeinschaftsordnung (→ § 4 Rn. 35).

Wir wollen uns deshalb zunächst nur den Vereinbarungen als gesetzlich vorgesehenem Regelungsinstrument widmen (Ziffer 2.), bevor wir diese gegenüber den Beschlüssen der Wohnungseigentümer abgrenzen (Ziffer 3.).

Im Anschluss daran werden Sie im Abschnitt IV mit der Öffnungsklausel, im Abschnitt V mit dem Sondernutzungsrecht, im Abschnitt VI mit der Veräußerungsbeschränkung, im Abschnitt VII mit der Haftungsklausel und im Abschnitt VIII mit baulichen Maßnahmen typische Vereinbarungsmaterien und ihre Besonderheiten kennenlernen.

2. Vereinbarungen der Wohnungseigentümer

a) Zustandekommen von Vereinbarungen

31 Eine Vereinbarung gem. § 10 Abs. 1 S. 2 WEG kann grundsätzlich nur durch sämtliche Wohnungseigentümer getroffen werden. Es handelt sich um einen schuldrechtlichen **Kollektivvertrag**[65], der durch übereinstimmende Willenserklärungen aller Wohnungseigentümer zustande kommt und den Regeln des Schuldrechts folgt. Vereinbarungen dürfen damit nicht gegen Treu und Glauben verstoßen (§ 242 BGB) oder die Schranken der §§ 134, 138, 315 BGB überschreiten.[66] **Form**vorschriften sind nicht vorgesehen.[67] Vereinbarungen können **bedingt** und **befristet** ausgestaltet werden.[68] Eine Vereinbarung kann auch in einem gerichtlichen **Vergleich** geschlossen werden.[69]

---

[65] OLG Hamburg ZMR 2008, 154.

[66] BGHZ 227, 289 = ZWE 2021, 273; BGH NJW 1994, 2950; KG ZMR 2023, 127; KG ZWE 2017, 403; OLG Hamm ZWE 2017, 173.

[67] BGH NJW 1984, 612.

[68] Vgl. OLG Zweibrücken NJW-RR 2008, 1395.

[69] OLG München ZWE 2014, 265.

Nach schuldrechtlichen Grundsätzen können Vereinbarungen auch durch 32
schlüssiges Verhalten der Wohnungseigentümer zustande kommen. An das Vorliegen einer konkludenten Vereinbarung sind jedoch strenge Anforderungen zu stellen. Nicht jede langjährige Übung stellt eine konkludente Vereinbarung dar. Entscheidend ist, ob die Wohnungseigentümer bewusst eine dauerhafte Regelung schaffen bzw. bewusst dauerhaft eine Änderung herbeiführen wollten.[70]

In der Praxis dominiert die Begründung des Wohnungseigentums durch ein- 33
seitige **Teilungserklärung** des Eigentümers gem. § 8 WEG. In diesem Fall wird der teilende Eigentümer bereits mit der Teilungserklärung das spätere Verhältnis der Wohnungseigentümer vorgeben. Diese einseitige Erklärung wirkt dann wie eine Vereinbarung gegenüber den künftigen Erwerbern von Wohnungseigentum, wenn sie als Inhalt des Sondereigentums in das Grundbuch eingetragen ist (§§ 8 Abs. 2, 5 Abs. 4 S. 1, 10 Abs. 3 S. 1 WEG).[71]

b) Inhalt von Vereinbarungen

Der Inhalt von Vereinbarungen gem. § 10 Abs. 1 S. 1 WEG betrifft „das Verhält- 34
nis der Wohnungseigentümer untereinander". Vereinbarungen regeln damit das **Gemeinschaftsverhältnis** der Wohnungseigentümer im Sinne einer Grundordnung, vergleichbar der Satzung eines Vereins.[72] Neben den früher getrennt behandelten Bestimmungen über die Gemeinschaft der Wohnungseigentümer (früher §§ 10 bis 19 WEG) werden davon auch die früheren Vorschriften über die Verwaltung des Wohnungseigentums umfasst (früher §§ 20 bis 29 WEG); der neu gebildete 4. Abschnitt im I. Teil des WEG differenziert hier nicht mehr (§§ 10 bis 29 WEG).

§ 10 Abs. 1 S. 1 WEG stellt jetzt ausdrücklich klar, dass der 4. Abschnitt auch das Verhältnis der Wohnungseigentümer zur rechtsfähigen Gemeinschaft betrifft.

Der Anwendungsbereich des § 10 Abs. 1 S. 2 WEG bezieht sich damit nicht auf 35
die sachenrechtliche Zuordnung zum Sonder- oder Gemeinschaftseigentum und die Größe der Miteigentumsanteile. Das Gesetz unterscheidet also sehr genau zwischen den **gegenständlichen** (sachenrechtlichen) und den **inhaltlichen** (schuldrechtlichen) **Regelungsbereichen.**

Schaubild:

Sondereigentum (= *Allein-* eigentum) → **Gegenstand** des SE (§ 5 Abs. 1–3 WEG)

Sondereigentum (= *Allein-* eigentum) → **Inhalt** des SE (§ 5 Abs. 4 WEG)

Diese Unterscheidung ist kein Selbstzweck; sie ist verbunden mit unterschiedlichen Rechtswirkungen.[73] Je nach Regelungsbereich folgen Verfügungen unterschiedlichen Anforderungen. Dazu werden Sie noch mehr im → § 6 Rn. 1 ff. erfahren.

---

[70] OLG München NJW-RR 2007, 375.

[71] BGH NJW 1994, 2950.

[72] Vgl. BGH ZWE 2021, 451; BGH ZWE 2012, 361; BGHZ 163, 154 = NJW 2005, 2061 = ZWE 2005, 422; BGH NJW 2003, 2165 = ZWE 2003, 259.

[73] Vgl. BGH NJW 2013, 1962 = ZWE 2013, 330; BGH ZWE 2012, 361.

Merke:
Es ist penibel zwischen dem sachenrechtlichen **Gegenstand** des Sondereigentums und dem schuldrechtlichen **Inhalt** des Sondereigentums zu unterscheiden.

c) Drittwirkung einer Vereinbarung

aa) Wohnungseigentümer

36 Gem. §10 Abs.1 S.2 WEG bedarf eine Vereinbarung der Wohnungseigentümer zu ihrer Wirksamkeit nicht der Eintragung in das Grundbuch.[74] Ohne Eintragung wirkt sie lediglich schuldrechtlich im Verhältnis der bei ihrem Abschluss unmittelbar Beteiligten („inter partes"). Man spricht dann von „schuldrechtlichen Vereinbarungen". Dies würde aber im Fall eines Eigentumswechsels zu einem Rechtsverlust führen können.

37 Um die Erstreckung der schuldrechtlichen Rechtsbeziehungen auf später in die Gemeinschaft eintretende Sondernachfolger im Eigentum zu ermöglichen, können Vereinbarungen der Wohnungseigentümer gem. §§5 Abs.4 S.1, 10 Abs.3 S.1 WEG zum **Inhalt des Sondereigentums** gemacht werden. Eine Pflicht dazu besteht gleichwohl nicht.

Bitte lesen Sie jetzt §5 Abs.4 S.1 und §10 Abs.3 S.1 WEG!

Die in §10 Abs.3 S.1 WEG zugelassene Eintragung von Vereinbarungen in das Grundbuch ist also nur erforderlich zur Erlangung der Bindungswirkung gegenüber späteren Erwerbern, nicht dagegen zur Begründung der Vereinbarung.

38 Ohne die mit der Grundbucheintragung verbundene Erstreckungswirkung würde die lediglich schuldrechtlich wirkende Vereinbarung nur dann gegenüber einem Sondernachfolger im Eigentum wirken können, wenn der neue Eigentümer in diese Regelung „eintritt".[75] Bindet die ursprüngliche Regelung jedoch **einen** Sondernachfolger nicht, so kann sie auch gegenüber den übrigen Mitgliedern der Gemeinschaft keine Wirkung entfalten, wenn der Zweck der Vereinbarung dann nicht mehr erreicht werden kann; eine relative Änderung der Gemeinschaftsordnung kommt jedoch nicht in Betracht.[76]

Beispiel

Die Wohnungseigentümer haben eine von §16 Abs.1 S.3 WEG abweichende Nutzungsregelung für Pkw-Stellplätze auf dem Grundstück in der Weise getroffen, dass jedem Wohnungseigentümer ein näher bestimmter Stellplatz zur alleinigen und ausschließlichen Nutzung zugewiesen ist. Wirkt diese das Gesetz ändernde Regelung nicht gegenüber dem später in die Gemeinschaft eintretenden Erwerber einer Wohnungseinheit, so ist dieser in seiner Stell-

---

[74] Erman/Grziwotz WEG §10 Rn.9.

[75] Wenzel ZWE 2004, 130, 132; zum Zeitpunkt und zu den Modalitäten des „Eintritts" s. ausf. Hügel, FS Wenzel (2005), 219.

[76] BGH DNotZ 2002, 866 = NZM 2002, 664; OLG Frankfurt ZWE 2006, 392; BayObLG NZM 2003, 321 = ZWE 2002, 262; OLG Hamburg NZM 2002, 27; OLG Köln DNotZ 2002, 223 mAnm Häublein = NZM 2001, 1135; Becker PiG 63, 99 (105); Demharter DNotZ 1991, 28 (34); H. Müller ZMR 2000, 473f.; Volmer ZfIR 2000, 931 (940); Wenzel ZNotP 2004, 170f.; aA Rapp DNotZ 2000, 185 (194).

platzwahl frei und kann demzufolge jeden Pkw-Stellplatz nutzen. De facto kann dann aber keine Alleinnutzung der übrigen Wohnungseigentümer mehr stattfinden.

Die Grundbucheintragung einer Vereinbarung der Wohnungseigentümer dient damit der **Verdinglichung von schuldrechtlichen Regelungen** der Wohnungseigentümer.[77] Diese dingliche **Wirkung** ist **nicht absolut**[78]; sie gilt nur unter Wohnungseigentümern, ihren Sondernachfolgern und den in der Gemeinschaft an ihre Stelle tretenden Fremdnutzern (zB Mietern).[79] **Sondernachfolger** ist dabei jeder Wohnungseigentümer, der das Wohnungseigentum im Wege der Einzelrechtsnachfolge entweder durch Rechtsgeschäft oder durch Zuschlag in der Zwangsversteigerung erwirbt sowie der Pfändungsgläubiger eines dinglichen Rechts am Miteigentum, nicht dagegen der Gesamtrechtsnachfolger gem. § 1922 BGB oder nach §§ 20 Abs. 1, 131 Abs. 1 UmwG.[80] 39

bb) Dinglich Berechtigte

Eine besondere Zustimmung dinglich Berechtigter anlässlich der Begründung des Wohnungseigentums ist im Hinblick auf die vereinbarten Regelungen gem. § 10 Abs. 1 WEG nicht notwendig. Soweit zu diesem Zeitpunkt überhaupt ein Zustimmungserfordernis gem. §§ 876, 877 BGB in Betracht kommen kann, machen bereits die eigentumsmäßigen Veränderungen die Zustimmung Drittberechtigter erforderlich, so dass diese nicht noch einmal zustimmen müssen.[81] 40

Die **Sonderregelung** des § 5 Abs. 4 S. 2 WEG betrifft **nachträgliche Veränderungen** des sondereigentumsmäßigen Inhalts. Danach ist zu einer Vereinbarung der Wohnungseigentümer die Zustimmung des Gläubigers eines Grundpfandrechts oder einer Reallast nur noch erforderlich, wenn ein Sondernutzungsrecht begründet, aufgehoben, geändert oder übertragen werden soll, es sei denn, es wird gleichzeitig das zu seinen Gunsten belastete Wohnungseigentum mit einem Sondernutzungsrecht verbunden. 41

Hinweis:

Zu der nicht ganz einfachen Anwendung des durch die WEG-Novelle (2007) erweiterten § 5 Abs. 4 WEG s. das Schaubild im → § 6 Rn. 132.

d) Fehlerfolgen

Vereinbarungen sind nicht nur im **sachenrechtlichen** Bereich unwirksam. Sie sind auch den allgemeinen Schranken privatrechtlicher Gestaltungsmöglichkeiten unterworfen; sie dürfen insbesondere nicht gegen ein gesetzliches **Verbot** (§ 134 BGB) oder gegen die **guten Sitten** verstoßen (§ 138 BGB) oder den unantastbaren 42

[77] Wegen der unterschiedlichen dogmatischen Auffassungen zur Rechtsnatur der verdinglichten Vereinbarung s. Bärmann/Suilmann WEG § 10 Rn. 113 ff. mwN.

[78] BGHZ 145, 133 = NJW 2000, 3643 = ZWE 2001, 63; OLG München ZWE 2014, 265.

[79] Bärmann/Suilmann WEG § 10 Rn. 138.

[80] BGH ZWE 2017, 84 (f. d. Ersteher in der Zwangsversteigerung); Bärmann/Suilmann WEG § 10 Rn. 1503; Hügel/Elzer WEG § 10 Rn. 180; Weitnauer/Lüke WEG § 10 Rn. 34.

[81] Vgl. BGH NJW 2012, 1226 = ZWE 2012, 219; aA zumindest für eine vereinbarte Veräußerungsbeschränkung Bärmann/Suilmann WEG § 12 Rn. 7.

wohnungseigentumsrechtlichen **Kernbereich**[82] verletzen. Ein Verstoß begründet demgemäß die Nichtigkeit der Vereinbarung, die ohne Beachtung einer Frist in jedem Stadium des Verfahrens von Amts wegen zu beachten ist.

Beispiele

- Die Gemeinschaftsordnung enthält eine Bestimmung, wonach der Erwerber eines Wohnungseigentums im Wege der Zwangsversteigerung für Hausgeldrückstände des Voreigentümers haften soll.
  Die Regelung verstößt gegen § 56 S. 2 ZVG und ist deshalb gem. § 134 BGB nichtig.[83]
- Die im Grundbuch eingetragene Gemeinschaftsordnung sieht vor, dass ein Wohnungseigentümer, der mit der Zahlung von Hausgeldbeiträgen in Verzug ist, deswegen von der Wohnungseigentümerversammlung ausgeschlossen werden kann; ihm kann auch das Stimmrecht entzogen werden.
  Der Entzug des Stimmrechts und der Ausschluss von der Versammlung der Wohnungseigentümer stellt einen solch schwerwiegenden Eingriff in den Kernbereich elementarer Mitgliedschaftsrechte eines Wohnungseigentümers dar, dass eine hiergegen verstoßende Regelung nichtig ist.[84]

e) Grundbucheintragung

43 In aller Regel wird die Gemeinschaftsordnung von sämtlichen Miteigentümern oder dem teilenden Bauträger zusammen mit der Teilungserklärung in der Form des § 29 GBO zur Eintragung in das Grundbuch bewilligt (§ 19 GBO). Vom Gesetz abweichende oder ergänzende Regelungen müssen dabei nicht gesondert gekennzeichnet werden.[85] Die in der Gemeinschaftsordnung enthaltenen Vereinbarungen können buchungstechnisch grds. durch **Bezugnahme auf die Eintragungsbewilligung** in das Grundbuch eingetragen werden (§ 7 Abs. 3 S. 1 WEG). Wegen der gem. § 7 Abs. 3 S. 2 WEG ausnahmsweise erforderlichen ausdrücklichen Eintragungen → Rn. 129 ff. (für Veräußerungsbeschränkungen und → Rn. 175 f. (für Haftungsklauseln).

Beispiel:

(verkürztes Eintragungsbeispiel)

Amtsgericht Duisburg **Grundbuch von Duisburg** **Blatt 2261**

Bestandsverzeichnis

Laufende Nummer der Grundstücke	Bisherige laufende Nummer der Grundstücke	Bezeichnung der Grundstücke und der mit dem Eigentum verbundenen Rechte					Größe		
		Gemarkung (Vermessungsbezirk)	Karte Flur	Karte Flurstück	Liegenschaftsbuch	Wirtschaftsart und Lage			
		a	b		c/d	e	ha	a	m²
1	2	3					4		

[82] Vgl. BGHZ 157, 322 = NJW 2004, 937 = ZWE 2004, 322 mwN.
[83] BGHZ 99, 358 = NJW 1987, 1638.
[84] BGH NJW 2011, 679 = ZWE 2011, 122.
[85] OLG Hamm FGPrax 1997, 59.

1		187/10.000stel Miteigentumsanteil an dem Grundstück							
		Duisburg	1	101		Gebäude- und Freifläche, Kardinal-Galen-Straße 124		02	34
		verbunden mit dem Sondereigentum an der im Aufteilungsplan vom 24. März 2000 mit Nr. 1 bezeichneten Wohnung im Erdgeschoss links mit einem Kellerraum im Kellergeschoss.							
		…							
		Wegen Gegenstand und Inhalt des Sondereigentums wird Bezug genommen auf die Bewilligung vom 15. Mai 2000 (Notar Dr. Helmut Genau in Duisburg – UR-Nr. 555/00).							
		Der Miteigentumsanteil ist von Blatt 1055 hierher übertragen, eingetragen am 22. Mai 2000.							

3. Beschlüsse der Wohnungseigentümer

a) Abgrenzung Vereinbarung und Beschluss

Sie haben bereits oben in der Regelungshierarchie erfahren, dass der Gesetz- 44
geber neben dem Gestaltungsmittel der Vereinbarung den Wohnungseigentümern auch die Möglichkeit zur Beschlussfassung einräumt. Dabei gilt: Tertium non datur.[86] Eine grundsätzliche Wahlmöglichkeit zwischen beiden Regelungsinstrumenten besteht jedoch nicht. Mehrheitliche Beschlussfassungen sind nur dann möglich, wenn den Wohnungseigentümern entweder durch Gesetz oder durch eine Vereinbarung der Wohnungseigentümer auch die **Kompetenz zur Beschlussfassung** eingeräumt wird (vgl. § 23 Abs. 1 WEG).[87]

Bitte lesen Sie jetzt § 23 Abs. 1 WEG!

Das Gesetz selbst sieht den Beschluss weitgehend nur für einen bestimm- 45
ten Regelungsbereich vor. So finden sich gesetzliche Beschlusskompetenzen im Wesentlichen für den Bereich des Gebrauchs und der **Verwaltungsangelegenheiten** (§§ 18 Abs. 2, 19 Abs. 1 WEG).[88] Der Beschluss ist damit **das** Regelungsinstrument zur Realisierung einer effektiven wohnungseigentumsrechtlichen Verwaltung; es geht dabei nicht um eine demokratische Willensbildung innerhalb

[86] „Ein Drittes ist nicht gegeben"; Wenzel ZWE 2000, 2f.

[87] Grundlegend BGHZ 145, 158 = NJW 2000, 3500 = Rpfleger 2001, 19 = ZfIR 2000, 877 = ZMR 2000, 771 = ZWE 2000, 518.

[88] Weitere Beispiele finden sich jetzt im Abschnitt 4 des I. Teils im WEG.

der Eigentümergemeinschaft.[89] Außerhalb der Verwaltung gilt grundsätzlich das Vertragsprinzip, das eine einstimmige Vereinbarung erfordert.[90]

46 Bereits mit der WEG-Novelle (2007) sind darüber hinaus in ausgewählten Satzungsbereichen Beschlusskompetenzen eingeführt worden. So ermöglicht etwa § 12 Abs. 4 WEG unverändert die beschlussweise Aufhebung einer vereinbarten Veräußerungsbeschränkung, während andere Kompetenzen im Zuge der WEG-Novelle (2020) bereits wieder entfallen sind. Das WEMoG eröffnet nun aber ungleich mehr gesetzliche Beschlusskompetenzen (vgl. etwa § 16 Abs. 2 S. 2 oder § 20 Abs. 1 iVm § 21 Abs. 5 S. 1 WEG)

b) Zustandekommen von Beschlüssen

47 Das Wohnungseigentumsgesetz sieht für die Beschlussfassung ein formelles Verfahren vor. Beschlüsse werden grundsätzlich in einer Versammlung der Wohnungseigentümer gefasst (§ 23 Abs. 1 S. 1 WEG); dort genügt zur Beschlussfassung ein **Mehrheitsbeschluss**, soweit nichts anderes vereinbart worden ist (§ 25 Abs. 1 WEG). Daneben ist noch ein schriftliches Verfahren vorgesehen, für das im Gesetz entweder Einstimmigkeit verlangt wird (§ 23 Abs. 3 S. 1 WEG) oder im Einzelfall nach einem entsprechenden Absenkungsbeschluss mit Mehrheit beschlossen werden kann (§ 23 Abs. 3 S. 2 WEG).

48 Nach allgemeiner Auffassung handelt es sich bei einem Wohnungseigentümerbeschluss um ein mehrseitiges Rechtsgeschäft eigener Art, einen sog **Gesamtakt,** durch welchen mehrere gleichgerichtete Willenserklärungen der Wohnungseigentümer gebündelt werden.[91] Im Gegensatz zu Vereinbarungen können Beschlüsse nicht durch konkludentes Handeln oder stillschweigende Zustimmung zustande kommen.[92] Das Beschlussergebnis bedarf vielmehr einer **konstitutiv** wirkenden **Feststellung** und **Verkündung** durch den Versammlungsleiter[93]; die Wirksamkeit hängt jedoch nicht von einer Eintragung in der Beschluss-Sammlung gem. § 24 Abs. 7 u. 8 WEG ab.[94] Die in der Eigentümerversammlung abgegebene Stimme kann nach ihrem Zugang bei dem Versammlungsleiter nicht mehr widerrufen werden.[95] Der gem. § 8 WEG teilende Alleineigentümer kann nach dem Inkrafttreten des WEMoG jetzt auch sog „**Einmannbeschlüsse**" fassen, selbst wenn zu diesem Zeitpunkt noch kein werdender Wohnungseigentümer vorhanden sein sollte.[96]

---

[89] Graßhof ZWE 2003, 33 (37); Hügel/Scheel Teil 5 Rn. 21.

[90] Häublein ZWE 2001, 2 (4).

[91] BGHZ 139, 288 = NJW 1998, 3713; BayObLGZ 1977, 226 (231) = NJW 1978, 1387.

[92] LG Dortmund ZWE 2014, 127.

[93] BGHZ 148, 335 = NJW 2001, 3339 = ZWE 2001, 530; OLG München NJW-RR 2007, 594; zur adäquaten Ersetzung im Umlaufverfahren s. Schneider ZfIR 2022, 349.

[94] Niedenführ NJW 2007, 1841.

[95] BGH NJW 2012, 3372 = ZWE 2012, 496.

[96] Bärmann/Dötsch WEG § 23 Rn. 15 u. 59; daher überholt: OLG Köln ZWE 2008, 242; OLG München FGPrax 2006, 63; OLG Düsseldorf NJW-RR 2005, 1469; aA bereits Becker FS Seuß (2007), 19.

c) Drittwirkungen eines Beschlusses

Ein Beschluss bindet alle **Wohnungseigentümer**, und zwar auch dann, wenn diese gegen den Beschluss gestimmt oder an der Beschlussfassung gar nicht mitgewirkt haben (vgl. noch ausdrücklich § 10 Abs. 5 WEG aF). Gegenüber einem **Sondernachfolger** wirken Beschlüsse gem. § 10 Abs. 4 S. 2 WEG auch ohne Eintragung in das Grundbuch. Aus diesem Grunde bedürfen Beschlüsse mangels eines rechtlichen Anknüpfungstatbestandes grds. auch nicht der Zustimmung **dinglich Berechtigter.**[97] 49

d) Fehlerfolgen

Nach § 23 Abs. 4 S. 1 WEG ist ein Eigentümerbeschluss nichtig, wenn er gegen eine Rechtsvorschrift verstößt, auf deren Einhaltung rechtswirksam nicht verzichtet werden kann. Dies ist u.a. der Fall bei einem Verstoß gegen ein zwingendes gesetzliches Verbot (§ 134 BGB) oder bei einem Verstoß gegen die guten Sitten (§ 138 BGB).[98] Ein Beschluss ist aber auch dann nichtig, wenn für die Beschlussfassung die notwendige Beschlusskompetenz überhaupt nicht vorhanden ist.[99] Eine solche Regelung mit **vereinbarungs- bzw. gesetzesänderndem Inhalt** ist dem Mehrheitsprinzip von vornherein entzogen.[100] 50

Beispiel

Die Wohnungseigentümer wollen ohne eine dahingehende Ermächtigung in der Gemeinschaftsordnung mit Mehrheit beschließen, dass eine bestehende Stimmrechtsbeschränkung für Eigentümerversammlungen abgeändert werden soll.[101]
Hier gilt: „Was zu vereinbaren ist, kann nicht beschlossen werden, solange nicht vereinbart ist, dass dies auch beschlossen werden darf."[102]

Darüber hinaus ist ein Beschluss nur ungültig, wenn er gemäß § 44 Abs. 1 S. 1 WEG für ungültig erklärt ist. Solange dies nicht rechtskräftig geschehen ist, ist nach § 23 Abs. 4 S. 2 WEG auch ein rechtzeitig angefochtener Eigentümerbeschluss wirksam; die Anfechtung hat keine aufschiebende Wirkung. Für einen solchen Beschluss besteht allerdings grundsätzlich Beschlusskompetenz; fraglich ist lediglich, ob er auch ordnungsmäßiger Verwaltung entspricht (vgl. § 19 Abs. 1 WEG). Die Ordnungsmäßigkeit der Beschlussfassung ist aber aus Gründen der Rechtssicherheit nicht kompetenzbegründend, so dass für Gebrauchs-, Verwaltungs- und Erhaltungsregelungen bestandskräftige Mehrheitsbeschlüsse gültig sind, auch wenn der konkrete Regelungsgegenstand den Abschluss einer Vereinbarung oder Einstimmigkeit erfordert hätte. Insoweit spricht man von **vereinbarungsersetzenden Beschlüssen.**[103] 51

---

[97] AA Sauren ZMR 2008, 516.
[98] Insoweit noch aktuell BGHZ 54, 65 = NJW 1970, 1316; BayObLGZ 1977, 226 = ZMR 1979, 21; BayObLGZ 1975, 284.
[99] BGHZ 145, 158 = NJW 2000, 3500 = ZWE 2000, 518.
[100] Vgl. Wenzel ZWE 2000, 2.
[101] KG ZfIR 2024, 262.
[102] H. Müller, FS Bärmann und Weitnauer (1990), 505 (510).
[103] Vgl. Wenzel ZWE 2000, 2.

Beispiel

Die Wohnungseigentümer können den Gebrauch des Sondereigentums und des gemeinschaftlichen Eigentums nach § 19 Abs. 1 WEG sowohl durch Vereinbarung als auch beim Fehlen einer solchen durch Beschluss regeln, wenn dieser als ordnungsmäßig anzusehen ist. Beschließen die Wohnungseigentümer nunmehr ein generelles Verbot der Tierhaltung, entspricht ein solcher Beschluss nicht mehr ordnungsmäßiger Verwaltung; für die beabsichtigte Regelung ist eine Vereinbarung erforderlich. Fassen die Eigentümer gleichwohl nur einen Beschluss, so tritt dieser an die Stelle der an sich erforderlichen Vereinbarung; er hat also vereinbarungsersetzenden Charakter.[104] Wird der Beschluss nicht angefochten, erwächst er in Bestandskraft und bindet alle Wohnungseigentümer sowie deren Sondernachfolger.[105]

52 Eine dritte Gruppe betrifft **gesetzes- bzw. vereinbarungswidrige Beschlüsse,** die lediglich im Einzelfall gegen die durch Gesetz oder Vereinbarung vorgegebene Regelung verstoßen, diese aber nicht ersetzen wollen.

Beispiel

Die Wohnungseigentümer beschließen gem. § 28 Abs. 2 S. 1 WEG über die Einforderung von Nachschüssen auf der Grundlage einer Jahresabrechnung des WEG-Verwalters, die für bestimmte Kostenarten von einem falschen Kostenverteilungsschlüssel ausgeht, so dass sich der Fehler auf den Nachzahlungsbetrag auswirkt.

e) Grundbucheintragung

53 Da Beschlüsse der Wohnungseigentümer gemäß § 23 WEG zu ihrer Wirksamkeit gegen den Sondernachfolger eines Wohnungseigentümers nicht der Eintragung in das Grundbuch bedürfen (§ 10 Abs. 3 S. 2 WEG), sind sie grundsätzlich auch **nicht eintragungsfähig.**[106] Dies gilt nach dem WEMoG nicht mehr für die gemäß § 23 Abs. 1 WEG aufgrund einer Vereinbarung gefassten Beschlüsse, die vom Gesetz abweichen oder eine Vereinbarung ändern (§ 10 Abs. 3 S. 1 WEG).

Hinweise:

Zu den wesentlichen Abgrenzungsmerkmalen von Vereinbarungen und Beschlüssen s. auch die nachfolgende Übersicht.
Zur materiellen und formellen Ordnungsmäßigkeit von Beschlüssen sowie zu besonderen Beschlussformen → § 8 Rn. 113 ff.
Zu den aufgrund einer Vereinbarung gefassten Beschlüssen s. nachfolgend → Rn. 54 ff.

[104] BGHZ 145, 158 = NJW 2000, 3500 = ZWE 2000, 518; BGHZ 129, 329 = NJW 1995, 2036.
[105] BGHZ 129, 329 = NJW 1995, 2036; OLG Düsseldorf NZM 2005, 345; aA OLG Saarbrücken NJW 2007, 779.
[106] BGHZ 127, 99 = NJW 1994, 3230; OLG München ZWE 2014, 167; OLG München NJW 2010, 450 = ZWE 2010, 128.

Schaubild[107] Unterschiede von Vereinbarungen und Beschlüssen

Regelungs-instrument	Zustandekommen	Inhalt	Drittwirkung	Fehlerfolgen	Grundbucheintragung/ Kosten
Vereinbarung	a) Schuldrechtlicher Vertrag sämtlicher Wohnungseigentümer b) Einseitige Setzung d.d. teilenden Eigentümer	Regelung des Gemeinschaftsverhältnisses in Ergänzung oder Abweichung von dispositiven gesetzlichen Vorschriften	a) gegenüber Sondernachfolgern nach Eintragung in das Grundbuch b) gegenüber dinglich Berechtigten uU erst nach Zustimmung	Nichtigkeit bei Anfechtung, Verstoß gegen gesetzliches Gebot, Sittenwidrigkeit, wohnungseigentumsrechtlichen Kernbereich	a) Eintragung zur Erstreckungswirkung möglich b) Für die Grundbucheintragung aa) Notargebühren für Unterschriftsbeglaubigungen bb) Eintragungsgebühren beim GBA pro betroffener Einheit KV-Nr. 14160 Nr. 5 GNotKG[108]
Beschluss	Beschlussfassung durch Abstimmung a) in der Eigentümerversammlung mit Stimmenmehrheit b) im Umlaufverfahren mit Zustimmung aller Wohnungseigentümer c) im Umlaufverfahren im Einzelfall mit Stimmenmehrheit nach vorherigem Absenkungsbeschluss	a) Gesetzlich definierte Beschlusskompetenzen b) Vereinbarte Beschlusskompetenz bei Öffnungsklausel	a) gegenüber Sondernachfolgern ohne Eintragung in das Grundbuch b) gegenüber dinglich Berechtigten nach hM ohne Zustimmung c) bei vereinbarter Öffnungsklausel gegenüber Sondernachfolgern nur bei Grundbucheintragung und ggf. Zustimmung Drittberechtigter	Anfechtbar innerhalb eines Monats; danach bestandskräftig (Ausnahme: nichtige und unwirksame Beschlüsse)	a) Grds. keine Grundbucheintragung möglich. b) Für zugelassene Mehrheitsbeschlüsse aufgrund Öffnungsklausel ist Grundbucheintragung zur Erlangung der Erstreckungswirkung nötig. c) im Falle der Grundbucheintragung s. Kosten wie oben.

107 Für die von M. Becker, A. Ott und M. Suilmann, Rn. 170 gegebenen Anregungen möchte ich mich ausdrücklich bedanken.

108 Vgl. OLG München NJW-RR 2015, 1162; die Summe der zu erhebenden Gebühren beträgt jetzt höchstens 500,00 EUR, bei der Löschung einer Veräußerungsbeschränkung nach § 12 WEG höchstens 100,00 EUR.

IV. Wohnungseigentumsrechtliche Öffnungsklauseln

1. Rechtsgeschäftliche Vereinbarung einer Öffnungsklausel

a) Inhalt einer Öffnungsklausel

54 Die im III. Abschnitt schon mehrfach zitierte Entscheidung des BGH vom 20.9.2000[109] hatte für den gesetzes- und vereinbarungsändernden Bereich das Ende der bis dahin im Wohnungseigentumsrecht gebräuchlichen „**Zitterbeschlüsse**" zur Folge.

> **Hinweis:**
>
> Der Begriff leitet sich aus dem während der laufenden Rechtsmittelfrist andauernden „Zittern" ab, ob die Gemeinschaftsordnung tatsächlich durch einen bestandskräftigen Mehrheitsbeschluss mit gesetzes- oder vereinbarungsänderndem Inhalt dauerhaft geändert werden könne.

Seit dieser Entscheidung ist anerkannt, dass eine Änderung des Gesetzes oder der Gemeinschaftsordnung über bestandskräftige Mehrheitsbeschlüsse ohne eine entsprechende Legitimation nicht möglich ist.

Bitte lesen Sie vor diesem Hintergrund jetzt noch einmal § 23 Abs. 1 WEG!

Die Gestaltungspraxis ging deshalb zunehmend dazu über, in neu zu verfassenden Gemeinschaftsordnungen sog **Öffnungsklauseln** aufzunehmen. Auf diese Weise sollten Beschlusskompetenzen in solchen Satzungsbereichen eröffnet werden, in denen nach dem Gesetz Änderungen nur über eine Vereinbarung aller Wohnungseigentümer erreicht werden könnten. Die Zulässigkeit solcher Öffnungsklauseln ist heute unbestritten.[110] Sie können auch noch nachträglich eingeführt werden.[111]

55 Öffnungsklauseln können unterschiedlich **ausgestaltet** sein. So sind einerseits konkrete und punktuelle Öffnungsklauseln gebräuchlich, die sich lediglich auf ganz bestimmte Bereiche der Gemeinschaftsordnungen beschränken; andererseits sind allgemeine Klauseln ebenso anzutreffen wie bestimmte (qualifizierte) Mehrheitsanforderungen für eine Änderung.

---

[109] Sog. „Jahrhundertentscheidung": BGHZ 145, 158 = DNotZ 2000, 854 = NJW 2000, 3500 = Rpfleger 2001, 19 = ZMR 2000, 771 = ZWE 2000, 518.

[110] Vgl. nur BGHZ 95, 137 = DNotZ 1986, 83 = NJW 1985, 2832 = ZMR 1986, 19; OLG Hamm NZM 2004, 504 = ZMR 2004, 852; OLG Frankfurt NZM 2001, 140; KG NZM 2001, 959 = ZfIR 2002, 56; Grebe DNotZ 1987, 5; Hügel NotBZ 2004, 205; Schneider Rpfleger 2002, 503 (504); Ott ZWE 2001, 466 (467); Wenzel ZNotP 2004, 170.

[111] Vgl. KG ZfIR 2024, 262.

Beispiele

- Die Wohnungseigentümer vereinbaren lediglich die Möglichkeit, die Zweckbestimmung einer bestimmten Sondereigentumseinheit von TE in WE (allein/mehrheitlich) ändern zu können.[112]
- Die Wohnungseigentümer vereinbaren, dass die Regelungen der Gemeinschaftsordnung durch einen Beschluss, der einer Mehrheit von 2/3 bedarf, geändert werden können, soweit nicht zwingende Bestimmungen des WEG entgegenstehen.[113]

b) Materielle und formelle Voraussetzungen

Bei der Einführung einer Öffnungsklausel handelt es sich um eine gewöhnliche **Vereinbarung** iSd § 10 Abs. 1 S. 2 WEG, mit der die Wohnungseigentümer ihr Verhältnis untereinander regeln. Die Vereinbarung einer Öffnungsklausel bedarf deshalb zu ihrer Wirksamkeit nicht der Eintragung in das Grundbuch. Ohne Eintragung wirkt sie allerdings lediglich schuldrechtlich im Verhältnis der an ihrem Abschluss unmittelbar Beteiligten. Die Grundbucheintragung ist demnach auch hier erforderlich zur Erstreckung der schuldrechtlichen Rechtsbeziehungen auf später in die Gemeinschaft eintretende Sondernachfolger im Eigentum (§ 10 Abs. 3 S. 1 WEG). Ohne die mit der Grundbucheintragung verbundene Erstreckungswirkung würde die lediglich schuldrechtlich wirkende Öffnungsklausel nicht als Ermächtigungsgrundlage für gemeinschaftsordnungsändernde Beschlüsse im Falle eines Eigentümerwechsels dienen können, wenn nicht der neue Eigentümer in die Regelung „eintritt".[114] Ein aufgrund einer solchen schuldrechtlichen Öffnungsklausel gefasster Mehrheitsbeschluss ist Sondernachfolgern gegenüber mangels Beschlusskompetenz unwirksam.[115] Bindet die ursprüngliche Öffnungsklausel jedoch einen Sondernachfolger nicht, so kann sie auch gegenüber den übrigen Mitgliedern der Gemeinschaft keine Wirkung entfalten, da der Zweck der Vereinbarung dann nicht mehr erreicht werden kann. 56

Zum Abschluss der Vereinbarung bedarf es **materiell-rechtlich** der **Mitwirkung aller Wohnungseigentümer**; dies gilt sowohl bei der Aufteilung gem. § 3 WEG (bzw. der insoweit gleich zu setzenden einseitigen Erklärung des aufteilenden Eigentümers gem. § 8 WEG) als auch bei einem späteren Abschluss nach Errichtung der Gemeinschaftsordnung.[116] Die Vereinbarung ist materiell-rechtlich an **keine Form** gebunden.[117] 57

Verfahrensrechtlich macht die erstmalige Grundbucheintragung anlässlich der Begründung von Wohnungseigentum zusammen mit der Gemeinschaftsordnung die **Bewilligungen aller Miteigentümer** bzw. des aufteilenden Alleineigentümers gem. § 19 GBO erforderlich.[118] Dies gilt auch für eine nachträgliche Eintragung der Öffnungsklausel in das Grundbuch; insoweit handelt es sich um eine inhaltliche Veränderung des eingetragenen Sondereigentums.[119] Formell-recht- 58

[112] Vgl. BGH ZWE 2021, 451.
[113] Vgl. BGH 13.5.2016 – V ZR 152/15, NJW-RR 2016, 1107.
[114] Wenzel ZWE 2004, 130 (132).
[115] Becker ZWE 2002, 341 (343); Kümmel ZWE 2002, 68 (69); Schneider ZfIR 2002, 108 (111); Wenzel, FS Deckert (2002), 517 (528 f.).
[116] KG ZfIR 2024, 262.
[117] Hügel NotBZ 2004, 205.
[118] Schneider NotBZ 2008, 442.
[119] Böttcher NotBZ 2008, 421 (427) Hügel NotBZ 2004, 205 (206); Schneider ZfIR 2002, 108 (116).

lich bedürfen die Bewilligungen der **Form** des § 29 Abs. 1 S. 1 GBO. Auch eine weit gefasste Öffnungsklausel berührt nicht die Frage der grundbuchrechtlichen Bestimmtheit.[120]

c) Mitwirkung Drittberechtigter

59 Für die Eintragung der Öffnungsklausel in das Grundbuch ist eine Zustimmung Drittberechtigter analog §§ 876, 877 BGB nach hM nicht erforderlich. Dies gilt auch für ihre nachträgliche Eintragung.[121] Die dingliche Rechtsposition der Dritten wird nämlich durch die bloße Vereinbarung einer Öffnungsklausel noch nicht beeinträchtigt; die Wahl eines anderen Entscheidungsmediums durch die Wohnungseigentümer löst daher noch keine Mitwirkungspflicht aus.[122]

Merke:

Man muss also strikt trennen zwischen der legitimierenden **Vereinbarung** der Öffnungsklausel **einerseits** und der zeitlich nachfolgenden **Mehrheitsentscheidung** der Wohnungseigentümer in Ausübung der erlaubten Mehrheitsmacht **andererseits**.

d) Einordnung der zugelassenen Mehrheitsentscheidung

60 Die Einordnung der zugelassenen Mehrheitsentscheidung war einem stetigen Wandel unterworfen. So bildete sich bis zum Inkrafttreten der WEG-Novelle im Jahr 2007 eine hM[123] heraus, die zulässigerweise aufgrund einer rechtsgeschäftlich vereinbarten Öffnungsklausel getroffene Mehrheitsentscheidungen der Wohnungseigentümer im gesetzes- bzw. vereinbarungsändernden Bereich nicht nur für eintragungsfähig hielt, sondern zur Erlangung der Erstreckungswirkung gegenüber einem Sondernachfolger im Eigentum sogar deren Grundbucheintragung forderte. Es bestand Konsens darüber, dass der Eingriff in eine bestehende Gemeinschaftsordnung nach seinem materiellen Wirkungsgehalt zu beurteilen sei. Danach würde aber eine durch rechtsgeschäftlich vereinbarte Öffnungsklausel zugelassene Mehrheitsentscheidung die gleichen Rechtswirkungen zeitigen wie eine als Inhalt des Sondereigentums in das Grundbuch eingetragene, das Gesetz oder eine frühere Vereinbarung abändernde oder aufhebende Vereinbarung. Die überwiegende Zahl der Befürworter qualifizierte dabei die durch eine Öffnungsklausel zugelassene Mehrheitsentscheidung in Übereinstimmung

120 Hügel/Elzer WEG § 10 Rn. 148; Schneider ZMR 2004, 286.

121 OLG Düsseldorf ZMR 2004, 284; Gaier ZWE 2005, 39; Hügel ZWE 2002, 503; Schneider Rpfleger 2002, 503; Wenzel ZWE 2004, 130.

122 So auch Hügel/Elzer WEG § 10 Rn. 147 für den dort vertretenen Ansatz einer sog Mehrheitsvereinbarung.

123 Vgl. u.a. Bärmann/Pick/Merle, 9. Aufl. 2003, § 23 Rn. 20; Böttcher Rpfleger 2004, 21 (31); Buck WE 1996, 94 (96); Grebe DNotZ 1987, 5; KK-WEG/Elzer § 10 Rn. 297 f.; Hügel DNotZ 2001, 176; v. Oefele/Schneider DNotZ 2004, 740; Ott ZWE 2001, 466 (469); Röll Rpfleger 2003, 277 (278); Schneider ZfIR 2002, 108 (112); Weitnauer/Lüke, 9. Aufl. 2005, WEG § 10 Rn. 57; Wenzel ZWE 2004, 130 (135 ff.) je mwN.

mit dem Gesetz[124] und der BGH-Rechtsprechung[125] als **„Beschluss mit Vereinbarungsinhalt“**.[126]

61 Der mit der WEG-Novelle (2007) in Kraft getretene § 10 Abs. 4 S. 2 WEG aF untersagte dann – wie schon § 10 Abs. 4 S. 1 WEG aF aufgrund seines subsidiären Charakters für gewöhnliche Beschlüsse – die Grundbucheintragung ausdrücklich *„auch für die gem. § 23 Abs. 1 WEG aufgrund einer Vereinbarung gefassten Beschlüsse, die vom Gesetz abweichen oder eine Vereinbarung ändern“*. Der Gesetzgeber machte sich zwar mit dieser Formulierung ausdrücklich die hM zur Qualifizierung der aufgrund einer rechtsgeschäftlichen Öffnungsklausel ergehenden **Mehrheitsentscheidung als Beschluss** zu eigen.[127] Solche Beschlüsse sollten aber nach den Vorstellungen des Gesetzgebers entgegen der bis 2007 von der hM gebildeten Auffassung bereits kraft Gesetzes gegenüber Sondernachfolgern wirken und deshalb nicht in das Grundbuch eingetragen werden.[128] Mangelte es jedoch an der Eintragungsbedürftigkeit, so sollten gesetzes- und vereinbarungsändernde Beschlüsse nach diesem Verständnis auch nicht in das Grundbuch eingetragen werden können.[129] Mangels einer rechtlichen Anknüpfungsmöglichkeit musste dann auch eine evtl. **Drittzustimmung** entfallen, so dass für dinglich Berechtigte keine Kontrollmöglichkeiten mehr bestanden.[130]

62 Die seinerzeitige Entscheidung des Gesetzgebers **gegen die Eintragung von Mehrheitsbeschlüssen in das Grundbuch**, die den Inhalt des Wohnungseigentums erlaubtermaßen ändern oder aufheben, war **systemwidrig.**[131] Zur Begründung mit Beispielen im Einzelnen → 1. Aufl.

e) Eintragungsfähigkeit einer Mehrheitsentscheidung

63 Der Gesetzgeber des WEMoG hat diese Linie richtigerweise nicht weiter verfolgt und stattdessen neben der schon immer möglichen Eintragung von Vereinbarungen über das Verhältnis der Wohnungseigentümer untereinander nunmehr auch die **Eintragung** von Beschlüssen **aufgrund einer** solchen **Vereinbarung** nach

---

[124] Vgl. § 23 Abs. 1 WEG: „Angelegenheiten, über die (...) nach einer Vereinbarung der Wohnungseigentümer die Wohnungseigentümer **durch Beschluss** entscheiden können (...).“.

[125] BGHZ 95,137 = DNotZ 1986, 83 = NJW 1985, 2832 = ZMR 1986, 19.

[126] Bärmann/Pick/Merle, 9. Aufl. 2003, WEG § 23 Rn. 20; Becker ZWE 2002, 341; Beck'sches Notarhandbuch/Rapp 3. Aufl. A III Rn. 121; Grebe DNotZ 1987, 5 (16); Häublein Sondernutzungsrechte und ihre Begründung im Wohnungseigentumsrecht, 223; ders. ZWE 2005, 148; MüKoBGB/Commichau, 4. Aufl., WEG § 10 Rn. 76; Ott ZWE 2001, 466 (469); Röll DNotZ 2000, 898 (901); Schmenger, BWNotZ 2003, 83; Schneider ZfIR 2002, 108, (112 ff.); Wenzel ZWE 2004, 130 (136); aA „Mehrheitsvereinbarung“ Hügel DNotZ 2001, 176 (187), ders. ZWE 2001, 578 (580); ihm folgend Böhringer NotBZ 2003, 285 (288) Fn. 30; Böttcher Rpfleger 2004, 21 (31).

[127] Abramenko Das neue WEG in der anwaltlichen Praxis § 2 Rn. 5.

[128] Gesetzentwurf der Bundesregierung zur Änderung des Wohnungseigentumsgesetzes und anderer Gesetze vom 9.3.2006, BT-Drs. 16/887, 20.

[129] OLG München NJW 2010, 450 = ZWE 2010, 128; Armbrüster ZWE 2013, 242; Erman/Grziwotz WEG § 10 Rn. 11; M. Müller ZMR 2011, 103; NKV/Kümmel § 10 Rn. 70; Grüneberg/Wicke WEG § 10 Rn. 27; Riecke/Schmid § 24 Rn. 148; Schneider NotBZ 2008, 442; Schöner/Stöber Rn. 2887.

[130] AA Bärmann/Suilmann WEG § 10 Rn. 149f.

[131] Bärmann/Suilmann, 14. Aufl. 2018, WEG § 10 Rn. 190; Hügel/Elzer, Das neue WEG-Recht, § 3 Rn. 138 ff.; Schneider NotBZ 2008, 442.

den Vorschriften des 4. Abschnitts als Inhalt des Sondereigentums zugelassen (§ 5 Abs. 4 S. 1 WEG). Die entsprechende Regelung über die Grundbucheintragung von Beschlüssen zur Erlangung der Erstreckungswirkung gegenüber Sondernachfolgern findet sich seit dem 01.12.2020 nun in § 10 Abs. 3 S. 1 WEG.

Bitte lesen Sie jetzt § 5 Abs. 4 S. 1 WEG und aus dem 4. Abschnitt § 10 Abs. 3 S. 1 WEG!

Der erst mit der Novelle 2007 eingefügte § 10 Abs. 4 S. 2 WEG aF ist ersatzlos entfallen.

64 Wohl um die Grundbuchgerichte nicht zu überlasten und das Grundbuch nicht zu überfrachten sind Beschlüsse aufgrund einer **gesetzlich eingeräumten Beschlusskompetenz** nicht eintragungsfähig (§ 10 Abs. 3 S. 2 WEG); sie wirken wie bisher ohne Grundbucheintragung gegenüber einem Sondernachfolger. Ebenfalls nicht eintragungsfähig sind Regelungen der Wohnungseigentümer, die sich sowohl aus dem Gesetz als auch aus einer entsprechenden Vereinbarung ergeben.[132] Über die Eintragungsfähigkeit entscheidet allein die formale Abgrenzung. Könnte ein Beschluss bereits aufgrund der aktuellen gesetzlichen Regelungen gefasst werden, bedarf es nicht des Rückgriffs auf eine lediglich wiederholende vereinbarungsändernde Regelung.[133]

Beispiel

Die Wohnungseigentümer beschließen gem. § 16 Abs. 2 S. 2 WEG für einzelne Kosten eine von der geltenden Vereinbarung abweichende Verteilung. Der Rückgriff auf eine in der Gemeinschaftsordnung enthaltene Öffnungsklausel ist dann nicht mehr nötig; eine Grundbucheintragung dieses Beschlusses kann nicht erfolgen.

Die Abgrenzung kann sich im Einzelfall als schwierig erweisen.[134] Etwaigen Abgrenzungsschwierigkeiten soll dadurch begegnet werden können, dass im Rahmen einer Folgenabwägung in Zweifelsfällen eine Grundbucheintragung vorgenommen werden soll.[135]

f) Eintragungsverfahren für den Mehrheitsbeschluss beim Grundbuchgericht

aa) Antragstellung

65 Nach den allgemeinen grundbuchrechtlichen Bestimmungen kann jeder Wohnungseigentümer die Grundbucheintragung beantragen (§ 13 Abs. 1 S. 2 GBO). Dieses Antragsrecht beschränkt sich allerdings auf die jeweilige dem Eigentümer gehörende Einheit.[136] Zur Erleichterung einer gleichzeitigen Antragstellung für alle Grundbücher der Wohnungseigentumsanlage räumt § 7 Abs. 2 S. 2 WEG der rechtsfähigen GdWE ein eigenes Antragsrecht ein. Die GdWE wird dabei in der Regel durch den Verwalter vertreten (§ 9b Abs. 1 S. 1 WEG).

[132] RegE BT- Drs. 19/ 18791, 39.
[133] Lehmann/Richter/Wobst Rn. 1757 ff.
[134] Vgl. Abramenko ZMR 2020, 453 (454); Lehmann-Richter/Wobst Rn. 1760 ff.
[135] Bärmann/Armbrüster WEG § 5 Rn. 63.
[136] OLG München ZWE 2014, 267; aA Lehmann-Richter/Wobst Rn. 1766.

bb) Eintragungsgrundlage

Grundsätzlich bedürfte es zur Eintragung von Beschlüssen in das Grundbuch 66
der Bewilligung sämtlicher Wohnungseigentümer gem. § 19 GBO in der Form des § 29 Abs. 1 S. 1 GBO. Die Grundbucheintragung von Beschlüssen kann jedoch gem. § 7 Abs. 2 S. 1 WEG erfolgen. Danach stellt sich die Eintragung von Beschlüssen aufgrund einer Niederschrift oder eines rechtskräftigen Urteils als **Grundbuchberichtigung** dar.[137]

Bitte lesen Sie jetzt § 7 Abs. 2 WEG!

Die Eintragung selbst kann gem. § 7 Abs. 3 S. 1 WEG grds. durch Bezugnahme erfolgen[138]; ein aussagekräftiger Eintragungsvermerk empfiehlt sich allerdings.

cc) Prüfungsumfang

Das Gesetz sieht eine **inhaltliche Überprüfung** des Beschlusses durch das 67
Grundbuchgericht **nicht** vor. Es obliegt vielmehr auch bei einzutragenden Beschlüssen den Wohnungseigentümern, Beschlüsse anzufechten, wenn sie von deren Rechtswidrigkeit ausgehen. Die Klärung erfolgt alsdann in einem Verfahren gem. §§ 43 ff. WEG.

Die Erhebung einer Klage gegen einen Beschluss hindert dessen Eintragung in das Grundbuch nicht.[139] Das Grundbuchgericht braucht sich also insbesondere nicht darum zu kümmern, ob der zur Eintragung bestimmte Beschluss materiellrechtlich u. U. in unentziehbare, aber verzichtbare Rechte eines Wohnungseigentümers eingreift.[140]

Gleichwohl entfällt die Prüfungskompetenz des Grundbuchgerichts nicht vollständig; sie reduziert sich vielmehr auf eine **formelle Prüfungskompetenz.**[141] Diese umfasst insbesondere nach den vorgenannten Kriterien

- die Eintragungsfähigkeit/Deckungsgleichheit mit der Öffnungsklausel;
- den ordnungsmäßigen Nachweis des Beschlusses gem. § 7 Abs. 2 WEG in der Form des § 29 GBO;
- das Vorliegen etwaiger Nichtigkeitsgründe gem. §§ 134, 138 BGB;
- die Vorlage etwaig notwendiger Drittzustimmungen gem. § 5 Abs. 4 S. 1 u 2 WEG in der Form des § 29 GBO.

Darüber hinaus obliegt dem Grundbuchgericht nach hier vertretener Auffassung eine Prüfungspflicht im Eintragungsverfahren, wenn sich aufgrund besonderer Konstellationen bei der Beschlussfassung (zB aus der fehlenden Bindung eines Erwerbers oder im Zusammenhang mit einem evtl. gutgläubigen Erwerb) Zustimmungspflichten oder weitergehende Wirksamkeitsanforderungen ergeben können.[142]

---

[137] Dressler-Berlin Rpfleger 2021, 193 (198); Schneider ZWE 2021, 237 (243).

[138] Schneider ZfIR 2020, 822 (824f.); aA Bärmann/Armbrüster WEG § 5 Rn. 64; Dötsch/Schultzky/Zschieschack Kap. 1 Rn. 63.

[139] RegE BT- Drs. 19/18791, 40.

[140] Vgl. BGHZ 221, 373 = NJW 2019, 2083 = ZWE 2019, 415; BGHZ 202, 346 = NJW 2015, 549 = ZWE 2015, 131.

[141] Lehmann-Richter/Wobst Rn. 1780.

[142] Vgl. hierzu im Einzelnen Bauer/Schaub/Schneider AT E Rn. 325d.

dd) Übergangsrecht

68 Die Vorschriften der §§ 5 Abs. 4, § 7 Abs. 2 und § 10 Abs. 3 WEG gelten auch für solche Beschlüsse, die vor dem 1.12.2020 gefasst oder durch gerichtliche Entscheidung ersetzt wurden (§ 48 Abs. 1 S. 1 WEG). Die entsprechenden Grundbucheintragungen können ggf. während einer Übergangsfrist bis zum 31.12.2025 noch nachgeholt werden (§ 48 Abs. 1 S. 2 WEG). Auf diese Weise wird verhindert, dass Altbeschlüsse gegenüber Sondernachfolgern nicht wirken, weil die Sondernachfolge eintritt, bevor der Beschluss im Grundbuch eingetragen ist. Altbeschlüsse wirken deshalb auch ohne Eintragung im Grundbuch noch gegen einen Sondernachfolger, wenn die Sondernachfolge bis zum 31.12.2025 eintritt. Die Praxis soll damit ausreichend Zeit erhalten, um die Eintragung von Altbeschlüssen in das Grundbuch zu bewirken.[143] Für das Eintragungsverfahren gilt wiederum § 7 Abs. 2 WEG. Sollte für einen Altbeschluss die heute notwendige Form des 7 Abs. 2 WEG nicht mehr erlangt werden können, kann jeder Wohnungseigentümer bis zum 31.12.2025 verlangen, dass ein Beschluss erneut gefasst wird (§ 48 Abs. 1 S. 3 WEG). Dieser Anspruch setzt allerdings voraus, dass ein wirksamer Altbeschluss gefasst wurde.[144]

Bitte lesen Sie jetzt § 48 Abs. 1 WEG!

g) Materiell-rechtliche Anforderungen

69 Eine Mehrheitsentscheidung aufgrund einer Öffnungsklausel kann nicht schrankenlos getroffen werden. Auf entsprechende Anfechtung müsste das Prozessgericht die materiell-rechtlichen Anforderungen prüfen. Einschränkungen ergeben sich zunächst aus den gesetzlichen Bestimmungen der §§ 134, 138, 242 BGB und den zum **Kernbereich** des Wohnungseigentumsrechts zählenden Vorschriften, wozu u.a. unentziehbare und unverzichtbare Individualrechte gehören.[145] Der Kernbereichsbegriff ist allerdings nicht abschließend geklärt[146]

70 Weiterhin darf nach Auffassung des BGH eine Mehrheitsentscheidung aufgrund einer (allgemeinen) Öffnungsklausel nicht gegen das **Belastungsverbot** verstoßen.[147] Danach soll jeder Wohnungseigentümer vor der Aufbürdung neuer – sich weder aus dem Gesetz noch aus der bisherigen Gemeinschaftsordnung ergebender – Leistungspflichten geschützt sein. Diese Rechtsprechung erscheint zumindest fragwürdig[148]; schließlich findet der belastende Mehrheitsbeschluss seine Legitimation in einer Vereinbarung aller Wohnungseigentümer. Er wird also gerade mit antizipierter Zustimmung des später betroffenen Wohnungseigentümers getroffen. Der BGH hat allerdings ausdrücklich an dieser Rechtsprechung festgehalten.[149]

---

[143] RegE BT- Drs. 19/18791, 83.

[144] RegE BT- Drs. 19/18791, 83.

[145] BGHZ 221, 373 = NJW 2019, 2083 = ZWE 2019, 415; BGHZ 202, 346 = NJW 2015, 549 = ZWE 2015, 131.

[146] Vgl. insbesondere BGHZ 129, 329 = NJW 1995, 2036 = ZMR 1995, 416; BGHZ 127, 99 (105) = DNotZ 1995, 599 = NJW 1994, 3230 = ZMR 1995, 34; Kreuzer MittBayNot 1996, 339 (341); Bub, FS Seuß 2007, 53 (58 ff.).

[147] BGH ZWE 2016, 374; BGHZ 202, 346 = NJW 2015, 549 = ZWE 2015, 131.

[148] Abl. Hügel/Elzer WEG § 10 Rn. 151.

[149] BGHZ 221, 373 = NJW 2019, 2083 = ZWE 2019, 415.

Weiterhin war seit jeher umstritten, ob eine Abänderungsmöglichkeit auf- 71
grund einer Öffnungsklausel nur dann bestehen sollte, wenn auch ein sachlicher Grund für die Änderung vorliegt und einzelne Wohnungseigentümer gegenüber dem früheren Rechtszustand nicht unbillig benachteiligt würden.[150] Vor dem Hintergrund der gesetzlichen Öffnungsklausel in § 16 Abs. 3 WEG aF, die keinen Einschränkungen unterworfen werden durfte (§ 16 Abs. 5 WEG aF) hat der BGH die Anforderungen für eine Beschlussfassung aufgrund einer rechtsgeschäftlichen Öffnungsklausel gelockert. Es ist jetzt ausreichend, wenn der entsprechende Beschluss **ordnungsmäßiger Verwaltung** entspricht und damit nicht willkürlich ist.[151] An dieser Rechtsprechung dürfte auch unter dem WEMoG festzuhalten sein.

2. Gesetzliche Öffnungsklauseln

Der Gesetzgeber hatte sich im Jahr 2007 angesichts der bereits erwähnten 72
„Jahrhundertentscheidung" zu einer vorsichtigen Öffnung in einigen ausgewählten Satzungsbereichen entschlossen. Dazu gehörten u.a. die durch das WEMoG 2020 schon wieder aufgehobenen Vorschriften der § 16 Abs. 3 u. Abs. 4 S. 2, § 21 Abs. 7 und § 22 Abs. 2 S. 2 WEG aF.

Nach Inkrafttreten des WEMoG (2020) enthält das WEG jetzt in nahezu allen praktisch relevanten Bereichen die Möglichkeit zur Abänderung der Gemeinschaftsordnung durch eine Mehrheitsentscheidung.

Bitte lesen Sie jetzt § 12 Abs. 4 S. 1, § 16 Abs. 2 S. 2, § 19 Abs. 1, § 20 Abs. 1 und § 21 Abs. 5 S. 1 WEG!

Mehrheitsbeschlüsse in den genannten Bereichen sind nach dem ausdrück- 73
lichen Willen des Gesetzgebers jedoch mit Ausnahme des § 12 Abs. 4 S. 1 WEG nicht eintragungsfähig, weil sie nicht der Eintragung bedürfen (§ 10 Abs. 3 S. 2 WEG). Der Erwerber eines Wohnungseigentums muss daher insoweit mit außergrundbuchlich wirksamen Beschlüssen rechnen.[152] Gleichwohl ändern solche Beschlüsse die im Grundbuch eingetragene Gemeinschaftsordnung.[153] Faktisch besteht der aufgehobene § 10 Abs. 4 S. 2 WEG aF damit für den Anwendungsbereich gesetzlicher Öffnungsklauseln fort. Wie schon nach der Novelle 2007 kommt die Eintragung eines **„Negativvermerkes"**, mit dem klargestellt werden sollte, dass die ursprünglich im Grundbuch eingetragene Vereinbarung aufgrund eines Öffnungsklausel-Beschlusses nicht mehr gelte, **nicht** in Betracht.[154] Das Grundbuch verlautbart in solchen Fällen ohne eine Möglichkeit zur Berichti-

[150] BGHZ 95,137 = DNotZ 1986, 83 = NJW 1985, 2832 = ZMR 1986, 19; OLG Hamm ZMR 2007, 293 = ZWE 2007, 252; OLG Hamm NZM 2004, 504 = ZMR 2004, 852; OLG Düsseldorf ZMR 2006, 296; OLG Zweibrücken ZMR 1999, 585 = ZWE 2000, 46; aA Elzer ZMR 2007, 237 (240 f.); Grebe DNotZ 1987, 5 (15); Häublein Sondernutzungsrechte und ihre Begründung im Wohnungseigentumsrecht, S 212; Hügel NotBZ 2004, 205 (206); Sauren NJW 1986, 2034; differenzierend Ott ZWE 2001, 466 (467 f.).

[151] BGH ZWE 2011, 327.

[152] Krit. Abramenko ZMR 2020, 453 (454); Becker/Schneider ZfIR 2020, 281 (287).

[153] Vgl. BGH NJW 2024, 1587 ausdrücklich zu § 16 Abs. 2 S. 2 WEG.

[154] M. Müller ZMR 2011, 103 mwN.

gung nicht mehr die zutreffende Rechtslage. Zu diesen nicht eintragungsfähigen Beschlüssen gehören nun auch Beschlussfassungen über bauliche Veränderungen, die die Zuweisung einer ausschließlichen Nutzungsbefugnis an dem dafür vorgesehenen Gemeinschaftseigentum zur Folge haben; einer Vereinbarung der Wohnungseigentümer bedarf es hierfür nicht mehr.[155]

V. Sondernutzungsrechte

1. Begriff und Rechtsnatur

74 In diesem Abschnitt lernen Sie mit dem „Sondernutzungsrecht" ein Rechtsinstitut kennen, dem in der Praxis eine herausragende Bedeutung zukommt. Erstaunlicherweise fehlt eine gesetzliche **Definition** des Begriffs; der Gesetzgeber setzt ihn vielmehr in § 5 Abs. 4 S. 2 WEG voraus.

Merke:

Nach überwiegender Rechtsauffassung[156] ist ein **Sondernutzungsrecht** das einem oder mehreren Wohnungseigentümern eingeräumte, dauernde und alleinige Recht zur Nutzung von Flächen, Anlagen und Einrichtungen des gemeinschaftlichen Eigentums unter Ausschluss der übrigen Wohnungseigentümer.

75 Das Sondernutzungsrecht wird somit durch eine **positive** und eine **negative Komponente** charakterisiert. Einmal erfolgt positiv eine Zuordnung der Alleinnutzungsbefugnis, zum anderen werden negativ die übrigen Wohnungseigentümer vom Mitgebrauch und den Gebrauchsvorteilen hinsichtlich bestimmter Teile des gemeinschaftlichen Eigentums ausgeschlossen.[157] Dazu bedarf es einer vertraglichen Regelung. Wir haben es damit mit einer weiteren **Vereinbarung** iSd § 10 Abs. 1 S. 2 WEG zu tun[158]; die einseitige Erklärung des teilenden Eigentümers steht dem gem. §§ 5 Abs. 4 S. 1, 8 Abs. 2 WEG gleich.

76 Wie Ihnen aus den vorherigen Ausführungen bereits bekannt ist, handelt es sich damit bei der Vereinbarung eines Sondernutzungsrechts lediglich um eine **schuldrechtliche Regelung der Wohnungseigentümer**[159], die zunächst nur

[155] BGH NJW 2024, 1030.

[156] Es handelt sich sozusagen um den kleinsten gemeinsamen Nenner; vgl. die Definitionen bei AHB/Häublein/Ott Teil 17 Rn. 3, Bärmann/Schneider WEG § 16 Rn. 178; Hogenschurz, Das Sondernutzungsrechte, 5; Hügel/Elzer WEG § 10 Rn. 117.

[157] KG ZWE 2007, 237.

[158] BGH ZWE 2012, 175.

[159] BGHZ 225, 136 = ZWE 2020, 328; KG ZWE 2007, 237; OLG Köln DNotZ 2002, 223; BayObLG DNotZ 1990, 496; Bärmann/Schneider WEG § 16 Rn. 179f.; Häublein, Sondernutzungsrechte, S. 33 ff.; Hogenschurz, Das Sondernutzungsrecht, § 1 Rn. 32; Kümmel, Die Bindung der Wohnungseigentümer und deren Sondernachfolger an Vereinbarungen, Beschlüsse und Rechtshandlungen nach § 10 WEG, S. 3f.; Schnauder, FS Bärmann und Weitnauer (1990), 567 (577); Weitnauer/Lüke WEG § 15 Rn. 30; aA noch OLG Frankfurt Rpfleger 1975, 309; Bärmann AcP 155, 1 (10); Ott ZMR 2002, 7 (9); Röll Rpfleger 1980, 90, die in einem Sondernutzungsrecht einen sachenrechtlichen Bestandteil des Wohnungseigentums sehen wollten.

zwischen den unmittelbar vertragsschließenden Wohnungseigentümern („inter partes“) wirkt.[160] Allerdings **können** auch solche Vereinbarungen gemäß § 5 Abs. 4 S. 1 WEG zur Gestaltung des Gemeinschaftsverhältnisses als **Inhalt des Sondereigentums** in das Grundbuch eingetragen werden. Sie binden dann gemäß § 10 Abs. 3 S. 1 WEG auch die jeweiligen **Sondernachfolger** im Eigentum. Die maßgebliche Bedeutung der Grundbucheintragung liegt damit wiederum im **Sukzessionsschutz;** für die Begründung eines Sondernutzungsrechtes ist die Eintragung im Grundbuch demnach nicht konstitutiv.[161] In der Folge wird wegen der verschiedenartigen Wirkungen deshalb zwischen „schuldrechtlichen“ und „verdinglichten“ Sondernutzungsrechten unterschieden.

Wiederholung:

Wiederholen Sie jetzt bitte die Rechtsfolgen einer unterbliebenen Grundbucheintragung (→ Rn. 36 ff.).

Das Sondernutzungsrecht ist lediglich ein alleiniges **Gebrauchs- und Nutzungs-** 77
recht, das die gesetzliche Regel des § 16 Abs. 1 S. 3 WEG abändert[162]; es lässt die sachenrechtliche Zuordnung des Eigentums am aufgeteilten Grundstück unverändert.[163] Gleichwohl kommt ein Sondernutzungsrecht aus der Sicht der Beteiligten wirtschaftlich dem eingeräumten Sondereigentum recht nah. So können auch an grundsätzlich sondereigentumsfähigen Räumlichkeiten, die jedoch im gemeinschaftlichen Eigentum verblieben sind, stattdessen solche Nutzungsrechte eingeräumt werden. Soweit die Bildung von Sondereigentum fehlgeschlagen sein sollte, kann unter bestimmten Voraussetzungen eine **Umdeutung** gem. § 140 BGB in ein Sondernutzungsrecht in Betracht kommen.[164]

Beispiel

Die Wohnungseigentümer haben anlässlich der Begründung des Wohnungseigentums einen Flur, der den einzigen Zugang zur gemeinschaftlichen Heizungsanlage und den zentralen Versorgungseinrichtungen des Hauses darstellt, dem Sondereigentum zugeordnet. Die Eintragung in das Grundbuch ist entsprechend vorgenommen worden.[165] Da die Zuordnung des Flurs zum Sondereigentum gem. § 5 Abs. 2 WEG unwirksam ist, kann ggf. eine Umdeutung in ein Sondernutzungsrecht erfolgen, wenn dem betreffenden Wohnungseigentümer noch ein zuordnungsfähiges (Rest-)Sondereigentum verbleibt.

Die Notwendigkeit einer Umdeutung dürfte für Fallgestaltungen der vorliegenden Art künftig wohl entfallen.[166]

---

[160] OLG Frankfurt ZWE 2006, 489 mAnm Becker; BayObLG NZM 2002, 747.
[161] Hogenschurz, Das Sondernutzungsrecht nach WEG § 1 Rn. 14 mwN.
[162] Jeweils noch zu § 13 Abs. 2 WEG aF: BGH ZWE 2012, 359; BGHZ 145, 158 = NJW 2000, 3500 = ZWE 2000, 518.
[163] BGHZ 202, 346 = NJW 2015, 549 = ZWE 2015, 131.
[164] S. dazu im Einzelnen ARS/Schneider § 5 Rn. 27 ff.
[165] Vgl. BGH NJW 1991, 2909 = DNotZ 1992, 224.
[166] BGH NJW 2026, 1666.

2. Gegenstand von Sondernutzungsrechten

78 Sondernutzungsrechte können nach hM nur am gemeinschaftlichen Eigentum eingeräumt werden.[167] Die Bestellung bietet sich als Gestaltungsmöglichkeit insbesondere auch für nicht abgeschlossene Räumlichkeiten an. Darüber hinaus können Sondernutzungsrechte sowohl an **Flächen** und **Räumen** als auch an **Gebäudeteilen, Anlagen** und **Einrichtungen** des Gemeinschaftseigentums bestellt werden.[168] Demgemäß können die Inhalte vielfältig sein. Praktisch bedeutsam sind Sondernutzungsrechte trotz der inzwischen bestehenden Möglichkeit zur Begründung von Sondereigentum an Grundstücksflächen (§§ 3 Abs. 1 S. 2, Abs. 2 WEG) immer noch in folgenden Bereichen:

Beispiele

- Pkw-Stellplätze im Freien;[169]
- Gartenflächen;[170]
- plattierte Terrassenflächen im Erdgeschoss;[171]
- Speicher[172]- und Kellerräume[173], die im Gemeinschaftseigentum verblieben sind;
- Reihen- und Doppelhäuser.[174] Auf diese Weise wird zumindest wirtschaftlich ein der Realteilung angenäherter Rechtszustand erreicht.

3. Inhaltliche Ausgestaltung von Sondernutzungsrechten

a) Nutzungsumfang

79 Das Gesetz legt inhaltlich keinen **Nutzungsumfang** fest; Sondernutzungsrechte richten sich damit nach dem Umfang, mit dem sie begründet werden. Sie können auch ohne Beschränkung auf eine bestimmte Nutzungsart **umfassend** eingeräumt werden.[175]

80 Sondernutzungsrechte erlauben jedoch lediglich die Nutzung des gemeinschaftlichen Eigentums. Aus diesem Grunde berechtigen Sondernutzungsrechte mangels einer entsprechenden Vereinbarung grundsätzlich nicht zur Vornahme **baulicher Veränderungen,** wenn diese nicht im Rahmen des § 20 Abs. 1 WEG zulässig sind.

Beispiel

Die Errichtung einer Terrassenüberdachung überschreitet die übliche Nutzung einer Gartenfläche und ist von dem entsprechenden Sondernutzungsrecht ohne eine ausdrückliche Regelung nicht umfasst.[176]

---

[167] BGH NJW 2017, 64 = ZWE 2016, 453; BGH ZWE 2014, 211; OLG München ZWE 2012, 37.
[168] Hügel/Elzer WEG § 10 Rn. 117 mwN.; Staudinger/Kreuzer WEG § 15 Rn. 16.
[169] Vgl. BGH NJW 2012, 676 = ZWE 2012, 175; KG ZMR 2007, 384.
[170] Vgl. BayObLG NZM 2000, 1236; KG NJW-RR 1995, 333.
[171] Vgl. KG ZWE 2015, 118.
[172] Vgl. OLG Düsseldorf ZWE 2008, 137; OLG Köln NZM 2001, 1135.
[173] Vgl. OLG Düsseldorf ZMR 2004, 611; OLG Köln NZM 2001, 1135.
[174] Vgl. OLG München DNotZ 2008, 614; OLG Düsseldorf FGPrax 2004, 267.
[175] BayObLG DNotZ 1999, 672.
[176] BGH NJW 2014, 1090 = ZWE 2014, 178.

b) Schranken der Nutzungsbefugnis

Die eingeräumte Nutzungsbefugnis ist allerdings nicht schrankenlos. Ihre **Grenzen** ergeben sich insbesondere aus der zugrunde liegenden **Vereinbarung.** 81

Beispiel

Mit der Vereinbarung eines Gartensondernutzungsrechts können dem Berechtigten Vorgaben zur Bepflanzung und zur Tierhaltung gemacht werden.[177]

Beschränkungen können sich desweiteren aus einer vorhandenen **Zweckbestimmung** ergeben. Wird nämlich die ausschließliche Nutzung auf einen bestimmten Zweck beschränkt, berechtigt dies den Sondernutzungsberechtigten nicht zu einer darüber hinausgehenden oder abweichenden Nutzung, wenn diese die übrigen Wohnungseigentümer stärker beeinträchtigt. 82

Beispiel

Einem Wohnungseigentümer ist es nicht gestattet, auf einer ihm als Gartenterrasse eingeräumten Sondernutzungsfläche einen Oldtimer abzustellen.[178]

Letztlich unterliegt auch ein Sondernutzungsberechtigter dem **Rücksichtnahmegebot** des § 14 WEG. 83

Beispiel

Aus dem Gemeinschaftsverhältnis der Wohnungseigentümer kann sich im konkreten Einzelfall ergeben, dass ein Eigentümer mit einem Sondernutzungsrecht an einer Gartenfläche verpflichtet ist, dem benachbarten Miteigentümer, der keinen äußeren Zugang zu seiner ebenfalls im Sondernutzungsrecht stehenden Gartenfläche hat, zu deren ordnungsgemäßer Bewirtschaftung zu bestimmten Zeiten Durchgang zu gewähren.[179]

c) Bedingungen und Befristungen

Als schuldrechtliche Vereinbarung kann das Sondernutzungsrecht sowohl unter einer **auflösenden oder** einer **aufschiebenden Bedingung**[180] als auch unter einer **Befristung**[181] gem. §§ 158 ff. BGB bestellt werden. 84

Beispiel

- So kann etwa das mit dem Sondereigentum an der Wohnung Nr. 1 verbundene Sondernutzungsrecht an einem Pkw-Stellplatz auflösend bedingt sein durch den Auszug der Wohnungseigentümer aus dieser Wohnung; das mit dem Sondereigentum an der Wohnung Nr. 2 verbundene Sondernutzungsrecht kann durch den Eintritt dieses Ereignisses aufschiebend bedingt sein.
- Ein Sondernutzungsrecht könnte auch von Beginn an nur für einen näher bestimmten Zeitraum bestellt sein.

---

[177] Vgl. OLG Frankfurt ZWE 2006, 80; OLG Köln NJW-RR 2005, 1541.

[178] BayObLG MDR 1981, 937.

[179] OLG Stuttgart ZMR 2001, 730; vgl. auch OLG Zweibrücken ZWE 2011, 179; KG NJW-RR 1990, 333.

[180] OLG Zweibrücken NJW-RR 2008, 1395 = Rpfleger 2008, 358; BayObLG Rpfleger 1986, 132, 134; LG Stuttgart ZWE 2014, 33; LG Koblenz Rpfleger 2003, 416.

[181] Weitnauer/Lüke WEG § 15 Rn. 26 aE.

Weder die Vereinbarung dieser Bedingungen (bzw. Zeitbestimmungen) noch der Umstand, dass ihr Eintritt mit den beschränkten Beweismitteln des § 29 GBO möglicherweise nicht nachweisbar ist, steht einer Eintragung der Sondernutzungsrechte im Grundbuch entgegen.[182] Wenn und soweit der Nachweis des Eintritts der aufschiebenden Bedingung in der Form des § 29 GBO nicht möglich ist, erfordert die Eintragung eines unbedingten Sondernutzungsrechtes eben die Bewilligung der übrigen Miteigentümer (§ 19 GBO). Erlischt das auflösend bedingte Sondernutzungsrecht durch den Eintritt der Bedingung und kann dies dem Grundbuchamt nicht in der Form des § 29 GBO nachgewiesen werden, kann die Löschung nur mit Löschungsbewilligung des betroffenen Sondernutzungsberechtigten erfolgen.

d) Unterhaltungs- und Kostentragungspflicht

85 Die Begründung eines Sondernutzungsrechts ändert nichts daran, dass die der Alleinnutzung unterfallenden Bereiche rechtlich weiterhin dem Gemeinschaftseigentum zuzuordnen sind. Demgemäß sind anfallende **Kosten** grundsätzlich gem. § 16 Abs. 2 WEG von allen Wohnungseigentümern zu tragen.[183] Ebenso obliegt die **Instandhaltung und Instandsetzung** (= **Erhaltung**, vgl. § 13 Abs. 2 WEG) des gemeinschaftlichen Eigentums grundsätzlich auch dann der Gemeinschaft der Wohnungseigentümer (§ 18 WEG), wenn insoweit Sondernutzungsrechte eingeräumt worden sind.[184]

86 Will man also dem Berechtigten, dem allein die Vorteile des Sondernutzungsrechts zukommen, interessengerecht auch die damit verbundenen Unterhaltungs- und Kostenlasten zuordnen, bedarf es hierzu einer entsprechenden Vereinbarung der Wohnungseigentümer[185], wenn man nicht nachträglich über § 16 Abs. 2 S. 2 WEG eine beschlussweise Änderung herbeiführen möchte. Wird allerdings einem Sondereigentümer in der Gemeinschaftsordnung eine Instandsetzungs- oder Instandhaltungspflicht übertragen, hat er im Zweifel auch die ihm dadurch entstehenden Kosten zu tragen.[186]

e) Abgrenzung

87 Bisweilen ergeben sich in der Praxis **Abgrenzungsschwierigkeiten** gegenüber bloßen Gebrauchsregelungen (gem. § 15 WEG aF[187]) sowie gegenüber Miet- und Pachtverträgen.[188]

88 Insbesondere bei **Mehrfachparkern** (auch bekannt als „Doppelstockgaragen", „Duplex-Parker", „Quadro-Parker") stellte sich im Hinblick auf die vor dem WEMoG fehlende Raumeigenschaft des einzelnen Stellplatzes die Frage nach der Gestaltung der Alleinnutzungsbereiche. Steht ein Mehrfachparker in einer Woh-

[182] OLG Zweibrücken DNotZ 2008, 511.
[183] Vgl. KG ZWE 2005, 334.
[184] BayObLG NZM 1998, 818.
[185] BayObLG ZMR 2004, 357.
[186] BGH NJW 2017, 1167 = ZWE 2017, 180.
[187] OLG Hamm FGPrax 2005, 113; LG Köln ZWE 2012, 187; zu Rotationsregelungen s. BGH NJW 2017, 64 = ZWE 2017, 453.
[188] LG Hamburg ZMR 2016, 57.

nungseigentumsanlage im Bruchteilssondereigentum mehrerer Personen, konnten und können die Bruchteilseigentümer die Nutzung der einzelnen Stellplätze gemäß § 745 Abs. 1, § 1010 BGB regeln; zulässig ist aber auch eine Zuweisung der Stellplätze mittels Gebrauchsregelung durch Vereinbarung aller Wohnungs- und Teileigentümer gemäß § 15 Abs. 1 WEG aF.[189] Der BGH will in dieser Art von Nutzungsberechtigung lediglich eine Gebrauchsreglung gem. § 15 WEG aF, nicht dagegen einen Nutzungsentzug gem. § 13 Abs. 2 WEG aF sehen; zwingend erscheint das allerdings keineswegs.

4. Begründung von Sondernutzungsrechten

a) Allgemeine Anforderungen

Für die Begründung eines Sondernutzungsrechts ist gem. § 10 Abs. 1 S. 2 WEG 89 materiell-rechtlich das Zustandekommen einer schuldrechtlich wirkenden **Vereinbarung aller Miteigentümer** erforderlich.[190] Ein Mehrheitsbeschluss ist hierfür grds. nicht ausreichend.[191] Die Wohnungseigentümer sind an eine Vereinbarung über die Begründung eines Sondernutzungsrechts grundsätzlich sofort gebunden, wenn nicht abweichend vereinbart wird, dass die Wirkungen erst mit Eintragung der Vereinbarung in das Grundbuch oder zu einem anderen Zeitpunkt eintreten sollen.[192] Die Eintragung in das Grundbuch ist jedoch keine Wirksamkeitsvoraussetzung. Die Vereinbarung unterliegt materiell-rechtlich nach allgemeinen Grundsätzen keinem Formzwang[193] und kann wie alle Verträge daher auch **stillschweigend** oder durch **konkludentes Handeln** zustande kommen.[194] In jedem Fall ist es aber erforderlich, dass sich das Bewusstsein der zustimmenden Wohnungseigentümer feststellen lässt, eine für die Zukunft geltende Regelung schaffen zu wollen.[195]

b) Anforderungen an die Verdinglichung

Wohnungseigentum kann entweder durch Teilungsvertrag gem. § 3 WEG 90 oder durch einseitige Teilungserklärung gem. § 8 WEG begründet werden. Für gleichzeitig eingeräumte Sondernutzungsrechte macht die Begründungsart keinen Unterschied. Der vereinbarungsweisen Einräumung von Sondernutzungsrechten im Rahmen eines Teilungsvertrages gem. § 3 WEG entspricht die einseitige Begründung durch den aufteilenden Alleineigentümer gem. § 8 WEG, weil die Teilungserklärung ab dem Zeitpunkt, ab dem sie von dem teilenden Eigentümer

---

[189] BGH NJW 2014, 1879 = ZWE 2014, 211.

[190] BGHZ 145, 133 = NJW 2000, 3643 = ZWE 2001, 63; OLG Köln OLGReport 2006, 783; OLG Köln NZM 2001, 1135.

[191] BGHZ 145, 158 = NJW 2000, 3500 = ZWE 2000, 518.

[192] Hogenschurz, Das Sondernutzungsrecht nach WEG, § 2 Rn. 5.

[193] BayObLG ZfIR 2002, 645.

[194] OLG Düsseldorf ZfIR 2003, 911; BayObLG NZM 2002, 747; BayObLG ZWE 2002, 403; BayObLG NZM 1998, 873; LG Hamburg ZWE 2010, 277.

[195] OLG Köln OLGR 2006, 783; Hogenschurz Das Sondernutzungsrecht nach WEG § 2 Rn. 7.

nicht mehr einseitig abgeändert werden kann, einer Vereinbarung gleichsteht (§ 5 Abs. 4 S. 1 iVm § 8 Abs. 2 WEG).[196]

91 Unabhängig von der Art der Begründung erfolgt die **Verdinglichung** durch **Grundbucheintragung** der neu begründeten Wohnungs- und Teileigentumsrechte zusammen mit den Sondernutzungsrechten aufgrund einer Eintragungsbewilligung (§ 19 GBO)[197] in der Form des § 29 GBO, die im Falle der vertraglichen Einräumung von Sondereigentum auch in der materiellen Einigungserklärung gem. § 4 WEG enthalten sein kann.[198]

Bei der Begründung von Sondernutzungsrechten anlässlich der Aufteilung des Grundstücks muss die **Größe der Sondernutzungsflächen** nicht mit den gebildeten Miteigentumsanteilen übereinstimmen. Es steht den Wohnungseigentümern vielmehr frei, einvernehmlich Sondernutzungsrechte zB an Gartenflächen unabhängig von den Miteigentumsanteilen zu bestellen.[199]

92 Eine mit der Aufteilung des Grundstücks verbundene Eintragung von Sondernutzungsrechten bedarf keiner **Zustimmung dinglich Berechtigter,** da deren Rechte in den neu angelegten Wohnungsgrundbüchern als Gesamtbelastung eingetragen werden.[200] Dies kann jedoch nur gelten, soweit sich nicht ein Zustimmungserfordernis gem. §§ 876, 877 BGB bereits aus den allgemeinen Grundsätzen anlässlich der Aufteilung in Wohnungseigentumsrechte ergibt.[201] So können von einer vertraglichen Einräumung des Sondereigentums (und der ggf. damit verbundenen Sondernutzungsrechte) gem. § 3 WEG im Grundbuch eingetragene Drittberechtigte betroffen sein, soweit deren Rechte vor der Aufteilung nur auf einem Miteigentumsanteil und nicht auf dem gesamten Grundstück lasteten. Dies macht deren Zustimmung erforderlich, die dann allerdings schon zur Eintragung der Inhaltsänderung der Miteigentumsanteile benötigt wird.

Wiederholung:

Wiederholen Sie bitte die Voraussetzungen für eine Zustimmungspflicht Drittberechtigter anlässlich der Begründung von Wohnungseigentum im → § 4 Rn. 19 ff.

Abzulehnen ist deshalb die Auffassung des BayObLG, wonach bei einer auf **sämtlichen** Miteigentumsanteilen eingetragenen Grunddienstbarkeit die Zustimmung dieses Berechtigten zur Begründung eines Sondernutzungsrechts dann erforderlich sein soll, wenn sich die Ausübungsbereiche der Dienstbarkeit und des Sondernutzungsrechts auf dieselbe Fläche erstrecken.[202]

---

196 BGHZ 145, 133 = NJW 2000, 3643 = Rpfleger 2001, 69.

197 Vgl. OLG Hamm Rpfleger 1985, 109.

198 Vgl. BayObLG DNotZ 2004, 147.

199 OLG Hamburg ZMR 2003, 448; vgl. auch BGH NJW 2017, 64 = ZWE 2016, 453 für eine nach altem Recht noch mögliche gerichtlich angeordnete Sondernutzungsregelung.

200 Staudinger/Kreuzer WEG § 10 Rn. 39.

201 Schöner/Stöber Rn. 2912b.

202 BayObLG FGPrax 2002, 149 = Rpfleger 2002, 432; aA Bamberger/Roth/Hügel WEG § 8 Rn. 25; ARS/Schneider WEG § 7 Rn. 53; Röll NZM 2002, 601 u. MittBayNot 2002, 398; Schöner/Stöber Rn. 2849. Im vom BayObLG entschiedenen Fall sollte jedoch nicht lediglich die Nutzungsberechtigung, sondern weitergehend auch die Nutzungsart der Dienstbarkeit verändert werden. Jetzt zutreffend vom Vorrang des dinglichen Rechts ausgehend OLG München ZWE 2013, 321.

c) Bestimmtheitsgrundsatz

Zu verdinglichende Sondernutzungsrechte unterliegen dem das Grundbuchverfahren allgemein beherrschenden **Bestimmtheitsgrundsatz.**[203] Dies erfordert als Eintragungsgrundlage klare und eindeutige Angaben hinsichtlich des betroffenen Bereiches des aufzuteilenden Grundstücks, des Berechtigten sowie des Inhalts und des Umfangs des einzutragenden Rechts.[204] Mangels Bestimmtheit kann ein Sondernutzungsrecht nicht entstehen.[205] Der Bestimmtheitsgrundsatz verlangt, dass die Bewilligung die Teilfläche genau bezeichnet, für die ein Sondernutzungsrecht bestellt werden soll.[206] Es genügt allerdings, dass die Fläche **bestimmbar** ist; insoweit können die Grundsätze über die Eintragung von Grunddienstbarkeiten entsprechend herangezogen werden.[207] Zur näheren Bezeichnung kann eine wörtliche Beschreibung in der Teilungserklärung erfolgen und/oder auf einen Plan Bezug genommen werden; dies muss nicht der Aufteilungsplan sein.[208] Ausreichend ist auch die Beifügung einer Skizze oder eines Lageplans, worin die betroffenen Flächen übereinstimmend mit den Nummern gekennzeichnet werden, mit denen im Aufteilungsplan die Räume des Sondereigentums gekennzeichnet sind.[209] Nicht ausreichend ist dagegen die Erklärung „dass den jeweiligen Eigentümern einzelner Eigentumswohnungen jeweils das Recht auf ausschließliche Benutzung eines Kfz – Abstellplatzes zusteht".[210] Wenn einer Sondereigentumseinheit ausnahmsweise die Sondernutzungsrechte an sämtlichen auf dem Grundstück befindlichen Kfz – Stellplätzen zugeordnet sind, soll zur wirksamen Festlegung die Bezugnahme auf den in der Teilungserklärung niedergelegten Inhalt des Sondereigentums auch dann genügen, wenn dort die Beifügung eines Lageplans unterblieben ist.[211] Lässt sich die in einem der Teilungserklärung beigefügten Lageplan eingezeichneten Grenze zwischen zwei Sondernutzungsflächen nicht mit den Größenangaben für diese in Übereinstimmung bringen, ist maßgebend die Darstellung in dem Lageplan.[212] Werden in einer Teilungserklärung mehrere Sondernutzungsrechte in der Weise begründet, dass hinsichtlich der Lage der Sondernutzungsflächen auf einen Lageplan Bezug genommen wird, so entsteht das Sondernutzungsrecht ungeachtet der erfolgten Eintragung im Grundbuch nicht, wenn in einer für zwei Sondernutzungsrechte vorgesehenen Gesamtfläche keine Abgrenzung der einzelnen Sondernutzungsrechte zueinander markiert ist.[213] Ist der Gegenstand und die Fläche des Sondernutzungsrechts nicht hinreichend bestimmt, entsteht kein Sondernutzungsrecht.[214] 93

[203] OLG München ZWE 2017, 211; KG ZWE 2007, 447; Bärmann/Schneider WEG § 16 Rn. 215 ff.

[204] OLG München ZWE 2013, 318; OLG Saarbrücken ZMR 2005, 981; BayObLG Rpfleger 1989, 194; LG Hamburg ZMR 2011, 990.

[205] KG ZWE 2007, 447; BayObLG DNotZ 1994, 244.

[206] BGH ZWE 2012, 258; KG ZMR 2007, 384 = ZWE 2007, 447; KG FGPrax 1996, 178; BayObLG DNotZ 1994, 294; BayObLG MittBayNot 1992, 266.

[207] BayObLG MittRhNotK 1986, 77.

[208] OLG München ZWE 2016, 255; OLG Frankfurt DNotZ 2007, 470; BayObLG Rpfleger 1994, 294.

[209] LG Düsseldorf Rpfleger 1977, 30.

[210] BayObLG MDR 1981, 56.

[211] KG FGPrax 1996, 178.

[212] BayObLG ZfIR 2000, 289.

[213] OLG Hamm Rpfleger 2000, 385.

[214] OLG Hamm DNotZ 2009, 383; KG ZWE 2007, 447.

d) Grundbucheintragung

94 Ein dinglich wirkendes Sondernutzungsrecht gehört zum **Inhalt des Sondereigentums** und entsteht nicht ohne Grundbucheintragung.[215] Die Eintragung in das Grundbuch vollzieht sich gem. §§ 7 Abs. 3 S. 1, 8 Abs. 2 WEG iVm § 874 BGB. Danach kann buchungstechnisch zur näheren Bezeichnung des Gegenstandes und des Inhalts des Sondereigentums auf die Eintragungsbewilligung Bezug genommen werden. Es genügt demgemäß den gesetzlichen Anforderungen, wenn die Zuordnung von Sondernutzungsrechten nicht ausdrücklich im Grundbuch vermerkt wird, sondern lediglich von einem allgemein gehaltenen **Bezugnahmevermerk** abgedeckt wird.[216] Das gleiche hat auch für spätere Veränderungen bereits eingetragener Sondernutzungsrechte zu gelten.[217] Gleichwohl empfiehlt sich jenseits dieser Mindestanforderungen zur Steigerung der Rechtssicherheit und -klarheit ein ausdrücklicher Eintragungsvermerk.[218]

Beispiel:

(verkürztes Eintragungsbeispiel)

Amtsgericht Duisburg **Grundbuch von Duisburg** **Blatt 2261**

Bestandsverzeichnis

Laufende Nummer der Grundstücke	Bisherige laufende Nummer der Grundstücke	Bezeichnung der Grundstücke und der mit dem Eigentum verbundenen Rechte					Größe		
		Gemarkung (Vermessungsbezirk)	Karte: Flur	Karte: Flurstück	Liegenschaftsbuch	Wirtschaftsart und Lage			
		a	b		c/d	e	ha	a	m²
1	2	3					4		
1		187/10.000stel Miteigentumsanteil an dem Grundstück							
		Duisburg	1	101		Gebäude- und Freifläche, Kardinal-Galen-Straße 124		02	34
		verbunden mit dem Sondereigentum an der im Aufteilungsplan vom 24. März 2000 mit Nr. 1 bezeichneten Wohnung im Erdgeschoss links mit einem Kellerraum im Kellergeschoss.							
		Für jeden Miteigentumsanteil ist ein besonderes Grundbuch angelegt (Nr. 2261 bis Nr. 2374). Der hier eingetragene Miteigentumsanteil ist durch die zu den anderen Miteigentumsanteilen gehörenden Sondereigentumsrechte beschränkt.							

[215] KG NJW-RR 1997, 205.

[216] OLG Frankfurt ZWE 2022, 204; OLG München ZWE 2013, 404; OLG Frankfurt NZM 2008, 214; KG ZMR 2007, 384; OLG München DNotZ 2007, 47; BayObLG NJW-RR 1997, 206; KG NJW-RR 1997, 205; OLG Köln Rpfleger 1992, 479; OLG Hamm Rpfleger 1985, 109.

[217] OLG Köln Rpfleger 1985, 110; aA Bärmann/Suilmann, 14. Aufl. 2018, WEG § 13 Rn. 135.

[218] ARS/Schneider WEG § 7 Rn. 223 ff. mwN.

Es sind Sondernutzungsrechte begründet hinsichtlich der hinter dem Haus gelegenen Gartenfläche und der insgesamt 15 Pkw-Einstellplätze (StP 1 bis StP 15). Dem jeweiligen Eigentümer der Einheit Nr. 1 steht das Sondernutzungsrecht an der hinter dem Haus gelegenen Gartenfläche zu.
Wegen Gegenstand und Inhalt des Sondereigentums wird Bezug genommen auf die Bewilligung vom 15. Mai 2000 (Notar Dr. Helmut Genau in Duisburg – UR-Nr. 555/00).
Der Miteigentumsanteil ist von Blatt 1055 hierher übertragen, eingetragen am 22. Mai 2000.

Sondernutzungsrechte werden in der Praxis üblicherweise **subjektiv-dinglich**, 95
dh durch Anbindung an ein bestimmtes Wohnungseigentum bestellt.

Beispiel

Wie im vorstehenden Eintragungsbeispiel erfolgt die Verlautbarung des Sondernutzungsrechtes im Grundbuch idR *„für den jeweiligen Eigentümer“* einer bestimmten Wohnungs- oder Teileigentumseinheit.

Die Verknüpfung eines Sondernutzungsrechts mit einem bestimmten Woh- 96
nungseigentum ist allerdings nach dem WEG für dessen Wirksamkeit nicht zwingend erforderlich. Berechtigter eines Sondernutzungsrechtes kann auch ein Mitglied der Wohnungseigentümergemeinschaft – **persönlich** – ohne Bindung an ein bestimmtes Wohnungseigentum sein.[219]

e) Gestreckte Begründung von Sondernutzungsrechten

Zur Erlangung einer optimalen Verwertbarkeit aufgeteilter Immobilien bedie- 97
nen sich Bauträger gerne einer zeitlich gestreckten Zuordnung von Sondernutzungsrechten. Auf diese Weise können Wünsche der Kaufinteressenten auch noch nach der grundbuchmäßigen Aufteilung berücksichtigt werden. Als problematisch kann sich allerdings je nach gewählter Gestaltungsvariante die notwendige Zustimmung Drittberechtigter erweisen. Bei den nachfolgend aufgeführten Gestaltungsmöglichkeiten ist wiederum der sachenrechtliche **Bestimmtheitsgrundsatz** zu beachten.[220]

[219] BGH ZWE 2012, 258 Rn. 8; OLG Düsseldorf MittBayNot 2020, 449; OLG Frankfurt ZWE 2017, 87; OLG Frankfurt ZWE 2016, 171; OLG München ZWE 2012, 367 (allerdings mit missverständlichem Leitsatz); KG ZMR 2007, 384; OLG Düsseldorf NZM 2000, 765; Ertl, FS Seuß (1987), 151 (155); Falkner ZNotP 2017, 251 (254); Francastel RNotZ 2015, 385 (408); Grüneberg/Wicke WEG § 13 Rn. 10; Häublein, Sondernutzungsrechte und ihre Begründung im Wohnungseigentumsrecht, 279 f.; Herrmann DNotZ 1986, 91 (92); Hogenschurz, Das Sondernutzungsrecht nach WEG, § 1 Rn. 46; NKV § 13 Rn. 33; Schneider Rpfleger 1998, 9 (13); Weitnauer/Lüke WEG § 15 Rn. 26 aE; aA Drasdo RNotZ 2018, 94; Hügel/Elzer WEG § 10 Rn. 139 (anders noch in der Voraufl. § 13 Rn. 54).

[220] BGH ZWE 2012, 377; BGH DNotZ 2012, 684 = NJW-RR 2012, 711 = ZWE 2012, 258; BGH DNotZ 2012, 528 = NJW 2012, 676 = ZWE 2012, 175; OLG München ZWE 2016, 19; KG ZWE 2007, 447.

aa) Gestreckte Begründung durch vorbehaltene Zuordnung von Sondernutzungsrechten

98 Möglich ist es, in der Gemeinschaftsordnung zunächst **alle Wohnungseigentümer bis auf den teilenden Eigentümer** vom Mitgebrauch der Sondernutzungsflächen auszuschließen (= negatives Element)[221] und die endgültige Zuweisung dann einem Dritten, zB dem aufteilenden Eigentümer oder dem Verwalter, zu überlassen. Die Zuordnung an die Wohnungseigentümer (= positives Element) erfolgt dann erst später, wozu die Mitwirkung der übrigen Wohnungseigentümer und deren dinglich Berechtigter dann nicht mehr erforderlich ist.[222]

99 Der Sache nach handelt es sich bei einem solchen „**Zuordnungsvorbehalt**" um persönliche Sondernutzungsrechte des teilenden Eigentümers. Aus diesem Grund müssen richtigerweise allerdings die an den verbleibenden Einheiten dinglich Berechtigten der Zuordnung zustimmen.[223] Auch entfällt eine Mitwirkung Dritter nicht, wenn in der Gemeinschaftsordnung nicht eindeutig bestimmt ist, wer die endgültige Zuordnung zu treffen hat; dann müssen die übrigen Wohnungseigentümer, die Vormerkungsberechtigten und die dinglich Berechtigten zustimmen, weil sie durch den nachträglichen Nutzungsentzug iSd §§ 876, 877 BGB beeinträchtigt sein können.[224]

bb) Gestreckte Begründung durch aufschiebend bedingte Zuordnung von Sondernutzungsrechten

100 Zulässig ist es auch, Sondernutzungsrechte in der Weise zu begründen, dass **sämtliche Wohnungseigentümer** unter der **aufschiebenden Bedingung** der positiven Zuordnung vom Mitbenutzungsrecht am gemeinschaftlichen Eigentum negativ ausgeschlossen sind.[225] Mit Eintritt der Bedingung in Form der positiven Zuordnungserklärung wird der Ausschluss der übrigen Wohnungseigentümer vom Mitgebrauch wirksam. Sie sind daher ebenso wenig von der beantragten Zuweisung eines Sondernutzungsrechtes berührt, wie die dinglich Berechtigten und Vormerkungsberechtigten, die ihre Rechtspositionen nach Eintragung der Gemeinschaftsordnung im Grundbuch erworben haben (vgl. § 161 BGB); der teilende Alleineigentümer kann deshalb in diesem Fall einseitig ein Sondernutzungsrecht positiv zuordnen.[226]

---

[221] Weitergehend Hügel/Elzer WEG § 10 Rn. 129: Unbedingter Ausschluss sämtlicher Wohnungseigentümer sei von Beginn an möglich.

[222] BGH NJW 2012, 676 = ZWE 2012, 175 m. Bespr. Schneider ZWE 2012, 171; KG ZMR 2007, 384 = ZWE 2007, 237; OLG Frankfurt ZfIR 1997, 665.

[223] OLG Köln Rpfleger 2001, 535 m. insoweit zust. Anm. Schneider; BayObLG Rpfleger 1990, 63; BayObLG DNotZ 1986, 87 = Rpfleger 1985, 292; DNotI-Gutachten DNotI-Report 2016, 117; Schneider ZWE 2012, 171 je mwN.

[224] BayObLG MittBayNot 1997, 36.

[225] BGH ZWE 2012, 258; OLG Düsseldorf NZM 2020, 111; OLG München ZWE 2018, 164; OLG Hamm DNotZ 2018, 225 mAnm Falkner; OLG Frankfurt ZWE 2017, 87; KG ZWE 2015, 402; OLG Hamm ZWE 2015, 211; OLG München ZWE 2013, 319; OLG Stuttgart ZWE 2012, 488; KG ZMR 2007, 384 = ZWE 2007, 237; OLG Düsseldorf Rpfleger 2001, 534 mAnm Schneider DNotZ 2002, 157; OLG Hamm DNotZ 2000, 210; OLG Frankfurt Rpfleger 1998, 20.

[226] Grundlegend BayObLGZ 1985, 378 = DNotZ 1986, 479 mAnm Ertl.

f) Nachträgliche Begründung von Sondernutzungsrechten

Ist eine Wohnungseigentümergemeinschaft bereits entstanden, wird durch die nachträgliche Einräumung eines Sondernutzungsrechtes die bisher für alle Wohnungseigentümer bestehende uneingeschränkte Nutzungsbefugnis gemäß § 16 Abs. 1 S. 3 WEG in der Weise abgeändert, dass für den Berechtigten nunmehr unter Erweiterung seiner bisherigen Mitberechtigung die Befugnis zur ausschließlichen Nutzung besteht. Zur Änderung der bisherigen Nutzungsbefugnis mit Wirkung gegenüber einem Sondernachfolger muss sie durch Eintragung im Grundbuch gemäß § 10 Abs. 3 S. 1 WEG zum Inhalt des Sondereigentums gemacht werden. Dies setzt nach hM **materiell-rechtlich** eine Vereinbarung zur **Inhaltsänderung des** jeweiligen **Sondereigentums** gemäß § 5 Abs. 4 S. 1 WEG voraus, auf die nach ganz hM die Vorschriften der §§ 877, 873 BGB entsprechend anwendbar sein sollen.[227] 101

Verfahrensrechtlich betrifft die nachträgliche Einräumung eines Sondernutzungsrechtes lediglich diejenigen Wohnungseigentümer, deren Sondereigentum nach der Eintragung nicht mehr mit der Befugnis zur Mitbenutzung verbunden sein wird. Weil deren Buchposition eine **rechtliche** Verschlechterung erleidet, haben sie die **Eintragung** in das Grundbuch in der Form des § 29 GBO zu **bewilligen** (§ 19 GBO). Inhaltlich handelt es sich nach der hier vertretenen Auffassung dabei um eine Berichtigungsbewilligung. Nicht betroffen ist demgemäß der allein nutzungsberechtigte Wohnungseigentümer; er ist von der Inhaltsänderung rechtlich begünstigt. 102

Zur Eintragung der nachträglichen Inhaltsänderung des Sondereigentums im Grundbuch ist weiterhin noch gem. §§ 877, 876 S. 1 BGB die **Zustimmung Drittberechtigter** an den verlierenden Wohnungseigentumseinheiten erforderlich. Soweit diese Zustimmungen nach Satz 2 des § 5 Abs. 4 WEG materiell-rechtlich erforderlich sind, haben die dinglich Berechtigten die Eintragung auch verfahrensrechtlich zu bewilligen (§§ 19, 29 GBO). 103

Hinweis:

Wegen der gem. § 5 Abs. 4 S. 2 WEG eingeschränkten Zustimmungspflichten → § 6 Rn. 132 ff.

Im Zuge der durch das WEMoG neu eingeführten Beschlusskompetenz für privilegierte bauliche Maßnahmen (§ 20 Abs. 1 u. 2 WEG) steht demjenigen Wohnungseigentümer die alleinige Nutzungsbefugnis am gemeinschaftlichen Eigentum unter Ausschluss der anderen Miteigentümer zu, der auch die Kosten der baulichen Veränderung zu tragen hat (§ 21 Abs. 1 WEG).[228] Gesetzliche Folge einer solchen Beschlussfassung kann deshalb jetzt ein **faktisches Sondernutzungs-** 103a

---

[227] BGH NJW 2012, 1226 = ZWE 2012, 219; BGHZ 145, 133 = NJW 2000, 3643 = ZWE 2001, 63; BGHZ 91, 343 = NJW 1984, 2409 = Rpfleger 1984, 408; BGHZ 73, 145 = NJW 1979, 548 = Rpfleger 1979, 57; BayObLG NJW-RR 2001, 1164 = Rpfleger 2001, 404; BayObLG DNotZ 1986, 87 (88) = Rpfleger 1985, 292; Böttcher Rpfleger 2004, 21, 33; Hügel DNotZ 2001, 176 (184); Ott, Das Sondernutzungsrecht, S. 91; Staudinger/C. Heinze (2018) § 877 Rn. 59; Weitnauer JZ 1984, 1115; aA Häublein, Sondernutzungsrechte und ihre Begründung im Wohnungseigentumsrecht, 78.

[228] Vgl. BT-Drs. 19/18791, 67.

recht sein, dass entgegen der vormaligen BGH-Rechtsprechung[229] nicht mehr an der fehlenden Beschlusskompetenz scheitert.[230] Ein solches faktisches Sondernutzungsrecht kann allerdings nicht in das Grundbuch eingetragen werden; die bewirkende Beschlussfassung beruht auf einer gesetzlichen Regelung.

Hinweis:

Zu baulichen Veränderungen → §9.

5. Berechtigter

104 Berechtigter eines Sondernutzungsrechtes kann im Hinblick auf die der Begründung zugrundeliegende Vereinbarung **nur ein Wohnungseigentümer,** nicht dagegen ein außenstehender Dritter sein. Dies gilt umso mehr, als das Sondernutzungsrecht als **Inhalt des Sondereigentums** in das Grundbuch eingetragen wird, das Sondereigentum gem. §6 Abs. 1 WEG aber nur einem Miteigentümer zustehen kann.[231] In der Praxis überwiegt bei Weitem die subjektiv-dingliche Bestellung zugunsten des jeweiligen Eigentümers eines näher bezeichneten Wohnungs- oder Teileigentumsrechts.

105 Ein Sondernutzungsrecht kann aber auch in der Weise begründet werden, dass es lediglich mit dem **Miteigentumsanteil** eines von mehreren Bruchteilseigentümern (§§741, 1008 BGB) an derselben Wohnungseigentumseinheit verbunden sein soll.[232]

Beispiel

Auf diese Weise lassen sich insbesondere Sondernutzungsrechte an einzelnen Stellplätzen in einem als Teileigentum eingetragenen Mehrfachparker dem jeweiligen Eigentümer eines Miteigentumsanteils zuordnen.

106 Ein Sondernutzungsrecht kann auch **für mehrere Wohnungseigentümer** bestellt werden.

Beispiel

Insbesondere in sog Mehrhausanlagen bietet es sich an, die Benutzung von Treppenhäusern und bestimmten Außenanlagen einer Gruppe von Wohnungseigentümern als Sondernutzungsrecht verbunden mit einer entsprechenden Kosten- und Lastentragungsregelung zuzuordnen.[233]

---

[229] Noch zum alten Recht BGH ZWE 2017, 224 , wo auf die fehlende Beschlusskompetenz zur Begründung eines Sondernutzungsrechts abgestellt wurde.

[230] BGH NJW 2024, 1030 = ZMR 2024, 391; LG München I ZWE 2024, 46; LG Düsseldorf ZWE 2023, 214; Bärmann/Dötsch WEG §21 Rn. 63.

[231] BGH NJW 2012, 676 = ZWE 2012, 175; BGHZ 73, 145 = NJW 1979, 548 = Rpfleger 1979, 57; BayObLG MittBayNot 2002, 113 = Rpfleger 2002, 260; OLG Zweibrücken NJW-RR 1986, 1338; Bärmann/Schneider WEG §16 Rn. 218; Weitnauer/Lüke WEG §15 Rn. 26.

[232] BGH DNotZ 2012, 769 = NJW-RR 2012, 1157 = ZMR 2012, 795 =ZWE 2012, 359 mzustAnm Armbrüster und mablAnm Ott ZfIR 2012, 754; aA Hügel/Elzer WEG §10 Rn. 139.

[233] Vgl. OLG München ZMR 2016, 303.

Es gelten dann die §§ 741 ff. BGB, soweit nichts anderes vereinbart ist.[234] Da das Sondernutzungsrecht nur ein schuldrechtliches Gebrauchsrecht ist, muss das Gemeinschaftsverhältnis der Berechtigten nicht nach § 47 GBO im Grundbuch eingetragen werden.[235]

6. Übertragung von Sondernutzungsrechten

Bei den auf der Grundlage einer Vereinbarung begründeten Sondernutzungs- 107
rechten handelt es sich um Regelungen im Innenverhältnis der Wohnungseigentümer. Aus diesem Grund kann wie schon bei der Begründung auch die Übertragung eines Sondernutzungsrechtes lediglich auf einen anderen **Miteigentümer der Wohnungseigentümergemeinschaft,** nicht aber auf einen außenstehenden Dritten erfolgen.[236]

a) Übertragung schuldrechtlicher Sondernutzungsrechte

Ein lediglich **schuldrechtlich** wirkendes Sondernutzungsrecht kann gem. 108
§§ 398, 413 BGB isoliert außerhalb des Grundbuchs im Wege der **Abtretung** mit antizipierter Zustimmung der übrigen Miteigentümer auf einen anderen Wohnungseigentümer übertragen werden, soweit nichts anderes bestimmt ist.[237] Einer Mitwirkung der übrigen Wohnungseigentümer oder deren dinglich Berechtigter bedarf es nicht, weil sich an deren Ausschluss vom Mitgebrauch durch die Übertragung nichts ändert.[238] Auch eine Zustimmung dinglich Berechtigter am Wohnungseigentum des veräußernden Miteigentümers ist entbehrlich, da sie vom Gesetz nicht vorgesehen ist und durch schuldrechtliche Abtretungen Drittberechtigte in ihren dinglichen Rechtspositionen nicht beeinträchtigt werden können.[239]

Streitig ist, ob bei einer **Übertragung** des Sondernutzungsrechts **zusammen mit** 109
dem Wohnungseigentum das lediglich schuldrechtlich wirkende Sondernutzungsrecht entsprechend § 746 BGB automatisch zugunsten des Erwerbers Wirkungen entfalten kann[240] oder ob es einer Übernahmeerklärung des Erwerbers bedarf.[241]

---

[234] BayObLG WE 1994, 17.

[235] OLG Düsseldorf ZMR 2010, 975 = FGPrax 2011, 8.

[236] BGH NZM 2008, 732; BGHZ 73, 145 = NJW 1979, 548 = Rpfleger 1979, 57.

[237] OLG München ZWE 2012, 367; Bärmann/Schneider WEG § 16 Rn. 259.

[238] Bärmann/Schneider WEG § 16 Rn. 259.

[239] LG Mönchengladbach RNotZ 2003, 568.

[240] So OLG München ZWE 2012, 367; OLG Frankfurt ZWE 2006, 489; BayObLG NZM 2003, 321; OLG Düsseldorf NZM 2001, 530; OLG Hamm FGPrax 1998, 175; OLG Schleswig FGPrax 1996, 56; Hogenschurz, Das Sondernutzungsrecht nach WEG, § 4 Rn. 9; Schnauder, FS Bärmann und Weitnauer (1990), 567 (580); Weitnauer/Lüke WEG § 10 Rn. 31.

[241] So Bärmann/Suilmann, 14. Aufl. 2018, WEG § 13 Rn. 84 und Rn. 122; Kümmel, Die Bindung der Wohnungseigentümer und deren Sondernachfolger an Vereinbarungen, Beschlüsse und Rechtshandlungen nach § 10 WEG, S. 38 f.; Ott, Das Sondernutzungsrecht im Wohnungseigentum, 47 ff.

b) Übertragung verdinglichter Sondernutzungsrechte

aa) Übertragung eines Wohnungseigentums mit dem zugeordneten Sondernutzungrecht

110 Der Rechtsübergang eines im Grundbuch für den jeweiligen Eigentümer einer bestimmten Sondereigentumseinheit vermerkten Sondernutzungsrechts vollzieht sich im Hinblick auf § 10 Abs. 3 S. 1 WEG **mit der Übertragung des betreffenden Wohnungseigentums** ohne weitere Abtretungserklärungen. Das Sondernutzungsrecht folgt als Inhalt des Sondereigentums den für die Übertragung des Eigentums geltenden Regeln (§ 6 Abs. 2 WEG). Dies gilt sowohl für einen rechtsgeschäftlichen Eigentumserwerb[242] als auch für einen Erwerb durch Zuschlag im Wege der Zwangsversteigerung.[243]

bb) Isolierte Übertragung eines Sondernutzungsrechts

111 Soll ein im Grundbuch eingetragenes Sondernutzungsrecht **isoliert** zwischen zwei Wohnungseigentümern übertragen werden, soll dies nach hM eine **Inhaltsänderung des Sondereigentums** ausschließlich bei den beteiligten Wohnungseigentumsrechten bewirken (§ 5 Abs. 4 S. 1 WEG). Dazu soll materiell-rechtlich eine Einigung des betroffenen und des begünstigten Wohnungseigentümers gem. §§ 877, 873 BGB mit entsprechender – konstitutiv wirkender – Grundbucheintragung erforderlich sein.[244] Nach anderer Auffassung handelt es sich insoweit um eine Grundbuchberichtigung, die allerdings verfahrensrechtlich ebenfalls von dem abgebenden Wohnungseigentümer in der Form des § 29 GBO zur Eintragung bewilligt werden muss (§ 19 GBO).[245]

112 **Dinglich Berechtigte** müssen der isolierten Übertragung gem. § 5 Abs. 4 S. 2 WEG iVm §§ 876, 877 BGB nur insoweit zustimmen, als für sie Einzelrechte am abgebenden Wohnungseigentum eingetragen sind.

113 **Hinweis:**

Wegen der gem. § 5 Abs. 4 S. 2 WEG eingeschränkten Zustimmungspflichten s. i. ü. → § 6 Rn. 132 ff.
Zur Grundbucheintragung der isolierten Übertragung eines Sondernutzungsrechts ist eine steuerliche **Unbedenklichkeitsbescheinigung** erforderlich.[246]

c) Gutgläubiger Erwerb

114 Ein gutgläubiger Erwerb nicht im Grundbuch verlautbarter („schuldrechtlicher") Sondernutzungsrechte scheidet mangels eines rechtlichen Anknüpfungspunktes von vornherein aus.[247]

---

242 Bärmann/Schneider WEG § 16 Rn. 262; Hogenschurz, Das Sondernutzungsrecht nach WEG, § 4 Rn. 7; Kreuzer, FS Merle (2000), 203 (214).

243 OLG Stuttgart OLGReport 2002, 290; LG Hamburg ZMR 2011, 585.

244 BGH NZM 2008, 732; BGHZ 73, 145 = NJW 1979, 548 = Rpfleger 1979, 57; Bamberger/Roth/Hügel § 13 Rn. 19; Bauer/v. Oefele, 3. Aufl., AT V Rn. 332; Schöner/Stöber Rn. 2963.

245 Riecke/Schmid/Schneider WEG § 7 Rn. 350 f. mwN.

246 Vgl. § 2 Abs. 2 Nr. 3 GrEStG.

247 Bärmann/Schneider WEG § 16 Rn. 267.

Hinweis: 115

Zur Möglichkeit, ein **Sondernutzungsrecht gutgläubig erwerben** zu können, s. die Ausführungen und Nachweise bei der Öffnungsklausel (→ Rn. 55) in der 1. Aufl.[248]

Ein im Grundbuch verlautbartes Sondernutzungsrecht an einem Pkw-Stellplatz kann aber jedenfalls dann nicht gutgläubig erworben werden, wenn seine Eintragung widersprüchlich und deshalb unzulässig ist.

Beispiel

Weist die Grundbucheintragung das Sondernutzungsrecht an dem Pkw-Stellplatz Nr. 3 der Wohnung Nr. 1 zu, während die Eintragungsbewilligung es der Wohnung Nr. 4 zuordnet, stehen die Grundbucheintragung und die dort in Bezug genommene Eintragungsbewilligung nicht im Einklang. Damit liegt ein insbesondere durch Auslegung nicht aufzulösender Widerspruch zwischen der Eintragung und der in Bezug genommenen Urkunde vor.[249]

7. Belastung von Sondernutzungsrechten

Sondernutzungsrechte am gemeinschaftlichen Eigentum sind keine dinglichen Rechte; sie können aber gem. §§ 5 Abs. 4 S. 1, 8 Abs. 2, 10 Abs. 3 S. 1, 16 Abs. 1 S. 3 WEG als Inhalt des Sondereigentums verdinglicht werden. Zulässige Belastungen des einzelnen Wohnungseigentums erfassen dabei immer auch das zugunsten eines Wohnungseigentümers bestehende Sondernutzungsrecht. Nach der gesetzlichen Systematik des § 6 WEG erstrecken sich nämlich eingetragene Rechte am Miteigentumsanteil ohne weiteres auf das Sondereigentum und damit auch auf ein als dessen Inhalt zugeordnetes Sondernutzungsrecht.[250] 116

Hinweis:

Zu den Möglichkeiten der Belastung eines einzelnen Wohnungseigentums mit dinglichen Rechten s. ausführlich → § 6 Rn. 25 ff.

Dem einzelnen Wohnungseigentümer fehlt jedoch die notwendige alleinige Verfügungsmacht zur Bestellung eines dinglichen Rechts, wenn dessen Ausübungsbereich nur die dem Sondernutzungsrecht unterfallenden Bereiche sein sollen. Die Ausübung einer Nutzungsbefugnis kann notwendigerweise nur auf dem Grundstück als gemeinschaftlichem Eigentum insgesamt erfolgen. Diese Problematik stellt sich bisweilen im Bereich der Dienstbarkeiten, weil dort ebenfalls Nutzungsbefugnisse tangiert werden. 117

Beispiel

Ist dem jeweiligen Eigentümer der Wohnungseigentumseinheit Nr. 1 das alleinige Sondernutzungsrecht an einem näher bezeichneten Pkw-Stellplatz auf dem Grundstück im Freien zugeordnet, so kann der Wohnungseigentümer dem jeweiligen Eigentümer eines Nachbargrundstücks hieran kein Nutzungsrecht in Form einer Grunddienstbarkeit oder beschränkten

[248] Vgl. zuletzt noch LG Dresden ZWE 2024, 262.
[249] OLG Zweibrücken ZWE 2013, 85.
[250] Vgl. BGH ZWE 2015, 97.

persönlichen Dienstbarkeit einräumen. Das Grundstück ist zwingend gemeinschaftliches Eigentum, sofern nicht ein Ausnahmefall von § 3 Abs. 1 S. 2 oder § 3 Abs. 2 WEG vorliegt (§ 1 Abs. 5 WEG), so dass bei der Bestellung von dinglichen Rechten sämtliche Wohnungseigentümer mitwirken müssen.[251]

Verfahrensrechtlich haben hierfür alle Miteigentümer in der Form des § 29 GBO die Grundbucheintragung zu bewilligen. Die Eintragung solcher Rechte muss dann auch zwingend in sämtlichen für die Anlage gebildeten Wohnungs- und Teileigentumsgrundbüchern erfolgen und die Gesamtbelastung zum Ausdruck bringen (§ 4 Abs. 1 WGV).

118 Die überwiegende Meinung verlangte damit eine **Übereinstimmung** der Rechtsverhältnisse am **Belastungsobjekt** mit denen am **Nutzungsobjekt.**[252] Lediglich eine Mindermeinung wollte demgegenüber in Anlehnung an eine Einzelfallentscheidung des BGH[253] auf das formale Kriterium der Eigentumsverhältnisse verzichten und statt dessen auf eine rechtliche Belastung der Nutzungsbefugnis abstellen; die übrigen Wohnungseigentümer erlitten dadurch keine Beeinträchtigung, denn sie seien auch bei bestimmungsgemäßer Nutzung durch den sondernutzungsberechtigten Wohnungseigentümer bereits von jeglicher Nutzung ausgeschlossen.[254] Dem hat sich der BGH nunmehr angeschlossen.[255]

8. Änderungen von Sondernutzungsrechten

a) Grundsätze

119 Für bereits im Grundbuch eingetragene Sondernutzungsrechte kann sich aus ganz unterschiedlichen Gründen im Nachhinein Veränderungsbedarf ergeben. Solche Änderungen müssten **materiell-rechtlich** gem. § 10 Abs. 1 S. 2 WEG wiederum von allen Wohnungseigentümern vereinbart werden, sofern nicht eine entsprechende Öffnungsklausel besteht. Auch Veränderungen wirken gegen den Sondernachfolger eines Wohnungseigentümers nur, wenn sie als Inhalt des Sondereigentums im Grundbuch eingetragen sind (§ 10 Abs. 3 S. 1 WEG). Zur Eintragung in das Grundbuch ist **verfahrensrechtlich** die Eintragungsbewilligung derjenigen Wohnungseigentümer erforderlich, die durch die jeweilige Änderung in ihren Rechten beeinträchtigt werden können (§§ 19, 29 GBO).

120 Auch eine verfahrensrechtliche Mitwirkung dinglich Berechtigter ist insoweit notwendig, als materiell-rechtlich deren Zustimmung gem. § 876, 877 BGB erforderlich ist.

---

[251] BGHZ 225, 136 = ZWE 2020, 328; OLG Schleswig ZWE 2012, 42.

[252] OLG Schleswig DNotZ 2012, 359 = ZWE 2012, 42; OLG Hamburg ZMR 2004, 616; OLG Hamburg ZMR 2001, 380; OLG Zweibrücken NZM 1999, 771; BayObLG DNotZ 1998, 384 = Rpfleger 1998, 68; BayObLG NJW-RR 1997, 1236 mkritAnm Ott DNotZ 1998, 125 ff.; BayObLG DNotZ 1990, 496; OLG Düsseldorf DNotZ 1988, 31.

[253] BGHZ 107, 289 = DNotZ 1990, 493 mAnm Amann.

[254] OLG Hamm DNotZ 2001, 216 mzustAnm v. Oefele; Amann DNotZ 1990, 498, 499 f.; Bärmann/Schneider WEG § 16 Rn. 183 f.; Bauer/v. Oefele, 3. Aufl., AT V Rn. 301 f.; Merle Das Wohnungseigentum im System des bürgerlichen Rechts, 195; Röll Rpfleger 1980, 90 (91); Staudinger/Kreuzer WEG § 15 Rn. 14; Staudinger/Mayer (2009) BGB § 1018 Rn. 60; Staudinger/Rapp WEG § 1 Rn. 51.

[255] BGHZ 225, 136 = ZWE 2020, 328.

Hinweis:

Wegen der gem. §5 Abs.4 S.2 WEG eingeschränkten Zustimmungspflichten s. i. ü. → §6 Rn.132.

b) Exemplarische Veränderungen bei Sondernutzungsrechten

aa) Veränderungen des räumlichen Ausübungsbereichs

Beispielhaft kommen hier in Betracht: 121

- **Erweiterungen** des bisherigen Ausübungsbereichs.
  Es handelt sich rechtlich insoweit um die Neubestellung eines Sondernutzungsrechts nach den dafür geltenden Grundsätzen.[256]
- **Verkleinerungen** des bisherigen Ausübungsbereichs.
  Es handelt sich rechtlich insoweit um die Aufhebung eines Sondernutzungsrechts nach den dafür geltenden Grundsätzen.[257]
- **Grenzverschiebungen** zwischen zwei Sondernutzungsrechten.
  Ohne Änderung der äußeren Umfangsgrenzen handelt es sich rechtlich um Binnenänderungen, von denen die bereits von der Nutzung ausgeschlossenen Wohnungseigentümer nicht mehr betroffen sind.[258]
- **Verlegungen** der bisherigen Ausübungsstelle.
  Es handelt sich rechtlich um die Aufhebung des bisher eingeräumten Sondernutzungsrechts verbunden mit der gleichzeitigen Neubestellung nach den jeweils dafür geltenden Grundsätzen.[259]

  Beispiel: Statt eines bisher eingeräumten Sondernutzungsrechts an einem Pkw-Stellplatz vor dem Haus jetzt Verlegung des Sondernutzungsrechts auf den hinter dem Haus befindlichen Pkw-Stellplatz.

bb) Inhaltliche Veränderungen

Beispielhaft kommen hier in Betracht: 122

- **Unterteilungen** bestehender Sondernutzungsrechte.
  Es handelt sich rechtlich um Binnenänderungen, von denen die bereits ausgeschlossenen Wohnungseigentümer nicht mehr betroffen sind.[260] Dritte brauchen zunächst nicht mitzuwirken, weil deren Rechte sich unverändert an demselben Miteigentumsanteil verbunden mit Sondereigentum fortsetzen. Erst mit der lastenfreien Abveräußerung eines neu gebildeten Sondernutzungsrechtsteils entstehen Mitwirkungspflichten Drittberechtigter nach den für eine Übertragung von Sondernutzungsrechten geltenden Grundsätzen.[261]

  Beispiel: Vorratsteilung eines Sondernutzungsrechts an der gesamten unbebauten Grundstücksfläche durch den Bauträger in Vorbereitung zukünftiger Einzelübertragungen.

---

256 Bauer/Schaub/Schneider AT E Rn.331.
257 Bauer/Schaub/Schneider AT E Rn.331.
258 BayObLG ZWE 2002, 78; BayObLG DNotZ 1999, 672.
259 Vgl. BayObLGZ 2001, 73 = ZWE 2001, 430.
260 OLG München FGPrax 2023, 258; BayObLG MittBayNot 1991, 168; BayObLG DNotZ 1988, 30.
261 Bärmann/Schneider WEG §16 Rn.230; aA Hügel/Elzer WEG §10 Rn.149.

- **Änderungen** der vereinbarten **Nutzungsart.**
  Soweit die bisher zulässige Nutzungsart durch eine andere ersetzt werden soll, handelt es sich rechtlich um eine notwendige **Änderung der Zweckbestimmung,** die nur unter Mitwirkung sämtlicher Wohnungseigentümer und dinglich Berechtigter im Rahmen des § 5 Abs. 4 S. 2 WEG erreicht werden kann.[262]

  Beispiel: Statt bisher als Gartenfläche wird jetzt am selben Grundstücksteil ein Sondernutzungsrecht als Pkw-Stellplatz eingeräumt.

  Soweit **Nutzungserweiterungen durch bauliche Veränderungen** angestrebt werden, beurteilen sich diese nach § 20 WEG.[263]

  Beispiel: Statt eines Sondernutzungsrechts an einem ebenerdigen Pkw-Stellplatz wird jetzt ein Sondernutzungsrecht an demselben Pkw-Stellplatz mit der Befugnis zur Errichtung eines Carports eingeräumt.

  Die Notwendigkeit einer Mitwirkung Drittberechtigter von anderen Einheiten ist insoweit umstritten.[264]

- **Einräumung** einer weiteren **Mitnutzungsbefugnis.**
  Es handelt sich rechtlich um eine Binnenänderung, von der die bereits ausgeschlossenen Wohnungseigentümer und deren dinglich Berechtigte nicht mehr betroffen sind. Zwischen den mehreren Sondernutzungsberechtigten entsteht ein Gemeinschaftsverhältnis gem. § 741 ff. BGB.[265]

  Beispiel: Der bisherige Alleinnutzungsberechtigte am Hausgarten räumt einem weiteren Wohnungseigentümer eine „Beteiligung“ an dem im übrigen unveränderten Sondernutzungsrecht ein.

- **Umwandlung** eines Sondernutzungsrechts **in Sondereigentum.**
  Es handelt sich rechtlich um eine Umwandlung von Gemeinschaftseigentum in Sondereigentum. Dies gilt auch für die Umwandlung in eine der neuen Eigentumsformen des § 3 Abs. 1 S. 2 oder § 3 Abs. 2 WEG.

Hinweis:

Zu den Voraussetzungen einer Umwandlung von Gemeinschafts- in Sondereigentum s. ausführlich → § 6 Rn. 99 ff.

9. Aufhebung und Löschung von Sondernutzungsrechten

123 In der Praxis stellt die Aufhebung und anschließende Löschung verdinglichter Sondernutzungsrechte im Grundbuch bei einer bestehenden Eigentümergemeinschaft wohl den häufigsten Beendigungstatbestand dar. Dabei sind die beiden Begriffe – wie auch sonst! – mit unterschiedlichen Inhalten besetzt und daher sauber zu trennen.

---

262 → § 6 Rn. 129 mwN; aA LG Darmstadt NZM 2000, 716.

263 Vgl. BayObLG ZMR 1993, 476.

264 Bejahend: BayObLG MittBayNot 1993, 292; abl. wegen des schon bestehenden Nutzungsausschlusses ThürOLG ZWE 2012, 40; OLG Hamm FGPrax 1998, 140.

265 BayObLG WE 1994, 17.

Hinweis:

Vergleichen Sie bitte einmal die gesetzliche Formulierung in §875 Abs. 1 S. 1 BGB für die Beendigung dinglicher Rechte.

Materiell-rechtlich bedarf es zur **Aufhebung** eines im Grundbuch vermerkten Sondernutzungsrechts wiederum einer **Vereinbarung sämtlicher Wohnungseigentümer** als „actus contrarius“ zu seiner Begründung (§ 10 Abs. 1 S. 2 WEG).[266] Ein einseitiger Verzicht des Sondernutzungsberechtigten ist dagegen zur Lösung aus den gemeinschaftsrechtlichen Bindungen materiell-rechtlich nicht möglich.[267] Die Aufhebung eines Sondernutzungsrechts führt damit gem. §§ 877, 873 BGB zu einer Inhaltsänderung sämtlicher Sondereigentumsrechte. 124

Verfahrensrechtlich erfordert die **Löschung** des im Grundbuch vermerkten Sondernutzungsrechts die Beseitigung des Erstreckungsvermerks gem. § 10 Abs. 3 S. 1 WEG. Davon sind jedoch allein der bisher im Grundbuch vermerkte Sondernutzungsberechtigte sowie etwaige am begünstigten Wohnungseigentum eingetragene dinglich Berechtigte betroffen; ihnen geht durch die Löschung die bisherige Erstreckungswirkung gegenüber Sondernachfolgern verloren. Da im Rahmen der §§ 876, 877 BGB allein auf eine mögliche **rechtliche** Beeinträchtigung abzustellen ist, ist deshalb zur Löschung auch nur deren Eintragungsbewilligung erforderlich (§ 19, 29 GBO), nicht aber die der sonstigen Wohnungseigentümer.[268] **Wirtschaftliche** Folgen der grundbuchmäßigen Löschung haben demgegenüber außer Betracht zu bleiben.[269] 125

Schaubild:

Die wichtigsten Unterschiede von Sondereigentum und Sondernutzungsrechten am Beispiel eines Pkw-Stellplatzes: 125a

Pkw-Stellplatz als	**Sondereigentum** (TE) Vgl. §3 Abs. 1 S. 2 WEG	Im Grundbuch (BV) vermerktes **Sondernutzungsrecht** (SNR)
Rechtsgestaltung	**Gegenstand** des SE – Eigentum	**Inhalt** des SE – Nutzungsrecht
Buchungsart im GB	IdR eigener MEA und eigenes TE-GB	Kein eigener MEA; ggf. nur durch Bezugnahme im BV erkennbar

[266] BGHZ 145, 133 = NJW 2000, 3643 = ZWE 2001, 63.

[267] BGHZ 145, 133 = NJW 2000, 3643 = ZWE 2001, 63.

[268] BGHZ 145, 133 = NJW 2000, 3643 = ZWE 2001, 63; BGHZ 91, 343 = NJW 1984, 2409; BGHZ 66, 341 = DNotZ 1976, 490; Böhringer MDR 2000, 758; Demharter FGPrax 1996, 6; Schneider Rpfleger 1998, 53 (56).

[269] AA Bärmann/Suilmann, 14. Aufl. 2018, WEG § 13 Rn. 114; Häublein ZMR 2001, 120; Ott ZMR 2002, 7.

Übertragbarkeit	Volle Verkehrsfähigkeit auch im Verhältnis zu Außenstehenden	Als Vereinbarung nur zwischen den an diese Vereinbarung gebundenen Wohnungseigentümern übertragbar
Belastbarkeit	Als Eigentum grds. mit dinglichen Rechten mgl (insbes. FinanzierungsR; Ausnahmen für NutzungsR)	Nach bisher hM für Berecht. allein nicht möglich, da Belastungsgegenstand immer noch Gem.-Eigentum aller WEig.
Zwangsvollstreckung	Als eigenständiges TE auch selbständiges Vollstreckungsobjekt	Nur zusammen mit dem Wohnungseigentum[270]; nach hM keine isolierte Pfändung von SNRen mgl.[271]

VI. Veräußerungsbeschränkung

1. Sinn und Zweck

126 Die Wohnungseigentümergemeinschaft ist eine grundsätzlich unauflösbare und damit auf Dauer angelegte Gemeinschaft (vgl. § 11 Abs. 1 u. 3 WEG). Es besteht daher ein berechtigtes Interesse der Wohnungseigentümer, sich gegen das Eindringen unerwünschter Personen in diese Gemeinschaft schützen zu können.[272] Deshalb kann die Veräußerung von Wohnungseigentum – ausnahmsweise[273] – von der Zustimmung der übrigen Wohnungseigentümer oder eines Dritten abhängig gemacht werden.

Bitte lesen Sie jetzt § 12 Abs. 1 WEG!

2. Begründung der Veräußerungsbeschränkung

a) Vereinbarung

127 Gem. § 12 Abs. 1 WEG kann eine Veräußerungsbeschränkung nur durch eine **Vereinbarung** aller Wohnungseigentümer begründet werden. Dies gilt auch für die nachträgliche Einräumung einer Veräußerungsbeschränkung. Einer Vereinbarung steht im Fall ihrer Grundbucheintragung die einseitige Erklärung des teilenden Eigentümers gem. § 8 WEG gleich (§§ 8 Abs. 2, 5 Abs. 4 S. 1 WEG).

[270] BGH ZWE 2015, 97; Bärmann/Seuß/Schneider Teil C Rn. 424 Timme/Dötsch § 15 Rn. 391.
[271] AA LG Stuttgart DWE 1989, 72; Schmid ZfIR 2011, 733 (736); Schuschke NZM 1999, 830.
[272] BGHZ 195, 120 = NJW 2013, 299 = ZWE 2013, 21.
[273] BGHZ 37, 203 = NJW 1962, 1613: „Durchbrechung des Grundsatzes des § 137 S. 1 BGB".

Wegen des Ausnahmecharakters der Norm sind Erweiterungen des Anwendungsbereichs grundsätzlich ausgeschlossen. Darüber hinaus unterliegt die Vereinbarung jedoch der privatautonomen **Gestaltung** durch die Wohnungseigentümer.[274] So kann das Zustimmungserfordernis auf bestimmte Einheiten beschränkt werden oder bestimmte Veräußerungsfälle können vom Erfordernis ausgenommen werden. 128

Beispiele

Die Wohnungseigentümer können vereinbaren, dass nur die Veräußerung von Wohnungseigentumseinheiten zustimmungspflichtig sein soll, die von Teileigentumseinheiten dagegen nicht.[275]
Möglich wäre auch eine Beschränkung des Zustimmungserfordernisses nur auf Fälle des Kaufes, nicht aber zB für Schenkungen.[276]
Ebenfalls werden in der Praxis häufig Erstveräußerungen durch den teilenden Bauträger, Veräußerungen an Ehegatten und bestimmte Verwandte sowie solche im Wege der Zwangsvollstreckung oder durch den Insolvenzverwalter zur Erhaltung der Beleihbarkeit vom Zustimmungserfordernis ausgenommen.[277]

b) Eintragung in das Grundbuch

aa) Notwendigkeit der Eintragung

Die Vereinbarung einer Veräußerungsbeschränkung erzeugt nach zutreffender Auffassung bereits mit ihrem Abschluss schuldrechtliche Wirkungen zwischen den beteiligten Wohnungseigentümern (§ 10 Abs. 1 S. 2 WEG).[278] Einer **Grundbucheintragung** bedarf die vereinbarte Veräußerungsbeschränkung demnach zunächst nur zur Erlangung der Sukzessionswirkung des § 10 Abs. 3 S. 1 WEG. Gegen den Sondernachfolger eines Wohnungseigentümers wirkt die als Inhalt des Sondereigentums vereinbarte Veräußerungsbeschränkung nämlich nur, wenn sie auch im Grundbuch eingetragen ist (§ 5 Abs. 4 S. 1, § 10 Abs. 3 S. 1 WEG). 129

Hinweis:

Sie haben mit der Veräußerungsbeschränkung ein weiteres Anwendungsbeispiel für eine mögliche Vereinbarung vor sich, mit der die Wohnungseigentümer ihr Verhältnis untereinander iSd § 10 Abs. 1 WEG gestalten können. Lesen Sie dazu bitte → Rn. 31 ff.!

Über die innergemeinschaftliche Sukzessionswirkung hinaus erzeugt die Eintragung der Veräußerungsbeschränkung in das Grundbuch jedoch kraft ausdrücklicher gesetzlicher Anordnung weitergehend noch eine **absolute Rechtswirkung** gegenüber jedermann.[279] Nur auf diese Weise können auch Dritte einer Erwerbsbeschränkung unterworfen werden. 130

[274] KG ZWE 2012, 426; KG ZWE 2010, 456.
[275] Bärmann/Suilmann WEG § 12 Rn. 11.
[276] KG ZWE 2010, 456.
[277] Vgl. nur OLG Hamburg ZMR 2024, 223; KG NZM 2012, 317.
[278] Bärmann/Suilmann WEG § 12 Rn. 5 u. 8; Hügel/Elzer WEG § 12 Rn. 4 f.; ARS/Schneider WEG § 12 Rn. 12; aA Staudinger/Kreuzer WEG § 12 Rn. 9.
[279] Bärmann/Suilmann WEG § 12 Rn. 5 u. 8; Hügel/Elzer WEG § 12 Rn. 4 f.; ARS/Schneider WEG § 12 Rn. 12.

Bitte lesen Sie jetzt § 12 Abs. 3 WEG!

bb) Art und Umfang der Eintragung

131 Die gem. § 12 WEG vereinbarte Veräußerungsbeschränkung muss **ausdrücklich** in das Grundbuch **eingetragen** werden; eine bei Grundbucheintragungen sonst mögliche Bezugnahme auf die zugrunde liegende Eintragungsbewilligung (vgl. § 874 BGB) reicht hier nicht aus (§ 7 Abs. 3 S. 2 WEG).

Bitte lesen Sie jetzt § 7 Abs. 3 S. 2 WEG und § 3 Abs. 2 WGV (→ Anhang)!

132 Erfolgt die Grundbucheintragung gleichwohl unter **Verstoß** gegen diese Norm nicht ausdrücklich und lediglich unter Bezugnahme auf die Eintragungsbewilligung, ist die vereinbarte Veräußerungsbeschränkung materiell-rechtlich nicht zum Inhalt des Sondereigentums geworden (vgl. BT-Drs. 19/19369, 6). Es handelt sich im Gegensatz zu der bisher allein in § 3 Abs. 2 WGV geregelten verfahrensrechtlichen Ordnungsvorschrift[280], deren Verletzung für das Zustandekommen der Beschränkung nach richtiger Auffassung keine Auswirkungen haben konnte, jetzt um eine konstitutive Eintragung der Veräußerungsbeschränkung mit der Folge, dass sie bei fehlender ausdrücklicher Grundbucheintragung keine Erstreckungswirkung erzeugen und lediglich schuldrechtliche Wirkung entfalten kann[281] Ist die ausdrückliche Eintragung einer vereinbarten Veräußerungsbeschränkung unterblieben, kann diese auch ohne Antrag von Amts wegen nachgeholt werden (vgl. § 48 Abs. 3 WEG).[282] Bei fehlender Grundbucheintragung kann sich allerdings jetzt ein gutgläubiger Erwerb gem. § 892 Abs. 1 S. 2 BGB anschließen.[283]

133 Weder § 7 Abs. 3 S. 2 WEG noch § 3 Abs. 2 WGV regeln jedoch, in welchem **Umfang** die Grundbucheintragung erfolgen soll. So ist etwa vorstellbar, eine vereinbarte Veräußerungsbeschränkung mit allen Einzelheiten ausdrücklich in die Wohnungsgrundbücher einzutragen (zB zustimmungspflichtige Personen, vereinbarte Ausnahmetatbestände etc.).[284] Als zulässig anzusehen ist allerdings auch die ausdrückliche Eintragung eines Vermerkes über die **Tatsache** einer vereinbarten Veräußerungsbeschränkung und im übrigen eine **Bezugnahme** wegen der Einzelheiten auf die zum Inhalt des Sondereigentums gemachte Gemeinschaftsordnung.[285] Diese Verfahrensweise ähnelt der Grundbucheintragung bedingter Rechte, bei der lediglich die Tatsache der Bedingung unmittelbar in das Grundbuch einzutragen ist, während hinsichtlich der Einzelheiten der Bedingung auf

---

[280] So noch zum früheren Recht OLG München ZMR 2006, 961; LG München II MittBayNot 1994,137; Bärmann/Suilmann, 14. Aufl. 2018, WEG § 12 Rn. 9; Hügel/Elzer, 2. Aufl., WEG § 12 Rn. 9f.; Riecke/Schmid/Schneider, 5. Aufl., WEG § 12 Rn. 17; Schöner/Stöber, 15. Aufl. 2020, Rn. 2902; Weitnauer/Lüke WEG § 12 Rn. 7.

[281] BT-Drs. 19/839, 42; so bereits zum früheren Recht Beck'sches Notarhandbuch/Rapp A III Rn. 172; Erman/Grziwotz WEG § 12 Rn. 6; MüKoBGB/Commichau WEG § 12 Rn. 10; Staudinger/Kreuzer WEG § 12 Rn. 10.

[282] BeckOK WEG/Hogenschurz § 12 Rn. 6; Dressler-Berlin Rpfleger 2021, 193, 199; Schneider ZWE 2021, 237 (245); aA BT-Drs. 19/18791, 40.

[283] Hügel/Elzer WEG § 12 Rn. 9.

[284] So noch OLG Saarbrücken Rpfleger 1968, 57; LG Marburg Rpfleger 1990, 336; LG Mannheim Rpfleger 1963, 301.

[285] So Bärmann/Suilmann WEG § 12 Rn. 9; Demharter Anh zu § 3 Rn. 51; Weitnauer/Lüke WEG § 12 Rn. 8; Meikel/Böttcher, 10. Aufl., WGV § 3 Rn. 9 und § 56 GBV Rn. 9; ARS/Schneider WEG § 7 Rn. 207 ff.; enger LG Kempten Rpfleger 1968, 58.

die Eintragungsbewilligung Bezug genommen werden kann.[286] Im Hinblick auf die für die Praxis der Grundbuchgerichte notwendige schnelle Nachprüfbarkeit sollte zumindest der unmittelbaren Eintragung von Ausnahmetatbeständen der Vorzug gegeben werden.[287]

Beispiel:

(verkürztes Eintragungsbeispiel)

Amtsgericht Duisburg **Grundbuch von Duisburg** **Blatt 2261**

Bestandsverzeichnis

Laufende Nummer der Grundstücke	Bisherige laufende Nummer der Grundstücke	Bezeichnung der Grundstücke und der mit dem Eigentum verbundenen Rechte					Größe		
		Gemarkung (Vermessungsbezirk)	Karte: Flur	Karte: Flurstück	Liegenschaftsbuch	Wirtschaftsart und Lage			
		a	b		c/d	e	ha	a	m²
1	2	3					4		
1		187/10.000stel Miteigentumsanteil an dem Grundstück							
		Duisburg	1	101		Gebäude- und Freifläche, Kardinal-Galen-Straße 124		02	34
		verbunden mit dem Sondereigentum an der im Aufteilungsplan vom 24. März 2000 mit Nr. 1 bezeichneten Wohnung im Erdgeschoss links mit einem Kellerraum im Kellergeschoss.							
		Für jeden Miteigentumsanteil ist ein besonderes Grundbuch angelegt (Nr. 2261 bis Nr. 2374). Der hier eingetragene Miteigentumsanteil ist durch die zu den anderen Miteigentumsanteilen gehörenden Sondereigentumsrechte beschränkt.							
		Zur Veräußerung bedarf es der Zustimmung des Verwalters. Dies gilt nicht im Fall – der Erstveräußerung durch den teilenden Eigentümer; – der Veräußerung an Ehegatten, Verwandte in gerader Linie oder Verwandte zweiten Grades in der Seitenlinie; – der Veräußerung durch den Insolvenzverwalter oder im Wege der Zwangsvollstreckung.							
		Wegen Gegenstand und Inhalt des Sondereigentums wird Bezug genommen auf die Bewilligung vom 15. Mai 2000 (Notar Dr. Helmut Genau in Duisburg – UR-Nr. 555/00).							
		Der Miteigentumsanteil ist von Blatt 1055 hierher übertragen, eingetragen am 22. Mai 2000.							

286 KEHE/Keller GBV § 3 Rn. 10 aE.

287 ARS/Schneider WEG § 7 Rn. 208.

c) Zustimmungen Dritter

134 Eine Zustimmung dinglich Berechtigter zur Vereinbarung einer Veräußerungsbeschränkung ist **anlässlich der Begründung** des Wohnungseigentums in keinem Fall erforderlich. Ist das Grundstück nämlich als Ganzes oder sind sämtliche Miteigentumsanteile am Grundstück einheitlich mit dinglichen Rechten belastet, entfällt eine Zustimmung dieser Berechtigten bei einer Teilung gem. § 8 WEG, da deren Rechte auch materiell-rechtlich iSv §§ 876, 877 BGB nicht betroffen werden können.[288] Bei einer Begründung gem. § 3 WEG werden dinglich Berechtigte an einzelnen Miteigentumsanteilen ohnehin wegen der inhaltlichen Änderung ihres Belastungsgegenstandes zustimmen müssen; einer nochmaligen Zustimmung für die zeitgleiche Begründung einer Veräußerungsbeschränkung bedarf es daher nach hier vertretener Auffassung nicht.[289]

Wiederholung:

Wiederholen Sie jetzt bitte aus dem → § 4 die Rn. 19 ff. zum Zustimmungserfordernis dinglich Berechtigter anlässlich der Begründung von Wohnungseigentum.

135 Soll die Veräußerungsbeschränkung **nachträglich** eingeführt werden, gelten die allgemeinen Grundsätze für die Grundbucheintragung nachträglicher Vereinbarungen der Wohnungseigentümer.

Hinweis:

Lesen Sie zu diesem Thema bitte → § 6 Rn. 129 ff.

Es handelt es sich bei der nachträglichen Einführung einer Veräußerungsbeschränkung um eine **Inhaltsänderung** des bestehenden Wohnungseigentums, die materiell-rechtlich wiederum gem. § 10 Abs. 1 S. 2 WEG einer Vereinbarung sämtlicher Wohnungseigentümer bedarf. Eine Begründung durch Mehrheitsbeschluss wäre demgegenüber mangels Beschlusskompetenz selbst dann nichtig[290], wenn die Veräußerungsbeschränkung zuvor noch mehrheitlich gem. § 12 Abs. 4 WEG aufgehoben worden sein sollte.[291] Einer solchen nachträglichen Vereinbarung müssten gem. §§ 876, 877 BGB, § 19 GBO all diejenigen dinglich Berechtigten zustimmen, denen nicht ein Gesamtrecht am ganzen Grundstück oder an sämtlichen Wohnungseigentumseinheiten zusteht.[292] Gesamtrechtsinhaber sind nämlich auch sonst nicht gegen die Veräußerung des Grundstücks als Ganzes an denselben Erwerber geschützt.[293] Darüber hinaus entfällt seit der WEG-Novelle (2007) ein

---

288 BGH NJW 2012, 1226 = ZWE 2012, OLG Frankfurt NJW-RR 1996, 918; LG Marburg Rpfleger 1996, 341; krit. Weitnauer/Lüke WEG § 12 Rn. 5 S. 310 im Hinblick auf eine möglicherweise erschwerte Verwertung.

289 Im Ergebnis wie hier Hügel/Elzer WEG § 12 Rn. 6; aA Bärmann/Suilmann WEG § 12 Rn. 7 aE.

290 Vgl. BGHZ 145, 158 = NJW 2000, 3500 = ZWE 2000, 518.

291 OLG München ZWE 2014, 267.

292 OLG Frankfurt NJW-RR 1996, 918.

293 OLG Hamm ZWE 2012, 276; Böttcher ZNotP 2013, 128; Schneider RpflStud 2012, 119.

Zustimmungserfordernis für Grundpfandrechts- und Reallastberechtigte gem. § 5 Abs. 4 S. 2 WEG.[294]

3. Veräußerung

a) Veräußerungsbegriff

§ 12 WEG betrifft nur Veräußerungen, dh **rechtsgeschäftliche Übertragungen** des Wohnungseigentums unter Lebenden. Dem gleichgestellt sind nach der ausdrücklichen Anordnung in § 12 Abs. 3 Satz 2 WEG eine Veräußerung im Wege der **Zwangsvollstreckung** oder durch den **Insolvenzverwalter.** 136

Der Veräußerungsbegriff umfasst nicht nur das dingliche **Erfüllungsgeschäft,** sondern auch das schuldrechtliche **Verpflichtungsgeschäft** (vgl. § 12 Abs. 3 S. 1 WEG).[295] Dabei ist es nach hier vertretener Auffassung unerheblich, ob das Wohnungseigentum als Ganzes oder lediglich ein (Bruch-)Teil davon veräußert werden soll oder lediglich Teile seiner Elemente veräußert werden sollen. 137

Beispiel

Die Veräußerung eines ideellen Miteigentumsanteils am Wohnungseigentum als Ganzem[296] wird ebenso von einem vereinbarten Zustimmungserfordernis erfasst wie eine Änderung des Miteigentumsanteils ohne gleichzeitige Veränderung des Sondereigentums (sog Quotenänderung)[297] und eine Änderung des Sondereigentums ohne gleichzeitige Veränderung des Miteigentumsanteils.[298]

In zeitlicher Hinsicht werden von einem vereinbarten Zustimmungserfordernis sämtliche Veräußerungsfälle erfasst, die nach dem Entstehen einer Wohnungseigentümergemeinschaft stattfinden. Dies gilt zum Einen mangels abweichender Regelung für den gem. § 8 WEG teilenden Bauträger selbst, der entgegen der vormals hM[299] auch mit der **Erstveräußerung** seiner ihm verbliebenen Einheiten der von ihm selbst mit der Teilungserklärung gesetzten Veräußerungsbeschränkung unterfällt.[300] Zum anderen werden aber auch **werdende Wohnungseigentümer** von einem vereinbarten Zustimmungserfordernis erfasst, weil sie im Verhältnis untereinander die gleichen Rechte und Pflichten wie (endgültige) Wohnungseigentümer haben und die Gemeinschaft jetzt gem. § 9a Abs. 1 S. 2 WEG mit der Anlegung der Wohnungsgrundbücher entsteht.[301] 138

---

[294] Übersehen von Bärmann/Suilmann WEG § 12 Rn. 7.

[295] BGH NJW 2012, 3232 = ZWE 2012, 499; OLG Hamm ZWE 2012, 97.

[296] KG ZWE 2011, 220; OLG Hamm ZWE 2002, 42; aA Hügel/Elzer WEG § 12 Rn. 23.

[297] Weitnauer/Lüke WEG § 12 Rn. 2; aA Bärmann/Suilmann WEG § 12 Rn. 18.

[298] Bärmann/Suilmann WEG § 12 Rn. 17; aA OLG Celle NJW 1974, 1908.

[299] OLG Frankfurt OLGZ 1989, 44 = DNotZ 1990, 45; BayObLG ZMR 1986, 247; BayObLG DNotZ 1984, 559.

[300] BGHZ 113, 374 = DNotZ 1991, 888 = NJW 1991, 1613; aus diesem Grund wird die Erstveräußerung idR vom Zustimmungserfordernis ausgenommen (→ Rn. 121). Die Entscheidung war Anlass für die Einführung des § 61 WEG aF (= § 46 WEG) zur Heilung unwirksamer Veräußerungsfälle.

[301] Bärmann/Suilmann WEG § 12 Rn. 10; der frühere Meinungsstreit hat sich durch das WEMoG erledigt.

Wiederholung:

Wiederholen Sie jetzt bitte → §4 Rn. 68ff. zum sog werdenden Wohnungseigentümer.

b) Typische Veräußerungsfälle

139 Vom Veräußerungsbegriff des §12 WEG werden damit bspw. folgende Erwerbsfälle – vorbehaltlich einer vereinbarten Ausnahmeregelung – erfasst:

Beispiele

- Veräußerung im Wege der **Schenkung**;[302]
- Veräußerung an den **geschiedenen Ehegatten**, die erst nach Rechtskraft der Scheidung vereinbart wird, auch wenn die Veräußerung an den Ehegatten vom Zustimmungserfordernis ausgenommen ist;[303]
- Veräußerung an **Abkömmlinge** des Eigentümers, wenn nicht insoweit ein Befreiungstatbestand besteht; dann allerdings kann die Veräußerung auch durch die Erben an einen Abkömmling zustimmungsfrei erfolgen;[304]
- Veräußerung an einen **anderen Wohnungseigentümer**;[305]
- Veräußerung an einen **Grundpfandrechtsgläubiger**;[306]
- Veräußerungen zur **Auseinandersetzung einer Erbengemeinschaft**, und zwar auch dann, wenn die Veräußerung der Erfüllung eines Vermächtnisses oder einer Teilungsanordnung des Erblassers dient;[307]
- Veräußerung an eine **Gesellschaft bürgerlichen Rechts** selbst dann, wenn bei einem vereinbarten Verwandtenprivileg alle Mitglieder der Gesellschaft Verwandte des Veräußerers sind;[308]
- Veräußerung von einer **Kommanditgesellschaft** an die beiden einzigen Kommanditisten.[309]

c) Keine Veräußerungsfälle

140 Nicht von einer vereinbarten Veräußerungsbeschränkung gem. §12 WEG erfasst werden demgegenüber all jene Fallgestaltungen, die entweder keine singuläre Rechtsnachfolge darstellen, nicht rechtsgeschäftlich erfolgen oder schon gar nicht zu einer Rechtsnachfolge führen.

Beispiele

- Gesamtrechtsnachfolge etwa aufgrund **Erbfolge**[310], Vereinbarung einer **Gütergemeinschaft**[311] oder nach dem **UmwG**[312];

---

302 KG ZWE 2012, 426.
303 KG ZWE 2011, 220.
304 KG ZWE 2012, 227.
305 KG ZWE 2011, 220; OLG Hamm ZWE 2002, 44.
306 LG Düsseldorf Rpfleger 1981, 193.
307 BayObLGZ 1982, 46 = MittBayNot 1982, 70; LG Dortmund MittBayNot 2009, 43.
308 KG ZWE 2012, 41; OLG München NJW 2007, 1536.
309 OLG Hamm FGPrax 2007, 10.
310 KG ZWE 2014, 311.
311 ARS/Schneider WEG §12 Rn. 41.
312 ThürOLG ZWE 2014, 123.

- Veränderungen im Personenbestand bei gesamthänderisch gebundenen Vermögen etwa durch **Erbteilübertragung**[313] oder **Übertragung eines Anteils** an einer **Gesellschaft bürgerlichen Rechts**[314];
- **Umwandlung** einer Erbengemeinschaft in eine personengleiche Bruchteilsgemeinschaft;[315]
- **Enteignung**;[316]
- Eintragung einer **Erwerbsvormerkung**;[317]
- **Belastung** des Wohnungseigentums mit einem dinglichen Recht;[318]
- Abschluss eines **Mietvertrages**.[319]

d) Beschränkung und Erweiterung des Anwendungsbereichs

Der Inhalt einer vereinbarten Veräußerungsbeschränkung muss den sachenrechtlichen Bestimmtheitsanforderungen genügen.[320] Nach den Verfahrensgrundsätzen des Grundbuchrechts kann das Grundbuchgericht die Wirksamkeit einer vereinbarten Veräußerungsbeschränkung **grundsätzlich** nur nach einer **formalen Betrachtungsweise** beurteilen; eine Interessenabwägung kann im Grundbuchverfahren regelmäßig nicht geleistet werden.[321] Als Ausnahmetatbestand ist § 12 WEG dabei grundsätzlich eng auszulegen.[322] 141

aa) Beschränkung des Anwendungsbereichs

Eine Beschränkung des Anwendungsbereichs wird immer dann in Betracht kommen, wenn der **Schutzbereich des § 12 WEG offenkundig nicht eröffnet** sein kann. Dies muss dann auch vom Grundbuchgericht berücksichtigt werden (vgl. § 29 Abs. 1 S. 2 GBO). 142

Beispiele

Ein vereinbartes Zustimmungserfordernis entfällt bei **gleichzeitiger Veräußerung sämtlicher Wohnungseigentumsrechte** oder des **Grundstücks als Ganzes an denselben Erwerber**, weil in diesem Fall die Mitglieder der Gemeinschaft nicht vor unerwünschten Dritten geschützt werden müssen.[323] Dagegen nicht generell vom Zustimmungserfordernis ausgenommen sein kann die (zufällig) zeitgleiche Veräußerung aller Wohnungseigentumsrechte, selbst wenn diese an denselben Erwerber erfolgt.[324]

Ebenfalls zustimmungsfrei bleibt trotz vereinbarten Zustimmungserfordernisses die **Veräußerung eines Wohnungseigentums an den rechtsfähigen Verband**

---

[313] OLG Hamm OLGZ 1979, 419 = DNotZ 1980, 53.
[314] OLG Celle ZWE 2011, 270.
[315] OLG Karlsruhe ZWE 2012, 490.
[316] KG ZWE 2014, 311.
[317] OLG Hamm ZWE 2012, 97.
[318] KG ZWE 2014, 311.
[319] Hügel/Elzer WEG § 12 Rn. 27.
[320] LG Duisburg ZMR 2007, 145.
[321] Hügel/Elzer WEG § 12 Rn. 29.
[322] KG ZWE 2010, 456; BayObLG DNotZ 1992, 229.
[323] OLG Hamburg ZMR 2024, 223; OLG Hamm ZWE 2012, 276; Böttcher ZNotP 2013, 128; Schneider RpflStud 2012, 119.
[324] Schneider RpflStud 2012, 119; aA OLG Saarbrücken ZWE 2012, 132.

Wohnungseigentümergemeinschaft in derselben Anlage, weil in diesem Fall die Wohnungseigentümer nicht vor sich selbst geschützt werden müssen.[325]

bb) Erweiterung des Anwendungsbereichs

143 Eine Erweiterung des Anwendungsbereichs ist im Hinblick auf den Ausnahmecharakter der Norm nur in solchen Fällen möglich, die rechtlich und/oder wirtschaftlich **einer Veräußerung gleichstehen.**

Beispiele

Der BGH hat für folgende Fallgestaltungen eine analoge Anwendung des § 12 WEG anerkannt:

- Wegen der eigentumsähnlichen Rechtsstellung des Berechtigten die Belastung eines Wohnungseigentums mit einem **Dauerwohnrecht** nach § 31 WEG oder einem **Wohnungsrecht** nach § 1093 BGB;[326]
- die Übertragung von **Sondernutzungsrechten**;[327]
- die **Unterteilung** eines Wohnungseigentums.[328]

144 **Andere Zustimmungsvorbehalte** fallen nicht unter § 12 WEG. Sie können aber gem. § 10 Abs. 1 u. 3 WEG als Inhalt des Sondereigentums vereinbart und in das Grundbuch eingetragen werden.

Beispiel

Dazu gehören u.a. Zustimmungserfordernisse zur Belastung eines Wohnungseigentums mit einem **Nießbrauch**[329] oder zu dessen **Vermietung**[330].

Der **Unterschied** zur Veräußerungsbeschränkung nach § 12 WEG zeigt sich darin, dass eine fehlende Zustimmung das Rechtsgeschäft mit dem Dritten nicht unwirksam macht, sondern nur zum Schadensersatz verpflichtet.[331] Ein solchermaßen vereinbarter „anderer" Zustimmungsvorbehalt ist daher auch nicht vom Grundbuchgericht zu beachten und bedarf deshalb auch keiner ausdrücklichen Eintragung in das Grundbuch.[332]

---

[325] OLG Hamm NJW 2010, 1464; Armbrüster NZG 2017, 441 (447); Bärmann/Suilmann WEG § 12 Rn. 19; Schneider Rpfleger 2008, 291; aA Hügel/Elzer WEG § 12 Rn. 31.
[326] BGHZ 37, 203 = NJW 1962, 1613; aA Weitnauer/Lüke WEG § 12 Rn. 3; RGRK/Augustin § 12 Rn. 2; ARS/Schneider WEG § 12 Rn. 26.
[327] BGHZ 73, 149 = NJW 1979, 548.
[328] BGHZ 49, 250 = NJW 1968, 499; OLG München ZWE 2013, 409; BayObLG DNotZ 1992, 305; aA Hügel/Elzer WEG § 12 Rn. 22; Meikel/Böttcher § 7 Rn. 112; M. Müller ZWE 2012, 22.
[329] BGHZ 220, 253 = ZfIR 2019, 398 = ZWE 2019, 360; LG Augsburg MittBayNot 1999, 381.
[330] OLG Frankfurt NZM 2005, 910.
[331] Wenzel ZWE 2008, 69 (72).
[332] ARS/Schneider WEG § 12 Rn. 91.

4. Zustimmungsberechtigung

a) Wohnungseigentümer und Dritte

Die Vereinbarung kann eine Zustimmung durch **alle** oder nur **einige Wohnungseigentümer** oder aber einen **Mehrheitsbeschluss** der Wohnungseigentümerversammlung vorsehen.[333] Auch ein **Dritter** kann zustimmungspflichtig sein, so zB (in der Praxis regelmäßig) der Wohnungseigentumsverwalter. Im Lichte der neuen durch das WEMoG geschaffenen Strukturen soll jetzt regelmäßig der rechtsfähige Verband Wohnungseigentümergemeinschaft, vertreten durch seinen Verwalter, allein zustimmungsberechtigt und damit im Prozessfall auch passivlegitimiert sein.[334] Die Veräußerung kann aber nicht in entsprechender Anwendung von § 1136 BGB von der Zustimmung eines **Grundpfandrechtsgläubigers** abhängig gemacht werden.[335] 145

b) Wohnungseigentumsverwalter

Ist der **Verwalter** zustimmungsberechtigt, so ist die Zustimmungsberechtigung im Hinblick auf das erforderliche Vertrauensverhältnis grundsätzlich an seine Person als Verwalter gebunden. Ist demgemäß der Verwalter eine **natürliche Person**, erlischt die Zustimmungsberechtigung mit dessen Tod und geht nicht auf die Erben über.[336] Ist demgegenüber Verwalter eine **juristische Person** (so zB die typische Hausverwaltungs GmbH), so sollen bei deren Verschmelzung auf eine andere juristische Person wegen der spezialgesetzlichen Umwandlungsregelungen die Organstellung und der Verwaltervertrag im Wege der Gesamtrechtsnachfolge auf den übernehmenden Rechtsträger übergehen.[337] 146

Ist die Zustimmung von einem **Wohnungseigentumsverwalter** zu erteilen, der zugleich selbst als Veräußerer oder Erwerber der Wohnung am Vertrag beteiligt ist, so ist entgegen der vorherrschenden Ansicht[338] **§ 181 BGB** entsprechend anwendbar, selbst wenn der Verwalter die Erklärung (auch) gegenüber dem anderen Vertragsteil abgegeben hat.[339] Auf einseitige Zustimmungserklärungen ist § 181 BGB nämlich grundsätzlich anwendbar.[340] Nach dem Schutzzweck der Norm muss dies auch dann gelten, wenn sich bei bestimmten Geschäften jenseits 147

---

[333] Zur Auslegung eines vereinbarten Zustimmungserfordernisses durch die „Mehrheit der übrigen Wohnungseigentümer“ vgl. OLG Hamm ZWE 2015, 362.

[334] BGH 22.3.2024 – V ZR 141/23, NJW 2024, 2173; BGHZ 239, 1 = NJW 2023, 3654 = ZfIR 2024, 73 = ZWE 2023, 399.

[335] ARS/Schneider WEG § 12 Rn. 120; Schöner/Stöber Rn. 2898; Weitnauer/Lüke WEG § 12 Rn. 14; aA Bärmann/Suilmann WEG § 12 Rn. 35; Hügel/Elzer WEG § 12 Rn. 37.

[336] BayObLGZ 2002, 20 = ZWE 2002, 214.

[337] BGH ZfIR 2021, 542 = ZWE 2021, 410; BGHZ 200, 221 = NJW 2014, 1447 = ZWE 2014, 216; anders noch OLG Köln DNotZ 2006, 690.

[338] OLG Karlsruhe FGRecht 2026, 62; OLG Hamm ZWE 2020, 336; OLG Düsseldorf ZWE 2020, 75; OLG Hamm 5.9.2013 – 15 W 303/13; KG DNotZ 2004, 391; BayObLG MittBayNot 1986, 180; OLG Düsseldorf NJW 1985, 390.

[339] LG Hagen RNotZ 2007, 349; LG Traunstein MittBayNot 1980, 164; Bärmann/Suilmann WEG § 12 Rn. 34; Böttcher NJW 2008, 2088 (2094); Hügel/Elzer WEG § 12 Rn. 41; ARS/Schneider WEG § 12 Rn. 110; Sohn NJW 1985, 3060; Staudinger/Schilken (2014) BGB § 181 Rn. 36.

[340] BGH NJW-RR 1991, 1441; BayObLG DNotZ 1984, 559.

ihres formalen Ordnungscharakters ein möglicher Missbrauch der Vertretungsmacht generell-abstrakt nach objektiv und einwandfrei feststellbaren Merkmalen darstellen lässt und die Vorschrift bei einer rein formalen Betrachtungsweise andernfalls ihre Bedeutung verlöre, weil sie ohne weiteres umgangen werden könnte.[341] Es kann also nicht allein darauf ankommen, ob die Zustimmungserklärung gem. § 182 Abs. 1 BGB sowohl dem einen als auch dem anderen Teil gegenüber erklärt werden kann und damit zumindest auch ohne ein Kontrahieren gegenüber dem anderen Vertragsteil wirksam werden könnte. Vielmehr liegt typischerweise ein das Motiv für § 181 BGB bildender Interessengegensatz vor, wenn der Verwalter, der zugleich Veräußerer oder Erwerber ist, auch über die notwendige Zustimmung zur Veräußerung entscheidet. Die Veräußerungsbeschränkung nach § 12 WEG soll jedoch dem Schutz der Wohnungseigentümer vor einem persönlich oder finanziell unzuverlässigen Erwerber dienen. Eine objektive Eignungsprüfung des Erwerbers durch den Verwalter ist aber bei bestehender Personenidentität von vornherein ausgeschlossen.

5. Erteilung, Widerruf und Wegfall der Zustimmung

a) Systematische Einordnung

148 Ein vereinbartes Zustimmungserfordernis erfasst sowohl das schuldrechtliche Kausalgeschäft als auch das dingliche Erfüllungsgeschäft (§ 12 Abs. 3 S. 1 WEG). Solange die erforderliche Zustimmung zur Veräußerung nicht erteilt ist, ist sowohl das schuldrechtliche als auch das dingliche Veräußerungsgeschäft absolut schwebend unwirksam (§ 12 Abs. 3 Satz 1 WEG).[342] Die Veräußerung wird mit dem Zugang der Zustimmung beim Veräußerer oder beim Erwerber wirksam (§ 182 Abs. 1 BGB); im Fall der nachträglichen Zustimmung wirkt diese auf den Zeitpunkt des Vertragsschlusses zurück (§ 184 Abs. 1 BGB).[343]

Bitte lesen Sie jetzt § 12 Abs. 3 WEG!

149 Entscheidend ist demgemäß, ob eine zur Auflassung erteilte Zustimmung damit bis zur Vornahme des Rechtsgeschäfts grundsätzlich als **widerruflich** anzusehen ist (§ 183 BGB).[344] Hier standen sich zwei Sichtweisen gegenüber:

aa) Zustimmungserfordernis als Verfügungsbeschränkung

150 Der traditionelle Ansatz verstand unter der „Vornahme des Rechtsgeschäfts" die Eintragung des neuen Wohnungseigentümers in das Grundbuch nach § 873 Abs. 1 BGB.[345] Nach diesem Ansatz erlischt die Widerrufsmöglichkeit allenfalls vorzeitig gem. § 878 BGB, wenn die Auflassung nach § 873 Abs. 2 BGB (durch notarielle Beurkundung) bindend geworden und der Umschreibungsantrag beim

---

341 BGHZ 91, 334 = NJW 1984, 2085.
342 BGH NJW 2012, 3232 = ZWE 2012, 499.
343 LG Frankfurt a.M. NJW-RR 1996, 1080.
344 Noch offen gelassen in BGHZ 195, 120 = NJW 2013, 299 = ZWE 2013, 21: „sofern man eine Widerruflichkeit der Zustimmungserklärung überhaupt bejaht".
345 BGH NJW 1963, 36 für den vergleichbaren Sachverhalt bei einem Erbbaurecht.

Grundbuchgericht gestellt worden ist.[346] Eine wohnungseigentumsrechtliche Veräußerungsbeschränkung wird damit wie eine **Verfügungsbeschränkung** behandelt.

Genehmigt demgegenüber der Zustimmungsberechtigte den schuldrechtlichen Kaufvertrag, wird dieser ex tunc unwiderruflich wirksam (§ 184 Abs. 1 BGB). Eine Genehmigung nach § 184 BGB kann nämlich wegen ihrer rechtsgestaltenden Wirkung nicht mehr widerrufen werden.[347] **151**

bb) Zustimmungserfordernis als inhaltsbestimmende Ausgestaltung des Sondereigentums

Weil die Zustimmungen zum schuldrechtlichen Kaufvertrag und zur sachenrechtlichen Auflassung in der Praxis allerdings nicht in zwei getrennten Rechtsgeschäften, sondern einheitlich erklärt werden, kann nach einer jüngeren Rechtsansicht richtigerweise die Zustimmung zur Auflassung dann ebenfalls nicht mehr widerrufen werden, wenn die Zustimmung zum Kaufvertrag unwiderruflich geworden ist.[348] Begründet wird dies mit der den Inhalt des Sondereigentums gem. §§ 5 Abs. 4 S. 1, 10 Abs. 3 WEG ausgestaltenden Wirkung der Veräußerungsbeschränkung. Andernfalls könnte nämlich der auf Veräußerung gerichtete schuldrechtliche Vertrag nach erteilter Zustimmung bereits wirksam geworden sein (und u.a. die Verpflichtung zur Zahlung des Kaufpreises ausgelöst haben!), ohne dass er infolge eines späteren Widerrufs der Zustimmung zur Auflassung noch erfüllt werden könnte.[349] Es handelt sich nach dieser Ansicht bei dem Zustimmungserfordernis gem. § 12 WEG also nicht um eine Veräußerungsbeschränkung im Sinne einer Verfügungsbeschränkung, sondern um eine **Fungibilitätsbeschränkung.**[350] **152**

b) Wirkung einer erteilten Zustimmung

Die beiden unterschiedlichen Rechtsauffassungen führten in der Praxis zu weitreichende Auswirkungen, wenn in der Person des Zustimmungsberechtigten Veränderungen eintreten. Sieht man nämlich traditionell in einer wohnungseigentumsrechtlichen Veräußerungsbeschränkung eine **Verfügungsbeschränkung**, so ist für die Beurteilung der Verfügungsbefugnis maßgeblich auf den Zeitpunkt der Grundbucheintragung abzustellen, weil sich erst dann die Verfügung über das Eigentumsrecht verwirklicht. In diesem Fall käme es also auf die Zustimmungserklärung durch die im Zeitpunkt des Eigentumswechsels zustimmungsberechtigte Person an. Die von einem Rechtsvorgänger des zustimmungspflichtigen Wohnungseigentumsverwalters oder eines zustimmungspflichtigen Wohnungseigentümers erteilte Zustimmung würde mit dem Verlust dieser Rechtsstellung **153**

---

[346] BGH NJW 1963, 36; vgl. DNotI-Gutachten DNotI-Report 2004, 165 mwN.

[347] BGHZ 125, 355 = NJW 1994, 1785; BGHZ 40,156 = MDR 1964, 136.

[348] Bauer/v. Oefele/Kössinger GBO § 19 Rn. 203; Hügel/Elzer WEG § 12 Rn. 41 ff.; Kesseler RNotZ 2005, 543; MüKoBGB/Commichau WEG § 12 Rn. 45; F. Schmidt MittBayNot 1999, 366; Riecke/Schmid/Schneider WEG § 12 Rn. 78 u. 84; Staudinger/Gursky (2014) BGB § 183 Rn. 28; noch zögerlich Schöner/Stöber Rn. 2904.

[349] Instruktiv OLG Hamburg ZfIR 2011, 528 mablAnm Schneider = ZWE 2011, 408; ausf. zum Problem auch DNotI-Gutachten DNotI-Report 2011, 113.

[350] Der Begriff wurde wohl erstmals in diesem Zusammenhang geprägt von Bauer/v. Oefele/Kössinger § 19 Rn. 203.

wirkungslos und könnte den (wieder entstehenden) Mangel in der Verfügungsbefugnis des Veräußerers nicht beheben.[351] Eine Vorverlagerung des maßgeblichen Zeitpunkts kommt nach dieser Ansicht nur unter den Voraussetzungen des § 878 BGB in Betracht.

154 Folgt man demgegenüber der jüngeren und im Vordringen befindlichen Rechtsansicht zur **Fungibilitätsbeschränkung**, muss die Zustimmungsberechtigung nur im Zeitpunkt der Abgabe der Zustimmungserklärung vorliegen, nicht aber bei der Eigentumsumschreibung.[352] Auch auf den vorgezogenen Beurteilungszeitpunkt des § 878 BGB kommt es nicht an. Ein späterer Wechsel des Zustimmungsberechtigten bleibt ohne Auswirkungen auf eine bereits erteilte Zustimmung. Der durch die Zustimmung begünstigte Veräußerer erlangt durch die vollständige Unwiderruflichkeit auch im dinglichen Bereich eine gesicherte Rechtsposition, die von weiteren Entwicklungen in der Sphäre des Zustimmungsberechtigten unabhängig ist. Die einmal erteilte Zustimmungserklärung behält auf diese Weise insgesamt ihre Wirksamkeit und hat die ursprünglich auf Veräußererseite bestehende Beschränkung einheitlich beseitigt.

155 Der BGH hatte die zugrunde liegende Rechtsfrage zunächst noch offen gelassen.[353] In Übereinstimmung mit seiner neueren Rechtsprechung zur erbbaurechtlichen Veräußerungsbeschränkung gem. § 5 Abs. 1 ErbbauRG[354] gelangt der BGH allerdings nun auch für das Wohnungseigentum zu dem zutreffenden Ergebnis, dass eine einmal erteilte Zustimmung insgesamt (schuldrechtlich und dinglich) unwiderruflich ist, sobald die schuldrechtliche Vereinbarung über die Veräußerung wirksam geworden ist.[355] Auf diese Weise wird ein Gleichlauf der Zustimmungserklärungen erreicht, so dass die Wirksamkeit einer erteilten Zustimmung nur einheitlich beurteilt werden kann.

6. Verweigerung der Zustimmung

156 Eine erforderliche Veräußerungszustimmung darf nur aus **wichtigem Grund** versagt werden.

Bitte lesen Sie jetzt § 12 Abs. 2 WEG!

[351] So unter Aufgabe seiner bisherigen Rechtsprechung OLG München ZfIR 2017, 575 = ZWE 2017, 313; OLG Frankfurt ZWE 2012, 274; OLG Frankfurt ZWE 2012, 273; OLG Saarbrücken ZWE 2012, 132; OLG Hamburg ZfIR 2011, 528 = ZWE 2011, 408; OLG Hamm NZM 2010, 709 = ZfIR 2011, 526; KG ZMR 2009, 784; OLG Celle NZM 2005, 260.

[352] OLG Nürnberg ZWE 2013, 86; KG ZWE 2012, 227; OLG München NZM 2012, 388, allerdings wieder aufgegeben v. OLG München ZfIR 2017, 575 = ZWE 2017, 313 ; OLG Düsseldorf ZfIR 2011, 529 = ZWE 2011, 268.

[353] BGHZ 195, 120 = NJW 2013, 299 = ZWE 2013, 21; zur unzureichenden Begründung → 1. Aufl.

[354] BGH NJW 20217, 3514 = ZfIR 2017, 782 = ZWE 2017, 444.

[355] BGH ZfIR 2019, 410 = ZWE 2019, 313; BGH NJW 20217, 3514 = ZfIR 2017, 782 = ZWE 2017, 444.

Die Regelung des § 12 Abs. 2 S. 1 WEG ist zwingend.[356] Wird eine erforderliche Zustimmung verweigert, ist der Veräußerungsvertrag endgültig unwirksam.[357] Eine Versagung der Zustimmung ist trotz einer eingetragenen Erwerbsvormerkung noch möglich.[358]

Die Veräußerungszustimmung kann nur verweigert werden, wenn die Übertragung des Wohnungseigentums eine **gemeinschaftswidrige Gefahr** für die übrigen Wohnungseigentümer bedeutet, die in der Person des Erwerbers begründet ist.[359] Ein solcher wichtiger Grund liegt vor, wenn ein Erwerbsinteressent im Hinblick auf seine **Person** oder seine **wirtschaftliche Leistungsfähigkeit** für die Wohnungseigentümergemeinschaft unzumutbar ist. 157

Ein **wichtiger Grund** iSd § 12 WEG liegt u.a. vor: 158

Beispiele

- Ein Erwerbsinteressent ist bereits Mitwohnungseigentümer und hat rechtswidrige bauliche Veränderungen vorgenommen sowie erhebliche Hausgeldrückstände auflaufen lassen.[360]
- Ein Erwerbsinteressent hat bereits als Mieter seine Miete nicht oder nicht rechtzeitig gezahlt.[361]
- Ein ausländischer Erwerbsinteressent verweigert die Bestellung eines in der Gemeinschaftsordnung vorgesehenen inländischen Zustellungsbevollmächtigten in notariell beglaubigter Form.[362]
- Ein Erwerbsinteressent versucht, die erforderliche Zustimmung durch Drohungen zu erreichen.[363]

Kein wichtiger Grund iSd § 12 WEG liegt u.a. vor: 159

Beispiele

- Bloße Antipathie reicht für eine Zustimmungsversagung nicht aus.[364]
- Ein Hausgeldrückstand des **Veräußerers** stellt keinen Versagungsgrund dar.[365]
- Bewilligung von Prozesskostenhilfe über zwei Instanzen zugunsten eines Erwerbsinteressenten.[366]

Liegt ein wichtiger Grund, der die Verweigerung der Zustimmung rechtfertigt, nicht vor, steht dem veräußerungswilligen Eigentümer einer Eigentumswohnung nach § 12 Abs. 2 WEG ein Anspruch auf Erteilung der in der Gemeinschaftsordnung vorgesehenen Zustimmung zur Veräußerung in grundbuchtauglicher Form zu.[367] Bei Verweigerung der Zustimmung kann ein gerichtliches Ersetzungsverfahren nach § 43 Abs. 2 Nr. 3 WEG eingeleitet werden. 160

---

[356] OLG Hamm NJW-RR 1993, 279.
[357] BGH NJW 2012, 3232 = ZWE 2012, 499.
[358] OLG Düsseldorf WuM 1997, 387.
[359] OLG Zweibrücken ZWE 2006, 46 OLG Köln ZfIR 2002, 144.
[360] LG Köln ZMR 2009, 552.
[361] OLG Köln NJW-RR 1996, 1296.
[362] AG Hamburg ZMR 2011, 67.
[363] OLG Düsseldorf NJW-RR 1997, 268.
[364] OLG Köln ZWE 2010, 42.
[365] OLG Brandenburg ZMR 2009, 703.
[366] LG Itzehoe ZWE 2012, 180.
[367] BGH ZWE 2011, 321; OLG Hamm OLGZ 1993, 295 = NJW-RR 1993, 279; OLG Hamm OLGZ 1992, 295 = NJW-RR 1992, 785.

7. Nachweis der Zustimmung

161 Das Grundbuchgericht muss eine vereinbarte Veräußerungsbeschränkung gem. §12 WEG von Amts wegen beachten.[368] Dazu ist die **Zustimmung** eines Wohnungseigentumsverwalters **in der Form des §29 Abs. 1 S. 1 GBO** nachzuweisen; sie kann auch nicht von einer Kostenübernahme durch den veräußernden Wohnungseigentümer abhängig gemacht werden.[369]

162 Daneben ist dessen **Eigenschaft als Verwalter in der Form des §29 GBO** nachzuweisen. Hierfür genügt die Vorlage einer Niederschrift über den Bestellungsbeschluss, bei der die Unterschriften der in §24 Abs. 6 WEG bezeichneten Personen öffentlich beglaubigt sind (§26 Abs. 4 WEG). Eines weitergehenden Nachweises dahingehend, dass die Unterzeichner auch die in der Niederschrift bezeichnete Funktion innehaben (zB als Vorsitzender des Verwaltungsbeirates), bedarf es nicht.[370] Soweit sich aus der Verwalterbestellung nichts Anderes ergibt, kann für drei bzw. fünf Jahre vom Fortbestand der Verwalterbestellung ausgegangen werden (vgl. §26 Abs. 2 S. 1 WEG).[371]

Hinweis:

Einzelheiten zum Nachweis einer Verwalterbestellung durch Beschlussfassung der Wohnungseigentümer finden Sie im → §8 Rn. 89ff.

163 **Muster**[372]

Zustimmungserklärung

Ich bin zum Verwalter nach dem Wohnungseigentumsgesetz bestellt für die bei dem Amtsgericht ..... gebildeten Sondereigentumseinheiten an dem Grundstück Gemarkung ....., Flur ....., Flurstück ....., eingetragen in den Wohnungs- und Teileigentumsgrundbüchern von ..... Blatt ..... bis Blatt .....

Mit notariellem Vertrag (Notar; UR-Nr. ....) vom ..... hat der eingetragene Eigentümer sein Wohnungseigentum Nr. .... des Aufteilungsplans auf den Erwerber ..... übertragen.

In meiner Eigenschaft als Verwalter stimme ich dieser Übertragung gem. §12 WEG hiermit zu.

---

368 BGH ZfIR 2019, 410 = ZWE 2019, 313; OLG Hamm ZWE 2013, 215; OLG Frankfurt ZWE 2011, 337.

369 OLG Hamm OLGZ 1989, 302 = NJW-RR 1989, 974.

370 LG Lübeck Rpfleger 1991, 309; LG Aachen MittRhNotK 1985, 13; LG Wuppertal MittRhNotK 1985, 11; LG Köln MittRhNotK 1984, 121.

371 BayObLG MittBayNot 1991,170; OLG Oldenburg Rpfleger 1979,266.

372 Mit freundlicher Erlaubnis entnommen aus dem Beck'schen Formularbuch Wohnungseigentumsrecht, Formular G III.

Meine Verwaltereigenschaft ergibt sich aus:
- ☐ dem anliegend beigefügten Beschluss über meine Bestellung zum Verwalter mit den gem. §26 Abs. 4, §24 Abs. 6 WEG öffentlich beglaubigten Unterschriften;
- ☐ dem bereits zu den Grundakten von ..... Blatt ..... eingereichten Beschluss über meine Bestellung zum Verwalter mit den gem. §26 Abs. 4, §24 Abs. 6 WEG öffentlich beglaubigten Unterschriften
- ☐ der bei den Grundakten befindlichen Teilungserklärung.

.....
(Ort, Datum)

.....
(Unterschrift)

.....
(Unterschriftsbeglaubigung)

8. Aufhebung der Veräußerungsbeschränkung

a) Grundsatz

Die Aufhebung einer vereinbarten Veräußerungsbeschränkung führt ebenso 164
wie ihre Begründung zur **Inhaltsänderung** aller beteiligten Wohnungseigentumsrechte (§ 5 Abs. 4 Satz 1 WEG); sie bedarf damit als vereinbarungsaufhebende Regelung grundsätzlich der Mitwirkung aller Wohnungseigentümer (vgl. auch § 10 Abs. 3 S. 1 WEG „Aufhebung solcher Vereinbarungen").

b) Mehrheitsbeschluss

Die Wohnungseigentümer können allerdings auch durch Stimmenmehrheit 165
beschließen, dass eine Veräußerungsbeschränkung gemäß § 12 Abs. 1 WEG aufgehoben wird. Ist ein solcher Beschluss gefasst, kann die Veräußerungsbeschränkung im Grundbuch gelöscht werden. Die Beschlusskompetenz wurde im Zuge der WEG-Novelle (2007) eingeführt; sie gilt allerdings auch für bereits eingetragene Veräußerungsbeschränkungen aus der Zeit vor dem 1.7.2007.[373]

Bitte lesen Sie jetzt § 12 Abs. 4 WEG!

Die Aufhebung der Veräußerungsbeschränkung können die Wohnungseigen- 166
tümer mit einfacher Stimmenmehrheit beschließen (§ 12 Abs. 4 S. 1 WEG). Der frühere Meinungsstreit über das richtigerweise anzuwendende Stimmrechtsprinzip hat sich durch die Neufassung des Abs. 4 anlässlich des WEMoG erledigt.[374]

Hinweis:

Wegen der verschiedenen Stimmrechtsprinzipien → § 8 Rn. 44.

[373] Vgl. OLG Hamm ZWE 2008, 465.
[374] S. dazu → 1. Aufl. mwN.

167 In **Mehrhausanlagen** steht die Beschlusskompetenz zur Aufhebung einer Veräußerungsbeschränkung trotz getrennter Verwaltungsbefugnis nur der Eigentümerversammlung der Gesamtgemeinschaft zu.[375]

c) Grundbuchberichtigung

168 Der Beschluss über die Aufhebung einer bestehenden Veräußerungsbeschränkung wird mit seiner Verkündung wirksam.[376] Keine Wirksamkeitsvoraussetzung sind demzufolge die Grundbucheintragung des Beschlusses (vgl. § 12 Abs. 4 S. 2 WEG: „kann"), seine Eintragung in die Beschluss–Sammlung (vgl. § 24 Abs. 7 WEG) oder die Aufnahme in die zu erstellende Niederschrift (vgl. § 24 Abs. 6 WEG) noch der Eintritt der Bestandskraft.[377] Der wirksame Aufhebungsbeschluss hat konstitutive Wirkung; die anschließende Löschung der Veräußerungsbeschränkung im Grundbuch stellt lediglich eine **Grundbuchberichtigung** mit deklaratorischer Wirkung dar.[378]

169 Für die Durchführung der Löschung verweist § 12 Abs. 4 S. 3 WEG nun auf § 7 Abs. 2 WEG. Zur Grundbuchberichtigung ist neben der entsprechenden Antragstellung[379], zu der jetzt auch die GdWE berechtigt ist (§ 7 Abs. 2 S. 2 WEG), entweder die Vorlage einer Berichtigungsbewilligung sämtlicher Betroffener (§ 19 GBO) oder ein Unrichtigkeitsnachweis (§ 22 GBO) jeweils in der Form des § 29 GBO erforderlich.[380] Als **Unrichtigkeitsnachweis** ist eine Niederschrift über die Beschlussfassung der Eigentümerversammlung vorzulegen[381], wobei die Unterschriften des Versammlungsleiters und eines Wohnungseigentümers und, falls ein Verwaltungsbeirat bestellt ist, auch von dessen Vorsitzenden oder seinem Stellvertreter, öffentlich beglaubigt sein müssen (§ 12 Abs. 4 S. 3, § 7 Abs. 2 S. 1 WEG). Eines weitergehenden Nachweises, dass die Unterzeichner auch die bezeichneten Funktionen innehaben (zB als Vorsitzender des Verwaltungsbeirats) bedarf es wiederum nicht.

Hinweis:

Zum parallelen Nachweiserfordernis bei der Verwalterzustimmung → Rn. 149 f. Wegen Einzelheiten zum Nachweis einer Beschlussfassung der Wohnungseigentümer → § 8 Rn. 89 ff.

170 Nach der WEG-Novelle (2020) nicht (mehr) möglich ist die Führung eines Unrichtigkeitsnachweises durch Vorlage eines Auszuges aus der **Beschluss-Sammlung** gem. § 24 Abs. 7 WEG.[382] Eine **Zustimmung dinglich Berechtigter** zur

[375] OLG Hamm ZWE 2012, 489.
[376] Wenzel ZWE 2008, 69 (75).
[377] OLG München ZWE 2014, 267.
[378] OLG Hamm ZWE 2012, 489; OLG München ZWE 2011, 418.
[379] Zum – begrenzten – Antragsrecht des einzelnen Wohnungseigentümers s. OLG München ZWE 2014, 267; Wilsch NotBZ 2007, 305 (308).
[380] OLG München ZWE 2011, 418.
[381] Zu anderen Nachweisen im Umlaufverfahren und bei vorangegangenem Absenkungsbeschluss s. Schneider ZfIR 2023, 349.
[382] Zu den Details s. im Einzelnen Schneider ZfIR 2023, 568.

Aufhebung einer vereinbarten Veräußerungsbeschränkung ist mangels Beeinträchtigungsmöglichkeit nicht erforderlich.[383]

d) Rückgängigmachung der Aufhebung

Möchten die Wohnungseigentümer die Aufhebung wieder rückgängig machen, also die Veräußerungsbeschränkung des § 12 WEG wieder einführen, bedarf es dazu einer neuerlichen Vereinbarung aller Wohnungseigentümer gem. § 10 Abs. 1 S. 2 WEG. Für die Wiederbegründung einer zuvor durch Beschluss aufgehobenen Veräußerungsbeschränkung fehlt der Versammlung der Wohnungseigentümer nämlich die notwendige Beschlusskompetenz. § 12 Abs. 4 S. 1 WEG gilt als gesetzliche Ausnahme vom Vereinbarungsprinzip nicht für den „actus contrarius".[384] 171

VII. Wohnungseigentumsrechtliche Haftungsklauseln

1. Vereinbarung einer Haftungsklausel

Es besteht keine gesetzliche **Haftung** des Erwerbers von Wohnungseigentum **für Hausgeldrückstände** des Veräußerers (vgl. § 16 Abs. 2 S. 1 WEG).[385] Allerdings ist eine entsprechende rechtsgeschäftliche Vereinbarung zulässig, die über § 10 Abs. 1 S. 2 WEG auch zum Inhalt des Sondereigentums gemacht werden kann.[386] Dies gilt selbst dann, wenn der Veräußerer der teilende Bauträger ist.[387] 172

Die Haftung tritt automatisch mit dem Erwerb des Wohnungseigentums ein; einer separaten Übernahmeerklärung bedarf es nicht.[388] Es handelt sich insbesondere auch **nicht** um einen unzulässigen **Vertrag zu Lasten Dritter**, da die Verpflichtung des Erwerbers nur durch dessen freiwilligen Erwerbsakt zustande kommt und es den Wohnungseigentümern kraft Gesetzes unbenommen ist, ihr Gemeinschaftsverhältnis innerhalb der gesetzlichen Grenzen abweichend von der gesetzlichen Regelung zu regeln.[389] 173

Eine entsprechende Vereinbarung für einen Erwerb im Wege der **Zwangsversteigerung** ist jedoch wegen Verstoßes gegen § 56 S. 2 ZVG gem. § 134 BGB nichtig.[390] 174

---

[383] BayObLGZ 1989, 354 = MittBayNot 1989, 315; LG Bielefeld Rpfleger 1985, 232; LG Düsseldorf MittRhNotK 1983, 221.

[384] OLG München ZWE 2014, 267.

[385] Nach BGH NJW 2018, 1613 = ZfIR 2018, 232 mablAnm Becker und ablAnm Schneider ZWE 2018, 172 sowie BGHZ 198, 216 = NJW 2013, 3515 besteht auch keine dingliche Haftung des Wohnungseigentums; aA Schneider ZWE 2014, 61.

[386] BGH DNotZ 1995, 42 = NJW 1994, 2950; BGHZ 99, 358 = DNotZ 1988, 27 = NJW 1987, 1638; BGHZ 88, 302 = DNotZ 1984, 556 = NJW 1984, 308.

[387] OLG Düsseldorf NJW-RR 1997, 906.

[388] BGH DNotZ 1995, 42 = NJW 1994, 2950; BayObLGR 2002, 369 = NZM 2002, 492 = ZfIR 2002, 389.

[389] Vgl. DNotI-Gutachten v. 1.1.1997 – Abruf-Nr. 1117, dort auch zum Umfang der Haftung.

[390] BGH DNotZ 1995, 42 = NJW 1994, 2950; BGHZ 99, 358 = DNotZ 1988, 27 = NJW 1987, 1638; OLG Hamm NJW-RR 1996, 911; OLG Düsseldorf WuM 1996, 119;

2. Grundbucheintragung einer Haftungsklausel

175 Die Eintragung einer rechtsgeschäftlich vereinbarten Haftungsklausel für Hausgeldrückstände des Voreigentümers erfolgte bis zum 30.11.2020 gem. § 7 Abs. 3 WEG aF als Inhalt des Sondereigentums in aller Regel durch Bezugnahme auf die Eintragungsbewilligung.

176 Seit dem Inkrafttreten des WEMoG am 1.12.2020 ordnet § 7 Abs. 3 S. 2 WEG nun die **ausdrückliche Eintragung** der Haftung von Sondernachfolgern für Geldschulden an.

Bitte lesen Sie jetzt § 7 Abs. 3 WEG!

Die Eintragung anlässlich der Begründung des Wohnungseigentums erfolgt in Sp. 3 des Bestandsverzeichnisses. Dazu bedarf es nach hier vertretener Auffassung nicht der Wiedergabe des vollen Wortlautes der Haftungsklausel (zB für eine vollumfängliche Haftung des Erwerbers; in der Höhe begrenzte Haftung für Hausgeldrückstände; zeitlich begrenzte Haftung des Erwerbers; Haftung für beschlossene Nachschüsse; Haftung für Sonderumlagen; Haftung für Verzugszinsen; Haftung für Kosten der Zwangsvollstreckung). Es genügt der Hinweis auf das Vorhandensein der Klausel.

Beispiel

Es besteht eine Haftungsvereinbarung (für Hausgeldschulden).[391]

Der angestrebten Warnfunktion der Grundbucheintragung dürfte damit Genüge getan sein.

3. Übergangsrecht

177 Die Pflicht zur ausdrücklichen Eintragung von Haftungsklauseln gilt gem. § 48 Abs. 3 S. 1 WEG auch für Vereinbarungen und Beschlüsse, die vor dem 1.12.2020 getroffen oder gefasst wurden. Ist eine solche Regelung entgegen der Vorgabe des § 7 Abs. 3 S. 2 WEG bisher nicht ausdrücklich, sondern lediglich unter Bezugnahme auf die Eintragungsbewilligung im Grundbuch eingetragen worden, kann die ausdrückliche Eintragung in allen Wohnungsgrundbüchern nur auf Antrag eines Wohnungseigentümers oder der Gemeinschaft der Wohnungseigentümer nachgeholt werden (§ 48 Abs. 3 S. 2 WEG). Für die Nachholung räumt das Gesetz eine Übergangsfrist bis zum 31.12.2025 ein. Ist eine Haftungsklausel bisher nicht ausdrücklich in das Grundbuch eingetragen worden, soll die Wirkung gegenüber dem Sondernachfolger eines Wohnungseigentümers unberührt bleiben, wenn die Sondernachfolge bis zum 31.12.2025 eintritt (§ 48 Abs. 3 S. 3 WEG). Ohne Nachholung der ausdrücklichen Grundbucheintragung soll die Klausel nach diesem Zeitpunkt dann keine Wirkung mehr gegenüber dem Sondernachfolger eines

---

anders noch z.T. die ältere Rechtsprechung.

[391] Bauer/Schaub/Schneider AT E Rn. 238a; Böhringer Rpfleger 2022, 375 (376); ähnlich Böttcher RpflStud 2021, 95 (98).

Wohnungseigentümers entfalten. Mit der Umsetzung dieser Regelung sind einige –auch verfassungsrechtliche – Fragestellungen verbunden, nachdem die bisherigen Grundbucheintragungen nach der seinerzeit geltenden Rechtslage wirksam durch Bezugnahme zustande gekommen sind.[392]

VIII. Bauliche Maßnahmen

1. Anwendungsbereich und rechtliche Einordnung

In der Praxis besteht für bestimmte bauliche Maßnahmen oftmals ein Bedürf- 178
nis, bereits bei der Begründung des Wohnungseigentums den Rechtsboden für die Zeit nach der Entstehung einer Eigentümergemeinschaft vorzubereiten.

Beispiele

Typische Anwendungsfälle sind u.a.:

- die Berechtigung zum nachträglichen Ausbau eines Dachgeschosses als Wohnung;
- die Berechtigung zum nachträglichen Aufstellen eines Carports auf einem zur Sondernutzung zugewiesenen Pkw-Stellplatz;
- die Berechtigung zum nachträglichen Anbau von Ständerbalkonen;
- die Berechtigung zum nachträglichen Ein- oder Anbau eines Fahrstuhls.

Der Sache nach handelt es sich dabei um **bauliche Veränderungen** des gemein- 179
schaftlichen Eigentums, die nach Invollzugsetzung der Wohnungseigentümergemeinschaft nur noch unter bestimmten Voraussetzungen mehrheitlich beschlossen werden können. Soweit etwa Rechte anderer Wohnungseigentümer durch eine bauliche Veränderung über das bei einem geordneten Zusammenleben unvermeidliche Maß hinaus beeinträchtigt werden, bedarf es vorbehaltlich des § 20 Abs. 2 WEG des Einverständnisses dieser Wohnungseigentümer (§ 20 Abs. 3 WEG).

Bitte lesen Sie jetzt § 20 WEG!

2. Vereinbarung baulicher Veränderungen

Da insbesondere in größeren Eigentümergemeinschaften die notwendigen 180
Zustimmungen nur schwer zu erlangen sind, stellt sich die Frage, ob näher bestimmte absehbare bauliche Maßnahmen nicht bereits mit der Begründung des Wohnungseigentums vereinbart werden können. Bereits nach der Regelungshierarchie (→ Rn. 2) können Wohnungseigentümer auch vereinbaren, was zu beschließen ist. Vereinbarungen können jedoch nach den Vorschriften des 4. **Abschnittes** (!) des I. Teils des WEG zum Inhalt des Sondereigentums gemacht

[392] Dazu s. ausführlich SEHR/Schneider § 3 Rn. 83 ff.; vgl. jetzt auch KG 10.09.26 – I W 49/26, KG 16.04.2026 – I W 109/26 u.a. und KG 28.04.2026 – I W 257/26 u.a.

werden. Das trifft auch auf Vereinbarungen zu, die bestimmte bauliche Maßnahmen gestatten.[393]

Bitte lesen Sie jetzt vor diesem Hintergrund noch einmal § 5 Abs. 4 S. 1 WEG!

181 Wir haben es damit mit einer weiteren **Vereinbarung** iSd § 10 Abs. 1 S. 2 WEG zu tun.[394] Die einseitige Erklärung des teilenden Eigentümers steht einer Vereinbarung gem. §§ 5 Abs. 4 S. 1, 8 Abs. 2 WEG gleich, wenn diese als Inhalt des Sondereigentums in das Grundbuch eingetragen ist. Sie bindet dann gemäß § 10 Abs. 3 S. 1 WEG auch die jeweiligen **Sondernachfolger** im Eigentum an die auf diese Weise verdinglichte Zustimmungserklärung.[395] Eine zusätzliche Beschlussfassung ist somit entbehrlich.

Hinweis:
Zu baulichen und Modernisierungsmaßnahmen s. ausf. → § 9 Rn. 1 ff.

Wiederholungsaufgaben und Vertiefungsfragen

1. Könnte ein Sondernutzungsrecht auch in der Weise begründet werden, dass dem jeweiligen Eigentümer eines näher beschriebenen und abgeschlossenen Teileigentums an einem Kellerraum das Sondernutzungsrecht an einer im Obergeschoss gelegenen, näher beschriebenen Wohnung zugeordnet wird?
2. Könnte eine Veräußerungsbeschränkung gem. § 12 WEG auch für die Übertragung von Sondernutzungsrechten vereinbart werden?

---

[393] Ausdr. zur Zulässigkeit der Grundbucheintragung als Teil der Gemeinschaftsordnung BGH ZWE 2016, 289; OLG München ZMR 2019, 524; LG Hamburg ZWE 2017, 450.

[394] Vgl. BGH NJW 2014, 1090 = ZWE 2014, 178 (Terrassenüberdachung); BGH ZWE 2013, 131 (Dachgeschossausbau); BGH ZWE 2012, 377; BGH NJW 2012, 676 = ZWE 2012, 175 (jew. Sondernutzungsrecht mit der Befugnis zu baulichen Veränderungen).

[395] LG Hamburg ZMR 2011, 410 (für den Anbau von Ständerbalkonen), Bärmann/Dötsch WEG § 20 Rn. 66 ff.; Hügel/Elzer WEG § 20 Rn. 52.

§ 6. Verfügungen über das Wohnungseigentum

Ausgewählte Literatur zur Ergänzung und Vertiefung:

Amann, Amtslöschung von Dienstbarkeiten am Gemeinschaftseigentum?, MittBayNot 1995, 267; *Böttcher,* Vereinigung von Eigentumswohnungen, ZNotP 2013, 57; *Böttcher,* Veränderungen beim Wohnungseigentum, BWNotZ 1996, 80; *Ertl,* Ausübungsbereiche des Wohnungsrechts am Wohnungseigentum, FS Bärmann und Weitnauer (1990), S. 251; *Gaier,* Unterteilung von Wohnungseigentum, FS Wenzel (2005), S. 145; Harz/Riecke/Schmid/*Ott,* Hdb. d. FA Miet- und Wohnungseigentumsrecht, 5. Aufl. 2015 Kapitel 27: Bauträgerrecht, Kaufrecht; *Heinemann,* Umwandlungsvorgänge im Wohnungs- und Teileigentumsrecht, MietRB 2011, 231; *Hügel,* Die Umwandlung von Teileigentum zu Wohnungseigentum und umgekehrt FS Bub (2007), S. 137 = ZWE 2008, 120; *A. Ott,* Die Abnahme des Gemeinschaftseigentums vom Bauträger, ZWE 2013, 253; *A. Ott* Die Verfolgung von Mängelrechten gegen den Bauträger, NZM 2007, 505; *Pause/Vogel,* Auswirkungen der WEG-Reform auf die Geltendmachung von Mängeln am Gemeinschaftseigentum, ZMR 2007, 577; *Rapp,* Unterteilungen und Neuaufteilungen von Wohnungseigentum, MittBayNot 1996, 344; *Röll,* Das Eingangsflurproblem bei der Unterteilung von Eigentumswohnungen DNotZ 1998, 345; *Röll,* Veräußerung und Zuerwerb von Teilflächen bei Eigentumswohnanlagen, Rpfleger 1990, 277; *Schneider,* Verfügungen über Annexeigentum, ZMR 2023, 937; *Schüller,* Änderungen von Teilungserklärungen und Gemeinschaftsordnungen, RNotZ 2011, 203; *Stöhr,* Mitwirkungserfordernis der Sondereigentümer und dinglich Berechtigten bei Gestaltungen und Änderungen im Recht der Wohnungseigentümer, RNotZ 2016, 137; *Streblow,* Änderungen von Teilungserklärungen nach Eintragung der Aufteilung in das Grundbuch, MittRhNotK 1987, 141; *Streuer,* Nachverpfändung, Zuschreibung oder Pfanderstreckung kraft Gesetzes?, Rpfleger 1992, 181; *Vogel,* Auswirkungen des Wohnungseigentumsmodernisierungsgesetzes (WeMoG) auf die Verfolgung von Mängelansprüchen gegen den Bauträger, ZMR 2021, 181; *Vogel,* Probleme der Änderung von Teilungserklärung und Gemeinschaftsordnung beim Erwerb vom Bauträger, ZMR 2008, 270; *Weikart,* Bestandsänderungen von Sondereigentumsgrundstücken, NotBZ 1997, 89; *F. Zimmermann,* Belastung von Wohnungseigentum mit Dienstbarkeiten, Rpfleger 1981, 333.

I. Vorbemerkungen

1. Verfügungen

Mit diesem Kapitel ist für Sie zunächst die Gelegenheit verbunden, sich vorab 1
noch einmal mit dem bürgerlich-rechtlichen **Verfügungsbegriff** zu befassen:

Wiederholung:

Unter einer Verfügung ist bekanntlich ein *Rechtsgeschäft* zu verstehen, *durch das der Verfügende unmittelbar (dinglich) auf ein bestehendes Recht einwirkt, indem er es aufhebt, belastet, überträgt oder verändert.*[1] *(„ABÜV")*

[1] Vgl. BGHZ 75, 221 (226) = NJW 1980, 175; BGHZ 1, 294 (304) = NJW 1951, 645 (647).

Es wird also in der Folge darum gehen, auf welche Art und Weise Wohnungseigentum rechtsgeschäftlich übertragen (Abschnitt II), belastet (Abschnitt III) und verändert werden kann (Abschnitt IV). Mit den Aufhebungsmöglichkeiten können Sie sich dann am Ende des Buches (→ § 14 Rn. 1 ff.) beschäftigen.

Es geht in diesem Kapitel also nicht um Überlegungen zu einem Eigentumserwerb kraft Gesetzes (zB durch Erbfolge gem. § 1922 BGB; dazu → § 11 Rn. 72) oder durch Hoheitsakt (zB durch Zuschlag in einem Zwangsversteigerungsverfahren gem. § 90 ZVG; dazu → § 13 Rn. 7 ff.). Auch gehören bauliche Veränderungen eines Wohnungseigentums nicht hierher (dazu → § 9).

2. Trennungs- und Abstraktionsprinzip

2 Darüber hinaus sollten Sie sich vor der weiteren Lektüre noch einmal die tragenden Grundprinzipien unserer Zivilrechtsordnung in Erinnerung rufen. Danach wird zwischen dem **Verpflichtungsgeschäft** einerseits und den **Verfügungsgeschäften** andererseits unterschieden; sie bilden juristisch keine Einheit (Trennungsprinzip). Das Abstraktionsprinzip beruht auf diesem Trennungsprinzip und besagt, dass die genannten Rechtsgeschäfte auch in ihrer Wirksamkeit voneinander unabhängig zu betrachten sind. Danach kann also zB das verpflichtende Geschäft unwirksam, das dingliche dagegen wirksam sein. Zur Visualisierung soll das folgende Schaubild dienen:

Schaubild:

Erfüllungsgeschäfte	Erfüllen die Rechte und Pflichten aus dem Grundverhältnis durch *Rechtsgeschäfte, die unmittelbar dinglich auf ein bestehendes Recht einwirken, indem sie es* ***auf****heben,* ***be****lasten;* ***ü****bertragen oder* ***v****erändern (= Def.* ***Verfügung****)*
-------------------- **Trennungsprinzip** --------------------	
Verpflichtungsgeschäft („causa")	Begründet Rechte und Pflichten zwischen den Vertragsparteien. Schafft damit eine vertragliche **Bindung** zwischen Berechtigtem und Verpflichteten („schuldrechtliches Band") ohne unmittelbare Einwirkungen auf die dingliche Rechtslage.

Hinweis:

Eine sehr gute Zusammenfassung mit weitergehenden Hinweisen zur Fallbearbeitung bietet Ihnen der Aufsatz von Bayerle JuS 2009, 1079.

II. Übertragung des Wohnungseigentums

1. Materiell-rechtliche Voraussetzungen einer Übertragung

Miteigentum nach Bruchteilen ist seinem Wesen nach dem Alleineigentum 3
gleichartig; es ist Eigentum und ein selbständiges Recht wie das ganze Recht.[2] Die Veräußerung von Wohnungseigentum als besonders ausgestaltetem Miteigentum unterfällt deshalb wie bei einem Grundstück den allgemeinen **sachenrechtlichen** Bestimmungen. Die Übertragung des Eigentums erfolgt materiell-rechtlich durch **dingliche Einigung** des Berechtigten und des anderen Teils über den Eigentumswechsel (**Auflassung**) sowie **Eintragung** des Erwerbers in das Grundbuch (§§ 873 Abs. 1, 925 BGB).[3] Im Hinblick auf § 6 WEG kann Wohnungseigentum grundsätzlich nur in seiner Gesamtheit übertragen werden. Wegen der Veräußerung von Teilen eines Wohnungseigentums s. unter Abschnitt IV → Rn. 118.

Erwerbsgegenstand ist das im Wohnungsgrundbuch unter Bezugnahme auf 4
die Teilungserklärung samt Gemeinschaftsordnung verzeichnete Wohnungseigentum. Gegenstand und Inhalt des Sondereigentums bestimmen sich allein nach diesen Erklärungen in Verbindung mit dem in Bezug genommenen Aufteilungsplan; eine evtl. dem Kaufvertrag beigefügte (Vorläufer-)Version ist sachenrechtlich ohne Belang.[4] **Abweichungen** in der Bauausführung können deshalb insbesondere bei Neubauten **Identitätserklärungen** zur Herstellung der Kongruenz von Grundbuchinhalt und Vertragsinhalt erforderlich machen.[5] Auch eine abweichende Bauausführung steht jedoch dem Vollzug eines Eigentumswechsels dann nicht entgegen, wenn die Planabweichung eine Zuordnung der Räume nicht unmöglich macht.[6] Eine zuvor erklärte Auflassung eines Wohnungseigentums ist selbst dann noch im Grundbuch vollziehbar, wenn die **Gemeinschaftsordnung** hinsichtlich bestehender Gebrauchsregelungen zwischenzeitlich **geändert** worden sein sollte.[7] Diese betreffen nämlich weder die Größe des Miteigentumsanteils noch den Sondereigentumsbereich des Vertragsobjektes.

Auch ein **isolierter** (substanzloser) **Miteigentumsanteil** ist verkehrsfähig und 5
kann daher nach den allgemeinen Bestimmungen übertragen werden.[8]

Wiederholung:

Wiederholen Sie jetzt bitte aus dem → § 4 Rn. 31 ff. die Ausführungen zum **isolierten (substanzlosen) Miteigentumsanteil**.

---

[2] BGHZ 172, 209 = NJW 2007, 2254 = ZfIR 2008, 19 = ZMR 2007, 793; BGHZ 36,365 = NJW 1962, 1109 u. 1203.

[3] Allgem. Meinung vgl. nur BGHZ 173, 71 = NJW 2007, 3204; OLG Düsseldorf DNotZ 2007, 46.

[4] LG Itzehoe ZMR 2008, 736.

[5] Vgl. OLG Schleswig MietRB 2016, 232.

[6] OLG Düsseldorf ZMR 2016, 895.

[7] OLG Nürnberg MittBayNot 2017, 262; BayObLG Rpfleger 1984, 408; s. auch DNotI-Gutachten DNotI-Report 2016, 77 zu weiteren Änderungen.

[8] Vgl. BGH ZfIR 2004, 1006 = ZWE 2005, 64; BGH NJW 2004, 1798 = ZfIR 2004, 108 = ZWE 2004, 263; OLG Hamm NZM 2007, 448.

6 Soweit eine **Veräußerungsbeschränkung** gem. § 12 WEG vereinbart sein sollte, ist unter den dort genannten Voraussetzungen zusätzlich noch die Zustimmung des näher bestimmten Dritten (in der Praxis regelmäßig des Wohnungseigentumsverwalters) bzw. der anderen Wohnungseigentümer erforderlich.

> **Hinweis:**
>
> Zu den Voraussetzungen und Wirkungen einer wohnungseigentumsrechtlichen Veräußerungsbeschränkung s. ausf. im → § 5 Rn. 126 ff.

7 Im **Umlegungsverfahren** bedarf die Veräußerung eines Wohnungs- bzw. Teileigentums der Genehmigung gem. § 51 BauGB.[9] Ist im Wohnungs- bzw. Teileigentumsgrundbuch ein **Sanierungsvermerk** eingetragen, bedarf es bei der Veräußerung der Genehmigung der Gemeinde nach § 144 Abs. 2 BauGB.[10]

8 Bei der rechtsgeschäftlichen Veräußerung von Wohnungseigentum besteht selbst dann kein gesetzliches **Vorkaufsrecht** gem. § 24 Abs. 2 BauGB, wenn sämtliche Miteigentumsanteile einer Wohnungseigentumsanlage veräußert werden.[11]

2. Formell-rechtliche Voraussetzungen einer Übertragung

9 Verfahrensrechtlich kann eine Veräußerung vom zuständigen Grundbuchgericht (§ 1 Abs. 1 GBO) vollzogen werden, wenn folgende Eintragungsvoraussetzungen vorliegen:

- **Zuständigkeiten** (§ 1 GBO)
- **Antragstellung** (§ 13 GBO)
  - Antragserklärung und -berechtigung, ggf. Vertretung
  - Antragsinhalt
  - Antragsform
- **Auflassung/Bewilligung** (§ 20, § 19 GBO)
  a) Nachweis der wirksamen **Auflassung** (§§ 873 Abs. 1 Var. 1, 925 BGB)

aa) Dingliche Einigung	(Voraussetzungen
bb) Verfügungsmacht des Veräußerers	des § 873 Abs. 1
cc) Verfügungsbefugnis des Veräußerers	Var. 1 BGB)
dd) Gleichzeitige Anwesenheit der Parteien	(Voraussetzungen
ee) Zur Entgegennahme zuständige Stelle	des
ff) Keine Bedingungen und keine Zeitbestimmungen	§ 925 BGB)
ggf. zusätzlich Zustimmung zur Veräußerung	(§ 12 WEG)

  b) **Bewilligung** (zusätzlich![12])
    aa) Bewilligungserklärung und -berechtigung,
    bb) Bewilligungsinhalt

---

[9] Battis/Krautzberger/Löhr/Reidt BauGB § 51 Rn. 15.
[10] LG Berlin Rpfleger 1996, 342.
[11] OLG Hamm ZWE 2012, 129.
[12] Nach hM kann eine Auslegung ergeben, dass die sachenrechtliche Einigungserklärung mangels anderer Anhaltspunkte auch die verfahrensrechtliche Eintragungsbewilligung enthält; vgl. OLG Stuttgart DNotZ 2008, 456; OLG Köln DNotZ 1992, 371; Demharter § 20 Rn. 2; aA Böttcher ZNotP 2008, 258.

- **Nachweise/Form** (§ 29 GBO[13]
- **Voreintragung** (§ 39 GBO)
- **Genehmigungen/Bescheinigungen**
  a) Unbedenklichkeitsbescheinigung (§ 22 GrEStG)
  b) ggf. Genehmigung nach § 144 Abs. 2 BauGB im Sanierungsgebiet
  c) **Keine** Vorkaufsrechtsverzichtsbescheinigung (§ 24 Abs. 2, § 25 Abs. 2 S. 1 BauGB)
  d) ggf. weitere Genehmigungen nach landesrechtlichen Bestimmungen

Zur Vermeidung von Wiederholungen kann auf die Ausführungen von *Wilsch* „Die Grundbuchordnung für Anfänger“ in dieser Buch-Reihe verwiesen werden.

3. Das kausale Rechtsverhältnis

Von der sich allein nach sachenrechtlichen Vorschriften vollziehenden Eigen- 10
tumsübertragung ist nach dem Trennungs- und Abstraktionsprinzip das zugrundeliegende Verpflichtungsgeschäft zu unterscheiden. Typische Kausalgeschäfte sind der Kauf (§ 433 BGB), der Tausch (§ 480 BGB) und das Schenkungsversprechen (§§ 516 Abs. 1, 518 Abs. 1 S. 1 BGB). Nur zu Ersterem sollen im Folgenden einige weiterführende Hinweise gegeben werden:

a) Erwerb von einem Wohnungseigentümer

Dem rechtsgeschäftlichen Erwerb eines Wohnungseigentums von einem im 11
Grundbuch bereits eingetragenen Wohnungseigentümer wird in der Praxis oftmals ein Kauf zugrunde liegen. Der Abschluss eines Kaufvertrages über ein Wohnungseigentum bedarf wie ein gewöhnlicher Grundstückskaufvertrag der notariellen Beurkundung gem. §§ 433, 311b Abs. 1 S. 1 BGB (vgl. auch § 4 Abs. 3 WEG).

Ggf. wird auch hier ein vereinbartes Zustimmungserfordernis zu beachten sein 12
(vgl. § 12 Abs. 3 S. 1 WEG).

> **Wiederholung:**
> Wiederholen Sie jetzt bitte aus dem → § 4 Rn. 79 ff. die Ausführungen zum sog **Zweiterwerb**

b) Erwerb von einem Bauträger

Etwas anders verhält es sich dagegen bei dem in der Praxis häufig vorkommen- 13
den (Erst-)Erwerb von einem Bauträger.

---

[13] Zum Nachweis der gleichzeitigen Anwesenheit der Beteiligten ist die Auflassung – anders als die bloße Eintragungsbewilligung – in beurkundeter Form gem. § 29 Abs. 1 S. 2 GBO vorzulegen; KG NotBZ 2015, 387; BayObLGZ 2001, 14 = DNotZ 2001, 560 je mwN.

Wiederholung:

Wiederholen Sie jetzt bitte aus dem → § 4 Rn. 71 ff. die Ausführungen zum sog **Ersterwerb**.

aa) Bauträgervertrag

14 Hier wird ein sog Bauträgervertrag abgeschlossen. Der Bauträgervertrag ist ein **einheitlicher Vertrag eigener Art**[14], der neben werk- und werklieferungsvertraglichen auch kaufvertragliche Elemente sowie – je nach den Umständen des Einzelfalles – Bestandteile aus dem Auftrags- und Geschäftsbesorgungsrecht enthält.[15] Mit dem Abschluss des Bauträgervertrages verpflichtet sich der Bauträger also einmal zur Errichtung (bzw. Sanierung) des näher beschriebenen Gebäudes (werkvertragliche Herstellungspflicht, vgl. § 631 BGB) und zum anderen zur Übertragung des näher beschriebenen Wohnungseigentums (kaufvertragliche Eigentumsverschaffungspflicht; vgl. § 433 BGB). Im Hinblick auf die kaufvertraglichen Verpflichtungen bedarf der Bauträgervertrag insgesamt der notariellen **Beurkundung** gem. § 311b Abs. 1 S. 1 BGB.[16]

bb) Vergütung

15 Die Vergütung des Bauträgers ist mangels einer anderslautenden Vereinbarung grundsätzlich erst bei der Abnahme der Werkleistung fällig (§ 641 Abs. 1 BGB). Allerdings kann der Unternehmer von dem Besteller für eine vertragsgemäß erbrachte Leistung eine Abschlagszahlung in der Höhe verlangen, in der der Besteller durch die Leistung einen Wertzuwachs erlangt hat (§ 632a Abs. 1 S. 1 BGB). Für Bauträgerverträge richtet sich die Höhe der Teilbeträge in aller Regel nach der vertraglich zugrunde gelegten Makler und Bauträgerverordnung (MaBV).[17]

Hinweis:

§ 3 Abs. 1 der MaBV nennt im Einzelnen die Voraussetzungen, unter denen der Auftragnehmer „Vermögenswerte des Auftraggebers" entgegennehmen darf.
§ 3 Abs. 2 enthält eine prozentuale Verteilung je nach Baufortschritt, aus der sich die maximal sieben möglichen Teilbeträge zusammensetzen können.

cc) Abnahme

16 Die Abnahme hat sich sowohl auf das Sondereigentum als auch auf das gemeinschaftliche Eigentum zu erstrecken.[18]

Hinweis:

Der werkvertragliche **Abnahmebegriff** wird in § 640 BGB vorausgesetzt. Die Abnahme besteht regelmäßig darin, dass der Besteller das hergestellte Werk zum

---

[14] BGHZ 96, 175 = NJW 1985, 925; BGHZ 74, 204 = NJW 1979, 1406.
[15] BGHZ 96, 175 = NJW 1985, 925; BGHZ 92, 123 = NJW 1984, 2573.
[16] BGHZ 78, 346 = NJW 1981, 274.
[17] Makler- und Bauträgerverordnung (Verordnung über die Pflichten der Makler, Darlehensvermittler, Bauträger und Baubetreuer) v. 7.11.1990 (BGBl. I 2479).
[18] BGH ZfIR 2016, 570; BGH NJW 1985, 1551.

einen körperlich hinnimmt und zum anderen zu erkennen gibt, er wolle die Leistung als in der Hauptsache dem Vertrag entsprechend annehmen.[19]

17 Beim gemeinschaftlichen Eigentum besteht nun für den Bauträger das Problem, dass infolge einer Vielzahl individuell erforderlicher Abnahmen die Verjährungsfristen unterschiedlich beginnen würden. Dies könnte solange zur Durchsetzung von Ansprüchen bzgl. des Gemeinschaftseigentums führen, wie die Frist noch für einen Erwerber läuft. Deshalb wird über vertragliche Gestaltungen versucht, insoweit einen „Gleichlauf" zu erreichen. In diesem Zusammenhang ist jedoch eine von einem Bauträger in **Allgemeinen Geschäftsbedingungen eines Erwerbsvertrags** verwendete Klausel gem. § 307 Abs. 1 S. 1 BGB unwirksam, die die Abnahme des Gemeinschaftseigentums durch den Bauträger selbst als Erstverwalter oder einen von ihm bestimmbaren Erstverwalter ermöglicht.[20] Ebenfalls sind **Vereinbarungen** in der Gemeinschaftsordnung und **Beschlussfassungen** über eine Abnahmeregelung infolge fehlender Kompetenz ausgeschlossen.[21]

18 Damit verknüpft ist das weitere Problem der Bindung sog **Nachzügler** an eine bereits erfolgte Abnahme des gemeinschaftlichen Eigentums.

Beispiel

Bei einem Nachzügler handelt es sich um einen Wohnungserwerber, der erst **nach Entstehen** der (werdenden) **Wohnungseigentümergemeinschaft** und **nach** erfolgter **Abnahme** des gemeinschaftlichen Eigentums seinen Erwerbsvertrag mit dem Bauträger abgeschlossen hat.[22]

Sollen solche Nachzügler über eine in Allgemeinen Geschäftsbedingungen eines Erwerbsvertrages verwendete Klausel an eine durch frühere Erwerber bereits erfolgte Abnahme des Gemeinschaftseigentums gebunden werden, ist dies wegen mittelbarer Verkürzung der Verjährung gemäß § 309 Nr. 8 lit. b ff BGB unwirksam.[23]

dd) Mängelrechte

19 Entsprechend der Rechtsnatur des Bauträgervertrages sind Mängel sowohl hinsichtlich der vereinbarten Werkleistungen als auch hinsichtlich der kaufvertraglichen Verpflichtungen vorstellbar.

Beispiele

Mangels abweichender Vereinbarungen ist eine Werkleistung geschuldet, die den anerkannten Regeln der Technik im Zeitpunkt der Abnahme entspricht (zB: Schallschutz).[24]
Eine fehlende Baugenehmigung stellt regelmäßig einen Sachmangel des veräußerten Wohnungseigentums dar.[25]

---

[19] BGHZ 48, 257 = NJW 1967, 2259; vgl. auch RGZ 57, 337.
[20] BGH ZfIR 2016, 635 = ZWE 2016, 368; BGH NJW 2013, 3360 = ZWE 2013, 455.
[21] BGH ZfIR 2016, 570.
[22] Vgl. BGH ZfIR 2016, 570.
[23] BGH ZfIR 2016, 570; BGH NJW 2016, 1572 = ZfIR 2016, 313.
[24] BGHZ 172, 346 = NJW 2007, 2983 = ZfIR 2008, 58.
[25] BGH NJW 2013, 2182 = ZWE 2013, 260.

20 Jeder Erwerber hat aufgrund seines individuellen Erwerbsvertrages mit dem Bauträger auch einen individuellen Anspruch auf mangelfreie Herstellung und mangelfreie Eigentumsverschaffung. Er ist damit der Inhaber der Mängelrechte.[26] Zusätzlich erschwert wird die Geltendmachung der Mängelrechte wiederum durch die unterschiedliche eigentumsmäßige Zusammensetzung des Wohnungseigentums. So kann jeder Wohnungseigentümer zwar die ihm zustehenden Rechte hinsichtlich seines Sondereigentums selbständig ausüben.[27] Bzgl. des gemeinschaftlichen Eigentums bedarf es jedoch einer Beschränkung bei der selbständigen Geltendmachung aus dem Gesichtspunkt des Schuldnerschutzes (Schuldner der Leistung ist hier der Bauträger).

Beispiel[28]

Könnte wegen desselben Mangels am gemeinschaftlichen Eigentum (zB fehlende Fertigstellung der Außenanlagen) der eine Erwerber Nacherfüllung verlangen (§§ 634 Nr. 1, 635 BGB) und ein anderer zeitgleich sein Minderungsrecht ausüben (vgl. §§ 634 Nr. 3, 638 BGB), müsste der Bauträger zwar die Kosten für eine Mangelbeseitigung aufwenden, würde aber gleichwohl von dem mindernden Erwerber nicht die volle Vergütung erhalten.[29]

Der einzelne Erwerber eines Wohnungseigentums soll deshalb nach hM[30] nicht berechtigt sein, das Minderungsrecht auszuüben[31], Schadensersatz statt der Leistung zu verlangen (sog kleiner Schadensersatz)[32] oder den werkvertraglichen Teil des Bauträgervertrages aus wichtigem Grund zu kündigen[33]. An diesem Befund hat sich auch nach dem Inkrafttreten des WEMoG in der Sache nichts geändert.[34]

21 **Hinweis:**

Wegen der Möglichkeiten, diese gemeinschaftsbezogenen Rechte dennoch geltend machen zu können, → § 7 Rn. 40 ff.
Es soll einem Erwerber jedoch ohne Rücksicht auf die übrigen Wohnungseigentümer möglich sein, selbständig den Rücktritt zu erklären oder Schadensersatz statt der ganzen Leistung zu verlangen (sog großer Schadensersatz), weil dadurch die übrigen Verträge mit den anderen Erwerbern nicht berührt werden.[35]

---

[26] BGH ZfIR 2016, 570 (573); Harz/Riecke/Schmid/Ott Hdb FA Miet- und Wohnungseigentumsrecht Kap. 27 Rn. 125.
[27] Harz/Riecke/Schmid/Ott Hdb. FA Miet- und Wohnungseigentumsrecht Kapitel 27 Rn. 132.
[28] Nach Becker/Ott/Suilmann Rn. 85a.
[29] S. aber auch A. Ott NZM 2007, 505, der dem Bauträger gegenüber dem mindernden Wohnungseigentümer einen Bereicherungsanspruch zubilligen will.
[30] BGHZ 172, 42 = NJW 2007, 1952 = ZfIR 2007, 454 = ZWE 2007, 300; abl. Harz/Riecke/Schmid/Ott Hdb d. FA Miet- u. Wohnungseigentumsrecht Kapitel 27 Rn. 139f.
[31] BGH NJW 1998, 2967 = ZfIR 1998, 402 = ZMR 1998, 641.
[32] BGH NJW 1998, 2967 = ZfIR 1998, 402 = ZMR 1998, 641.
[33] Vgl. BGHZ 96, 275 = NJW 1986, 925.
[34] BT-Drs. 19/18791, 47; Vogel ZMR 2021, 181.
[35] BGHZ 172, 42 = NJW 2007, 1952 = ZfIR 2007, 454 = ZWE 2007, 300; BGHZ 74, 258 = NJW 1979, 2207.

III. Belastung des Wohnungseigentums

1. Grundsätze

a) Materiell-rechtliche Voraussetzungen einer Belastung

Da Wohnungs- und Teileigentum dogmatisch lediglich ein besonders ausgestal- 22
tetes Miteigentum darstellen, können daran solche **Belastungen** unproblematisch vorgenommen werden, die nach den gesetzlichen Bestimmungen **an einem Miteigentumsanteil** eingetragen werden können. Gem. § 6 Abs. 2 WEG erstrecken sich die an dem Miteigentumsanteil bestehenden Rechte dann auch auf das zu ihm gehörende Sondereigentum.

Für eine Belastung des einzelnen Wohnungseigentums kommen wie bei einem 23
ungeteilten Grundstück grundsätzlich nur die abschließend im Gesetz genannten Rechte in Betracht.

Wiederholung:

Dieser **„Numerus clausus der dinglichen Rechte“** ist Ihnen bereits im → § 4 Rn. 19 ff. begegnet. Schauen Sie doch bitte dort schnell noch einmal nach.

2. Formell-rechtliche Voraussetzungen einer Belastung

Verfahrensrechtlich müssen für eine Belastung des Wohnungseigentums fol- 24
gende Eintragungsvoraussetzungen erfüllt sein.

- **Zuständigkeiten** (§ 1 GBO)
- **Antragstellung** (§ 13 GBO)
  - Antragserklärung und -berechtigung, ggf. Vertretung
  - Antragsinhalt
  - Antragsform
- **Bewilligung** (§ 19 GBO)
  - Bewilligungserklärung und -berechtigung
  - Bewilligungsinhalt
  - Bewilligungsform/Nachweise (§ 29 GBO)
- **Voreintragung** (§ 39 GBO)
- **Genehmigungen/Bescheinigungen**

Zur Vermeidung von Wiederholungen kann auf die Ausführungen von *Wilsch* „Die Grundbuchordnung für Anfänger“ in dieser Reihe verwiesen werden.

3. Gesetzlich zulässige Bruchteilsbelastungen

25 Die folgenden dinglichen Rechte können als **Einzelbelastung** auf einem Wohnungseigentum eingetragen werden, weil insoweit die Belastung von Miteigentumsanteilen im Gesetz ausdrücklich vorgesehen ist:

a) Nießbrauchsrechte

26 Ein Grundstück kann zugunsten des Berechtigten dahingehend belastet werden, die (= sämtliche) Nutzungen der Sache ziehen zu dürfen (§ 1030 BGB). Nießbrauchsrechte können gem. § 1066 Abs. 1 BGB auch an dem Bruchteilsanteil eines Miteigentümers und somit auch an einem Wohnungseigentum[36] eingetragen werden. Die Abgrenzung eines Grundstücksnießbrauchs gegenüber einer Dienstbarkeit erfolgt rein formal.[37]

27 Als **Berechtigte** eines Nießbrauchrechts können nur eine oder mehrere konkrete (natürliche oder juristische) Personen und Handelsgesellschaften, nicht aber der jeweilige Eigentümer eines anderen Grundstücks in das Grundbuch eingetragen werden.[38] Die Bestellung des Rechts ist nicht nur als **Bruchteilsnießbrauch,** sondern auch als sog **Quotennießbrauch** möglich.[39]

Hinweis

Von einem **Bruchteilsnießbrauch** spricht man, wenn ein ideeller Miteigentumsanteil am Grundstück oder ein ideeller Anteil davon mit einem ungeteilten Nießbrauchsrecht belastet wird. Es handelt sich insoweit um den gesetzlichen Anwendungsfall des § 1066 BGB. **Belastungsgegenstand** ist hier also nicht die gesamte Immobilie.

Beispiel

An dem 1/2-Miteigentumsanteil des Ehemannes wird ein alleiniges Nießbrauchsrecht für die Ehefrau bestellt.

Hinweis

Von einem **Quotennießbrauch** spricht man demgegenüber, wenn die ganze Immobilie mit dem Bruchteil eines Nießbrauchs belastet wird.[40] **Belastungsgegenstand** ist hier also die gesamte Immobilie.

---

[36] Vgl. nur BGH NJW 2014, 2640 = ZWE 2014, 356; BGHZ 150, 109 = NJW 2002, 1647 = ZWE 2002, 260.

[37] BGHZ 225, 136 = ZfIR 2020, 533 = ZWE 2020, 328.

[38] Vgl. Schöner/Stöber Rn. 1370 – auch wegen der insoweit möglichen Gemeinschaftsverhältnisse.

[39] Zur Abgrenzung und Unterscheidung s. instruktiv OLG Schleswig MittBayNot 2009, 376.

[40] LG München I MittBayNot 2003, 492; LG Aachen RNotZ 2001, 587.

Beispiel

Der als Alleineigentümer eingetragene Ehemann bestellt zugunsten seiner Ehefrau ein Nießbrauchsrecht zu 1/2-Anteil. Bzgl. der restlichen Hälfte verbliebe ihm dann selbst die Nutzungsbefugnis.

Der Nießbraucher erlangt **Mitbesitz** an den gemeinschaftlichen Gegenständen und **Alleinbesitz** an den zum Sondereigentum gehörenden Gebäudeteilen.[41] Entsprechend rückt er in die **Kostentragungspflicht** im Rahmen des § 16 Abs. 2 WEG ein. Diese bezieht sich auf die Kosten der Verwaltung und der gewöhnlichen Unterhaltung sowie die dem Nießbraucher obliegende Versicherungspflicht. Zudem hat er die Ertragslasten gem. § 1047 BGB zu tragen. Gleichwohl bleibt das **Stimmrecht** des Wohnungseigentümers in der Wohnungseigentümerversammlung unberührt, wenn nicht dem Nießbraucher vom Eigentümer eine besondere Stimmrechtsvollmacht erteilt wird.[42]

b) Vorkaufsrechte

Ein Grundstück kann zugunsten des Berechtigten in der Weise belastet werden, 28
dass er dem Eigentümer gegenüber zum Vorkauf berechtigt ist (§ 1094 BGB). Solche privatrechtlichen Vorkaufsrechte können gem. § 1095 BGB auf dem Bruchteil eines Miteigentümers und somit auch an einem Wohnungseigentumsrecht eingetragen werden.

Als **Berechtigter** eines Vorkaufsrechts können sowohl ein oder mehrere kon- 29
krete (natürliche oder juristische) Personen und Handelsgesellschaften (§ 1094 Abs. 1 BGB; auch ein anderer Wohnungseigentümer) als auch der jeweilige Eigentümer eines anderen Grundstücks (§ 1094 Abs. 2 BGB) in das Grundbuch eingetragen werden. Die Eintragung eines Vorkaufsrechts in das Grundbuch kann nur als **dingliche Belastung** des Wohnungseigentums in der II. Abteilung des Grundbuchs erfolgen; das Recht kann dagegen **nicht** als **Inhalt** des Sondereigentums gem. §§ 5 Abs. 4 S. 1, 10 Abs. 3 S. 1 WEG eingetragen werden.[43]

c) Reallasten

Ein Grundstück kann zugunsten des Berechtigten in der Weise belastet werden, 30
dass an ihn wiederkehrende Leistungen aus dem Grundstück zu entrichten sind (§ 1105 Abs. 1 S. 1 BGB). Reallasten können gem. § 1106 BGB auf dem Bruchteil eines Miteigentümers und somit auch an einem Wohnungseigentumsrecht eingetragen werden.

Als **Berechtigter** einer Reallast können sowohl ein oder mehrere konkrete 31
(natürliche oder juristische) Personen (§ 1105 Abs. 1 BGB; auch ein anderer Wohnungseigentümer) als auch der jeweilige Eigentümer eines anderen Grundstücks (§ 1105 Abs. 2 BGB) in das Grundbuch eingetragen werden. Reallasten können als Gesamtrechte auch mehrere Wohnungseigentumsrechte belasten.[44] Bei den

---

[41] Bärmann/Armbrüster WEG § 1 Rn. 159.

[42] BGHZ 150, 109 = NJW 2002, 1647 = ZWE 2002, 260.

[43] OLG Bremen Rpfleger 1977, 313; OLG Celle NJW 1955, 953 = DNotZ 1955, 320; Bärmann/Armbrüster WEG § 1 Rn. 164; Weitnauer/Lüke WEG § 10 Rn. 38.

[44] Schöner/Stöber Rn. 1311.

aus dem Wohnungseigentum zu erbringenden Leistungen muss es sich um **wiederkehrende** (nicht zwingend regelmäßig wiederkehrende) **Leistungen** handeln, die auch lediglich mit einem bestimmbaren Inhalt gem. § 1105 Abs. 1 S. 2 BGB in das Grundbuch eingetragen werden können. Mangels abweichender Vereinbarung haftet der Eigentümer für die während der Dauer seines Eigentums fällig werdenden Leistungen auch persönlich (§ 1108 BGB).

Beispiel

Hauptanwendungsfall einer Reallast in der Praxis dürfte wohl die Absicherung sog „Hege- und Pflegeverpflichtungen" zugunsten der veräußernden Eltern im Rahmen einer Immobilienübertragung auf die nächste Generation sein.
Wohnungseigentumsrechtlich finden sich insbesondere bei räumlicher Nachbarschaft mehrerer rechtlich selbständiger Wohnungseigentumsanlagen des Öfteren Reallasten über **Lieferverpflichtungen** wegen des Bezugs von **Heizwärme und Warmwasser** aus der Heizzentrale nur einer Eigentümergemeinschaft.[45]

d) Grundpfandrechte

32 Ein Grundstück kann zugunsten des Berechtigten in der Weise belastet werden, dass an ihn eine bestimmte Geldsumme aus dem Grundstück zu zahlen ist (§ 1191 Abs. 1 BGB). Dieses Recht kann wie bei der Rentenschuld auch in regelmäßig wiederkehrenden Terminen bestehen (§ 1199 Abs. 1 BGB) oder wie bei der Hypothek auch akzessorisch zur Befriedigung wegen einer dem Berechtigten zustehenden Forderung bestellt werden (§ 1113 Abs. 1 BGB). Alle Grundpfandrechte können ebenfalls auf dem Bruchteilsanteil eines Miteigentümers und somit auch an einem Wohnungseigentumsrecht eingetragen werden (für die **Hypothek:** § 1114 BGB; für die **Grundschuld:** § 1192 Abs. 1 BGB; für die **Rentenschuld:** § 1199 Abs. 1 BGB).

33 Als **Berechtigter** eines Grundpfandrechts können nur eine oder mehrere konkrete (natürliche oder juristische) Personen und Handelsgesellschaften, nicht aber der jeweilige Eigentümer eines anderen Grundstücks in das Grundbuch eingetragen werden.[46] Außerdem ist die Begründung von **Gesamtgrundpfandrechten** gem. §§ 1132, 1192 Abs. 1, 1199 Abs. 1 BGB auch in der Weise möglich, dass für ein und dieselbe besicherte Forderung (Grundschuld, Rentenschuld) mehrere Wohnungseigentumseinheiten haften. In diesem Fall bedarf es der Eintragung eines Mithaftvermerkes in die beteiligten Wohnungsgrundbücher gem. § 48 Abs. 1 GBO.

34 Soweit bei einem Wohnungseigentum nur ein **isolierter** (substanzloser) **Miteigentumsanteil** besteht, lasten bereits eingetragene Grundpfandrechte an diesem mit der Anwartschaft auf Fertigstellung verbundenen Anteil. Darüber hinaus sind isolierte Miteigentumsanteile verkehrsfähig und können demzufolge auch selbständig mit einem Grundpfandrecht belastet werden.[47]

---

[45] Wegen der Gestaltungsprobleme in diesem Bereich, insbesondere auch der Schwierigkeiten bei der zeitlichen Begrenzung der Rechte, s. ausführlich Beck'sches Formularbuch Wohnungseigentumsrecht Teil G. IV.8. mwN.; vgl. jetzt auch BGH NZR 2026, 449.

[46] Vgl. Schöner/Stöber Rn. 1921 ff. – auch wegen der insoweit möglichen Gemeinschaftsverhältnisse.

[47] BGH NJW-RR 2005, 10 = ZfIR 2004, 1006 = ZWE 2005, 64; BGH NJW 2004, 1798 = ZfIR 2004, 108 = ZWE 2004, 263; OLG Hamm NZM 2007, 448 = ZMR 2007, 213; aA noch OLG Hamm DNotZ 1992, 492 mablAnm Hauger.

Wiederholung:

Der isolierte (substanzlose) Miteigentumsanteil ist Ihnen bereits im → §4 Rn. 31 begegnet.

Dem Gläubiger eines Grundpfandrechtes haftet das belastete Wohnungseigentum wie ein Grundstück. Damit finden auch die Vorschriften über den sog **Hypothekenhaftungsverband** (§§ 1120 ff. BGB) sinngemäß Anwendung.[48] Entsprechendes gilt für Grund- und Rentenschulden gem. §§ 1192 Abs. 1, 1199 Abs. 1 BGB. 35

Beispiel

Stellen Sie sich sinnbildlich eine über das Wohnungseigentum gestülpte „Käseglocke" vor, die bis zur Beschlagnahme im Wege der Zwangsvollstreckung durchlässig ist. Diese „Käseglocke" erfasst neben dem Wohnungseigentum selbst und dessen wesentlichen **Bestandteilen**

- das schuldnereigene **Zubehör** wie etwa eine Alarmanlage[49] (§§ 97, 98, 1120 ff. BGB);
- die **Miet- und Pachtforderungen,** wenn das Wohn- oder Teileigentum vermietet ist (§§ 1123 ff. BGB)[50];
- die zugunsten des jeweiligen Wohnungseigentümers subjektiv-dinglich bestellten **wiederkehrenden Leistungen** (§§ 96, 1126 BGB)[51];
- die **Versicherungsforderungen** (§ 1127 ff. BGB);
- die bei einem Wohnungseigentum wohl weniger relevanten getrennten (= abgeernteten) **Erzeugnisse** (§§ 99, 1120 ff. BGB).

Die Eintragung einer Hypothek kann auch im Wege der **Zwangsvollstreckung** als Sicherungshypothek (§§ 1184, 1185 BGB) für die Forderung erfolgen (§§ 864 Abs. 2, 866 Abs. 1 ZPO).

Hinweise:

Zur Bedeutung des Hypothekenhaftungsverbandes → § 13 Rn. 5.
Zu den Voraussetzungen und Wirkungen einer Zwangssicherungshypothek → § 13 Rn. 36 ff.

e) Vormerkungen

Vormerkungen sind **keine dinglichen Rechte,** sondern Sicherungsmittel eigener Art. Sie schützen den Gläubiger eines schuldrechtlichen, auf die Änderung der dinglichen Rechtslage an dem von der Vormerkung betroffenen Grundstück gerichteten Anspruchs vor dessen Vereitelung oder Beeinträchtigung durch Verfügungen des Schuldners und Zwangsvollstreckungsmaßnahmen anderer Gläubiger.[52] Bezieht sich der gesicherte schuldrechtliche Anspruch auf ein Wohnungs- 36

---

[48] Bärmann/Armbrüster WEG § 1 Rn. 134 ff.

[49] OLG München ZMR 1980, 208.

[50] Die Beschlagnahme in der Zwangsversteigerung umfasst allerdings nicht die Miet- und Pachtforderungen (§ 21 Abs. 2 ZVG); s. demgegenüber aber für die Zwangsverwaltung § 148 Abs. 1 S. 1 ZVG.

[51] Die Beschlagnahme in der Zwangsversteigerung umfasst auch nicht die Ansprüche aus einem mit dem Eigentum an dem Grundstück verbundenen Recht auf wiederkehrende Leistungen (§ 21 Abs. 2 ZVG); s. demgegenüber aber für die Zwangsverwaltung § 148 Abs. 1 S. 1 ZVG.

[52] BGHZ 200, 179 = NJW 2014, 2431 = ZfIR 2014, 479.

eigentum, können unter den in §§ 883, 885 BGB genannten Voraussetzungen Vormerkungen auch in ein Wohnungsgrundbuch eingetragen werden. Das können zum einen klassische, auf das zu erwerbende Wohnungseigentum gerichtete **Erwerbsvormerkungen** sein.[53]

37 In Betracht kommen aber auch Vormerkungen zur Sicherung des schuldrechtlichen Anspruchs auf **Abtrennung und Übereignung** eines Raumes bei einem bereits eingetragenen Wohnungseigentum.[54] Auch die **Aufhebung von Sondereigentum** kann durch Eintragung einer Vormerkung am betroffenen Wohnungseigentum gesichert werden.[55] Sicherbar sind auf diese Weise auch Ansprüche auf **Inhaltsänderungen** bei dem eingetragenen Sondereigentum

Beispiel

Als Inhaltsänderungen des Sondereigentums kommen zB in Betracht die nachträgliche Einräumung[56] oder Übertragung[57] sog Sondernutzungsrechte.

4. Ausnahmsweise zulässige Einzelbelastungen

a) Grunddienstbarkeiten und beschränkte persönliche Dienstbarkeiten

38 Ein Grundstück kann zugunsten des Berechtigten in der Weise belastet werden, dass dieser das Grundstück in einzelnen Beziehungen benutzen darf (Var. 1), oder dass auf dem Grundstück gewisse Handlungen nicht vorgenommen werden dürfen (Var. 2) oder dass die Ausübung eines Rechts ausgeschlossen ist, das sich aus dem Eigentum an dem belasteten Grundstück dem anderen Grundstück gegenüber ergibt (Var. 3). Eine solche Berechtigung kann entweder subjektiv-dinglich zugunsten des jeweiligen Eigentümers eines anderen (herrschenden) Grundstücks (als **Grunddienstbarkeit**) oder subjektiv-persönlich zugunsten einer oder mehrerer konkreter (natürlicher oder juristischer) Personen oder Handelsgesellschaften (als **beschränkte persönliche Dienstbarkeit**) eingetragen werden. Grunddienstbarkeiten (§§ 1018 ff. BGB) und beschränkte persönliche Dienstbarkeiten (§§ 1090 ff. BGB) unterscheiden sich damit lediglich in der Person des Berechtigten; die inhaltlichen **Gestaltungsmöglichkeiten** als **Nutzungsdienstbarkeit, Unterlassungsdienstbarkeit** bzw. **Ausschlussdienstbarkeit** decken sich.

Beispiele

Für Var. 1: Geh- und Fahrtrecht[58]; Bau und Betrieb einer Windkraftanlage[59];
für Var. 2: Bebauungsverbote[60]; Einhaltung eines bestimmten Bauabstandes[61];
für Var. 3: Duldung von Immissionen[62]; Duldung eines Grenzüberbaus.[63]

---

[53] Synonym werden auch die Begriffe „Eigentumsvormerkung" bzw. „Auflassungsvormerkung" verwendet.

[54] Vgl. Schöner/Stöber Rn. 2946.

[55] BayObLGZ 1979, 414 = MittBayNot 1980, 20.

[56] Vgl. Schöner/Stöber Rn. 2961a.

[57] BayObLG DNotZ 1979, 307 = Rpfleger 1979, 217.

[58] Vgl. BGH JurBüro 2022, 474; BayObLGZ 1990, 8 = NJW-RR 1990, 600.

[59] Vgl. OLG Oldenburg NJW-RR 1998, 644.

[60] BayObLGZ 1990, 279 = DNotZ 1991, 480.

[61] BGH NJW-RR 2011, 1522.

[62] Vgl. OLG München ZNotP 2014, 238 bzgl. Bahnanlagen; BayObLGZ 2004, 103 = DNotZ 2004, 928 =ZfIR 2004, 776 bzgl. Chemiewerk.

[63] OLG Karlsruhe DNotZ 1986, 753; OLG Hamm Rpfleger 1984, 98.

39 Das Gesetz sieht im Gegensatz zu den unter Ziffer 3. genannten Rechten und Vormerkungen die Belastung von gewöhnlichen ideellen Miteigentumsanteilen mit einer **Grunddienstbarkeit** oder einer **beschränkten persönlichen Dienstbarkeit** nicht vor. Diese Rechte müssen nämlich ihrer Natur nach auf dem gesamten Grundstück ausgeübt werden.

Beispiel

Ein Fahrt- oder Leitungsrecht kann denknotwendig nur am ganzen – **realen** – Grundstück, nicht aber an einem – **ideellen** – Miteigentumsanteil bestellt werden. Versuchen Sie einmal, auf einem Miteigentumsanteil zu fahren!

40 **Ausnahmsweise** ist jedoch für Wohnungs- und Teileigentum anerkannt, dass die genannten Rechte als (Be-)**Nutzungsrechte** (§ 1018 1. Var. BGB, § 1090 Abs. 1 BGB) wegen des gegenständlich begrenzten Sondereigentumsbereichs auf damit verbundenen Miteigentumsanteilen zur Eintragung gebracht werden können.[64] **Voraussetzung** ist allerdings, dass sich der **Ausübungsbereich** lediglich auf das Sondereigentum und das sich aus dem Gemeinschaftseigentum ergebende Mitbenutzungsrecht bezieht. Nutzungs- und Belastungsgegenstand müssen bei dinglichen Nutzungsrechten also deckungsgleich sein.[65] Dann können sogar verschiedene Wohnungseigentumseinheiten in derselben Anlage sowohl **dienendes** als auch **herrschendes** Grundstück im Sinne des § 1018 BGB sein.[66]

Beispiel

So kann etwa ein Terrassenalleinnutzungsrecht als Grunddienstbarkeit an einem Wohnungseigentum zugunsten eines anderen eingetragen werden.[67]

Darüber hinaus ist aber die jeweilige Zweckbestimmung des Sondereigentums zu beachten.

Beispiel

So kann an einem selbständig als Teileigentum gebuchten Pkw-Stellplatz kein Wohnungsrecht eingetragen werden.[68]
Auch ist eine Grunddienstbarkeit an einem Wohnungseigentum wegen Einräumung einer schon formal umfassenden Befugnis zur Nutzung inhaltlich unzulässig, wenn sie zur Ausübung am Sondereigentum oder realen Teilen davon zwar „zu Wohnzwecken", aber im Übrigen unbeschränkt bestellt wird.[69]

41 Einen **Sonderfall** stellt insoweit die bei Erdgeschoßwohnungen übliche Zuordnung der **Gartennutzung** dar. Obwohl der Garten des in Wohnungseigentumsrechte aufgeteilten Grundstücks – früher zwingend – im gemeinschaftlichen

---

[64] BGHZ 107, 289 = DNotZ 1990, 493 mAnm Amann = NJW 1989, 2391; OLG Hamm DNotZ 2001, 216 mAnm v. Oefele = ZWE 2000, 372; BayObLG NJW-RR 1997, 1236 = ZfIR 1997, 546; BayObLG DNotZ 1990, 496; KG Rpfleger 1976, 180; Bärmann/Armbrüster WEG § 1 Rn. 148; Bauer/v. Oefele/Bayer AT III Rn. 260; Ertl, FS Bärmann und Weitnauer (1990), 251; Schöner/Stöber Rn. 2952; Staudinger/Rapp § 1 Rn. 51; Weitnauer/Briesemeister § 3 Rn. 116.

[65] Ertl DNotZ 1988, 4 (13).

[66] BGHZ 107, 289 = DNotZ 1990, 493 mAnm Amann = NJW 1989, 2391.

[67] BayObLG, MittBayNot 1985, 127.

[68] BayObLGZ 1986, 441 = DNotZ 1987, 223.

[69] KG FGPrax 1995, 226 mAnm Demharter.

Eigentum steht (§ 1 Abs. 5 WEG), kann dessen Nutzung dennoch dem an einem Wohnungseigentum als beschränkter persönlicher Dienstbarkeit eingetragenen **Wohnungsrecht** gem. § 1093 BGB unterfallen, wenn der Garten zuvor dem jeweiligen Eigentümer dieser Wohnung als Sondernutzungsrecht zugewiesen war. Hier ergibt sich nämlich die **Mitübertragung der alleinigen Nutzungsbefugnis** an der Gartenfläche auf den Wohnungsberechtigten bereits **als gesetzliche Folge** aus der Einräumung des Wohnungsrechts (§ 1093 Abs. 3 BGB, § 13 Abs. 2 S. 1 WEG aF = § 16 Abs. 1 S. 3 WEG).[70]

42 Dienstbarkeiten können **ausnahmsweise** auch als **Unterlassungsdienstbarkeit** (§ 1018 2. Var. BGB bzw. § 1090 Abs. 1 BGB)[71] oder als **Ausschlussdienstbarkeit** (§ 1018 3. Var. BGB bzw. § 1090 Abs. 1 BGB)[72] an einem Wohnungseigentum zur Eintragung kommen. Dies ist jedoch nur möglich, wenn das zur Eintragung beantragte Recht nicht eine über die konkrete Einheit hinausgehende allgemeine Duldungsverpflichtung enthält, die andernfalls nur noch an dem Grundstück insgesamt abgesichert werden kann.[73]

42a Das WEMoG hat mit der Einführung der neuen Eigentumsform des **Annexeigentums** gem. § 3 Abs. 2 WEG zu weiteren Gestaltungsmöglichkeiten geführt.

Wiederholung:

Das Annexeigentum ist Ihnen bereits im → § 3 Rn. 32 vorgestellt worden. Fragen zur Verfügung über Annexeigentum sind im Einzelnen strittig und noch nicht gerichtlich entschieden worden. Dazu gehört auch die Eintragung von Dienstbarkeiten.[74]

b) Dauerwohn- und Dauernutzungsrechte

43 Auch das dienstbarkeitsähnliche **Dauerwohnrecht** (§ 31 Abs. 1 WEG) bzw. das **Dauernutzungsrecht** (§ 31 Abs. 2 WEG) können an einem Wohnungseigentumsrecht zur Eintragung gebracht werden. Auch hier beschränkt sich die Ausübung des jeweiligen Rechts auf das gegenständlich begrenzte Sondereigentum.[75]

Hinweis:

Zum Dauerwohn- und Dauernutzungsrecht finden Sie noch einige Hinweise im → § 15 Rn. 20 ff.

---

[70] OLG Nürnberg NotBZ 2002, 69; BayObLGZ 1997, 282 = DNotZ 1998, 384; Ertl, FS Bärmann und Weitnauer (1990), 251 (265).

[71] Vgl. BayObLG DNotZ 1991, 480: Abgrenzungsverbot gegenüber Nachbargrundstück.

[72] Vgl. OLG München DNotZ 2024, 116 = ZWE 2024, 202; OLG Hamm Rpfleger 1980, 468: „Bergschädenminderwertverzicht" und OLG Hamm Rpfleger 1980, 469: Ausschluss der Gartenmitbenutzung.

[73] OLG Hamm FGPrax 2006, 145 = ZWE 2006, 357 (Ls.): über den bloßen „Bergschädenminderwertverzicht" hinausgehende Modifikation der Duldungsverpflichung des Grundstückseigentümers.

[74] Zu den hier bejahten Belastungsmöglichkeiten eines Wohnungseigentümers ohne Mitwirkung der übrigen Wohnungseigentümer s. ausf. Schneider ZMR 2023, 937 mwN; zur abgelehnten Eintragung bspw. einer Überbaudienstbarkeit s. Bärmann/Armbrüster WEG § 1 Rn. 150 mwN.

[75] BGH Rpfleger 1979, 58 Ls.; BayObLG NJW 1957, 1840; Bamberger/Roth/Hügel WEG § 31 Rn. 5; Schöner/Stöber Rn. 2952; Weitnauer/Briesemeister WEG § 3 Rn. 116.

5. Notwendige Gesamtbelastungen aller Wohnungseigentumsrechte

Dienstbarkeiten, die zwingend nur das **Grundstück als Ganzes** belasten können, müssen auch nach der Begründung von Wohnungseigentum noch in das Grundbuch eingetragen werden können. **Belastungsgegenstand** ist in diesen Fällen allerdings das gesamte Grundstück, das sich nach der Begründung aus den einzelnen Miteigentumsanteilen verbunden mit Sondereigentum zusammensetzt. Die Eintragung solcher Rechte hat daher an sämtlichen für das Grundstück gebildeten Wohnungs- und Teileigentumsrechten zu erfolgen.[76] 44

Die **Grundbucheintragung** ist daher in sämtlichen für die Miteigentumsanteile an dem zu belastenden Grundstück gebildeten Wohnungs- und Teileigentumsgrundbüchern in der Weise vorzunehmen, dass die Belastung des ganzen Grundstücks erkennbar gemacht wird und jeweils auf die anderen Eintragungen verwiesen wird (§ 4 Abs. 1 WGV).[77] 45

Bitte lesen Sie jetzt § 4 WGV (→ Anhang)!

Ein versehentlich **unterbliebener Gesamtvermerk** gem. § 4 Abs. 1 WGV soll die Unzulässigkeit der Eintragung zur Folge haben. In Betracht käme dann nur eine Amtslöschung des Rechts gem. § 53 Abs. 1 S. 2 GBO.[78] Richtigerweise muss jedoch die **Nachholung** des Gesamtvermerkes möglich sein, wenn das Recht durch Eintragung oder Übernahme in allen Grundbüchern materiell wirksam entstanden ist.[79]

Eine notwendige Belastung des gesamten Grundstücks erhöht jedoch das **Untergangspotential.** Erlischt nämlich eine auf dem gesamten in Wohnungseigentum aufgeteilten Grundstück lastende Grunddienstbarkeit lediglich an dem (versteigerten) Grundstückmiteigentumsanteil eines Wohnungseigentümers, so hat deren **Löschung an der einen (versteigerten) Einheit** grundsätzlich zur Folge, dass ihre Eintragung auch auf den (nicht versteigerten) Miteigentumsanteilen der anderen Wohnungseigentümer als inhaltlich unzulässig nach § 53 Abs. 1 S. 2 GBO zu löschen ist.[80] Es macht damit keinen Unterschied, ob die Unzulässigkeit der Dienstbarkeit bereits bei ihrer originären Bestellung vorliegt oder erst nachträglich infolge einer teilweisen Löschung eintritt. 46

---

[76] OLG Hamm FGPrax 2006, 145 = ZWE 2006, 357 (Ls.); OLG Hamm DNotZ 2001, 216 = ZWE 2000, 372; ARS/Schneider WEG § 1 Rn. 140; Weitnauer/Briesemeister WEG § 3 Rn. 108; im Erg. auch Bärmann/Armbrüster WEG § 1 Rn. 180.

[77] AA allerdings BGH ZfIR 2019, 437 = ZWE 2019, 364, wonach es der Eintragung einer Grunddienstbarkeit in das Wohnungs- oder Teileigentumsgrundbuch der herrschenden Sondereigentumseinheit nicht bedürfe, wenn ein in Wohnungseigentumsrechte aufgeteiltes Grundstück insgesamt zugunsten einer Einheit belastet werden soll; zu Recht abl. Wilsch NotBZ 2019, 454.

[78] So BayObLG MittBayNot 1995, 288.

[79] BGH ZfIR 2019, 437 = ZWE 2019, 364; Amann MittBayNot 1995, 267; Bestelmeyer Rpfleger 1995, 7 (11); Böttcher ZfIR 1997, 321 (323); ARS/Schneider § 7 Rn. 55; Schöner/Stöber Rn. 2870.

[80] BGH NJW 1974, 1552 (1553) (insoweit in BGHZ 62, 388 nicht abgedruckt); OLG Düsseldorf ZWE 2010, 460; OLG Frankfurt Rpfleger 1979, 149; KG Rpfleger 1975, 68 (für ein Wohnungsrecht); aA NK-BGB/Otto § 1018 Rn. 116a; aA für eine Unterlassungsdienstbarkeit OLG München DNotZ 2024, 116 = ZWE 2024, 202.

Hinweis:

Auch der Erwerb von bisher nicht gebuchten Anlagen- und Leitungsdienstbarkeiten in den **neuen Bundesländern** nach § 9 Abs. 1 S. 1 GBBerG wird von diesen Grundsätzen erfasst. Solche Rechte waren nur bis zum 31.12.2010 vom Buchungszwang zur Erhaltung ihrer Wirksamkeit gegenüber dem öffentlichen Glauben des Grundbuchs befreit worden. Die außerhalb des Grundbuchs entstandene, aber noch nicht eingetragene Dienstbarkeit kann durch gutgläubig lastenfreien Erwerb eines Wohnungseigentums nach Ablauf der Schutzfrist unter den Voraussetzungen des § 892 BGB allerdings erlöschen. Noch nicht gebuchte Dienstbarkeiten, die an einzelnen Miteigentumsanteilen aufgrund des gutgläubigen Wegerwerbs nicht fortbestehen können, erlöschen dann aber insgesamt und damit auch im Verhältnis zu den anderen Wohnungs- oder Teileigentümern. Der gutgläubig lastenfreie Erwerb einer Wohnungs- bzw. Teileigentumseinheit erstreckt sich nämlich auch auf bisher nicht eingetragene, jedoch eintragungsbedürftige Dienstbarkeiten am Grundstück.[81]

IV. Veränderungen des Wohnungseigentums

1. Vorbemerkung

47 Rechtliche Veränderungen bereits eingetragener Wohnungseigentumseinheiten können sich während der „Lebensdauer" einer Wohnungseigentumsanlage aus verschiedenen Gründen ergeben. Wegen der unterschiedlichen Änderungsbefugnis und den damit verbundenen Modalitäten macht es Sinn, im Folgenden nach Änderungen des gem. § 8 WEG aufteilenden Bauträgers (Ziffer 2.) und solchen bei einer schon bestehenden Eigentümergemeinschaft (Ziffer 3.) zu differenzieren.

2. Veränderungen durch den aufteilenden Eigentümer

a) Grundsatz

48 Nach einer vollzogenen Aufteilung gem. § 8 WEG kann sich im Zuge der Abveräußerung die Notwendigkeit von nachträglichen Veränderungen des bereits grundbuchmäßig angelegten Wohnungs- oder Teileigentums ergeben.

Beispiel

Die Veränderungen können sich beziehen auf

- das aufgeteilte Grundstück selbst;
- die Größe der gebildeten Miteigentumsanteile;
- die Anzahl der gebildeten Sondereigentumseinheiten;
- die Zuordnung von Räumlichkeiten zum Sonder- bzw. Gemeinschaftseigentum;
- die Bestimmungen über das Verhältnis der Wohnungseigentümer untereinander (Gemeinschaftsordnung).

[81] BGH ZWE 2015, 448.

In all diesen Fällen besteht grundsätzlich für den aufteilenden Eigentümer die Möglichkeit einer einseitigen Änderung der Teilungserklärung sowie der Gemeinschaftsordnung in entsprechender Anwendung des § 8 WEG[82], solange er noch alleiniger Eigentümer sämtlicher Einheiten ist. Erst mit der dinglichen Übertragung eines Wohnungseigentums auf einen Erwerber endet dieses Recht des Teilenden und es gelten ab diesem Zeitpunkt die Regelungen der §§ 3, 4 WEG.[83]

Verfahrensrechtlich bedarf es zur Grundbucheintragung der Veränderungen 49
einer **Bewilligung** des Alleineigentümers (§ 19 GBO) in der Form des § 29 Abs. 1 GBO.

b) Mitwirkung dinglich Berechtigter

Die uneingeschränkte Verfügungsmöglichkeit des aufteilenden Alleineigen- 50
tümers bezüglich sämtlicher neu gebildeten Einheiten kann jedoch lediglich bis zur Eintragung einer Einzelbelastung an einem Wohnungseigentum bestehen.

Beispiel

Zugunsten der finanzierenden Bank eines Enderwerbers wird in einem Wohnungsgrundbuch ein Grundpfandrecht eingetragen.

Ist eine solche Eintragung auch nur in einem Wohnungsgrundbuch erfolgt, bedarf der aufteilende Alleineigentümer zur Vornahme von Veränderungen materiell-rechtlich unter den Voraussetzungen der §§ 876, 877 BGB der **Zustimmung** dieses **dinglich Berechtigten.** Das macht verfahrensrechtlich dessen Bewilligung in grundbuchmäßiger Form erforderlich (§§ 19, 29 GBO).[84]

Entgegen der Regelung in § 888 BGB gilt dies auch für den Berechtigten einer 51
eingetragenen **Erwerbsvormerkung,** da nur auf diese Weise einheitliche Rechtsverhältnisse in der (werdenden) Eigentümergemeinschaft gewährleistet werden können.[85] Nicht erforderlich ist dagegen die Zustimmung eines zeitgleich mit der Anlegung der Wohnungsgrundbücher eingetragenen Vormerkungsberechtigten.[86]

c) Entbehrlichkeit von Drittzustimmungen

Vor diesem Hintergrund ist sicherlich nachvollziehbar, dass in der Kautelar- 52
praxis nach Wegen gesucht wurde, wie dem Bauträger möglichst lange die Befugnis zur einseitigen Änderung der Teilungserklärung bzw. Gemeinschaftsordnung erhalten werden kann. Um die an sich notwendige Mitwirkung Drittberechtigter entbehrlich zu machen, bieten sich insbesondere zwei Wege an.

---

[82] Vgl. BGH NJW 1976, 1976 = ZMR 1977, 81; OLG München ZWE 2009, 25.

[83] Bamberger/Roth/Hügel WEG § 8 Rn. 10.

[84] BayObLG DNotZ 2003, 932 mAnm Basty; OLG Frankfurt NZM 1998, 409 = ZfIR 1998, 235; OLG Düsseldorf FGPrax 1997, 129 = ZfIR 1997, 302.

[85] BGH ZWE 2017, 169; OLG München ZWE 2013, 209; BayObLGZ 1998, 255 = NZM 1999, 126; BayObLGZ 1993, 259 = NJW-RR 1993, 1362; aA Häublein, Sondernutzungsrechte, 130; Ott Sondernutzungsrecht, 80.

[86] BayObLGZ 1998, 275 = DNotZ 1999, 671 = NZM 1999, 76.

aa) Verdinglichte Ermächtigungen

53 Eine Möglichkeit besteht darin, bereits in der Gemeinschaftsordnung eine entsprechende Ermächtigung zugunsten des teilenden Eigentümers aufzunehmen, auch nach der Begründung des Wohnungseigentums noch einseitig Änderungen ohne Mitwirkung evtl. Drittberechtigter vornehmen zu dürfen (§ 10 Abs. 1 S. 2 iVm §§ 5 Abs. 4 S. 1, 8 Abs. 2 WEG). Mit der Grundbucheintragung der Gemeinschaftsordnung würde zugleich auch diese **Ermächtigung verdinglicht,** so dass Sondernachfolger später veräußerter Einheiten im Hinblick auf § 10 Abs. 3 S. 1 WEG daran gebunden sind (sog. Änderungsvorbehalt).[87]

54 Allerdings kann das Zustimmungserfordernis dadurch nicht in jedem Fall abbedungen werden. Eine solche Ermächtigung kann mit einer die Sondernachfolger bindenden Wirkung als Inhalt des Sondereigentums nämlich nur dann wirksam vereinbart (bzw. vom Bauträger einseitig vorgegeben) werden, wenn die Regelung auch das „Verhältnis der Wohnungseigentümer untereinander", nicht aber das sachenrechtliche Grundverhältnis der Wohnungseigentümer betrifft.[88] Damit können lediglich im Grundbuch eingetragene **Ermächtigungen zu *inhaltlichen* Regelungen** des Gemeinschaftsverhältnisses, **nicht** aber solche **zu *gegenständlichen* Änderungen** der Eigentumsverhältnisse die Zustimmung eines Erwerbers von Wohnungseigentum entbehrlich machen.

Beispiel

So kann etwa eine sich sachenrechtlich auswirkende Ermächtigung, **Sondereigentum in gemeinschaftliches Eigentum** umzuwandeln oder umgekehrt, nicht mit einer die Sondernachfolger bindenden Wirkung als Inhalt des Sondereigentums vereinbart werden, während bei der Umwandlung eines **Teileigentums in Wohnungseigentum** oder umgekehrt die Mitwirkung Dritter bei der Änderung der Zweckbestimmung dann entbehrlich ist, wenn sie durch Vereinbarung (oder eine vom Bauträger vorgegebene Regelung) ausgeschlossen worden ist.[89]

Merke:

Mit einer durch Grundbucheintragung verdinglichten Ermächtigung zugunsten des teilenden Eigentümers können lediglich Regelungen über das Verhältnis der Wohnungseigentümer untereinander zustimmungsfrei gestellt werden (vgl. § 10 Abs. 1 WEG). Das sachenrechtliche Grundverhältnis wird demgegenüber nicht vom Anwendungsbereich des § 10 Abs. 1 WEG erfasst.

bb) Änderungsvollmachten

55 Sollen dem teilenden Eigentümer also **gegenständliche** Änderungen auch noch nach Veräußerung der ersten Einheit ohne Zustimmung Dritter möglich sein, kann dies nur durch **Vollmachtsregelungen** geschehen, die in die jeweiligen

---

[87] Zur nachträglichen Schaffung eines solchen Änderungsvorhaltes s. KG ZfIR 2024, 262 mAnm Schneider.

[88] BGH ZfIR 2021, 489 = ZWE 2021, 451; BGH NJW-RR 2012, 1036 = ZWE 2012, 361; BGH DNotZ 2003, 536 = NJW 2003, 2165; BayObLG DNotZ 2002, 149 = NZM 2002, 70; BayObLGZ 2000, 1 = DNotZ 2000, 466 = NZM 2000, 668; KG NZM 1999, 258; Demharter Anh zu § 3 Rn. 91; Hügel RNotZ 2005, 149 (151); Schöner/Stöber Rn. 2967c.

[89] BGH ZfIR 2021, 489 = ZWE 2021, 451; BayObLGZ 2000, 1 = ZWE 2000, 182; BayObLGZ 1997, 223 = DNotZ 1998, 379.

Erwerbsverträge zwischen dem aufteilenden Bauträger und den Enderwerbern aufgenommen werden.[90] Dabei gilt es aber zu bedenken, dass eine solche dem Verkäufer erteilte Vollmacht zur Änderung der Teilungserklärung nur das Verhältnis des Erwerbers zum Verkäufer betrifft. Eine **Zustimmung** (bzw. verfahrensrechtliche Bewilligung) **dinglich Berechtigter** am Einzelobjekt wird dadurch nicht entbehrlich.[91]

Die Gestaltung von **Vollmachten zur Änderung von Teilungserklärungen** wird 56
zu berücksichtigen haben, dass den Grundbuchgerichten im Hinblick auf offensichtlich unwirksame Bestimmungen über **Allgemeine Geschäftsbedingungen** (insbes. § 308 Nr. 4 BGB) eine Prüfungskompetenz zukommt.[92] Offensichtlich unwirksam wird eine Vollmachtserteilung jedoch in der Regel dann nicht sein, wenn sie zwar im Innenverhältnis mit entsprechenden Beschränkungen, **im Außenverhältnis** allerdings **unbeschränkt** erteilt wird.[93] Darüber hinaus kann die Verwendung von Vollmachten wegen mangelnden **Umfangs** oder fehlender Beachtung des grundbuchrechtlichen **Bestimmtheitsgrundsatzes** ausgeschlossen sein. Dabei ist auf Wortlaut und Sinn der Erklärung abzustellen, wie er sich für einen unbefangenen Beobachter als nächstliegende Bedeutung der Erklärung ergibt.[94] Unter diesen Gesichtspunkten hat sich zu Vollmachtsfragen eine reichhaltige **Kasuistik** entwickelt.[95]

d) Bescheinigungen

Soweit nach Anlegung der Wohnungsgrundbücher durch den teilenden Eigen- 57
tümer zulässigerweise die Zuordnung einzelner Gebäudeteile zum Sondereigentum oder zum gemeinschaftlichen Eigentum verändert werden soll, erfordert dies grundsätzlich neben der entsprechenden Eintragungsbewilligung in der Form des § 29 GBO auch einen **geänderten Aufteilungsplan nebst geänderter Abgeschlossenheits- und Flächenbescheinigung.**[96] Jedoch kann auf die Vorlage eines von der Baubehörde mit Unterschrift und Siegel oder Stempel versehenen berichtigten Aufteilungsplans ausnahmsweise verzichtet werden, wenn durch die Beschreibung der Änderung in der Eintragungsbewilligung im Zusammenhang mit dem bereits vorhandenen Aufteilungsplan Umfang und Ausmaß der Änderung des

---

[90] Bamberger/Roth/Hügel WEG § 8 Rn. 10; Häublein DNotZ 2000, 442.

[91] BayObLG DNotZ 2005, 390 = Rpfleger 2005, 136; BayObLG DNotZ 1996, 297.

[92] OLG München FGPrax 2009, 105; BayObLG NZM 2002, 958 = Rpfleger 2003, 121; Demharter § 19 Rn. 76.

[93] OLG München NZM 2013, 91; OLG München FGPrax 2009, 105, BayObLG NZM 2002, 958 = Rpfleger 2003, 121; Basty NotBZ 1999, 233; Demharter § 19 Rn. 76; aA allerdings OLG München NZM 2015, 632; OLG München ZWE 2013, 209; OLG München DNotZ 2007, 41 mablAnm Munzig = NZM 2006, 867, wenn das Grundbuchgericht sichere Kenntnis vom Missbrauch einer im Außenverhältnis unbeschränkten Vollmacht hat und dem Vollmachtgeber evident ein Vermögensschaden entsteht.

[94] Demharter § 19 Rn. 28 mwN.

[95] Vgl. OLG München NJW-RR 2015, 1230; OLG München ZWE 2013, 209; OLG München DNotZ 2007, 41; BayObLG DNotZ 2003, 932 mAnm Basty; BayObLG DNotZ 1999, 665; BayObLG DNotZ 1997, 473 mAnm Brambring; OLG Düsseldorf FGPrax 1997, 313 = Rpfleger 1997, 305; BayObLG DNotZ 1995, 610 mAnm Röll; BayObLG DNotZ 1994, 233 mablAnm Röll = Rpfleger 1994, 17.

[96] BayObLGZ 1997, 347 = ZfIR 1998, 156 = DNotZ 1999, 208.

Gegenstands von Sondereigentum und gemeinschaftlichem Eigentum eindeutig und zweifelsfrei festgelegt werden.[97]

Beispiel

Bisher im Sondereigentum stehende Kellerräume sollen in gemeinschaftliches Eigentum überführt werden.

3. Änderungen bei bestehender Eigentümergemeinschaft

a) Grundsätze

Auch bei einer bereits in Kraft gesetzten Eigentümergemeinschaft kann sich nachträglich die Notwendigkeit von rechtlichen Veränderungen ergeben. Diese können sich u.a. auf die Anzahl und Größe der gebildeten Miteigentumsanteile (nachfolgend lit. b), das aufgeteilte Grundstück (nachfolgend lit. c), die Zuordnung von Räumlichkeiten zum Gemeinschafts- bzw. zum Sondereigentum (nachfolgend lit. d) oder auch auf die Bestimmungen über das Verhältnis der Wohnungseigentümer untereinander (Gemeinschaftsordnung) beziehen (nachfolgend lit. e).

58 Die aufgeführten **Veränderungen** sind dabei auch **in Kombination** vorstellbar. Sie müssen jedoch für den rechtlichen Vollzug einzeln betrachtet werden und insoweit die jeweils bestehenden Eintragungsvoraussetzungen erfüllen. Die dabei ermittelte umfassendere Form genügt dann einheitlich für alle Elemente der wohnungseigentumsrechtlichen Veränderungen.[98]

Beispiel

- Für eine **Änderung** der eingetragenen **Miteigentumsanteile** ist wie beim Volleigentum materiell-rechtlich eine Auflassung gem. § 873 Abs. 1 BGB iVm § 925 BGB erforderlich (sog Quotenänderung).[99] Verfahrensrechtlich erfolgt der Vollzug beim Grundbuchgericht gem. § 20 GBO.[100]
- Gleiches gilt für Änderungen am **Grundstücksbestand**.[101]
- Änderungen des **Gegenstandes von Sonder- oder Gemeinschaftseigentum** machen materiell-rechtlich eine Einigung der Wohnungseigentümer in der Form des § 4 Abs. 1 u. 2 WEG erforderlich. Verfahrensrechtlich genügen nach allerdings bestrittener Auffassung insoweit entsprechende Eintragungsbewilligungen gem. § 19 GBO.[102]
- Betrifft eine Änderung den **Inhalt des Sondereigentums** mit den gem. § 5 Abs. 4 S. 1, § 8 Abs. 2 WEG für das Verhältnis der Wohnungseigentümer untereinander maßgeblichen Vereinbarungen, macht dies nach hM eine Änderungsvereinbarung gem. §§ 877, 873 BGB erforderlich, wenn die Regelung im Grundbuch mit Wirkung gegenüber einem Sonder-

---

[97] BayObLGZ 1997, 347 = ZfIR 1998, 156 = DNotZ 1999, 208; vgl. auch OLG Zweibrücken ZWE 2001, 395.

[98] BayObLG NJW-RR 1993, 1043 = Rpfleger 1993, 444; Bauer/Schaub/Schneider AT E Rn. 376.

[99] OLG Saarbrücken NZM 2005, 423: keine Vereinbarung gem. § 10 Abs. 1 S. 2, Abs. 3 S. 1 WEG.

[100] BayObLG NJW-RR 1993, 1043 = Rpfleger 1993, 444; Bauer/Schaub/Schneider AT E Rn. 376; Demharter Anh zu § 3 Rn. 78.

[101] Bauer/Schaub/Schneider AT E Rn. 378 u. 382.

[102] Ebenso OLG Zweibrücken OLGZ 1982, 265; Demharter Anh zu § 3 Rn. 41 u. 78; Weitnauer/Briesemeister § 4 Rn. 5; aA Bauer/v. Oefele/Kössinger § 20 Rn. 66; Meikel/Böttcher § 20 Rn. 59; Schöner/Stöber Rn. 2842; Staudinger/Rapp § 4 Rn. 4.

nachfolger verdinglicht werden soll (vgl. § 10 Abs. 3 S. 1 WEG).[103] Die Vereinbarung bedarf materiell-rechtlich keiner besonderen Form und wird verfahrensrechtlich gem. §§ 19, 29 GBO vollzogen.[104]

Im Einzelfall können wiederum **Zustimmungserfordernisse** dinglich Berechtig- 59
ter in Betracht kommen (§§ 876, 877 BGB), soweit deren Rechtspositionen durch die beantragten Änderungen rechtlich berührt werden können. Notwendige Erklärungen eines Rechtsinhabers können ggf. durch ein sog Unschädlichkeitszeugnis ersetzt werden (Art. 120 EGBGB).[105]

Hinweis:

Unschädlichkeitszeugnisse bezogen sich zunächst auf Grundstücke und sollten die Mitwirkung dinglich Berechtigter bei Eigentumsübertragungen wegen Geringfügigkeit entbehrlich machen. Inzwischen ist jedoch anerkannt und zT ausdrücklich gesetzlich übernommen, dass auch wohnungseigentumsrechtliche Veränderungen sich auf diesem Wege erleichtern lassen. Die Voraussetzungen sind landesrechtlich geregelt; vgl. im Einzelnen die Zusammenstellung im Beck'schen Formularbuch Wohnungseigentumsrecht (Hrsg. *H. Müller*) Formular G III 7 mwN.

b) Veränderungen der Miteigentumsanteile in Größe und Anzahl

Grundsätzlich kann über Wohnungseigentum nur in seiner Gesamtheit verfügt 60
werden (§ 6 WEG). Eine **isolierte Verfügung** über Teile des Miteigentums oder des Sondereigentums ist allerdings ausnahmsweise unter den Wohnungseigentümern möglich,[106] solange nicht eines der beiden Elemente ohne Verbindung verbleibt.

aa) Isolierte Veränderung der Miteigentumsanteile

Der Miteigentumsanteil eines Wohnungseigentums muss bekanntlich nicht in 61
einem bestimmten Größenverhältnis zum Wert oder Umfang des Sondereigentums stehen.

Wiederholung:

Bitte schauen Sie sich die Ausführungen zur Festlegung der Miteigentumsanteile anlässlich der Begründung des Wohnungseigentums im → § 4 Rn. 16 noch einmal an.

Der im Grundbuch eingetragene Bruchteil kann deshalb durch Verfügung zwischen den Miteigentümern derselben Wohnungseigentumsanlage auch ohne

---

[103] BGHZ 145, 133 = DNotZ 2001, 381 = NJW 2000, 3643 = ZWE 2001, 63; BayObLG DNotZ 1998, 379 = Rpfleger 1998, 19 in stRspr mwN; Bärmann/Suilmann WEG § 10 Rn. 138; Demharter Anh zu § 3 Rn. 78; Röll Rpfleger 1980, 90; aA – Grundbuchberichtigung – Böhringer NotBZ 2003, 285 (289); Meikel/Böttcher § 22 Rn. 7; KEHE/Dümig § 22 Rn. 53; Schneider ZfIR 2002, 108 (116).

[104] Bauer/v. Oefele/Kössinger § 20 Rn. 67; Demharter Anh zu § 3 Rn. 78; Meikel/Böttcher § 20 Rn. 61.

[105] Der Anwendungsbereich ist nach hier vertretener Auffassung auch nach Einführung des – aktuell noch verbliebenen – § 5 Abs. 4 S. 2 WEG durch die WEG-Novelle (2007) noch eröffnet; aA Bärmann/Suilmann WEG § 10 Rn. 59.

[106] OLG München ZWE 2017, 309; Hügel/Elzer WEG § 6 Rn. 6.

gleichzeitige Veränderung des Sondereigentums rechtsgeschäftlich verändert werden.[107] Solche **Quotenänderungen** folgen den Regeln für die Übertragung von Alleineigentum.

62 Hierfür ist die **Mitwirkung** der übrigen, nicht unmittelbar am Veräußerungsvorgang beteiligten Miteigentümer nicht erforderlich.[108] Es kann aber evtl. ein vereinbartes Zustimmungserfordernis gem. § 12 WEG zu beachten sein.[109]

63 Die Übertragung von Miteigentumsanteilen erfolgt **materiell-rechtlich** durch Erklärung der **Auflassung** und Grundbucheintragung gem. §§ 873, 925 BGB; **verfahrensrechtlich** bedarf der grundbuchmäßige Vollzug gem. § 20 GBO der notariellen Urkundsform gem. § 29 Abs. 1 S. 2 GBO. Dabei ist bei mehreren gleichzeitig zu vollziehenden Übertragungen nach hier vertretener Auffassung eine Angabe darüber erforderlich, von welchem Wohnungseigentum welcher Miteigentumsanteil abgespalten und wohin er übertragen werden soll. Andernfalls lassen sich Übertragungsmängel nämlich nicht mehr lokalisieren.[110]

64 Die Veränderung von Miteigentumsanteilen bedarf grundsätzlich der **Zustimmung der dinglich Berechtigten** am verkleinerten Bruchteil (§§ 876, 877 BGB), weil deren Haftungsmasse geschmälert wird.[111] Sind die dinglich Berechtigten nicht von der Verkleinerung betroffen, entfällt das Erfordernis der Mitwirkung.

Beispiel

Ein Gläubiger kann nicht rechtlich betroffen sein, wenn sein Recht zuvor schon als **Gesamtrecht** auf allen beteiligten Einheiten lastete[112], weil sich die Übertragung von Miteigentumsanteilen für ihn nur als Verschiebung seiner Haftungsmasse darstellt.
Ebenfalls nicht betroffen sein kann der Berechtigte eines **Wohnungsrechts**[113], weil sich durch die Veränderung der ideellen Miteigentumsanteile nichts an den Nutzungsmöglichkeiten hinsichtlich des realen Ausübungsbereichs seines Rechts verändert.

In der materiell-rechtlichen Zustimmungserklärung kann ohne weiteres die **verfahrensrechtlich** erforderliche Eintragungsbewilligung (§ 19 GBO) gesehen werden, wenn die Form des § 29 GBO gewahrt wird.[114]

65 Lasten auf dem um die übertragenen Miteigentumsanteile vergrößerten Wohnungseigentum bereits dingliche Rechte, so bedarf es einer **Pfandunterstellung** (Einbeziehung in die Mithaft), um einheitliche Belastungsverhältnisse zu gewährleisten. Diese sind erforderlich, damit nicht im Fall einer Zwangsversteigerung lediglich der ursprünglich belastete Miteigentumsanteil verbunden mit Sondereigentum einem Ersteher zugeschlagen wird; zurück bliebe dann nämlich ein

---

[107] BGH NJW 1986, 2759 = ZMR 1986, 365; BGH NJW 1976, 1976 = ZMR 1977, 81; KG NZM 1998, 581; OLG Hamm NZM 1999, 82 = Rpfleger 1998, 514.

[108] BGH NJW 1976, 1976 = ZMR 1977, 81.

[109] Weitnauer/Lüke WEG § 12 Rn. 2.

[110] ARS/Schneider § 6 Rn. 5; aA BayObLGZ 1993, 166 = NJW-RR 1993, 1043 = Rpfleger 1993, 444; OLG Hamm NJW-RR 1986, 1275 = Rpfleger 1986, 374; Demharter Anh zu § 3 Rn. 90.

[111] BayObLGZ 1993, 166 = NJW-RR 1993, 1043 = Rpfleger 1993, 444; mit anderer Begründung auch F. Schmidt MittBayNot 1985, 237 (244); Streuer Rpfleger 1992, 181 (183).

[112] Schöner/Stöber Rn. 2971.

[113] Böttcher BWNotZ 1996, 80 (84).

[114] OLG Hamm NZM 1999, 82 = Rpfleger 1998, 514; Bauer/v. Oefele AT V Rn. 342; Schöner/Stöber Rn. 2971.

unzulässiger isolierter Miteigentumsanteil. Umstritten ist nun, auf welche Weise die Pfandunterstellung zu erfolgen hat.

Hinweis:

Es stehen sich **vier Rechtsmeinungen** (!) gegenüber, deren Begründungen Sie wegen der praktischen Bedeutung vertiefen sollten.

- **Meinung 1** verlangt eine – gewöhnliche – rechtsgeschäftliche Nachverpfändung des hinzukommenden Miteigentumsanteils.[115]
- **Meinung 2** hält eine Bestandteilszuschreibung gem. § 890 Abs. 2 BGB für ausreichend[116]; sie ist wegen der auf Grundpfandrechte beschränkten Erstreckungswirkung des § 1131 S. 1 BGB eine Mindermeinung geblieben.
- **Meinung 3** war bisher die vermittelnde und sieht die für notwendig gehaltene Nachverpfändungserklärung des betroffenen Eigentümers bereits konkludent in dessen Zustimmung anlässlich der Vereinbarung über die Änderung der Miteigentumsanteile.[117] Diese erfasst dann vor allem auch eine evtl. erklärte Unterwerfung unter die sofortige Zwangsvollstreckung gem. § 800 ZPO.[118]
- **Meinung 4** geht demgegenüber von einer kraft Gesetzes eintretenden Pfanderstreckung aufgrund der Inhaltsänderung des aufnehmenden Wohnungseigentums aus.[119]

Der Meinungsstreit hatte sich zunächst in der Praxis kaum ausgewirkt, weil man sich mit Meinung drei gut behelfen konnte. Die Rechtslage hat sich jedoch mit dem Inkrafttreten des **RisikobegrenzungsG**[120] geändert. Wurde eine Grundschuld danach **bis zum 19.8.2008** bestellt, könnte nach diesem Zeitpunkt eine rechtsgeschäftliche Nachverpfändung insoweit nur noch mit der Fälligkeitsbestimmung des § 1193 Abs. 2 BGB nF auf dem hinzukommenden Miteigentumsanteil erfolgen.[121] Dann würde aber ein und dasselbe Recht an einem einheitlichen Belastungsgegenstand mit unterschiedlichen Fälligkeitsregelungen eingetragen werden, wenn nicht zugleich für das schon eingetragene Recht eine – allerdings für den Gläubiger nachteilige und deshalb zustimmungspflichtige – Anpassung an die neue Rechtslage erfolgt. Man wird deshalb unter dem Gesichtspunkt der notwendigen Vollstreckungseinheit der Pfanderstreckung durch Inhaltsänderung den Vorzug geben müssen. Eine Grundschuld besteht nämlich nur in diesem Fall unverändert an dem vergrößerten Miteigentumsanteil fort.[122]

---

115 BayObLGZ 1993, 166 = NJW-RR 1993, 1043 = Rpfleger 1993, 444; OLG Hamm NJW-RR 1986, 1275 = Rpfleger 1986, 374; Demharter Anh zu § 3 Rn. 88.

116 LG Bochum Rpfleger 1990, 291; F. Schmidt MittBayNot 1985, 237 (244f.).

117 OLG Hamm NZM 1999, 82 = Rpfleger 1998, 514.

118 LG Köln Rpfleger 2002, 566.

119 OLG Hamm ZWE 2023, 162; OLG Karlsruhe ZWE 2013, 208; LG Lüneburg RNotZ 2005, 364; LG Wiesbaden Rpfleger 2004, 350; Böttcher Rpfleger 2005, 648 (655); DNotI-Gutachten DNotI-Report 2015, 49; Streuer Rpfleger 1992, 181 (183).

120 Gesetz zur Begrenzung der mit Finanzinvestitionen verbundenen Risiken (RisikobegrenzungG) v. 12.8.2008 (BGBl. I 1666).

121 Vgl. BGHZ 186, 28 = NJW 2010, 3300 = ZfIR 2010, 622.

122 DNotI-Gutachten DNotI-Report 2015, 49; ARS/Schneider § 6 Rn. 8; vgl. auch OLG Karlsruhe ZWE 2013, 208.

bb) Rechtliche Zusammenlegungen von Wohnungseigentum

66 **(1) Vereinigung mehrerer Wohnungseigentumseinheiten.** Eine rechtliche Vereinigung mehrerer Wohnungseigentumsrechte oder Teileigentumsrechte ist in analoger Anwendung von § 890 Abs. 1 BGB möglich, wenn diese demselben Rechtsträger gehören.[123] Unbedenklich ist auch die Vereinigung von Wohnungseigentum und Teileigentum; beide Formen des Raumeigentums sind inhaltsgleiche und nur zur Kennzeichnung der Nutzungsart unterschiedene Rechte.[124] Die Miteigentumsanteile verbunden mit Sondereigentum müssen im Hinblick auf § 1 Abs. 4 WEG allerdings an demselben Grundstück bestehen.[125]

67 Die **Vereinigung bewirkt** den Verlust der rechtlichen Selbständigkeit der vereinigten Wohnungseigentumsrechte; diese werden nichtwesentliche Bestandteile der neuen Gesamteinheit.[126] Im Grundbuch eingetragene Belastungen bleiben im bisherigen Umfang bestehen und erstrecken sich nicht automatisch auf die andere(n) an der Vereinigung beteiligte(n) Einheit(en).[127] Nach vollzogener Vereinigung können Belastungen nur noch an dem einheitlichen Wohnungseigentum eingetragen werden. Mit der **rechtlichen** Vereinigung muss nicht zwangsläufig auch eine *bauliche* Zusammenlegung zweier bisher selbständiger Einheiten verbunden sein.[128] Durch eine sachenrechtliche Vereinigung können sowohl steuerliche als auch verwaltungskostenmäßige **Vorteile** erlangt werden.

Beispiel

- Wenn nach der vorherigen Vereinigung von zwei Wohnungseinheiten eine nachfolgende Veräußerung rechtlich nur noch das eine (vereinigte) Objekt erfasst, so lässt sich dadurch der **steuerliche Objektverbrauch** im Rahmen der sog Drei-Objekt-Grenze reduzieren.[129] Im Gegensatz zu einer lediglich privaten Vermögensverwaltung wird idR von einem gewerblichen Grundstückshandel ausgegangen, wenn innerhalb von etwa fünf Jahren zwischen Anschaffung/Errichtung und Verkauf mindestens vier Objekte veräußert werden.[130]
- Wird die **Verwaltervergütung** objektbezogen berechnet, ist nach der Vereinigung nur noch eine Gebühr zu zahlen.[131]

68 Für die Vereinigung bestehen **keine Zustimmungserfordernisse.** Weder müssen die übrigen Wohnungseigentümer mitwirken[132], noch ist eine Zustimmung ding-

---

[123] BGH NJW 2014, 1002 = ZfIR 2014, 60 mAnm Schneider ZWE 2014, 79; BGHZ 146, 241 = NJW 2001, 1212 = ZfIR 2001, 209 = ZWE 2001, 314; BayObLG NZM 2000, 1232; OLG Hamm ZMR 2000, 244; BayObLG DNotZ 1999, 674 = NZM 1999, 277; Bauer/Schaub/Schneider AT E Rn. 370; Demharter § 5 Rn. 5.

[124] OLG Düsseldorf ZWE 2016, 165.

[125] Bärmann/Armbrüster WEG § 1 Rn. 103; Lemke/Schneider § 5 Rn. 28; Meikel/Böttcher § 5 Rn. 13; Schöner/Stöber Rn. 2979; Weitnauer/Briesemeister § 3 Rn. 91; aA wohl nur Bauer/Schaub/Waldner §§ 5, 6 Rn. 16.

[126] BGH DNotZ 1978, 156 = Rpfleger 1978, 52.

[127] BGH DNotZ 1978, 156 = Rpfleger 1978, 52; OLG Hamm DNotZ 2003, 355 = Rpfleger 2003, 349.

[128] Vgl. OLG Hamburg FGPrax 2004, 217 = Rpfleger 2004, 620; aA Streuer Rpfleger 1992, 181, der irrig davon ausgeht, dass eine rechtliche Vereinigung zwingend mit einer räumlichen Verschmelzung des Sondereigentums einhergehen muss.

[129] BFHE 164, 551 = BFH NJW 1992, 2504.

[130] Vgl. BFHE 240, 278 = NZM 2013, 775 = ZfIR 2013, 442.

[131] LG Lüneburg ZWE 2013, 25.

[132] OLG Hamburg FGPrax 2004, 217 = Rpfleger 2004, 620; BayObLG NZM 2000, 1232; OLG Hamm ZMR 2000, 244; BayObLG DNotZ 1999, 674 = NZM 1999, 277.

lich Berechtigter erforderlich[133]; es fehlt in beiden Fällen an einem rechtlichen Betroffensein. Die Möglichkeit der Vereinbarung eines Zustimmungserfordernisses gem. § 12 WEG für den Fall der Vereinigung zweier Wohnungseigentumseinheiten ist nach der hier vertretenen Auffassung im Hinblick auf den eng auszulegenden Anwendungsbereich der Norm abzulehnen.[134]

Verfahrensrechtlich kann eine in der Form des § 29 GBO zu bewilligende Vereinigung[135] im Grundbuch vollzogen werden, wenn neben den allgemeinen Verfahrensvoraussetzungen auch die besonderen Voraussetzungen des § 5 GBO erfüllt sind. 69

Wiederholung:

Wiederholen Sie doch bei dieser Gelegenheit gleich die allgemeinen grundbuchrechtlichen Eintragungsvoraussetzungen (Antrag, Bewilligung, Voreintragung); s. zB → Rn. 24.

Gem. § 5 Abs. 1 S. 1 GBO darf durch die Vereinigung **keine Verwirrung** zu besorgen sein. Verwirrung wird immer dann zu besorgen sein, wenn die Eintragungen derart unübersichtlich und schwer verständlich würden, dass der gesamte grundbuchliche Rechtszustand nicht mit der für den Grundbuchverkehr notwendigen Klarheit und Bestimmtheit erkennbar ist und die Gefahr von Streitigkeiten von Berechtigten untereinander oder mit Dritten und von Verwicklungen namentlich im Fall der Zwangsversteigerung besteht.[136] Der frühere Meinungsstreit darüber, ob eine Vereinigung auch bei ungleichmäßigen Belastungen möglich sei[137], hat sich durch die gesetzliche Änderung des § 5 GBO weitgehend erledigt.[138] Nunmehr soll eine Vereinigung insbesondere unterbleiben, wenn die Grundstücke im Zeitpunkt der Vereinigung mit unterschiedlichen Grundpfandrechten oder Reallasten oder zwar mit denselben Grundpfandrechten oder Reallasten, aber in unterschiedlicher Rangfolge belastet sind (§ 5 Abs. 1 S. 2 GBO). Dies zwingt bei unterschiedlicher Belastung mit den genannten Verwertungsrechten zunächst zu rechtsgeschäftlichen Pfanderstreckungen und ggf. auch zu Rangregulierungen.

Hinweis:

Bei der Eintragung solcher Nachverpfändungen für **Sicherungsgrundschulden** aus der Zeit vor dem 20.8.2008[139] wird das Grundbuchgericht wiederum die geänderten Kündigungs- und Fälligkeitsregelungen des § 1193 Abs. 2 BGB nF für das nachzubelastende Wohnungseigentum zu beachten haben (→ Rn. 65). Eine sich – zulässi-

133 Bauer/Schaub/Schneider AT E Rn. 372 .

134 Grüneberg/Wicke WEG § 12 Rn. 4; ARS/Schneider § 12 Rn. 63; aA Köhler/Bassenge/Fritsch, 1. Aufl., Teil 17 Rn. 19.

135 Die sachenrechtliche Vereinigungserklärung stellt in der Regel zugleich die verfahrensrechtliche Eintragungsbewilligung dar; sie bedarf dann der Form des § 29 Abs. 1 S. 1 GBO; Demharter § 5 Rn. 10.

136 Allgem. M. seit BayObLG DNotZ 1997, 398; BayObLG DNotZ 1994, 242.

137 Vgl. zuletzt noch BGH ZfIR 2014, 60 mAnm Schneider = ZWE 2014, 79 m. zahlreichen Nachweisen zur alten Rechtslage.

138 Gesetz zur Einführung eines Datenbankgrundbuchs (DaBaGG) v. 1.10.2013 (BGBl. I 3719).

139 Vgl. zur Anwendbarkeit des RisikobegrenzungsG Art. 229 § 18 Abs. 3 EGBGB.

gerweise[140] – durch die Nachverpfändung ergebende unterschiedliche Fälligkeit des Gesamtrechts an den beteiligten Wohnungseinheiten ist dann durch einen Klarstellungsvermerk von Amts wegen zu kennzeichnen.[141]

70 Eine Vereinigung ist auch möglich, wenn die Wohnungs- bzw. Teileigentumseinheiten nicht unmittelbar **aneinandergrenzen.**[142] § 5 Abs. 2 S. 1 GBO stellt insoweit kein Hindernis dar, weil die beteiligten Wohnungseigentumseinheiten ohnehin am selben Grundstück bestehen müssen.

71 Die durch die Vereinigung neu entstehende Rechtseinheit braucht keine in sich wiederum abgeschlossene Gesamtwohnung zu bilden; die vormaligen Sondereigentumsbereiche können weiterhin räumlich getrennt bleiben.[143] In diesem Fall braucht für die Vereinigung **kein neuer Aufteilungsplan** mit **Abgeschlossenheitsbescheinigung** vorgelegt zu werden, weil sich an der ursprünglich vorhandenen Abgeschlossenheit durch die bloße rechtliche Vereinigung nichts geändert haben kann.[144] Die Vorlage eines neuen Aufteilungsplanes ist aber auch dann nicht erforderlich, wenn mit der rechtlichen Vereinigung eine räumliche Zusammenlegung zweier Sondereigentumseinheiten etwa durch einen Mauerdurchbruch einhergehen sollte. Solange die räumliche Verbindung nicht die Überführung von gemeinschaftlichem Eigentum in Sondereigentum oder umgekehrt zur Schaffung der baulichen Gesamteinheit erforderlich macht (sog „Eingangsflurproblem"; dazu sogleich → Rn. 116), berührt selbst ein Mauerdurchbruch weder die **rechtliche** Abgrenzung des Gemeinschafts- und Sondereigentums, noch wird dadurch das Gemeinschaftseigentum in seiner **rechtlichen** Ausgestaltung inhaltlich verändert.[145] Durch einen Mauerdurchbruch wird der mit § 3 Abs. 3 Var. 1 WEG gesicherte Zweck der Abgeschlossenheit gegenüber den übrigen Einheiten nämlich nicht berührt. Selbst ein unzulässiger **tatsächlicher** Eingriff in das Gemeinschaftseigentum (denkbar zB infolge eines Mauerdurchbruchs in Bezug auf eine tragende Wand)[146] vermag unabhängig von etwaig bestehenden Unterlassungs- oder Beseitigungsansprüchen (vgl. § 20, § 14 Abs. 1 Nr. 1 WEG, § 1004 Abs. 1 BGB) die dingliche Rechtslage nicht zu verändern.[147] Aus diesem Grund kann auch das Grundbuchgericht die evtl. Zustimmungsbedürftigkeit baulicher Veränderungen bei der Eintragung der rechtlichen Vereinigung nicht prüfen.[148]

72 Für den **Grundbuchvollzug** müssen die bisher in unterschiedlichen Grundbüchern verzeichneten Wohnungseigentumseinheiten zunächst auf einem Grund-

---

140 BGHZ 186, 28 = NJW 2010, 3300 = ZfIR 2010, 622.

141 BGH NJW 2014, 1450 = DNotZ 2014, 513; Dietz DNotZ 2010, 686, 689; Lemke/Schneider § 5 Rn. 108; aA Meikel/Böttcher § 5 Rn. 86.

142 OLG Düsseldorf ZWE 2016, 165; Lemke/Schneider § 5 Rn. 81; Meikel/Böttcher § 5 Rn. 57; aA BayObLG DNotZ 2003, 352; Bauer/Schaub/Waldner §§ 5, 6 Rn. 16 u. 37.

143 BGHZ 146, 241 = NJW 2001, 1212 = ZWE 2001, 314; OLG Düsseldorf ZWE 2016,165; BayObLG NZM 2000, 1232; BayObLG NZM 1999, 277; KG NJW-RR 1989, 1360 = Rpfleger 1989, 500 mAnm Meyer-Stolte.

144 LG Wiesbaden Rpfleger 1989, 194.

145 BGHZ 146, 241 = NJW 2001, 1212 = ZWE 2001, 314; OLG Düsseldorf ZWE 2016, 165; OLG Hamburg FGPrax 2004, 217 = Rpfleger 2004, 620; insoweit aA Meikel/Böttcher § 5 Rn. 16, wenn der rechtlichen Vereinigung auch eine bauliche Vereinigung zugrundeliegt; unklar bleibt allerdings, wie das Grundbuchgericht dies erkennen kann.

146 Zu den Voraussetzungen vgl. BGHZ 146, 241 = NJW 2001, 1212.

147 BayObLG NZM 1998, 308; Beck'sches Notar-Handbuch/Rapp A III Rn. 95 d.

148 Schöner/Stöber Rn. 2977a mwN.

buchblatt zusammengeführt werden. Erst dann kann die Vereinigung unter Bildung eines einheitlichen Miteigentumsanteils erfolgen.[149]

Abbildung – (Verkürztes) Eintragungsbeispiel:

Amtsgericht Duisburg **Grundbuch von Duisburg** **Blatt 2291**

Bestandsverzeichnis

Laufende Nummer der Grundstücke	Bisherige laufende Nummer der Grundstücke	Bezeichnung der Grundstücke und der mit dem Eigentum verbundenen Rechte					Größe		
		Gemarkung (Vermessungsbezirk)	Karte: Flur	Karte: Flurstück	Liegenschaftsbuch	Wirtschaftsart und Lage			
		a	b		c/d	e	ha	a	m²
1	2	3					4		
1		200/10.000stel Miteigentumsanteil an dem Grundstück							
		Duisburg	1	101		Gebäude- und Freifläche, Kardinal-Galen-Straße 124		02	34
		verbunden mit dem Sondereigentum an der im Aufteilungsplan vom 24. März 2000 mit Nr. 11 bezeichneten Wohnung im Obergeschoss links mit einem Kellerraum im Kellergeschoss.							
		(weiter wie ursprüngliche Eintragung)							
2		175/10.000stel Miteigentumsanteil an dem Grundstück							
		Duisburg	1	101		Gebäude- und Freifläche, Kardinal-Galen-Straße 124		02	34
		verbunden mit dem Sondereigentum an der im Aufteilungsplan vom 24. März 2000 mit Nr. 12 bezeichneten Wohnung im Obergeschoss rechts mit einem Kellerraum im Kellergeschoss							
		(weiter wie ursprüngliche Eintragung)							
3	1, 2	375/10.000stel Miteigentumsanteil an dem Grundstück							
		Duisburg	1	101		Gebäude- und Freifläche, Kardinal-Galen-Straße 124		02	34
		verbunden mit dem Sondereigentum an der im Aufteilungsplan vom 24. März 2000 mit Nr. 11 bezeichneten Wohnung im Obergeschoss links mit einem Kellerraum im Kellergeschoss sowie der mit Nr. 12 bezeichneten Wohnung im Obergeschoss rechts mit einem Kellerraum im Kellergeschoss							
		(weiter wie ursprüngliche Eintragung)							

[149] OLG Düsseldorf ZWE 2016, 165; Meikel/Böttcher § 5 Rn. 17; Lemke/Schneider § 5 Rn. 29 mwN; die insoweit aA des KG NJW-RR 1989, 1360 = Rpfleger 1989, 500 und wohl auch des BGH ZfIR 2014, 60 mAnm Schneider = ZWE 2014, 79 übersieht, dass es grds. keinen Miteigentumsanteil in der Hand eines Alleineigentümers geben kann. Vgl. für „normales" Bruchteilseigentum auch OLG München FGPrax 2018, 158. Die bisherigen Miteigentumsanteile müssen daher miteinander verschmelzen, ohne dass dies zwingend auch für das Sondereigentum zu gelten hätte (so aber irrig Streuer Rpfleger 1992, 181 (185)).

73 (2) **Bestandteilszuschreibung.** Neben der Vereinigung zweier Wohnungseigentumsrechte besteht für den Eigentümer auch die Möglichkeit, ein **Wohnungseigentum** einem anderen **als Bestandteil zuschreiben** zu lassen (§ 890 Abs. 2 BGB), sofern die Miteigentumsanteile verbunden mit Sondereigentum im Hinblick auf § 1 Abs. 4 WEG wiederum an demselben Grundstück bestehen.[150]

74 Die **Bestandteilszuschreibung bewirkt**, dass das zugeschriebene Wohnungseigentum nichtwesentlicher Bestandteil des neu entstehenden Wohnungseigentums wird.[151] Im Unterschied zur Vereinigung nach § 890 Abs. 1 BGB, bei der ein neues Gesamtwohnungseigentum entsteht, bewirkt die Zuschreibung als Bestandteil eine Erweiterung der zuvor bestimmten Haupteinheit. Damit führt die Bestandteilszuschreibung im Ergebnis wie die Vereinigung zu einem neuen einheitlichen Rechtsgebilde. Auch mit der rechtlichen Zuschreibung muss nicht zwangsläufig eine bauliche Zusammenlegung zweier bisher selbständiger Einheiten verbunden sein.

75 Von der Vereinigung unterscheidet sich die Zuschreibung nur durch das unterschiedliche **Schicksal** bereits **eingetragener Einzelgrundpfandrechte.** Anders als im Vereinigungsfalle erstrecken sich nämlich die am Hauptobjekt bereits eingetragenen Grundpfandrechte nach der Zuschreibung auch auf das zugeschriebene Wohnungseigentum (§§ 1131 S. 1, 1192 Abs. 1, 1199 Abs. 1 BGB). Dort bereits eingetragenen Belastungen gehen sie allerdings im Range nach (§§ 1131 S. 2, 1192 Abs. 1, 1199 Abs. 1 BGB). Im übrigen bestehen die eingetragenen Belastungen in dem bisherigen Umfang fort. Insbesondere erstrecken sich umgekehrt die Belastungen am zugeschriebenen Wohnungseigentum nicht auf das Hauptobjekt.[152] Nach der Zuschreibung können Belastungen nur noch an dem einheitlichen Wohnungseigentum eingetragen werden.

Hinweis:

Anders als bei der rechtlichen Vereinigung (→ Rn. 69) wirkt die Haftungserstreckung des § 1131 S. 1 BGB auch gegenüber den durch das **RisikobegrenzungsG**[153] geänderten Kündigungs- und Fälligkeitsbestimmungen von Sicherungsgrundschulden. Die Zuschreibung bewirkt also die Erstreckung einer auf dem Hauptwohnungseigentum eingetragenen Sicherungsgrundschuld mit dem seinerzeitigen Rechtsinhalt. Es entsteht kein Gesamtrecht, sondern ein Einzelrecht am vergrößerten Wohnungseigentum.[154]

76 Wegen der weiteren Voraussetzungen und der grundbuchmäßigen Behandlung kann auf die Ausführungen zur Vereinigung verwiesen werden (vgl. § 6 GBO).

---

[150] BGH NJW 2014, 1002 = ZfIR 2014, 60 mAnm Schneider = ZWE 2014, 79; LG Ravensburg Rpfleger 1976, 303; Bärmann/Armbrüster WEG § 1 Rn. 102; Demharter § 6 Rn. 5; Lemke/Schneider § 6 Rn. 22; Meikel/Böttcher § 6 Rn. 15; Schöner/Stöber Rn. 2980.

[151] BGH ZfIR 2014, 60 mAnm Schneider = ZWE 2014, 79.

[152] BayObLG DNotZ 1995, 305.

[153] Gesetz zur Begrenzung der mit Finanzinvestitionen verbundenen Risiken v. 12.8.2008 (BGBl. I 1666).

[154] Böhringer Rpfleger 2009, 124, 131; Dietz DNotZ 2010, 686, 690; Lemke/Schneider § 6 Rn. 53; Meikel/Böttcher § 6 Rn. 50.

Merke:

Die Bestandteilszuschreibung ist iE eine besondere Spielart der Vereinigung. Sie unterscheidet sich davon im Wesentlichen nur durch die Erstreckungswirkung des § 1131 BGB. Diese Wirkung stellt allerdings eine „Einbahnstraße" dar.

(3) **Vereinigungsähnliche Grundbucheintragungen.** Mehrere demselben Eigentümer gehörende Wohnungseigentumseinheiten können abweichend von §§ 7 Abs. 1 S. 1, 8 Abs. 2 WEG auf einem Grundbuchblatt zusammengefasst werden, solange hiervon Verwirrung nicht zu besorgen ist (§ 4 Abs. 1 GBO).[155] Die grundbuchgerichtliche Praxis verfährt insoweit sehr zurückhaltend. Bei einer solchen **Zusammenschreibung** handelt es sich lediglich um einen buchungstechnischen Vorgang; die jeweiligen Miteigentumsanteile mit den zugehörigen Sondereigentumsrechten verbleiben in diesem Fall rechtlich selbständig. 77

Einem Wohnungseigentumsrecht kann aber auch ein gewöhnlicher **Miteigentumsanteil an einer dienenden Immobilie** zugebucht werden (§ 3 Abs. 4 bis 9 GBO).[156] 78

Beispiel

- Wohnungs- und Teileigentumseinheiten können auf diese Weise zB **Miteigentumsanteile an gewöhnlichen Grundstücken** zugebucht werden, die als Zufahrts- oder Wegeflächen dem aufgeteilten Grundstück dienen und im Miteigentum der Wohnungseigentümer stehen.[157]
- Denkbar ist aber auch die Zubuchung von **Miteigentumsanteilen an anderen Teileigentumseinheiten** aus derselben Anlage, wie etwa Mehrfachparkern[158], Heizkraftwerken oder Schwimmbädern.

Wohnungs- und Teileigentumseinheiten können demgemäß sowohl herrschendes als auch dienendes „Grundstück" iSd § 3 Abs. 4 GBO sein.

Eine solche **Zubuchung** stellt ebenfalls keine sachenrechtliche Veränderung dar, sondern soll lediglich die Zuordnung von Miteigentumsanteilen an dienenden, aber rechtlich unverändert selbständigen Immobilien ermöglichen. Im Ergebnis wird auf diese Weise die gem. § 3 Abs. 1 S. 1 GBO bzw. § 7 Abs. 1 S. 1 WEG grds. auch für dienende Immobilien bestehende Buchungspflicht suspendiert.

Zweck der Zubuchung ist es zu verhindern, dass sonst in unterschiedlichen Grundbüchern gebuchtes Eigentum bei der Veräußerung des herrschenden Wohnungseigentums oder bei der Eintragung einer Erbfolge übersehen wird. Weiterhin wird durch diese Art der Buchung eines Miteigentumsanteils außer einem kostenmäßigen Vorteil bei der Erteilung von Grundbuchauszügen in der Regel auch ein besserer Datenschutz erreicht.[159] 79

[155] Demharter § 4 Rn. 3; Lemke/Schneider § 4 Rn. 5; Weitnauer/Briesemeister § 7 Rn. 37.
[156] OLG Celle MittBayNot 1998, 104; BayObLGZ 1994, 221 = DNotZ 1995, 74; Lemke/Schneider § 3 Rn. 52.
[157] OLG Celle MittBayNot 1998, 104.
[158] BayObLGZ 1994, 221 = DNotZ 1995, 74.
[159] Demharter § 3 Rn. 30.

Abbildung – (Verkürztes) Eintragungsbeispiel:

Rechtslage *vor* der Begründung von Wohnungseigentum ohne Zubuchung eines Miteigentumsanteils gem. § 3 Abs. 5 GBO:

Amtsgericht Duisburg **Grundbuch von Duisburg** **Blatt 150**

Bestandsverzeichnis

Laufende Nummer der Grundstücke	Bisherige laufende Nummer der Grundstücke	Bezeichnung der Grundstücke und der mit dem Eigentum verbundenen Rechte					Größe		
		Gemarkung (Vermessungsbezirk)	Karte		Liegenschaftsbuch	Wirtschaftsart und Lage			
			Flur	Flurstück					
		a	b		c/d	e	ha	a	m²
1	2	3					4		
1		Duisburg	1	101		Gebäude- und Freifläche, Kardinal-Galen-Straße 124		02	34
2		Duisburg	1	105		Weg, Kardinal-Galen-Straße			58

Rechtslage *nach* der Begründung von Wohnungseigentum und Zubuchung eines Miteigentumsanteils gem. § 3 Abs. 5 GBO:

Amtsgericht Duisburg **Grundbuch von Duisburg** **Blatt 2310**

Bestandsverzeichnis

Laufende Nummer der Grundstücke	Bisherige laufende Nummer der Grundstücke	Bezeichnung der Grundstücke und der mit dem Eigentum verbundenen Rechte					Größe		
		Gemarkung (Vermessungsbezirk)	Karte		Liegenschaftsbuch	Wirtschaftsart und Lage			
			Flur	Flurstück					
		a	b		c/d	e	ha	a	m²
1	2	3					4		
1		197/10.000stel Miteigentumsanteil an dem Grundstück							
		Duisburg	1	101		Gebäude- und Freifläche, Kardinal-Galen-Straße 124		02	34
		verbunden mit dem Sondereigentum an der im Aufteilungsplan vom 24. März 2000 mit Nr. 18 bezeichneten Wohnung im III. Obergeschoss links.							
		(weitere Eintragung)							

2/zu 1		$^{1}/_{18}$ Miteigentumsanteil an dem Grundstück							
		Duisburg	1	105		Weg, Kardinal-Galen-Straße			58

c) Veränderungen am aufgeteilten Grundstück

aa) Veräußerung einer Grundstücksteilfläche

(1) **Vorüberlegungen.** Für die folgenden Überlegungen zur **Abveräußerung einer realen Grundstücksfläche** aus dem in Wohnungseigentum aufgeteilten Grundstück muss wegen der unterschiedlichen Anforderungen differenziert werden. Befinden sich auf der zu veräußernden Teilfläche nämlich Räumlichkeiten im Sondereigentum, folgt die Übertragung zT anderen Regeln als bei einer unbebauten Teilfläche oder wenn lediglich eine Teilfläche mit Räumlichkeiten im Gemeinschaftseigentum veräußert wird. Lassen Sie uns der Einfachheit halber mit den letztgenannten Tatbeständen beginnen. 80

(2) **Die Veräußerung einer unbebauten Grundstücksteilfläche und einer Grundstücksteilfläche mit Räumlichkeiten im Gemeinschaftseigentum.** Die Veräußerung einer unbebauten Teilfläche bzw. einer Teilfläche mit Räumlichkeiten im Gemeinschaftseigentum stellt sich in beiden Fällen materiell-rechtlich als **Verfügung über das Gemeinschaftseigentum** dar (§ 10 Abs. 1 S. 1 WEG, § 747 S. 2 BGB).[160] Sie bedarf daher der **Auflassung** unter Mitwirkung sämtlicher Wohnungs- und Teileigentümer.[161] Im Hinblick auf § 925 Abs. 1 S. 1 BGB kommt eine getrennte Verfügung der einzelnen Miteigentümer hier nicht in Betracht; sie würde zur Nichtigkeit der Auflassung führen (§ 125 BGB). Zum Nachweis der gleichzeitigen Anwesenheit ist verfahrensrechtlich die Auflassungserklärung in notarieller Urkunde vorzulegen (§ 29 Abs. 1 S. 2 GBO). Darüber hinaus ist eine weitergehende **Aufhebungs- oder Umwandlungserklärung** im Hinblick auf die bisher an der Teilfläche bestehenden gemeinschaftsrechtlichen Bindungen **nicht erforderlich.**[162] Mit der Veräußerung aller Miteigentumsanteile an der Teilfläche erlöschen die insoweit bestehenden Rechtsverhältnisse von selbst.[163] 81

Beispiel

Falls an der abveräußerten Grundstücksteilfläche einem Wohnungseigentümer ein Sondernutzungsrecht an einem Pkw-Stellplatz eingeräumt war, wird das Sondernutzungsrecht durch den Vollzug der Auflassung automatisch gegenstandslos.[164]

---

[160] BGH NJW 2013, 1962 = ZWE 2013, 330; LG Düsseldorf MittRhNotK 1980, 77; Bärmann/Armbrüster WEG § 1 Rn. 70.

[161] Bauer/Schaub/Schneider AT E Rn. 382.

[162] AA möglicherweise – ohne Problematisierung – jetzt BGHZ 237, 207 = NJW 2023, 2875 = ZfIR 2023, 496 mkritAnm Elzer = ZWE 2023, 443.

[163] OLG Köln ZWE 2024, 118; Bauer/Schaub/Schneider AT E Rn. 382; Böttcher BWNotZ 1996, 80 (90); ARS/Schneider § 6 Rn. 28; Röll Rpfleger 1990, 277 (278); Schöner/Stöber Rn. 2982; Weitnauer/Briesemeister § 1 Rn. 33; aA OLG Frankfurt a. M. Rpfleger 1990, 282; Beck'sches Notarhandbuch/Rapp A III Rn. 139; Herrmann DNotZ 1991, 607 (609)).

[164] Weitnauer/Briesemeister § 1 Rn. 33; aA OLG Brandenburg ZfIR 2025, 458.

82 Wegen der mit der Abveräußerung verbundenen Reduzierung ihrer Haftungsobjekte bedarf es zur lastenfreien Abschreibung materiell-rechtlich der **Zustimmung** und verfahrensrechtlich der **Bewilligung aller dinglich Berechtigten** an sämtlichen Wohnungs- und Teileigentumseinheiten in der Form des § 29 GBO (§§ 876, 877 BGB, § 19 GBO).[165] Dies gilt auch für Gesamtrechte an allen Einheiten sowie für Rechte am ganzen Grundstück.[166] Liegt bei eingetragenen Dienstbarkeiten der Ausübungsbereich nicht auf der abveräußerten Teilfläche, wird eine lastenfreie Abschreibung entsprechend § 1026 BGB möglich sein.

83 Soweit eine **Veräußerungsbeschränkung** gem. § 12 WEG vereinbart sein sollte, ist diese zwar grundsätzlich auch bei der isolierten Übertragung von Miteigentumsanteilen zu beachten. Im vorliegenden Fall erfolgt die Veräußerung jedoch an einen Außenstehenden, der dadurch nicht Mitglied der Eigentümergemeinschaft wird. Der Anwendungsbereich des § 12 WEG ist deshalb nicht eröffnet.

Wiederholung:

Vielleicht möchten Sie sich an dieser Stelle noch einmal kurz den Anwendungsbereich des § 12 WEG in Erinnerung rufen. Ausführungen dazu finden Sie im → § 5 Rn. 124 ff.

84 Landesrechtliche Bestimmungen können zur Verselbständigung der Teilfläche die Vorlage einer **Teilungsgenehmigung** vorsehen.[167] Soweit die Fortschreibung des ursprünglich in Wohnungseigentumsrechte aufgeteilten Grundstücks noch nicht erfolgt sein sollte, ist gem. § 2 GBO auch der **Veränderungsnachweis** des Kataster- und Vermessungsamtes zum Vollzug vorzulegen.[168] Weiterhin ist dem Grundbuchgericht nachzuweisen, dass sich auf der abveräußerten Teilfläche keine im Sondereigentum stehenden Baulichkeiten befinden.[169] Dieser Nachweis kann nur durch Vorlage einer **amtlichen Karte** oder Bescheinigung erfolgen (§ 29 Abs. 1 S. 2 GBO). Darüber hinaus ist zum Eigentumswechsel die steuerliche **Unbedenklichkeitsbescheinigung** beizubringen (§ 22 GrEStG).

85 Die **Eintragung** der Abveräußerung erfolgt hinsichtlich der Teilfläche **in sämtlichen** für die Wohnungseigentumsanlage gebildeten **Grundbüchern.**

86 (3) **Die Veräußerung einer Grundstücksteilfläche mit Räumlichkeiten im Sondereigentum.** Für die Veräußerung einer Teilfläche mit **Räumlichkeiten im Sondereigentum** gelten zunächst die vorstehenden Ausführungen zur Abveräußerung ohne Räumlichkeiten im Sondereigentum entsprechend. Diese Grundsätze müssen auch dann gelten, wenn das Gebäude, das im Bereich der abzuschreibenden

---

[165] OLG Frankfurt NJW-RR 1990, 1042 = Rpfleger 1990, 292; Bauer/Schaub/Schneider AT E Rn. 382; ARS/Schneider § 6 Rn. 30.

[166] Die von OLG Zweibrücken Rpfleger 1986, 93; Böttcher BWNotZ 1996, 80 (90); Schöner/Stöber Rn. 2982 vertretene aA kann sich nur auf eine Abtrennung ohne gleichzeitige lastenfreie Abveräußerung beziehen, da nur in diesem Fall ein Gesamtgläubiger nicht durch Freigabe beeinträchtigt werden kann. So scheint auch die BGH-Entscheidung zur fehlenden Zustimmungspflicht eines Vorkaufsberechtigten zu verstehen zu sein; BGHZ 237, 207 = NJW 2023, 2875 = ZfIR 2023, 496 mkritAnm Elzer = ZWE 2023, 443.

[167] Vgl. Schöner/Stöber Rn. 3819.

[168] Böttcher BWNotZ 1996, 80 (91).

[169] ARS/Schneider § 6 Rn. 29; Weitnauer/Briesemeister § 1 Rn. 33.

Teilfläche liegen sollte, noch gar nicht gebaut ist, die Wohnungsgrundbücher jedoch schon angelegt sind.[170]

Wiederholung:

Das WEG ermöglicht für beide Begründungsarten die Bildung von Sondereigentum an einem noch „zu errichtenden Gebäude". Lesen Sie bitte noch einmal in §3 Abs. 1 S. 1 und im Hinblick auf die dort enthaltene Legaldefinition des Sondereigentums auch §8 Abs. 1 WEG nach.

Im vorliegenden Fall kann jedoch der Wegfall der gemeinschaftsrechtlichen Bindungen für sich allein nicht ausreichen; es soll schließlich in die bestehende Eigentumsstruktur der Gesamtanlage eingegriffen werden. Es bedarf deshalb zusätzlich noch einer **rechtsgeschäftlichen Teilaufhebung des Sondereigentums**[171], da der bisherige Gegenstand des Sondereigentums verändert werden soll. Dafür wird zu Recht eine Einigungserklärung sämtlicher Miteigentümer gem. §4 WEG verlangt.[172] 87

Denkbar ist zudem, dass die auf der abveräußerten Teilfläche befindlichen Räumlichkeiten mit einem Miteigentumsanteil verbunden sind, mit dem sie ein selbständiges Wohnungs- oder Teileigentum bilden. 88

Beispiel

Geradezu ein Paradebeispiel stellt hier das in einem eigenen Teileigentumsgrundbuch verzeichnete und folglich mit einem eigenen Miteigentumsanteil verbundene Sondereigentum an einer freistehenden Garage auf dem Grundstück dar.

In diesem Fall muss zugleich der durch die Abveräußerung frei werdende – dann aber substanzlose – Miteigentumsanteil durch Übertragung beseitigt werden, weil infolge der Teilaufhebung **kein isolierter Miteigentumsanteil** verbleiben darf.[173] Diese Übertragung eines bloßen Miteigentumsanteils folgt wiederum den Regeln für das Alleineigentum an Grundstücken,[174] so dass hierfür eine entsprechende Auflassungserklärung gem. §§ 873, 925 BGB erforderlich wird.

Im Ergebnis bedarf es also materiell-rechtlich **mehrerer Einigungserklärungen,** wenn sich auf dem abzuveräußernden Grundstücksteil Räumlichkeiten im Sondereigentum befinden. Da die verfahrensrechtlich gem. §20 GBO nachzuweisenden Auflassungen das stärkere Formerfordernis darstellen, kommt es auf die umstrittene Frage, ob für die weiterhin nachzuweisende Einigung gem. §4 WEG zur Teilaufhebung des Sondereigentums die Vorschriften über die Auflassung 89

[170] KG ZMR 2012, 462.

[171] Die Aufhebung sämtlicher Sondereigentumsrechte ist hierfür nicht erforderlich; KG ZMR 2012, 462.

[172] Bauer/Schaub/Schneider AT E Rn. 385; Böttcher BWNotZ 1996, 80 (90).

[173] KG ZMR 2012, 462; Bauer/Schaub/Schneider AT E Rn. 385; Röll Rpfleger 1990, 277.

[174] Weitnauer/Briesemeister §6 Rn. 1.

entsprechende Anwendung finden[175] oder eine einseitige verfahrensrechtliche Bewilligung ausreichend ist,[176] nicht mehr an.

90 Anstelle des Nachweises fehlender Baulichkeiten kann für im Sondereigentum verbleibende (Rest-)Räumlichkeiten eine neue **Abgeschlossenheits- und Flächenbescheinigung** erforderlich werden, weil auch bei nachträglichen Veränderungen das Erfordernis der Abgeschlossenheit zu beachten ist.[177] Eine solche dürfte jedoch immer dann entbehrlich sein, wenn es sich bei der übertragenen Räumlichkeit um einen separaten Baukörper gehandelt hat, dessen Herausnahme aus dem Wohnungseigentum und Abveräußerung die Abgeschlossenheit und Zugänglichkeit im Übrigen nicht beeinträchtigen kann.

Beispiel

Dazu bemühen wir am Besten gleich noch einmal unser Paradebeispiel: die Abveräußerung der realen Grundstücksteilfläche mit der bisher als eigenes Teileigentum gebuchten Garage wird die Abgeschlossenheit der übrigen Sondereigentumseinheiten nicht verändern. Damit ist nach der Abveräußerung der „Restaufteilungsplan" mit der „Restabgeschlossenheits- und Flächenbescheinigung" für das „Restgrundstück" immer noch aktuell.

91 Soweit die isolierten Miteigentumsanteile von Wohnungseigentümern erworben werden, deren Wohnungseigentumsrechte bereits mit dinglichen Rechten belastet sind, ist zur Herstellung einheitlicher Belastungsverhältnisse insoweit wiederum eine **Pfandunterstellung** erforderlich, weil andernfalls ggf. nur der ursprünglich belastete Miteigentumsanteil zur Zwangsversteigerung käme.

Wiederholung:

Wie sich die Einbeziehung des isolierten Miteigentumsanteils in die bestehenden Belastungsverhältnisse vollzieht, haben Sie bereits gelernt. Schauen Sie sich insoweit noch einmal die Rn. 65 ff. an.

bb) Hinzuerwerb einer Grundstücksfläche

92 Der Erwerb des Eigentums an einer weiteren Grundstücksfläche durch die Wohnungseigentümer vollzieht sich sachenrechtlich im Wege der **Auflassung** gem. §§ 873, 925 BGB. Auf diese Weise erwerben alle Wohnungseigentümer zunächst sachenrechtlich weiteres Eigentum in bruchteilsmäßiger Verbundenheit. Diese an sich „neben" der Wohnungseigentümergemeinschaft am aufgeteilten Grundstück bestehende (personenidentische) Bruchteilsgemeinschaft muss sozusagen noch wohnungseigentumsrechtlich „integriert" werden. Der Eigentumserwerb setzt deshalb **gleiche Eigentumsverhältnisse** mit identischen Miteigentumsquoten sowohl an dem aufgeteilten als auch an dem einzubeziehenden Grundstück voraus.[178] Im Hinblick auf § 1 Abs. 4 WEG bedarf es nämlich zur Einbeziehung des hinzuerworbenen Grundstücks einer rechtsgeschäftlichen **Erstreckung des Wohnungseigentums** mit den diesbezüglichen Regelungen der Gemeinschafts-

---

[175] So die wohl hM Bamberger/Roth/Hügel WEG § 7 Rn. 6; Bärmann/Armbrüster WEG § 4 Rn. 21 ff.; Bauer/Schaube/Kössinger § 20 Rn. 66; Meikel/Böttcher § 20 Rn. 58; Schöner/Stöber Rn. 2842; Staudinger/Rapp § 4 Rn. 4.

[176] OLG Zweibrücken OLGZ 1982, 263; Demharter GBO Anhang zu § 3 Rn. 41, ARS/Schneider § 7 Rn. 81; Weitnauer/Briesemeister § 4 Rn. 5.

[177] Weitnauer/Briesemeister § 3 Rn. 57.

[178] BayObLG NJW 1973, 1378.

ordnung als Inhalt des Sondereigentums auf die hinzuerworbene Fläche.[179] Dies kann nur im Wege der **Vereinigung** (§ 890 Abs. 1 BGB) oder der **Bestandteilszuschreibung** (§ 890 Abs. 2 BGB) erfolgen.[180] Die hM verlangt darüber hinaus noch zusätzlich eine Umwandlung und Einbeziehung des normalen hinzukommenden Miteigentumsanteils in die bestehende wohnungseigentumsrechtliche Aufteilung (§ 4 WEG).[181] Die Herstellung einer so weit reichenden Gleichartigkeit ist jedoch gar nicht erforderlich, da die Grundstücke in beiden Fällen im Miteigentum der Wohnungseigentümer stehen (vgl. § 1 Abs. 5 WEG) und Sondereigentum nicht betroffen wird.[182] Keineswegs bedarf es zur Einbeziehung der vorherigen Aufhebung der bestehenden Teilung mit anschließender Neuaufteilung des Gesamtgrundstücks.[183]

Verfahrensrechtlich genügt für den Erwerb des Eigentums also der Nachweis der **Auflassung identischer Bruchteile** (§ 20 GBO) in der Form des § 29 GBO. Weiterhin ist noch die **Vereinigung bzw. Bestandteilszuschreibung** zur Eintragung zu bewilligen (§ 19 GBO). Die von der hM zusätzlich geforderte Umwandlungserklärung, mit der das hinzu kommende Grundstück ebenfalls den Regeln des Wohnungseigentums unterstellt werden soll, kann im Wege der Auslegung bereits aus der Erstreckung der Teilungserklärung[184] oder der Angabe des Erwerbsverhältnisses[185] entnommen werden, so dass es insoweit keiner zusätzlichen Bewilligung bedarf. 93

Sowohl für eine Vereinigung als auch für eine Bestandteilszuschreibung bestehen zusätzliche Eintragungsvoraussetzungen gem. §§ 5, 6 GBO, die Ihnen aber bereits bekannt sind. 94

Wiederholung:

Wiederholen Sie jetzt bitte die Ausführungen zu den besonderen grundbuchrechtlichen Voraussetzungen einer **Vereinigung** (→ Rn. 66) und einer **Bestandteilszuschreibung** (→ Rn. 79).

Durch den Hinzuerwerb des weiteren Grundstücks vergrößert sich das Haftungsobjekt für eingetragene **dinglich Berechtigte,** so dass sie von der nachträglichen Einbeziehung eines Grundstücks rechtlich nicht betroffen, sondern begünstigt sind. Aus diesem Grunde bedarf es ihrer Mitwirkung weder materiellrechtlich noch verfahrensrechtlich (§ 19 GBO, §§ 876, 877 BGB). 95

Zum Eigentumswechsel ist die steuerliche **Unbedenklichkeitsbescheinigung** gem. § 22 GrEStG sowie ein **Negativattest** über die Nichtausübung eines gemeind- 96

[179] Bauer/Schaub/Schneider AT E Rn. 378; Röll Rpfleger 1990, 277, 278.

[180] OLG Oldenburg Rpfleger 1977, 22; OLG Frankfurt Rpfleger 1973, 394; Bärmann/Armbrüster WEG § 1 Rn. 65.

[181] OLG Frankfurt a.M. DNotZ 1993, 612; OLG Zweibrücken DNotZ 1991, 605 mAnm Herrmann; Beck'sches Notarhandbuch/Rapp A III Rn. 141; Böttcher BWNotZ 1996, 80, 91; Demharter § 5 Rn. 7; Schöner/Stöber Rn. 2981.

[182] Zutreffend daher Bärmann/Armbrüster WEG § 1 Rn. 66; Weitnauer/Briesemeister § 1 Rn. 31.

[183] So aber noch OLG Saarbrücken Rpfleger 1988, 479; dagegen bereits zu Recht Bärmann/Armbrüster WEG § 1 Rn. 66.

[184] OLG Frankfurt DNotZ 1993, 612 = Rpfleger 1993, 396; Böttcher BWNotZ 1996, 80, 91.

[185] OLG Zweibrücken DNotZ 1991, 605; Bauer/Schaub/Schneider AT E Rn. 378; Röll Rpfleger 1990, 277, 278.

lichen Vorkaufsrechts (§§ 24, 28 BauGB) beizubringen. Einer neuerlichen **Abgeschlossenheits- und Flächenbescheinigung** bedarf es dagegen nicht, da sich an den rechtlichen und baulichen Verhältnissen durch den Hinzuerwerb nichts geändert hat.[186]

97 Soweit sich **abgeschlossene Räumlichkeiten** auf dem einbezogenen Grundstück befinden, verbleiben diese nach Verbindung mit dem aufgeteilten Grundstück zunächst im **Gemeinschaftseigentum** aller Wohnungs- und Teileigentümer.[187] Sollte auch insoweit die Begründung von Sondereigentum angestrebt sein, bedürfte es einer weitergehenden Überführung von gemeinschaftlichem Eigentum in Sondereigentum.

Hinweis:

Im nächsten Gliederungspunkt werden Sie die Umwandlungsmöglichkeiten von Gemeinschafts- in Sondereigentum und umgekehrt kennenlernen.
Darüber hinaus werden Sie im → § 7 noch eine weitere Möglichkeit zum Hinzuerwerb von Grundstücken kennenlernen. Schauen Sie dort einmal in den → Rn. 31 ff. nach – Sie werden staunen!

98 Die **Eintragung** des hinzuerworbenen Grundstücks erfolgt **in sämtlichen** für die Wohnungseigentumsanlage bereits gebildeten **Grundbüchern.**

Beispiel:

(verkürztes Eintragungsbeispiel)

Amtsgericht Duisburg **Grundbuch von Duisburg** **Blatt 2261**

Bestandsverzeichnis

Laufende Nummer der Grundstücke	Bisherige laufende Nummer der Grundstücke	Bezeichnung der Grundstücke und der mit dem Eigentum verbundenen Rechte					Größe		
		Gemarkung (Vermessungsbezirk)	Karte: Flur	Karte: Flurstück	Liegenschaftsbuch	Wirtschaftsart und Lage			
		a	b		c/d	e	ha	a	m²
1	2	3					4		
1		187/10.000stel Miteigentumsanteil an dem Grundstück							
		Duisburg	1	101		Gebäude- und Freifläche, Kardinal-Galen-Straße 124		02	34
		Duisburg	1	150		Freifläche, Kardinal-Galen-Straße			66
		verbunden mit dem Sondereigentum an der im Aufteilungsplan vom 24. März 2000 mit Nr. 1 bezeichneten Wohnung im Erdgeschoss links mit einem Kellerraum im Kellergeschoss.							

[186] Vgl. LG Duisburg ZMR 2007, 888.
[187] Bauer/Schaub/Schneider AT E Rn. 380.

		verbunden mit dem Sondereigentum an der im Aufteilungsplan vom 24. März 2000 mit Nr. 1 bezeichneten Wohnung im Erdgeschoss links mit einem Kellerraum im Kellergeschoss.			
		Für jeden Miteigentumsanteil ist ein besonderes Grundbuch angelegt (Nr. 2261 bis Nr. 2374). Der hier eingetragene Miteigentumsanteil ist durch die zu den anderen Miteigentumsanteilen gehörenden Sondereigentumsrechte beschränkt.			
		Wegen Gegenstand und Inhalt des Sondereigentums wird Bezug genommen auf die Bewilligung vom 15. Mai 2000 (Notar Dr. Helmut Genau in Duisburg – UR-Nr. 555/00).			
		Der Miteigentumsanteil ist von Blatt 1055 hierher übertragen, eingetragen am 22. Mai 2000.			

d) Gegenständliche Veränderungen des Gemeinschafts- oder Sondereigentums

aa) Umwandlung von Gemeinschaftseigentum in Sondereigentum und umgekehrt

In bestehenden Wohnungseigentumsanlagen können nachträgliche Umwandlungen **von Gemeinschaftseigentum in Sondereigentum** aus den unterschiedlichsten Anlässen erforderlich werden. 99

Beispiele

- Ein bisher im Gemeinschaftseigentum stehender (Keller-, Speicher- oder Hobby-)Raum oder abgetrennte Teile eines solchen sollen einem Wohnungseigentümer allein ohne Änderung des schon bestehenden Miteigentumsanteils als Sondereigentum zugeordnet werden.[188]
- Eine neue Wohnungseigentumseinheit soll nachträglich unter gleichzeitiger Verbindung mit abgespaltenen Miteigentumsanteilen durch Umwandlung bisherigen Gemeinschaftseigentums beim nachträglichen Dachgeschossausbau gebildet werden.[189]
- Im Rahmen einer sog Mehrhausanlage wird ein späterer Bauabschnitt in der Weise realisiert, dass bisher gemeinschaftliches Eigentum des hinzugekommenen Gebäudes in Sondereigentum überführt wird.[190]
- Ein am 01.12.2020 bestehendes Sondernutzungsrecht soll in eine der durch das WEMoG ermöglichten neuen Eigentumsformen überführt werden (Stellplatzeigentum gem. §3 Abs. 1 S. 2 bzw. Annexeigentum gem. §3 Abs. 2 WEG).[191]

Eine solche Umwandlung ist allerdings nur möglich, wenn es sich bei den in Sondereigentum umgewandelten Räumlichkeiten auch um sondereigentumsfähige 100

[188] Vgl. BGH NJW 1986, 2759 = DNotZ 1987, 208; BayObLGZ 1991, 313 = NJW-RR 1992, 208.
[189] Vgl. BayObLG DNotZ 1993, 741 = ZMR 1993, 423.
[190] Vgl. BayObLGZ 1994, 233 = DNotZ 1995, 607.
[191] Becker/Schneider ZfIR 2020, 281 (286).

Bereiche handelt. Zwingendes Gemeinschaftseigentum gem. § 5 Abs. 2 WEG kann nicht in Sondereigentum überführt werden.

Beispiel

- Der einzige Zugang zu gemeinschaftlichen Einrichtungen muss im gemeinschaftlichen Eigentum verbleiben und kann nicht umgewandelt werden.[192]

Wiederholen Sie ggf. noch einmal die Ausführungen im → § 3 Rn. 7 ff.!

101 Entsprechend kann sich nach der Begründung von Wohnungseigentumseinheiten auch umgekehrt die **Überführung** einzelner im **Sondereigentum** stehender Räumlichkeiten oder gar vollständiger Sondereigentumseinheiten **in gemeinschaftliches Eigentum** vollziehen. Dabei wird allerdings zu beachten sein, dass kein isolierter Miteigentumsanteil verbleibt.[193]

Beispiel

Ein Teil eines Raumes bleibt nach vollzogener Unterteilung einer Wohnungseinheit als Sondereigentum „übrig" (sog Eingangsflurproblem; dazu sogleich mehr) und muss daher in gemeinschaftliches Eigentum überführt werden.[194]

102 In beiden Umwandlungsfällen („GE in SE" bzw. „SE in GE") handelt es sich um eine **gegenständliche Veränderung des Gemeinschafts- oder des Sondereigentums.** Für die darin liegende Änderung des sachenrechtlichen Grundverhältnisses der Wohnungseigentümer bedarf es einer **Einigungserklärung** sämtlicher Miteigentümer gem. § 4 WEG und der Eintragung in die Wohnungsgrundbücher.[195]

103 Die Umwandlung von Gemeinschaftseigentum in Sondereigentum und umgekehrt fällt damit **nicht** in den Regelungsbereich des § 10 Abs. 1 u. 3 WEG. Aus diesem Grunde kann auch in einer Gemeinschaftsordnung nicht eine **vorweg genommene Ermächtigung** zur Vornahme solcher Veränderungen mit einer den Sondernachfolger bindenden Wirkung als **Inhalt des Sondereigentums** vereinbart und in das Grundbuch eingetragen werden.[196]

104 Auch die Einräumung eines **umfassenden Sondernutzungsrechts** mit Bebauungsbefugnis enthält nicht die vorweg genommene Einigung über die Einräumung von Sondereigentum zugunsten des Sondernutzungsberechtigten an den entstehenden Räumlichkeiten.

---

[192] BGH NJW 1991, 2909 = Rpfleger 1991, 454.

[193] OLG München ZWE 2010, 459.

[194] BGHZ 139, 352 = NJW 1998, 3711 = Rpfleger 1999, 66; BayObLGZ 1987, 390 = DNotZ 1988, 316.

[195] Für eine Umwandlung in Sondereigentum: OLG Saarbrücken NZM 2005, 423; OLG Celle OLGReport 2004, 79; KG FGPrax 1998, 94; BayObLG MittBayNot 1994, 41; für eine Umwandlung in Gemeinschaftseigentum: BGHZ 139, 352 = NJW 1998, 3711 = Rpfleger 1999, 66; OLG Stuttgart ZMR 2013, 54; BayObLG DNotZ 1998, 379 = Rpfleger 1998, 19; BayObLG NJW-RR 1996, 721 = Rpfleger 1996, 240; Bärmann/Armbrüster WEG § 4 Rn. 8 f.

[196] BGH NJW-RR 2012, 1036 = ZWE 2012, 361; BGH NJW 2003, 2165; BayObLG NZM 2002, 70 = Rpfleger 2002, 140; BayObLG NZM 2000, 1235 = Rpfleger 2000, 544; BayObLG DNotZ 1998, 379 = Rpfleger 1998, 19; KG NZM 1998, 581; Demharter Anh zu § 3 Rn. 91 u. 93; Schöner/Stöber Rn. 2967; aA Rapp MittBayNot 1998, 77; Röll DNotZ 1998, 345.

Beispiel

Auf diese Weise versucht man bisweilen die spätere Errichtung von Gebäuden in mehreren Bauabschnitten bei einer Mehrhausanlage zu gestalten.[197]

Dinglich Berechtigte müssen sowohl der Umwandlung in Sondereigentum als auch umgekehrt zustimmen, soweit sie rechtlich betroffen sein können (§§ 876, 877 BGB). Für Inhaber von **Gesamtrechten** an sämtlichen Einheiten ändert sich an ihrer Rechtsposition insgesamt jedoch nichts.[198] Nicht nachteilig betroffen sind auch die Inhaber dinglicher Rechte an den aufnehmenden Einheiten, deren Sondereigentum bzw. Gemeinschaftseigentum erweitert wird; diese Rechte erfahren einen **Rechtszuwachs.** Eine etwaige Erhöhung der Unterhaltungslasten durch die Vergrößerung des gemeinschaftlichen Eigentums kann allenfalls eine wirtschaftliche Beeinträchtigung darstellen; hierfür ist jedoch eine Zustimmung der dinglich Berechtigten nicht erforderlich.[199] Eine Zustimmungserklärung soll nach hM auch dann erforderlich sein, wenn bei der Umwandlung in Sondereigentum dem hinzuerwerbenden Wohnungseigentümer an der umgewandelten Gemeinschaftsfläche zuvor bereits ein **Sondernutzungsrecht** eingeräumt war.[200] In einer erteilten Zustimmungserklärung ist zugleich auch die verfahrensrechtliche Bewilligung nach § 19 GBO zu sehen[201]; sie bedarf dann allerdings der grundbuchmäßigen Form des § 29 GBO. 105

Nachverpfändungserklärungen hinsichtlich eingetragener Einzelrechte an aufnehmenden Sondereigentumseinheiten entfallen, da sich Belastungen am hinzuerworbenen Sondereigentum kraft Gesetzes auf isoliertes Sondereigentum erstrecken.[202] Lediglich in den Fällen, in denen die Umwandlungen mit der Veränderung gebuchter Miteigentumsanteile verbunden ist, gelten die hierzu entwickelten Grundsätze (→ Rn. 65 ff.). 106

Verfahrensrechtlich sind nach der hier vertretenen Auffassung die **Eintragungsbewilligungen** sämtlicher Wohnungseigentümer gem. § 19 GBO in der Form des § 29 GBO vorzulegen[203], soweit nicht gleichzeitig Veränderungen in den Miteigentumsanteilen den Nachweis der Auflassung erforderlich machen. Den Eintragungsbewilligungen ist grundsätzlich ein **geänderter Aufteilungsplan** mit entsprechender Abgeschlossenheits- und Flächenbescheinigung beizufügen.[204] Wird allerdings Sondereigentum in Gemeinschaftseigentum in der Weise überführt, dass lediglich ein auch schon bisher als abgeschlossen bescheinigter Raum umgewandelt wird, werden die übrigen Wohnungseigentümer durch die 107

[197] BGH NJW-RR 2005, 10 = Rpfleger 2005, 17; OLG Celle OLGReport 2004, 79; BayObLG NZM 2002, 70 = Rpfleger 2002, 140; BayObLG NZM 2000, 1235 = Rpfleger 2000, 544; BayObLG MittBayNot 2000, 551 mAnm Roellenbleg; Bärmann/Armbrüster WEG § 4 Rn. 8.

[198] OLG Frankfurt FGPrax 1997, 139 = Rpfleger 1997, 374; Böhringer BWNotZ 1993, 153 (158f.); Schöner/Stöber Rn. 2967.

[199] BayObLG DNotZ 1999, 665.

[200] BayObLG NZM 2002, 70 = Rpfleger 2002, 140; BayObLG WE 1996, 155; BayObLG DNotZ 1993, 741 = Rpfleger 1993, 488; Demharter Anh zu § 3 Rn. 91; Schöner/Stöber Rn. 2967 c; aA F. Schmidt WE 1996, 157 (159); Schneider Rpfleger 1998, 53, 59.

[201] LG Bremen Rpfleger 1985, 106 mablAnm Meyer-Stolte.

[202] LG Düsseldorf MittRhNotK 1986, 78; Schöner/Stöber Rn. 2967; Streuer Rpfleger 1992, 181.

[203] Anders die wohl hM, die den Nachweis der Einigung in Auflassungsform verlangt (§ 20 GBO); OLG München DNotZ 2007, 946 = ZfIR 2008, 115 mwN.

[204] BayObLG DNotZ 1999, 208 = Rpfleger 1998, 194.

Umwandlung nicht berührt. In einem solchen Fall genügt daher die zweifelsfreie Feststellung der betroffenen Räumlichkeit, so dass ausnahmsweise ein berichtigter Aufteilungsplan entbehrlich ist.[205] Ebenso wird die Beibringung einer steuerlichen **Unbedenklichkeitsbescheinigung** immer dann für erforderlich gehalten, wenn sich die wertmäßige Beteiligung der erwerbenden Wohnungseigentümer verändert.[206]

108 Die Eintragung der Umwandlung hat in allen für das Grundstück angelegten Wohnungs- und Teileigentumsgrundbüchern zu erfolgen.[207] Bei der **Grundbucheintragung** muss eine Änderung im Bestand der zum Sondereigentum gehörenden Räume auf dem Grundbuchblatt selbst **ausdrücklich** vermerkt werden, wenn das Sondereigentum zuvor konkret bezeichnet war. Eine Eintragung nur durch Bezugnahme auf die Eintragungsbewilligung ist dann unzulässig.[208] Ist für den jeweiligen Eigentümer eines Wohnungseigentums ein **Sondernutzungsrecht** im Grundbuch verzeichnet, so wird dieses durch die teilweise Aufhebung des Sondereigentums nicht berührt. Erst die vollständige Aufhebung des Sondereigentums durch Umwandlung in gemeinschaftliches Eigentum wäre mit dem Untergang des Sondernutzungsrechts verbunden.[209]

bb) Unterteilung von Wohnungseigentum

109 Wohnungs- und Teileigentümer können ihr bisher einheitliches Eigentum in mehrere selbständige Einheiten unterteilen.[210] Dabei handelt es sich nicht um eine Abspaltung von einer „Restwohnung".[211] Zur Unterteilung bedarf es nach überwiegend vertretener Ansicht einer (Unter-)**Teilungserklärung** in entsprechender Anwendung des § 8 WEG, der Verbindung der auf diese Weise entstehenden Miteigentumsanteile mit abgeschlossenem Sondereigentum und der entsprechenden Grundbucheintragung.[212]

110 Einer **Mitwirkung der übrigen Wohnungseigentümer** bedarf es zur bloßen Unterteilung nicht, weil sie durch diese Änderung nicht benachteiligt werden.[213] Die Unterteilung kann zwar zu **geänderten Stimmrechtsverhältnissen** führen, diese beeinträchtigen jedoch die übrigen Miteigentümer ebenfalls nicht, weil aus der Summe der durch die Unterteilung entstehenden Wohnungseigentumsrechte grundsätzlich nicht mehr Befugnisse erwachsen können, als aus dem ungeteilten

[205] BayObLG DNotZ 1999, 208 = Rpfleger 1998, 194.
[206] Viskorf § 2 Rn. 283.
[207] BayObLGZ 1997, 347 = ZfIR 1998, 156.
[208] BGHZ 174, 61 = NJW 2007, 3777 = Rpfleger 2008, 60.
[209] ARS/Schneider § 7 Rn. 308.
[210] BGH ZWE 2015, 208; BGH NZM 2004, 876 = Rpfleger 2005, 17; BGHZ 73, 150 = NJW 1979, 870 = Rpfleger 1979, 96; BGHZ 49, 250 = NJW 1968, 499 = Rpfleger 1968, 114; BayObLG DNotZ 1992, 305 = Rpfleger 1991, 455; OLG Düsseldorf NJW-RR 1990, 81; BayObLG NJW-RR 1986, 244 = Rpfleger 1986, 177; Demharter Anh zu § 3 Rn. 73; Röll DNotZ 1993, 158; Schöner/Stöber Rn. 2975 ff.
[211] OLG München ZWE 2011, 267.
[212] BGH NZM 2004, 876 = Rpfleger 2005, 17; BGHZ 73, 150 = NJW 1979, 870 = Rpfleger 1979, 96; LG Frankfurt Rpfleger 1989, 281; Bärmann/Armbrüster WEG § 2 Rn. 95; Gaier, FS Wenzel (2005), 59; ARS/Schneider § 7 Rn. 312; Staudinger/Rapp § 8 Rn. 11; aA – Unterteilung in entsprechender Anwendung des § 7 WEG – Weitnauer/Briesemeister § 8 Rn. 3.
[213] BGH NZM 2004, 876 = Rpfleger 2005, 17; BGHZ 49, 250 = NJW 1968, 499 = Rpfleger 1968, 114; Bärmann/Armbrüster WEG § 2 Rn. 97; Böttcher BWNotZ 1996, 80 (87).

Wohnungseigentum.[214] Die Gemeinschaftsordnung kann allerdings insoweit etwas Anderes ausdrücklich zulassen.[215] Auch eine evtl. zu **baulichen Veränderungen** erforderliche Zustimmung der übrigen Wohnungseigentümer gem. § 20 WEG kann die Eintragung der Rechtsänderung in das Grundbuch nicht beeinträchtigen, weil es sich insoweit um tatsächliche Maßnahmen und nicht um Rechtsänderungen handelt.[216] Das Grundbuchgericht hat daher insoweit auch nicht zu prüfen, ob die übrigen Wohnungseigentümer einer baulichen Veränderung (zB durch Schaffung weiterer Eingangsmöglichkeiten) zugestimmt haben.[217]

Wird allerdings zugleich mit der Unterteilung eine **Änderung der Zweckbestimmung** vorgenommen, ist die Unterteilung ohne Zustimmung der übrigen Wohnungseigentümer unzulässig. Eine gleichwohl vorgenommene Eintragung ist als inhaltlich unzulässig zu löschen (§ 53 Abs. 1 S. 2 GBO), weil sich an widersprüchliche Grundbucheintragungen kein gutgläubiger Erwerb anschließen kann.[218] 111

Beispiel

Eine Zweckbestimmung erfolgt bereits durch die Qualifizierung eines Sondereigentums als Wohnung oder als nicht zu Wohnzwecken dienenden Räumen. Besteht nun ein als Wohnungseigentum im Grundbuch eingetragenes Sondereigentum nach der eingetragenen Teilungserklärung mit Gemeinschaftsordnung aus Wohnräumen im Erdgeschoss und nicht zu Wohnzwecken dienenden Kellerräumen im Untergeschoss, kann eine Unterteilung nicht dergestalt erfolgen, dass zwei neue Miteigentumsanteile gebildet werden, die dann jeweils mit Sondereigentum an Wohnräumen verbunden sind. Hier würde quasi auf „kaltem Wege" eine Änderung der Zweckbestimmung ohne die notwendige Mitwirkung der übrigen Wohnungseigentümer erfolgen.

Allerdings hält es die überwiegende Meinung für zulässig, in der Gemeinschaftsordnung für die Unterteilung einen **Zustimmungsvorbehalt** gem. § 12 WEG zu vereinbaren.[219] Das gleiche gilt für die gleichzeitige oder spätere Veräußerung eines der Teilrechte.[220] 112

Dinglich Berechtigte am bisherigen Wohnungseigentum sind durch die Unterteilung nicht beeinträchtigt. Ihre Rechte setzen sich nach den für eine Teilung gem. § 8 WEG entwickelten Grundsätzen an den neu gebildeten Einheiten (ggf. als Gesamtrechte) fort.[221] Dies gilt auch für dingliche Rechte, die zum Besitz berechtigen wie bspw. einem Wohnungsrecht; die hier möglicherweise auftretenden **tatsächlichen** Beeinträchtigungen sind durch die baulichen Maßnahmen, nicht aber durch die **rechtliche** Unterteilung veranlasst.[222] Ein durch Unterteilung 113

---

[214] Dazu ausführlich Bärmann/Armbrüster WEG § 2 Rn. 114 ff. mwN.
[215] OLG Köln NZM 2005, 148.
[216] BayObLG DNotZ 1999, 210 = FGPrax 1998, 52.
[217] LG Köln MietRB 2009, 205.
[218] BGH DNotZ 2015, 362 = ZfIR 2015, 492 = ZWE 2015, 208.
[219] BGHZ 49, 250 = NJW 1968, 499 = Rpfleger 1968, 114; OLG München ZWE 2013, 409; BayObLG DNotZ 1992, 305 = Rpfleger 1991, 455; BayObLG Rpfleger 1986, 177; Bärmann/Armbrüster WEG § 2 Rn. 97; Bauer/Schaub/Schneider AT E Rn. 366; Demharter Anh zu § 3 Rn. 75; aA M. Müller ZWE 2012, 22; Weitnauer/Lüke WEG § 12 Rn. 3.
[220] BGHZ 73, 150 = NJW 1979, 870 = Rpfleger 1979, 96; Demharter Anh zu § 3 Rn. 75.
[221] Demharter Anh zu § 3 Rn. 74.
[222] ARS/Schneider § 7 Rn. 318; aA Böttcher BWNotZ 1996, 80, 87.

entstandenes Wohnungseigentum kann gem. § 1026 BGB von der Belastung mit einem solchen Recht frei werden.[223]

Wiederholung:

Vielleicht möchten Sie sich an dieser Stelle die Behandlung der dinglichen Rechte anlässlich der Teilung gem. § 8 WEG noch einmal in Erinnerung rufen. In diesem Fall finden Sie Ausführungen im → § 4 Rn. 19 ff.

114 Da für die bloße Unterteilung in entsprechender Anwendung des § 8 WEG nach materiellem Recht weder die Zustimmung der übrigen Wohnungseigentümer noch der dinglich Berechtigten notwendig ist, ist auch grundbuchrechtlich deren **Eintragungsbewilligung** nicht erforderlich.[224] Dem Grundbuchgericht genügt die Eintragungsbewilligung des (unter-)teilenden Eigentümers in der Form des § 29 GBO. Als Anlagen zur Eintragungsbewilligung sind jedoch ein **geänderter Aufteilungsplan** mit entsprechender **Abgeschlossenheits- und Flächenbescheinigung** für sämtliche neu gebildeten Einheiten vorzulegen.[225] Dies gilt selbst dann, wenn durch die Unterteilung eine frühere Vereinigung wieder rückgängig gemacht werden soll.[226] Die Vorlage eines Unterteilungsplanes ist jedoch entbehrlich, wenn bereits der ursprüngliche Aufteilungsplan bisher mit demselben Miteigentumsanteil verbundene selbständige Raumeinheiten ausweist, deren Abgeschlossenheit seinerzeit schon bescheinigt worden ist.[227] Bisher schon zugeordnete **Sondernutzungsrechte** werden mangels anderslautender Erklärung zu gemeinschaftlichen zugunsten der jeweiligen Eigentümer der neu entstandenen Einheiten.[228]

115 Wie bei einer Erstaufteilung ist auch bei einer späteren Unterteilung entsprechend § 8 WEG die Vorlage einer steuerlichen **Unbedenklichkeitsbescheinigung** entbehrlich. Jedoch können entsprechende Genehmigungen nach § 22 BauGB (**Fremdenverkehrsgebiete**) sowie § 172 BauGB (**Milieuschutzsatzung**) und § 250 BauGB (**angespannter Wohnungsmarkt**) in Betracht kommen.

116 Die **Unterteilung** eines Wohnungseigentums muss **kongruent** erfolgen, dh es darf infolge der Unterteilung weder bisher gemeinschaftliches Eigentum in das neu gebildete Sondereigentum einbezogen werden, noch dürfen Teile des bisherigen Sondereigentums ohne Verbindung mit einem Miteigentumsanteil verbleiben.[229] In beiden Fällen bedürfte es zur wirksamen Änderung der bestehenden Rechtsverhältnisse zusätzlich einer Einigung sämtlicher Wohnungseigentümer über die darin liegende **Umwandlung** von Gemeinschaftseigentum in Sondereigentum bzw. umgekehrt sowie einer entsprechenden Grundbucheintragung.

---

[223] Demharter Anh zu § 3 Rn. 74.
[224] BayObLG DNotZ 1992, 305 = Rpfleger 1991, 455.
[225] OLG München ZWE 2011, 267.
[226] BayObLG NJW-RR 1994, 716 = Rpfleger 1994, 498.
[227] OLG München ZWE 2011, 267; OLG Zweibrücken FGPrax 2001, 105.
[228] Bauer/Schaub/Schneider AT E Rn. 364; ARS/Schneider § 7 Rn. 321; aA Beck'sches Formularbuch/Rapp A III Rn. 90; der eine vorherige Klärung der Zuordnung verlangt.
[229] Besonders anschaulich OLG Karlsruhe ZWE 2014, 162.

Hinweis:

Bei der Unterteilung eines Sondereigentums tritt bisweilen die bautechnische Notwendigkeit auf, dass zur Schaffung separierter Zugänge eine Teilfläche des vormaligen Sondereigentums als notwendiger Vorflur den neuen Einheiten nicht mehr zugeordnet und dadurch den übrigen Miteigentümern gleichsam als gemeinschaftliches Eigentum „überlassen" werden soll. Da zumindest nach ganz überwiegender Meinung eine Lösung des Problems durch Einräumung von „Mitsondereigentum" bzw. „abgesondertem Miteigentum" nicht möglich ist, hat sich für das Phänomen der Begriff des „**Eingangsflurproblems**" ausgeprägt.

Wiederholung:

- Wiederholen Sie jetzt bitte zunächst die Ausführungen zum „Mitsondereigentum" und „abgesondertem Miteigentum" in → §2 Rn. 26ff.
- Wiederholen Sie dann möglichst die Ausführungen zur Umwandlung von Gemeinschafts- in Sondereigentum und umgekehrt in → Rn. 99ff.

Lässt sich die Zustimmung der übrigen Eigentümer und der betroffenen dinglich Berechtigten zu einer notwendigen Umwandlung nicht erlangen, so ist die vorgesehene Unterteilung nicht möglich; Wohnungseigentümer müssen sich im Rahmen einer Unterteilung entstehendes gemeinschaftliches Eigentum nicht aufdrängen lassen.[230]

Eine gegen diese Mitwirkungspflicht verstoßende Eintragung einer Unterteilung in das Grundbuch ist genauso unzulässig und daher nichtig[231] als wenn die 117
gleichzeitige Änderung der Zweckbestimmung ohne die erforderliche Mitwirkung eingetragen würde.[232] Solche Eintragungen können auch nicht Grundlage für einen **gutgläubigen Erwerb** sein.[233] Die Eintragung eines Amtswiderspruchs gem. §53 Abs. 1 S. 1 GBO scheidet damit aus; es verbleibt nur die **Amtslöschung** gem. §53 Abs. 1 S. 2 GBO.[234] Eine inhaltlich unzulässige Eintragung liegt auch vor, wenn im Grundbuch eines durch Unterteilung entstandenen Wohnungseigentums sowohl auf die ursprüngliche Teilungserklärung, die von der Unterteilung erfasste Räumlichkeiten noch als gemeinschaftliches Eigentum ausweist, als auch auf die Unterteilungserklärung Bezug genommen wird.[235]

---

[230] BGHZ 139, 352 = NJW 1998, 3711 = Rpfleger 1999, 66; OLG München DNotZ 2007, 946 = Rpfleger 2007, 459; aA Gaier, FS Wenzel (2005), 145; Röll DNotZ 1998, 79.

[231] BGH NZM 2004, 876 = Rpfleger 2005, 17; OLG Karlsruhe ZWE 2014, 162; OLG München DNotZ 2007, 946 = Rpfleger 2007, 459; BayObLG NJW-RR 1996, 721 = Rpfleger 1996, 240; Demharter Anh zu §3 Rn. 73; Schöner/Stöber Rn. 2976a.

[232] BGH ZWE 2015, 208.

[233] BGH ZWE 2015, 208; BGH NZM 2004, 876 = Rpfleger 2005, 17; BayObLG DNotZ 1988, 316 = Rpfleger 1988, 102; aA Böttcher ZfIR 2008, 116; Röll MittBayNot 1988, 22.

[234] BGH ZWE 2015, 208; OLG Karlsruhe ZWE 2014, 162; BayObLG Rpfleger 1988, 256; insoweit unrichtig OLG München DNotZ 2007, 946 = Rpfleger 2007, 459.

[235] BGH NZM 2004, 876 = Rpfleger 2005, 17.

cc) Isolierte Veränderungen des Sondereigentums

118 Isolierte Verfügungen allein über das Sondereigentum ohne den dazu gehörigen Miteigentumsanteil sind zulässig (→ Rn. 60) und in unterschiedlicher Ausgestaltung denkbar:

119 (1) **Aufhebung von Sondereigentum.** Bestehendes Sondereigentum kann ohne eine anderweitige Zuordnung lediglich an einzelnen Räumen aufgehoben werden. Eine solche **teilweise Aufhebung des Sondereigentums** ist nicht einseitig möglich und stellt sich rechtlich als **Umwandlung** von bestehendem Sondereigentum in Gemeinschaftseigentum dar.

Wiederholung:

Wiederholen Sie jetzt bitte die Ausführungen zur Umwandlung von Gemeinschafts- in Sondereigentum und umgekehrt in → Rn. 99 ff.

120 Gleiches gilt auch für die **vollständige Aufhebung eines Sondereigentums.** Es wird allerdings zu beachten sein, dass auf diesem Wege die rechtsgeschäftliche Begründung isolierter Miteigentumsanteile nicht möglich ist.[236]

121 (2) **Abspaltung von Sondereigentum. Sondereigentum** kann auch ohne Mitnahme von Miteigentumsanteilen nur hinsichtlich einzelner Räume **abgetrennt** und einer anderen Einheit in derselben Anlage zugeordnet werden. Der Vorgang stellt eine gegenständliche Veränderung der beteiligten Einheiten dar, für deren Vollzug bei verschiedenen Eigentümern § 4 WEG unmittelbar[237] bzw. entsprechend[238] heranzuziehen ist. Aber auch ein Wohnungseigentümer, dem zwei Wohnungen gehören, kann Räume des einen Sondereigentums einseitig dem anderen Sondereigentum zuordnen.[239]

122 **Die übrigen Wohnungseigentümer** sind an der Abspaltung nicht beteiligt und müssen deshalb vorbehaltlich einer vereinbarten **Veräußerungszustimmung** gem. § 12 WEG[240] auch nicht mitwirken.[241]

Wiederholung:

Auch die isolierte Übertragung von Sondereigentum unterfällt dem Anwendungsbereich des § 12 WEG und bedarf nach dem Schutzzweck der Norm einer vereinbarten Zustimmung. Vielleicht möchten Sie das noch einmal im → § 5 Rn. 125 ff. nachlesen.

Ein Mitwirkungserfordernis entfällt selbst dann, wenn mit der Abspaltung **bauliche Veränderungen** verbunden sein sollten, die zu Eingriffen in das Gemeinschaftseigentum führen.

---

[236] OLG München ZWE 2010, 459.

[237] OLG Köln FGPrax 2007, 19; BayObLG FGPrax 1998, 52.

[238] Bärmann/Armbrüster WEG § 2 Rn. 11; ARS/Schneider § 6 Rn. 12.

[239] OLG München NZM 2009, 402 = Rpfleger 2009, 20.

[240] OLG München ZWE 2017, 309; Bärmann/Suilmann WEG § 12 Rn. 17; Hallmann MittRhNotK 1985, 1, 4; Grüneberg/Wicke WEG § 12 Rn. 3; ARS/Schneider § 12 Rn. 52; Weitnauer/Lüke WEG § 12 Rn. 2; aA OLG Celle DNotZ 1975, 42 = Rpfleger 1974, 267; Schöner/Stöber Rn. 2905.

[241] OLG München ZWE 2017, 309; OLG München NZM 2009, 402 = Rpfleger 2009, 20; OLG Köln FGPrax 2007, 19; OLG Zweibrücken FGPrax 2001, 105.

Beispiel

In der Praxis sind Abspaltungen einzelner Sondereigentumsräume vielfach mit Wand- und Deckendurchbrüchen verbunden, um den abgespaltenen Raum mit dem aufnehmenden Wohnungseigentum verbinden zu können. Umgekehrt müssen bisher bestehende Verbindungstüren zum abgespaltenen Raum verschlossen werden.

In einem solchen Fall ändern die baulichen Maßnahmen nichts an der bestehenden Abgrenzung von Sonder- und Gemeinschaftseigentum. Die dingliche Rechtsstellung der übrigen Wohnungseigentümer wird dadurch *rechtlich* nicht betroffen; **tatsächliche** bauliche Maßnahmen vermögen nichts an der rechtlichen Zuordnung von Sonder- und Gemeinschaftseigentum zu ändern und führen daher auch nicht zu einer Unrichtigkeit des Grundbuchs.[242] Die Erteilung einer evtl. gem. § 20 WEG erforderlichen Zustimmung ist daher vom Grundbuchgericht nicht zu prüfen; etwaige Beseitigungsansprüche gem. §§ 20, 14 Abs. 1 Nr. 1 WEG, § 1004 Abs. 1 BGB bleiben unberührt. Selbst wenn eine **tragende**, im Gemeinschaftseigentum stehende **Wand** durchbrochen werden sollte, kann der damit für die übrigen Wohnungseigentümer entstehende Nachteil hinzunehmen sein, wenn kein wesentlicher Eingriff in die Substanz des Gemeinschaftseigentums erfolgt, insbesondere keine Gefahr für die konstruktive Stabilität des Gebäudes und dessen Brandsicherheit geschaffen worden ist.[243]

Verfahrensrechtlich genügt nach dem hier vertretenen Ansatz der Nachweis der 123
Einigungserklärung in der Form des § 29 GBO; sie wird regelmäßig auch die verfahrensmäßige **Bewilligung** des Eigentümers der verkleinerten Einheit beinhalten. § 20 GBO findet demgegenüber nach hier vertretener Auffassung mangels eines entsprechenden Verweises keine Anwendung. Stehen die beteiligten Einheiten im Eigentum desselben Wohnungseigentümers, kann er durch seine alleinige Bewilligung in der Form des § 29 GBO die Zuordnung verändern.

Dinglich Berechtigte am abgebenden Wohnungseigentum, deren Rechte nicht 124
zugleich auch am aufnehmenden Wohnungseigentum lasten, müssen der Enthaftung des abgespaltenen Sondereigentums zustimmen und verfahrensrechtlich mitbewilligen (§ 19 GBO, §§ 876, 877 BGB).[244] In der Zustimmung ist auch die notwendige Bewilligung zur **Pfandentlassung** zu sehen.[245] Umgekehrt müssen dinglich Berechtigte am aufnehmenden Wohnungseigentum das hinzukommende Sondereigentum nicht rechtsgeschäftlich nachverpfänden, weil sich die **Einbeziehung in die Mithaft** bereits kraft Gesetzes vollzieht.[246]

Bitte lesen Sie noch einmal § 6 Abs. 2 WEG!

[242] BayObLG FGPrax 1998, 52 = NZM 1998, 308; Kolb MittRhNotK 1996, 254 (255); Röll MittBayNot 1998, 81; Schöner/Stöber Rn. 2977a.

[243] BGHZ 146, 241 = NJW 2001, 1212; OLG Celle ZWE 2002, 533; FGPrax 2000, 220; aA noch KG NJW-RR 1997, 587; BayObLG ZMR 1996, 618; OLG Köln WE 1995, 221.

[244] BayObLG FGPrax 1998, 52.

[245] LG Bremen Rpfleger 1985, 106 mablAnm Meyer-Stolte; Böttcher BWNotZ 1996, 80 (86); Streuer Rpfleger 1992, 181 (182).

[246] LG Düsseldorf MittRhNotK 1986, 78; Böttcher BWNotZ 1996, 80 (86); Demharter Anh zu § 3 Rn. 88; Streuer Rpfleger 1992, 181, 182; Schöner/Stöber Rn. 2970; aA Beck'sches Notarhandbuch/Rapp A III Rn. 97; Böhringer BWNotZ 1990, 105 (110); F. Schmidt MittBayNot 1985, 237 (244).

125 Zugunsten der ursprünglichen Gesamteinheit eingetragene **Sondernutzungsrechte** verbleiben bei dem restlichen Wohnungseigentum, sofern nichts anderes bestimmt wird.[247]

126 Die Vorlage eines **neuen Aufteilungsplanes mit Abgeschlossenheits- und Flächenbescheinigung** ist entbehrlich, wenn bereits der ursprüngliche Aufteilungsplan bisher mit demselben Miteigentumsanteil verbundene selbständige Raumeinheiten ausweist, deren Abgeschlossenheit seinerzeit schon bescheinigt worden ist.[248] In den übrigen Fällen bedarf es einer erneuten Vorlage.[249] Auch eine steuerliche **Unbedenklichkeitsbescheinigung** ist vorzulegen.[250]

127 Bei der **Grundbucheintragung** muss zur Wirksamkeit eine solche Änderung in den beteiligten Wohnungsgrundbuchblättern selbst **ausdrücklich** vermerkt werden.[251] Eine Eintragung nur durch Bezugnahme auf die Eintragungsbewilligung ist nach § 7 Abs. 3 WEG nicht zulässig; eine unzulässige Bezugnahme wirkt nicht als Eintragung.[252]

128 (3) **Tausch von Sondereigentum.** Denkbar ist auch der Tausch bereits **bestehenden** Sondereigentums zwischen zwei Wohnungseigentümern, so dass lediglich die bisher vorhandene Verbindung mit einem Miteigentumsanteil verändert wird.

Beispiel

Geradezu ein Klassiker der wohnungseigentumsrechtlichen Praxis ist hier der Tausch von Kellerräumen zwischen zwei Wohnungseigentümern, wenn die Räume jeweils dem Sondereigentum zugeordnet sind.

Dabei können zwei Wohnungseigentümer untereinander – unter Beibehaltung ihres jeweiligen Miteigentumsanteils – das Sondereigentum sogar vollständig austauschen.[253] Für den grundbuchlichen Vollzug einer solchen Änderung der Teilungserklärung ist ein neuerlicher Aufteilungsplan mit entsprechender Neunummerierung nicht erforderlich.[254] Im Übrigen gilt das bei → Rn. 121 ff. Gesagte entsprechend.

128a (4) **Isolierte Veränderungen beim Annexeigentum.** Soweit Annexeigentum gem. § 3 Abs. 2 WEG begründet worden ist, sind unterschiedliche Verfügungen hierüber denkbar (u.a. Aufhebung, teilweise Aufhebung, anderweitige „Anbindung" an ein anderes herrschendes Wohnungseigentum, Unterteilung, Umwandlung).[255]

---

[247] ARS/Schneider § 7 Rn. 346; aA Beck'sches Notarhandbuch/Rapp A III Rn. 99, 101.
[248] OLG Zweibrücken FGPrax 2001, 105.
[249] BayObLG DNotZ 1999, 210.
[250] Viskorf § 2 Rn. 283.
[251] OLG München ZWE 2017, 309.
[252] BGHZ 174, 61 = DNotZ 2008, 441 = NJW 2007, 3777 = Rpfleger 2008, 60.
[253] BayObLG DNotZ 1984, 381 = Rpfleger 1984, 268.
[254] OLG München ZWE 2010, 421.
[255] Die Voraussetzungen sind insoweit noch nicht durch Rechtsprechung geklärt; s. Schneider ZMR 2023, 937.

e) Inhaltliche Veränderungen des Sondereigentums

aa) Grundsätze

Ihnen ist bereits bekannt, dass die Wohnungseigentümer gem. § 10 Abs. 1 129
S. 2 WEG von den gesetzlichen Vorgaben abweichende **Vereinbarungen** treffen können. Solche Vereinbarungen wirken gegenüber einem Sondernachfolger im Eigentum allerdings nur, wenn sie als Inhalt des Sondereigentums im Grundbuch eingetragen sind (§ 10 Abs. 3 S. 1 WEG).

Wiederholung:

Sie sollten zunächst noch einmal § 10 Abs. 1 und Abs. 3 WEG nachlesen, bevor Sie sich die im → § 5 Rn. 24 ff. herausgearbeiteten Grundsätze zu inhaltlichen Gestaltungen des Sondereigentums noch einmal vor Augen führen.

Als **Inhalt des Sondereigentums** in das Grundbuch eingetragene Vereinba- 130
rungen oder vom Gesetz vorgegebene Regelungen können im Verhältnis der Wohnungseigentümer untereinander nur nach Maßgabe der § 5 Abs. 4 S. 1, § 8 Abs. 2, § 10 Abs. 3 S. 1 WEG aufgehoben, geändert oder ergänzt werden.[256] Zur Erlangung der Erstreckungswirkung gegenüber einem Sondernachfolger bedürfen also auch diese Änderungen, Ergänzungen oder die Aufhebung einer Regelung der Eintragung in das Grundbuch. Hierzu bedarf es rechtsgeschäftlich wiederum einer Vereinbarung aller Wohnungseigentümer.

Beispiele

Die in der Praxis bedeutsamsten inhaltlichen Veränderungen betreffen folgende Bereiche:

- Umwandlungen von Wohnungs- in Teileigentum und umgekehrt;
- Nachträgliche Begründung oder Veränderung von Sondernutzungsrechten;
- Nachträgliche Begründung oder Veränderung von Veräußerungsbeschränkungen;
- Nachträgliche Vereinbarung einer Öffnungsklausel.

Die Mitwirkung der betroffenen Wohnungseigentümer ist allerdings dann ent- 131
behrlich, wenn in der Gemeinschaftsordnung eine **vorweg genommene Zustimmung** zur Vornahme solcher Veränderungen mit einer den Sondernachfolger bindenden Wirkung als Inhalt des Sondereigentums vereinbart und auch in das Grundbuch eingetragen worden ist.[257] Gem. § 10 Abs. 3 S. 1 WEG wirkt eine solche Vereinbarung als Inhalt des Sondereigentums gegenüber Sondernachfolgern; sie betrifft nicht das sachenrechtliche Grundverhältnis sondern gestaltet lediglich das Gemeinschaftsverhältnis.

Wiederholung:

Solche verdinglichten Ermächtigungen sind Ihnen bereits in → Rn. 59 ff. untergekommen.

---

[256] BGHZ 156, 192 = NJW 2003, 3476; BGHZ 130, 304 = NJW 1995, 2791.

[257] BayObLG NZM 2002, 24; BayObLG Rpfleger 2000, 544; KG FGPrax 1998, 94; BayObLG DNotZ 1998, 379 = Rpfleger 1998, 19.

132 Die für die Eintragung einer inhaltlichen Veränderung grundsätzlich erforderliche **Mitwirkung dinglich Berechtigter** (§§ 877, 876 BGB) entfällt nicht dadurch, dass in der Gemeinschaftsordnung bereits eine vorweg genommene Zustimmung enthalten und diese als bindender Inhalt in das Grundbuch eingetragen worden ist[258]; Wohnungseigentümer können dadurch nur ihr Verhältnis untereinander regeln. Im Übrigen bedarf es der Zustimmung Drittberechtigter immer dann, wenn ein Recht auch nur möglicherweise durch die Eintragung **rechtlich** betroffen werden kann.[259] Dies wird allerdings nicht der Fall sein, wenn das Recht am ganzen Grundstück oder an allen Miteigentumsanteilen eingetragen ist.[260] Für das Zustimmungserfordernis bei inhaltlichen Veränderungen ist außerdem die mit der WEG-Novelle (2007) eingefügte **Sonderregelung** des § 5 Abs. 4 S. 2 (u. ursprünglich auch S. 3) WEG zu beachten. Danach ist zu einer Vereinbarung die Zustimmung des Gläubigers eines Grundpfandrechts oder einer Reallast nur noch erforderlich, wenn ein Sondernutzungsrecht begründet, aufgehoben, geändert oder übertragen werden soll. Die frühere Gegenausnahme in S. 3 ist durch das WEMoG für die Zukunft entfallen. Zustimmen müssen den Änderungen der Gemeinschaftsordnung aber auch weiterhin die betroffenen Berechtigten von Vormerkungen[261], Dienstbarkeiten sowie Dauerwohn- und -nutzungsrechten, nicht dagegen von Vorkaufsrechten.[262] Zur Verdeutlichung mag das folgende Schaubild dienen:

[258] BayObLG Rpfleger 2005, 135 mzustAnm Röll DNotZ 2005, 392.

[259] BGHZ 145, 133 = NJW 2000, 3643 = Rpfleger 2001, 69; BGHZ 91, 343 = NJW 1984, 2409 = Rpfleger 1984, 408.

[260] OLG Frankfurt ZMR 2023, 652; OLG Frankfurt NJW-RR 1996, 918 = Rpfleger 1996, 340; Demharter Anh zu § 3 Rn. 79.

[261] Wegen der notwendigen Einheitlichkeit der Grundbucheintragung entgegen § 888 BGB: BayObLGZ 1993, 259 = NJW-RR 1993, 1362.

[262] BGHZ 237, 207 = NJW 2023, 2875 = ZfIR 2023, 496 mkritAnm Elzer = ZWE 2023, 443; OLG München ZWE 2013, 216.

Schaubild: Drittzustimmungen bei inhaltlichen Veränderungen des Sondereigentums

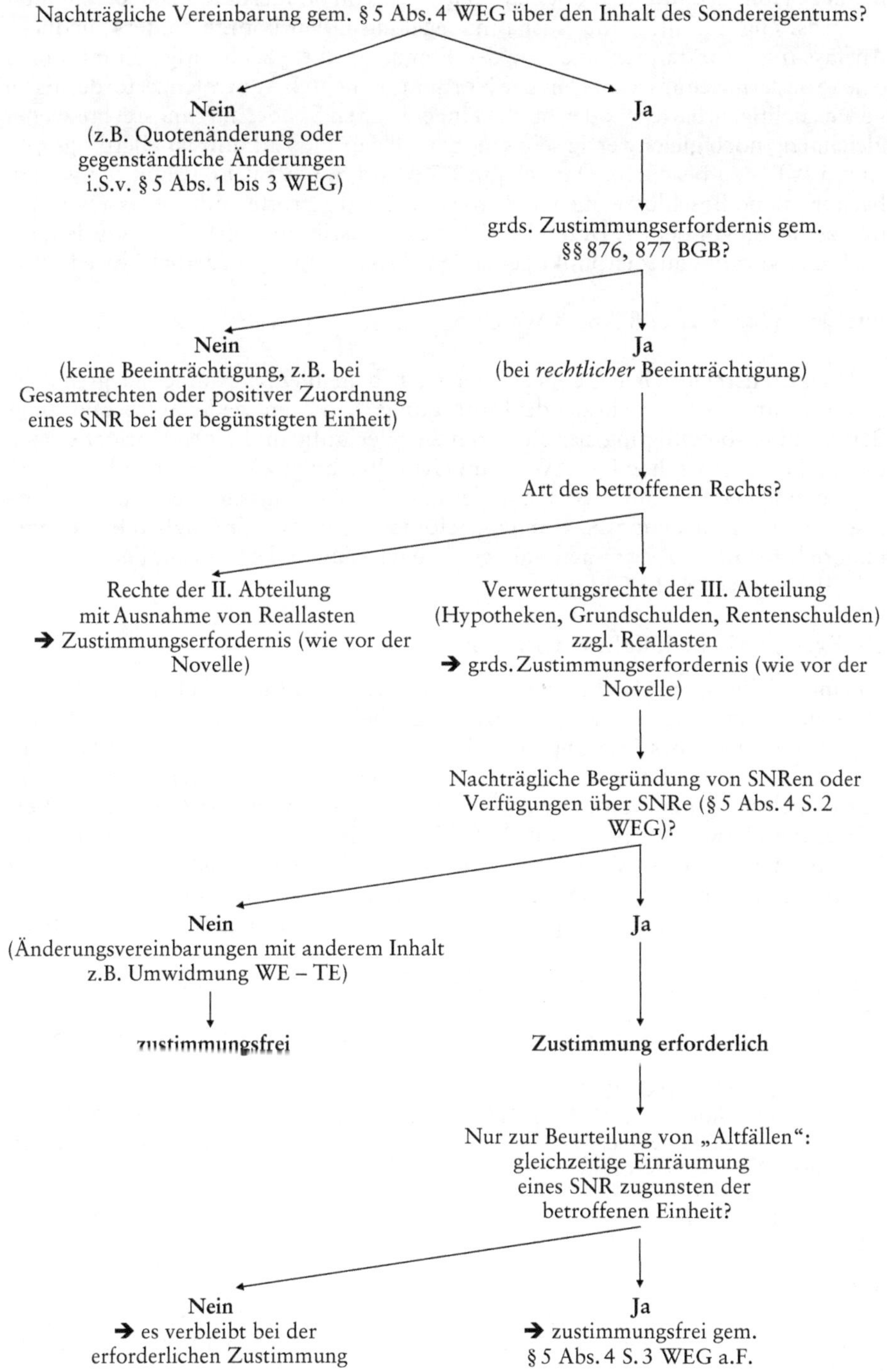

133 Der Anwendungsbereich des jetzt für die Zukunft weggefallenen § 5 Abs. 4 S. 3 WEG war nicht ganz klar. So fragte sich zB, ob auch eine **Aufhebung mit anschließender Neubegründung**[263] oder ein **Tausch**[264] von Sondernutzungsrechten unter die grds. eng auszulegende Ausnahmeregelung fallen konnte. Unterschiedliche Auffassungen bestanden auch in der Frage, ob die gleichzeitige Einräumung eines Sondernutzungsrechts ein der Norm immanentes **Äquivalenzerfordernis** zu berücksichtigen hatte[265] oder ob die eingeräumten Sondernutzungsrechte weder gleichartig noch gleichwertig sein mussten.[266] Für die Zukunft ist allerdings § 48 Abs. 3 WEG zu beachten. Danach gilt § 5 Abs. 4 S. 3 WEG aF weiter für Vereinbarungen und Beschlüsse, die vor dem 01.12.2020 getroffen oder gefasst wurden, und zu denen vor dem 1. Dezember 2020 alle Zustimmungen erteilt wurden, die nach den vor diesem Zeitpunkt geltenden Vorschriften erforderlich waren.[267]

Bitte lesen Sie jetzt § 48 Abs. 3 WEG!

134 **Verfahrensrechtlich** handelt es sich nach dem hier zugrunde gelegten Verständnis um eine berichtigende Eintragung[268], die entweder aufgrund einer Berichtigungsbewilligung der Betroffenen oder aufgrund eines Unrichtigkeitsnachweises entsprechend § 22 GBO im Grundbuch vollzogen werden könnte[269]; die Unterschiede zur hM können in der Praxis vernachlässigt werden, weil auch insoweit eine Eintragungsbewilligung gefordert wird. Soweit dinglich Berechtigte materiell-rechtlich zustimmen müssen, bedarf es auch deren grundbuchmäßiger Bewilligung (§§ 19, 29 GBO).

bb) Exemplarische Inhaltsänderungen

135 **(1) Umwandlung von Wohnungs- in Teileigentum und umgekehrt.** Die Angabe „Wohnungseigentum“ bzw. „Teileigentum“ beinhaltet materiell-rechtlich eine **allgemeine Zweckbestimmung** im weiteren Sinn.[270] Bei der Festlegung des Nutzungszwecks anlässlich der Begründung von Wohnungs- und Teileigentum handelt es sich nach insoweit inzwischen hM um eine **Zweckbestimmung mit Vereinbarungscharakter** (§§ 10 Abs. 3 WEG).[271] Eine Änderung des vereinbarten Nutzungszwecks von „Wohnungseigentum“ in „Teileigentum“ oder umgekehrt bewirkt somit eine Umwidmung des zuvor festgelegten Gebrauchszwecks. Dies stellt sich nach ganz überwiegender Meinung als Änderung der im Grundbuch

---

[263] Verneint von OLG Frankfurt ZMR 2023, 652; OLG Köln ZWE 2018, 317; OLG München ZWE 2014, 164; OLG München ZMR 2009, 870.

[264] Beiläufig ablehnt von OLG München ZWE 2013, 216; aA Böttcher Rpfleger 2009, 181, 194.

[265] Meffert ZMR 2007, 517.

[266] So OLG München ZWE 2013, 216; aA Staudinger/Gursky (2012) BGB § 877 Rn. 59.

[267] Ein plastisches Beispiel für die Prüfung des § 5 Abs. 4 S. 3 WEG aF nach dem Inkrafttreten des WEMoG liefert OLG Frankfurt ZMR 2023, 652.

[268] Böhringer NotBZ 2003, 285 (289); Schneider ZfIR 2002, 108 (116).

[269] AA die hM, die §§ 877, 873 BGB entsprechend anwenden will; vgl. Bauer/v. Oefele AT V Rn. 318; Demharter Anh zu § 3 Rn. 78 je mwN.

[270] BayObLG NZM 2005, 263; BayObLG NJW-RR 1998, 946; BayObLG WuM 1994, 222.

[271] BGH NJW 2004, 364; OLG München ZWE 2014, 165; OLG Schleswig FGPrax 2006, 207; OLG Zweibrücken NJW-RR 2005, 1540; OLG Hamm DNotZ 2004, 389; BayObLG NZM 2001, 137; Bärmann/Armbrüster WEG § 1 Rn. 26 ff.

eingetragenen Gemeinschaftsordnung und damit als **Inhaltsänderung des Sondereigentums** gem. §§ 5 Abs. 4 S. 1, 10 Abs. 1 und 3 WEG dar,[272] die grundsätzlich nur durch Vereinbarung sämtlicher Wohnungseigentümer unter Zustimmung der dinglich Berechtigten bewirkt werden kann.[273] Die Grundbucheintragung ist lediglich zur Erlangung der Erstreckungswirkung erforderlich. Nicht gefolgt werden kann der Auffassung, die in der Änderung der Zweckbestimmung eine Veränderung des sachenrechtlichen Begründungsaktes erkennen will.[274] Dies würde die Notwendigkeit einer Einigung gem. § 4 WEG und die konstitutive Eintragung der Rechtsänderung im Grundbuch gem. §§ 877, 873 BGB zur Folge haben. Richtigerweise stellt die Festlegung des Nutzungszwecks aber materiell eine dem Begründungsakt vorgelagerte Bestimmung der Wohnungseigentümer dar, die diese – ohne Grundbucheintragung – bereits vor der Errichtung der Teilungsurkunde getroffen haben.[275] Der erst später nachfolgenden Grundbucheintragung kommt somit kein konstitutiver Charakter zu.[276]

Die vor der Novelle (2007) noch erforderliche **Mitwirkung von Grundpfandrechtsgläubigern und Reallastberechtigten** als Einzelberechtigte[277] entfällt, weil es sich insoweit um eine inhaltliche Änderung der Gemeinschaftsordnung handelt, der die Genannten gem. § 5 Abs. 4 S. 2 WEG nun nicht mehr zustimmen müssen.[278] Für die übrigen dinglich Berechtigten verbleibt es bei der früheren Rechtslage. 136

Verfahrensrechtlich sind für die Grundbucheintragung der Inhaltsänderung die **Eintragungsbewilligungen sämtlicher Wohnungseigentümer** gem. § 19 GBO in der Form des § 29 GBO erforderlich[279], wenn nicht in der eingetragenen Gemeinschaftsordnung bereits eine entsprechende **Änderungsermächtigung** verdinglicht worden ist.[280] 137

Für die bloße Umwidmung ist die Vorlage eines geänderten oder ergänzten **Aufteilungsplanes** entbehrlich, solange die äußeren Umfangsgrenzen des beste- 138

---

[272] BGH ZfIR 2021, 489 = ZWE 2021, 451; BGH ZWE 2015, 208; BGH ZWE 2012, 361; OLG München ZMR 2017, 307; OLG Frankfurt ZWE 2015, 320; OLG München ZWE 2014, 568; OLG München ZWE 2014, 121; KG ZWE 2013, 322; KG NJW-RR 2011, 1517 = ZWE 2011, 84; KG NZM 2007, 604; OLG Hamm NZM 2007, 294; OLG Hamburg ZMR 2003, 697; OLG Bremen ZWE 2002, 184; BayObLG NJW-RR 2001, 1163; OLG Köln ZMR 1997, 376; Armbrüster ZMR 2005, 244 (247); Armbrüster/M. Müller, FS Seuß 2007, 3, 14, 15; Bärmann/Armbrüster WEG § 1 Rn. 27 ff.; Hügel ZWE 2008, 120; Hügel, FS Bub 2007, 137; Hügel RNotZ 2005, 149 (154); NKV/Vandenhouten § 1 Rn. 20; Grüneberg/Wicke WEG § 1 Rn. 4; ARS/Schneider § 1 Rn. 49 ff.; F. Schmidt ZWE 2005, 315 (316); Weitnauer/Lüke WEG § 15 Rn. 15.

[273] OLG Hamburg ZMR 2000, 627; BayObLG DNotZ 1998, 378 = Rpfleger 1998, 19; Böttcher BWNotZ 1996, 80 (82); F. Schmidt WE 1996, 212; Schöner/Stöber Rn. 2872 d; Staudinger/Rapp WEG § 1 Rn. 11.

[274] So aber noch KG NJW-RR 2005, 531; KG NZM 2002, 444; OLG Celle ZWE 2001, 33; BayObLG ZMR 1997, 537; BayObLG WE 1995, 157 mablAnm Weitnauer; Ott ZfIR 2005, 129, 130f.; Riecke/Schmid/Elzer, 3. Aufl., § 3 Rn. 22; Wenzel ZWE 2006, 62.

[275] ARS/Schneider § 1 Rn. 51.

[276] Ausführlich Hügel FS Bub 2007, 137; Weitnauer WE 1995, 158.

[277] Inhaber von dinglichen Rechten am ganzen Grundstück bzw. an sämtlichen Miteigentumsanteilen sind ohnehin von einer Änderung nicht betroffen; vgl. OLG Frankfurt ZMR 2023, 652; OLG Frankfurt Rpfleger 1996, 340; Demharter Anh zu § 3 Rn. 79.

[278] OLG München ZWE 2014, 164; KG ZWE 2011, 84; Bärmann/Armbrüster WEG § 1 Rn. 31; Demharter Anh zu § 3 Rn. 79; ARS/Schneider § 1 Rn. 54.

[279] BGH ZWE 2015, 208.

[280] BGH ZfIR 2021, 489 = ZWE 2021, 451.

henden Sondereigentums nicht ebenfalls verändert werden sollen.[281] Allerdings wird für die Umwandlung eines Teileigentums in ein Wohnungseigentum die Nachreichung einer geänderten **Abgeschlossenheits- und Flächenbescheinigung** unverändert für erforderlich gehalten, weil an die Ausstattung eines Wohnungseigentums höhere Anforderungen als an die eines Teileigentums gestellt werden.[282]

Bitte lesen Sie jetzt § 5 Abs. 1 der AVA v. 6.7.2021 (→ Anhang)!

Wiederholung:

Das zugrunde liegende Problem ist Ihnen bereits im → § 4 Rn. 53f. begegnet. Lesen Sie bitte noch einmal die durch die genannte Verwaltungsvorschrift ausgelöste Debatte über die Erkennbarkeit einer Wohnung als solche nach!

139 Die **Grundbucheintragung** der Umwidmung von Wohnungs- in Teileigentum und umgekehrt hat als Inhaltsänderung des Sondereigentums in sämtlichen Wohnungs- und Teileigentumsgrundbüchern der Anlage zu erfolgen. Sie kann gem. § 7 Abs. 3 S. 1 WEG unter Bezugnahme erfolgen. Die betreffenden Grundbuchblattaufschriften sind zu berichtigen.

140 (2) **Änderung einer vereinbarten Kosten- und Lastentragungspflicht.** Die Wohnungseigentümer sind gem. § 16 Abs. 2 WEG zur Tragung der dort genannten Kosten und Lasten des gemeinschaftlichen Eigentums im Verhältnis ihrer Miteigentumsanteile verpflichtet. Die Regelung des § 16 WEG ist insgesamt abdingbar, es können daher andere Verteilungsschlüssel vereinbart werden oder die Regelung in § 16 Abs. 2 S. 2 WEG gänzlich abbedungen werden[283]. Wenn kein anderer Kostenverteilungsschlüssel wirksam vereinbart worden ist, gilt die gesetzliche Kostenverteilung.[284] Eine spätere Änderung dieser Verpflichtung war bis zur WEG-Novelle (2007) **nur im Vereinbarungswege** möglich[285] und führte mit der Grundbucheintragung nach den vorgenannten Grundsätzen zur **Inhaltsänderung** der eingetragenen Wohnungseigentumsrechte.

141 Die **Grundbucheintragung einer** solchen **vereinbarungsweisen Änderung** des Kostenverteilungsschlüssels ist nach wie vor möglich.[286] Für die Zustimmung der an den einzelnen Einheiten eingetragenen dinglich Berechtigten gilt das oben zur Änderung der Zweckbestimmung Gesagte entsprechend. Ob der Grundbucheintragung allerdings auch nach Einführung der gesetzlichen Öffnungsklausel in § 16 Abs. 2 S. 2 WEG noch die frühere Bedeutung zukommt, ist offen. Bereits durch die WEG-Novelle (2007) wurden von der (nur vorübergehenden) gesetzlichen Öffnungsklausel in § 16 Abs. 3 WEG aF nicht die Kosten für die Instandhaltung

---

[281] OLG Bremen NZM 2002, 610; Hügel RNotZ 2005, 149 (155).

[282] Jeweils noch zum früheren Recht KG NZM 2016, 525; KG ZWE 2013, 322; Beck'sches Notarhandbuch/Rapp III Rn. 110; Hügel RNotZ 2005, 149 (155); ARS/Schneider § 7 Rn. 360; zum aktuellen Recht wie hier BeckOGK-WEG/M. Müller, § 1 Rn. 176; aA Wobst MittBayNot 2022, 322 (323).

[283] LG München I ZWE 2025, 323.

[284] OLG München NJW-RR 2007, 375.

[285] BGHZ 156, 192 = NJW 2003, 3476; BGHZ 145, 158 = NJW 2000, 3500 = Rpfleger 2001, 19; BGHZ 130, 304 = NJW 1995, 2791; OLG Düsseldorf NJW-RR 2002, 157; Wenzel NZM 2000, 257 (261).

[286] Vgl. Schneider ZfIR 2022, 349.

und Instandsetzung erfasst, deren Verteilung gem. § 16 Abs. 4 WEG a.F nur für den Einzelfall geändert werden konnte. Das WEMoG hat nun eine weitergehende gesetzliche Beschlusskompetenz eingeführt.

Die Möglichkeit zur **Grundbucheintragung einer lediglich mehrheitlich** 142
beschlossenen Änderung des geltenden Kostenverteilungsschlüssels nach § 16 Abs. 2 S. 2 WEG ist nach geltendem Recht ausgeschlossen, weil sie nicht auf einer rechtsgeschäftlichen Vereinbarung beruht.

Hinweis:

Die Frage der Eintragbarkeit beschlossener Änderungen des Kostenverteilungsschlüssels ist eng mit der Behandlung wohnungseigentumsrechtlicher Öffnungsklauseln verbunden. Dazu ausführlich im → § 5 Rn. 59 ff.

cc) Weitere Inhaltsänderungen

Wegen der Vereinbarung einer **Öffnungsklausel** → § 5 Rn. 54 ff.; wegen der 143
Begründung, Übertragung, Veränderung und Aufhebung von **Sondernutzungsrechten** → § 5 Rn. 74 ff.; wegen der Begründung, Änderung und Aufhebung einer eingetragenen **Veräußerungsbeschränkung** gem. § 12 WEG → § 5 Rn. 126 ff.

Wiederholungsaufgaben und Vertiefungsfragen

1. Kann gegen einen im Wohnungsgrundbuch eingetragenen Eigentumswechsel ein Amtswiderspruch gem. § 53 Abs. 1 S. 1 GBO eingetragen werden, wenn anlässlich der Eigentumsumschreibung versehentlich die notwendige Veräußerungszustimmung des WEG-Verwalters gem. § 12 WEG nicht vorgelegen hat?
2. Können Sie mindestens zwei gravierende Auswirkungen benennen, die sich aus der unterschiedlichen rechtlichen Einordnung einer Umwidmung von Wohnungs- in Teileigentum ergeben?

§ 7. Die rechtsfähige Gemeinschaft der Wohnungseigentümer

Ausgewählte Literatur zur Ergänzung und Vertiefung:

Abramenko, Die Wohnungseigentümergemeinschaft als Eigentümerin in derselben Wohnanlage, ZWE 2010, 193; *Armbruster,* Der Grundstückserwerb durch Wohnungseigentümergemeinschaften, NZG 2017, 441; *Becker,* Die Einpersonen-Eigentümergemeinschaft, FS Seuß (2007), S. 19; *Becker, Rechtsfähige Gemeinschaft: Wahrnehmung von Pflichten der Wohnungseigentümer, ZWE 2020, 209; Böhringer,* Der WEG-Personenverband als Teilnehmer am Grundstücksverkehr, NotBZ 2008, 179; *Burgmair,* Grenzen der Zuständigkeit der Wohnungseigentümergemeinschaft, ZWE 2022, 341; *Elzer,* Die rechtsfähige Gemeinschaft der Wohnungseigentümer im Lichte des Verbandsrechts – die Rechtslage in Deutschland, ZMR 2013, 769; *ders.,* Die WEG-Novelle 2007, WuM 2007, 295; *Häublein, Rechtsverhältnisse der rechtsfähigen Gemeinschaft: Ausübung von Rechten der Wohnungseigentümer, Teil 1 ZWE 2020, 364 u. Teil 2 ZWE 2020, 401; Häublein,* Mehrhausanlagen und Rechtsfähigkeit der Gemeinschaft, ZWE 2010, 149; *Heismann,* Die werdende Wohnungseigentümergemeinschaft – ein traditionelles Rechtsinstitut des WEG auf dem dogmatischen Prüfstand, ZMR 2004, 10; *Hügel,* Die Rechtsfähigkeit der werdenden Wohnungseigentümergemeinschaft, ZWE 2010, 122; *ders.,* Das neue Wohnungseigentumsrecht, DNotZ 2007, 326; *ders.,* Die Teilrechtsfähigkeit der Wohnungseigentümergemeinschaft und ihre Folgen für die notarielle Praxis, DNotZ 2005, 753; *Lehmann-Richter,* Umfang und Ausgestaltung der Rechtsfähigkeit der Gemeinschaft der Wohnungseigentümer – § 10 Abs. 6 WEG, ZWE 2012, 463; *H. Müller,* Zuordnung und Übergang des Verwaltungsvermögens gem. § 10 VII WEG, ZWE 2012, 472; *Reymann,* Werdende Wohnungseigentümergemeinschaft bei der Vorratsteilung – Fortexistenz bis zur Veräußerung der letzten Einheit?, ZWE 2012, 357; *Schmidt-Räntsch,* Die Vergemeinschaftung von Wohnungseigentümeransprüchen, ZfIR 2016, 45; *Schneider,* Nachweise anläßlich der Grundbucheintragung des „Verbandes Wohnungseigentümergemeinschaft" als Eigentümer, Rpfleger 2008, 291; *Suilmann,* Ausübungsbefugnis der Eigentümergemeinschaft für gemeinschaftsbezogene und sonstige Rechte und Pflichten nach § 10 Abs. 6 Satz 3 WEG, ZWE 2013, 302; *Vogel,* Auswirkungen des Wohnungseigentumsmodernisierungsgesetzes (WEMoG) auf die Verfolgung von Mängelansprüchen gegen den Bauträger, ZMR 2021, 181; *Weber, J.,* Grundstückserwerb durch die teilrechtsfähige WEG – Überlegungen zur ultra-vires-Doktrin, Gestaltungshinweise, ZWE 2017, 68; *Wenzel,* Der Bereich der Rechtsfähigkeit der Gemeinschaft, ZWE 2006, 462; *Wilsch,* Teilrechtsfähigkeit der Wohnungseigentümergemeinschaft und Grundbuchverfahren, RNotZ 2005, 536.

I. Der Verband Wohnungseigentümergemeinschaft

1. Grundsatz

Bis zu diesem Kapitel haben Sie sich hauptsächlich mit den **sachenrechtlichen Grundlagen** des WEG befasst. An diesen hat sich auch durch die WEG-Novellen (2007 und 2020)[1] grundsätzlich nichts geändert. § 10 Abs. 1 WEG aF kam insoweit noch ein bekräftigender Charakter zu, als durch die WEG-Novelle 1

[1] Gesetz v. 26.3.2007 (BGBl. I 370) sowie WEMoG v. 16.10.2020 (BGBl. I 218).

(2007) nicht in die Ihnen inzwischen bekannten sachenrechtlichen Strukturen eingegriffen werden sollte.[2]

2. (Teil-)Rechtsfähigkeit

a) Rechtsgrundlage

2 Bereits im Jahr 2005 hatte der BGH in einer bahnbrechenden Grundsatzentscheidung (sog „Jahrtausendentscheidung“[3]) die (teil-)rechtsfähige Gemeinschaft der Wohnungseigentümer als Verband sui generis „entdeckt“.[4] Erstmals wurde vom BGH die Gemeinschaft der Wohnungseigentümer selbst als rechtsfähig angesehen, soweit sie bei der Verwaltung des gemeinschaftlichen Eigentums am Rechtsverkehr teilnimmt. Damit wurde das **mitgliedschaftliche Element** des Wohnungseigentums auf eine völlig neue Grundlage gestellt.

3 Der Gesetzgeber übernahm diese Erkenntnis zunächst mit der WEG-Novelle 2007 u.a. in die damals neu geschaffenen § 10 Abs. 6 u. 7 WEG aF Diese Absätze waren damit systematisch die Ausnahme zu Abs. 1 aF („soweit nicht etwas anderes ausdrücklich bestimmt ist“). Danach konnte die Gemeinschaft der Wohnungseigentümer im Rahmen der gesamten Verwaltung des gemeinschaftlichen Eigentums gegenüber Dritten und Wohnungseigentümern selbst Rechte erwerben und Pflichten eingehen. *Sie* war Inhaberin der als Gemeinschaft gesetzlich begründeten und rechtsgeschäftlich erworbenen Rechte und Pflichten. Das solchermaßen gebildete Verwaltungsvermögen gehörte der Gemeinschaft der Wohnungseigentümer. Die nach der Novelle (2007) bisweilen schwierige Abgrenzung in den §§ 10 Abs. 6 S. 1 u. 2 sowie § 10 Abs. 7 S. 1 WEG aF hat der Gesetzgeber mit dem WEMoG nachgeschärft und weiter systematisiert.

Bitte lesen Sie jetzt § 9a Abs. 1 S. 1, Abs. 2 und Abs. 3 WEG!

3a Die Gemeinschaft der Wohnungseigentümer ist danach selbst rechtsfähig; sie übt die sich aus dem gemeinschaftlichen Eigentum ergebenden Rechte sowie solche Rechte der Wohnungseigentümer aus, die eine einheitliche Rechtsverfolgung erfordern, und nimmt die entsprechenden Pflichten der Wohnungseigentümer wahr. Die frühere Beschränkung der Rechtsfähigkeit „im Rahmen der gesamten Verwaltung“ ist ersatzlos entfallen.

b) Begriffsbildung und Rechtsnatur

4 Die vormals unglückliche Terminologie des Gesetzes hat der Gesetzgeber nun zugunsten der „Gemeinschaft der Wohnungseigentümer“ (GdWE) angepasst; Bis-

[2] Elzer WuM 2007, 295 spricht in diesem Zusammenhang zutreffend von einem „Bekenntnis“ des Gesetzgebers.

[3] Vgl. AG Bremen NZM 2010, 906; AG Bremen ZMR 2012, 905; Riecke/v. Rechenberg MDR 2007, 128 (129).

[4] BGHZ 163, 154 = NJW 2005, 2061 = Rpfleger 2005, 521 = ZfIR 2005, 506 = ZMR 2005, 547 = ZWE 2005, 422 („Olympiadorf“); krit. Bork ZIP 2005, 1205; Rapp MittBayNot 2005, 449; Lüke ZfIR 2005, 616.

weilen wird zur besseren Unterscheidbarkeit von der nicht rechtsfähigen Bruchteilsgemeinschaft der Wohnungseigentümer die rechtsfähige Gemeinschaft auch als **„Verband Wohnungseigentümergemeinschaft"** bezeichnet.

Nachdem nun das Gesetz eine Bruchteilsgemeinschaft aller Wohnungseigen- 5
tümer am Gemeinschaftseigentum nach § 1 Abs. 5, § 5 Abs. 2 WEG (u.a. am Grundstück und am Gebäude) einerseits und Alleineigentum der rechtsfähigen Wohnungseigentümergemeinschaft nach § 9a Abs. 1 WEG andererseits normiert, bedürfen die verschiedenen Rechtskreise der Klärung. Früher wurde die Miteigentümergemeinschaft und der rechtsfähige Verband Wohnungseigentümergemeinschaft als ein und dieselbe Gemeinschaft mit unterschiedlichen Ausprägungen verstanden („janusköpfiges Rechtsgebilde").[5] Die inzwischen überwiegende Ansicht lehnt diese sog **„Einheitstheorie"** in Übereinstimmung mit der Gesetzesbegründung[6] zu Recht ab und sieht in der Bruchteilsgemeinschaft und der Wohnungseigentümergemeinschaft zwei unterschiedliche Gemeinschaften mit getrennten Vermögenszuordnungen (sog **„Trennungstheorie"**).[7]

Diese Sichtweise entspricht der Grundaussage in § 10 Abs. 1 S. 1 WEG, wonach 6
sich das Verhältnis der Wohnungseigentümer untereinander hilfsweise nach den Vorschriften des Bürgerlichen Gesetzbuches über die (Bruchteils-)Gemeinschaft bestimmt. Den Wohnungseigentümern in ihrer bruchteilsmäßigen Verbindung ist also spätestens mit der Novelle (2007) der rechtsfähige Verband als Dritter gegenüber getreten.

Die praktischen Auswirkungen der unterschiedlichen Ansätze sind allerdings 7
nicht so gravierend, wie man zunächst annehmen könnte; bedeutsam ist die Unterscheidung u.a. für die zutreffende Einordnung im Rahmen des § 9a Abs. 2 WEG, wenn es um die Ausübungsbefugnis des Verbandes geht (dazu → Rn. 40 ff.).

c) Sinn und Zweck

Der Verband Wohnungseigentümergemeinschaft wird nicht vertraglich 8
begründet. Er entsteht vielmehr kraft Gesetzes zwischen den dinglich berechtigten Wohnungseigentümern und ist untrennbar an deren Rechtsstellung als Wohnungseigentümer gebunden.[8] Ein Mitglied des Verbandes kann weder über seinen Anteil am Verbandsvermögen insgesamt noch über seinen Anteil an den einzelnen Vermögensgegenständen verfügen. Die gleichzeitige Zuordnung eines Rechts zu beiden Vermögenssphären ist nicht möglich.[9]

---

[5] Armbrüster ZWE 2006, 470 (471); Bub ZWE 2007, 15 (19); Häublein, FS Wenzel, 2005, S. 175, 198; Wenzel ZWE 2006, 462 (463).

[6] BT-Drs. 16/887, 60: „Die Gemeinschaft ist (…) zu unterscheiden von der nicht rechtsfähigen Gesamtheit der Wohnungseigentümer als Teilhaber der Bruchteilsgemeinschaft".

[7] BGH NJW 2010, 1007 = Rpfleger 2010, 293 = ZfIR 2010, 108 mAnm Elzer = ZMR 2010, 376 = ZWE 2010, 86; BGH NZM 2007, 411 = Rpfleger 2007, 479 = ZMR 2007, 875; KG Rpfleger 2014, 132 = ZMR 2014, 300; OLG München Rpfleger 2013, 611 = ZWE 2013, 425; Abramenko ZMR 2006, 409 (410); Demharter NZM 2006, 489 (491); Elzer ZMR 2006, 626, Gottschalg, FS Seuß, 2007, S. 113 (114); Hügel DNotZ 2005, 753 (757); Hügel/Elzer Das neue WEG § 3 Rn. 9 ff.; Jennißen NZM 2006, 203 (204); Merle ZWE 2006, 365 (369); Müller, FS Seuß, 2007, S. 211 (213); ARS/Schneider § 1 Rn. 25; Rühlicke ZWE 2007, 261 (266 f.); Saumweber MittBayNot 2007, 357 (360); Sauren ZWE 2006, 258 (259); J.-H. Schmidt ZMR 2007, 90 (91); Sommer ZWE 2006, 335 (337).

[8] Elzer ZMR 2013, 769 (770).

[9] Hügel/Elzer Das neue WEG-Recht § 3 Rn. 12.

Merke:

Mit der hM sind **zwei Gemeinschaften** zu unterscheiden!
Einer **nicht rechtsfähigen Bruchteilsgemeinschaft** der Wohnungseigentümer mit Verfügungsmöglichkeiten der Miteigentümer im Rahmen der §747 BGB, §6 WEG steht ein **rechtsfähiger Personenverband** sui generis gegenüber. Das Gemeinschaftseigentum der Wohnungseigentümer ist streng zu trennen von dem Verwaltungsvermögen des rechtsfähigen Verbandes Wohnungseigentümergemeinschaft. Die Mitglieder des Verbandes rekrutieren sich ausschließlich aus dem Kreis der Wohnungseigentümer; sie besitzen kein individuelles Verfügungsrecht über das Verbandsvermögen. Man könnte diese Rechtslage beschreiben als eine Art grundstücksbezogene Zwangsmitgliedschaft in einem Verein der Wohnungseigentümer für die Dauer der sachenrechtlichen Eigentümerstellung.

9 Auf diese Weise wird zum einen erreicht, dass mit der Vermögenszuordnung an den rechtsfähigen Verband juristisch eine **Ablösung verwaltungsbezogener Vermögenspositionen** weg von den einzelnen Miteigentümern erfolgt.

Beispiel:

Die früheren „konzeptionellen Begründungsdefizite“[10] bei der Zuordnung der anteiligen Instandhaltungsrücklage entfallen, nachdem nun selbst für einen zwangsweisen Eigentumswechsel (zB durch Zuschlag in der Zwangsversteigerung) die Zweckbindung der Instandhaltungsrücklage auch ohne Mitwirkung des ausgeschiedenen Wohnungseigentümers gewährleistet werden kann. Rechtsträger ist insoweit nun der rechtsfähige Verband (vgl. §9a Abs. 1 S. 1 WEG).

Zum anderen wird unabhängig von der personellen Zusammensetzung der Wohnungseigentümergemeinschaft **Vertragskontinuität** hergestellt, weil Vertragspartner für Verwaltungsschulden anstelle der einzelnen (wechselnden) Wohnungseigentümer nun (kontinuierlich) der rechtsfähige Verband ist.

Beispiel:

Ist für den Betrieb grundstücksübergreifender Einrichtungen ein entsprechender Pflege-, Wartungs- und Erneuerungsvertrag mit einer „Betreuungsgesellschaft“ abgeschlossen worden, so haften für die Erfüllung der Verbindlichkeiten aus diesem (schuldrechtlichen) Vertrag als Vertragspartner nicht die Wohnungseigentümer persönlich. Es handelt sich vielmehr um eine Verwaltungsschuld, für die der rechtsfähige Verband Wohnungseigentümergemeinschaft unabhängig von seinem sich ändernden Personenbestand einzustehen hat.[11]

d) Beginn der Rechtsfähigkeit

10 Die Gemeinschaft der Wohnungseigentümer entsteht jetzt einheitlich mit der Anlegung der Wohnungsgrundbücher; dies gilt nicht nur für eine vertragliche Begründung gem. §3 WEG, sondern auch im Fall der einseitigen Teilung gem. §8 WEG.

[10] BGHZ 163, 154 = NJW 2005, 2061 = Rpfleger 2005, 521 = ZfIR 2005, 506 = ZMR 2005, 547 = ZWE 2005, 422 („Olympiadorf“ sub III.6 mwN).
[11] Vgl. BGHZ 163, 154 = NJW 2005, 2061 = Rpfleger 2005, 521 = ZfIR 2005, 506 = ZMR 2005, 547 = ZWE 2005, 422 („Olympiadorf“ sub III.2 mwN).

Bitte lesen Sie jetzt § 9a Abs. 1 S. 2 WEG!

11 Nach dieser Konzeption ist jetzt auch entgegen der noch bis 2020 überwiegend vertretenen Auffassung eine Ein-Personen-Eigentümergemeinschaft denkbar; sie ist nämlich nicht mehr an den Bestand einer (Bruchteils-)Gemeinschaft gem. § 1008 BGB gebunden.[12]

e) Ende der Rechtsfähigkeit

12 Die Rechtsfähigkeit des Verbandes Wohnungseigentümergemeinschaft ist nicht ausdrücklich im Gesetz geregelt. Allerdings lässt sich aus der engen Verknüpfung der sachenrechtlichen Existenz mit der gemeinschaftsrechtlichen Ebene schließen, dass der rechtsfähige Verband GdWE nur so lange bestehen soll, wie auch Wohnungseigentum existiert. Die GdWE erlischt deshalb erst, wenn das Wohnungseigentum infolge Schließung der Wohnungsgrundbücher untergegangen ist.[13]

13 Die frühere Nachfolgeregelung des § 10 Abs. 7 WEG aF ist ersatzlos entfallen. Nach den Vorstellungen des Gesetzgebers sollen für ein sich evtl. anschließendes Liquidationsverfahren bzgl. des verbleibenden Gemeinschaftsvermögens die allgemeinen Vorschriften gelten.[14]

14 Derzeit nicht belegt.

3. Ausübungsbereiche

15 Der Verband Wohnungseigentümergemeinschaft kann einerseits als Rechtsträger unmittelbar **eigene Rechte und Pflichten** wahrnehmen (§ 9a Abs. 1 WEG). Andererseits hat der Gesetzgeber ihm für **gemeinschaftsbezogene Rechte und Pflichten** eine Ausübungsbefugnis zugesprochen (§ 9a Abs. 2 WEG). Beide Bereiche müssen deshalb getrennt betrachtet werden.

Bitte lesen Sie jetzt noch einmal § 9a Abs. 1 S. 1 WEG einerseits sowie § 9a Abs. 2 WEG andererseits!

a) Ausübung im eigenen Namen

aa) Grundsatz

16 Die Gemeinschaft der Wohnungseigentümer kann Rechte erwerben und Verbindlichkeiten eingehen, vor Gericht klagen und verklagt werden (§ 9a Abs. 1 S. 1 WEG). Eine solche umfassende Rechtsfähigkeit beschränkt die Wohnungseigentümergemeinschaft nicht mehr auf die **gesamte Verwaltung des Gemeinschafts-**

---

[12] Vgl. dazu den seinerzeitigen Meinungsstreit BGHZ 177, 53 = NJW 2008, 2639 = ZfIR 2008, 866 = ZMR 2008, 805 = ZWE 2008, 378; Abramenko Das neue WEG § 6 Rn. 8; Hügel/Elzer Das neue WEG § 3 Rn. 99 ff.; Jennißen/Jennißen § 10 Rn. 96; aA F. Schmidt ZMR 2009, 725; Becker, FS Seuß, 2007, S. 19.

[13] BT-Drs. 19/18791, 46.

[14] BT-Drs. 19/18791, 46; krit. Becker/Schneider ZfIR 2020, 281 (294).

eigentums (so aber noch § 10 Abs. 6 Satz 1 WEG aF). Diese frühere „Teilrechtsfähigkeit" hat der Gesetzgeber bewusst aufgegeben.[15]

Allerdings erfolgt die Einräumung einer eigenen Rechts- und Parteifähigkeit nicht als Selbstzweck. Sie dient gerade dazu, die GdWE überhaupt handlungsfähig zu machen und ihr die Verwaltung des gemeinschaftlichen Eigentums zu ermöglich. Damit kommt der GdWE eine dienende Funktion zu.[16] Für das Sondereigentum besteht dagegen von vornherein keine Zuständigkeit.

Beispiele:

Zu den **Rechten und Pflichten** gehören zB die sich aus dem Gemeinschaftsverhältnis ergebenden sog Sozialansprüche:

- Anspruch auf ordnungsmäßige Verwaltung gegen jeden einzelnen Wohnungseigentümer;
- Anspruch auf Sicherstellung einer ausreichenden Finanzausstattung durch Zahlung des sog Hausgeldes aus Abrechnungen, Wirtschaftsplänen und Sonderumlagen;[17]
- Anspruch auf Schadensersatz wegen Verletzung des Verwaltervertrages, etwa durch unberechtigte Ausgaben.[18]
- Anspruch auf **Entziehung des Wohnungseigentums** gem. § 17 Abs. 1 WEG sowie Zwangsvollstreckung aus einem Entziehungsurteil gem. § 17 Abs. 4 WEG;

Zu den **Rechten und Verbindlichkeiten** gehören weiterhin zB schuldrechtliche Ansprüche aus

- Dienst- und Arbeitsverträgen wie der Abschluss des Verwaltervertrages mit dem Wohnungseigentumsverwalter[19] oder die Kündigung eines Hausmeistervertrages;[20]
- Werkverträgen mit Handwerkern;
- Versicherungsverträgen betr. das gemeinschaftliche Eigentum (zB gegen Glasbruch);
- Verträgen zur Grundversorgung und zwar gleichgültig, ob mit öffentlichen[21] oder privaten[22] Versorgern;
- Kreditverträgen, wobei insoweit die Anforderungen an eine ordnungsmäßige Verwaltung besonders ausgeprägt sind.[23]

Zu den Rechten gehören aber auch **rechtsgeschäftlich erworbene Sachen** zB

- Eigentum an mobilen Gerätschaften zugunsten des Verbandes wie etwa einem Rasenmäher oder einer Wäschespinne.[24]
- Sogar (Grundstücks-)**Zubehör** gem. § 97 BGB kann vom Verband erworben werden wie zB Heizöl oder Rauchwarnmelder[25], weil das Zubehör sonderrechtsfähig ist.

---

[15] BT-Drs. 19/18791, 45.

[16] Vgl. BT-Drs. 19/18791, 46: „(…) dessen Verwaltung sie dient (…)".

[17] OLG Hamburg ZMR 2008, 152; OLG München ZMR 2005, 729.

[18] KG ZMR 2010, 467 = ZWE 2010, 183.

[19] Vgl. BGHZ 200, 221 = NJW 2014, 1447 = ZfIR 2014, 327 = ZMR 2014, 654 = ZWE 2014, 216; BGH NJW 2012, 1152 = ZMR 2012, 461 = ZWE 2012, 128.

[20] Vgl. BGHZ 200, 195 = NJW 2014, 1587 = ZfIR 2014, 484 = ZMR 2014, 566 = ZWE 2014, 181.

[21] BGHZ 193, 10 = NJW 2012, 1948 = ZMR 2012, 648 = ZWE 2012, 264 (Abfallentsorgung und Straßenreinigung); BGH NJW 2007, 2987 = ZMR 2007, 472 = ZWE 2007, 242 (Gaslieferung); BGH NJW 2010, 932 = ZfIR 2010, 284 = ZMR 2011, 142 (Wasserver- und -entsorgung).

[22] BGH ZWE 2014, 25 (Heizungs- und Warmwasserversorgung durch das rechtlich eigenständige Nachbarhaus).

[23] BGH ZfIR 2015, 837 = ZWE 2015, 453; BGHZ 195, 22 = NJW 2012, 3719 = ZMR 2013, 127 = ZWE 2013, 27; OLG Hamm ZWE 2012, 378; LG Düsseldorf ZMR 2013, 823 = ZWE 2014, 44; LG Karlsruhe ZMR 2012, 660.

[24] Hügel NotBZ 2008, 169 (170); Hügel DNotZ 2007, 326 (335).

[25] BGH NJW 2013, 3092 = ZMR 2013, 642; Schneider ZMR 2010, 822.

Zu beachten ist hier allerdings, dass Zubehörteile durch Einbau zum wesentlichen Bestandteil des Gebäudes werden können (§§ 93, 94 BGB); es kommt dann zu einem gesetzlichen Eigentumsübergang gem. § 1 Abs. 5 WEG.[26]

Hinweis: 17

Ein Konto für die dem Verband selbst zustehenden Verwaltungsgelder ist auch zugunsten des rechtsfähigen Verbandes als Forderungsinhaber zu führen („Fremdkonto")! Mehr dazu können Sie im → § 10 Rn. 76 ff. nachlesen.

Der Begriff der „gesamten Verwaltung" umfasst nicht nur die in den §§ 20 bis 29 WEG unter „Verwaltung" genannten Maßnahmen.[27] Die Rechtsfähigkeit erstreckt sich vielmehr auf die **gesamte Geschäftsführung** zugunsten der Wohnungseigentümer in Bezug auf den Gebrauch und die Verwaltung des gemeinschaftlichen Eigentums.[28] Bei einem solch weit gefassten Verwaltungsbegriff sind unter Verwaltung alle Entscheidungen und Maßnahmen zu verstehen, die in tatsächlicher oder rechtlicher Hinsicht auf eine Änderung des bestehenden Zustandes durch Erhaltung, Sicherung, Verbesserung und gewöhnliche Nutzung des gemeinschaftlichen Eigentums abzielen oder sich als Geschäftsführung zugunsten der Wohnungseigentümer in Bezug auf das gemeinschaftliche Eigentum darstellen.[29] 18

Wiederholung:

Sie sollten sich bei dieser Gelegenheit zur **Abgrenzung** noch einmal die **sachenrechtlichen Grundlagen** des Wohnungseigentums in Erinnerung rufen.
Verfügungen über das immobiliarsachenrechtliche Eigentum der Wohnungseigentümer (zB durch Umwandlung von Gemeinschaftseigentum in Sondereigentum und umgekehrt oder Veränderungen der Miteigentumsanteile) betreffen nicht die Verwaltung, sondern die dinglichen Rechtsgrundlagen der Gemeinschaft. Dem Verband Wohnungseigentümergemeinschaft steht in diesem Bereich keine Erklärungskompetenz zu; es bedarf vielmehr einer notariell beurkundeten Einigung der Miteigentümer und der Grundbucheintragung gem. § 4 WEG bzw. gem. §§ 873, 925 BGB.[30]

Merke:

Eine vom rechtsfähigen Verband vorzunehmende Maßnahme der Verwaltung kann alles sein, was im Interesse der Gesamtheit der Wohnungseigentümer ist und der Wohnungseigentümergemeinschaft dient.[31] **Nicht** hierunter fallen jedoch die dinglichen Rechtsgrundlagen der Bruchteilsgemeinschaft.

---

[26] H. Müller ZWE 2012, 472.

[27] BT-Drs. 16/887, 60.

[28] Bärmann/Suilmann § 10 Rn. 207; Hügel/Elzer § 10 Rn. 209.

[29] BGHZ 141, 224 = NJW 1999, 2108 = ZMR 1999, 647 = ZWE 2000, 23; BGHZ 121, 22 = NJW 1993, 727 = ZMR 1993, 173; Wenzel ZWE 2006, 462.

[30] BGH NJW 2013, 1962 = ZfIR 2013, 646 = ZMR 2013, 730 = ZWE 2013, 330; OLG München NJW 2010, 1467 = ZMR 2010, 706.

[31] Heggen NotBZ 2008, 198 (200).

19 Für die Begründung der Verwaltungskompetenz nicht entscheidend ist dagegen, ob die betreffende Maßnahme auch **„ordnungsmäßiger Verwaltung"** entspricht.[32] Die Reichweite der Rechtsfähigkeit der Wohnungseigentümergemeinschaft muss zum Schutz des Rechtsverkehrs abstrakt ermittelt werden können. Nur so lassen sich Sicherheit und Bestandskraft eines Rechtsgeschäfts objektiv gewährleisten. Eine Beschränkung der Rechtsfähigkeit auf den Verbandszweck entsprechend der „ultra-vires-Doktrin" des anglo-amerikanischen Rechtskreises ist dem deutschen Verbandsrecht auch im übrigen fremd.[33] Ausschlaggebend kann somit nur sein, ob eine bestimmte Angelegenheit überhaupt als Verwaltungsmaßnahme zu klassifizieren ist. Ob darüber hinaus der Rahmen der Ordnungsmäßigkeit eingehalten wurde, betrifft nur das Innenverhältnis der Wohnungseigentümer und des Verbandes.[34] Das Risiko der Einordnung eines Geschäfts als Verwaltungsangelegenheit trägt demzufolge die Gemeinschaft, nicht der Geschäftsgegner.[35]

20 **Hinweis:**

Widerspricht eine Verwaltungsmaßnahme ordnungsmäßiger Verwaltung, so kann dies nur in einem Anfechtungsverfahren vor dem ausschließlich zuständigen Amtsgericht festgestellt werden (vgl. § 23 Nr. 2c GVG iVm § 43 WEG). Zu Einzelheiten → § 12 Rn. 1 ff.

bb) Der rechtsfähige Verband als Inhaber dinglicher Rechte

21 Der Verband Wohnungseigentümergemeinschaft ist (nicht nur) rechtsfähig. Aus der Rechtsfähigkeit des Verbandes folgt konsequenterweise seine Grundbuchfähigkeit; er kann daher als solcher auch selbst Berechtigter eines dinglichen Rechts sein.

Wiederholung:

Wiederholen Sie bitte an dieser Stelle den „Numerus clausus der dinglichen Rechte" noch einmal; → § 4 Rn. 19.

22 (1) **Gläubiger von Grundpfandrechten.** Wie bereits der BGH in seiner „Olympiadorfentscheidung" feststellte[36], kann der Verband Wohnungseigentümergemeinschaft nach der „Entdeckung" der Rechtsfähigkeit selbst Gläubiger einer **Zwangssicherungshypothek** sein (§ 867 Abs. 1 ZPO).[37] Es sind also nicht mehr wie noch bis zum Inkrafttreten der WEG-Novelle (2007) sämtliche Wohnungseigentümer unter Angabe ihres Gemeinschaftsverhältnisses nach § 47 GBO als

---

[32] OLG Hamm NJW 2010, 1464 = Rpfleger 2010, 132 = ZfIR 2010, 190 = ZMR 2010, 216 = ZWE 2009, 452.

[33] Häublein, FS Seuß, 2007, S. 125 (129); Lehmann AcP 207 (2007), 225.

[34] OLG Celle NJW 2008, 1537 = Rpfleger 2008, 296 = ZMR 2008, 210 = ZWE 2008, 237; aA noch LG Hannover ZMR 2007, 893 mablAnm Kümmel.

[35] Wenzel ZWE 2006, 462 (469).

[36] BGHZ 163, 154 = NJW 2005, 2061 = ZfIR 2005, 506 = ZMR 2005, 547 = ZWE 2005, 422 sub. III.7.

[37] BGH ZWE 2011, 401; LG Düsseldorf NJW 2008, 3150; Böhringer Rpfleger 2006, 53 (55); Heggen NotBZ 2008, 198 (199); Hügel NotBZ 2008, 169 (175); Hügel DNotZ 2007, 326 (336); Saumweber MittBayNot 2007, 357 (360); Wilsch RNotZ 2005, 536 (539).

Gläubiger in das Grundbuch einzutragen.[38] Auch für die bis dahin durchaus übliche Ermächtigung des Wohnungseigentumsverwalters zur Geltendmachung von Hausgeldansprüchen im eigenen Namen und dessen daran anschließender alleinigen Eintragung als Gläubiger in das Grundbuch[39] besteht mangels schutzwürdigen Eigeninteresses des Verwalters nunmehr kein Rechtsschutzinteresse mehr.[40]

Konsequenterweise kann die rechtsfähige Wohnungseigentümergemeinschaft 23
auch Gläubigerin von rechtsgeschäftlich bestellten **Grundschulden** und **Hypotheken** sein (§§ 1191, 1113 BGB).[41]

Derzeit nicht belegt. 24

(2) **Berechtigter einer Dienstbarkeit.** Sofern das zu sichernde Recht dem Ver- 25
waltungsvermögen zugerechnet werden kann, ist auch die Begründung einer **beschränkten persönlichen Dienstbarkeit** für die rechtsfähige GdWE zulässig (§ 1090 Abs. 1 BGB).[42] Streitig ist dabei allerdings, ob Versorgungsdienstbarkeiten für die Wohnungsanlage und Dienstbarkeiten zur Einhaltung nachbarrechtlicher Grenzabstände und wegen Unterlassung von Immissionen überhaupt zugunsten des Verbandes eingetragen werden können.[43]

In der Praxis wird oftmals eine **Grunddienstbarkeit** zu Gunsten der jeweiligen 26
Eigentümer des in Wohnungseigentumsrechte aufgeteilten Grundstücks bestellt (§ 1018 BGB).

Beispiel:

Eine Grunddienstbarkeit kann bestellt werden zur Absicherung von Pkw-Stellplätzen auf dem Nachbargrundstück (§ 1018 Var. 1 BGB).

Die Ausübung eines solchen Rechts kann durch Vereinbarung aller Wohnungseigentümer als Sondernutzungsrecht einem oder mehreren Wohnungseigentümern überlassen werden.[44] Bei einer Verfügung über die Grunddienstbarkeit (zB Rangrücktritt für ein am dienenden Grundstück einzutragendes Erbbaurecht oder Löschung des Rechts infolge Aufhebung) müssen dann alle Wohnungseigentümer als Eigentümer des herrschenden Wohnungseigentumsgrundstücks und somit Berechtigte der Grunddienstbarkeit handeln; insoweit besteht keine Rechtszuständigkeit des Verbandes.[45]

---

[38] Überholt damit die frühere Rechtsprechung u.a. BayObLG ZWE 2001, 375.

[39] So noch BGHZ 148, 392 = NJW 2001, 3627 = ZWE 2002, 28.

[40] BGHZ 188, 157 = NJW 2011, 1361 = ZWE 2011, 177.

[41] Hügel NotBZ 2008, 169 (175); Rapp MittBayNot 2005, 449 (458); Saumweber MittBayNot 2007, 357 (3609; Soth NZM 2007, 470; Wenzel ZWE 2006, 462 (465); Wilsch RNotZ 2005, 536 (538).

[42] KG MDR 2015, 1229; Böhringer NotBZ 2008, 179 (184); Hügel NotBZ 2008, 169 (175); Wilsch RNotZ 2005, 536 (539).

[43] Befürwortend Bärmann/Suilmann WEG § 10 Rn. 232; Wenzel ZWE 2006, 1 (7); Wenzel ZWE 2006, 462 (465); ablehnend demgegenüber Böhringer NotBZ 2008, 179 (184); Böttcher Rpfleger 2009, 181 (183): diese Dienstbarkeiten sollen nicht zur Verwaltung des Gemeinschaftseigentums gehören, sondern ein Recht aller Bruchteilseigentümer begründen.

[44] OLG Köln NotBZ 2006, 436; BayObLGZ 1990, 124 = DNotZ 1991, 600; OLG Stuttgart ZMR 1990, 306.

[45] BGH NJW-RR 2023, 521; AG Berlin-Charlottenburg ZWE 2011, 103.

27 Erfolgte eine solche Absicherung durch eine beschränkte persönliche Dienstbarkeit für den rechtsfähigen Verband, bräuchte nur der Wohnungseigentumsverwalter als gesetzlicher Vertreter der Wohnungseigentümergemeinschaft (§ 9b WEG) die notwendigen Erklärungen abzugeben. Trotz dieser Verfahrenserleichterung erscheint eine beschränkte persönliche Dienstbarkeit zugunsten des rechtsfähigen Verbandes in der Praxis als wenig taugliches Sicherungsmittel, weil es bei einer Aufhebung des Wohnungseigentums mit dem Untergang des Verbandes auch zu einem **Erlöschen des Rechts** kommen würde (vgl. § 1092 Abs. 1 S. 1; § 1090 Abs. 2 iVm § 1061 BGB).[46]

28 Ebenfalls denkbar ist die Einräumung eines **Grundstücksnießbrauchs** gem. § 1030 BGB zugunsten des rechtsfähigen Verbandes.

29 (3) **Berechtigter eines Vorkaufsrechts.** Die Bestellung eines **Vorkaufsrechts** für den Verband Wohnungseigentümergemeinschaft ist gem. § 1094 Abs. 1 BGB möglich, so zB für die künftige Verwendung eines Wohnungseigentums als Hausmeisterwohnung oder für einen Pkw-Stellplatz als Teileigentum.[47]

30 (4) **Berechtigter einer Reallast.** Auch eine **Reallast** kann zugunsten der rechtsfähigen Wohnungseigentümergemeinschaft in das Grundbuch eingetragen werden. Die Grundbucheintragung erfolgt als subjektiv-persönliches Recht gem. § 1105 Abs. 1 BGB.[48]

31 (5) **Eigentümer eines Grundstücks.** Das in Wohnungseigentumsrechte aufgeteilte Grundstück ist zwingendes Gemeinschaftseigentum aller Bruchteilseigentümer (§ 1 Abs. 5 WEG) und steht nicht im Eigentum des rechtsfähigen Verbandes. Soll eine reale Teilfläche dieses Grundstücks veräußert oder eine reale Teilfläche hinzuerworben werden, müssen deshalb sachenrechtlich sämtliche Wohnungseigentümer an der gem. §§ 873, 925 BGB erforderlichen Auflassung beteiligt werden. Der Wohnungseigentumsverwalter als Vertreter des rechtsfähigen Verbandes ist im Rahmen seiner verwaltungsmäßigen Tätigkeit dazu nicht in der Lage[49]; auch eine mehrheitliche Ermächtigung scheidet aus.[50]

Wiederholung:

Ein solcher Grundstückszuerwerb erfolgt wegen § 1 Abs. 4 WEG durch Vereinigung oder Zuschreibung (§ 890 BGB, §§ 5, 6 GBO) in das Miteigentum der Wohnungseigentümer. Erforderlich ist dafür die Auflassung der Erwerbsfläche an alle Wohnungseigentümer zu den gleichen Miteigentumsanteilen, wie sie an dem in Wohnungseigentumsrechte aufgeteilten Grundstück bereits bestehen und nach wohl noch hM die Umwandlung der gewöhnlichen Miteigentumsanteile an der Erwerbsfläche in Wohnungseigentumsanteile durch Erstreckung des Gemeinschaftsverhältnisses auf die hinzu erworbene Fläche.[51] Buchungstechnisch geht das hinzuerworbene Grundstück in den bereits vorhandenen Wohnungs- und Teileigentumsgrundbüchern „unter". → § 6 Rn. 98.

---

[46] Hügel NotBZ 2008, 169 (175); Hügel/Elzer Das neue WEG-Recht § 3 Rn. 68.

[47] Böhringer NotBZ 2008, 179 (184).

[48] Schöner/Stöber GrundbuchR Rn. 2838f.

[49] BGH NJW 2013, 1962 = ZfIR 2013, 646 = ZMR 2013, 730 = ZWE 2013, 330.

[50] OLG München NJW 2010, 1467 = ZMR 2010, 706.

[51] OLG Frankfurt OLGZ 1993, 419 = DNotZ 1993, 612; OLG Zweibrücken DNotZ 1991, 605.

Demgegenüber kann nunmehr auch der Wohnungseigentümerverband selbst etwa zur Arrondierung der bestehenden Anlage ein weiteres rechtlich selbständiges Grundstück erwerben. 32

Merke:

Erwerber ist dann allerdings der rechtsfähige Verband Wohnungseigentümergemeinschaft, der durch den Verwalter beim Erwerbsvorgang vertreten werden muss; die Mitwirkung aller Wohnungseigentümer bei der Auflassung erübrigt sich.[52]

In einem solchen Fall liegt auch kein Verstoß gegen § 1 Abs. 4 WEG vor, weil das bereits in Wohnungs- und Teileigentumsrechte aufgeteilte Grundstück allen Wohnungseigentümern in Bruchteilsgemeinschaft zusteht, während das hinzuerworbene Grundstück allein dem rechtsfähigen Verband gehört. Es sind also rechtlich zwei selbständige Grundstücke vorhanden, die im Hinblick auf § 4 Abs. 1 GBO wegen der verschiedenen Rechtsträger auch buchungsmäßig nicht zusammengefasst werden dürfen.

(6) **Eigentümer eines Wohnungs- oder Teileigentumsrechts.** Auch der Erwerb einer Eigentumswohnung oder eines Teileigentums durch den rechtsfähigen Verband ist möglich.[53] Der Erwerb kann sich sowohl rechtsgeschäftlich, als auch im Wege der Zwangsvollstreckung durch Zuschlag in einem Zwangsversteigerungsverfahren vollziehen.[54] Den rechtsgeschäftlichen Erwerb können die Wohnungseigentümer als Verbandsmitglieder mit Mehrheit beschließen.[55] 33

Beispiel:

Ein Eigentumserwerb durch den Verband wird in der Praxis insbesondere für eine rechtlich bereits verselbstständigte Hausmeisterwohnung, einen Fahrradkeller, Geräteraum oder Pkw-Stellplätze in Betracht kommen. Die Gründe können unterschiedlicher Natur sein. Sind zB einzelne Wohnungseigentümer auf Grund von Zahlungsschwierigkeiten nicht mehr in der Lage, Hausgeldzahlungen aufzubringen, kann es etwa im Interesse der übrigen Wohnungs-

[52] BGH NJW 2016, 2177 = ZMR 2016, 476 mAnm Schneider ZWE 2016, 268 m. Bespr. Lehmann-Richter, 250; OLG Hamm ZWE 2010, 270; LG Bremen ZWE 2015, 367; LG Deggendorf ZMR 2008, 909 mit insoweit zust. Anm. Schneider; Böhringer NotBZ 2008, 179 (182); Hügel NotBZ 2008, 169 (176).

[53] Noch zum früheren Recht OLG München ZfIR 2016, 465 mAnm Schneider ZWE 2016, 256; OLG Frankfurt MietRB 2015, 210; OLG Hamm ZWE 2009, 452; OLG Celle NJW 2008, 1537 = Rpfleger 2008, 296; LG Bremen MietRB 2015, 210; LG Frankenthal MittBayNot 2008, 128; Abramenko ZWE 2010, 452; ders. ZMR 2006, 338 (340); Böhringer NotBZ 2008, 179 (181); ders. Rpfleger 2007, 353 (354); Häublein ZWE 2007, 474; Heggen NotBZ 2008, 198; Hügel NotBZ 2008, 169 (176); Hügel ZWE 2008, 240 (241); Hügel DNotZ 2007, 326 (338); Rapp MittBayNot 2005, 458 f.; Saumweber MittBayNot 2007, 357 (360); Schneider Rpfleger 2007, 175; Wenzel NZM 2006, 323; aA LG Nürnberg-Fürth ZMR 2006, 812 mablAnm Schneider; LG Heilbronn ZMR 2007, 649 mablAnm Hügel; LG Hannover ZMR 2007, 893 mablAnm Kümmel; Bonifacio ZMR 2009, 257; krit. zunächst auch DNotI-Gutachten DNotI-Report 2007, 169.

[54] Abramenko ZMR 2006, 338; Schneider ZMR 2006, 813.

[55] Vgl. noch zum früheren § 27 Abs. 3 S. 1 Nr. 7, § 21 Abs. 3 WEG OLG Frankfurt MietRB 2015, 210; OLG Hamm ZWE 2010, 270; OLG Hamm NJW 2010, 1464 = ZMR 2010, 216 mAnm Schneider ZWE 2009, 452; OLG Celle NJW 2008, 1537 = ZWE 2008, 237; LG Bremen ZWE 2015, 367; LG Frankenthal MittBayNot 2008, 128; Häublein ZWE 2007, 474; Hügel NotBZ 2008, 169 (176); Wilsch RNotZ 2005, 536 (540).

eigentümer liegen, deren Wohnungen zu erwerben, um die zukünftige Zahlung des Hausgeldes sicherzustellen.[56]
Ebenso kann es im Interesse des Eigentümerverbandes liegen, durch eigenen Erwerb oder die Ersteigerung von Wohnungseinheiten solche Erwerber zu verhindern, die beabsichtigen, das Gemeinschaftseigentum zu beschädigen oder bei denen zu erwarten ist, dass sie sonst die Eigentümergemeinschaft schädigen.[57]

34 Die vom Verband zu erwerbende Einheit muss sich dabei nicht zwingend in der eigenen Anlage befinden; auch ein „übergreifender" Erwerb einer Einheit in einer Nachbaranlage kann durchaus noch ordnungsmäßiger Verwaltung entsprechen, wenn sich bspw. der Erwerb einer Hausmeisterwohnung oder ausreichender Pkw-Stellplätze in der eigenen Anlage nicht verwirklichen lässt.[58]

Sind die betroffenen Räume noch Gemeinschaftseigentum aller Wohnungseigentümer, muss an ihnen zunächst Sondereigentum begründet werden; erst danach kann die Wohnung an den rechtsfähigen Verband aufgelassen werden.[59] Der Verband kann auch **mehrere Einheiten** in „seiner" eigenen Anlage erwerben. Insoweit existiert allerdings eine „natürliche Grenze" (vgl. noch § 10 Abs. 7 S. 4 WEG aF). Die GdWE kann nicht alle Einheiten erwerben, weil sonst die Gemeinschaft keine Mitglieder mehr hätte.[60]

Erwirbt der „Verband Wohnungseigentümergemeinschaft" in der von ihm selbst verwalteten Anlage ein Wohnungs- oder Teileigentumsrecht, bedarf es des Nachweises einer an sich vereinbarten **Veräußerungszustimmung** gemäß § 12 WEG nicht, da die Wohnungseigentümergemeinschaft nicht vor sich selbst geschützt werden muss.[61]

Hinweis:

Ist der Verband Wohnungseigentümergemeinschaft Eigentümer einer Einheit in der von ihm selbst verwalteten Anlage, ergeben sich aus dieser „Insichmitgliedschaft" Konsequenzen für die Verwaltung. So ruht zB das Stimmrecht.[62] An den Kosten und Lasten des gemeinschaftlichen Eigentums ist der Verband gemäß § 16 Abs. 2 WEG jedoch wie jeder andere Wohnungseigentümer zu beteiligen; die Kosten seines Sondereigentums trägt er allein.[63]

35 (7) **Grundbuchverfahren.** Die Eintragungsfähigkeit des rechtsfähigen Verbandes Wohnungseigentümergemeinschaft als Rechtsträger im Grundbuch folgt jetzt unmittelbar aus dessen Rechtsfähigkeit (§ 9a Abs. 1 S. 1 WEG).

---

[56] Abramenko ZMR 2006, 338 (340); Böhringer NotBZ 2008, 179 (181); Heggen NotBZ 2008, 198 (200); einschränkend für den Erwerb sog „Schrottimmobilien" allerdings OLG Hamm NJW 2010, 3586; LG Bamberg ZMR 2025, 891.

[57] Schneider ZMR 2006, 813.

[58] OLG München ZfIR 2016, 465 mAnm Schneider ZWE 2016, 256; Böhringer NotBZ 2008, 179 (181); Häublein ZWE 2007, 474; Hügel ZWE 2008, 240 (241); Schneider Rpfleger 2008, 291 (292); Wenzel ZWE 2006, 2 (7).

[59] Böhringer NotBZ 2008, 179 (181); Hügel DNotZ 2007, 326 (339).

[60] Vgl. zum früheren Recht bereits Hügel ZWE 2008, 240 (242).

[61] OLG Hamm ZWE 2009, 452; Schneider Rpfleger 2008, 291 (292).

[62] OLG Hamm ZWE 2009, 452; Häublein, FS Seuß, 2007, 125; Jennißen/Elzer WEG § 25 Rn. 23; Hügel NotBZ 2008, 169 (176).

[63] OLG Hamm ZWE 2009, 452; Abramenko ZWE 2010, 193; Hügel NotBZ 2008, 169 (176); Hügel ZWE 2008, 240 (242); Hügel/Elzer WEG § 10 Rn. 228.

Im Anwendungsbereich des formellen Konsensprinzips (**§ 19 GBO**) wird das Grundbuchgericht die beantragte Eintragung zugunsten des rechtsfähigen Verbandes aufgrund der einseitigen verfahrensrechtlichen Bewilligung vollziehen. Bei einer Auflassung hat das Grundbuchgericht gem. **§ 20 GBO** (sog materielles Konsensprinzip) weitergehend die Wirksamkeit des Rechtsgeschäfts zu prüfen und damit eigentlich auch die Frage, ob der Erwerb von Immobiliareigentum durch den rechtsfähigen Verband den Erfordernissen einer **ordnungsmäßigen Verwaltung** genügt. Neben einer jederzeit zulässigen Vereinbarung der Wohnungseigentümer[64] besteht für Fragen der Verwaltung zwar eine Beschlusszuständigkeit der Wohnungseigentümerversammlung. Für eine Überprüfung der Wirksamkeit bzw. Unwirksamkeit eines Beschlusses ist allerdings (nur) das Anfechtungsverfahren nach §§ 43 Abs. 2 Nr. 4, 44 WEG vorgesehen. Insoweit liegt die **Prüfungskompetenz** allein bei den Wohnungseigentumsgerichten, die im Rahmen der Anfechtung von Beschlüssen der Wohnungseigentümerversammlung festzustellen haben, ob die Beschlussfassungen den Voraussetzungen der § 18, 19 WEG genügen.[65] Erfolgt keine Anfechtung, ist davon auszugehen, dass die gefassten Beschlüsse mit den Anforderungen einer ordnungsmäßigen Verwaltung zu vereinbaren sind. Würde man hier die Überprüfung der Beschlussfassungen (auch noch) den Grundbuchämtern zuordnen, gelangte man zwangsläufig zu einer doppelten Prüfungszuständigkeit, mit der möglicherweise sogar die Bestandskraft von Beschlussfassungen der Versammlung unterlaufen werden könnte, weil im Grundbuchverfahren erneut darzulegen wäre, aus welchen Gründen der Erwerb von Immobiliareigentum den Maßgaben ordnungsmäßiger Verwaltung entspricht. Das Grundbuchgericht hat daher keine Kompetenz, die Eintragung eines Eigentumswechsels mit der Begründung abzulehnen, der Erwerb einer Einheit entspreche nicht ordnungsmäßiger Verwaltung; diese Frage ist ausschließlich den Wohnungseigentumsgerichten zur Klärung zugewiesen.[66] 36

Ein Erwerbsbeschluss ist gemäß § 23 Abs. 4 Satz 2 WEG als gültig zu behandeln, solange er nicht durch rechtskräftiges Urteil für ungültig erklärt ist. Eine Prüfungsbefugnis des Grundbuchgerichts besteht insoweit jetzt allerdings nicht. Das Grundbuchgericht kann also **keinen Nachweis der Bestandskraft** für einen Erwerbsbeschluss verlangen.[67] Es ist daher ggf. Sache des Klägers, im Beschlussanfechtungsverfahren den unverzüglichen Vollzug eines Eigentümerbeschlusses durch eine einstweilige Verfügung nach §§ 935 ff. ZPO zu verhindern.[68] 37

Der Wohnungseigentumsverwalter ist das gesetzliche Vertretungsorgan des Verbandes Wohnungseigentümergemeinschaft. Seine Vertretungsmacht für die GdWE ist nunmehr in § 9b Abs. 1 WEG mit den dort genannten – für die Auflassung nicht zutreffenden – Einschränkungen umfassend ausgestaltet. Die früher erforderliche Vorlage einer Niederschrift zum Nachweis eines bis 2020 noch notwendigen **Ermächtigungsbeschlusses ist nunmehr obsolet geworden.**[69] Eines gesonderten Nachweises der Ermächtigung bedarf es gegenüber dem Grundbuch- 38

[64] Vgl. OLG München ZfIR 2016, 465 mAnm Schneider ZWE 2016, 256.

[65] Prägnant OLG Hamm NJW 2010, 3586 = ZMR 2011, 403 = ZWE 2010, 454.

[66] OLG Frankfurt MietRB 2015, 210; OLG Hamm ZWE 2009, 452; OLG Celle ZMR 2008, 210; LG Deggendorf MittBayNot 2008, 380.

[67] OLG München 16.11.2016 – 34 Wx 305/16, NZM 2016, 896; Böhringer NotBZ 2008, 179 (187); Schneider Rpfleger 2008, 291 (292); aA LG Deggendorf ZMR 2008, 909.

[68] Bärmann/Suilmann WEG § 10 Rn. 223; Schneider Rpfleger 2008, 291 (292).

[69] OLG München ZWE 2025, 75 unter ausdrücklicher Abgrenzung von OLG München ZWE 2017, 93.

amt nicht mehr; allerdings ist unverändert der Nachweises der **Bestellung** zum Wohnungseigentumsverwalter zu führen (§ 26 Abs. 4, § 24 Abs. 6 WEG).

Hinweis:

Zur Nachweisführung durch eine Niederschrift über die Eigentümerversammlung → § 8 Rn. 106 ff.

39 Für die Grundbucheintragung ist die rechtsfähige GdWE gem. § 9a Abs. 1 S. 3 WEG zu bezeichnen. Der Verband muss danach die **Bezeichnung** „Gemeinschaft der Wohnungseigentümer" oder „Wohnungseigentümergemeinschaft" gefolgt von der bestimmten Angabe des gemeinschaftlichen Grundstücks führen. Ein Zusatz „Verband" ist jetzt nicht mehr zwingend notwendig

Beispiel:

Die Bezeichnung des Grundstücks kann erfolgen

a) durch Angabe der **postalischen** Anschrift (zB „Wohnungseigentümergemeinschaft Schlossallee 10, 12345 Berlin"),
b) durch Angabe der **katastermäßigen** Bezeichnung (zB „Wohnungseigentümergemeinschaft Gemarkung Lichterfelde Flur 10 Flurstück 4711") oder
c) durch Angabe der **grundbuchmäßigen** Bezeichnung unter Nennung sämtlicher für das aufgeteilte Grundstück gebildeten Wohnungsgrundbücher (zB Lichterfelde Blatt 1234 bis Blatt 1289);[70]

die gewählte Bezeichnung sollte zweckmäßigerweise bereits in der Teilungserklärung festgelegt werden.[71]

b) Ausübungs- und Wahrnehmungsbefugnis des Verbandes Wohnungseigentümergemeinschaft

aa) Grundsatz

40 Die Wohnungseigentümer bedienen sich zur Erfüllung der Verwaltungsaufgaben des von ihnen gebildeten rechtsfähigen Verbandes.[72] Die rechtsfähige Gemeinschaft der Wohnungseigentümer übt die sich aus dem gemeinschaftlichen Eigentum ergebenden Rechte sowie solche Rechte der Wohnungseigentümer aus, die eine einheitliche Rechtsverfolgung erfordern, und nimmt die entsprechenden Pflichten der Wohnungseigentümer wahr.

Bitte lesen Sie jetzt noch einmal § 9a Abs. 2 WEG!

41 Die Regelung bedeutet, dass die genannten Rechte und Pflichten weiterhin den Wohnungseigentümern zustehen, es also nicht zu einem Inhaberwechsel kommt[73], deren Ausübung aber durch den rechtsfähigen Verband erfolgt. Die Rechtsnatur dieser Ausübungsbefugnis stellt materiell-rechtlich ein gegenständlich beschränk-

---

[70] ARS/Schneider § 1 Rn. 118 ff.
[71] Böhringer NotBZ 2008, 179 (188); Hügel NotBZ 2008, 169; Schneider Rpfleger 2008, 291 (293).
[72] Vgl. BT-Drs. 19/18791, 46.
[73] BT-Drs. 16/887, 61.

tes treuhänderisches Verwaltungsrecht des Verbandes[74] und verfahrensrechtlich eine gesetzliche Prozessstandschaft dar.[75] Mit der Geltendmachung der Ausübungsbefugnis verfolgt der Verband Wohnungseigentümergemeinschaft **fremde Rechte im eigenen Namen.** Der Verband kann die ihm zur Ausübung zugewiesenen Rechte im eigenen Namen einklagen; auch insoweit ist er parteifähig.

Nach dem Gesetzeszweck soll die Ausübungs- und Wahrnehmungsbefugnis des rechtsfähigen Verbandes den Rechtsverkehr erleichtern.[76] Aus diesem Grunde ist davon auszugehen, dass eine **Doppelzuständigkeit** des rechtsfähigen Verbandes einerseits und der Gesamtheit der Wohnungseigentümer andererseits **ausgeschlossen** sein soll.[77] Vielmehr überlagert die Befugnis der rechtsfähigen Wohnungseigentümergemeinschaft die individuelle Rechtsverfolgungskompetenz des Einzelnen[78]; der rechtsfähige Verband ist damit im Anwendungsbereich des § 9a Abs. 2 WEG für die Ausübung gemeinschaftsbezogener und sonstiger Rechte sowie für die Wahrnehmung von Pflichten ausschließlich zuständig.[79] Die Interessen der Wohnungseigentümer werden durch die interne Verbandsorganisation sichergestellt; sie entscheiden über die konkrete Ausübung ihrer gemeinschaftlichen Rechte durch Mehrheitsbeschluss (§ 19 WEG).[80] 42

bb) Grenzen der Ausübungs- und Wahrnehmungsbefugnis

Ihre Grenzen findet die Ausübungs- und Wahrnehmungsbefugnis, wenn der Bereich der Verwaltung des gemeinschaftlichen Eigentums verlassen wird. Für **Maßnahmen am Sondereigentum** besteht deshalb generell keine Beschlusskompetenz der Wohnungseigentümer; dies gilt auch dann, wenn öffentlich-rechtliche Vorschriften solche Maßnahmen erfordern.[81] Aus demselben Grund kommt auch eine Ausübungsbefugnis für **sachenrechtliche Verfügungen** nicht in Betracht (s. bereits → Rn. 18 und 31 für Verfügungen aus eigenem Recht).[82] Ebenfalls keine Angelegenheit der gemeinschaftlichen Verwaltung iSd § 19 WEG stellt die **Abnahme der Werkleistung** vom Bauträger dar; betroffen ist hier nicht das „Verhältnis der Wohnungseigentümer untereinander", sondern die individuellen Rechtsbeziehungen des Erwerbers zum Bauträger.[83] 43

---

[74] Bärmann/Suilmann WEG § 10 Rn. 40; Hügel/Elzer WEG § 10 Rn. 236; Wenzel ZWE 2006, 462 (466).

[75] BGHZ 203, 327 = NJW 2015, 1020 = ZWE 2015, 122; BGH NJW 2011, 1351 = ZWE 2011, 123; Abramenko, Das neue WEG, § 6 Rn. 10.

[76] BT-Drs. 16/887, 61.

[77] Vgl. Wenzel NZM 2008, 74.

[78] Vgl. BGH NJW 2010, 933.

[79] Bärmann/Suilmann WEG § 10 Rn. 242; für Verpflichtungen der Wohnungseigentümer können diese ggf. daneben im Außenverhältnis kumulativ haften, BGH NJW 2014, 1093 = ZWE 2014, 165.

[80] Bärmann/Suilmann WEG § 10 Rn. 240.

[81] Ebenso grds. BGH NJW 2013, 3092 („Rauchwarnmelder") = ZfIR 2013, 511 mAnm Greupner ZMR 2013, 642 mAnm Abramenko ZWE 2013, 358 m. Bespr. Dötsch 353, im konkreten Sachverhalt allerdings grenzwertig; vgl. auch Abramenko ZWE 2013, 117 (119); Elzer ZMR 2013, 769 (772).

[82] OLG München NJW 2010, 1467 = ZMR 2010, 706 für eine Verfügung über das gemeinschaftliche Eigentum; AG Berlin-Charlottenburg ZWE 2011, 103 für die Verfügung über ein dingliches Recht der Wohnungseigentümer.

[83] BGH ZfIR 2016, 570.

43a Auch **Sondernutzungsrechte** gehören in den alleinigen Ausübungsbereich des einzelnen Wohnungseigentümers; Ansprüche aus § 1004 Abs. 1 BGB gehören nicht in den Anwendungsbereich des § 9a Abs. 2 WEG.[84]

44 Sonstige **Verfügungen über individuelle Rechte** der Wohnungseigentümer sind dem Verband als Drittem im Außenverhältnis allerdings möglich. Auch Verfügungen sind nach zutreffender Ansicht nämlich Akte der Rechtsausübung, die der rechtsfähigen Gemeinschaft gem. § 9a Abs. 2 WEG – ggf. im Rahmen einer rechtsgeschäftlichen Ausübungsbefugnis – zugewiesen sind.[85]

Beispiel:

Der Verband Wohnungseigentümergemeinschaft kann nach dieser Auffassung über geltend gemachte Mängelansprüche der Wohnungseigentümer am Gemeinschaftseigentum mit dem Bauträger wirksam einen Vergleich schließen; über Mängel am Sondereigentum kann die GdWE nicht beschließen.[86]
(Vielleicht schauen Sie schnell noch einmal im → § 6 bei Rn. 13 ff. zum Erwerb vom Bauträger nach.)

cc) Arten der Rechtsausübung

45 § 9a Abs. 2 WEG ist an die Stelle des vormaligen § 10 Abs. 6 Satz 3 WEG getreten. Die seinerzeitige Unterscheidung in **„geborene"** und **„gekorene" Ausübungs- und Wahrnehmungsbefugnis** ist ersatzlos entfallen.[87]

(1) Ausübung von Rechten aus dem gemeinschaftlichen Eigentum

46 Rechte, die sich aus dem gemeinschaftlichen Eigentum ergeben, können u.a. sein:

Beispiele

- Geltendmachung von **Schadensersatzansprüchen** (auch Wiederherstellungsansprüchen) wegen Verletzung des gemeinschaftlichen Eigentums;[88]
- **Vermietung** des gemeinschaftlichen Eigentums (die Mieteinnahmen gehören dann zum Verwaltungsvermögen des Verbandes!);[89]
- Durchsetzung eines **Notwegerechts**;[90]
- Geltendmachung von **Unterhaltungsansprüchen** gegen den Eigentümer des herrschenden Grundstücks wegen einer (Wege-)Anlage auf dem in Wohnungseigentumsrechte aufgeteilten Grundstück.[91]

---

[84] BGH ZWE 2022, 84.
[85] Bärmann/Suilmann WEG § 10 Rn. 240; Becker MietRB 2007, 180 (183); NKV/Kümmel § 10 Rn. 82; Wenzel NZM 2008, 74 (76); aA Hügel/Elzer WEG § 10 Rn. 238 u. 254.
[86] LG München ZMR 2012, 579; LG München I ZMR 2011, 835 = ZWE 2012, 99; Bärmann/Becker WEG § 9a Rn. 71 u. 77; aA OLG Stuttgart NJW 2013, 699 für die Abtretung von Gewährleistungsansprüchen; Elzer MietRB 2013, 312 (315) für einen Vergleich mit dem Bauträger über Mängelansprüche.
[87] Vgl. dazu noch Wenzel ZWE 2006 , 462 (467).
[88] BGH NJW 2014, 1090 = ZWE 2014, 178; BGH NJW 2011, 1351 = ZWE 2011, 123.
[89] Hügel/Elzer WEG § 10 Rn. 243; NKV/Kümmel WEG § 10 Rn. 86; Wenzel ZWE 2006, 462.
[90] BGH NJW 2006, 3426 = ZWE 2006, 486.
[91] BGH NJW 2011, 1351 = ZWE 2011, 123.

(2) Wahrnehmung von Pflichten aus dem gemeinschaftlichen Eigentum

Pflichten aus dem gemeinschaftlichen Eigentum sind von den Wohnungseigentümern u.a. zu erfüllen: 47

Beispiele

- Wahrnehmung von **Verkehrssicherungspflichten** auf dem gemeinschaftlichen Grundstück;[92]
- Erfüllung von **Beitrags- und Abgabenschulden**, für die die Wohnungseigentümer gesamtschuldnerisch haften;[93]
- Erfüllung **nachbarrechtlicher Schadenersatzansprüche** gegen die Wohnungseigentümer;[94]
- Wahrnehmung der Pflichten nach der **TrinkwasserVO** und der **EnEV**.[95]

(3) Rechte der Wohnungseigentümer, die eine einheitliche Rechtsverfolgung erfordern

Eine einheitliche Rechtsverfolgung ist nur dann erforderlich, wenn schutzwürdige Belange der Wohnungseigentümer oder des Schuldners an einer einheitlichen Rechtsverfolgung das grundsätzlich vorrangige Interesse des Rechtsinhabers, seine Rechte selbst und eigenverantwortlich auszuüben und prozessual durchzusetzen, deutlich überwiegen.[96] Der BGH hatte hier aber schon zur Zurückhaltung gemahnt. Ein denkbarer Anwendungsbereich ergibt sich im Rahmen von Bauträgerverträgen bei der Geltendmachung von Mängelrechten.[97] 48

Beispiel

Durchsetzung von individuellen Mängelbeseitigungsansprüchen hinsichtlich des gemeinschaftlichen Eigentums gegen einen Bauträger[98].

Hinweis:

Wegen der schwierigen Vorfragen (Unterscheidung sog primärer und sekundärer Mängelrechte; Geltendmachung von Nacherfüllungsansprüchen durch einzelne Wohnungseigentümer einerseits und Geltendmachung des sog kleinen Schadensersatzes oder Minderung durch den Verband in geborener Ausübungsbefugnis andererseits; Beurteilung nach Werkvertragsrecht oder Kaufrecht) muss hier zur Vertiefung auf die einschlägige Literatur[99] und die maßgebliche höchstrichterliche Rechtsprechung[100] verwiesen werden.
Einen kleinen Einblick in Fragestellungen des Bauträgerrechts konnten Sie darüber hinaus bereits im → § 6 Rn. 13 ff. erhalten.

[92] BGH NJW 2012, 1724 = ZWE 2012, 268; OLG Oldenburg ZWE 2014, 313; OLG München NJW 2006, 1293 = ZWE 2006, 41.
[93] BGH NJW 2014, 1093 = ZWE 2014, 165.
[94] BGH ZMR 2012, 745.
[95] NKV/Kümmel WEG § 10 Rn. 89.
[96] So bereits zum früheren Recht BGH NJW 2015, 2874 = ZWE 2015, 358.
[97] BGH ZWE 2023, 123.
[98] ARS/Skauradszun WEG § 9a Rn. 37 f.; anders wohl Bärmann/Becker WEG § 9a Rn. 64 ff., der von einer an sich nicht mehr möglichen rechtsgeschäftlichen Ausübungsbefugnis ausgeht.
[99] Hinweise zu weiterführender Literatur können Sie zu Beginn des → § 6 finden.
[100] BGH NJW 2015, 2874 = ZWE 2015, 358; BGHZ 200, 263 = NJW 2014, 1377 = ZWE 2014, 258; BGHZ 172, 42 = NJW 2007, 1952 = ZWE 2007, 300.

II. Besonderheiten

1. Die werdende Wohnungseigentümergemeinschaft

49 Bei der Begründung von Wohnungseigentum durch Teilungserklärung gem. § 8 WEG besteht bereits im Anlaufstadium ein Bedürfnis dafür, das Verhältnis der Wohnungserwerber untereinander und zum abveräußernden Bauträger möglichst frühzeitig den Regelungen des WEGs zu unterstellen. Aus diesem Grunde werden Erwerber einer Eigentumswohnung unabhängig von der fehlenden Eigentümerposition im Grundbuch unter bestimmten Voraussetzungen wie Wohnungseigentümer behandelt. In diesem Zusammenhang ist Ihnen an anderer Stelle bereits die Rechtsfigur des werdenden Wohnungseigentümers untergekommen.

Wiederholung:

Schauen Sie jetzt bitte in → § 4 Rn. 68 und wiederholen Sie noch einmal die notwendigen Voraussetzungen, bei deren Vorliegen von einem werdenden Wohnungseigentümer gesprochen werden kann.[101]

50 Die GdWE entsteht nun aber ausdrücklich auch im Fall der einseitigen Aufteilung gem. § 8 WEG bereits mit der Anlegung der Wohnungsgrundbücher (§ 9a Abs. 1 S. 3 WEG). Ein Bedürfnis für eine weitergehende Vorverlagerung der Rechtsfähigkeit hat der Gesetzgeber nicht gesehen. Aus diesem Grunde hat der Gesetzgeber die von der Rechtsprechung entwickelte Figur der „werdenden Wohnungseigentümergemeinschaft“ ausdrücklich nicht weiter verfolgt.[102]

2. Untergemeinschaften in Mehrhausanlagen

51 In Mehrhausanlagen besteht oftmals ein praktisches Bedürfnis, sich durch eine möglichst weitgehende **Verselbständigung** einzelner Hausgemeinschaften auf dem gemeinsamen Grundstück einer unterbliebenen Realteilung annähern zu können. Aus diesem Grunde werden in Gemeinschaftsordnungen von Mehrhausanlagen oftmals zulässigerweise Kompetenzen zur separaten Beschlussfassung und Kostenverteilung für einzelne Häuser in allein sie betreffenden Verwaltungsangelegenheiten vorgesehen.[103] Auch Instandhaltungsrücklagen können auf diese Weise separiert werden.[104]

52 Solche Untergemeinschaften stellen jedoch keine rechtlich selbständigen Verbände i.S.d. § 9a Abs. 1 WEG dar; **rechts- und parteifähig** ist vielmehr allein die

[101] Vgl. BGH NJW 2015, 2877 = ZWE 2015, 406; BGHZ 193, 219 = NJW 2012, 2650 = ZWE 2012, 369; BGHZ 177, 53 = NJW 2008, 2639 = ZWE 2008, 378.

[102] BT-Drs. 19/18791, 44.

[103] Vgl. zB BGH ZWE 2012, 223; BGH NJW 2012, 1224 = ZWE 2012, 88; BGH ZWE 2011, 331; OLG München MietRB 2014, 239.

[104] BGH ZfIR 2015, 667 = ZWE 2015, 335.

Gesamtgemeinschaft.[105] Die Untergemeinschaften sind rechtlich unselbständige Verwaltungseinheiten, denen lediglich vom rechtsfähigen Verband abgeleitete Organisationsbefugnisse zukommen. Aus diesem Grunde ist auch die Bestellung eines eigenen Wohnungseigentumsverwalters für eine solche Untergemeinschaft nicht möglich.[106]

Wiederholungsaufgaben und Vertiefungsfragen

1. Wie stellen sich die Eigentumsverhältnisse dar, wenn der Wohnungseigentumsverwalter aufgrund entsprechender Beschlussfassung der Wohnungseigentümer einen Apfelbaum mit Mitteln des rechtsfähigen Verbandes für diesen erwirbt und den Baum sodann auf dem in Wohnungseigentumsrechte aufgeteilten Grundstück einpflanzt?
2. Nachbar N beschädigt beim Wenden mit seinem Pkw den og Apfelbaum. Kann Wohnungseigentümer W von N Schadensersatz verlangen?

---

[105] OLG Koblenz ZMR 2011, 225 = ZWE 2011, 91; OLG Düsseldorf ZWE 2010, 336; LG Gera ZMR 2014, 1008; LG Frankfurt ZMR 2014, 142 = ZWE 2014, 191; LG Düsseldorf NZM 2010, 288; AG Aachen ZMR 2011, 752; Häublein ZWE 2010, 149 (150); Hügel NZM 2010, 8 (14).

[106] LG Hamburg ZMR 2013, 214 = ZWE 2013, 292; LG Düsseldorf NZM 2010, 288; LG Nürnberg-Fürth ZMR 2010, 315.

§ 8. Verwaltung des Wohnungseigentums

Ausgewählte Literatur zur Ergänzung und Vertiefung:

Abramenko, Die virtuelle Eigentümerversammlung nach dem Entwurf eines Gesetzes zur Zulassung virtueller Eigentümerversammlungen, ZMR 2024, 100; Abramenko, Die Prüfung von Stimmrechtsvollmachten, ZWE 2016, 399; *Abramenko,* Die inhaltliche Bestimmtheit eines Beschlusses der Wohnungseigentümer, ZfIR 2014, 725; *Abramenko,* Willensmängel bei der Beschlussfassung, ZWE 2013, 395; *Armbrüster/Kräher*, Verwaltung des gemeinschaftlichen Eigentums durch die Gemeinschaft – Verband als weiteres Verwaltungsorgan?, ZWE 2014, 1; *Armbrüster/Roguhn*, Der Grundsatz der Nichtöffentlichkeit der Versammlung – wen muss, wen darf man zulassen?, ZWE 2016, 105; *Becker*, Niederschrift über die Versammlung – Funktion , Inhalt, Form, ZWE 2016, 2; *Becker*, Feststellung und Verkündung fehlerhafter Beschlüsse durch den Verwalter, ZWE 2012, 297; *Böhringer*, Notarielle Unterschriftsbeglaubigung bei WEG-Beschlüssen, DNotZ 2016, 831; *Briesemeister*, Rechtfragen rund um die Einberufung der Eigentümerversammlung, ZWE 2013, 123; *Demharter*, Nachweis eines Eigentümersbeschlusses gegenüber dem Grundbuchamt, ZWE 2012, 75; *Drabek*, Vorbereitung und Durchführung von Eigentümerversammlungen, ZWE 2000, 395; *Drasdo*, Teilnahme Dritter an der Eigentümerversammlung, NZM 2015, 360; *Drasdo*, Die Eigentümerversammlung nach dem WEG, 5. Aufl. 2014; *Gottschalg*, Stimmrechtsausschluss in der Eigentümerversammlung, NZM 2012, 271; *Greiner*, Geschäftsordnungsbeschlüsse, ZWE 2016, 297; *Häublein*, Die Vertretung von Wohnungseigentümern durch den Verwalter in der Versammlung, ZWE 2012, 1; *Häublein*, Beschlussfähigkeit der Wohnungseigentümerversammlung und Stimmrechtsausschluss – Ein Beitrag zur Auslegung von § 25 III WEG, NZM 2004, 534; *Heggen*, Das Kreuz mit dem Verwalternachweis oder – Wer unterschreibt das Protokoll der Eigentümerversammlung wie?, RNotZ 2010, 455; *Jacoby*, Ohne ist nicht(s): Welche Beschlüsse sind nach BGH mangels Beschlusskompetenz nichtig?, ZWE 2013, 146; *Jennißen*, Beschlussfähigkeit der Versammlung, ZWE 2016, 8; *H. Müller*, Feststellung und Verkündung fehlerhafter Beschlüsse durch den Verwalter, ZWE 2015, 303; *H. Müller*, Die Beschlussfassung, ZWE 2000, 237; *Pauli*, Voraussetzungen und Ablauf einer teilvirtuellen Eigentümerversammlung, ZMR 2021, 187; *Riecke*, Ort und Zeit der Versammlung – Ist ein Umdenken nötig?, 2025, 61; *M. J. Schmid*, Zur Auslegung von Wohnungseigentümerbeschlüssen, ZWE 2013, 442; *F. Schmidt*, Der Verwaltungsnachweis nach § 26 Abs. 3 WEG, ZMR 2013, 501; *J.-H. Schmidt*, Verkündung rechtswidriger Beschlüsse, ZWE 2016, 385; *Schneider*, Aktuelle Nachweismöglichkeiten der Bestellung zum WEG-Verwalter, ZfIR 2024, 521; *Schneider*, Grundbucheintragung und Nachweis von Beschlüssen der Wohnungseigentümer, ZfIR 2022, 349; *Skauradszun*, Absenkungsbeschlüsse und Mehrheitsbeschlüsse im Umlaufverfahren, ZWE 2022, 106; *Skauradszun*, Einberufung der Versammlung und Bezeichnung der Beschlussgegenstände, ZWE 2016, 61; *Vogel*, Die Versammlung der Wohnungseigentümer, ZWE 2019, 193.

I. Grundsätze der Verwaltung

1. Organisation der Verwaltung

Nach dem Gesetz obliegt die Verwaltung des gemeinschaftlichen Eigentums nicht mehr wie bis zum Inkrafttreten des WEMoG den **Wohnungseigentümern**, sondern nach Maßgabe des § 18 Abs. 1 WEG der **Gemeinschaft der Wohnungseigentümer (GdWE)**. Da die GdWE selbst nicht handlungs- und willensbildungs- 1 fähig ist, bedient sie sich dafür ihrer Organe. Die Gesamtheit der Wohnungseigentümer bildet das Willensbildungsorgan.[1] Der WEG-**Verwalter fungiert regelmäßig als deren gesetzliches Geschäftsführungs- und Vertretungsorgan (§§ 9b Abs. 1 S. 1, 27 WEG).** Soweit ein **Verwaltungsbeirat** bestellt sein sollte, richten sich dessen Aufgaben und Befugnisse nach Maßgabe des § 29 WEG. Man spricht insoweit auch von einem „Organtrio".[2]

Bitte lesen Sie jetzt § 18 Abs. 1 WEG!

2 Diese neue verbandsmäßige Ausrichtung durchzieht das gesamte aktuelle WEG-Recht. So finden sich etwa Auswirkungen in der Zuordnung von Rechten und Pflichten (→ § 7), im Prozessrecht (→ § 12) und bei den Zuständigkeiten.[3] Wenngleich nicht im Gesetz erwähnt, bleibt es den Wohnungseigentümern darüber hinaus unbenommen, zur besseren Verwaltung im Rahmen der allgemeinen Vorschriften auch einen „**Sonderausschuss**" für bestimmte einzelne Aufgaben einzurichten. Die Festlegung der Zusammensetzung und genauen Aufgabenstellung eines solchen – rechtlich unselbständigen -Ausschusses liegt unverändert im ordnungsmäßigen Ermessen der Wohnungseigentümer.[4]

Beispiel

Typischerweise finden sich in der Praxis insbesondere bei sehr großen Eigentümergemeinschaften sog „Bauausschüsse", denen zur Unterstützung des Verwalters dessen Beratung, die Vorbereitung und Begleitung (insbesondere Rechnungsprüfung) größerer Sanierungsmaßnahmen in der Anlage obliegt.[5]

3 Wir werden uns nach Klärung einiger Vorfragen in diesem Kapitel zunächst mit der Verwaltung des Wohnungseigentums befassen. Gem. § 19 Abs. 1 WEG beschließen die Wohnungseigentümer eine ordnungsmäßige Verwaltung des gemeinschaftlichen Eigentums, soweit nicht vereinbarungsweise Regelungen entgegenstehen. Beschlussfassungen erfolgen wiederum grds. in einer Versammlung der Wohnungseigentümer (§ 23 Abs. 1 S. 1 WEG). Aus diesem Grunde bedarf es der näheren Beschäftigung mit den Regelungen zur Eigentümerversammlung (Abschnitt II) und zur Beschlussfassung durch die Wohnungseigentümer (Abschnitt III). Zum Wohnungseigentumsverwalter und zum Verwaltungsbeirat finden Sie weitere Informationen in dem eigenständigen → § 10 Rn. 1 ff.

2. Der Verwaltungsbegriff

4 Der Begriff der Verwaltung im Sinne von § 18 Abs. 1 WEG ist weit zu verstehen. Er umfasst jede **Entscheidung** und **Maßnahme** mit rechtlicher oder tatsächlicher Beziehung zum Gemeinschaftseigentum oder Gemeinschaftsvermögen.[6]

---

[1] BT-Drs. 19/18791 S. 58.
[2] BeckOGK WEG/Skauradszun edit 01.12.2025, § 18 Rn. 8.
[3] Vgl. Bärmann/Dötsch WEG § 18 Rn. 1.
[4] BGH ZWE 2010, 215.
[5] Vgl. BGHZ 207, 99 = NJW 2015, 3651 = ZWE 2015, 453; OLG Schleswig NZM 2005, 588.
[6] BGH NJW 2024, 2173 = ZWE 2025, 33; Bärmann/Dötsch WEG § 18 Rn. 40.

Dieser **weite Verwaltungsbegriff**[7] greift über den 4. Abschnitt im I. Teil des WEG hinaus (§§ 10 bis 29 WEG). Er umfasst zB auch die Erteilung einer notwendigen Veräußerungszustimmung gem. § 12 Abs. 1 WEG.[8] Keine am gemeinschaftlichen Interesse aller Wohnungseigentümer ausgerichtete Verwaltung stellte demgegenüber der eigentliche **Gebrauch** des gemeinschaftlichen Eigentums dar[9]; er diente lediglich dem Interesse des einzelnen Wohnungseigentümers.[10] Da die Abgrenzung zur Benutzung allerdings bisweilen fließend ist, hat der Gesetzgeber die Regelungen bewusst in § 19 WEG zusammengeführt. 5

Die Verwaltung des Wohnungseigentums kann in folgende Bereiche untergliedert werden:[11] 6

- **Allgemeine Verwaltung** mit Innenorganisation (zB Bürobetrieb, Buchführung) und **Objektverwaltung** (zB Durchführung von Beschlüssen, Überwachung des Zustands, Vertragsabschlüsse usw.);
- **Objektbewirtschaftung** (zB Instandhaltungsmaßnahmen, Wartung und Pflege der Einrichtungen und Anlagen, Einstellung eines Hausmeisters, Sicherstellung von Ver- und Entsorgung, Reinigung);
- **Organisatorische Verwaltung** (zB Eigentümerversammlung, Verwaltungsbeirat, Wahrnehmung von Ansprüchen der Gemeinschaft);
- **Wirtschafts- und Vermögensverwaltung** (zB Wirtschaftsplan, Geldverwaltung, Geldanlagen, Rücklagen, Sonderumlagen, Jahresabrechnung);
- **Technische Verwaltung** (zB Pflege, Wartung, Beauftragung von Handwerkern zur Durchführung von Instandhaltung und Instandsetzung, Schadensfeststellung, Herbeiführung von Beschlüssen, Notmaßnahmen).

3. Gegenstand der Verwaltung

Die Vorschriften über die Verwaltung von Wohnungseigentum betreffen schon nach dem Wortlaut allein das **gemeinschaftliche Eigentum.** Gemeinschaftliches Eigentum sind gem. § 1 Abs. 5 WEG das Grundstück und das Gebäude, soweit sie nicht im Sondereigentum oder im Eigentum eines Dritten stehen (vgl. auch § 5 Abs. 2 WEG). 7

> **Wiederholung:**
> In diesem Zusammenhang drängt sich ein wiederholender Blick in → § 3 Rn. 1 ff. geradezu auf.

Das **Sondereigentum** des einzelnen Wohnungseigentümers unterliegt demgemäß nicht der Verwaltung durch die GdWE (vgl. § 13 Abs. 1 WEG).

---

[7] Vgl. bereits BT-Drs. 16/887, 60.

[8] Vgl. BGH NJW 2024, 2173 = ZWE 2025, 33; BGHZ 239, 1 = NJW 2023, 3654 = ZWE 2023, 399.

[9] BGHZ 144, 386 = NJW 2000, 3211 = ZWE 2001, 21.

[10] Bärmann/Dötsch WEG § 18 Rn. 40.

[11] Vgl. Hügel/Elzer, Das neue WEG-Recht, § 3 Rn. 42 und F. Schmidt ZWE 2000, 507.

Hinweis:

Zur Sondereigentumsverwaltung s. auch → § 10 Rn. 6.

8 Das dem Verband Wohnungseigentümergemeinschaft gehörende **Verwaltungsvermögen** gehörte schon nach bisherigem Recht nicht zum gemeinschaftlichen Eigentum (vgl. § 10 Abs. 7 S. 1 WEG aF). Das aktuelle Recht unterwirft das Gemeinschaftsvermögen nun konsequent dem Verwaltungsmonopol der GdWE (§ 9a Abs. 3 WEG).

II. Die Eigentümerversammlung

1. 1. Bedeutung der Eigentümerversammlung

9 Die Eigentümerversammlung ist als zentrales Willensbildungsorgan das wichtigste Organ der Wohnungseigentümergemeinschaft[12]; sie hat über alle Angelegenheiten zu befinden, die einer Mehrheitsentscheidung zugänglich sind, also insbesondere über die Verwaltung des gemeinschaftlichen Eigentums und des Gemeinschaftsvermögens (§ 18 Abs. 1 iVm § 9a Abs. 3 WEG) sowie den Gebrauch des Gemeinschafts- und des Sondereigentums (§ 19 Abs. 1 WEG). Als sachenrechtliche Eigentümer sind die Wohnungseigentümer Organwalter.[13]

Wiederholung:

Wiederholen Sie jetzt bitte die Ausführungen im → § 5.

10 Angesichts dieser Bedeutung knüpft das WEG an das wirksame Zustandekommen einer Versammlung der Wohnungseigentümer bestimmte formale Voraussetzungen, deren Nichtbeachtung ggf. die Anfechtbarkeit von Beschlüssen nach sich ziehen kann.[14]

2. Einberufung der Eigentümerversammlung

a) Zur Einberufung befugte Personen

aa) WEG-Verwalter

11 Primär zuständig für die Einberufung einer Eigentümerversammlung ist der jeweilige **Verwalter** einer Wohnungseigentumsanlage (vgl. § 24 Abs. 1 und 2 WEG).

---

[12] Bärmann/Becker WEG § 23 Rn. 8; vgl. bereits zum früheren Recht BGHZ 152, 46 = NJW 2002, 3704 = ZWE 2003, 64.

[13] Bärmann/Becker WEG § 23 Rn. 8.

[14] BGH NJW 2009, 2132.

Bitte lesen Sie jetzt § 24 Abs. 1 und 2 WEG!

Die Versammlung der Wohnungseigentümer ist danach mangels einer anders- 12
lautenden Vereinbarung mindestens einmal im Jahr einzuberufen. Die Einberufung weiterer Eigentümerversammlungen kann dann geboten sein, wenn im Laufe eines Jahres wichtige Angelegenheiten zur Entscheidung anstehen, die keinen Aufschub vertragen.

Hinweis:

Zum Verwalter nach dem WEG werden Sie noch mehr im → § 10 Rn. 1 ff. erfahren.

bb) Verwaltungsbeirat

Fehlt ein Verwalter oder weigert er sich pflichtwidrig, die Versammlung der 13
Wohnungseigentümer einzuberufen, so kann die Versammlung auch durch den Vorsitzenden des Verwaltungsbeirats, dessen Vertreter oder einen durch Beschluss ermächtigten Wohnungseigentümer einberufen werden.

Bitte lesen Sie jetzt § 24 Abs. 3 WEG!

Haben weder die Wohnungseigentümer noch die Mitglieder des Verwal- 14
tungsbeirats einen Vorsitzenden des Beirats bestimmt, können gleichwohl alle Mitglieder dieses Gremiums zusammenwirken, da dann auf jeden Fall auch der Vorsitzende oder sein Stellvertreter gehandelt haben.[15]

Hinweis:

Zum Verwaltungsbeirat werden Sie noch mehr im → § 10 Rn. 208 ff. erfahren.

cc) Einzelne Wohnungseigentümer

Einzelne Wohnungseigentümer sind grundsätzlich nicht befugt, eine Eigentü- 15
merversammlung eigenmächtig einzuberufen.[16] Erfolgt keine Einberufung nach Maßgabe des § 24 Abs. 1 bis Abs. 3 WEG, besteht ein Anspruch eines einzelnen Wohnungseigentümers auf Einberufung einer Versammlung im Rahmen ordnungsmäßiger Verwaltung (§ 18 Abs. 2 Nr. 1 WEG). Der Anspruch ist gegen die GdWE klageweise geltend zu machen.[17]

Denkbar ist auch der Antrag eines Wohnungseigentümers, ihn zur Einberu- 16
fung einer Eigentümerversammlung zu ermächtigen. Richtigerweise besteht für die **Ermächtigung** seit der WEG-Novelle (2007) die ausschließliche **Zuständigkeit** des Prozessgerichts[18] und nicht mehr die vormalige des Rechtpflegers entsprechend § 3 Nr. 1a RPflG in Anlehnung an § 37 Abs. 2 BGB.[19]

---

[15] OLG Köln ZWE 2000, 488; BayObLG NZM 1998, 634.
[16] OLG Celle MDR 2000, 1428.
[17] LG Berlin II ZWE 2025, 77.
[18] OLG Zweibrücken ZWE 2010, 464; LG München I ZMR 2013, 748.
[19] Unverändert aA – allerdings ohne Problembewusstsein – AG Köpenick ZWE 2011, 53.

17 Ausnahmsweise sind auch die Eigentümer aufgrund ihres Selbstorganisationsrechts berechtigt, eine Eigentümerversammlung einzuberufen, sofern die Einberufung **einvernehmlich** durch alle Wohnungseigentümer erfolgt.[20]

dd) Änderungen der Einberufung

18 Die Befugnis zur Einberufung umfasst als minus auch die Möglichkeit, eine bereits einberufene Versammlung wieder abzusagen bzw. die Eingeladenen umzuladen. Ebenso kann der zur Einberufung Befugte die Tagesordnung ändern bzw. erweitern.[21]

b) Einzuladende Personen

19 Zur Eigentümerversammlung einzuladen sind diejenigen Personen, denen entweder ein Stimmrecht oder zumindest ein Rede-, Teilnahme- oder Antragsrecht zusteht.[22]

aa) Wohnungseigentümer

20 Zur Eigentümerversammlung sind grundsätzlich sämtliche Wohnungseigentümer einzuladen. Dies gilt auch dann, wenn ein Wohnungseigentümer ggf. von einer Abstimmung gem. § 25 Abs. 5 WEG ausgeschlossen sein sollte, weil er immer noch berechtigt ist, durch seine Redebeiträge auf die Willensbildung innerhalb der Gemeinschaft einzuwirken.[23] Abzustellen ist dabei auf die Eintragung im Grundbuch, sofern sich nicht außerhalb des Grundbuchs eine Eigentumsänderung ergeben haben sollte.

Beispiel

Neben einem rechtsgeschäftlichen Eigentumswechsel gem. §§ 873 Abs. 1, 925 BGB kommt insbesondere noch ein Eigentumserwerb durch Zuschlag in der Zwangsversteigerung gem. § 90 ZVG oder durch Erbfolge gem. § 1922 BGB in Betracht. Lesen Sie bitte insoweit noch einmal § 873 Abs. 1 BGB bis zum Ende.

21 Grundsätzlich sind sämtliche Wohnungseigentümer auch bei einer sog **Mehrhausanlage** zu laden; sog Delegiertenversammlungen sind im Gesetz nicht vorgesehen.[24]

22 Steht ein Wohnungseigentum mehreren Eigentümern in Bruchteilsberechtigung zu, sind sämtliche **Miteigentümer** einzuladen, sofern die Gemeinschaftsordnung für diesen Fall keine Sonderregelung vorsieht (etwa die Vertretung durch einen Eigentümer).[25] Gleiches muss dann auch für Gesamthandsgemeinschaften wie zB Erbengemeinschaften gelten.[26]

---

[20] BGH ZWE 2011, 354.
[21] BGH ZWE 2011, 354.
[22] Hügel/Elzer WEG § 24 Rn. 2.
[23] OLG Köln NZM 2004, 793; OLG Zweibrücken ZMR 2004, 60; BayObLG NJW 1993, 603.
[24] Skauradszun ZWE 2016, 61 (64).
[25] Drabek ZWE 2000, 395.
[26] Skauradszun ZWE 2016, 61 (64).

bb) Werdende Wohnungseigentümer

Neben den „gewöhnlichen“ Wohnungseigentümern und dem teilenden Eigentümer hinsichtlich seiner verbleibenden Einheiten sind auch die sog werdenden Wohnungseigentümer zur Eigentümerversammlung einzuladen.[27] Auch nach Invollzugsetzung der Eigentümergemeinschaft durch Umschreibung eines Wohnungseigentums auf einen Erwerber, verbleibt ein werdender Wohnungseigentümer in der Eigentümergemeinschaft, die sich dann für eine Übergangszeit aus werdenden und endgültigen Wohnungseigentümern zusammensetzt. 23

Wiederholung:

Wiederholen Sie bitte die Ausführungen zum werdenden Wohnungseigentümer im → §4 Rn. 68ff.

Ein **Zweiterwerber** ist hingegen erst dann zur Eigentümerversammlung einzuladen, wenn das Wohnungseigentum auf ihn umgeschrieben worden ist, falls ihm nicht im Vorgriff auf den bevorstehenden Eigentumswechsel rechtsgeschäftliche Vertretungsmacht für den Eigentümer eingeräumt worden ist.[28] 24

cc) Gesetzliche und rechtsgeschäftliche Vertreter

Ist ein Wohnungseigentümer nicht voll geschäftsfähig, so ist sein **gesetzlicher Vertreter** zu laden. 25

Beispiel

Einzuladen sind für einen geschäftsunfähigen oder beschränkt geschäftsfähigen Minderjährigen dessen Eltern (§§ 1626 Abs. 1, 1629 Abs. 1 BGB).
Einzuladen ist für einen volljährigen Betreuten im Rahmen seines Wirkungskreises (ggf. auch) der gerichtlich bestellte Betreuer (§§ 1823 ff. BGB).

Für Personenvereinigungen und juristische Personen sind deren jeweilige gesetzliche Vertreter einzuladen. 26

Beispiel

Einzuladen sind für eine Gesellschaft bürgerlichen Rechts deren vertretungsberechtigte Gesellschafter (§ 720 BGB).
Einzuladen sind für eine offene Handelsgesellschaft bzw. Kommanditgesellschaft deren vertretungsberechtigte Gesellschafter bzw. Komplementäre (§§ 125 bzw. iVm §§ 161, 170 HGB).
Einzuladen sind für eine Gesellschaft mit beschränkter Haftung deren Geschäftsführer (§ 35 Abs. 1 S. 1 GmbHG).
Einzuladen ist für einen Verein oder eine Aktiengesellschaft deren Vorstand (§ 26 BGB bzw. § 78 Abs. 1 S. 1 AktG).

Weiterhin kann ein Wohnungseigentümer gegenüber dem Verwalter einen empfangszuständigen **Ladungsbevollmächtigten** benennen. Dieser ist dann zusätzlich neben dem Wohnungseigentümer einzuladen.[29] 27

---

[27] BGHZ 193, 219 = NJW 2012, 2650 = ZWE 2012, 369; OLG Hamm ZMR 2007, 712 mablAnm Elzer; OLG Düsseldorf ZMR 2007, 126; OLG Köln NZM 2006, 301 = ZMR 2006, 383.
[28] Häublein ZMR 2004, 723.
[29] ARS/Riecke WEG § 24 Rn. 88.

dd) Parteien kraft Amtes

28 **Testamentsvollstrecker** (§§ 2205, 2211 Abs. 1 BGB) und **Nachlassverwalter** (§§ 1984 Abs. 1 S. 1, 1985 Abs. 1 BGB) üben die Verwaltungs- und Verfügungsbefugnis über das zum Nachlass gehörende Wohnungseigentum alleine aus; sie sind daher als Parteien kraft Amtes anstelle der Erben einzuladen.[30]

29 Gleiches hat auch für den **Insolvenzverwalter** zu gelten, auf den gem. § 80 InsO das Recht des Wohnungseigentümers übergeht, das zur Insolvenzmasse gehörende Vermögen zu verwalten und darüber zu verfügen.[31] Hat der Insolvenzverwalter allerdings das Wohnungseigentum wirksam freigegeben, scheidet es aus der Insolvenzmasse aus und gelangt wieder in die Verwaltungs- und Verfügungsbefugnis des dann allein zu ladenden Schuldners.[32]

30 Bei einem gerichtlich bestellten **Zwangsverwalter** dürfte zumindest dann neben dem Zwangsverwalter auch der Wohnungseigentümer einzuladen sein, wenn durch die Beschlussfassung auch die – hier fortbestehende – Verfügungsbefugnis des Wohnungseigentümers betroffen sein kann (vgl. § 148 Abs. 2 ZVG).[33]

Beispiel

Der Zwangsverwalter übe das Verwaltungsrecht anstelle des Schuldners aus und sei demzufolge auch alleine einzuladen, soweit ein Beschlussgegenstand die Verwaltung des zwangsverwalteten Wohnungseigentums betrifft, insbesondere wenn eine Kostentragung damit verbunden ist.[34] Der Wohnungseigentümer wird jedoch ebenfalls einzuladen sein, wenn auf der Eigentümerversammlung zB ein Beschluss über die Änderung der Teilungserklärung gefasst werden solle, der nicht zugleich mit einer Kostenbelastung einhergehe.[35] Die sachenrechtliche Verfügungsbefugnis verbleibe nämlich beim Wohnungseigentümer.[36]

Unabhängig von praktischen Umsetzungsschwierigkeiten wird aber wohl richtigerweise darüber hinausgehend eine **generelle „Doppelladung“** von Wohnungseigentümer und Zwangsverwalter zu befürworten sein[37], weil der Zwangsverwalter nicht lediglich an die Stelle des Wohnungseigentümers, sondern insoweit neben diesen tritt, als der Wohnungseigentümer neben dem Zwangsverwalter für dieselben Hausgeldansprüche haftet und nur in Höhe der tatsächlich vom Zwangsverwalter erbrachten Leistungen von seiner Zahlungspflicht frei wird.[38]

---

[30] Hügel/Elzer WEG § 24 Rn. 8 aE.; insoweit aA ARS/Riecke WEG § 24 Rn. 95, der den Testamentsvollstrecker neben dem schuldnerischen Erben einladen will.

[31] Bärmann/Becker WEG § 24 Rn. 58; Skauradszun ZWE 2016, 61 (64); insoweit aA Hügel/Elzer WEG § 24 Rn. 8; die den Insolvenzverwalter neben dem schuldnerischen Wohnungseigentümer einladen wollen.

[32] Vgl. zur wirksamen Freigabe BGH NZI 2014, 501; BGH NZI 2007, 173; BGHZ 163, 32 = NJW 2005, 2015 = NZI 2005, 387.

[33] So Skauradszun ZWE 2016, 61 (65); aA BayObLGZ 1998, 288 = NZM 1999, 77; KG WE 1990, 206; nur der Zwangsverwalter sei zu laden, weil eine Vermutung bestehe, dass grundsätzlich die Beschlussgegenstände einer Wohnungseigentümerversammlung die Zwangsverwaltung berühren.

[34] ARS/Riecke WEG § 25 Rn. 23; Skauradszun ZWE 2016, 61 (65).

[35] Skauradszun ZWE 2016, 61 (65).

[36] BGH NJW 2009, 1076; LG Bonn Rpfleger 1983, 324.

[37] So auch Hügel/Elzer WEG § 24 Rn. 4, die allerdings nicht hinreichend zwischen Insolvenz- und Zwangsverwaltung unterscheiden.

[38] OLG München FGPrax 2007, 20; OLG Zweibrücken FGPrax 2006, 68.

ee) Funktionsträger

Der amtierende, nicht selbst einladende WEG-Verwalter oder ein Verwaltungsbeirat, der nicht zugleich Wohnungseigentümer ist, sind zur Eigentümerversammlung einzuladen, weil sie ein Teilnahmerecht haben.[39] Dagegen ist der – auch anfechtbar – abberufene WEG-Verwalter nicht einzuladen.[40] 31

ff) Dinglich Berechtigte

Am Wohnungseigentum eingetragene dinglich Berechtigte sind nicht zur Eigentümerversammlung einzuladen, selbst wenn sie wirtschaftlich von den Entscheidungen der Eigentümerversammlung betroffen sein könnten. Ihnen bleibt nur der Ausgleich im Innenverhältnis gegenüber dem Eigentümer, weil diese Rechte keine (Mit-)Verwaltungsbefugnis einräumen.[41] Diese steht im Verhältnis zu den übrigen Wohnungseigentümern noch nicht einmal einem Nießbrauchsberechtigten am Wohnungseigentum zu.[42] 32

gg) Einladungsmangel

Ein trotz versehentlich unterbliebener Einladung in der Eigentümerversammlung gefasster Beschluss der Wohnungseigentümer ist nicht nichtig, sondern lediglich anfechtbar.[43] Die Anfechtung wird allerdings nur dann Erfolg haben, wenn der angefochtene Beschluss auch auf dem Ladungsmangel beruht.[44] 33

Teilt ein Wohnungseigentümer seine ladungsfähige Anschrift nicht oder falsch mit und misslingt seine Ladung zu der Eigentümerversammlung aus diesem Grund ohne Verschulden der Verwaltung, muss er sich die unterbliebene Ladung als Folge seiner Obliegenheitsverletzung zurechnen lassen; in der Versammlung gefasste Beschlüsse können dann nicht wegen der unterbliebenen Ladung angefochten werden.[45] 34

c) Einberufungsfrist

Die Frist zur Einberufung der Eigentümerversammlung soll, sofern nicht ein Fall besonderer Dringlichkeit vorliegt, mindestens drei Wochen betragen. 35

Bitte lesen Sie jetzt § 24 Abs. 4 S. 2 WEG!

In Fällen besonderer Dringlichkeit ist die Einberufung auch in kürzerer Frist möglich. Die Unterschreitung der Einberufungsfrist stellt für sich allerdings noch keinen zwingenden Anfechtungsgrund dar. Der Anfechtende muss vielmehr dar- 36

---

[39] LG Düsseldorf ZWE 2012, 328; Hügel/Elzer WEG § 24 Rn. 9.
[40] OLG Zweibrücken ZMR 2004, 63.
[41] Vgl. Bärmann/Becker WEG § 24 Rn. 57.
[42] BGHZ 150, 109 = NJW 2002, 1647 = ZWE 2002, 260.
[43] BGH NJW 2012, 3571 = ZWE 2012, 429; BGHZ 142, 290 = NJW 1999, 3713 = ZWE 2000, 29; anders dagegen im Gesellschaftsrecht, vgl. BGH DNotZ 2006, 705 mwN.
[44] OLG Hamm NJW-RR 1997, 523; BayObLG NJW-RR 1991, 531.
[45] BGH ZWE 2013, 368.

legen, dass ihm gerade aufgrund dieses Fehlers die Mitwirkung auf der Eigentümerversammlung versagt war.[46]

d) Form und Inhalt der Einladung

37 Die Einberufung der Eigentümerversammlung kann „in Textform" erfolgen.

Bitte lesen Sie jetzt § 24 Abs. 4 S. 1 WEG!

Ist durch Gesetz **Textform** vorgeschrieben, so muss lediglich eine lesbare Erklärung, in der die Person des Erklärenden genannt ist, auf einem dauerhaften Datenträger abgegeben werden (§ 126b BGB). Damit ist klargestellt, dass die Schriftform des § 126 BGB gerade nicht einzuhalten ist, also die Einladung von dem Einberufenden nicht eigenhändig unterzeichnet sein muss. Somit genügt ein vervielfältigtes Schreiben, sofern es den Absender zweifelsfrei erkennen lässt. Aber auch die Papierform ist nicht zwingend; der Einberufende kann sich auch der elektronischen Übermittlung per E-mail bedienen.[47]

38 Im Hinblick auf § 23 Abs. 2 WEG muss die Einberufung alle wesentlichen Angelegenheiten nennen, die dort verhandelt und beschlossen werden sollen (**Tagesordnung**). Jeder Wohnungseigentümer muss vorab Gelegenheit erhalten, sich darüber informieren zu können, ob und in welchem Umfang Mehrheitsentscheidungen in der Eigentümerversammlung zu erwarten sind, auf die er uU Einfluss nehmen möchte. An die Bezeichnung dürfen allerdings keine übertriebenen Anforderungen gestellt werden. Es genügt eine zumindest schlagwortartige Bezeichnung der Gegenstände, über die Beschlüsse gefasst werden sollen; Einzelheiten sind dafür nicht notwendig.[48] Unter dem Tagesordnungspunkt „Verschiedenes" oder „Sonstiges" können nur Gegenstände untergeordneter Bedeutung erörtert, aber keine Beschlüsse gefasst werden.[49]

e) Zeit und Ort der Eigentümerversammlung

39 Die Wohnungseigentümer haben es primär selbst in der Hand, Vorgaben zu Zeit[50] und Ort[51] der Eigentümerversammlung zu machen. Fehlen entsprechende **Bestimmungen** in der Gemeinschaftsordnung, obliegt die Auswahl und Festlegung des Versammlungsortes und der Versammlungszeit dem gerichtlich

---

[46] LG Frankfurt/O. ZWE 2013, 174; AG Idstein ZMR 2016, 318; aA OLG Hamburg ZMR 2006, 704; LG München I ZWE 2016, 42, die Anfechtbarkeit eines mit einem formellen Mangel behafteten Beschlusses ergebe sich bereits daraus, dass sich der Mangel auf das Ergebnis der Beschlussfassung zumindest ausgewirkt haben könnte. Eine Ungültigerklärung von Beschlüssen scheide in der Regel nur dann aus, wenn feststeht, dass sich ein Beschlussmangel auf das Abstimmungsergebnis nicht ausgewirkt habe (Kausalitätsvermutung).

[47] ARS/Riecke WEG § 24 Rn. 60.

[48] OLG Schleswig ZWE 2007, 51; OLG Düsseldorf ZWE 2001, 499.

[49] OLG Hamm NJW-RR 1993, 468; BayObLG WuM 1990, 321.

[50] Vgl. LG Karlsruhe ZWE 2014, 93.

[51] Vgl. OLG Celle NZM 1998, 822.

nachprüfbaren **Ermessen** des Einberufenden.[52] Eine verbindliche Vorgabe im Beschlusswege ist nicht möglich; die Beschlusskompetenz des § 27 Abs. 2 WEG erstreckt sich nicht auf die Einberufung der Versammlung.[53]

Dabei soll die Eigentümerversammlung grundsätzlich an einem **Werktag** zu einer verkehrsüblichen **Tageszeit** stattfinden, zu der sie auch von berufstätigen Wohnungseigentümern besucht werden kann, ohne dass selbst ein ortsansässiger Wohnungseigentümer deshalb Urlaub nehmen müsste.[54] Besonderheiten können einzelfallbezogene Ausnahmen rechtfertigen.[55] Eigentümerversammlungen an einem Sonn- oder Feiertag sind demnach nicht ausgeschlossen, solange nur ein Kirchenbesuch möglich bleibt.[56] Problematisch sind Einberufungen für die Ferienzeit.[57] Eigentümerversammlungen dürfen auch nicht unzumutbar lange andauern (keine „Mondscheinsitzungen").[58] 40

Die Eigentümerversammlung soll auch dann an einem verkehrsüblichen und zumutbaren **Ort** im Umkreis der Anlage stattfinden[59], wenn die Mehrheit der Eigentümer dort nicht wohnt.[60] Mehrheitsbeschlüsse, die einen anderen Versammlungsort festlegen, sind anfechtbar.[61] In der Praxis ist die Anmietung eines Raumes in einer öffentlichen bzw. kirchlichen Einrichtung oder in einer Gaststätte üblich. Auch die Wohnung eines Miteigentümers kann ggf. ein geeigneter Versammlungsort sein.[62] 41

f) Verzicht auf Einhaltung

Die Bestimmungen zu Form und Frist der Eigentümerversammlung sind nachgiebiges Recht. Dies ermöglicht einerseits die Festlegung anderer Fristen oder anderer Anforderungen an die Einladung. Andererseits kann der einzelne Wohnungseigentümer aber im Einzelfall auch auf die Einhaltung von Form und Frist bzgl. einer einberufenen Eigentümerversammlung verzichten. 42

Beispiel

Insbesondere für eine **Vollversammlung** der Wohnungseigentümer kann dies von Bedeutung sein. Erscheinen dort alle Wohnungseigentümer, obwohl die Eigentümerversammlung nicht ordnungsgemäß einberufen wurde, und verhandeln sie rügelos zu einem Beschlussantrag, heilt dies alle Fehler der Einberufung.[63]

---

[52] BGH ZWE 2011, 354; OLG Köln NZM 2006, 227 jew. für die Auswahl des Versammlungsortes; LG Berlin ZWE 2013, 458 für die Bestimmung der Versammlungszeit.

[53] Bärmann/Becker WEG § 24 Rn. 62; Riecke ZWE 2025, 61 (71); aA Elzer ZWE 2023, 68 (72) (Beschlusskompetenz über § 19 WEG).

[54] Vgl. AG Köln ZMR 2004, 546 (werktags ab 17.00 Uhr).

[55] OLG Köln NZM 2005, 20 (werktags 15.00 Uhr bei Versammlung über 5 Stunden mit über 500 Teilnehmern).

[56] OLG Schleswig NJW-RR 1987, 1362 (Einberufung für Karfreitag nachmittags); BayObLGZ 1987, 219 = NJW-RR 1987, 1362; OLG Stuttgart NJW-RR 1986, 315 (Einberufung auf Sonntag 11.00 Uhr).

[57] Großzügig ARS/Riecke WEG § 24 Rn. 48 mwN.

[58] AG Starnberg ZMR 2011, 914.

[59] OLG Hamm NZM 2001, 297 (Eigentümerversammlung in einem Wohnwagen des Verwalters).

[60] OLG Köln NZM 2006, 227.

[61] OLG Köln NJW-RR 1991, 725.

[62] AG Oberhausen ZMR 2012, 61 (gehbehinderte Wohnungseigentümerin).

[63] BGH ZWE 2011, 354; LG Hamburg ZWE 2011, 458.

3. Erzwingung einer Eigentümerversammlung

a) Einberufung auf Verlangen einer Minderheit

43 Die Versammlung der Wohnungseigentümer muss von dem Verwalter auch dann einberufen werden, wenn dies in Textform unter Angabe des Zweckes und der Gründe von mehr als einem Viertel der Wohnungseigentümer verlangt wird.

Bitte lesen Sie jetzt noch einmal § 24 Abs. 2 WEG!

44 Für die Berechnung des Minderheitenquorums soll das gesetzliche Kopfprinzip des § 25 Abs. 2 S. 1 WEG selbst dann maßgeblich sein, wenn mit dem Wert- oder Objektprinzip etwas anderes vereinbart wurde.[64]

Beispiel

Beim gesetzlichen **Kopfprinzip** des § 25 Abs. 2 WEG steht jedem Wohnungseigentümer eine Stimme zu, und zwar unabhängig von der Größe und dem Wert seines Miteigentumsanteils sowie der Anzahl seiner Wohnungseigentumseinheiten in der Anlage.[65] Die Regelung ist im Hinblick auf § 10 Abs. 1 S. 2 WEG abdingbar.[66]
Beim **Wertprinzip** richtet sich die Stimmkraft demgegenüber nach der Größe bzw. Anzahl der Miteigentumsanteile.[67]
Beim **Objektprinzip** richtet sich die Stimmkraft nach der Anzahl der einem Wohnungseigentümer gehörenden Einheiten.[68]

Richtigerweise wird man jedoch das Minderheitenrecht durch Vereinbarung gem. § 10 Abs. 1 S. 2 WEG insoweit für abänderbar zu halten haben, als das Einberufungsverlangen dadurch für die Minderheit erleichtert wird.[69]

45 Der Verwalter hat lediglich zu prüfen, ob das Verlangen *formell* ordnungsgemäß ist. Dazu muss es schriftlich unter Angabe des Zweckes und der Gründe vorliegen und das erforderliche Quorum erreicht sein. Ein *materielles* Prüfungsrecht steht dem Verwalter dagegen nicht zu.[70] Einem ordnungsgemäß gestellten Verlangen nach § 24 Abs. 2 WEG hat der Verwalter in angemessener Zeit nachzukommen; diese ist bei einem Zeitraum von mehr als zweieinhalb Monaten überschritten.[71]

b) Einberufung als Maßnahme ordnungsmäßiger Verwaltung

46 Unabhängig vom Quorum des § 24 Abs. 2 WEG ist der Verwalter zur Einberufung der Versammlung verpflichtet, wenn dies nach den Grundsätzen ordnungs-

---

[64] OLG Hamm NJW 1973, 2300; BayObLGZ 1972, 314 = NJW 1973, 151; LG Koblenz ZWE 2019, 46; Bärmann/Becker WEG § 24 Rn. 10; Häublein ZMR 2003, 233; aA Skauradszun ZWE 2016, 61 (63).
[65] Vgl. BGHZ 49, 250 = NJW 1968, 499.
[66] BGHZ 191, 245 = NJW 2012, 921 = ZWE 2012, 80; BayObLG ZfIR 2002, 296.
[67] Vgl. OLG Frankfurt ZWE 2012, 272.
[68] Vgl. BGHZ 160, 354 = NJW 2004, 3413 = ZWE 2005, 72.
[69] Zutreffend daher ARS/Riecke WEG § 24 Rn. 25: abzustellen sei auf die „Kopfzahl oder eine leichter erreichbare Zahl laut Teilungserklärung".
[70] BayObLG NJW-RR 2006, 1159.
[71] BayObLG ZWE 2003, 387.

mäßiger Verwaltung erforderlich ist (§ 19 Abs. 1 WEG). Unterlässt er gleichwohl die erforderliche Einberufung, liegt darin idR eine pflichtwidrige Weigerung iSd § 24 Abs. 3 WEG. In einem solchen Fall kann die Einberufung dann auch durch den Vorsitzenden des Beirates, dessen Vertreter oder einen durch Beschluss ermächtigten Wohnungseigentümer erfolgen.[72]

(Nicht belegt) 47

4. Teilnahme an der Eigentümerversammlung

a) Grundsätze

Mit der Zugehörigkeit zur Wohnungseigentümergemeinschaft ist **unverzichtbar** auch das **Recht zur Teilnahme** an der Eigentümerversammlung verbunden. Selbst bei Vorliegen eines Stimmverbotes haben die Teilnahme-, Rede- und Antragsrechte weiter Bestand.[73] Auch kann ein Wohnungseigentümer, der mit der Zahlung von Hausgeldbeiträgen in Verzug ist, deswegen nicht von der Teilnahme an der Wohnungseigentümerversammlung ausgeschlossen werden.[74] 48

Versammlungen der Wohnungseigentümer sind grundsätzlich **nicht öffentlich**; sie sollen von gemeinschaftsfremden Einwirkungen freigehalten werden.[75] 49

b) Teilnahmeberechtigte Personen

Teilnehmen dürfen an der Eigentümerversammlung nur Wohnungseigentümer und für sie auftretende Personen im Sinne der vorstehenden → Rn. 20 ff. Um eine „Versammlung der Wohnungseigentümer" iSd § 24 WEG handelt es sich daher nicht mehr, wenn an der Sitzung auch die Eigentümer eines benachbarten Grundstücks teilnehmen, die mit denen des in Wohnungseigentumsrechte aufgeteilten Grundstücks lediglich teilweise identisch sind.[76] Andere Personen können auch nicht durch Mehrheitsbeschluss zur Teilnahme zugelassen werden.[77] 50

c) Besonderheiten

Besonderheiten können sich im Einzelfall für Bevollmächtigte von Wohnungseigentümern und Beiständen ergeben. 51

aa) Bevollmächtigte

Jeder Wohnungseigentümer hat grundsätzlich das Recht, sich in der Eigentümerversammlung durch einen rechtsgeschäftlich bestellten Bevollmächtigten vertreten zu lassen, soweit nicht das Vertretungsrecht beschränkende Klauseln 52

[72] Bärmann/Becker WEG § 24 Rn. 19.
[73] OLG München ZWE 2010, 461; BayObLG ZWE 2002, 469.
[74] BGH NJW 2011, 679 = ZWE 2011, 122.
[75] BGHZ 121, 236 = NJW 1993, 1329; BayObLG ZWE 2002, 463.
[76] BayObLG NZM 2001, 141.
[77] AG Bochum ZMR 2009, 230.

in der Gemeinschaftsordnung entgegenstehen.[78] Dem Vertreter kommt dann an seiner Stelle außer dem Teilnahmerecht regelmäßig auch das Stimmrecht zu. Der Verkäufer eines Wohnungseigentums kann dabei den **Käufer** (als Zweiterwerber) auch schon vor der Eintragung einer Eigentumsverschaffungsvormerkung zur Teilnahme und Ausübung des Stimmrechts in der Eigentümerversammlung ermächtigen[79]; eine diesbezügliche Vermutung dürfte aber zweifelhaft sein.[80] Zweifelhaft erscheint weiterhin, ob ein Wohnungseigentümer sich auch durch **mehrere Bevollmächtigte** vertreten lassen kann.[81]

53 In der Praxis finden sich in den Gemeinschaftsordnungen allerdings vielfach sog **Vertreterklauseln.**

Beispiel

Eine typische Formulierung kann etwa folgendermaßen lauten:
„Ein Wohnungseigentümer kann sich nur durch den Verwalter, seinen Ehegatten oder einen anderen Wohnungseigentümer der Gemeinschaft aufgrund schriftlicher Vollmacht vertreten lassen."[82]

Solche das Vertretungsrecht beschränkende Klauseln sind grundsätzlich wirksam; sie betreffen nicht nur die Stimmabgabe, sondern jede aktive Beteiligung.[83] Aus heutiger Sicht erscheint es jedoch fraglich, ob eine solche Regelung in einer Gemeinschaftsordnung es einem Wohnungseigentümer nicht doch erlauben sollte, sich auch durch den Partner einer nichtehelichen **Lebensgemeinschaft** vertreten zu lassen.[84]

54 Im Einzelfall kann es allerdings nach **Treu und Glauben** (§ 242 BGB) gerechtfertigt sein, einen Wohnungseigentümer nicht an einer Vertreterklausel festzuhalten.

Beispiele

- So hat etwa das OLG Karlsruhe unter bestimmten Voraussetzungen die Vertretung eines in den USA lebenden Wohnungseigentümers durch einen Angehörigen eines zur Verschwiegenheit verpflichteten Berufsstandes zugelassen (zB Steuerberater oder Rechtsanwalt).[85]
- In Einzelfällen wurde das Festhalten an einer Vertreterklausel verwehrt, wenn in kleinen Gemeinschaften wegen Zerstrittenheit oder Personalunion Geschwister bevollmächtigt werden sollten.[86]

Hat die Wohnungseigentümergemeinschaft über mehrere Jahre die **Vertretung** eines Wohnungseigentümers in der Eigentümerversammlung **hingenommen,** obwohl diese der Regelung der Gemeinschaftsordnung über eine Beschränkung des zur Vertretung befugten Personenkreises nicht entspricht, so darf die Gemeinschaft ihre bisherige Handhabung nur in einer Weise ändern, die gewährleistet,

---

[78] BGHZ 121, 236 = NJW 1993, 1329; Häublein ZWE 2012, 1.
[79] KG ZWE 2005, 107.
[80] So allerdings KG NJW-RR 1995, 147; krit. Abramenko ZWE 2016, 399 (402).
[81] So aber BGH NJW 2012, 2512 = ZWE 2013, 87 ohne Problematisierung eines unbeschränkten Teilnahmerechts Dritter; krit. insoweit zu Recht Abramenko Hdb. § 6 Rn. 73 Fn. 231.
[82] Nach BGHZ 121, 236 = NJW 1993, 1329.
[83] BGHZ 121, 236 = NJW 1993, 1329; BGHZ 99, 90 = NJW 1987, 650.
[84] Abl. aber noch BayObLGZ 1996, 297 = NJW-RR 1997, 463.
[85] OLG Karlsruhe FGPrax 2006, 252.
[86] OLG Hamburg ZMR 2007, 477; LG Nürnberg-Fürth NZM 2002, 619 Ls.

dass der betroffene Wohnungseigentümer rechtzeitig für seine ordnungsgemäße Vertretung sorgen kann. Andernfalls muss der von dem Wohnungseigentümer bestellte Vertreter nach Treu und Glauben zur Teilnahme an der Versammlung zugelassen werden.[87]

Wird bei Verwendung einer **Schriftformklausel** wie im obigen Beispiel auf 55
Verlangen eines Versammlungsteilnehmers das Original der Vollmachtsurkunde nicht vorgelegt, so ist vom Nichtbestand der Vollmacht auszugehen. Eine gegenteilige Handhabung bedingt die Anfechtbarkeit der gefassten Beschlüsse, falls sich die Stimme auf das Beschlussergebnis ausgewirkt hat. Der Verzicht der anderen Wohnungseigentümer auf die Vorlage der Vollmachtsurkunden in einer früheren Versammlung führt nicht zum Verlust des Rügerechtes in einer späteren Versammlung.[88] Nach heutiger Rechtslage würde Textform gem. § 126b BGB ausreichen (§ 25 Abs. 3 WEG).

bb) Beistände

Wohnungseigentümer können nach den oben dargestellten Grundsätzen zur 56
Eigentümerversammlung grundsätzlich auch **nicht** in Begleitung zusätzlicher Personen als **Beistand** erscheinen. Selbst zur Verschwiegenheit verpflichtete Personen – wie etwa Rechtsanwälte – werden hiervon erfasst.[89] Dem folgend entspricht auch die Unterbrechung einer Wohnungseigentümerversammlung für ein Mandantengespräch nur bei Vorliegen besonderer Umstände ordnungsmäßiger Durchführung der Versammlung.[90]

Ausnahmen kommen lediglich in Betracht, wenn ein berechtigtes Interesse auf 57
Hinzuziehung eines Beraters in der Versammlung besteht, das das Interesse der übrigen Wohnungseigentümer überwiegt.[91]

Beispiel

Zulassungskriterien wären etwa in der Person des betroffenen Wohnungseigentümers liegende Umstände wie hohes Alter, mangelnde Sprachkenntnis[92] oder geistige Gebrechlichkeit, aber auch Umstände, die in der Schwierigkeit der anstehenden Beratungsgegenstände zu sehen sind.[93]

Der Grundsatz der Nichtöffentlichkeit der Wohnungseigentümerversammlung 58
hindert den Verwalter allerdings nicht daran, im **Interesse der Gesamtheit** der Wohnungseigentümer zu bestimmten Tagesordnungspunkten einen Rechtsanwalt als Berater zur Information und Meinungsbildung hinzuziehen, solange nicht ein konkreter Interessengegensatz zwischen einem einzelnen Wohnungseigentümer und der Gesamtheit der übrigen Wohnungseigentümer hervorgetreten ist und kein Wohnungseigentümer der Anwesenheit des Dritten widerspricht.[94]

---

[87] OLG Hamm NJW-RR 1997, 846.
[88] OLG München NZM 2008, 292.
[89] BayObLG ZWE 2002, 463.
[90] BGH NJW 2017, 666.
[91] BGHZ 121, 236 = NJW 1993, 1329.
[92] AG Wiesbaden ZWE 2013, 285.
[93] Vgl. BGHZ 121, 236 = NJW 1993, 1329; BayObLG ZWE 2002, 463.
[94] OLG Köln NJW 2009, 3245; BayObLG NZM 2004, 388.

5. Stimmrecht in der Eigentümerversammlung

a) Inhaber des Stimmrechts

aa) Grundsatz

59 Das Stimmrecht der Wohnungseigentümer gehört untrennbar zum Kernbereich elementarer Mitgliedschaftsrechte.[95] Stimmberechtigt ist daher der jeweilige Wohnungs- bzw. Teileigentümer. Die Ausführungen bzgl. der einzuladenden Personen (→ Rn. 20 ff.) gelten insoweit entsprechend.

60 Das Gesetz sieht in § 25 Abs. 2 S. 1 WEG als gesetzliches Stimmrechtsprinzip das **Kopfstimmrecht** vor. Diese Regelung ist allerdings gem. § 10 Abs. 1 S. 2 WEG abdingbar und kann durch das **Wert- oder Objektstimmrecht** ersetzt werden.[96]

Wiederholung:

Wiederholen Sie bitte die Ausführungen zum Stimmrecht in → Rn. 44; lesen Sie bitte bei dieser Gelegenheit auch § 25 Abs. 2 S. 1 WEG!

bb) Besonderheiten

61 (1) **Gemeinschaftliches Eigentum.** Steht ein Wohnungseigentum mehreren gemeinschaftlich zu, so können sie das Stimmrecht nur einheitlich ausüben.

Bitte lesen Sie jetzt § 25 Abs. 2 S. 2 WEG!

Die Bestimmung erfasst sowohl Wohnungseigentümer in Bruchteilsberechtigung (§§ 741 ff., 1008 ff. BGB) als auch solche, die gesamthänderisch verbunden sind (zB § 2032f. BGB); sie müssen sich nach den für die jeweilige Gemeinschaft geltenden Vorschriften im Innenverhältnis abstimmen. Sie können auch einen von ihnen mit der Stimmabgabe bevollmächtigen.

62 Können sich die mehreren Eigentümer über die Ausübung des – einheitlichen – Stimmrechts **nicht einigen**, entfällt das Stimmrecht mit der Folge, dass es sich nicht um eine Stimmenthaltung, sondern um eine ungültige Stimme handelt.[97]

63 Derjenige Miteigentümer, der die Stimme in der Wohnungseigentümerversammlung für das Wohneigentum abgibt, soll regelmäßig als legitimiert gelten, das **Stimmrecht für alle** Mitinhaber des Wohnungseigentums auszuüben. Eine schriftliche Vollmacht soll nur in Zweifelsfällen verlangt werden können.[98] Zumindest **Ehegatten** sollen als Bruchteilseigentümer eines Wohnungseigentums einzeln berechtigt sein, das gemeinschaftliche Stimmrecht ihrer Einheit ohne Vorlage einer Vollmacht wahrzunehmen.[99]

64 (2) **Mehrfachberechtigungen.** Miteigentümern kommt nach dem Kopfprinzip auch dann nur eine Stimme zu, wenn ihnen in der betreffenden Wohnungseigen-

---

[95] BGH ZWE 2014, 176; BGH NJW 2011, 679 = ZWE 2011, 122.

[96] BGHZ 191, 245 = NJW 2012, 921 = ZWE 2012, 80.

[97] OLG Düsseldorf FGPrax 2003, 216.

[98] BayObLGZ 1994, 98 = NJW-RR 1994, 1236; LG Köln ZWE 2013, 178.

[99] LG München I ZWE 2012, 99; aA Bärmann/Becker WEG § 25 Rn. 52; Hügel/Elzer WEG § 25 Rn. 34.

tumsanlage mehrere Einheiten gehören sollten. Solchen Rechtsgemeinschaften steht nach dem Kopfstimmrecht nur dann ein eigenes Stimmrecht zu, wenn die Gemeinschaften nicht personenidentisch sind.[100]

Beispiel[101]

WEig. Nr. 1	WEig. Nr. 2	WEig. Nr. 3	Anzahl der Stimmen bei Kopfstimmprinzip
A + B = Miteig. zu je 1/2-Anteil	A + B = Miteig. zu je 1/2-Anteil	A + B = Miteig. zu je 1/2-Anteil	eine Stimme
A + B = Miteig. zu je 1/2-Anteil	A + B = Miteig. zu je 1/2-Anteil	GbR vertr. d. A +B	zwei Stimmen
A + B = Miteig. zu je 1/2-Anteil	A + B = Miteig. zu je 1/2-Anteil	A + B +C = Miteig. zu je 1/3-Anteil	zwei Stimmen
A + B = Miteig. zu je 1/2-Anteil	A + B +C = Miteig. zu je 1/3-Anteil	A + B +D = Miteig. zu je 1/3-Anteil	drei Stimmen

(3) **Werdender Wohnungseigentümer.** Das Stimmrecht gebührt für „seine“ Einheit unter Ausschluss des noch im Grundbuch eingetragenen teilenden Bauträgers **allein** dem **werdenden Wohnungseigentümer**[102], und zwar unabhängig davon, ob das Kopf-, das Objekt- oder das Wertstimmrecht gilt. Es widerspräche dem mit der Anerkennung der werdenden Wohnungseigentümergemeinschaft verfolgten Zweck, einen frühzeitigen Übergang der Entscheidungsmacht von dem Veräußerer auf die Erwerber zu gewährleisten, wenn der Veräußerer weiterhin an der Willensbildung der Gemeinschaft beteiligt würde. 65

(4) **Stimmrechtsvollmachten.** Eine Vollmacht zur Vertretung in der Eigentümerversammlung berechtigt den Bevollmächtigten lediglich zur Vertretung im Rahmen von Beschlussfassungen; der Abschluss von Vereinbarungen zur Änderung der Gemeinschaftsordnung fällt nicht hierunter.[103] 66

b) Ausschluss des Stimmrechts

aa) Grundsatz

§ 25 Abs. 4 WEG sieht als **Sondervorschrift zu § 181 BGB** kein allgemeines Stimmverbot bei jedweden Interessenkollisionen vor, sondern beschränkt den Ausschluss des Stimmrechts auf bestimmte, besonders schwerwiegende Fälle.[104] Die Norm selbst nennt drei Fallgestaltungen; darüber hinaus werden in Literatur 67

[100] BGH ZWE 2021, 223; OLG Dresden ZMR 2005, 894; OLG Frankfurt ZMR 1997, 156; LG Hamburg ZMR 2008, 827.
[101] In Anlehnung an Hügel/Elzer WEG § 25 Rn. 35.
[102] BGHZ 193, 219 = NJW 2012, 2650 = ZWE 2012, 369; OLG Hamm ZMR 2007, 712 mablAnm Elzer; OLG Düsseldorf ZMR 2007, 126; OLG Köln NZM 2006, 301 = ZMR 2006, 383.
[103] OLG Düsseldorf ZWE 2000, 538.
[104] BGH ZWE 2014, 176.

und Rechtsprechung weitere Begrenzungsmöglichkeiten bei der Ausübung des Stimmrechts diskutiert.[105] Besondere persönliche Näheverhältnisse führen jedoch nicht zu einem Stimmverbot.[106]

Bitte lesen Sie jetzt §25 Abs.4 WEG!

bb) Stimmrechtsausschluss aufgrund Interessenkollision

67a Ein Wohnungseigentümer ist demnach nicht stimmberechtigt, wenn die Beschlussfassung die Vornahme eines auf die Verwaltung des gemeinschaftlichen Eigentums bezüglichen Rechtsgeschäfts mit ihm oder die Einleitung oder Erledigung eines Rechtsstreits der anderen Wohnungseigentümer gegen ihn betrifft (§25 Abs.4 Var. 1 u. 2 WEG). Die Erfolgsaussichten des beabsichtigten Rechtsstreits sind dabei grundsätzlich nicht zu prüfen.[107] Von dem Stimmrechtsverbot nach §25 Abs.4 Var. 2 WEG werden allerdings nur Abstimmungen über Beschlussgegenstände erfasst, die verfahrensrechtliche Maßnahmen betreffen, worunter insbesondere Beschlüsse über die Einleitung des Rechtsstreits, die Art und Weise der Prozessführung und die Frage der verfahrensrechtlichen Beendigung fallen; dass eine Beschlussfassung Auswirkungen auf den Rechtsstreit in materiell-rechtlicher Hinsicht hat oder haben kann, genügt nicht.[108]

68 Sind **Ehegatten** Miteigentümer eines Wohnungseigentums nach Bruchteilen oder in Gütergemeinschaft und ist einer von ihnen gem. §25 Abs.4 WEG nicht stimmberechtigt, so wirkt der Ausschluss auch gegen den anderen Ehegatten.[109]

69 Ein Wohnungseigentümer ist jedenfalls dann entsprechend §25 Abs.4 Alt.1 WEG bei der Beschlussfassung über ein **Rechtsgeschäft mit einer** rechtsfähigen (Personen-)**Gesellschaft** nicht stimmberechtigt, wenn er an dieser mehrheitlich beteiligt und deren Geschäftsführer oder geschäftsführender Gesellschafter ist.[110]

70 Der **Verwalter** einer Wohnungseigentumsanlage wird, auch wenn er nicht zugleich Wohnungseigentümer ist, weder durch §25 Abs.4 WEG noch durch §181 BGB gehindert, als Stellvertreter einzelner Wohnungseigentümer an der Beschlussfassung über seine erneute **Bestellung** mitzuwirken. Dies gilt auch dann, wenn mit der Beschlussfassung über die erneute Bestellung zugleich über den Abschluss des Verwaltervertrages abgestimmt wird.[111] Komplementär unterliegt auch eine Beschlussfassung über seine **Abberufung** selbst bei gleichzeitiger Entscheidung über die Beendigung des Verwaltervertrages grundsätzlich keinem Stimmverbot, weil es sich auch insoweit nicht um ein Rechtsgeschäft, sondern um die Wahrnehmung mitgliedschaftlicher Interessen handelt.[112] Etwas anderes muss hingegen auch weiterhin für eine **Abberufung des Verwalters aus wichtigem Grunde** gelten. Zwar ist eine Beschränkung der Abberufung auf das Vor-

---

105 Vgl. BGH NZG 2017, 780.

106 LG Frankfurt/Oder ZWE 2013, 174.

107 BayObLG NZM 1998, 161.

108 BGHZ 191, 198 = NJW 2012, 72 = ZWE 2012, 32.

109 BayObLGZ 1992, 288 = NJW-RR 1993, 206; diff. Bärmann/Becker WEG §25 Rn.164.

110 BGH NZG 2017, 780.

111 OLG Schleswig ZWE 2007, 51; OLG Hamm ZWE 2007, 40; OLG Hamburg ZWE 2002, 483.

112 BGHZ 152, 46 = NJW 2002, 3704 = ZWE 2003, 64.

liegen eines wichtigen Grundes aktuell nicht mehr möglich (vgl. § 26 Abs. 3 S. 1, Abs. 5 WEG), jedoch ergibt sich der Ausschluss hier bereits nach dem aus § 715 Abs. 5, BGB, § 116 Abs. 5 HGB abzuleitenden Rechtsgedanken, wonach niemand als Richter in eigener Sache tätig sein kann.[113] Ein Wohnungseigentümer, der *zugleich das Verwalteramt* innehat, ist in diesem Fall nicht stimmberechtigt und auch nicht befugt, einen anderen Wohnungseigentümer bei der Stimmabgabe zu vertreten.[114]

Auch ein Verwalter, der *nicht zugleich Wohnungseigentümer* ist, kann einen Wohnungseigentümer dann nicht bei der Stimmabgabe wirksam vertreten, wenn er als Wohnungseigentümer einem Stimmverbot unterläge.[115] 71

Zwar scheidet die **Ungültigerklärung** von Beschlüssen in der Regel aus, wenn feststeht, dass sich ein Beschlussmangel auf das Abstimmungsergebnis nicht ausgewirkt hat; anders verhält es sich jedoch bei einem unberechtigten Ausschluss vom Stimmrecht. Der Entzug des Stimmrechts und der Ausschluss von der Versammlung der Wohnungseigentümer stellt einen schwerwiegenden Eingriff in den Kernbereich elementarer Mitgliedschaftsrechte dar, bei dem es nicht darauf ankommt, ob die gefassten Beschlüsse auch bei einer Mitwirkung des (ausgeschlossenen) Mitgliedes die erforderliche Mehrheit gefunden hätten.[116] 72

cc) Stimmrechtsausschluss aufgrund Entziehungsurteils

Ein Wohnungseigentümer ist auch nicht stimmberechtigt, wenn er nach § 17 WEG rechtskräftig verurteilt ist (§ 25 Abs. 4 Var. 3 WEG). Der Ausschluss umfasst in diesem Fall sämtliche Beschlussfassungen. Nach dem eindeutigen Wortlaut greift das Stimmrechtsverbot damit nicht schon dann ein, wenn über die Entziehung eines Wohnungseigentums lediglich ein entsprechender Beschluss gefasst worden ist. 73

> **Hinweis:**
>
> Zum wohnungseigentumsrechtlichen Entziehungsverfahren s. ausführlich im → § 12 Rn. 85 ff.

dd) Stimmrechtsausschluss aufgrund Majorisierung

Ein im WEG nicht besonders geregelter Stimmrechtsausschluss nach Treu und Glauben (§ 242 BGB) ist auch dann anzunehmen, wenn eine sog Majorisierung vorliegt. Von einer Majorisierung spricht man, wenn ein Mehrheitseigentümer sein Stimmen(über)gewicht dazu missbraucht, ihm genehme Beschlüsse herbeizuführen oder bestimmte Beschlussfassungen zu blockieren. Ein **Stimmrechtsmissbrauch** wegen der Gefahr der Majorisierung liegt allerdings nicht bereits dann vor, wenn ein Wohnungseigentümer ein absolutes Stimmenübergewicht hat und mit diesem gegen den Willen der anderen Eigentümer Beschlüsse fasst. Solch eine Konstellation ist insbesondere bei vereinbartem Objekt- oder Wertprinzip denkbar. Es müssen vielmehr weitere Umstände hinzutreten, die die Ausübung des 74

---

[113] BGHZ 152, 46 = NJW 2002, 3704 = ZWE 2003, 64.

[114] OLG Düsseldorf ZWE 2001, 557.

[115] OLG Düsseldorf ZWE 2001, 557; Häublein ZWE 2012, 312; aA OLG München ZWE 2010, 461.

[116] BGH NJW 2011, 679 = ZWE 2011, 122; aA noch OLG München ZWE 2010, 461; OLG Köln NZM 2000, 1017 (Kausalitätsvermutung).

Stimmrechts im konkreten Einzelfall durch den Mehrheitseigentümer als missbräuchlich und gegen die Grundsätze ordnungsgemäßer Verwaltung verstoßend erscheinen lassen.[117]

Beispiel

Ein Stimmrechtsmissbrauch liegt vor, wenn der Mehrheitseigentümer einer Wohnungseigentümergemeinschaft gegen die Stimmen des Minderheitseigentümers eine im Konzernverbund mit dem Käufer der Wohnungen des Mehrheitseigentümers stehende Gesellschaft zum Verwalter bestellen lässt, der sodann über die Zustimmung zur Veräußerung der Wohnungen nach § 12 Abs. 1 WEG an die andere Konzerngesellschaft zu befinden hat.[118]

Der Schutz der Minderheit wird in derartigen Fällen primär im Wege einer Beschlussmängelklage oder Beschlussersetzungsklage sicherzustellen sein.[119]

ee) Stimmrechtsausschluss aufgrund gegenständlicher Betroffenheit?

75 In der Rechtsprechung vor der WEG-Novelle (2007) wurde eine Ausnahme vom allgemeinen Stimmrecht eines Wohnungseigentümers gem. § 25 Abs. 2 S. 1 WEG aF gemacht, wenn von der Beschlussfassung nur eine abgrenzbare Gruppe von Wohnungseigentümern betroffen wurde (sog „**Blockstimmrecht**"). Wurde von einzelnen Maßnahmen nur ein bestimmter Teil von Wohnungseigentümern berührt, wurden also die Interessen der übrigen Miteigentümer hiervon in keiner Weise betroffen, so sollte das Stimmrecht auch ohne besondere Vereinbarung auf diejenigen Beteiligten beschränkt sein, die von der Angelegenheit betroffen waren. Eine solche Beschränkung des Stimmrechts konnte insbesondere bei sogenannten Mehrhaus-Wohnanlagen in Betracht kommen, wenn über bauliche Veränderungen, Verwaltungsmaßnahmen oder Gebrauchsregelungen abgestimmt werden sollte, die sich auf ein Gebäude oder einen bestimmten Gebäudeteil beschränken (sog. ungeregelte Mehrhausanlage).[120]

Beispiel

Ein solches Blockstimmrecht wurde schon frühzeitig für den Fall einer Gebrauchsregelung bzgl. des nur einer „Hausgemeinschaft" dienenden Fahrradkellers bejaht.[121]

76 Richtigerweise wird man die Beschränkung des Stimmrechts auf einen Teil der Wohnungseigentümer ohne eine entsprechende Vereinbarung abzulehnen haben[122]; es gibt nämlich kein Betroffenheitsstimmrecht.[123]

77 Durch eine solche Vereinbarung in einer Mehrhausanlage (sog. geregelte Mehrhausanlage) kann den Mitgliedern der für einzelne Gebäude oder Gebäudekomplexe gebildeten Untergemeinschaften die Kompetenz eingeräumt werden, unter Ausschluss der anderen Eigentümer die Durchführung von Instandhaltungs-, Instandsetzungs- und Sanierungsmaßnahmen zu beschließen, die ein zu

[117] Vgl. BGHZ 152, 46 = NJW 2002, 3704 = ZWE 2003, 64.
[118] LG Frankfurt/Oder ZWE 2015, 369.
[119] BGH ZWE 2017, 411.
[120] OLG München FGPrax 2007, 74; BayObLG ZWE 2000, 268; OLG Schleswig NZM 2000, 385; OLG Köln WE 1998, 190; BayObLGZ 1994, 98 = NJW-RR 1994, 1236.
[121] BayObLGZ 1961, 322 = NJW 1962, 492.
[122] Häublein ZWE 2010, 149 (155); Hügel NZM 2010, 8 (10); Hügel/Elzer WEG Vor §§ 23 ff. Rn. 87.; Rüscher ZWE 2011, 308; Schultzky ZMR 2011, 521.
[123] Ott MietRB 2009, 208.

der jeweiligen Untergemeinschaft gehörendes Gebäude betreffen, wenn zugleich bestimmt wird, dass die durch diese Maßnahmen verursachten Kosten im Innenverhältnis allein von den Mitgliedern der jeweiligen Untergemeinschaft zu tragen sind.[124]

6. Durchführung der Eigentümerversammlung

a) Versammlungsleitung

Den **Vorsitz** in der Wohnungseigentümerversammlung führt gem. § 24 Abs. 5 78
WEG gewöhnlich der Verwalter. Die Wohnungseigentümer können allerdings eine abweichende Regelung mit Stimmenmehrheit beschließen.

Bitte lesen Sie jetzt § 24 Abs. 5 WEG!

b) Geschäftsordnung

Aus der Befugnis zur Wahl eines Versammlungsleiters folgt, dass die Woh- 79
nungseigentümer erst recht weitere Regelungen zum Ablauf der Versammlung aufstellen können (**Geschäftsordnung**).[125] Dies betrifft insbesondere die Festlegung von Redelisten und -zeiten sowie Rauchverboten.[126]

c) Ablauf

Der **Ablauf** einer Eigentümerversammlung gestaltet sich dann üblicherweise 80
wie folgt[127]: Der Versammlungsleiter wird nach der Eröffnung der Eigentümerversammlung die Beschlussfähigkeit feststellen und die einzelnen Tagesordnungspunkte aufrufen. In der sich anschließenden Diskussion hat er das Wort zu erteilen und zu entziehen, bei einer Mehrzahl von Wortmeldungen hat er ggf. auch eine Rednerliste zu führen. Bei ungebührlichem Verhalten kann er zur Ordnung rufen. Nach mindestens einmaliger Abmahnung kann er einen störenden Versammlungsteilnehmer des Saales verweisen. Er hat Beschlussanträge entgegenzunehmen, und ggf. nach dem von der Versammlung Gewollten auch selbst zu formulieren. Auf Bedenken hinsichtlich der Anfechtbarkeit oder Nichtigkeit einer Beschlussfassung muss er vorab hinweisen. Nach einer Abstimmung hat er die Stimmen unter Berücksichtigung von Stimmrechtsausschlüssen auszuzählen und das Beschlussergebnis zu verkünden.

---

[124] BGH ZWE 2018, 124.
[125] Abramenko Hdb. § 6 Rn. 92; aA LG München ZWE 2011, 48.
[126] Vgl. LG Dortmund ZWE 2014, 127.
[127] In Anlehnung an Abramenko Hdb. § 6 Rn. 91.

d) Beschlussfähigkeit

81 Durch das WEMoG ist u.a. § 25 Abs. 3 WEG aF ersatzlos aufgehoben worden. Damit ist jetzt jede Eigentümerversammlung beschlussfähig, unabhängig davon, wieviele Wohnungseigentümer an ihr teilnehmen.

Bitte lesen Sie jetzt § 25 Abs. 1 u. 2 WEG!

82 Im Gegensatz zu § 25 Abs. 2 WEG (Kopfprinzip) wurde für die Ermittlung der Beschlussfähigkeit nach früherem Recht noch auf die Größe der im Grundbuch eingetragenen Miteigentumsanteile abgestellt; dies ist jetzt entfallen. Es ist ausreichend, dass lediglich ein Wohnungseigentümer an der Versammlung teilnimmt oder vertreten wird.

e) Neue Formate der Eigentümerversammlung

83 Neben dem klassischen Format der Eigentümerversammlung in **Präsenz** ermöglicht der Gesetzgeber nun auch sog. **hybride** Eigentümerversammlungen (vgl. § 23 Abs. 1 S. 2 WEG) und sogar **virtuelle** Eigentümerversammlungen (vgl. §§ 23 Abs. 1a, 48 Abs. 6 WEG).

Bitte lesen Sie jetzt einerseits § 23 Abs. 1 S. 2 WEG und andererseits §§ 23 Abs. 1a iVm. 48 Abs. 6 WEG!

84–86 **Derzeit nicht belegt.**

7. Wiederholung der Eigentümerversammlung

87 Mit dem Wegfall des § 25 Abs. 3 WEG aF war auch die ersatzlose Aufhebung des § 25 Abs. 4 WEG aF verbunden. Die früheren Rechtsfragen im Zusammenhang mit einer sog. **Eventualeinberufung** stellen sich daher nicht mehr.

88 Derzeit nicht belegt.

8. Niederschrift über die Eigentümerversammlung

a) Aufnahme einer Niederschrift

aa) Sinn und Zweck

89 Über die in der Versammlung gefassten Beschlüsse ist eine Niederschrift aufzunehmen. Die Niederschrift ist von dem Vorsitzenden und einem Wohnungseigentümer und, falls ein Verwaltungsbeirat bestellt ist, auch von dessen Vorsitzenden oder seinem Vertreter zu unterschreiben.

Bitte lesen Sie jetzt § 24 Abs. 6 WEG!

Die Niederschrift dient dazu, die Inhalte der gefassten Beschlüsse für die Zukunft zu sichern.[128] Zugleich soll Wohnungseigentümern, die an der Versammlung nicht teilgenommen haben, die Möglichkeit zur Information über dort gefasste Beschlüsse gegeben werden.[129]

bb) Ersteller der Niederschrift

90 Aus § 24 Abs. 6 S. 2 WEG ergibt sich lediglich mittelbar, dass in aller Regel der **Vorsitzende der Versammlung** auch die Niederschrift zu erstellen hat.[130] Abweichende Vereinbarungen sind möglich.

cc) Unterschriften

91 Soweit nichts anderes vereinbart wurde, ist die Niederschrift mindestens von dem Vorsitzenden und einem Wohnungseigentümer zu unterschreiben; ist ein Verwaltungsbeirat bestellt, so ist sie auch von dessen Vorsitzendem oder seinem Vertreter zu unterschreiben (§ 24 Abs. 6 S. 2 WEG). Mit der Unterschriftsleistung übernehmen die in § 24 Abs. 6 S. 2 WEG genannten Personen die Verantwortung für die inhaltliche Richtigkeit und Vollständigkeit der Niederschrift („**Garantenstellung**").[131] Die Verantwortung für die Vollständigkeit und Richtigkeit des Protokolls kann aber nur derjenige übernehmen, der in der Versammlung auch **anwesend** war.[132]

92 In der Praxis ergeben sich immer wieder Probleme, wenn den geleisteten Unterschriften entweder gar **keine oder eine offensichtlich unzutreffende Funktionsbezeichnung** zugeordnet ist.

Beispiele

- Die jeweilige Funktion der unterzeichnenden Person muss feststellbar sein. Bei einem mehrköpfigen Verwaltungsbeirat genügt die der Unterschrift beigefügte Bezeichnung „Verwaltungsbeirat" diesen Anforderungen nicht.[133]
- Die Frage, ob auch ein werdender Wohnungseigentümer als Wohnungseigentümer unterschreiben kann, ist im Hinblick auf den nicht in der Form des § 29 GBO führbaren Nachweis des Besitzübergangs umstritten.[134]

93 Probleme bereiten auch Unterschriftsleistungen in **Doppelfunktion.**

---

[128] Becker ZMR 2006, 489.
[129] LG Hamburg ZMR 2011, 664.
[130] AG Kassel ZMR 2004, 711.
[131] BGHZ 148, 335 = NJW 2001, 3339 = ZWE 2001, 530; OLG Hamm ZWE 2013, 215; OLG Hamm ZWE 2011, 417.
[132] OLG Hamm ZWE 2013, 215; OLG München ZWE 2008, 31; OLG Hamm NJW-RR 2008, 1545; Bärmann/Becker WEG § 24 Rn. 149; Demharter ZWE 2012, 75; Hogenschurz WuM 2011,560; aA F. Schmidt ZMR 2013, 501 (503).
[133] OLG München ZWE 2016, 331.
[134] Vgl. einerseits OLG Köln RNotZ 2012, 565 m. insoweit abl. Anm. Stöhr = ZMR 2012, 982 m. insoweit zust. Anm. Schneider und andererseits KG ZWE 2018, 397.

Beispiele

- Der Versammlungsleiter kann nach hier vertretener Auffassung nicht gleichzeitig in seiner Eigenschaft als Beiratsvorsitzender[135] oder als Wohnungseigentümer unterzeichnen.[136]
- Ist der Versammlungsleiter zugleich Beiratsvorsitzender soll die Unterschrift eines weiteren Wohnungseigentümers genügen.[137]
- Unterschreibt ein Wohnungseigentümer in seiner Funktion als Beirat, liegt hierin nicht zugleich die erforderliche Unterschrift als Wohnungseigentümer.[138]
- Ist nur der Versammlungsleiter allein (zugleich in Vertretung für abwesende Wohnungseigentümer) anwesend, kann er auch allein das Protokoll unterschreiben.[139]

Im Hinblick auf die mit einer verringerten Zahl von Unterschriften einhergehende Minderung des Beweiswertes sollte dem angestrebten Zweck einer effektiven Gegenkontrolle wie bei einer vereinbarten Protokollierungsklausel durch personenverschiedene Unterschriftsleistungen Rechnung getragen werden.[140]

dd) Inhalt

94 Gem. § 24 Abs. 6 S. 1 WEG ist über die in der Versammlung gefassten Beschlüsse eine Niederschrift aufzunehmen; danach ist der genaue **Wortlaut der Beschlüsse** festzuhalten.[141] Darüber hinaus besteht die Notwendigkeit zur Protokollierung aller für das **Zustandekommen von Beschlüssen** und ihrer **Wirksamkeit** relevanten Umstände.[142]

95 Unerlässlich sind demnach folgende **Mindestangaben:**[143]

- Ort und Tag der Eigentümerversammlung;
- Feststellung des Abstimmungsergebnisses;
- Beschlussfeststellung und -verkündung;
- Feststellung des persönlichen Abstimmungsverhaltens bei rechtlicher Relevanz (zB im Rahmen baulicher Veränderungen gem. §§ 20, 21 WEG);
- Protokollierung rechtserheblicher Tatsachen (zB Verweigerung der Korrektur einer Jahresabrechnung durch den Verwalter[144]).

96 Sinnvoll kann darüber hinaus die Aufnahme folgender **fakultativer Angaben** in die Niederschrift sein:[145]

- Name der Eigentümergemeinschaft;
- Angaben zur Ladungsfrist;

---

[135] AA OLG Düsseldorf ZWE 2010, 182.

[136] OLG München ZWE 2008, 31; Böhringer DNotZ 2016, 831 (837); F. Schmidt ZMR 2013, 501 (507).

[137] LG Lübeck Rpfleger 1991, 309; weitergehend Demharter Rpfleger 2010, 499: Ersetzung der Unterschrift des personenidentischen Beiratsvorsitzenden durch die Unterschrift seines Stellvertreters.

[138] OLG Hamm ZWE 2020, 336; OLG Düsseldorf ZWE 2010, 182.

[139] KG ZWE 2015, 173; OLG Hamm ZWE 2013, 215; OLG München ZWE 2008, 106; Jennißen/Schultzky WEG § 24 Rn. 141.

[140] Vgl. BGH NJW 2012, 2512 = ZWE 2013, 87.

[141] Bärmann/Becker WEG § 24 Rn. 146; Jennißen/Schultzky WEG § 24 Rn. 135.

[142] Jennißen/Schultzky WEG § 24 Rn. 135.

[143] In Anlehnung an Jennißen/Schultzky WEG § 24 Rn. 135; vgl. auch KG ZfIR 2023, 584 u. Schneider ZfIR 2023, 568 (571 ff.).

[144] LG Lüneburg ZMR 2007, 894.

[145] In Anlehnung an Jennißen/Schultzky WEG § 24 Rn. 139.

- Angaben zur Versammlungsdauer;
- Angaben zum Versammlungsleiter;
- Teilnehmer- und Vollmachtsverzeichnis;
- Angaben zu einem Beschlussantrag und den jeweils dafür oder dagegen abgegebenen Stimmen sowie Enthaltungen;
- Angaben zum Ablauf der Versammlung (zB zu Ordnungsmaßnahmen);
- Angaben zum Ausschluss vom Stimmrecht.

Die Niederschrift kann grundsätzlich als **Ergebnisprotokoll** erstellt werden.[146] 97
Es ist den Wohnungseigentümern jedoch unbenommen, die Erstellung eines **Ablaufprotokolls** zu vereinbaren.[147]

Soweit im Protokoll auf **Anlagen** verwiesen wird, sind diese als dessen 98
Bestandteil mit der Niederschrift fest zu verbinden.[148] Nimmt ein Beschluss der Wohnungseigentümer lediglich auf ein Dokument Bezug, das weder Teil des Beschlusstextes noch des Protokolls ist, so erfordert das Gebot der inhaltlichen Klarheit und Bestimmtheit, dass das in Bezug genommene Dokument zweifelsfrei bestimmt ist.[149]

ee) Form der Niederschrift

Es bedarf der Errichtung einer Nieder*schrift*; auch im Hinblick auf die anzu- 99
bringenden Unter*schriften* ist somit Schriftform iSd §126 BGB unerlässlich, soweit nichts anderes vereinbart ist. Eine digitale Erstellung scheidet damit grundsätzlich aus.[150]

ff) Erstellungsfrist

Das Gesetz selbst nennt zwar **keine Frist für die Anfertigung** der Niederschrift, 100
fordert jedoch jetzt ausdrücklich dessen **unverzügliche** Anfertigung (§24 Abs. 6 S. 1 WEG).

Bitte lesen Sie jetzt §121 Abs. 1 S. 1 BGB (Legaldefinition des Begriffes „unverzüglich“)!

Nach geltender Rechtslage wird daher ein Entwurf der Niederschrift bereits am folgenden Werktag[151] und die unterschriebene Niederschrift innerhalb von zwei Wochen vorzulegen sein.[152] Die frühere Annahme, dass die Niederschrift mindestens eine Woche vor Ablauf der Klagefrist des §45 S. 1 WEG angefertigt sein müsse[153], ist damit überholt.

Die nicht rechtzeitige Erstellung der Niederschrift kann im Anfechtungspro- 101
zess einen Wiedereinsetzungsgrund gem. §45 S. 2 WEG iVm §233 ff. ZPO wegen

---

[146] ARS/Riecke WEG §24 Rn. 153; Vogel ZWE 2019, 193.
[147] Vgl. BayObLG ZMR 2004, 443.
[148] Jennißen/Schultzky WEG §24 Rn. 135.
[149] BGH ZWE 2016, 325.
[150] AA Staudinger/Häublein WEG §24 Rn. 234.
[151] Häublein ZWE 2021, 385 (394).
[152] Jennißen/Schultzky WEG §24 Rn. 143.
[153] BayObLG ZWE 2001, 431; BayObLG NJW-RR 1989, 656.

Versäumung der Anfechtungsfrist darstellen[154] und Schadensersatzansprüche gegenüber dem Verwalter auslösen.[155]

gg) Übersendung der Niederschrift

102 Eine Verpflichtung zur Übersendung der Niederschrift besteht grundsätzlich nicht[156], solange sich nicht aus der Gemeinschaftsordnung bzw. dem Verwaltervertrag oder einer längeren Übung[157] etwas anderes ergibt.

hh) Niederschrift als Wirksamkeitserfordernis für Beschlüsse

103 Die Wohnungseigentümer können gem. § 10 Abs. 1 S. 2 WEG vereinbaren, dass ein in der Eigentümerversammlung gefasster Beschluss nur dann Gültigkeit haben soll, wenn er protokolliert und von näher bestimmten Personen unterschrieben worden ist (sog **„qualifizierte Protokollierungsklausel"**).[158] Ein Verstoß gegen diese Wirksamkeitserfordernisse führt allerdings nur zur Anfechtbarkeit der Beschlüsse. Eine fehlende Unterschrift könnte auch noch im Anfechtungsprozess nachgeholt werden.[159]

b) Nachweisführung mittels Niederschrift

aa) Beweiskraft

104 Die Niederschrift ist eine **Privaturkunde** iSd § 416 ZPO.[160]

Bitte lesen Sie jetzt § 415 ZPO (Beweiskraft öffentlicher Urkunden) und § 416 ZPO (Beweiskraft von Privaturkunden)!

Ihre Beweiskraft erstreckt sich damit nicht auf die inhaltliche Richtigkeit der protokollierten Beschlüsse; sie beschränkt sich vielmehr auf die Urheberschaft des Verfassers und der Unterzeichnenden.[161] Allerdings kommt der Niederschrift als Privaturkunde die **Vermutung der Richtigkeit und Vollständigkeit** zu.[162] Diese Beweiserleichterung gilt zumindest solange, wie nicht eine der erforderlichen Unterschriften fehlt[163] oder ein Widerspruch zur Beschluss-Sammlung gem. § 24 Abs. 7 WEG die Vermutung aufhebt.[164]

Hinweis:

Zur Beschluss-Sammlung s. sogleich → Rn. 109 ff.

---

[154] BayObLG ZMR 2003, 435.
[155] Jennißen/Schultzky WEG § 24 Rn. 144.
[156] BayObLG NJW-RR 1989, 656.
[157] BayObLG NJW-RR 1989, 656; aA Hügel/Elzer WEG § 24 Rn. 95.
[158] BGH NJW 2012, 2512 = ZWE 2013, 87; LG Dortmund ZWE 2014, 43.
[159] OLG München ZWE 2008, 31.
[160] BGHZ 136, 187 = NJW 1997, 2956.
[161] OLG München ZWE 2006, 456.
[162] Becker ZWE 2016, 2; Jennißen/Schultzky WEG § 24 Rn. 146.
[163] BGHZ 136, 187 = NJW 1997, 2956; Abramenko ZMR 2003, 245.
[164] Hügel/Elzer WEG Vor §§ 43 ff. Rn. 40; Jennißen/Schultzky WEG § 24 Rn. 147.

Da die Niederschrift mangels anderslautender Vereinbarung kein konstitutives 105
Merkmal der Beschlussfassung ist (→ Rn. 103), können auch nicht protokollierte Beschlüsse wirksam sein.[165] Im Streitfall ist daher der **Beweis der unrichtigen Protokollierung** nicht ausgeschlossen.[166]

bb) Nachweisführung im Grundbuchverfahren

Gegenüber dem Grundbuchgericht kann es aus unterschiedlichen Gründen 106
erforderlich werden, den Nachweis über eine Beschlussfassung der Wohnungseigentümer zu führen.

Beispiele

- Ist als Inhalt des Sondereigentums ein Zustimmungserfordernis gem. §12 WEG vereinbart, so hat ein zustimmungspflichtiger Verwalter neben der erteilten Zustimmung auch seine **Bestellung zum WEG-Verwalter** in grundbuchmäßiger Form nachzuweisen (→ §5 Rn. 161 f.).[167]
- Haben die Wohnungseigentümer die **Aufhebung** einer vereinbarten **Veräußerungszustimmung** gem. §12 Abs. 4 WEG beschlossen, kann die Beschränkung im Grundbuch u.a. dann gelöscht werden, wenn der Beschluss in grundbuchmäßiger Form nachgewiesen wird (→ §5 Rn. 168 f.).[168]
- Haben die Wohnungseigentümer aufgrund einer rechtsgeschäftlichen Öffnungsklausel eine Grundbucheintragung gem. §5 Abs. 4 S. 1 WEG beschlossen, so ist dem Grundbuchgericht der **Beschluss gem. §7 Abs. 2 S. 1 WEG** in grundbuchmäßiger Form nachzuweisen (→ §5 Rn. 65 ff.).[169]

In den genannten Fällen wäre es grundsätzlich erforderlich, den grundbuch- 107
verfahrensrechtlichen Nachweis als eine „andere Voraussetzung der Eintragung" in Form einer öffentlichen Urkunde zu erbringen.

Bitte lesen Sie jetzt §29 Abs. 1 S. 1 und 2 GBO!

Wegen der damit verbundenen Nachweisschwierigkeiten[170] senkt das Gesetz in §26 Abs. 4 WEG die Anforderungsschwelle[171], indem es zum Nachweis der Verwaltereigenschaft (u.a. Fall des §12 Abs. 1 WEG) die Vorlage einer Niederschrift über den Bestellungsbeschluss genügen lässt, bei der die Unterschriften der in §24 Abs. 6 WEG bezeichneten Personen öffentlich beglaubigt sind.

Bitte lesen Sie jetzt §26 Abs. 4 WEG!

Seit Inkrafttreten der WEG-Novelle (2020) ordnet §12 Abs. 4 S. 2 WEG die 108
entsprechende Anwendung von §26 Abs. 4 WEG auch für den Nachweis der Beschlussfassung über die Aufhebung einer vereinbarten Veräußerungszustimmung und den Nachweis der Beschlussfassung aufgrund einer Öffnungsklausel

---

[165] BayObLG NJW-RR 2005, 456; KG NJW-RR 1991, 530.

[166] AG Landshut ZMR 2008, 498.

[167] Vgl. OLG Düsseldorf ZMR 2003, 956; DNotI-Gutachten DNotI-Report 1997, 57.

[168] Vgl. KG ZfIR 2023, 584; OLG München ZWE 2011, 418.

[169] Vgl. KG ZfIR 2024, 262 mAnm Schneider.

[170] Vgl. schon frühzeitig BayObLGZ 1961, 392 = NJW 1962, 494 Ls.

[171] Eingeführt d. d. Gesetz zur Änderung des Wohnungseigentumsgesetzes und der Verordnung über das Erbbaurecht vom 30.7.1973 (BGBl. I 910) und nach zwischenzeitlicher Verschiebung jetzt wieder Abs. 4.

an. Spätestens mit dieser Regelung ist zugleich die Analogiefähigkeit der Vorschrift für vergleichbare Sachverhalte anerkannt.[172]

108a Nach hier vertretener Auffassung eignet sich diese Nachweisführung nicht nur für Beschlussfassungen in Präsenzversammlungen, sondern entsprechend auch für solche in **hybriden** oder **virtuellen** Eigentümerversammlungen.[173]

9. Beschluss-Sammlung

a) Inhalt der Beschluss-Sammlung

109 Seit dem Inkrafttreten der WEG-Novelle (2007) zum 1.7.2007 ist gem. § 24 Abs. 7 S. 1 WEG eine Beschluss-Sammlung zu führen. Die Vorschriften über die Beschluss-Sammlung sollten zunächst anlässlich der WEG-Novelle (2020) aufgehoben werden, sind dann aber letztlich doch beibehalten worden, weil sich die Beschluss-Sammlung „bewährt" habe.[174]

Bitte lesen Sie jetzt § 24 Abs. 7 WEG!

Die Beschluss-Sammlung ist grundsätzlich von dem Verwalter zu führen.

Bitte lesen Sie jetzt § 24 Abs. 8 WEG!

110 Die Eintragungspflicht erfasst alle gem. § 24 Abs. 7 S. 2 Nr. 1 WEG in der Versammlung der Wohnungseigentümer **verkündeten Beschlüsse** sowie solche, die **im Umlaufverfahren** gefasst und verkündet worden sind (§ 27 Abs. 7 S. 2 Nr. 2 WEG; Gesetzeswortlaut nicht an § 23 Abs. 3 S. 1 WEG angepasst). Daneben sind nach § 24 Abs. 7 Satz 2 Nr. 3 WEG auch **gerichtliche Entscheidungen** einzutragen. Möglicher Inhalt der Beschluss-Sammlung sind dabei „Eintragungen, Vermerke und Löschungen", die „unverzüglich" zu erledigen sind (§ 24 Abs. 7 S. 7 WEG).[175]

b) Verhältnis Beschluss-Sammlung – Niederschrift

111 Das **Verhältnis** der **Beschluss-Sammlung zur Niederschrift** ist gesetzlich nicht geregelt. Die zeitlich nachgelagerte Entstehungsgeschichte der Abs. 7 und 8 des § 24 WEG lässt allerdings erkennen, dass der Beschluss-Sammlung eine Grundbuchersatzfunktion zugedacht war.[176] Aus diesem Grunde bestehen beide Erfassungsarten nebeneinander; sie weisen allerdings über gemeinsame Schnittmengen hinaus auch inhaltliche Unterschiede auf. So werden zwar in beiden Dokumentationsmedien Beschlüsse festgehalten, die Beschluss-Sammlung geht jedoch darüber hinaus, indem sie auch Umlaufbeschlüsse und gerichtliche Entscheidun-

---

[172] OLG München ZWE 2017, 93; OLG Hamm ZWE 2009, 452; Böhringer NotBZ 2008, 179 (186); Heggen NotBZ 2008, 198 (200); Hügel NotBZ 2008, 169 (176); ders. ZWE 2008, 240 (242); Schneider Rpfleger 2008, 291 (292); ders. 2007, 175 (177).

[173] Ausf. Schneider ZfIR 2024, 521.

[174] Vgl. BT-Drs. 19/22634, 19.

[175] Dh ohne schuldhafte Verzögerung – → Rn. 100, vgl. BT-Drs. 16/887, 34.

[176] Vgl. BT-Drs. 16/887, 20f.; s. auch Schneider ZMR 2005, 15.

gen erfasst. Auf der anderen Seite bleibt der notwendige Inhalt der Beschluss-Sammlung jedoch hinter dem einer Niederschrift zurück, weil insbesondere die Abstimmungsergebnisse dort fehlen. Bei einem Widerspruch von Niederschrift und Beschluss-Sammlung genießt keine der beiden Arten den Vorrang.[177] Für die Eintragung in der Beschluss-Sammlung hatte der Verwalter sogar bis zur Novelle (2020) weniger Zeit als für die Anfertigung der Niederschrift.[178] Dagegen liegt ein wichtiger Grund für die Abberufung des Verwalters regelmäßig bereits vor, wenn er die Beschluss-Sammlung nicht ordnungsmäßig führt (§ 26 Abs. 1 S. 4 WEG).

c) Abdingbarkeit

Unklar ist, ob die gesetzlichen Regelungen zur Beschluss-Sammlung in § 24 **112**
Abs. 7 u. 8 WEG durch eine Vereinbarung der Wohnungseigentümer gem. § 10 Abs. 1 S. 2 WEG abbedungen werden können. Während einerseits wohl zutreffend auf den nicht zwingenden Charakter der Vorschriften verwiesen wird[179], wird andererseits der Zweck der Beschluss-Sammlung als Grundbuchersatz mit dem damit angestrebten Erwerberschutz betont.[180]

III. Beschlussfassungen der Wohnungseigentümer

1. Grundsätze

Sie haben bereits im § 5 einige Grundlagen zur Beschlussfassung durch die **113**
Wohnungseigentümer kennengelernt. Im dortigen Zusammenhang diente die Darstellung vorrangig zur **Begriffsklärung** und **Abgrenzung gegenüber der Vereinbarung** als weiterem Regelungsinstrument der Wohnungseigentümer.

Wiederholung:

Wiederholen Sie jetzt bitte zunächst die Ausführungen zur Beschlussfassung im → § 5 Rn. 44 ff.; schauen Sie sich insbesondere noch einmal die tabellarische Übersicht zur Abgrenzung von Vereinbarung und Beschluss an!

Diese Ausführungen wollen wir nun noch ein wenig vertiefen. Die Wohnungseigentümer benötigen also für eine Regelung im Wege einer Beschlussfassung die Zuweisung von **Beschlusskompetenz.** Die Befugnis, eine bestimmte Angelegenheit auf diesem Wege regeln zu können, muss sich damit entweder aus dem Gesetz oder einer entsprechenden Vereinbarung der Wohnungseigentümer ergeben (§ 23 Abs. 1 WEG).

---

[177] Jennißen/Schultzky WEG § 24 Rn. 164.
[178] Zu der jetzt unverzüglichen Erstellung einer Niederschrift s. § 24 Abs. 6 S. 1 WEG. Für die Eintragung in die Beschluss-Sammlung ist eine Eintragung mehrere Tage nach der Beschlussfassung in der Regel nicht mehr unverzüglich; BT-Drucks. 16/887, S. 34; s. auch BGH NJW 2012, 1884 = ZWE 2012, 221.
[179] Abramenko Hdb. § 6 Rn. 183; Bärmann/Becker WEG § 24 Rn. 178; Deckert/Kappus NZM 2007, 745 (746); Merle ZWE 2007, 272.
[180] Hügel/Elzer WEG § 24 Rn. 121; ARS/Riecke WEG § 24 Rn. 268.

Beispiele

Gesetzliche Beschlusskompetenzen bestehen – vorbehaltlich abweichender Regelungen in der Gemeinschaftsordnung und zT mit zusätzlich qualifizierenden Anforderungen – insbesondere in folgenden Bereichen:

- Angelegenheiten der **Verwaltung** des gemeinschaftlichen Eigentums gem. § 19 Abs. 1 WEG sowie Änderung der **Zahlungsmodalitäten** gem. § 28 Abs. 3 WEG;
- Regelungen zum ordnungsmäßigen **Gebrauch** des Gemeinschaftseigentums gem. § 19 Abs. 1 WEG;
- Aufhebung einer **Veräußerungsbeschränkung** gem. § 12 Abs. 4 WEG;
- Änderung des **Kostenverteilungsschlüssels** gem. § 16 Abs. 2 S. 2 WEG bzw. für bauliche Veränderungen gem. § 21 Abs. 5 S. 1 WEG;
- **Entziehungsverlangen** bei Pflichtverletzungen gem. § 17 Abs. 1 WEG;
- Bestellung und Abberufung des **Verwalters** gem. § 26 Abs. 1 WEG;
- Abstimmungen über den **Wirtschaftsplan,** die **Jahresabrechnung** sowie ggf. die **Rechnungslegung** gem. § 28 WEG.

Vereinbarte Beschlusskompetenzen können sich aus rechtgeschäftlich begründeten wohnungseigentumsrechtlichen Öffnungsklauseln ergeben.

Wiederholung:

Wiederholen Sie bitte die Ausführungen zur rechtsgeschäftlichen Öffnungsklausel im → § 5 Rn. 54 ff.!

2. Anforderungen an eine wirksame Beschlussfassung

a) Regelungswille

114 Eine wirksame Beschlussfassung setzt zunächst voraus, dass in der Eigentümerversammlung eine bestimmte Frage auch mit Wirkung für sämtliche Wohnungseigentümer verbindlich geregelt werden soll.[181]

Beispiele

Nicht ausreichend sind daher

- formlose Vertrauensbekundungen anlässlich eines Verwalterwechsels;[182]
- Probeabstimmungen;[183]
- Diskussionen über ein Thema.[184]

b) Formelle Ordnungsmäßigkeit

115 Im Gegensatz zur gewöhnlichen Bruchteilsgemeinschaft des BGB setzt die Beschlussfassung der Wohnungseigentümer eine formalisierte Eigentümerversammlung voraus. Erforderlich ist demgemäß die Einhaltung bestimmter Mindeststandards:

---

[181] Abramenko Hdb § 6 Rn. 188.
[182] BayObLGZ 2002, 20 = ZWE 2002, 214.
[183] OLG München NJW-RR 2008, 1332; H. Müller ZWE 2000, 237 (241).
[184] BGH NJW 2014, 1090 = ZWE 2014, 178.

Zugleich als Wiederholung:

- Ordnungsgemäße Einberufung der Eigentümerversammlung durch eine hierzu befugte Person (→ Rn. 11 ff.);
- Zutreffender Adressatenkreis (→ Rn. 19 ff.);
- Einhaltung der Einberufungsfrist (→ Rn. 35 ff.);
- Bezeichnung des Beschlussgegenstandes zumindest in Textform (→ Rn. 37 ff.);
- Ordnungsgemäße Versammlungsbedingungen in Bezug auf Zeit und Ort (→ Rn. 39 ff.);
- Nichtöffentlichkeit der Eigentümerversammlung (→ Rn. 48 ff.);

Ein Verstoß gegen diese formellen Anforderungen führt allerdings nicht 116
gleichsam automatisch zur Unwirksamkeit eines auf der Eigentümerversammlung gefassten Beschlusses; ein solcher Beschluss ist allenfalls anfechtbar.[185] Die **Ungültigerklärung** eines Beschlusses kommt trotz formeller Mängel bei der Beschlussfassung nicht in Betracht, wenn die Mängel für die Beschlussfassung nicht kausal geworden sind, weil der angefochtene Beschluss auch bei ordnungsgemäßer Einberufung ebenso gefasst worden wäre.[186] Denkbar wäre aber auch eine rügelose Teilnahme aller Wohnungseigentümer (Vollversammlung)[187] oder der Verzicht eines Wohnungseigentümers auf die Rüge eines formellen Fehlers.[188]

c) Materielle Ordnungsmäßigkeit

Die materielle Ordnungsmäßigkeit einer Beschlussfassung soll am Beispiel des 117
in der Praxis überwiegenden Anwendungsbereichs verdeutlicht werden.

aa) Verwaltungshandeln

Gem. § 19 Abs. 1 WEG können die Wohnungseigentümer eine ordnungsmäßige 118
Verwaltung durch Stimmenmehrheit beschließen, soweit nicht die Verwaltung des gemeinschaftlichen Eigentums bereits durch Vereinbarung der Wohnungseigentümer geregelt ist.

Bitte lesen Sie jetzt § 19 Abs. 1 WEG!

Zur Verwaltung in diesem Sinne gehören alle Maßnahmen, die in tatsächlicher oder rechtlicher Hinsicht auf eine Änderung des bestehenden Zustandes abzielen oder sich als Geschäftsführung zugunsten der Wohnungseigentümer bzw. der GdWE in Bezug auf das gemeinschaftliche Eigentum oder wegen § 9a WEG auch des Gemeinschaftsvermögens darstellen.[189]

---

[185] Vgl. noch zum früheren Recht wegen einer Beschlussfassung nach Einberufung einer Eventualeinberufung trotz fehlender Vereinbarung OLG München Rpfleger 2018, 370.

[186] BGHZ 150, 109 = NJW 2002, 1647 = ZWE 2002, 260 bzgl. der Wahl des Versammlungsortes und der Nichteinhaltung der Einberufungsfrist; OLG Köln ZMR 2009, 627 bzgl. Wiederholung der Beschlussfassung.

[187] BGH ZWE 2011, 354; LG Hamburg ZWE 2011, 458.

[188] OLG Frankfurt ZWE 2013, 211; eine gleichwohl erhobene Anfechtung wäre rechtsmissbräuchlich.

[189] BGH NJW 2024, 2173 = ZWE 2025, 33; BGH NJW 1997, 2106; BGHZ 121, 22 = NJW 1993, 727.

bb) Grundsätze ordnungsmäßiger Verwaltung

119 Jeder Wohnungseigentümer kann eine ordnungsmäßige Verwaltung verlangen (§ 18 Abs. 2 WEG). Darunter ist eine Verwaltung zu verstehen, die den gesetzlichen Regelungen, Vereinbarungen und Beschlüssen und, soweit solche nicht bestehen, unter Berücksichtigung der Beschaffenheit des gemeinschaftlichen Eigentums dem Interesse der Gesamtheit der Wohnungseigentümer nach billigem Ermessen entspricht (§ 18 Abs. 2 WEG). Ob ein Eigentümerbeschluss danach ordnungsmäßiger Verwaltung entspricht, ist im Einzelfall unter Abwägung der für und gegen den Eigentümerbeschluss sprechenden Umstände zu entscheiden, wobei im Vordergrund das Interesse der Gesamtheit der Wohnungseigentümer und nicht nur Einzelner zu stehen hat.[190]

120 Eine Verwaltungsmaßnahme ist dann ordnungsmäßig, wenn sie dem geordneten Zusammenleben der Wohnungseigentümer dient, den Interessen der Gesamtheit der Wohnungseigentümer nach billigem Ermessen entspricht und der Gemeinschaft nützt[191] Für die Beurteilung der Nützlichkeit spielt neben der konkreten Situation der Wohnungseigentumsanlage auch die finanzielle Leistungsfähigkeit der Wohnungseigentümer eine Rolle. Bei der Beurteilung von Ordnungsmäßigkeit/Nützlichkeit ist auf den Maßstab eines vernünftigen, wirtschaftlich denkenden und sinnvollen Neuerungen gegenüber aufgeschlossenen Hauseigentümers abzustellen.[192] Bei der Verwaltung des gemeinschaftlichen Eigentums steht den Wohnungseigentümern demgemäß ein **Ermessenspielraum** zu; sie können unter mehreren geeigneten Maßnahmen nach billigem Ermessen auswählen.[193]

cc) Gesetzliche Beispiele ordnungsmäßiger Verwaltung

121 Das Gesetz selbst nennt exemplarisch in § 19 Abs. 2 Nr. 1–6 WEG einige – ausgewählte – Maßnahmen einer ordnungsmäßigen, dem Interesse der Gesamtheit der Wohnungseigentümer entsprechenden Verwaltung, auf die Wohnungseigentümer gem. § 18 Abs. 2 WEG einen Anspruch haben.

Bitte lesen Sie jetzt § 19 Abs. 2Nr. 1–6 WEG!

dd) Durchsetzung des Anspruchs auf ordnungsmäßige Verwaltung

122 Der Anspruch auf ordnungsmäßige Verwaltung beinhaltet auch die Fassung entsprechender Beschlüsse. Der Anspruch hat sich im Hinblick auf das nun bestehende Verwaltungsmonopol allein gegen die GdWE zu richten (vgl. § 44 Abs. 2 S. 1 WEG).[194] Das Rechtsschutzbedürfnis für eine Verfolgung des Anspruchs im Prozesswege wird jedoch nur nach vorheriger **Befassung der Eigentümerversammlung** gegeben sein[195], wenn deren Beteiligung nicht mit an Sicherheit grenzender Wahrscheinlichkeit ohne Aussicht auf Erfolg wäre.[196]

---

[190] BayObLG NJW-RR 2004, 1021; OLG Köln NZM 1998, 870.
[191] ARS WEG/Graf/Küttner WEG § 18 Rn. 21.
[192] Hügel/Elzer WEG § 18 Rn. 63 mwN.
[193] BGH NJW 2012, 1724 = ZWE 2012, 268.
[194] BT-Drs. 19/18791, 56.
[195] BGHZ 184, 88 = NJW 2010, 2129 = ZWE 2010, 174.
[196] BGHZ 202, 375 = NJW 2015, 613 = ZWE 2015, 88; OLG Rostock, ZMR 2010, 223 („nutzlose Förmelei").

Die **Klage auf einen konkreten Beschluss** würde allerdings voraussetzen, dass nur ein ganz bestimmter Beschluss ordnungsmäßiger Verwaltung entspricht. Andernfalls hätte die Gemeinschaft die Wahl zwischen verschiedenen Möglichkeiten.[197] Für den Kläger bestünde dann aber kein Anspruch auf eine ganz bestimmte Auswahl, so dass seine Klage (zumindest teilweise) abzuweisen wäre. Aus diesem Grunde konnte bei einer entsprechenden **Klage auf „irgendeinen Beschluss“** nach früherem Recht an Stelle der Wohnungseigentümer das Prozessgericht in einem Rechtsstreit gemäß § 43 WEG nach billigem Ermessen entscheiden, soweit sich die Maßnahme nicht aus dem Gesetz, einer Vereinbarung oder einem Beschluss der Wohnungseigentümer ergab (§ 21 Abs. 8 WEG aF). Nachdem der Gesetzgeber des WEMoG die bisherige Regelung für überflüssig hielt[198], hat der BGH entschieden, dass die Beschlussersetzung bei Beschlüssen mit Ermessensspielraum nur einen Klageantrag erfordert, der das Rechtsschutzziel erkennen lässt.[199] Damit wird im Ergebnis die frühere Rechtslage nach § 21 Abs. 8 WEG aF fortgeschrieben.[200] 123

3. Entstehungsvoraussetzungen für einen Beschluss

a) Antragstellung

Der Abstimmung der Wohnungseigentümerversammlung unterliegt immer nur ein **konkret gestellter Antrag.**[201] Die Wohnungseigentümer haben nur die Möglichkeit mit „ja“ oder „nein“ zu stimmen oder sich der Stimme zu enthalten. Die Modifizierung eines Antrags ist deshalb schon abstimmungstechnisch ausgeschlossen. Über ein „Minus“ gegenüber dem ursprünglich gestellten Antrag können die Wohnungseigentümer nur abstimmen, wenn der Antragsteller durch weitere Anträge oder durch Stellung von Hilfsanträgen auch einen Beschluss im geringeren Umfang erreichen will. Mit der Ablehnung eines Beschlusses ist weder das Gegenteil des Antrags beschlossen noch wird etwas abgelehnt, was nicht ausdrücklich beantragt worden ist.[202] 124

b) Ort der Beschlussfassung

Soweit nicht (ausnahmsweise) im Umlaufverfahren (früher: „schriftlichen Verfahren“) eine Beschlussfassung erfolgen soll (§ 23 Abs. 3 WEG), sah das Gesetz für Beschlussangelegenheiten ursprünglich nur die Beschlussfassung **in einer Versammlung** der Wohnungseigentümer vor (§ 23 Abs. 1 S. 1 WEG). Wegen der nun ebenfalls möglichen hybriden und virtuellen Eigentümerversammlung s. bereits → Rn. 83. 125

[197] BGH NJW 2012, 1724 = ZWE 2012, 268.
[198] BT-Drs. 19/18791, 80.
[199] BGH NJW 2023, 63 = ZWE 2023, 39.
[200] ARS/Abramenko WEG § 44 Rn. 31.
[201] Vgl. BGH NJW 2014, 1090 = ZWE 2014, 178.
[202] OLG München NJW-RR 2009, 595.

c) Abstimmungsverfahren

126 Das Abstimmungsverfahren ist im Gesetz nicht geregelt. Die Wohnungseigentümer können daher durch Vereinbarung einen bestimmten Abstimmungsmodus vorgeben. Enthält die Gemeinschaftsordnung keine abweichende Regelung, obliegt die Wahl der Abstimmungsmethode dem Versammlungsleiter. Allerdings können die Wohnungseigentümer wiederum per Geschäftsordnungsantrag einen bestimmten Abstimmungsweg beschließen.[203] Grundsätzlich kommen alle zur Mehrheitsfindung geeigneten Methoden in Betracht.

Beispiele

Stimmabgaben sind sowohl mündlich als auch schriftlich wie folgt denkbar:

- Abstimmungen mittels Handzeichen;
- Abstimmungen mittels Akklamation;
- Abstimmungen mittels hochgehobener Stimmkarte;
- namentliche Abstimmungen;
- geheime Abstimmungen mittels Stimmzettel.

d) Stimmenmehrheit

aa) Mehrheitsfindung

127 Für die Annahme eines Beschlussantrages genügt grundsätzlich die **einfache Mehrheit der „Ja-Stimmen"** (vgl. noch einmal die Formulierung in § 25 Abs. 1 S. 1 WEG). Die Stimmenmehrheit liegt dann vor, wenn die abgegebenen „Ja-Stimmen" die „Nein-Stimmen" überwiegen; bei Stimmengleichheit ist ein Beschlussantrag abgelehnt. **Stimmenthaltungen** sind bei der Bestimmung der Mehrheit nicht mitzuzählen.[204] **Nicht abgegebene Stimmen** werden wie Stimmenthaltungen gewertet.[205]

Beispiel[206]

In einer Wohnungseigentümerversammlung soll über den Einsatz eines Miteigentümers als Hauswart abgestimmt werden. Anwesend sind 16 Wohnungseigentümer einschließlich des von der angestrebten Beschlussfassung begünstigten Wohnungseigentümers. Es werden abgegeben:

- 8 „Ja-Stimmen";
- 5 „Nein-Stimmen;
- 1 Stimmenthaltung;
- 2 Wohnungseigentümer äußern sich nicht.

Wertet man die nicht abgegebenen Stimmen wie eine Enthaltung, hätte der Antrag bei 16 anwesenden Wohnungseigentümern mit drei Enthaltungen und fünf „Nein-Stimmen" keine Mehrheit gefunden, wenn die Enthaltungen wie „Nein-Stimmen" zählten. Stimmenthaltungen bekunden jedoch nach dem objektiven Erklärungswert lediglich Unentschiedenheit und dürfen deshalb nicht als ablehnendes Votum gewertet werden. Zählen die Stimmenthaltungen bei der Berechnung der Mehrheit jedoch nicht mit, ist der Antrag in jedem Fall mehrheitlich

---

[203] ARS/Küttner/Riecke WEG § 23 Rn. 74.

[204] BGHZ 106, 179 = NJW 1989, 1090 in Anlehnung an die vereinsrechtliche Mehrheitsberechnung in BGHZ 83, 35 = NJW 1982, 1535.

[205] BGHZ 106, 179 = NJW 1989, 1090.

[206] Nach BGHZ 106, 179 = NJW 1989, 1090.

angenommen, und zwar unabhängig davon, ob der betroffene Wohnungseigentümer im Hinblick auf §25 Abs. 4 WEG selbst mitstimmen durfte und ob er für den Antrag gestimmt hat.

bb) Bestimmung der Mehrheit

Zur Bestimmung der Mehrheit sieht das Gesetz in §25 Abs. 2 S. 1 WEG zunächst das **Kopfstimmrecht** als Regel vor. Das gesetzliche Stimmrechtsprinzip ist allerdings gem. §10 Abs. 1 S. 2 WEG abdingbar und kann durch das **Wert- oder Objektstimmrecht** ersetzt werden.[207] Diese Möglichkeit besteht auch dann, wenn über die Bestellung oder Abberufung des Verwalters gem. §26 Abs. 1 S. 1 WEG[208] oder die veränderte Umlegung von Betriebs- und Verwaltungskosten gem. §16 Abs. 2 S. 2 WEG[209] abgestimmt werden soll. 128

Wiederholung:

Wiederholen Sie bitte die Ausführungen zum Stimmrecht in → Rn. 44 und → Rn. 59ff.!

Eigentümergemeinschaften können nur einheitlich nach den für ihr jeweiliges Innenverhältnis geltenden Vorschriften abstimmen (vgl. §25 Abs. 2 S. 2 WEG).[210] Durch die **Unterteilung** einer Einheit entsteht grds. kein zusätzliches Stimmrecht.[211] In einer geregelten **Mehrhausanlage** kann durch die Gemeinschaftsordnung den Mitgliedern der für einzelne Gebäude oder Gebäudekomplexe gebildeten **Untergemeinschaften** die Kompetenz eingeräumt werden, unter Ausschluss der anderen Eigentümer die Durchführung von Instandhaltungs-, Instandsetzungs- und Sanierungsmaßnahmen zu beschließen, die ein zu der jeweiligen Untergemeinschaft gehörendes Gebäude betreffen, wenn zugleich bestimmt wird, dass die durch diese Maßnahmen verursachten Kosten im Innenverhältnis allein von den Mitgliedern der jeweiligen Untergemeinschaft zu tragen sind.[212] 129

cc) Auszählungsverfahren

Die abgegebenen Stimmen können als „Ja-Stimmen“, „Nein-Stimmen“ bzw. Enthaltungen positiv aufaddiert werden. In Betracht kommt aber grundsätzlich auch eine Auszählung nach der sog **Subtraktionsmethode.**[213] 130

Beispiel

In einer Wohnungseigentümerversammlung kann der Versammlungsleiter mangels abweichender Regelung das Ergebnis der Abstimmung auch feststellen, indem er zunächst nur die

---

[207] BGHZ 191, 245 = NJW 2012, 921 = ZWE 2012, 80.
[208] BGHZ 191, 245 = NJW 2012, 921 = ZWE 2012, 80.
[209] BGH ZWE 2025, 266 (Änderung der Rücklagenzuführung u. unterdimensionierter Miteigentumsanteil); BGH ZWE 2025, 176 (erstmalige Kostenbelastung entgegen einer Vereinbarung); BGH NJW 2024, 1587 = ZWE 2024, 269 (erstmalige Kostenbefreiung oder –belastung); BGH ZWE 2024, 265 (Änderung der Kostenverteilung für eine einzelne Erhaltungsmaßnahme).
[210] OLG Dresden ZMR 2005, 894; OLG Düsseldorf FGPrax 2003, 216.
[211] BGH ZWE 2021, 223; BGH NJW 2012, 2434 = ZWE 2012, 271; BGHZ 160, 354 = NJW 2004, 3413 = ZWE 2005, 72; Ausnahme: In der GO vereinbarte Ausbauberechtigung zur Schaffung neuer Einheiten, LG Berlin ZMR 2023, 487.
[212] BGH NJW 2018, 1309 = ZWE 2018, 124.
[213] Vgl. BT-Drs. 19/22634, 44.

„Nein-Stimmen" und Enthaltungen abfragt und danach den Rest der Stimmen als „Ja-Stimmen" wertet. Entsprechendes gilt nach Abgabe der „Ja-Stimmen" und Enthaltungen für die Feststellung der „Nein-Stimmen".[214]

Durch die Subtraktionsmethode kann das tatsächliche Abstimmungsergebnis allerdings nur dann hinreichend verlässlich ermittelt werden, wenn für den Zeitpunkt der jeweiligen Abstimmung die Anzahl der anwesenden und vertretenen Wohnungseigentümer und – bei Abweichung vom Kopfprinzip – auch deren Stimmkraft feststeht.[215]

dd) Unwirksamkeit, Anfechtung und Widerruf einer abgegebenen Stimme

131 Ein wohnungseigentumsrechtlicher Beschluss wird allgemein als ein mehrseitiges – bedingungsfeindliches[216] – Rechtsgeschäft eigener Art verstanden (sog **Gesamtakt**), durch den mehrere gleichgerichtete Willenserklärungen der Wohnungseigentümer gebündelt werden.[217] Auf die Einzelstimme finden damit die Regelungen für Willenserklärungen Anwendung.

132 Im Rahmen einer Beschlussfassung abgegebene Stimmen können daher **unwirksam** sein.

Beispiel

So kann eine wirksame Stimmabgabe an der fehlenden Geschäftsfähigkeit scheitern (§§ 104 ff. BGB).[218]

Stimmabgaben können auch nachträglich **angefochten** werden.

Beispiel

In Betracht kommen insbesondere Anfechtungen der Stimmabgabe wegen Irrtums oder Täuschung (§§ 119 ff. BGB).[219]

Willensmängel in Bezug auf die Stimmabgabe bewirken jedoch zunächst nur, dass die Stimmabgabe unwirksam ist. Ob in Anbetracht der Ungültigkeit der Stimme dann auch der Beschluss selbst fehlerhaft ist, beurteilt sich unter Einbeziehung des Weiteren (Kausalitäts-)Kriteriums, ob nämlich auf der ungültigen Stimmabgabe der Beschluss beruht.[220] Es bedarf daher einer **doppelten Anfechtung** sowohl der Stimmabgabe als auch des möglicherweise darauf beruhenden Beschlusses.

133 Für die Beurteilung einer **Teilnichtigkeit** ist auf § 139 BGB abzustellen, der auf Eigentümerbeschlüsse entsprechend anwendbar ist.[221]

---

[214] BGHZ 152, 63 = NJW 2002, 3629; aA noch OLG Düsseldorf ZWE 2000, 423.
[215] BGHZ 152, 63 = NJW 2002, 3629.
[216] OLG Düsseldorf ZWE 2002, 418.
[217] BGHZ 152, 63 = NJW 2002, 3629; BGHZ 139, 288 = NJW 1998, 3713; BayObLGZ 1977, 226, 231 = NJW 1978, 1387.
[218] Vgl. OLG Stuttgart OLGZ 1985, 259 = NJW-RR 1986, 243.
[219] Vgl. Abramenko Hdb. § 6 Rn. 219 mwN.
[220] BGHZ 152, 63 = NJW 2002, 3629; BayObLG NJW-RR 2005, 664; OLG Stuttgart OLGZ 1985, 259 = NJW-RR 1986, 243.
[221] BGHZ 139, 288 = NJW 1998, 3713; OLG Hamm ZWE 2006, 228.

Die in der Eigentümerversammlung abgegebene Stimme kann bis zu ihrem Zugang bei dem Versammlungsleiter **widerrufen** werden.[222] 134

e) Verkündung des Beschlussergebnisses

Ein Beschluss kommt nicht bereits mit der bloßen Stimmabgabe zustande. Es bedarf vielmehr zusätzlich noch einer **konstitutiv** wirkenden **Feststellung** und **Verkündung** durch den Versammlungsleiter.[223] Die erforderliche Feststellung und Verkündung des Beschlussergebnisses muss allerdings nicht zwingend in das Versammlungsprotokoll (§ 24 Abs. 6 WEG) aufgenommen werden und kann auch in konkludenter Weise geschehen.[224] 135

Da die Verkündung des Beschlusses Wirksamkeitsvoraussetzung ist, kann ein Beschluss nur mit dem vom Versammlungsleiter festgestellten Ergebnis zustande kommen.[225] Selbst wenn er ein **unzutreffendes Ergebnis** verkündet, bleibt ein solchermaßen verkündeter Beschluss wirksam und kann nur im Wege der Anfechtungsklage nach § 43 Abs. 2 Nr. 4 WEG korrigiert werden. Dies hat auch für einen Zählfehler des Versammlungsleiters zu gelten, wenn tatsächlich gar keine Mehrheit für einen Beschlussantrag vorliegt.[226] 136

Unterbleibt die Feststellung und Verkündung des Abstimmungsergebnisses, so kann gem. §§ 43 Abs. 2 Nr. 4, 44 Abs. 1 WEG auf Feststellung und Verkündung durch das Gericht geklagt werden (**Beschlussfeststellungsklage**).[227] Dabei ist inzwischen anerkannt, dass aus Gründen der Prozessökonomie neben der Feststellung und Verkündung zugleich auch über die Ordnungsmäßigkeit des Beschlusses entschieden werden kann.[228] 137

4. Auslegung eines Beschlusses

Als mehrseitiges Rechtsgeschäft eigener Art erfüllt der Beschluss insoweit die Merkmale eines Rechtsgeschäfts, als sein wesentlicher Bestandteil eine oder mehrere Willenserklärungen sind und er die kollektive und rechtsverbindliche Entscheidung der Gemeinschaft über einen Antrag zum Ausdruck bringt. Beschlüsse sind deshalb grundsätzlich der Auslegung zugänglich. Insbesondere solche Beschlüsse, die als Dauerregelungen auch gegenüber einem Sondernachfolger gelten sollen, wirken jedoch ohne Eintragung in das Grundbuch wie Grundbucherklärungen für und gegen sie (vgl. noch ausdrücklich § 10 Abs. 4 u. 5 WEG aF). Es besteht daher wie bei der Gemeinschaftsordnung ein Interesse des Rechtsverkehrs, die durch die Beschlussfassung eingetretenen Rechtswirkungen der Beschlussformulierung selbst entnehmen zu können. Beschlüsse sind deshalb 138

[222] BGH NJW 2012, 3372 = ZWE 2012, 496.
[223] BGH NJW 2014, 1090 = ZWE 2014, 178; BGHZ 148, 335 = NJW 2001, 3339 = ZWE 2001, 530; OLG München NJW-RR 2007, 594.
[224] KG ZfIR 2023, 584; OLG Hamm ZMR 2009, 58.
[225] OLG Düsseldorf ZWE 2002, 418.
[226] BGH NJW 2009, 2132; aA Hügel/Elzer WEG Vor §§ 23 ff. Rn. 30 „Scheinbeschluss".
[227] BGH NJW 2024, 1183 = ZWE 2024, 129; BGHZ 148, 335 = NJW 2001, 3339 = ZWE 2001, 530.
[228] BGH NJW 2024, 1183 = ZWE 2024, 129.

„aus sich heraus“ – **objektiv und normativ** – auszulegen. Umstände außerhalb des protokollierten Beschlusses dürfen nur herangezogen werden, wenn sie nach den besonderen Verhältnissen des Einzelfalles für jedermann ohne weiteres erkennbar sind, zB weil sie sich aus dem – übrigen – Versammlungsprotokoll ergeben.[229]

5. Nicht- und Negativbeschlüsse

a) Nichtbeschluss

139 Einem Nichtbeschluss mangelt es bereits an den Mindestvoraussetzungen einer Beschlussfassung. Er vermittelt nur den Anschein eines Beschlusses (**Scheinbeschluss**).

Beispiele

Ein solcher Nichtbeschluss liegt u.a. vor,

- wenn außerhalb einer Eigentümerversammlung nur einige Wohnungseigentümer einen „Beschluss“ fassen wollen;[230]
- wenn der Alleineigentümer sämtlicher Miteigentumsanteile „Beschlüsse“ (zB über zu leistende Hausgeldzahlungen) fasst, ohne dass zuvor bereits die Wohnungsgrundbücher angelegt worden sind.[231]

b) Negativbeschluss

140 Demgegenüber hat nach heute vorherrschendem Verständnis die formal einwandfrei zustande gekommene Ablehnung eines Beschlussantrages durch die Wohnungseigentümer ihrerseits Beschlussqualität. Ein solcher **Negativbeschluss** ist kein Nichtbeschluss.[232] Die unterlassene Anfechtung eines ablehnenden Beschlusses entfaltet auch materiell keine Sperrwirkung für inhaltsgleiche Anträge.[233] Ein Rechtsschutzbedürfnis für die Anfechtung eines Negativbeschlusses ist regelmäßig auch ohne Verbindung mit einem auf die Feststellung eines positiven Beschlussergebnisses gerichteten Antrags anzunehmen.[234]

[229] BGHZ 195, 22 = NJW 2012, 3719 = ZWE 2013, 27 – Kreditaufnahme; BGHZ 139, 288 = NJW 1998, 3713 – Ruhezeiten-Musikausübung.
[230] OLG Hamm NJW-RR 2008, 250; BayObLG ZWE 2003, 185.
[231] ARS/Küttner/Riecke WEG § 23 Rn. 190; Vgl noch zum früheren Recht BGHZ 151, 164 = NJW 2002, 3240 = ZWE 2002, 570; OLG München ZMR 2006, 308.
[232] BGHZ 148, 335 = NJW 2001, 3339 = ZWE 2001, 530.
[233] BGHZ 152, 46 = NJW 2002, 3704 = ZWE 2003, 64.
[234] BGH NJW 2012, 1722 = ZWE 2012, 267; BGHZ 184, 88 = NJW 2010, 2129 = ZWE 2010, 174.

6. Zweitbeschlüsse

a) Inhaltsgleiche Zweitbeschlüsse

Den Wohnungseigentümern ist es nicht verwehrt, über eine in der Vergangenheit bereits behandelte Angelegenheit noch einmal einen inhaltlich gleichen Beschluss zu fassen.[235] Ein solcher inhaltsgleicher Zweitbeschluss wird idR auch ordnungsmäßiger Verwaltung entsprechen, wenn der **Erstbeschluss** an einem **formellen Mangel** litt. In diesem Fall wollen die Wohnungseigentümer nämlich eine klare und eindeutige Beschlusslage herbeiführen.[236] Dadurch entfällt mit der Bestandskraft des Zweitbeschlusses zugleich das Rechtsschutzbedürfnis für die Anfechtung des ersten Beschlusses.[237] 141

Ein inhaltsgleicher Zweitbeschluss kann auch dann noch ordnungsmäßiger Verwaltung entsprechen, wenn sich gegenüber dem Erstbeschluss die Sach- oder Rechtslage geändert hat. Fassen allerdings die Wohnungseigentümer einen Zweitbeschluss mit identischem Inhalt, so ist jedenfalls die **grundlose inhaltsgleiche Wiederholung** früherer Eigentümerbeschlüsse, die bereits **aus materiellen Gründen** angefochten worden sind, mit den Grundsätzen ordnungsmäßiger Verwaltung nicht vereinbar, so dass ein solcher Wiederholungsbeschluss schon deshalb nach rechtzeitiger Anfechtung für ungültig zu erklären ist.[238] 142

Beispiel

Ein Zweitbeschluss ist rechtsmissbräuchlich und widerspricht daher ordnungsmäßiger Verwaltung, wenn er allein in der Hoffnung gefasst wird, bei der dritten oder fünften Wiederholung werde die Minderheit die Anfechtungsfrist versäumen oder aufgrund psychischer oder finanzieller Erschöpfung auf die Anfechtung verzichten.[239]

b) Abändernde und ergänzende Zweitbeschlüsse

Die Wohnungseigentümer sind grundsätzlich auch nicht gehindert, früher gefasste Beschlüsse durch einen neuerlichen Beschluss zu ergänzen oder gar gänzlich abzuändern. Dabei ist unerheblich, aus welchen Gründen die Gemeinschaft eine erneute Beschlussfassung für angebracht hält. Von Bedeutung ist nur, ob der neue Beschluss „aus sich heraus" einwandfrei ist. Dies gilt selbst dann, wenn der frühere Beschluss inzwischen bestandskräftig geworden sein sollte.[240] 143

Der abändernde Zweitbeschluss muss jedoch nach hM **schutzwürdige Belange** eines Wohnungseigentümers aus Inhalt und Wirkungen des Erstbeschlusses beachten.[241] Insbesondere darf dadurch nicht in bereits erworbene Rechtspositionen eingegriffen werden. 144

[235] BayObLG ZWE 2002, 315.
[236] LG Köln ZWE 2013, 139.
[237] OLG Frankfurt ZWE 2013, 211; LG Düsseldorf ZWE 2012, 44.
[238] KG NJW-RR 1994, 1358; LG Hamburg ZWE 2011, 283.
[239] LG Hamburg ZWE 2011, 283.
[240] BGHZ 148, 335 = NJW 2001, 3339 = ZWE 2001, 530; BGHZ 113, 197 = NJW 1991, 979.
[241] BGHZ 113, 197 = NJW 1991, 979; OLG Frankfurt OLGR 2005, 334; OLG Köln NZM 2002, 454; OLG Düsseldorf ZWE 2001, 34; BayObLG ZWE 2002, 360.

Beispiel

Haben die Wohnungseigentümer in einem (Erst-)Beschluss den ohne ihre Zustimmung vorgenommenen Umbau einer Wohnungseingangstür genehmigt, so ist die zunächst unrechtmäßig vorgenommene bauliche Veränderung als rechtmäßig anzusehen (vgl. noch zu § 22 Abs. 1 WEG aF); sie ist nach Bestandskraft von allen Wohnungseigentümern zu dulden (vgl. noch § 10 Abs. 5 WEG aF). Der Entzug einer solchen begünstigenden Rechtsposition stellt einen Nachteil dar und kann deshalb nicht im Wege eines abändernden Zweitbeschlusses erfolgen, soweit nicht ausnahmsweise überwiegende sachliche Gründe für die neue Regelung sprechen.[242]

Nach hM bedeutet dies allerdings nicht, dass durch einen abändernden Beschluss auch etwaige *tatsächliche* Vorteile erhalten bleiben müssen, die ein Wohnungseigentümer nach dem Erstbeschluss gehabt hätte.[243]

7. Einstimmige und allstimmige Beschlüsse

a) Einstimmige Beschlüsse

145 Ein Beschluss ist **einstimmig,** wenn ihm alle in der Eigentümerversammlung anwesenden und stimmberechtigten Wohnungseigentümer zugestimmt haben.[244] Auch hier sind Enthaltungen nicht zu berücksichtigen.

Beispiel

Bei gesetzlichem Kopfstimmrecht ist ein Beschluss einstimmig zustande gekommen, wenn von insgesamt 10 Wohnungseigentümern zwei für einen Beschlussantrag gestimmt und die übrigen acht sich der Stimme enthalten haben.
Nachdem nun jede Eigentümerversammlung bei Anwesenheit nur eines Wohnungseigentümers beschlussfähig ist, wäre sogar der bei Anwesenheit nur eines Wohnungseigentümers gefasste Beschluss einstimmig.

b) Allstimmige Beschlüsse

aa) Voraussetzung und Abgrenzung

146 Ein Beschluss in einer Eigentümerversammlung ist demgegenüber **allstimmig,** wenn sämtliche Wohnungseigentümer anwesend oder vertreten sind und sämtliche Stimmberechtigten einem Beschlussantrag zustimmen.[245]

147 Im Einzelfall kann es zu **Abgrenzungsschwierigkeiten** zwischen allstimmigen Beschlüssen und Vereinbarungen kommen. Die wohl hM orientiert sich dabei am Regelungsinhalt und nimmt eine Vereinbarung regelmäßig immer dort an, wo ein Mehrheitsbeschluss nicht wirksam möglich wäre.[246] Dementsprechend liegt

---

[242] OLG Frankfurt OLGR 2005, 334; BayObLG ZWE 2002, 360.

[243] OLG Frankfurt OLGR 2005, 334; OLG Düsseldorf ZWE 2000, 368.

[244] Zum unterschiedlichen Sprachgebrauch vgl. OLG Hamm ZWE 2008, 465; wie hier Hügel/Elzer WEG Vor §§ 23 ff. Rn. 72; Jennißen/Schultzky WEG § 23 Rn. 61.

[245] Deckert ZMR 2002, 21, 24; Hügel/Elzer WEG Vor 23 ff. Rn. 73; Jennißen/Schultzky WEG § 23 Rn. 445.

[246] OLG Hamburg ZMR 2008, 154; OLG Hamm ZMR 2005, 400; BayObLG ZWE 2002, 583; OLG Düsseldorf ZWE 2001, 383; OLG Zweibrücken ZWE 2001, 563; LG Hamburg ZMR 2015, 484; LG Karlsruhe ZMR 2010, 640.

nach dieser Ansicht ein Beschluss immer dann vor, wenn innergemeinschaftliche Regelungen einer Mehrheitsentscheidung zugänglich sind.[247]

bb) Beschlussfassung in Textform

Allstimmigkeit wird vom Gesetz ausnahmsweise für eine **Beschlussfassung** 148
gem. § 23 Abs. 3 S. 1 WEG gefordert. Da die in einer Eigentümerversammlung bestehende Möglichkeit zum Meinungsaustausch im schriftlichen Verfahren entfällt, sollen die Wohnungseigentümer ggf. durch Verweigerung der Teilnahme ein nicht gewünschtes Votum verhindern können.[248]

Bitte lesen Sie jetzt § 23 Abs. 3 S. 1 WEG!

Nachdem die vormalige Schriftform durch die Textform ersetzt wurde, sollte 149
für diese Art von Beschlussfassung nur noch die Bezeichnung **„Umlaufverfahren"** (statt früher auch „schriftliches Verfahren") benutzt werden. Es setzt voraus, dass die Wohnungseigentümer sowohl dem Verfahren als solchem als auch dem eigentlichen Beschluss zustimmen.[249] Dazu muss eine Beschlussfassung unmissverständlich initiiert werden.[250] Die **Initiative** kann von jedem Wohnungseigentümer, dem Verwalter, einem Beirat oder deren jeweiligem Vertreter ausgehen[251]; außenstehende Dritte sind zur Einleitung einer schriftlichen Beschlussfassung allerdings nicht berechtigt.[252]

Die Beschlussfassung muss jetzt nicht mehr **schriftlich iSv § 126 BGB** erfolgen; 150
vielmehr genügt die geringere Textform gem. § 126b BGB. Damit sind auch nicht eigenhändig unterschriebene Zustimmungserklärungen z.B. per Fax, E-mail oder SMS möglich.[253] Nach dem eindeutigen Wortlaut des § 23 Abs. 3 WEG müssen zur Wirksamkeit **„alle Wohnungseigentümer"** ihre Zustimmung erklären. Einem schriftlichen Beschluss müssen damit auch diejenigen Wohnungseigentümer zustimmen, die in einer Eigentümerversammlung bei der Beschlussfassung zB wegen § 25 Abs. 5 WEG vom Stimmrecht ausgeschlossen wären.[254]

Wegen der konstitutiven Wirkung kommt auch im schriftlichen Verfahren 151
ein Beschluss erst mit der Feststellung und einer an alle Wohnungseigentümer gerichteten Mitteilung des Beschlussergebnisses als **Verkündungsersatz** durch den Initiator zustande.[255]

---

[247] AA Jennißen/Schultzky WEG § 23 Rn. 46f.; Wenzel NZM 2003, 217.

[248] Vgl. Jennißen/Schultzky WEG § 23 Rn. 146.

[249] LG München I ZMR 2015, 799.

[250] BGH NJW 2015, 2425 = ZWE 2015, 280; OLG Düsseldorf ZMR 2020, 430; OLG Celle NJW-RR 2006, 1605.

[251] OLG München ZMR 2007, 304; Bärmann/Dötsch WEG § 23 Rn. 206; Jennißen/Schultzky WEG § 23 Rn. 154.

[252] Bärmann/Dötsch WEG § 23 Rn. 206; Hügel/Elzer WEG § 23 Rn. 98; Jennißen/Schultzky WEG § 23 Rn. 154; aA ARS/Küttner/Riecke WEG § 23 Rn. 153f.

[253] Vgl. BT-Drs. 19/18791, 72.

[254] BayObLG ZWE 2001, 590; Bärmann/Dötsch WEG § 23 Rn. 218; Jennißen/Schultzky WEG § 23 Rn. 159; ARS/Küttner/Riecke WEG § 23 Rn. 166; aA Kümmel ZWE 2000, 62.

[255] BGHZ 148, 335 = NJW 2001, 3339 = ZWE 2001, 530.

Beispiel

Der Verwalter könnte als Initiator den Umlaufbeschluss „verkünden“,

- indem er mit einem entsprechenden Rundschreiben alle Wohnungseigentümer über die Beschlussfassung informiert;
- indem er über die Beschlussfassung einen Aushang am Schwarzen Brett der Eigentümergemeinschaft anbringt;
- indem er die Verkündung eines nicht eilbedürftigen Beschlusses bei der nächsten Eigentümerversammlung nachholt.[256]

Umstritten ist lediglich, welche Rechtsfolgen mit der „Verkündung“ eines fehlerbehafteten Umlaufbeschlusses verbunden sind.

Beispiel

Der Verwalter hat als Initiator einen Umlaufbeschluss „verkündet“, obwohl die erforderliche Allstimmigkeit nicht gegeben ist.

Die Beantwortung dieser Frage hängt maßgeblich davon ab, ob man die Vorschrift des § 23 Abs. 3 S. 1 WEG wegen des in der Norm zum Ausdruck kommenden Minderheitenschutzes für zwingendes Recht hält, auf dessen Einhaltung nicht verzichtet werden kann. In diesem Fall kann im Hinblick auf § 23 Abs. 4 S. 1 WEG ein Mangel des schriftlichen Beschlussverfahrens keine Rechtswirkungen zeitigen.[257] Selbst die „Verkündung“ ist dann nicht in der Lage, einen unvollkommenen schriftlichen Beschluss zu vervollständigen; sie geht schlicht ins Leere. Hält man demgegenüber § 23 Abs. 3 S. 1 WEG vor dem Hintergrund der sich allgemein in § 10 Abs. 1 S. 2 WEG manifestierenden Privatautonomie der Wohnungseigentümer lediglich für abdingbar, gelangt man nicht zu einem Nichtbeschluss, sondern stattdessen lediglich zur Anfechtbarkeit.[258]

151a Für den **Nachweis der Beschlussfassung** durch einen allstimmigen Beschluss ist nach einer im Vordringen befindlichen Meinung im Grundbuchverfahren § 24 Abs. 6 WEG entsprechend anzuwenden, wobei der Initiator an die Stelle des Versammlungsleiters tritt.[259]

151b Mit der Einfügung des § 23 Abs. 3 S. 2 WEG ermöglicht der Gesetzgeber nun den Wohnungseigentümern als Ausnahme zu § 23 Abs. 3 S. 1 WEG, einen Beschluss mit Mehrheit zu fassen, wonach für einen einzelnen Gegenstand ein Beschluss ohne Versammlung nur mit der Mehrheit der abgegebenen Stimmen zustande kommt.

Bitte lesen Sie jetzt § 23 Abs. 3 S. 2 WEG!

Die Legitimationsgrundlage für eine solche mehrheitliche Beschlussfassung im Umlaufverfahren ist danach ein sog. **Absenkungsbeschluss**, der seinerseits

---

[256] Abramenko Hdb. § 6 Rn. 236; Jennißen/Schultzky WEG § 23 Rn. 162.

[257] So etwa OLG Zweibrücken FGPrax 2003, 60; LG München I ZWE 2014, 189; Deckert ZMR 2008, 585.

[258] So etwa LG Hamburg ZWE 2018, 28; Bärmann/Dötsch WEG § 23 Rn. 248; R. Breiholdt ZMR 2010, 168; Hügel/Elzer WEG § 23 Rn. 116; anders noch Elzer ZWE 2007, 165.

[259] Bärmann/Dötsch WEG § 23 Rn. 251; Hügel/Elzer WEG § 23 Rn. 120; Schneider ZfIR 2022, 349; aA Zustimmungserklärungen aller Wohnungseigentümer in der Form des § 29 GBO: KG ZWE 2012, 426; BayObLG NJW-RR 1986, 565; tendenziell auch BGH NJW 2022, 70 = ZWE 2021, 404.

wiederum mit Mehrheit oder allstimmig gem. S. 1 zustande gekommen sein muss. Für das Zustandekommen und den Nachweis der Beschlussfassung gegenüber dem Grundbuchgericht gelten nach hier vertretener Auffassung die vorstehenden Ausführungen entsprechend.[260]

8. Fehlerhafte Beschlüsse

a) Grundsatz

Der hier maßgebliche §23 Abs.4 WEG ist soeben schon angesprochen wor- 152
den. Danach kennt das Gesetz einerseits nichtige Beschlüsse, die gegen eine Rechtsvorschrift verstoßen, auf deren Einhaltung rechtswirksam nicht verzichtet werden kann (§23 Abs.4 S.1 WEG). Im Übrigen ist ein Beschluss jedoch gültig, solange er nicht durch rechtskräftiges Urteil für ungültig erklärt ist (§23 Abs.4 S.2 WEG).

Bitte lesen Sie jetzt §23 Abs.4 WEG!

Die Vorschrift setzt denknotwendig voraus, dass überhaupt ein Beschluss zustande gekommen ist. Wegen der sog Nichtbeschlüsse/Scheinbeschlüsse → Rn.139.

Der Gesetzesaufbau macht deutlich, dass **nichtige Beschlüsse** nicht ange- 153
fochten werden müssen. Lediglich **anfechtbare Beschlüsse** müssen zur Beseitigung der ansonsten bestehenden Bindungswirkung gerichtlich angefochten und für ungültig erklärt werden (vgl. §44 Abs.1 S.1 iVm §43 Abs.2 Nr.4 WEG). Anders als bei der gewöhnlichen Bruchteilsgemeinschaft hat der Gesetzgeber hier zur Absicherung der Beschlusswirkungen eine zeitliche Begrenzung der Anfechtungsmöglichkeiten vorgesehen. So erwächst selbst ein anfechtbarer Beschluss in **Bestandskraft,** wenn er nicht innerhalb eines Monats nach der Beschlussfassung angefochten wird (§23 Abs.4 S.2 iVm §45 S.1 WEG). Wie der Wortlaut erkennen lässt, bindet ein Beschluss bereits unmittelbar mit der Beschlussfassung sämtliche Wohnungseigentümer und nicht erst mit Eintritt der Bestandskraft; eine etwaige Beschlussanfechtungsklage hat keine aufschiebende Wirkung. Solange die Beschlüsse nicht rechtskräftig für ungültig erklärt worden sind, sind sie gültig.[261] Die Bestandskraft erstreckt sich ggf. als Vorfrage auch auf andere Gerichtsverfahren.[262] Die **Bindungswirkung** ist allerdings **sachlich beschränkt** auf den Wegfall der gerichtlichen Anfechtungsmöglichkeit; den Wohnungseigentümern bleibt es dagegen unbenommen, einen sog **Zweitbeschluss** zu fassen (→ Rn.141 ff.).

b) Nichtige Beschlüsse

Ein nichtiges Rechtsgeschäft lässt die gewollten Rechtswirkungen von Anfang 154
an nicht eintreten. Die Nichtigkeit wirkt grundsätzlich für und gegen alle, bedarf

[260] Schneider ZfIR 2022, 349.
[261] BGH ZWE 2014, 265 für einen Sonderumlagenbeschluss.
[262] Vgl. BGH ZWE 2011, 403 für einen Beschluss gem. §28 Abs.5 WEG aF.

keiner Geltendmachung und ist im gerichtlichen Verfahren von Amts wegen zu berücksichtigen. Sie kann zwar in einem gerichtlichen Verfahren nach Maßgabe der bestehenden Vorschriften ausdrücklich festgestellt werden; eine solche Entscheidung hat aber nur deklaratorische Bedeutung.[263]

155 Ein Beschluss ist im Sinne von § 23 Abs. 4 S. 1 WEG nur dann nichtig, wenn er gegen eine Rechtsvorschrift verstößt, auf deren Einhaltung rechtswirksam nicht verzichtet werden kann. Solche unabdingbaren Rechtsvorschriften ergeben sich entweder aus den zwingenden Bestimmungen und Grundsätzen des Wohnungseigentumsgesetzes oder aus den Normen des übrigen Privat- oder öffentlichen Rechts.[264]

Beispiele

Zwingende Bestimmungen des WEG sind u.a.:

- Die Bestellung eines Verwalters kann nicht ausgeschlossen werden (vgl. § 19 Abs. 2 Nr. 6 WEG).
- Die Bestellung eines (nicht des ersten) Verwalters darf auf höchstens fünf Jahre vorgenommen werden (§ 26 Abs. 1 S. 2 iVm Abs. 5 WEG).

Zwingende Grundsätze des WEGs sind:

- Zur Beschlussfassung bedarf es der **Zuweisung von Beschlusskompetenz** durch Gesetz oder Rechtsgeschäft (→ § 5 Rn. 44 ff.).[265] Aus diesem Grunde ist zB eine Änderung der sachenrechtlichen Grundlagen im Beschlusswege nicht möglich.[266]
- Ein beschlussweiser Eingriff in den **wohnungseigentumsrechtlichen Kernbereich** ist nicht möglich, weil dadurch unentziehbare und unverzichtbare Individualrechte betroffen werden. Aus diesem Grunde kann zB der Betrieb einer Waschmaschine in der Wohnung nicht verboten werden.[267]
- Ein beschlussweiser Eingriff kann nach Auffassung des BGH ebenfalls nicht erfolgen, wenn unentziehbare, aber verzichtbare Individualrechte berührt sind[268] und der betroffene Wohnungseigentümer einer gegen das **Belastungsverbot** verstoßenden Maßnahme nicht zustimmt.[269]

Kein Verstoß gegen ein gesetzliches Verbot:

Ein Beschluss im Rahmen der Jahresabrechnung kann Verbindlichkeiten nur für und gegen die bei Beschlussfassung eingetragenen Wohnungseigentümer begründen, nicht aber hinsichtlich deren Rechtsvorgänger. Andernfalls läge eine unzulässiger Gesamtakt zulasten Dritter vor.[270]

Kein Verstoß gegen die guten Sitten:

Die gem. § 28 Abs. 3 WEG zulässige beschlussweise Festsetzung von Verzugszinsen bei Hausgeldrückständen mit einem Zinssatz von 1 % pro Tag.[271]

---

[263] BGHZ 107, 268 = NJW 1989, 2059 mwN.

[264] BGH ZWE 2022, 209; BGH NJW 2012, 3571 = ZWE 2012, 429; BGHZ 107, 268 = NJW 1989, 2059; BayObLGZ 1984, 198 = DNotZ 1985, 416.

[265] BGHZ 145, 158 = NJW 2000, 3500 = ZWE 2000, 518.

[266] OLG München NJW 2010, 1467; BayObLGZ 2002, 267 = NZM 2002, 825.

[267] OLG Frankfurt NJW-RR 2002, 82.

[268] Zur Kritik an dieser Auffassung → § 5 Rn. 69 f. mwN.

[269] BGH ZWE 2016, 374; BGHZ 202, 346 = NJW 2015, 549 = ZWE 2015, 131; vgl. auch BGH NJW 2012, 1724 = ZWE 2012, 268 zu einem nichtigen Beschluss über sog „tätige Mithilfe" der Wohnungseigentümer.

[270] BGH ZWE 2012, 90.

[271] Abramenko Hdb. § 6 Rn. 241 noch zu § 21 Abs. 7 WEG aF.

Kein Verstoß gegen sonstige Normen:

Die beschlussweise Einführung einer **Erwerberhaftung** für Hausgeldrückstände bei einer Zwangsversteigerung wäre wegen Verstoßes gegen §56 S. 2 ZVG nichtig.[272]

Hinweis:

Kommen Ihnen diese Prüfungspunkte möglicherweise bekannt vor? Vergleichen Sie doch einmal die Prüfungsaufgaben der Grundbuchgerichte bei der Grundbucheintragung von Vereinbarungen der Wohnungseigentümer als Inhalt des Sondereigentums. Dazu können Sie mehr nachlesen im → §5 Rn. 42.

c) Anfechtbare Beschlüsse

Beschlüsse können sowohl **formelle** als auch **materielle Mängel** aufweisen. **156**
Solche Beschlüsse bedürfen der fristgebundenen Anfechtung, damit sie im gerichtlichen Verfahren für ungültig erklärt werden (vgl. §43 Abs. 2 Nr. 4 iVm §44 Abs. 1 S. 1 WEG).

Wiederholung:

Wiederholen Sie bitte die Ausführungen zur formell und materiell ordnungsmäßigen Beschlussfassung in → Rn. 115 f. und → Rn. 117 ff.!

d) Unbestimmte Beschlüsse

Beschlüsse müssen grundsätzlich bestimmt sein, dh aus sich heraus klar **157**
und eindeutig erkennen lassen, was gewollt ist.[273] Die fehlende Bestimmtheit eines Beschlusses kann uU seine Nichtigkeit oder auch nur seine Anfechtbarkeit begründen.

Der Inhalt eines Beschlusses begründet seine **Nichtigkeit** nur, wenn auch im **158**
Wege der Auslegung (→ Rn. 138) eine vollziehbare Regelung nicht mehr ermittelt werden kann, weil sein Inhalt widersprüchlich („perplex") ist. Demgegenüber ist ein Beschluss grundsätzlich lediglich **anfechtbar**, falls die gebotene Auslegung ergibt, dass eine durchführbare Regelung noch erkennbar ist.[274]

Wiederholungsaufgaben und Vertiefungsfragen

1. Ein Wohnungseigentümer ist gem. §17 WEG rechtskräftig zur Veräußerung seines Wohnungseigentums verurteilt worden. Ist dieser Wohnungseigentümer in der Eigentümerversammlung bei der Beschlussfassung über folgende Regelungsgegenstände stimmberechtigt:
   a) Beschlussfassung über die neue Hausordnung;
   b) Beschlussfassung über die Jahresabrechnung.
2. In einer Eigentümergemeinschaft gilt das Wertstimmrecht. Für die nächste Eigentümerversammlung steht die Entlastung des Verwalters auf der Tages-

[272] BGH NJW 2012, 3571 = ZWE 2012, 429.
[273] Vgl. Abramenko ZfIR 2014, 725.
[274] BGH ZWE 2025, 141; OLG Düsseldorf NJW-RR 2008, 1467; OLG Hamburg ZMR 2008, 225; LG Karlsruhe ZWE 2016, 92.

ordnung. Verwalter ist der Bauträger B, für den noch einige Einheiten in den Wohnungsgrundbüchern eingetragen sind. Da B befürchtet, dass ihm die gewünschte Entlastung wegen Streitereien mit einigen Wohnungskäufern nicht erteilt werden könnte, bevollmächtigt er seinen Freund F, ihn als Eigentümer bei der nächsten Versammlung zu vertreten und für seine Entlastung zu stimmen. Können die zugunsten des B abgegebenen Stimmen des F bei der Mehrheitsfindung berücksichtigt werden?

§ 9. Bauliche Veränderungen

Ausgewählte Literatur zur Ergänzung und Vertiefung:

Abramenko, Erhaltung und bauliche Veränderung, Tertium (non) datur, MietRB 2024, 306; Dötsch, Neues bei der Verteilung der Kosten baulicher Veränderungen, ZWE 2021, 341; Dötsch, WEG-Reform: Endlich der Durchbruch für die Förderung der Elektromobilität im Immobilienrecht?, ZWE 2020, 215; Dötsch, WEG-Reform 2020 – Übersicht zum Recht der baulichen Veränderungen nach dem Regierungsentwurf, ZfIR 2020, 221; Dötsch/Zschieschack, Die erfolgreiche Durchsetzung des Anspruchs auf privilegierte Baumaßnahmen in der vermieteten Eigentumswohnung, ZWE 2023, 435; Elzer, Von der Angemessenheits- zur Nachteilsprüfung – Neues zu privilegierten baulichen Veränderungen, MietRB 2024, 125; Elzer, Der Baum im Wohnungseigentumsrecht, NZM 2021, 334; Gedaschko, E-Mobilität – Einbau von Ladestationen, FS Drasdo 2023, 85; Greiner, Los geht's! Aktuelles zum Thema Balkonkraftwerke, ZMR 2023, 618; Häublein, Der Referentenentwurf des BMJ zur Einführung virtueller Versammlungen und Privilegierung von Steckersolargeräten, ZWE 2023, 302; Häublein/Jacoby/Lehmann-Richter/Wobst, Änderung des vereinbarten Gebrauchs als Sperre eines Beschlusses über eine bauliche Veränderung?, ZWE 2021, 27; Herlitz, Technik & Recht im Schnittpunkt der WEMoG-modernisierten Mieterrechte, NZM 2020, 912; Hinz, Der Individualanspruch auf bauliche Veränderungen ohne relevante Beeinträchtigung in der Beschlussvorbereitung, ZWE 2024, 385; Hogenschurz, Zu den Grenzen baulicher Veränderungen gem. § 20 Abs. 4 WEG, ZfIR 2021, 419; Hogenschurz, Barrierefreiheit in der Wohnungseigentumsanlage, FS Hannemann 2023, 181; Horst, Bauliche Sanierung und bauliche Veränderung nach neuem WEG Recht, MietRB 2021, 181; Horst, Herstellung und Management von E-Mobilität im Miet- und Wohnungseigentumsrecht, ZAP 2021, 795; Hübner, E-Mobilität in vermieteten Tiefgaragen – ein Startversuch mit Hindernissen und vielen offenen Fragen, ZfIR 2020, 37; Kieß, Kann man den Anspruch aus § 20 Abs. 3 WEG einredeweise geltend machen?, AnwZert MietR 12/2023 Anm. 2; Klimesch, Gartenteich, Baum & Co. als privilegierte Maßnahmen – Art. 20a GG als echtes „Natur"-Grundrecht, IMR 2021, 133; Klimesch, Der Anspruch auf Gestattung von Balkonkraftwerken – Art. 20a GG: das verkannte „Planetengrundrecht", ZMR 2023, 522; Lange/Putz, Ladeinfrastruktur für Elektrofahrzeuge im häuslichen Bereich, MDR 2022, 1057; Mediger, Neue Regeln für bauliche Veränderungen im RefE WEModG oder: „weniger ist mehr" – Zugleich zu den Plänen einer „Vergesellschaftung" des Wohnungseigentums, NZM 2020, 269; Pflügl/Pflügl, Die Photovoltaikanlage im Wohnungseigentum – Modelle und rechtliche Voraussetzungen für die Installation einer Photovoltaikanlage, FS Drasdo 2023, 163; Riecke, Bauliche Veränderungen: Formulierung der Beschlüsse und Durchführung der Abstimmung, ZWE 2022, 20; Riecke, E-Mobilität – Im Spannungsfeld zwischen Miet- und WEG-Recht, FS Hannemann 2023, 273; Rolfs, Bauliche Maßnahmen des Mieters nach neuem Recht: Barrierereduzierung, E-Mobilität, Einbruchsschutz, NZM 2020, 902; Rüscher, Mit dem Aufzug von München nach Karlsruhe und wieder zurück – eine Reise durch das neue Recht der baulichen Veränderungen, ZWE 2024, 249; Sankol, Gedanken über die Suspendierung eines Beschlusses per Beschluss der Wohnungseigentümer, ZMR 2023, 528; Vogel, Auswirkungen des Wohnungseigentumsmodernisierungsgesetzes (WEMoG) auf die Verfolgung von Mängelansprüchen gegen den Bauträger, ZMR 2021, 181; Will, Der Absenkungsbeschluss als Mittel zur gestuften Beschlussfassung bei Baumaßnahmen, ZWE 2023, 235; Zschieschack, Neues bei Beschlüssen über bauliche Veränderungen, ZWE 2021, 68; Zschieschack/Dötsch, Neu im WEG: „Steckersolargeräte" und „virtuelle Eigentümerversammlungen", NZM 2024, 921; Zschieschack/Dötsch, Balkonstrom und virtuelle Eigentümerversammlung, NZM 2023, 617; Zschieschack, Die Vorbereitung von Beschlüssen über Baumaßnahmen, ZWE 2024, 110.

I. Vorbemerkungen

1. Regelungssystematik

1 Nach der Ihnen bis jetzt bekannten Regelungssystematik obliegt der Gemeinschaft der Wohnungseigentümer die **Verwaltung des gemeinschaftlichen Eigentums** (§ 18 Abs. 1 WEG). Soweit die Verwaltung des gemeinschaftlichen Eigentums nicht durch Vereinbarung geregelt ist, beschließen die Wohnungseigentümer eine ordnungsmäßige Verwaltung (§ 19 Abs. 1 WEG). Zu einer ordnungsmäßigen Verwaltung gehört insbesondere die ordnungsmäßige **Erhaltung** des gemeinschaftlichen Eigentums (§ 19 Abs. 2 Nr. 2 WEG). Zur Erhaltung wiederum gehören sowohl die Instandhaltung als auch die Instandsetzung des gemeinschaftlichen Eigentums (vgl. § 13 Abs. 2 WEG).

📖 Bitte lesen Sie jetzt noch einmal § 18 Abs. 1, § 19 Abs. 1 und Abs. 2 Nr. 2 WEG sowie § 13 Abs. 2 WEG!

2 Nach § 20 Abs. 1 WEG können die Wohnungseigentümer auch Maßnahmen beschließen, die über die ordnungsmäßige Erhaltung des gemeinschaftlichen Eigentums hinausgehen (**bauliche Veränderungen**), etwa das Anbringen einer Markise. Solche Maßnahmen können sie einem Wohnungseigentümer durch Beschluss gestatten, so dass dieser berechtigt ist, selbst bauliche Veränderungen am gemeinschaftlichen Eigentum vorzunehmen. Jeder Wohnungseigentümer kann sogar angemessene bauliche Veränderungen verlangen, die der Barrierefreiheit, dem Laden elektrisch betriebener Fahrzeuge, dem Einbruchsschutz, dem Anschluss an das Glasfasernetz und der Stromerzeugung durch Steckersolargeräte dienen (§ 20 Abs. 2 WEG). Darüber hinaus kann jeder Wohnungseigentümer verlangen, dass ihm eine bauliche Veränderung gestattet wird, wenn alle Wohnungseigentümer einverstanden sind, deren Rechte durch die bauliche Veränderung über das bei einem geordneten Zusammenleben unvermeidliche Maß hinaus beeinträchtigt werden (§ 20 Abs. 3 WEG). Bauliche Veränderungen, die die Wohnanlage grundlegend umgestalten oder einen Wohnungseigentümer ohne sein Einverständnis gegenüber anderen Wohnungseigentümern unbillig benachteiligen, dürfen nicht beschlossen oder gestattet werden; sie können auch nicht verlangt werden (§ 20 Abs. 4 WEG).

📖 Bitte lesen Sie jetzt § 20 Abs. 1, 2, 3 und 4 WEG! Schauen Sie sich dann das folgende Schaubild an, das die Regelungssystematik verdeutlicht!

Schaubild: Bauliche Maßnahmen

	Bauliche Maßnahmen am Gemeinschaftseigentum	
Gegenstand der Maßnahme	**Bauliche Veränderungen** – im Interesse der Gemeinschaft – im Interesse einzelner Wohnungseigentümer (§ 20 Abs. 1 WEG)	**Ordnungsmäßige Erhaltung** (§ 19 Abs. 2 Nr. 2 WEG)
Erforderliche Willensbildung	Beschluss mit einfacher Stimmenmehrheit (§ 20 Abs. 1, 2 S. 2 WEG)	Beschluss mit einfacher Stimmenmehrheit (§ 19 Abs. 1 WEG)
Anspruch einzelner Wohnungseigentümer auf	Privilegierte (angemessene) bauliche Veränderungen: – Barrierefreiheit, – Ladeinfrastruktur, – Einbruchsschutz, – Glasfaseranschluss, – Steckersolargeräte (§ 20 Abs. 2 S. 1 WEG)	Ordnungsmäßige Erhaltung (§ 18 Abs. 2 Nr. 1 WEG)
	Gestattung mit Einverständnis der über das unvermeidliche Maß hinaus beeinträchtigten Wohnungseigentümer (§ 20 Abs. 3 WEG)	
Schranken der Mehrheitsmacht / des Anspruchs	Grundlegende Umgestaltung der Wohnanlage, unbillige Benachteiligung einzelner Wohnungseigentümer	Grenze der Ordnungsmäßigkeit

3 Die Regelungssystematik des § 20 WEG wurde erst durch das **WEMoG** mit Wirkung zum 1.12.2020 eingeführt.[1] Nach der alten Regelung in § 22 Abs. 1 WEG aF konnten bauliche Veränderungen, die über eine ordnungsmäßige Instandhaltung und Instandsetzung des gemeinschaftlichen Eigentums hinausgehen, nur beschlossen oder verlangt werden, wenn jeder Wohnungseigentümer zustimmte, dessen Rechte durch die Maßnahme über das in § 14 Nr. 1 WEG aF bestimmte Maß hinaus beeinträchtigt wurden. Den betroffenen Wohnungseigentümern war auf diese Weise eine Art „Vetorecht" selbst für den Fall eingeräumt, dass sie sich in der Minderheit befinden sollten. Mit der Neuregelung in § 20 WEG wollte der Gesetzgeber erreichen, dass Beschlüsse über bauliche Veränderungen einfacher gefasst werden können.[2] Wohnungseigentümer, die mit der beschlossenen Maßnahme nicht einverstanden sind, können den Beschluss heute nicht mehr ohne weiteres mit der Begründung erfolgreich anfechten, die Maßnahme stelle eine nicht nur unerhebliche Beeinträchtigung dar.[3] Für eine erfolg-

[1] Gesetz idF der Neubekanntmachung v. 12.1.2021, BGBl. I 34.
[2] BT-Drs. 19/18791, 61.
[3] Bärmann/Pick/Emmerich WEG § 20 Rn. 4.

reiche Beschlussanfechtung ist regelmäßig erforderlich, dass die beschlossene Maßnahme einzelne Wohnungseigentümer ohne ihr Einverständnis gegenüber anderen unbillig benachteiligt oder die Wohnanlage unbillig umgestaltet (§ 20 Abs. 4 WEG).

2. Praktische Bedeutung

4 Die Vorschrift des § 20 Abs. 1 WEG ermöglicht sowohl bauliche Veränderungen **im Interesse der Gemeinschaft** als auch **eigennützige bauliche Veränderungen** im Interesse eines Wohnungseigentümers. Letztere können durch Beschluss „gestattet" werden. Da nach geltendem Recht sowohl Maßnahmen der ordnungsmäßigen Verwaltung als auch bauliche Veränderungen einem Mehrheitsbeschluss der Wohnungseigentümer zugänglich sind, hat die Abgrenzung dieser Arten von Maßnahmen noch Bedeutung für die Kostentragung, die für bauliche Veränderungen in § 21 WEG abweichend von § 16 Abs. 2 WEG geregelt ist. Darüber hinaus bestehen nur bei baulichen Veränderungen die in § 20 Abs. 4 WEG geregelten Schranken der Mehrheitsmacht. Fragen der grundlegenden Umgestaltung der Wohnanlage und der unbilligen Benachteiligung einzelner Wohnungseigentümer gegenüber anderen Wohnungseigentümern bieten häufig Anlass für eine gerichtliche Auseinandersetzung.[4]

5 Wir werden in der Folge zunächst den Begriff der baulichen Veränderung näher betrachten, bevor wir uns dem Beschlusserfordernis, dem Anspruch auf bauliche Veränderung, den Grenzen der Mehrheitsmacht und den Kosten baulicher Veränderungen zuwenden.

II. Begriff der baulichen Veränderung

1. Merkmale baulicher Veränderungen

6 § 20 Abs. 1 WEG definiert „bauliche Veränderungen" als Maßnahmen, die über die ordnungsmäßige Erhaltung des gemeinschaftlichen Eigentums hinausgehen. Eine bauliche Veränderung liegt vor, wenn es sich um eine

- nach Begründung einer Wohnungseigentümergemeinschaft vorgenommene,
- auf Dauer angelegte,
- gegenständliche Umgestaltung
- des gemeinschaftlichen Eigentums
- außerhalb der Grenzen einer ordnungsmäßigen Erhaltung handelt.[5] Fehlt nur eines dieser Elemente, liegt keine bauliche Veränderung im Sinne von § 22 Abs. 1 WEG vor. Zu den Merkmalen im Einzelnen:

---

[4] Vgl. nur BGH NZM 2023, 598; BGH ZWE 2024, 282; BGH ZWE 2024, 213; BGH ZWE 2024, 417; BGH NZM 2025, 52; BGH NZM 2025, 99; BGH BeckRS 2025, 4388; BGH BeckRS 2025, 5054; BGH BeckRS 2025, 8081.

[5] Vgl. Bärmann/Dötsch WEG § 20 Rn. 27; Jennißen/Hogenschurz WEG § 20 Rn. 7.

2. Maßnahmen nach Begründung der Wohnungseigentümergemeinschaft

7 Eine bauliche Veränderung im Sinne von § 20 Abs. 1 WEG kann erst nach Begründung der Wohnungseigentümergemeinschaft in Betracht kommen. Da die Gemeinschaft mit dem Anlegen der Wohnungsgrundbücher entsteht (§ 9a Abs. 1 S. 2 WEG), können nur Maßnahmen ab diesem Zeitpunkt bauliche Veränderungen sein.[6]

Wiederholung:

Wiederholen Sie bitte die Ausführungen zum Entstehen der Gemeinschaft → § 4 Rn. 68 ff.

8 Hat der gem. § 8 WEG teilende Eigentümer vor Anlegung der Wohnungsgrundbücher einen Zustand geschaffen, der von der Teilungserklärung abweicht, handelt es sich folglich nicht um eine bauliche Veränderung.[7] U.U. besteht aber ein Anspruch auf erstmalige Herstellung eines den Plänen entsprechenden Zustandes.[8]

3. Auf Dauer angelegte Maßnahmen

9 Eine bauliche Veränderung liegt nur vor, wenn die Maßnahme auf Dauer angelegt ist.[9] Dies erfordert nicht zwangsläufig eine feste Verbindung mit dem Grundstück bzw. mit dem Gebäude. So kann bereits das bloße Aufstellen (schwerer) Gegenstände, die alleine aufgrund der Schwerkraft mit dem Boden verbunden sind, eine bauliche Veränderung darstellen, wenn diese Gegenstände ihrer Bestimmung nach dauerhaft dort verbleiben sollen.

Beispiele

- Aufbau von Schränken auf dem Balkon;[10]
- Aufstellen von Parabolantennen;[11]
- Auslegen großer Findlingssteine auf einer Rasenfläche.[12]

Demgegenüber ist das kurzfristige Ab- oder Aufstellen von Gegenständen keine bauliche Veränderung. Bei daraus resultierenden Störungen kann ein unzulässiger Gebrauch vorliegen.

---

[6] Zur abweichenden Rechtslage vor dem WEMoG vgl. OLG Frankfurt OLGZ 1993, 299 = ZMR 1993, 125; BayObLGZ 1987, 78 = NJW-RR 1987, 717; BayObLG NJW-RR 1986, 954.

[7] Vgl. BGH NJW 2015, 2027 = ZWE 2015, 180; OLG Zweibrücken ZWE 2002, 378 zur alten Rechtslage vor dem WEMoG.

[8] Vgl. BGHZ 208, 29 = NJW 2016, 473 = ZWE 2016, 79.

[9] ARS/Abramenko WEG § 20 Rn. 5; Bärmann/Pick/Emmerich WEG § 20 Rn. 42.

[10] OLG Köln ZMR 2000, 58.

[11] OLG Köln NJW-RR 2005, 530; aA LG Hamburg ZMR 2010, 61.

[12] AG Oberhausen ZWE 2014, 291.

Beispiel

Aufstellen von Biertischen, Bänken und Schirmen zum Freiausschank.[13]

10 Diese von der hM vertretene Auffassung geht somit nicht nur bei **Substanzeingriffen**, sondern auch dann von einer baulichen Veränderung aus, wenn die bauliche Maßnahme eine **erhebliche optische Veränderung** der Wohnungseigentumsanlage zur Folge hat.[14] Sie vermeidet damit in der Praxis zufällig erscheinende Ergebnisse mit unterschiedlichen Rechtsfolgen.

Beispiel[15]

Die sichtbare Anbringung einer Parabolantenne am Balkon wäre eine **bauliche Veränderung** gem. § 20 Abs. 1 WEG, wenn die Parabolantenne mit Dübeln in der Balkonbrüstung festgeschraubt wird, andererseits aber nur ein **Gebrauch** des Gemeinschaftseigentums, wenn sie am Balkongitter mit Rohrschellen festgeklemmt würde.[16]

4. Gegenständliche Umgestaltung

11 Der Eingriff muss zu einer Umgestaltung des gemeinschaftlichen Eigentums führen.

Beispiele

- Dauerhaftes Anbringen eines Katzennetzes;[17]
- Dauerhaftes Anbringen einer Werbetafel;[18]
- Neuanstrich in anderer Farbe;[19]
- Errichtung eines Zaunes.[20]

12 Im Rahmen der **Gartenpflege** kann es wegen der gegenständlichen Umgestaltung bisweilen zu Abgrenzungsschwierigkeiten kommen. Dabei ist die übliche Pflege wie der Heckenrückschnitt oder die Beseitigung umsturzgefährdeter Bäume trotz erkennbaren Substanzeingriffs keine bauliche Veränderung, sondern nur eine Maßnahme der Erhaltung. Erst wenn die Beschaffenheit des Gartens insgesamt geändert wird, liegt eine Umgestaltung und damit eine bauliche Veränderung vor.

Beispiele

- Errichtung einer neuen Terrasse;[21]
- Fällen von Bäumen, die das Gesamtbild der Wohnungseigentumsanlage prägen;[22]
- Umwandlung einer Spielwiese in einen Parkplatz.[23]

---

[13] BayObLG NJW-RR 2002, 949.
[14] Ebenso BGHZ 196, 45 = NJW 2013, 1439 = ZWE 2013, 172.
[15] Nach Jennißen/Hogenschurz WEG § 20 Rn. 7.
[16] Kritisch dazu Bärmann/Dötsch WEG § 20 Rn. 26: Differenzierung erscheint willkürlich.
[17] OLG Zweibrücken NZM 1998, 376.
[18] LG Karlsruhe ZWE 2012, 103.
[19] OLG Hamburg ZMR 2005, 394; LG München I ZWE 2013, 226.
[20] BayObLG NJW-RR 1991, 1362.
[21] BGHZ 191, 198 = NJW 2012, 72 = ZWE 2012, 32; BayObLGZ 1975, 201 = Rpfleger 1975, 367, .
[22] OLG Schleswig WuM 2007, 587; OLG Düsseldorf NZM 2003, 980; LG Berlin ZWE 2016, 467.
[23] LG Hamburg ZMR 2011, 161.

5. Betroffenes Gemeinschaftseigentum

Die bauliche Veränderung muss das gemeinschaftliche Eigentum betreffen. 13
Bloße Umbauten im Sondereigentum sind keine baulichen Veränderungen, solange sie den optischen Eindruck der Anlage nicht beeinträchtigen.[24]

Wiederholung:

Wiederholen Sie bitte die Ausführungen zum Gegenstand des Sondereigentums → § 3 Rn. 19 ff.
Dazu gehören etwa Tapeten, nichttragende Zwischenwände, der Bodenbelag und die Innentüren.

Besteht am gemeinschaftlichen Eigentum ein **Sondernutzungsrecht**, benötigt 14
auch der Sondernutzungsberechtigte gem. § 20 Abs. 1 WEG einen Beschluss, der ihm eine bauliche Veränderung gestattet.[25] Eine Gestattung ist in der Zuweisung des Sondernutzungsrechts nur enthalten, soweit bauliche Veränderungen Eingang in die Beschreibung des Sondernutzungsrechts gefunden haben oder wenn sie nach dem Inhalt des jeweiligen Sondernutzungsrechts üblicherweise vorgenommen werden und der Wohnungseigentumsanlage dadurch kein anderes Gepräge verleihen.[26]

6. Abgrenzung zu Erhaltungsmaßnahmen

Eine bauliche Veränderung liegt nur vor, wenn sich die Umgestaltung des 15
gemeinschaftlichen Eigentums nicht schon als eine Maßnahme ordnungsmäßiger Verwaltung gem. § 19 Abs. 2 Nr. 2 WEG darstellt. Eine Maßnahme, die als ordnungsmäßige Erhaltung anzusehen ist, kann nicht zugleich eine bauliche Veränderung iSd § 20 Abs. 1 WEG sein.[27] Maßgebliches **Abgrenzungskriterium** ist somit für bauliche Veränderungen das Überschreiten der Grenze der Ordnungsmäßigkeit.

Beispiel

So kann etwa der Austausch von Versorgungsleitungen erhebliche bauliche Maßnahmen zur Folge haben. Gleichwohl liegt aber keine bauliche Veränderung iSd § 20 Abs. 1 WEG vor, solange sich diese Maßnahmen lediglich im Rahmen einer ordnungsmäßigen Ertung halten. Dabei ist maßgeblich auf die Erhaltung des bestehenden bzw. die Wiederherstellung eines früher vorhanden gewesenen ordnungsmäßigen Zustandes abzustellen.[28]

Unter den Begriff der ordnungsmäßigen Erhaltung sind nach umstrittener 16
Ansicht weiterhin auch **Maßnahmen der modernisierenden Instandsetzung (Erhaltung)** zu subsumieren, die bereits vor der WEG-Novelle (2007) von der

---

[24] BayObLG ZMR 1996, 46.
[25] Vgl. BGH NJW 2014, 1090 = ZWE 2014, 178 zum alten Recht.
[26] BGH NJW 2014, 1090 = ZWE 2014, 178; BGH ZWE 2012, 377; BGH NJW 2012, 676 = ZWE 2012, 175.
[27] Bärmann/Dötsch WEG § 20 Rn. 29; Staudinger/Jacoby (2023) WEG § 20 Rn. 52.
[28] Vgl. OLG Düsseldorf NZM 1999, 267.

Rechtsprechung als solche anerkannt waren und unverändert mit einfacher Mehrheit gem. § 19 Abs. 1, 2 Nr. 2 WEG beschlossen werden können.[29] Auf diese Weise soll bei bestehendem Erneuerungsbedarf nicht lediglich der frühere Zustand mangelfrei reproduziert werden können; im Interesse der Werterhaltung der Wohnungseigentumsanlage soll vielmehr ein zeitgemäßer technischer Standard ermöglicht werden, der sich auch wirtschaftlich als sinnvoll erweist.

Beispiele

Maßnahmen **modernisierender Instandsetzung** können sein:

- der Austausch sanierungsbedürftiger Holzfenster durch Kunststofffenster;[30]
- der Austausch einer nicht mehr funktionsfähigen, veralteten und unwirtschaftlichen Öl- durch eine Gasheizung.[31]

16a Ob eine solche modernisierende Instandsetzung oder eine bauliche Veränderung vorliegt, richtet sich danach, wofür sich ein vernünftiger, wirtschaftlich denkender Hauseigentümer an Stelle der Wohnungseigentümer entscheiden würde.[32] Für die **Abgrenzung** kommt es damit unter Aufstellung einer Kosten-Nutzen-Analyse sowie unter Berücksichtigung aller Umstände im Einzelfall darauf an, ob der wirtschaftliche Aufwand für eine technische Neuerung in einem vertretbaren Verhältnis zum Erfolg steht und sich in absehbarer Zeit[33] bezogen auf die Lebensdauer der Maßnahme amortisiert.[34] Den Wohnungseigentümern kommt hier bei der Auswahl zwischen mehreren denkbaren und gleichermaßen Erfolg versprechenden Maßnahmen ein Ermessensspielraum zu.[35]

16b Maßnahmen **modernisierender Instandsetzung** unterscheiden sich von einer **Modernisierung** dadurch, dass durch die erstgenannte Maßnahme vorhandene Einrichtungen *wegen bereits notwendiger oder absehbarer Reparaturen* technisch auf einen aktuellen Stand oder durch eine wirtschaftlich sinnvollere Lösung ersetzt werden.[36] Modernisierungen knüpfen demgegenüber nicht an einen bereits bestehenden bzw. in absehbarer Zeit entstehenden Instandsetzungsbedarf an. Sie gehen über eine ordnungsmäßige Erhaltung des gemeinschaftlichen Eigentums hinaus und sind daher regelmäßig als bauliche Veränderungen einzuordnen.

Beispiel

Austausch einer funktionsfähigen Gas-Heizung gegen eine elektrische Wärmepumpe, ohne dass hinsichtlich der Heizungsanlage ein Instandsetzungsbedarf besteht.

---

[29] LG Itzehoe BeckRS 2023, 49125 Rn. 16; Dt. Ständiges Schiedsgericht ZMR 2022, 590 mAnm Agatsy; Bärmann/Dötsch WEG § 19 Rn. 163, § 20 Rn. 49, § 21 Rn. 24; Bärmann/Pick/Emmerich WEG § 19 Rn. 60 f.; Jennißen/Hogenschurz WEG § 20 Rn. 27 f.; Hügel/Elzer WEG § 20 Rn. 7; aA LG München I ZWE 2023, 170 Rn. 26; ARS/Abramenko WEG § 20 Rn. 11; Staudinger/Lehmann-Richter WEG § 19 Rn. 84 im Hinblick auf die Regelung in § 21 Abs. 2 S. 1 Nr. 2 WEG unter Hinweis auf BT-Drs. 19/18791, S. 67. Zur alten Rechtslage vgl. OLG Hamm FGPrax 2007, 69; BayObLG FGPrax 2005, 108.

[30] BayObLG BayObLGR 2005, 266.

[31] LG Köln ZWE 2010, 278.

[32] BayObLG ZMR 2004, 442; LG Köln ZWE 2010, 278.

[33] In aller Regel etwa 10 Jahre; vgl. BGHZ 196, 45 = NJW 2013, 1439 = ZWE 2013, 172; BayObLG FGPrax 2005, 108; KG FGPrax 1996, 95.

[34] LG Köln ZWE 2010, 278.

[35] OLG Düsseldorf NZM 2002, 704.

[36] LG Hamburg ZMR 2009, 314.

Modernisierungsmaßnahmen werden im Mietrecht in § 555b BGB definiert. Das alte Recht nahm auf diese Definition Bezug und ordnete in § 22 Abs. 2 WEG aF an, dass Modernisierungsmaßnahmen nach § 555b Nr. 1–5 BGB und Maßnahmen, die der Anpassung an den Stand der Technik dienten, mit einer doppelt qualifizierten Mehrheit beschlossen werden konnten. Diese Regelung ist durch das WEMoG entfallen. Das WEG kennt den Begriff der Modernisierung nicht mehr. Es handelt sich um bauliche Veränderungen, die nach § 20 Abs. 1 WEG mit einfacher Mehrheit beschlossen werden können. Hinsichtlich der Kostentragung sieht § 21 Abs. 2 S. 1 WEG jedoch für solche Maßnahmen eine anteilige Kostentragungspflicht aller Wohnungseigentümer vor, wenn die Maßnahme mit einer doppelt qualifizierten Mehrheit beschlossen wurde oder sich die Kosten innerhalb eines angemessenen Zeitraums amortisieren.[37]

Hinweis:

Zur Kostentragung lesen Sie noch mehr ab → Rn. 45 ff.

7. Abgrenzung zur erstmaligen Herstellung

17 Eine ordnungsmäßige Erhaltung gem. § 19 Abs. 2 Nr. 2 WEG umfasst ebenfalls die erstmalige Herstellung des gemeinschaftlichen Eigentums im vorgesehenen Zustand.[38] Der Anspruch auf erstmalige Herstellung eines der Teilungserklärung und den Aufteilungsplänen entsprechenden Zustands umfasst darüber hinaus grundsätzlich auch die Beseitigung eines planwidrigen baulichen Zustandes, wenn ein Gebäude bereits planwidrig erstellt wurde.[39]

Beispiele

- Zur erstmaligen plangerechten Herstellung des gemeinschaftlichen Eigentums gehört auch eine bisher unterbliebene Errichtung vorgesehener Pkw-Stellplätze.[40]
- Die Beseitigung eines planwidrig hergestellten baulichen Zustandes beruht in der Praxis häufig auf einer vom Aufteilungsplan abweichenden Herstellung des Gebäudes durch versetzt oder gar nicht gebaute Trennwände.[41]

Auch die erstmalige plangerechte Herrichtung stellt somit keine bauliche Veränderung im Sinne des § 20 Abs. 1 WEG dar.

[37] Bärmann/Pick/Emmerich WEG § 20 Rn. 45.
[38] BGH NZM 2025, 99 Rn. 8; BGH NJW 2015, 2027 = ZWE 2015, 180; BGHZ 172, 42 = NJW 2007, 1952 = ZWE 2007, 300.
[39] BGHZ 208, 29 = NJW 2016, 473 = ZWE 2016, 79.
[40] Vgl. BGH NJW 2016, 2181 = ZWE 2016, 329.
[41] Vgl. BGHZ 208, 29 = NJW 2016, 473 = ZWE 2016, 79.

III. Beschlusserfordernis

1. Notwendigkeit einer Beschlussfassung

18 § 20 Abs. 1 WEG räumt den Wohnungseigentümern unter den genannten Voraussetzungen eine Beschlusskompetenz für bauliche Veränderungen ein. Daraus folgt – wie bei allen übrigen Maßnahmen am gemeinschaftlichen Eigentum – auch insoweit eine **Beschlussnotwendigkeit**, sofern die Maßnahmen nicht bereits durch Vereinbarung legitimiert sind.[42] Ein Beschluss der Wohnungseigentümer ist selbst dann erforderlich, wenn kein Wohnungseigentümer durch die Maßnahme in rechtlich relevanter Weise beeinträchtigt wird.[43] Dadurch sollen die Wohnungseigentümer über bauliche Veränderungen frühzeitig informiert werden; die Bestandskraft des Beschlusses gewährt den Wohnungseigentümern Rechtssicherheit über die Maßnahmen.[44]

19 Der Beschluss kann in der Eigentümerversammlung **mit einfacher Stimmenmehrheit** gefasst werden. Beschließen die Wohnungseigentümer über eine bauliche Veränderung, die einem Wohnungseigentümer überwiegend oder gar ausschließlich zugutekommt, ist dieser grundsätzlich nicht von seinem **Stimmrecht** ausgeschlossen.[45]

2. Gegenstand der Beschlussfassung

20 Der Beschluss nach § 20 Abs. 1 WEG kann auf die **Vornahme** bzw. **Durchführung** einer baulichen Veränderung durch die Gemeinschaft der Wohnungseigentümer gerichtet sein. Die beschlossene bauliche Veränderung dient dann den Interessen aller Wohnungseigentümer. Mit einem **Grundlagenbeschluss** können die Wohnungseigentümer zunächst über das „Ob" der Maßnahme beschließen. Die konkrete Ausführung ist einem späteren Durchführungsbeschluss über das „Wie" der Maßnahme vorbehalten. Ein Grundlagenbeschluss hat den Vorteil, dass aufgrund der Bestandskraft dieses Beschlusses Rechtssicherheit für die spätere Durchführung der Maßnahme besteht. Ist der Grundlagenbeschluss bestandskräftig, kann kein Wohnungseigentümer im Wege der Beschlussklage geltend machen, die Maßnahme als solche widerspreche ordnungsmäßiger Verwaltung.[46] Er kann sich mit einer Beschlussanfechtung des späteren Durchführungsbeschlusses lediglich noch gegen die Art der Ausführung wenden.

21 Die Gemeinschaft kann aber durch Beschluss auch einem einzelnen Wohnungseigentümer eine bauliche Veränderung des gemeinschaftlichen Eigentums **gestatten**. Diese dient regelmäßig dem Interesse des einzelnen Wohnungseigen-

---

[42] BGH NZM 2023, 370 Rn. 30; ARS/Abramenko WEG § 20 Rn. 16; Bärmann/Dötsch § 20 Rn. 106; Bärmann/Pick/Emmerich § 20 Rn. 66.

[43] BT-Drs. 19/18791, 62; BGH ZWE 2023, 211 Rn. 25; Bärmann/Dötsch WEG § 20 Rn. 106.

[44] BT-Drs. 19/18791, 58; BGH ZWE 2023, 211 Rn. 25.

[45] BayObLGZ 2003, 254 = FGPrax 2003, 261.

[46] BGH NZM 2018, 794; Bärmann/Pick/Emmerich WEG § 20 Rn. 78.

tümers. Die Gemeinschaft ist an der Maßnahme nicht beteiligt. Auch hier ist es möglich, zunächst einen Grundlagenbeschluss zu fassen, der dem Bauwilligen Sicherheit für die Planung und die damit verbundenen Kosten gibt.[47] Die Gestattung der konkreten Maßnahme bleibt einem späteren Gestattungsbeschluss vorbehalten, nachdem der bauwillige Eigentümer konkrete Planungsunterlagen vorgelegt hat.[48]

3. Inhaltliche Bestimmtheit

Die angestrebte bauliche Veränderung muss im Beschlussantrag möglichst genau bezeichnet werden, damit sie dem **Bestimmtheitsgrundsatz** genügt. Dies kann unter Bezugnahme auf amtliche Pläne oder, falls diese nicht erforderlich sein sollten, auch Unterlagen eines Bauhandwerkers o. ä. geschehen, die möglichst als Anlage der Niederschrift beigefügt werden sollten. Zur Konkretisierung der getroffenen Regelung kann aber auch auf ein außerhalb des Protokolls befindliches Dokument Bezug genommen werden, wenn dieses zweifelsfrei bestimmt ist.[49] 22

Andernfalls riskiert der Umbauwillige mangels Bestimmtheit zumindest die **Anfechtbarkeit** der Gestattung, solange eine durchführbare Regelung noch erkennbar ist.[50] Ist überhaupt nicht mehr ersichtlich, an welchem Ort welche Veränderung in welchem Umfang erfolgen darf, ist der Beschluss sogar **nichtig.**[51] 23

IV. Anspruch auf bauliche Veränderungen

Das erwähnte Beschlusserfordernis besteht auch, wenn einzelne Wohnungseigentümer unter den Voraussetzungen von § 20 Abs. 2 oder Abs. 3 WEG eine bauliche Veränderung verlangen können. Der gegen die Gemeinschaft der Wohnungseigentümer gerichtete Anspruch ist also auf eine entsprechende Beschlussfassung der Wohnungseigentümer gerichtet. 24

1. Privilegierte bauliche Veränderungen

Nach § 20 Abs. 2 S. 1 WEG kann jeder Wohnungseigentümer angemessene bauliche Veränderungen verlangen, die dem Gebrauch durch Menschen mit Behinderungen, dem Laden elektrisch betriebener Fahrzeuge, dem Einbruchsschutz, dem Anschluss an das Telekommunikationsnetz mit sehr hoher Kapazität oder der Stromerzeugung durch Steckersolargeräte dienen. Den Anspruch hat jeder Wohnungseigentümer unabhängig von seinem persönlichen Bedürfnis 25

[47] Bärmann/Pick/Emmerich WEG § 20 Rn. 87.
[48] LG Düsseldorf BeckRS 2022, 41058.
[49] BGH ZWE 2016, 325.
[50] OLG München ZMR 2006, 230; OLG Düsseldorf NZM 2005, 791; BayObLGZ 2005, 308 = NZM 2005, 107; LG Hamburg ZMR 2013, 63.
[51] OLG Hamm ZMR 2005, 306; OLG Hamburg ZMR 2001, 725.

im Rahmen der **Angemessenheit.**[52] Nach § 20 Abs. 2 S. 2 WEG beschließen die Wohnungseigentümer über die Durchführung privilegierter Maßnahmen im Rahmen ordnungsmäßiger Verwaltung. Die Vorschrift stellt klar, dass die Wohnungseigentümer nur einen Entscheidungsspielraum für die Durchführung der Maßnahmen haben, den sie durch Beschlussfassung ausüben.[53] Durch Beschluss können die Wohnungseigentümer darüber entscheiden, ob die Maßnahme von der Gemeinschaft durchzuführen ist oder sie dem anspruchsberechtigten Wohnungseigentümer gestattet wird.

Lesen Sie bitte jetzt noch einmal § 20 Abs. 2 WEG!

a) Maßnahmen zur Barrierereduzierung (§ 20 Abs. 2 S. 1 Nr. 1 WEG)

26 Bauliche Veränderungen, die dem Gebrauch durch Menschen mit Behinderung dienen, sind solche, die für die Nutzung durch körperlich oder geistig eingeschränkte Personen erforderlich oder förderlich sind.[54] Eine absolute Barrierefreiheit muss durch die Maßnahme nicht erreicht werden.

Beispiele

- Anbringung eines Handlaufs;[55]
- Einbau eines Treppenlifts;[56]
- Anbringung einer Rollstuhlrampe oder einer sonstigen barrierefreien Zuwegung.[57]

27 Der Anspruch besteht auch, wenn nicht der Wohnungseigentümer, sondern dessen Angehörige oder Mieter auf die Barrierereduzierung angewiesen sind.[58] Die Maßnahme kann sogar anlasslos verlangt werden, denn das Gesetz berücksichtigt das gesamtgesellschaftliche Bedürfnis nach barrierereduziertem Wohnraum.[59]

Beispiel

Es kann ein Anspruch auf den Anbau eines Außenaufzugs bestehen, auch wenn kein Bewohner für die Erreichbarkeit seiner Wohnung auf einen Aufzug angewiesen ist.[60]

27a Dem Anspruch kann aber im Einzelfall entgegengehalten werden, dass die Maßnahme nicht angemessen ist. Dies ist der Fall, wenn ihre negativen Folgen bei wertender Betrachtung außer Verhältnis zu dem mit ihr verfolgten Zweck stehen.[61] Hierbei sind die konkreten baulichen Verhältnisse und die Möglichkeit anderer, weniger nachteiliger Maßnahmen zu berücksichtigen, etwa der Einbau

[52] Bärmann/Pick/Emmerich WEG § 20 Rn. 91.
[53] LG München I NZM 2023, 164.
[54] BT-Drs. 20/12146, 12; LG München I NZM 2023, 164 Rn. 45.
[55] LG Bremen ZWE 2014, 335; LG Köln ZWE 2012, 277.
[56] OLG München NZM 2008, 848; LG Karlsruhe ZWE 2013, 37.
[57] AG Warendorf ZWE 2015, 56 mAnm Hogenschurz ZWE 2015, 22.
[58] BGH ZWE 2024, 282 Rn. 18, 25.
[59] BT-Drs. 19/18791, 63; LG München I NZM 2023, 164 Rn. 45.
[60] BT-Drs. 19/18791, 25, 68; BGH ZWE 2024, 282; vgl. auch LG München I ZMR 2025, 258 und LG Frankfurt a.M. ZWE 2025, 131 zur Wiederinbetriebnahme eines stillgelegten Aufzugsschachts.
[61] BGH ZWE 2024, 282 Rn. 19 ff.; LG München I NZM 2023, 164 Rn. 50.

eines Treppenlifts bzw. Innenaufzugs anstelle des Anbaus eines Außenaufzugs. Damit der Beschluss über die Genehmigung ordnungsmäßiger Verwaltung entspricht (§ 20 Abs. 2 S. 2 WEG), müssen zuvor insbesondere die bauordnungsrechtlichen Grundlagen geklärt sein.[62]

b) Elektromobilität (§ 20 Abs. 2 S. 1 Nr. 2 WEG)

Jeder Wohnungseigentümer kann nach § 20 Abs. 2 S. 1 Nr. 2 WEG angemessene bauliche Veränderungen verlangen, die dem Laden elektrisch betriebener Fahrzeuge dienen. Elektrisch betriebene Fahrzeuge sind reine Batteriefahrzeuge, Hybridelektrofahrzeuge und Brennstoffzellenfahrzeuge. Auch elektrisch betriebene Motorräder, Roller, Fahrräder und Elektromobile für Gehbehinderte gehören zu den elektrisch betriebenen Fahrzeugen.[63] Dem Laden dienen alle baulichen Maßnahmen, die dem Laden einer Batterie eines elektrisch betriebenen Fahrzeugs förderlich sind. Verlangt werden können das Anbringen einer Ladestation (Wallbox) sowie alle Maßnahmen, die dafür notwendig sind, dass die Lademöglichkeit sinnvoll genutzt werden kann, etwa Eingriffe in die Stromversorgung (Hausanschluss, Zählerschränke, Verteilerkästen, Stromleitungen) und in die Telekommunikationsinfrastruktur.[64] § 20 Abs. 2 S. 1 Nr. 2 WEG gewährt jedoch keinen Anspruch auf Errichtung eines Stellplatzes.[65] Der Stellplatz muss also bereits vorhanden sein, damit für ihn eine Lademöglichkeit verlangt werden kann. 28

Dem Anspruch auf Herstellung einer Lademöglichkeit stehen Kapazitätsprobleme nicht entgegen. Diese lassen sich durch Benutzungsregelungen oder durch Ertüchtigung der Installation lösen, auf die ein Anspruch besteht.[66] Die Gemeinschaft muss sich vor der Beschlussfassung über die Herstellung einer Lademöglichkeit fachkundig beraten lassen, inwieweit eine Ertüchtigung der Installation erforderlich ist.[67] 29

c) Einbruchsschutz (§ 20 Abs. 2 S. 1 Nr. 3 WEG)

Jeder Wohnungseigentümer kann nach § 20 Abs. 2 S. 1 Nr. 3 WEG bauliche Veränderungen verlangen, die dem Einbruchsschutz dienen. Es handelt sich um bauliche Veränderungen, die geeignet sind, den widerrechtlichen Zutritt zu einzelnen Wohnungen oder zur Wohnanlage insgesamt zu verhindern, zu erschweren oder unwahrscheinlicher zu machen.[68] 30

Beispiele

- Beleuchtung der Außenflächen;
- Anbringung von Bewegungsmeldern;
- Einbau einbruchshemmender Fenster und Eingangstüren;

---

[62] LG Frankfurt a.M. BeckRS 2024, 8919; Bärmann/Pick/Emmerich WEG § 20 WEG Rn. 98.
[63] Bärmann/Pick/Emmerich WEG § 20 Rn. 100.
[64] BT-Drs. 19/18791, 63.
[65] BT-Drs. 19/18791, 64.
[66] BT-Drs. 19/18791, 64.
[67] Bärmann/Pick/Emmerich WEG § 20 Rn. 107.
[68] BT-Drs. 19/18791, 64.

- Anbringung abschließbarer Fenstergriffe;
- Abhebesicherungen bei Kellerschächten;
- Einbau von Gegensprech- und Videoüberwachungsanlagen.

Bei **Videoüberwachungsanlagen** ist zu berücksichtigen, dass §20 Abs.2 S.1 Nr.3 WEG keinen Eingriff in das Grundrecht auf informationelle Selbstbestimmung erlaubt. Errichtung und Betrieb müssen dem BDSG genügen. Die Maßnahme muss angemessen sein. Bei Überwachungsanlagen im Innenbereich muss das Überwachungsinteresse im Einzelfall gegenüber dem Interesse der überwachten Eigentümer überwiegen.[69] Unproblematisch ist der Einbau einer Anlage ohne Betrieb (Attrappe).

d) Anschluss an Telekommunikationsnetze (§20 Abs.2 S.1 Nr.4 WEG)

31 Jeder Wohnungseigentümer kann nach §20 Abs.2 S.1 Nr.4 WEG bauliche Veränderungen verlangen, die dem Anschluss an ein Telekommunikationsnetz mit sehr hoher Kapazität dienen. Es handelt sich um bauliche Maßnahmen, die einem Wohnungseigentümer die Nutzung des Telekommunikationsnetzes in seinem Sondereigentum ermöglichen. Deshalb kann auch das Verlegen aller erforderlicher Komponenten bis in das Sondereigentum verlangt werden.[70]

e) Steckersolargeräte (§20 Abs.2 S.1 Nr.5 WEG)

32 Nach §20 Abs.2 S.1 Nr.5 WEG kann jeder Wohnungseigentümer angemessene bauliche Veränderungen verlangen, die der Stromerzeugung durch Steckersolargeräte dienen. Ein Steckersolargerät ist nach § 3 Nr.43 EEG ein Gerät, das aus einer Solaranlage oder aus mehreren Solaranlagen, einem Wechselrichter, einer Anschlussleitung und einem Stecker zur Verbindung mit dem Endstromkreis eines Letztverbrauchers besteht. Steckersolaranlagen werden über eine Steckdose an den Stromkreis des Letztverbrauches angeschlossen.

33 Das Gesetz behandelt die Installation einer Steckersolargerätes als bauliche Veränderung, wobei damit keine Aussage über die Definition der baulichen Veränderung verbunden ist.[71] Wird etwa ein Steckersolargerät etwa ohne Substanzeingriff mit Schellen am Balkongeländer befestigt, kann darin auch nur der Gebrauch des gemeinschaftlichen Eigentums nach § 16 Abs. 1 S. 3 WEG zu sehen sein. In diesem Fall bräuchte es keiner Gestattung durch Beschluss der Wohnungseigentümer. Ist ein Substanzeingriff erforderlich, bedarf es zwingend einer Beschlussfassung. Der Beschluss kann eine Gestattung im Einzelfall oder eine Dauerregelung zum Gegenstand haben, die Vorgaben für die künftige Installation von Steckersolargeräten enthält.[72] Die Wohnungseigentümer können auch die Installation durch die Gemeinschaft beschließen.[73]

---

[69] BGH NJW 2013, 3089.
[70] Bärmann/Pick/Emmerich WEG §20 Rn. 111.
[71] BT-Drs. 20/12146, 12.
[72] Vgl. Greiner ZMR 2023, 618.
[73] Zschieschack/Dötsch NZM 2023, 617.

2. Einverständnis beeinträchtigter Wohnungseigentümer

Nach § 20 Abs. 3 WEG kann jeder Wohnungseigentümer verlangen, dass ihm 34
eine bauliche Veränderung gestattet wird, wenn alle Wohnungseigentümer einverstanden sind, deren Rechte durch die bauliche Veränderung über das bei einem geordneten Zusammenleben unvermeidliche Maß hinaus beeinträchtigt werden. Die Vorschrift begründet einen Anspruch einzelner Wohnungseigentümer gegen die Gemeinschaft auf Gestattung baulicher Veränderungen, die keinen Wohnungseigentümer in rechtlich relevanter Weise beeinträchtigen.[74] Der Anspruch ist auf Gestattung einer konkreten baulichen Veränderung gerichtet. Anders als nach § 20 Abs. 2 S. 2 WEG besteht hier kein Ermessen der Gemeinschaft für die Art der Durchführung der Maßnahmen.[75]

Bitte lesen Sie jetzt § 20 Abs. 3 WEG!

a) Relevante Rechtsbeeinträchtigung

Ihr Einverständnis geben müssen Wohnungseigentümer, deren Rechte über das 35
bei einem geordneten Zusammenleben unvermeidliche Maß hinaus beeinträchtigt werden. Der durch Art. 14 Abs. 1 GG gewährte Schutz der **Eigentumsgarantie** steht auch den Wohnungseigentümern im Verhältnis untereinander zu.[76] Aus dem Eigentum folgt das Recht jedes Wohnungseigentümers, durch das Einverständniserfordernis auf Entscheidungen über bauliche Veränderungen Einfluss nehmen zu können. Die Schwelle, die für das Einverständnis erforderlich ist, muss niedrig angesetzt werden. Relevant ist jede objektiv und konkret nicht ganz unerhebliche Beeinträchtigung. Nicht erforderlich ist eine erhebliche Beeinträchtigung. Nur geringfügige Beeinträchtigungen bleiben außer Betracht.[77] Maßgeblich ist auch, ob sich ein Wohnungseigentümer nach der Verkehrsanschauung in der jeweiligen Situation verständlicherweise beeinträchtigt fühlen kann.[78]

Beispiele für Beeinträchtigungen

- erhebliche Veränderungen des optischen Erscheinungsbildes des Gebäudes;[79]
- Eingriffe in die bauliche Substanz mit nicht auszuschließenden Folgen für die Stabilität des Gebäudes;
- Minderung des Miet- und Verkaufswert der Wohnung;
- Verletzung drittschützender Normen des öffentlichen Rechts;[80]
- dauerhafte Verstärkung bzw. zusätzlich Immissionen;
- Beeinträchtigung der Belichtung (Verschattung).[81]

Ist die Beeinträchtigung bei einem geordneten Zusammenleben **unvermeidlich**, 36
ist ein Einverständnis nicht erforderlich. Unvermeidlich sind alle Maßnahmen, die

[74] BT-Drs. 19/18791, 65.
[75] BT-Drs. 19/18791, 66; Bärmann/Dötsch WEG § 20 Rn. 321.
[76] BVerfG NZM 2005, 182.
[77] BGH NJW 2014, 1233.
[78] BGH NJW 2014, 1090 Rn. 11.
[79] BGH NJW 2013, 1439 Rn. 5; BGH NJW 2017, 2184.
[80] BayObLG NZM 2003, 114; BayObLG NZM 2001, 815.
[81] BGH NJW 2010, 446.

erforderlich sind, um einen der Gemeinschaftsordnung entsprechenden Gebrauch zu ermöglichen.[82]

Beispiele

- Anbringung einer Werbeanlage, soweit es sich um eine ortsübliche und angemessene Werbung für ein in zulässiger Weise betriebenes Gewerbe handelt;[83]
- Ist eine Einheit als Gewerbe bezeichnet, besteht kein Anspruch auf Maßnahmen, die gerade eine bestimmte Art von Gewerbe ermöglichen, wenn auch eine andere Nutzungsart möglich ist, die einen weniger intensiven Eingriff erfordert.[84]

b) Einverständnis

37 Der Anspruch auf eine nicht nach § 20 Abs. 2 WEG privilegierte bauliche Veränderung besteht nur, wenn alle in der beschriebenen Weise in ihren Rechten beeinträchtigten Wohnungseigentümer ihr Einverständnis mit der Maßnahme erklärt haben. Das Einverständnis ist eine rechtsgeschäftsähnliche Handlung. Sie ist empfangsbedürftig und gegenüber der Gemeinschaft zu erklären.[85] Eine Form ist dafür nicht vorgeschrieben. Es kann auch konkludent erklärt werden, etwa durch Unterzeichnung von Planungsunterlagen.[86] Das Vorliegen der erforderlichen Einverständniserklärungen hat der bauwillige Eigentümer zu beweisen.[87] Das Einverständnis ist von der Zustimmung zum Beschlussantrag bei der Abstimmung über die Gestattung zu unterscheiden. Es kann auch vor bzw. außerhalb der Versammlung erklärt werden. Die Zustimmung zum Beschlussantrag enthält jedoch zugleich das Einverständnis mit der Maßnahme.[88]

3. Durchsetzung der Ansprüche

38 Die Ansprüche nach § 20 Abs. 2 und 3 WEG richten sich gegen die Gemeinschaft. Sie sind auf eine Beschlussfassung der Wohnungseigentümer gerichtet, die die Durchführung der verlangten baulichen Veränderung bzw. ihre Gestattung zum Gegenstand hat. Lehnen die Wohnungseigentümer den Beschlussantrag ab, kann der anspruchsberechtigte Wohnungseigentümer seinen Anspruch durch **Beschlussersetzungsklage** nach § 44 Abs. 1 S. 2 WEG durchsetzen.[89]

Zur Beschlussersetzungsklage lesen Sie mehr in → § 12 Rn. 66!

[82] Bärmann/Pick/Emmerich WEG § 20 Rn. 128.
[83] BayObLG NZM 2000, 1236.
[84] Bärmann/Pick/Emmerich WEG § 20 Rn. 128.
[85] Bärmann/Dötsch WEG § 20 Rn. 331; Bärmann/Pick/Emmerich WEG § 20 Rn. 138, 142.
[86] Bärmann/Dötsch WEG § 20 Rn. 332.
[87] BT-Drs. 19/18791, 65.
[88] Bärmann/Pick/Emmerich WEG § 20 Rn. 140.
[89] Bärmann/Dötsch WEG § 20 Rn. 341.

V. Schranken der Mehrheitsmacht

Bauliche Veränderungen, die die Wohnanlage grundlegend umgestalten oder 39
einen Wohnungseigentümer ohne sein Einverständnis gegenüber anderen unbillig benachteiligen, dürfen nach § 20 Abs. 4 WEG nicht beschlossen oder gestattet werden. Sie können von keinem Wohnungseigentümer verlangt werden. Die Vorschrift konkretisiert den Grundsatz der ordnungsmäßigen Verwaltung. Sie enthält Schranken, die bei jeder baulichen Veränderung einzuhalten sind.[90] § 20 Abs. 4 WEG beschränkt nicht die Beschlusskompetenz nach § 20 Abs. 1 WEG. Ein Beschluss, der gegen § 20 Abs. 4 WEG verstößt ist daher nicht nichtig, sondern lediglich mit der Beschlussmängelklage anfechtbar.[91]

Lesen Sie bitte § 20 Abs. 4 WEG!

1. Grundlegende Umgestaltung

Der Begriff der grundlegenden Umgestaltung ist im Hinblick auf das gesetz- 40
geberische Ziel, bauliche Veränderungen zu erleichtern, **eng auszulegen.** Es sind alle Umstände des Einzelfalls zu berücksichtigen, wobei privilegierte Maßnahmen nach § 20 Abs. 2 S. 1 WEG typischerweise keine grundlegende Umgestaltung bedeuten.[92] Um festzustellen, ob eine bauliche Veränderung zu einer grundlegenden Umgestaltung führt, ist ein objektiver Vergleich des Zustands der Anlage mit und ohne bauliche Veränderung durchzuführen. Dabei ist die Anlage als Ganzes der Bezugspunkt des Vergleichs.[93] Grundlegend ist die Umgestaltung, wenn sie der Anlage als Ganzes unter Betrachtung aller Umstände ein neues Gepräge gibt.[94]

Beispiele

- Die Aufstockung des Gebäudes bedeutet nicht zwangsläufig eine grundlegende Umgestaltung, wenn dadurch der Charakter der Anlage insgesamt noch erhalten bleibt und das „Gesicht" oder „Gepräge" nicht wesentlich verändert wird.[95]
- Architektonische Disharmonien sind nur dann als grundlegende Umgestaltung anzusehen, wenn die komplette architektonische Ausrichtung des Gebäudes gestört wird. Dies ist nicht der Fall, wenn der Anbau eines Außenaufzugs nicht das Jugendstil-Vorderhaus, sondern das weniger architektonische Hinterhaus betrifft.[96]

---

[90] BGH NJW 2024, 1419 Rn. 11.
[91] BT-Drs. 19/18791, 66.
[92] BGH NJW 2024, 1030 Rn. 40; BGH NJW 2024, 1419 Rn. 15.
[93] BT-Drs. 19/18791, 66.
[94] LG München I NZM 2023, 164 Rn. 60.
[95] LG Hamburg ZWE 2024, 226 Rn. 22.
[96] BGH NJW 2024, 1030; Bärmann/Dötsch WEG § 20 Rn. 363b.

2. Unbillige Benachteiligung

41 Der Beschluss über die Vornahme oder Gestattung einer baulichen Veränderung ist anfechtbar, wenn die bauliche Veränderung einen Wohnungseigentümer ohne sein Einverständnis gegenüber anderen unbillig benachteiligt. Eine unbillige Benachteiligung setzt voraus, dass die beabsichtigte bauliche Veränderung bei wertender Betrachtung und in Abwägung mit den Vorteilen der baulichen Veränderungen einem verständigen Wohnungseigentümer in zumutbarer Weise nicht abverlangt werden dürfte.[97] Es genügt hier nicht, dass sich ein verständiger Durchschnittseigentümer nach der Verkehrsanschauung nachvollziehbar beeinträchtigt fühlen kann. Eine unbillige Benachteiligung liegt nicht vor, wenn alle Wohnungseigentümer durch die bauliche Veränderung in gleichem Maße beeinträchtigt werden.[98] Nicht jede Ungleichbehandlung macht eine bauliche Veränderung zu einer unbilligen Benachteiligung; nur eine treuwidrige Ungleichbehandlung ist unzulässig. Daraus, dass andere Wohnungseigentümer Vorteile haben, lässt sich eine unbillige Benachteiligung nicht herleiten.[99] Auch der Ausschluss eines dem Beschluss nicht zustimmenden Wohnungseigentümers von der Nutzung des baulich veränderten Teils des gemeinschaftlichen Eigentums begründet in der Regel keine unbillige Benachteiligung. Der Ausschluss von der Nutzung ist regelmäßige Folge eines Beschlusses nach § 20 Abs. 1 WEG, selbst wenn der Nutzungszweck durch eine Vereinbarung bestimmt wird.[100]

Zu den Nutzungen lesen Sie mehr unter → Rn. 52!

VI. Ansprüche gegen unzulässige bauliche Veränderungen

42 Nimmt ein Wohnungseigentümer eine bauliche Veränderung am gemeinschaftlichen Eigentum vor, ohne dass ihm diese durch Vereinbarung oder Beschluss nach § 20 Abs. 1 WEG gestattet wurde, bestehen aus dem Miteigentum Abwehransprüche der anderen Wohnungseigentümer aus § 1004 Abs. 1 BGB. Es kommen Beseitigungs- und Unterlassungsansprüche in Betracht.

Bitte lesen Sie § 1004 Abs. 1 BGB!

1. Beseitigungsanspruch

42a Der Anspruch auf Beseitigung der unzulässigen baulichen Veränderung nach § 1004 Abs. 1 S. 1 BGB ist auf Wiederherstellung des ursprünglichen Zustands („Rückbau“) gerichtet.

---

[97] BGH NJW 2024, 1030 Rn. 44; BGH NZM 2020, 805 Rn. 14.
[98] LG München I NZM 2023, 164 Rn. 66.
[99] BGH NJW 2024, 1419 Rn. 22.
[100] BGH NJW 2024, 1030 Rn. 45 = ZWE 2024, 282; vgl. BGH ZWE 2024, 460 Rn. 13; BGH ZWE 2026, 51 Rn. 9; Staudinger/Jacoby WEG § 20 Rn. 107 f.; aA Ott MietRB 2024, 113 (114).

a) Aktivlegitimation

Grundsätzlich steht jedem einzelnen Wohnungseigentümer ein Individualanspruch auf Beseitigung der unzulässigen baulichen Veränderung zu.[101] Dieser wird jedoch nach § 9a Abs. 2 WEG von der Gemeinschaft ausgeübt. Die anderen Wohnungseigentümer haben gegen die Gemeinschaft einen Anspruch aus § 18 Abs. 2 WEG, der auf Geltendmachung der Abwehransprüche gerichtet ist. 42b

Wiederholung:

Wiederholen Sie bei dieser Gelegenheit die Ausübung gemeinschaftsbezogener Rechte durch die Gemeinschaft nach § 9a Abs. 2 WEG → § 7 Rn. 40 ff.!

b) Passivlegitimation

Der Beseitigungsanspruch richtet sich gegen den im Zeitpunkt der Baumaßnahme im Grundbuch eingetragenen rechtswidrig bauenden Wohnungseigentümer als **Handlungsstörer.**[102] Dieser ist verpflichtet, auf seine Kosten den früheren Zustand wieder herzustellen („Rückbau"). Die Auswahl unter mehreren geeigneten Beseitigungsmaßnahmen muss dabei grundsätzlich dem Störer überlassen bleiben.[103] 42c

Wiederholung:

Wiederholen Sie bei dieser Gelegenheit die Grundsätze des eigentumsrechtlichen Abwehranspruchs gem. § 1004 BGB!
Handlungsstörer ist danach, wer die Eigentumsbeeinträchtigung durch sein Verhalten, dh durch positives Tun oder pflichtwidriges Unterlassen, adäquat verursacht hat.[104]

Mangels einer gesetzlichen Überleitung geht die Haftung allerdings nicht auf einen Sonderrechtsnachfolger im Wohnungseigentum über.[105] In einem Veräußerungsfall, der keine Gesamtrechtsnachfolge darstellt,[106] kommt aber nach einem Eigentumswechsel die Inanspruchnahme des Wohnungserwerbers als **Zustandsstörer** in Betracht. 43

Wiederholung:

Zustandsstörer ist, wer zwar die Beeinträchtigung nicht selbst verursacht hat, durch dessen maßgebenden Willen aber der eigentumsbeeinträchtigende Zustand aufrechterhalten wird, von dessen Willen also die Beseitigung dieses Zustands

---

[101] Vgl. BGH NJW 2014, 1090 = ZWE 2014, 178.
[102] KG ZWE 2007, 352; OLG Hamburg ZMR 2006, 377; OLG Düsseldorf FGPrax 2006, 203; OLG Celle ZMR 2004, 689.
[103] BGH NJW-RR 1996, 659
[104] BGH NJW 2007, 432; BGH ZfIR 2001, 69; BGHZ 144, 200 = NJW 2000, 2901 = ZfIR 2000, 977 zur mittelbaren Störereigenschaft.
[105] KG ZWE 2007, 352; OLG Hamburg ZMR 2006, 377; OLG Düsseldorf FGPrax 2006, 203; OLG Celle ZMR 2004, 689.
[106] Zur Erbfolge gem. § 1922 BGB s. OLG Celle ZMR 2004, 689.

abhängt. Das setzt voraus, dass der Inanspruchgenommene die Quelle der Störung beherrscht, also die Möglichkeit zu deren Beseitigung hat, und ihm die Beeinträchtigung zurechenbar ist.[107]

Der Zustandsstörer haftet zumindest auf (passive) Duldung der Beseitigung durch die Gemeinschaft;[108] er kann nach der neueren BGH-Rechtsprechung sogar zur (aktiven) Beseitigung der Störung verpflichtet sein, wenn ihm die Störung zurechenbar ist.[109]

2. Unterlassungsanspruch

43a Wenn die bauliche Veränderung noch nicht vollständig durchgeführt ist, wird die Geltendmachung des Unterlassungsanspruchs gem. § 1004 Abs. 1 Satz 2 BGB in Betracht kommen. Dabei dürfte die Hauptsache zweckmäßigerweise mit einem Antrag auf Baustopp im Wege der einstweiligen Verfügung nach §§ 935 ff. ZPO verbunden werden, da der Unterlassungsanspruch andernfalls im Hinblick auf den Abschluss der baulichen Maßnahmen während des noch andauernden Prozesses leerlaufen könnte.

3. Verjährung

44 Ansprüche aus eingetragenen Rechten unterliegen nicht der Verjährung (§ 902 Abs. 1 S. 1 BGB); diese Vorschrift ist jedoch nach ihrem Sinn und Zweck auf die Abwehransprüche des § 1004 BGB nicht anwendbar.[110] Der Anspruch auf Unterlassung und Beseitigung verjährt daher nach Ablauf von drei Jahren (§ 195 BGB). Die Frist beginnt mit Ablauf des Jahres, in dem der Anspruch entsteht und der Gläubiger von ihr und der Person des Störers Kenntnis erlangt oder ohne grobe Fahrlässigkeit erlangen konnte (§ 199 Abs. 1 bzw. Abs. 5 BGB).[111] Die Verjährung des Anspruchs aus § 1004 BGB hat lediglich zur Folge, dass der Grundstückseigentümer die Störung auf eigene Kosten beseitigen muss.[112]

VII. Kosten und Nutzungen bei baulichen Veränderungen

45 Die Kosten und Nutzungen bei baulichen Veränderungen haben in § 21 WEG gegenüber § 16 WEG eine besondere Regelung erfahren.

---

[107] BGH NJW 2015, 2027 = ZWE 2015, 180; BGH NJW 2007, 432; BGH ZfIR 2001, 69.
[108] KG ZWE 2007, 352.
[109] BGH NZM 2010, 365.
[110] BGH NJW 2011, 1068; BGH NZM 2019, 350 Rn. 12; BGH NJW 2014, 2861.
[111] Vgl. OLG Hamm NZM 2009, 624.
[112] BGH NJW 2011, 1068.

1. Gesetzliche Kostentragungspflicht

Hinsichtlich der **gesetzlichen Kostenverteilung** regelt die Vorschrift drei Fälle: die Verteilung der Kosten auf einzelne Wohnungseigentümer (Abs. 1), die Verteilung auf alle Wohnungseigentümer (Abs. 2) und die Verteilung auf Wohnungseigentümer, die die bauliche Veränderung beschlossen haben (Abs. 3). Die jeweils Kostentragungspflichtigen haben sowohl die Herstellungskosten als auch die **Folgekosten** des Gebrauchs und der Erhaltung zu tragen.[113] 46

Bitte lesen Sie jetzt § 21 Abs. 1–3 WEG!

a) Kostentragungspflicht des einzelnen Wohnungseigentümers

Die Kosten einer baulichen Veränderung, die einem Wohnungseigentümer durch Beschluss gestattet oder auf sein verlangen nach § 20 Abs. 2 WEG durch die Gemeinschaft der Wohnungseigentümer durchgeführt wurde, soll dieser Wohnungseigentümer allein tragen (§ 21 Abs. 1 S. 1 WEG). Es handelt sich um bauliche Veränderungen im **Individualinteresse** einzelner Wohnungseigentümer. Dementsprechend sollen sie auch die Kosten dafür tragen. 47

Beispiel

Auf Verlangen eines Wohnungseigentümers beschließt die Gemeinschaft den Einbau einer Wallbox in der Tiefgarage, um allein diesem Wohnungseigentümer das Laden seines elektrischen Fahrzeugs zu ermöglichen (§ 20 Abs. 2 S. 1 Nr. 2 WEG). Die Kosten der Herstellung des Ladeanschlusses und des späteren Betriebs hat dann allein dieser Wohnungseigentümer zu tragen.

Dem Individualinteresse dient auch eine bauliche Veränderung, die die Gemeinschaft auf Verlangen eines Wohnungseigentümers nach § 20 Abs. 3 WEG beschließt und durchführt (→ Rn. 34). Obgleich dieser Fall in § 21 Abs. 1 S. 1 WEG nicht ausdrücklich genannt ist, dürfte diese Vorschrift analog auch für diesen Fall gelten, so dass auch hier der einzelne Wohnungseigentümer die Kosten für die von ihm verlangte bauliche Veränderung tragen muss.[114]

b) Kostentragungspflicht aller Wohnungseigentümer

§ 21 Abs. 2 WEG nennt zwei Fälle, in denen ausnahmsweise alle Wohnungseigentümer die Kosten einer baulichen Veränderung im Verhältnis ihrer Miteigentumsanteile tragen müssen, unabhängig davon, ob sie der Maßnahme zugestimmt haben. 48

---

113 BT-Drs. 19/18791, 67 f.

114 So auch BT-Drs. 19/18791, 67; ARS/Abramenko WEG § 21 Rn. 10, 11; Bärmann/Pick/Emmerich WEG § 21 Rn. 43; Bärmann/Dösch WEG § 20 Rn. 56; Dötsch ZWE 2021, 341, 342.

aa) Qualifizierte Mehrheit

49 Dies ist zunächst der Fall, wenn die Wohnungseigentümer die bauliche Veränderung mit einer Mehrheit von mehr als zwei Dritteln der abgegebenen Stimmen und der Hälfte aller Miteigentumsanteile beschlossen haben, es sei denn die bauliche Veränderung ist mit unverhältnismäßigen Kosten verbunden (§ 21 Abs. 2 Nr. 1 WEG). Dieser Regelung liegt der Gedanke zugrunde, dass eine bauliche Veränderung, die von einem so großen Teil der Wohnungseigentümer getragen wird, typischerweise sinnvoll und angemessen ist und deshalb von allen Wohnungseigentümern bezahlt werden sollte.[115] Die Vermutung der Angemessenheit ist jedoch widerlegt, wenn die bauliche Veränderung mit unverhältnismäßigen Kosten verbunden ist. Um die Verhältnismäßigkeit festzustellen, muss man die Kosten der baulichen Veränderung – einschließlich der Folgekosten – mit ihren Vorteilen vergleichen und ins Verhältnis setzen. Bei der wertenden Betrachtung ist ein objektiver, auf die Anlage bezogener Maßstab anzulegen.[116]

bb) Amortisation

50 Die Kosten einer baulichen Veränderung sind auch dann von allen Wohnungseigentümern anteilig zu tragen, wenn sie deren Kosten innerhalb eines angemessenen Zeitraums amortisieren (§ 21 Abs. 2 Nr. 2 WEG). Die Wohnungseigentümer haben also auf einer hinreichenden Entscheidungsgrundlage im Zeitpunkt der Beschlussfassung eine Prognose zu treffen, ob den Kosten der baulichen Veränderung innerhalb eines abgrenzbaren Zeitraums eine annähernd gleich große Kostenersparnis oder ein annähernd gleich großer Mittelzufluss gegenüberstehen wird.[117] Als angemessener Zeitraum wird regelmäßig ein **Zeitraum von zehn Jahren** angesehen.[118]

c) Kostentragungspflicht der beschließenden Wohnungseigentümer

51 Die Kostentragungspflicht derjenigen, die die bauliche Veränderung beschlossen haben (§ 21 Abs. 3 S. 1 WEG), bildet den **Grund- und Auffangtatbestand.**[119] Soweit kein Fall von § 21 Abs. 1 oder Abs. 2 WEG vorliegt, sollen die Wohnungseigentümer, die dem Beschlussantrag zugestimmt haben, die Kosten der baulichen Veränderung im Verhältnis ihrer Miteigentumsanteile tragen. Bei der Beschlussfassung sind die zustimmenden Wohnungseigentümer namentlich zu erfassen. Da die Höhe der anteiligen Kostenlast des einzelnen Wohnungseigentümers von der Anzahl der zustimmenden Wohnungseigentümer abhängt, diese aber vor der Beschlussfassung noch unbekannt ist, kann der einzelne Wohnungseigentümer nicht überschauen, welchen Kostenanteil er im Falle seiner Zustimmung zum Beschlussantrag zu tragen hätte. Um im Vorfeld zu ermitteln, wie hoch die anteiligen Kosten für den einzelnen Wohnungseigentümer sind, kann sich eine **Probeabstimmung** empfehlen. Der Beschluss über die bauliche Veränderung

---

[115] BT-Drs. 19/22634, 44.
[116] BT-Drs. 19/22634, 44.
[117] Bärmann/Pick/Emmerich WEG § 21 Rn. 63.
[118] BT-Drs. 19/22634, 43; vgl. auch BGH NJW 2013, 1439 Rn. 10 und § 11 Abs. 1 Nr. 1 b HeizkostenV; Bärmann/Dötsch WEG § 21 Rn. 97; kritisch Bärmann/Pick/Emmerich WEG § 21 Rn. 65.
[119] Bärmann/Pick/Emmerich WEG § 21 Rn. 3, 73.

kann sodann unter der Bedingung gefasst werden, dass diejenigen, die in der Probeabstimmung namentlich erfassten Wohnungseigentümer tatsächlich dem Beschlussantrag zustimmen.[120]

2. Nutzungsrecht

Die Abs. 1–3 des § 21 WEG regeln einen Gleichlauf von Kostentragungspflicht 52
und Nutzungsrecht. Hat ein Wohnungseigentümer die Kosten einer baulichen Veränderung nach § 21 Abs. 1 S. 1 WEG allein zu tragen, so gebühren ihm nach § 21 Abs. 1 S. 2 WEG auch die Nutzungen, d.h. die Früchte und Gebrauchsvorteile (vgl. § 100 BGB). Die ausschließliche Zuweisung von Nutzungen begründet kraft Gesetzes eine besondere Form des Sondernutzungsrechts.[121]

Beispiel

Wenn in dem unter → Rn. 47 genannten Beispiel der einzelne Wohnungseigentümer die Kosten für die Errichtung und den Betrieb einer Elektroladestation zu tragen hat, so ist er auch allein berechtigt, diese zu nutzen.

Haben unter den Voraussetzungen des § 21 Abs. 2 S. 1 WEG alle Wohnungseigentümer anteilig die Kosten der baulichen Veränderung zu tragen, stehen auch die Nutzungen anteilig allen Wohnungseigentümern zu (§ 21 Abs. 2 S. 2 WEG). Liegen die Voraussetzungen nach § 21 Abs. 2 WEG nicht vor, gebühren die Nutzungen nur den Wohnungseigentümern, die bei der Beschlussfassung über die bauliche Veränderung dem Beschlussantrag zugestimmt haben (§ 21 Abs. 3 S. 1 WEG). Nur sie sind nach § 21 Abs. 3 S. 1 WEG an den Kosten der Maßnahme beteiligt.

3. Anspruch auf Gestattung der Nutzung

Die vorgenannten Vorschriften weichen von § 16 Abs. 1 S. 3 WEG ab, wonach 53
jedem Wohnungseigentümer der Mitgebrauch des gemeinschaftlichen Eigentums zusteht. Nach § 21 Abs. 1 S. 2 WEG bzw. § 21 Abs. 3 S. 2 WEG werden einzelne Wohnungseigentümer vom Mitgebrauch ausgeschlossen. Als Ausgleich für den Rechtsverlust gewährt ihnen § 21 Abs. 4 S. 1 WEG einen Anspruch darauf, das Recht zur Mitnutzung nachträglich zu erwerben.

Bitte lesen Sie § 16 Abs. 1 S. 3 WEG und § 21 Abs. 4 WEG!

Nach § 21 Abs. 4 S. 1 WEG kann ein Wohnungseigentümer, der bisher nicht berechtigt ist, Nutzungen zu ziehen, verlangen, dass ihm dies nach billigem Ermessen **gegen angemessenen Ausgleich** gestattet wird. Der Anspruch ist gegen die Gemeinschaft der Wohnungseigentümer gerichtet, die ihn durch eine entsprechende Beschlussfassung der Wohnungseigentümer über die Gestattung zu

[120] Bärmann/Pick/Emmerich WEG § 21 Rn. 74.
[121] LG Düsseldorf BeckRS 2022, 41058.

erfüllen hat.[122] Da die Beteiligung des Antragstellers an den Nutzungen billigem Ermessen entsprechen muss, ist den Wohnungseigentümern ein **Entscheidungsspielraum** zugewiesen. Die weitere Beteiligung eines Wohnungseigentümers entspricht billigem Ermessen, wenn die Interessen aller Beteiligten angemessen berücksichtigt werden. Die Billigkeit verlangt eine Gleichbehandlung aller Wohnungseigentümer.[123] Kapazitätsprobleme sind kein Grund, einem Wohnungseigentümer die Beteiligung an den Nutzungen zu versagen. Notfalls ist eine technische Anlage zu ertüchtigen, um die Anlage auf einen größeren Nutzerkreis umzustellen.[124]

Beispiel

In dem unter → Rn. 47 genannten Beispiel verlangt ein weiterer Wohnungseigentümer, die bereits errichtete Elektroladestation in der Tiefgarage nutzen zu dürfen. Reicht die Kapazität der bisherigen Anlage nicht für einen weiteren Nutzer aus, ist diese ggf. technisch zu ertüchtigen. Die Kosten, die dadurch entstehen, sind von allen Nutzungsberechtigten zu tragen.[125]

54 Der Anspruch auf Gestattung der Mitnutzung besteht nur **„gegen angemessenen Ausgleich"**. Der angemessene Ausgleich soll für bereits entstandene Kosten der Herstellung und Erhaltung der Anlage gezahlt werden, an denen der nunmehr hinzutretende Wohnungseigentümer nicht beteiligt war. Der zu zahlende Ausgleichsbetrag wird im Gestattungsbeschluss der Wohnungseigentümer bestimmt. Dabei ist zu berücksichtigen, dass technische Anlagen im Laufe der Zeit einem Wertverlust unterliegen und dass die bisher Berechtigten bereits Nutzungen aus der Anlage ziehen konnten. Deshalb ist es in der Regel nicht angemessen, den hinzutretenden Wohnungseigentümer an den vollen Herstellungskosten von damals zu beteiligen. Es bietet sich eine Abschreibung der Herstellungskosten nach der „technischen Lebensdauer" der Anlage an.[126] Der vom neu hinzutretenden Wohnungseigentümer zu zahlende Ausgleich berechnet sich nach den Miteigentumsanteilen der Berechtigten. Erst mit Zahlung eines Ausgleichsbetrags erhält der Wohnungseigentümer das Recht zur Mitbenutzung.

4. Abweichende Vereinbarungen und Beschlüsse

55 Die Wohnungseigentümer können die Verteilung der Kosten und Nutzungen durch Vereinbarung abweichend von den vorgenannten Vorschriften regeln. Soweit keine abweichende Vereinbarung besteht, können sie nach § 21 Abs. 5 S. 1 WEG auch eine abweichende Verteilung der Kosten und Nutzungen beschließen. Durch einen solchen Beschluss dürfen einem Wohnungseigentümer, der nach § 21 Abs. 1–4 keine Kosten zu tragen hat, nach § 21 Abs. 5 S. 2 WEG keine Kosten auferlegt werden. Verstößt der Beschluss gegen das **„Neubelastungsverbot"**, ist er jedoch keineswegs nichtig. Wie der Wortlaut des Gesetzes verdeutlicht („dürfen") bewegt sich der Beschluss noch im Rahmen der Beschlusskompetenz. Er

122 BT-Drs. 19/18791, 70.
123 BT-Drs. 19/18791, 70.
124 Bärmann/Pick/Emmerich WEG § 21 Rn. 87.
125 BT-Drs. 19/18719, 70, 71; Bärmann/Pick/Emmerich WEG § 21 Rn. 89.
126 Bärmann/Pick/Emmerich WEG § 21 Rn. 99.

ist lediglich gerichtlich anfechtbar und wird mangels rechtzeitiger Anfechtung bestandskräftig.[127]

Bitte lesen Sie jetzt § 21 Abs. 5 S. 2 WEG!

Wiederholungsaufgaben und Vertiefungsfragen

1. Beschreiben Sie den Unterschied zwischen einer Maßnahme der „Erhaltung" und einer „baulichen Veränderung" des gemeinschaftlichen Eigentums iSd § 21 Abs. 1 WEG!
2. Ordnen Sie den nachträglichen Einbau eines Treppenliftes in die Ihnen jetzt bekannte Palette baulicher Maßnahmen ein. Könnte der allein von dem Einbau profitierende Wohnungseigentümer W den Einbau verlangen? Wer würde den Einbau durchführen? Wer trägt die Kosten des Einbaus und des Betriebs? Wer ist berechtigt, den Lift zu nutzen?

---

[127] Bärmann/Dötsch WEG § 21 Rn. 175.

§ 10. Wohnungseigentumsverwalter und Verwaltungsbeirat

Ausgewählte Literatur zum **Wohnungseigentumsverwalter:**

Abramenko, Die Abmahnung des Verwalters vor der Abberufung aus wichtigem Grund, ZWE 2012, 250; *Armbrüster,* Verbände als Verwalter nach dem WEG, NZM 2012, 369; *Armbrüster,* Der Verwalter als Organ der Gemeinschaft und Vertreter der Wohnungseigentümer, ZWE 2006, 470; *Becker,* Verbraucherwiderruf des Verwaltervertrages?, NZM 2016, 249; *Briesemeister,* Bestellung des Wohnungseigentumsverwalters durch einstweilige Verfügung, NZM 2009, 64; *Casser,* Nachwirkende Pflichten des ausgeschiedenen Verwalters, ZWE 2014, 157; *Drasdo,* Die Erstbestellung des Verwalters, ZfIR 2013, 279; *Drasdo,* Die Bestellung des Verwalters in der Gemeinschaftsordnung, RNotZ 2008, 87; *Göhmann,* Der WEG-Verwalter in der notariellen Praxis, RNotZ 2012, 251; *Gottschalg,* Die Haftung von Verwalter und Beirat in der Wohnungseigentümergemeinschaft, 3. Aufl. 2009; *Greiner,* Zum Abschluss des Verwaltervertrags, ZWE 2008, 454; *Hadding,* Die Rechtsstellung des Verwalters zwischen Verband und Wohnungseigentümern, ZWE 2012, 61; *Häublein,* Drittwirkung der Verwalterpflichten, ZWE 2008, 1 (Teil I) u. 80 (Teil II); *Hoeck-Eisenbach,* Fehler bei der Verwalterbestellung und ihre Folgen, MietRB 2015, 317 (Teil I) und 347 (Teil II); *Hogenschurz,* Die Aufgaben des Verwalters bei Vermietung und Verkauf von Eigentumswohnungen, MietRB 2011, 269; *Hügel,* Der Verwalter als Organ des Verbands Wohnungseigentümergemeinschaft und als Vertreter der Wohnungseigentümer, ZMR 2008, 1; *Jacoby,* Verbraucherschutz – Widerrufsrecht bei Verwalterverträgen, ZWE 2016, 68; *Jacoby,* Aufgaben/Befugnisse des Verwalters – § 27 Abs. 1 bis 3 WEG, ZWE 2012, 418; *Jacoby,* Grundfragen des Verwaltervertrages, FS Merle (2010), S. 181; *Jacoby,* Zum Abschluss des Verwaltervertrages, ZWE 2008, 327; *Jennißen/Schmidt,* Der WEG-Verwalter, 2. Aufl. 2010; *Kopp,* Die Rechtsnachfolge bei Verschmelzung einer Verwaltergesellschaft, ZWE 2014, 244; *Merle,* Zur ersten Bestellung des Verwalters nach der Begründung von Wohnungseigentum, ZWE 2007, 233; *Merle,* Bestellung und Abberufung des Verwalters nach § 26 WEG, 1977; *A. Ott,* Ausgewählte Probleme der Verwalterbestellung und des Abschlusses eines Verwaltervertrages, ZWE 2016, 159; *A. Ott,* Anforderungen an die (Wieder-)Bestellung des Verwalters, ZWE 2015, 206; *Sauren,* WEG-Verwalter, 4. Aufl. 2009; *M. J. Schmid,* Gesellschaften als Wohnungseigentumsverwalter, NZG 2012, 134; *Scheuer,* Aufgaben des neuen Verwalters nach Übernahme einer Verwaltung, ZWE 2014, 152; *Suilmann,* Anlage des Verwaltungsvermögens – was ist spekulativ, was ist zulässig?, ZWE 2015, 246; *Vogel,* Haftungsbegrenzungsklauseln im Verwaltervertrag, ZWE 2015, 15; *Zajonz/Nachtwey,* Auswirkungen der Verschmelzung einer GmbH auf ihre Stellung als WEG-Verwalter, ZfIR 2008, 701.

Ausgewählte Literatur zum **Verwaltungsbeirat:**

Abramenko, Die schuldrechtlichen Beziehungen zwischen Verwaltungsbeirat und Wohnungseigentümergemeinschaft nach Anerkennung ihrer Teilrechtsfähigkeit, ZWE 2006, 273; *Armbrüster,* Willensbildung und Beschlussfassung im Verwaltungsbeirat, ZWE 2001, 463; *Armbrüster,* Bestellung der Mitglieder des Verwaltungsbeirats, ZWE 2001, 355; *Drasdo,* Der Verwaltungsbeirat nach dem WEG, 4. Aufl. 2011; *Hogenschurz,* Verwalter und Verwaltungsbeirat, MietRB 2014, 220 (Teil I: Einrichtung eines Verwaltungsbeirats), MietRB 2014, 247 (Teil II: Aufgaben des Verwaltungsbeirats) und MietRB 2014, 279 (Teil III: Haftung und Versicherung des Verwaltungsbeirats); *Kümmel,* Die Mitgliedschaft von Personenvereinigungen im Verwaltungsbeirat, NZM 2003, 303; *Scheuer,* (Mit-)Versicherung des Beirats in der Vermögensschadenhaftpflichtversicherung, ZWE 2012, 115; *M. J. Schmid,* Der Verwaltungsbeirat – Repräsentant der Wohnungseigentümer(gemeinschaft)?, ZWE 2010, 8; *F. Schmidt,* Outsourcing im WEG? Zum Problem von Nichteigentümern im Verwaltungsbeirat, ZWE 2004, 18.

Spezielle Literatur aus der **Zeit nach Inkrafttreten des WEMoG:**

Abramenko, Die Vertretung der Gemeinschaft durch den Verwalter, ZWE 2020, 253; Abramenko, Die Entscheidungsmacht des Verwalters aus § 27 Abs. 1 WEG, ZWE 2023, 105; Bremkamp/Echternach, Nachweis der Vertretungsmacht des Verwalters für den Abschluss eines Grundstückskaufvertrages (§ 9b WEG), DNotZ 2021, 162; Bruns, Die neuen Befugnisse des Verwalters nach § 27 Abs. 1 Nr. 1 WEG: Freiraum oder Kleinkram?, NZM 2022, 153; Först, Verwaltervertrag und Verwaltungsvergütung nach dem WEMoG, ZWE 2021, 155; Forschner, Der Verwalter als Gestalter – Gestaltungsbefugnisse aus der Gemeinschaftsordnung, ZWE 2022, 19, Greiner, Das Verhältnis des Verwalters zur rechtsfähigen Gemeinschaft und zu den Wohnungseigentümern, ZWE 2020, 260; Jacoby, Entscheidungen des Verwalters nach § 27 WEG, ZWE 2024, 68; Kieß, Evidenz der Vertretungsmacht? – Das Verhältnis von § 9b Abs. 1 und § 27 WEG, ZWE 2024, 15; Kunze, Wie gestaltet sich die Zukunft der Wohnungseigentumsverwalter?, ZWE 2022, 295; Lehmann-Richter, Die verwalterlose Gemeinschaft, ZWE 2022, 61; Lehmann-Richter/Wobst, Die Vertretung der Wohnungseigentümergemeinschaft nach dem WEMoG, NJW 2021, 662; Osthues, Die Zertifizierung des Wohnungseigentumsverwalters, ZWE 2022,156; Pöpel, Die Hausgeldklage des Verwalters – Ist eine Ermächtigung erforderlich?, ZMR 2024, 920; Schultzky, Der Verwalter als Gemeinschaftsorgan – Neue Rechte und neue Pflichten, ZWE 2021, 62; Wobst, Die neue Struktur der Rechtsbeziehungen in der Gemeinschaft, ZWE 2021, 17; Wobst, Reichweite der Gestaltungsmacht des Verwaltervertrags, ZWE 2022, 1Zschieschack, Die Zertifizierter-Verwalter-Prüfungsverordnung, NZM 2022, 193; Zschieschack, Vertretungsmacht des Verwalters bei Rechtsgeschäften mit Wohnungseigentümern, NZM 2025, 466.

I. Vorbemerkung

1 In den vorhergehenden Kapiteln haben Sie bereits die Selbstverwaltung des gemeinschaftlichen Eigentums durch die Wohnungseigentümer kennengelernt. Nun wollen wir uns noch etwas näher mit der Verwaltung durch einen Wohnungseigentumsverwalter (Abschn. II) und verwalterlosen Wohnungseigentümergemeinschaften (Abschn. III) beschäftigen. Zum Ende dieses Kapitels finden Sie dann noch einige Ausführungen zum Verwaltungsbeirat (Abschn. IV).

II. Wohnungseigentumsverwalter

1. Grundsätze

a) Bedeutung des Verwalters

2 Der Verwalter ist ein unabdingbares Organ der Gemeinschaft der Wohnungseigentümer. Er ist im Wohnungseigentumsrecht nach der Eigentümerversammlung das zweitwichtigste Organ der Eigentümergemeinschaft.[1] Seine Bestellung kann nicht ausgeschlossen werden. Vielmehr entspricht die Bestellung eines

[1] BGHZ 152, 46 = NJW 2002, 3704 = ZWE 2003, 64; BGHZ 106, 222 = NJW 1989, 1091; ARS/Abramenko WEG § 26 Rn. 1; Bärmann/Becker WEG § 26 Rn. 8; Hadding ZWE 2012, 61 ff.

Verwalters stets ordnungsmäßiger Verwaltung.[2] Folglich hat jeder Wohnungseigentümer gem. § 18 Abs. 2 Nr. 1 WEG einen einklagbaren Anspruch gegen die Gemeinschaft auf Bestellung einer geeigneten Person zum Verwalter.[3]

Bei dieser Gelegenheit soll sogleich einer gelegentlichen Fehlvorstellung entgegengewirkt werden: Der Verwalter nach dem Wohnungseigentumsgesetz reduziert sich keineswegs auf den in der Praxis verbreiteten Hausverwalter iS eines Hausmeisters, der gewöhnlich für das handwerklich-technische **Facilitymanagement** im Rahmen einer Objektbetreuung zuständig ist. Dies schließt natürlich im Einzelfall nicht aus, dass auch ein WEG-Verwalter einmal selbst Hand anlegen kann. Zu Aufgaben und Befugnissen des Wohnungseigentumsverwalters erfahren Sie mehr ab → Rn. 59 ff. 3

b) Funktionszuordnung

Vor Inkrafttreten des WEMoG erfüllte der Wohnungseigentumsverwalter verschiedene Funktionen. Als Organ der rechtsfähigen Gemeinschaft der Wohnungseigentümer übte der Verwalter die Rechte der selbst nicht handlungsfähigen Wohnungseigentümergemeinschaft aus und erfüllte deren Pflichten. Das Gesetz räumte ihm eine entsprechende Vertretungsmacht in § 27 Abs. 3 S. 1 Nr. 1 bis 7 WEG aF ein. Daneben konnte der Verwalter als **gesetzlicher Vertreter der Wohnungseigentümer** auftreten. Hierfür räumte ihm das Gesetz entsprechende Vertretungsmacht in § 27 Abs. 2 Nr. 1 bis 4 WEG aF ein. Letztlich handelte der Verwalter bisweilen auch als Träger **eigener,** ihm selbst zugewiesener **Aufgaben,** etwa wenn es um die Erstellung der Jahresabrechnung ging. 4

Nach Inkrafttreten des **WEMoG** ist der Verwalter nur noch Organ der rechtsfähigen Gemeinschaft, der nach § 18 Abs. 1 WEG allein die Verwaltung des gemeinschaftlichen Eigentums obliegt. Dementsprechend hat der Verwalter nach § 9 b Abs. 1 S. 1 WEG **nur** noch **organschaftliche Vertretungsmacht für und gegen die Gemeinschaft.**

Beispiel

Die Gemeinschaft wird im Rahmen der in → § 7 Rn. 15 angesprochenen Tätigkeiten vom Verwalter als Organ vertreten. Dabei muss sich die Gemeinschaft die Kenntnis seines organschaftlichen Vertreters in entsprechender Anwendung des § 166 Abs. 1 BGB als eigene zurechnen lassen.[4]

Eine gesetzliche Vertretungsmacht des Verwalters für und gegen die einzelnen Wohnungseigentümer besteht nicht mehr. Das führt insbesondere zu praktischen Problemen, wenn **Zustellungen** an die einzelnen **Wohnungseigentümer** zu bewirken sind.

Beispiel

Wenn nach dem jeweiligen Landesrecht die einzelnen Wohnungseigentümer für grundstücksbezogene Benutzungsgebühren (Abfall- und Abwassergebühren) als Gesamtschuldner

---

[2] Bärmann/Becker WEG § 26 Rn. 120; Hügel/Elzer WEG § 26 Rn. 117.
[3] BGH NJW 2011, 3025 = ZWE 2011, 356; OLG Düsseldorf NZM 2008, 452.
[4] BGH NJW 2014, 1294 = NZM 2014, 355.

haften, muss die Behörde den Gebührenbescheid den einzelnen Wohnungseigentümern zustellen. Der Verwalter ist kein Zustellungsvertreter der Wohnungseigentümer mehr.[5]

Eigene Aufgaben sind dem Verwalter nach dem Gesetz nicht zugewiesen. Die Aufgaben nach §§ 27, 28 WEG nimmt er für die Gemeinschaft der Wohnungseigentümer wahr.

Beispiel

Der Anspruch des einzelnen Wohnungseigentümers auf Erstellung der Jahresabrechnung richtet sich gegen die rechtsfähige Wohnungseigentümergemeinschaft und nicht gegen den Verwalter persönlich. Dieser ist nach § 28 Abs. 2 S. 2 WEG lediglich gegenüber der Gemeinschaft zur Erstellung der Abrechnung verpflichtet. Er wird dabei als Organ der Gemeinschaft tätig.[6] Einzelheiten lesen Sie unter → § 11 Rn. 24 ff.

c) Keine Registereintragung des Wohnungseigentumsverwalters

5 Der Verwalter einer Wohnungseigentumsanlage kann nach derzeitiger Rechtslage trotz der ihm zukommenden weitreichenden Rechtsstellung nicht in einem öffentlichen Register als Verwalter verlautbart werden. Dahingehende Vorschläge wurden bisher nicht aufgegriffen.[7] Die fehlende Registerpublizität kann nur dadurch kompensiert werden, dass der Verwalter eine Niederschrift über den Beschluss der Wohnungseigentümer vorlegt, mit dem er zum Verwalter bestellt wurde. Nach geltendem Recht kann der Verwalter von den Wohnungseigentümern nicht mehr die Ausstellung einer Vollmachts- und Ermächtigungsurkunde verlangen.[8] Den Umfang seiner Vertretungsmacht für und gegen die Gemeinschaft ist nach § 9b Abs. 1 S. 3 WEG ohnehin unbeschränkbar. Nur beim Abschluss eines Grundstückskauf- oder Darlehensvertrags erfordert die Vertretungsmacht des Verwalters nach § 9b Abs. 1 S. 1 WEG einen entsprechenden Beschluss der Wohnungseigentümer. Zur Erklärung der Auflassung bei Grundstücksveräußerung oder -erwerb ist der Verwalter ohne Beschluss der Wohnungseigentümer vertretungsberechtigt, so dass ein Beschluss dem Grundbuchgericht insoweit nicht nachzuweisen ist.[9]

Wiederholung:

Lesen Sie bitte noch einmal unter → § 8 Rn. 106 nach, welche Möglichkeit das WEG dem Verwalter zum Nachweis seiner Verwaltereigenschaft – insbesondere im förmlichen Eintragungsverfahren bei dem Grundbuchgericht – zur Verfügung stellt.

---

[5] Bärmann/Becker WEG § 9b Rn. 9; aA SWK WEG-R/Hofele Abgaben Rn. 32, der den Verwalter für „empfangsbevollmächtigt" hält.

[6] Bärmann/Becker WEG § 28 Rn. 114.

[7] Vgl. Heinemann MietRB 2014, 188; Schneider ZWE 2014, 349 mwN.

[8] Bärmann/Becker WEG § 9b Rn. 21.

[9] OLG München NZM 2024, 723 = ZWE 2025, 75; Bremkamp/Echternach DNotZ 2021, 162 (165); Folter ZWE 2025, 158 (159).

d) Sondereigentumsverwaltung

Das Sondereigentum des einzelnen Wohnungseigentümers unterliegt nicht der Verwaltung durch die Gemeinschaft (vgl. § 18 Abs. 1 WEG), so dass der Verwalter als Organ der Gemeinschaft in diesem Bereich keine Aufgaben wahrnimmt. Ein Wohnungseigentümer ist jedoch nicht gehindert, den von den Wohnungseigentümern für die Verwaltung des gemeinschaftlichen Eigentums bestellten Verwalter *zusätzlich* auch mit der Verwaltung seines – vermieteten – Wohnungseigentums zu beauftragen.[10] Eine solche **Sondereigentumsverwaltung** gründet sich allerdings auf einer eigenständigen und von der gemeinschaftlichen Verwaltung unabhängigen Rechtsbeziehung allein zwischen dem betreffenden Wohnungseigentümer und dem Verwalter.[11] 6

2. Person des Wohnungseigentumsverwalters

a) Einheitlichkeit der Verwaltung

Aufgaben und Befugnisse eines Wohnungseigentumsverwalters kann nur übernehmen, wer im Rechtsverkehr als natürliche oder juristische Person auch handlungsfähig ist. Dabei geht das Gesetz davon aus, dass die Verwaltung aus Gründen der erforderlichen Klarheit der Verantwortlichkeit nur einer **einzelnen Person** übertragen werden kann.[12] 7

Dies gilt auch dann, wenn eine sog **Mehrhausanlage** zu verwalten ist. Die Verwaltung erstreckt sich immer auf das gesamte gemeinschaftliche Eigentum einer Wohnungseigentumsanlage;[13] die Bestellung von „Teil-Verwaltern" für eine Untergemeinschaft ist nicht möglich.[14] 8

Wiederholung:

Vergleichen Sie bei dieser Gelegenheit einmal die Ausführungen zur – abzulehnenden – Rechtsfähigkeit sog Untergemeinschaften → § 7 Rn. 51 f.

b) Natürliche Person

Zum Verwalter kann daher jede **natürliche** und **unbeschränkt geschäftsfähige Person** bestellt werden.[15] 9

Personenmehrheiten können nur dann wirksam zum Verwalter bestellt werden, wenn sie als rechtlich verselbständigte Einheit auch handlungsfähig sind. 10

---

[10] Zu den Aufgaben des Verwalters in diesen Fällen s. Hogenschurz MietRB 2011, 269.

[11] Vgl. BGH NJW 2003, 1393 = ZWE 2003, 256.

[12] BGHZ 107, 268 = NJW 1989, 2059 mwN.

[13] Bärmann/Becker WEG § 26 Rn. 10; Hügel/Elzer WEG § 26 Rn. 8.

[14] LG Hamburg ZWE 2013, 34; LG Nürnberg-Fürth ZMR 2010, 315; LG Düsseldorf NZM 2010, 288.

[15] Hügel/Elzer WEG § 26 Rn. 32; ARS/Abramenko WEG § 26 Rn. 2.

Andernfalls ist eine entsprechende Vereinbarung oder ein darauf gerichteter Beschluss nichtig.[16]

Beispiel

Die Bestellung von **Eheleuten** zu Wohnungseigentumsverwaltern ist demgemäß nicht möglich, solange die Eheleute keine besondere (handels-)rechtliche Verbindung eingehen.[17]

11 Die Wohnungseigentümer können keinen **„zweiten" Verwalter** neben dem amtierenden bestellen.[18] Auch ein WEG-Beschluss, durch den gleichzeitig ein Verwalter und sein **Stellvertreter** bestellt werden, kann unter Berücksichtigung von § 139 BGB nur hinsichtlich der Bestellung des (Haupt-)Verwalters wirksam sein.[19]

12 Die Bestellung eines **Miteigentümers** zum Verwalter ist möglich, solange dieser nicht zugleich dem Verwaltungsbeirat angehören soll.[20] Der vom Verwaltungsbeirat zu prüfende Verwalter (vgl. § 29 Abs. 3 WEG) kann nämlich nicht sein eigener Prüfer sein.

13 **Einzelkaufleute** können unter ihrer Firma die Verwaltertätigkeit ausüben.[21]

c) Juristische Person und Personengesellschaft

14 **Juristische Personen** (zB **Aktiengesellschaft, GmbH**[22]) und auch rechtlich verselbständigte **Personenhandelsgesellschaften (oHG, KG**[23]) können nach allgemeiner Ansicht zum Wohnungseigentumsverwalter bestellt werden. Wenngleich Personenhandelsgesellschaften bereits mit der Ausübung eines vollkaufmännischen Handelsgewerbes und nicht erst mit ihrer Eintragung in das Handelsregister zu existieren beginnen (arg. §§ 123 Abs. 1 S. 2, 161 Abs. 2 HGB), müssen die zum Verwalter bestellten Personenhandelsgesellschaften im Handelsregister eingetragen sein.[24]

15 Mangels Registerpublizität konnte bisher eine rechtsfähige **Gesellschaft bürgerlichen Rechts** (GbR) nicht Verwalterin nach dem WEG sein.[25] Ist die Gesellschaft nach Inkrafttreten des MoPeG nach § 707a Abs. 2 S. 1 BGB in das neu geschaffene Gesellschaftsregister eingetragen (eGbR), gehen Identität und Vertretungsverhältnisse aus dem Register hervor. Die eGbR kann daher zur Verwalterin bestellt werden.[26] Ebenfalls kann eine haftungsbeschränkte **Unternehmergesellschaft** gem. § 5a GmbHG (UG –„Ein-EUR-GmbH") grundsätzlich zur Verwalterin bestellt werden.[27] Allerdings widerspricht deren Bestellung dann

[16] BGH ZWE 2012, 499; BGHZ 107, 268 = NJW 1989, 2059.
[17] BGHZ 107, 268 = NJW 1989, 2059.
[18] LG Hamburg ZWE 2013, 292.
[19] KG ZWE 2016, 176.
[20] Vgl. OLG Zweibrücken OLGZ 1983, 438.
[21] Vgl. BayObLG ZWE 2001, 492.
[22] Vgl. BGH NJW 2006, 2189 = ZWE 2006, 183.
[23] Vgl. BGH NJW 2006, 2189 = ZWE 2006, 183; BGHZ 107, 268 = NJW 1989, 2059.
[24] Zutr. Jennißen/Jennißen WEG § 26 Rn. 4.
[25] BGH NJW 2009, 2449 = ZWE 2009, 303; BGH NJW 2006, 2189 = ZWE 2006, 183; OLG München ZWE 2007, 153; vor Anerkennung der Rechtsfähigkeit bereits BGHZ 107, 268 = NJW 1989, 2059; aA Armbrüster NZM 2012, 369; Schäfer NJW 2006, 2160.
[26] Bärmann/Becker WEG § 26 Rn. 22; Bärmann/Pick/Emmerich WEG § 26 Rn. 12; Hügel/Elzer WEG § 26 Rn. 44; Drasdo ZfIR 2024, 14 (16).
[27] BGH NJW 2012, 3175 = ZWE 2012, 427.

ordnungsmäßiger Verwaltung, wenn ein Unternehmen zum Verwalter bestellt wird, das nicht über die dazu notwendigen finanziellen Mittel verfügt und im Haftungsfalle auch keine ausreichenden Sicherheiten (insbes. Versicherungsschutz) stellen kann.[28]

Voraussetzung für eine wirksame Verwalterbestellung ist aber in jedem Fall, dass die Gesellschaft zum Zeitpunkt der Bestellung auch existiert. Die Bestellung einer **nicht existenten,** erst später gegründeten GmbH zur Verwalterin ist nichtig.[29] 16

Auch die Bestellung einer **Gesellschaft im Gründungsstadium** (Vorgesellschaft) oder einer noch nicht im Handelsregister eingetragenen Personengesellschaft ist nichtig.[30] 17

d) Übergang der Verwalterstellung

Nach wohl noch hM ist das Amt des Wohnungseigentumsverwalters von diesem entsprechend §§ 675, 613, 664 BGB **höchstpersönlich** wahrzunehmen.[31] Zu diesem Themenkomplex vollzieht sich allerdings derzeit eine Änderung des bisherigen Meinungsbildes; die weitere Entwicklung wird hier zu beobachten sein. 18

Eine **Rechtsnachfolge** in das personenbezogene Verwalteramt kann nach dieser Ansicht nicht stattfinden, weil das Vertrauensverhältnis zum Verwalter eine Rechtsnachfolge ohne Mitwirkung der Wohnungseigentümer ausschließt.[32] Aus demselben Grund ist auch eine **rechtsgeschäftliche Übertragung** des Amtes oder eine **Überlassung zur Ausübung** ausgeschlossen; die Wohnungseigentümer müssen sich keine andere Person als Verwalter aufdrängen lassen.[33] Dadurch ist die Einschaltung von Hilfspersonen zur Erfüllung der Verwalterpflichten jedoch nicht ausgeschlossen (sog **Erfüllungsgehilfen** – vgl. § 278 BGB).[34] 19

Bei natürlichen Personen endet die Rechtsstellung demgemäß mit dem Tod des Verwalters; sie geht nicht gem. § 1922 Abs. 1 BGB auf dessen Erben über.[35] Bei juristischen Personen endet die Rechtsstellung grundsätzlich mit dem Erlöschen der Rechtsfähigkeit.[36] Die Personenidentität wird bei juristischen Personen durch einen Wechsel in der Geschäftsführung oder bei Personengesellschaften durch einen Wechsel der Gesellschafter nicht beeinträchtigt; die formale Rechtspersönlichkeit besteht insoweit jeweils unverändert fort.[37] 20

---

[28] LG Frankfurt/Main ZWE 2014, 277

[29] OLG Frankfurt ZWE 2008, 481 mAnm Becker.

[30] Schmid NZG 2012, 134.

[31] OLG München ZWE 2014, 169; OLG München ZWE 2008, 343; OLG Köln NZM 2006, 591; OLG Hamm NZM 2004, 744; OLG-Report Köln 2004, 49; BayObLG ZWE 2002, 214; BayObLGZ 1975, 327; aA Hügel/Elzer WEG § 26 Rn. 24.

[32] OLG München ZWE 2014, 169; OLG München ZWE 2008, 343; OLG Köln NZM 2006, 591; OLG Hamm NZM 2004, 744; OLG-Report Köln 2004, 49; BayObLG ZWE 2002, 214; BayObLGZ 1975, 327.

[33] BGHZ 200, 221 = NJW 2014, 1447 = ZWE 2014, 216; BayObLG NJW-RR 1997, 1443.

[34] OLG München NZM 2005, 588; KG ZWE 2002, 364; BayObLG NZM 2001, 766.

[35] OLG München ZWE 2008, 343; BayObLGZ 2002, 20 = ZWE 2002, 214.

[36] OLG Düsseldorf OLGZ 1990, 428 = NJW-RR 1990, 1299; BayObLGZ 1990, 173 = WuM 1990, 406.

[37] BayObLG NJW-RR 1988, 1170 für den Austausch des Komplementärs einer Kommanditgesellschaft.

21 Nach Auffassung des BGH gehen allerdings bei der **Verschmelzung** einer zur Verwalterin einer Wohnungseigentumsanlage bestellten **juristischen Person** auf eine andere juristische Person nach dem UmwG die Organstellung und der Verwaltervertrag im Wege der Gesamtrechtsnachfolge auf den übernehmenden Rechtsträger über. Ein Erlöschen der Rechtsstellung in entsprechender Anwendung von §673 BGB scheide aus, weil diese Norm durch die im UmwG enthaltenen Spezialvorschriften verdrängt werde.[38] Auch bei der **Ausgliederung** eines zum Verwalter bestellten einzelkaufmännischen Unternehmens zur Neugründung einer Kapitalgesellschaft soll die Verwalterstellung regelmäßig im Wege der Gesamtrechtsnachfolge auf den übernehmenden Rechtsträger übergehen.[39] In Übereinstimmung mit dieser Rechtsprechung wird der Grundsatz der Höchstpersönlichkeit zumindest für juristische Personen und Handelsgesellschaften zunehmend aufgegeben.[40] Ältere Rechtsprechung – insbesondere der Instanzgerichte – bedarf vor diesem Hintergrund einer genauen Prüfung. Ausdrücklich noch offen gelassen hat der BGH allerdings die Frage, ob sich die Gesamtrechtsnachfolge auch bei der Verschmelzung von übertragenden Personenhandelsgesellschaften auf den Verwaltervertrag erstreckt.[41]

e) Qualifikationsanforderungen

22 Die Wohnungseigentümer können gem. §19 Abs.2 Nr.6 WEG als Maßnahme ordnungsmäßiger Verwaltung beschließen, dass der Verwalter ein **zertifizierter Verwalter** nach §26a WEG sein muss. Das gilt allerdings nicht, wenn weniger als neun Sondereigentumsrechte vorhanden sind, ein Wohnungseigentümer zum Verwalter bestellt wurde und weniger als ein Drittel der Wohnungseigentümer (§25 Abs.2 WEG) die Bestellung eines zertifizierten Verwalters verlangt. Als zertifizierter Verwalter darf sich bezeichnen, wer vor einer Industrie- und Handelskammer durch eine Prüfung nachgewiesen hat, dass er über die für die Tätigkeit als Verwalter notwendigen rechtlichen, kaufmännischen und technischen Kenntnisse verfügt (§26a Abs.1 WEG). Nähere Bestimmungen über die Prüfung zum zertifizierten Verwalter sind auf der Grundlage von §26a Abs.2 WEG in der „Zertifizierter-Verwalter-Prüfungsverordnung" (ZertVerwV)[42] geregelt. Der zertifizierte Verwalter soll der Qualitätssicherung bei der Verwaltung von Wohnungseigentum dienen.

23 Der gewerblich tätige Verwalter bedarf einer **Gewerbeerlaubnis** nach §34c GewO. Die Erlaubnis wird erteilt, wenn der Antragsteller die erforderliche Zuverlässigkeit besitzt, in geordneten Vermögensverhältnissen lebt und eine Berufshaftpflichtversicherung nachweist. Einen Sachkundenachweis hat er nach

---

[38] BGHZ 200, 221 = NJW 2014, 1447 = ZWE 2014, 216.

[39] BGH NZM 2021, 764 = ZWE 2021, 410 mAnm Lieder.

[40] Vgl. Armbrüster NZM 2012, 369; Becker, FS Merle (2010), S.51; Zajonz/Nachtwey ZfIR 2008, 701.

[41] BGHZ 200, 221 Rn.20 = NJW 2014, 1447 = ZWE 2014, 216. Vgl. auch Serr ZWE 2016, 307 (312) zur Vereinbarung eines Sonderkündigungsrechts der Gemeinschaft bei einer Verschmelzung.

[42] Verordnung über die Prüfung zum zertifizierten Verwalter nach dem Wohnungseigentumsgesetz vom 2.12.2021, BGBl.I 5182.

derzeitiger Rechtslage nicht zu erbringen.[43] Allerdings besteht für Gewerbetreibende die Pflicht, sich im Umfang von 20 Stunden innerhalb eines Zeitraums von zwei Jahren weiterzubilden. Verletzt der gewerbsmäßige Verwalter seine Weiterbildungspflicht, kann ihm die Gewerbeerlaubnis entzogen werden.[44]

Im Übrigen muss die Bestellung des Verwalters den Grundsätzen ordnungs- 24
mäßiger Verwaltung entsprechen (→ Rn. 44). In diesem Zusammenhang wird von einigen Instanzgerichten insbesondere für die Verwaltung von größeren Wohnanlagen eine **Ausbildung** im Bereich der Immobilienverwaltung[45] oder **berufliche Vorerfahrung** als Verwalter[46] gefordert. Eine lediglich **nebenberuflich ausgeübte** Verwaltertätigkeit begegnet demgegenüber im Einzelfall Bedenken.[47] Ein wichtiger Grund gegen eine Bestellung soll aber nicht vorliegen, wenn der Verwalter bisher nur Erfahrungen mit der **Verwaltung eigener Immobilien** hat.[48] Ebenfalls widerspricht es nicht ordnungsmäßiger Verwaltung, wenn der bestellte Verwalter seinen **Geschäftssitz** nicht am Ort der Wohnanlage hat.[49]

3. Bestellung und Anstellung des Wohnungseigentumsverwalters

a) Trennungstheorie

Wenn Sie den vorhergehenden Abschnitt aufmerksam gelesen haben, wird 25
Ihnen möglicherweise bereits eine feine Differenzierung aufgefallen sein. Wie auch sonst im Verbandsrecht wird nämlich auch im Wohnungseigentumsrecht ganz überwiegend zwischen der ***Be*stellung** des Verwalters einerseits und seiner ***An*stellung** mittels Verwaltervertrages andererseits unterschieden (sog **Trennungstheorie**).[50]

Auf der einen Seite wird der Verwalter durch seine Bestellung zum **Träger eines** 26
privaten Amtes und rückt in eine Amtsstellung ein.[51] Der Bestellungsbeschluss ist damit auf die unmittelbare Begründung wohnungseigentumsrechtlicher Aufgaben und Pflichten im Verhältnis zur Gemeinschaft der Wohnungseigentümer gerichtet; er entfaltet nicht nur interne Wirkung.[52]

---

43 Der Sachkundenachweis war noch im Entwurf eines Gesetzes zur Einführung einer Berufszulassungsregelung für gewerbliche Immobilienmakler und Verwalter von Wohnungseigentum v. 2.11.2016, BT-Drs. 18/10190 vorgesehen.

44 Vgl. dazu Jahn ZWE 2020, 442.

45 LG Hamburg ZWE 2012, 288.

46 LG Düsseldorf ZWE 2014, 87; aA LG Stuttgart NJW 2015, 2897 = ZWE 2016, 97.

47 LG Hamburg ZWE 2016, 277.

48 BGH NJW 2012, 2040 = ZWE 2012, 257.

49 LG Lüneburg ZWE 2014, 278.

50 BGH NJW 2012, 3175 = ZWE 2012, 427; BGH NJW 1997, 2106; Bärmann/Becker WEG § 26 Rn. 30 ff.; Bärmann/Pick/Emmerich WEG § 26 Rn. 28 ff.; ARS/Abramenko WEG § 26 Rn. 6; Staudinger/Jacoby (2023) WEG § 26 Rn. 40; Hügel/Elzer WEG § 26 Rn. 3; aA die sog Vertragstheorie, zuletzt noch OLG Hamburg ZWE 2002, 133 unter Berufung auf BayObLGZ 1974, 305 = NJW 1974, 2136. Vgl. BeckOGK WEG/Greiner § 26 Rn. 6 ff.; Jennißen/Jennißen WEG § 26 Rn. 21a ff. ab der 5. Aufl.: „Einheitstheorie".

51 Jacoby, Das private Amt § 14.

52 Vgl. BGHZ 151, 164 = NJW 2002, 3240 = ZWE 2002, 570.

27 Auf der anderen Seite ist der Abschluss des schuldrechtlichen Verwaltervertrags demgegenüber als ein auf **Geschäftsbesorgung** gerichteter Dienstvertrag iSd §§ 675 ff., 611 ff. BGB zu qualifizieren, der auch werkvertragliche Elemente enthält.[53] Der Beschluss über den Abschluss des Verwaltervertrages stellt ein Instrument der Willensbildung innerhalb der Eigentümergemeinschaft dar.[54]

28 Die hM stellt zur Begründung ihrer Sichtweise maßgeblich auf den Wortlaut der §§ 24, 26, 27 und 28 WEG ab; dort werden nämlich Rechte und Pflichten des Wohnungseigentumsverwalters begründet, ohne die gesetzlichen Verwalterpflichten zugleich vom Abschluss eines Verwaltervertrages abhängig zu machen.[55] Umgekehrt wäre ohne Rückgriff auf die Trennungstheorie auch kaum erklärbar, weshalb es bei der Beendigung der Verwalterstellung unstreitig[56] nur auf den Abberufungsbeschluss ankommen soll.[57]

Merke:

Nach dieser heute vorherrschenden **„Trennungstheorie"** lässt sich die Einsetzung eines Wohnungseigentumsverwalters in zwei Schritten mit unterschiedlichen Wirkungen begreifen. Bestellung und Anstellung können ggf. auch unabhängig voneinander erfolgen.
Oder prägnant: „Es gibt zum Verwalter bestellte Personen, die nicht angestellt sind, und angestellte 'Nicht-Verwalter'".[58]

b) Bestellung des Wohnungseigentumsverwalters

aa) Bestellung durch Mehrheitsbeschluss

29 Über die Bestellung des Verwalters beschließen die Wohnungseigentümer in aller Regel gem. § 26 Abs. 1 S. 1 WEG. Dabei benötigt der zu Bestellende auch bei einer Mehrzahl von Bewerbern nicht nur die relative, sondern die Mehrheit der abgegebenen Stimmen.[59]

Bitte lesen Sie jetzt § 26 Abs. 1 S. 1 WEG!

30 Die Vorschrift verlangt, dass *die Wohnungseigentümer* über die Bestellung des Verwalters beschließen. Eine **Delegierung** etwa auf den Verwaltungsbeirat ist demnach nicht möglich[60], weil sich die Wohnungseigentümer andernfalls eines Kernrechtes begeben würden.[61] Damit ist allerdings nicht ausgeschlossen, dass der Beirat eine Vorauswahl unter mehreren Bewerbern trifft, um die Beschlussfassung der Wohnungseigentümer vorzubereiten.[62]

---

[53] BGH ZWE 2011, 209; BGHZ 151, 164 = NJW 2002, 3240 = ZWE 2002, 570; BGH NJW 1997, 2106; BGH NJW-RR 1993, 1227.
[54] BGHZ 151, 164 = NJW 2002, 3240 = ZWE 2002, 570.
[55] BGHZ 151, 164 = NJW 2002, 3240 = ZWE 2002, 570; Bärmann/Becker WEG § 26 Rn. 35; Wenzel ZWE 2001, 510, 512.
[56] Vgl. nur OLG Düsseldorf ZWE 2007, 458 mwN.
[57] ARS/Abramenko WEG § 26 Rn. 6.
[58] Hügel/Elzer WEG § 26 Rn. 3.
[59] BayObLGZ 2003, 61 = NZM 2003, 444.
[60] LG Lübeck Rpfleger 1985, 232.
[61] Jennißen/Jennißen WEG § 26 Rn. 43.
[62] OLG Düsseldorf ZWE 2002, 185.

Bei der Beschlussfassung über seine Verwalterbestellung kann ein Wohnungseigentümer als Kandidat oder als Vertreter eines anderen Wohnungseigentümers mitstimmen; ein **Vertretungsausschluss** besteht insoweit weder gem. §25 Abs. 4 WEG noch gem. §181 BGB.[63] 31

Wiederholung:

Schauen Sie doch zu diesem Thema noch einmal in → §8 Rn. 70.

Es liegt auch keine unzulässige **Abweichung** von §26 Abs. 1 WEG gem. §26 Abs. 5 WEG vor, wenn bei der Bestellung des Verwalters das gesetzliche Kopfprinzip durch Vereinbarung zugunsten des Objekt- oder des Wertprinzips abbedungen worden ist.[64] 32

Bitte lesen Sie jetzt §26 Abs. 5 WEG!

Der Bestellungsbeschluss entfaltet seine Wirkung allerdings erst mit **Zugang** der Erklärung gegenüber dem betroffenen Verwalter.[65] Darüber hinaus ist noch die – ggf. konkludente – **Annahme des Amtes** durch den Gewählten erforderlich, da niemand gegen seinen Willen zum Verwalter berufen werden kann.[66] 33

Die Bestellung des Verwalters kann nach zutreffender Auffassung sowohl unter einer **aufschiebenden** als auch unter einer **auflösenden Bedingung** erfolgen.[67] Anders als bei einer registergestützten Verlautbarung der Vertretungsmacht (zB eines Vereinsvorstandes[68]) können beim (bisher) nicht eintragungsfähigen Wohnungseigentumsverwalter Gesichtspunkte einer unklaren Publizität zunächst in den Hintergrund treten. 34

Beispiele

- Die Bestellung eines Wohnungseigentumsverwalters könnte in der Eigentümerversammlung unter der **aufschiebenden Bedingung** erfolgen, dass dieser noch eine Bescheinigung seiner Vermögensschadenhaftpflichtversicherung über die ordnungsmäßige Prämienzahlung beizubringen hat.
- Die Bestellung eines neuen Wohnungseigentumsverwalters könnte unter der **auflösenden Bedingung** der Ungültigerklärung des Abberufungsbeschlusses für den bisherigen Verwalter erfolgen.[69]

---

63 OLG Köln NJW-RR 2007, 670; OLG Schleswig ZWE 2007, 51; OLG Hamm ZWE 2007, 40.

64 Vgl. BGHZ 191, 245 = NJW 2012, 921 = ZWE 2012, 80; BGHZ 152, 46 = NJW 2002, 3704 = ZWE 2003, 64 zur Rechtslage vor Inkrafttreten des WEMoG.

65 BGHZ 151, 164 = NJW 2002, 3240 = ZWE 2002, 570.

66 BayObLG WuM 1997, 396; Bärmann/Becker WEG §26 Rn. 39 u. 6652; Hügel/Elzer WEG §26 Rn. 12; ARS/Abramenko WEG §26 Rn. 17; Staudinger/Jacoby (2023) WEG §26 Rn. 54.

67 Bärmann/Becker WEG §26 Rn. 69 ff.; Hügel/Elzer WEG §26 Rn. 78; Jennißen/Jennißen WEG §26 Rn. 60 ff.; ARS/Abramenko WEG §26 Rn. 15; aA KG OLGZ 1976, 268 = ZMR 1977, 347 Ls.

68 Zur Bedingungsfeindlichkeit insoweit BayObLGZ 1992, 16 = NJW-RR 1992, 802.

69 OLG Zweibrücken FGPrax 2003, 62; Jennißen/Jennißen WEG §26 Rn. 61; ARS/Abramenko WEG §26 Rn. 15; differenzierend demgegenüber Bärmann/Becker WEG §26 Rn. 71; Hügel/Elzer WEG §26 Rn. 78: ein praktisches Bedürfnis für eine auflösende Bedingung sei im Beispiel nicht erkennbar, da die rechtskräftige Ungültigkeitserklärung

Dabei wird allerdings zu bedenken sein, dass die Bestellung unter einer Bedingung die Verwendbarkeit eines Bestellungsbeschlusses als Verwalternachweis im Grundbucheintragungsverfahren beeinträchtigen kann, wenn bspw. der formgerechte Nachweis des Bedingungseintritts gem. § 29 GBO zu führen sein wird.[70]

Wiederholung:

Lesen Sie bitte noch einmal → § 8 Rn. 106 nach, welche Möglichkeit das WEG dem Verwalter zum Nachweis seiner Verwaltereigenschaft zur Verfügung stellt.

bb) Bestellung in der Gemeinschaftsordnung (Teilungserklärung)

35 Vor Inkrafttreten des WEMoG[71] war weitgehend anerkannt, dass die **Bestellung** des Verwalters auch **einseitig** bereits mit Errichtung der Gemeinschaftsordnung anlässlich der Begründung des Wohnungseigentums gem. § 8 WEG erfolgen kann.[72] Dies entsprach einem praktischen Bedürfnis, weil dann bereits beim Entstehen einer (werdenden) Wohnungseigentümergemeinschaft der Verwalter seine Tätigkeit aufnehmen kann.[73] Dabei konnte der aufteilende Grundstückseigentümer entweder einen Dritten oder auch sich selbst zum ersten Verwalter bestellen.[74] Gestritten wurde allerdings über die **dogmatische Einordnung** der Verwalterbestellung mit der Errichtung der Teilungserklärung. Nach überwiegender Ansicht konnte der teilende Eigentümer keine alle Wohnungseigentümer bindenden Beschlüsse fassen, weil eine (werdende) Eigentümergemeinschaft noch nicht vorhanden ist.[75] Deshalb ging man vom **Vereinbarungscharakter** der Erstbestellung aus, so dass diese ohne Weiteres auch gegenüber künftigen Erwerbern von Wohnungseigentum Wirkung entfaltet, wenn sie als Inhalt des Sondereigentums in das Grundbuch eingetragen ist (§ 10 Abs. 3, § 5 Abs. 4 S. 1, § 8 Abs. 2 WEG).[76] Diese Ansicht hatte jedoch zur Folge, dass eine Änderung der Verwalterbestellung vor Ablauf der Bestellungsfrist wiederum nur im Vereinbarungswege möglich wäre.[77] Nach anderer Ansicht sollte die Verwalterbestellung demgegenüber nur **formeller Bestandteil der Gemeinschaftsordnung** anzusehen sein, so dass sie trotz Grundbucheintragung der Gemeinschaftsordnung nicht zum Inhalt des Wohnungseigentums würde.[78] Wenn der teilende Eigentümer schon Verein-

---

des Abberufungsbeschlusses nach dem Grundsatz der Einheitlichkeit ohnehin zum rückwirkenden Wegfall der Verwalterstellung des neu berufenen Verwalters führen müsse.

[70] Aus der – evtl. grundbuchmäßigen – Nichtverwendbarkeit muss jedoch nicht sogleich die Unzulässigkeit einer bedingten Bestellung gefolgert werden.

[71] Gesetz vom 22.10.2020, BGBl. I 2187, in Kraft getreten am 1.12.2020.

[72] BGHZ 151, 164 = NJW 2002, 3240 = ZWE 2002, 570; KG ZWE 2012, 96; OLG Düsseldorf ZWE 2001, 386; aA Deckert FS Bub (2007), S. 37, 53; Drasdo RNotZ 2008, 87.

[73] BayObLG NJW-RR 1994, 784 zugleich auch zur zeitlichen Begrenzung einer in der Gemeinschaftsordnung dem teilenden Bauträger vorbehaltenen Verwalterbestellung.

[74] Vgl. OLG Düsseldorf ZfIR 1999, 538; BayObLGZ 1974, 305 = NJW 1974, 2136.

[75] OLG Köln ZWE 2008, 242; OLG München FGPrax 2006, 63; OLG Düsseldorf NJW-RR 2005, 1469; BayObLG ZWE 2003, 387 mAnm Kümmel; aA Becker FS Seuß (2007), S. 19; F. Schmidt ZMR 2009, 725.

[76] KG ZWE 2012, 96 mAnm Jacoby; BayObLGZ 1974, 305 = NJW 1974, 2136.

[77] So aber KG ZWE 2012, 96 mAnm Jacoby, das infolge unterbliebener Eintragung der Vereinbarung im Grundbuch den Nachweis der Zustimmung aller Wohnungserwerber für erforderlich hält.

[78] Bärmann/Becker WEG § 26 Rn. 90.

barungen mit Wirkung gegenüber Sondernachfolgern im Eigentum festlegen könne, dann müsse ihm erst Recht die Kompetenz zukommen, Entscheidungen in Beschlussangelegenheiten zu treffen.[79] Die Erstbestellung eines Verwalters war demnach nach Entstehen einer werdenden Eigentümergemeinschaft wie ein einstimmiger schriftlicher Beschluss iSd § 23 Abs. 3 WEG zu behandeln.[80]

Nach Inkrafttreten des WEMoG entsteht die Gemeinschaft der Wohnungs- 36
eigentümer nach § 9a Abs. 1 S. 2 WEG bereits mit Anlegung der Wohnungsgrundbücher. Bei der Teilung nach § 8 WEG entsteht also zunächst eine **Ein-Personen-Gemeinschaft** des teilenden Eigentümers. Solange noch kein Erwerber unter den Voraussetzungen des § 8 Abs. 3 WEG als werdender Wohnungseigentümer Mitglied der Gemeinschaft geworden ist, kann der teilende Eigentümer jederzeit einen **Ein-Personen-Beschluss** über die Bestellung eines Verwalters gem. § 26 Abs. 1 WEG fassen. Mit der geänderten Rechtslage dürfte es nicht mehr vereinbar sein, dass der teilende Eigentümer gem. § 8 Abs. 2, § 5 Abs. 4 S. 1 WEG bereits mit der Teilungserklärung einen ersten Verwalter bestellt.[81]

cc) Bestellungsdauer

Die Bestellung eines Wohnungseigentumsverwalters kann auf höchstens fünf 37
Jahre vorgenommen werden, im Falle der ersten Bestellung nach der Begründung von Wohnungseigentum aber auf höchstens drei Jahre.

Bitte lesen Sie jetzt § 26 Abs. 2 S. 1 WEG!

Die ursprünglich mögliche Verwalterbestellung mit unbeschränkter Dauer wurde 1973 abgeschafft.[82] Die Beschränkung der Erstbestellung auf höchstens drei Jahre wurde 2007 eingeführt[83], um der Gefahr von Interessenkonflikten bei Bauträger-Verwaltern zu begegnen, die in der Praxis häufig entweder sich selbst oder eine ihnen nahestehende Rechtsperson zum ersten Verwalter bestellt haben. Auf diese Weise soll der ansonsten bestehende Gleichlauf der Bestellungsdauer mit der gesetzlichen Verjährungsfrist für Mängelansprüche bei neu errichteten Eigentumswohnungen unterbrochen werden (vgl. § 634a Abs. 1 Nr. 2 BGB).[84] Es erscheint deshalb fraglich, ob § 26 Abs. 2 S. 1 WEG für Eigentumswohnungen in Bestandsbauten dahingehend teleologisch zu reduzieren ist, dass nicht auf die Begründung des *Wohnungseigentums*, sondern auf die erstmalige Begründung der *Wohnungseigentümergemeinschaft* abzustellen ist.[85]

---

[79] Wenzel FS Bub (2007), S. 249, 268.

[80] Bärmann/Becker WEG § 26 Rn. 90; Gottschalg NZM 2002, 841; Jacoby ZWE 2012, 97; Wenzel FS Bub (2007), S. 249, 268.

[81] Abramenko/Riecke/Schneider/Abramenko WEG § 26 Rn. 9; Bärmann/Becker WEG § 26 Rn. 93; Hügel/Elzer WEG § 26 Rn. 115; Becker/Schneider ZfIR 2020, 281 (302); Greiner ZWE 2022, 237 (234); aA Jennißen/Jennißen WEG § 26 Rn. 48; Wicke ZWE 2021, 21 (23).

[82] Art. 1 Nr. 5 des Gesetzes zur Änderung des Wohnungseigentumsgesetzes und der Verordnung über das Erbbaurecht v. 30.7.1973 (BGBl. I 910).

[83] Art. I Nr. 15a) des Gesetzes zur Änderung des Wohnungseigentumsgesetzes und anderer Gesetze v. 26.3.2007 (BGBl. I 370).

[84] Vgl. BT-Drs. 16/3843, S. 26; zu Umgehungsmöglichkeiten s. Merle ZWE 2007, 233.

[85] So aber AG Hamburg ZWE 2014, 374 mkritAnm Ott für eine erst Jahrzehnte nach der Begründung des Wohnungseigentums in Kraft getretene Eigentümergemeinschaft.

38 Eine Verwalterbestellung, die **über die Höchstdauer** von fünf (drei) Jahren hinausgeht, ist entgegen § 139 BGB nur hinsichtlich des übersteigenden Teils gemäß § 134 BGB nichtig und im Übrigen gültig; denn es ist anzunehmen, dass der Verwalter, der für einen längeren Zeitraum als fünf Jahre bestellt worden ist, wenigstens für den gesetzlich zulässigen Zeitraum von fünf (drei) Jahren bestellt sein soll.[86]

39 Für die **Berechnung** der Bestellungszeit im Rahmen der gesetzlichen Höchstdauer ist grundsätzlich auf den von den Wohnungseigentümern festgelegten Beginn abzustellen.[87] Wird der Verwalter bei der Begründung von Wohnungseigentum gem. § 8 WEG entsprechend einer bisher gängigen Praxis bereits mit der Teilungserklärung durch den teilenden Eigentümer bestellt (→ Rn. 35), ist im Zweifel anzunehmen, dass die Amtszeit des Verwalters mit dem Entstehen der Wohnungseigentümergemeinschaft, d.h. mit Anlegung der Wohnungsgrundbücher beginnt.[88] Geht man davon aus, dass nach geltendem Recht der teilende Eigentümer den Verwalter nicht bereits mit der Teilungserklärung bestellen kann (→ Rn. 36), müsste er den Verwalter nach Anlegung der Wohnungsgrundbücher durch Ein-Personen-Beschluss bestellen. Der Beschluss kann auch den Beginn der Bestellungszeit des Verwalters bestimmen.[89]

dd) Wiederholte Bestellung des Verwalters

40 Die Wohnungseigentümer müssen sich nach Ablauf der Bestellungsfrist nicht von einem bewährten Wohnungseigentumsverwalter trennen. Seine wiederholte Bestellung ist daher zulässig; sie bedarf eines erneuten Beschlusses der Wohnungseigentümer, der allerdings erst frühestens ein Jahr vor Ablauf der Bestellungszeit gefasst werden kann. Eine Wiederbestellung kann unter den genannten Voraussetzungen auch mehrfach erfolgen.

Bitte lesen Sie jetzt § 26 Abs. 2 S. 2 WEG!

Auf diese Weise soll verhindert werden, dass eine erneute Bestellung lange vor Ablauf der Amtsperiode zu einer Verlängerung der (laufenden) fünfjährigen Bestellungszeit und damit zu einer Umgehung des § 26 Abs. 2 S. 1 WEG führt.[90]

Beispiel

Wenn ein Verwalter im zweiten Jahr seiner fünfjährigen Bestellungszeit mit Wirkung zum Zeitpunkt des Ablaufs dieser Bestellungszeit erneut auf die Dauer von fünf Jahren bestellt wird, ist diese Bestellung nichtig, weil sie gegen zwingendes Recht verstößt.[91]

41 Allerdings kann die **Verlängerung** der Bestellung des Verwalters auch schon **mehr als ein Jahr vor Ablauf** seiner Amtszeit erfolgen, sofern die neue Amtszeit mit sofortiger Wirkung beschlossen wird, also nicht mehr als fünf Jahre ab Beschlussfassung dauert, weil die Wohnungseigentümer auf diese Weise keines-

[86] OLG München NJW-RR 2007, 1245.
[87] Vgl. Jennißen/Jennißen WEG § 26 Rn. 54.
[88] Bärmann/Becker WEG § 26 Rn. 104.
[89] OLG Düsseldorf ZWE 2020, 465.
[90] BGH NJW-RR 1995, 780; OLG Zweibrücken ZWE 2005, 111.
[91] OLG Frankfurt OLGR 2006, 46; OLG Zweibrücken ZWE 2005, 111.

falls länger als fünf Jahre nach Beschlussfassung an den Verwalter gebunden werden.[92]

Auch gebräuchliche **Verlängerungsklauseln** müssen sich an diesen Vorgaben messen lassen. Sie sind nur wirksam, wenn sich mit der Verlängerung insgesamt keine fünf Jahre überschreitende Amtszeit ergibt.[93] 42

Beispiel

Möglich wäre eine Verwalterbestellung für die Dauer von einem Jahr mit der Maßgabe, dass sich die Bestellung automatisch jeweils um ein weiteres Jahr verlängert, sofern nicht zuvor eine Abberufung erfolgt. Die Bestellung endet dann spätestens wie bei einer unbefristeten Bestellung ohne weiteres nach fünf Jahren.[94]

ee) Rückwirkende Bestellung

Ist eine rechtzeitige Wiederbestellung des Verwalters versäumt worden, kann dieser nicht etwa rückwirkend bestellt werden, weil die organschaftliche Stellung nur für die Zukunft begründet werden kann.[95] Da die Wohnungseigentümer mit der rückwirkenden Bestellung aber in jedem Fall auch diejenige für die Zukunft wünschen, ist ein solcher Beschluss entsprechend § 139 BGB nur teilweise, nämlich hinsichtlich seiner Rückwirkung nichtig.[96] Außerdem ist es den Wohnungseigentümern unbenommen, etwaige vom Scheinverwalter bis zu seiner wirksamen Wiederbestellung vorgenommene Rechtsgeschäfte mit Rückwirkung zu genehmigen und ihm eine Vergütung für seine Tätigkeit zuzubilligen.[97] 43

ff) Anfechtung der Verwalterbestellung

Die Verwalterbestellung kann wie jeder andere Beschluss im Verfahren nach § 43 Abs. 2 Nr. 4, § 44 Abs. 1 S. 1 WEG für ungültig erklärt werden. Der Beschluss der Wohnungseigentümer über die Bestellung des Verwalters ist dazu am Maßstab einer **ordnungsmäßigen Verwaltung** zu messen. Die Wohnungseigentümer haben nach § 18 Abs. 2 Nr. 1 WEG nicht nur einen Anspruch darauf, dass die Tätigkeit der Verwaltung diesen Grundsätzen entspricht, sondern auch darauf, dass der Verwalter selbst diesen Anforderungen genügt. Daran fehlt es, wenn ein **wichtiger Grund** gegen die Bestellung spricht. Dabei soll den Wohnungseigentümern ein Beurteilungsspielraum zukommen. Die Bestellung des Verwalters widerspricht den Grundsätzen ordnungsmäßiger Verwaltung deshalb erst, wenn die Wohnungseigentümer ihren Beurteilungsspielraum überschreiten, das heißt, wenn es objektiv nicht mehr vertretbar erscheint, dass sie den Verwalter ungeachtet der gegen ihn sprechenden Umstände bestellen.[98] 44

---

[92] BGH NJW-RR 1995, 780; LG Itzehoe ZWE 2012, 145.
[93] BayObLG WE 1996, 314.
[94] OLG Köln WE 1990, 171; vgl. auch OLG Köln WE 1990, 69.
[95] OLG Hamm DWE 1995, 125 = WE 1996, 33 = ZMR 1995, 498 Ls.; DNotI-Gutachten v. 8.9.2015 Nr. 140932; DNotI-Gutachten DNotI-Report 2006, 62.
[96] AA OLG Brandenburg ZMR 2008, 386: eine rückwirkende Bestellung sei lediglich anfechtbar und könne daher in Bestandskraft erwachsen.
[97] OLG Hamm DWE 1995, 125 = WE 1996, 33 = ZMR 1995, 498 Ls.
[98] BGH NJW 2012, 3175 = ZWE 2012, 427.

Beispiele

- Die zur Anfechtung führenden Umstände können in der fehlenden **persönlichen oder fachlichen Eignung** des Bestellten liegen; so etwa bei Verurteilung wegen Untreue, auch wenn sich die Tat gegen eine andere Gemeinschaft richtete[99], oder bei fehlender fachlicher Qualifikation.[100]
- Die Bestellung des Verwalters entspricht grundsätzlich nur dann ordnungsmäßiger Verwaltung, wenn in derselben Eigentümerversammlung, in der die Bestellung erfolgt, auch die **Eckpunkte** des abzuschließenden Verwaltervertrages (Laufzeit und Vergütung) in wesentlichen Umrissen geregelt werden.[101]
- Jedenfalls bei der Erstbestellung eines Verwalters entspricht die Einholung mehrerer **Konkurrenzangebote** und deren Übersendung an die Wohnungseigentümer ordnungsmäßiger Verwaltung, weil nur auf diese Weise Leistungsvergleiche angestellt werden können.[102]

45 Die bloße Anfechtung des Bestellungsbeschlusses im Verfahren nach § 43 Abs. 2 Nr. 4, § 44 Abs. 1 S. 1 WEG hat zunächst noch keine Auswirkungen auf die Wirksamkeit der Verwalterbestellung. Trotz Anfechtung bleibt die Bestellung nämlich gem. § 23 Abs. 4 S. 2 WEG bis zur **rechtskräftigen Ungültigerklärung** wirksam.[103] Dabei kann die gerichtliche Ungültigerklärung seiner Bestellung vom Verwalter genauso angefochten werden wie eine Abberufung durch die Wohnungseigentümer.[104] Erst wenn der Bestellungsbeschluss rechtskräftig für unwirksam erklärt worden ist, führt dies zum Verlust der Verwalterstellung mit rückwirkender Kraft.[105] Das Handeln des Verwalters im Rahmen der laufenden Verwaltung wird durch die Aufhebung des Bestellungsbeschlusses aber nicht unberechtigt, sondern bleibt nach dem Rechtsgedanken von § 47 FamFG (früher: § 32 FGG) wirksam.[106] Entsprechend verhält es sich mit rechtsgeschäftlichen Handlungen des Verwalters gegenüber Dritten. Auch diese bleiben trotz des rückwirkenden Verlustes der Stellung als Verwalter wirksam.

c) Anstellung des Wohnungseigentumsverwalters

aa) Rechtsnatur und Zustandekommen des Verwaltervertrages

46 Die Anstellung des Wohnungseigentumsverwalters erfolgt mit Abschluss eines Verwaltervertrages. Bei dem Verwaltervertrag handelt es sich um einen schuldrechtlichen Vertrag, der den Verwalter – idR gegen Zahlung eines Entgelts – zur Wahrnehmung des Verwalteramtes verpflichtet. Es handelt sich bei dem Verwaltervertrag um einen auf **Geschäftsbesorgung** gerichteten Dienstvertrag iSd §§ 675 ff.,

---

[99] OLG Köln ZMR 2008, 734.
[100] LG Hamburg ZWE 2016, 277: Bestellung der in der Branche komplett unerfahrenen Tochter durch den Mehrheitseigentümer.
[101] BGH NJW 2015, 1378 = ZWE 2015, 215; dazu unter dem Gesichtspunkt der Trennungstheorie abl. Jennißen/Jennißen WEG § 26 Rn. 21a; Ott ZWE 2015, 206.
[102] BGH NJW 2012, 3175 = ZWE 2012, 427; BGH ZWE 2011, 317; LG Frankfurt a.M. NJW 2015, 1397 = ZWE 2015, 267.
[103] KG NJW-RR 2006, 446.
[104] BGH NJW 2007, 2776 = ZWE 2007, 396.
[105] BGH NJW 2007, 2776 = ZWE 2007, 396.
[106] BGH NJW 2020, 988 Rn. 10 = ZWE 2020, 83 mAnm Häublein; BGH NJW 2007, 2776 = ZWE 2007, 396; BGH NJW 1997, 2106; aA KG ZWE 2010, 87 (Verwalterzustimmung); Lehmann-Richter/Wobst WEG-Reform 2020 Rn. 462, die unter Hinweis auf Bayer/Lieder NZG 2012, 1 ff. zwischen Geschäftsführung im Innenverhältnis und Vertretungsmacht im Außenverhältnis differenzieren wollen.

611ff. BGB, der auch werkvertragliche Elemente enthält.[107] Liegt eine unentgeltliche Tätigkeit vor, kommt ein Auftragsverhältnis gem. §§662ff. BGB in Betracht.[108]

Der Verwaltervertrag ist ein zweiseitiger Vertrag, der allein zwischen dem 47
rechtsfähigen **Verband Wohnungseigentümergemeinschaft** auf der einen Seite und dem **Wohnungseigentumsverwalter** auf der anderen Seite geschlossen wird; die Wohnungseigentümer selbst sind also – anders als noch vor der Anerkennung der (Teil-)Rechtsfähigkeit der Wohnungseigentümergemeinschaft – nicht Vertragspartei.[109] Nach geltendem Recht ist der Verwaltervertrag grds. auch **kein Vertrag zugunsten der Wohnungseigentümer** als Dritte iSd §328 BGB.[110] Nach Ansicht des BGH entfaltet er auch **keine Schutzwirkung gegenüber den Wohnungseigentümern.**[111] Demnach kommt es zu einer **Haftungskonzentration bei der Gemeinschaft** mit der Folge, dass ein Wohnungseigentümer nur die Gemeinschaft auf Schadensersatz in Anspruch nehmen kann, wenn ihm infolge eines schuldhaften Verhaltens des Verwalters als Organ der Gemeinschaft ein Schaden entsteht.

Der **Abschluss des Verwaltervertrages** wird sich vielfach durch Beschluss- 48
fassung über einen vom anwesenden Verwalter vorgelegten Vertragsentwurf in der Eigentümerversammlung vollziehen.[112] Bei dem Verwaltervertrag handelt es sich um ein Rechtsgeschäft iSd §25 Abs.4 WEG, so dass Wohnungseigentümer vom Stimmrecht ausgeschlossen sein müsste, wenn es um die Beschlussfassung über einen mit ihm abzuschließenden Verwaltervertrag geht. Wird allerdings über die Bestellung und den Verwaltervertrag zusammen abgestimmt, entfällt diese **Stimmrechtsbeschränkung,** da die Entscheidung über die Verwalterbestellung als mitgliedschaftliches Mitwirkungsrecht vorrangig ist.[113]

Wiederholung:

Schauen Sie doch zu diesem Thema bitte noch einmal in → §8 Rn.70.

Kommt der Verwaltervertrag nicht in der Eigentümerversammlung zustande, 49
ist wegen des für den neu bestellten Verwalter nach §181 BGB bestehenden Vertretungsausschlusses gem. §9b Abs.2 der Vorsitzende des Verwaltungsbeirats oder ein durch Beschluss dazu ermächtigter Wohnungseigentümer für die Gemeinschaft vertretungsberechtigt. Ein Beschluss, der zur **Vertretung** beim Abschluss und ggf. zum Aushandeln der Vertragsbedingungen ermächtigt, muss nähere Eckdaten (wie Laufzeit und Vergütung) des Verwaltervertrags vorgege-

---

[107] BGH ZWE 2011, 209; BGHZ 151, 164 = NJW 2002, 3240 = ZWE 2002, 570; BGH NJW 1997, 2106; BGH NJW-RR 1993, 1227.

[108] BGH NJW 1997, 2106.

[109] BGHZ 200, 221 = NJW 2014, 1447 = ZWE 2014, 216; BGH NJW 2012, 1152 = ZWE 2012, 128.

[110] Bärmann/Becker WEG §26 Rn.159; aA noch KG ZWE 2010, 183; OLG München NJW 2007, 227; Abramenko ZMR 2006, 6, 9 zur Rechtslage vor Inkrafttreten des WEMoG.

[111] BGH NJW 2024, 2690 Rn.16ff. = ZWE 2024, 411 mAnm Jacoby; kritisch dazu Bärmann/Becker WEG §27 Rn.217ff.; aA noch OLG Frankfurt ZWE 2008, 470; OLG Düsseldorf NJW 2007, 161 = ZWE 2007, 92 zur Rechtslage vor Inkrafttreten des WEMoG.

[112] Ausf. Bärmann/Becker WEG §26 Rn.161ff.

[113] BGHZ 152, 46 = NJW 2002, 3704 = ZWE 2003, 64; OLG Hamm ZWE 2007, 40; ARS/Abramenko WEG §26 Rn.73; Bärmann/Becker WEG §25 Rn.139; Staudinger/Häublein WEG §25 Rn.232; aA Jennißen/Jennißen WEG §26 Rn.89.

ben.[114] Ein Ermächtigungsbeschluss, der keine Eckdaten enthält, ist im Interesse klarer Vertretungsverhältnisse lediglich anfechtbar,[115] so dass die Vertretungsmacht – abgesehen von den Fällen eines evidenten Missbrauchs der Vertretungsmacht – erst nach gerichtlicher Ungültigerklärung des Beschlusses entfällt.[116]

Bitte lesen Sie jetzt § 9b Abs. 2 WEG!

50 Problematisch ist wiederum der Abschluss eines Verwaltervertrages, wenn der teilende Eigentümer bei der **Begründung von Wohnungseigentum** nach § 8 WEG den Verwaltervertrag abschließt. Schließt er den Verwaltervertrag im eigenen Namen, wird er selbst Vertragspartei.[117] Eine anschließend individuell in den jeweiligen Erwerbsverträgen gestaltete Vertragsübernahme durch die Erwerber kommt hier nicht in Betracht, denn Vertragspartei ist die Gemeinschaft, nicht die Erwerber. Da die Gemeinschaft der Wohnungseigentümer als Ein-Personen-Gemeinschaft nach § 9a Abs. 1 S. 2 WEG bereits mit Anlegung der Wohnungsgrundbücher entsteht, kann sich der teilende Eigentümer als alleiniger Wohnungseigentümer durch Ein-Personen-Beschluss ermächtigen, für die Gemeinschaft den bereits geschlossenen Verwaltervertrag zu übernehmen bzw. ihn – wenn ihn bereits im Namen der künftigen Gemeinschaft geschlossen hatte – zu genehmigen.[118]

51 Derzeit noch nicht abschließend geklärt ist die Frage, ob dem Verband Wohnungseigentümergemeinschaft als Vertragspartner des Wohnungseigentumsverwalters nach Vertragsschluss ggf. ein **Widerrufsrecht** gem. §§ 312g Abs. 1, 355 BGB zusteht. Zwar ist die rechtsfähige Wohnungseigentümergemeinschaft nach der Rechtsprechung des BGH dann einem **Verbraucher** gemäß § 13 BGB gleichzustellen, wenn ihr wenigstens ein Verbraucher angehört und sie ein Rechtsgeschäft zu einem Zweck abschließt, der weder einer gewerblichen noch einer selbständigen beruflichen Tätigkeit dient.[119] Der Abschluss eines Verwaltervertrages dient der Verwaltung des gemeinschaftlichen Eigentums der Wohnungseigentümer durch die Wohnungseigentümergemeinschaft, so dass es sich grundsätzlich bei dem Verwaltervertrag auch um einen Verbrauchervertrag iSd § 310 Abs. 3 BGB handelt.[120] Dennoch kann nach hier vertretener Auffassung der Verband den Vertrag nicht nach § 312g Abs. 1 BGB widerrufen[121], weil nach dem Schutzzweck der Norm nur auf die Willensbildung einer natürlichen Person abzustellen ist; die

[114] KG ZMR 2008, 476; OLG Köln NJW-RR 2002, 84; OLG Hamm ZWE 2001, 84; LG Köln ZWE 2013, 412; vgl. auch BGH NJW 2020, 988 Rn. 16 = ZWE 2020, 83 mAnm Häublein.

[115] OLG Düsseldorf NJW 2006, 3645; OLG Hamburg ZMR 2003, 864; aA OLG Hamm ZWE 2001, 81 (83); OLG Köln NZM 2001, 991; NZM 2002, 1002: Vertretung ohne Vertretungsmacht.

[116] Ausf. Bärmann/Becker WEG § 26 Rn. 173.

[117] OLG Düsseldorf ZfIR 2006, 331 mAnm Riecke = ZWE 2006, 142 mAnm Kreuzer.

[118] Bärmann/Becker WEG § 26 Rn. 187.

[119] BGHZ 204, 325 = NJW 2015, 3228 = ZWE 2015, 322.

[120] Becker NZM 2016, 249, 251; Jacoby ZWE 2016, 68, 69.

[121] AA aber Jacoby ZWE 2016, 68 unter Betonung der EU-rechtlichen Vorgaben durch die Verbraucherrechterichtlinie (Richtlinie 2011/83/EU v. 25.10.2011 über die Rechte der Verbraucher pp., ABl. 2011 Nr. L 304, 64) und deren Umsetzung (Gesetz zur Umsetzung der Verbraucherrechterichtlinie, zur Änderung des Verbrauchsgüterkaufrechts und des Gesetzes über die Wohnungsvermittlung v. 20.9.2013 (VerbrRRL-UG), BGBl. I 2013, 3642).

vom BGH vorgenommene Gleichstellung des Verbandes mit einem Verbraucher hat also anwendungsbezogen zu erfolgen. Die hinter dem Verband stehenden Wohnungseigentümer können demgegenüber Mängel der Willensbildung der Gemeinschaft über die Beschlussanfechtungsklage geltend machen. Das wohnungseigentumsrechtliche Anfechtungsrecht geht somit dem Widerrufsrecht des Verbrauchers vor.[122]

bb) Inhalt des Verwaltervertrages

(1) **Mindestinhalt.** Der Inhalt des Verwaltervertrages ist von den Vertragsparteien unter Berücksichtigung der allgemeinen Grundsätze der §§ 134, 138, 242 BGB privatautonom zu bestimmen.[123] In diesem Rahmen finden sich vielfach Vereinbarungen zu Rechten und Pflichten, die über die gesetzlichen Vorschriften des BGB zur Geschäftsbesorgung sowie die in den §§ 27, 28 WEG ohnehin enthaltenen (Mindest-)Aufgaben hinausgehen. 52

Hinweis:

Wegen der in § 27 WEG enthaltenen Aufgaben und Befugnisse → Rn. 59 ff.; wegen der in § 28 WEG enthaltenen Aufgaben und Befugnisse → § 11 Rn. 5, 24.

Vielfach finden sich aber auch überflüssige oder gar unzulässige Absprachen.[124] Als **Mindestinhalt** müssen Regelungen zu den **Vertragsparteien,** der **Vertragsdauer** (Beginn, Ende und Beendigungsmöglichkeiten) sowie zur **Vergütung** (Höhe und Zusammensetzung) aufgenommen werden.[125]

(2) **Vertragsdauer.** Fehlen Regelungen zur **Vertragsdauer,** so läuft der Verwaltervertrag idR solange, wie die Bestellung zum Verwalter andauert, wenn nach dem Willen der Vertragschließenden Abberufung und Fortbestehen des Verwaltervertrages in der Weise miteinander verknüpft sind, dass die wirksame Abberufung des Verwalters eine auflösende Bedingung des Verwaltervertrages darstellt.[126] Weiterhin folgt aus § 26 Abs. 2 S. 1 WEG auch eine Begrenzung der Laufzeit des von der Verwalterbestellung zu unterscheidenden Verwaltervertrags auf höchstens fünf Jahre.[127] Bei einer Wiederbestellung des Verwalters soll man im Wege der Auslegung zunächst von der Fortgeltung des Verwaltervertrags ausgehen können.[128] 53

(3) **Verwaltervergütung.** Für den Anspruch auf **Verwaltervergütung** ist nicht die Bestellung zum Verwalter, sondern allein der Verwaltervertrag maßgebend.[129] Ohne Vergütungsvereinbarung gilt gemäß §§ 675, 612 Abs. 1 u. 2 BGB die branchenübliche Vergütung als vereinbart.[130] Schuldner der Vergütung ist der rechts- 54

[122] Becker NZM 2016, 249; Jennißen/Jennißen WEG § 26 Rn. 87; iErg auch Lehmann-Richter ZfIR 2015, 445.
[123] Gottschalg NZM 2009, 217.
[124] Vgl. Jennißen/Jennißen WEG § 26 Rn. 94 mwN.
[125] Hügel/Elzer WEG § 26 Rn. 96.
[126] OLG München ZWE 2008, 343; OLG Zweibrücken FGPrax 2003, 62.
[127] BGHZ 151, 164 = NJW 2002, 3240 = ZWE 2002, 570.
[128] So zumindest LG Landau ZMR 2012, 295; aA Hügel/Elzer WEG § 26 Rn. 144.
[129] BayObLG WuM 1996, 650.
[130] KG ZMR 2004, 459.

fähige Verband Wohnungseigentümergemeinschaft als Vertragspartner;[131] die einzelnen Wohnungseigentümer haften allerdings für die Vergütungsansprüche im Rahmen des § 9a Abs. 4 WEG. Üblich ist die Vereinbarung einer monatlichen Fälligkeit.[132] Der Verwalter kann fällige Vergütungsansprüche dem Gemeinschaftskonto entnehmen.[133]

55 In der Praxis wird sich die Vergütung häufig – auch im Innenverhältnis der Wohnungseigentümer unter Abänderung der gesetzlichen Verteilungsregel des § 16 Abs. 2 WEG – nach der **Anzahl der verwalteten Einheiten** und seltener nach Wohn- und Nutzflächen oder Miteigentumsanteilen bestimmen.[134] Soweit keine **Pauschalvergütung** für sämtliche Leistungen des Verwalters vereinbart ist[135], wird sich die Berechnung regelmäßig in eine nach den gesetzlichen Aufgaben[136] und dem Vertrag bestimmte **Grundvergütung** sowie ggf. darüber hinaus für bestimmte Tätigkeiten zu gewährende **Sondervergütungen** aufteilen.[137] Dabei hat der WEG-Verwalter keinen Anspruch auf Sondervergütung für Tätigkeiten, die ihm ohnehin schon kraft Gesetzes zugewiesen sind.[138] Die Vergütung muss sich unter Berücksichtigung des erforderlichen Zeit- und Arbeitsaufwandes in einem angemessenen Rahmen halten, wobei eine Pauschale vereinbart werden kann.[139] **Mehrwertsteuer** kann der Verwalter nur dann zusätzlich zur vereinbarten Vergütung verlangen, wenn dies ausdrücklich vereinbart ist.[140]

56 (4) **Inhaltskontrolle.** Der professionell tätige Wohnungseigentumsverwalter wird in aller Regel keine Individualverträge, sondern **Formularverträge** iSd § 305 ff. BGB verwenden. Diese unterfallen als Verbraucherverträge gem. § 310 Abs. 3 BGB der **AGB-Inhaltskontrolle.**[141]

Hinweis:

Wegen der Verbrauchereigenschaft des Verbandes Wohnungseigentümergemeinschaft s. in diesem Kapitel bereits → Rn. 51.

57 Die Festlegung der **Laufzeit eines Verwaltervertrages** auf maximal fünf Jahre ist allerdings trotz § 309 Nr. 9 BGB wegen der vorrangigen Sonderregelung in § 26 Abs. 2 S. 1 WEG zulässig. Danach kann grundsätzlich auch in Allgemeinen Geschäftsbedingungen für Verwalterverträge eine Laufzeit von mehr als zwei Jahren (bis zur Höchstgrenze von fünf Jahren) wirksam vereinbart werden.[142]

---

[131] OLG Hamm ZWE 2006, 353 mAnm Ott.
[132] ARS/Abramenko WEG § 26 Rn. 1291; Bärmann/Becker WEG § 26 Rn. 219.
[133] Vgl. KG NJW-RR 1990, 154; bedenklich OLG Hamm ZWE 2008, 182, wonach der ausgeschiedene Verwalter sogar zur Entnahme seiner Vergütung aus der – zweckgebundenen – Instandhaltungsrücklage berechtigt sein soll.
[134] Vgl. BGHZ 171, 335 = NJW 2007, 1869 = ZWE 2007, 295.
[135] Vgl. BayObLG WuM 1996, 490.
[136] Vgl. OLG Düsseldorf NJW-RR 2003, 302; ähnlich ARS/Abramenko WEG § 26 Rn. 128.
[137] Vgl. BGH NJW 2012, 1152 = ZWE 2012, 128.
[138] LG München I ZMR 2012, 578.
[139] BGHZ 122, 327 = NJW 1993, 1925; BayObLG ZWE 2005, 90; OLG Düsseldorf NJW-RR 2003, 302.
[140] BGH NJW 1982, 1595.
[141] OLG Düsseldorf NW 2006, 3645 = ZWE 2006, 396.
[142] BGHZ 151, 164 = NJW 2002, 3240 = ZWE 2002, 570 noch zur Vorläuferregelung.

Weitere Beispiele (unwirksamer Klauseln)

U.a. folgende Klauseln sind als allgemeine Geschäftsbedingungen gem. §307 BGB wegen unangemessener Benachteiligung **unwirksam**[143]:

- die Befreiung des Wohnungseigentumsverwalters von den Beschränkungen des §181 BGB (**Selbstkontrahieren**);[144]
- die unbeschränkte Erteilung von **Untervollmachten**;[145]
- die Vereinbarung einer Sondervergütung für bereits gesetzlich zu erbringende Aufgaben (keine **Doppelvergütung**);[146] die Vereinbarung einer pauschalen jährlichen Erhöhung der Vergütung um 4% (Preisanpassungsklausel);[147]
- unzulässige **Haftungsbegrenzungsklauseln**.[148]

cc) Anfechtung

Wie jeder Eigentümerbeschluss ist auch derjenige über den Verwaltervertrag 58
auf Anfechtung für ungültig zu erklären, wenn er ordnungsmäßiger Verwaltung widerspricht.[149] Allerdings findet die AGB-Inhaltskontrolle der Klauseln des Verwaltervertrags (→ Rn. 57) nicht im Rahmen eines Anfechtungsklageverfahrens statt,[150] so dass die Unwirksamkeit von Klauseln des Formularvertrages nach den §§307ff. BGB auch noch nach Ablauf der Anfechtungsfrist (§45 WEG) geltend gemacht werden können.

Beispiel

Die Grundsätze ordnungsmäßiger Verwaltung sind u.a. nicht beachtet bei überhöhten Vergütungen (→ Rn. 54). Als Preishauptabreden unterliegen Vergütungsregelungen nach §307 Abs. 3 S. 1 BGB keiner umfassenden AGB-Inhaltskontrolle. Sie sind gem. §307 Abs. 3 S. 2, Abs. 1 S. 2 BGB nur unwirksam, wenn sie nicht klar und verständlich sind und deshalb eine unangemessene Benachteiligung der Gemeinschaft der Wohnungseigentümer darstellen (sog. Transparenzgebot). Die nach §307 BGB unwirksame Vergütungsregelung kann zugleich dazu führen, dass der Beschluss über den Formularvertrag nicht mehr ordnungsmäßiger Verwaltung entspricht und aus diesem Grund anfechtbar ist.[151]

In diesen Fällen kommt allerdings **Teilnichtigkeit** gemäß §139 BGB in Betracht, wenn anzunehmen ist, dass der Vertrag auch ohne den nichtigen Teil geschlossen worden wäre.[152]

---

143 Vgl. Gottschalg NZM 2009, 217.

144 OLG München ZWE 2009, 27; OLG Düsseldorf NW 2006, 3645 = ZWE 2006, 396.

145 OLG München ZWE 2009, 27 mit umfangreicher Kasuistik.

146 KG ZMR 2008, 476 mit umfangreicher Kasuistik.

147 Frankfurt a.M. ZWE 2022, 93.

148 Dazu s. Bärmann/Becker WEG §26 Rn. 246ff. Zu Haftungsfragen ausführlich ARS/Abramenko WEG §26 Rn. 107ff. mwN.

149 OLG Düsseldorf ZWE 2001, 221.

150 BGH NJW 2020, 988.

151 Vgl. Bärmann/Becker WEG §26 Rn. 210 zur Doppelwirkung intransparenter Vergütungsregelungen.

152 ARS/Abramenko WEG §26 Rn. 7.

4. Aufgaben und Befugnisse des Wohnungseigentumsverwalters

a) Regelungsstruktur

59 Aufgaben und Befugnisse des Wohnungseigentumsverwalters als Organ der Gemeinschaft der Wohnungseigentümer ergeben sich aus verschiedenen Vorschriften des WEG.

Beispiele

So hat der Wohnungseigentumsverwalter etwa gem. §24 Abs.1 und 5 WEG die jährliche **Eigentümerversammlung** einzuberufen und durchzuführen, gem. §24 Abs.8 S.1 WEG die **Beschluss-Sammlung** zu führen sowie gem. §28 Abs.1 S.2 und Abs.2 S.2 WEG den **Wirtschaftsplan** und die **Jahresabrechnung** zu erstellen.

Hinweis:
Wegen der in §28 WEG enthaltenen Aufgaben und Befugnisse → §5 Rn.5, 24.

Schwerpunktmäßig sind die Aufgaben und Befugnisse des Verwalters in §27 WEG geregelt. §27 Abs.1 WEG regelt die **Geschäftsführungsbefugnis** des Verwalters im **Innenverhältnis** gegenüber der Gemeinschaft der Wohnungseigentümer. Ihr gegenüber ist der Verwalter berechtigt und verpflichtet, Maßnahmen ordnungsmäßiger Verwaltung zu treffen, die untergeordnete Bedeutung haben und nicht zu erheblichen Verpflichtungen führen (Nr.1) oder zur Wahrung einer Frist oder zur Abwendung eines Nachteils erforderlich sind (Nr.2). Die Wohnungseigentümer können diese Rechte und Pflichten des Verwalters gem. §27 Abs.2 WEG **durch Beschluss einschränken** oder **erweitern**. Auch durch Vereinbarung können sie eingeschränkt oder erweitert werden.[153] Durch den Verwaltervertrag sollen sie nicht eingeschränkt oder erweitert werden können.[154] Allerdings beschließen die Wohnungseigentümer über den Verwaltervertrag. Dieser Beschluss kann Einschränkungen oder Erweiterungen der Aufgaben und Befugnisse gem. §27 Abs.2 WEG enthalten, die dann aber nur den konkreten Verwalter betreffen, mit dem der Verwaltervertrag zustande kommt.[155]

Bitte lesen Sie jetzt §27 Abs.1 und Abs.2 WEG!

60 Im Unterschied dazu ist die **Vertretungsmacht** des Verwalters im **Außenverhältnis** für und gegen die Gemeinschaft der Wohnungseigentümer in §9b Abs.1 WEG geregelt. Der Verwalter vertritt die Gemeinschaft gerichtlich und außergerichtlich. Die Vertretungsmacht erfordert keinen ermächtigenden Beschluss der Wohnungseigentümer, es sei denn es geht um den Abschluss von Grundstückskauf- und Darlehensverträgen im Namen der Gemeinschaft. Darüber

---

[153] Bärmann/Becker WEG §27 Rn.61; Hügel/Elzer WEG §27 Rn.76; Jennißen/Zschieschack WEG §27 Rn.65.

[154] Jennißen/Zschieschack WEG §27 Rn.65; MükoBGB/Zschieschack WEG §26 Rn.91; v. Möller/Nack ZWE 2024, 426, 427f.; Jahns ZWE 2025, 59, 60; Wobst ZWE 2022, 15, 18.

[155] Bärmann/Becker WEG §27 Rn.59f.; Hügel/Elzer WEG §27 Rn.80; BeckOGK/Greiner WEG §27 Rn.71.

hinaus ist eine Beschränkung des Umfangs der Vertretungsmacht – sei es durch Vereinbarung oder Beschluss der Wohnungseigentümer – gem. § 9b Abs. 1 S. 3 WEG Dritten gegenüber unwirksam. Die unbeschränkbare Vertretungsmacht des Verwalters dient der Sicherheit des Rechtsverkehrs mit der Gemeinschaft. Er soll auf die Vertretungsmacht des Verwalters für und gegen die Gemeinschaft der Wohnungseigentümer vertrauen dürfen.

Die umfassende Vertretungsmacht birgt die Gefahr, dass der Verwalter bei **61**
der Vertretung der Gemeinschaft im Außenverhältnis seine nach § 27 Abs. 1 WEG eingeschränkten Geschäftsführungsbefugnisse überschreitet und er sich dadurch gegenüber der Gemeinschaft schadensersatzpflichtig macht. Um sich vor **Haftungsrisiken** zu schützen, ist der Verwalter gut beraten, sein Handeln für die Gemeinschaft jeweils durch einen Beschluss der Wohnungseigentümer nach § 27 Abs. 2 WEG im Innenverhältnis abzusichern.[156]

Beispiel

Beauftragt der Verwalter im Namen der Gemeinschaft ein Unternehmen mit der einer umfassenden Dachsanierung mit einem Auftragsvolumen von 40.000,- EUR, so handelt er im Rahmen seiner Vertretungsmacht nach §9b Abs. 1 S. 1 WEG. Allerdings handelt es sich offenkundig nicht um eine Maßnahme der ordnungsmäßigen Verwaltung, die untergeordnete Bedeutung hat und nicht zu erheblichen Verpflichtungen führt. Sie ist nicht von der Geschäftsführungsbefugnis nach § 27 Abs. 1 Nr. 1 WEG gedeckt. Um sich gegenüber der Gemeinschaft nicht schadensersatzpflichtig zu machen, sollte er vor Erteilung des Auftrags einen Beschluss der Wohnungseigentümer über diese Maßnahme einholen.

---

[156] Bärmann/Becker WEG § 9b Rn. 7.

Schaubild: Rechte und Pflichten des Verwalters

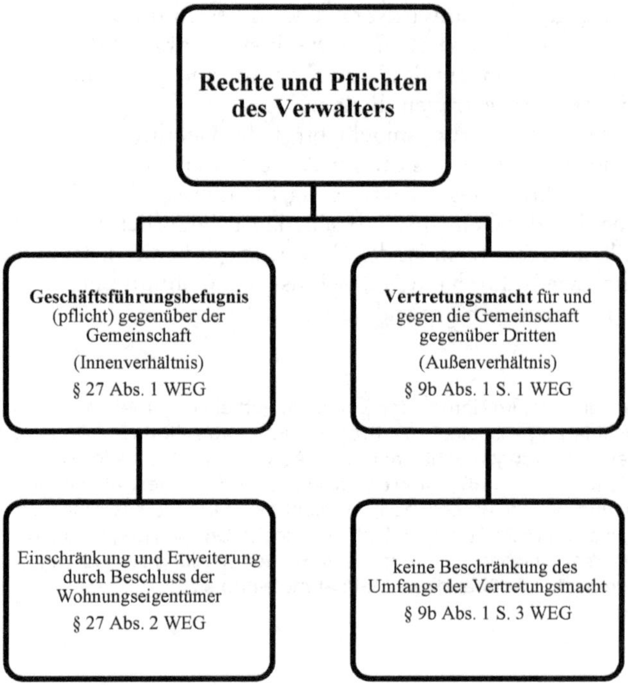

62 Weitere Aufgaben und Befugnisse des Wohnungseigentumsverwalters ergeben sich aus den gesetzlichen **Vorschriften des BGB** zur Geschäftsbesorgung.

Beispiele

Dazu gehören etwa **Auskunfts- und Rechenschaftspflichten** gem. §§ 675, 666 BGB[157] und **Herausgabepflichten** gem. §§ 675, 667 BGB.[158]

b) Aufgaben und Befugnisse gem. § 27 Abs. 1 WEG

63 In den Fällen des § 27 Abs. 1 WEG ist dem Verwalter eine **eigene Entscheidungskompetenz** über Maßnahmen der ordnungsmäßigen Verwaltung zugewiesen, die unabhängig von der Entscheidungskompetenz der Wohnungseigentümer in Angelegenheiten der ordnungsmäßigen Verwaltung besteht.[159] Über Maßnahmen von untergeordneter Bedeutung oder über Eilmaßnahmen darf der Verwalter entscheiden, ohne dass hierzu ein Beschluss der Wohnungseigentümer erforderlich ist.

aa) Maßnahmen von untergeordneter Bedeutung gem. § 27 Abs. 1 Nr. 1 WEG

64 Der Verwalter ist zunächst berechtigt und verpflichtet, Maßnahmen zu treffen, die untergeordnete Bedeutung haben und nicht zu erheblichen Verpflich-

---

[157] Vgl. BGH NJW 2011, 1137 = ZWE 2011, 212.
[158] Dazu Casser ZWE 2014, 157.
[159] Bärmann/Becker WEG § 27 Rn. 9; Jennißen/Zschieschack WEG § 27 Rn. 27.

tungen führen. Welche Maßnahmen untergeordnete Bedeutung haben, ist nicht immer leicht zu entscheiden. Es soll sich um Maßnahmen handeln, bei denen ein Beschluss der Wohnungseigentümer von vornherein entbehrlich erscheint. Maßgebliches Kriterium soll sein, ob ein durchschnittlicher, verständiger Wohnungseigentümer eine außerordentliche Versammlung der Wohnungseigentümer oder ein Zuwarten bis zur nächsten ordentlichen Versammlung für nicht erforderlich hält.[160]

Die Maßnahme darf darüber hinaus zu keiner erheblichen Verpflichtung der Gemeinschaft führen. Es wird empfohlen, das Volumen des Wirtschaftsplans oder den Durchschnittswert des Finanzvolumens der letzten drei Jahre als Bezugsgröße zugrunde zu legen. Diskutiert werden Grenzwerte im Bereich von 2 % bis 5 % des Finanzvolumens des Wirtschaftsplans.[161] Es ist stets eine Einzelfallbetrachtung vorzunehmen, die neben dem finanziellen Aufwand auch die Größe der Anlage, die den einzelnen Wohnungseigentümern treffende Kostenlast sowie die Höhe des Gesamtetats in den Blick nimmt.[162] 64a

Beispiele

Maßnahmen untergeordneter Bedeutung sind insbesondere laufende Reparaturen, die sich durch Abnutzung oder durch Witterungseinflüsse ergeben, etwa die Reparatur einer Dachrinne, das Auswechseln von Glühlampen oder defekter Teile der Heizung.[163]

Der Umfang der Entscheidungskompetenz des Verwalters nach § 27 Abs. 1 Nr. 1 WEG ist mit erheblichen Unsicherheiten verbunden. Rechtssicherheit schaffen Beschlüsse der Wohnungseigentümer, die für bestimmte Maßnahmen vorab einen bestimmten Kostenrahmen vorgeben, innerhalb dessen der Verwalter ohne gesonderte Beschlussfassung der Wohnungseigentümer Maßnahmen vornehmen darf. Richtigerweise kann dieser Rahmen auch im Verwaltervertrag geregelt werden.[164] 64b

bb) Dringliche Maßnahmen gem. § 27 Abs. 1 Nr. 2 WEG

Nach § 27 Abs. 1 Nr. 2 WEG ist der Verwalter auch berechtigt und verpflichtet, Maßnahmen ordnungsmäßiger Verwaltung zu treffen, die zur Wahrung einer Frist oder zur Abwendung eines Nachteils erforderlich sind. Es geht hier um Maßnahmen, die an sich einen Beschluss der Wohnungseigentümer erfordern, der aber aufgrund Eilbedürftigkeit im konkreten Fall aber nicht mehr rechtzeitig eingeholt werden kann. 65

Beispiele

- Drohen Mängelansprüche der Gemeinschaft zu verjähren, darf (und muss) der Verwalter Maßnahmen ergreifen, die zur Hemmung der Verjährungsfrist erforderlich ist. Dies kann die Erhebung einer Klage oder die Einleitung eines selbständigen Beweisverfahrens sein.
- Dringende Erhaltungsmaßnahmen, die etwa aufgrund einer Überschwemmung infolge eines Rohrbruchs erforderlich sind, darf (und muss) der auch ohne Beschluss der Wohnungseigentümer vornehmen.

---

160 BT-Drs. 19/18791, 75; Jennißen/Zschieschack WEG § 27 Rn. 34.
161 Vgl. Schultzky ZWE 2021, 62 (64).
162 LG München I ZMR 2023, 222; ZWE 2024, 365 Rn. 31.
163 Vgl. Bärmann/Becker WEG § 27 Rn. 101 mwN.
164 Bärmann/Becker WEG § 27 Rn. 24; Wobst ZWE 2022, 15 (18).

Die Eilkompetenz des Verwalters besteht in den genannten Fällen aber nur, wenn eine Beschlussfassung der Wohnungseigentümer nicht mehr rechtzeitig herbeigeführt werden kann, ohne dass die Frist abläuft oder der Gemeinschaft ein Schaden entsteht.

c) Einzelne Aufgaben und Befugnisse

66 Abweichend von § 27 Abs. 1 WEG aF enthält § 27 Abs. 1 WEG in seiner geltenden Fassung keinen Katalog von konkreten Aufgaben und Befugnissen des Verwalters mehr. Gleichwohl sind mit dem Verwalteramt als Vollzugsorgan der Gemeinschaft ungeschriebene Organpflichten gegenüber der Gemeinschaft verbunden.

aa) Durchführung von Beschlüssen

67 Als Vollzugsorgan der Gemeinschaft ist der Verwalter berechtigt und verpflichtet, Beschlüsse der Wohnungseigentümer durchzuführen. Die Durchführung hat mangels anderweitiger Vorgaben seitens der Wohnungseigentümer idR **„unverzüglich“** iSv § 121 Abs. 1 S. 1 BGB – also ohne schuldhaftes Zögern – zu erfolgen.[165] Die Verpflichtung zur Durchführung der Beschlüsse besteht nur gegenüber der Gemeinschaft. Anders als nach früherem Recht kann der einzelne Wohnungseigentümer den Verwalter nicht unmittelbar auf Durchführung der Beschlüsse in Anspruch nehmen.[166] Er muss zunächst einen Beschluss der Wohnungseigentümer herbeiführen, den Verwalter seitens der Gemeinschaft auf Durchführung der Beschlüsse in Anspruch zu nehmen.[167]

68 Auch **angefochtene Eigentümerbeschlüsse** sind im Hinblick auf § 23 Abs. 4 S. 2 WEG bis zu ihrer Ungültigerklärung durch ein Gericht vom Verwalter zu vollziehen. Das Gesetz misst dem Vollziehungsinteresse der Gemeinschaft grundsätzlich ein höheres Gewicht bei als dem Aussetzungsinteresse der Miteigentümer, die den Beschluss angefochten haben.[168] Für die Durchführung kommt es auch nicht auf die **Bestandskraft** eines Beschlusses an.[169] Solange ein Beschluss nicht erkennbar nichtig[170], nicht aufgehoben und nicht rechtskräftig für ungültig erklärt worden ist, ist er gültig und durchzuführen.[171]

bb) Durchführung der Hausordnung

69 Der Verwalter ist gegenüber der Gemeinschaft der Wohnungseigentümer berechtigt und verpflichtet, für die Durchführung der nach § 19 Abs. 2 Nr. 1

---

165 BGH ZWE 2011, 209; BayObLG ZWE 2000, 179; großzügiger LG Frankfurt/M. ZWE 2010, 279: „zeitnah“; aA ARS/Abramenko WEG § 27 Rn. 511; Schmid ZMR 2013, 93: Pflicht zur unverzüglichen Umsetzung nur im Ausnahmefall.

166 BT-Drs. 19/18791, 58; BGH ZWE 2024, 420 Rn. 11; BGH ZWE 2023, 139 Rn. 26; Jennißen/Zschieschack WEG § 27 Rn. 22; MüKoBGB/Skauradszun WEG § 27 Rn. 56.

167 Vgl. Bärmann/Becker WEG § 27 Rn. 85 ff. zur Durchsetzung der Durchführungspflicht.

168 LG Frankfurt/M. ZWE 2010, 279.

169 Hügel/Elzer WEG § 27 Rn. 88.

170 Vgl. BGHZ 131, 347 = NJW 1996, 1216.

171 BGH ZWE 2014, 265.

WEG beschlossenen Hausordnung zu sorgen. Die Einhaltung der Hausordnung wird vorwiegend Maßnahmen rein **tatsächlicher Art** erfordern.[172]

Beispiel

In Betracht kommen hier u.a. Hinweise, Aushänge, Ermahnungen, Kehr- und Nutzungspläne.

Darüber hinaus kann der Verwalter jedenfalls dann auch **rechtsgeschäftliche Maßnahmen** ergreifen, wenn die zu befolgende Hausordnung durch Beschluss der Wohnungseigentümer genehmigt wurde. In diesem Fall folgt seine Vertretungsmacht aus § 9b Abs. 1 S. 1 WEG.[173]

Beispiel

In Betracht kommt die Mahnung gem. § 286 Abs. 1 BGB in Vertretung für die übrigen Wohnungseigentümer zur Erfüllung der einen Wohnungseigentümer aus der Hausordnung treffenden Verpflichtungen.

cc) Erhaltung des gemeinschaftlichen Eigentums

Der Verwalter ist gegenüber der Gemeinschaft der Wohnungseigentümer 70
berechtigt und verpflichtet, die für die ordnungsmäßige Erhaltung des gemeinschaftlichen Eigentums erforderlichen Maßnahmen zu treffen.

Nach der gesetzlichen Aufgabenverteilung obliegt die Entscheidung über Maß- 71
nahmen zur Erhaltung des gemeinschaftlichen Eigentums grundsätzlich den Wohnungseigentümern selbst (vgl. § 19 Abs. 1 u. Abs. 2 Nr. 2 WEG). Ohne Beschluss der Wohnungseigentümer darf der Verwalter nur Erhaltungsmaßnahmen von untergeordneter Bedeutung oder Maßnahmen zur Abwendung eines Nachteils vornehmen (§ 27 Abs. 1 Nrn. 1 u. 2 WEG → Rn. 63 ff.). Eine Erweiterung seiner Aufgaben im Bereich der Erhaltung des gemeinschaftlichen Eigentums erfordert einen Beschluss der Wohnungseigentümer nach § 27 Abs. 2 WEG. Dem Wohnungseigentumsverwalter kommen im Rahmen der ordnungsmäßigen Erhaltung des gemeinschaftlichen Eigentums regelmäßig **Kontroll-, Informations- und Organisationspflichten** zu.[174]

Beispiele

- **Kontrollpflichten**: Der Verwalter hat u.a. regelmäßig den ordnungsgemäßen Zustand des gemeinschaftlichen Eigentums zu kontrollieren.[175]
- **Informations- und Hinweispflichten**: Der Verwalter hat die Wohnungseigentümer über einen ihm bekannt gewordenen Erhaltungsbedarf ggf. auch in einer außerordentlichen Eigentümerversammlung zu informieren und auf den drohenden Ablauf von Gewährleistungspflichten hinzuweisen.[176]

[172] OLG Saarbrücken NZM 1999, 621.
[173] Bärmann/Becker WEG § 27 Rn. 91.
[174] Vgl. Bärmann/Merle/Becker WEG § 27 Rn. 45 ff.; aA OVG Münster ZWE 2011, 166; OVG Münster NJW 2009, 3528; VG Bayreuth ZWE 2015, 233, die den Wohnungseigentumsverwalter persönlich wegen einer Störung der öffentlichen Sicherheit und Ordnung in Anspruch nehmen.
[175] LG Hamburg ZWE 2014, 412.
[176] OLG Frankfurt ZWE 2008, 470.

- **Organisationspflichten**: Der Verwalter hat zur Vorbereitung einer Beschlussfassung der Wohnungseigentümer über eine Auftragsvergabe eine Bedarfsermittlung anzustellen[177] und jenseits der Bagatellgrenze idR drei Vergleichsangebote einzuholen.[178]

Hinweis:

Die Wahrnehmung der **Verkehrssicherungspflichten** für das gemeinschaftliche Eigentum obliegt der Gemeinschaft der Wohnungseigentümer, nicht dem Wohnungseigentumsverwalter.

dd) Anforderung von Zahlungen

72 Der Verwalter ist gegenüber der Gemeinschaft der Wohnungseigentümer berechtigt und verpflichtet, Zahlungen in Empfang zu nehmen und abzuführen.

Beispiel

Hauptanwendungsfall dürfte in der Praxis die Einziehung der gem. § 28 Abs. 1 S. 1 WEG auf der Grundlage des Wirtschaftsplans beschlossenen fälligen Hausgeldvorschüsse sein.[179] Dazu s. ausführlich → § 11 Rn. 18 ff.

Außergerichtliche Tätigkeiten wie etwa Zahlungsaufforderungen und Mahnungen sind Maßnahmen von untergeordneter Bedeutung, zu denen der Verwalter nach § 27 Abs. 1 Nr. 1 WEG berechtigt und verpflichtet ist. Fraglich ist, ob es sich auch bei der **gerichtlichen** Geltendmachung von Zahlungsansprüchen um eine Maßnahme von untergeordneter Bedeutung handelt, die der Verwalter ohne Beschluss der Wohnungseigentümer vornehmen darf bzw. muss. Dies wird man nur nach den Umständen des Einzelfalls beurteilen können. Maßgeblich dürften die Höhe der Forderung und das konkrete Prozess- und Vollstreckungsrisiko sein.[180] Von der Höhe der Forderungen hängt der Prozesskostenvorschuss und die Vergütung des mit der Prozessführung beauftragten Rechtsanwalts ab. Droht die Forderung zu verjähren, kann der Verwalter uU nach Abs. 1 Nr. 2 zur gerichtlichen Durchsetzung berechtigt und verpflichtet sein. Um sich vor etwaigen Haftungsrisiken zu schützen, sollte der Verwalter einen Beschluss der Wohnungseigentümer einholen, wonach er zur gerichtlichen Geltendmachung von Hausgeldansprüchen berechtigt (und verpflichtet) ist.

73 Vom Anwendungsbereich **nicht** erfasst werden **individuelle Zahlungspflichten** der Wohnungseigentümer wie etwa Grundsteuern[181] oder solche, die durch Einzelgrundpfandrechte am Wohnungseigentum abgesichert sind.[182]

ee) Bewirken und Entgegennahme von Zahlungen und Leistungen

74 Der Verwalter ist gegenüber der Gemeinschaft der Wohnungseigentümer nach § 27 Abs. 1 Nr. 1 WEG grds. berechtigt und verpflichtet, alle Zahlungen und Leistungen zu bewirken und entgegenzunehmen, die mit der laufenden Verwal-

---

[177] BGH NJW 2012, 1724 = ZWE 2012, 268.
[178] LG Dortmund ZWE 2015, 182; LG Karlsruhe ZWE 2013, 417.
[179] BGH ZWE 2016, 272.
[180] Bärmann/Becker WEG § 27 Rn. 131; Jennißen/Zschieschack WEG § 27 Rn. 15.
[181] Vgl. §§ 93 Abs. 1 S. 1 BewG.
[182] KG NJW 1975, 318.

tung des gemeinschaftlichen Eigentums zusammenhängen. Die Wohnungseigentümer können aber die Befugnis nach § 27 Abs. 2 WEG einschränken, indem sie etwa beschließen, dass der Verwalter ab einem bestimmten Geldbetrag nur mit Zustimmung des Vorsitzenden des Verwaltungsbeirats oder eines Wohnungseigentümers über Gelder der Gemeinschaft verfügen darf. Die Vertretungsmacht des Verwalters nach § 9b Abs. 1 S. 1 WEG bleibt allerdings davon unberührt.[183]

Beispiele

- **Bewirken** von Zahlungen im Zusammenhang mit der laufenden Verwaltung wie etwa Versicherungsbeiträge, Entgelt des Hausmeisters, Beleuchtungskosten, Energieversorgungskosten.[184]
- **Entgegennahme** von Mietzinsen aus der Vermietung gemeinschaftlichen Eigentums.[185]
- **Abnahme** von Werkleistungen gem. § 640 BGB.[186]

Die Entgegennahme durch den Wohnungseigentumsverwalter umfasst auch 75
dessen Befugnis, über eingezogene Gelder für den Verband eine (**löschungsfähige) Quittung** zu erteilen;[187] er soll jedoch nicht befugt sein, eine **Löschungsbewilligung** zu erteilen, weil dann eine Sicherheit zugunsten der Gemeinschaft aufgegeben würde.[188]

ff) Verwaltung eingenommener Gelder

Der Verwalter ist gegenüber der Gemeinschaft der Wohnungseigentümer 76
berechtigt und verpflichtet, eingenommene Gelder zu verwalten. Die Verwaltung der eingenommenen Gelder gehört zu den Maßnahmen, die der Verwalter nach § 27 Abs. 1 Nr. 1 WEG ohne Beschluss der Wohnungseigentümer treffen darf.[189]

Die eingenommenen Gelder gehören zum **Vermögen** der Gemeinschaft (vgl. 77
§ 9a Abs. 3 WEG). Sie können als barer Kassenbestand oder als Kontoguthaben bei einer Bank geführt werden. Die Gelder setzen sich zu einem großen Teil aus den Hausgeldvorschüssen der Wohnungseigentümer gem. § 28 Abs. 1 WEG, den beschlossenen Sonderumlagen und den Beiträgen zur Erhaltungsrücklage gem. § 19 Abs. 2 Nr. 4 WEG zusammen.

Wiederholung:

Schauen Sie doch jetzt noch einmal in die Ausführungen zur Rechtsfähigkeit der Wohnungseigentümergemeinschaft → § 7 Rn. 16.

Die eingenommenen Gelder sind vom eigenen Vermögen des Verwalters 78
getrennt zu halten.

Ein Konto für die Gelder der Gemeinschaft ist somit zugunsten der Gemeinschaft als Forderungsinhaberin zu führen („**Fremdkonto**")! Ein (bis 2007 in der

---

183 Bärmann/Becker WEG § 27 Rn. 137.
184 LG München I ZWE 2014, 185.
185 Bärmann/Becker WEG § 27 Rn. 141.
186 KG OLGZ 1994, 35 = WuM 1993, 306.
187 BayObLGZ 1995, 103 = MittBayNot 1995, 283.
188 OLG München ZWE 2011, 180 = MittBayNot 2012, 47 mzustAnm Then; LG Köln ZWE 2011, 289; aA Böttcher Rpfleger 2009, 181; Hügel DNotZ 2007, 326.
189 BT-Drs. 19/1879, 75.

Praxis übliches) „offenes Treuhandkonto"[190] auf den Namen des Wohnungseigentumsverwalters ist wegen dessen Pflicht zur **Vermögenssonderung** nicht mehr zulässig und entspricht seit der Entdeckung der Rechtsfähigkeit des Verbandes nicht mehr ordnungsmäßiger Verwaltung![191]

79 Eine ordnungsmäßige Verwaltung umfasst auch die Anlage der verwalteten Gelder.[192] **Spekulative Anlageformen** oder Zweckbindungen, die mit dem Wesen der Instandhaltungsrücklage unvereinbar sind, widersprechen in aller Regel Grundsätzen ordnungsmäßiger Verwaltung.[193]

80 Eine Befugnis zur **Kreditaufnahme** bei der Besorgung seiner Geschäfte steht dem Verwalter nach § 27 Abs. 1 WEG nicht zu; hierfür bedarf es vielmehr eines Beschlusses der Wohnungseigentümer.[194] Dies gilt nicht nur für das Innenverhältnis; auch zum Abschluss eines Darlehensvertrages im Außenverhältnis besteht Vertretungsmacht gem. § 9b Abs. 1 S. 1 WEG nur aufgrund eines ermächtigenden Beschlusses der Wohnungseigentümer. Unter das Verbot fällt auch eine Kontoüberziehung und die Inanspruchnahme eines Dispositionskredits.[195]

Bitte lesen Sie jetzt § 9b Abs. 1 S. 1 WEG!

d) Vertretung der Wohnungseigentümergemeinschaft

81 Nach geltendem Recht ist der Wohnungseigentumsverwalter nur das Vollzugsorgan der Gemeinschaft der Wohnungseigentümer. Er nimmt keine Aufgaben und Befugnisse für die einzelnen Wohnungseigentümer wahr. Deshalb räumt § 9b Abs. 1 WEG dem Verwalter nur eine organschaftliche Vertretungsmacht für und gegen die Gemeinschaft ein. Anders als nach § 27 Abs. 2 WEG aF hat der Verwalter keine gesetzliche Vertretungsmacht für und gegen die einzelnen Wohnungseigentümer. Der Wegfall der gesetzlichen Empfangsvertretungsmacht für und gegen die Wohnungseigentümer ist nicht unproblematisch, wie Sie bereits oben im Zusammenhang mit der Zustellung von Gebührenbescheiden gesehen haben (→ Rn. 4).

Bitte lesen Sie jetzt noch einmal § 9b Abs. 1 WEG!

---

[190] Instruktiv zur seinerzeitigen Rechtslage mwN BGHSt 41, 224 = NJW 1996, 65 = NStZ 1996, 81.

[191] LG Hamburg ZWE 2016, 38; LG Bonn ZMR 2015, 649 mAnm Neumann; LG Frankfurt/Oder ZWE 2015, 133 m. zahlr. Nachweisen auch zu den Nachteilen eines Treuhandkontos; AG Straußberg ZWE 2009, 183 = ZMR 2009, 563; Hügel DNotZ 2005, 753 (761); Merle ZWE 2006, 365 (369); Sauren ZWE 2006, 258 (262); nicht zutreffend daher AG Kassel ZMR 2012, 230.

[192] Bärmann/Becker WEG § 27 Rn. 146.

[193] OLG Düsseldorf WuM 1996, 112 zu einem Bausparvertrag; Abramenko/Riecke/Schneider/Abramenko WEG § 27 Rn. 90; i.ü. s. ausf. zu verschiedenen Anlageformen Suilmann ZWE 2015, 246.

[194] BGH ZWE 2011, 209; BGH NJW-RR 1993, 1227; zur Beschlusskompetenz vgl. BGHZ 207, 99 = NJW 2015, 3651 = ZWE 2015, 453; BGHZ 195, 22 = NJW 2012, 3719 = ZWE 2013, 27.

[195] Bärmann/Becker WEG § 9b Rn. 67.

aa) Unbeschränkte Vertretungsmacht

Die Vorschrift räumt dem Verwalter eine umfassende Vertretungsmacht für und gegen die Gemeinschaft ein. Sie umfasst die **gerichtliche** und **außergerichtliche** Vertretung der Gemeinschaft. Beim Abschluss von Grundstückskauf- oder Darlehensverträgen erfordert die Vertretungsmacht gem. § 9b Abs. 1 S. 1 Hs. 2 WEG einen Beschluss der Wohnungseigentümer. Es besteht **Aktiv- und Passivvertretungsmacht.** In gerichtlichen Verfahren ist der Verwalter Zustellungsvertreter iSd § 170 ZPO. Die Vertretungsmacht des Verwalters ist gem. § 9b Abs. 1 S. 3 **Dritten gegenüber weder durch Vereinbarung noch durch Beschluss** der Wohnungseigentümer **beschränkbar.**[196] Die unbeschränkte Vertretungsmacht soll den Rechtsverkehr mit der Gemeinschaft erleichtern.[197] Wenn der Verwalter im Namen der Gemeinschaft handelt, soll grundsätzlich jeder darauf vertrauen dürfen, dass der Verwalter Vertretungsmacht für die Gemeinschaft hat. 82

Noch nicht abschließend geklärt ist die Frage, ob die Vertretungsmacht des Verwalters auch **gegenüber Wohnungseigentümern** unbeschränkt ist, wenn der Verwalter mit einzelnen Wohnungseigentümern Rechtsgeschäfte abschließt.[198] 83

Beispiel

Die Wohnungseigentümer beschließen, mit einem Wohnungseigentümer einen Hausmeisterdienstvertrag abzuschließen, wobei die monatliche Hausmeistervergütung nicht mehr als 500,- EUR betragen soll. Der Verwalter schließt im Namen der Gemeinschaft mit dem Wohnungseigentümer einen Hausmeisterdienstvertrag, diesem eine Hausmeistervergütung iHv. 750,- EUR monatlich gewährt.[199]

Nach dem Wortlaut des § 9b Abs. 1 S. 3 WEG ist die Vertretungsmacht des Verwalters gegenüber Dritten unbeschränkbar. Wohnungseigentümer hingegen sind an Vereinbarungen und Beschlüsse gebunden. Nach zutreffender Ansicht kann daher die Vertretungsmacht des Verwalters ihnen gegenüber durch Vereinbarung oder Beschluss beschränkt sein.[200] Im vorgenannten Beispiel fehlt dem Verwalter somit die Vertretungsmacht, soweit er den Hausmeistervertrag mit einer höheren Vergütung abschließt als die Wohnungseigentümer zuvor beschlossen haben. Zu demselben Ergebnis gelangt man, wenn man in dem Vertragsschluss einen Missbrauch der Vertretungsmacht des Verwalters sieht, der für den Wohnungseigentümer als Vertragspartner evident ist.[201]

bb) Missbrauch der Vertretungsmacht

Ein **Missbrauch der Vertretungsmacht** liegt vor, wenn der Verwalter beim Gebrauch seiner im Außenverhältnis unbeschränkten Vertretungsmacht die Grenzen seiner Geschäftsführungsbefugnis im Innenverhältnis zur Gemeinschaft überschreitet. Ist der Missbrauch für den Vertragspartner der Gemeinschaft evident, fehlt dem Verwalter die Vertretungsmacht. Ein Vertragspartner, der bei 84

---

196 Bärmann/Becker WEG § 9b Rn. 81.

197 BT-Drs. 19/18791.

198 S. dazu ausf. Zschieschack NZM 2025, 466.

199 Vgl. BAG NZM 2025, 482 zur Kündigung eines Hausmeistervertrags.

200 Bärmann/Becker WEG § 9b Rn. 83; BeckOGK/Greiner WEG § 9b Rn. 8; Jennißen/Zschieschack WEG § 9b Rn. 50; Kieß ZWE 2024, 15 (17); aA BAG NZM 2025, 482 (483); Staudinger/Jacoby WEG § 9b Rn. 34.

201 So Staudinger/Jacoby WEG § 9b Rn. 35.

Vertragsschluss erkennt oder infolge grober Fahrlässigkeit nicht erkennt, dass der Verwalter seine Bindungen im Innenverhältnis überschreitet, darf nicht auf eine unbeschränkte Vertretungsmacht des Verwalters vertrauen.

cc) Insichgeschäfte des Verwalters

85 Nach § 181 BGB kann ein Vertreter, soweit ihm dies nicht wirksam gestattet ist, kein Rechtsgeschäft des Vertretenen mit sich selbst im eigenen Namen oder mit einem gleichfalls von ihm vertretenen Dritten vornehmen, es sei denn, das Rechtsgeschäft besteht ausschließlich in der Erfüllung einer Verbindlichkeit. Das Verbot sog. Insichgeschäfte soll den Vertretenen vor Interessenskonflikten des Vertretenen schützen. Es gilt auch für Insichgeschäfte des Verwalters.[202] Verstößt der Verwalter gegen das Verbot, handelt er als Vertreter ohne Vertretungsmacht.

Beispiele

- Der Verwalter schließt einen Vertrag mit sich selbst (sog. **Selbstkontrahieren**), wenn er im Namen der Gemeinschaft mit sich einen Hausmeisterdienstvertrag schließt.
- Schließt der Verwalter den Hausmeisterdienstvertrag im Namen der Gemeinschaft mit einer Hausmeister-GmbH, die er als deren Geschäftsführer vertritt (vgl. § 35 GmbHG), liegt eine sog. **Mehrvertretung** vor, die auch von § 181 BGB erfasst wird.

86 Die Gemeinschaft kann den Verwalter das Insichgeschäft gestatten. Umstritten ist, ob die **Befreiung** vom Verbot des Insichgeschäfts durch Beschluss[203] oder Vereinbarung[204] bzw. durch eine Regelung im Verwaltervertrag[205] möglich ist. Gegenüber dem Verwalter ist der Vorsitzende des Verwaltungsbeirats oder ein hierzu durch Beschluss ermächtigter Wohnungseigentümer nach § 9b Abs. 2 WEG berechtigt, die Gestattung im Namen der Gemeinschaft zu erklären.[206]

Bitte lesen sie jetzt § 9b Abs. 2 WEG!

87 Eine Ausnahme vom Verbot des Insichgeschäfts gilt für Rechtsgeschäfte, die ausschließlich in der **Erfüllung einer Verbindlichkeit** bestehen.

Beispiel

Der Verwalter kann seine Verwaltervergütung jeweils bei Fälligkeit vom Konto der Gemeinschaft einziehen. Die Einziehung der Vergütung bewirkt die Erfüllung der Vergütungspflicht der Gemeinschaft aus dem Verwaltervertrag.

dd) Vertretung ohne Vertretungsmacht

88 Ein **Vertrag**, den der Verwalter als Vertreter ohne Vertretungsmacht im Namen der Gemeinschaft schließt, ist **schwebend unwirksam**; seine Wirksamkeit hängt

---

[202] Bärmann/Becker WEG § 9b Rn. 90; Hügel/Elzer WEG § 9b Rn. 14; Staudinger/Jacoby WEG § 9b Rn. 52; Jennißen/Zschieschack WEG § 9b Rn. 39; aA Böhringer ZfIR 2020, 773 (777): Vorrang des § 9b Abs. 2 WEG.

[203] So Bärmann/Becker WEG § 9b Rn. 97.

[204] So Lehmann-Richter/Wobst NJW 2021, 662 (664).

[205] So Staudinger/Jacoby WEG § 9b Rn. 59 soweit es sich nicht um eine Klausel in einem Formularvertrag handelt (vgl. § 307 Abs. 2 Nr. 2 BGB).

[206] Staudinger/Jacoby WEG § 9b Rn. 58.

gem. § 177 Abs. 1 BGB von der **Genehmigung** des Vertrages durch die Gemeinschaft ab. Über die Genehmigung des Vertrages können die Wohnungseigentümer durch Beschluss entscheiden. Die Genehmigung kann der Verwalter gem. § 182 Abs. 1 BGB dem Vertragspartner gegenüber selbst erklären.[207] Wird die **Genehmigung verweigert**, ist der Vertrag endgültig unwirksam. Der **Verwalter haftet** in diesem Fall **persönlich.** Hat er den Mangel der Vertretungsmacht gekannt, ist er gem. § 179 Abs. 1 BGB nach Wahl des Vertragspartners zur Erfüllung oder zum Schadensersatz verpflichtet. Hat der Verwalter den Mangel der Vertretungsmacht nicht gekannt, ist er gem. § 179 Abs. 2 BGB nur zum Ersatz des Vertrauensschadens verpflichtet. Die persönliche Haftung des Verwalters ist gem. § 179 Abs. 3 BGB ausgeschlossen, wenn der Vertragspartner den Mangel der Vertretungsmacht kannte oder kennen musste.

Bitte lesen Sie jetzt § 177 Abs. 1 BGB und § 179 BGB!

89 Nimmt der Verwalter im Namen der Gemeinschaft ohne Vertretungsmacht ein **einseitiges Rechtsgeschäft** – etwa die Kündigung eines Vertrages – vor und beanstandet der Erklärungsempfänger den Mangel der Vertretungsmacht, ist das Rechtsgeschäft gem. § 180 S. 1 BGB unwirksam. Beanstandet der Empfänger den Mangel der Vertretungsmacht nicht oder ist er mit der Vertretung ohne Vertretungsmacht einverstanden gewesen, gelten gem. § 180 S. 2 BGB die Vorschriften der §§ 177 ff. BGB entsprechend.

Bitte lesen Sie § 180 BGB!

5. Beendigung der Verwalterstellung

a) Grundsatz

90 Wie schon bei der Begründung der Rechtsstellung eines Wohnungseigentumsverwalters, so ist auch im umgekehrten Fall ihrer Beendigung zwischen der Beendigung der organschaftlichen Stellung einerseits und der Beendigung des Verwaltervertrages andererseits zu unterscheiden. Nach der **Trennungstheorie** besteht insoweit keine zwingende Verknüpfung.

Wiederholung:

Wiederholen Sie bitte noch einmal die Ausführungen zur Trennungstheorie → Rn. 25 ff.

b) Abberufung des Wohnungseigentumsverwalters

91 Die Abberufung eines Wohnungseigentumsverwalters ist gem. § 26 Abs. 3 S. 1 WEG jederzeit möglich. Abweichungen hiervon sind gem. § 26 Abs. 5 WEG weder durch Vereinbarung noch durch Beschluss der Wohnungseigentümer oder den Verwaltervertrag zulässig. Somit kann die Abberufung nicht auf bestimmte

[207] Bärmann/Becker WEG § 9b Rn. 103.

Gründe beschränkt werden.[208] Über die Abberufung beschließen die Wohnungseigentümer wie bei der Bestellung gem. § 26 Abs. 1 S. 1 WEG. Der **Beschluss über die Abberufung** hat zur Folge, dass mit seinem Zugang beim Verwalter dessen organschaftliche Stellung endet, so wie umgekehrt die Bestellung sie begründet hat.[209]

Bitte lesen Sie jetzt § 26 Abs. 1, Abs. 3 S. 1 und Abs. 5 WEG!

92 Der **Abberufungsbeschluss** muss wie jeder andere Beschluss im Verfahren gem. § 43 Nr. 4, § 44 Abs. 1 S. 1 WEG **angefochten** werden, wenn er nicht bestandskräftig werden soll. Dabei steht das **Anfechtungsrecht** nur den Wohnungseigentümern, nicht aber dem betroffenen Wohnungseigentumsverwalter selbst zu.[210] Ist die Anfechtung erfolgreich, bleiben die zwischenzeitlich vom neu bestellten Verwalter vorgenommenen Rechtshandlungen gleichwohl sowohl gegenüber den Wohnungseigentümern als auch im Außenverhältnis gegenüber Dritten nach dem Rechtsgedanken des § 47 FamFG (vormals § 32 FGG aF) wirksam.[211]

c) Beendigung des Verwaltervertrages

aa) Vertragsende gem. § 26 Abs. 3 S. 2 WEG

93 Der Verwaltervertrag endet gem. § 26 Abs. 3 S. 2 WEG spätestens **sechs Monate nach der Abberufung** des Verwalters.[212] Eine gesonderte Kündigung des Verwaltervertrages ist hierzu nicht erforderlich. Allerdings schuldet die Gemeinschaft dem Verwalter uU sechs Monate lang die Verwaltervergütung, ohne dass dieser für die Gemeinschaft tätig wird. Der Verwalter muss sich dann aber gemäß § 615 S. 2 BGB den Wert dessen, was er durch Unterbleiben seiner Leistung erspart, anrechnen lassen.[213]

Lesen Sie bitte jetzt § 26 Abs. 3 S. 2 WEG!

bb) Befristung und auflösende Bedingung

94 Aufgrund einer Befristung oder auflösenden Bedingung kann der Verwaltervertrag bereits vor Ablauf der Sechs-Monats-Frist des § 26 Abs. 3 S. 2 WEG enden („spätestens"). Der Verwaltervertrag kann etwa die auflösende Bedingung enthalten, wonach der Vertrag bereits mit der Abberufung des Verwalters endet. In diesem Fall endet der Verwaltervertrag bereits mit Wirksamwerden der Abberufung, so dass die Gemeinschaft fortan keine nach § 615 S. 2 BGB reduzierte Verwaltervergütung schuldet.

---

[208] BGH ZWE 2022, 220 Rn. 25.

[209] BGHZ 151, 164 = NJW 2002, 3240 = ZWE 2002, 570; OLG Düsseldorf ZMR 2004, 691.

[210] BT-Drs. 19/18791, 82; Bärmann/Becker WEG § 26 Rn. 278; anders noch zum alten Recht: BGHZ 151, 164 = NJW 2002, 3240 = ZWE 2002, 570; BGHZ 106, 113 = NJW 1989, 1087; OLG Düsseldorf NZM 2005, 828.

[211] BGH NJW 1997, 2106.

[212] Zum Beginn der Sechs-Monats-Frist s. Bärmann/Becker WEG § 26 Rn. 294 mwN.

[213] OLG Hamburg ZMR 2005, 974; BayObLGZ 1999, 280 = ZWE 2000, 72.

cc) Kündigung des Verwaltervertrages

Um den Verwaltervertrag bereits vor Ablauf der Sechs-Monats-Frist des § 26 Abs. 3 S. 2 WEG zu beenden, kann die Gemeinschaft den Verwaltervertrag uU kündigen. Die Wohnungseigentümer können die **Kündigung** des Verwaltervertrages zugleich mit der Abberufung des Verwalters **beschließen.** Die Kündigung ist im Namen der Gemeinschaft der Wohnungseigentümer gegenüber dem Verwalter zu erklären. Dabei wird die Gemeinschaft gem. § 9b Abs. 2 WEG durch den Vorsitzenden des Verwaltungsbeirats oder durch einen hierzu durch Beschluss ermächtigten Wohnungseigentümer vertreten. 95

In der Praxis wird üblicherweise eine jederzeitige Kündigungsmöglichkeit durch Mindestlaufzeiten im Verwaltervertrag ausgeschlossen sein. In einem solchen Fall kommt dann nur eine **Kündigung aus wichtigem Grund** in Betracht. Abberufung und Kündigung können aber zur Herstellung eines Gleichlaufs miteinander verknüpft werden, was bei der Berufung auf einen wichtigen Grund sogar regelmäßig anzunehmen sein wird.[214] Die Kündigung aus wichtigem Grund muss lediglich binnen **angemessener Frist** erfolgen; § 626 Abs. 2 S. 1 BGB findet insoweit wegen des zuvor notwendigen Eigentümerbeschlusses keine Anwendung.[215] 96

Der Wohnungseigentumsverwalter ist nicht berechtigt, den Beschluss über die Kündigung des Verwaltervertrages gerichtlich anzufechten. Er muss vielmehr im Verfahren nach § 43 Abs. 2 Nr. 3 WEG iVm § 256 ZPO die **Feststellung** begehren, dass der Verwaltervertrag durch die Kündigung nicht beendet worden ist.[216] 97

d) Amtsniederlegung

Die Verwalterstellung kann jederzeit und ohne besonderen Grund durch eine Amtsniederlegung des Wohnungseigentumsverwalters beendet werden. Die Niederlegung erfolgt durch einseitige, empfangsbedürftige Willenserklärung, die dem rechtfähigen Verband Wohnungseigentümergemeinschaft und nicht den einzelnen Wohnungseigentümern zugehen muss.[217] Wenn der Verwalter selbst die Niederlegung seines Amtes erklären will, scheidet er jedoch als Empfänger dieser Erklärung aus. Beim Empfang der Erklärung wird die Gemeinschaft gem. § 9b Abs. 2 WEG durch den Vorsitzenden des Beirats oder einen durch Beschluss ermächtigten Wohnungseigentümer vertreten. 98

e) Pflichten nach Beendigung des Verwaltervertrages

Mit der Beendigung der Verwalterstellung enden nicht sofort alle Rechtsbeziehungen zwischen dem Verwalter und der Gemeinschaft. Es können nachwirkende Abwicklungspflichten bestehen. 99

Beispiel

Verwalter nach Beendigung seines Amtes u.a. zur Herausgabe des **Verwaltungsvermögens** und erlangter **Unterlagen** gem. §§ 675, 667 BGB verpflichtet.[218]

---

214 OLG Düsseldorf ZMR 2004, 691; BayObLG NJW-RR 1999, 1390.
215 OLG Hamburg ZMR 2005, 974; Bärmann/Becker WEG § 26 Rn. 300.
216 BGHZ 152, 46 = NJW 2002, 3704 = ZWE 2003, 64; BGHZ 151, 164 = NJW 2002, 3240 = ZWE 2002, 570.
217 LG Karlsruhe ZWE 2013, 180.
218 Ausf. Casser ZWE 2014, 157.

6. Mustervertrag

100 Ein Muster für einen Verwaltervertrag finden Sie im → Anhang.

III. Verwalterlose Wohnungseigentümergemeinschaften

1. Notverwaltung

101 In seiner bis zum 30.6.2007 geltenden Fassung sah § 26 Abs. 3 WEG ausdrücklich die Bestellung eines **Notverwalters** durch das Gericht vor. Diese Möglichkeit ist nach dem ausdrücklichen Willen des Gesetzgebers ersatzlos entfallen.[219]

102 Damit verbleibt es bei dem Ihnen schon bekannten Grundsatz, dass jeder Wohnungseigentümer gem. § 18 Abs. 2 Nr. 1 WEG gegen die Gemeinschaft einen einklagbaren Anspruch auf Bestellung einer geeigneten Person zum Verwalter hat.[220] Die Bestellung eines Verwalters entspricht nämlich stets ordnungsmäßiger Verwaltung.[221] Lehnen die Wohnungseigentümer einen Beschluss über die Bestellung eines Verwalters ab, kann der einzelne Wohnungseigentümer den Anspruch nach § 44 Abs. 1 S. 2 WEG durch **Beschlussersetzungsklage** gegen die Gemeinschaft durchsetzen. Das Prozessgericht kann in diesen Fällen nach billigem Ermessen den Bestellungsbeschluss der Wohnungseigentümer ersetzen.[222] Es handelt sich dann bei der gerichtlichen Entscheidung um ein Gestaltungsurteil, das erst zusammen mit dem notwendigen Zugang beim Verwalter und dessen Annahmeerklärung den Bestellungsvorgang abschließt.[223]

103 In dringenden Fällen kann das Gericht nicht nur den Bestellungsbeschluss ersetzen, sondern im Wege **einstweiliger Verfügung** gem. §§ 935 ff. ZPO auch selbst einen Verwalter bestellen. Dazu bedarf es dann allerdings neben dem aus § 18 Abs. 2 Nr. 1 WEG herzuleitenden **Verfügungsanspruch** weiterhin eines besonderen **Verfügungsgrundes**. Allein die „Verwalterlosigkeit" einer Wohnungseigentümergemeinschaft reicht dafür nicht aus.[224]

Beispiel

So kann sich etwa ein Verfügungsgrund für eine Regelungsverfügung gem. § 940 ZPO aus dem Erfordernis ergeben, Heizöl bestellen zu müssen.[225]

---

[219] BT-Drs. 16/887, 35 u. 72.

[220] BGH NJW 2022, 3003 Rn. 52 = ZWE 2022, 418 mAnm Greiner; NJW 2011, 3025 = ZWE 2011, 356; OLG Düsseldorf NZM 2008, 452.

[221] BGH NJW 2022, 3003 Rn. 52; OLG Düsseldorf NZM 2008, 452; Hügel/Elzer WEG § 26 Rn. 117

[222] BGH NJW 2022, 3003 Rn. 53; OLG Düsseldorf NZM 2008, 452.

[223] Bärmann/Becker WEG § 26 Rn. 138.

[224] LG Berlin ZMR 2012, 569; Bärmann/Becker WEG § 26 Rn. 140.

[225] LG Stuttgart ZMR 2009, 148; vgl. auch LG Karlsruhe ZWE 2024, 294.

2. Gesamtvertretung durch die Wohnungseigentümer

Machen die Wohnungseigentümer von ihrem Recht auf Bestellung eines Woh- 104
nungseigentumsverwalters keinen Gebrauch, gewährleistet der § 9b Abs. 1 S. 2 WEG gleichwohl **im Außenverhältnis** eine Vertretung der Gemeinschaft der Wohnungseigentümer. Hat die Gemeinschaft keinen Verwalter, wird sie durch die Wohnungseigentümer gemeinschaftlich vertreten.

Bitte lesen Sie jetzt § 9b Abs. 1 S. 2 WEG!

Die Wohnungseigentümer fungieren insoweit einerseits als **Empfangsvertreter.** 105
Sie sind zuständig für die Entgegennahme von Willenserklärungen und Zustellungen an die Gemeinschaft, die andernfalls insbesondere für Vertragspartner nicht erreichbar wäre. Dafür genügt gem. § 170 Abs. 3 ZPO die Zustellung an einen Wohnungseigentümer.[226] Dies hat auch für die Zustellung einer Klage an die Gemeinschaft zu gelten.[227] Bei Rechtsunsicherheit über eine evtl. entfallene Verwalterbestellung genügt es, eine Willenserklärung oder Zustellung sowohl dem Verwalter als auch einem Wohnungseigentümer zugehen zu lassen. Bei Binnenrechtstreitigkeiten zwischen einzelnen Wohnungseigentümern und der Gemeinschaft – etwa bei Beschlussklage einzelner Wohnungseigentümer nach § 44 Abs. 1 WEG -, wird die Gemeinschaft allein durch die übrigen Wohnungseigentümer vertreten.[228] Verbleibt nur ein Wohnungseigentümer, vertritt er die Gemeinschaft allein. Die Bestellung eines Prozesspflegers (§ 57 Abs. 1 ZPO) ist weder erforderlich noch zulässig.[229]

Andererseits können die Wohnungseigentümer als **Erklärungsvertreter** (nur) 106
für die Gemeinschaft handeln. Anders als beim Empfang von Willenserklärungen und Zustellungen müssen aber sämtliche Wohnungseigentümer bei der Abgabe von Erklärungen als Gesamtvertreter des Verbandes zusammenwirken. Fehlt auch nur einer von ihnen, wird der Verband nicht wirksam vertreten. In der Praxis dürfte diese Möglichkeit wohl nur für kleinere Eigentümergemeinschaften umsetzbar sein.

3. Ermächtigung eines Wohnungseigentümers

Anders als nach § 27 Abs. 3 S. 3 WEG aF ist es nach geltendem Recht nicht 107
möglich, dass die Wohnungseigentümer durch Beschluss einen oder mehrere Wohnungseigentümer zur Vertretung ermächtigen. Die erforderliche Vertretung durch alle Wohnungseigentümer soll dem Minderheitenschutz dienen.[230] Mög-

[226] AG Wiesloch ZWE 2011, 290.
[227] LG München I ZWE 2021, 180.
[228] BGH NJW 2022, 3003, Rn. 36 mAnm Zschieschack = ZWE 2022, 418; ZWE 2023, 28 Rn. 7; LG München I ZWE 2021, 180; LG Frankfurt a. M. NZM 2021, 239 Rn. 12 ff.
[229] Bärmann/Becker WEG § 9b Rn. 121; Suilmann ZWE 2021, 246 (247); aA noch Lehmann-Richter/Wobst NJW 2021, 662 (665); Skauradszun ZMR 2020, 905 (910).
[230] BT-Drs. 19/18791, 49.

lich ist es aber, dass alle Wohnungseigentümer einen einzelnen zur Vertretung der Gemeinschaft ermächtigen.[231]

IV. Verwaltungsbeirat

1. Bedeutung des Verwaltungsbeirats

108 Neben der Wohnungseigentümerversammlung und dem Wohnungseigentumsverwalter ist der Verwaltungsbeirat das dritte im Gesetz vorgesehene **Organ der wohnungseigentumsrechtlichen Selbstverwaltung;**[232] es besitzt allerdings keine eigene Rechtspersönlichkeit.[233] Auch ist der Verwaltungsbeirat kein notwendiges Organ der Wohnungseigentümergemeinschaft; in der Praxis ist er von eher geringerer Relevanz. Die Wohnungseigentümergemeinschaft ist auch ohne Verwaltungsbeirat in vollem Umfang handlungs- und funktionsfähig.

2. Einrichtung eines Verwaltungsbeirats

a) Einrichtungsermessen

109 Gemäß § 29 Abs. 1 S. 1 WEG können Wohnungseigentümer durch Beschluss zum Mitglied des Verwaltungsbeirats bestellt werden.

Bitte lesen Sie jetzt § 29 Abs. 1 S. 1 WEG!

Da im Gesetz nichts anderes ausdrücklich bestimmt ist, können die Wohnungseigentümer auch von § 29 Abs. 1 S. 1 WEG abweichende Vereinbarungen treffen (§ 10 Abs. 1 S. 2 WEG); dies kann bei der einseitigen Begründung von Wohnungseigentum auch bereits durch den teilenden Eigentümer erfolgen (§§ 8 Abs. 2, 5 Abs. 4 S. 1, 10 Abs. 1 WEG). Auf diese Weise kann nicht nur die Zusammensetzung des Verwaltungsbeirats geändert, sondern sogar in der Gemeinschaftsordnung seine Bestellung gänzlich ausgeschlossen werden.[234]

Wiederholung:

Schauen Sie zur Frage der Verdinglichung von Verwaltungsregelungen der Wohnungseigentümer doch bitte noch einmal in → § 5 Rn. 31 ff.

---

[231] Bärmann/Becker WEG § 9b Rn. 116; Jennißen/Zschieschack WEG § 9b Rn. 58.
[232] BGH NJW 2010, 3168 = ZWE 2010, 215; BGHZ 163, 154 = NJW 2005, 2061 = ZWE 2005, 422 sub. III.5c) [Olympiadorf] ; Lehmann-Richter ZWE 2011, 439; aA Hügel/Elzer WEG § 29 Rn. 4; Schmid ZWE 2010, 8.
[233] OLG Düsseldorf NZM 1998, 36.
[234] Vgl. BayObLG NJW-RR 1994, 338.

b) Zusammensetzung

aa) Mitglieder

In den Verwaltungsbeirat können gem. §29 Abs. 1 S. 1 WEG grundsätzlich nur **Wohnungseigentümer** gewählt werden. Dazu gehören dann – ungeachtet etwaiger Nachweisprobleme im Grundbuchverfahren – wohl auch werdende Wohnungseigentümer.[235] 110

Ein Beschluss über die Bestellung von **Nichteigentümern** zu Mitgliedern des Verwaltungsbeirats entspricht zwar nicht der gesetzlichen Vorgabe; er ist jedoch nur anfechtbar und kann daher mangels Anfechtung in Bestandskraft erwachsen.[236] Allerdings wirft die Bestellung von Nichteigentümern in der Praxis erhebliche Folgeprobleme auf. 111

Beispiel

Im Hinblick auf anstehende größere bauliche Maßnahmen in der Wohnungseigentumsanlage beschließt die Eigentümerversammlung, den Bruder einer Wohnungseigentümerin zum Verwaltungsbeirat zu bestellen, weil dieser als Architekt über die benötigte Sachkunde verfügt. Das Recht zur Teilnahme an einer Eigentümerversammlung für den solchermaßen Bestellten erscheint fraglich, weil Versammlungen der Wohnungseigentümer nichtöffentlich sind.[237]

Eine bestimmte **Anzahl der Mitglieder** des Verwaltungsbeirats ist **gesetzlich nicht** mehr **vorgeschrieben.** Der Verwaltungsbeirat kann aus mehreren Wohnungseigentümern oder auch nur aus einem Wohnungseigentümer bestehen. Durch **Vereinbarung** kann allerdings eine bestimmte Anzahl von Mitgliedern vorgeschrieben sein. 112

Ist durch Vereinbarung eine bestimmte Anzahl an Mitgliedern vorgeschrieben und werden weniger Mitglieder zum Verwaltungsbeirat bestellt oder scheidet von den Mitgliedern ein Mitglied aus, führt das **Unterschreiten** der vereinbarten Vorgabe nicht zur Funktionsunfähigkeit des Verwaltungsbeirats.[238] Bis zur Bestellung eines neuen Mitglieds führt der Beirat seine Tätigkeit in verringerter Besetzung fort.[239]

Sofern **Personengesellschaften** oder **juristische Personen** Wohnungseigentümer sind, können diese selbst zu Mitgliedern des Verwaltungsbeirats bestellt werden.[240] Eine Gesellschaft bürgerlichen Rechts dürfte aus den schon für die Verwalterbestellung angeführten Gründen nur dann als Mitglied des Verwal- 113

---

[235] Bärmann/Becker WEG §29 Rn. 10; Hügel/Elzer WEG §29 Rn. 20; Jennißen/Hogenschurz WEG §29 Rn. 8.

[236] LG Dortmund ZWE 2014, 127; Bärmann/Becker WEG §29 Rn. 11; Hogenschurz ZWE 2022, 134f.; aA für Nichtigkeit: KG NJW-RR 1989, 460f.; Sommer ZWE 2020, 409 (410).

[237] Bejahend: Jennißen/Hogenschurz WEG §29 Rn. 18 differenzierend nach dem Beschlussgegenstand: OLG Hamm FGPrax 2007, 71; AG Idstein ZMR 2016, 318; im Hinblick auf §24 Abs. 6 S. 2 WEG differenzierend nur für den Beiratsvorsitzenden Bärmann/Becker WEG §24 Rn. 116.

[238] Vgl. Armbrüster ZWE 2001, 412 zum alten Recht.

[239] OLG München ZWE 2006, 31; OLG Düsseldorf OLGZ 1991, 37 = NJW-RR 1991, 594 jeweils zum alten Recht.

[240] Bärmann/Becker WEG §29 Rn. 12; Staudinger/Lehmann-Richter WEG §29 Rn. 33; Hogenschurz MieRB 2014, 220; Kümmel NZM 2003, 303; aA nur die gesetzlichen Vertreter können Mitglied sein: Armbrüster ZWE 2001, 355 (356); F. Schmidt ZWE 2011, 297.

tungsbeirats geeignet sein, wenn sie als eGbR im Gesellschaftsregister eingetragen ist (vgl. Sie bitte → Rn. 15).

114 Der **Wohnungseigentumsverwalter** bzw. der Geschäftsführer oder persönlich haftende Gesellschafter der Verwaltungsgesellschaft kann aber selbst dann nicht dem Verwaltungsbeirat angehören, wenn er Wohnungseigentümer ist. Der zu Kontrollierende kann sich nicht selbst kontrollieren.[241]

bb) Organisation des Verwaltungsbeirats

115 Hat der Verwaltungsbeirat **mehrere Mitglieder**, ist gem. § 29 Abs. 1 S. 2 WEG ein **Vorsitzender** und ein **Stellvertreter** zu bestimmen. Die Bestimmung des **Vorsitzenden** kann bereits formlos bei der Wahl durch die Wohnungseigentümer, in Ermangelung eines solchen Eigentümerbeschlusses auch durch den Verwaltungsbeirat selbst erfolgen.[242] Die Übernahme des Amts eines Vorsitzenden oder seines Stellvertreters setzt voraus, dass das jeweilige Mitglied selbst hierzu seine Zustimmung erteilt.[243]

116 Besteht der Verwaltungsbeirat nur aus einem Mitglied, ist dieses Mitglied ohne weiteres als Vorsitzender anzusehen.[244] Auch bei einem Ein-Personen-Verwaltungsbeirat müssen die Aufgaben eines Vorsitzenden ausgeübt werden, etwa die Vertretung der Gemeinschaft gegenüber dem Verwalter gem. § 9b Abs. 2 WEG oder die Einberufung der Eigentümergemeinschaft bei pflichtwidriger Weigerung des Verwalters gem. § 24 Abs. 3 WEG.

117 Der Verwaltungsbeirat wird gem. § 29 Abs. 1 S. 3 WEG von dem Vorsitzenden nach Bedarf einberufen.

Bitte lesen Sie jetzt § 29 Abs. 1 S. 2 und 3 WEG!

118 Weitere Bestimmungen für die Einberufung und Entscheidungsfindung des Verwaltungsbeirats enthält das Gesetz nicht. Die Mitglieder des Verwaltungsbeirats können sich daher selbst eine **Geschäftsordnung** geben, sofern nicht die Wohnungseigentümer ihrerseits Vorgaben vereinbart haben.

3. Bestellung und Anstellung des Verwaltungsbeirats

a) Grundsatz

119 Bei der Wahl des Verwaltungsbeirats ist wie beim Wohnungseigentumsverwalter zwischen der durch Bestellung erlangten organschaftlichen Stellung einerseits und den schuldrechtlichen Rechtsbeziehungen andererseits zu unterscheiden. Eine Bestellung bereits in der Teilungserklärung scheidet jedoch aus, weil zu diesem Zeitpunkt die künftig wählbaren Wohnungseigentümer in aller Regel noch nicht bekannt sein werden.

---

[241] OLG Zweibrücken OLGZ 1983, 438.
[242] OLG München ZWE 2006, 31; OLG Köln ZWE 2000, 488.
[243] Bärmann/Becker WEG § 29 Rn. 20.
[244] BT-Drs. 19/18791, 92; Bärmann/Becker WEG § 29 Rn. 21; kritisch Jennißen/Hogenschurz WEG § 29 Rn. 31.

b) Bestellung des Verwaltungsbeirats

Die Bestellung eines Verwaltungsbeirats erfolgt durch Beschluss der Wohnungseigentümer. Dabei ist der zur Wahl stehende Wohnungseigentümer in eigener Sache ebenfalls stimmberechtigt.[245] Gegen eine „**Blockabstimmung**" über die Bestellung eines Verwaltungsbeirats – also die Wahl des gesamten Beirats in einem Wahlgang – bestehen nur dann keine Bedenken, wenn für jedes Mitglied die einfache Stimmenmehrheit ermittelt werden kann.[246] In besonderen Fällen kann die Auswahl der zu Bestellenden eingeschränkt sein. 120

Beispiel

So kann in der Gemeinschaftsordnung einer **Mehrhausanlage** vorgegeben sein, dass bei der Zusammensetzung des Verwaltungsbeirats jedes Haus mit einer Mindestbeteiligung vertreten sein muss.
Denkbar ist auch eine festgelegte Sitzvergabe im Verwaltungsbeirat an bestimmte **Interessenvertreter**.[247]

Wie beim Wohnungseigentumsverwalter erlangt der Gewählte erst mit der **Annahme** die organschaftliche Stellung als Mitglied des Verwaltungsbeirats.[248] Mangels anderweitiger Regelungen im Gesetz oder in Vereinbarungen der Wohnungseigentümer bestehen beim Verwaltungsbeirat – anders als beim Wohnungseigentumsverwalter – keine Vorgaben hinsichtlich der **Bestellungsdauer.** Ohne nähere Bestimmung ist der Verwaltungsbeirat daher für unbestimmte Zeit bestellt.[249] 121

Die Wahl des Verwaltungsbeirats ist nach allgemeinen Grundsätzen anfechtbar. Wie bei der Wahl eines Wohnungseigentumsverwalters kann eine gerichtliche **Ungültigerklärung** also dann erfolgen, wenn die Wahl entweder an formellen Mängeln wie etwa einem Einladungsmangel leidet oder wenn die Wahl ordnungsmäßiger Verwaltung widerspricht. Ein Verstoß gegen die Grundsätze ordnungsmäßiger Verwaltung wird grundsätzlich dann anzunehmen sein, wenn ein wichtiger Grund gegen die Bestellung des Gewählten spricht, der eine Zusammenarbeit mit ihm unzumutbar macht.[250] Allerdings sind an das Vorliegen solcher Umstände beim Verwaltungsbeirat strengere Anforderungen zu stellen als beim Wohnungseigentumsverwalter, da dem Verwaltungsbeirat in aller Regel keine eigenen Entscheidungsbefugnisse zukommen.[251] Wird der Bestellungsbeschluss aufgehoben, werden dadurch getroffene Maßnahmen des Verwaltungsbeirats nicht rückwirkend unwirksam. Wie beim Wohnungseigentumsverwalter bleiben diese trotz des Wegfalls der Beiratsstellung nach dem Rechtsgedanken des § 47 FamFG (früher: § 32 FGG) wirksam.[252] 122

---

[245] BayObLG WE 1991, 227; ZWE 2002, 32, 33; Bärmann/Becker WEG 3 29 Rn. 27; Hügel/Elzer WEG § 29 Rn. 15; ARS/Abramenko WEG § 29 Rn. 8.

[246] LG Düsseldorf NJW-RR 2004, 1310; Bärmann/Becker WEG § 29 Rn. 26; weitergehend OLG Hamburg ZMR 2005, 395; KG NZM 2005, 107: Blockwahl zulässig, wenn kein Wohnungseigentümer Einzelabstimmung verlangt.

[247] Vgl. OLG Köln NZM 2000, 193 (mindestens ein Vertreter des Studentenwerks).

[248] Bärmann/Becker WEG § 29 Rn. 31; ARS/Abramenko WEG § 29 Rn. 8.

[249] OLG Köln NZM 2000, 193.

[250] BayObLG ZMR 2003, 438.

[251] KG FGPrax 2004, 107; OLG Köln NZM 2000, 193; ARS/Abramenko WEG § 29 Rn. 11.

[252] ARS/Abramenko WEG § 29 Rn. 13.

c) Anstellung des Verwaltungsbeirats

123 Für den Verwaltungsbeirat fehlen im Gesetz Regelungen zum Anstellungsverhältnis. In aller Regel wird der Verwaltungsbeirat unentgeltlich tätig. In diesem Fall wird ein **Auftragsverhältnis** mit der Gemeinschaft der Wohnungseigentümer **als Vertragspartnerin**[253] gem. §§ 662 ff. BGB zustande kommen.[254] Führt der Beirat seine Tätigkeit nicht ehrenamtlich, bestimmt sich das Verhältnis nach den Bestimmungen über Dienstverträge und Geschäftsbesorgung (§§ 675 ff., 611 ff. BGB).

4. Aufgaben und Befugnisse des Verwaltungsbeirats

a) Unterstützung des Wohnungseigentumsverwalters

124 Der Verwaltungsbeirat nimmt als Hilfs- und Kontrollorgan lediglich ergänzende Funktionen war.[255] So **unterstützt und überwacht** er den **Verwalter** bei der Durchführung seiner Aufgaben.

Bitte lesen Sie jetzt § 29 Abs. 2 S. 1 WEG!

Daraus ergibt sich, dass der Verwaltungsbeirat nicht verpflichtet ist, die laufende Verwaltungstätigkeit des Verwalters zu überwachen.[256]

125 Auch kommen dem Verwaltungsbeirat danach – vorbehaltlich einer entsprechenden Ermächtigung – **keine eigenen Entscheidungsbefugnisse** zu.[257] Insbesondere ist er nicht berechtigt, die Wohnungseigentümer gegenüber dem Verwalter oder Dritten zu vertreten.[258] Da das Gesetz dem Verwaltungsbeirat keine eigenen Entscheidungsbefugnisse einräumt, ist auch die Überprüfung seiner Willensbildung in einem Anfechtungsverfahren nicht vorgesehen.[259]

b) Prüfungsaufgaben

126 Darüber hinaus kommen dem Verwaltungsbeirat kraft Gesetzes nur punktuelle Befugnisse zu. So sollen der **Wirtschaftsplan** und die **Jahresabrechnung**, bevor über sie die Wohnungseigentümerversammlung beschließt, vom Verwaltungsbeirat **geprüft** und mit dessen **Stellungnahme** versehen werden.

Bitte lesen Sie jetzt § 29 Abs. 2 S. 2 WEG!

Die Prüfung bezieht sich zunächst auf die **rechnerische Schlüssigkeit**, also die Übereinstimmung des Saldos aus Einnahmen und Ausgaben mit der Konten-

---

[253] Jennißen/Hogenschurz WEG § 29 Rn. 15.
[254] OLG Düsseldorf NZM 1998, 36.
[255] BGH NJW 2010, 3168 = ZWE 2010, 215.
[256] BayObLGZ 1972, 161 = NJW 1972, 1377.
[257] KG FGPrax 2004, 107.
[258] OLG Düsseldorf NJW-RR 1998, 13.
[259] OLG Hamm ZWE 2007, 350.

entwicklung, die Vollständigkeit der Einnahmen und Ausgaben, die korrekte Zuordnung der Ausgaben zu den Kostenpositionen, die richtige Anwendung der Verteilungsschlüssel, die Ausweisung der Instandhaltungsrücklage und beim Wirtschaftsplan auf die Plausibilität der Ansätze, insbesondere auf ihre Übereinstimmung mit früheren Wirtschaftsjahren.[260] Für die Prüfung der **sachlichen Richtigkeit** der einzelnen Abrechnungspositionen reicht die stichprobenartige Kontrolle der Belege aus.[261] Darüber hinaus hat der Verwaltungsbeirat im Hinblick auf etwaige Ersatzansprüche gegen den Verwalter auch die **Berechtigung der Ausgaben** zu prüfen.[262]

Zur Erfüllung seiner Prüfungsaufgaben kann der Verwaltungsbeirat vom 127
Verwalter ohne Einschaltung der Eigentümerversammlung Auskünfte und Einsicht in die Verwaltungsunterlagen verlangen. Verweigert der Verwalter die Mitwirkung oder unterlässt bzw. verweigert der Verwaltungsbeirat die Prüfung, führt dies nicht zur Ungültigerklärung der Beschlüsse auf der Grundlage von Wirtschaftsplan und Jahresabrechnung.[263] Die **Nichterfüllung der Prüfungspflicht** kann jedoch Schadensersatzansprüche nach sich ziehen[264] und stellt einen wichtigen Grund für die Abberufung des Beirats dar; sie kann aber gleichwohl nicht mit Zwangsmitteln durchgesetzt werden.[265]

c) Einberufungs- und Unterzeichnungsaufgaben

Fehlt ein Verwalter oder weigert er sich pflichtwidrig, die Versammlung der 128
Wohnungseigentümer einzuberufen, so kann die Versammlung auch vom Vorsitzenden des Verwaltungsbeirats oder seinem Vertreter einberufen werden (§ 24 Abs. 3 WEG).

> **Wiederholung:**
>
> Die Möglichkeiten zur Einberufung einer Wohnungseigentümerversammlung kennen Sie bereits aus → § 8 Rn. 13.

Über die Eigentümerversammlung ist eine Niederschrift zu fertigen; sie ist 129
von dem Vorsitzenden und einem Wohnungseigentümer und auch von dem Vorsitzenden des Verwaltungsbeirats oder seinem Vertreter zu unterschreiben (§ 24 Abs. 6 S. 2 WEG).

> **Wiederholung:**
>
> Auch zur Unterzeichnung der Niederschrift erhalten Sie weitere Informationen → § 8 Rn. 91 ff.

---

260 Vgl. OLG Düsseldorf NZM 1998, 36.
261 OLG Düsseldorf NZM 1998, 36.
262 ARS/Abramenko WEG § 29 Rn. 28.
263 KG ZWE 2004, 277; LG Berlin ZWE 2013, 333.
264 KG ZMR 2004, 458.
265 KG FGPrax 1997, 173; LG Berlin ZWE 2013, 333.

d) Erweiterung der Aufgaben und Befugnisse

130 Dem Verwaltungsbeirat können entweder durch die Gemeinschaftsordnung oder durch eine Vereinbarung der Wohnungseigentümer weitergehende Aufgaben und Befugnisse zugewiesen werden.[266]

Beispiel

In der Gemeinschaftsordnung kann bestimmt sein, dass die Veräußerung eines Wohnungseigentums gem. § 12 Abs. 1 WEG zusätzlich der Zustimmung des Verwaltungsbeirats bedarf.[267]

Lediglich unabdingbar den Eigentümern zugewiesene Befugnisse können dem Verwaltungsbeirat nicht übertragen werden.[268]

Beispiel

Über die Bestellung und Abberufung des Wohnungseigentumsverwalters können gem. § 26 Abs. 1 S. 1 WEG allein die Wohnungseigentümer beschließen (§ 26 Abs. 5 WEG).

5. Beendigung der Rechtsstellung eines Verwaltungsbeirats

a) Beendigung des Bestellungsverhältnisses

131 Das Bestellungsverhältnis eines Verwaltungsbeirats kann aus unterschiedlichen Gründen beendet werden.

aa) Abberufung des Verwaltungsbeirats durch die Wohnungseigentümer

132 Ein Mitglied des Verwaltungsbeirats kann jederzeit ohne Angabe von Gründen entsprechend § 671 Abs. 1 BGB nach freiem Ermessen abberufen werden.[269] Die Neuwahl eines Verwaltungsbeirats enthält idR schlüssig die Abberufung des bisherigen Mitglieds.[270]

133 Möglich ist aber auch eine **Abberufung** des Verwaltungsbeirats **aus wichtigem Grund,** wenn zulässigerweise eine bestimmte Amtszeit vereinbart worden ist[271] oder die Möglichkeit der Abberufung auf Fälle beschränkt wurde, in denen ein wichtiger Grund vorliegt.[272]

bb) Amtsniederlegung des Verwaltungsbeirats

134 Ein Mitglied des Verwaltungsbeirats kann von sich aus das übernommene Amt niederlegen.[273] Die **Niederlegung** ist gegenüber der Gemeinschaft der Woh-

---

[266] OLG Celle NJW 2007, 2781; LG Itzehoe ZWE 2015, 137.
[267] Vgl. auch zum entsprechenden grundbuchmäßigen Nachweis OLG Hamm ZWE 2013, 329.
[268] BayObLG Rpfleger 1980, 23.
[269] OLG Hamm ZfIR 1999, 451.
[270] OLG München ZMR 2007, 996.
[271] Vgl. OLG München NZM 2007, 132.
[272] OLG Hamm NZM 1999, 227.
[273] KG FGPrax 1997, 173.

nungseigentümer zu erklären;[274] sie ist deshalb gegenüber dem gem. § 9b Abs. 1 S. 1 WEG vertretungsberechtigten Wohnungseigentumsverwalter zu erklären.

cc) Ausscheiden des Verwaltungsbeirats aus der Eigentümergemeinschaft

Das Amt des Verwaltungsbeirats endet mit dem **Tod** des Bestellten.[275] Das **135**
Amt ist nicht vererblich.

Weiterhin führt auch eine **Veräußerung** des Wohnungseigentums zum Verlust **136**
der Rechtsstellung; Mitglied des Verwaltungsbeirats können nämlich grundsätzlich nur Wohnungseigentümer sein (§ 29 Abs. 1 S. 1 WEG). Tritt der Wohnungseigentümer anschließend wieder in die Eigentümergemeinschaft ein, lebt seine Rechtsstellung als Mitglied des Verwaltungsbeirats nicht automatisch wieder auf.[276]

b) Beendigung des Anstellungsverhältnisses

Anders als bei einem Wohnungseigentumsverwalter (vgl. Sie bitte → Rn. 116 ff.) **137**
wird man jedenfalls bei einem unentgeltlich tätigen Mitglied des Verwaltungsbeirats eine konkludente Verknüpfung von Abberufung und Beendigung der schuldrechtlichen Beziehungen annehmen müssen. Es ist nämlich nicht anzunehmen, dass sich der unentgeltlich tätige Verwaltungsbeirat nach Beendigung seiner organschaftlichen Befugnisse weiterhin – ohne eigenen Vorteil – etwa Auskunftsansprüchen oder gar einer Haftung (etwa für die unterlassene Prüfung von Jahresabrechnung und Wirtschaftsplan) aussetzen will.[277] Mit der Abberufung erlöschen folglich auch die Pflichten aus dem Auftragsverhältnis.

6. Haftung der Mitglieder des Verwaltungsbeirats

Sind Mitglieder des Verwaltungsbeirats unentgeltlich tätig, ist der Haftungs- **138**
maßstab gem. § 29 Abs. 3 WEG eingeschränkt. Sie haften nur für Vorsatz und grobe Fahrlässigkeit.

Bitte lesen Sie § 29 Abs. 3 WEG!

Wiederholungsaufgaben und Vertiefungsfragen

1. Erlischt die Rechtsstellung als WEG-Verwalter, wenn über das Vermögen der zur Verwalterin bestellten GmbH das Insolvenzverfahren eröffnet worden ist?
2. Die aus den Wohnungseigentümern A, B, C und D bestehende Wohnungseigentümergemeinschaft „Quartier Latin" hat vertreten durch den Verwalter V einen kostspieligen Renovierungsauftrag bzgl. der Hauseingangstür an den Handwerker H vergeben. Nach Durchführung der Arbeiten wird die ordnungsmäßig erstellte Rechnung nicht beglichen. Die maximale Bestel-

---

[274] Bärmann/Becker WEG § 29 Rn. 41.
[275] ARS/Abramenko WEG § 29 Rn. 17.
[276] BayObLGZ 1992, 336 = ZMR 1993, 127.
[277] ARS/Abramenko WEG § 29 Rn. 19.

lungsdauer des Verwalters V ist inzwischen abgelaufen; eine Verlängerung oder Neubestellung erfolgte nicht. Gegen wen kann Handwerker H seinen Anspruch erfolgreich geltend machen?

3. Bei einem aus drei Mitgliedern bestehenden Verwaltungsbeirat scheidet ein Mitglied durch Tod aus. Ist der Verwaltungsbeirat noch handlungsfähig?

§ 11. Das Finanzwesen der Wohnungseigentümergemeinschaft

Ausgewählte Literatur zur Ergänzung und Vertiefung:

Abramenko, Anm. zu BGH ZfIR 2021, 334 (Verpflichtung zur Aufstellung der Jahresabrechnung), ZfIR 2021, 339; *Becker*, Wirtschaftsplan, Jahresabrechnung, Vermögensbericht, in SEHR, Die WEG-Reform 2020, 243; *Casser/Schultheis*, Musterabrechnung 3.0 für Wohnungseigentümergemeinschaften, ZMR 2021, 788; *Drasdo*, Die Vollstreckung des Anspruchs auf Erstellung der Jahresabrechnung, ZMR 2021, 564; *Drasdo*, Der Vermögensbericht nach § 28 IV WEG n.F. – Inhalt und Umfang; ZWE 2020, 457; *Drasdo*, Der Wegfall der Umsatzsteuerbefreiung für wohnungseigentumsrechtliche Lieferungen und Leistungen gegenüber den Wohnungseigentümern, ZWE 2021, 74; *Drasdo*, Die Behandlung von (nicht) versicherungsgedeckten Ausgaben in der Jahresabrechnung, ZMR 2024, 449; *Drasdo*, Inhalt und Grenzen des Vermögensberichts, NZM 2024, 257; *Elzer*, Wirtschaftsplan, Jahresabrechnung und Verteilung der Verwaltungskosten, ZWE 2021, 297; *Först*, Information über das Verwaltungsvermögen durch den Vermögensbericht, ZWE 2024, 197; *Hogenschurz*, Die Jahresabrechnung als Grundlage für die Festlegung der Beitragshöhe, ZWE 2024, 194; *Jacoby*, Die Abrechnung der vermieteten Eigentumswohnung aufgrund des neuen § 556 Abs. 3 BGB, ZMR 2021, 1; *Jahns*, Der Vermögensbericht, ZWE 2021, 201; *Kruhl*, Wirtschaftsplan, Jahresabrechnung und Vermögensbericht, MietRB 2022, 90; *Letzner*, Die Aufstellung der Jahresabrechnung als vertretbare Handlung, ZWE 2021, 261; *Mediger*, Teilanfechtung von Abrechnungsbeschlüssen gem. § 28 Abs. 2 S. 1 WEG, NZM 2024, 121; *Pöpel*, Der Vorschussbeschluss nach § 28 Abs. 1 S. 1 WEG sowie der Anpassungsbeschluss nach § 28 Abs. 2 S. 1 WEG, ZMR 2021, 1007; *Riecke*, Jahresabrechnung in einer Wohnungseigentümergemeinschaft: Wie ist bei „Guthaben" in der Jahreseinzelabrechnung vorzugehen, AnwZert MietR 13/21 Anm. 1; *Volpp*, Wird bald wirklich alles leichter? Abrechnung, Wirtschaftsplan und Vermögensbericht nach der WEG-Novelle 2020, ZWE 2020, 412; Westphal, Selbstvornahme bei Verletzung der Abrechnungspflicht aus § 28 Abs. 2 S. 2 WEG, ZWE 2021, 395; Zschieschack, Nochmals: Die Teilanfechtung von Beschlüssen nach § 28 Abs. 1, 2 WEG, NZM 2024, 710.

I. Vorbemerkung

Die zu diesem Thema gegebenen Literaturempfehlungen beziehen sich auf das 1
geltende Recht, das durch das WEMoG 2020 nicht unerheblich geändert wurde! Sie werden diese Vorschläge erst für eine vertiefende Beschäftigung mit der Materie benötigen. Sie werden sicherlich schnell erkennen, dass Ihrem Forscherdrang dabei kaum Grenzen gesetzt sind. Aufgabe dieses Kapitels muss es demgegenüber sein, erst einmal die Nomenklatur zu entwickeln, damit Sie überhaupt mitreden können. Und da uns durchaus das altrömische Credo „iudex non calculat"[1] bekannt ist, versprechen wir, die nachfolgenden Ausführungen einigermaßen lesbar, nachvollziehbar – und vor allem – zahlenfrei halten zu wollen.

[1] Für die Nichtlateiner: „Der Richter rechnet nicht"; bisweilen auch etwas spöttisch übersetzt mit: „Richter können nicht rechnen".

II. Grundsätze

1. Sinn und Zweck

2 In Anlehnung an § 748 BGB bestimmt § 16 Abs. 2 S. 1 WEG, dass jeder Wohnungseigentümer nach dem Verhältnis seines Anteils (§ 16 Abs. 1 S. 2 WEG) die Kosten der Gemeinschaft der Wohnungseigentümer, insbesondere der Verwaltung und des gemeinschaftlichen Gebrauchs des gemeinschaftlichen Eigentums zu tragen hat. Die Vorschrift begründet damit die **abstrakte Beitragspflicht** der Wohnungseigentümer.[2]

Bitte lesen Sie jetzt § 16 Abs. 2 S. 1 WEG!

Die Kostentragungspflicht der Wohnungseigentümer wäre damit wie für die Teilhaber einer nicht auf Dauer angelegten Bruchteilsgemeinschaft gem. §§ 1008, 741 ff. BGB grundsätzlich anlassbezogen geregelt. Dies ermöglichte einer Wohnungseigentümergemeinschaft jedoch kein langfristig angelegtes Wirtschaften unabhängig vom aktuellen Finanzbedarf.[3] Der Bedarf an finanzieller Ausstattung der Gemeinschaft soll deshalb nicht erst bei Durchführung einer uU kostenintensiven Maßnahme – wie etwa bei umfassenden Erhaltungsmaßnahmen – abgerufen werden. Aus diesem Grunde sollen die Wohnungseigentümer auf der Grundlage eines Wirtschaftsplans Vorschüsse zur Kostentragung und zur Bildung einer Erhaltungsrücklage leisten, die eine am voraussichtlichen Bedarf orientierte **Vorausfinanzierung** sicherstellen. Über die Vorschüsse beschließen die Wohnungseigentümer nach § 28 Abs. 1 S. 1 WEG. Erst der Beschluss über die Vorschüsse begründet die **konkreten Zahlungspflichten** der Wohnungseigentümer. Nach Ablauf eines Kalenderjahres beschließen die Wohnungseigentümer nach § 28 Abs. 2 S. 1 WEG auf der Grundlage einer Jahresabrechnung über die Einforderung von Nachschüssen oder die Anpassung der zuvor beschlossenen Vorschüsse.

Bitte lesen Sie jetzt § 28 Abs. 1 und Abs. 2 WEG!

2. Abdingbarkeit

3 Auch wenn es nach dieser Zielsetzung kaum zweckmäßig erscheinen dürfte, so könnten die Regelungen des § 28 WEG durch Vereinbarung abbedungen werden.[4]

Beispiel:

Die Wohnungseigentümer könnten das Wirtschaftsjahr abweichend von § 28 Abs. 1 S. 2 WEG für die Zeit vom 1.4. eines jeden Jahres bis zum 31.3. des Folgejahres festlegen.

---

[2] Bärmann/Becker WEG § 28 Rn. 12.
[3] ARS/Abramenko WEG § 28 Rn. 1.
[4] Bärmann/Becker WEG § 28 Rn. 13; zum alten Recht bereits OLG Hamm ZMR 2008, 228; BayObLG NJW-RR 2006, 20 (22).

Nach dem Gesetz werden die beschlossenen Zahlungen sofort fällig (§ 271 Abs. 1 BGB). Die Wohnungseigentümer können jedoch nach § 28 Abs. 3 WEG eine abweichende Fälligkeit beschließen. So ist es etwa üblich, dass jeweils monatlich ein Teilbetrag des Vorschusses fällig wird. Darüber hinaus können die Wohnungseigentümer auch beschließen, wie die Zahlungspflichten zu erfüllen sind. Üblich ist die Erfüllung durch Überweisung auf ein Konto der Gemeinschaft.

Bitte lesen Sie jetzt § 28 Abs. 3 WEG!

3. Untergemeinschaften

Bei Mehrhausanlagen ist es bisweilen zweckmäßig, im Verhältnis der Wohnungseigentümer untereinander durch Vereinbarung gem. § 10 Abs. 1 S. 2 WEG nach Gebäuden getrennte Untergemeinschaften zu bilden, für die jeweils **getrennte Einzelwirtschaftspläne und -abrechnungen** aufzustellen sind. 4

Wiederholung:

Wiederholen Sie jetzt bitte aus → § 7 Rn. 51 f. die Untergemeinschaft.

Ist in der Gemeinschaftsordnung ausdrücklich vereinbart, dass die Kosten des gemeinschaftlichen Eigentums für die Untergemeinschaften getrennt zu ermitteln und abzurechnen sind, müssen gleichwohl Gesamtwirtschaftspläne bzw. Gesamtabrechnungen aufgestellt werden, aus denen die Einzelwirtschaftspläne und -abrechnungen für die einzelnen Untergemeinschaften abgeleitet werden.[5] Da sich die **Zahlungspflichten** unter Anwendung des jeweils geltenden Verteilungsschlüssels letztlich aus den Gesamtrechenwerken ableiten, muss stets die **Gesamtgemeinschaft** über sie **beschließen**.[6] Alte Vereinbarungen, die eine nach Untergemeinschaften getrennte Beschlussfassung vorsehen, ändern daran regelmäßig nichts.[7]

III. Wirtschaftsplan

1. Aufstellung des Wirtschaftsplans

Gem. § 28 Abs. 1 S. 2 WEG ist der Verwalter verpflichtet, jeweils für ein Kalenderjahr einen Wirtschaftsplan aufzustellen. Dieser Wirtschaftsplan ist wie ein **Haushaltsplan** am voraussichtlichen Finanzbedarf der Gemeinschaft orientiert.[8] 5

Bitte lesen Sie jetzt § 28 Abs. 5 WEG!

---

[5] BGH ZWE 2021, 363 (365); LG München I ZWE 2015, 140.

[6] Vgl. BGH ZWE 2021, 363 (365) zum alten Recht.

[7] Bärmann/Becker WEG § 28 Rn. 284 mit dem Hinweis auf § 47 WEG; vgl. auch Elzer ZWE 2021, 367 (368).

[8] OLG Brandenburg ZMR 2008, 386.

6 Bei der Aufstellung des Wirtschaftsplans wird der **Verwalter als Organ der Gemeinschaft** der Wohnungseigentümer tätig. Er ist gegenüber der Gemeinschaft verpflichtet, den Wirtschaftsplan aufzustellen. Jeder Wohnungseigentümer hat gem. § 18 Abs. 2 Nr. 1 WEG **gegen die Gemeinschaft einen Anspruch** auf Aufstellung eines Wirtschaftsplans. Kommt der Verwalter seiner Organpflicht zur Aufstellung eines Wirtschaftsplans nicht nach, kann der einzelne Wohnungseigentümer nur eine Leistungsklage gegen die Gemeinschaft erheben. Eine unmittelbare Inanspruchnahme des Verwalters ist nach geltendem Recht ausgeschlossen.[9] Die Aufstellung des Wirtschaftsplans ist eine vertretbare Handlung, die gem. § 887 ZPO im Wege der Ersatzvornahme durch einen Dritten vollstreckbar ist.[10] Die **Verurteilung** zur Aufstellung eines Wirtschaftsplans für ein Kalenderjahr ist allerdings dann nicht mehr als vertretbare Handlung gem. § 887 ZPO zu vollstrecken, wenn dieses Kalenderjahr zum Zeitpunkt der Zwangsvollstreckung abgelaufen ist; der vollstreckbare Anspruch ist dann nämlich durch **Zeitablauf** erloschen.[11]

7 Wenn nichts anderes vereinbart wurde, entspricht der **Planungszeitraum** jeweils dem Kalenderjahr. Dies hat grundsätzlich zur Folge, dass mit dem Ende des Wirtschaftsjahres zugleich auch die Verpflichtung der Wohnungseigentümer zur Zahlung beschlossener Hausgeldvorschüsse für das laufende Wirtschaftsjahr endet.[12] Zur Vermeidung einer Finanzierungslücke bedarf es daher einer Beschlussfassung der Wohnungseigentümer über die Fortgeltung des bisherigen Vorschusspflichten aufgrund des (eigentlich ausgelaufenen) Wirtschaftsplans bis zur Aufstellung eines neuen Wirtschaftsplans und der Beschlussfassung über Vorschusspflichten auf der Grundlage des neuen Wirtschaftsplans.[13] Eine solche **Fortgeltungsklausel** kann allerdings mangels Beschlusskompetenz der Wohnungseigentümer nicht als generelle Regelung beschlossen werden. Soll jede beschlossene Vorschusspflicht fortgelten, bis ein neuer Beschluss über geänderte Vorschüsse gefasst wird, bedarf es hierzu einer Vereinbarung.[14]

2. Inhalt des Wirtschaftsplans

a) Grundsätze

8 Der Inhalt des Wirtschaftsplans bestimmt sich nach seiner Funktion, den Beschluss der Wohnungseigentümer über die Vorschüsse zur Kostentragung und zu den Rücklagen nach § 28 Abs. 1 S. 1 WEG vorzubereiten. Darüber hinaus muss er nach § 28 Abs. 1 S. 2 WEG die voraussichtlichen Einnahmen und Ausgaben für das Kalenderjahr enthalten. Demnach hat der Wirtschaftsplan mindestens drei Teile:

---

[9] Bärmann/Becker WEG § 28 Rn. 17; Jennißen/Jennißen WEG § 28 Rn. 35.

[10] Staudinger/Häublein/Lehmann-Richter (2023) WEG § 28 Rn. 288.

[11] BGH NJW 2016, 3536 = ZfIR 2016, 750 mAnm Abramenko ZWE 2016, 422.

[12] OLG Düsseldorf NZM 2008, 251.

[13] BGH ZfIR 2019, 494 mAnm Becker; KG ZWE 2002, 413: Der Beschluss einer Fortgeltungsklausel „folgt einem Gebot wirtschaftlicher Vernunft".

[14] Vgl. BGH NZM 2019, 374 Rn. 8f.; LG Itzehoe ZWE 2014, 133 mzustAnm Merle; Bärmann/Becker WEG § 28 Rn. 64; LG Hamburg ZWE 2018, 219 (220); Abramenko ZWE 2012, 386 zu § 21 Abs. 7 WEG aF.

- **Gesamtwirtschaftsplan** über die voraussichtlichen Einnahmen und Ausgaben (§ 28 Abs. 1 S. 2 Nr. 1 WEG).
- **Einzelwirtschaftspläne** zur Feststellung der Vorschüsse zur Kostentragung, die jeder Wohnungseigentümer zu leisten hat.
  Es handelt sich insoweit um eine objektbezogene Darstellung, die die anteilmäßige Verpflichtung für jeden Wohnungseigentümer betragsmäßig festlegt.
- Feststellung der Vorschüsse, die jeder Wohnungseigentümer zur **Erhaltungsrücklage** und ggf. zu den sonst durch Beschluss vorgesehenen Rücklagen zu leisten hat.

Weitergehende Vorgaben über die konkrete Ausgestaltung des Wirtschaftsplanes enthält das Gesetz nicht. Da die rechtsfähige Wohnungseigentümergemeinschaft kein Kaufmann iSd § 1 HGB ist, finden die handelsrechtlichen Vorschriften über die Aufstellung von Bilanzen sowie Gewinn- und Verlustrechnungen keine Anwendung.[15] Der Wirtschaftsplan kann daher – mit Blick auf die zu erstellende Abrechnung – als reine **Einnahmen- und Ausgabenrechnung** aufgebaut werden.[16] 9

Hinweis:

Wir bekommen es hier mit Begriffen zur Gewinnermittlung aus der Buchhaltung und dem Steuerrecht zu tun. Zu den handelsrechtlichen Vorgaben s. insbes. § 242 HGB; zu den steuerrechtlichen Vorgaben s. insbes. § 4 EStG. Als Beispiel für eine Einnahmen- und Ausgabenrechnung (vgl. auch § 4 Abs. 3 S. 1 EStG) s. auch das Muster für eine Jahresabrechnung im → Anhang.

b) Gesamtwirtschaftsplan

Die Einnahmen- und Ausgabenpositionen sind in übersichtlicher und nachprüfbarer Weise darzustellen;[17] der Wirtschaftsplan soll sowohl nach seiner äußeren Gestaltung als auch nach seinem Inhalt für den durchschnittlichen Wohnungseigentümer ohne juristische und buchhalterische Vorkenntnisse nachvollziehbar sein.[18] Im Rahmen ordnungsmäßiger Verwaltung ist es durchaus angezeigt, die voraussichtlichen Einnahmen und Ausgaben in einer großzügigen Weise so zu schätzen,[19] dass Nachforderungen möglichst vermieden werden können. 10

aa) Einnahmen

In den Wirtschaftsplan ist eine Forderung grundsätzlich nur aufzunehmen, wenn mit ihrer Erfüllung während des Wirtschaftsjahres gerechnet werden kann.[20] 11

Beispiele:

Zu den typischen Einnahmepositionen in einem Wirtschaftsplan gehören:

---

[15] BGH ZWE 2013, 367.
[16] Vgl. BGH NJW 2014, 145 = ZWE 2014, 36; ARS/Abramenko WEG § 28 Rn. 32.
[17] BGH ZWE 2013, 367.
[18] ARS/Abramenko WEG § 28 Rn. 32; Bärmann/Becker WEG § 28 Rn. 34.
[19] BayObLG WuM 1994, 295.
[20] BayObLGZ 1999, 177 = NJW-RR 2000, 17; BayObLGZ 1986, 263.

- Beitragsleistungen der Wohnungseigentümer (**Hausgeldzahlungen**);[21]
- **Zinseinnahmen** zB aus der Erhaltungsrücklage;[22]
- **Mieteinnahmen** aus der Vermietung gemeinschaftlichen Eigentums;[23]
- Darlehensbeträge aus **Kreditaufnahme;**[24]
- Zahlungen in die **Erhaltungsrücklage.**[25]

bb) Ausgaben

12 Die Ausgaben bestehen in der Hauptsache aus der Begleichung der in § 16 Abs. 2 S. WEG genannten Kosten des gemeinschaftlichen Eigentums.[26] Bei der **Schätzung** der Ausgaben kommt der Gemeinschaft ein weiter, gerichtlich nicht überprüfbarer **Ermessensspielraum** zu. Ein Wirtschaftsplan verstößt nur dann gegen die Grundsätze ordnungsmäßiger Verwaltung, wenn er zu wesentlich überhöhten Wohngeldforderungen oder zu erheblichen Nachzahlungspflichten führt.[27]

Beispiele:

Zu den typischen Ausgabepositionen in einem Wirtschaftsplan gehören:

- Kosten der **Erhaltung** des gemeinschaftlichen Eigentums (vgl. § 91 Abs. 2 Nr. 2 WEG);
- Kosten der **Verwaltung des gemeinschaftlichen Eigentums** (u.a. Verwaltervergütung);
- Gemeinschaftsbezogene **Versicherungsprämien** (vgl. § 19 Abs. 2 Nr. 3 WEG);
- Gemeinschaftliche **Bewirtschaftungskosten** (Strom, Wasser, Heizung);
- Uneinbringliche **Beitragsrückstände**;[28]
- zu erwartende **Prozesskosten** für Beschlussmängelklagen.[29]

c) Einzelwirtschaftspläne

13 Aus dem Wirtschaftsplan muss sich auch die anteilige Verpflichtung der Wohnungseigentümer zur Kostentragung ergeben, die die jeweiligen Einzelwirtschaftspläne ausweisen. Die Einzelpositionen werden aus der Gesamtsumme der Belastungen nach dem sich jeweils aus § 16 Abs. 2 S. 1 WEG oder einer entsprechenden Vereinbarung bzw. aus einem Beschluss nach § 16 Abs. 2 S. 2 WEG ergebenden Verteilungsschlüssel auf die Wohnungseigentümer umgelegt. Andere Umstände sind unbeachtlich; insbesondere kommt es nicht darauf an, ob ein Wohnungseigentümer eine bestimmte Einrichtung auch tatsächlich nutzt.

[21] BayObLGZ 1986, 263. Nach Auffassung des BGH soll es nicht erforderlich sein, die Hausgeldvorschüsse ausdrücklich als Einnahmen aufzuführen; BGH ZWE 2013, 367.

[22] OLG Köln ZMR 2008, 818; Elzer ZWE 2011, 112.

[23] AG Passau ZWE 2015, 53.

[24] ARS/Abramenko WEG § 28 Rn. 37; Bärmann/Becker WEG § 28 Rn. 38; zur insoweit bestehenden Beschlusskompetenz der Wohnungseigentümer vgl. BGHZ 207, 99 = NJW 2015, 3651 = ZWE 2015, 453; BGHZ 195, 22 = NJW 2012, 3719 = ZWE 2012, 27.

[25] BGH NJW 2010, 2127 = ZWE 2010, 170; Buchungen auf einem Sonderkonto führen nicht zu einem Mittelabfluss.

[26] Bärmann/Becker WEG § 28 Rn. 44.

[27] BGH 26.9.2025 – V ZR 108/24, NZM 2025, 960; BayObLGZ 1999, 177 = NJW-RR 2000, 17; BayObLG NJW-RR 1998, 1624.

[28] BGH ZWE 2013, 367.

[29] BGH NJW 2015, 930 = ZWE 2015, 91 mAnm Becker.

Beispiel:

So müssen sich an den Betriebskosten einer Aufzugsanlage mangels abweichender Regelungen in der Gemeinschaftsordnung auch diejenigen Wohnungseigentümer beteiligen, die den **Aufzug** nicht benötigen, weil ihre Wohnung bspw. im Erdgeschoss gelegen ist.[30]

14 Der Einzelwirtschaftsplan gehört zu den unverzichtbaren Bestandteilen des Wirtschaftsplans. Ohne Einzelwirtschaftsplan ist der Wirtschaftsplan unvollständig, da sich ohne ihn die Vorschüsse nicht feststellen lassen, die jeder einzelne Wohnungseigentümer aufgrund eines Beschlusses nach § 28 Abs. 1 S. 1 WEG zu leisten hat. Es besteht ein Anspruch auf Ergänzung des unvollständigen Wirtschaftsplans.

d) Vorschüsse zu den Rücklagen

14a Die Vorschüsse zur **Erhaltungsrücklage** (§ 19 Abs. 2 Nr. 4 WEG) und ggf. zu den sonstigen Rücklagen sind im Wirtschaftsplan gesondert darzustellen, da sie eine andere Zweckbestimmung haben als die Vorschüsse zur Kostentragung. Die Höhe der für das Kalenderjahr vorgesehenen Zuführung zur Rücklage ist nach aktuellem Bedarf und generellen Erfahrungssätzen zu ermitteln. Die Zuführung zur Rücklage kann nur als voraussichtliche Einnahme dargestellt werden, nämlich als Summe aller Vorschussleistungen der Wohnungseigentümer zur Rücklage.[31] Auch hier richtet sich die Vorschussleistung des einzelnen Wohnungseigentümers nach dem Verteilungsschlüssel, der sich aus § 16 Abs. 2 S. 1 WEG oder aus einer abweichenden Vereinbarung bzw. aus einem Beschluss nach § 16 Abs. 2 S. 2 WEG ergibt.

3. Wirkungen des Beschlusses über Vorschüsse

15 Die eigentliche Bedeutung des Wirtschaftsplans liegt darin, dass er die Belastung der Wohnungseigentümer mit Vorschüssen bestimmt, über die die Wohnungseigentümer nach § 28 Abs. 1 S. 1 WEG beschließen. Die Wohnungseigentümer beschließen also nicht über den Wirtschaftsplan, sondern allein über die Vorschüsse, die sich aus dem Wirtschaftsplan ergeben. Erst der Beschluss begründet eine **Zahlungsverpflichtung** der Wohnungseigentümer.[32] Die Vorschusszahlungen bilden das zentrale Finanzierungsinstrument der Wohnungseigentümergemeinschaft.[33]

16 **Gläubiger** des Zahlungsanspruchs ist die rechtsfähige Gemeinschaft der Wohnungseigentümer (§ 9a Abs. 1 S. 1 WEG).[34] **Schuldner** sind die jeweiligen Wohnungseigentümer. Dabei ist mit der hM maßgeblich auf die Eigentümerstellung

---

[30] OLG Düsseldorf NJW-RR 1986, 95; vgl. auch OLG Hamm ZWE 2000, 424 zu Müllgebühren in einer Ferienwohnungsanlage.

[31] BGH ZWE 2010, 170; Bärmann/Becker WEG § 28 Rn. 50; Brückner GE 2013, 31 (32).

[32] Bärmann/Becker WEG § 28 Rn. 16.

[33] BGH NJW 2012, 2797 = ZWE 2012, 373.

[34] Vgl. bereits BGH NZM 2017, 445 = ZWE 2017, 360 BGHZ 163, 154 = NJW 2005, 2061 = ZWE 2005, 422 – „Olympiadorf" – zum alten Recht.

zum Zeitpunkt der Fälligkeit der Hausgeldzahlungen abzustellen; diese sog **Fälligkeitstheorie** gilt entsprechend bei angeordneter Zwangsverwaltung oder Insolvenz eines Wohnungseigentümers.[35] Auch der werdende Wohnungseigentümer[36] und der Inhaber eines isolierten Miteigentumsanteils[37] unterliegen den Regeln des WEG; sie sind deshalb ebenso zur anteiligen Kostentragung verpflichtet. Da bei der Teilung durch den Alleineigentümer (§ 8 Abs. 1 WEG) die Gemeinschaft als Ein-Personen-Gemeinschaft bereits mit Anlegung der Wohnungsgrundbücher entsteht, kann der aufteilende Eigentümer als alleiniger Wohnungseigentümer durch Ein-Personen-Beschluss nach § 28 Abs. 1 S. 1 WEG mit Wirkung gegen die künftigen (werdenden) Wohnungseigentümer über Vorschüsse beschließen, solange noch keine Erwerbsvormerkung für einen Erwerber eingetragen und noch kein Besitz an der Wohnung auf ihn übergegangen ist.[38] Sobald eine Gemeinschaft mit (werdenden) Wohnungseigentümern besteht, können nur diese über Vorschüsse beschließen.

Wiederholung:

Wiederholen Sie bitte insoweit → § 4 Rn. 68 ff. zum „werdenden Wohnungseigentümer" und → Rn. 31 ff. zum isolierten Miteigentumsanteil.

17 Eine **Mithaftung des Erwerbers** für persönliche Hausgeldschulden seines Sonderrechtsvorgängers kann jedoch bereits in der Gemeinschaftsordnung vorgesehen sein. Nur in diesem Fall kann die Gemeinschaft sowohl auf den früheren als auch auf den neuen Eigentümer zurückgreifen.[39] Allerdings ist eine solche Regelung gem. § 56 S. 2 ZVG nichtig, wenn sie gegenüber dem Ersteher in einer Zwangsversteigerung vorgesehen sein sollte.[40]

Hinweis:

Wegen der vom BGH – nach hier vertretener Auffassung zu Unrecht – abgelehnten dinglichen Haftung des betroffenen Wohnungseigentums s. ausf. → § 13 Rn. 19.

---

[35] BGHZ 142, 290 = NJW 1999, 3713 = ZWE 2000, 29; BGHZ 107, 285 = NJW 1989, 2697; BGHZ 104, 197 = NJW 1988, 1910; OLG Köln FGPrax 2008, 55; OLG München NZM 2007, 452 = ZWE 2007, 356; OLG Hamm NJW-RR 1996, 911; Drasdo ZWE 2006, 68, 71 ff. mwN; aA die sog „Aufteilungstheorie", wonach die jeweiligen Leistungen mit den dadurch verursachten Kosten auf die Zeit der jeweiligen Eigentümerstellung aufzuteilen sein sollen: Jennißen Verwalterabrechnung Rn. 804 ff.; Wenzel ZWE 2005, 277 (282); dem zumindest zeitweise zuneigend auch die Rechtsprechung des IX. Zivilsenates BGHZ 179, 336 = NJW 2009, 1674 und BGHZ 150, 305 = NZI 2002, 425.

[36] BGH ZfIR 2016, 237 = ZWE 2016, 169; BGH NJW 2015, 2877 = ZfIR 2015, 765 = ZMR 2015, 878 = ZWE 2015, 406; BGHZ 193, 219 = NJW 2012, 2650 = ZfIR 2012, 603 = ZMR 2012, 711 = ZWE 2012, 369; BGHZ 177, 53 = DNotZ 2008, 930 = NJW 2008, 2639 = ZMR 2008, 805 = ZWE 2008, 378.

[37] OLG Hamm NZM 2007, 448.

[38] Bärmann/Becker WEG § 28 Rn. 108; aA zum alten Recht OLG Köln ZWE 2008, 242 mAnm F. Schmidt; OLG München FGPrax 2006, 63.

[39] BGH NJW 1994, 2950; KG NJW-RR 2003, 443; OLG Düsseldorf NJW-RR 1997, 906.

[40] BGHZ 99, 358 = NJW 1987, 1638; KG NJW-RR 2002, 1524; OLG Hamm NJW-RR 1996, 911.

Die Fälligkeit der Vorschusszahlungen bestimmen die Wohnungseigentümer durch Beschluss (§ 28 Abs. 3 WEG). Regelmäßig wird beschlossen, dass jeweils monatlich ein Teilbetrag der Vorschussleistung fällig wird. In der Praxis üblich sind in diesem Zusammenhang sog **Vorfälligkeitsklauseln,** wonach die gesamte Leistung fällig wird, wenn ein Wohnungseigentümer mit seinen Vorschussleistungen in Verzug gerät.[41] 18

Beispiel:

Das Hausgeld ist monatlich im Voraus fällig. Kommt der Wohnungseigentümer mit drei Monatsraten in Zahlungsverzug, wird der gesamte Jahreshausgeldbetrag in einer Summe fällig.[42]

Gebräuchlich sind aber auch sog **Verfallklauseln,** die den gesamten Vorschussbetrag bereits zum Beginn des Wirtschaftsjahres fällig stellen und dem einzelnen Wohnungseigentümer zugleich die Gesamtleistung mit der Maßgabe dilatorischer Teilzahlungen stunden.[43] 19

Beispiel:

Das kalenderjährlich zu zahlende Hausgeld ist insgesamt sofort zum Jahresbeginn fällig. Den Wohnungseigentümern wird nachgelassen, das Jahreshausgeld in zwölf gleichen Monatsraten zu zahlen. Kommt ein Wohnungseigentümer mit zwei Monatsraten in Zahlungsverzug, so verfällt das Recht auf Ratenzahlung.[44]

4. Gerichtliche Anfechtung

Der **Beschluss über** die zu leistenden **Vorschüsse** kann aufgrund einer Anfechtungsklage für ungültig erklärt werden (§ 44 Abs. 1 S. 1 WEG). Er ist gerichtlich anfechtbar, wenn er **ordnungsmäßiger Verwaltung widerspricht.** Dies ist etwa der Fall, soweit bei der Berechnung der Vorschüsse zu den Kosten oder zu den Rücklagen ein **falscher Verteilungsschlüssel** zugrunde gelegt wurde. Anfechtbar ist er auch, wenn einzelne Kosten oder Rücklagen nicht berücksichtigt werden und daher die Vorschussleistung insgesamt zu gering bemessen ist.[45] Der Beschluss über die Vorschüsse ist jedoch nicht mit der Begründung anfechtbar, der maßgebliche, durch Beschluss nach § 16 Abs. 2 S. 2 WEG geänderte Verteilungsmaßstab widerspreche ordnungsmäßiger Verwaltung.[46] Der Beschluss über den geänderten Kostenverteilungsschlüssel hätte rechtzeitig gesondert angefochten werden müssen. Wegen eines Fehlers des Wirtschaftsplans ist der Beschluss über die Vorschusspflicht nur anfechtbar, wenn der Fehler sich auf die Zahlungspflicht auswirkt. Die Beschlussanfechtung kann nicht allein darauf gestützt werden, dass der Wirtschaftsplan nicht ordnungsgemäß erstellt wurde.[47] 20

---

[41] Vgl. LG München I ZWE 2013, 224.
[42] In Anlehnung an Jennißen Rn. 502.
[43] BGHZ 156, 279 = NJW 2003, 3550 = ZWE 2004, 77 (noch zum alten Recht); LG Köln ZWE 2014, 414.
[44] In Anlehnung an Jennißen Rn. 501.
[45] Bärmann/Becker WEG § 28 Rn. 79.
[46] BGH ZWE 2025, 176 Rn. 19 mAnm Bartholomé.
[47] BT-Drs. 19/18791, 76.

Eine **Teilanfechtung** kommt in Betracht, wenn sich der Fehler des Wirtschaftsplans nur auf die beschlossene Zahlungspflicht einer Vorschussart auswirkt. Dies ist etwa der Fall, wenn die Kosten der Verwaltervergütung in den Einzelwirtschaftsplänen abweichend vom geltenden Verteilungsschlüssel nach Wohneinheiten verteilt wurden. Hier wirkt sich der Fehler nur auf die Vorschüsse zu den Kosten aus; die Vorschüsse zu den Rücklagen bleiben davon unberührt. Haben die Wohnungseigentümer über beide Vorschussarten einen einheitlichen Beschluss gefasst, kann der einzelne Wohnungseigentümer seine Anfechtungsklage auf den anfechtbaren Teil des Beschlusses beschränken.[48]

21 Ein **Rechtsschutzinteresse** für eine Anfechtungsklage besteht selbst dann noch, wenn das betreffende Wirtschaftsjahr inzwischen abgelaufen sein sollte,[49] oder nach Maßgabe der Jahresabrechnung bereits über Nachschüsse eine Anpassung der Vorschüsse beschlossen sein sollte.[50] Der Wirtschaftsplan kann nämlich auch nach Bestandskraft des letztgenannten Beschlusses insbesondere hinsichtlich der begründeten Vorschussverpflichtung noch Wirkungen entfalten.[51]

Wird der gerichtlich angefochtene Beschluss über Vorschüsse **rechtskräftig für ungültig erklärt**, fehlt die Grundlage für die Zahlung weiterer Vorschüsse. Bereits geleistete Vorschüsse können nicht ohne Weiteres nach den Vorschriften über eine ungerechtfertigte Bereicherung (§ 812 Abs. 1 S. 2 Fall 1 BGB) zurückverlangt werden; Rückzahlungsansprüche sollen einer späteren Beschlussfassung über eine „Anpassung der Vorschüsse“ nach Maßgabe der Jahresabrechnung vorbehalten bleiben (sog. Vorrang der Jahresabrechnung).[52] Ist eine Fortgeltungsklausel vereinbart oder beschlossen (→ Rn. 7), gilt nach rechtskräftiger Ungültigerklärung wieder die für das vorangegangene Wirtschaftsjahr beschlossene Vorschusspflicht.[53]

5. Sonderumlage

22 Waren die Ansätze des Wirtschaftsplans unrichtig, wurden sie durch neue Tatsachen überholt oder entsteht aus anderen Gründen ein Finanzbedarf, können die Wohnungseigentümer eine **zusätzliche Sonderumlage** beschließen.[54] Den erforderlichen Umlagebetrag können die Wohnungseigentümer großzügig bemessen.[55]

23 Auch insoweit wird nach der Fälligkeitstheorie verfahren. Die Sonderumlage ist deshalb grundsätzlich von demjenigen zu entrichten, der bei Fälligkeit Woh-

---

[48] LG Frankfurt a.M. ZWE 2024, 139 Rn. 19 mAnm Becker.

[49] BayObLGZ 1974, 172 = NJW 1974, 1910; OLG Hamm OLGZ 1971, 96 = Rpfleger 1970, 400.

[50] BayObLG NJW-RR 1998, 1624; LG Hamburg ZMR 2011, 996; Bärmann/Becker WEG § 28 Rn. 89; aA OLG Hamburg ZMR 2007, 550; OLG Stuttgart OLGZ 1990, 175 = ZMR 1990, 69.

[51] KG NJW-RR 1986, 644; Bärmann/Becker WEG § 28 Rn. 89.

[52] BGH NZW 2020, 755 Rn. 24 = ZWE 2020, 425 mAnm Bartholomé; LG Düsseldorf ZMR 2014, 237; Bärmann/Becker WEG § 28 Rn. 90, 353; aA LG München I ZMR 2019, 995; LG Frankfurt a.M. ZWE 2019, 371 (372).

[53] Jennißen/Jennißen WEG § 28 Rn. 119.

[54] BGH NJW 2014, 2197 = ZWE 2014, 261; BGH ZWE 2012, 125.

[55] BGH ZWE 2012, 125; BGHZ 108, 44 = NJW 1989, 3018.

nungseigentümer ist.[56] Wird die Sonderumlage erst nach ihrem Beschluss fällig, ist sie vom Eigentümer zum Zeitpunkt der beschlossenen Fälligkeit zu entrichten.[57] Die Sonderumlage wird grundsätzlich mit der Beschlussfassung fällig,[58] sofern dabei nichts Abweichendes bestimmt worden wird.

IV. Jahresabrechnung

1. Aufstellung der Jahresabrechnung

Gem. § 28 Abs. 2 S. 2 WEG hat der Verwalter nach Ablauf des Kalenderjahres 24
eine **Abrechnung über den Wirtschaftsplan** (Jahresabrechnung) aufzustellen. Somit werden in der Jahresabrechnung die im Wirtschaftsplan nur geschätzten Einnahmen und Ausgaben jetzt exakt abgerechnet.[59] Reichen die beschlossenen Vorschüsse nicht aus, um die Ausgaben zu decken, beschließen die Wohnungseigentümer auf der Grundlage der Jahresabrechnung über die Einforderung von Nachschüssen; ergibt sich aus der Abrechnung ein Überschuss, beschließen die Wohnungseigentümer eine entsprechende Anpassung der Vorschüsse (§ 28 Abs. 2 S. 1 WEG).

Bitte lesen Sie jetzt § 28 Abs. 2 S. 1 und 2 WEG!

Die Jahresabrechnung muss stets für die gesamte Liegenschaft aufgestellt wer- 25
den;[60] auch bei **Mehrhausanlagen** kommt eine auf einzelne Häuser beschränkte Abrechnung nicht in Betracht.[61]

Da die Jahresabrechnung die Einnahmen und Ausgaben sowie die Vorschuss- 26
zahlungen aus dem Wirtschaftsplan abrechnen soll, entspricht die **Abrechnungsperiode** grundsätzlich dem Wirtschaftsjahr, also mangels anderslautender Vereinbarung somit dem Kalenderjahr (§ 28 Abs. 2 S. 1 und S. 2 WEG). Die Abrechnung einzelner Quartale ist unzulässig, auch wenn sich die Wohnungseigentümer hieraus eine Abrechnung erstellen könnten.[62]

Die Pflicht zur Aufstellung der Jahresabrechnung entsteht am 1.1. des folgen- 27
den Kalenderjahres. Sie wird aber nicht sofort fällig. Bei kleineren Gemeinschaften mit geregelter Buchführung wird sie regelmäßig in den ersten drei Monaten des neuen Wirtschaftsjahres,[63] spätestens jedoch sechs Monate nach dessen Beginn **fällig.**[64] Der noch ausstehende Eingang bezifferter Rechnungen für im

---

[56] OLG Hamburg ZWE 2002, 424; OLG Hamm NJW-RR 1996, 912; KG OLGZ 1994, 141 = NJW-RR 1994, 83.
[57] OLG Düsseldorf NJW-RR 2002, 302.
[58] OLG Stuttgart NJW-RR 1989, 654.
[59] BayObLG NJW-RR 1989, 841.
[60] ARS/Abramenko WEG § 28 Rn. 60.
[61] BGH ZWE 2021, 363 (365); BayObLGZ 1994, 98 = NJW-RR 1994, 1236.
[62] OLG Düsseldorf NJW-RR 2007, 594.
[63] OLG Zweibrücken ZMR 2007, 887; BayObLG NJW-RR 1990, 659.
[64] ARS/Abramenko WEG § 28 Rn. 126; Bärmann/Becker WEG § 28 Rn. 123.

abgelaufenen Wirtschaftsjahr erbrachte Leistungen rechtfertigt keine Verzögerung, weil der Auszahlungsbetrag erst im Folgejahr fällig wird.[65]

28 Die Wohnungseigentümer haben gegen die Gemeinschaft der Wohnungseigentümer einen **Anspruch** auf Aufstellung der Jahresabrechnung; als ausführendes Organ ist der Verwalter gegenüber der Gemeinschaft nach § 28 Abs. 2 S. 2 WEG verpflichtet, die Abrechnung aufzustellen.[66] Nach Fälligkeit der Abrechnung muss der Verwalter allerdings erst noch durch Mahnung in **Verzug** gesetzt werden, bevor ein Schadensersatzanspruch wegen verspäteter Vorlage der Abrechnung gem. § 286 BGB in Betracht kommt.[67]

29 Bei einem **Verwalterwechsel** muss der neue Verwalter als Organ der Gemeinschaft auch noch ausstehende Abrechnungen für Vorjahre aufstellen.[68] Daneben bleibt auch der frühere Verwalter weiterhin verpflichtet, die Jahresabrechnung aufzustellen, wenn die Pflicht der Gemeinschaft bereits während seiner Amtszeit entstanden ist.[69] Der frühere Verwalter, dessen Amtszeit zum 31.12. des Vorjahres geendet hat, ist demnach nicht zur Erstellung der Abrechnung für das Vorjahr verpflichtet.

30 Erfüllt der Verwalter die ihm gegenüber der Gemeinschaft obliegende Verpflichtung zur Aufstellung der Jahresabrechnung nicht, kann die Gemeinschaft ihn auf Erfüllung in Anspruch nehmen. Verlangt die Gemeinschaft die Aufstellung der Jahresabrechnung als Zahlenwerk **nur zur Vorbereitung eines Beschlusses nach § 28 Abs. 2 S. 1 WEG**, ist der Anspruch auf eine **vertretbare Handlung** des Verwalters gerichtet.[70] Das Leistungsurteil ist dann nach § 887 ZPO zu vollstrecken. Auf Antrag ermächtigt das Gericht die Gemeinschaft, die Abrechnung im Wege der **Ersatzvornahme** auf Kosten des Verwalters erstellen zu lassen. Verlangt die Gemeinschaft die Abrechnung auch als **Rechnungslegung** des Verwalters für ein Kalenderjahr, in dem er das Verwalteramt selbst ausgeübt hat, handelt es sich um eine **unvertretbare Handlung** des Verwalters. Zur Rechnungslegung ist der Verwalter verpflichtet, eine geordnete Darstellung der Einnahmen und Ausgaben vorzulegen (§ 259 Abs. 1 BGB). Auf Verlangen muss er die Vollständigkeit und Richtigkeit seiner Rechnungslegung an Eides statt versichern (§ 259 Abs. 2 BGB). Die Erklärung kann der Verwalter nur persönlich abgeben. Deshalb ist ein entsprechendes Leistungsurteil gegen den Verwalter in diesem Fall gemäß § 888 Abs. 1 Satz 1 ZPO durch Androhung von Zwangsmitteln (Zwangsgeld, ersatzweise Zwangshaft) zu **vollstrecken.**[71]

31 Die Pflicht des Verwalters zur **Rechnungslegung** ergibt sich aus dem Verwaltervertrag (§§ 675 Abs. 1, 666 BGB). Demnach hat der Verwalter nach Beendigung seiner Amtszeit „Rechenschaft" abzulegen. Die Wohnungseigentümer können im Rahmen ordnungsmäßiger Verwaltung beschließen (§ 19 Abs. 1 WEG), dass der Verwalter bereits vor Beendigung seiner Amtszeit Rechnung legen soll.[72]

---

[65] OLG Karlsruhe NZM 1998, 768.

[66] BGH ZWE 2026, 48 Rn. 9; LG Koblenz ZWE 2024, 376 Rn. 15.

[67] OLG Düsseldorf ZMR 2007, 287.

[68] BGH ZWE 2026, 48 Rn. 10.

[69] BGH ZWE 2026, 48 Rn. 11.

[70] BGH ZWE 2021, 282 Rn. 20.

[71] BGH NJW 2016, 3536 = ZfIR 2016, 750 mAnm Abramenko ZWE 2016, 422; LG Hamburg ZWE 2023, 378.

[72] BGH ZWE 2021, 282 (283); Becker/Schneider ZfIR 2020, 281 (305); OLG Zweibrücken FGPrax 2007, 263 zu § 28 Abs. 4 WEG aF; kritisch Jennißen/Jennißen WEG § 28 Rn. 17.

Bitte lesen Sie jetzt §§ 675 Abs. 1, 666, 259 Abs. 1 und 2 BGB!

Hinweis: 32

Das Verlangen nach (außerordentlicher) **Rechnungslegung** ermöglicht der Gemeinschaft jederzeit die gerichtlich durchsetzbare Kontrolle der Geschäftsführung des Verwalters. Da es nicht um die Festlegung von Zahlungspflichten geht, bedarf es keiner Einzelabrechnungen.[73] Die Jahresabrechnung unterscheidet sich damit von der Rechnungslegung im Wesentlichen nur darin, dass die Jahresabrechnung vom Verwalter nach Ablauf eines Kalenderjahres aufzustellen ist, während die Rechnungslegung jederzeit durch Beschluss vom Verwalter verlangt werden kann.[74]

2. Inhalt der Jahresabrechnung

a) Grundsätze

Die inhaltlichen Anforderungen an die Jahresabrechnung sind gesetzlich nicht näher geregelt. Die hierzu in der Rechtsprechung entwickelten Einzelheiten orientieren sich am Zweck der Jahresabrechnung, den Beschluss der Wohnungseigentümer über die Einforderung von Nachschüssen oder die Anpassung der Vorschüsse nach § 28 Abs. 2 S. 1 WEG vorzubereiten. Zu diesem Zweck hat die Jahresabrechnung eine geordnete und übersichtliche, in sich verständliche und inhaltlich korrekte Übersicht über die in ihrer Liegenschaft insgesamt angefallenen Einnahmen und Ausgaben und die von jedem Einzelnen zu tragenden Kosten zu geben, ohne dass sie eines Buchprüfers oder eines sonstigen Sachverständigen bedürfen.[75] 33

Danach muss eine Jahresabrechnung mindestens enthalten:[76] 34

- eine **Gesamtabrechnung** aller tatsächlichen Einnahmen und Ausgaben der Wohnungseigentümergemeinschaft im betreffenden Abrechnungsjahr;
- eine objektbezogene **Einzelabrechnung** für jedes Wohnungseigentum unter Angabe des Verteilungsschlüssels.

Eine Darstellung der Entwicklung der **Erhaltungsrücklage sowie** die Angabe der Anfangs- und Endbestände der für die Wohnungseigentümer geführten **Bankkonten** sind nach geltendem Recht nicht mehr Bestandteile der Jahresabrechnung. Diese Angaben dienen nicht der Vorbereitung des Beschlusses der Wohnungseigentümer über die Begründung neuer Zahlungspflichten. Sie gehören in den **Vermögensbericht**, den der Verwalter neben der Jahresabrechnung zu erstellen hat (§ 28 Abs. 4 WEG → Rn. 77 ff.).[77]

Eine Jahresabrechnung ohne Gesamtabrechnung, die nur aus Einzelabrechnungen besteht, ist fehlerhaft.[78] Auch das **Fehlen** von Einzelabrechnungen macht 35

[73] KG OLGZ 1981, 304 = MDR 1981, 407.
[74] BGH NJW 2016, 3536 = ZfIR 2016, 750 mAnm Abramenko ZWE 2016, 422.
[75] BGH NJW 2014, 145 = ZWE 2014, 36; BGH NJW 2010, 2127 = ZWE 2010, 170. BayObLG NJW-RR 1989, 1164; KG NJW-RR 1987, 80; Bärmann/Becker WEG § 28 Rn. 1504; ARS/Abramenko WEG § 28 Rn. 134.
[76] Vgl. auch Bärmann/Becker WEG § 28 Rn. 146 ff. mwN.
[77] Bärmann/Becker WEG § 28 Rn. 197.
[78] BGH ZWE 2021, 282 Rn. 21.

die Abrechnung unvollständig. Es besteht ein Anspruch auf Ergänzung der unvollständigen Jahresabrechnung.[79] Da die Wohnungseigentümer nach geltendem Recht nicht mehr über die Abrechnung beschließen, hängt der Ergänzungsanspruch nicht mehr davon ab, ob die Wohnungseigentümer die Abrechnung durch Beschluss genehmigt haben.[80]

In die Abrechnung dürfen nur **tatsächliche Einnahmen und Ausgaben** in dem betreffenden Abrechnungsjahr aufgenommen werden. Forderungen und Verbindlichkeiten dürfen ebenso wenig erscheinen wie Zahlungen, die im Vorjahr eingegangen sind oder im nächsten Jahr erwartet werden. Die Mitteilung derartiger Umstände mag zur Kontrolle der Kontenstände und der Vermögenslage sinnvoll und teilweise sogar notwendig sein; sie sind aber kein Bestandteil der Jahresabrechnung. Die Jahresabrechnung ist keine Gewinn- und Verlustrechnung und keine Bilanz, sondern eine **Einnahmen- und Ausgabenrechnung,** die die tatsächlichen Beträge einander gegenüberzustellen hat.[81] Aus diesem Grunde sind auch **Rechnungsabgrenzungen** grundsätzlich nicht vorzunehmen (zu einer Ausnahme → Rn. 44 ff.).[82] Entsprechende **Belege** sind vorzulegen.[83]

36 **Hinweis:**

Rechnungsabgrenzungsposten gehen auf die bilanziellen Vorschriften der §§ 250, 252 Abs. 1 Nr. 5 HGB für Vollkaufleute zurück. Sie dienen der für Wohnungseigentümergemeinschaften nicht zielführenden Gewinnermittlung. Danach sind die in der laufenden oder folgenden Abrechnungsperiode anfallenden Einnahmen bzw. Ausgaben auszusondern, soweit sie anteilig der folgenden bzw. vorangegangenen Abrechnungsperiode zuzuordnen sind.

Beispiel:

Die Wohnungseigentümergemeinschaft erzielt monatliche Einkünfte aus der Vermietung von 10 Pkw-Stellplätzen iHv. je 50,– EUR. Der gewerbliche Mieter zahlt die Miete insgesamt mit 1.500,– EUR für drei Monate im Voraus am 1.12. des Jahres. Im Rahmen einer Bilanz müssten hier die Einkünfte des Verbandes für das Folgejahr iHv. 1.000,– EUR abgegrenzt werden, weil auch die Gegenleistung insoweit erst im Januar bzw. Februar des nächsten Jahres erbracht wird.

b) Gesamtabrechnung

aa) Einnahmen

37 Hier werden primär die aufgrund des beschlossenen Wirtschaftsplans von den Wohnungseigentümern geleisteten **Beitragsvorschüsse** zu berücksichtigen sein. Da die Vorschüsse gem. § 28 Abs. 1 S. 1 WEG bereits nach dem Wirtschaftsplan sowohl anteilige Beiträge zu den laufenden Bewirtschaftungskosten als auch

---

[79] BGH ZWE 2021, 282 Rn. 21; Bärmann/Becker WEG § 28 Rn. 133.

[80] So aber zum alten Recht noch LG München I ZWE 2017, 286.

[81] BGH NJW 2018, 942; BGH NJW 2014, 145 = ZWE 2014, 36; BGH NJW 2012, 1434 = ZWE 2012, 216; OLG Saarbrücken NJW-RR 2006, 732; OLG Hamm ZWE 2001, 446; OLG Düsseldorf ZWE 2001, 114; BayObLG ZWE 2000, 135; OLG Karlsruhe NZM 1998, 768; BayObLGZ 1993, 185 = NJW-RR 1993, 1166; aA Happ ZMR 2011, 617; Jennißen Rn. 519.

[82] BGH NJW 2012, 1434 = ZWE 2012, 216.

[83] OLG Saarbrücken NJW-RR 2006, 732; OLG Hamm NJW-RR 1993, 846.

solche zur Erhaltungsrücklage umfassten, empfiehlt sich ihre getrennte Ausweisung auch für die Jahresabrechnung.[84] Teilzahlungen sind trotz einer abweichenden Bestimmung nicht auf eine bestimmte Kostenart, sondern anteilig auf alle Positionen anzurechnen.[85] Die Jahresabrechnung darf dabei aber nur die im Abrechnungsjahr jeweils tatsächlich erfolgten Zuflüsse ohne Rücksicht auf deren Rechtsgrund ausweisen.

Beispiel:

Ein Wohnungseigentümer hat **Nachzahlungen** zu leisten, wenn und soweit die von ihm erbrachten Vorschüsse die verursachten Kosten nicht decken. Umgekehrt steht ihm wegen **Überzahlungen** ein Guthaben zu. Diese Ansprüche wurden jeweils bereits im Vorjahr begründet. Da die tatsächlichen Ausgleichszahlungen aber erst im Folgejahr nach Beschlussfassung über Nachschüsse bzw. Anpassung der Vorschüsse gem. §28 Abs.2 S.1 WEG erfolgen können, sind sie auch erst in der Abrechnung für dieses Folgejahr aufzuführen.[86]

Auch bei dem Ansatz von **Versicherungsleistungen** ist nach dieser Vorgabe zu 38
verfahren, wenn der Schaden erst im Folgejahr liquidiert wird.[87]

Auf der Einnahmenseite werden ggf. auch gutgeschriebene **Zinseinkünfte** zu 39
berücksichtigen sein.[88]

Auch Einkünfte aus der **Vermietung** des gemeinschaftlichen Eigentums (wie 40
etwa eines Pkw-Stellplatzes[89]) oder gemeinschaftlicher Einrichtungen (wie etwa Münzwaschmaschinen[90]) gehören hierher.

bb) Ausgaben

In der Jahresabrechnung sind alle Ausgaben aufzunehmen, die tatsächlich im 41
Abrechnungsjahr für die Lasten und Kosten des gemeinschaftlichen Eigentums iSd §16 Abs.2 WEG aufgewendet wurden. Dazu gehören u.a.:

Beispiel:

- Ausgaben für die ggf. aufzuschlüsselnde **Verwaltervergütung**.[91]
- Begleichung von **Handwerkerrechnungen** nach den o.g. Grundsätzen im Jahr der Zahlung.[92]
- Ausgaben, die der Verwalter **unberechtigterweise** aus Mitteln der Gemeinschaft getätigt hat;[93] hierzu gehören auch Kosten einzelner Wohnungseigentümer wie etwa Kosten für Reparaturen im Sondereigentum[94] oder Beträge, die nicht der Verwaltung des gemeinschaftlichen Eigentums dienen, sondern zB dem betreuten Wohnen.[95]

---

[84] BGH NJW 2010, 2127 = ZWE 2010, 170.
[85] LG Köln ZMR 2012, 663.
[86] Bärmann/Becker WEG §28 Rn. 189; vgl. OLG Saarbrücken NJW-RR 2006, 732; BayObLG NJW-RR 2000, 605 zum alten Recht.
[87] Vgl. BayObLG NZM 1999, 133; BayObLGZ 1993, 185 = NJW-RR 1993, 1166.
[88] Ausf. Elzer ZWE 2011, 112.
[89] Vgl. BGH NJW-RR 2013, 335.
[90] Vgl. LG Lübeck ZMR 2011, 747.
[91] LG Karlsruhe ZMR 2013, 469.
[92] BayObLGZ 1993, 185 = NJW-RR 1993, 1166.
[93] BGH ZWE 2011, 256; OLG Hamm ZMR 2008, 60; BayObLGZ 2003, 318 = NJW-RR 2004, 1090.
[94] BayObLGZ 1992, 210 = NJW-RR 1992, 1431.
[95] OLG München ZMR 2006, 949.

- **Rechtsverfolgungskosten** aus sog Binnenstreitigkeiten.[96]

42 **Nicht als Ausgaben** dürfen demgegenüber gebucht werden:

Beispiel:

- Zahlungen der Wohnungseigentümer auf die **Erhaltungsrücklage**. Solche Zahlungen sind nicht verteilungsrelevant; sie sind bei der Entwicklung der Erhaltungsrücklage als Einnahmen darzustellen (→ Rn. 80).[97]
- Zahlungen auf Kostenbeträge **vor Entstehen** der Wohnungseigentümergemeinschaft.[98]

43 Eine **Besonderheit** gilt für die Abrechnung von **Heiz- und Warmwasserkosten.** Zunächst sind die Vorschriften der HeizkostenV[99] zwingend auf Wohnungseigentum anzuwenden[100] und zwar unabhängig davon, ob durch Vereinbarung oder Beschluss der Wohnungseigentümer abweichende Bestimmungen über die Verteilung der Kosten der Versorgung mit Wärme und Warmwasser getroffen worden sind (§ 3 S. 1 HeizkostenV). Nach § 6 Abs. 1 HeizkostenV sind die Kosten der Versorgung mit Wärme und Warmwasser auf der Grundlage der Verbrauchserfassung nach Maßgabe der §§ 7 bis 9 auf die einzelnen Nutzer zu verteilen. Die §§ 3 und 6 HeizkostenV verpflichten damit die Wohnungseigentümer zu einer **verbrauchsabhängigen Abrechnung** nach Maßgabe der HeizkostenV. Dies passt nicht zu den vorstehend entwickelten Grundsätzen einer reinen Einnahmen- und Ausgabenrechnung.

Beispiel:

Wird etwa für eine Ölheizung im Oktober des Jahres in großem Umfang Heizmaterial angeschafft, so wird das Öl auch in den Folgejahren verbraucht, ohne dass es nach den oben entwickelten Grundsätzen zu einer weiteren Ausgabe kommen wird. Der tatsächliche Mittelabfluss findet nur im Jahr des Einkaufs statt; das Konto der Gemeinschaft wird demgegenüber in den Folgejahren durch den Verbrauch nicht mehr belastet.

44 Die Rechtsprechung hat sich deshalb in der Vergangenheit (ausnahmsweise!) damit geholfen, die betraglichen Differenzen zwischen den Anschaffungs- und Verbrauchskosten durch **Rechnungsabgrenzungsposten** auszugleichen.[101]

Wiederholung:

Schauen Sie bitte zur Begriffsklärung schnell noch einmal bei → Rn. 36 nach.

45 Dem ist der BGH jedoch ausdrücklich entgegengetreten, indem er für die Gesamtabrechnung unverändert am Einnahmen- und Ausgabenprinzip festhalten

[96] Bärmann/Becker WEG § 28 Rn. 160; zur weiteren Behandlung dieser Kosten vgl. BGHZ 171, 335 = NJW 2007, 1869 = ZWE 2007, 295; BGH ZWE 2024, 358.

[97] BGH NJW 2010, 2127 = ZWE 2010, 170.

[98] Vgl. KG NJW-RR 1992, 1168.

[99] Verordnung über die verbrauchsabhängige Abrechnung der Heiz- und Warmwasserkosten v. 5.10.2009 (BGBl. I 3250).

[100] BGH NJW 2012, 1434 = ZWE 2012, 216; OLG Hamburg ZMR 2007, 210; LG Lübeck ZMR 2011, 747.

[101] So u.a. BayObLG NJW-RR 2003, 1666; OLG Hamm ZWE 2001, 446; BayObLG ZWE 2000, 407; BayObLGZ 1993, 185 = NJW-RR 1993, 1166.

will.[102] Die HeizkostenV erfordere keine Abweichung, da die dort vorgeschriebene verbrauchsabhängige Verteilung lediglich die Einzelabrechnungen betreffe. Den Vorgaben der HeizkostenV sei deshalb Genüge getan, wenn zwar nicht in der Gesamtabrechnung, wohl aber in den Einzelabrechnungen eine verbrauchsabhängige Abrechnung vorgenommen werde. Dass sich insoweit ausnahmsweise die Einzelabrechnung nicht unmittelbar aus der Gesamtabrechnung herleite, sei hinzunehmen, sofern nur die in der Einzelabrechnung enthaltene Abweichung deutlich ersichtlich und mit einer verständlichen Erläuterung versehen sei. Entscheidend sei allein, dass die Darstellung verständlich und nachvollziehbar ist.[103]

Der Lösungsansatz des BGH führt dann allerdings dazu, dass in der Gesamt- 46
abrechnung die tatsächlichen Ausgaben für Heizöl im Abrechnungsjahr zunächst nach dem allgemeinen, in § 16 Abs. 2 S. 1 WEG bestimmten oder nach einem ansonsten vereinbarten oder beschlossenen Kostenverteilungsschlüssel zu verteilen sind. Im Folgejahr entstünde dadurch aber wegen der Vorgaben der HeizkostenV die Notwendigkeit, die dann erst verbrauchten Kosten nochmals auf die Wohnungseigentümer zu verteilen. Eine Doppelbelastung lässt sich jedoch nur vermeiden, wenn im Folgejahr die nicht verbrauchten Vorschüsse als fiktive Einnahme abgegrenzt werden.[104]

cc) Abrechnung von Sonderumlagen

Soweit eine Sonderumlage als nachträgliche Erhöhung des Hausgelds zur 47
Begleichung der Schulden der Gemeinschaft die Liquidität wiederherstellen sollte, müssen die auf sie geleisteten Beträge wie das gezahlte Hausgeld in die nächste Jahresabrechnung eingestellt werden. Ein Anspruch auf gesonderte Abrechnung einer solchen allgemeinen **Liquiditätsumlage** besteht nicht.[105]

Anders verhält es sich mit Sonderumlagen, die der Finanzierung **mehrjähri-** 48
ger Erhaltungsmaßnahmen dienen sollen. Deren Abrechnung muss sich damit zwangsläufig über mehrere Abrechnungszeiträume erstrecken.

Beispiel:

Die Wohnungseigentümer planen die Sanierung der insgesamt 20 Balkone über einen Zeitraum von zwei Jahren.

Hier wird vorgeschlagen, aufgrund der besonderen Zweckbestimmung der Gelder eine **Sonderrücklage** zu bilden, die neben der allgemeinen Erhaltungsrücklage gesondert auszuweisen ist (dazu → Rn. 58 f.).[106] Diese Rücklage wird erst dann aufgelöst, wenn die Maßnahmen vollständig abgerechnet sind.

---

[102] BGH NJW 2012, 1434 = ZWE 2012, 216.

[103] BGH NJW 2012, 1434 = ZWE 2012, 216; LG Berlin ZMR 2012, 803; AG Hamburg-Blankenese ZMR 2012, 909; zuvor bereits Drasdo NZM 2010, 681; Häublein ZWE 2010, 237 (245); krit. demgegenüber Jennißen Rn. 659: „Die Entscheidung des BGH steckt voller unüberbrückbarer Widersprüche“; Jennißen/Kümmel/Schmidt, J.-H. ZMR 2012, 758.

[104] Bärmann/Becker WEG § 28 Rn. 168; Häublein ZWE 2010, 237 (245); Rüscher ZfIR 2012, 435 (437). jeweils mit Abrechnungsbeispiel Spielbauer ZWE 2013, 237 und Wilhelmy ZMR 2013, 246. Dies führt Jennißen Rn. 660 zu der Aussage, „der BGH erteilt Abgrenzungen eine Absage und nimmt sie dann selbst vor, (...) will sie aber so nicht bezeichnen.“.

[105] KG ZMR 2005, 309; Einsiedler ZMR 2009, 563.

[106] H. Müller ZWE 2011, 200 mit Beispielrechnungen.

dd) Inkongruenz mit mietrechtlichen Vorgaben

49 Bei **vermieteten Eigentumswohnungen** kommt es zu Divergenzen in den wohnungseigentums- und mietrechtlichen Abrechnungen, so dass die **wohnungseigentumsrechtliche Jahresabrechnung** nicht ohne Weiteres der für einen Mieter zu erstellenden **Betriebskostenabrechnung** zugrunde gelegt werden kann.

50 Bereits der mietrechtliche **Betriebskostenbegriff** (§ 556 Abs. 1 S. 2 BGB) unterscheidet sich von dem Begriff der Kosten der Gemeinschaft nach § 16 Abs. 2 S. 1 WEG). Darüber hinaus folgt die jeweilige Abrechnung unterschiedlichen **Abrechnungsprinzipien** (wohnungseigentumsrechtliche Jahresabrechnung nach dem Zu- und Abflussprinzip, mietrechtliche Betriebskostenabrechnung nach dem Leistungsprinzip). Auch der **Umlageschlüssel** – wohnungseigentumsrechtlich grds. nach dem Miteigentumsanteil (§ 16 Abs. 2 S. 1 WEG), mietrechtlich grds. nach der Wohnfläche (§ 556a Abs. 1 BGB) – sowie der **Abrechnungszeitraum** unterscheiden sich ggf. (wohnungseigentumsrechtlich grds. das Kalenderjahr, mietrechtlich lediglich jährlich, nicht zwingend kalenderjährlich).[107]

Lesen Sie bitte § 556 Abs. 1, § 556a Abs. 1 BGB und § 16 Abs. 2 S. 1 WEG!

51 Die Regelung in § 556a Abs. 3 BGB soll die unterschiedlichen Verteilungs- und Umlagemaßstäbe harmonisieren.[108] Ist Wohnungseigentum vermietet und haben die Parteien des Mietvertrages nichts anderes vereinbart, sind die Betriebskosten – abweichend von § 556a Abs. 1 S. 1 BGB – nicht nach dem Anteil der Wohnfläche, sondern nach dem jeweils für die Verteilung im Verhältnis der Wohnungseigentümer geltenden Maßstab umzulegen (§ 556a Abs. 3 S. 1 BGB). Allerdings gilt der wohnungseigentumsrechtliche Verteilungsmaßstab gegenüber dem Mieter nicht, wenn er billigem Ermessen widerspricht (§ 556a Abs. 3 S. 2 BGB). Bei der Abrechnung der Heiz- und Warmwasserkosten gelten ohnehin dieselben Grundsätze einer verbrauchsabhängigen Abrechnung (→ Rn. 43).

Bitte lesen Sie § 556a Abs. 3 BGB!

52 Konsens besteht darüber, dass der **WEG-Verwalter** ohne eine besondere – vergütungsgeneigte – Vereinbarung **nicht verpflichtet** ist, für eine vermietete Eigentumswohnung eine Einzeljahresabrechnung zu erstellen, die unverändert als wirksame Betriebskostenabrechnung gegenüber dem Mieter verwendet werden kann.[109]

c) Einzelabrechnungen

53 Die Jahresabrechnung muss neben der Gesamtabrechnung auch Einzelabrechnungen enthalten. Die Einzelabrechnungen sind für jedes eingetragene Wohnungs- bzw. Teileigentum allein **objektbezogen** und ohne Rücksicht auf identische Eigentumsverhältnisse zu erstellen.[110] In den Einzelabrechnungen sind die **Kos-**

---

[107] Vgl. ausf. Nüßlein Die Divergenzen zwischen Wohnungseigentums- und Mietrecht, PiG 76.
[108] BT-Drs. 19/18791, 29; dazu Jacoby ZMR 2021, 1 ff.
[109] BayObLG WuM 2005, 480; BayObLG ZfIR 1998, 545; Emmerich ZWE 2012, 245.
[110] BGHZ 131, 228 = NJW 1996, 725; AG Hamburg-St. Georg ZWE 2014, 289.

tenpositionen auf die Wohnungseigentümer **zu verteilen.** Maßgeblich hierfür ist der jeweils einschlägige **Verteilungsschlüssel**, wie er sich aus einer Vereinbarung, einem Beschluss nach § 16 Abs. 2 S. 2 WEG, aus § 16 Abs. 2 S. 1 WEG oder einer gerichtlichen Entscheidung ergibt.[111]

Die Einzelabrechnungen sind aus der Gesamtabrechnung abzuleiten.[112] Dazu 54 müssen die in der Gesamtabrechnung genannten Kostenarten, mit denen der Einzelabrechnungen übereinstimmen.[113] Als Ergebnis der objektsbezogenen Einzelabrechnung ergibt sich zunächst der auf das Wohnungs- oder Teileigentum entfallende Anteil an den tatsächlichen Einnahmen und Ausgaben. Dieser Anteil wird als **Abrechnungssumme** bezeichnet. Ist die Abrechnungssumme höher als die für das Wirtschaftsjahr geschuldeten Vorschüsse, ergibt sich eine Unterdeckung, eine sog. **negative Abrechnungsspitze** zu Lasten des jeweiligen Eigentümers. Ist die Abrechnungssumme hingegen geringer als die für das Wirtschaftsjahr geschuldeten Vorschüsse, besteht für den jeweiligen Eigentümer eine **positive Abrechnungsspitze.** Der Betrag der Abrechnungsspitze ist jeweils in der Einzelabrechnung anzugeben. Die Einzelabrechnung kann nur so Grundlage für den Beschluss nach § 28 Abs. 2 S. 1 WEG über die Begründung von Zahlungspflichten in Höhe der jeweiligen Abrechnungsspitze sein.[114]

Nach geltendem Recht beschließen die Wohnungseigentümer nicht über die 55 Abrechnung, sondern nach § 28 Abs. 2 S. 1 WEG nur über Zahlungspflichten in Höhe der jeweiligen Abrechnungsspitze aus den Einzelabrechnungen.

Besteht ein **Ersatzanspruch gegen einen Wohnungseigentümer** wegen zunächst 56 aus Mitteln der Gemeinschaft verauslagter Kosten (→ Rn. 41), ist die unmittelbare Einzelbelastung eines Wohnungseigentümers nur gerechtfertigt, wenn der Anspruch tituliert ist oder sonst feststeht, etwa weil er von dem betreffenden Wohnungseigentümer anerkannt worden ist.[115] Die Einzelabrechnung ist nämlich nach ihren Rechtswirkungen und ihrer Funktion für die Gemeinschaft nicht geeignet, das Bestehen von Erstattungs- oder Schadensersatzansprüchen gegen einzelne Miteigentümer zu klären.[116]

Beitragsrückstände aus früheren Abrechnungszeiträumen sind nicht Bestand- 57 teil der Jahresabrechnung.[117] Es handelt sich lediglich um Forderungen der Gemeinschaft, über die die Wohnungseigentümer im Rahmen der Jahresabrechnung mangels Beschlusskompetenz auch nicht noch einmal beschließen können.[118]

d) Erhaltungsrücklage

Die Erhaltungsrücklage ist **zweckgebunden.** Ihr Guthaben darf nicht zum 58 Ausgleich anderer Verbindlichkeiten verwendet werden. Eine Vermischung der für die Erhaltung des gemeinschaftlichen Eigentums bestimmten Gelder mit

---

[111] BGH ZWE 2025, 176 Rn. 19 mAnm Becker; zum alten Recht bereits BGH ZWE 2011, 256.
[112] OLG Düsseldorf ZWE 2007, 452.
[113] OLG Düsseldorf NJW-RR 2007, 594.
[114] BGH ZWE 2025, 37 Rn. 7.
[115] BGH ZWE 2011, 256.
[116] OLG Hamm ZMR 2008, 60.
[117] BayObLG ZWE 2001, 375.
[118] BGH ZWE 2012, 261; Schultzky ZWE 2011, 12.

den für die Begleichung der laufenden Kosten gezahlten Vorschüssen zieht eine unübersichtliche Finanzlage nach sich. Der Verwalter hat die Erhaltungsrücklage deshalb vom sonstigen Geldern getrennt zu halten.[119] Ohne einen Beschluss der Wohnungseigentümer ist der Verwalter allein auch dann nicht berechtigt, die Instandhaltungsrückstellung zur Deckung von Liquiditätslücken heranzuziehen,[120] wenn dadurch Schuldzinsen vermieden werden.[121]

59 Die im Abrechnungsjahr auf die Erhaltungsrücklage im Wirtschaftsjahr gezahlten Vorschüsse sind **Einnahmen** der Gemeinschaft. Als solche sind sie in der **Gesamtabrechnung** darzustellen. Aufgrund ihrer besonderen Zweckbindung sind diese Einnahmen jedoch **nicht** in den **Einzelabrechnungen** zu verteilen. Da sie der Gemeinschaft über das Wirtschaftsjahr hinaus zur Finanzierung künftiger Erhaltungsmaßnahmen erhalten bleiben sollen, sind sie nicht verteilungsrelevant.[122] Tatsächliche und geschuldete Zahlungen der Wohnungseigentümer auf die Erhaltungsrücklage sind in der Jahresgesamt- und -einzelabrechnung weder als Ausgabe noch als sonstige Kosten zu buchen.[123] Interne Umbuchungen haben vielmehr zu unterbleiben.

e) Gegenstand des Beschlusses

60 Wie bereits erwähnt, beschließen die Wohnungseigentümer nach Ablauf des Kalenderjahres auf der Grundlage der Jahresabrechnung über die **Einforderung von Nachschüssen** oder die **Anpassung der Vorschüsse** (§ 28 Abs. 2 S. 1 WEG). Gegenstand des Beschlusses ist jeweils nur die **Abrechnungsspitze** aus den Einzelabrechnungen.[124] Die Abrechnungsspitze ist die Differenz zwischen den geschuldeten Vorschüssen (Soll-Vorschüsse) und dem Anteil, den der einzelne Wohnungseigentümer an den Kosten der Gemeinschaft nach der Einzelabrechnung zu tragen hat. Sind die geschuldeten Vorschüsse geringer als der Anteil an den Kosten, ergibt sich eine negative Abrechnungsspitze zu Lasten des Wohnungseigentümers. Die Wohnungseigentümer beschließen insoweit über entsprechende Nachschüsse, die der Wohnungseigentümer zu leisten hat.

Beispiel:

Ein Wohnungseigentümer schuldet für das Kalenderjahr Vorschüsse in Höhe von insgesamt 2.400 EUR; sein Anteil an den tatsächlich entstandenen Kosten beträgt jedoch 3.000 EUR. Es ergibt sich eine negative Abrechnungsspitze in Höhe von 600 EUR. Dieser nachzufordernde Betrag ist Gegenstand des Beschlusses nach § 28 Abs. 2 S. 1 WEG.

61 Sind die geschuldeten Vorschüsse höher als der jeweilige Anteil an den Kosten, kommt es zu einer positiven Abrechnungsspitze zugunsten des Wohnungseigentümers. Insoweit beschließen die Wohnungseigentümer über die Anpassung der Vorschüsse mit der Folge, dass der Wohnungseigentümer dadurch einen Anspruch auf Rückzahlung der zu viel gezahlten Vorschüsse gegen die Gemeinschaft erwirbt.

---

[119] LG Berlin ZWE 2014, 460.
[120] OLG Saarbrücken NJW-RR 2006, 731; OLG Saarbrücken NJW-RR 2000, 87.
[121] BayObLG NJW-RR 1995, 530.
[122] Bärmann/Becker WEG § 28 Rn. 195.
[123] BGH ZWE 2010, 170.
[124] BGH ZWE 2025, 37 Rn. 7.

Beispiel:

Ein Wohnungseigentümer schuldet für das Kalenderjahr Vorschüsse in Höhe von insgesamt 2.400 EUR; sein Anteil an den tatsächlich entstandenen Kosten beträgt jedoch nur 2.200 EUR. Es ergibt sich eine positive Abrechnungsspitze zugunsten des Wohnungseigentümers in Höhe von 200 EUR. Insoweit beschließen die Wohnungseigentümer nach §28 Abs.2 S.1 WEG über eine entsprechende Anpassung der Vorschüsse. Hat der Wohnungseigentümer sämtliche Vorschüsse bezahlt, erwirbt er dadurch einen Anspruch auf Rückzahlung von 200 EUR gegen die Gemeinschaft.

Die Wohnungseigentümer beschließen also nur über **Zahlungspflichten** der Wohnungseigentümer bzw. der Gemeinschaft. Die Jahresabrechnung selbst ist als Rechenwerk – anders als nach früherem Recht – nicht Gegenstand des Beschlusses. 62

f) Verhältnis der Zahlungspflichten zueinander

In diesem Zusammenhang ist es notwendig, die unterschiedlichen Zahlungspflichten aufgrund des Wirtschaftsplans und aufgrund der Jahresabrechnung gegeneinander abzugrenzen. 63

Merke:

Der Beschluss über Nachschüsse aufgrund der Jahresabrechnung ändert die bestehenden Zahlungspflichten aus dem Beschluss über die Vorschüsse aufgrund des Wirtschaftsplans nicht. Soweit Vorschussbeträge noch nicht gezahlt sind, bleibt der Beschluss über die Vorschüsse weiterhin Grundlage der noch nicht erfüllten Zahlungspflicht. Der Beschluss über Nachschüsse ist lediglich Grundlage einer darüberhinausgehenden Zahlungspflicht in Höhe der negativen Abrechnungsspitze. Beide Zahlungsansprüche bestehen unabhängig voneinander. Sie **verjähren** jeweils **unterschiedlich**, wobei die dreijährige Verjährungsfrist jeweils mit dem Schluss des Jahres beginnt, in dem der Anspruch entstanden ist (vgl. §§195, 199 Abs. 1 BGB).[125]

Beispiel:

Bei Ansprüchen auf Vorschüsse für das Jahr 2025 beginnt die Verjährungsfrist mit dem Schluss des Jahres 2025, so dass sie mit Ablauf des 31.12.2028 verjähren. Beschließen die Wohnungseigentümer in 2026 Nachschüsse für das Jahr 2025, so verjähren die Nachschussansprüche erst mit Ablauf des 31.12.2029.

Der Beschluss einer Anpassung der Vorschüsse im Falle einer positiven Abrechnungsspitze zugunsten eines Wohnungseigentümers begrenzt die zuvor beschlossene Vorschusspflicht. Hat der Wohnungseigentümer noch nicht sämtliche Vorschüsse gezahlt, steht ihm in Höhe der Abrechnungsspitze eine rechtsvernichtende Einwendung zu.[126] 64

Beispiel:[127]

Ein Wohnungseigentümer schuldet für das Kalenderjahr Vorschüsse in Höhe von 2.400 EUR. Nach der Einzelabrechnung beträgt sein an den tatsächlichen Kosten nur 2.000 EUR. Es

125 BGH NJW 2012, 2797 = ZWE 2012, 373.
126 LG Frankfurt a.M. ZWE 2019, 141.
127 Bärmann/Becker WEG §28 Rn. 311.

ergibt sich also eine positive Abrechnungsspitze von 400 EUR. Hat er im Abrechnungsjahr nur Vorschüsse in Höhe von 1.800 EUR gezahlt, begrenzt der Beschluss über die Anpassung der Vorschüsse den Vorschussanspruch auf 200 EUR.

65 Wird der **Beschluss** über die nach dem Wirtschaftsplan geschuldeten **Vorschüsse** nach gerichtlicher Anfechtung **nach Ablauf des Kalenderjahres** rechtskräftig **für ungültig erklärt** (→ Rn. 20), sollen die Wohnungseigentümer nach § 28 Abs. 1 S. 1 WEG erneut über die Vorschüsse für das abgelaufene Kalenderjahr beschließen können.[128] Es erscheint jedoch zweifelhaft, ob die Wohnungseigentümer noch über „Vorschüsse" zu den voraussichtlichen Kosten des abgelaufenen Jahres beschließen können, wenn die in diesem Jahr angefallenen Kosten bereits feststehen.[129] Ein erneuter Beschluss über Vorschüsse ist auch nicht erforderlich. Die rechtskräftige Ungültigerklärung des Beschlusses über die Vorschüsse nach Ablauf des Kalenderjahres hat zur Folge, dass die **Abrechnungsspitze** mangels einer Vorschusspflicht die **gesamte Abrechnungssumme** ausmacht, also den gesamten von dem jeweiligen Wohnungseigentümer zu tragenden Anteil an den Kosten eines Jahres. Demnach dürfte es genügen, auf der Grundlage entsprechender Einzelabrechnungen nach § 28 Abs. 2 S. 1 WEG über Zahlungspflichten in Höhe des gesamten Anteils zu beschließen, auf die dann die bereits rechtsgrundlos geleisteten Vorschüsse angerechnet werden. Haben die Wohnungseigentümer bereits vor der rechtskräftigen Ungültigerklärung des Beschlusses über die Vorschüsse aufgrund der Einzelabrechnungen über die Einforderung von Nachschüssen bzw. die Anpassung der Vorschüsse beschlossen, werden die Einzelabrechnungen mit rechtskräftiger Ungültigerklärung hinsichtlich der Abrechnungsspitze fehlerhaft. Es genügt die Zahlungspflichten aufgrund der richtigen Abrechnungsspitzen durch einen ersetzenden **Zweitbeschluss** zu korrigieren.[130]

Beispiel:

Aufgrund eines Beschlusses schuldet ein Wohnungseigentümer für 2025 Vorschüsse von insgesamt 2.400 EUR. Der Beschluss wird gerichtlich angefochten und erst im Juli 2026 rechtskräftig für ungültig erklärt. Bereits im Juni 2026 hatten die Wohnungseigentümer auf der Grundlage der Jahresabrechnung 2025 über die Abrechnungsspitzen beschlossen. Nach der Einzelabrechnung hatte der Wohnungseigentümer einen Anteil von 2.500 EUR zu tragen, so dass die Abrechnungsspitze zunächst 100 EUR betrug. Nachdem der Beschluss über die Vorschüsse rechtskräftig für ungültig erklärt worden ist, erweist sich die Abrechnungsspitze als fehlerhaft berechnet. Die Wohnungseigentümer müssten erneut über die Abrechnungsspitze beschließen, die für den Wohnungseigentümer die volle Abrechnungssumme in Höhe von 2.500 EUR ausmacht. Bereits (rechtsgrundlos) geleistete Vorschüsse werden auf die Zahlungspflicht angerechnet.

g) Gläubiger und Schuldner

66 **Gläubiger** eines Nachzahlungsanspruchs (bzw. Schuldner eines Abrechnungsguthabens) ist der rechtsfähige Wohnungseigentümergemeinschaft (§ 9a Abs. 1

[128] BGH NZM 2024, 859 Rn. 15; vgl. auch BGH ZWE 2017, 261 (263); LG Frankfurt a.M. ZWE 2017, 321 (323); LG Hamburg ZWE 2017, 323 (325) zum alten Recht.

[129] OLG Schleswig ZWE 2002, 141 (142); OLG Hamm NZM 2009, 820; OLG Köln ZWE 2008, 242; Bärmann/Becker WEG § 28 Rn. 235.

[130] So auch LG Frankfurt a.M. ZWE 2017, 321 (323).

S. 1 WEG).[131] **Schuldner** eines Nachzahlungsanspruchs (bzw. Gläubiger eines Abrechnungsguthabens) sind die jeweiligen Wohnungseigentümer; insoweit gilt die – widerlegbare – Vermutung des § 891 BGB. Die Zahlungspflichten treffen gleichermaßen einen **werdenden Wohnungseigentümer**[132] und den Inhaber eines **isolierten Miteigentumsanteils.**[133]

Mit der von der hM vertretenen **Fälligkeitstheorie** ist wiederum auf die Eigentümerstellung zum Zeitpunkt der Fälligkeit abzustellen. Im Zweifel wird von der **sofortigen Fälligkeit** der Ansprüche auf Nachzahlung bzw. Erstattung von Guthaben auszugehen sein,[134] wenn die Wohnungseigentümer keine anderweitigen Regelungen beschlossen haben. 67

Bei einem **Eigentumswechsel** führt dies dazu, dass allein der Erwerber Schuldner der Abrechnungsspitze[135] und Gläubiger eines Guthabens[136] sein kann. Es findet weder eine quotenmäßige, zeitanteilige noch eine Art gesamtschuldnerische Aufteilung zwischen Veräußerer und Erwerber statt. Im Gegenteil wäre eine Verpflichtung des aus der Eigentümergemeinschaft ausgeschiedenen Voreigentümers ein unzulässiger Gesamtakt zu Lasten eines Dritten.[137] Umgekehrt kann der Erwerber mangels Beschlusskompetenz auch nicht wirksam mit Verbindlichkeiten seines Rechtsvorgängers belastet werden.[138] Hat deshalb der Voreigentümer seine bis zum Eigentumswechsel bestehenden Beitragspflichten nicht vollständig erfüllt, so bleibt er allein aufgrund des beschlossenen Wirtschaftsplans unverändert zur Nachzahlung der Vorschüsse in voller Höhe verpflichtet, da seine Zahlungspflichten durch das Abrechnungsergebnis nicht berührt werden.[139] 68

Eine **Mithaftung des Erwerbers** für persönliche Hausgeldschulden seines Sonderrechtsvorgängers kann jedoch in der Gemeinschaftsordnung vereinbart sein.[140] Solche Haftungsvereinbarungen müssen nach § 7 Abs. 3 S. 2 WEG ausdrücklich im Grundbuch eingetragen sein. Das gilt gem. § 48 Abs. 3 S. 3 WEG auch für vor dem 1.12.2020 getroffene Vereinbarungen, wenn die Rechtsnachfolge nach dem 31.12.2025 eintritt. Allerdings ist eine solche Regelung gem. § 56 S. 2 ZVG nichtig, wenn sie gegenüber dem Ersteher in einem Zwangsversteigerungsverfahren gelten soll.[141] 69

Die vorstehenden Grundsätze finden auch bei der **Zwangsversteigerung** einer Eigentumswohnung Anwendung, wenn der nach dem Eigentumserwerb gefasste 70

---

[131] BT-Drs. 19/18791, 55; zum alten Recht bereits BGH ZWE 2017, 360 = NZM 2017, 445; OLG München NZM 2006, 704.

[132] BGHZ 193, 219 = NJW 2012, 2650 = ZfIR 2012, 603 = ZMR 2012, 711 = ZWE 2012, 369; BGHZ 177, 53 = DNotZ 2008, 930 = NJW 2008, 2639 = ZMR 2008, 805 = ZWE 2008, 378; vgl. zum Begriff auch BGH ZfIR 2016, 237 = ZWE 2016, 169; BGH NJW 2015, 2877 = ZfIR 2015, 765 = ZMR 2015, 878 = ZWE 2015, 406.

[133] OLG Hamm NZM 2007, 448.

[134] ARS/Abramenko WEG § 28 Rn. 173.

[135] BGH ZWE 2012, 90; dies gilt sogar, wenn die Adressierung des Beschlusses auf Wunsch des aktuell eingetragenen Wohnungseigentümers bewusst an den Voreigentümer erfolgte.

[136] OLG Hamm ZMR 2008, 228; LG Frankfurt/Oder ZWE 2012, 433.

[137] BGH ZWE 2012, 90.

[138] BGH NJW 2012, 2796 = ZWE 2012, 260.

[139] BGHZ 131, 228 = NJW 1996, 725.

[140] BGH NJW 1994, 2950; KG NJW-RR 2003, 443; OLG Düsseldorf NJW-RR 1997, 906.

[141] BGHZ 99, 358 = NJW 1987, 1638; KG NJW-RR 2002, 1524; OLG Hamm NJW-RR 1996, 911.

Beschluss über die fehlerhaft in die Jahresabrechnung einbezogenen Rückstände des Voreigentümers bestandskräftig geworden sein sollte;[142] für eine nichtige Regelung besteht keine Beschlusskompetenz. Auch bei angeordneter **Zwangsverwaltung** eines Wohnungseigentums ist die Fälligkeitstheorie der Abrechnung zugrunde zu legen. Dies führt dazu, dass ein Zwangsverwalter – unabhängig von der fortbestehenden Eigentümerhaftung[143] – für alle laufenden Hausgeldbeiträge haftet, die nach Anordnung der Zwangsverwaltung fällig geworden sind.[144]

Hinweis:

Zum näheren Umfang der Zahlungspflicht eines Zwangsverwalters insbesondere hinsichtlich der Abrechnungsspitze und etwaiger Sonderumlagen s. ausführlich → § 13 Rn. 32 ff.

71 Auch die **insolvenzrechtliche** Abgrenzung folgt mehrheitlich der Fälligkeitstheorie.[145]

Hinweis:

Wegen der Einzelheiten und der notwendigen Abgrenzung von Insolvenz- und Masseverbindlichkeiten s. ausführlich → § 13 Rn. 45 ff.

72 Ein Eigentumswechsel muss sich bekanntlich nicht immer rechtsgeschäftlich vollziehen. In der Praxis tritt ein neuer Eigentümer häufig im Wege der **Erbfolge** in die Wohnungseigentümergemeinschaft ein. Da es sich insoweit um eine Gesamtrechtsnachfolge gem. § 1922 Abs. 1 BGB handelt, vollzieht sich der Rechtserwerb außerhalb des Grundbuchs (vgl. § 873 Abs. 1 letzter Hs. BGB).

Hinweis:

In diesem Zusammenhang wird sich insbesondere bei einem dürftigen Nachlass die Frage stellen, ob der Erbe in jedem Fall für die Hausgeldverbindlichkeiten des Erblassers aufzukommen hat (vgl. § 1967 Abs. 1 BGB) oder ob und ggf. unter welchen Voraussetzungen er seine Haftung uU auf den geerbten Nachlass beschränken kann.

Lesen Sie dazu bitte zunächst § 1975 BGB, bevor Sie einen Blick in die einschlägige BGH-Rechtsprechung werfen.[146]

3. Abänderung des Beschlusses

a) Gerichtliche Anfechtung

73 Haben die Wohnungseigentümer gem. § 28 Abs. 2 S. 1 WEG über die Einforderung von Nachschüssen oder die Anpassung der Vorschüsse beschlossen, kann

142 BGHZ 142, 290 = NJW 1999, 3713 = ZWE 2000, 29.
143 OLG Köln NZI 2008, 377; OLG München FGPrax 2007, 20.
144 BGHZ 182, 361 = NJW 2010, 1003 = ZWE 2010, 81.
145 Vgl. BGHZ 156, 279 = NJW 2003, 3550 = ZMR 2003, 943 = ZWE 2004, 77.
146 BGH NJW 2013, 3446 = ZWE 2013, 372.

dieser Beschluss binnen eines Monats durch Klage gerichtlich angefochten werden (§ 44 Abs. 1 S. 1, 45 WEG). Nach Ablauf der Frist wird der unangefochtene Beschluss grundsätzlich bestandskräftig. Zu beachten ist, dass nur die für die Einforderung von Nachschüssen bzw. die Anpassung der Vorschüsse maßgeblichen Abrechnungsspitzen Gegenstand des Beschlusses sind (→ Rn. 60). **Fehler der Abrechnung** führen daher nur zur Anfechtbarkeit des Beschlusses, soweit diese sich auf die **Abrechnungsspitze auswirken.**[147] Dies ist etwa der Fall, wenn hinsichtlich einzelner Kosten in den Einzelabrechnungen ein falscher Kostenverteilungsschlüssel zugrunde gelegt wurde. Die Anfechtungsklage kann jedoch nicht darauf gestützt werden, ein nach § 16 Abs. 2 S. 2 WEG beschlossener Verteilungsschlüssel widerspräche ordnungsmäßiger Verwaltung; hierzu hätte der Beschluss über die Änderung des Verteilungsschlüssels selbst gerichtlich angefochten werden müssen.[148]

Ist lediglich eine **einzelne Kostenposition fehlerhaft** verteilt worden, wirkt 73a
sich dies auf die Abrechnungsspitze und damit auf sämtliche Zahlbeträge aus, die Gegenstand des Beschlusses sind. Nach verbreiteter Ansicht soll in diesem Fall nur eine Gesamtanfechtung des Beschlusses und keine **Teilanfechtung** des Beschlusses in Betracht kommen.[149] Der BGH hingegen hält eine Teilanfechtung des Beschlusses über die Einforderung von Nachschüssen oder die Anpassung der Vorschüsse für möglich.[150] Voraussetzung sei, dass die Abrechnungsspitze eine rechnerisch selbständige und abgrenzbare fehlerhafte Kostenposition enthält und anzunehmen ist, dass die Wohnungseigentümer den Beschluss auch mit dem unbeanstandet gebliebenen Teil gefasst hätten (vgl. § 139 BGB). Eine Teilanfechtung ist jedenfalls möglich, wenn die Vorschüsse zu den Kosten und zu den Rücklagen getrennt abgerechnet wurden und sich der Fehler der Abrechnung auf die Abrechnungsspitze einer Vorschussart beschränkt.[151]

b) Ergänzungsanspruch

Darüber hinaus kommt ein Anspruch auf Ergänzung der Abrechnung in 74
Betracht, wenn wesentliche Abrechnungsbestandteile – etwa die Gesamtabrechnung – gänzlich fehlen.[152] Der Ergänzungsanspruch ist seitens der Wohnungseigentümer gegenüber der Gemeinschaft geltend zu machen; diese wiederum muss ihn gegenüber dem Verwalter durchsetzen (→ Rn. 28). Die Geltendmachung des Anspruchs macht eine Anfechtung des Beschlusses nach § 28 Abs. 2 S. 1 WEG jedoch nicht entbehrlich, den die Wohnungseigentümer trotz unvollständiger Abrechnung gefasst haben.

---

[147] BGH ZWE 2025, 37 Rn. 8 mAnm Emmerich; BGH NZM 2025, 351 Rn. 12.

[148] BGH ZWE 2024, 176 Rn. 19 mAnm Bartholome.

[149] LG Frankfurt a.M. ZWE 2024, 139 Rn. 23 mAnm Becker; LG München I ZWE 2022, 362 Rn. 36; Zschieschack NZM 2024, 710 (714), der für eine Begrenzung des Streitwerts auf die fehlerhafte Kostenposition plädiert, um das Prozesskostenrisiko des anfechtenden Wohnungseigentümers zu minimieren.

[150] BGH NZM 2025, 351 Rn. 29; vgl. auch Mediger NZM 2024, 121 (126 f.).

[151] LG Frankfurt a.M. ZWE 2024, 139 Rn. 19.

[152] OLG Köln NJW-RR 2006, 19; BayObLG ZWE 2000, 135; vgl. demgegenüber aber LG Berlin ZWE 2014, 222; LG Frankfurt/M. ZWE 2014, 137; krit. auch ARS/Abramenko WEG § 28 Rn. 103.

c) Zweitbeschluss

75 Ist der Beschluss nach § 28 Abs. 2 S. 1 WEG bestandskräftig geworden, kann eine Änderung ggf. noch über einen Zweitbeschluss erreicht werden. Dies setzt allerdings voraus, dass die Gründe bei der ersten Beschlussfassung noch nicht berücksichtigt werden konnten.[153]

Beispiel:

Bereits oben (→ Rn. 65) haben Sie den Zweitbeschluss kennengelernt. Dort hatte sich der Beschluss über die Abrechnungsspitze als fehlerhaft erwiesen, nachdem der Beschluss über die Vorschüsse für ungültig erklärt worden war.

d) Nichtigkeit

76 Ausnahmsweise wird ein Beschluss nach § 28 Abs. 2 S. 1 WEG nichtig sein, soweit er gegen eine Rechtsvorschrift verstößt, auf deren Einhaltung rechtswirksam nicht verzichtet werden kann (vgl. § 23 Abs. 4 S. 1 WEG). Dies wird insbesondere dann der Fall sein, wenn überhaupt keine Beschlusskompetenz besteht. Die Nichtigkeit wirkt dann für und gegen alle, bedarf keiner Geltendmachung und ist in jedem gerichtlichen Verfahren von Amts wegen zu berücksichtigen.[154]

Beispiel:

- Die dem Beschluss zugrundeliegende Abrechnung enthält Verbindlichkeiten aus der Zeit vor Entstehung der Wohnungseigentümergemeinschaft.[155]
- Der Beschluss begründet Beitragsverpflichtungen zulasten eines ausgeschiedenen Wohnungseigentümers.[156]
- Der Beschluss begründet Beitragsverpflichtungen des aktuellen Wohnungseigentümers für Rückstände des Voreigentümers.[157]

V. Vermögensbericht

77 Neben der Jahresabrechnung hat der Verwalter nach Ablauf eines Kalenderjahres nach § 28 Abs. 4 S. 1 WEG einen Vermögensbericht zu erstellen, der den Stand der Rücklagen und eine Aufstellung des wesentlichen Gemeinschaftsvermögens enthält. Der Vermögensbericht ist nach § 28 Abs. 4 S. 2 WEG jedem Wohnungseigentümer zur Verfügung zu stellen.

Lesen Sie bitte jetzt § 28 Abs. 4 S. 1 und 2 WEG!

---

[153] BayObLG NJW-RR 1994, 658.
[154] BGH ZWE 2011, 403.
[155] KG NJW-RR 1992, 1168.
[156] BGH ZWE 2012, 90.
[157] BGH NJW 2012, 2796 = ZWE 2012, 260.

1. Zweck des Berichts

Während die Jahresabrechnung als Einnahmen- und Ausgabenrechnung die Abrechnungsspitzen im Verhältnis zu den geschuldeten Vorschüssen ermitteln soll, bezweckt der Vermögensbericht, den Wohnungseigentümern ein möglichst genaues Bild über die wirtschaftliche Lage der Gemeinschaft zu vermitteln.[158] Aufgrund seiner Zweckbestimmung ist der Vermögensbericht nicht Bestandteil der Jahresabrechnung, sondern gesondert zu erstellen. Über ihn fassen die Wohnungseigentümer keinen Beschluss. 78

2. Erstellung des Berichts

Die Pflicht zur Erstellung des Vermögensberichts obliegt dem **Verwalter** gegenüber der Gemeinschaft der Wohnungseigentümer. Jeder einzelne Wohnungseigentümer hat einen Anspruch auf Erstellung des Vermögensberichts gegen die Gemeinschaft, den diese durch ihren Verwalter **als Organ** zu erfüllen hat.[159] Der Vermögensbericht ist wie die Jahresabrechnung **nach Ablauf des Kalenderjahres** zu erstellen. Die Erstellung wird nach Ablauf von drei, spätestens von sechs Monaten nach dem Ende des Kalenderjahres fällig.[160] Nach zutreffender Ansicht ist der Vermögensbericht nicht Teil der Rechnungslegung des Verwalters, die eine gesonderte Zusammenstellung der Einnahmen und Ausgaben zum Gegenstand hat. Der Verwalter muss daher auch keine Vollständigkeit der Einnahmen und Ausgaben versichern. Demnach ist die Erstellung des Vermögensberichts eine **vertretbare Handlung**, die auch ein Dritter im Wege der Ersatzvornahme vornehmen kann.[161] Die Vollstreckung erfolgt somit nach § 887 ZPO. 79

3. Inhalt des Berichts

a) Stand der Rücklagen

Der Vermögensbericht hat den Stand der Erhaltungsrücklage (§ 19 Abs. 2 Nr. 4 WEG) und anderer Rücklagen anzugeben, die durch Beschluss der Wohnungseigentümer vorgesehen sind. Nach der Gesetzesbegründung zu § 28 Abs. 4 WEG ist nur der **Ist-Zustand** der jeweiligen Rücklage anzugeben.[162] Die Gesetzesbegründung weicht damit von einer früheren Rechtsprechung des BGH zum alten Recht ab, wonach in der Jahresabrechnung sowohl die tatsächlichen Zahlungen der Wohnungseigentümer zur Rücklage (Ist-Rücklage) als auch die noch geschuldeten Zahlungen (Soll-Rücklage) darzustellen waren.[163] Die noch geschuldeten 80

---

158 BT-Drs. 19/18791, 76.
159 BT-Drs. 19/18791, 77.
160 BT-Drs. 19/18791, 78.
161 Bärmann/Becker WEG § 28 Rn. 265a; aA Först ZWE 2024, 197, 200.
162 BT-Drs. 19/18791, 78; zustimmend Staudinger/Häublein/Lehmann-Richter WEG § 28 Rn. 307; aA Hügel/Elzer WEG § 28 Rn. 237.
163 BGH ZWE 2010, 170, 172; BGH ZWE 2021, 37 (41).

Zahlungen zur Rücklage sind als offene Forderungen bei den Angaben zum Gemeinschaftsvermögen zu berücksichtigen (→ Rn. 81).[164] Werden die Gelder der Rücklage auf einem gesonderten Rücklagenkonto geführt, sind Anfangs- und Endbestand des Kontos zu Beginn und am Ende des Kalenderjahres anzugeben.

b) Angaben zum Gemeinschaftsvermögen

81 Darüber hinaus hat der Vermögensbericht eine Aufstellung des wesentlichen Gemeinschaftsvermögens zu enthalten. Zum wesentlichen Vermögen gehören insbesondere

- alle **Forderungen** der Gemeinschaft gegen einzelne Wohnungseigentümer (Forderungen auf Vorschüsse und Nachschüsse einschließlich der noch offenen Forderungen zu den Rücklagen);
- alle **Verbindlichkeiten** der Gemeinschaft;
- **sonstige Vermögensgegenstände** (etwa unverbrauchte Brennstoffe).

82 Die einzelnen Vermögensgegenstände sind jedoch nicht zu bewerten. Es genügt, die Anschaffungswerte anzugeben. Eine Abschreibung im handels- und steuerrechtlichen Sinn ist nicht vorzunehmen.[165] Bei den Konten der Gemeinschaft sind jeweils Anfangs- und Endbestand zu Beginn und am Ende des Kalenderjahres anzugeben.

83 Nur die **wesentlichen** Vermögensgegenstände sind anzugeben. Nicht anzugeben sind Vermögensgegenstände, die für die wirtschaftliche Lage der Gemeinschaft unerheblich sind. Eine Wertgrenze ist gesetzlich nicht bestimmt. Es wird vorgeschlagen, sich insoweit an der steuerrechtlichen Grenze für sog. geringwertige Wirtschaftsgüter (§ 6 Abs. 2 S. 1 EStG) zu orientieren.[166]

4. Fehlerhafter Vermögensbericht

84 Jeder Wohnungseigentümer hat gegen die Gemeinschaft einen Anspruch auf Berichtigung bzw. Ergänzung des Vermögensberichts, wenn dieser fehlerhaft oder unvollständig ist. Die Berichtigung bzw. Ergänzung hat wiederum der Verwalter als Organ der Gemeinschaft vorzunehmen. Der berichtigte bzw. ergänzte Vermögensbericht ist erneut den Wohnungseigentümern zur Verfügung zu stellen.

VI. Musterabrechnung

85 Ein Muster für eine Jahresabrechnung finden Sie im → Anhang.

Wiederholungsaufgaben und Vertiefungsfragen

---

[164] Bärmann/Becker WEG § 28 Rn. 267.
[165] Drasdo NZM 2024, 257 (259).
[166] Lehmann-Richter/Wobst, WEG-Reform 2020, Rn. 931; kritisch Dötsch/Schultzky/Zschieschack, WEG-Recht 2021, Kap. 10 Rn. 145.

1. Was ist eine „Abrechnungsspitze“?
2. Was versteht man im Zusammenhang mit wohnungseigentumsrechtlichen Hausgeldzahlungen unter der sog „Fälligkeitstheorie“?
3. In den → Rn. 18 und 19 haben Sie Vorfälligkeitsregelungen und Verfallklauseln kennengelernt.
   Bitte überlegen Sie jetzt einmal, welche Konsequenzen mit einer *Vorfälligkeitsregelung* verknüpft sein werden, wenn bspw. nach Eintritt der Gesamtfälligkeit ein Zwangsverwaltungsverfahren angeordnet wird und der bestellte Zwangsverwalter gem. § 156 Abs. 1 S. 2 ZVG eigentlich verpflichtet ist, die laufenden Hausgeldbeträge zu entrichten.
   Überlegen Sie bitte weiterhin, welche Konsequenzen mit einer *Verfallklausel* verknüpft sein werden, wenn bspw. nach Verfall des Ratenzahlungsrechts ein Käufer das Wohnungseigentum rechtsgeschäftlich erwirbt.

§ 12. Prozessuale und andere Besonderheiten

Ausgewählte Literatur zur Ergänzung und Vertiefung **im Prozessrecht:**

Agatsy, Praktische Fallgruppen des Eilrechtsschutzes nach neuem Recht, MietRB 2022, 59; *Agatsy*, Zustellungsprobleme und prozessuale Weisungen an den Verwalter, MietRB 2023, 244; *Elzer*, Die Änderung der Verfahrensvorschriften durch das WEMoG, MDR 2021, 334; *Hogenschurz*, Prozessuale Fragen der Beschlussersetzungsklage, MietRB 2020, 251, 283; *Hogenschurz*, Die Beschlussersetzungsklage – ein Update nach dem WEMoG, MietRB 2021, 155, 189; *Jacoby/Lehmann-Richter*, Mehrfachbegründungen bei der Anfechtungs- und Nichtigkeitsklage, ZMR 2021, 273; *Sankol*, Gedanken über den Umgang mit sogenannten Bagatellklagen von Wohnungseigentümern, ZMR 2018, ZMR 2022, 185; *Skauradszun*, Das neue Verfahrensrecht der Beschlussklagen, ZMR 2020, 905; *Skauradszun*, Prozesskosten des Verbandsprozesses und materiellrechtlicher Ersatz, ZWE 2024, 398; *Suilmann*, Das neue WEG-Verfahrensrecht, ZWE 2021, 246; *Suilmann*, Das Beschlussmängelverfahren im Wohnungseigentumsrecht, 1998.

Ausgewählte Literatur zur Ergänzung und Vertiefung **im Entziehungsverfahren:**

Abramenko, Die Abmahnung im Entziehungsverfahren, ZMR 2012, 73; *Schmid, M. J.*, Die Entziehung des Wohnungseigentums, ZfIR 2013, 129.

I. Prozessuale Besonderheiten in Wohnungseigentumssachen

1. Vorbemerkungen

Mit der WEG-Novelle 2007 wurden Rechtsstreitigkeiten in Wohnungseigentumsangelegenheiten dem Anwendungsbereich der freiwilligen Gerichtsbarkeit (seinerzeit: FGG) entzogen und den Verfahrensregeln der Zivilprozessordnung (ZPO) unterstellt.[1] Seither gelten in WEG-Verfahren die Partei-, Verhandlungs- und Dispositionsmaxime und nicht mehr der Amtsermittlungsgrundsatz. Allgemeine zivilprozessuale Vorkenntnisse sind daher für die folgenden Ausführungen sicherlich von Vorteil. 1

Das WEG-Verfahren macht im Hinblick auf die Vielzahl der beteiligten Wohnungseigentümer und die Existenz eines rechtsfähigen Verbandes in einigen Punkten allerdings besondere verfahrensrechtliche Lösungen erforderlich. Die nachfolgende Darstellung wird sich deshalb auf diese typischen wohnungseigentumsrechtlichen Besonderheiten des Prozessrechts konzentrieren. 2

[1] Art. 1 Nr. 19 des Gesetzes zur Änderung des Wohnungseigentumsgesetzes und anderer Gesetze v. 26.3.2007 (BGBl. I 370).

2. Die Rechtsstellung der Wohnungseigentümergemeinschaft

a) Rechtsfähigkeit

3 Die rechtsfähige Gemeinschaft der Wohnungseigentümer kann im Rahmen der gesamten Verwaltung des gemeinschaftlichen Eigentums gegenüber Dritten und Wohnungseigentümern selbst Rechte erwerben und Pflichten eingehen (§ 9a Abs. 1 S. 1 WEG).

b) Parteifähigkeit

4 Parteifähig ist, wer rechtsfähig ist (§ 50 Abs. 1 ZPO). Wie § 9a Abs. 1 S. 1 WEG klarstellt, kann die rechtsfähige Gemeinschaft der Wohnungseigentümer vor Gericht klagen und verklagt werden. Sie ist also auch parteifähig.

5 Im WEG-Prozess tritt damit neben die Wohnungseigentümer, den Wohnungseigentumsverwalter und außenstehenden Dritten die Gemeinschaft der Wohnungseigentümer als weitere denkbare Partei.

c) Prozessfähigkeit

6 Die Wohnungseigentümergemeinschaft ist prozessunfähig iSd §§ 51 Abs. 1, 52 ZPO. Sie wird allerdings prozesshandlungsfähig durch ihren gesetzlichen Vertreter. Gesetzlicher Vertreter der rechtsfähigen Gemeinschaft ist in **Aktiv- und Passivprozessen** der Wohnungseigentumsverwalter (§ 9b Abs. 1 S. 1 WEG).

Wiederholung:

Wiederholen Sie bitte noch einmal die Ausführungen zum Vertretungsrecht des Wohnungseigentumsverwalters → § 10 Rn. 81 ff.

d) Prozessführungsbefugnis

7 Prozessführungsbefugt ist, wer ein behauptetes Recht als eigenes in Anspruch nimmt bzw. gegen wen eine Rechtspflicht als eigene geltend gemacht wird oder wem kraft Gesetzes, kraft Hoheitsakts oder kraft besonderen Verwaltungs- und Verfügungsrechts die Befugnis zur Verfolgung fremder Rechte zusteht.[2] Die Geltendmachung fremder Rechte im eigenen Namen wird als **Prozessstandschaft** bezeichnet.[3]

8 Die rechtsfähige Wohnungseigentümergemeinschaft übt gem. § 9a Abs. 2 WEG die sich aus dem gemeinschaftlichen Eigentum ergebenden Rechte sowie solche Rechte der Wohnungseigentümer aus, die eine einheitliche Rechtsausübung erfordern; sie nimmt die entsprechenden Pflichten der Wohnungseigentümer wahr. Es handelt sich hierbei um eine **gesetzliche Prozessstandschaft** durch die Gemeinschaft.[4]

---

[2] Lüke ZZP 76 (1963), 1, 19; Musielak/Weth ZPO § 51 Rn. 16.

[3] Zöller/Althammer ZPO Vor § 50 Rn. 18.

[4] BGHZ 203, 327 = NJW 2015, 1020 = ZWE 2015, 122; BGH NJW 2011, 1351 = ZWE 2011, 123 zu § 10 Abs. 6 S. 3 WEG aF.

3. Besondere Zulässigkeitsvoraussetzungen

a) Schlichtungsverfahren

Nach § 15a EGZPO kann durch Landesgesetz bestimmt werden, dass in den 9
dort geregelten Fällen die Erhebung der Klage erst zulässig ist, nachdem von einer durch die zuständige Landesjustizverwaltung eingerichteten oder anerkannten Gütestelle versucht worden ist, die Streitigkeit einvernehmlich beizulegen.[5] Ist ein solches **obligatorisches Güteverfahren** vorgeschrieben, so muss der Einigungsversuch der Klageerhebung vorausgehen. Er kann nicht nach der Klageerhebung nachgeholt werden. Eine ohne den Einigungsversuch erhobene Klage ist als unzulässig abzuweisen.[6]

§ 15a EGZPO gilt nach Überführung der streitigen Wohnungseigentumssachen 10
in die ZPO grundsätzlich auch für WEG-Verfahren. Zu beachten ist jedoch, dass aktuell kein Landesgesetz bei vermögensrechtlichen Streitigkeiten eine Schlichtung vorsieht.[7] Nach zutreffender Ansicht handelt es sich bei Unterlassungsklagen wegen Beeinträchtigung des gemeinschaftlichen Eigentums oder von Sondereigentum nicht um eine Streitigkeit über Ansprüche aus dem Nachbarrecht iSd § 15a Abs. 1 S. 1 Nr. 2 EGZPO, so dass insoweit keine Schlichtung stattfindet.[8] Beschlussanfechtungsklagen sind dagegen vom Anwendungsbereich ausgenommen, da sie fristgebunden sind (vgl. § 15a Abs. 2 Nr. 1 EGZPO). Entsprechendes gilt für die Beschlussnichtigkeitsklage, da sie denselben Streitgegenstand hat wie die Beschlussanfechtungsklage.[9] Ein vorheriges Güteverfahren ist außerdem entbehrlich, wenn ein Anspruch im **Mahnverfahren** geltend gemacht worden ist (§ 15a Abs. 2 Nr. 5 EGZPO).

b) Schiedsvereinbarungen

Die Wohnungseigentümer können im Wege der Vereinbarung regeln, dass 11
näher bestimmte Streitigkeiten allein der Entscheidung durch ein Schiedsgericht unterworfen sein sollen (§ 1029 ff. ZPO). Wird trotz einer wirksamen Schiedsvereinbarung ein staatliches Gericht angerufen, ist die Klage unzulässig (§ 1032 ZPO).[10]

---

[5] BGH NZM 2009, 628.

[6] BGHZ 161, 145 = NJW 2005, 437.

[7] Bärmann/Göbel WEG Vor §§ 43 ff. Rn. 11; Jennißen/Suilmann WEG § 43 Rn. 19.

[8] LG Frankfurt a.M. ZWE 2019, 380; LG München I ZWE 2020, 483; Bärmann/Göbel WEG Vor §§ 43 ff. Rn. 11; Bärmann/Pick/Fichtner WEG vor §§ 43 ff. Rn. 105; Hügel/Elzer WEG vor §§ 43 ff. Rn. 17; Jennißen/Suilmann WEG § 43 Rn. 22; Staudinger/Lehmann-Richter WEG Vorbem zu §§ 43–45 Rn. 74; aA LG Dortmund ZWE 2017, 426; LG Saarbrücken ZWE 2020, 485.

[9] Bärmann/Göbel WEG Vor §§ 43 ff. Rn. 12.

[10] Für Streitigkeiten in Wohnungseigentumssachen s. „Deutsches Ständiges Schiedsgericht für Wohnungseigentum“ mit Sitz in Berlin: http://www.schiedsgericht-wohnungseigentum.eu/.

4. Rechtsschutzbedürfnis in Wohnungseigentumssachen

12 Eine Klage ist nur zulässig, wenn für sie auch ein Rechtsschutzbedürfnis besteht. **Rechtsschutzbedürfnis** ist das berechtigte Interesse eines Klägers an der Inanspruchnahme eines Zivilgerichts. Für eine WEG-Klage ist grundsätzlich ein Rechtsschutzbedürfnis vorhanden, dh ein anerkennenswertes Interesse an einer Entscheidung des Rechtsstreits durch das WEG-Gericht.[11]

13 In Wohnungseigentumssachen – insbesondere bei der sog. **Beschlussersetzungsklage** (§ 44 Abs. 1 S. 2 WEG → Rn. 66) besteht ein Rechtsschutzbedürfnis jedoch grundsätzlich nur nach einer entsprechenden **Vorbefassung** der Eigentümerversammlung. Die vorherige Befassung der Eigentümerversammlung mit dem Antrag, den der Wohnungseigentümer gerichtlich durchsetzen will, ist **Zulässigkeitsvoraussetzung.**[12] Denn primär zuständig für die Beschlussfassung ist die Versammlung der Wohnungseigentümer (§ 18 Abs. 2, § 19 Abs. 1 und § 23 Abs. 1 WEG). Das Rechtsschutzbedürfnis an einer gleichwohl ohne Vorbefassung erhobenen Klage fehlt ausnahmsweise nur dann nicht, wenn mit an Sicherheit grenzender Wahrscheinlichkeit davon ausgegangen werden kann, dass der Antrag in der Eigentümerversammlung nicht die erforderliche Mehrheit finden wird, so dass die Befassung der Versammlung eine **unnötige Förmelei** wäre.[13] Dies ist regelmäßig der Fall bei einer zerstrittenen Zweiergemeinschaft.[14]

14 Mit dieser Einschränkung besteht ein Rechtschutzbedürfnis grundsätzlich sogar für eine Klage gegen einen **bereits vollzogenen Beschluss** der Wohnungseigentümer[15] und auch dann, wenn der Kläger dem angegriffenen Beschluss zuvor **selbst zugestimmt** hat.[16]

5. Zuständigkeiten

a) Sachliche Zuständigkeit in WEG-Verfahren

15 Die sachliche Zuständigkeit der **Amtsgerichte** umfasst in bürgerlichen Rechtsstreitigkeiten ohne Rücksicht auf den Wert des Streitgegenstandes Streitigkeiten nach **§ 43 Abs. 2 WEG (sog „Binnenstreitigkeiten"** § 23 Nr. 2 lit c) GVG). Diese Zuständigkeit ist **ausschließlich** (§ 23 Nr. 2 lit c) Hs. 2 GVG); die Wohnungseigentümer können eine abweichende Zuständigkeit weder vereinbaren (§ 40 Abs. 2 S. 1 Nr. 2 ZPO) noch durch rügeloses Verhandeln begründen (§ 40 Abs. 2 S. 2 ZPO).

16 Für Streitigkeiten mit Dritten (**sog „Außenstreitigkeiten"**) richtet sich die sachliche Zuständigkeit nach den allgemeinen Vorschriften. Gem. § 23 Nr. 1 GVG sind daher die Amtsgerichte für Streitigkeiten zuständig über Ansprüche, deren

---

[11] Elzer ZfIR 2011, 570.

[12] BGH NZM 2019, 480 Rn. 13; aA Staudinger/Lehmann-Richter WEG § 44 Rn. 264: Voraussetzung für die Begründetheit einer Beschlussersetzungsklage.

[13] BGHZ 202, 375 = NJW 2015, 613 = ZWE 2015, 88; BGH ZWE 2012, 325; BGHZ 184, 88 = NJW 2010, 2129 = ZWE 2010, 174; BGH ZWE 2025, 212 Rn. 24.

[14] BGH NZM 2021, 146 Rn. 15.

[15] BGH NJW 2011, 2660 = ZWE 2011, 319; zur Ausnahme s. BGH ZWE 2012, 334.

[16] BGH NJW 2012, 2578 = ZWE 2012, 363; OLG München NZM 2007, 522; OLG Karlsruhe ZMR 2003, 290.

Gegenstand an Geld oder Geldeswert die Summe von 10.000,– EUR nicht übersteigt. Übersteigt der Streitwert 10.000,– EUR sind die Landgerichte zuständig (§ 71 Abs. 1 GVG). Die sachliche Zuständigkeit ist keine ausschließliche.[17]

b) Örtliche Zuständigkeit in WEG-Verfahren

Das Gericht, in dessen Bezirk das Grundstück liegt, ist örtlich zuständig für 17
alle **Binnenstreitigkeiten** des § 43 Abs. 2 WEG. Die Zuständigkeit ist eine **ausschließliche;** die Wohnungseigentümer können eine abweichende Zuständigkeit weder vereinbaren (§ 40 Abs. 2 S. 1 Nr. 2 ZPO) noch durch rügeloses Verhandeln begründen (§ 40 Abs. 2 S. 2 ZPO). Der Gesetzgeber bündelt damit die sonst uU an verschiedenen Wohnsitzen der Beteiligten zu führenden Prozesse und konzentriert die Verfahren bei dem Gericht im **Bezirk der Wohnanlage.**

Nach § 43 Abs. 1 S. 1 WEG hat die Gemeinschaft der Wohnungseigentümer ihren allgemeinen Gerichtsstand ebenfalls bei dem Gericht, in dessen Bezirk das Grundstück liegt. Deshalb ist das Gericht am Belegenheitsort für **Außenstreitigkeiten** örtlich zuständig, die Dritte gegen die Gemeinschaft der Wohnungseigentümer als Beklagte führen. Das Gericht am Belegenheitsort ist nach § 43 Abs. 1 S. 2 WEG auch örtlich zuständig für Klagen, mit den Dritte einzelne Wohnungseigentümer auf anteilige Haftung für Verbindlichkeiten der Gemeinschaft nach § 9a Abs. 4 S. 1 WEG in Anspruch nehmen. Bei den genannten Klagen Dritter kann ein unzuständiges Gericht durch rügelose Einlassung zuständig werden (vgl. §§ 39, 40 Abs. 2 S. 2 ZPO).[18]

Bitte lesen Sie jetzt § 43 WEG!

c) Funktionelle Zuständigkeit in WEG-Verfahren

Bei den Amtsgerichten werden traditionell sog **Wohnungseigentumsgerichte** 18
gebildet. Dadurch sollte schon unter der Herrschaft des FGG die Gefahr sich widersprechender oder unzutreffender Entscheidungen verringert und darüber hinaus sichergestellt werden, dass mit spezieller Sachkunde ausgestattete Wohnungseigentumsgerichte bei allen gemeinschaftsbezogenen Verfahrensgegenständen entscheiden.[19] Der Begriff wird zwar mehrfach auch vom BGH noch nach der WEG-Novelle 2007 verwendet;[20] die Einrichtung solcher Wohnungseigentumsgerichte ist aber im Gesetz selbst nicht vorgesehen. Anders als bei den im Gesetz ausdrücklich als „Familiengericht“ bestimmten besonderen Spruchkörpern mit speziellem Anforderungsprofil (vgl. § 23b GVG), handelt es sich bei den Abteilungen für Wohnungseigentumssachen lediglich um – zwar sinnvolle – aber nicht vorgeschriebene Abteilungen innerhalb der zivilgerichtlichen Spruchkörperorganisation.[21] Infolgedessen ist auch die Verweisung an eine WEG-Abteilung eines Amtsgerichts nicht möglich; insoweit handelt es sich um eine gerichtsinterne

[17] Bärmann/Göbel WEG § 43 Rn. 72.
[18] Bärmann/Göbel WEG § 43 Rn. 4.
[19] BT-Drs 16/3843, 27; BGH ZWE 2016, 189 Rn. 5; BGH NJW 2009, 1282.
[20] Vgl. nur BGH ZWE 2011, 173; BGH NJW 2009, 1282.
[21] OLG München NJW-RR 2008, 1466.

Frage der Geschäftsverteilung.[22] § 17a GVG und § 36 Abs. 1 Nr. 6 ZPO sind insoweit nicht anwendbar.[23]

6. Wohnungseigentumsverfahren gem. § 43 Abs. 2 WEG

19 Die Bündelung von speziellen Wohnungseigentumsverfahren in § 43 Abs. 2 WEG ist ersichtlich von dem gesetzgeberischen **Leitgedanken** getragen, die Gefahr sich widersprechender oder unzutreffender Entscheidungen gering zu halten und darüber hinaus sicherzustellen, dass mit spezieller Sachkunde ausgestattete Wohnungseigentumsgerichte bei allen gemeinschaftsbezogenen Verfahrensgegenständen entscheiden.[24] Im Vordergrund soll also nicht die Person der Streitenden stehen;[25] den Resonanzbogen bildet vielmehr sachbezogen das wohnungseigentumsrechtliche „Grundverhältnis". Angesichts dessen ist § 43 WEG weit auszulegen.[26]

a) Streitigkeiten unter Wohnungseigentümern (§ 43 Abs. 2 Nr. 1 WEG)

20 Die Zuständigkeit gem. § 43 Abs. 2 Nr. 1 WEG besteht für Streitigkeiten über die Rechte und Pflichten der Wohnungseigentümer untereinander.

21 Auch § 43 Abs. 2 Nr. 1 WEG ist nach seinem gegenstandsbezogenen Sinn und Zweck weit auszulegen.[27] Die Vorschrift erfasst neben einem bereits aus der Gemeinschaft ausgeschiedenen Wohnungseigentümer[28] auch einen werdenden Wohnungseigentümer,[29] nicht aber einen sog. Bucheigentümer,[30] dessen Rechtserwerb nicht wirksam vollzogen wurde.

Beispiele

Dem Anwendungsbereich des § 43 Abs. 2 Nr. 1 WEG unterfallen u.a.

- Streitigkeiten über Bestehen, Inhalt, Umfang und Beeinträchtigung von Sondernutzungsrechten.[31]
- Streitigkeiten zwischen Bruchteilssondereigentümern über die Benutzung der Stellplätze in einer Doppelstockgarage, und zwar unabhängig von der Rechtsgrundlage der Benutzungsregelung.[32]
- Streitigkeiten über die Geltendmachung des Zustimmungsanspruchs eines Wohnungseigentümers nach § 12 WEG gegen die übrigen Wohnungseigentümer. Dies gilt auch dann, wenn ein Gläubiger den Anspruch auf Zustimmung selbständig ausübt.[33]

---

[22] OLG Karlsruhe ZMR 2014, 232.
[23] Hügel/Elzer WEG § 43 Rn. 19.
[24] BGH NJW 2009, 1282.
[25] Vgl. BGH NZM 2012, 732.
[26] BGH NJW 2009, 1282.
[27] BGH ZWE 2014, 101; BGH NJW 2009, 1282; zur Abgrenzung gegenüber einer familiengerichtlichen Streitigkeit s. BGH NJW 2016, 503.
[28] BGH ZWE 2012, 334.
[29] BGH ZWE 2016, 169.
[30] BGH NJW 2012, 3232 = ZWE 2012, 499.
[31] BGH NJW 2011, 384; aA OLG Zweibrücken ZWE 2002, 330 für Aufhebung eines Sondernutzungsrechts.
[32] BGH ZWE 2014, 211.
[33] BGH ZWE 2014, 140.

- Streitigkeiten über den Anspruch auf Änderung der Gemeinschaftsordnung gem. § 10 Abs. 2 WEG.[34]
- Streitigkeiten über die Zulässigkeit baulicher Veränderungen am Gemeinschaftseigentum.[35]
- Streitigkeiten über die sachenrechtlichen Grundlagen der Wohnungseigentümergemeinschaft (Gegenstand, Inhalt und Umfang des Sondereigentums und Ansprüche daraus).[36]
- Streitigkeiten über Ansprüche der Wohnungseigentümer auf Beseitigung baulicher Veränderungen, die die rechtsfähige Gemeinschaft gegen einzelne Wohnungseigentümer in Prozessstandschaft geltend macht (§ 9a Abs. 2 WEG).[37]

Indessen unterfallen **nicht** alle Streitigkeiten zwischen Wohnungseigentümern dem Anwendungsbereich des § 43 Nr. 1 WEG. 22

Beispiele

Dem Anwendungsbereich des § 43 Nr. 1 WEG unterfallen **nicht**

- Streitigkeiten über Ansprüche aus der Zeit vor Entstehen einer Gemeinschaft der Wohnungseigentümer.[38]
- Streitigkeiten zwischen einem Wohnungseigentümer und seinem Sondernachfolger aus dem Kaufvertrag.[39]

b) Streitigkeiten zwischen der rechtsfähigen Gemeinschaft und Wohnungseigentümern (§ 43 Abs. 2 Nr. 2 WEG)

Die Zuständigkeit gem. § 43 Abs. 2 Nr. 2 WEG besteht für Streitigkeiten über die Rechte und Pflichten zwischen der rechtsfähigen Gemeinschaft der Wohnungseigentümer und Wohnungseigentümern. 23

Beispiele

Dem Anwendungsbereich des § 43 Abs. 2 Nr. 2 WEG unterfallen u.a.

- Streitigkeiten über die Zahlung von wohnungseigentumsrechtlichen Hausgeldrückständen.[40] Darunter fallen auch Streitigkeiten über die in § 126 HGB angeordnete persönliche Haftung des Gesellschafters einer Wohnungseigentümerin für Beitragsrückstände.[41]
- Streitigkeiten über die Rückzahlung zu
- viel bezahlter Hausgelder.[42]

---

[34] BGH ZWE 2016, 374.
[35] BayObLGZ 1975, 177.
[36] BT-Drs. 19/18791, 81; aA noch BGH NJW 2015, 3171; BGH ZWE 2014, 139 zu § 43 Nr. 1 WEG aF mit der Formulierung „Rechte und Pflichten, die sich aus der Gemeinschaft der Wohnungseigentümer und aus der Verwaltung des gemeinschaftlichen Eigentums ergeben".
[37] Bärmann/Göbel WEG § 43 Rn. 34; Staudinger/Lehmann-Richter WEG § 43 Rn. 37; offen gelassen von BGH ZWE 2026, 288 Rn. 4, ob ein Fall von § 43 Abs. 2 Nr. 2 WEG vorliegt.
[38] BayObLG NJW-RR 1991, 1358.
[39] BGHZ 62, 388 = NJW 1974, 1552; BGH ZWE 2021, 53.
[40] BGH ZWE 2010, 265.
[41] BGH ZWE 2016, 189.
[42] OLG München NZM 2006, 704.

24 Indessen unterfallen Streitigkeiten mit Fremdnutzern wie zB einem Nießbraucher anstelle des Eigentümers[43] **nicht** dem Anwendungsbereich des § 43 Abs. 2 Nr. 2 WEG.

c) Streitigkeiten mit dem Wohnungseigentumsverwalter (§ 43 Abs. 2 Nr. 3 WEG)

25 Die Zuständigkeit gem. § 43 Abs. 2 Nr. 3 WEG besteht für Streitigkeiten über die Rechte und Pflichten des Verwalters einschließlich solcher über Ansprüche eines Wohnungseigentümers gegen den Verwalter. Dabei ist es unerheblich, ob sich die Rechte und Pflichten aus dem Amt des Verwalters oder aus dem Verwaltervertrag ergeben.[44] Ebenso macht es keinen Unterschied, ob die Ansprüche einzelnen Wohnungseigentümern oder der rechtsfähigen Gemeinschaft zustehen.[45] Auch eine auf die Verletzung von Verwalterpflichten gestützte Klage gegen einen ehemaligen Verwalter fällt unter § 43 Abs. 2 Nr. 3 WEG.[46] Der Wohnungseigentumsverwalter muss bei den Verfahren nicht zwingend auf der Beklagtenseite stehen; er kann auch als Kläger auftreten.[47]

Beispiele

Dem Anwendungsbereich des § 43 Abs. 2 Nr. 3 WEG unterfallen u.a.

- Streitigkeiten über Schadensersatzansprüche der Wohnungseigentümergemeinschaft gegen den Verwalter.[48]
- Streitigkeiten über den Vergütungsanspruch des (ehemaligen) Verwalters.[49]
- Streitigkeiten über Einsichtsgewährung des Verwaltungsbeirats in Verwaltungsunterlagen.[50]
- Streitigkeiten über die ordnungsmäßige Verwaltung des gemeinschaftlichen Eigentums durch den Wohnungseigentumsverwalter.[51]

Indessen unterfallen Streitigkeiten über Beschlüsse der Wohnungseigentümer zur Bestellung und Abberufung des Wohnungseigentumsverwalters **nicht** dem Anwendungsbereich des § 43 Abs. 2 Nr. 3 WEG. Sie gehören als Anfechtungsklagen in den Anwendungsbereich des § 43 Abs. 2 Nr. 4 WEG.[52]

[43] BGH NJW 2015, 2968 = ZWE 2015, 376.
[44] Hügel/Elzer WEG § 43 Rn. 61.
[45] Vgl. Bärmann/Göbel WEG § 43 Rn. 53.
[46] BGH ZWE 2011, 405; BGH ZWE 2011, 173.
[47] Vgl. BGH ZWE 2011, 361 zur Rückgabe von Verwaltungsunterlagen.
[48] BGH ZWE 2011, 173.
[49] BGHZ 78, 57 = NJW 1980, 2466.
[50] OLG München ZMR 2008, 657.
[51] Bärmann/Göbel WEG § 43 Rn. 62; Hügel/Elzer WEG § 43 Rn. 66 je mit zahlreichen Nachw. zu Einzelfällen.
[52] BGHZ 151, 164 = NJW 2002, 3240 = ZWE 2002, 570.

d) Beschlussklagen gem. § 44 WEG (§ 43 Abs. 2 Nr. 4 WEG)

Die Zuständigkeit gem. § 43 Abs. 2 Nr. 4 WEG besteht für sämtliche Beschlussklagen nach § 44 WEG. Es handelt sich um Streitigkeiten über die Gültigkeit von Beschlüssen der Wohnungseigentümer. Dies betrifft insbesondere die fristgebundenen Beschlussanfechtungsklagen eines Wohnungseigentümers gem. § 44 Abs. 1 S. 1 WEG, die auf Ungültigerklärung des angefochtenen Beschlusses gerichtet sind (sog **Beschlussmängelklagen**). 26

Darüber hinaus fallen unter Nr. 4 aber auch Klagen auf positive **Feststellung** der Gültigkeit oder Auslegung von Beschlüssen. Auch die **Beschlussersetzungsklage** gem. § 44 Abs. 1 S. 2 WEG fällt unter diese Vorschrift. 27

Hinweis:

Zu den verschiedenen Klagearten und insbesondere der Beschlussmängelklage s. sogleich → Rn. 49 ff.

e) Abgrenzung zu Klagen Dritter

Die Zuständigkeit für Binnenstreitigkeiten gem. § 43 Abs. 2 WEG unterscheidet sich von der Zuständigkeit für Klagen Dritter, die sich gegen die Gemeinschaft der Wohnungseigentümer oder gegen Wohnungseigentümer richten. Wie Sie bereits oben gelesen haben, ist für solche Klagen das Gericht örtlich zuständig, in dessen Bezirk das Grundstück liegt (→ Rn. 17a). Die sachliche Zuständigkeit erster Instanz des Amts- oder Landgerichts richtet sich nach dem Wert des Streitgegenstands (→ Rn. 16). 28

Dritte sind grundsätzlich nicht (werdende bzw. ausgeschiedene) Wohnungseigentümer und (frühere) Wohnungseigentumsverwalter oder an deren Stelle tretende Rechtsnachfolger oder Parteien kraft Amtes. Etwas anderes gilt nur dann, wenn die Genannten eine Rechtsstellung wie ein Dritter einnehmen (zB ein Wohnungseigentümer Werkleistungen erbringt).[53] 29

Beispiele

Dritte sind u.a.:

- Versorgungsunternehmen, Handwerker und Lieferanten.
- Eigentümer eines Nachbargrundstücks.[54]
- Rechtsinhaber eines auf dem aufgeteilten Grundstück lastenden dinglichen Rechts (zB Grunddienstbarkeit).[55]

Klagen Dritter können neben dem gemeinschaftlichen Eigentum auch das Sondereigentum und dessen Verwaltung betreffen. 30

Beispiele

Dritte sind deshalb u.a.:

- Direktversorger eines Wohnungseigentümers (zB Strom).

---

53 Bärmann/Göbel WEG § 43 Rn. 38.
54 Vgl. BGH NZM 2012, 435.
55 Bärmann/Göbel WEG § 43 Rn. 22, 43.

- Sondereigentumsverwalter, die ihre Vergütungsansprüche gegen einen Wohnungseigentümer geltend machen.[56]
- Wohnungskäufer wegen des Auflassungsanspruchs gegen den veräußernden Wohnungseigentümer.[57]

7. Klageerhebung in Wohnungseigentumssachen

a) Allgemeine Voraussetzungen

31 Die Erhebung einer Klage erfolgt durch Zustellung einer Klageschrift (§ 253 Abs. 1 ZPO). Die Klageschrift muss auch in Wohnungseigentumssachen den Anforderungen des § 253 ZPO genügen.

Bitte lesen Sie jetzt § 253 ZPO!

b) Bezeichnung der Wohnungseigentümergemeinschaft

32 Ist die rechtsfähige Wohnungseigentümergemeinschaft Partei, so muss die Gemeinschaft die Bezeichnung „Gemeinschaft der Wohnungseigentümer" oder „Wohnungseigentümergemeinschaft" gefolgt von der bestimmten Angabe des gemeinschaftlichen Grundstücks führen (§ 9a Abs. 1 S. 3 WEG). Zugleich ist der Vertreter samt ladungsfähiger Anschrift zu bezeichnen.

Wiederholung:

Wiederholen Sie jetzt bitte noch einmal die Ausführungen zur ausreichenden Bezeichnung der rechtsfähigen Wohnungseigentümergemeinschaft → § 6 Rn. 39 ff.

33 Abweichend von § 44 Abs. 1 S. 1 WEG aF genügt eine Sammelbezeichnung mit der bestimmten Angabe des gemeinschaftlichen Grundstücks nicht mehr. Hierfür besteht heute kein praktisches Bedürfnis mehr, da sich die Beschlussklagen nach § 44 WEG gegen die Gemeinschaft der Wohnungseigentümer und nicht mehr gegen die übrigen Wohnungseigentümer richten (→ Rn. 50).

c) Zustellung der Klage an die Wohnungseigentümergemeinschaft

34 Richtet sich die Klage gegen die **Gemeinschaft** der Wohnungseigentümer **als Beklagte,** ist der **Wohnungseigentumsverwalter** als organschaftlicher Vertreter der Gemeinschaft (§ 9b Abs. 1 S. 1 WEG) ermächtigt, die Zustellung der Klageschrift in Empfang zu nehmen (§ 170 Abs. 1 ZPO). Ist der Verwalter **zugleich Wohnungseigentümer,** muss die Zustellung in einer für ihn eindeutig erkennbaren Weise in seiner Eigenschaft als Verwalter erfolgen. Es muss für ihn erkennbar sein, dass er als Verwalter und nicht als Wohnungseigentümer Zustellungsadressat ist.[58]

---

[56] Hügel/Elzer WEG § 43 Rn. 67.
[57] Vgl. BGHZ 62, 388; BGH ZWE 2021, 53.
[58] Bärmann/Becker WEG § 9b Rn. 37.

Der **Verwalter** ist von der Prozessvertretung der Gemeinschaft **ausgeschlossen**, wenn nach dem jeweiligen Streitgegenstand eine **Interessenkollision** besteht. Niemand darf bei einem Interessenkonflikt eigene und fremde Interessen zugleich vertreten (vgl. § 178 Abs. 2 ZPO). So ist der Verwalter als Prozessvertreter ausgeschlossen, wenn er selbst gegen die Gemeinschaft klagt. Infolgedessen kann er seine eigene Klage nicht für die Gemeinschaft entgegennehmen. In diesem Fall wird die Gemeinschaft nach § 9b Abs. 2 WEG im Prozess durch den **Vorsitzenden des Verwaltungsbeirats** oder durch einen **durch Beschluss** dazu **ermächtigten Wohnungseigentümer** vertreten, dem die Klageschrift jeweils zuzustellen ist. Wenn kein Verwaltungsbeirat bestellt und auch kein Wohnungseigentümer durch Beschluss zur Prozessvertretung der Gemeinschaft ermächtigt ist, muss das Gericht nach § 57 ZPO einen **Prozesspfleger** für die Gemeinschaft bestellen, dem die Klageschrift zuzustellen ist.[59] Es wird die Ansicht vertreten, stattdessen analog § 9b Abs. 1 S. 2 WEG die übrigen **Wohnungseigentümer** auch in diesem Fall **als Gesamtvertreter** der Gemeinschaft anzusehen (sog. „kupierte" Gesamtvertretung), so dass nach § 170 Abs. 3 ZPO die Zustellung der Klage an einen Wohnungseigentümer genügt.[60] Dieser Auffassung kann aber nicht gefolgt werden, da § 9b Abs. 1 S. 2 WEG nur den Fall der verwalterlosen Gemeinschaft erfasst, nicht aber den Fall, dass der Verwalter von der Prozessvertretung ausgeschlossen ist. 35

Die Wohnungseigentümer sind nur als Gesamtvertreter der Gemeinschaft anzusehen, wenn ein **Verwalter fehlt** (§ 9b Abs. 1 S. 2 WEG). In diesem Fall genügt es, die gegen die Gemeinschaft gerichtete Klage einem der Wohnungseigentümer zuzustellen (§ 170 Abs. 3 ZPO).[61] Das gilt auch wenn in einer **Zweiergemeinschaft** der eine Wohnungseigentümer die Gemeinschaft verklagt; die Gemeinschaft wird dann allein durch den anderen Wohnungseigentümer vertreten.[62] 36

Lesen Sie bitte § 9a Abs. 1 S. 2 und § 9 Abs. 2 WEG sowie § 170 Abs. 3 ZPO!

8. Klagearten in Wohnungseigentumssachen

Im Zivilprozess werden gewöhnlich drei verschiedene Klagearten unterschieden:[63] 37

- die bei Weitem überwiegenden **Leistungsklagen**,
- in besonders zugelassenen Fällen die **Gestaltungsklagen** und
- subsidiär die **Feststellungsklagen**.

Im Wohnungseigentumsrecht hat der Gesetzgeber in zwei Bereichen ausdrücklich Gestaltungsklagen zugelassen. Zur Verdeutlichung dieser wohnungseigentumsrechtlichen Besonderheiten soll zunächst das nachfolgende Schaubild dienen. 38

[59] Bärmann/Becker WEG § 9b Rn. 42; Bärmann/Göbel WEG § 44 Rn. 59.
[60] Hügel/Elzer WEG § 44 Rn. 39.
[61] Bärmann/Göbel WEG § 44 Rn. 61.
[62] BGH ZWE 2022, 418 Rn. 36; BGH ZWE 2023, 28 Rn. 7; BGH ZWE 2024, 315 Rn. 18.
[63] Vgl. allgemein Klappstein JA 2012, 606; Süß AL 2011, 246.

Schaubild:

Klagearten in Wohnungseigentumssachen

Klageart	Leistungsklage	Feststellungs-klage	Gestaltungsklage	
			Beschlussmängel-klage	Beschlussersetzungs-klage
Klageinhalt	– positives Tun (auch Abgabe einer Willens-erkl.) – Unterlassen – Dulden (vgl. §§ 194 Abs. 1, 241 Abs. 1 BGB)	– Bestehen oder – Nichtbestehen eines Rechts-verhältnisses (positive oder negative FeststK, vgl. § § 256 Abs. 1 ZPO)	– Beschluss-anfechtung – Feststellung Beschluss-nichtigkeit (vgl. § 44 Abs. 1 S. 1 WEG)	Ermessens-entscheidung des Gerichts für eine erforderliche Maßnahme (vgl. § 44 Abs. 1 S. 2 WEG)
WE-Beispiel	– Klage auf Zahlung rückständigen Hausgeldes – Klage auf Unterlassen störenden Lärms – Klage auf Duldung des Betretens eines SEig.	– Klage auf Feststellung des Bestehens eines Verwalter-vertrages – Klage auf Feststellung des Nichtbe-stehens einer Verwalter-pflicht	– Klage auf Ungültigerklärung eines Beschlusses (auch Feststellung der Beschluss-(un)gültigkeit – Klage auf Feststellung der Beschluss-nichtigkeit	– Klage auf Bestellung eines WE-Verwalters – Klage auf Abberufung eines WE-Verwalters
Urteils-wirkung	inter partes	inter partes	inter omnes	inter omnes
Zwangsvoll-streckung	Gem. §§ 704 ff. ZPO	./.	./.	./.

9. Beschlussklagen

39 Eine Reihe von Besonderheiten gelten für die sog. Beschlussklagen nach § 43 Abs. 2 Nr. 4, § 44 Abs. 1 WEG.

a) Begriff

40 „Beschlussklagen“ sind die in § 44 Abs. 1 WEG genannten **Gestaltungsklagen.** Während die **Anfechtungsklage** eines Wohnungseigentümers darauf gerichtet ist, einen Beschluss der Wohnungseigentümer für ungültig zu erklären, geht es bei der **Nichtigkeitsklage** darum, die Nichtigkeit eines Beschlusses festzustellen

(§ 44 Abs. 1 S. 1 WEG). Beide Klagen greifen die Gültigkeit eines Beschlusses an. Sie werden als **Beschlussmängelklagen** bezeichnet.[64] Unterbleibt eine notwendige Beschlussfassung, kann ein Wohnungseigentümer auf gerichtliche Ersetzung des Beschlusses klagen (**Beschlussersetzungsklage,** § 44 Abs. 1 S. 2 WEG). Da die Beschlussersetzungsklage keinen mangelhaften Beschluss zum Gegenstand hat, ist sie keine **Beschlussmängelklage.**

Bitte lesen Sie § 44 Abs. 1 S. 1 und 2 WEG!

b) Nichtigkeit und Anfechtbarkeit

Das Gesetz unterscheidet in § 44 Abs. 1 S. 1 WEG Anfechtungs- und Nichtig- 41 keitsklage, weil Beschlüsse der Wohnungseigentümer gem. § 23 Abs. 4 WEG aus zwei Gründen fehlerhaft sein können. Nichtig sind Beschlüsse, die gegen eine Rechtsvorschrift verstoßen, auf deren Einhaltung rechtswirksam nicht verzichtet werden kann (§ 23 Abs. 4 S. 1 WEG). Im Übrigen ist ein Beschluss jedoch gültig, solange er nicht auf entsprechende Anfechtung hin durch rechtskräftiges Urteil für ungültig erklärt ist (§ 23 Abs. 4 S. 2 WEG).

Wiederholung:

Wiederholen Sie jetzt bitte die grundsätzlichen Ausführungen zur **Anfechtbarkeit** und **Nichtigkeit** wohnungseigentumsrechtlicher Beschlüsse → § 8 Rn. 152 ff.

Die Nichtigkeit eines Beschlusses kann zwar auf eine **Nichtigkeitsklage** hin 42 ausdrücklich festgestellt werden. Eine solche Entscheidung hat aber nur deklaratorische Bedeutung, weil ein Gericht die Nichtigkeit ohnehin von Amts wegen zu berücksichtigen hat.[65] Die Geltendmachung der Nichtigkeit ist daher nicht fristgebunden und kann somit jederzeit, also auch noch nach Ablauf der gesetzlichen Anfechtungsfrist des § 45 S. 1 WEG erfolgen. Demgegenüber muss eine **Anfechtungsklage** gegen einen formell oder materiell fehlerhaften Beschluss der Wohnungseigentümer fristgebunden erhoben werden, um den Eintritt der Bestandskraft zu verhindern.

Werden **Anfechtungs- und Nichtigkeitsgründe** auf denselben Lebenssachver- 43 halt gestützt, betreffen sie aber keine unterschiedlichen Streitgegenstände. Rechtsschutzziel ist nämlich in beiden Fällen die umfassende Herbeiführung einer unter jedem rechtlichen Gesichtspunkt verbindlichen **Klärung der Gültigkeit** des zur Überprüfung gestellten Eigentümerbeschlusses.[66] Im Ergebnis kann damit ein bereits nichtiger Beschluss gleichwohl noch angefochten werden.

Wegen der **Identität des Streitgegenstandes** handelt es sich rechtsdogmatisch 44 um eine einzige, inhaltlich identische Beschlussmängelklage.[67] Auch die Auswir-

[64] Vgl. BGHZ 202, 346 = NJW 2015, 549 = ZWE 2015, 131; BGH NJW 2013, 2271 = ZWE 2013, 360.

[65] BGH NJW 2013, 65 = ZWE 2013, 49; BGH NJW 2012, 2578 = ZWE 2012, 363; BGHZ 107, 268 = NJW 1989, 2059 mwN.

[66] BGHZ 182, 307 = NJW 2009, 3655 = ZWE 2010, 53; Dötsch ZMR 2008, 433; noch zum alten Recht: BGHZ 156, 279 = NJW 2003, 3550 = ZWE 2004, 77; Suilmann ZWE 2001, 402 (404).

[67] Bärmann/Göbel WEG § 44 Rn. 5 ff.; Suilmann, Beschlussmängelverfahren S. 41 ff.

kungen der Rechtskraft sind dieselben, gleichgültig, ob die Ungültigkeit des in Rede stehenden Beschlusses (deklaratorisch) festgestellt oder (konstitutiv) durch Urteil ausgesprochen wird. Mit dem Eintritt der Rechtskraft steht in beiden Fällen fest, ob der Beschluss Rechtswirkungen entfaltet oder nicht.[68] Eine rechtskräftige Entscheidung entfaltet daher in beiden Fällen rechtsgestaltende Wirkung für und gegen jedermann („inter omnes"). Es handelt sich daher der Sache nach auch dann um ein **Gestaltungsurteil,** wenn lediglich die Nichtigkeit festgestellt wird.[69] Ein besonderes Feststellungsinteresse ist – anders als in § 256 ZPO vorausgesetzt – dafür nicht erforderlich.[70]

c) Prozessverbindung

45 In der Konsequenz dieser Sichtweise liegt eine zwingende Verbindung mehrerer Prozesse gem. § 43 Abs. 2 Nr. 4, § 44 Abs. 1 S. 1 WEG wegen desselben Beschlussgegenstandes; es darf nicht zu inhaltlich divergierenden Entscheidungen kommen, wenn mehrere Anfechtungs- und/oder Nichtigkeitsklagen erhoben werden.

Bitte lesen Sie jetzt § 44 Abs. 2 S. 3 WEG!

Zwei gegen denselben Beschluss der Wohnungseigentümer gerichtete Anfechtungsklagen müssen daher zwingend – gegebenenfalls auch noch in der Berufungsinstanz oder instanzenübergreifend – zur gemeinsamen Verhandlung und Entscheidung verbunden werden. Unterbleibt die Verbindung, so kann jeder Kläger auch in dem Parallelverfahren Rechtsmittel gegen ein die Klage abweisendes Urteil einlegen; wird die Entscheidung in einem der Verfahren rechtskräftig, hat dies die Unzulässigkeit der zweiten Klage zur Folge.[71]

46 Die Verbindung bewirkt, dass die Kläger der vorher selbständigen Prozesse als **notwendige Streitgenossen** anzusehen sind(§ 62 Abs. 1 ZPO). Auf diese Weise scheiden die jeweiligen Kläger als Beklagte in den jeweils anderen Verfahren aus. Erheben sämtliche Wohnungseigentümer fristgerecht Beschlussmängelklagen, hat die notwendige Verfahrensverbindung keine Auswirkung auf Beklagtenseite; Beklagte ist stets die rechtsfähige Gemeinschaft der Wohnungseigentümer.[72]

d) Parteien im Beschlussmängelprozess

aa) Kläger

47 Das Gesetz räumt in § 44 Abs. 1 S. 1 WEG einem Wohnungseigentümer die Befugnis ein, Anfechtungs- oder Nichtigkeitsklage zu erheben.

Bitte lesen Sie jetzt noch einmal § 44 Abs. 1 S. 1 WEG!

---

[68] Vgl. BGHZ 182, 307 = NJW 2009, 3655 = ZWE 2010, 53.

[69] Bärmann/Göbel WEG § 44 Rn. 7; Lehmann-Richter ZWE 2014, 385 (386).

[70] Bärmann/Göbel WEG § 44 Rn. 5.

[71] BGH NJW 2013, 65 = ZWE 2013, 49.

[72] Bärmann/Göbel WEG § 44 Rn. 52; zur Rechtslage nach altem Recht siehe AG Bingen NJW 2009, 84 = NZM 2009, 167; Niedenführ, FS Merle (2010), S. 263 (265); zu anderen Lösungsansätzen s. Abramenko ZMR 2008, 689.

Wohnungseigentümer ist in aller Regel, wer als Eigentümer im Grundbuch eingetragen ist.[73] Scheidet ein Wohnungseigentümer durch Veräußerung seines Wohnungseigentums nach Klageerhebung aus der Gemeinschaft aus, kann der Rechtsstreit gem. § 265 ZPO gleichwohl fortgesetzt werden.[74] Auch einem **Miteigentümer** gebührt ein eigenes Anfechtungsrecht.[75] Neben einem Wohnungseigentümer sind weiterhin auch **werdende Wohnungseigentümer** anfechtungsberechtigt, nicht aber **Zweiterwerber; ihnen steht eine Anfechtungsbefugnis erst nach der Eigentumsumschreibung im Grundbuch zu.**[76] An die Stelle eines Wohnungseigentümers können im Rahmen der jeweiligen Verwaltungsbefugnis als **Parteien kraft Amtes** Insolvenzverwalter,[77] Testamentsvollstrecker, Zwangsverwalter[78] oder Nachlassverwalter treten.

Anders als nach früherem Recht (§ 46 Abs. 1 S. 1 WEG aF) hat der **Wohnungs-** 48
eigentumsverwalter weder eine Klagebefugnis noch ein materielles Anfechtungsrecht. Wohnungseigentumsverwalter ist auch nicht befugt, den Beschluss über seine Abberufung anzufechten.[79] Um Gewissheit über seine Abberufung zu erlangen, kann der Verwalter eine allgemeine Feststellungsklage gem. § 256 Abs. 1 ZPO erheben.[80] Entsprechendes gilt auch für die Überprüfung einer gerichtlichen Entscheidung, mit der die Verwalterbestellung für ungültig erklärt wird.[81]

Die rechtsfähige **Wohnungseigentümergemeinschaft** ist selbst dann nicht 49
anfechtungsbefugt, wenn sie Eigentümerin einer Wohnungseinheit in der von ihr selbst verwalteten Anlage ist.[82]

bb) Beklagte

Die Beschlussklagen sind gegen die **Gemeinschaft der Wohnungseigentümer** 50
zu richten (§ 44 Abs. 2 S. 1 WEG), nicht mehr wie früher nach § 46 Abs. 1 S. 1 WEG aF gegen die übrigen Wohnungseigentümer. Der Beschlussprozess ist als Verbandsprozess ausgestaltet. Richtige Beklagte ist allein die rechts- und parteifähige Wohnungseigentümergemeinschaft. Damit die übrigen Wohnungseigentümer alsbald Kenntnis von der Erhebung einer Beschlussklage erhalten, hat der Verwalter ihnen die Erhebung der Klage unverzüglich bekanntzumachen.

Lesen Sie bitte § 44 Abs. 2 S. 1 und 2 WEG!

Eine Beschlussklage ist ausnahmslos auch dann gegen die Wohnungseigen- 51
tümergemeinschaft zu richten, wenn der Beschluss einer **Untergemeinschaft** mit eigener Beschlusskompetenz angefochten wird; Untergemeinschaften sind selbst nicht rechts- und parteifähig.[83]

---

[73] Vgl. BGH NJW 2012, 3232 = ZWE 2012, 499 auch zu einem Bucheigentümer.
[74] LG Hamburg ZMR 2011, 585.
[75] BGH ZWE 2012, 359.
[76] LG Rostock ZWE 2014, 382.
[77] LG Düsseldorf ZWE 2012, 337.
[78] LG Berlin ZMR 2009, 474.
[79] BT-Drs. 19/18791, 82; aA zum alten Recht BGHZ 151, 164 = NJW 2002, 3240 = ZWE 2002, 570; OLG Hamburg ZWE 2010, 423; LG Hamburg ZWE 2014, 367.
[80] Bärmann/Göbel WEG § 44 Rn. 55.
[81] AA noch BGH NJW 2007, 2776 = ZWE 2007, 396 zum alten Recht.
[82] Bärmann/Göbel WEG § 44 Rn. 43; Häublein, FS Seuß (2007), S. 125, 136 ff.; Hügel/Elzer WEG § 44 Rn. 34; aA Abramenko ZWE 2010, 193 (202).
[83] BGH ZWE 2011, 311; AG Aachen ZWE 2010, 285; OLG Koblenz ZWE 2011, 91.

e) Klageerhebungs- und -begründungsfristen

aa) Gemeinsame Grundsätze

52 Die **Anfechtungsklage** muss innerhalb eines Monats nach der Beschlussfassung erhoben und innerhalb zweier Monate nach der Beschlussfassung begründet werden.

Bitte lesen Sie jetzt § 45 Abs. 1 S. 1 WEG!

53 Bei den Fristen zur Erhebung und Begründung der Klage nach § 45 Abs. 1 S. 1 WEG handelt es sich nicht um besondere Sachurteilsvoraussetzungen der wohnungseigentumsrechtlichen Anfechtungsklage, sondern um **Ausschlussfristen des materiellen Rechts.**[84] Ihre Nichteinhaltung führt somit nicht zur Unzulässigkeit, sondern zur **Unbegründetheit** der Anfechtungsklage. Mangels entsprechender Regelung im Gesetz können diese Fristen vom Gericht nicht verlängert werden.[85]

54 Bei einer **Mehrheit von Klägern** soll die Versäumung der Frist durch einzelne von ihnen zur Klageabweisung als unbegründet führen. Dies soll auch dann der Fall sein, wenn andere Wohnungseigentümer diese Frist mit ihrer Klage eingehalten haben. Ihre rechtzeitige Klageerhebung soll nicht zugunsten der verspäteten Klage wirken.[86]

bb) Anfechtungsfrist

55 Die Anfechtungsklage muss innerhalb eines Monats nach der Beschlussfassung erhoben werden (§ 45 Abs. 1 S. 1 WEG). Die Monatsfrist beginnt also mit dem auf den Tag der Beschlussfassung folgenden Tag (§ 187 Abs. 1 BGB). Wird die Beschlussfassung nicht im schriftlichen Verfahren herbeigeführt, ist der Tag der Wohnungseigentümerversammlung maßgeblich. Dabei ist unerheblich, ob der Anfechtende an der Versammlung selbst teilgenommen hat oder ihm eine Versammlungsniederschrift zugegangen ist.[87]

Beispiel

Für die **Fristberechnung** gelten die allgemeinen Regeln der §§ 222 ZPO, 186 ff. BGB.
Hat somit die Eigentümerversammlung am Dienstag, den 18.3.2025 stattgefunden, ist für die Berechnung ein in den Lauf des Tages fallendes Ereignis (= Beschlussfassung) maßgeblich. Die Frist beginnt demnach gem. § 187 Abs. 1 BGB mit dem Folgetag zu laufen. Sie endet gem. § 188 Abs. 2 Hs. 1 BGB mit dem Ablauf desjenigen Tages des nächsten Monats, welcher durch seine Zahl dem Tag entspricht, in den das Ereignis (= Beschlussfassung) fällt. Das wäre eigentlich (Kar)Freitag, der 18.4.2025 um 24.00 h.
Fällt der letzte Tag der Frist jedoch auf einen Sonntag, einen staatlich anerkannten Feiertag oder einen Sonnabend, so tritt an die Stelle eines solchen Tages der nächste Werktag (§ 222 Abs. 2 ZPO). Hier endet die Frist wegen des Osterwochenendes also erst am Dienstag, 22.4.2025 um 24.00 h.

---

[84] BGH ZWE 2015, 143; BGHZ 179, 230 = NJW 2009, 999.
[85] BGHZ 182, 307 = NJW 2009, 3655.
[86] BGH NJW 2009, 2132 Rn. 21; Bärmann/Göbel WEG § 44 Rn. 49; Hügel/Elzer WEG § 44 Rn. 21.
[87] BGHZ 179, 230 = NJW 2009, 999.

Hinweis:

Der Gesetzgeber hat die Einhaltung einer **Monatsfrist** und nicht einer **4-Wochen-Frist** angeordnet (vgl. demgegenüber zB §622 Abs. 1 BGB)! Der Sachverhalt eignet sich sehr gut, um diesen Unterschied zu verdeutlichen:
Für den Fristbeginn würde sich zunächst keine Änderung ergeben (Ereignis am Dienstag, 18.3.2025; Fristbeginn somit am 19.3.2025). Die Frist würde jedoch bei einer vierwöchigen Dauer gem. §188 Abs. 2 Hs. 1 BGB mit dem Ablauf desjenigen Tages der letzten Woche enden, welcher durch seine Benennung (= Dienstag) dem Tag entspricht, in den das Ereignis (= Beschlussfassung) fällt. Fristende wäre danach also am Dienstag 15.4.2025 um 24.00 h.
Vergleichen Sie nun die gefundenen Ergebnisse; es ergibt sich aufgrund der Feiertagsregelung für das Beispiel ein Unterschied von einer ganzen Woche!

Merke: 4 Wochen sind kein Monat!

Die einmonatige Anfechtungsfrist wird durch **Erhebung der Klage,** also durch deren Zustellung (§253 Abs. 1 ZPO) gewahrt. Wird die Klage am letzten Tag der Anfechtungsfrist eingereicht, kann die notwendige Zustellung nicht mehr innerhalb der Frist erfolgen. Die rechtzeitige Einreichung der Klageschrift genügt deshalb nur dann, wenn die Zustellung zumindest „demnächst" erfolgt (§167 ZPO).[88] Bei der Frage, ob eine Klagzustellung „demnächst" im Sinne von §167 ZPO erfolgt, sind Verzögerungen im Zustellungsverfahren, die durch eine **fehlerhafte Sachbehandlung des Gerichts** verursacht sind, dem Kläger grundsätzlich nicht zuzurechnen. Hat er alle von ihm geforderten Mitwirkungshandlungen für eine ordnungsgemäße Klagzustellung erbracht, insbesondere den Gerichtskostenvorschuss eingezahlt, so sind er und sein Prozessbevollmächtigter im Weiteren nicht mehr gehalten, das gerichtliche Vorgehen zu kontrollieren und durch Nachfragen auf die beschleunigte Zustellung hinzuwirken.[89] Geht es demgegenüber um **von der klagenden Partei zu vertretende Zustellungsverzögerungen,** ist das Merkmal „demnächst" nur erfüllt, wenn sich die Verzögerung in einem hinnehmbaren Rahmen hält. Mit Blick auf den nach §12 Abs. 1 GKG zu leistenden Gerichtskostenvorschuss ist das nur zu bejahen, wenn dieser nach seiner Anforderung innerhalb eines Zeitraumes eingezahlt wird, der sich um zwei Wochen bewegt oder nur geringfügig darüber liegt.[90] Auch wird der Kläger gehalten sein, innerhalb einer angemessenen Frist beim Gericht nachzufragen, falls die Vorschussanforderung ausbleibt. 56

cc) Klagebegründungsfrist

Die Anfechtungsklage muss innerhalb zweier Monate nach der Beschlussfassung begründet werden (§45 Abs. 1 S. 1 WEG). Bei dieser Frist handelt es sich **nicht** um eine Anschlussfrist, die erst nach dem Ablauf der Einlegungsfrist beginnt (vgl. etwa §317 StPO). Für die **Berechnung** gelten daher die oben dargestellten Grundsätze entsprechend. 57

[88] BGHZ 179, 230 = NJW 2009, 999.
[89] BGH ZWE 2024, 40 Rn. 6, 8; BGH ZWE 2011, 218; BGHZ 168, 306 = NJW 2006, 3206.
[90] BGH NJW-RR 2022, 1167 Rn. 6; BGH ZMR 2012, 643; BGH NZM 2012, 351; BGHZ 179, 230 = NJW 2009, 999; BGH NJW 2000, 2282; BGH NJW 1986, 1347; LG Nürnberg-Fürth NJW 2009, 374.

Beispiel

Lassen Sie uns bei vorstehendem Beispiel bleiben:
Hat die Eigentümerversammlung am Dienstag, den 18.3.2025 stattgefunden, ist für die Berechnung der Klagebegründungsfrist wiederum ein in den Lauf des Tages fallendes Ereignis (= Beschlussfassung) maßgeblich. Die Frist beginnt demnach gem. § 187 Abs. 1 BGB mit dem Folgetag zu laufen. Sie endet gem. § 188 Abs. 2 Hs. 1 BGB mit dem Ablauf desjenigen Tages des übernächsten Monats, welcher durch seine Zahl dem Tag entspricht, in den das Ereignis (= Beschlussfassung) fällt. Das wäre eigentlich Sonntag, der 18.5.2025 um 24.00 Uhr. Gem. § 222 Abs. 2 ZPO endet die Frist erst am Montag, 19.5.2025 um 24.00 Uhr.
Eine typische **Fehlerquelle** bei der Berechnung der Klagebegründungsfrist ist nun die – fehlerhafte – Anknüpfung an den Ablauf der Anfechtungsfrist.[91]

58 Zur Fristwahrung muss in der Begründung der konkrete Lebenssachverhalt, auf den sich die Anfechtung stützt, mindestens seinem wesentlichen Kern nach dargelegt werden.[92] Es genügt nicht, wenn sich der Anfechtungsgrund nur aus den Anlagen ergibt.[93] Die Begründung muss auf den individuellen Fall zugeschnitten sein; pauschales Vorbringen in der Weise, dass der angegriffene Beschluss ordnungsmäßiger Verwaltung widerspricht, wahrt die Frist nicht.[94] Ein Nachschieben weiterer Anfechtungsgründe ist ausgeschlossen.[95]

f) Entscheidung

59 Das Gericht erklärt (konstitutiv) durch **Gestaltungsurteil** den angefochtenen Beschluss für ungültig bzw. stellt seine Ungültigkeit fest, wenn die Beschlussmängelklage zulässig und begründet ist. Ist der Beschluss nichtig, stellt es dessen Nichtigkeit (deklaratorisch) fest. Da es sich bei Ungültigerklärung und Nichtigkeitsfeststellung um denselben Streitgegenstand handelt, kann das Gericht auf den Klageantrag auf Ungültigerklärung auch die Nichtigkeit eines Beschlusses feststellen. Jenseits des § 44 Abs. 1 S. 2 WEG ist das Gericht aber nicht befugt, im Verfahren nach § 43 Abs. 2 Nr. 4 WEG selbst gestaltend oder ändernd in Beschlüsse der Wohnungseigentümer einzugreifen oder gar einen anderen Beschluss an die Stelle des angefochtenen zu setzen.[96] Wird durch das Urteil eine Anfechtungsklage als unbegründet abgewiesen, so kann wegen der vom Prozessgericht zugleich vorzunehmenden Nichtigkeitsprüfung folglich nicht mehr geltend gemacht werden, der Beschluss sei nichtig.[97]

60 Das rechtskräftige Urteil wirkt für und gegen alle **Wohnungseigentümer**, auch wenn sie nicht Partei sind (§ 44 Abs. 3 WEG). Die Rechtskraft erstreckt sich gem. § 325 Abs. 1 ZPO auch auf die Rechtsnachfolger der nicht klagenden Wohnungseigentümer.[98] Wegen dieser Wirkung kann die gerichtliche Entscheidung nur

---

[91] Vgl. BGH 16.2.2017 – V ZB 137/16, NJOZ 2017, 804.
[92] BGHZ 179, 230 = NJW 2009, 999; LG Düsseldorf ZMR 2011, 987.
[93] BGH NJW 2011, 2202 = ZWE 2011, 323; BGHZ 179, 230 = NJW 2009, 999.
[94] BGH NJW 2009, 2132; LG Hamburg ZWE 2011, 131; LG Lüneburg, ZMR 2009, 636; LG Nürnberg-Fürth ZMR 2009, 317.
[95] BGH NJW 2011, 2202 = ZWE 2011, 323; BGHZ 179, 230 = NJW 2009, 999; aA Elzer NJW 2009, 2098.
[96] OLG Hamburg ZMR 2008, 151.
[97] Bärmann/Göbel WEG § 44 Rn. 8.
[98] Vgl. BT-Drs. 19/18791, 83; Hügel/Elzer WEG § 44 Rn. 72.

einheitlich erfolgen.[99] **Teilversäumnisurteile** oder **Teilanerkenntnisurteile** gegen einzelne Wohnungseigentümer sind daher nicht möglich.[100] Ist ein Teil eines Beschlusses anfechtbar oder nichtig, so ist er nach der Regel des § 139 BGB grundsätzlich insgesamt für ungültig zu erklären, wenn der unbeanstandet gebliebene Teil allein sinnvollerweise keinen Bestand haben kann und nicht anzunehmen ist, dass ihn die Wohnungseigentümer so beschlossen hätten.[101] Ausnahmsweise kann aber auch eine **Teilungültigerklärung** in Betracht kommen.[102]

Beispiel

Eine teilweise Ungültigkeit soll insbesondere bei Beschlüssen über Zahlungspflichten auf der Grundlageeiner Jahresabrechnung gem. § 28 Abs. 2 S. 1 WEG in Betracht kommen. Ist die Jahresabrechnung nur hinsichtlich einzelner Kostenpositionen fehlerhaft, soll sich die Ungültigerklärung auf rechnerisch selbständige und abgrenzbare Teile beschränken.[103] Vgl. dazu auch im → § 10 Rn. 73a. 61

Gem. § 23 Abs. 4 S. 2 WEG hat die Beschlussmängelklage keine aufschiebende Wirkung. Der anfechtende Wohnungseigentümer muss daher ggf. im Wege einer **einstweiligen Verfügung** versuchen, den andernfalls vom Wohnungseigentumsverwalter zu bewirkenden Vollzug eines ausführungsbedürftigen Beschlusses zu verhindern. Eine solche Regelungsverfügung gem. §§ 935, 940 ZPO ist zulässig, sofern sie zur Abwendung wesentlicher Nachteile oder zur Verhinderung drohender Gewalt oder aus anderen Gründen nötig erscheint. Die einstweilige Verfügung kann allerdings die Hauptsacheentscheidung noch nicht vorwegnehmen. 62

g) Wirkung gegenüber Wohnungseigentumsverwalter

Das rechtskräftige Gestaltungsurteil, das den Beschluss für ungültig erklärt bzw. dessen Ungültigkeit feststellt, hat **Gestaltungswirkung** gegen jedermann (inter omnes). Deshalb muss auch der **Wohnungseigentumsverwalter** den Beschluss als ungültig behandeln; insbesondere darf er den ungültigen Beschluss nicht ausführen. 63

Gegenüber dem **Verwalter** entfaltet das Gestaltungsurteil jedoch **keine Rechtskraftwirkung,** so dass ihm gegenüber nicht feststeht, aus welchem Grund das Gericht den Beschluss für ungültig erklärt hat. Die fehlende Rechtskraftwirkung wirkt sich insbesondere aus, wenn die Gemeinschaft der Wohnungseigentümer im Anschluss an den Beschlussmängelprozess den Verwalter auf Schadensersatz in Anspruch nimmt. 64

---

[99] Bärmann/Göbel WEG § 44 Rn. 129; teilweise aA BGH NJW 2009, 2132, wenn eine Klageabweisung bzgl. eines säumigen Wohnungseigentümers trotz erfolgreicher Klage eines anderen Wohnungseigentümers bzgl. desselben Beschlussgegenstandes für möglich gehalten wird.

[100] Bärmann/Göbel WEG § 44 Rn. 49, 130, 139; zum alten Recht Becker/Ott/Suilmann Rn. 891.

[101] BGH NJW 2012, 2648 = ZWE 2012, 371.

[102] BGH NZM 2025, 351; OLG Köln ZMR 2008, 70.

[103] BGH NZM 2025, 351; Mediger NZM 2024, 121; Elzer ZWE 2022, 362 (369); zum alten Recht BGH NJW 2012, 2648 = ZWE 2012, 371; BGHZ 171, 335 = NJW 2007, 1869 = ZWE 2007, 398; aA zum neuen Recht LG Frankfurt a.M. ZWE 2024, 139 Rn. 23 mAnm Becker; LG München I ZWE 2022, 362 Rn. 36.

Beispiel

Der Verwalter hatte den Beschluss bereits ausgeführt, bevor er im Beschlussmängelprozess rechtskräftig für ungültig erklärt wurde. Deswegen nimmt ihn die Gemeinschaft der Wohnungseigentümer, vertreten durch den Vorsitzenden des Verwaltungsbeirats (vgl. § 9b Abs. 2 WEG), auf Schadensersatz in Anspruch. Im Schadensersatzersatzprozess gegen den Verwalter entfaltet das im Beschlussmängelprozess ergangene Gestaltungsurteil keine Rechtskraftwirkung. Deshalb muss das Gericht dort erneut prüfen, ob der Beschluss ordnungsmäßiger Verwaltung entsprach.

65 Damit sich die Rechtskraft des Gestaltungsurteils auf den Verwalter erstreckt, müsste die Gemeinschaft der Wohnungseigentümer dem Verwalter bereits im Beschlussmängelprozess den Streit verkünden (§ 72 Abs. 1, § 74, § 68 ZPO). Allerdings ist fraglich, ob der Verwalter als „Dritter" iSv § 72 Abs. 1 ZPO angesehen werden kann, da er im Beschlussmängelprozess gem. § 9b Abs. 1 S. 1 WEG gesetzlicher Vertreter der beklagten Gemeinschaft ist.[104] Darüber hinaus müsste die Gemeinschaft bei der **Streitverkündung** gem. § 9b Abs. 2 WEG durch den Vorsitzenden des Verwaltungsbeirats oder eines hierzu durch Beschluss ermächtigten Wohnungseigentümer vertreten werden.[105]

h) Beschlussersetzungsklage

66 Auch die Beschlussersetzungsklage ist als Beschlussklage eine **Gestaltungsklage.**[106] Unterbleibt eine notwendige Beschlussfassung, kann das Gericht auf Klage eines Wohnungseigentümers den Beschluss durch Gestaltungsurteil ersetzen (§ 44 Abs. 1 S. 2 WEG). Mit der Beschlussersetzungsklage kann ein Wohnungseigentümer seinen individuellen Anspruch auf eine ordnungsmäßige Verwaltung (§ 18 Abs. 2 Nr. 1 WEG) gegen die Wohnungseigentümergemeinschaft durchsetzen. Wie alle Beschlussklagen ist auch die Beschlussersetzungsklage **gegen die Gemeinschaft** als richtige Beklagte zu richten.

Bitte lesen Sie § 44 Abs. 1 S. 2 und § 18 Abs. 2 Nr. 1 WEG!

67 Wie Sie bereits bei → Rn. 13 gesehen haben, besteht ein **Rechtsschutzbedürfnis** für eine Beschlussersetzungsklage nur nach einer entsprechenden **Vorbefassung** der **Eigentümerversammlung.** Die Wohnungseigentümer sind nach § 19 Abs. 1 WEG primär zuständig, eine ordnungsmäßige Verwaltung zu beschließen. Nur wenn eine notwendige Beschlussfassung von vornherein aussichtslos ist, etwa bei einer zerstrittenen Zwei-Personen-Gemeinschaft, besteht ein Rechtsschutzbedürfnis auch ohne Vorbefassung der Eigentümerversammlung.[107]

68 Der **Klageantrag** des Wohnungseigentümers muss hinreichend bestimmt sein. Er sollte sich aber nicht nur auf eine bestimmte Maßnahme – etwa auf den Inhalt des zuvor abgelehnten Beschlusses – beschränken, sondern dem Gericht einen Rahmen für seine Entscheidung eröffnen, die das Selbstorganisationsrecht der Wohnungseigentümer wahrt. Es genügt regelmäßig, dass der Kläger sein

[104] Bejahend LG München I ZMR 2024, 780; Bärmann/Göbel WEG § 44 Rn. 180; Schultzky MietRB 2024, 13 (14); offen gelassen von BGH NJW-RR 2013, 485 Rn. 10.
[105] Bärmann/Göbel WEG § 44 Rn. 181.
[106] Vgl. BGH NJW-RR 2018, 522 Rn. 10 zu § 21 Abs. 8 WEG aF.
[107] BGH NZM 2021, 146 Rn. 15.

Rechtsschutzziel nennt.[108] Konkrete Maßnahmen können mit dem Zusatz „insbesondere" oder „etwa" angegeben werden.

Beispiel[109]

Ein Wohnungseigentümer hatte über die Grenzen seines Sondernutzungsrechts hinaus einen Stabmattenzaun errichtet. In der Eigentümerversammlung fand der Beschlussantrag keine Mehrheit, den Zaun in den Bereich des Sondereigentums zu versetzen. Daraufhin erhebt ein Wohnungseigentümer Klage mit dem Antrag, den Beschluss mit diesem Inhalt gerichtlich zu ersetzen, hilfsweise anzuordnen, dass die Gemeinschaft der Wohnungseigentümer durch Beschluss nach pflichtgemäßem Ermessen eine Entscheidung über das weitere Vorgehen herbeiführt.

Da es in dem Beispiel mehrere Möglichkeiten der Beseitigung der unzulässi- 69
gen baulichen Veränderung gibt (Versetzung des Zauns, vollständiger Rückbau, Einbau einer Tür), sieht das Gericht den Antrag, den Wohnungseigentümer zur Versetzung des Zauns zu verpflichten, als unbegründet an.[110] Begründet ist lediglich der Hilfsantrag, wonach die Wohnungseigentümer durch Beschluss nach pflichtgemäßem Ermessen über das weitere Vorgehen zu entscheiden haben. Die gerichtliche Beschlussersetzung beschränkt sich auf einen Grundlagenbeschluss, der das „Ob" einer erforderlichen Maßnahme regelt. Das „Wie" der Ausführung der Maßnahme bleibt der Entscheidung der Wohnungseigentümer überlassen.

Der ablehnende Beschluss der Eigentümerversammlung steht einer gerichtli- 70
chen Beschlussersetzung nicht entgegen. Dem sog. **Negativbeschluss** kommt regelmäßig **keine Sperrwirkung** zu,[111] so dass es nicht erforderlich ist, die Beschlussersetzungsklage mit einer fristgebundenen Anfechtungsklage zu verbinden.

10. Kostentragung und -erstattung

a) Kostentragung

Die Kostentragungspflicht richtet sich für sämtliche WEG-Verfahren nach 71
§§ 91 ff. ZPO. Danach hat **grundsätzlich** die **unterlegene Partei** die notwendigen Kosten des Rechtsstreits zu tragen. Bei **Beschlussklagen** sind die beklagte **Wohnungseigentümergemeinschaft** und der jeweils klagende **Wohnungseigentümer** Parteien des Rechtsstreits. Obsiegt der Kläger hat also die unterliegende Gemeinschaft die Kosten des Rechtsstreits zu tragen. Unterliegt der Kläger, werden ihm die Kosten des Rechtsstreits auferlegt.

Abweichend von § 49 Abs. 2 WEG aF kann das Gericht dem **Wohnungseigen-** 72
tumsverwalter Prozesskosten auch dann nicht auferlegen, wenn die Tätigkeit des Gerichts durch ihn veranlasst wurde und ihn ein grobes Verschulden trifft. Beruht etwa im Beschlussmängelprozess der Mangel des Beschlusses auf einem schuldhaften Verhalten des Verwalters (z.B. fehlerhaft erstellte Jahresabrechnung, fehlerhafte Einladung zur Eigentümerversammlung, fehlerhafte Verkündung des Beschlusses), hat die unterliegende Gemeinschaft gegen ihren Verwalter u.U.

[108] BGH NJW 2017, 64 Rn. 7.
[109] Beispiel nach AG Dortmund 3.7.2025 – 514 C 4/25, BeckRS 2025, 15404.
[110] AG Dortmund 3.7.2025 – 514 C 4/25, BeckRS 2025, 15404.
[111] BGH ZWE 2020, 51 Rn. 16.

einen Schadensersatzanspruch auf Erstattung der ihr auferlegten Prozesskosten aus § 280 Abs. 1 BGB, den sie in einem gesonderten Prozess gegen den Verwalter durchsetzen muss.[112] Hierbei kann sie gem. § 9b Abs. 2 WEG nur durch den Vorsitzenden des Verwaltungsbeirats oder durch einen hierzu durch Beschluss ermächtigten Wohnungseigentümer vertreten werden.

73 Die Kosten eines Rechtsstreits setzen sich zusammen aus den **Gerichtskosten** (Gebühren und Auslagen) sowie den **außergerichtlichen Kosten** der Parteien (insbesondere Rechtsanwaltsvergütungen). Gerichtsgebühren werden nach dem Gerichtskostengesetz (GKG), Rechtsanwaltsgebühren nach dem Rechtsanwaltsvergütungsgesetz (RVG) berechnet; beide bestimmen sich nach dem vom Gericht festgesetzten Streitwert (für Gerichtsgebühren: §§ 3 Abs. 2, 34, 49 GKG iVm den jeweiligen KV-Nrn. Anlage 1; für Rechtsanwaltsgebühren: §§ 2, 13, 23 Abs. 1 S. 1 RVG iVm den jeweiligen VV-Nrn. Anlage 1).

b) Kostenerstattung

74 Jede Partei kann im Rahmen des gerichtlichen **Kostenfestsetzungsverfahrens** gem. §§ 103 ff. ZPO ihren Erstattungsanspruch geltend machen. Erstattungsfähig sind allerdings nur die Kosten des Rechtsstreits, soweit sie zur zweckentsprechenden Rechtsverfolgung oder Rechtsverteidigung notwendig waren (§ 91 Abs. 1 S. 1 ZPO). Dazu gehören insbesondere auch die gesetzlichen Gebühren und Auslagen des Rechtsanwalts der obsiegenden Partei (§ 91 Abs. 2 S. 1 ZPO).

11. Rechtsmittel

75 Auch das Rechtsmittelsystem in Wohnungseigentumssachen weist einige – haftungsträchtige – Besonderheiten auf. Für Urteile ist dabei zwischen den sog. Binnenstreitigkeiten des § 43 Abs. 2 WEG einerseits sowie den Außenstreitigkeiten andererseits zu unterscheiden.

a) Berufung

76 Gegen die im ersten Rechtszug erlassenen Endurteile ist die **Berufung statthaft** (§ 511 Abs. 1 ZPO). Die Berufung ist **zulässig** (§ 511 Abs. 2 ZPO), wenn

- der Wert des Beschwerdegegenstandes 1.000 EUR übersteigt oder
- das Gericht des ersten Rechtszuges die Berufung im Urteil zugelassen hat.

Das Gericht des ersten Rechtszuges lässt die Berufung zu, wenn die Rechtssache grundsätzliche Bedeutung hat oder die Fortbildung des Rechts oder die Sicherung einer einheitlichen Rechtsprechung eine Entscheidung des Berufungsgerichts erfordert und die Partei durch das Urteil mit nicht mehr als 1.000 EUR beschwert ist (§ 511 Abs. 4 ZPO).

77 **Streitwert** und **Beschwerdewert** sind dabei voneinander zu unterscheiden und stimmen nicht notwendigerweise überein. Maßgebend für den Beschwerdewert des § 511 Abs. 2 Nr. 1 ZPO ist das Interesse des Berufungsklägers an der Abän-

[112] BT-Drs. 19/18791, 78; ARS/Abramenko WEG § 44 Rn. 81.

derung des angefochtenen Urteils, das unter wirtschaftlichen Gesichtspunkten zu bewerten ist. Dabei ist allein auf die Person des Rechtsmittelführers, seine Beschwer und sein Änderungsinteresse abzustellen. Das für den Beschwerdewert maßgebliche Änderungsinteresse ist auch in wohnungseigentumsrechtlichen Verfahren aus der Person des Rechtsmittelführers zu beurteilen und erhöht sich nicht dadurch, dass die Entscheidung für die anderen Beteiligten bindend ist und sich der Streitwert gemäß § 49 GKG auch nach deren Interesse richtet.[113]

Beispiel

Eine Klägerin ist Wohnungseigentümerin mit einem Miteigentumsanteil von 127/10.000stel. In der Eigentümerversammlung lehnte die Mehrheit der Eigentümer ihren Antrag ab, den Beschluss zu fassen, Schadensersatzansprüche von 11.091,45 EUR gegen den Wohnungseigentumsverwalter geltend zu machen. Die hiergegen erhobene Anfechtungsklage der Klägerin hat das Amtsgericht abgewiesen. Das Landgericht hat die Berufung als unzulässig verworfen. Der Wert des Beschwerdegegenstandes (= finanzielles Interesse der Klägerin) beträgt lediglich (11.091, 45 x 127 : 10.000 =) 140,86 EUR.[114]

Die **Berufung** muss **innerhalb eines Monats** seit Zustellung des in vollständiger Form abgefassten Urteils beim Berufungsgericht eingelegt werden (§§ 517, 519 ZPO). Die Frist für die **Berufungsbegründung** beträgt **zwei Monate** und beginnt mit der Zustellung des in vollständiger Form abgefassten Urteils (§ 520 Abs. 2 S. 1 ZPO). Für die Fristberechnung gelten die unter → Rn. 69 aufgezeigten Grundsätze entsprechend. 78

aa) Binnenstreitigkeiten (§ 43 Abs. 2 WEG)

In **Binnenstreitigkeiten** nach § 43 Abs. 2 WEG ist grundsätzlich das für den Sitz des Oberlandesgerichts zuständige Landgericht **Berufungsgericht** für den Bezirk des Oberlandesgerichts, in dem das erstinstanzlich zuständige Amtsgericht seinen Sitz hat (§ 72 Abs. 2 S. 1 GVG). Aufgrund der in § 72 Abs. 2 S. 2 GVG enthaltenen Ermächtigung sind jedoch hiervon in einigen Bundesländern **abweichende Bestimmungen** erfolgt!![115] Ob die in § 72 Abs. 2 GVG vorgesehene **Zuständigkeitskonzentration** eintritt, richtet sich allein danach, ob es sich um eine Streitigkeit iSv § 43 Abs. 2 WEG handelt; dagegen ist es unerheblich, wenn in erster Instanz nicht der nach dem Geschäftsverteilungsplan für diese Streitigkeiten zuständige Amtsrichter entschieden hat.[116] 79

Die Anrufung eines unzuständigen Landgerichts wahrt die Berufungsfrist nur, wenn die Frage, ob eine Streitigkeit nach § 43 Abs. 2 WEG vorliegt, für bestimmte Fallgruppen noch nicht höchstrichterlich geklärt ist und man über deren Beantwortung mit guten Gründen unterschiedlicher Auffassung sein kann; andernfalls muss die Berufung binnen Monatsfrist an das nach § 72 Abs. 2 GVG zuständige LG weitergeleitet werden.[117] Wird die Berufungsfrist durch **Einlegung bei einem unzuständigen Landgericht** versäumt, kann dem anwaltlich vertretenen 80

[113] BGH ZWE 2017, 233; BGH ZWE 2012, 224 zu § 49a Abs. 1 S. 1 GKG aF.

[114] Nach BGH ZWE 2012, 224.

[115] Eine Gesamtübersicht zu den zentralen Berufungsgerichten findet sich bei Hogenschurz NJW 2015, 1990 (1991).

[116] BGH NJW-RR 2016, 255.

[117] BGH NJW 2014, 1879 = ZWE 2014, 211; BGH NZM 2012, 732; BGH ZWE 2010, 265.

Wohnungseigentümer grundsätzlich keine Wiedereinsetzung in den vorigen Stand gewährt werden.[118]

bb) Außenstreitigkeiten

81 In den **Außenstreitigkeiten** (→ Rn. 28) richtet sich die Zuständigkeit nach den allgemeinen streitwertbezogenen Grundsätzen. War danach erstinstanzlich die Zuständigkeit des Amtsgerichts gegeben, ist für die Entscheidung über die Berufung das Landgericht zuständig (§§ 23 Nr. 1, 72 Abs. 1 S. 1 GVG). War im Hinblick auf die Streitwerthöhe bereits erstinstanzlich das Landgericht zuständig (§ 71 Abs. 1 GVG), so entscheidet über die Berufung das Oberlandesgericht (§ 119 Abs. 1 Nr. 2 GVG).

b) Revision

82 Grundsätzlich ist gegen die in der Berufungsinstanz erlassenen Endurteile die **Revision statthaft** (§ 542 Abs. 1 ZPO). Die Revision ist **zulässig** (§ 543 Abs. 1 ZPO), wenn sie

- das Berufungsgericht in dem Urteil oder
- das Revisionsgericht auf Beschwerde gegen die Nichtzulassung

zugelassen hat.

Die Revision ist zuzulassen, wenn die Rechtssache grundsätzliche Bedeutung hat oder die Fortbildung des Rechts oder die Sicherung einer einheitlichen Rechtsprechung eine Entscheidung des Revisionsgerichts erfordert (§ 543 Abs. 2 ZPO).

83 Die **Revision** muss **innerhalb eines Monats** seit Zustellung des in vollständiger Form abgefassten Berufungsurteils beim Revisionsgericht eingelegt werden (§§ 548, 549 ZPO). Die Frist für die **Revisionsbegründung** beträgt **zwei Monate** und beginnt mit der Zustellung des in vollständiger Form abgefassten Urteils (§ 551 Abs. 2 S. 2 u. 3 ZPO). Für die Fristberechnung gelten die unter → Rn. 69 aufgezeigten Grundsätze entsprechend. Als Revisionsgericht ist in allen Fällen der Bundesgerichtshof zuständig (§ 133 GVG).

84 Gegen die Nichtzulassung der Revision durch das Berufungsgericht kann **Nichtzulassungsbeschwerde** nach Maßgabe des § 544 ZPO eingelegt werden.

II. Entziehung des Wohnungseigentums

1. Sinn und Zweck

85 Hat ein Wohnungseigentümer sich einer so schweren Verletzung der ihm gegenüber anderen Wohnungseigentümern oder der Gemeinschaft der Wohnungseigentümer obliegenden Verpflichtungen schuldig gemacht, dass diesen die Fortsetzung der Gemeinschaft mit ihm nicht mehr zugemutet werden kann,

[118] BGH NZM 2016, 446; BGH NJW 2014, 2503; BGH ZMR 2010, 774; s. aber auch BGH 9.3.2017 – V ZB 18/16, ZWE 2017, 293 für einen unverschuldeten Rechtsirrtum infolge fehlerhafter Rechtsmittelbelehrung.

so **kann** die **Gemeinschaft der Wohnungseigentümer** von ihm die **Veräußerung** seines Wohnungseigentums **verlangen.**

Bitte lesen Sie jetzt § 17 Abs. 1 WEG!

Dieser **Entziehungsanspruch** stellt das Pendant zur Unauflöslichkeit der Wohnungseigentümergemeinschaft gem. § 11 WEG dar. Die Vorschrift enthält eine **gesetzliche Inhaltsbestimmung des Wohnungseigentums** und ermöglicht als ultima ratio zur Wiederherstellung des Gemeinschaftsfriedens die Entfernung eines Miteigentümers aus der Gemeinschaft.[119] Der Entziehungsanspruch kann durch Vereinbarung der Wohnungseigentümer nicht eingeschränkt oder ausgeschlossen werden.

Lesen Sie bitte § 17 Abs. 3 WEG!

2. Entziehungsvoraussetzungen

a) Regelbeispiel

Die Voraussetzungen eines Entziehungsanspruchs liegen **insbesondere** vor, 86
wenn der Wohnungseigentümer trotz Abmahnung wiederholt **gröblich gegen die ihm nach § 14 Abs. 1 und 2 WEG obliegenden Pflichten verstößt** (§ 17 Abs. 2 WEG).

Bitte lesen Sie jetzt § 17 Abs. 2 WEG!

Beispiele (für § 17 Abs. 2 WEG): 87

- Notwendige Arbeiten am Gemeinschaftseigentum können aufgrund des Verhaltens eines Wohnungseigentümers über Jahre hinweg nicht durchgeführt werden („Messie-Syndrom").[120]
- Der Ersteher einer Eigentumswohnung verletzt seinerseits die Pflicht aus § 14 WEG, wenn er die Nutzung durch den früheren Wohnungseigentümer, dem das Wohnungseigentum nach § 17 Abs. 2 WEG entzogen worden ist, nicht beendet, sondern ihm den Besitz weiterhin überlässt; die anderen Wohnungseigentümer können verlangen, dass er dem früheren Wohnungseigentümer den Besitz entzieht.[121]

Eine Entziehung gem. § 17 Abs. 2 WEG setzt voraus, dass der störende Woh- 88
nungseigentümer trotz Abmahnung wiederholt gröblich gegen die ihm nach § 14 WEG obliegenden Pflichten verstößt. Dies erfordert nach hM mindestens **drei gleichartige Verstöße** gegen § 14 WEG – einen vor der Abmahnung, zwei („wiederholt") danach.[122] Da § 17 Abs. 2 WEG jedoch keine Sperrwirkung ent-

[119] Zur Verfassungsmäßigkeit s. BVerfG FGPrax 1998, 90; BVerfG NJW 1994, 241.
[120] LG Hamburg ZWE 2017, 34; AG Lörrach ZWE 2025, 172.
[121] BGH NZM 2017, 37.
[122] BGHZ 170, 369 = NJW 2007, 1353 = ZWE 2007, 193; Bärmann/Suilmann WEG § 17 Rn. 02; ARS/Abramenko WEG § 17 Rn. 71; aA Jennißen/Heinemann WEG § 17 Rn. 49: zwei Verstöße ausreichend.

faltet,[123] genügen auch weniger als drei Verstöße, wenn die Voraussetzungen des § 17 Abs. 1 WEG vorliegen.

b) Generalklausel

89 Sofern keine Pflichtverletzung nach § 17 Abs. 2 WEG vorliegt, ist zu prüfen, ob die allgemeinen Voraussetzungen des § 17 Abs. 1 WEG erfüllt sind. Hierunter fallen zunächst **persönliche Verfehlungen** gegen alle oder einzelne Miteigentümer.

Beispiele:

- Fortgesetzte Nutzung einer Wohnung durch den Eigentümer als Bordell.[124]
- Lautstarkes Beschimpfen anderer Miteigentümer als Mörder oder Vergewaltiger.[125]
- Tätlichkeiten und schwere Beleidigungen gegenüber anderen Wohnungseigentümern, deren Angehörigen oder dem Hausmeister.[126]
- Benutzung des Wohnzimmers als Toilette und Verunreinigung mit Fäkalien.[127]

89a Auch ein unregelmäßiges **Zahlungsverhalten** kann die Entziehung des Wohnungseigentums gem. § 17 Abs. 1 WEG rechtfertigen. Die wiederholt unpünktliche Zahlung muss ein Ausmaß annehmen, das den anderen Wohnungseigentümern die Fortsetzung der Gemeinschaft mit dem säumigen Wohnungseigentümer unzumutbar macht.[128]

Beispiel:

Fortlaufend unpünktliche Erfüllung von Hausgeld- und anderen Zahlungsansprüchen der Gemeinschaft der Wohnungseigentümer, wenn dadurch die ordnungsgemäße Verwaltung nachhaltig beeinträchtigt wird.[129]

90 Art. 14 GG und der darin verankerte Schutz des Eigentums stehen einer Entziehung von Wohnungseigentum zwar nicht entgegen, doch kommt sie nur bei Vorliegen enger Voraussetzungen in Betracht. Sie darf nur als **letztes Mittel** gegen einen gemeinschaftsschädigenden Wohnungseigentümer eingesetzt werden. Die Wohnungseigentümergemeinschaft hat daher zunächst alle ihr zumutbaren Möglichkeiten zur Unterbindung des störenden Verhaltens auszuschöpfen.[130]

Beispiel:

In Betracht kommen etwa eine vorherige Unterlassungsklage[131] oder bei Zahlungsverzug eine vorherige Zahlungsklage, die dann eine privilegierte Zwangsvollstreckung gem. § 10 Abs. 1 Nr. 2 ZVG ermöglichen würde.[132]

---

[123] BGHZ 170, 369 = NJW 2007, 1353 = ZWE 2007, 193.
[124] Vgl. OLG Düsseldorf NJW-RR 1997, 13 mit Hinweis auf die nicht veröffentlichte Entscheidung 18.12.1991 – 3 Wx 476/91.
[125] AG Tübingen ZMR 2011, 919.
[126] AG Dachau ZMR 2006, 319.
[127] AG Erlangen ZMR 2004, 539.
[128] LG Berlin ZMR 2018, 246; Bärmann/Suilmann WEG § 17 Rn. 23.
[129] BGHZ 170, 369 = NJW 2007, 1353 = ZWE 2007, 193.
[130] LG Berlin ZWE 2010, 217.
[131] Vgl. LG Berlin ZWE 2010, 217; LG Aachen ZMR 1993, 233.
[132] Vgl. BT-Drs. 16/887, 45.

Entgegen der missverständlichen Formulierung in § 17 Abs. 1 WEG, wonach sich der betroffene Miteigentümer der Verletzung seiner Verpflichtungen „schuldig gemacht“ haben muss, wird für eine Entziehung **kein schuldhaftes Verhalten** vorausgesetzt.[133] Andernfalls könnten nämlich krankhaft bedingt schuldunfähige Mitglieder der Eigentümergemeinschaft trotz unzumutbarer Störungen nicht aus der Gemeinschaft ausgeschlossen werden. Allerdings stellt dann die Einordnung des Fehlverhaltens seitens eines psychisch Kranken besondere Anforderungen an die Schwere der Pflichtverletzung.[134] 91

c) Abmahnung

In den Fällen des § 17 Abs. 1 und Abs. 2 WEG ist grundsätzlich eine **vorherige Abmahnung** erforderlich.[135] 92

Die Abmahnung soll dem betreffenden Wohnungseigentümer sein als Entziehungsgrund beanstandetes Fehlverhalten nachhaltig vor Augen führen, verbunden mit der Aufforderung, dieses Verhalten zur Vermeidung eines Entziehungsbeschlusses aufzugeben oder zu ändern.[136] Sie muss deshalb das beanstandete Verhalten konkret bezeichnen und dem Wohnungseigentümer vor Augen führen, dass ihm bei Fortführung seines Verhaltens die Entziehung des Wohnungseigentums droht.[137] Die Abmahnung selbst ist eine formfreie rechtsgeschäftsähnliche Erklärung, die einen Beschluss der Wohnungseigentümer nicht unbedingt voraussetzt. Sie fällt in die alleinige Zuständigkeit der **Wohnungseigentümergemeinschaft,** so dass für diese regelmäßig der nach § 9b Abs. 1 S. 1 WEG vertretungsberechtigte **Verwalter** die Abmahnung erklärt.[138] Einzelne Wohnungseigentümer können durch Beschluss nicht ermächtigt werden, für die Gemeinschaft die Abmahnung zu erklären.[139] 93

Im **Innenverhältnis** zur Gemeinschaft kann der Verwalter nach § 27 Abs. 1 Nr. 2 WEG zur Abwendung eines Nachteils zur Abmahnung berechtigt sein, wenn eine Abmahnung ohne Zeitverzug geboten und ein Zuwarten bis zur nächsten Eigentümerversammlung untunlich ist.[140] Ein **Beschluss** der Wohnungseigentümer, der den Verwalter mit der Abmahnung eines Wohnungseigentümers beauftragt, ist selbständig **anfechtbar.**[141] Dass der Verwalter die Abmahnung bereits ausgesprochen hat, lässt das Rechtsschutzbedürfnis für eine Anfechtungs- 93a

---

[133] LG Hamburg ZMR 2016, 487; LG Tübingen NJW-RR 1995, 650; Bärmann/Suilmann WEG § 17 Rn. 33; Jennißen/Heinemann WEG § 17 Rn. 37; Niedenführ/Abramenko WEG § 17 Rn. 39; ARS/Abramenko WEG § 17 Rn. 48; Schmid ZfIR 2013, 129 (131).

[134] Vgl. BVerfG NJW 1994, 241.

[135] BGHZ 190, 236 = NJW 2011, 3026 = ZWE 2011, 359; BGHZ 170, 369 = NJW 2007, 1353 = ZWE 2007, 193.

[136] BGHZ 190, 236 = NJW 2011, 3026 = ZWE 2011, 359; BGHZ 222, 1 Rn. 21 = ZWE 2029, 409; BGH ZWE 2025, 447 Rn. 16; LG Frankfurt a.M. ZWE 2025, 170.

[137] BGHZ 222, 1 Rn. 21; BGH ZWE 2025, 447 Rn. 16; BayObLGZ 1985, 171 = ZMR 1985, 275; LG Berlin ZWE 2010, 217.

[138] LG Frankfurt a.M. ZWE 2025, 170; Staudinger/Lehmann-Richter (2023) WEG § 17 Rn. 45; Niedenführ/Abramenko WEG § 17 Rn. 33; aA Bärmann/Suilmann WEG § 17 Rn. 43; BGHZ 190, 236 = NJW 2011, 3026 = ZWE 2011, 359 zu § 18 WEG aF.

[139] LG Frankfurt a.M. ZWE 2025, 170.

[140] BGH ZWE 2025, 447 Rn. 9.

[141] BGH ZWE 2025, 447 Rn. 7.

klage nicht entfallen.[142] Im Beschlussmängelprozess ist der Abmahnbeschluss jedoch nur eingeschränkt darauf überprüfbar, ob die formellen Voraussetzungen der Beschlussfassung eingehalten sind, ob der Beschluss hinreichend bestimmt ist und ob das abgemahnte Verhalten die Entziehung des Wohnungseigentums rechtfertigen kann.[143]

3. Vorgerichtliches Verfahren

94 Liegen die Voraussetzungen für eine Entziehung vor, können die Wohnungseigentümer über die gerichtliche Geltendmachung des Entziehungsanspruchs einen **Beschluss** fassen (§ 19 Abs. 1 WEG), wobei der störende Wohnungseigentümer nicht stimmberechtigt ist (§ 25 Abs. 4 WEG). Anders als nach früherem Recht (vgl. § 18 Abs. 3 S. 2 WEG aF) ist ein entsprechender Beschlussantrag angenommen, wenn er die Mehrheit der in der Versammlung abgegebenen Stimmen erreicht (§ 25 Abs. 1 WEG); eine qualifizierte Mehrheit ist nicht erforderlich.[144]

95 Nach zutreffender Ansicht ist der Entziehungsbeschluss nach geltendem Recht **keine** besondere **Prozessvoraussetzung** für die nachfolgende Entziehungsklage.[145] Der Wohnungseigentumsverwalter ist nach § 9b Abs. 1 S. 1 WEG ermächtigt, die Entziehungsklage im Namen der Wohnungseigentümergemeinschaft auch ohne vorherigen Beschluss der Wohnungseigentümer zu erheben. Der Verwalter verletzt jedoch regelmäßig seine Pflichten gegenüber der Gemeinschaft, wenn er eine Entziehungsklage ohne vorherigen Beschluss der Wohnungseigentümer erhebt. Im Innenverhältnis zur Gemeinschaft hat die Erhebung der Klage idR keine untergeordnete Bedeutung iSv § 27 Abs. 1 Nr. 1 WEG.

96 Der Entziehungsbeschluss ist mit der **Anfechtungsklage** selbständig anfechtbar. Im Beschlussmängelprozess wird er jedoch lediglich in formeller Hinsicht überprüft (u.a. vorherige Abmahnung[146], ordnungsmäßige Ladung, Abstimmung und Verkündung). Die Überprüfung der materiellen Berechtigung kann nicht im Verfahren nach § 44 Abs. 1 S. 1 WEG erfolgen, sondern muss dem gerichtlichen Verfahren der Entziehungsklage vorbehalten bleiben.[147]

4. Gerichtliche Geltendmachung des Entziehungsanspruchs

97 Kommt der Störer einem entsprechenden Beschluss nicht freiwillig nach, ist der Entziehungsanspruch durch Klage (**Entziehungsklage**) bei dem für Wohnungs-

---

[142] BGH ZWE 2025, 447 Rn. 8.
[143] BGHZ 222, 1 Rn. 8; BGH ZWE 2025, 447 Rn. 15.
[144] Bärmann/Suilmann WEG § 17 Rn. 53.
[145] AG Lörrach ZWE 2025, 172 Rn. 9; Bärmann/Suilmann WEG § 17 Rn. 55; BeckOK WEG/Hogenschurz § 17 Rn. 29; MükoBGB/Zschieschack WEG § 17 Rn. 28; Staudinger/Lehmann-Richter (2023) WEG § 17 Rn. 76; aA BeckOGK/Skauradszun WEG § 17 Rn. 32; ARS/Abramenko WEG § 17 Rn. 105.
[146] BGHZ 190, 236 = NJW 2011, 3026 = ZWE 2011, 359.
[147] BGHZ 190, 236 = NJW 2011, 3026 = ZWE 2011, 359; OLG Hamburg ZMR 2003, 596; BayObLGZ 1999, 66 = NJW-RR 1999, 887.

eigentumssachen ausschließlich zuständigen Amtsgericht geltend zu machen (§ 43 Abs. 2 Nr. 2 WEG).[148]

Beispiel:

Der Klageantrag lautet:
Der Beklagte wird verurteilt, sein (näher bezeichnetes) Wohnungseigentum zu veräußern.[149]

98 Die Entziehungsklage ist im Namen der **rechtsfähigen Gemeinschaft** der Wohnungseigentümer zu erheben. Der Verwalter ist nach § 9b Abs. 1 S. 1 WEG ermächtigt, die Gemeinschaft als Klägerin im Entziehungsprozess zu vertreten.

99 Das **Entziehungsurteil** ersetzt – anders als im früheren Recht – keine Willenserklärungen des störenden Wohnungseigentümers gem. § 894 S. 1 ZPO.[150] Ebenfalls werden auch andere Erklärungen wie die eines Erstehers oder eines gem. § 12 WEG Zustimmungsberechtigten nicht ersetzt.[151] Gem. § 704 Abs. 1 ZPO kann das Entziehungsurteil auch lediglich vorläufig vollstreckbar sein.[152]

5. Vollstreckung des Entziehungsurteils

100 Das Entziehungsurteil, durch das ein Wohnungseigentümer zur Veräußerung seines Wohnungseigentums verurteilt wird, berechtigt zur Zwangsvollstreckung entsprechend den Vorschriften des Ersten Abschnitts des Gesetzes über die Zwangsversteigerung und die Zwangsverwaltung (§ 17 Abs. 4 S. 1 WEG). Mit dem **Zuschlag** in der Zwangsversteigerung verliert der Störer zwar sein Eigentum, das Wohnungseigentum als solches bleibt jedoch bestehen und wird dem Ersteher als neuem Eigentümer zugeschlagen (§ 90 Abs. 1 ZVG, §§ 864 Abs. 2, 869 ZPO).

101 Allerdings verpflichtet ein Entziehungsurteil den verurteilten Wohnungseigentümer **lediglich** zum Ausscheiden aus der Gemeinschaft durch **Veräußerung** des Wohnungseigentums. Es gibt der Wohnungseigentümergemeinschaft dagegen keinen Anspruch auf Räumung und Herausgabe der Wohnung.[153] Dieser steht vielmehr allein dem Ersteher des Wohnungseigentums zu, wobei der Zuschlagsbeschluss nach § 93 ZVG als Vollstreckungstitel dient.[154]

Hinweis:

Zu den zwangsvollstreckungsrechtlichen Wirkungen können Sie sogleich → § 13 Rn. 1 ff. mehr erfahren.

[148] BGH ZWE 2014, 139.
[149] Vgl. Elzer MietRB 2011, 299.
[150] ARS/Abramenko WEG § 17 Rn. 113; aA Hügel/Elzer WEG § 17 Rn. 31.
[151] ARS/Abramenko WEG § 17 Rn. 113.
[152] LG Rostock NJW-Spezial 2013, 387.
[153] BGH NZM 2017, 37; KG ZWE 2016, 21.
[154] BGH NZM 2017, 37.

Wiederholungsaufgaben und Vertiefungsfragen

Liegt Ihrer Meinung nach jeweils eine Streitigkeit im Sinne von § 43 WEG vor,

a) wenn ein Wohnungseigentümer von einem anderen Wohnungseigentümer auf Unterlassung bzw. auf Widerruf von Äußerungen in Anspruch genommen wird, die er in der Wohnungseigentümerversammlung getätigt hat?
b) wenn die Wohnungseigentümergemeinschaft rückständige Hausgeldansprüche gegenüber den ehemaligen Gesellschaftern der als Wohnungseigentümerin im Grundbuch eingetragenen Gesellschaft bürgerlichen Rechts geltend macht?
c) wenn ein Ehegatte gegenüber dem anderen Ehegatten als Wohnungseigentümer einen Anspruch auf Ausgleich einer ehebezogenen Zuwendung geltend macht, die er in der Herstellung seiner Eigentumswohnung begründet sieht?
d) wenn die Wohnungseigentümergemeinschaft vertreten durch den entsprechend ermächtigten Verwalter gegen die im Grundbuch eingetragenen Nießbrauchsberechtigten an einer Eigentumswohnung auf Gewährung des Zutritts zum Balkon zwecks Durchführung von Sanierungsmaßnahmen in entsprechender Anwendung von § 14 Abs. 1 Nr. 2 WEG klagt?
e) wenn in einer nur aus zwei Einheiten bestehenden Wohnungseigentumsanlage Wohnungseigentümer A das Entziehungsverfahren gem. § 17 WEG gegen Wohnungseigentümer B betreiben will?

§ 13. Zwangsvollstreckung und Versorgungssperre

Ausgewählte Literatur zur Ergänzung und Vertiefung:

a) **Empfohlene Literatur zu den *Grundlagen der Zwangsvollstreckung*:**

Brox/Walker, Zwangsvollstreckungsrecht, 12. Aufl. 2021;
Damm, Zwangsvollstreckung für Anfänger, 12. Aufl. 2021;
Keller, Allgemeines Zwangsvollstreckungsrecht, 3. Aufl. 2021.

b) **Empfohlene Literatur zu den *Grundlagen der Immobiliarvollstreckung*:**

Eickmann/Böttcher, Zwangsversteigerungs- und Zwangsverwaltungsrecht, 3. Aufl. 2013;
Hock/Bohner/Bohlander/Surges, Immobiliarvollstreckung, 7. Aufl. 2024.

c) **Ausgewählte *zwangsvollstreckungsrechtliche Literatur mit wohnungseigentumsrechtlichem Bezug* zur Ergänzung und Vertiefung:**

Alff, Beitragsforderungen bei Zwangsvollstreckung in Wohnungseigentum, ZWE 2010, 105; *Becker*, Beitragsforderungen in der Insolvenz des Wohnungseigentümers, ZWE 2013, 6; *Becker*, Die dingliche Haftung für Hausgeldansprüche nach freihändiger Veräußerung durch den Insolvenzverwalter, ZMR 2012, 930; *Cranshaw*, Durchsetzung von Ansprüchen der Eigentümergemeinschaft nach dem WEG gegen Wohnungs- und Teileigentümer in Individualvollstreckung und Insolvenz; ZfIR 2015, 461; *Dötsch* Durchsetzung von Hausgeldansprüchen – Zwangsvollstreckung, ZWE 2015, 157; *Drasdo*, § 10 I Nr. 2 ZVG – Flopp einer mit vielen Hoffnungen verbundenen Gesetzesnovelle, ZWE 2012, 406; *Fabis*, Zwangsversteigerungsprivileg bei Wohngeldruckständen contra Auflassungsvormerkung – ein Risikofaktor für Kaufverträge über Wohnungseigentum, ZfIR 2010, 354; *Jennißen/Kemm* Die Hausgeldverpflichtung des Wohnungseigentümers – gesichert durch eine dingliche Last?, NZM 2012, 630; *Kessler*, Wohngeldrückstände als Gefahr für die Eigentumsvormerkung, NJW 2009, 121; *Reymann*, Zur Rangklasse einer Auflassungsvormerkung in der Zwangsversteigerung und zum Vorrang von Ansprüchen der Wohnungseigentümergemeinschaft, die die Zwangsversteigerung wegen Hausgeldrückständen betreibt, ZIP 2014, 1899; *Schneider*, Auswirkungen des WEMoG auf die Zwangsversteigerung von Eigentumswohnungen, ZfiR 2021, 93; *Schneider*, Ausgewählte Besonderheiten bei der Zwangsvollstreckung des wohnungseigentumsrechtlichen Entziehungsurteils, NZM 2014, 498; *Schneider*, Zur dinglichen Wirkung persönlicher Hausgeldansprüche, ZWE 2014, 61; *Schneider*, Hausgeldansprüche in der Insolvenz eines Wohnungseigentümers, ZMR 2012, 749; *Schneider*, Umfang des Vollstreckungsvorrechts nach § 10 Abs. 1 Nr. 2 ZVG, ZWE 2011, 341; *Schneider*, Zwangsvollstreckung von Beitragsforderungen gegen den werdenden Wohnungseigentümer, ZWE 2010, 341; *Schneider*, Der dingliche Charakter von Hausgeldansprüchen gemäß § 10 Abs. 1 Nr. 2 ZVG; ZMR 2009, 165; *Schuschke*, Die Zwangsvollstreckung in Sondernutzungsrechte, NZM 1999, 830; *Sinz/Hiebert*, § 10 Abs. 1 Nr. 2 ZVG – Absonderungsrecht der Wohnungseigentümergemeinschaft ohne Beschlagnahme?, ZInsO 2012, 205; *Suilmann*, Bevorrechtigte Ansprüche gem. § 10 Abs. 1 Nr. 2 ZVG und das Verhältnis zu Auflassungsvormerkungen, NotBZ 2010, 365; *Weber*, Das Rangklassenprivileg der Wohnungseigentümergemeinschaft – Herausforderung für Rechtsdogmatik und Vertragsgestaltung, DNotZ 2014, 738.

d) **Ausgewählte Literatur zur *Versorgungssperre* im Wohnungseigentumsrecht:**

Bonifacio, Einzelaspekte der Versorgungssperre im Wohnungseigentumsrecht, ZMR 2012, 330; *Gaier*, Versorgungssperre bei Beitragsrückständen des vermietenden Wohnungseigentümers, ZWE 2004, 109; *Suilmann*, Versorgungssperren gegen den Mieter von Wohnungseigentum, ZWE 2012, 111.

e) Spezielle Literatur aus der Zeit nach Inkrafttreten des WEMoG:

Schneider, Auswirkungen des WEMoG auf die Zwangsversteigerung von Eigentumswohnungen, ZfIR 2021, 93.

I. Vorbemerkung

1 Im → § 11 (Finanzwesen) haben Sie erfahren, unter welchen Voraussetzungen wohnungseigentumsrechtliche Hausgeldansprüche überhaupt entstehen können. Im → § 12 (Prozessrechtliche Besonderheiten) wurde Ihnen das Verfahrensrecht zur Titulierung dargestellt. Nun fehlen uns noch Überlegungen zur Realisierung von Hausgeldansprüchen, wobei uns hier primär die **objektbezogenen Möglichkeiten** interessieren werden.

2 Die Durchsetzung von Hausgeldansprüchen kann sowohl in **gerichtlichen Verfahren** durch Maßnahmen der Einzelzwangsvollstreckung in das Wohnungseigentum (Abschnitt II) und/oder im Rahmen eines Insolvenzverfahrens über das gesamte Vermögen eines Wohnungseigentümers betrieben werden (Abschnitt III). Darüber hinaus hat sich in der Praxis als bedeutsame Möglichkeit zur **außergerichtlichen Durchsetzung** die sog Versorgungssperre etabliert (Abschnitt IV). Diesen Möglichkeiten soll im Folgenden detaillierter nachgegangen werden.

II. Einzelzwangsvollstreckung

1. Grundsätze

a) Maßnahmen der Einzelzwangsvollstreckung

3 Gem. § 866 Abs. 1 ZPO erfolgt die Zwangsvollstreckung in ein Grundstück durch Eintragung einer Sicherungshypothek für die Forderung, durch Zwangsversteigerung und durch Zwangsverwaltung.

Diese **drei Vollstreckungsmöglichkeiten** unterscheiden sich durch ihre unterschiedliche Wirkungstiefe. Während die Eintragung einer Sicherungshypothek in das Grundbuch lediglich zu einer Rangwahrung, aber noch nicht zur unmittelbaren Befriedigung des Gläubigers führt, bewirkt die Zwangsverwaltung zwar schon eine Befriedigung, allerdings nur aus den (vorhandenen) Nutzungen des Grundstücks, das jedoch unverändert im Eigentum des Vollstreckungsschuldners verbleibt. Am Weitestgehenden wird durch die Zwangsversteigerung die Substanz des schuldnerischen Eigentums im Wege einer hoheitlichen Eigentumszuordnung an den meistbietenden Ersteher verwertet. Das Surrogat der Immobilie (= das bare Meistgebot) steht dann in diesem Verfahren zur Befriedigung aller dinglich gesicherten Gläubiger zur Verfügung.

Schaubild:

Arten der Zwangsvollstreckung in das unbewegliche Vermögen

§ 866 Abs. 1 ZPO

1 Zwangs-versteigerung	2. Zwangs-verwaltung	3 Zwangs-sicherungs-hypothek
Befriedigung aus dem Grundstück selbst (§ 869 ZPO, § 1 ZVG)	Befriedigung aus den Nutzungen des Grundstücks (§ 869 ZPO, §§ 1, 146 ZVG)	reines Sicherungs-mittel (§§ 866–868 ZPO)

Der betreibende Gläubiger kann dabei verlangen, dass eine der drei genannten Maßregeln allein oder neben den übrigen ausgeführt werden soll (§ 866 Abs. 2 ZPO).

Beispiel:

Ein Gläubiger könnte sich zunächst durch Eintragung einer Sicherungshypothek die nächst freie Rangstelle im Grundbuch sichern, um zu einem späteren Zeitpunkt die Zwangsversteigerung zu betreiben. Da der Umfang der Beschlagnahme in diesem Fall nicht die Mieten des Vollstreckungsobjekts erfasst (vgl. §§ 148 Abs. 1, 21 Abs. 2 ZVG), ist es sinnvoll, insoweit bis zur Beendigung der Zwangsversteigerung auch noch eine Zwangsverwaltung des (vermieteten) Grundstücks zu beantragen.

b) Wohnungseigentum als Gegenstand der Zwangsvollstreckung

(Nur) diese drei Möglichkeiten bestehen auch für die Einzelzwangsvollstreckung in ein Wohnungseigentum. **Gegenstand der Immobiliarvollstreckung** sind nämlich nicht nur (ganze) Grundstücke (§ 864 Abs. 1 ZPO), sondern auch Bruchteile eines Grundstücks, wenn der Bruchteil in dem Anteil eines Miteigentümers besteht oder wenn sich der Anspruch des Gläubigers auf ein Recht gründet, mit dem der Bruchteil als solcher belastet ist (§ 864 Abs. 2 ZPO). Da Wohnungseigentum sich sachenrechtlich als Sonderform des Miteigentums darstellt (→ § 1 Rn. 34 ff.), ermöglicht hier § 864 Abs. 2 ZPO die Immobiliarvollstreckung in die einzelne Raumeinheit wie bei einem Grundstück.[1] 4

Bitte lesen Sie jetzt § 864 und § 866 ZPO!

Bei der weiteren Lektüre sollten Sie im Hinterkopf haben, dass neben dem Wohnungseigentum als solchem die Beschlagnahme im Wege der Immobiliar- 5

[1] Böttcher ZVG Einl. Rn. 23. Zur – relativ unwirksamen – Begründung von Wohnungseigentum nach bereits erfolgter Beschlagnahme des ungeteilten Grundstücks im Zwangsversteigerungsverfahren s. BGH ZWE 2012, 270.

vollstreckung – wenn auch in unterschiedlichem Umfang – noch die weiteren Gegenstände des sog **Hypothekenhaftungsverbandes** umfasst (vgl. §§ 20 Abs. 2, 21 ZVG sowie §§ 146 Abs. 1, 148 Abs. 1 ZVG).

Wiederholung:

Schauen Sie wegen der Einzelheiten des Hypothekenhaftungsverbandes bitte noch einmal in → § 6 Rn. 35.

c) Grundsätze der Zwangsvollstreckung

6 Für die Zwangsvollstreckung in ein einzelnes Wohnungseigentum gelten daher zunächst dieselben **Grundsätze** wie für die Zwangsvollstreckung in (ungeteilte) Grundstücke. Es müssen also neben den allgemeinen Prozessvoraussetzungen insbesondere vorliegen:

- **Allgemeine Voraussetzungen der Zwangsvollstreckung**
  - Vollstreckungstitel (§ 704, § 794 ZPO),
  - Vollstreckungsklausel (§ 724 ff. ZPO);
  - Zustellung (§ 750 ZPO);
  - Parteiidentität (§ 750 Abs. 1 ZPO).
- **Besondere Voraussetzungen der Zwangsvollstreckung**
  - Eintritt eines bestimmten Kalendertages (§ 751 Abs. 1 ZPO);
  - Nachweis einer dem Gläubiger obliegenden Sicherheitsleistung (§ 751 Abs. 2 ZPO)[2];
  - Nachweis der Befriedigung oder des Annahmeverzuges bei Zug-um-Zug-Leistungen (§ 765 ZPO);
  - Ablauf von Wartefristen (zB § 798 ZPO).
- **Keine Vollstreckungshindernisse**
  - Einstellung oder Beschränkung der Zwangsvollstreckung (§§ 775, 776 ZPO);
  - Eröffnung eines Insolvenzverfahrens (§ 89 Abs. 1 InsO);
  - Kein (zulässiger) beschränkender Vollstreckungsvertrag (§§ 241, 311 BGB);
  - Kein sonstiges gesetzliches Vollstreckungshindernis (zB §§ 778, 929 Abs. 2 ZPO).

Für die jeweils gewählte Art der Zwangsvollstreckung können sich dann zusätzliche (ganz) besondere Voraussetzungen ergeben.

Hinweis:

Die Verfahrensvoraussetzungen müssen sich allein schon aus Platzgründen auf eine Wiedergabe der wesentlichen Grundlagen beschränken. Bei entsprechendem Interesse an einer detaillierten Darstellung vollstreckungsrechtlicher Voraussetzungen und Wirkungsweisen sollte zur Vertiefung auf die eingangs genannte einschlägige Literatur zurückgegriffen werden.

---

[2] Wegen der ohne Sicherheitsleistung möglichen Sicherungsvollstreckung durch Eintragung einer Sicherungshypothek in das Grundbuch s. § 720a ZPO; wegen des insoweit zu beachtenden Zustellungserfordernisses s. § 750 Abs. 3 ZPO.

2. Zwangsversteigerung

a) Grundsätze

aa) Regelungssystematik

Der Gesetzgeber hat das Zwangsversteigerungsverfahren nicht in der ZPO, 7 sondern in einem eigenen Gesetz über die Zwangsversteigerung und die Zwangsverwaltung geregelt. Systematisch stellt sich dieses ZVG als „Verlängerung" der ZPO dar (vgl. § 869 ZPO), so dass grundsätzlich die Bestimmungen der ZPO Anwendung finden, soweit das ZVG keine Sonderregelungen enthält.

bb) Stellung des Gläubigers

Ein Gläubiger kann in einem Zwangsversteigerungsverfahren unterschied- 8 liche Rechtsstellungen einnehmen. So kann der Gläubiger einerseits das Verfahren selbst aktiv **betreiben**, indem er entweder einen Antrag auf Anordnung der Zwangsversteigerung oder einen Beitrittsantrag zu einem bereits laufenden Versteigerungsverfahren stellt.

Bitte lesen Sie jetzt die §§ 15, 16 und § 27 ZVG!

Der Beschluss über die Anordnung des Verfahrens bzw. den Beitritt zum einem laufenden Verfahren gilt dann zugunsten des betreibenden Gläubigers als **Beschlagnahme** der Immobilie.

Bitte lesen Sie jetzt die §§ 20f. ZVG!

Andererseits kann sich ein Gläubiger aber auch darauf beschränken, seine 9 (dinglich gesicherten) Ansprüche lediglich in einem bereits von dritter Seite betriebenen Verfahren **anzumelden.**

Bitte lesen Sie jetzt § 45 Abs. 1 ZVG!

Der **Unterschied** zwischen einem aktiven Betreiben des Verfahrens und einem 10 bloßen Anmelden von Ansprüchen zeigt sich an verschiedenen Stellen.

Beispiele:

- Der das Versteigerungsverfahren betreibende Gläubiger ist der „Herr des Verfahrens". Er entscheidet demgemäß allein über eine **Einstellung** oder **Aufhebung** „seines Verfahrens". Eine Mitwirkung oder gar Zustimmung des lediglich anmeldenden Gläubigers ist dabei nicht vorgesehen. Die fehlende Möglichkeit einer Einflussnahme kann im Einzelfall nach längerer Verfahrensdauer sogar zu einem Rangverlust des Anmeldegläubigers führen, wenn dessen Ansprüche nach einer Verfahrensaufhebung des betreibenden Gläubigers inzwischen „veraltert" sind (vgl. § 13 ZVG).
- Kommt es zu einer gegen die Beschlagnahme verstoßenden Verfügung des Schuldners, kommt nur dem betreibenden Gläubiger das mit der Beschlagnahme bewirkte **Veräußerungsverbot** zugute (vgl. § 23 ZVG).
- Ein die Zwangsversteigerung betreibender Gläubiger kann weiterhin wegen der von ihm ausgehenden Verlustgefahr für nachrangig Berechtigte von diesen „abgelöst" werden (vgl. §§ 268 Abs. 1, 1150 BGB). Ein lediglich anmeldender Gläubiger begründet dagegen keine

Verlustgefahr; er wird demzufolge auch nicht vorzeitig **abgelöst** werden und muss mit seiner Befriedigung bis zum Abschluss des Verfahrens warten.

cc) Art des Anspruchs

11 Der Gläubiger hat bereits im Antrag zu erklären[3], ob er wegen sog **„persönlicher" und/oder „dinglicher" Ansprüche** das Verfahren betreiben will. Der Gläubiger kann nämlich entweder aus einem Zahlungstitel in das gesamte Vermögen des Schuldners („persönlich") – also sowohl in das Mobiliarvermögen als auch in das Immobiliarvermögen – vollstrecken. Demgegenüber berechtigt ein Duldungstitel gem. § 1147 BGB lediglich („dinglich") zur Zwangsvollstreckung in das mit einem Pfandrecht (zB einer Hypothek gem. § 1113 BGB oder Grundschuld gem. § 1191 BGB) belastete Objekt. Der Unterschied in der Art des verfolgten Anspruchs ist für den weiteren Gang des Verfahrens von entscheidender Bedeutung. Der Gesetzgeber hat nämlich den verschiedenen Anspruchsarten eine unterschiedliche Rangklasse im Rahmen des § 10 Abs. 1 ZVG zugeordnet.

Beispiel:

Aus den unterschiedlichen Rangklassen ergeben sich Auswirkungen für die Erstellung des sog geringsten Gebotes (vgl. §§ 44, 45 Abs. 1 ZVG) und für die Erlösverteilung (§§ 109 Abs. 2, 114 ZVG). Dem bestbetreibenden Gläubiger vorgehende Rechte bleiben grundsätzlich bestehen (vgl. § 52 Abs. 1 ZVG).

dd) Rangklassen

12 Im Einzelnen hat der Gesetzgeber folgende **Rangklassen** bestimmt, wobei ein Recht auf Befriedigung aus dem Versteigerungsobjekt für die Ansprüche einer nachfolgenden Rangklasse erst dann besteht, wenn die Ansprüche der jeweils vorgehenden Rangklasse(n) gedeckt sind (§ 10 Abs. 1 ZVG).

Rangklasse „0":	**Verfahrenskosten** (§ 109 ZVG). (Ohne Anordnungs-bzw. Beitrittskosten und Zuschlagskosten)
Rangklasse 1:	**Zwangsverwaltungsvorschüsse** (§ 10 Abs. 1 Nr. 1 ZVG).
Rangklasse 1a:	Die zur Insolvenzmasse gehörenden Ansprüche auf Ersatz der **Feststellungskosten** bzgl. der beweglichen Gegenstände, auf die sich die Versteigerung bezieht, mit pauschal 4 % des für diese Gegenstände festgesetzten Verkehrswertes (§ 10 Abs. 1 Nr. 1a ZVG).
Rangklasse 2:	(Zeitlich begrenzte) Ansprüche des Verbandes Wohnungseigentümergemeinschaft auf Zahlung der Beiträge zu den Lasten und Kosten des gemeinschaftlichen Eigentums oder des Sondereigentums, die nach § 16 Abs. 2, § 28 Abs. 1 und 2 des Wohnungseigentumsgesetzes geschuldet werden, einschließlich der Vorschüsse und Rückstellungen sowie der Rückgriffsansprüche einzelner Wohnungseigentümer (sog **Hausgeldansprüche**, § 10 Abs. 1 Nr. 2 ZVG).
Rangklasse 3:	(Zeitlich begrenzte) Ansprüche aus **Öffentlichen Lasten**, für die das Versteigerungsobjekt **dinglich** haftet wie zB Grundsteuern, Erschließungskosten und Flurbereinigungsbeiträge (§ 10 Abs. 1 Nr. 3 ZVG).

[3] BGH NJW 2008, 1956 = ZMR 2008, 724; Alff/Hintzen Rpfleger 2008, 165 (168); Böttcher §§ 15, 16 Rn. 117; Schneider ZfIR 2008, 161 (163).

Rangklasse 4:	(Zeitlich begrenzte) Ansprüche aus **dinglichen Rechten** (§ 10 Abs. 1 Nr. 4 ZVG).
Rangklasse 5:	(Zeitlich unbegrenzte) Ansprüche der **persönlich betreibenden Gläubiger**, soweit diese nicht bereits in einer höheren Rangklasse berücksichtigt werden (§ 10 Abs. 1 Nr. 5 ZVG).
Rangklasse 6:	Ansprüche aus dinglichen Rechten, die **nach** der Beschlagnahme eingetragen sind (**relativ unwirksame Rechte**; § 10 Abs. 1 Nr. 6 ZVG)
Rangklasse 7:	**Ältere Rückstände öffentlicher Lasten** der Rangklasse 3, soweit ihretwegen nicht das Verfahren betrieben wird (§ 10 Abs. 1 Nr. 7 ZVG).
Rangklasse 8:	**Ältere Rückstände dinglicher Rechte** der Rangklasse 4, soweit ihretwegen nicht das Verfahren betrieben wird (§ 10 Abs. 1 Nr. 8 ZVG).
Rangklasse „9":	**Verspätet angemeldete Ansprüche** (§§ 37 Nr. 4, 110 ZVG).

b) Besonderheiten bei der Zwangsversteigerung wegen Hausgeldansprüchen

aa) Gegenstand des Hausgeldprivilegs

Die vorstehende Rangklassensystematik findet zunächst ebenso Anwendung 13
auf ein zu versteigerndes Wohnungseigentum. **Zusätzlich** hat der Gesetzgeber mit der WEG-Novelle 2007[4] den Wohnungseigentümergemeinschaften ein begrenztes Vorrecht eingeräumt, um zukünftige Hausgeldausfälle in Zwangsversteigerungsverfahren zumindest zu reduzieren. Dieses sog **Hausgeldprivileg** ist anstelle der früheren und überkommenen „Litlohnansprüche" nunmehr vor den Ansprüchen der Grundpfandrechtsgläubiger (Rangklasse 4) in der Rangklasse 2 eingeordnet.

Den Vorrang der Rangklasse 2 in der Zwangsversteigerung eines Wohnungs- 14
eigentums genießen „die daraus fälligen Ansprüche auf Zahlung der Beiträge zu den Lasten und Kosten des gemeinschaftlichen Eigentums oder des Sondereigentums, die nach § 16 Abs. 2, § 28 Abs. 1 und 2 des Wohnungseigentumsgesetzes geschuldet werden, einschließlich der Vorschüsse und Rückstellungen sowie der Rückgriffsansprüche einzelner Wohnungseigentümer".

Bitte lesen Sie jetzt § 10 Abs. 1 Nr. 2 ZVG!

Die auf diese Weise definierten wohnungseigentumsrechtlichen **Hausgeldansprüche** können sich im Einzelnen wie folgt zusammensetzen[5]:

- Ansprüche aus einem Einzelwirtschaftsplan gem. § 28 Abs. 1, § 19 Abs. 2 Nr. 4 u Nr. 5 WEG (Hausgeldvorschüsse und Rückstellungen/-lagen);

---

[4] Art. 2 des Gesetzes zur Änderung des Wohnungseigentumsgesetzes und anderer Gesetze v. 26.3.2007 (BGBl. I 370).

[5] Vgl. Alff ZWE 2010, 105; Schneider ZWE 2011, 341 jew. noch zum früheren Recht.

- Ansprüche aus dem Negativsaldo einer Jahresabrechnung gem. §28 Abs.2 WEG (Nachschüsse, sog. „Abrechnungsspitze“);
- Ansprüche aus einem Sonderumlagenbeschluss gem. §16 Abs.2 WEG;
- Erstattungsansprüche für Kosten eines Sondereigentums, die über die Gemeinschaft abgerechnet werden;[6]
- Nebenleistungen – insbesondere Zinsen (vgl. §246 BGB) und Verzugszinsen (vgl. §288 BGB);
- Rückgriffsansprüche einzelner Wohnungseigentümer[7];
- Kosten der die Befriedigung aus dem Wohnungseigentum bezweckenden Rechtsverfolgung gem. §10 Abs.2 ZVG.

bb) Umfang des Hausgeldprivilegs

15 Die genannten Ansprüche sind in mehrfacher Hinsicht begrenzt:

- **Objektmäßige Begrenzung**
  Die genannten Ansprüche können nur hinsichtlich der jeweiligen die Zahlungspflicht verursachenden Wohnungseigentumseinheit bevorrechtigt geltend gemacht werden („daraus“).

  Beispiel:

  Gehören dem Schuldner mehrere Wohnungseigentumseinheiten, so kann das Vorrecht in der Rangklasse 2 nur bei der die Schuld verursachenden Wohnungseinheit, nicht aber „über kreuz“ oder kumulativ geltend gemacht werden. Problematisch kann dies insbesondere dann werden, wenn für ein Wohnungseigentum und einen rechtlich selbständigen Pkw-Stellplatz in der Tiefgarage nur gemeinsam abgerechnet wird.

16 - **Zeitliche Begrenzung**
  Das Vollstreckungsvorrecht erfasst die laufenden und die rückständigen Beträge aus dem Jahr der Beschlagnahme und den letzten zwei Jahren (§ 10 Abs. 1 Nr. 2 S. 2 ZVG).
  Laufende Beträge wiederkehrender Leistungen sind danach der letzte vor der Beschlagnahme fällig gewordene Betrag sowie die später fällig werdenden Beträge (§ 13 Abs. 1 S. 1 ZVG). Die nicht von § 13 Abs. 1 S. 1 ZVG erfassten älteren Beträge sind **Rückstände** (§ 13 Abs. 1 S. 2 ZVG). Anders als bei den öffentlichen Lasten (§ 10 Abs. 1 Nr. 3 ZVG) und den dinglichen Rechten (§ 10 Abs. 1 Nr. 4 ZVG) erfasst der Vorrang des § 10 Abs. 1 Nr. 2 ZVG damit weitergehend auch die rückständigen Beträge aus dem gesamten Jahr der Beschlagnahme und den letzten zwei davor liegenden Kalenderjahren.[8]

  Beispiel:

  Die Anordnung der Zwangsversteigerung erfolgt durch Beschlagnahme (vgl. §22 Abs. 1 ZVG) im Laufe des Jahres 2021. Erfasst werden vom Vorrang die säumigen Hausgeldbeträge aus den Kalenderjahren 2019, 2020 und 2021 bis zur Zuschlagserteilung.[9]

---

[6] Vgl. BT-Drs. 16/887, 44; zB Kaltwasserkosten eines Sondereigentums.

[7] Vgl. BT-Drs. 16/887, 44; den Rückgriffsansprüchen einzelner Wohnungseigentümer soll hier nicht weiter nachgegangen werden.

[8] Die Ausdehnung der Hausgeldansprüche auf ganze Kalenderjahre sollte im Hinblick auf §28 Abs.1 S.1 WEG die Abrechnungspraxis der WEG-Gemeinschaften erleichtern; vgl. BT-Drs. 16/887, 45.

[9] Umstritten ist, ob in diesem Fall auch eine erst in der Jahresabrechung 2019 beschlossene und damit begründete Nachschusspflicht (Abrechnungsspitze) für Ansprüche aus dem Kalenderjahr 2018 Berücksichtigung finden kann; **dagegen** unter Berufung auf

- **Betragsmäßige Begrenzung** 17
  Das Vollstreckungsvorrecht einschließlich aller Nebenleistungen ist begrenzt auf Beträge in Höhe von **nicht mehr als 5 vom Hundert** des nach § 74a Abs. 5 ZVG festgesetzten Wertes (§ 10 Abs. 1 Nr. 2 S. 3 ZVG). Dieser **Verkehrswert** wird gem. § 74a Abs. 5 ZVG in der Regel erst nach Anhörung eines Sachverständigen vom Vollstreckungsgericht festgesetzt.
  Wollte vor dem 1.12.2020 der Verband Wohnungseigentümergemeinschaft selbst die Zwangsversteigerung aus der Rangklasse 2 betreiben, mussten die rückständigen Hausgeldansprüche **zusätzlich 3 % des steuerlichen Einheitswertes übersteigen** (§ 10 Abs. 3 S. 1 ZVG aF). Auf diese Weise sollte ein Wertungswiderspruch zwischen Forderungs- und Entziehungsversteigerung vermieden werden. Nachdem § 18 Abs. 2 Nr. 2 WEG aF als Bezugsgröße durch das WEMoG aufgehoben wurde[10], musste auch § 10 Abs. 3 S. 1 ZVG aF aufgehoben werden. Die Vollstreckung mit dem Range nach § 10 Abs. 1 Nr. 2 ZVG ist also ohne Beachtung einer betragsmäßigen Untergrenze möglich.
- **Zahlenmäßige Begrenzung** 18
  Für den Vorrang der Hausgeldansprüche muss in demselben Verfahren der **Grundsatz der Einmaligkeit** gelten, weil andernfalls die durch § 10 Abs. 1 Nr. 2 S. 3 ZVG normierte Obergrenze über 5 % hinaus ausgedehnt würde. Erfolgt also eine vollständige Ablösung der vorrangig geltend gemachten Hausgeldansprüche in einem Zwangsversteigerungsverfahren, kann der Verband Wohnungseigentümergemeinschaft zu einem späteren Zeitpunkt dem fortdauernden Versteigerungsverfahren mit zwischenzeitlich titulierten weiteren Hausgeldansprüchen nicht erneut im Vorrang des § 10 Abs. 1 Nr. 2 ZVG beitreten, wenn dieser bereits zuvor durch die abgelösten Beträge erschöpft worden ist.[11]

  Beispiel:

  Betreibt der Verband Wohnungseigentümergemeinschaft die Zwangsversteigerung aus der Rangklasse 2 des § 10 Abs. 1 ZVG, so ist insbesondere jeder nachrangige Grundpfandrechtsgläubiger in der Rangklasse 4 mit seinem eingetragenen Recht untergangsgefährdet. Weil er also Gefahr läuft, durch die Zwangsvollstreckung sein Recht an dem Vollstreckungsgegenstand zu verlieren, ist der Grundpfandrechtsgläubiger berechtigt, den betreibenden Verband zu befriedigen (§ 268 Abs. 1 S. 1 iVm § 1150 BGB). Anders als bei Zahlungen seitens des Vollstreckungsschuldners[12] geht bei einer solchen Ablösung die bevorrechtigte Forderung des Verbandes kraft Gesetzes gem. § 268 Abs. 3 S. 1 BGB mit allen Nebenrechten auf den Ablösenden über und verschafft ihm die Rechtsstellung des Abgelösten. Dazu gehört im Umfang der Ablösung auch das Einrücken in die Rangklasse

---

BT-Drs. 16/887, S. 45: Alff ZWE 2010, 105 (107); Bärmann/Becker WEG § 16 Rn. 190; Stöber/Achenbach § 10 Rn. 36; dafür mit Wortlautargument: Abramenko Das neue WEG § 8 Rn. 21; Jacoby ZWE 2015, 297 (300); NKV/Kümmel WEG Anhang zu § 16 Rn. 155; Schneider ZWE 2011, 341 (342); offen gelassen von BGH NJW 2011, 3098 = ZMR 2012, 788 = ZWE 2013, 43.

[10] Art. 5 Nr. 2 Gesetz zur Förderung der Elektromobilität und zur Modernisierung des Wohnungseigentumsgesetzes und zur Änderung von kosten- und grundbuchrechtlichen Vorschriften (WEMoG) v. 16.10.2020, BGBl. I 2187.

[11] BGH ZWE 2010, 367; BGH NJW 2010, 3169 = ZMR 2010, 383.

[12] Der Verband kann mangels einer Legalzession wie im Fall § 268 Abs. 3 S. 1 BGB nach einer schuldnerischen Zahlung die insoweit vakant gewordene Rangposition im Vorrang der Rangklasse 2 des § 10 Abs. 1 ZVG bis zur Obergrenze wieder „aufladen“; BGH ZfIR 2012, 755 mAnm Keller = ZMR 2012, 798 = ZWE 2012, 437; Schneider ZMR 2010, 340; aA LG Berlin ZMR 2012, 720 mablAnm Schneider.

2 des § 10 Abs. 1 ZVG (vgl. §§ 401, 412 BGB); die wiederholte Ausübung des Vorrechts ist damit nach einer Ablösung durch den ablösenden Gläubiger in diesem Verfahren „blockiert“.

19 Desweiteren soll dem Hausgeldprivileg des § 10 Abs. 1 Nr. 2 ZVG nach Auffassung des V. Zivilsenats des BGH **keine dingliche Wirkung** zukommen.[13]

Wenn diese Rechtsansicht zutreffend ist[14], könnte ein Wohnungseigentum durch rechtzeitige Veräußerung mit der Folge „enthaftet“ werden, dass der die Hausgeldansprüche erst verursachende Gegenstand nicht mehr als Vollstreckungsobjekt des Hausgeldschuldners zur Verfügung steht. Der Verband Wohnungseigentümergemeinschaft könnte allerdings im Veräußerungsfall auch den Erwerber nicht auf Duldung der Zwangsvollstreckung in Anspruch nehmen, weil die Hausgeldansprüche in diesem Fall nicht an dem übertragenen Wohnungseigentum „klebten“. Ein bereits vor der Veräußerung erwirkter Zahlungstitel gegen den dann nur persönlich haftenden Veräußerer könnte nicht auf den Erwerber des Wohnungseigentums als Rechtsnachfolger gem. § 727 ZPO umgeschrieben werden.

Noch einschneidender zeigten sich die Auswirkungen im Anlaufstadium einer jetzt auf die Grundbucheintragung vorgezogenen Wohnungseigentümergemeinschaft (→ § 4 Rn. 68). Hier bestünde nach derzeitiger Rechtslage gar ein Vollstreckungsnotstand, weil eine Zwangsvollstreckung in das Wohnungseigentum völlig unmöglich wäre.[15] Der werdende Wohnungseigentümer ist zwar alleiniger Hausgeldschuldner[16], aber (noch) nicht eingetragener Wohnungseigentümer (vgl. § 17 Abs. 1 ZVG); der teilende Bauträger haftet andererseits dinglich nicht für die Hausgeldschulden des Erwerbers.

Für den Verband Wohnungseigentümergemeinschaft hat ein Verwertungsvorrecht ohne dingliche Wirkung damit nur geringen Wert.[17]

cc) Besonderheiten bei der privilegierten Anmeldung von Hausgeldansprüchen

20 Auch der Verband Wohnungseigentümergemeinschaft kann seine gem. § 10 Abs. 1 Nr. 2 ZVG bevorrechtigten Ansprüche zu einem von einem anderen Gläubiger betriebenen Zwangsversteigerungsverfahren lediglich anmelden (→ Rn. 8 ff.). Zur Anmeldung ist ausnahmsweise ein **Vollstreckungstitel nicht erforderlich** (!!). Insoweit genügt es, wenn die Ansprüche durch die Niederschrift der Beschlüsse der Wohnungseigentümer einschließlich ihrer Anlagen oder in sonst geeigneter Weise glaubhaft gemacht werden.

Bitte lesen Sie jetzt § 45 Abs. 3 ZVG!

---

[13] BGH NJW 2018, 1613 = Rpfleger 2018, 398 = ZfIR 2018, 232 mablAnm Becker = ZMR 2018, 340 = ZWE 2018, 172 (Ls.) mablAnm Schneider; BGHZ 198, 216 = NJW 2013, 3515 = ZfIR 2013, 806 = ZMR 2014, 80 = ZWE 2013, 466.

[14] Abl. Becker ZfIR 2013, 809; Schneider ZWE 2014, 61.

[15] Vom BGH in Rn. 15 der vorgenannten BGHZ-Entscheidung mwN eingeräumt.

[16] BGHZ 193, 219 = NJW 2012, 2650 = ZWE 2012, 369.

[17] Bärmann/Becker WEG § 16 Rn. 187a.

Bei einer Anmeldung konnten die rückständigen Hausgeldansprüche auch schon bisher selbst dann Berücksichtigung finden, wenn sie 3 % des steuerlichen Einheitswertes noch nicht überstiegen.[18]

Der Gesetzgeber überlässt einem Gläubiger die **Wahl**, ob er wegen seiner 21
rückständigen Ansprüche selbst das Verfahren **betreiben** oder diese lediglich **anmelden** möchte; beide Möglichkeiten stehen gleichberechtigt nebeneinander. Durch die Ablehnung des dinglichen Rechtscharakters für wohnungseigentumsrechtliche Hausgeldansprüche (→ Rn. 19) kann es jedoch nun im Versteigerungsverfahren zu Rechtsverlusten für den Verband Wohnungseigentümergemeinschaft kommen, die ein eigenes Betreiben ratsam erscheinen lassen.

Beispiel:[19]

Wurde die Zwangsversteigerung zugunsten eines Grundpfandrechtsgläubigers angeordnet, bewirkt die Beschlagnahme der Immobilie ein Veräußerungsverbot zugunsten des betreibenden Gläubigers (§§ 22 Abs. 1, 23 Abs. 1 S. 1 ZVG). Eine gegen das Veräußerungsverbot verstoßende Verfügung des Eigentümers ist dem betreibenden Gläubiger gegenüber unwirksam (§ 23 Abs. 1 S. 1 ZVG, §§ 135, 136 BGB). Ob eine beschlagnahmewidrige Verfügung gegenüber dem betreibenden Gläubiger unwirksam ist oder nicht, hängt damit allein von dessen Zustimmung ab.[20] Der lediglich anmeldende Verband hat hierauf keinen Einfluss.

Verneint man nun mit dem BGH[21] eine dingliche Wirkung des Vorrechts, kann mangels eigener Beschlagnahme eine privilegierte Anmeldung der Hausgeldrückstände zugunsten des Verbandes nur so lange wirken, wie auch der persönliche Hausgeldschuldner noch Eigentümer des zur Versteigerung gebrachten Wohnungseigentums ist. Der rangschlechtere Grundpfandrechtsgläubiger könnte nach dieser Ansicht also das Schicksal des Hausgeldprivilegs bestimmen.

c) Besonderheiten bei der Zwangsversteigerung wegen wohnungseigentumsrechtlicher Entziehungsansprüche

Im → § 12 Rn. 85 ff. haben Sie das wohnungseigentumsrechtliche Entziehungs- 22
verfahren kennengelernt. Die Vollstreckung eines solchen Entziehungsurteils erfolgt nach der WEG-Novelle 2007 ausschließlich im Wege eines gerichtlichen Zwangsversteigerungsverfahrens nach dem ZVG und nach dem WEMoG jetzt im neu gefassten § 17 WEG.

Bitte lesen Sie jetzt § 17 Abs. 4 S. 1 WEG!

Danach hat die Anwendung der ZVG-Normen „entsprechend" zu erfolgen. Wie dies konkret umgesetzt werden soll, bleibt mangels gesetzlicher Vorgaben und mangels systemkonformer Aussagen im Gesetzgebungsverfahren unklar.

[18] § 10 Abs. 3 S. 1 ZVG aF bezog sich nur auf das eigene Betreiben durch den Verband, da andernfalls Wertungswidersprüche zu § 18 Abs. 2 Nr. 2 WEG aF aufgetreten wären.

[19] In Anlehnung an ZWE 2014, 61 (68f.).

[20] Vgl. BGH ZMR 2012, 638 = ZWE 2012, 270.

[21] BGH NJW 2018, 1613 = Rpfleger 2018, 398 = ZfIR 2018, 232 mablAnm Becker ZMR 2018, 340 = ZWE 2018, 172 (Ls.) mablAnm Schneider; BGHZ 198, 216 = NJW 2013, 3515 = ZfIR 2013, 806 = ZMR 2014, 80 = ZWE 2013, 466.

Beispiel:

Nach Auffassung des BMJ hat die Vollstreckung eines Entziehungsurteils in der Rangklasse 5 des § 10 Abs. 1 ZVG zu erfolgen.[22] § 10 Abs. 1 ZVG regelt allerdings die Rangordnung der Rechte auf Befriedigung aus einem Wohnungseigentum zur Verwirklichung eines **Geldanspruchs**. Der ausgeurteilte **Entziehungsanspruch** stellt demgegenüber kein solches geldwertes Befriedigungsrecht dar und kollidiert aus diesem Grunde mit dem zwangsversteigerungsrechtlichen Deckungsgrundsatz (vgl. § 44 ZVG).

Der wohnungseigentumsrechtliche Entziehungsanspruch kann deshalb nach hier vertretener Auffassung nicht in die Rangklasse 5 eingeordnet werden; er steht vielmehr außerhalb der Rangordnung des § 10 Abs. 1 ZVG.[23]

23 Die **Ausübung** dieses Rechts steht der rechtsfähigen Gemeinschaft der Wohnungseigentümer zu, auch soweit es sich um eine Gemeinschaft handelt, die nur aus zwei Wohnungseigentümern besteht (vgl. demgegenüber noch § 19 Abs. 1 S. 2 WEG aF). Bei der Ausübung können sich zahlreiche Besonderheiten ergeben.[24]

Wiederholung:

Wir haben es hier mit einem Fall der eigenen Rechtszuständigkeit der GdWE gem. § 9a Abs. 2 WEG zu tun. Wiederholen Sie bitte im → § 7 Rn. 16.

3. Zwangsverwaltung

a) Grundsätze

aa) Regelungssystematik

24 Der Gesetzgeber hat das Zwangsverwaltungsverfahren nicht in der ZPO, sondern zusammen mit dem Zwangsversteigerungsverfahren in einem eigenen Gesetz geregelt. Systematisch stellt sich dieses ZVG als „Verlängerung" der ZPO dar (vgl. § 869 ZPO), so dass grundsätzlich die Bestimmungen der ZPO Anwendung finden, soweit das ZVG keine Sonderregelungen enthält.

25 Auf das Verfahren finden mit einigen Abweichungen grundsätzlich die Vorschriften über die Anordnung der Zwangsversteigerung entsprechende Anwendung (§ 146 Abs. 1 ZVG). Gleichwohl sind das **Zwangsversteigerungsverfahren** und das **Zwangsverwaltungsverfahren** bzgl. desselben Objektes voneinander **unabhängig**, so dass auch die Beteiligten des einen Verfahrens nicht automatisch Beteiligte des anderen Verfahrens sind.[25]

---

[22] RegE BT-Drs 16/887, 26 f.

[23] Dassler u.a./Rellermeyer § 10 Rn. 71; HdbFAWEG/Schneider Kapitel 33 Rn. 458; Hk-ZV/Sievers § 10 ZVG Rn. 56; Löhnig/Stenzel § 19 WEG Rn. 5; ähnlich Bärmann/Seuß/Bonifacio Teil F Rn. 421; Jennißen/Heinemann § 19 Rn. 29: „rangloses Recht"; aA Bärmann/Suilmann WEG § 19 Rn. 15; Schmidberger ZMR 2012, 168.

[24] S. im Einzeln die Zusammenstellung in NZM 2014, 498 mwN; tlw. aA LG Regensburg ZWE 2017, 406.

[25] Stöber/Keller § 9 Rn. 62.

bb) Verfahrensziel

Durch die Anordnung einer Zwangsverwaltung wird dem Schuldner die Verwaltung und Benutzung des Grundstücks entzogen (§ 148 Abs. 2 ZVG). Die Verwaltungsbefugnis steht nur noch dem gerichtlich bestellten **Zwangsverwalter** zu. 26

Bitte lesen Sie jetzt die §§ 150 und 152 ZVG!

Die Befriedigung des Gläubigers soll in diesem Verfahren allein durch die vom Zwangsverwalter generierten Einnahmen aus der beschlagnahmten Immobilie erfolgen.

cc) Stellung des Gläubigers

Auch in einem Zwangsverwaltungsverfahren kann ein Gläubiger unterschiedliche Rechtsstellungen einnehmen, indem er einerseits selbst durch Anordnung bzw. Beitritt im Beschlagnahmeweg das Verfahren aktiv **betreibt** oder indem er seine (dinglich gesicherten) Ansprüche lediglich in einem bereits von dritter Seite betriebenen Verfahren **anmeldet.** 27

Der **Unterschied** zwischen einem aktiven Betreiben der Zwangsverwaltung und einem bloßen Anmelden von Ansprüchen zeigt sich insbesondere im berücksichtigungsfähigen Umfang der Gläubigeransprüche. So werden bei der Verteilung der erzielten Überschüsse **in der zweiten, dritten und vierten Rangklasse** lediglich Ansprüche auf **laufende wiederkehrende Leistungen** berücksichtigt. 28

Bitte lesen Sie jetzt § 155 Abs. 2 S. 2 ZVG!

Will ein Gläubiger also außer den laufend wiederkehrenden Leistungen auch seine bereits aufgelaufenen **Rückstände** über die Zwangsverwaltung erhalten, muss er das Verfahren **in der Rangklasse 5** betreiben.

Beispiel:

Ein Grundpfandrechtsgläubiger kann während der Zwangsverwaltung seine laufend (zukünftig) fällig werdenden Zinsleistungen in der Rangklasse 4 zur Berücksichtigung anmelden. Will er jedoch auch das Kapital des Grundpfandrechts berücksichtigt wissen, so muss er die Zwangsverwaltung in der Rangklasse 5 aktiv betreiben (zu den Rangklassen in der Zwangsverwaltung s. sogleich).

dd) Rangklassen

Über die allgemeine Verweisung in § 146 Abs. 1 ZVG greift das Zwangsverwaltungsverfahren zunächst auf die Rangklassensystematik des § 10 Abs. 1 ZVG zurück. Auch hier besteht ein Recht auf Befriedigung für die Ansprüche einer nachfolgenden Rangklasse erst dann, wenn die Ansprüche der jeweils vorgehenden Rangklasse(n) gedeckt sind. Allerdings muss die Verteilung der erzielten Einkünfte dem Umstand Rechnung tragen, dass ein Zwangsverwaltungsverfahren grundsätzlich als Dauerverfahren konzipiert ist. Deshalb müssen auch allgemeine Ausgaben für das Grundstück in gleicher Weise berücksichtigt werden wie der Grundstückseigentümer im Rahmen seiner Verwaltungsbefugnis ordnungsmäßige Ausgaben ebenfalls zu tätigen hätte. 29

Bitte lesen Sie jetzt § 155 Abs. 1 und 2 ZVG!

30 Daraus ergibt sich für das Zwangsverwaltungsverfahren folgendes **modifiziertes Rangklassensystem:**

Zunächst werden den Einkünften die **„Ausgaben der Verwaltung“** sowie die **„Kosten des Verfahrens“** vorab entnommen (§ 155 Abs. 1 ZVG).

Anschließend erfolgt die Verteilung des **Erlösüberschusses** nach folgender Rangfolge (§ 155 Abs. 2 ZVG):

Rangklasse 1:	**Zwangsverwaltungsvorschüsse** Anschaffungskosten für Düngemittel, Saatgut oder Futtermittel sowie Kredite für deren Anschaffung
Rangklasse 2:	**Laufende** wohnungseigentumsrechtliche **Hausgeldansprüche** (gem § 156 Abs. 1 ZVG vorab ohne Teilungsplan zu begleichen)
Rangklasse 3:	**Laufende** wiederkehrende **öffentliche Lasten** (gem § 156 Abs. 1 ZVG vorab ohne Teilungsplan zu begleichen)
Rangklasse 4:	**Laufende** wiederkehrende Leistungen der im Grundbuch **eingetragenen Rechte** (Abt. II und Abt. III)
Rangklasse 5:	Alle **sonstigen Ansprüche** betreibender – auch persönlicher – Gläubiger, soweit noch nicht vorstehend berücksichtigt. In dieser Rangklasse hat sich – wie in der Zwangsversteigerung – die Rangfolge nach dem Beschlagnahmezeitpunkt und nicht nach dem zugrundeliegenden Anspruch zu richten.[26]

31 Der Zwangsverwalter ist berechtigt, die **laufenden Beträge** der **öffentlichen Lasten** (Rk 3) und die **laufenden Beträge** der wohnungseigentumsrechtlichen **Hausgeldansprüche** einschließlich der Vorschüsse und Rückstellungen sowie der Rückgriffsansprüche einzelner Wohnungseigentümer (Rk 2) **ohne weiteres Verfahren** zu berichtigen. Erst wenn zu erwarten ist, dass über die genannten Ansprüche hinaus auch auf andere Ansprüche Zahlungen geleistet werden können, wird ein Verteilungstermin bestimmt. In dem Termin wird dann der gerichtliche **Teilungsplan** für die gesamte Dauer des Verfahrens aufgestellt.

Bitte lesen Sie jetzt § 156 ZVG!

b) Besonderheiten bei der Zwangsverwaltung wegen Hausgeldansprüchen

aa) Einordnung laufender Hausgeldansprüche

32 Durch die Einfügung des § 156 Abs. 1 S. 2 ZVG anlässlich der WEG-Novelle 2007 war zweifelhaft geworden, ob die laufenden Hausgeldansprüche – unverändert – als Ausgaben der Verwaltung[27] oder nunmehr nur noch als rangklas-

[26] Böttcher/Keller ZVG § 155 Rn. 37; Dassler u.a./Engels ZVG § 155 Rn. 74; Haarmeyer/Wutzke/Förster/Hintzen ZVG § 155 Rn. 24; Stöber ZVG § 155 Rn. 7.2; aA Steiner/Hagemann ZVG § 155 Rn. 90; Korintenberg/Wenz ZVG § 155 Rn. 4.

[27] So LG Köln NJW 2009, 599; LG Düsseldorf Rpfleger 2009, 583 = ZMR 2009,

sengebundene Ansprüche[28] vom Zwangsverwalter zu berücksichtigen sind. Die Beantwortung der Frage ist von großer Bedeutung, weil die Möglichkeit einer Vorschussanforderung bei einer notleidenden Zwangsverwaltungsmasse nur für Ausgaben der Verwaltung, nicht aber zur Befriedigung von Rangklassenforderungen besteht (vgl. § 161 Abs. 3 ZVG).

Nach Auffassung des BGH können die **laufenden** Ansprüche auf Zahlung 33 der Beiträge zu den Lasten und Kosten des gemeinschaftlichen Eigentums oder des Sondereigentums (einschließlich der Vorschüsse und Rückstellungen) jedoch unverändert gem. § 16 Abs. 2, § 28 Abs. 1 u. 2 WEG als Ausgaben der Verwaltung Berücksichtigung finden.[29] Die in § 156 Abs. 1 Satz 1 u. 2 genannten Ansprüche (laufende öffentliche Lasten und laufende Hausgelder) werden nach dieser Entscheidung nunmehr aus der Überschussverteilung des § 155 Abs. 2 ZVG iVm § 10 Abs. 1 ZVG herausgenommen und als Aufwendungen iSd § 155 Abs. 1 behandelt; die gesetzliche Neuregelung des § 156 Abs. 1 S. 2 ZVG (Vorabentnahme der Hausgelder ohne Teilungsplan) ist danach allerdings überflüssig und läuft in der Praxis leer.[30]

bb) Umfang der Hausgeldansprüche als Ausgaben der Verwaltung

Auch nach dem vorgenannten Beschluss des BGH bleibt unentschieden, ob 34 **einmalig** zu zahlende **Sonderumlagen** und **Abrechnungsspitzen** nun ebenfalls wieder – wie vor der Gesetzesänderung[31] – als Ausgaben der Verwaltung zu behandeln sein sollen. Die Entscheidung verhält sich lediglich über **laufende Hausgeldzahlungen.** Hierzu sollen allerdings nach inzwischen wohl überwiegender Auffassung auch Sonderumlagen und Nachschüsse (Abrechnungsspitzen) jedenfalls dann zu zählen sein, wenn die die Zahlungspflicht auslösende Beschlussfassung in die Zeit der Zwangsverwaltung fällt.[32]

Bei **Sonderumlagen** wird man die hM wohl nur so verstehen können, dass 35 beschlossene Sonderumlagen zum Zwecke der Finanzierung von notwendigen Instandhaltungsmaßnahmen zu den Ausgaben der Zwangsverwaltung gezählt werden sollen, nicht aber solche zum Zwecke der Ausfalldeckung infolge der Säumnis des Vollstreckungsschuldners.[33] Die Problematik kann durch die Wohnungseigentümer allerdings dadurch entschärft werden, dass sie anstelle einer einmaligen Sonderumlage ein erhöhtes, laufend zu zahlendes Hausgeld beschließen.

713; Bärmann/Becker WEG § 16 Rn. 176; Hügel/Elzer Das neue WEG-Recht § 15 Rn. 44; Schädlich ZfIR 2009, 265.

[28] So LG Leipzig Rpfleger 2009, 337; AG Schöneberg ZMR 2009, 157; AG Duisburg NZM 2008, 937; Dassler u.a./Engels § 156 Rn. 10; Keller ZfIR 2009, 385; Mayer RpflStud 2006, 71; Schneider NZM 2008; 919; Stöber ZVG-Handbuch 8. Aufl. Rn. 637a; Wedekind ZfIR 2007, 704 (705f.).

[29] BGHZ 182, 361 = NJW 2010, 1003 = ZWE 2010, 81.

[30] Zur Kritik vgl. Schneider ZWE 2010, 77.

[31] Vgl. OLG München ZfIR 2007, 647 mAnm Bergsdorf = ZWE 2007, 356 mAnm F. Schmidt zur Abrechnungsspitze.

[32] Alff/Hintzen Rpfleger 2008, 165 (173); Bärmann/Becker WEG § 16 Rn. 204; Dassler u.a./Engels ZVG § 156 Rn. 11.3; Stöber ZVG § 156 Rn. 3.4; zu Recht krit. Böttcher/Keller ZVG § 155 Rn. 10b f.; Schneider ZWE 2010, 77.

[33] Dassler u.a./Engels ZVG § 152 Rn. 214 ff.

4. Eintragung einer Sicherungshypothek für die Forderung des Gläubigers

a) Entstehen

36 Da diese Sicherungshypothek nicht rechtsgeschäftlich (vgl. § 1184 ff. BGB), sondern im Wege der Zwangsvollstreckung zur Entstehung gebracht wird, hat sich insoweit der Begriff **Zwangshypothek** eingebürgert. Es handelt sich somit um ein Grundpfandrecht, dessen Eintragung durch Antragstellung und Nachweis der Vollstreckungsvoraussetzungen beim zuständigen Grundbuchgericht herbeigeführt werden kann; mit der Eintragung entsteht dann die Hypothek (§ 867 Abs. 1 ZPO). Der Zwangshypothek kommt dieselbe dingliche und rangwahrende Wirkung zu wie einer rechtsgeschäftlich bestellten Hypothek.

37 Außer den oben genannten Voraussetzungen der Zwangsvollstreckung sind **zusätzlich zwei weitere** besondere **Voraussetzungen** zu beachten:

- **Mindestbetrag:**
  Eine Zwangshypothek darf nur für einen Betrag von mehr als 750,– EUR eingetragen werden; Zinsen bleiben dabei unberücksichtigt, soweit sie als Nebenforderung geltend gemacht sind. Auf Grund mehrerer demselben Gläubiger zustehender Schuldtitel kann eine einheitliche Sicherungshypothek eingetragen werden (§ 866 Abs. 3 ZPO).
- **Verteilung bei mehreren Objekten:**
  Sollen mehrere Vollstreckungsobjekte des Schuldners mit der Zwangshypothek belastet werden, so ist der Betrag der Forderung auf die einzelnen Objekte zu verteilen. Die Größe der Teile bestimmt der Gläubiger; jeder Teil darf wiederum nur für einen Betrag von mehr als 750,– EUR eingetragen werden (§ 867 Abs. 2 ZPO).

Bitte lesen Sie jetzt § 867 und (noch einmal) § 866 ZPO!

b) Durchsetzung

38 Will der Gläubiger seine titulierte Forderung im Wege der Zwangsversteigerung realisieren, stehen ihm nach Eintragung der Zwangshypothek in das Wohnungsgrundbuch zwei Wege zur Verfügung:

- Der Gläubiger kann die Zwangsversteigerung des Wohnungseigentums aus dem eingetragenen Recht in der **Rangklasse 4** des § 10 Abs. 1 ZVG betreiben. Dazu bedarf er keines besonderen Duldungstitels gem. § 1147 BGB, weil insoweit ausnahmsweise der vollstreckbare Titel genügt, auf dem die Eintragung vermerkt ist (§ 867 Abs. 3 ZPO). Diese Erleichterung ist allerdings auf das Betreiben der Zwangsversteigerung beschränkt. Für andere Maßnahmen einer dinglichen Zwangsvollstreckung benötigt der durch Eintragung einer Zwangshypothek gesicherte Gläubiger gleichwohl unverändert einen dinglichen Titel.[34]
  Auch nach einer rechtsgeschäftlichen Veräußerung des Wohnungseigentums ist im Hinblick auf § 17 Abs. 1 ZVG ein dinglicher Duldungstitel gegen den

[34] BGH NJW 2008, 1599 = ZMR 2008, 610.

Erwerber erforderlich, um aus dem eingetragenen Recht in das Wohnungseigentum vollstrecken zu können.[35]

- Der Gläubiger kann die Zwangsversteigerung des Wohnungseigentums auch wegen des titulierten persönlichen Zahlungsanspruchs in der **Rangklasse 5** des § 10 Abs. 1 ZVG betreiben.
  In diesem Fall bliebe dann seine vor der Beschlagnahme eingetragene Zwangshypothek im geringsten Gebot bestehen.[36]

c) Besonderheiten bei Hausgeldansprüchen

Die Eintragung einer Zwangshypothek wegen wohnungseigentumsrechtlicher Hausgeldansprüche iSd § 16 Abs. 2, § 28 Abs. 1 u. 2 WEG ist auch dann noch möglich, wenn die Ansprüche bereits in der **Rangklasse 2** des § 10 Abs. 1 ZVG privilegiert sein können. Das Rechtsschutzinteresse für eine solche Eintragung ist durch die Einführung des Hausgeldprivilegs nicht entfallen.[37] In diesem Fall bedarf es auch nicht der Eintragung einer Zwangshypothek, die durch den Wegfall des Vorrechts nach § 10 Abs. 1 Nr. 2 ZVG aufschiebend bedingt ist[38], wenngleich eine solche Eintragung selbstverständlich möglich ist.[39] 39

Dem rechtsfähigen Verband Wohnungseigentümergemeinschaft als Gläubiger stehen damit bis zu **drei Möglichkeiten** zur Verfügung, um titulierte **Hausgeldforderungen** zu realisieren: 40

- Der rechtsfähige Verband kann die Zwangsversteigerung des Wohnungseigentums wegen des ihm gebührenden Vorrechts in der **Rangklasse 2** des § 10 Abs. 1 ZVG betreiben bzw. seine Ansprüche insoweit zu einem von dritter Seite betriebenen Verfahren anmelden.
- Der rechtsfähige Verband kann die Zwangsversteigerung des Wohnungseigentums aus einer eingetragenen Zwangshypothek in der **Rangklasse 4** des § 10 Abs. 1 ZVG betreiben bzw. seine Ansprüche insoweit zu einem von dritter Seite betriebenen Verfahren anmelden.
- Der rechtsfähige Verband kann die Zwangsversteigerung des Wohnungseigentums auch wegen des titulierten persönlichen Zahlungsanspruchs in der **Rangklasse 5** des § 10 Abs. 1 ZVG betreiben.

Da die Ansprüche in der Rangklasse 2 u.a. betraglich gedeckelt sind (→ Rn. 17), wird ein Gläubiger regelmäßig die Zwangsversteigerung auch auf eine der beiden anderen Rangklassen stützen müssen.

---

[35] BGH Rpfleger 2021, 662 = NZM 2021, 823.

[36] RGZ 76, 116 (120).

[37] OLG Stuttgart ZWE 2011, 88; LG Düsseldorf NJW 2008, 3150 = ZMR 2008, 819 mAnm Schneider.

[38] OLG Dresden ZWE 2011, 365; OLG Frankfurt ZWE 2011, 89; Demharter § 54 Rn. 12; Schneider ZfIR 2008, 161; BeckOK GBO/Wilsch Sonderbereich Zwangssicherungshypothek Rn. 114 aE; iE ebenso LG Düsseldorf NJW 2008, 3150 = ZMR 2008, 819; aA Zeiser Rpfleger 2008, 58.

[39] BGH ZfIR 2011, 802 mAnm Zeiser = ZWE 2011, 401 mAnm Schneider.

Merke:

Wohnungseigentum unterliegt als echtes Eigentum[40] der Immobiliarzwangsvollstreckung. Die Zwangsvollstreckung in das einzelne Wohnungseigentum erfolgt grundsätzlich wie bei einem gewöhnlichen Grundstück. Infolge der mit der WEG-Novelle 2007 eingeführten Rangklasse 2 für wohnungseigentumsrechtliche Hausgeldansprüche ergeben sich eine Reihe von Besonderheiten bei der vollstreckungsweisen Durchsetzung dieser Ansprüche.

III. Gesamtzwangsvollstreckung

1. Grundsätze

41 Durch die **Eröffnung des Insolvenzverfahrens** geht das Recht des Schuldners, das zur Insolvenzmasse gehörende Vermögen zu verwalten und über es zu verfügen, auf den Insolvenzverwalter über.

Bitte lesen Sie jetzt § 80 Abs. 1 InsO!

Zur **Insolvenzmasse** zählt auch das dem Schuldner gehörende Wohnungseigentum, weil das Insolvenzverfahren das **gesamte Vermögen** erfasst, das dem Schuldner zur Zeit der Eröffnung des Verfahrens gehört und das er während des Verfahrens erlangt.

Bitte lesen Sie jetzt § 35 Abs. 1 InsO!

Es handelt sich deshalb im Gegensatz zu den in Abschnitt I genannten Einzelzwangsvollstreckungsverfahren um ein Verfahren der Gesamtzwangsvollstreckung, für das besondere Regeln gelten (müssen).

2. Eröffnung des InsO-Verfahrens als Zäsur

42 Für einen Gläubiger ist ausschlaggebend, welche Vollstreckungsmöglichkeiten das Gesetz ihm einräumt. Dafür ist maßgeblich auf die **Fälligkeit** seiner zu vollstreckenden Ansprüche abzustellen.

a) Insolvenzgläubiger

43 Die Insolvenzmasse dient zur Befriedigung der persönlichen Gläubiger, die einen zur Zeit der Eröffnung des Insolvenzverfahrens begründeten Vermögensanspruch gegen den Schuldner haben. Für einzelne Insolvenzgläubiger hat der

[40] BGHZ 49, 250 = NJW 1968, 499; OLG München NJW 2010, 1467 = ZMR 2010, 706; vgl. jetzt auch den RegE zum WEMoG BT-Drs. 19/18791, 36.

Gesetzgeber zur Vermeidung eines Gläubigerwettlaufs ein Vollstreckungsverbot angeordnet.

Bitte lesen Sie jetzt § 38 und § 89 Abs. 1 InsO!

b) Massegläubiger

Masseverbindlichkeiten sind u.a. solche Verbindlichkeiten, die durch Hand- 44
lungen des Insolvenzverwalters oder in anderer Weise durch die Verwaltung, Verwertung und Verteilung der Insolvenzmasse begründet werden, ohne zu den Kosten des Insolvenzverfahrens zu gehören

Bitte lesen Sie jetzt § 55 Abs. 1 Nr. 1 InsO!

3. Wohnungseigentumsrechtliche Hausgeldansprüche in der Insolvenz des Wohnungseigentümers

a) Der Verband Wohnungseigentümergemeinschaft als Insolvenzgläubiger

Auch die insolvenzrechtliche Abgrenzung der sich aus § 16 Abs. 2, § 28 Abs. 1 45
u. 2 WEG ergebenden Zahlungsansprüche zugunsten des Verbandes Wohnungseigentümergemeinschaft richtet sich allein nach deren Fälligkeit.[41] Soweit **Hausgeldzahlungen *vor* Eröffnung** des Insolvenzverfahrens über das Vermögen eines Wohnungseigentümers fällig werden, handelt es sich daher grundsätzlich um gewöhnliche Insolvenzforderungen gem. § 38 InsO.[42]

Allerdings gewährt § 49 InsO denjenigen Gläubigern, denen ein Recht auf 46
Befriedigung aus der Immobilie zusteht, ein **Recht zur abgesonderten Befriedigung** nach Maßgabe des Gesetzes über die Zwangsversteigerung und die Zwangsverwaltung.

Bitte lesen Sie jetzt § 49 InsO!

Solchermaßen (dinglich) Berechtigte können ihre Verwertungsrechte demnach privilegiert außerhalb des Insolvenzverfahrens realisieren. Dazu gehören zum Einen Ansprüche des Verbandes Wohnungseigentümergemeinschaft, soweit dessen Hausgeldrückstände durch Eintragung einer **Zwangshypothek** in das Grundbuch rechtzeitig[43] dinglich gesichert worden sind.

In der Insolvenz eines Wohnungseigentümers ist der Verband Wohnungs- 47
eigentümergemeinschaft aber darüber hinaus auch wegen der nach § 10 Abs. 1 Nr. 2 ZVG **bevorrechtigten,** vor der Insolvenzeröffnung fällig gewordenen **Hausgeldansprüche** ohne die Notwendigkeit einer vorherigen Beschlagnahme des

---

[41] Vgl. BGHZ 156, 279 = NJW 2003, 3550 = ZMR 2003, 943 = ZWE 2004, 77.

[42] BGHZ 150, 305 = NZI 2002, 425 = ZMR 2002, 929; BGH NJW 1994, 1866 =ZMR 1994, 256; OLG Stuttgart ZMR 2003, 57; BayObLG NZM 1999, 74 = ZMR 1999, 119.

[43] Zur sog „Rückschlagsperre" s. § 88 InsO.

Wohnungseigentums absonderungsberechtigt.[44] Die Wohnungseigentümergemeinschaft kann deshalb auch nach Eröffnung des Insolvenzverfahrens die Hausgeldforderungen gemäß § 10 Abs. 1 Nr. 2 ZVG in einem – durch einen anderen absonderungsberechtigten Gläubiger, den Insolvenzverwalter oder durch sie selbst wegen eines anderen zur Absonderung berechtigenden Anspruchs betriebenen – Zwangsversteigerungsverfahren anmelden, ohne dass insoweit ein (Zahlungs-) Titel erforderlich ist. Damit kann sich der Verband über das ansonsten bestehende Vollstreckungsverbot gem. § 89 Abs. 1 InsO wie ein dinglich gesicherter Gläubiger hinwegsetzen und sich wegen des Hausgeldprivilegs außerhalb des Insolvenzverfahrens befriedigen.

48 Zur abgesonderten Befriedigung wegen der bevorrechtigten Hausgeldansprüche benötigt der Verband Wohnungseigentümergemeinschaft einen **Duldungstitel** gegen den Insolvenzverwalter, wenn er das Versteigerungsverfahren betreiben will. Hat der Verband bereits vor der Insolvenzeröffnung einen (Zahlungs-)Titel gegen den Schuldner erwirkt, so kann er diesen nunmehr gem. § 727 Abs. 1 ZPO in einen Duldungstitel gegen den Insolvenzverwalter umschreiben lassen.[45] Hat der Verband gegen den säumigen Wohnungseigentümer vor der Insolvenzeröffnung noch keinen Zahlungstitel erlangt, kann er den das Absonderungsrecht bestreitenden Insolvenzverwalter mit der Pfandklage auf Duldung der Zwangsversteigerung analog § 1147 BGB in die Eigentumswohnung in Anspruch nehmen.[46] Nach Auffassung des IX. Zivilsenats des BGH[47] ist dafür erforderlich, dass der konkrete Umfang des Vorrechts betragsmäßig tituliert und nicht lediglich abstrakt festgestellt wird.[48]

b) Der Verband Wohnungseigentümergemeinschaft als Massegläubiger

49 Soweit die **Hausgeldzahlungen** erst ***nach*** **Eröffnung** des Insolvenzverfahrens über das Vermögen eines Wohnungseigentümers fällig werden, sind sie als Masseschulden[49] vom Insolvenzverwalter gem. §§ 53, 55 Abs. 1 Nr. 1 Fall 2 InsO aus der Insolvenzmasse vorweg zu entrichten. Zu den Masseverbindlichkeiten gehören danach die aufgrund eines Wirtschaftsplans geschuldeten, jedoch erst nach der Insolvenzverfahrenseröffnung fällig gewordenen **Hausgeldvorschüsse.**[50] Ist der insolvente Wohnungseigentümer seiner Verpflichtung zur Zahlung von Hausgeldvorschüssen nicht nachgekommen, so sind die zur Zeit der Verfahrenseröffnung bestehenden Rückstände allerdings Insolvenzforderungen nach § 38 InsO. Dabei ist es unerheblich, wenn die Nachschüsse gemäß der Jahresabrechnung erst nach Eröffnung des Insolvenzverfahrens beschlossen werden (§ 28 Abs. 2 WEG), weil diesem Beschluss hinsichtlich der nach dem Wirtschaftsplan zu leistenden Vor-

---

[44] BGH NJW NJW 2011, 3098 = ZMR 2012, 788 = ZWE 2013, 43.

[45] Bärmann/Becker WEG § 16 Rn. 214.

[46] BGH NJW NJW 2011, 3098 = ZMR 2012, 788 = ZWE 2013, 43.

[47] BGH NJW NJW 2011, 3098 = ZMR 2012, 788 = ZWE 2013, 43; ebenso Brückner ZNotP 2013, 326, 332.

[48] Im Hinblick auf den sich erst im Zwangsversteigerungsverfahren konkretisierenden Vorrangsbereich aA LG Berlin ZWE 2011, 97; Bärmann/Becker WEG § 16 Rn. 217a; Bärmann/Seuß/Bergerhoff F Rn. 894a; Schneider ZWE 2014, 61, 66.

[49] BGHZ 152, 136 = NJW 2002, 3709 = ZMR 2002, 941; BGHZ 108, 44 = NJW 1989, 3018 = Rpfleger 1989, 472; OLG Köln NZI 2008, 377 = ZMR 2008, 988; KG NZM 2001, 238 = ZMR 2001, 60; BayObLG NZM 1999, 74 = ZMR 1999, 119.

[50] Insoweit aA Mayer ZfIR 2012, 86 (87).

schüsse lediglich bestätigende und keine novierende Wirkung zukommt.[51] Eine durch Vorschusszahlung nicht gedeckte **Abrechnungsspitze** entsteht dagegen erst mit dem Beschluss der Wohnungseigentümer über die Nachschüsse gemäß der Jahresabrechnung. Ist die Abrechnungsspitze erst nach Eröffnung des Insolvenzverfahrens beschlossen worden, handelt es sich somit um eine Masseverbindlichkeit.[52] Auch eine nach Insolvenzeröffnung beschlossene **Sonderumlage** stellt eine anteilig zu erfüllende Masseverbindlichkeit iSd § 55 Abs. 1 Nr. 1 Fall 2 InsO dar, weil durch einen solchen Beschluss erstmals konkrete Verbindlichkeiten der Wohnungseigentümer begründet werden.[53]

Allerdings soll die Wohnungseigentümergemeinschaft nach Eröffnung des Insolvenzverfahrens keine Rechte an Gegenständen der Insolvenzmasse erwerben können, auch wenn keine Verfügung des Schuldners und keine Zwangsvollstreckung für einen Insolvenzgläubiger zugrunde liegt. § 91 InsO soll es deshalb ausschließen, dass die rechtsfähige Wohnungseigentümergemeinschaft für die erst nach Eröffnung des Insolvenzverfahrens fällig gewordenen Hausgeldforderungen gemäß § 10 Abs. 1 Nr. 2 ZVG ein Recht auf Befriedigung aus dem Grundstück habe, sie mithin aus der Rangklasse 2 des § 10 Abs. 1 ZVG in dem dort geregelten Umfang in die Eigentumswohnung vollstrecken könne. Damit **entfällt** nach Auffassung des IX. Zivilsenats des BGH ein **Absonderungsrecht** für Hausgeldansprüche, die erst nach Insolvenzeröffnung fällig werden.[54] 50

Die stattdessen vom BGH – notfalls nach entsprechender Zahlungsklage in Rangklasse 5 – in Aussicht gestellte Begleichung der während der Dauer des Insolvenzverfahrens auflaufenden Hausgeldforderungen durch den Insolvenzverwalter aus der Masse ist demgegenüber keineswegs gesichert. In der Praxis wird es wohl vielmehr regelmäßig zu einem **Ausfall des Verbandes** kommen. 51

Die Gründe dafür sind sowohl in verzögerten oder gar gänzlich ausbleibenden Zahlungen seitens des Insolvenzverwalters[55], aber auch in der de facto zur Unversteigerbarkeit aus der Rangklasse 5 führenden Belastungssituation[56] des insolvenzbefangenen Wohnungseigentums zu sehen. Hinzu kommt, dass nach Anzeige der Masseunzulänglichkeit gem. § 208 InsO die rechtsfähige Wohnungseigentümergemeinschaft die Hausgeldforderungen, die nach Insolvenzeröffnung, aber vor Anzeige der Masseunzulänglichkeit entstanden sind (sog Altmasseverbindlichkeiten), mangels Rechtsschutzinteresse weder mit der Zahlungsklage verfolgen, noch wegen solcher bereits titulierten Ansprüche in die Masse voll-

---

[51] StRspr BGH NJW 2012, 2797 = ZWE 2012, 375; BGH NJW 2010, 2127 = ZWE 2010, 170; BGHZ 142, 290 = NJW 1999, 3713 = ZWE 2000, 29; BGHZ 131, 228 = NJW 1996, 725 = ZMR 1996, 215; BGH NJW 1994, 1866 = ZMR 1994, 256.

[52] BGH NJW NJW 2011, 3098 = ZMR 2012, 788 = ZWE 2013, 43; BGHZ 131, 228 = NJW 1996, 725 = ZMR 1996, 215; Drasdo NZI 2005, 489; aA noch BGHZ 150, 305 = NZI 2002, 425 („Fälligkeitstheorie" vs. „Aufteilungstheorie").

[53] BGHZ 108, 44 = NJW 1989, 3018.

[54] So BGH NJW NJW 2011, 3098 = ZMR 2012, 788 = ZWE 2013, 43 und ihm folgend Dassler u.a./Rellermeyer § 10 Rn. 87; aA LG Berlin ZMR 2010, 142 = ZWE 2010, 228; Bärmann/Becker WEG § 16 Rn. 216; Schneider ZMR 2012, 749, 757.

[55] Vgl. den der Entscheidung des OLG Düsseldorf NZM 2007, 47 = ZInsO 2007, 154 = ZMR 2007, 204 zugrunde liegenden Sachverhalt. Dort hatte der Insolvenzverwalter das Wohnungseigentum über einen Zeitraum von viereinhalb Jahren genutzt, ohne die Freigabe zu erklären oder Hausgelder zu bezahlen.

[56] Mayer ZfIR 2012, 86 (87): Bei Versteigerung aus dem Nachrang wird das geringste Gebot gem. §§ 44, 52 Abs. 1 ZVG bereits regelmäßig den Verkehrswert erreichen oder gar überschreiten.

strecken kann (§§ 209 Abs. 1 Nr. 3, 210 InsO).[57] Nach Insolvenzeröffnung entstandene Hausgeldforderungen werden daher nach der Rechtsprechung des IX. Senats in der Praxis für den Verband Wohnungseigentümergemeinschaft wohl oftmals verloren sein.

c) Die Rechtsstellung des Verbandes Wohnungseigentümergemeinschaft bei der freihändigen Verwertung des Wohnungseigentums

aa) Keine dingliche Haftung des Erwerbers

52 Die Verwertung des zur Insolvenzmasse gehörenden Vermögens kann durch den Insolvenzverwalter auch im Wege einer freihändigen Veräußerung des Wohnungseigentums erfolgen (vgl. §§ 159, 160 Abs. 2 Nr. 1 InsO). Veräußert der Insolvenzverwalter das Wohnungseigentum freihändig, so macht es nach Auffassung des BGH keinen Unterschied, ob das Eigentum freihändig von dem Insolvenzverwalter oder außerhalb von Insolvenz und Zwangsversteigerung erworben wird. In keiner der Fallgruppen soll das Vorrecht eine dingliche Haftung begründen, so dass ein Erwerber für Hausgeldrückstände seines Voreigentümers nicht haftet. Der Erwerber eines Wohnungseigentums aus der Insolvenzmasse muss daher keine Zwangsvollstreckung in das Wohnungseigentum wegen rückständiger Hausgeldforderungen seines Rechtsvorgängers seitens des Verbandes dulden.[58]

bb) Schicksal des Absonderungsrechts im Veräußerungsfalle

53 Wird das Wohnungseigentum durch den Insolvenzverwalter freihändig veräußert, scheidet es nach wirksamer Übertragung aus der Insolvenzmasse aus. Das Absonderungsrecht des Verbandes Wohnungseigentümergemeinschaft gem. § 49 InsO für säumige Hausgeldansprüche des Gemeinschuldners aus der Zeit vor Eröffnung des Insolvenzverfahrens (→ Rn. 47) muss in diesem Fall nach Auffassung des BGH am übertragenen Wohnungseigentum erlöschen, da der Erwerber insoweit nicht haften soll.[59] Das Absonderungsrecht setzt sich allerdings am erzielten Veräußerungserlös als Surrogat fort, so dass dieser im Umfang des Vorrechts an den Verband auszukehren sein wird.[60] Ein solches **Ersatzabsonderungsrecht** wird jedoch für den Verband nur dann erfolgversprechend sein, wenn die freihändige Veräußerung nicht auf einer vom Insolvenzverwalter gem. § 106 Abs. 1 S. 1 InsO zu erfüllenden unentgeltlichen Rückübertragungsverpflichtung beruht.

[57] BGH 21.7.2011 – IX ZR 120/10, NJW 2011, 3098 Rn. 7; BGHZ 154, 358 = NJW 2003, 2454 = ZInsO 2003, 465; OLG Düsseldorf NZM 2007, 47 = ZInsO 2007, 154 = ZMR 2007, 204.

[58] BGHZ 198, 216 = NJW 2013, 3515 = ZfIR 2013, 806 = ZMR 2014, 80 = ZWE 2013, 466.

[59] Allerdings offen gelassen von BGHZ 198, 216 = NJW 2013, 3515 = ZfIR 2013, 806 = ZMR 2014, 80 = ZWE 2013, 466 (V. Zivilsenat).

[60] So zumindest BGH NZI 2010, 482 und BGH NZI 2010, 399 (jew. IX. Zivilsenat).

d) Die Rechtsstellung des Verbandes Wohnungseigentümergemeinschaft nach der Freigabe des Wohnungseigentums

Der Insolvenzverwalter ist grundsätzlich auch befugt, einzelne Gegenstände aus der Insolvenzmasse freizugeben (arg. § 32 Abs. 3 InsO). Die Freigabe bewirkt das **Erlöschen des Insolvenzbeschlags.** Mit der Freigabe des Wohnungseigentums erlangt der Insolvenzschuldner seine Verwaltungs- und Verfügungsbefugnis gegenstandsbezogen wieder zurück.[61] Das Wohnungseigentum gehört dann zum insolvenzfreien Vermögen[62], in das allerdings für die Dauer des Insolvenzverfahrens gewöhnliche Insolvenzgläubiger nicht vollstrecken können (§ 89 Abs. 1 InsO).[63] 54

Soweit der Insolvenzverwalter **nach** Eröffnung des Insolvenzverfahrens die Nutzungen der Immobilie zur Masse gezogen hat, richten sich die dadurch entstandenen (persönlichen) Hausgeldforderungen ebenfalls gegen die gesamte Masse. Eine bereits gegen die Masse titulierte Hausgeldforderung besteht unverändert als **Masseforderung** gegen die (Rest-)Insolvenzmasse. Gegen die Insolvenzmasse gerichtete Zahlungsverpflichtungen können sich nach diesem Verständnis nicht an dem freigegebenen Wohnungseigentum fortsetzen.[64] Verfügt der Verband Wohnungseigentümergemeinschaft also nicht noch über titulierte absonderungsberechtigte Hausgeldansprüche aus der Zeit *vor* Insolvenzeröffnung, ist er nach einer Freigabe des Wohnungseigentums auf eine Titulierung der ab diesem Zeitpunkt erneut im Vorrangsbereich anfallenden Hausgeldbeträge als sog Neugläubiger angewiesen. Eine Titulierung wegen des neuerlichen Absonderungsrechts scheitert auch nicht am Vollstreckungsverbot des § 89 Abs. 1 InsO.[65] Die fehlende Anerkennung des dinglichen Charakters von Hausgeldforderungen verschafft also der rechtsfähigen Eigentümergemeinschaft nach der Freigabe **keine sofortige Zugriffsmöglichkeit** auf das Wohnungseigentum. Der Befreiung der Insolvenzmasse von den Lasten des Wohnungseigentums einerseits steht damit zunächst für die Dauer des notwendigen Erkenntnisverfahrens äquivalent ein Zuwachs der Belastung bei der Eigentümergemeinschaft durch den insolventen Wohnungseigentümer andererseits gegenüber. 55

Hinzu kommt, dass trotz Titulierungsbemühungen eine **Durchsetzung** der weiterhin entstandenen Hausgeldansprüche für den Verband als Neugläubiger **ungewiss** ist. Der wieder verfügungsbefugte Wohnungseigentümer kann nämlich das freigegebene Wohnungseigentum ohne Mitwirkung des Verbandes Wohnungseigentümergemeinschaft jederzeit rechtsgeschäftlich veräußern. Nach Übertragung des Wohnungseigentums hat aber die rechtsfähige Eigentümergemeinschaft für die nach Freigabe entstandenen Hausgeldforderungen das Recht auf Zahlung gegen den wirtschaftlich wohl potenteren Erwerber ebenso verloren wie jegliche Zugriffsmöglichkeit auf das die Forderung verursachende Wohnungseigentum. Die Vorrangsregelung des § 10 Abs. 1 Nr. 2 ZVG wird auf diese Weise unterlaufen. 56

[61] BGHZ 163, 32 = NJW 2005, 2015 = NZI 2005, 387; BGH NJW 1994, 1866 = ZMR 1994, 256.

[62] OLG Hamm Rpfleger 1971, 109; MüKoInsO/Breuer § 89 Rn. 18.

[63] BGH NZI 2009, 382 = ZfIR 2009, 482 = ZInsO 2009, 830.

[64] So schon zur früheren Rechtslage LG Kassel ZIP 2007, 2370 unter Betonung des persönlichen Forderungscharakters.

[65] BGH NZI 2009, 382 = ZfIR 2009, 482 = ZInsO 2009, 830.

IV. Außergerichtliche Durchsetzung rückständiger Hausgeldforderungen

1. Versorgungssperre gegen Wohnungseigentümer

a) Rechtsgrundlage

57 Neben den „klassischen" Möglichkeiten einer gerichtlichen Zwangsvollstreckung besteht in der Praxis eine der bedeutsamsten Handlungsoptionen für Wohnungseigentümerverbände darin, unter Berufung auf ein **Zurückbehaltungsrecht** die weitere Belieferung eines säumigen Sondereigentümers mit von der Gemeinschaft zunächst vorfinanzierten Leistungen wie etwa Wasser oder Heizwärme zu unterbinden. Die Ausübung des Zurückbehaltungsrechtes stellt damit für die Gemeinschaft sowohl ein Druckmittel zur Steigerung der Zahlungsbereitschaft als auch ein Sicherungsmittel zur Vermeidung weiterer einseitiger durch ausbleibende Hausgeldbeiträge nicht gedeckte Leistungen dar. Ihre Rechtsgrundlage findet eine solche Verfahrensweise in § 273 BGB.

Bitte lesen Sie jetzt § 273 BGB!

Danach sind die übrigen Mitglieder der rechtsfähigen Gemeinschaft grundsätzlich berechtigt, den Säumigen vom weiteren Leistungsbezug auszuschließen, wenn ein Mitglied der Gemeinschaft seinen Pflichten nicht nachkommt.[66] Die für das Zurückbehaltungsrecht notwendige **Wechselbezüglichkeit** der zurückgehaltenen Leistung mit der Verpflichtung, zu deren Durchsetzung das Zurückbehaltungsrecht ausgeübt wird, folgt aus der für alle Mitglieder der Gemeinschaft bestehenden Berechtigung zur Teilhabe an den gemeinschaftlichen Leistungen und der damit korrespondierenden Pflicht zur Erfüllung der jedem Mitglied der Gemeinschaft gegenüber allen anderen Mitgliedern bestehenden Verpflichtungen.[67]

58 Erfolgt die Versorgung aufgrund **direkter vertraglicher Beziehungen** mit dem Versorgungsunternehmen (üblich zB bei der Belieferung mit Strom), wird idR insoweit auch unmittelbar mit dem betreffenden Wohnungseigentümer abgerechnet. Hier fehlt es daher im Verhältnis zur Wohnungseigentümergemeinschaft an der von § 273 BGB vorausgesetzten Wechselbezüglichkeit der Leistungen. Diese ist auch nicht deshalb gegeben, weil auch das Zurverfügungstellen der Versorgungsleitungen eine zurückbehaltungsfähige Leistung sei.[68] Vielmehr stehen die Versorgungsleitungen – sofern sie nicht im Sondereigentum stehen – im gemeinschaftlichen Miteigentum aller Wohnungseigentümer (§ 5 Abs. 1 u. 2 WEG);

[66] BGH NJW 2005, 2622 = ZWE 2005, 438; OVG Berlin-Brandenburg ZWE 2013, 234 mAnm Lehmann-Richter; OLG Dresden ZMR 2008, 140; OLG Frankfurt ZWE 2006, 450 mAnm B. Müller; BayObLG NZM 2004, 556; KG ZWE 2002, 182; OLG Hamm OLGZ 1994, 269 = WE 1994, 84; OLG Celle OLGZ 1991, 50 = NJW-RR 1991, 1118.

[67] BGH NJW 2005, 2622 = ZWE 2005, 438; Gaier ZWE 2004, 109, 112.

[68] So aber OLG Frankfurt ZWE 2006, 450; LG München I ZWE 2011, 186; Bärmann/Becker WEG § 28 Rn. 84.

sie gehören damit nicht dem Verband Wohnungseigentümergemeinschaft, dem insoweit auch keine gesetzliche Verwaltungskompetenz mit der Berechtigung zum Nutzungsentzug gem. § 16 Abs. 1 S. 3 WEG zukommt.[69]

b) Voraussetzungen

Die Ausübung des Zurückbehaltungsrechts bedarf einer vorherigen **Beschluss-** 59
fassung der Wohnungseigentümer[70]; diese kann auch generell für die Zukunft erfolgen.[71] Sie ist aber nur Voraussetzung der Versorgungssperre und ersetzt damit selbst nach Eintritt der Bestandskraft nicht die eigenen Feststellungen des Tatrichters, der das Vorliegen der Voraussetzungen selbständig prüfen muss.[72]

Eine **Titulierung** der Rückstände ist allerdings **nicht erforderlich.**[73] Jedoch 60
müssen die Ansprüche des Verbandes fällig sein und zweifelsfrei bestehen.[74]

Eine Versorgungssperre setzt weiterhin **erhebliche Rückstände** voraus; ein 61
Zahlungsrückstand von sechs Monaten wird dafür allgemein als ausreichend angesehen.[75]

Eine Versorgungssperre darf **nicht unverhältnismäßig** sein.[76] Im Einzelfall 62
kann dies zB bei einer Gesundheitsgefährdung der Fall sein. Es ist allerdings nicht angezeigt, die Durchführung einer Versorgungssperre deshalb zu unterlassen, weil die Voraussetzungen für ein – weit belastenderes – Entziehungsverfahren gem. § 17 WEG vorliegen.[77]

Wiederholung:

Vielleicht möchten Sie bei dieser Gelegenheit noch einmal die Ausführungen zum wohnungseigentumsrechtlichen Entziehungsverfahren im → § 12 Rn. 85 ff. nachlesen?

Ferner muss der Versorgungssperre (nicht dem Beschluss!) eine **Abmahnung** 63
vorausgehen, sofern nicht um deren Vollzug prozessiert wird.[78]

Die Versorgungssperre kann nicht dadurch abgewendet werden, dass **Teilzah-** 64
lungen auf einzelne Positionen wie Wasser- oder Wärmelieferung zur Vermeidung ihres Vollzugs erfolgen, da es sich bei verbrauchsabhängigen und verbrauchsunabhängigen Kosten um eine einheitliche Schuld handelt und die Unterpositionen keine eigenständigen Verbindlichkeiten darstellen.[79]

---

[69] Zutr. NKV/Niedenführ WEG § 28 Rn. 228; ARS/Abramenko WEG § 28 Rn. 107; Suilmann ZWE 2012, 111 (113); aA Bärmann/Becker WEG § 28 Rn. 84.

[70] BGH NJW 2005, 2622 = ZWE 2005, 438.

[71] KG NJW-RR 2006, 446.

[72] OLG München ZWE 2005, 332.

[73] Abramenko/Wolicki § 11 Rn. 47; aA Jennißen Rn. 1111.

[74] OLG Frankfurt ZWE 2006, 450 mAnm B. Müller; OLG München ZWE 2005, 332.

[75] BGH NJW 2005, 2622 = ZWE 2005, 438; OVG Berlin-Brandenburg ZWE 2013, 234 mAnm Lehmann-Richter; OLG Dresden ZMR 2008, 140; OLG Frankfurt ZWE 2006, 450 mAnm B. Müller; krit. Bonifacio ZMR 2012, 330.

[76] OLG München ZWE 2005, 332; Gaier ZWE 2004, 109 (115).

[77] OLG Dresden ZMR 2008, 140.

[78] BGH NJW 2005, 2622 = ZWE 2005, 438; LG München I ZMR 2011, 326.

[79] OLG Dresden ZMR 2008, 140; KG NJW-RR 2006, 446.

c) Durchsetzung der Versorgungssperre

65 Der säumige Wohnungseigentümer hat nach § 14 Abs. 1 Nr. 2 WEG das Betreten seiner Wohnung zur Anbringung von Absperrvorrichtungen zu dulden, wenn die Unterbrechung nur dort vollzogen werden kann.[80] Deren Einbau macht auch nicht etwa als bauliche Veränderung die Zustimmung des säumigen Eigentümers erforderlich; dieser hat den Einbau vielmehr nach § 20 Abs. 1 WEG zu dulden.[81] Verweigert der säumige Wohnungseigentümer gleichwohl den Zutritt, muss der Verband ihn auf Duldung des Zutritts zur Anbringung der Sperre verklagen.[82]

2. Versorgungssperre bei besonderen Nutzungsverhältnissen

a) Dingliches Wohn(ungs)recht

66 Das Zurückbehaltungsrecht darf auch dann ausgeübt werden, wenn die Wohnung aufgrund eines dinglichen **Wohnrechts** gem. § 1090 BGB genutzt wird, weil das dingliche Wohnrecht vom Eigentumsrecht abgeleitet ist und der Wohnberechtigte deshalb nicht mehr Rechte haben kann als der Eigentümer.[83] Gleiches wird dann auch für einen **Wohnungsberechtigten** iSd § 1093 BGB und im Hinblick auf § 1047 BGB erst recht für einen **Nießbraucher** zu gelten haben.

b) Zwangsverwaltung

67 Ist für ein Wohnungseigentum die Zwangsverwaltung angeordnet, so sind dem selbstnutzenden Wohnungseigentümer unter den Voraussetzungen des § 149 ZVG die für seinen Hausstand unentbehrlichen Räume zu belassen.

Bitte lesen Sie jetzt § 149 ZVG!

Der Wohnungseigentümer hat zwar für die Überlassung der Wohnräume keine Miete oder Nutzungsentschädigung zu zahlen, wohl aber zumindest in Höhe der von ihm verursachten Verbrauchskosten das laufende Hausgeld.[84] Unterlässt der Wohnungseigentümer diese Zahlungen, könne dem Schuldner von dem Vollstreckungsgericht allerdings nicht deshalb nach § 149 Abs. 2 ZVG die Räumung aufgegeben werden. Durch die Nichtzahlung der Hausgelder trete keine Gefährdung des Grundstücks oder der Zwangsverwaltung ein; vielmehr sei insoweit der betreibende Gläubiger vorschusspflichtig.[85]

---

[80] BGH NJW 2005, 2622 = ZWE 2005, 438; OLG Frankfurt ZWE 2006, 450 mAnm B. Müller; OLG München ZWE 2005, 332.

[81] BayObLG NJW-RR 2004, 1382 ; KG ZWE 2001, 497.

[82] Abramenko/Wolicki § 11 Rn. 47.

[83] KG Grundeigentum 2010, 483.

[84] LG Duisburg Rpfleger 2008, 323 (allerdings kein Vorschuss); Böttcher/Keller ZVG § 149 Rn. 7a; Dassler/Engels ZVG § 149 Rn. 12.5; Stöber/Drasdo ZVG § 149 Rn. 43.

[85] BGH ZWE 2008, 247; krit. Böttcher/Keller ZVG § 149 Rn. 7a; Dassler/Engels ZVG § 149 Rn. 12.5.

§ 149 ZVG steht jedoch einer Versorgungssperre seitens des Verbandes Woh- 68
nungseigentümergemeinschaft nicht entgegen. Die Vorschrift regelt nämlich nur das Verhältnis zum die Zwangsverwaltung betreibenden Gläubiger, nicht aber das Verhältnis der Wohnungseigentümer untereinander. Diese Beziehungen unterliegen jedoch anderen Regeln.[86]

c) Mieter

Eine Versorgungssperre kommt auch bei vermietetem Wohnungs- oder Teil- 69
eigentum in Betracht. Es ist nämlich nicht begründbar, weshalb dem Mieter, dem nur ein vom Eigentümer abgeleitetes Nutzungsrecht zukommt, weitergehende Rechte zugesprochen werden sollten, als diesem selbst.[87] Hierfür soll der Mieter allerdings nicht den Zugang zu seiner Wohnung dulden müssen.[88]

Soweit die Absperrvorrichtungen außerhalb der vermieteten Wohnung ange- 70
bracht werden können, handelt es sich nicht um verbotene Eigenmacht iSd §§ 858, 862 BGB.[89] Besitzschutzansprüche des Mieters bestehen gegenüber der rechtsfähigen Gemeinschaft damit ebenso wenig wie gegenüber Versorgungsunternehmen. Er kann die Versorgungssperre jedoch dadurch vermeiden, dass er zukünftig die Bewirtschaftungskosten unmittelbar an die Wohnungseigentümergemeinschaft zahlt.[90]

Puh – dieses Kapitel ist sicherlich eines der schwereren für Sie gewesen.
Jetzt nur noch einige abschließende

Wiederholungsaufgaben und Vertiefungsfragen

1. Unter welchen Gesichtspunkten macht die Eintragung einer Zwangshypothek für wohnungseigentumsrechtliche Hausgeldansprüche dennoch Sinn, obwohl sie primär nicht zur Tilgung der Rückstände führt?
2. Wie bestimmt sich in der Zwangsversteigerung das Verhältnis zwischen – nach Auffassung des BGH lediglich persönlich wirkenden – wohnungseigentumsrechtlichen Hausgeldansprüchen einerseits und einer bereits seit vielen Jahren im Grundbuch eingetragenen Vormerkung zur Sicherung des schuldrechtlichen Anspruchs auf Rückübertragung des Eigentums an die schenkenden Eltern andererseits?
3. Ist die Zwangsverwaltung eines vom Schuldner selbst bewohnten Wohnungseigentums aus der Sicht eines Gläubigers überhaupt sinnvoll?

---

[86] OLG Dresden ZMR 2008, 140.

[87] KG ZWE 2001, 497; Jennißen Rn. 1113; ARS/Abramenko WEG § 28 Rn. 112; aA OLG Köln ZWE 2000, 543.

[88] KG NJW-RR 2006, 658; Abramenko/Wolicki § 11 Rn. 51; Bärmann/Becker WEG § 28 Rn. 87; NKV/Niedenführ WEG § 28 Rn. 233.

[89] BGHZ 180, 300 = NJW 2009, 1947 = ZfIR 2009, 501.

[90] Bärmann/Becker WEG § 28 Rn. 88; NKV/Niedenführ WEG § 28 Rn. 233.

§ 14. Beendigung des Wohnungseigentums

Ausgewählte Literatur zur Ergänzung und Vertiefung:

DNotI-Gutachten, Vereinigung aller Wohnungseigentumsrechte in einer Hand; Aufhebung von Wohnungseigentum; Auswirkungen auf einzelne Grundpfandrechte eines Eigentümers mehrerer Einheiten, DNotI-Report 2008, 27; *Röll*, Die Aufhebung von Wohnungseigentum an Doppelhäusern, DNotZ 2000, 749; *Schmid*, Auflösung der Wohnungseigentümergemeinschaft und Abriss des Gebäudes, ZfIR 2011, 809.

Spezielle Literatur aus der Zeit nach Inkrafttreten des WEMoG:

Weingart Die Beendigung der Wohnungseigentümergemeinschaft BauR 2022, 568 (Teil I) u. 707 (Teil II).

I. Abgrenzung

In diesem letzten Kapitel wollen wir uns abschließend noch mit der Beendigung des Wohnungseigentums befassen. Gemeint sind damit diejenigen Fallgestaltungen, die einen vollständigen rechtlichen Fortfall aller Wohnungs- und Teileigentumseinheiten eines aufgeteilten Grundstücks bewirken. Dazu ist es zunächst erforderlich, solche Tatbestände abzugrenzen, die auf den ersten Blick gewisse Ähnlichkeiten aufweisen, bei genauerer Betrachtung aber nicht zu einem Untergang des Wohnungseigentums führen. 1

1. Keine Beendigungstatbestände

a) Gegenstandslosigkeit des Sondereigentums

Die **völlige Zerstörung** des in Wohnungseigentumsrechte aufgeteilten Gebäudes führt zur Gegenstandslosigkeit des Sondereigentums (vgl. noch § 9 Abs. 1 Nr. 2 WEG aF). Eine völlige Zerstörung kann dann angenommen werden, wenn zwar uU noch Teile des Gebäudes erhalten sind, nach wirtschaftlicher Betrachtungsweise jedoch ein Wiederaufbau kostspieliger wäre als ein Abriss mit anschließender Neuerrichtung.[1] Der nachträgliche **Wegfall der Sondereigentumssubstanz** führt jedoch nicht ohne Weiteres auch zu einer Änderung der sachenrechtlichen Eigentumsverhältnisse durch Erlöschen der Sondereigentumsrechte und zur Beendigung der Wohnungseigentümergemeinschaft. Es wird vielmehr rein tatsächlich nur ein Zustand wie vor oder bei der abschnittsweisen Errichtung eines Gebäudes geschaffen.[2] 2

---

[1] Bärmann/Armbrüster WEG § 9 Rn. 13.
[2] Bärmann/Suilmann WEG § 11 Rn. 21; Hügel/Elzer WEG § 9 Rn. 4.

Wiederholung:

Wiederholen Sie jetzt bitte aus dem → § 4 Rn. 86 ff. zum „Anwartschaftsrecht" in der Begründungsphase.

3 Ein Wiederaufbau könnte daher das „Anwartschaftsrecht" eines Wohnungseigentümers durchaus wieder zum Vollrecht erstarken lassen. Ob es zu einem Wiederaufbau kommt, hängt aber maßgeblich davon ab, ob hierzu eine entsprechende Verpflichtung der Wohnungseigentümer vereinbart worden ist oder eine solche unter den Voraussetzungen des § 22 WEG beschlossen werden kann. Die Wohnungseigentumsrechte bleiben dann unverändert solange bestehen, bis sie mit Abschluss des Wiederaufbaus ihre jeweilige Substanz zurückerlangen. Erst wenn gem. § 22 WEG **keine Verpflichtung zum Wiederaufbau** besteht und auch eine entsprechende Vereinbarung nicht getroffen worden ist, kann die Auflösung der Gemeinschaft gem. § 11 Abs. 1 S. 3 WEG verlangt werden (dazu → Rn. 12).

Bitte lesen Sie jetzt § 22, § 11 Abs. 1 und § 9 WEG!

b) Verzicht auf ein Wohnungseigentum

4 Bei einem ungeteilten Grundstück kann das Eigentum an dem Grundstück dadurch aufgegeben werden, dass der Eigentümer den Verzicht dem Grundbuchgericht gegenüber erklärt und der Verzicht in das Grundbuch eingetragen wird (§ 928 Abs. 1 BGB). Diese Möglichkeit besteht im Hinblick auf die gemeinschaftsrechtlichen Bindungen der Eigentümer für einen gewöhnlichen Miteigentumsanteil an einem Grundstück nicht.[3] Da auch Wohnungseigentum durch die untrennbare Verbindung des Miteigentumsanteils mit dem zugeordneten Sondereigentum gem. § 6 Abs. 1 WEG letztlich ein besonders ausgestaltetes Miteigentum darstellt, erscheint es nur konsequent, wenn auch das Eigentum an einer Wohnungs- oder Teileigentumseinheit nicht durch einseitigen Verzicht des Eigentümers aufgegeben werden kann.[4] Auf diese Weise wird sichergestellt, dass die besonderen gemeinschaftsrechtlichen Bindungen auch beim Wohnungseigentum erhalten bleiben, ohne dass ein Miteigentümer sich einseitig durch Teilaufhebung der Gemeinschaft dem gesetzlich bestehenden Schuldverhältnis entziehen kann. In besonderen Fällen ist der verzichtswillige Wohnungseigentümer allerdings nicht auf Dauer an die Eigentümergemeinschaft gebunden. So kann insbesondere bei wirtschaftlich wertlosem Wohnungseigentum („Schrottimmobilie") oder letztlich nicht nutzbarem Sondereigentum (auch bei sog isolierten Miteigentumsanteilen[5]) nach Treu und Glauben (§ 242 BGB) in Verbindung mit den aus dem Gemeinschaftsverhältnis resultierenden Pflichten die (ggf. teilweise) Aufhebung der Gemeinschaft verlangt werden.[6]

---

[3] BGHZ 172, 209 = DNotZ 2007, 840 = NJW 2007, 2254; BGHZ 115, 1 = DNotZ 1992, 359 = NJW 1991, 2488.

[4] BGHZ 172, 338 = DNotZ 2007, 845 = NJW 2007, 2547; aA Kanzleiter NJW 1996, 905.

[5] Prägnant OLG München ZWE 2009, 39: sämtliche Miteigentumsanteile sind substanzlos.

[6] BGHZ 172, 338 = DNotZ 2007, 845 = NJW 2007, 2547; Bärmann/Armbrüster WEG § 11 Rn. 24; ARS/Schneider WEG § 11 Rn. 19.

c) Entziehung eines Wohnungseigentums

Hat ein Wohnungseigentümer sich einer so schweren Verletzung der ihm gegenüber anderen Wohnungseigentümern oder der Gemeinschaft der Wohnungseigentümer obliegenden Verpflichtungen schuldig gemacht, dass diesen die Fortsetzung der Gemeinschaft mit ihm nicht mehr zugemutet werden kann, so kann die Gemeinschaft der Wohnungseigentümer von ihm die Veräußerung seines Wohnungseigentums verlangen (§ 17 Abs. 1 WEG). 5

Wiederholung:

Wiederholen Sie jetzt bitte zu den Voraussetzungen und zum Ablauf eines Entziehungsverfahrens aus dem → § 12 Rn. 93 ff.

Kommt es zur zwangsweisen Entziehung des Wohnungseigentums, so erfolgt die Zwangsvollstreckung entsprechend den Vorschriften des Ersten Abschnitts des Gesetzes über die Zwangsversteigerung und die Zwangsverwaltung (§ 17 Abs. 4 S. 1 WEG). Mit dem Zuschlag verliert der Störer zwar sein Eigentum, das Wohnungseigentum als solches bleibt jedoch bestehen und wird dem Ersteher als neuem Eigentümer zugeschlagen (§ 90 Abs. 1 ZVG, §§ 864 Abs. 2, 869 ZPO). 6

Wiederholung:

Wiederholen Sie jetzt bitte zur Zwangsvollstreckung aus dem → § 13 Rn. 22 ff.

d) Aufhebung einer Wohnungseigentumseinheit

Die Aufhebung eines einzelnen Wohnungs- oder Teileigentums kann sich durch Neuzuordnung allein des Sondereigentums zu einer anderen Einheit oder durch Umwandlung des Sondereigentums in gemeinschaftliches Eigentum vollziehen. 7

Wiederholung:

Wiederholen Sie jetzt bitte aus dem → § 6 Rn. 99 und Rn. 119 zur Neuzuordnung und Umwandlung des Sondereigentums.

In beiden Fällen macht die Aufhebung jedoch eine **Übertragung des** verbleibenden **Miteigentumsanteils** auf einige oder sämtliche übrigen Wohnungseigentümer unter Mitwirkung der dinglich Berechtigten erforderlich, weil ein isolierter (substanzloser) Miteigentumsanteil rechtsgeschäftlich nicht begründet werden kann.[7] Diese Übertragung vollzieht sich nicht durch eine anteilige Anwachsung des verbleibenden Miteigentumsanteils bei den übrigen Einheiten, sondern im Wege der Auflassung unter Mitwirkung aller beteiligten Parteien gem. §§ 873, 925 BGB.[8] Je nach Zuordnung der Miteigentumsanteile kann sich dadurch ein Anpassungsbedarf hinsichtlich der Gemeinschaftsordnung ergeben.[9] Das in Wohnungs- und 8

---

[7] BGHZ 109, 179 = NJW 1990, 447; OLG München NZM 2010, 749 = ZWE 2010, 459.

[8] Bärmann/Armbrüster WEG § 4 Rn. 44; ARS/Schneider WEG § 4 Rn. 10.

[9] Bärmann/Armbrüster WEG § 4 Rn. 44.

Teileigentumsrechte aufgeteilte Grundstück ändert sich in seiner Rechtsstruktur dadurch jedoch nicht.

e) Erwerb durch den Verband Wohnungseigentümergemeinschaft

9 Ebenfalls nicht zur Aufhebung des Sondereigentums führt die Übertragung einer Wohnungseigentumseinheit auf die Wohnungseigentümergemeinschaft als Verband. Da der Verband nun uneingeschränkt Träger von Rechten und Pflichten sein kann (vgl. § 9a Abs. 1 WEG), kann er auch (ggf. wie jeder andere Wohnungseigentümer) einen Miteigentumsanteil verbunden mit Sondereigentum erwerben.[10] Der Rechtserwerb hat sich allerdings in den natürlichen Grenzen des Wohnungseigentums zu halten, wonach es keine vollständige „Insichmitgliedschaft" des Verbandes geben kann.

Wiederholung:

Wiederholen Sie jetzt bitte aus dem → § 7 Rn. 33 ff. zum Eigentumserwerb durch den Verband Wohnungseigentümergemeinschaft.

2. Beendigungstatbestände

a) Beendigung durch Aufhebung aller Sondereigentumsrechte

10 Demgegenüber führt die vertragliche **Aufhebung sämtlicher Sondereigentumsrechte** gem. § 4 Abs. 1 WEG zur Schließung der Wohnungs- und Teileigentumsgrundbücher (§ 9 Abs. 1 Nr. 1 WEG). Erforderlich ist hierfür die Einigung sämtlicher Wohnungs- und Teileigentümer in der für die Auflassung vorgeschriebenen Form und die Eintragung in das Grundbuch (§ 4 Abs. 1, Abs. 2 S. 1 WEG). Die Einigung ist bedingungs- und befristungsfeindlich (§ 4 Abs. 2 S. 2 WEG). Eine entsprechende Verpflichtung bedarf gem. § 4 Abs. 3 der notariellen Beurkundung (§ 311b Abs. 1 BGB). Im Ergebnis handelt es sich um den der vertraglichen Einräumung des Sondereigentums gem. § 3 Abs. 1 S. 1 WEG entgegengesetzten Vorgang.

11 Aus diesem Grunde besteht auch hier der schon für die vertragliche Begründung des Sondereigentums beschriebene Meinungsstreit, ob **verfahrensrechtlich** die Vorlage entsprechender Eintragungsbewilligungen genügen kann[11] oder der Nachweis einer wirksamen Einigung[12] zu führen ist (→ § 4 Rn. 59). Die Eintragung der Aufhebung in die Wohnungsgrundbücher erfolgt auf einen gewöhnlichen Antrag gem. § 13 Abs. 1 GBO[13]; die nachfolgende Schließung der Wohnungs- und Teileigentumsgrundbücher vollzieht sich sodann von Amts wegen.

---

[10] OLG München ZWE 2016, 256; OLG Frankfurt MietRB 2015, 210; OLG Hamm ZWE 2010, 270; OLG Hamm NJW 2010, 1464 = ZWE 2009, 452; OLG Celle DNotZ 2008, 616 = NJW 2008, 1537.

[11] Demharter Anh zu § 3 Rn. 101; ARS/Schneider WEG § 9 Rn. 5; Weitnauer/Briesemeister WEG § 4 Rn. 5.

[12] Bärmann/Armbrüster WEG § 4 Rn. 21f.; Grüneberg/Wicke WEG § 7 Rn. 3; Hügel/Elzer WEG § 4 Rn. 29; Schöner/Stöber Rn. 2995; Staudinger/Rapp WEG § 4 Rn. 4.

[13] AA Bärmann/Armbrüster WEG § 9 Rn. 31, der – wohl versehentlich – für den bloßen Antrag ebenfalls die Form des § 20 GBO fordert.

b) Beendigung durch Gegenstandslosigkeit des Sondereigentums

Die vormals in § 9 Abs. 1 Nr. 2 WEG aF geregelte Möglichkeit der kostengünstigen Beantragung der Schließung aller Wohnungsgrundbücher im Falle einer völligen Zerstörung des Gebäudes ohne eine entsprechende Wiederaufbauverpflichtung oder eine entsprechende Vereinbarung ist mit dem Inkrafttreten des WEMoG entfallen. 12

c) Beendigung durch Vereinigung sämtlicher Wohnungseigentumsrechte in einer Person

Die bloße Vereinigung sämtlicher Wohnungseigentumsrechte in der Hand ein 13
und derselben Person oder Personenmehrheit führt noch nicht ohne Weiteres auch zur Beendigung des Wohnungseigentums.[14] Es bedarf vielmehr noch eines entsprechenden Antrags, der wegen seines sachlich-rechtlichen Inhalts mindestens unterschriftsbeglaubigt sein muss (§ 29 Abs. 1 S. 1, § 30 GBO).[15] Der Antragsteller muss allerdings **Eigentümer sämtlicher Miteigentumsanteile** (verbunden mit Sondereigentum oder auch substanzlos) sein (§ 9 Abs. 1 Nr. 2 WEG). Bei einer Personenmehrheit muss daher in den Grundbüchern sämtlicher Einheiten dasselbe Gemeinschaftsverhältnis gem. § 47 GBO eingetragen sein.

Die Beendigung des Wohnungseigentums auf Antrag des in sämtlichen Grundbüchern eingetragenen Alleineigentümers entspricht damit spiegelbildlich der Teilungserklärung gem. § 8 WEG. Auf welche Weise und wann der Eigentümer das Alleineigentum erlangt hat (rechtsgeschäftlich, durch Erbfolge oder durch Zuschlag in der Zwangsversteigerung, einzeln oder en bloc), spielt keine Rolle.[16] § 9 Abs. 1 Nr. 2 WEG aF ist daher der adäquate Weg zur Rückgängigmachung einer Vorratsteilung des teilenden Alleineigentümers.[17]

II. Eintritt und Rechtswirkungen der Beendigung

1. Zeitpunkt des Erlöschens der Sondereigentumsrechte

Für die Beendigung des Wohnungseigentums ist im Falle des § 9 Abs. 1 Nr. 1 14
WEG die Grundbucheintragung der Aufhebung aller Sondereigentumsrechte konstitutiv. Im Fall des § 9 Abs. 1 Nr. 2 WEG bewirkt erst die Anlegung des Grundbuchs für das Grundstück den Untergang der Sondereigentumsrechte (vgl. § 9 Abs. 3 2. Hs. WEG). Der Schließung der Wohnungs- und Teileigentumsgrundbücher kommt demnach keine eigenständige Rechtswirkung zu.[18]

---

[14] Bärmann/Armbrüster WEG § 9 Rn. 20.
[15] Bärmann/Armbrüster WEG § 9 Rn. 24; ARS/Schneider WEG § 9 Rn. 11.
[16] Bärmann/Armbrüster WEG § 9 Rn. 19; Staudinger/Rapp WEG § 9 Rn. 8.
[17] OLG Düsseldorf ZWE 2001, 386.
[18] Bärmann/Armbrüster WEG § 9 Rn. 36.

2. Grundstückseigentum

15 Infolge des Erlöschens sämtlicher Sondereigentumsrechte entsteht entweder im Fall des § 9 Abs. 1 Nr. 2 WEG **Alleineigentum oder** ansonsten eine **gewöhnliche Bruchteilsgemeinschaft** am Grundstück (§§ 741 ff., § 1008 BGB).[19] Die Miteigentumsanteile entsprechen den früheren Anteilsverhältnissen der mehreren Wohnungseigentümer. Soweit ein Wohnungseigentümer zuvor mehrere Einheiten innehatte, können die früher selbständigen Miteigentumsanteile in der Hand eines Miteigentümers nach der Beendigung der Sondereigentumsrechte nur als einheitlicher Bruchteil fortbestehen.[20]

3. Beendigung der wohnungseigentumsrechtlichen Sonderbeziehung

16 Sämtliche **Rechtsbeziehungen** der vormaligen Wohnungseigentümergemeinschaft entfallen ersatzlos.[21] Auch **Sondernutzungsrechte** können sich damit nicht automatisch als Benutzungsregelungen am Grundstück fortsetzen[22]; es bedarf ggf. der Neubestellung inhaltsgleicher Regelungen am Grundstück gem. §§ 747, 1010 BGB.[23]

17 Nach Wegfall der früheren Anordnung in § 10 Abs. 7 S. 4 WEG aF geht das Gemeinschaftsvermögen mit der Vereinigung sämtlicher Wohnungseigentumsrechte in einer Person nicht mehr auf den (Allein-)Eigentümer des Grundstücks über. Der rechtfähige **„Verband Wohnungseigentümergemeinschaft"** ist damit nicht beendet und besteht wie im umgekehrten Fall bei der Begründung ggf. als Ein-Personen-Gemeinschaft fort.

Wiederholung:

Wiederholen Sie jetzt bitte aus dem → § 7 Rn. 34 zum Erlöschen des Verbandes Wohnungseigentümergemeinschaft.

Die GdWE ist demgegenüber beendet, wenn gem. § 9 Abs. 1 Nr. 1 WEG eine gewöhnliche Bruchteilsgemeinschaft entsteht.[24] In diesem Fall ist für einen Fortbestand des Verbandes nach dem Sinn und Zweck des § 9a Abs. 1 S. 2 WEG nach Schließung der Wohnungsgrundbücher kein Raum mehr.

---

[19] OLG Schleswig NJW-RR 1991, 848.

[20] BGH Rpfleger 1968, 114; KG Rpfleger 2020, 505; OLG München FGPrax 2018, 158; Bärmann/Armbrüster WEG § 9 Rn. 38; Staudinger/Rapp WEG § 9 Rn. 14.

[21] AG Bremerhaven NZM 2011, 632 = ZWE 2011, 54.

[22] Staudinger/Rapp WEG § 9 Rn. 11f.

[23] Hügel/Elzer WEG § 9 Rn. 3.

[24] AG Bremerhaven NZM 2011, 632 = ZWE 2011, 54; Bärmann/Armbrüster WEG § 9 Rn. 38; ARS/Schneider WEG § 9 Rn. 18.

4. Dingliche Rechte

Mit der Beendigung der Wohnungseigentumsrechte setzen sich bestehende **Belastungen des Grundstücks** (zB Grunddienstbarkeiten) **oder sämtlicher Miteigentumsanteile** als Belastungen des Gesamtgrundstücks fort und sind in die Abt II und Abt. III des neu angelegten Grundstücksgrundbuches zu übernehmen.[25] Einer Mitwirkung der dinglich Berechtigten bedarf es in diesem Fall nicht, da sich die Rechte inhaltsgleich am ungeteilten Grundstück fortsetzen.[26] 18

Für **Belastungen der einzelnen Wohnungseigentumseinheiten** gilt zunächst nichts anderes, soweit sich eingetragene Rechte an einem Miteigentumsanteil fortsetzen können (vgl. für Grundpfandrechte §§ 1114, 1192 Abs. 1, 1200 Abs. 1 BGB;[27] für Reallasten § 1106 BGB; für Vorkaufsrechte § 1095 BGB; für Nießbrauchsrechte § 1066 BGB). Allerdings ist wegen der inhaltlichen Veränderung des jetzt vom Sondereigentum befreiten Miteigentumsanteils die **Zustimmung** dieser **dinglich (Einzel-)Berechtigten** in der grundbuchmäßigen Form des § 29 GBO erforderlich (§ 9 Abs. 2 WEG, §§ 877, 876 BGB).[28] Kann ein eingetragenes Recht seiner Art nach nicht an einem gewöhnlichen Miteigentumsanteil bestehen (Grunddienstbarkeit; beschränkte persönliche Dienstbarkeit), würde es mangels Erstreckung auf das ganze Grundstück untergehen.[29] In diesem Fall bewirkt die Zustimmung des Berechtigten also die Löschung seines Rechts.[30] 19

Zu einer **Erstreckung** bedarf es der Bewilligungen der übrigen Miteigentümer[31] in der Form des § 29 GBO; für die Annahme einer von selbst eintretenden „Rückverlegung"[32] auf das gesamte Grundstück fehlt die gesetzliche Grundlage, zumal Dienstbarkeiten auch erst während der Existenz des Wohnungseigentums zur Eintragung gelangt sein können. Infolge einer Erstreckung können durchaus unterschiedliche Rangverhältnisse für dasselbe Recht an den vormaligen Miteigentumsanteilen entstehen („schiefer Rang").[33] 20

---

[25] OLG Frankfurt DNotZ 2000, 778; OLG Schleswig NJW-RR 1991, 848 = Rpfleger 1991, 150.

[26] Vgl. den umgekehrten Fall bei der Aufteilung; dazu OLG Brandenburg NotBZ 2019, 43; OLG Frankfurt FGPrax 1997, 139 = Rpfleger 1997, 374.

[27] Auch für Grundpfandrechte besteht keine Notwendigkeit zur Erstreckung und Rangregulierung in Bezug auf die übrigen Miteigentumsanteile; ARS/Schneider § 9 Rn. 28; DNotI-Gutachten DNotI-Report 2008, 27; aA Bärmann/Armbrüster WEG § 9 Rn. 42; MüKoBGB/Commichau WEG § 9 Rn. 12; Staudinger/Rapp WEG § 9 Rn. 14. Schief auch OLG Schleswig NJW-RR 1991, 848 = Rpfleger 1991, 150 mablAnm Meyer-Stolte, das die Zusammenfassung zu Einheitsgrundpfandrechten nicht zutreffend beschreibt.

[28] OLG Frankfurt NJW-RR 1990, 1042; OLG Zweibrücken Rpfleger 1986, 93.

[29] Schöner/Stöber Rn. 2996; Staudinger/Rapp WEG § 9 Rn. 15.

[30] ARS/Schneider WEG § 9 Rn. 26.

[31] Bärmann/Armbrüster WEG § 9 Rn. 43; ARS/Schneider WEG § 9 Rn. 27; Staudinger/Rapp WEG § 9 Rn. 15.

[32] So insbes. Weitnauer/Briesemeister WEG § 9 Rn. 6.

[33] ARS/Schneider WEG § 9 Rn. 28.

III. Grundbuchmäßige Behandlung

1. Gemeinsame Eintragungsvoraussetzungen

21 Soweit an der Aufhebung bzw. Löschung des Sondereigentums beschränkt Geschäftsfähige beteiligt sein sollten (Minderjährige, Betreute), so ist wie im umgekehrten Fall der Begründung auch zur Aufhebung eine **familiengerichtliche/betreuungsgerichtliche Genehmigung** erforderlich.

22 In der Regel dürfte auch bei einer vertraglichen Aufhebung des Sondereigentums im Hinblick auf eine entsprechende Anwendung des § 7 GrEstG keine steuerliche **Unbedenklichkeitsbescheinigung** vorzulegen sein.[34]

2. Grundbucheintragungen

23 Die bisherigen **Wohnungsgrundbücher** werden **geschlossen;** zu diesem Zweck sind sämtliche Seiten der Wohnungsgrundbücher rot zu durchkreuzen und entsprechende Schließungsvermerke in der Blattaufschrift anzubringen (§ 1 WGV, § 36 GBV).

24 Für das **Grundstück** wird wieder ein **Grundbuchblatt** nach den allgemeinen Vorschriften **angelegt** (§ 9 Abs. 3 1. Hs WEG).

IV. Sonderfall: Umwandlung von Wohnungseigentum an Doppel- oder Reihenhäusern im Wege der Realteilung

25 Die Beendigung sämtlicher Wohnungseigentumsrechte gem. § 9 Abs. 1 WEG kann mit einer angestrebten **Realteilung** des vormals in Wohnungseigentumsrechte aufgeteilten Grundstücks zusammenfallen. Als typisch erweist sich in der Praxis die **Umwandlung von Wohnungseigentum an Doppel- oder Reihenhäusern,** die nach Abschluss der Veränderungen als normales Eigentum an einer realen Teilfläche zugunsten eines früheren Miteigentümers verselbständigt sein sollen. Wegen der notwendigen Grundstücksteilung, der Berücksichtigung der dinglichen Rechte an den jeweiligen Wohnungseigentumseinheiten und der Aufhebung des Wohnungseigentums sind hierfür zahlreiche Einzelschritte erforderlich; insoweit kann wegen des Ablaufs auf Checklisten in der einschlägigen Literatur verwiesen werden.[35] Das Schicksal dinglicher Berechtigungen **zuguns-**

[34] Vgl. Gottwald/Schiffner MittBayNot 2006, 125, 127; Schreiben des Bayerischen Staatsministeriums der Finanzen v. 19.09.2005, MittBayNot 2006, 179.

[35] Vgl. Beck'sches Formularbuch Wohnungseigentumsrecht (Hrsg. Müller) Form. E I 4 Anm. 6; Münchener Vertragshandbuch/F. Schmidt Bd. 6 VIII. 5 Anm. 16; Röll DNotZ 2000, 749.

ten der beteiligten Wohnungs- und Teileigentumsrechte hängt von der Art der Umwandlung und dem Fortbestand des Zuordnungsobjekts ab.[36]

Wiederholungsaufgaben und Vertiefungsfragen

1. Zu welchem Zeitpunkt erlischt der Verband Wohnungseigentümergemeinschaft, wenn sämtliche Wohnungseigentümer einvernehmlich das Sondereigentum gem. § 9 Abs. 1 Nr. 1 WEG aufheben?
2. Nach einer Entscheidung des BGH ist ein Verzicht auf ein einzelnes Wohnungseigentumsrecht wegen der besonderen gemeinschaftsrechtlichen Bindungen nicht möglich (→ Rn. 4).
   Kommt ggf. ein gleichzeitiger Verzicht sämtlicher Wohnungseigentümer in Betracht?

[36] Vgl. OLG München FGPrax 2017, 114 zur Teilaufhebung einerseits und OLG Hamm ZWE 2016, 325 andererseits.

§ 15. Wohnungs- und Teilerbbaurechte sowie Dauerwohn- und Dauernutzungsrechte

Ausgewählte Literatur zur Ergänzung und Vertiefung:

Wohnungs- und Teilerbbaurechte

Demharter, Zur Begründung von Wohnungserbbaurechten an einem Gesamterbbaurecht, DNotZ 1986, 457; *DNotI-Gutachten,* Erbbaurecht an in Wohnungseigentum aufgeteiltem Grundstück, DNotI-Report 1998, 13; *Fröhler,* Risiken bei Zwangsversteigerungen wegen Hausgeldrückständen in Wohnungs- und Teilerbbaurechten, notar 2011, 221; *Rethmeier,* Rechtsfragen des Wohnungserbbaurechts, MittRhNotK 1993, 145; *Schneider,* Aktuelle Fragen zur Gemeinschaft der Wohnungserbbauberechtigten, ZfIR 2018, 589; *Schneider,* Das neue WEG – Handlungsbedarf für Erbbaurechtsausgeber, ZfIR 2007, 168; *Theus,* Das Wohnungs- und Teilerbbaurecht in der notariellen Praxis, RNotZ 2019, 573.

Dauerwohn- und -nutzungsrechte

Dammertz, Wohnungsrecht und Dauerwohnrecht, MittRhNotK 1970, 73; *Drasdo,* Die Besonderheiten von in Form des Wohnungseigentums organisierten Time-sharing-Objekten, FS Merle, 2000, 129; *Hilmes/Krüger,* Das Schattendasein des Dauernutzungsrechts, ZfIR 2009, 184; *Lehmann,* Dauerwohn- und Dauernutzungsrechte nach dem WEG, RNotZ 2011, 1; *Lotter,* Aktuelle Fragen des Dauerwohnrechts, MittBayNot 1999, 354; *Schubert,* Neues bei den Teilzeit-Wohnrechten (Timesharing), NZM 2007, 665; *Spiegelberger,* Der aktuelle Anwendungsbereich des Dauerwohn- und Dauernutzungsrechts, FS Bärmann/Weitnauer, 1990, 647; *Spiegelberger,* Der Anwendungsbereich des Dauernutzungsrechtes, FS Merle, 2000, 301.

I. Wohnungs- und Teilerbbaurechte

1. Das Erbbaurecht als Rechtsgrundlage

Ein Erbbaurecht ist legal definiert als das veräußerliche und vererbliche Recht, 1
auf oder unter der Oberfläche des Grundstücks ein Bauwerk zu haben.

Bitte lesen Sie jetzt § 1 Abs. 1 ErbbauRG!

Unter einem **Bauwerk** wird allgemein eine unbewegliche, durch Verwendung 2
von Arbeit und bodenfremdem Material in Verbindung mit dem Erdboden hergestellte Sache verstanden.[1] Hierunter fallen Gebäude und andere Bauwerke[2]; der Bauwerksbegriff geht damit weiter als der des **Gebäudes.**[3]

Der sachenrechtliche „Kniff" besteht nun darin, die rechtliche Verbindung des 3
Bauwerks mit dem Grundstück als dessen wesentlichen Bestandteil gem. §§ 93, 94 Abs. 1 BGB zu lösen. Stattdessen fingiert der Gesetzgeber die Zuordnung

[1] RGZ 56, 41 (43); BGHZ 117, 19 = NJW 1992, 1681; BGHZ 57, 60 = NJW 1971, 2219; Ingenstau/Hustedt/Hustedt § 1 Rn. 78; Winkler/Schlögel § 2 Rn. 7 je mwN.

[2] BGHZ 117, 19 = NJW 1992, 1681.

[3] BGHZ 57, 60 = NJW 1971, 2219.

des Bauwerks nicht mehr zu einer Sache, sondern zu einem Recht, indem das auf Grund des Erbbaurechts errichtete Bauwerk als wesentlicher Bestandteil des Erbbaurechts gilt (§ 12 Abs. 1 S. 1 ErbbauRG). Das gleiche gilt für ein Bauwerk, das bei der Bestellung des Erbbaurechts schon vorhanden ist (§ 12 Abs. 1 S. 2 ErbbauRG). Die Haftung des Bauwerks für die Belastungen des Grundstücks erlischt mit der Eintragung des Erbbaurechts im Grundbuch (§ 12 Abs. 1 S. 3 ErbbauRG). Auch Bestandteile werden eindeutig zugeordnet und können entweder nur solche des Erbbaurechts oder des Grundstücks sein. Damit **durchbricht** die Begründung eines Erbbaurechts ebenfalls den bekannten **Akzessionsgrundsatz** des BGB.

4 Es handelt sich also bei einem Erbbaurecht zunächst um ein dingliches Recht („Ein Grundstück kann in der Weise belastet werden, dass demjenigen, zu dessen Gunsten die **Belastung** erfolgt …"), auf das jedoch zugleich die sich auf Grundstücke beziehenden Vorschriften mit Ausnahme der §§ 925, 927 und 928 BGB sowie die Vorschriften über Ansprüche aus dem Eigentum entsprechende Anwendung finden (§ 11 Abs. 1 ErbbauRG). Wegen dieses Doppelcharakters wird das Erbbaurecht auch als **„grundstücksgleiches Rechts"** bezeichnet[4], das selbstverständlich auch mehreren Berechtigten in Bruchteilsgemeinschaft zustehen kann.

2. Wohnungs- und Teilerbbaurechte

5 Damit besteht aber ein vergleichbares Interesse an der rechtlichen Aufteilung eines Erbbaurechts wie auch bei einem gewöhnlichen Grundstück, sofern beiden nur ein **Gebäude** als Bestandteil zugeordnet ist (vgl. die Regelungen in den §§ 1, 3, 5 und 8 WEG).

Wiederholung:

Wiederholen Sie bei dieser Gelegenheit bitte noch einmal den wohnungseigentumsrechtlichen Gebäudebegriff in → § 2 Rn. 1.

6 § 30 WEG überträgt infolge dessen die Regelungen des § 1 Abs. 2 und Abs. 3 WEG zum Wohnungseigentum auf das Erbbaurecht. An die Stelle des Miteigentumsanteils am Grundstück tritt jedoch der Mitberechtigungsanteil am Erbbaurecht. Ein **Wohnungserbbaurecht** ist demgemäß das Sondereigentum an einer bestimmten Wohnung in einem aufgrund des Erbbaurechts errichteten oder noch zu errichtenden Gebäude in Verbindung mit dem Bruchteil an dem gemeinschaftlichen Erbbaurecht, zu dem es gehört. Ein **Teilerbbaurecht** ist das Sondereigentum an nicht zu Wohnzwecken dienenden bestimmten Räumen in einem aufgrund des Erbbaurechts errichteten oder noch zu errichtenden Gebäude in Verbindung mit dem Bruchteil an dem gemeinschaftlichen Erbbaurecht, zu dem es gehört. Gemäß § 30 Abs. 3 S. 2 WEG findet auch § 1 Abs. 6 WEG entsprechende Anwendung, so dass die Vorschriften über das Wohnungserbbaurecht entsprechend auf das Teilerbbaurecht anzuwenden sind.

Bitte lesen Sie jetzt § 30 WEG!

[4] Vgl. nur BGH NJW-RR 2006, 188 = NZI 2006, 97 mwN.

Aus der Sicht der Berechtigten ermöglicht die Begründung von Wohnungs- und Teilerbbaurechten damit insbesondere in den preis- und kostenintensiven Ballungsräumen den Erwerb von rechtlich eigenständigen und verkehrsfähigen Einheiten zu Wohn- bzw. zu gewerblichen Zwecken, ohne zugleich den Kaufpreis für den ansonsten nach § 1 Abs. 2 und 3 iVm Abs. 5 WEG notwendigen Grundstücksanteil aufbringen zu müssen.[5] 7

3. Begründungsarten

a) Vertragliche Einräumung des Sondereigentums

Die Begründung von Wohnungserbbaurechten vollzieht sich gem. § 30 entsprechend den Begründungsmöglichkeiten für Wohnungseigentum bei einem Grundstück. Danach kann anstelle eines gewöhnlichen Grundstücks auch ein Erbbaurecht in der Weise aufgeteilt werden, dass die bereits **bestehenden Bruchteile** mehrerer Mitberechtigter an dem Erbbaurecht in der Weise **beschränkt** werden, dass jedem der Mitberechtigten das Sondereigentum an einer bestimmten Wohnung (Wohnungserbbaurecht) oder an nicht zu Wohnzwecken dienenden bestimmten Räumen (Teilerbbaurecht) in einem aufgrund des Erbbaurechts bereits errichteten oder noch zu errichtenden Gebäude eingeräumt wird (§ 30 Abs. 1 WEG). Streitig ist insoweit, ob die gem. §§ 30 Abs. 3 S. 2, 4 Abs. 2 WEG erforderliche **dingliche Einigung** über die vertragliche Einräumung des Sondereigentums der Auflassungsform bedarf.[6] 8

Verfahrensrechtlich genügt nach der hier vertretenen Auffassung eine Eintragungsbewilligung (§ 19 GBO) aller Mitberechtigten in der Form des § 29 Abs. 1 S. 1 GBO; § 20 findet keine Anwendung.[7] 9

Die **Verpflichtung** zur vertraglichen Begründung von Wohnungs- und Teilerbbaurechten bedarf gem. §§ 30 Abs. 3 S. 2, 4 Abs. 3, § 311b Abs. 1 BGB der notariellen Beurkundung. 10

b) Aufteilung des Erbbaurechts

Ebenso wie bei einem gewöhnlichen Grundstück ist auch eine **Vorratsteilung** des Erbbaurechts durch den Erbbauberechtigten in entsprechender Anwendung des § 8 WEG möglich (§ 30 Abs. 2 WEG). Dabei werden durch **materiell-rechtlich einseitige Erklärung** gegenüber dem Grundbuchgericht (neue) Anteile am Erbbaurecht in der Weise gebildet, dass das Erbbaurecht in Bruchteile aufgeteilt und jeder Anteil mit dem Sondereigentum an einer bestimmten Wohnung (Wohnungserbbaurecht) oder an bestimmten nicht zu Wohnzwecken dienenden Räumen (Teilerbbaurecht) in einem aufgrund des Erbbaurecht errichteten oder noch zu errichtenden Gebäude verbunden wird. 11

---

[5] Bärmann/Schneider WEG § 30 Rn. 2.

[6] So zumindest Bamberger/Roth/Hügel WEG § 30 Rn. 2; Winkler/Schlögel § 3 Rn. 108; Schöner/Stöber Rn. 2998; Hogenschurz/Munzig WEG § 30 Rn. 22; diff. Bärmann/Schneider WEG § 30 Rn. 8f.

[7] Bärmann/Schneider WEG § 30 Rn. 9.

12 **Verfahrensrechtlich** ist für die Eintragungsbewilligung (§ 19 GBO) wegen § 29 Abs. 1 S. 1 GBO zumindest die Unterschriftsbeglaubigung erforderlich, wobei sich eine notarielle Beurkundung wegen der damit verbundenen Bezugnahmemöglichkeit (vgl. § 13a BeurkG) beim Abschluss nachfolgender Kaufverträge als sinnvoll erweisen kann.[8]

4. Grundbuchmäßige Behandlung

a) Buchungssituation vor der Begründung von Wohnungs- und Teilerbbaurechten

13 Bei der Begründung eines Erbbaurechts wird bei der Eintragung in das Grundstücksgrundbuch von Amts wegen mit dem Erbbaugrundbuch ein besonderes Grundbuchblatt für das Erbbaurecht angelegt (§ 14 Abs. 1 S. 1 ErbbauRG). Daneben existiert weiterhin das Grundbuch für das mit dem Erbbaurecht belastete Grundstück.

b) Folgen der Begründung von Wohnungs- und Teilerbbaurechten

14 Bei der Begründung von Wohnungs- und Teilerbbaurechten wird von Amts wegen für jeden Erbbaurechtsanteil ein **besonderes Grundbuchblatt** angelegt (Wohnungserbbaugrundbuch bzw. Teilerbbaugrundbuch; § 30 Abs. 3 S. 1). Diese sind dann die Erbbaugrundbücher iSd § 14 ErbbauRG.[9]

Abbildung – (Verkürztes) Eintragungsbeispiel:

Amtsgericht Duisburg **Grundbuch von Duisburg** **Blatt 10500**

Bestandsverzeichnis

Laufende Nummer der Grundstücke	Bisherige laufende Nummer der Grundstücke	Bezeichnung der Grundstücke und der mit dem Eigentum verbundenen Rechte					Größe		
		Gemarkung (Vermessungsbezirk)	Karte		Liegenschaftsbuch	Wirtschaftsart und Lage			
			Flur	Flurstück					
		a	b		c/d	e	ha	a	m²
1	2	3					4		
1		187/10.000stel Anteil an dem Erbbaurecht, das im Grundbuch von Duisburg Blatt 4567 als Belastung des im Bestandverzeichnis unter der lfd. Nr. 1 verzeichneten Grundstücks							
		Duisburg	1	101		Gebäude- und Freifläche, Kardinal-Galen-Straße 124		02	34

[8] Bärmann/Schneider WEG § 30 Rn. 14.
[9] Ingenstau/Hustedt/Bardenhewer § 14 Rn. 16.

		in Abteilung II Nr. 1 für die Dauer von 99 Jahren seit dem Tage der Eintragung, dem 21. Mai 2000, eingetragen ist.			
		Zur Veräußerung und Belastung mit Grundpfandrechten, Reallasten und Dauerwohnrechten ist die Zustimmung der Grundstückseigentümerin erforderlich.			
		Grundstückseigentümerin: Stadt Duisburg			
		Unter Bezugnahme auf die Bewilligung vom 14. Mai 2000 (Notar Dr. Helmut Genau in Duisburg – UR-Nr. 550/00) bei Anlegung dieses Wohnungserbbaugrundbuchs hier vermerkt am 22. Mai 2000.			
		Mit dem Anteil an dem Erbbaurecht ist das Sondereigentum an der im Aufteilungsplan vom 24. März 2000 mit Nr. 1 bezeichneten Wohnung im Erdgeschoß links mit einem Kellerraum im Kellergeschoß verbunden.			
		Für jeden Erbbaurechtsanteil ist ein besonderes Grundbuch angelegt (Nr. 10 500 bis Nr. 10 574). Der hier eingetragene Anteil ist durch die zu den anderen Anteilen gehörenden Sondereigentumsrechte beschränkt.			
		Zur Veräußerung ist die Zustimmung des Verwalters erforderlich.			
		Es sind Sondernutzungsrechte begründet hinsichtlich der hinter dem Haus gelegenen insgesamt 15 Pkw-Einstellplätze (StP 1 bis StP 15). Dem jeweiligen Wohnungserbbauberechtigten der Einheit Nr. 1 steht das Sondernutzungsrecht an dem Pkw-Einstellplatz StP 1 zu.			
		Wegen Gegenstand und Inhalt des Sondereigentums wird Bezug genommen auf die Bewilligung vom 15. Mai 2000 (Notar Dr. Helmut Genau in Duisburg – UR-Nr. 555/00).			
		Der Erbbaurechtsanteil ist von Blatt 10 499 hierher übertragen, eingetragen am 22. Mai 2000.			

In entsprechender Anwendung der §§ 7 Abs. 1 S. 3, 30 Abs. 3 S. 2 WEG ist das bisherige **Erbbaugrundbuch** für das ungeteilte Erbbaurecht (§ 14 ErbbauRG) von Amts wegen zu schließen, soweit dort nicht ausnahmsweise noch andere Eintragungen vorhanden sein sollten.[10] 15

Neben den neu anzulegenden Wohnungs- und Teilerbbaugrundbüchern bleibt das für das **Grundstück** angelegte Grundbuch bestehen. Damit bleibt zugleich die für das Erbbaurecht bedeutsame Rangstelle erhalten (§ 10 Abs. 1 S. 1 ErbbauRG). Im Grundstücksgrundbuch ist allerdings bei dem dort in Abt. II als Belastung eingetragenen Erbbaurecht die Begründung der Wohnungserbbaurechte zu vermerken. 16

[10] Bärmann/Schneider WEG § 30 Rn. 32.

Abbildung – Schematische Wiedergabe der grundbuchmäßigen Behandlung:

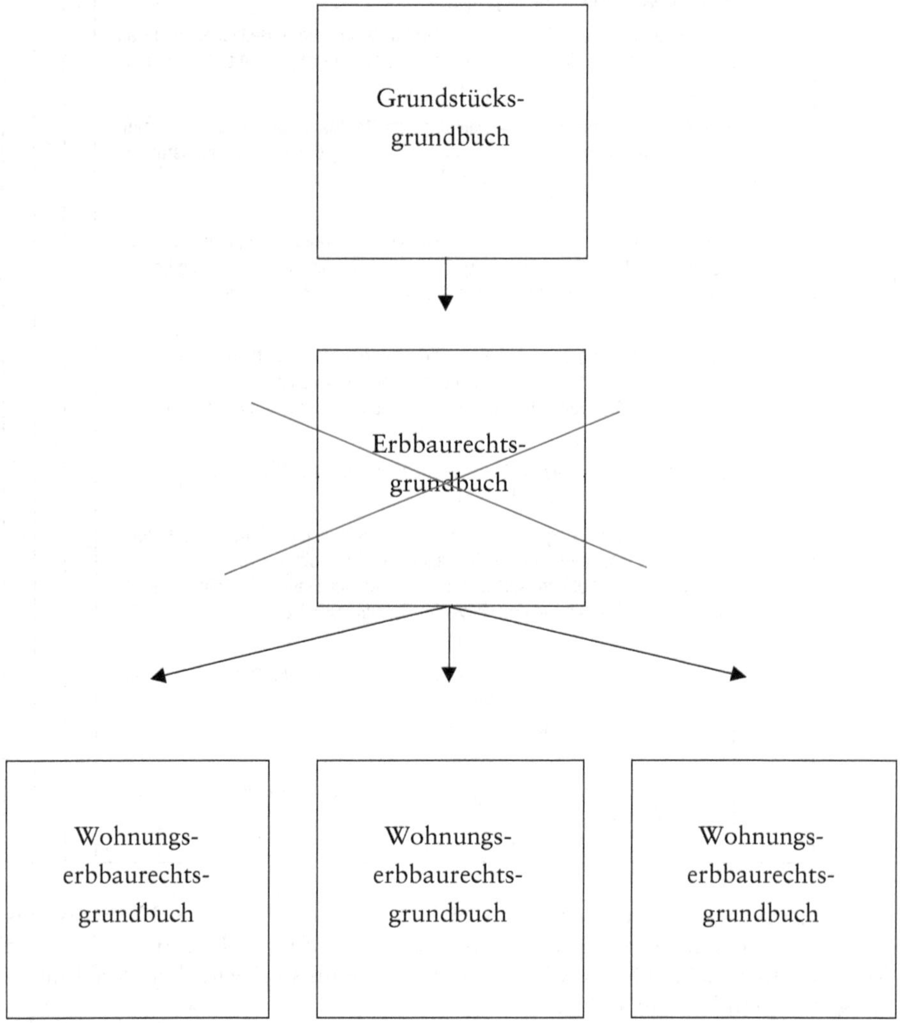

5. Unterschiedliche Rechtskreise

17 Rechtlich verbindet die Begründung von Wohnungs- und Teilerbbaurechten (§ 30 Abs. 1 und 2 WEG) zwei **unterschiedliche Rechtskreise.** Während sich auf der einen Seite die Rechtsbeziehungen zwischen dem Grundstückseigentümer und den Erbbauberechtigten primär nach erbbaurechtlichen Regelungen richten, gestalten sich die Rechtsverhältnisse zwischen den Wohnungs- und Teilerbbauberechtigten untereinander nach den bekannten WEG-rechtlichen Vorschriften (§ 30 Abs. 3 S. 2 WEG). Wegen Einzelheiten kann daher auf die jeweiligen Ausführungen verwiesen werden.

18 Da die erbbaurechtlichen Regelungen erst die notwendigen Voraussetzungen für die nachfolgende Aufteilung des Erbbaurechts schaffen, müssen die WEG-rechtlichen Vorschriften darauf entsprechend abgestimmt werden.[11] Die Begründung von Wohnungs- und Teilerbbaurechten vermag daher die vorgefundenen erbbaurechtlichen Regelungen nicht zu ändern. Da lediglich eine interne Unterteilung des bisher ungeteilten Erbbaurechts erfolgt, beschränkt sich deren Bedeutung auf das Rechtsverhältnis der Wohnungserbbauberechtigten untereinander[12]; dadurch können jedoch die **Rechtsbefugnisse des Grundstückseigentümers weder erweitert noch eingeschränkt** werden.[13]

19 **Hinweis:**

Bei der Veräußerung eines Wohnungserbbaurechts kann es deshalb zu einem **doppelten Zustimmungserfordernis** kommen:[14]
Mit der Begründung der Wohnungserbbaurechte setzt sich ein zuvor für das ungeteilte Erbbaurecht gem. §5 Abs.1 ErbbauRG vereinbarter **Zustimmungsvorbehalt** an sämtlichen neu gebildeten Einheiten fort.[15] Ist eine solche Vereinbarung getroffen, so ist sowohl die Verfügung des Wohnungserbbauberechtigten als auch das Verpflichtungsgeschäft unwirksam, solange nicht der Grundstückseigentümer die erforderliche Zustimmung erteilt hat (§6 Abs.1 ErbbauRG). Die Zustimmung ist gegenüber dem Grundbuchgericht in der Form des §29 Abs.1 GBO nachzuweisen (§15 ErbbauRG).[16]
Neben einem erbbaurechtlichen Zustimmungsvorbehalt kann zusätzlich auch eine **wohnungseigentumsrechtliche Veräußerungsbeschränkung** gem. §§30 Abs.3 S.1, 12 Abs.1 WEG vereinbart worden sein. Ist eine solche Vereinbarung getroffen, ist sowohl die Veräußerung des Wohnungseigentums als auch das Verpflichtungsgeschäft unwirksam, solange nicht die erforderliche Zustimmung erteilt ist (§§30 Abs.3 S.2, 12 Abs.3 S.1). Auch hier ist der Nachweis gegenüber dem Grundbuchgericht in der Form des §29 Abs.1 GBO zu erbringen.[17]
Sind beide **Zustimmungserfordernisse nebeneinander** vereinbart, wird die Veräußerung allerdings erst mit Vorliegen beider Zustimmungen wirksam.[18]

II. Dauerwohn- und Dauernutzungsrechte

1. Die gesetzliche Konzeption

20 Bereits der offizielle Titel des Gesetzes lautet „Gesetz über das Wohnungseigentum und das Dauerwohnrecht".[19] Der gesamte II. Teil des Gesetzes ist dem Dauerwohnrecht gewidmet. Wenngleich Bezeichnung und Gliederung des

---

[11] Ingenstau/Hustedt/Hustedt §1 Rn.109; Winkler/Schlögel §3 Rn.100.
[12] OLG Hamm ZWE 2013, 404.
[13] Bärmann/Schneider WEG §30 Rn.41; Rethmeier MittRhNotK 1993, 145 (146).
[14] Einzelheiten bei Bärmann/Schneider WEG §30 Rn.94ff.
[15] OLG Schleswig ZfIR 2000, 875; BayObLGZ 1989, 354 = MittBayNot 1989, 315.
[16] BayObLGZ 2001, 132 = FGPrax 2001, 174 (für eine Zustimmung gem. §5 Abs.2 ErbbauRG).
[17] OLG Hamm ZWE 2013, 215; OLG Frankfurt ZWE 2011, 337.
[18] Bauer/v. Oefele/Maaß AT F Rn.275; Winkler/Schlögel §3 Rn.124.
[19] G v. 15.3.1951 (BGBl I 175).

Gesetzes eine dem Wohnungseigentum vergleichbare Stellung suggerieren, konnte das Dauerwohnrecht in der Praxis nicht annähernd die Bedeutung erlangen, die dem Wohnungseigentum inzwischen zukommt. Das Rechtsinstitut führt bis auf einige Versuche im Rahmen von Time-sharing-Modellen ein **Schattendasein;** aktuell veröffentlichte – wenige – Gerichtsentscheidungen weisen in der Regel auf Rechtsbegründungen in der Anfangsphase nach Inkrafttreten des Gesetzes hin.

2. Dauerwohn- und Dauernutzungsrechte

21 Gem. § 31 Abs. 1 WEG kann ein Grundstück in der Weise belastet werden, dass derjenige, zu dessen Gunsten die Belastung erfolgt, berechtigt ist, unter Ausschluss des Eigentümers eine bestimmte Wohnung in einem auf dem Grundstück errichteten oder zu errichtenden Gebäude zu bewohnen oder in anderer Weise zu nutzen (**Dauerwohnrecht**). Das Dauerwohnrecht kann auf einen außerhalb des Gebäudes liegenden Teil des Grundstücks erstreckt werden, sofern die Wohnung wirtschaftlich die Hauptsache bleibt.

Die Belastung kann gem. § 31 Abs. 2 WEG auch in der Weise erfolgen, dass der Berechtigte unter Ausschluss des Eigentümers nicht zu Wohnzwecken dienende bestimmte Räume in einem auf dem Grundstück errichteten oder zu errichtenden Gebäude nutzen darf (**Dauernutzungsrecht**). Für das Dauernutzungsrecht gelten die Vorschriften über das Dauerwohnrecht entsprechend (§ 31 Abs. 3 WEG).

Bitte lesen Sie jetzt § 31 WEG!

22 Ein Dauerwohnrecht kann nicht an einer einzelnen Wohnung eines **ungeteilten Grundstücks** bestellt werden.[20] Allerdings ist die Belastung eines **Wohnungseigentums** mit einem Dauerwohnrecht und diejenige eines **Teileigentums** mit einem Dauernutzungsrecht möglich.[21] Das Dauerwohn- oder Dauernutzungsrecht kann auch an einem **Erbbaurecht** bestellt werden (§ 42 Abs. 1 WEG). Dies muss dann auch für die Belastung eines **Wohnungs- oder Teilerbbaurechts** gelten.[22]

3. Begründung eines Dauerwohnrechts

23 Das Dauerwohnrecht entsteht **materiell-rechtlich** als Grundstücksbelastung wie jedes dingliche Recht durch Einigung und Eintragung gem. § 873 Abs. 1 2. Var. BGB. Besondere Formvorschriften existieren hierfür nicht. Allerdings soll ein Dauerwohnrecht nur bestellt werden, wenn die Wohnung in sich abgeschlossen ist (§ 32 Abs. 1 WEG).

24 **Verfahrensrechtlich** vollzieht sich der Rechtserwerb nach dem formellen Konsensprinzip. Es ist somit neben der entsprechenden Antragstellung die Eintragungsbewilligung sämtlicher Eigentümer gem. § 19 GBO in der Form des § 29 Abs. 1 S. 1 GBO erforderlich.[23] Wie schon beim Wohnungseigentum ist auch für

[20] Bärmann/Schneider WEG § 31 Rn. 21.
[21] BayObLG NJW 1957, 1840.
[22] BGH Rpfleger 1979, 58 Ls.
[23] Zu weiteren Anforderungen s. Bärmann/Schneider WEG § 31 Rn. 42 ff.

die Eintragung eines Dauerwohnrechts die Vorlage eines Aufteilungsplans mit entsprechender Abgeschlossenheitsbescheinigung erforderlich (§ 32 Abs. 2 S. 2 WEG).

4. Grundbuchmäßige Behandlung

Dauerwohn- und Dauernutzungsrechte werden im Grundbuch des belasteten Grundstücks in der II. Abteilung eingetragen (§ 10 Abs. 1 lit. a) GBV); sie nehmen somit am Rangsystem der dinglichen Rechte teil (vgl. § 879 Abs. 1 BGB). 25

5. Abgrenzung

Das Dauerwohnrecht unterscheidet sich von dem Wohnrecht gem. § 1090 Abs. 1 BGB und dem Wohnungsrecht unter Ausschluss des Eigentümers gem. § 1093 BGB, indem es **veräußerlich und vererblich** ausgestaltet ist (§ 33 Abs. 1 S. 1 WEG). Die beschränkten persönlichen Dienstbarkeiten des BGB erlöschen demgegenüber mit dem Tod des Berechtigten (§§ 1090 Abs. 2, 1061 BGB). 26

Ein Dauerwohnrecht kann nicht unter einer Bedingung bestellt werden (§ 33 Abs. 1 S. 2 WEG); gleichwohl wird eine Beschränkung des Dauerwohnrechts **auf die Lebenszeit** des Berechtigten inzwischen überwiegend als zulässig angesehen.[24] 27

Die Bestellung eines Dauerwohnrechts erlaubt es, in den Grenzen des § 33 Abs. 4 WEG dort näher beschriebene vertragliche **Vereinbarungen** zum **Inhalt** des dinglichen Rechts zu machen. Wegen weiterer Einzelheiten sei auf die einschlägige Literatur verwiesen. 28

SIE HABEN ES GESCHAFFT !!!

Wir hoffen, die Lektüre hat Ihnen trotz aller Beschwerlichkeiten auch einige juristische Lichtblicke verschafft. Bestimmt werden Sie bald Gelegenheit erhalten, Ihr neu erworbenes Wissen anzuwenden und weiter zu vertiefen. Wir wünschen Ihnen viel Freude bei der weiteren Beschäftigung mit dem Wohnungseigentumsrecht!

[24] OLG Celle ZWE 2014, 207; OLG Hamm ZWE 2012, 39.

§ 16. Lösungshinweise zu den Wiederholungsaufgaben und Vertiefungsfragen

§ 1 (Historie)

Frage 1:
Beschreiben Sie den wesentlichen Unterschied zwischen echtem Stockwerkseigentum und Wohnungseigentum.

Lösungshinweis:
Der Stockwerkseigentümer musste nicht unbedingt zugleich auch Grundstückseigentümer sein. Es fehlte weiterhin an einer eindeutigen Abgrenzung der Eigentumsbereiche. Demgegenüber hält das WEG grundsätzlich am Akzessionsgrundsatz fest und lässt Alleineigentum nur zu, wenn der Alleineigentümer zugleich auch Miteigentümer des Grundstücks ist.

Frage 2:
Worin besteht der hauptsächliche Unterschied zwischen einer Bruchteilsgemeinschaft und einer Gemeinschaft zur gesamten Hand?

Lösungshinweis:
Der Hauptunterschied ist in den Verfügungsmöglichkeiten der jeweiligen Mitberechtigten zu sehen. Während bei der Bruchteilsgemeinschaft an einem Grundstück jeder Miteigentümer über seinen ideellen Anteil frei verfügen kann (vgl. § 747 S. 1 BGB), kann ein Gesamthandseigentümer über seinen Anteil an der einzelnen Sache nicht allein verfügen (vgl. §§ 719 Abs. 1 a.F., 1419 Abs. 1, 2033 Abs. 2 BGB). Allenfalls kann er über seinen Anteil am gesamten Sondervermögen verfügen (§ 2033 Abs. 1 BGB); hieran können aber keine beschränkten dinglichen Rechte bestellt werden.

Frage 3:
Inwiefern handelt es sich bei Wohnungseigentum um „zusammengesetztes Eigentum"?

Losungshinweis:
Wohnungseigentum besteht zum einen aus einem Miteigentumsanteil am Grundstück und den damit verbundenen Gebäuden als gemeinschaftlichem Eigentum. Innerhalb eines Gebäudes erhält der einzelne Miteigentümer aber einen räumlich abgegrenzten Bereich zu Alleineigentum zugewiesen. Wohnungseigentum ist also aus Miteigentum (am Gemeinschaftseigentum) und Alleineigentum (an näher abgegrenzten Räumlichkeiten) zusammengesetzt. Zu Besonderheiten durch das WEMoG später mehr.

§2 (Terminologie)

Frage 1:
Wodurch unterscheidet sich Wohnungseigentum von Teileigentum?

Lösungshinweis:
Die rechtliche Konstruktion aus einem Miteigentumsanteil am gemeinschaftlichen Eigentum verbunden mit einer „Insel" Alleineigentum ist bei beiden identisch. Der Unterschied besteht lediglich in der Zweckbestimmung, die die spätere Nutzung weniger störanfällig gestalten will.

Frage 2:
Könnte man nach dem zuvor entwickelten Verständnis von Wohnungs- und Teileigentum auf eine nähere Bestimmung des Raumeigentums nicht auch gänzlich verzichten, um die spätere Nutzung offen zu halten?

Lösungshinweis:
Dies ist in der Tat möglich. Die Festlegung einer Zweckbestimmung ist nach Auffassung des Kammergerichts[1] entbehrlich. Die unterbliebene Festlegung der Nutzungsmöglichkeit vermeidet ggf. erforderliche Zustimmungen anderer Miteigentümer und dinglich Berechtigter bei einer späteren Umwandlung von Wohnungs- in Teileigentum und umgekehrt.

§3 (Gegenstand des Eigentums)

Frage 1:
Können Mülltonnen im Gemeinschaftseigentum stehen? Begründen Sie Ihre Rechtsansicht.

Lösungshinweis:
Nach hier vertretener Auffassung können Mülltonnen nicht im Gemeinschaftseigentum der Wohnungseigentümer stehen, weil es insoweit an der notwendigen Bestandteilseigenschaft fehlt.[2] Davon abgesehen werden sie oftmals kommunales Dritteigentum und deshalb schon von §1 Abs. 5 WEG erfasst sein.

Frage 2:
Steht die von einem Wohnungseigentümer angeschaffte und in seinem Wohnzimmer aufgestellte Wohnlandschaft (bestehend aus einem überdimensionierten Sofa und mehreren Sesseln) in dessen Sondereigentum?

Lösungshinweis:
Nein, es handelt sich um sonderrechtsfähige Einrichtungsgegenstände. Es fehlt insoweit an der notwendigen Bestandteilseigenschaft der Möbel.[3]

---

[1] KG MittBayNot 2008, 209 („Gewerbewohnung").

[2] Wie hier Hügel/Elzer §5 Rn. 23; a.A. allerdings Jennißen/Grziwotz §5 Rn. 93: Gemeinschaftseigentum.

[3] Ebenso Hügel/Elzer §5 Rn. 9.

§ 4 (Begründung)

Frage 1:

Können in einem Wohnungsgrundbuch auch zwei Eigentumswohnungen gebucht sein?

Lösungshinweis:

§ 7 Abs. 1 S. 1 WEG bestimmt, dass für jeden Miteigentumsanteil von Amts wegen ein besonderes Grundbuchblatt angelegt wird. Bereits daraus ergibt sich, dass in demselben Wohnungsgrundbuch zwei Wohnungen gebucht sein können, wenn sie demselben (einheitlichen) Miteigentumsanteil zugeordnet sind. Diese Zuordnung kann sowohl originär bei Begründung des Wohnungseigentums als auch nachträglich zB anlässlich einer Vereinigung zweier Wohnungseigentumsrechte erfolgen.[4]

Frage 2:

Kann an einem Altbau Wohnungseigentum begründet werden, wenn sich dort die Toiletten jeweils für zwei Wohnungen gemeinschaftlich auf der Halbetage befinden?

Lösungshinweis:

Nach § 3 Abs. 3 Hs. 1 WEG soll Sondereigentum nur eingeräumt werden, wenn die Wohnungen oder sonstigen Räume in sich abgeschlossen sind. Dadurch soll gewährleistet sein, dass jeder Sondereigentumsbereich von dem anderer Wohnungseigentümer und vom gemeinschaftlichen Eigentum fest abgegrenzt ist, wobei zu einer Wohnung auch eine bestimmte Ausstattung gehört. Nach Nr. 5 lit. a) der Allgemeinen Verwaltungsvorschrift für die Ausstellung von Bescheinigungen gemäß § 7 Abs. 4 Nr. 2 und § 32 Abs. 2 Nr. 2 des Wohnungseigentumsgesetzes vom 19.3.1974 (BAnz. Nr. 58 vom 23.3.1974) musste das notwendige WC innerhalb der Wohnung liegen.[5] Wohnungen ohne integriertes WC waren danach nicht abgeschlossen, so dass ohne Umbaumaßnahmen kein Wohnungseigentum begründet werden konnte.[6] Nach der aktuellen AVA (Allgemeine Verwaltungsvorschrift für die Ausstellung von Bescheinigungen nach dem Wohnungseigentumsgesetz vom 06.07.2021, BAnz AT 12.07.2021 B2) wird das Erfordernis nicht mehr ausdrücklich erwähnt.

Denkbar wäre allerdings die Begründung von Teileigentum unter Einräumung eines gemeinschaftlichen (Sonder-)Nutzungsrechts an den Sanitäreinrichtungen.[7] Das Erfordernis eines innerhalb der Wohnung gelegenen WCs galt nämlich nicht sinngemäß für ein Teileigentum (Nr. 5 lit. b) aaO a.F.).[8]

Frage 3:

Kann ein einmal zur Grundakte eingereichter Aufteilungsplan mit Abgeschlossenheitsbescheinigung nach einer Zurückweisung des Teilungsantrags gem. § 8

---

[4] Vgl. OLG Düsseldorf 30.11.2015 – 3 Wx 272/15; Lemke/Schneider Immobilienrecht § 5 GBO Rn. 29 mwN.

[5] OLG Nürnberg ZWE 2012, 317.

[6] Ebenso LG Duisburg 30.7.1998 – 24 T 189/98 n.v. für ein sog Zechenhaus.

[7] So noch MüKoBGB/Commichau § 3 WEG Rn. 77.

[8] OLG Düsseldorf ZfIR 1997, 760.

WEG zu einem späteren Zeitpunkt für einen neuerlich gestellten Antrag wieder verwendet werden? Wie lang darf dieser Zeitraum ggf. sein?

Lösungshinweis:
Für eine einmal nach § 7 Abs. 4 S. 1 Nr. 2 WEG erteilte Bescheinigung gibt es kein Verfalldatum und auch keine Beschränkung auf eine einmalige Verwendung, solange die Angaben des zugrundeliegenden Aufteilungsplans mit den aktuellen Verhältnissen übereinstimmen. Mit Rücksicht auf die übliche Gebrauchsdauer von Immobilien (80 bis 100 Jahre) kann ohne weitere Anhaltspunkte allein nach einem Zeitablauf von rd. 14 Jahren jedenfalls nicht davon ausgegangen werden, dass sich an der Raumsituation und den Ausstattungsverhältnissen etwas geändert hat.[9] Die Verwendbarkeit setzt allerdings voraus, dass die Anforderungen des § 3 Abs. 3 WEG erfüllt werden.

§ 5 (Gesetzlicher und rechtsgeschäftlicher Inhalt des Eigentums)

Frage 1:
Könnte ein Sondernutzungsrecht auch in der Weise begründet werden, dass dem jeweiligen Eigentümer eines näher beschriebenen und abgeschlossenen Teileigentums an einem Kellerraum das Sondernutzungsrecht an einer im Obergeschoss gelegenen, näher beschriebenen Wohnung zugeordnet wird?

Lösungshinweis:
Nach allgemeiner Auffassung können Sondernutzungsrechte sowohl an Flächen und Räumen als auch an Gebäudeteilen, Anlagen und Einrichtungen des gemeinschaftlichen Eigentums bestellt werden. Wenn also nur die Kellerräume in Sondereigentum überführt werden (weil möglicherweise nur insoweit die erforderliche Abgeschlossenheit bescheinigt wird), könnten an den im Gemeinschaftseigentum verbleibenden Wohnungen zumindest Sondernutzungsrechte begründet werden. Die Begründung von Teileigentum an Kellerräumen und deren Verbindung mit dem Sondernutzungsrecht an einer Wohnung wird deshalb ganz überwiegend als sog „Kellermodell“ für zulässig gehalten.[10] Eine Umgehung des § 5 WEG ist damit nicht verbunden.[11]

Wenn Sie diese Gestaltungsvariante interessieren sollte, können Sie weitere Informationen zu den historischen Hintergründen für das Aufkommen des „Kellermodells“ bei *Pause*[12] finden.

Frage 2:
Könnte eine Veräußerungsbeschränkung gem. § 12 WEG auch für die Übertragung von Sondernutzungsrechten vereinbart werden?

---

[9] OLG Schleswig RNotZ 2012, 335.

[10] OLG Hamm NJW-RR 1993, 1233; BayObLGZ 1991, 375 = NJW 1992, 700 = Rpfleger 1992, 154 mAnm Eckardt; Schneider Rpfleger 1991, 499.

[11] A.A. LG Braunschweig Rpfleger 1991, 201; Häublein Sondernutzungsrechte, S. 100, 106.

[12] Instruktiv Pause NJW 1990, 3178.

Lösungshinweis:
Nach allgemeiner Ansicht kann der Anwendungsbereich des § 12 WEG dahingehend erweitert werden, dass auch für die rechtsgeschäftliche Übertragung von Sondernutzungsrechten eine Veräußerungszustimmung gem. § 12 WEG erforderlich sein soll.[13] Voraussetzung ist allerdings, dass die Vereinbarung wegen des Ausnahmecharakters ausdrücklich und eindeutig erfolgt.[14]

§ 6 (Verfügungen)

Frage 1:
Kann gegen einen im Wohnungsgrundbuch eingetragenen Eigentumswechsel ein Amtswiderspruch gem. § 53 Abs. 1 S. 1 GBO eingetragen werden, wenn anlässlich der Eigentumsumschreibung versehentlich die notwendige Veräußerungszustimmung des WEG-Verwalters gem. § 12 WEG nicht vorgelegen hat?

Lösungshinweis:
Ein Amtswiderspruch gem. § 53 Abs. 1 S. 1 GBO könnte auf entsprechende Anregung in das Grundbuch eingetragen werden, wenn das Grundbuch durch die Eintragung des Eigentumswechsels unrichtig geworden wäre und diese Unrichtigkeit durch eine Verletzung gesetzlicher Bestimmungen seitens des Grundbuchgerichts entstanden wäre. Weiterhin müsste die Gefahr eines gutgläubigen Erwerbs bestehen.

Das Grundbuch ist unrichtig, wenn materielle und formelle Rechtslage auseinanderfallen. Formell ist der neue Eigentümer im Grundbuch verlautbart, materiell-rechtlich ist der Eigentumserwerb jedoch wegen der fehlenden, aber notwendigen Verwalterzustimmung gem. § 12 WEG noch nicht abgeschlossen. Der Eigentumserwerb ohne die erforderliche Zustimmung ist nämlich schwebend unwirksam.[15] Damit ist das Grundbuch unrichtig.

Diese Unrichtigkeit beruht auch auf einer Verletzung des § 12 WEG seitens des Grundbuchgerichts, weil die eingetragene Veräußerungsbeschränkung von Amts wegen zu beachten ist.[16]

Die Gefahr eines gutgläubigen Erwerbs vom Eingetragenen gem. § 892 Abs. 1 BGB liegt auf der Hand.

Es ist deshalb die Eintragung eines Amtswiderspruchs gem. § 53 Abs. 1 S. 1 GBO gegen die Eintragung des Erwerbers als neuen Eigentümer veranlasst, sofern nicht die erforderliche Zustimmung inzwischen vorliegt.

Frage 2:
Können Sie mindestens zwei gravierende Auswirkungen benennen, die sich aus der unterschiedlichen rechtlichen Einordnung einer Umwidmung von Wohnungs- in Teileigentum ergeben?

---

[13] BGHZ 73,149 = NJW 1979, 548.
[14] Riecke/Schmid/Schneider § 12 Rn. 47.
[15] BGH NJW 2012, 3232 = ZWE 2012, 499.
[16] OLG Hamm ZWE 2013, 215; OLG Frankfurt ZWE 2011, 337.

Lösungshinweis:

Die Unterschiede zwischen beiden Auffassungen wirken sich in zwei zentralen und für die Praxis sehr bedeutsamen Punkten aus:

Zum einen vermag die wohl hM eine in der Teilungserklärung vorweggenommene Ermächtigung zur Vornahme von Änderungen des Gebrauchszwecks als zulässigen Inhalt des Sondereigentums und mit einer den Sondernachfolger bindenden Wirkung gem. § 10 Abs. 3 S. 1 WEG in das Grundbuch einzutragen.[17] Auf diese Weise kann also das an sich bestehende Mitwirkungserfordernis der übrigen Wohnungseigentümer an einer späteren Änderung durch eine Regelung in der Gemeinschaftsordnung abbedungen werden. Demgegenüber kann die Verdinglichung einer Änderungsermächtigung nicht in Betracht kommen, wenn man in der Änderung eine solche des sachenrechtlichen Begründungsakts sehen will.[18]

Zum anderen entfällt zur Eintragung der Änderung des Gebrauchszwecks im Grundbuch nach der Novelle (2007) die früher erforderliche Mitwirkung von Grundpfandrechtsgläubigern und Reallastberechtigten als Einzelberechtigte,[19] weil es sich nach h.M. um eine inhaltliche Änderung der Gemeinschaftsordnung handelt, der die Genannten gem. § 5 Abs. 4 S. 2 WEG nun nicht mehr zustimmen müssen.[20] Die Gesetzesänderung betrifft aber ausschließlich inhaltliche Änderungen gem. § 5 Abs. 4 WEG. Hält man stattdessen die Umwandlung von Wohnungs- in Teileigentum für eine Änderung des sachenrechtlichen Begründungsakts, muss es deshalb uneingeschränkt bei der gem. §§ 876, 877 BGB, § 19 GBO für solche Änderungen (§ 4 WEG) nach wie vor notwendigen Zustimmung aller dinglich Berechtigten in der Form des § 29 GBO verbleiben, soweit sie durch die Eintragung betroffen werden können.[21]

§ 7 (GdWE)

Frage 1:

Wie stellen sich die Eigentumsverhältnisse dar, wenn der Wohnungseigentumsverwalter aufgrund entsprechender Beschlussfassung der Wohnungseigentümer einen Apfelbaum mit Mitteln des rechtsfähigen Verbandes für diesen erwirbt und den Baum sodann auf dem in Wohnungseigentumsrechte aufgeteilten Grundstück einpflanzt?

---

[17] OLG München ZWE 2014, 121; BayObLG NZM 2000, 668; BayObLG DNotZ 1998, 379 = Rpfleger 1998, 19.

[18] Ott ZfIR 2005, 129, 132; vgl. BGH NJW 2003, 2165; BayObLG DNotZ 1999, 665.

[19] Inhaber von dinglichen Rechten am ganzen Grundstück bzw. an sämtlichen Miteigentumsanteilen sind ohnehin von einer Änderung nicht betroffen; vgl. OLG Frankfurt Rpfleger 1996, 340; Demharter Anh zu § 3 Rn. 79.

[20] OLG München ZWE 2014, 164; KG ZWE 2011, 84; Bärmann/Armbrüster § 1 Rn. 31; Demharter Anh zu § 3 Rn. 79; Riecke/Schmid/Schneider § 1 Rn. 46.

[21] Inkonsequent Erman/Grziwotz WEG § 1 Rn. 9, der zwar einerseits die Umwandlung von Wohnungs- in Teileigentum für eine inhaltliche Änderung des Sondereigentums hält, andererseits aber gleichwohl am bisherigen Zustimmungserfordernis entgegen dem Wortlaut des Gesetzes festhalten will.

Lösungshinweis:

Der Eigentumserwerb erfolgt zunächst gem. § 929 BGB für den vom Wohnungseigentumsverwalter vertretenen rechtsfähigen Verband (vgl. § 9b Abs. 1 WEG). Mit dem Einpflanzen des Baumes wird dieser zum Bestandteil des Grundstücks. Die Rechtsfolge des § 94 Abs 1 S. 2 BGB tritt jedoch unabhängig davon ein, wer den Baum eingepflanzt hat.[22] Das Grundstück gehört allen Wohnungseigentümern als Bruchteilsberechtigten. Mit dem Einpflanzen ist daher gem. § 1 Abs. 5 WEG ein Eigentumswechsel zugunsten der Bruchteilsgemeinschaft verbunden.

Vergleichbar ist der Fall eines Eigentumswechsels durch Einbau vormals selbständiger beweglicher Gegenstände und deren Verbindung mit dem Gebäude gem. §§ 93, 94 BGB zu einem wesentlichen Bestandteil.[23]

Frage 2:

Nachbar N beschädigt beim Wenden mit seinem Pkw den o.g. Apfelbaum. Kann Wohnungseigentümer W von N Schadensersatz verlangen?

Lösungshinweis:

Nein, es handelt sich um einen Anspruch wegen Verletzung des gemeinschaftlichen Eigentums. Die Ausübung von Rechten aus dem gemeinschaftlichen Eigentum obliegt ausschließlich der GdWE (§ 9a Abs. 2 WEG).

§ 8 (Verwaltung des Wohnungseigentums)

Frage 1:

Ein Wohnungseigentümer ist gem. § 17 WEG rechtskräftig zur Veräußerung seines Wohnungseigentums verurteilt worden. Ist dieser Wohnungseigentümer in der Eigentümerversammlung bei der Beschlussfassung über folgende Regelungsgegenstände stimmberechtigt:

a) Beschlussfassung über die neue Hausordnung;
b) Beschlussfassung über die Jahresabrechnung.

Lösungshinweis:

Der rechtskräftig gem. § 17 WEG verurteilte Wohnungseigentümer ist gem. § 25 Abs. 4 Var. 3 WEG von sämtlichen Beschlussfassungen ausgeschlossen. Auf den Beschlussgegenstand kommt es daher nicht an.

Frage 2:

In einer Eigentümergemeinschaft gilt das Wertstimmrecht. Für die nächste Eigentümerversammlung steht die Entlastung des Verwalters auf der Tagesordnung. Verwalter ist der Bauträger B, für den noch einige Einheiten in den Wohnungsgrundbüchern eingetragen sind. Da B befürchtet, dass ihm die gewünschte Entlastung wegen Streitereien mit einigen Wohnungskäufern nicht erteilt werden könnte, bevollmächtigt er seinen Freund F, ihn als Eigentümer bei der nächsten

---

[22] Staudinger/Jickeli/Stieper (2012) § 94 Rn. 18.
[23] H. Müller ZWE 2012, 472.

Versammlung zu vertreten und für seine Entlastung zu stimmen. Können die zugunsten des B abgegebenen Stimmen des F bei der Mehrheitsfindung berücksichtigt werden?

Lösungshinweis:

Der Verwalter ist entsprechend § 25 Abs. 4 Var. 1 WEG von einer Beschlussfassung über seine eigene Entlastung ausgeschlossen.[24] Durch einen Entlastungsbeschluss können nämlich gegen den Entlasteten gerichtete Ansprüche verloren gehen, weil dem Beschluss die Wirkung eines negativen Schuldanerkenntnisses zukommt (vgl. § 397 Abs. 2 BGB).[25] Dann kann B sich aber auch nicht bei der entsprechenden Abstimmung durch F vertreten lassen. Liegen nämlich die Voraussetzungen eines Stimmverbots vor, so kann der betroffene Wohnungseigentümer auch keine andere Person zur Ausübung seines Stimmrechts bevollmächtigten, da er keine Rechtsmacht zur Ausübung übertragen kann, die ihm selbst nicht zusteht.[26]

§ 9 (Bauliche Veränderungen

Frage 1:

Beschreiben Sie den Unterschied zwischen einer Maßnahme der „Erhaltung" und einer „baulichen Veränderung" des gemeinschaftlichen Eigentums iSd § 21 Abs. 1 WEG!

Lösungshinweise:

Die „Erhaltung" betrifft Maßnahmen der ordnungsmäßigen Instandhaltung und Instandsetzung des gemeinschaftlichen Eigentums (vgl. § 13 Abs. 2 WEG).

Eine bauliche Veränderung des gemeinschaftlichen Eigentums liegt vor, wenn es sich um eine nach Begründung einer Wohnungseigentümergemeinschaft vorgenommene, auf Dauer angelegte gegenständliche Umgestaltung des gemeinschaftlichen Eigentums außerhalb der Grenzen einer ordnungsmäßigen Erhaltung handelt.[27]

Frage 2:

Ordnen Sie den nachträglichen Einbau eines Treppenliftes in die Ihnen jetzt bekannte Palette baulicher Maßnahmen ein. Könnte der allein von dem Einbau profitierende Wohnungseigentümer W den Einbau verlangen? Wer würde den Einbau durchführen? Wer trägt die Kosten des Einbaus und des Betriebs? Wer ist berechtigt, den Lift zu benutzen?

Lösungshinweise:

Es handelt sich um eine auf Dauer angelegte Umgestaltung des gemeinschaftlichen Eigentums. Deshalb ist der Einbau eines Treppenliftes eine bauliche Veränderung. Eigentümer W kann den Einbau verlangen, wenn der Einbau dem

---

[24] OLG Köln NZM 2007, 334; AG Weimar ZWE 2014, 53.
[25] Vgl. BGHZ 156, 19 = NJW 2003, 3124 = ZWE 2003, 365.
[26] BGH ZWE 2014, 176.
[27] Vgl. Bärmann/Dötsch WEG § 20 Rn. 27.

Gebrauch eines Menschen mit Behinderung dient und die Maßnahme angemessen ist (§ 20 Abs. 2 S. 1 Nr. 1 WEG). Über die Durchführung ist im Rahmen ordnungsmäßiger Verwaltung zu beschließen (§ 20 Abs. 2 S. 2 WEG). Je nach Beschluss der Eigentümerversammlung führt den Einbau entweder die Eigentümergemeinschaft oder Wohungseigentümer W selbst aufgrund einer entsprechenden Gestattung durch. Die Kosten des Einbaus und des Betriebs hat der Wohnungseigentümer W zu tragen (§ 21 Abs. 1 S. 1 WEG). Er ist allein nutzungsberechtigt (§ 21 Abs. 1 S. 2 WEG).[28]

§ 10 (Wohnungseigentumsverwalter und Verwaltungsbeirat)

Frage 1:
Erlischt die Rechtsstellung als WEG-Verwalter, wenn über das Vermögen der zur Verwalterin bestellten GmbH das Insolvenzverfahren eröffnet worden ist?

Lösungshinweis:
Durch die Eröffnung des Insolvenzverfahrens geht das Recht des Schuldners, das zur Insolvenzmasse gehörende Vermögen zu verwalten und über es zu verfügen, auf den Insolvenzverwalter über (§ 80 Abs. 1 InsO).

Der gerichtlich bestellte Insolvenzverwalter übt die Aufgaben als Wohnungseigentumsverwalter aus.[29]

Frage 2:
Die aus den Wohnungseigentümern A, B, C und D bestehende Wohnungseigentümergemeinschaft „Quartier Latin“ hat vertreten durch den Verwalter V einen kostspieligen Renovierungsauftrag bzgl. der Hauseingangstür an den Handwerker H vergeben. Nach Durchführung der Arbeiten wird die ordnungsmäßig erstellte Rechnung nicht beglichen. Die maximale Bestellungsdauer des Verwalters V ist inzwischen abgelaufen; eine Verlängerung oder Neubestellung erfolgte nicht. Gegen wen kann Handwerker H seinen Anspruch erfolgreich geltend machen?

Lösungshinweis:
Bei der Hauseingangstür handelt es sich um gemeinschaftliches Eigentum der Wohnungseigentümer.[30] Jeder Wohnungseigentümer kann eine ordnungsmäßige Erhaltung des gemeinschaftlichen Eigentums verlangen (§ 18 Abs. 2 Nr. 1, § 19 Abs. 2 Nr. 2 WEG). Die Durchführung obliegt der rechtsfähigen Gemeinschaft der Wohnungseigentümer (§ 18 Abs. 1 WEG), die im Rahmen der Verwaltung des gemeinschaftlichen Eigentums auch entsprechende (Zahlungs-)Pflichten eingehen kann (§ 9a Abs. 1 S. 1 WEG). Der Verband wird dabei wirksam vertreten durch den ordnungsmäßig bestellten Wohnungseigentumsverwalter (§ 9b Abs. 1 S. 1 WEG).

Die Geltendmachung der Zahlungsansprüche muss daher gegenüber dem Verband Wohnungseigentümergemeinschaft erfolgen. Mahnung und Klageschrift

---

[28] Vgl. BGH ZWE 2024, 282.
[29] Vgl. LG Mainz ZWE 2011, 462.
[30] Vgl. OVG Münster ZWE 2011, 166 mwN.

müssen danach dem Verband zugehen. Für die Entgegennahme von Willenserklärungen und Zustellungen an den rechtsfähigen Verband ist der Wohnungseigentumsverwalter zuständig (§ 9b Abs. 1 S. 1 WEG). Besteht aktuell keine Verwalterbestellung, so gewährleistet der Gesetzgeber im Außenverhältnis eine Vertretung des rechtsfähigen Verbandes gem. § 9b Abs. 1 S. 2 WEG. Fehlt danach ein Verwalter, so vertreten grds. alle Wohnungseigentümer die Gemeinschaft. Sie sind zuständig für die Entgegennahme von Willenserklärungen und Zustellungen an den Verband, der andernfalls für Vertragspartner nicht mehr erreichbar wäre. Dafür genügt gem. § 170 Abs. 3 ZPO die Zustellung an einen Wohnungseigentümer.[31] Dies hat auch für die Zustellung einer Klage an den Verband zu gelten.

Frage 3:
Bei einem aus drei Mitgliedern bestehenden Verwaltungsbeirat scheidet ein Mitglied durch Tod aus. Ist der Verwaltungsbeirat noch handlungsfähig?

Lösungshinweis:
Bis zur Bestellung eines neuen Mitglieds führt der Beirat seine Tätigkeit in verringerter Besetzung fort.[32]

§ 11 (Finanzwesen)

Frage 1:
Was ist eine „Abrechnungsspitze“?

Lösungshinweis:
Eine „Abrechnungsspitze“ kann sich im Rahmen der Jahresabrechnung ergeben. Der Begriff beschreibt den Differenzbetrag aus der Einzelabrechnung eines Wohnungseigentümers, der die von ihm nach dem beschlossenen Wirtschaftsplan zu zahlenden Soll-Vorschüsse gem. § 28 Abs. 1 WEG übersteigt![33] Es handelt sich also **nicht** um die Differenz von tatsächlich erbrachten und nach der Jahresabrechnung zu erbringenden Hausgeldzahlungen!

Frage 2:
Was versteht man im Zusammenhang mit wohnungseigentumsrechtlichen Hausgeldzahlungen unter der sog „Fälligkeitstheorie“?

Lösungshinweis:
Nach der in Rechtsprechung und Literatur überwiegend vertretenen Fälligkeitstheorie haftet ein Wohnungseigentümer grundsätzlich nur für solche Hausgeldverbindlichkeiten, die nach seiner Eintragung als Eigentümer im Grundbuch fällig geworden sind. Dies sind insbesondere die nach dem Eigentumswechsel fälligen Vorschussbeträge gem. § 28 Abs. 1 WEG und die Abrechnungsspitze.

[31] LG München I ZWE 2021, 180; Hügel/Elzer WEG § 27 Rn. 143; Merle ZWE 2006, 365; ARS/Abramenko WEG § 27 Rn. 78.
[32] OLG München ZWE 2006, 31; OLG Düsseldorf OLGZ 1991, 37 = NJW-RR 1991, 594.
[33] Vgl. zB BGH ZWE 2012, 90.

Eine automatische Erwerberhaftung für Verbindlichkeiten des Voreigentümers ist im Gesetz nicht vorgesehen. Demgegenüber will die Aufteilungstheorie eine zeitanteilige Kostenverteilung erreichen, indem erst nach einem Eigentumswechsel fällig werdende Nachzahlungsansprüche für die Zeit vor dem Eigentumswechsel noch dem Alteigentümer belastet werden.

Frage 3:

In den Rn. 18 und 19 haben Sie Vorfälligkeitsregelungen und Verfallklauseln kennengelernt.

Bitte überlegen Sie jetzt einmal, welche Konsequenzen mit einer *Vorfälligkeitsregelung* verknüpft sein werden, wenn bspw. nach Eintritt der Gesamtfälligkeit ein Zwangsverwaltungsverfahren angeordnet wird und der bestellte Zwangsverwalter gem. § 156 Abs. 1 S. 2 ZVG eigentlich verpflichtet ist, die laufenden Hausgeldbeträge zu entrichten.[34]

Überlegen Sie bitte weiterhin, welche Konsequenzen mit einer *Verfallklausel* verknüpft sein werden, wenn bspw. nach Verfall des Ratenzahlungsrechts ein Käufer das Wohnungseigentum rechtsgeschäftlich erwirbt.

Lösungshinweis:

Bei einer vereinbarten *Vorfälligkeitsregelung* würde der Eintritt der Gesamtfälligkeit vor Anordnung der Zwangsverwaltung dazu führen, dass der bestellte Zwangsverwalter für das laufende Wirtschaftsjahr keine Vorschusszahlungen mehr an die Gemeinschaft erbringen müsste. Der Zwangsverwalter ist nämlich nur verpflichtet, die im Rahmen seiner Tätigkeiten nach der Anordnung des Verfahrens laufend fällig werdenden Ausgaben zu tätigen (vgl. § 156 Abs. 1 S. 2 ZVG); für Rückstände haftet er nicht. Die Vorfälligkeitsregelung kann sich daher für den Fall einer später angeordneten Zwangsverwaltung sogar als nachteilig erweisen, wenn der Schuldner seinen Zahlungspflichten nicht nachkommt und der – eigentlich zahlungssichere –Zwangsverwalter nicht zahlungspflichtig ist.

Soweit eine *Verfallklausel* vereinbart ist, tritt die Fälligkeit für die einzelnen Vorschussbeträge bereits zu Beginn des Abrechnungszeitraums ein. Ein rechtsgeschäftlicher Erwerber des Wohnungseigentums wäre daher für die Hausgelder nicht zahlungspflichtig; ein Ausgleich könnte allenfalls im Innenverhältnis gefunden werden. Scheidet der säumige Eigentümer gar durch – vorhersehbaren – Zuschlag in der Zwangsversteigerung aus der Gemeinschaft aus, könnte die Verfallklausel sogar zum Totalverlust für die Eigentümergemeinschaft führen.

In beiden Fällen kann sich damit die aus Sicht der Eigentümergemeinschaft eigentlich als vernünftig anzusehende Klausel nachteilig auswirken. Zwar könnte gegen den säumigen Wohnungseigentümer im Verzugsfall sofort der Gesamtbetrag der Hausgelder geltend gemacht werden; deren Durchsetzung ist jedoch ungewiss, weil der neu in die Gemeinschaft eintretende Nachfolger (Zwangsverwalter/Wohnungseigentümer) nicht haftet. Um die Fälligkeitswirkung auf den säumigen Wohnungseigentümer zu beschränken und für den Nachfolger quasi ein Wiederaufleben der Beitragspflicht vorsehen zu können, wird daher folgende Regelung vorgeschlagen:

„Den Eigentümern wird die Zahlung des Hausgeldes in zwölf gleichen jew. zum … zahlbaren Monatsraten nachgelassen. Befindet sich ein Eigentümer mit

[34] Vgl. BGHZ 182, 361 = NJW 2010, 1003, = ZWE 2010, 81 m. Bespr. Schneider, 77.

2 Hausgeldraten im Verzug, so wird das gesamte Jahreshausgeld fällig. Scheidet der Eigentümer während des Wirtschaftsjahres aus der Gemeinschaft aus, lebt die monatliche Zahlungsverpflichtung für den Rechtsnachfolger wieder auf; der ausgeschiedene Eigentümer ist für diesen Fall verpflichtet, die Hausgelder bis zum Monat seines Ausscheidens zu zahlen. Die monatliche Zahlungspflicht lebt auch dann wieder auf, wenn während des Wirtschaftsjahres das Zwangsverwaltungs- oder Insolvenzverfahren eröffnet wird."[35]

Wegen einer vereinbarten Haftungsklausel → §5 Rn. 171 ff.

§12 (Prozessuale u.a. Besonderheiten)

Frage:

Liegt Ihrer Meinung nach jeweils eine Streitigkeit im Sinne von §43 WEG vor,

a) wenn ein Wohnungseigentümer von einem anderen Wohnungseigentümer auf Unterlassung bzw. auf Widerruf von Äußerungen in Anspruch genommen wird, die er in der Wohnungseigentümerversammlung getätigt hat?
b) wenn die Wohnungseigentümergemeinschaft rückständige Hausgeldansprüche gegenüber den ehemaligen Gesellschaftern der als Wohnungseigentümerin im Grundbuch eingetragenen Gesellschaft bürgerlichen Rechts geltend macht?
c) wenn ein Ehegatte gegenüber dem anderen Ehegatten als Wohnungseigentümer einen Anspruch auf Ausgleich einer ehebezogenen Zuwendung geltend macht, die er in der Herstellung seiner Eigentumswohnung begründet sieht?
d) wenn die Wohnungseigentümergemeinschaft vertreten durch den entsprechend ermächtigten Verwalter gegen die im Grundbuch eingetragenen Nießbrauchsberechtigten an einer Eigentumswohnung auf Gewährung des Zutritts zum Balkon zwecks Durchführung von Sanierungsmaßnahmen in entsprechender Anwendung von §14 Abs. 1 Nr. 2 WEG klagt?
e) wenn in einer nur aus zwei Einheiten bestehenden Wohnungseigentumsanlage Wohnungseigentümer A das Entziehungsverfahren gem. §17 WEG gegen Wohnungseigentümer B betreiben will?

Lösungshinweise:

§43 WEG ist gegenstands- und nicht personenbezogen zu verstehen; die Norm ist weit auszulegen.

a) Wird ein Wohnungseigentümer von einem anderen Wohnungseigentümer auf Unterlassung bzw. auf Widerruf von Äußerungen in Anspruch genommen, die er in der Wohnungseigentümerversammlung getätigt hat, liegt eine Streitigkeit im Sinne von §43 Abs. 2 Nr. 1 WEG vor, es sei denn, ein Zusammenhang mit dem Gemeinschaftsverhältnis der Wohnungseigentümer ist offensichtlich nicht gegeben.[36]
b) Streitigkeiten über die in §721 BGB angeordnete persönliche Haftung des Gesellschafters einer Wohnungseigentümerin für Beitragsrückstände sind als Wohnungseigentumssache im Sinne von §43 Abs. 2 Nr. 2 WEG anzusehen.[37]

---

[35] Formulierungsbeispiel nach Häublein ZWE 2004, 48, 52.
[36] BGH ZWE 2017, 101.
[37] Vgl. BGH ZWE 2016, 189.

c) Zu den sonstigen Familiensachen gehören gem. § 266 Abs. 1 Nr. 3 FamFG auch Verfahren, die Ansprüche zwischen ehemals miteinander verheirateten Personen betreffen, sofern nicht das Verfahren das Wohnungseigentumsrecht betrifft. Zweck der Regelung ist es, die Familiengerichte nicht mit Verfahren zu befassen, für deren Bearbeitung spezielle Kenntnisse in den in § 266 FamFG genannten Rechtsgebieten erforderlich sind. Es liegt also nicht schon dann ein Verfahren vor, das das Wohnungseigentum betrifft, wenn sich in einer Rechtsstreitigkeit lediglich Eheleute als Wohnungseigentümer gegenüberstehen. Hinzukommen muss, dass das Verfahren spezielle Kenntnisse des Wohnungseigentumsrechts verlangt. Dies wäre bei einer Streitigkeit nach § 43 Abs. 2 WEG der Fall. Ein Anspruch auf Ausgleich einer ehebezogenen Zuwendung ist aber nicht gemeinschaftsbezogen, sondern ehebezogen. Er betrifft nicht das Wohnungseigentumsrecht, sondern lediglich das Wohnungseigentum als Gegenstand einer behaupteten ehebedingten Zuwendung.[38]
d) Klagen gegen Fremdnutzer von Wohnungseigentum fallen nicht unter § 43 Nr. 1 u. 2 WEG. Diese stehen als Dritte weder zur Wohnungseigentümergemeinschaft noch zu den Wohnungseigentümern in einer Rechtsbeziehung, die den notwendigen gemeinschaftsbezogenen Gehalt aufweist.[39]
e) Rechtsstreitigkeiten wegen Entziehung des Wohnungseigentums sind auch dann Wohnungseigentumssachen gemäß § 43 Abs. 2 Nr. 2 WEG, wenn die Gemeinschaft nur aus zwei Wohnungseigentümern besteht.[40] Richtige Klägerin ist immer allein die rechtsfähige Gemeinschaft.

§ 13 (Zwangsvollstreckung)

Frage 1:
Unter welchen Gesichtspunkten macht die Eintragung einer Zwangshypothek für wohnungseigentumsrechtliche Hausgeldansprüche gleichwohl Sinn, obwohl sie nicht primär zur Tilgung der Rückstände führt?

Lösungshinweis:
Die Grundbucheintragung der Zwangshypothek gewährt dem Verband Wohnungseigentümergemeinschaft zunächst gegenüber einem ungesicherten Gläubiger einen Befriedigungsanspruch in der Rangklasse 4 des § 10 Abs. 1 ZVG. Dadurch erwirbt der Gläubiger in einer etwaigen Zwangsversteigerung die Rechtsstellung eines Verfahrensbeteiligten, soweit das Recht vor dem Versteigerungsvermerk in das Grundbuch eingetragen wird (vgl. § 9 Nr. 1 ZVG). Durch Eintragung einer Zwangshypothek steht dem Verband weiterhin ein gesetzlicher Anspruch auf Löschung vorrangiger oder gleichrangiger Eigentümergrundpfandrechte zu (§ 1179a BGB), der dem Gläubiger einer persönlichen Forderung nicht zukommt.

Für den Fall eines Rettungsverkaufes sichert die Zwangshypothek im Zuge der Lastenfreistellung dem eingetragenen Gläubiger Mitwirkungsrechte, die zumindest eine teilweise Realisierung seiner Forderung möglich erscheinen lassen. Soll die Veräußerung durch den Insolvenzverwalter freihändig im Rahmen

[38] Vgl. BGH NJW 2016, 503.
[39] BGH NJW 2015, 2968 = ZWE 2015, 376.
[40] BGH ZWE 2014, 139.

eines eröffneten Insolvenzverfahrens erfolgen, ist in der Praxis mittlerweile die Zahlung einer sog „Lästigkeitsprämie" anerkannt.[41]

Frage 2:

Wie bestimmt sich in der Zwangsversteigerung das Verhältnis zwischen – nach Auffassung des BGH lediglich persönlich wirkenden – wohnungseigentumsrechtlichen Hausgeldansprüchen einerseits und einer bereits seit vielen Jahren im Grundbuch eingetragenen Vormerkung zur Sicherung des schuldrechtlichen Anspruchs auf Rückübertragung des Eigentums an die schenkenden Eltern andererseits?

Lösungshinweis:

Auf den ersten Blick scheinen hier zwei schuldrechtlich wirkende Ansprüche zu konkurrieren. Legt man die Auffassung des BGH zugrunde, so könnte die Anordnung der Zwangsversteigerung wegen säumiger Hausgeldansprüche im – begrenzten – Vorrang des §10 Abs. 1 Nr. 2 ZVG mit der nachfolgenden Zuschlagserteilung eine dem älteren Vormerkungsberechtigten gegenüber relativ unwirksame Verfügung darstellen (vgl. §883 Abs. 2 S. 2 BGB). Andererseits sind die bevorrechtigten Hausgeldansprüche in der – vorrangigen – Rangklasse 2 eingeordnet, während die Rückübertragungsvormerkung nach überwiegender Ansicht der Rangklasse 4 zugeordnet wird.

Der BGH hat in einer lesenswerten Entscheidung (!) – trotz Verneinung des dinglichen Charakters – durch die vollstreckungsrechtliche Einordnung der privilegierten Hausgeldansprüche in der Rangklasse 2 diesen gegenüber einer Auflassungsvormerkung stets den Vorrang zuerkannt. Die (Rück-)Erwerbsvormerkung ist aus diesem Grunde nicht im geringsten Gebot zu berücksichtigen und erlischt mit dem Zuschlag; erwirbt der Vormerkungsberechtigte nach der Beschlagnahme das Eigentum, ist das Verfahren fortzusetzen und nicht gemäß §28 Abs. 1 S. 1 ZVG einzustellen.[42]

Frage 3:

Ist die Zwangsverwaltung eines vom Schuldner selbst bewohnten Wohnungseigentums aus der Sicht eines Gläubigers überhaupt sinnvoll?

Lösungshinweis:

Die Zwangsverwaltung kann dann sinnvoll sein, wenn das Objekt andererseits zu verwahrlosen droht oder der Schuldner eine für seine Zwecke zu große Wohnung nutzt und sein Wohnrecht über die Zwangsverwaltung auf die unentbehrlichen Räumlichkeiten zurückgeführt werden soll (vgl. §149 Abs. 1 ZVG). Die Anordnung einer Zwangsverwaltung kann wegen des damit verbundenen Entzugs der Verwaltung (vgl. §148 Abs. 2 ZVG) auch vor dem Abschluss schuldnerseitiger Mietverträge schützen, die die Immobilie nur schwer verwertbar machen (vgl. §57f. ZVG). Andererseits werden die Aufwendungen eines betreibenden Gläubigers im Fall selbstgenutzten Wohnungseigentums keine vom Schuldner zu erstattenden **notwendigen Kosten der Zwangsvollstreckung** i.S.d. §788 ZPO dar-

---

[41] BGH NJW-RR 2015, 850 = Rpfleger 2015, 588; BGH NZI 2014, 450 = ZfIR 2014, 528 = ZInsO 2014, 1009.

[42] BGHZ 201, 157 = NJW 2014, 2445 = ZfIR 2014, 654 mAnm Schneider = ZIP 2014, 1895 mAnm Reymann = ZWE 2014, 378 mAnm Ertle.

stellen, wenn deren Zweck nach den konkreten Umständen nicht darin besteht, die Befriedigung der titulierten Forderung zu erreichen.[43]

§ 14 (Beendigung)

Frage 1:
Zu welchem Zeitpunkt erlischt der Verband Wohnungseigentümergemeinschaft, wenn sämtliche Wohnungseigentümer einvernehmlich das Sondereigentum gem. § 9 Abs. 1 Nr. 1 WEG aufheben?

Lösungshinweis:
Dieser Fall ist in § 9a Abs. 1 S. 2 WEG ausdrücklich nicht geregelt. Da die Sondereigentumsrechte aber sämtlich mit Eintragung der vertraglichen Aufhebung in das Grundbuch erlöschen (vgl. § 9 Abs. 3 2. Hs WEG) und damit das Wohnungseigentum aufhört zu existieren, besteht mit diesem Zeitpunkt kein Bedürfnis mehr für einen Verband Wohnungseigentümergemeinschaft. Die Schließung der Wohnungsgrundbücher führt daher spiegelbildlich zum Erlöschen der rechtsfähigen Wohnungseigentümergemeinschaft.

Frage 2
Nach der Rechtsprechung des BGH ist ein Verzicht auf ein einzelnes Wohnungseigentumsrecht wegen der besonderen gemeinschaftsrechtlichen Bindungen nicht möglich.

Kommt ggf. ein gleichzeitiger Verzicht sämtlicher Wohnungseigentümer in Betracht?

Lösungshinweis:
Ein Verzicht sämtlicher Wohnungseigentümer auf das Eigentum gem. § 928 Abs. 1 BGB soll nach Auffassung des BGH möglich sein. Denn in diesem Fall werde zugleich das ganze Eigentum an dem Grundstück aufgegeben. Die rechtliche Situation sei dieselbe wie bei dem Verzicht auf das Alleineigentum nach § 928 Abs. 1 BGB.[44]

Allerdings kann auch ein solcher Gesamtverzicht nicht automatisch zum Untergang der Wohnungseigentumsrechte mit anschließender Herrenlosigkeit des ungeteilten Grundstücks führen. Ohne deren Zustimmung darf nämlich nicht in bestehende dingliche Rechte Dritter am Wohnungseigentum eingegriffen werden (vgl. § 9 Abs. 2 WEG). Man wird sich den Ablauf demnach in zwei Schritten vorzustellen haben. Zunächst muss eine gewöhnliche Aufhebung sämtlicher Wohnungseigentümer im Vertragswege mit etwaig notwendiger Zustimmung von Drittberechtigten erfolgen; anschließend können die (dann gewöhnlichen) Miteigentümer den Gesamtverzicht in das inzwischen angelegte Grundstücksgrundbuch eintragen lassen.[45]

---

43 BGH NJW 2005, 2460.
44 BGHZ 172, 338 = DNotZ 2007, 845 = NJW 2007, 2547.
45 Anders wohl Bärmann/Suilmann WEG § 11 Rn. 8 ff., der allerdings auf die Rechtspositionen dinglich Berechtigter in diesem Zusammenhang nicht eingeht.

Anhang

1. WEG-Verwaltervertrag[1]

[1] An dieser Stelle gilt unser besonderer Dank für die freundliche Unterstützung dem Verband der Immobilienverwalter Nordrhein-Westfalen e.V. (VDIN NRW) und Herrn Dr. Casser.

vdiv
Verband der Immobilienverwalter
Nordrhein-Westfalen

WEG-VERWALTERVERTRAG

zwischen der Gemeinschaft der Wohnungseigentümer

____

____

(vollständige postalische Bezeichnung)

– nachstehend Eigentümergemeinschaft genannt –

und

____

Name/Firmenname

Straße, Hausnummer	*PLZ, Ort*	*Telefonnummer*
Telefaxnummer	*E-Mail-Adresse*	*Homepage**

– nachstehend Verwalter genannt –

*mit Angaben gemäß DL-InfoV und Informationen zum Datenschutz

§ 1 VERTRAGSLAUFZEIT

Erläuterung: Wohnungseigentumsrechtlich ist zwischen der Verwalterbestellung und dem Verwaltervertrag zu unterscheiden. Dieser Vertrag synchronisiert die Laufzeit des Verwaltervertrags mit der Dauer der Verwalterbestellung, damit im Interesse beider Vertragspartner für die gesamte Bestellungsdauer Klarheit über die vertraglichen Grundlagen besteht. Der Bundesgerichtshof hat im Hinblick auf die gemäß § 26 Abs. 2 WEG zulässige Verwalterbestellung von bis zu 5 Jahren entschieden, dass die allgemeine Beschränkung der Laufzeit von Dienstleistungsverträgen mit Verbrauchern auf 2 Jahre nicht für Verwalterverträge gilt (BGH, Urteil vom 20.06.2002, V ZB 39/01):

1.1 Die Eigentümergemeinschaft hat den Verwalter

☐ gemäß Beschluss der Eigentümerversammlung vom ____________

☐ gemäß ______________________________

für den Zeitraum vom ____________ bis ____________ zum Verwalter bestellt.

1.2 Der Verwaltervertrag wird für die Dauer dieses Bestellungszeitraumes (§ 1.1) geschlossen.

1.3 Beide Vertragsparteien können diesen Verwaltervertrag bei Vorliegen eines wichtigen Grundes fristlos kündigen *(§ 626 BGB)*.

1.4 Erfolgt eine vorzeitige Abberufung des Verwalters vor Ablauf der Bestellung, endet der Verwaltervertrag spätestens 6 Monate nach dessen Abberufung *(§ 26 Abs. 3 WEG)*.

Verfasser: RA Dr. Michael Casser, Köln

§ 2 AUFGABEN UND BEFUGNISSE DES VERWALTERS

Erläuterung: Durch das Wohnungseigentumsmodernisierungsgesetz 2020 wurde der frühere gesetzliche Katalog der Aufgaben und Befugnisse des Verwalters in § 27 WEG durch allgemeine Regelungen ersetzt, die eine an die jeweiligen Bedürfnisse der Eigentümergemeinschaft angepasste Handhabung erlauben sollen. Im Interesse einer rechtssicheren und vertrauensvollen Zusammenarbeit ist es für beide Vertragspartner ratsam, die Entscheidungskompetenzen des Verwalters für Geschäfte der laufenden Verwaltung zu konkretisieren:

2.1 Die Aufgaben und Befugnisse des Verwalters ergeben sich aus
- den Vorschriften des Wohnungseigentumsgesetzes (WEG) und des Bürgerlichen Gesetzbuches (BGB),
- den Vorgaben der Teilungserklärung und Gemeinschaftsordnung,
- den Vereinbarungen und gültigen Beschlüssen der Eigentümer.

2.2 Gemäß *§ 27 Abs. 1 WEG* ist der Verwalter berechtigt und verpflichtet, die Maßnahmen ordnungsmäßiger Verwaltung zu treffen, die untergeordnete Bedeutung haben und nicht zu erheblichen Verpflichtungen führen oder zur Wahrung einer Frist oder zur Abwendung eines Nachteils erforderlich sind.

2.3 Gemäß *§ 27 Abs. 2 WEG* können die Wohnungseigentümer die Rechte und Pflichten des Verwalters nach *§ 27 Abs. 1 WEG* durch Beschluss einschränken oder erweitern. Die Vertragspartner streben daher an, durch solche Beschlüsse die Entscheidungskompetenzen des Verwalters für die laufenden Verwaltungsmaßnahmen in einem auf die Bedürfnisse der Eigentümergemeinschaft abgestimmten Umfang zu definieren. Die Eigentümergemeinschaft ist berechtigt, die Entscheidungskompetenzen des Verwalters durch Beschluss zu ändern. Soweit durch derartige Änderungen die gewöhnlichen Befugnisse eines Verwalters erheblich eingeschränkt werden, berechtigt dies den Verwalter zur Niederlegung des Verwalteramts und zur Kündigung des Verwaltervertrags aus wichtigem Grund (§ 1.3).

§ 3 VERGÜTUNG DER VERWALTERTÄTIGKEIT

3.1 Die Vergütung des Verwalters für die Verwaltertätigkeit setzt sich aus folgenden Preisbestandteilen zusammen:
1. Festvergütung (gemäß § 3.2) für die in § 4 in Preisspalte 1 als in der Festvergütung enthalten ausgewiesenen Leistungen und
2. Variable Vergütung (gemäß § 3.3 und § 3.4) für die in § 4 in Preisspalte 2 als „Variable Vergütung" ausgewiesenen Leistungen.
Neben der Vergütung hat der Verwalter Anspruch auf Aufwendungsersatz (gemäß § 3.5).

3.2 Die Festvergütung beträgt monatlich

☐ bei Berechnung nach Verwaltungseinheiten

pro	vom Vertragsbeginn bis ______	und erhöht sich	für den Zeitraum vom ______ bis ______ um ____% auf	für den Zeitraum vom ______ bis ______ um ____% auf	für den Zeitraum vom ______ bis ______ um ____% auf	für den Zeitraum vom ______ bis ______ um ____% auf
Wohnungseinheit	______ € zzgl. USt. = ______ € brutto		______ € zzgl. USt. = ______ € brutto	______ € zzgl. USt. = ______ € brutto	______ € zzgl. USt. = ______ € brutto	______ € zzgl. USt. = ______ € brutto
Teileigentumseinheit	______ € zzgl. USt. = ______ € brutto		______ € zzgl. USt. = ______ € brutto	______ € zzgl. USt. = ______ € brutto	______ € zzgl. USt. = ______ € brutto	______ € zzgl. USt. = ______ € brutto
Garage/Stellplatz	______ € zzgl. USt. = ______ € brutto		______ € zzgl. USt. = ______ € brutto	______ € zzgl. USt. = ______ € brutto	______ € zzgl. USt. = ______ € brutto	______ € zzgl. USt. = ______ € brutto

ALTERNATIV:

☐ bei Berechnung für das Gesamtobjekt

vom Vertragsbeginn bis ______	und erhöht sich	für den Zeitraum vom ______ bis ______ um ____% auf	für den Zeitraum vom ______ bis ______ um ____% auf	für den Zeitraum vom ______ bis ______ um ____% auf	für den Zeitraum vom ______ bis ______ um ____% auf
______ € zzgl. USt. = ______ € brutto		______ € zzgl. USt. = ______ € brutto	______ € zzgl. USt. = ______ € brutto	______ € zzgl. USt. = ______ € brutto	______ € zzgl. USt. = ______ € brutto

3.3 Die Höhe der variablen Vergütung ergibt sich aus Preisspalte 2 des Leistungs- und Preisverzeichnisses (§ 4). Die variable Vergütung darf nur berechnet werden, wenn die Leistung erforderlich war und deren Erforderlichkeit nicht durch den Verwalter zu vertreten ist. Die Erhebung der variablen Vergütung ermöglicht den Wohnungseigentümern, gemäß *§ 16 Abs. 2 S. 2 WEG* eine vom allgemeinen Kostenverteilungsschlüssel abweichende Zuordnung dieser Kosten auf einzelne verursachende Eigentümer oder Eigentümergruppen zu beschließen. Soweit solche Beschlüsse vorliegen, nimmt der Verwalter eine entsprechende Kostenverteilung bzw. Weiterberechnung vor.

3.4 Erfolgt die Berechnung der variablen Vergütung nach Stundenaufwand, gelten folgende Stundensätze:

Geschäftsführer/Inhaber	____ € zzgl. USt. = ____ **€ brutto**/Std
Sachbearbeiter	____ € zzgl. USt. = ____ **€ brutto**/Std
Sonstige:	
____________	____ € zzgl. USt. = ____ **€ brutto**/Std
____________	____ € zzgl. USt. = ____ **€ brutto**/Std
____________	____ € zzgl. USt. = ____ **€ brutto**/Std

Der Zeitnachweis erfolgt durch eine vom Verwalter zu erstellende Dokumentation, die die Leistung beschreibt und den ausführenden Mitarbeiter namentlich benennt. Der Verwalter hat diese Dokumentation monatlich zur Einsichtnahme bereitzustellen. Die Abrechnung erfolgt unter Berücksichtigung der für Zeithonorare rechtsberatender Berufe zum Schutz der Mandanten geltenden Grundsätze: Die Abrechnung erfolgt im Minutentakt (kein Ansatz von Mindestzeiten oder angefangenen Stunden), Einzelaufwand unter 5 Minuten wird nicht berechnet (keine Berechnung zeitlich geringer Aktivitäten, z. B. kurzer Telefonate und kurzen Mailverkehrs).

3.5 Mit der Festvergütung und der variablen Vergütung sind alle Aufwendungen abgegolten, die im Betrieb des Verwalters zur Erfüllung seiner gesetzlichen Pflichten und Nebenpflichten anfallen. Der Verwalter hat aber Anspruch auf Ersatz seiner Aufwendungen für die Vervielfältigung von Dokumenten, deren Postversand (z. B. Versand von Einladungen und Protokollen zu Eigentümerversammlungen oder sonstigen Informationen), bzw. deren alternative Bereitstellung in digitaler Form (z. B. über ein Kundenportal).

Dieser Aufwendungsersatz wird wie folgt abgerechnet:

☐ Aufwendungspauschale

____ € zzgl. USt. = ____ **€ brutto** pro Verwaltungseinheit und Monat

ALTERNATIV:

☐ Einzelberechnung

- Kopier-/Druckkosten
  ____ € zzgl. USt. = ____ **€ brutto** pro Seite
- Portokosten
  in jeweils nachgewiesener Höhe
- Digitale Bereitstellung von Dokumenten
  ____ € zzgl. USt. = ____ **€ brutto** pro Übermittlung
- ________________________________

Beschließt die Eigentümergemeinschaft gemäß *§ 23 Abs. 1 S. 2 WEG* die Online-Teilnahme an Eigentümerversammlungen, hat der Verwalter Anspruch auf Ersatz der zusätzlichen Aufwendungen für die Webkonferenztechnik. Diese werden wie folgt abgerechnet:

- Pauschale von ____ € zzgl. USt. = ____ **€ brutto** pro Eigentümerversammlung/Verwaltungseinheit/Teilnehmer
- Weiterberechnung der vom Anbieter der Webkonferentechnik berechneten Beträge
- ________________________________

Darüber hinaus wird der Verwalter von Notargebühren, die in Zusammenhang mit dem Nachweis seiner Verwalterbestellung und der Erteilung der Verwalterzustimmung zu Veräußerungen entstehen, von den Kosten für die Einholung von Bonitätsauskünften über Erwerber und/oder Vertragspartner der Eigentümergemeinschaft und von den Kosten der Anmietung von Räumlichkeiten für die Durchführung von Eigentümerversammlungen freigestellt.

3.6 Der Verwalter ist berechtigt, seine Vergütung und den Aufwendungsersatz dem Konto der Eigentümergemeinschaft bei Fälligkeit zu entnehmen. Die Festvergütung wird jeweils zum Ersten des laufenden Monats im Voraus fällig, die variable Vergütung jeweils mit Erbringung der Leistung und deren Rechnungsstellung.

3.7 Die in diesem Vertrag angegebenen Brutto-Beträge beinhalten die Umsatzsteuer auf der Basis des bei Vertragsschluss geltenden Steuersatzes (z. Zt. 19%). Bei einer gesetzlichen Veränderung der Umsatzsteuer erhöhen oder verringern sich die Brutto-Beträge entsprechend.

§ 4 LEISTUNGS- UND PREISVERZEICHNIS

Leistungsverzeichnis	Preisspalte 1 In Festvergütung enthalten	Preisspalte 2 Variable Vergütung*
4.1 VERWALTUNGSÜBERNAHME		
Einrichtung der Verwaltung: Übernahme/Erfassung der Eigentümer- und Lieferantendaten, Informationsschreiben an alle Eigentümer, Anzeige des Verwalterwechsels bei allen Vertragspartnern, Einrichtung der Objektdaten und der Buchhaltungskonten im IT-System des Verwalters, Einholung und Einrichtung von SEPA-Lastschriftmandaten	☑	
Einarbeitung in die Verwaltungssituation der Eigentümergemeinschaft: Einarbeitung in die Teilungserklärung/Gemeinschaftsordnung, Sichtung der vor Verwaltungsübernahme gefassten Beschlüsse, Überprüfung der bestehenden Dienstleistungs- und Versorgungsverträge auf Vollständigkeit und Wirtschaftlichkeit, Überprüfung des Umfangs des Versicherungsschutzes, Beschaffung fehlender, aber erforderlicher Verwaltungsunterlagen, Erstbegehung der Wohnanlage zwecks Feststellung erforderlicher Erhaltungs- und Verkehrssicherungsmaßnahmen	☐	- einmalig pro Verwaltungseinheit _______ € zzgl. USt. = _______ **€ brutto** - einmaliger Pauschalbetrag _______ € zzgl. USt. = _______ **€ brutto** - nach Stundenaufwand (§ 3.4) Der Verwalter verzichtet bei einer Mindestlaufzeit dieses Vertrags von 2 Jahren auf diese Vergütung. Dieser Verzicht gilt jedoch nicht, wenn dieser Verwaltervertrag aufgrund einer vom Verwalter nicht zu vertretenden Kündigung durch die Gemeinschaft der Wohnungseigentümer vor Ablauf von 2 Jahren endet. Die Forderung wird in diesem Fall mit der K
4.2 EIGENTÜMERVERSAMMLUNG **4.2.1 Ordentliche jährliche Eigentümerversammlung**		
Formulierung der Einladung nebst Tagesordnung	☑	
Versand der Einladungsunterlagen an alle Miteigentümer inkl. Anlagen	☑	
Ergänzung der Tagesordnung für Eigentümeranträge, die erst nach bereits erfolgter Einberufung gestellt werden	☐	nach Stundenaufwand (§ 3.4)
Durchführung inkl. Übernahme des Versammlungsvorsitzes während der Bürozeiten	☑	ab _____ Uhr Zuschlag pauschal/je Std. = _______ € zzgl. USt. = _______ **€ brutto**
Unverzügliche Erstellung der Niederschrift in Form eines Ergebnisprotokolls und Vorlage bei den unterschriftsberechtigten Personen sowie Versand an alle Miteigentümer nach Unterzeichnung	☑	
Führung der Beschluss-Sammlung	☑	
4.2.2 Zusätzliche Eigentümerversammlungen		
Leistungen gemäß § 4.2.1 für jede außerordentliche Eigentümerversammlung	☐	- pauschal _______ € zzgl. USt. = _______ **€ brutto** - _______ % der monatlichen Festvergütung (§ 3.2) - nach Stundenaufwand (§ 3.4) - ab _____ Uhr Zuschlag pauschal/je Std. = _______ € zzgl. USt. = _______ **€ brutto**
4.2.3 Umlaufbeschlüsse		
Durchführung von Beschlussverfahren gem. *§ 23 Abs. 3 WEG* inkl. Verkündung der Beschlüsse	☐	- pauschal pro Verfahren _______ € zzgl. USt. = _______ **€ brutto** - nach Stundenaufwand (§ 3.4)
4.2.4 Online-Teilnahme an Eigentümerversammlungen		
Vorbereitung und Durchführung von Eigentümerversammlungen mit Online-Teilnahme von Wohnungseigentümern (Abgeltung des zusätzlichen Personalaufwands); Aufwendungsersatz für Webkonferenztechnik gemäß § 3.5	☐	- nach Stundenaufwand (§ 3.4) - pauschal pro Eigentümerversammlung _______ € zzgl. USt. = _______ **€ brutto**

Fassung 03/2021 Seite 4 von 10

vdiv Verband der Immobilienverwalter Nordrhein-Westfalen

Leistungsverzeichnis	Preisspalte 1 In Festvergütung enthalten	Preisspalte 2 Variable Vergütung*
4.3 FINANZIELLE VERWALTUNG		
Verwaltung der gemeinschaftlichen Gelder durch Führung der Bankkonten im Namen der Eigentümergemeinschaft	☑	
Fristgerechte Bewirkung von Zahlungen	☑	
Sachliche und rechnerische Prüfung der Eingangsrechnungen	☑	
Kontrolle und Abrechnung von Hausmeister- und Sonderkassen (z. B. für gemeinschaftliche Wascheinrichtungen)	☐	- pauschal pro Verfahren ______ € zzgl. USt. = ______ **€ brutto** - nach Stundenaufwand (§ 3.4)
Überwachung des Zahlungseingangs der einzelnen Eigentümer und sonstiger Schuldner der Eigentümergemeinschaft	☑	
Erstellung von Mahnschreiben bei Verzug von Eigentümern mit Zahlungsverpflichtungen gegenüber der Eigentümergemeinschaft	☐	______ € zzgl. USt. = ______ **€ brutto** pro Mahnschreiben
4.4 WIRTSCHAFTSPLAN/JAHRESABRECHNUNG		
Aufstellung des Gesamt- und Einzelwirtschaftsplanes *(§ 28 Abs. 1 WEG)* sowie Versand an alle Miteigentümer	☑	
Erstellung der Gesamt- und Einzelabrechnung *(§ 28 Abs. 2 WEG)* sowie Versand an alle Miteigentümer	☑	für Zeiträume, für die keine Abrechnungspflicht des Verwalters besteht: - nach Stundenaufwand (§ 3.4)
Buchhalterische Einrichtung und laufende Abrechnung zusätzlicher (über die Erhaltungsrücklage hinausgehender) Rücklagen	☐	- pauschal pro Rücklage und Abrechnungsjahr ______ € zzgl. USt. = ______ **€ brutto** - nach Stundenaufwand (§ 3.4)
Buchhalterische Einrichtung und laufende Abrechnung von Abrechnungskreisen, die durch Beschlüsse gemäß *§ 21 WEG* zur differenzierten Kostentragung baulicher Veränderungen entstehen	☐	- nach Stundenaufwand (§ 3.4)
Einforderung der sich aus dem jeweiligen Einzelwirtschaftsplan/Einzelabrechnung ergebenden Hausgeldbeträge (Vorschüsse und Nachschüsse) zur jeweiligen Fälligkeit im SEPA-Lastschrifteinzugsverfahren	☑	
Bei Nichtteilnahme am SEPA-Lastschrifteinzugsverfahren: Verbuchung eingehender Hausgeldbeträge	☐	______ € zzgl. USt. = ______ **€ brutto** pro Buchungsvorgang
Erstellung eines Vermögensberichts *(§ 28 Abs. 4 WEG)* sowie Versand an alle Miteigentümer	☑	
Bereithaltung der Abrechnungsunterlagen zur Einsichtnahme	☑	
Umsetzung von Beschlüssen zur Erhebung von Sonderumlagen (Berechnung, Anforderung, Zahlungsüberwachung und Abrechnung)	☐	- ____% netto zzgl. USt. = ____ **% brutto** des Sonderumlagenbetrages - nach Stundenaufwand (§ 3.4)
4.5 ALLGEMEINE VERWALTUNGSTÄTIGKEIT		
Einrichtung und laufende Pflege aller Eigentümerdaten	☑	
Geordnete Aufbewahrung der Stamm-Verwaltungsunterlagen (notarielle Urkunden, Teilungserklärung/Aufteilungsplan, Versammlungsniederschriften, Schließpläne, Urteile) im Original/Papierform	☑	
Geordnete Aufbewahrung der sonstigen Verwaltungsunterlagen (insb. Abrechnungen und Wirtschaftspläne, Rechnungsbelege, Bankkontoauszüge, Schriftverkehr mit Eigentümern und Dritten, Ausschreibungen etc.) während der gesetzlichen Aufbewahrungsfristen bzw. bis zur Entscheidung der Eigentümer über deren weitere Aufbewahrung	in digitaler Form ☐	bei Archivierung in Papierform ______ € zzgl. USt. = ______ **€ brutto**/Ordner/Monat

vdiv Verband der Immobilienverwalter Nordrhein-Westfalen

Leistungsverzeichnis	Preisspalte 1 In Festvergütung enthalten	Preisspalte 2 Variable Vergütung*
Bearbeitung von Eigentümerwechseln	☑	
Soweit in der Gemeinschaftsordnung vereinbart: Erteilung der Verwalterzustimmung (Prüfung des Vorgangs, Erbringen des Verwalternachweises, Abgabe der Zustimmungserklärung vor einem Notar)	☐	- _______ € zzgl. USt. = _______ € brutto pro Erwerbsvorgang - nach Stundenaufwand (§ 3.4)
Einstellung, Überwachung und Kündigung von Personal für die Eigentümergemeinschaft (z. B. Hauswart, Hausreinigungskräfte)	☐	
Führung der Lohnbuchhaltung für Personal der Eigentümergemeinschaft, soweit die Eigentümergemeinschaft keine Vergabe an einen externen Dienstleister/Steuerberater vornimmt	☐	- _______ € zzgl. USt. = _______ € brutto pro Arbeitnehmer und Monat - nach Stundenaufwand (§ 3.4)
Abschluss und Kündigung von Lieferungs- und Entsorgungs-, Wartungs- und sonstigen Dienstleistungsverträgen, Versicherungsverträgen sowie von Verträgen zur verbrauchsabhängigen Abrechnung von Heiz-, Warmwasser und Kaltwasserkosten einschl. der erforderlichen Geräteausstattung	☐	
Regelmäßige Objektbegehungen zur Überwachung des baulichen Zustands	☐	
Überwachung der Einhaltung der Haus- und Gemeinschaftsordnung und Aussprache von außergerichtlichen Abmahnungen gegenüber Störern	☐	
Vermietung von Gemeinschaftsflächen (als Abstellplätze, Hausmeisterwohnungen, Lagerräume, Werbeflächen oder zur sonstigen Nutzung) inkl. Mietinkasso und laufender Mietverwaltung	☐	- ____% netto zzgl. USt. = ____% brutto der vereinbarten Mieten - nach Stundenaufwand (§ 3.4)
4.6 TECHNISCHE VERWALTUNG (kaufmännische Betreuung, keine bautechnische Beratung) **4.6.1 Laufende Erhaltungsmaßnahmen (Bruttoauftragswert bis € _____________)**		
Einholung von Kostenvoranschlägen	☐	
Auftragsvergaben	☐	
Organisation und Koordination der Durchführung der Arbeiten	☐	
Kaufmännische Rechnungsprüfung	☐	
4.6.2 Größere Erhaltungsmaßnahmen (Bruttoauftragswert ab € _____________) sowie bauliche Veränderungen *(§ 20 WEG)*		
Vorbereitung von Beschlüssen für die Planung und Vergabe von größeren Erhaltungsmaßnahmen sowie von baulichen Veränderungen (Einholung von Angeboten von Fachplanern und Kostenvoranschlägen von Handwerksunternehmen, Teilnahme an Ortsterminen, Zusammenstellung der Ergebnisse)	☐	- nach Stundenaufwand (§ 3.4)
Durchführung von Beschlüssen zur Ausführung von größeren Erhaltungsmaßnahmen sowie von baulichen Veränderungen von der Vergabe bis zur Begleitung der Abnahme durch Abschluss der Verträge mit Architekten, Fachplanern, Bau- und sonstigen Unternehmern, Wahrnehmung von Baustellenterminen, Koordination der Maßnahme, laufende Information der Eigentümer und Bewohner, Ankündigung von Erhaltungs- und Modernisierungsmaßnahmen gegenüber Dritten *(§ 15 WEG)*, kaufmännische Rechnungsprüfung	☐	- ____% netto zzgl. USt. = ____% brutto der Nettoauftragssumme - nach Stundenaufwand (§ 3.4)

Leistungsverzeichnis	Preisspalte 1 In Festvergütung enthalten	Preisspalte 2 Variable Vergütung*
Vorbereitung von Beschlüssen über die Aufnahme von Darlehen und/oder die Inanspruchnahme von Fördermitteln, Erstellen von Beschlussvorlagen	☐	- nach Stundenaufwand (§ 3.4)
Umsetzung von Darlehensbeschlüssen (Abschluss von Darlehensverträgen, Aufnahme der Darlehensbeträge in den Wirtschaftsplan, Einzug und Darstellung in der Jahresabrechnung, Zahlungsverkehr mit Darlehensgeber)	☐	- ____% netto zzgl. USt. = ____**% brutto** des Darlehensbetrages - nach Stundenaufwand (§ 3.4)
4.6.3 Bearbeitung von Gewährleistungsansprüchen		
Bearbeitung von Mängelmeldungen am Gemeinschaftseigentum, Anzeige der Mängel gegenüber dem Gewährleistungspflichtigen, Mitwirkung bei der Verfolgung	☐	- nach Stundenaufwand (§ 3.4)
4.7 BEARBEITUNG VON GEBÄUDE-VERSICHERUNGSSCHÄDEN		
Abwicklung von Versicherungsschäden über von der Eigentümergemeinschaft unterhaltene Versicherungen (Gebäudeversicherung sowie Grundbesitz- und Haftpflichtversicherungen) *Hinweis: Soweit der Versicherer Zahlungen für Regieaufwand leistet, gilt als vereinbart, dass diese dem Verwalter zustehen. Sie werden, soweit eine variable Vergütung abgerechnet wird, auf diese angerechnet*	☐	- ____% netto zzgl. USt. = ____**% brutto** des Entschädigungsbetrags, mindestens aber _______ € zzgl. USt. = _______**€ brutto** - nach Stundenaufwand (§ 3.4)
4.8 BETREUUNG VON RECHTSSTREITIGKEITEN SOWIE VON ZWANGSVERWALTUNGS- UND ZWANGSVERSTEIGERUNGSVERFAHREN		
Mandatierung eines Rechtsanwalts mit der außergerichtlichen und gerichtlichen Beitreibung von Zahlungsrückständen eines Eigentümers gegenüber der Eigentümergemeinschaft (Beauftragung und Sachverhaltsinformation, Zusammenstellen und Übermitteln der erforderlichen Unterlagen)	☐	- _______ € zzgl. USt. = _______**€ brutto** pro Klageverfahren - nach Stundenaufwand (§ 3.4)
Information der Eigentümer über die Anhängigkeit einer Anfechtungs-/Nichtigkeits- oder Beschlussersetzungsklage gemäß *§ 44 WEG* oder über Rechtsstreitigkeiten mit Dritten/Selbständige Beweisverfahren	☑	
Betreuung von Aktiv- und Passivprozessen der Eigentümergemeinschaft, insb. von Anfechtungs-/Nichtigkeits- oder Beschlussersetzungsklagen gemäß *§ 44 WEG*, Unterlassungsklagen gegen Störungen der Haus- und Gemeinschaftsordnung, Selbständigen Beweisverfahren (Information und Begleitung der beauftragten Rechtsanwälte, Teilnahme an Gerichtsverhandlungen)	☐	- nach Stundenaufwand (§ 3.4)
Betreuung von dinglichen Zwangsvollstreckungsmaßnahmen (Zwangsverwaltungs-/Zwangsversteigerungsverfahren, Zwangssicherungshypotheken) gegen säumige Miteigentümer und Teilnahme an Versteigerungs- und Verteilungsterminen	☐	- nach Stundenaufwand (§ 3.4)
4.9 UNTERSTÜTZUNG DES VERWALTUNGSBEIRATS		
Ausarbeitung von Entscheidungsvorschlägen und Einholung der Stellungnahme des Verwaltungsbeirats	☑	
Mitwirkung bei der Prüfung von Wirtschaftsplan und Jahresabrechnung	☑	
Auf Wunsch des Beirates: Teilnahme an den Sitzungen des Verwaltungsbeirats während der Bürozeiten des Verwalters bis max. _____ Stunden/Jahr	☑	- ab ___ Stunden/Jahr - nach Stundenaufwand (§ 3.4)

Leistungsverzeichnis	Preisspalte 1 In Festvergütung enthalten	Preisspalte 2 Variable Vergütung*
4.10 SONSTIGE LEISTUNGEN		
Erstellung von Bescheinigungen für Steuerermäßigungen für haushaltsnahe Dienstleistungen nach § 35a EStG	☐	- ______ € zzgl. USt. = ______ **€ brutto** pro Einzelbescheinigung
Erstellung von Bescheinigungen für Steuerermäßigungen für energetische Maßnahmen nach § 35c EStG	☐	- ______ € zzgl. USt. = ______ **€ brutto** pro Einzelbescheinigung
Mitwirkung an der Grundbucheintragung von Vereinbarungen, der Abänderung oder Aufhebung solcher Vereinbarungen sowie von Beschlüssen, die aufgrund einer Vereinbarung gefasst werden *(§ 10 Abs. 3 S. 1 WEG)* und Mitwirkung an der Überprüfung und Umsetzung der Grundbuch-Nachtragspflicht solcher schon getroffener Vereinbarungen bzw. Beschlüsse sowie von Regelungen zur Veräußerungsbeschränkung und zur Haftung von Sondernachfolgern für Geldschulden (§§ 7 Abs. 3 S.2, 48 Abs. 3 WEG)	☐	nach Stundenaufwand (§ 3.4)
	☐	
	☐	
	☐	
	☐	
	☐	
	☐	
	☐	
	☐	
	☐	

4.11 Soweit sich nach Vertragsschluss durch Änderungen der Gesetze und Rechtsvorschriften oder durch Beschlüsse der Eigentümer oder durch Änderung der Gemeinschaftsordnung zusätzliche Leistungsanforderungen an den Verwalter ergeben, werden diese nach Stundenaufwand (§ 3.4) berechnet.

§ 5 HAFTUNG

Erläuterung: Die berechtigten Haftungsinteressen der Eigentümergemeinschaft einerseits und die Verantwortung sowie das besondere Haftungsrisiko des Verwalters andererseits bedürfen einer gerechten und an der Höhe des Verwalterhonorars orientierten Abwägung, die auch die Möglichkeiten einer Absicherung durch spezifische Versicherungen berücksichtigt. Nachfolgend ist die Haftung des Verwalters beschrieben.

5.1 Der Verwalter haftet unbeschränkt für

- jegliche schuldhafte, auch leicht fahrlässige Verletzung der Pflichten, deren Einhaltung erforderlich ist, um den Vertragszweck zu erreichen (Kardinalpflichten),
- grob fahrlässige und vorsätzliche Pflichtverletzungen des Verwalters oder seiner Erfüllungsgehilfen sowie für
- Schäden aus der Verletzung des Lebens, des Körpers und der Gesundheit, die auf einer fahrlässigen oder vorsätzlichen Pflichtverletzung des Verwalters oder seiner Erfüllungsgehilfen beruhen.

5.2 Im Fall einer leicht fahrlässigen Pflichtverletzung, die keine Kardinalpflicht berührt und nicht zu einer Verletzung des Lebens, des Körpers oder der Gesundheit führt, ist die Haftung des Verwalters für Vermögensschäden auf den Umfang der Vermögensschadenhaftpflichtversicherung beschränkt. Der Verwalter versichert, dass er eine Vermögensschadenshaftpflichtversicherung mit der gemäß *§ 34c GewO i.V.m. § 15 MaBV* vorgeschriebenen Versicherungssumme (500.000 Euro für jeden Versicherungsfall und 1.000.000 Euro für alle Versicherungsfälle eines Jahres) unterhält. Der Abschluss und die Unterhaltung dieser Versicherung ist der Eigentümergemeinschaft auf Verlangen nachzuweisen.

5.3 Schadensersatzansprüche gegen den Verwalter verjähren grundsätzlich nach der gesetzlichen Regelung, spätestens jedoch mit dem Schluss des dritten Jahres nach der Beendigung der Tätigkeit des Verwalters. Dies gilt nicht, soweit es sich um Ansprüche aus vorsätzlicher Pflichtverletzung des Verwalters oder seiner Erfüllungsgehilfen oder Schäden aus der Verletzung des Lebens, des Körpers und der Gesundheit handelt.

5.4 Nach Abgabe des Jahresberichtes durch den Verwalter und des Prüfberichtes durch den Verwaltungsbeirat sowie Verabschiedung der Jahresabrechnung steht dem Verwalter ein Anspruch auf Beschlussfassung über die Entlastung für den jeweiligen Zeitraum zu.

§ 6 BEENDIGUNG DER VERWALTERTÄTIGKEIT

Erläuterung: Beim Verwalterwechsel entstehen häufig Probleme bei der Übergabe des Verwaltungsvermögens und der Verwaltungsunterlagen. Dieser Vertrag regelt daher die unverzügliche und ordnungsgemäße Herausgabe.

Bei Beendigung der Verwaltertätigkeit – gleich aus welchem Grunde – hat der Verwalter die Verfügung über die Konten der Eigentümergemeinschaft einzustellen, Rechnung zu legen und alle die Eigentümergemeinschaft betreffenden und zu einer ordnungsgemäßen Fortführung der Verwaltung notwendigen Unterlagen sowie die Verwaltervollmacht unverzüglich an den Vorsitzenden des Verwaltungsbeirates, seinen Stellvertreter oder eine von der Eigentümergemeinschaft benannte Person (insbesondere an einen neu bestellten Verwalter) herauszugeben. Die Übergabe erfolgt in der jeweils existierenden Aufbewahrungsform: Papierunterlagen werden im Original und digitalisierte Verwaltungsunterlagen in digitaler Form übergeben. Soweit Verwaltungsunterlagen ausschließlich in digitalisierter Form vorhanden sind, kann deren Ausdruck nicht verlangt werden. Zurückbehaltungsrechte an Original-Gemeinschaftsunterlagen kann der ausgeschiedene Verwalter nicht geltend machen.

§ 7 DATENSCHUTZ

Der Verwalter bestätigt, dass er die Bestimmungen des Bundesdatenschutzgesetzes (BDSG), der Datenschutz-Grundverordnung (DSGVO) und der datenschutzrechtlichen Gesetze und Verordnungen der einzelnen Bundesländer beachtet und erforderliche Vereinbarungen mit Dienstleistern, die Daten des Auftraggebers verwalten, abschließt.

§ 8 SONSTIGE VEREINBARUNGEN

§ 9 SCHLUSSBESTIMMUNGEN

9.1 Sollte eine Bestimmung dieses Vertrages unwirksam sein oder der Verwaltervertrag hinsichtlich einzelner Bestimmungen für unwirksam erklärt werden, berührt dies die Wirksamkeit des Vertrages im Übrigen nicht.

9.2 Zum Nachweis der Verwalterbestellung im Außenverhältnis erhält der Verwalter die als Anlage zu diesem Vertrag beigefügte Bestätigung des Bestellungsbeschlusses.

Bitte beachten Sie die nachfolgende Widerrufsbelehrung und das Muster-Widerrufsformular für Verbraucher.

Verwalter:	**Für die Gemeinschaft der Wohnungseigentümer:**
Ort, Datum	*Ort, Datum*
Verwalter	
	Verwaltungsbeirat/Eigentümer als Vertreter der Gemeinschaft der Wohnungseigentümer

Anlagen: • Nachweis der Verwalterbestellung
• Darstellung der im Verwaltervertrag benannten Gesetzestexte

Verband der Immobilienverwalter Nordrhein-Westfalen
www.vdiv-nrw.de

WIDERRUFSBELEHRUNG UND MUSTER-WIDERRUFSFORMULAR FÜR VERBRAUCHER

Widerrufsbelehrung
Widerrufsrecht

Sie haben das Recht, binnen vierzehn Tagen ohne Angabe von Gründen diesen Vertrag zu widerrufen.

Die Widerrufsfrist beträgt vierzehn Tage ab dem Tag des Vertragsschlusses.

Um Ihr Widerrufsrecht auszuüben, müssen Sie uns,

Name/Firmenname

Straße, Hausnummer *PLZ, Ort*

Telefonnummer *Telefaxnummer* *E-Mail-Adresse*

mittels einer eindeutigen Erklärung (z. B. ein mit der Post versandter Brief, Telefax oder E-Mail) über Ihren Entschluss, diesen Vertrag zu widerrufen, informieren. Sie können dafür das beigefügte Muster-Widerrufsformular verwenden, das jedoch nicht vorgeschrieben ist.

Zur Wahrung der Widerrufsfrist reicht es aus, dass Sie die Mitteilung über die Ausübung des Widerrufsrechts vor Ablauf der Widerrufsfrist absenden.

Folgen des Widerrufs

Wenn Sie diesen Vertrag widerrufen, haben wir Ihnen alle Zahlungen, die wir von Ihnen erhalten haben, einschließlich der Lieferkosten (mit Ausnahme der zusätzlichen Kosten, die sich daraus ergeben, dass Sie eine andere Art der Lieferung als die von uns angebotene, günstigste Standardlieferung gewählt haben), unverzüglich und spätestens binnen vierzehn Tagen ab dem Tag zurückzuzahlen, an dem die Mitteilung über Ihren Widerruf dieses Vertrags bei uns eingegangen ist. Für diese Rückzahlung verwenden wir dasselbe Zahlungsmittel, das Sie bei der ursprünglichen Transaktion eingesetzt haben, es sei denn, mit Ihnen wurde ausdrücklich etwas anderes vereinbart; in keinem Fall werden Ihnen wegen dieser Rückzahlung Entgelte berechnet. Haben Sie verlangt, dass die Dienstleistung während der Widerrufsfrist beginnen soll, so haben Sie uns einen angemessenen Betrag zu zahlen, der dem Anteil der bis zu dem Zeitpunkt, zu dem Sie uns von der Ausübung des Widerrufsrechts hinsichtlich dieses Vertrages unterrichten, bereits erbrachten Dienstleistungen im Vergleich zum Gesamtumfang der im Vertrag vorgesehenen Dienstleistungen entspricht.

Ende der Widerrufsbelehrung

MUSTER-WIDERRUFSFORMULAR

Wenn Sie den Vertrag widerrufen wollen, dann füllen Sie bitte dieses Formular aus und senden Sie es zurück.

An

Name/Firmenname

Straße, Hausnummer *PLZ, Ort*

Telefaxnummer *E-Mail-Adresse*

Hiermit widerrufe(n) ich/wir (*) den von mir/uns (*) abgeschlossenen Vertrag über den Kauf der folgenden Waren (*)/ die Erbringung der folgenden Dienstleistung (*)

Bestellt am (*)/erhalten am (*)

Name des/der Verbraucher(s)

Anschrift des/der Verbraucher(s)

Unterschrift des/der Verbraucher(s) (nur bei Mitteilung auf Papier)

Datum

(*) Unzutreffendes streichen.

vdiv
Verband der Immobilienverwalter
Nordrhein-Westfalen

NACHWEIS DER VERWALTERBESTELLUNG

Die Gemeinschaft der Wohnungseigentümer ______________________________

____
vollständige postalische Anschrift

hat gemäß Beschluss der Eigentümerversammlung vom __________

die Firma ____

____
Firmenbezeichnung des Verwalters

für den Zeitraum vom __________ bis __________ zum Verwalter bestellt.

Der Verwalter vertritt als gesetzlicher Vertreter die Gemeinschaft der Wohnungseigentümer:

§ 9b Abs. 1 S. 1 WEG (Vertretung)

(1) Die Gemeinschaft der Wohnungseigentümer wird durch den Verwalter gerichtlich und außergerichtlich vertreten, beim Abschluss eines Grundstückskauf- oder Darlehensvertrags aber nur aufgrund eines Beschlusses der Wohnungseigentümer.

Dieser Nachweis wird entsprechend *§ 26 Abs. 4, § 24 Abs. 6 WEG* wie folgt unterschrieben:

Vorsitzender der Versammlung	Wohnungseigentümer	Vorsitzender des Verwaltungsbeirats/Vertreter
____________________	____________________	____________________
Ort, Datum	*Ort, Datum*	*Ort, Datum*
____________________	____________________	____________________
Unterschrift		
____________________	____________________	____________________
Namen in Druckbuchstaben		

DARSTELLUNG DER IM VERWALTERVERTRAG BENANNTEN GESETZESTEXTE

AUSZUG AUS DEM WOHNUNGSEIGENTUMSGESETZ (WEG): Teil 1

§ 9b Vertretung

(1) Die Gemeinschaft der Wohnungseigentümer wird durch den Verwalter gerichtlich und außergerichtlich vertreten, beim Abschluss eines Grundstückskauf- oder Darlehensvertrags aber nur aufgrund eines Beschlusses der Wohnungseigentümer. Hat die Gemeinschaft der Wohnungseigentümer keinen Verwalter, wird sie durch die Wohnungseigentümer gemeinschaftlich vertreten. Eine Beschränkung des Umfangs der Vertretungsmacht ist Dritten gegenüber unwirksam.

(2) Dem Verwalter gegenüber vertritt der Vorsitzende des Verwaltungsbeirats oder ein durch Beschluss dazu ermächtigter Wohnungseigentümer die Gemeinschaft der Wohnungseigentümer.

§ 10 Allgemeine Grundsätze

(1) ...

(2) ...

(3) Vereinbarungen, durch die die Wohnungseigentümer ihr Verhältnis untereinander in Ergänzung oder Abweichung von Vorschriften dieses Gesetzes regeln, die Abänderung oder Aufhebung solcher Vereinbarungen sowie Beschlüsse, die aufgrund einer Vereinbarung gefasst werden, wirken gegen den Sondernachfolger eines Wohnungseigentümers nur, wenn sie als Inhalt des Sondereigentums im Grundbuch eingetragen sind. Im Übrigen bedürfen Beschlüsse zu ihrer Wirksamkeit gegen den Sondernachfolger eines Wohnungseigentümers nicht der Eintragung in das Grundbuch.

§ 15 Pflichten Dritter

Wer Wohnungseigentum gebraucht, ohne Wohnungseigentümer zu sein, hat gegenüber der Gemeinschaft der Wohnungseigentümer und anderen Wohnungseigentümern zu dulden:

1. die Erhaltung des gemeinschaftlichen Eigentums und des Sondereigentums, die ihm rechtzeitig angekündigt wurde; § 555a Absatz 2 des Bürgerlichen Gesetzbuchs gilt entsprechend;
1. Maßnahmen, die über die Erhaltung hinausgehen, die spätestens drei Monate vor ihrem Beginn in Textform angekündigt wurden; § 555c Absatz 1 Satz 2 Nummer 1 und 2, Absatz 2 bis 4 und § 555d Absatz 2 bis 5 des Bürgerlichen Gesetzbuchs gelten entsprechend.

§ 16 Nutzungen, Lasten und Kosten

(1) Jedem Wohnungseigentümer gebührt ein seinem Anteil entsprechender Bruchteil der Früchte des gemeinschaftlichen Eigentums und des Gemeinschaftsvermögens. Der Anteil bestimmt sich nach dem gemäß § 47 der Grundbuchordnung im Grundbuch eingetragenen Verhältnis der Miteigentumsanteile. Jeder Wohnungseigentümer ist zum Mitgebrauch des gemeinschaftlichen Eigentums nach Maßgabe des § 14 berechtigt.

(2) Die Kosten der Gemeinschaft der Wohnungseigentümer, insbesondere der Verwaltung und des gemeinschaftlichen Gebrauchs des gemeinschaftlichen Eigentums, hat jeder Wohnungseigentümer nach dem Verhältnis seines Anteils (Absatz 1 Satz 2) zu tragen. Die Wohnungseigentümer können für einzelne Kosten oder bestimmte Arten von Kosten eine von Satz 1 oder von einer Vereinbarung abweichende Verteilung beschließen.

(3) Für die Kosten und Nutzungen bei baulichen Veränderungen gilt § 21.

§ 19 Regelung der Verwaltung und Benutzung durch Beschluss

(1) Soweit die Verwaltung des gemeinschaftlichen Eigentums und die Benutzung des gemeinschaftlichen Eigentums und des Sondereigentums nicht durch Vereinbarung der Wohnungseigentümer geregelt sind, beschließen die Wohnungseigentümer eine ordnungsmäßige Verwaltung und Benutzung.

(2) Zur ordnungsmäßigen Verwaltung und Benutzung gehören insbesondere

1. die Aufstellung einer Hausordnung,
2. die ordnungsmäßige Erhaltung des gemeinschaftlichen Eigentums,
3. die angemessene Versicherung des gemeinschaftlichen Eigentums zum Neuwert sowie der Wohnungseigentümer gegen Haus- und Grundbesitzerhaftpflicht,
4. die Ansammlung einer angemessenen Erhaltungsrücklage,
5. die Festsetzung von Vorschüssen nach § 28 Absatz 1 Satz 1 sowie
6. die Bestellung eines zertifizierten Verwalters nach § 26a, es sei denn, es bestehen weniger als neun Sondereigentumsrechte, ein Wohnungseigentümer wurde zum Verwalter bestellt und weniger als ein Drittel der Wohnungseigentümer (§ 25 Absatz 2) verlangt die Bestellung eines zertifizierten Verwalters.

§ 20 Bauliche Veränderungen

(1) Maßnahmen, die über die ordnungsmäßige Erhaltung des gemeinschaftlichen Eigentums hinausgehen (bauliche Veränderungen), können beschlossen oder einem Wohnungseigentümer durch Beschluss gestattet werden.

(2) Jeder Wohnungseigentümer kann angemessene bauliche Veränderungen verlangen, die

1. dem Gebrauch durch Menschen mit Behinderungen,
2. dem Laden elektrisch betriebener Fahrzeuge,
3. dem Einbruchsschutz und
4. dem Anschluss an ein Telekommunikationsnetz mit sehr hoher Kapazität

dienen. Über die Durchführung ist im Rahmen ordnungsmäßiger Verwaltung zu beschließen.

(3) Unbeschadet des Absatzes 2 kann jeder Wohnungseigentümer verlangen, dass ihm eine bauliche Veränderung gestattet wird, wenn alle Wohnungseigentümer, deren Rechte durch die bauliche Veränderung über das bei einem geordneten Zusammenleben unvermeidliche Maß hinaus beeinträchtigt werden, einverstanden sind.

(4) Bauliche Veränderungen, die die Wohnanlage grundlegend umgestalten oder einen Wohnungseigentümer ohne sein Einverständnis gegenüber anderen unbillig benachteiligen, dürfen nicht beschlossen und gestattet werden; sie können auch nicht verlangt werden.

§ 21 Nutzungen und Kosten bei baulichen Veränderungen

(1) Die Kosten einer baulichen Veränderung, die einem Wohnungseigentümer gestattet oder die auf sein Verlangen nach § 20 Absatz 2 durch die Gemeinschaft der Wohnungseigentümer durchgeführt wurde, hat dieser Wohnungseigentümer zu tragen. Nur ihm gebühren die Nutzungen.

(2) Vorbehaltlich des Absatzes 1 haben alle Wohnungseigentümer die Kosten einer baulichen Veränderung nach dem Verhältnis ihrer Anteile (§ 16 Absatz 1 Satz 2) zu tragen,

1. die mit mehr als zwei Dritteln der abgegebenen Stimmen und der Hälfte aller Miteigentumsanteile beschlossen wurde, es sei denn, die bauliche Veränderung ist mit unverhältnismäßigen Kosten verbunden, oder
2. deren Kosten sich innerhalb eines angemessenen Zeitraums amortisieren.

Für die Nutzungen gilt § 16 Absatz 1.

(3) Die Kosten anderer als der in den Absätzen 1 und 2 bezeichneten baulichen Veränderungen haben die Wohnungseigentümer, die sie beschlossen haben, nach dem Verhältnis ihrer Anteile (§ 16 Absatz 1 Satz 2) zu tragen. Ihnen gebühren die Nutzungen entsprechend § 16 Absatz 1.

DARSTELLUNG DER IM VERWALTERVERTRAG BENANNTEN GESETZESTEXTE

AUSZUG AUS DEM WOHNUNGSEIGENTUMSGESETZ (WEG): **Teil 2**

(4) Ein Wohnungseigentümer, der nicht berechtigt ist, Nutzungen zu ziehen, kann verlangen, dass ihm dies nach billigem Ermessen gegen angemessenen Ausgleich gestattet wird. Für seine Beteiligung an den Nutzungen und Kosten gilt Absatz 3 entsprechend.

(5) Die Wohnungseigentümer können eine abweichende Verteilung der Kosten und Nutzungen beschließen. Durch einen solchen Beschluss dürfen einem Wohnungseigentümer, der nach den vorstehenden Absätzen Kosten nicht zu tragen hat, keine Kosten auferlegt werden.

§ 23 Wohnungseigentümerversammlung

(1) Angelegenheiten, über die nach diesem Gesetz oder nach einer Vereinbarung der Wohnungseigentümer die Wohnungseigentümer durch Beschluss entscheiden können, werden durch Beschlussfassung in einer Versammlung der Wohnungseigentümer geordnet. Die Wohnungseigentümer können beschließen, dass Wohnungseigentümer an der Versammlung auch ohne Anwesenheit an deren Ort teilnehmen und sämtliche oder einzelne ihrer Rechte ganz oder teilweise im Wege elektronischer Kommunikation ausüben können.

(2) ...

(3) Auch ohne Versammlung ist ein Beschluss gültig, wenn alle Wohnungseigentümer ihre Zustimmung zu diesem Beschluss in Textform erklären. Die Wohnungseigentümer können beschließen, dass für einen einzelnen Gegenstand die Mehrheit der abgegebenen Stimmen genügt.

(4) ...

§ 26 Bestellung und Abberufung des Verwalters

(1) Über die Bestellung und Abberufung des Verwalters beschließen die Wohnungseigentümer.

(2) Die Bestellung kann auf höchstens fünf Jahre vorgenommen werden, im Fall der ersten Bestellung nach der Begründung von Wohnungseigentum aber auf höchstens drei Jahre. Die wiederholte Bestellung ist zulässig; sie bedarf eines erneuten Beschlusses der Wohnungseigentümer, der frühestens ein Jahr vor Ablauf der Bestellungszeit gefasst werden kann.

(3) Der Verwalter kann jederzeit abberufen werden. Ein Vertrag mit dem Verwalter endet spätestens sechs Monate nach dessen Abberufung.

(4) Soweit die Verwaltereigenschaft durch eine öffentlich beglaubigte Urkunde nachgewiesen werden muss, genügt die Vorlage einer Niederschrift über den Bestellungsbeschluss, bei der die Unterschriften der in § 24 Absatz 6 bezeichneten Personen öffentlich beglaubigt sind.

(5) Abweichungen von den Absätzen 1 bis 3 sind nicht zulässig.

§ 26a Zertifizierter Verwalter

(1) Als zertifizierter Verwalter darf sich bezeichnen, wer vor einer Industrie- und Handelskammer durch eine Prüfung nachgewiesen hat, dass er über die für die Tätigkeit als Verwalter notwendigen rechtlichen, kaufmännischen und technischen Kenntnisse verfügt.

(2) Das Bundesministerium der Justiz und für Verbraucherschutz wird ermächtigt, durch Rechtsverordnung nähere Bestimmungen über die Prüfung zum zertifizierten Verwalter zu erlassen. In der Rechtsverordnung nach Satz 1 können insbesondere festgelegt werden:

1. nähere Bestimmungen zu Inhalt und Verfahren der Prüfung;
2. Bestimmungen über das zu erteilende Zertifikat;
3. Voraussetzungen, unter denen sich juristische Personen und Personengesellschaften als zertifizierte Verwalter bezeichnen dürfen;
4. Bestimmungen, wonach Personen aufgrund anderweitiger Qualifikationen von der Prüfung befreit sind, insbesondere weil sie die Befähigung zum Richteramt, einen Hochschulabschluss mit immobilienwirtschaftlichem Schwerpunkt, eine abgeschlossene Berufsausbildung zum Immobilienkaufmann oder zur Immobilienkauffrau oder einen vergleichbaren Berufsabschluss besitzen.

§ 27 Aufgaben und Befugnisse des Verwalters

(1) Der Verwalter ist gegenüber der Gemeinschaft der Wohnungseigentümer berechtigt und verpflichtet, die Maßnahmen ordnungsmäßiger Verwaltung zu treffen, die

1. untergeordnete Bedeutung haben und nicht zu erheblichen Verpflichtungen führen oder
2. zur Wahrung einer Frist oder zur Abwendung eines Nachteils erforderlich sind.

(2) Die Wohnungseigentümer können die Rechte und Pflichten nach Absatz 1 durch Beschluss einschränken oder erweitern.

§ 28 Wirtschaftsplan, Jahresabrechnung, Vermögensbericht

(1) Die Wohnungseigentümer beschließen über die Vorschüsse zur Kostentragung und zu den nach § 19 Absatz 2 Nummer 4 oder durch Beschluss vorgesehenen Rücklagen. Zu diesem Zweck hat der Verwalter jeweils für ein Kalenderjahr einen Wirtschaftsplan aufzustellen, der darüber hinaus die voraussichtlichen Einnahmen und Ausgaben enthält.

(2) Nach Ablauf des Kalenderjahres beschließen die Wohnungseigentümer über die Einforderung von Nachschüssen oder die Anpassung der beschlossenen Vorschüsse. Zu diesem Zweck hat der Verwalter eine Abrechnung über den Wirtschaftsplan (Jahresabrechnung) aufzustellen, die darüber hinaus die Einnahmen und Ausgaben enthält.

(3) Die Wohnungseigentümer können beschließen, wann Forderungen fällig werden und wie sie zu erfüllen sind.

(4) Der Verwalter hat nach Ablauf eines Kalenderjahres einen Vermögensbericht zu erstellen, der den Stand der in Absatz 1 Satz 1 bezeichneten Rücklagen und eine Aufstellung des wesentlichen Gemeinschaftsvermögens enthält. Der Vermögensbericht ist jedem Wohnungseigentümer zur Verfügung zu stellen.

§ 29 Verwaltungsbeirat

(1) Wohnungseigentümer können durch Beschluss zum Mitglied des Verwaltungsbeirats bestellt werden. Hat der Verwaltungsbeirat mehrere Mitglieder, ist ein Vorsitzender und ein Stellvertreter zu bestimmen. Der Verwaltungsbeirat wird von dem Vorsitzenden nach Bedarf einberufen.

(2) Der Verwaltungsbeirat unterstützt und überwacht den Verwalter bei der Durchführung seiner Aufgaben. Der Wirtschaftsplan und die Jahresabrechnung sollen, bevor die Beschlüsse nach § 28 Absatz 1 Satz 1 und Absatz 2 Satz 1 gefasst werden, vom Verwaltungsbeirat geprüft und mit dessen Stellungnahme versehen werden.

(3) Sind Mitglieder des Verwaltungsbeirats unentgeltlich tätig, haben sie nur Vorsatz und grobe Fahrlässigkeit zu vertreten.

§ 44 Beschlussklagen

(1) Das Gericht kann auf Klage eines Wohnungseigentümers einen Beschluss für ungültig erklären (Anfechtungsklage) oder seine Nichtigkeit feststellen (Nichtigkeitsklage). Unterbleibt eine notwendige Beschlussfassung, kann das Gericht auf Klage eines Wohnungseigentümers den Beschluss fassen (Beschlussersetzungsklage).

(2) Die Klagen sind gegen die Gemeinschaft der Wohnungseigentümer zu richten. Der Verwalter hat den Wohnungseigentümern die Erhebung einer Klage unverzüglich bekannt zu machen. Mehrere Prozesse sind zur gleichzeitigen Verhandlung und Entscheidung zu verbinden.

(3) Das Urteil wirkt für und gegen alle Wohnungseigentümer, auch wenn sie nicht Partei sind.

(4) Die durch eine Nebenintervention verursachten Kosten gelten nur dann als notwendig zur zweckentsprechenden Rechtsverteidigung im Sinne des § 91 der Zivilprozessordnung, wenn die Nebenintervention geboten war.

DARSTELLUNG DER IM VERWALTERVERTRAG BENANNTEN GESETZESTEXTE

AUSZUG AUS DEM BÜRGERLICHEN GESETZBUCH (BGB):

§ 626 Fristlose Kündigung aus wichtigem Grund

(1) Das Dienstverhältnis kann von jedem Vertragsteil aus wichtigem Grund ohne Einhaltung einer Kündigungsfrist gekündigt werden, wenn Tatsachen vorliegen, auf Grund derer dem Kündigenden unter Berücksichtigung aller Umstände des Einzelfalles und unter Abwägung der Interessen beider Vertragsteile die Fortsetzung des Dienstverhältnisses bis zum Ablauf der Kündigungsfrist oder bis zu der vereinbarten Beendigung des Dienstverhältnisses nicht zugemutet werden kann.

(2) Die Kündigung kann nur innerhalb von zwei Wochen erfolgen. Die Frist beginnt mit dem Zeitpunkt, in dem der Kündigungsberechtigte von den für die Kündigung maßgebenden Tatsachen Kenntnis erlangt. Der Kündigende muss dem anderen Teil auf Verlangen den Kündigungsgrund unverzüglich schriftlich mitteilen.

AUSZUG AUS DER GEWERBEORDNUNG (GewO):

§ 34c Immobilienmakler, Darlehensvermittler, Bauträger, Baubetreuer, Wohnimmobilienverwalter, Verordnungsermächtigung

1) Wer gewerbsmäßig

1. den Abschluss von Verträgen über Grundstücke, grundstücksgleiche Rechte, gewerbliche Räume oder Wohnräume vermitteln oder die Gelegenheit zum Abschluss solcher Verträge nachweisen,
2. den Abschluss von Darlehensverträgen, mit Ausnahme von Verträgen im Sinne des § 34i Absatz 1 Satz 1, vermitteln oder die Gelegenheit zum Abschluss solcher Verträge nachweisen,
3. Bauvorhaben
   a) als Bauherr im eigenen Namen für eigene oder fremde Rechnung vorbereiten oder durchführen und dazu Vermögenswerte von Erwerbern, Mietern, Pächtern oder sonstigen Nutzungsberechtigten oder von Bewerbern um Erwerbs- oder Nutzungsrechte verwenden,
   b) als Baubetreuer im fremden Namen für fremde Rechnung wirtschaftlich vorbereiten oder durchführen,
4. das gemeinschaftliche Eigentum von Wohnungseigentümern im Sinne des § 1 Absatz 2, 3, 5 und 6 des Wohnungseigentumsgesetzes oder für Dritte Mietverhältnisse über Wohnräume im Sinne des § 549 des Bürgerlichen Gesetzbuchs verwalten (Wohnimmobilienverwalter) will, bedarf der Erlaubnis der zuständigen Behörde. Die Erlaubnis kann inhaltlich beschränkt und mit Auflagen verbunden werden, soweit dies zum Schutze der Allgemeinheit oder der Auftraggeber erforderlich ist; unter denselben Voraussetzungen ist auch die nachträgliche Aufnahme, Änderung und Ergänzung von Auflagen zulässig.

AUSZUG AUS DER MAKLER- UND BAUTRÄGERVERORDNUNG (MaBV):

§ 15 Umfang der Versicherung

(1) Die nach § 34c Absatz 2 Nummer 3 der Gewerbeordnung für einen Wohnimmobilienverwalter vorgesehene Versicherung muss bei einem im Inland zum Geschäftsbetrieb zugelassenen Versicherungsunternehmen abgeschlossen werden.

(2) Die Mindestversicherungssumme beträgt 500 000 Euro für jeden Versicherungsfall und 1 000 000 Euro für alle Versicherungsfälle eines Jahres.

(3) Der Versicherungsvertrag muss Deckung für die sich aus der gewerblichen Tätigkeit als Wohnimmobilienverwalter ergebenden Haftpflichtgefahren für Vermögensschäden gewähren. Der Versicherungsvertrag muss sich auch auf solche Vermögensschäden erstrecken, für die der Versicherungspflichtige nach § 278 oder § 831 des Bürgerlichen Gesetzbuchs einzustehen hat, soweit die Erfüllungsgehilfen oder Verrichtungsgehilfen nicht selbst zum Abschluss einer solchen Berufshaftpflichtversicherung verpflichtet sind. Ist der Gewerbetreibende in einer oder mehreren Personenhandelsgesellschaften als geschäftsführender Gesellschafter tätig, so muss für die jeweilige Personenhandelsgesellschaft jeweils ein Versicherungsvertrag abgeschlossen werden; der Versicherungsvertrag kann auch die Tätigkeit des Gewerbetreibenden nach Satz 1 abdecken.

(4) Der Versicherungsvertrag hat Versicherungsschutz für jede einzelne Pflichtverletzung zu gewähren, die gesetzliche Haftpflichtansprüche privatrechtlichen Inhalts gegen den Versicherungspflichtigen zur Folge haben könnte. Dabei kann vereinbart werden, dass sämtliche Pflichtverletzungen bei Erledigung einer einheitlichen Verwaltung von Wohnimmobilien als ein Versicherungsfall gelten, sofern die betreffenden Angelegenheiten in einem rechtlichen oder wirtschaftlichen Zusammenhang stehen.

(5) Von der Versicherung kann die Haftung für Ersatzansprüche wegen wissentlicher Pflichtverletzung ausgeschlossen werden. Weitere Ausschlüsse sind nur insoweit zulässig, als sie marktüblich sind und dem Zweck der Berufshaftpflichtversicherung nicht zuwiderlaufen.

vdiv
Verband der Immobilienverwalter
Nordrhein-Westfalen

BERUFSORDNUNG

der im Verband der Immobilienverwalter Deutschland e.V. zusammengeschlossenen Landesverbände in der Fassung des Beschlusses der Delegiertenversammlung vom 03.06.2019

Präambel

Die Berufsordnung stellt die Überzeugung des Verbandes der Immobilienverwalter Deutschland e.V., nachfolgend VDIV genannt, und der Landesverbände zum berufsspezifischen Verhalten der Immobilienverwalter dar. Sie dient den Zielen,

- den Berufsstand zu fördern, in fachlicher, rechtlicher und standesgemäßer Hinsicht (vgl. § 2 Satzung des VDIV e.V.),
- die Qualität der Tätigkeit als Immobilienverwalter sicherzustellen und durch verbindliche Anforderungen Vertrauen in Immobilienverwalter zu fördern.

A. DIE ANFORDERUNGEN AN DIE BERUFSAUSÜBUNG

1. Bei der Berufsausübung weist der Immobilienverwalter seine Kompetenz durch Erbringung der Dienstleistung in der erforderlichen Qualität nach.
2. Der Immobilienverwalter hat die von ihm beruflich übernommenen Aufgaben nach bestem Wissen und Können mit der Sorgfalt eines ordentlichen Kaufmanns zu erfüllen und bei seiner Tätigkeit die gesetzlichen Vorschriften zu beachten und die Interessen seiner Auftraggeber zu wahren.
3. Er hat keine Aufgaben zu übernehmen, die über seine Qualifikation und Erfahrung hinausgehen.
4. Zur ordnungsgemäßen und effektiven Erfüllung seiner Aufgaben hat sich der Immobilienverwalter im Rahmen geeigneter Fort- und Weiterbildungsmaßnahmen für sich und seine Mitarbeiter über die aktuellen rechtlichen Grundlagen der Entwicklung des Immobilienverwalters und des technischen Fortschritts zu informieren und sein Fachwissen über die gesetzlichen Vorschriften hinaus im Umfang der jeweils gültigen freiwilligen Selbstverpflichtung der Verbandsmitglieder zu erweitern.

B. DIE BEZIEHUNG ZU DEN KUNDEN UND AUFTRAGGEBERN

1. Der Immobilienverwalter erfüllt mit dem notwendigen Berufsgewissen die ihm übertragenen Aufgaben. Insbesondere hat er die rechtmäßigen Interessen seiner Auftraggeber zu schützen und sich loyal zu verhalten. Sein Handeln ist davon geprägt, dass er in treuhänderischer Funktion Sachverwalter fremden Vermögens ist.
2. Die Belange der Kunden und Auftraggeber sowie die Informationen im Zusammenhang mit der Ausführung des Auftrages sind mit absoluter Diskretion zu behandeln. Auch die Mitarbeiter sind zur Verschwiegenheit zu verpflichten.
3. Das Handeln des Immobilienverwalters ist von Rechtschaffenheit und Transparenz geprägt. Dieses Gebot sowie eine Informationspflicht gegenüber seinen Auftraggebern hat der Immobilienverwalter im Rahmen seiner Geschäftsbesorgung einzuhalten. Er nimmt keine Provisionen, Rabatte oder Gewinne für die auf die Kunden entfallenden Kosten ohne deren vorheriges Einverständnis an. Er darf sich keine unzulässigen mittelbaren oder unmittelbaren Vorteile aus seiner Tätigkeit verschaffen. Ebenso sollte er keine Arbeiten, Dienstleistungen oder Lieferungen auf Kosten des Auftraggebers von Familienangehörigen oder Unternehmen ausführen lassen, an denen er beteiligt ist, ohne dass diese Situation dem Auftraggeber bekannt ist.
4. Bei der Besorgung der ihm übertragenen Geschäfte hat der Immobilienverwalter jegliche Diskriminierung aufgrund von Hautfarbe, Religion, Geschlecht oder ethnischer Herkunft zu unterlassen.
5. Der Immobilienverwalter hat sicherzustellen, dass die mit den Auftraggebern eingegangenen Verpflichtungen schriftlich so fixiert werden, dass die gegenseitigen Interessen in Einklang stehen.
6. Die Dienstleistungen des Immobilienverwalters sind nach kaufmännischen, die Existenz des Unternehmers sichernden Grundsätzen sowie einer leistungsgerechten Vergütung anzubieten und zu erbringen. Der Preis der Dienstleistung wird individuell gemäß den jeweiligen Anforderungen, die sich aus der Art des Verwaltungsobjekts und dem gewünschten Umfang der Dienstleistungen des Immobilienverwalters ergeben, durch Vereinbarung der Parteien bestimmt. Die Preisabrede kann in Form einer Festvergütung für regelmäßig anfallende Leistungen und einer variablen Vergütung für nur bei Bedarf erforderliche Leistungen erfolgen.
7. Mit der Beendigung des Auftrages hat der Immobilienverwalter Rechnung zu legen und die Geschäfte zu übergeben, die erforderlichen Informationen zu erteilen und auf Gefahren hinzuweisen.

vdiv
Verband der Immobilienverwalter
Nordrhein-Westfalen

C. DER UMGANG MIT FINANZEN UND VERMÖGEN DER KUNDEN UND AUFTRAGGEBER UND VERHALTENSKODEX IM E-COMMERCE

1. Der Immobilienverwalter muss über eine Berufshaftpflichtversicherung verfügen, die die Haftung der ihm anvertrauten Geldmittel sowie die Haftung für die Ausübung seiner Tätigkeit abdeckt. Die Mindestversicherungssumme für die Berufshaftpflichtversicherung muss € 500.000,00 für jeden Versicherungsfall und € 1.000.000,00 für alle Versicherungsfälle eines Jahres betragen. Diese Versicherung ist öffentlich in den Medien, in denen er seine Dienstleistungen anbietet, nachzuweisen. Mindestinhalte dieses Nachweises sind: Name und Anschrift der Versicherer und räumlicher Geltungsbereich. Er hat dafür Sorge zu tragen, dass er über ausreichenden Versicherungsschutz verfügt.
2. Der Immobilienverwalter hat uneingeschränkt das Vermögen seiner Auftraggeber von seinem eigenem und dem Vermögen anderer getrennt zu halten.
3. Alle Geschäftsaktivitäten sind transparent auszuführen und es ist sicherzustellen, dass alle Rechtsvorschriften und Richtlinien zur Verhinderung der Nutzung des Finanzsystems zum Zwecke der Geldwäsche einschließlich der Finanzierung des Terrorismus und zum ECommerce eingehalten werden. Die Vertraulichkeit von personenbezogenen Daten und das Urheberrecht sind zu beachten.
4. Alle Datentransfers, insbesondere in Bezug auf Zahlungsvorgänge, sind immer auf sicherem Wege abzuwickeln. Durch den Immobilienverwalter sollten alle Sicherheitsmaßnahmen für seine Organisation und die verwendeten Computer- und Kommunikationssysteme getroffen werden.
5. Durch den Immobilienverwalter sind die Kunden und Auftraggeber über die akzeptierten Formen der elektronischen Signatur sowie über die unabhängigen Unternehmen, die solche Signaturen zertifizieren, zu informieren. Sie sind auch über die notwendigen Maßnahmen zum Schutz der Vertraulichkeit der für die Erstellung einer elektronischen Signatur notwendigen Daten aufzuklären.
6. Die Verbreitung und Bearbeitung von elektronischen Informationen hat mit den gesetzlich geforderten Mindestinhalten zu erfolgen, sie müssen klar als solche erkennbar sein und den Herausgeber als solchen eindeutig bezeichnen. Personenbezogene Daten der Kunden und Auftraggeber sind in Übereinstimmung mit dem geltenden Recht des Datenschutzes zu erheben, zu verarbeiten, zu speichern, dem Zweck entsprechend zu nutzen und zu löschen.

D. BEZIEHUNGEN ZU DEN BERUFSKOLLEGEN

1. Der Immobilienverwalter sollte die Wettbewerbsgleichheit garantieren und sicherstellen, dass die kollegiale Beziehung zu den Kollegen von Respekt, Fairness und Sachlichkeit geprägt ist.
2. Es sollten Handlungen und Verhaltensweisen unterlassen werden, die dem Ruf des Berufsstandes schaden und Kollegen moralischen oder materiellen Schaden zufügen können. Konflikte, die die Interessen der Kunden verletzen können, sind zu vermeiden.
3. Mit Berufskollegen sollte der Erfahrungsaustausch mit dem Ziel der Erhöhung des Ansehens und der Qualität der Arbeit des gesamten Berufstandes gepflegt werden.

E. STREITSCHLICHTUNG UNTER BERUFSKOLLEGEN

1. Die Streitigkeiten unter den Berufskollegen sollten gütlich geregelt werden. Auf Antrag kann der Vorstand des zuständigen Verbandes um Vermittlung ersucht werden.
2. Bei erfolgloser Vermittlung auf Verbandsebenen sollten vor Inanspruchnahme der ordentlichen Gerichte die Möglichkeiten der Streitschlichtung bei Schiedsgerichten und Schlichtungskammern in Anspruch genommen werden.

2. Musterabrechnung[1]

[1] Vgl. auch Casser/Schultheis ZMR 2021, 788.

WOHNUNGSEIGENTUMSGESETZ § 28

WEG bisher	WEG mit Änderungen durch das Wohnungseigentumsmodernisierungsgesetz
§ 28 Wirtschaftsplan, Rechnungslegung	**§ 28 Wirtschaftsplan, Jahresabrechnung, Vermögensbericht**
(1) Der Verwalter hat jeweils für ein Kalenderjahr einen Wirtschaftsplan aufzustellen. Der Wirtschaftsplan enthält: 1. die voraussichtlichen Einnahmen und Ausgaben bei der Verwaltung des gemeinschaftlichen Eigentums; 2. die anteilmäßige Verpflichtung der Wohnungseigentümer zur Lasten- und Kostentragung; 3. die Beitragsleistung der Wohnungseigentümer zu der in § 21 Abs. 5 Nr. 4 vorgesehenen Instandhaltungsrückstellung.	(1) Die Wohnungseigentümer beschließen über die Vorschüsse zur Kostentragung und zu den nach § 19 Absatz 2 Nummer 4 oder durch Beschluss vorgesehenen Rücklagen. Zu diesem Zweck hat der Verwalter jeweils für ein Kalenderjahr einen Wirtschaftsplan aufzustellen, der darüber hinaus die voraussichtlichen Einnahmen und Ausgaben enthält.
(2) Die Wohnungseigentümer sind verpflichtet, nach Abruf durch den Verwalter dem beschlossenen Wirtschaftsplan entsprechende Vorschüsse zu leisten.	(2) Nach Ablauf des Kalenderjahres beschließen die Wohnungseigentümer über die Einforderung von Nachschüssen oder die Anpassung der beschlossenen Vorschüsse. Zu diesem Zweck hat der Verwalter eine Abrechnung über den Wirtschaftsplan (Jahresabrechnung) aufzustellen, die darüber hinaus die Einnahmen und Ausgaben enthält.
(3) Der Verwalter hat nach Ablauf des Kalenderjahrs eine Abrechnung aufzustellen.	(3) Die Wohnungseigentümer können beschließen, wann Forderungen fällig werden und wie sie zu erfüllen sind.
(4) Die Wohnungseigentümer können durch Mehrheitsbeschluss jederzeit von dem Verwalter Rechnungslegung verlangen.	(4) Der Verwalter hat nach Ablauf eines Kalenderjahres einen Vermögensbericht zu erstellen, der den Stand der in Absatz 1 Satz 1 bezeichneten Rücklagen und eine Aufstellung des wesentlichen Gemeinschaftsvermögens enthält. Der Vermögensbericht ist jedem Wohnungseigentümer zur Verfügung zu stellen.
(5) Über den Wirtschaftsplan, die Abrechnung und die Rechnungslegung des Verwalters beschließen die Wohnungseigentümer durch Stimmenmehrheit.	

BESCHREIBUNG AUSGANGSFALL

Die Musterabrechnung 3.0 bildet folgenden Fall ab:

Die Wohnungseigentümergemeinschaft besteht aus 8 Wohnungseinheiten mit insgesamt 10.000 Miteigentumsanteilen und verfügt über eine Gaszentralheizung. Im Vorjahr wurde durch Umwidmung eines Teilbetrags von € 5.000,-- aus der Erhaltungsrücklage eine Liquiditätsrücklage in Höhe von € 5.000,-- gebildet. Die Liquiditätsrücklage wird beansprucht durch Hausgeldrückstände aus Vorjahren in Höhe von € 850,--, die jedoch nur in Höhe von € 550,-- liquiditätswirksam werden, weil Hausgeldguthaben für Vorjahre in Höhe von € 210,-- sowie die Kosten des Messdienstleisters für die Heizkostenabrechnung des Vorjahres in Höhe von € 100,-- noch nicht bezahlt wurden. Die Liquiditätsrücklage beträgt demnach zu Beginn des Abrechnungsjahres € 4.450,--.

Die Ausgangssituation stellt sich wie folgt dar:

Ausgangssituation zum 01.01.20xx:

Anfangsbestand Festgeldkonto	€ 40.000,--
Anfangsbestand Girokonto	€ 5.000,--
Bestand Kasse	€ 150,--
verfügbare Geldmittel:	€ 45.150,--
Anfangsbestand Erhaltungsrücklage	€ 40.700,--
Anfangsbestand Liquiditätsrücklage	€ 4.450,--
Rücklagen gesamt	€ 45.150,--

Die Jahresabrechnung bzw. der Vermögensbericht müssen folgende Geschäftsvorfälle des Abrechnungsjahres abbilden:

Gemäß Beschlüssen belaufen sich die Vorschüsse für die Kostentragung auf insgesamt € 22.000,--, die Vorschüsse für die Erhaltungsrücklage auf insgesamt € 5.000,--.

Im Abrechnungsjahr wurde eine Treppenhausrenovierung für einen Pauschalpreis von € 3.000,-- ausgeführt und bezahlt, der Betrag ist gemäß Beschluss der Erhaltungsrücklage zu entnehmen.

Bei der Wohnungseinheit 4 ist per 01.07. des Abrechnungsjahres (Datum der Grundbuchumschreibung) ein Eigentümerwechsel eingetreten. Deren Verkäufer hat für den Monat Juni nicht den Gesamtbetrag der Vorschüsse auf Kostentragung (€ 270,00) und Erhaltungsrücklage (€ 62,50) von insgesamt € 332,50 bezahlt, sondern nur einen Teilbetrag von € 22,50. Es besteht somit ein Rückstand in Höhe von € 310,--.

Für die Eigentümer der Einheiten 5 und 6 wurde in Vorjahren über die Eigentümergemeinschaft eine Wallbox angeschafft und die Anschaffungskosten wurden auf diese beiden Einheiten verteilt. Im Abrechnungsjahr erfolgt eine Mitnutzung durch den Eigentümer der Einheit 2, dieser zahlt hierfür einen Kostenbeitrag von € 1.000,--, der den Eigentümern der Einheiten 5 und 6 gutzuschreiben ist.

Die Mieteinnahmen für einen auf dem Grundstück befindlichen Außenstellplatz betragen € 200,--, sie sind im Wirtschaftsplan noch nicht in Ansatz gebracht worden, weil der Stellplatz erst kürzlich fertiggestellt wurde. An die Firma Y ist noch eine Schlusszahlung für die Erstellung des Außenstellplatzes in Höhe von € 2.000,-- zu leisten, die nicht mehr im Abrechnungsjahr, sondern erst im Folgejahr bezahlt wird.

Der Gasversorger hat im Abrechnungsjahr Abschlagszahlungen erhalten, die die Verbrauchssumme um € 600,-- übersteigen. Derartige Überzahlungen sollen gemäß Beschluss aus der Liquiditätsrücklage zwischenfinanziert werden.

Im Abrechnungsjahr wurden versehentlich die Saalmiete von € 100,-- doppelt überwiesen und eine objektfremde Handwerkerrechnung in Höhe von € 500,-- bezahlt. Ferner wurden für eine Reparatur am Rolltor € 200,-- bezahlt (deren Regulierung über den Haftpflichtversicherer noch aussteht) sowie für eine Rohrreinigung im Sondereigentum € 150,-- (dieser Betrag wurde vom Sondereigentümer nicht mehr im Abrechnungsjahr, sondern erst im Folgejahr ausgeglichen).

Die Gemeinschaft hat gegenüber der Fa. Z einen Sicherheitseinbehalt in Höhe von € 2.500,-- vorgenommen, der bei Gewährleistungsablauf auszuzahlen ist.

Die Entnahme aus der Liquiditätsrücklage, die in der Ausgangssituation dargestellt sind, wurde im Abrechnungsjahr durch Eingang der rückständigen Hausgeldzahlungen bzw. Auszahlung der Hausgeldguthaben und Begleichung der Rechnung des Messdienstleisters zurückgeführt.

ANSCHREIBEN ZUR JAHRESABRECHNUNG

MUSTER Hausverwaltung in Musterstadt

MUSTER-Hausverwaltung♦Musterring 1-11♦50000 Musterstadt
Eheleute Mustermann
Musterstraße 1
50000 Musterstadt

Musterstadt, den 31.03.20xx

Wohnungseigentümergemeinschaft Musterstraße 1, 50000 Musterstadt
Jahresabrechnung 20xx für die Einheit Nr. 4 und Vermögensbericht

Sehr geehrte Eheleute Mustermann,

nachfolgend übermitteln wir Ihnen

I. Jahresabrechnung 20xx für Ihre Einheit, bestehend aus:

1. Einnahmen- und Ausgabenrechnung,
2. Einzelabrechnung über die Vorschüsse zur Kostentragung und Erhaltungsrücklage,
3. Übersicht der Abrechnungsergebnisse aller Einheiten,
4. Entwicklung der Rücklagen mit Schlüssigkeitskontrolle.

II. Vermögensbericht zum Stichtag 31.12.20xx

Vorab stellen wir Ihnen das Ergebnis der Jahresabrechnung 20xx für Ihre Einheit dar:

Kostentragung gem. Einzelabrechnung	2.755,00 €
abzgl. beschlossene Vorschüsse zur Kostentragung gem. Einzelwirtschaftsplan	3.240,00 €
Abrechnungsspitze (Überdeckung)	**485,00 €**

Mit der Beschlussfassung reduzieren sich die für den Abrechnungszeitraum geschuldeten Vorschüsse zur Kostentragung für diese Abrechnungseinheit um € 485,00.

Der Voreigentümer hat einen Rückstand auf die von ihm geschuldeten Vorschüsse in Höhe von € 310,00 so dass sich die Erstattung auf € 175,00 reduziert.

Mit freundlichen Grüßen

Hinweis: Auf der Seite 2 finden Sie eine Einzelaufstellung der Hausgeldzahlungen für 20xx sowie weitere steuerrelevante Daten für Ihre Wohnung.

- Seite 2 -

Wohnungseigentümergemeinschaft Musterstraße 1 in 50000 Musterstadt
Wohnung Nr. 4, Abrechnung vom 01.01.20xx bis 31.12.20xx

Zahlungen für das Abrechnungsjahr 20xx:

	Zahlungseingang
03.01.20xx	332,50 €
03.02.20xx	332,50 €
03.03.20xx	332,50 €
03.04.20xx	332,50 €
03.05.20xx	332,50 €
03.06.20xx	22,50 €
03.07.20xx	332,50 €
03.08.20xx	332,50 €
03.09.20xx	332,50 €
03.10.20xx	332,50 €
03.11.20xx	332,50 €
03.12.20xx	332,50 €
Zahlungseingang gesamt	**3.680,00 €**
abzgl. geschuldete Vorschüsse:	
€ 270,00 auf Kostentragung x 12 = € 3.240,00	
€ 62,50 auf Erhaltungsrücklage x 12 = € 750,00	3.990,00 €
Saldo per 31.12.20xx	**- 310,00 €**

- 6 -

Das Anschreiben ist kein förmlicher Bestandteil der Jahresabrechnung. Die Jahresabrechnung wird für das jeweilige Wohnungs-/Teileigentum erstellt und das Ergebnis muss dem jeweiligen (zum Zeitpunkt der Beschlussfassung im Grundbuch eingetragenen) Eigentümer mitgeteilt und – insbesondere im Falle von Eigentumswechseln – „übersetzt" werden. Dafür eignet sich das Versandschreiben, das der Verwalter frei gestalten und mit ergänzenden Informationen versehen kann.

Nach der Neufassung des § 28 Abs. 2 WEG durch das WEMoG per 01.12.2020 wird durch die Eigentümer nicht mehr die Jahresabrechnung in ihrer Gesamtheit beschlossen. Beschlussgegenstand sind nur noch die Endbeträge, die je nachdem, ob die Vorschüsse zu niedrig (Unterdeckung) oder zu hoch (Überdeckung) waren, positiv oder negativ sind (§ 28 Abs. 2 S.1 WEG).

Für die Ermittlung dieser Beträge hat der Verwalter die Jahresabrechnung zu erstellen, die darüber hinaus auch die Einnahmen und Ausgaben enthält (§ 28 Abs. 2 S.2 WEG).

Ungeachtet der Reduzierung des Beschlussgegenstands hält die Musterabrechnung 3.0 an der vollständigen Übermittlung der Jahresabrechnung mit allen Bestandteilen an alle Miteigentümer fest. Es erscheint im Interesse der Transparenz und Nachvollziehbarkeit nicht sachgerecht, das für die Ermittlung der Endbeträge bzw. die Erstellung des Vermögensberichts notwendige Rechenwerk nur auf Anforderung zur Verfügung zu stellen. Dies ergibt sich bereits daraus, dass die Rechtsprechung bei anderen Beschlussgegenständen (z.B. Sanierungsarbeiten) die Übermittlung von Informationen (wie Angebote und sachverständige Stellungnahmen), die nicht Beschlussgegenstand sind, im Sinne ordnungsgemäßer Verwaltung für notwendig hält. Konkret hat der BGH in einem Urteil vom 26.02.21 dies auch für die neue Jahresabrechnung wie folgt formuliert: *„Dazu gehört die Aufstellung der Jahresabrechnung, zu der der Verwalter nach § 28 Abs. 3 WEG aF verpflichtet war und nach § 28 Abs. 2 Satz 2 WEG weiterhin verpflichtet ist. … . Er hat die Belege auszuwerten und als Ergebnis dieser Auswertung eine Jahresabrechnung aufzustellen, die dieses Ergebnis in beschlussfähiger Form darstellt, und diese Jahresabrechnung den Wohnungseigentümern zur Vorbereitung der Beschlussfassung vorzulegen."* (BGH, Urteil vom 26.02.2021, V ZR 290/19, Rz. 8).

Als 1. Bestandteil wird die Einnahmen- und Ausgabenrechnung vorangestellt, weil sich aus dieser die verteilungsrelevanten Kosten ableiten, die Gegenstand der als 2. Bestandteil folgenden Einzelabrechnung sind. Es folgen als 3. Bestandteil die Übersicht über die Abrechnungsergebnisse aller Einheiten und als 4. und letzter Bestandteil die Darstellung der Entwicklung der Rücklagen inkl. Schlüssigkeitskontrolle.

Durch das WEMoG wurde die Verpflichtung des Verwalters zur Erstellung eines Vermögensberichts, der jedem Wohnungseigentümer zur Verfügung zu stellen ist, eingeführt (§ 28 Abs. 4 WEG). Die Angaben im Vermögensbericht ergeben sich primär aus der Jahresabrechnung. Die Musterabrechnung 3.0 sieht daher die zeitgleiche Übermittlung vor.

Der Beschlussgegenstand der Jahresabrechnung ist die Abrechnungsspitze, die durch Vergleich des Ergebnisses der Einzelabrechnung mit den auf Grundlage des Wirtschaftsplans bereits beschlossenen Vorschüssen ermittelt wird. Mit der Beschlussfassung ergibt sich entweder eine Nachschusspflicht (bei Unterdeckung) oder eine Anpassung der beschlossenen Vorschüsse (bei Überdeckung). Faktisch entspricht diese Anpassung der Vorschüsse dem früher gebräuchlichen Begriff Guthaben. Dieser Begriff wird aber vermieden, weil es das Anliegen des Gesetzgebers ist, Rückzahlungen aus positiven Abrechnungsspitzen zu verhindern, wenn die nach Wirtschaftsplan geschuldeten Vorschüsse nicht oder nicht vollständig geleistet wurden[1]. Durch die Formulierung der „Anpassung der beschlossenen Vorschüsse" in § 28 Abs. 2 S. 1 2. Alt. WEG wird klargestellt, dass die um die Überdeckung zu reduzierende Vorschussverpflichtung den tatsächlichen geleisteten Vorschüssen auf die Abrechnungseinheit in einem zweiten, von der Beschlussfassung nicht mehr umfassten Rechenschritt gegenüberzustellen ist. Zu erstatten ist nur der Differenzbetrag zwischen den angepassten Vorschüssen und den tatsächlich für die Abrechnungseinheit geleisteten Vorschüssen.

[1] Gesetzesbegründung zu § 28 Absatz 2 Satz 1, siehe Seite 21

Gläubiger des sich aus der Anpassung der beschlossenen Vorschüsse ergebenden Erstattungsanspruchs ist der zum Zeitpunkt der Beschlussfassung grundbuchmäßige Eigentümer. Dies ist im Falle des zwischenjährigen Eigentümerwechsels bedeutsam: Teilweise wird vertreten, dass im Falle des Eigentümerwechsels die Vorschüsse ratierlich zu reduzieren und Überzahlungen somit auch anteilig an den Voreigentümer zu erstatten sind. Die Musterabrechnung folgt der h.M., dass Erstattungsbeträge an den zum Zeitpunkt der Beschlussfassung grundbuchmäßigen Eigentümer zu leisten sind und die Kaufvertragsparteien intern abzurechnen haben. Verwalter können dieses Ergebnis dadurch unterstützen, dass bei der Beschlussfassung über die gemäß Wirtschaftsplan zu leistenden Vorschüsse der Jahresbetrag und die Jahresfälligkeit betont und die monatlichen Teilzahlungen nur gestattet werden.

Eine unterschiedliche Behandlung von Nachzahlungen und Erstattungen lässt sich nicht mir der Fälligkeitstheorie vereinbaren. Es ist auch kein Grund dafür ersichtlich, bei Reduzierung der geschuldeten Vorschüsse in Abweichung von der Fälligkeitstheorie Auswirkungen eines Abrechnungsbeschlusses für bereits ausgeschiedene Eigentümer zu konstruieren. Das vom Gesetzgeber gewünschte Ergebnis, dass bei Vorschussrückständen des Veräußerers keine Scheinguthaben an den Erwerber ausgezahlt werden, wird durch die Konstruktion der Anpassung der Vorschüsse auch so erreicht: Der Erstattungsanspruch berechnet sich für die Einheit und ist um die Vorschussrückstände des Voreigentümers reduziert.

Die Musterabrechnung sieht eine entsprechende Information des neuen Eigentümers unmittelbar im Anschreiben zur Jahresabrechnung vor, damit sich dieser – wie bei einem Nachschuss – mit dem Veräußerer auseinandersetzen kann. Es sind selbstverständlich andere Gestaltungen der Verrechnungsmitteilung denkbar.

- 7 -

I. 1. EINNAHMEN- UND AUSGABENRECHNUNG

	MUSTER HAUSVERWALTUNG in Musterstadt			
	Wohnungseigentümergemeinschaft Musterstraße 1 in 50000 Musterstadt			
	I. Jahresabrechnung			
	1. Einnahmen- und Ausgabenrechnung für das Kalenderjahr 01.01.20xx bis 31.12.20xx			
Spalte	1	2	3	4
Zeile		**Gesamtkontobestände** Anfangsbestände zzgl. Einnahmen abzgl. Ausgaben = Gesamtkontoendbestände	**Für Einzelabrechnung verteilungsrelevante Beträge**	**Wirtschaftsplan**
1	**Geldkonten Anfangsbestand**			
2	*Kasse*	150,00 €		
3	*Girokonto Nr. 1111*	5.000,00 €		
4	*Termingeldkonto Nr. 2222*	40.000,00 €		
5	**Gesamtkontostände per 01.01.20xx**	***45.150,00 €***		
6				
7	**Einnahmen**			
8	Vorschüsse Abrechnungsjahr	26.690,00 €		
9	Vorschusszahlung auf Vorjahre	350,00 €		
10	Nachschüsse auf Abrechnung Vorjahr	500,00 €		
11	Mieteinnahme Stellplatz	200,00 €	200,00 €	
12	Zahlung Einheit 2 für Teilhabe Ladestation	1.000,00 €	1.000,00 €	
13	Versicherungserstattung für Schaden Vorjahr	200,00 €	200,00 €	
14	***Summe Einnahmen***	***28.940,00 €***	***1.400,00 €***	
15	**Ausgaben**			
16	**umlagefähige Beträge**			
17	Hauswart	-2.600,00 €	-2.600,00 €	-3.000,00 €
18	Müllbeseitigung	-2.000,00 €	-2.000,00 €	-1.800,00 €
19	Aufzugswartung	-1.200,00 €	-1.200,00 €	-1.200,00 €
20	Niederschlagswasser	-700,00 €	-700,00 €	-600,00 €
21	Gebäudeversicherung	-3.600,00 €	-3.600,00 €	-3.300,00 €
22	**Heizkosten nach HeizkostenV, bestehend aus:**	-6.400,00 €		-6.000,00 €
23	Gaskosten lt. Abrechnung €5.600,– Heizungswartung € 500,– Heizungsstrom/Schornsteinf. im Abrechnungsjahr gezahlt € 300,– gesamt €6.400,– zzgl. Messdienstgebühren zu zahlen im Folgejahr € 100,– Heizkosten gesamt 20xx **€ 6.500,–** (siehe Anlage Messdienst)		-6.500,00 €	
24	***Summe umlagefähige Beträge***	***-16.500,00 €***	***-16.600,00 €***	***-15.900,00 €***
25	**nicht umlagefähige Beträge**			
26	Verwaltervergütung	-2.400,00 €	-2.400,00 €	-2.400,00 €
27	Messdienstgebühren (Heizung), abgerechnet im Vorjahr	-90,00 €		
28	Treppenhausrenovierung (Entnahme aus Erhaltungsrücklage)	-3.000,00 €		
29	Erhaltung (laufende)	-3.250,00 €	-3.250,00 €	-3.700,00 €
30	Doppelzahlung Saalmiete	-100,00 €	-100,00 €	
31	Irrläufer (Zahlung objektfremder Handwerkerrechnung)	-500,00 €	-500,00 €	
32	Reparatur Rolltor (Haftpflichtschaden)	-200,00 €	-200,00 €	
33	Rohrreinigung (Sondereigentum)	-150,00 €	-150,00 €	
34	Überzahlung an Gasversorger (Zwischenfinazierung aus Liquiditätsrücklage gem. Beschluss)	-600,00 €		
35	Auszahlung Guthaben aus Vorjahr	-210,00 €		
36	***Summe nicht umlagefähige Beträge***	***-10.500,00 €***	***-6.600,00 €***	***-6.100,00 €***
38	**Summe Kostentragung**		-21.800,00 €	-22.000,00 €
39				
40	**Gesamtkontostände per 31.12.20xx**	47.090,00 €		
41	**Geldkonten Endbestand**			
42	*Kasse*	90,00 €		
43	*Girokonto Nr. 1111*	4.000,00 €		
44	*Termingeldkonto Nr. 2222*	43.000,00 €		

vdiv Verband der Immobilienverwalter Nordrhein-Westfalen

§ 28 Abs. 2 S. 2 WEG bestimmt, dass die vom Verwalter zu erstellende Jahresabrechnung auch „die Einnahmen und Ausgaben enthält". Sie sind damit ein unverzichtbarer Bestandteil der Jahresabrechnung und bestätigt deren Funktion als Abrechnung über den Wirtschaftsplan, der gemäß § 28 Abs. 1 S. 2 WEG „die voraussichtlichen Einnahmen und Ausgaben enthält".

Bereits die Musterabrechnungen 1.0 und 2.0 enthielten eine Einnahmen- und Ausgabenrechnung, deren Gestaltung in der aktuellen Rechtsprechung des BGH Bestätigung erfahren hat [2]. Die Einnahmen- und Ausgabenrechnung versteht sich als Teil der Rechnungslegung, die der Verwalter dem Verband der Wohnungseigentümer schuldet (§ 259 BGB) [3].

[2] BGH-Urteil V ZR 80/19, siehe Seite 24

[3] Gesetzesabdruck von § 259 BGB, siehe Seite 19

Die Musterabrechnung hält an der bisherigen Struktur der Einnahmen- und Ausgabenrechnung fest: Sie beginnt und endet unverändert mit dem Anfangs- und Endbestand der Geldbestände. Ausreichend wäre eine auf die Darstellung der Einnahmen und Ausgaben reduzierte Übersicht, die jedoch wenig sinnhaft erscheint: Durch die Hinzufügung der Konten- und Kassenbestände ist es jedem Eigentümer nach der einfachen Formel „Anfangsbestand plus Einnahmen minus Ausgaben = Endbestand" möglich, die Schlüssigkeit der Angaben zu den Einnahmen und Ausgaben zu prüfen.

Nach den Anfangs- und Endbeständen werden alle Einnahmen und Ausgaben aus Gründen der Übersichtlichkeit mit schlagwortartiger Bezeichnung der jeweiligen Einnahmen- und Kostenart aufgeführt. Dabei erfolgen Saldierungen. Aus Gründen der Transparenz sind Saldierungen innerhalb eines Buchungskontos jedoch Grenzen gesetzt, wenn es sich um erläuterungsbedürftige und nachzuverfolgende Sachverhalte handelt. Diese werden in den Zeilen 30-33 ausgewiesen (Doppelzahlung Saalmiete, Zahlung einer objektfremden Handwerkerrechnung, vom Verursacher einzufordernde Erhaltungsaufwendungen). Ebenso wird in den Zeilen 22 - 23 die Zusammensetzung und Finanzierung der Heizkosten erläutert.

Nur ein Teil der Einnahmen und Ausgaben muss verteilt und zum Gegenstand der Einzelabrechnung gemacht werden. Die unmittelbar neben der Darstellung der Einnahmen und Ausgaben stehende Spalte macht deutlich sichtbar, ob und in welcher Höhe diese in die Einzelabrechnung einfließen und dort auf die einzelnen Einheiten verteilt werden. Im Anwendungsbereich der Heizkostenverordnung sind auch Beträge, die erst im Folgejahr gezahlt werden, verteilungsrelevant (Messdienstgebühren, Zeile 23). Diese Abweichungen sind zu erläutern [4].

[4] BGH-Urteil V ZR 251/10, siehe Seite 23

Da die Jahresabrechnung eine Abrechnung über den Wirtschaftsplan ist, wird in der nächsten Spalte den verteilungsrelevanten Kosten der jeweilige Ansatz aus dem Wirtschaftsplan gegenübergestellt.

I. 2. EINZELABRECHNUNG ÜBER DIE VORSCHÜSSE ZUR KOSTENTRAGUNG UND ZUR ERHALTUNGSRÜCKLAGE

vdiv Verband der Immobilienverwalter Nordrhein-Westfalen

MUSTER HAUSVERWALTUNG in Musterstadt

Wohnungseigentümergemeinschaft Musterstraße 1 in 50000 Musterstadt

I. Jahresabrechnung
2. Einzelabrechnung für Einheit 4 über die Vorschüsse zur Kostentragung und zur Erhaltungsrücklage für das Kalenderjahr 01.01.20xx bis 31.12.20xx

Zeile	1	2 Gesamtkosten (verteilungsrelevante Beträge)	3 Verteilungsschlüssel (VTS)	4 Gesamt-VTS	5 Anteil der Einheit	6 Betrag der Einheit
	Teil 1: Einzelabrechnung über die Vorschüsse zur Kostentragung					
1	Einnahmen					
2	Mieteinnahme Stellplatz	200,00 €	MEA	10000	1500	30,00 €
3	Zahlung Einheit 2 für Teilhabe Ladestation	1.000,00 €	Einheiten	2	nicht beteiligt	0,00 €
4	Versicherungserstattung für Schaden Vorjahr	200,00 €	MEA	10000	1500	30,00 €
5	*Summe Einnahmen*	*1.400,00 €*				*60,00 €*
6	Ausgaben					
7	umlagefähige Beträge					
8	Hauswart	-2.600,00 €	MEA	10000	1500	-390,00 €
9	Müllbeseitigung	-2.000,00 €	MEA	10000	1500	-300,00 €
10	Aufzugswartung	-1.200,00 €	Einheiten	6	1	-200,00 €
11	Niederschlagswasser	-700,00 €	MEA	10000	1500	-105,00 €
12	Gebäudeversicherung	-3.600,00 €	MEA	10000	1500	-540,00 €
13	Heizkosten	-6.500,00 €	Verbrauch	gem. Anlage		-350,00 €
14	*Summe umlagefähige Beträge*	*-16.600,00 €*				*-1.885,00 €*
15	nicht umlagefähige Beträge					
16	Verwaltervergütung	-2.400,00 €	Einheiten	8	1	-300,00 €
17	Erhaltung (laufende)	-3.250,00 €	MEA	10000	1500	-487,50 €
18	Doppelzahlung Saalmiete	-100,00 €	MEA	10000	1500	-15,00 €
19	Irrläufer (Zahlung objektfremder Handwerkerrechnung)	-500,00 €	MEA	10000	1500	-75,00 €
20	Reparatur Rolltor (Haftpflichtschaden)	-200,00 €	MEA	10000	1500	-30,00 €
21	Rohrreinigung (Sondereigentum)	-150,00 €	MEA	10000	1500	-22,50 €
22	*Summe nicht umlagefähige Beträge*	*-6.600,00 €*				*-930,00 €*
23						
24	**Abrechnungssumme Kostentragung**	*-21.800,00 €*				*-2.755,00 €*
25						
26	abzgl. beschlossener Vorschüsse zur Kostentragung	22.000,00 €				3.240,00 €
27	Abrechnungsspitze Kostentragung (Überdeckung)	200,00 €				485,00 €
	Teil 2: Einzelabrechnung über die Vorschüsse zur Erhaltungsrücklage					
28	Vorschüsse zur Erhaltungsrücklage gem. Wirtschaftsplan	**5.000,00 €**	MEA	10000	1500	**750,00 €**
29	abzgl. Vorschüsse zur Erhaltungsrücklage gem. Abrechnung	**-5.000,00 €**	MEA	10000	1500	**-750,00 €**
30	Abrechnungsspitze Erhaltungsrücklage	0,00 €				0,00 €

Hinweis: Entnahmen aus der Erhaltungsrücklage sind nicht verteilungsrelevant und aus der Anlage I. 4. (Entwicklung der Rücklagen) ersichtlich.

Mittels der Einzelabrechnung wird durch den Vergleich der tatsächlichen mit den geplanten Kosten die Abrechnungsspitze ermittelt, die den Beschlussgegenstand über die Jahresabrechnung bildet: In welcher Höhe sind für die jeweilige Abrechnungseinheit noch über die beschlossenen Vorschüsse hinaus „Nachschüsse" zu leisten (bei Unterdeckung) bzw. ist eine Anpassung der beschlossenen Vorschüsse (bei Überdeckung) vorzunehmen?

Dabei hat – entsprechend der getrennten Beschlussfassung zu den Vorschüssen zur Kostentragung – eine getrennte Abrechnung über die Vorschüsse zu erfolgen.

In Teil 1 erfolgt die Einzelabrechnung über die Vorschüsse zur Kostentragung (§ 28 Abs. 1 S.1 1. Alt. WEG). Die als verteilungsrelevant ermittelten Kosten werden unter Anwendung des für die jeweilige Kostenart maßgeblichen Verteilungsschlüssels auf die einzelnen Abrechnungseinheiten umgelegt. Dabei sind Abweichungen zu beachten, die sich entsprechend den neuen Beschlusskompetenzen künftig vermehrt durch gesonderte Abrechnungskreise und Teilhabegemeinschaften ergeben werden. Im Ausgangsfall ist das die Verteilung des Kostenbeitrags des neuen Mitnutzers der Ladestation an die Eigentümer, die diese seinerzeit finanziert haben.

Bei der Verteilung von Kosten, für die Erstattungsansprüche bestehen (wie im Ausgangsfall der Anspruch gegen den Schädiger auf Schadenersatz für die Reparaturkosten für das Rolltor oder der Anspruch gegen den Sondereigentümer auf Erstattung der Kosten für die Rohrreinigung), ist zu beachten, dass diese Forderungen durch die Umlage buchhalterisch nicht mehr existent sind. Sie müssen in einer Nebenbuchhaltung geführt und im Vermögensbericht ausgewiesen werden.

Bei der Kostentragung weichen die effektiven Kosten regelmäßig von den geplanten Kosten ab, so dass sich sowohl bezogen auf die Gesamtkosten als auch bezogen auf die von der jeweiligen Abrechnungseinheit anteilig zu zahlenden Kosten im Vergleich zu den beschlossenen Vorschüssen eine Abrechnungsspitze errechnet, die bei Unterdeckung den Betrag des Nachschusses oder bei Überdeckung den Betrag, um den die Vorschüsse zu reduzieren sind, abbildet.

In Teil 2 erfolgt die Einzelabrechnung über die beschlossenen Vorschüsse zur Erhaltungsrücklage (§ 28 Abs. 1 S.1 2. Alt. WEG). Insoweit werden sich regelmäßig keine Abrechnungsspitzen ergeben: Die beschlossenen Vorschüsse zur Erhaltungsrücklage gelten in der Praxis – wie im Ausgangsfall – fort. Selbst wenn diese Vorschüsse während des Abrechnungsjahres angepasst würden, würde sich diese Anpassung unmittelbar auf die Höhe der beschlossenen Vorschüsse auswirken, es kann also ebenfalls keine Abrechnungsspitze entstehen. Nachschüsse oder Anpassungen der Vorschüsse auf die Erhaltungsrücklage können sich nur bei einer nachträglichen Änderung der Vorschüsse ergeben. Diese Fallkonstellation kommt aber in der Praxis nur selten vor, die Anpassungen erfolgen im nächsten Wirtschaftsjahr.

Ergeben sich also in aller Regel keine Abweichungen zu den beschlossenen Vorschüssen zur Erhaltungsrücklage, besteht auch kein Bedürfnis zur Abrechnung darüber.

In der Musterabrechnung erfolgt gleichwohl die Aufnahme in die Einzelabrechnung, weil die Wohnungseigentümer aufgrund früherer Handhabung gewohnt sind, in der Einzelabrechnung auch die (früher Beitragsverpflichtung genannte) Position der Vorschüsse zur Erhaltungsrücklage vorzufinden.

In Hinblick auf diverse Urteile von Instanzgerichten, die den Ausweis jeglicher Ausgaben verlangten, wurden in früheren Einzelabrechnungen auch Entnahmen aus Rücklagen aufgeführt, obwohl diese nicht verteilungsrelevant sind, und durch eine „Einnahme aus Rücklagenentnahme" neutralisiert. Diese Praxis wird in Hinblick auf die eindeutig entgegenstehende Gesetzessystematik nicht fortgesetzt. Gegenstand der Einzelabrechnung sind nur die verteilungsrelevanten Kosten. Die Darstellung rücklagenfinanzierter Ausgaben hat ausschließlich bei der Entwicklung der Rücklagen zu erfolgen.

Zu beachten ist, dass alle Ausgaben für Kosten, die nicht als verteilungsrelevant in die Einzelabrechnung einfließen, zwangsläufig Entnahmen darstellen und bei der Entwicklung der Rücklage(n) darzustellen sind. Dies gilt im Ausgangsfall u.a. für die Zwischenfinanzierung der Überzahlung an den Gaslieferanten, die gemäß Beschluss der Liquiditätsrücklage zu entnehmen ist.

I. 3. ÜBERSICHT DER ABRECHNUNGSERGEBNISSE ALLER EINHEITEN

vdiv Verband der Immobilienverwalter Nordrhein-Westfalen

Gemäß § 28 Abs. 2 S. 1 WEG beschließen die Wohnungseigentümer über die Einforderung von Nachschüssen bzw. die Anpassung der beschlossenen Vorschüsse. Der Beschlussgegenstand reduziert sich damit auf die Verabschiedung der durch die Einzelabrechnung ermittelten Endbeträge.

Die bereits in den Musterabrechnungen 1.0 und 2.0 enthaltene Übersicht über die Abrechnungsergebnisse aller Einheiten eignet sich damit als Bezugspunkt für die Beschlussfassung: Der Beschluss kann aus Vereinfachungsgründen auf diese Übersicht konkret Bezug nehmen und es reicht aus, diese zum Gegenstand der Beschluss-Sammlung zu machen.

MUSTER HAUSVERWALTUNG in Musterstadt

Wohnungseigentümergemeinschaft Musterstraße 1 in 50000 Musterstadt

I. Jahresabrechnung
3. Übersicht der Abrechnungsergebnisse aller Einheiten

Zeile/ Spalte	1	2	3	4	5	6	7
1	Legende			Spalte 2 abzgl. 3			Spalte 5 abzgl. 6
2		Kostentragung gem. Einzelabrechnung	abzgl. beschlossener Vorschuss gem. Einzelwirtschaftsplan Kostentragung	Beschlussgegenstand Kostentragung Nachschuss (bei Unterdeckung)/ Anpassung der Vorschüsse (bei Überdeckung)	Vorschüsse zur Erhaltungsrücklage gem. Einzelabrechnung	abzgl. Vorschüsse zur Erhaltungsrücklage gem. Einzelwirtschaftsplan	Beschlussgegenstand Erhaltungsrücklage Nachschuss (bei Unterdeckung)/ Anpassung der Vorschüsse (bei Überdeckung)
3	Einheit 1	2.674,00 €	2.652,00 €	22,00 €			
4	Einheit 2	3.355,00 €	3.240,00 €	115,00 €			
5	Einheit 3	2.724,00 €	2.652,00 €	72,00 €			
6	Einheit 4	2.755,00 €	3.240,00 €	- 485,00 €	750,00 €	750,00 €	0,– €
7	Einheit 5	2.674,00 €	2.652,00 €	22,00 €			
8	Einheit 6	3.055,00 €	3.240,00 €	- 185,00 €			
9	Einheit 7	2.029,50 €	1.966,00 €	63,50 €			
10	Einheit 8	2.533,50 €	2.358,00 €	175,50 €			
11	Summe	21.800,00 €	22.000,00 €	- 200,00 €	5.000,00 €	5.000,00 €	0,– €

Die Übersichtstabelle bezeichnet die Abrechnungseinheiten, die auf diese anteilig entfallende Kostentragung gemäß Teil 1 der Einzelabrechnung, die beschlossenen Vorschüsse und die sich aus deren Vergleich ergebenden Nachschüsse bzw. Anpassungen der Vorschüsse.

Die Addition der jeweiligen Beträge dient der Schlüssigkeitsprüfung: Sie ermöglicht nicht nur die Kontrolle, ob die Kosten jeweils zu 100% aufgeteilt wurden, sondern erleichtert auch die Prüfung, ob die ausgewiesenen Beträge mit den in den anderen Bestandteilen der Abrechnung ausgewiesenen Beträgen korrespondieren.

Nachrichtlich erfolgt entsprechend Teil 2 der Einzelabrechnung eine „Abrechnung" über die Vorschüsse zur Erhaltungsrücklage, obwohl dies aus den dort genannten Gründen entbehrlich ist. Die Wohnungseigentümer erhalten so aber einen (gemäß dem früheren Abrechnungsbild gewohnten) Gesamtüberblick und die Tabelle ist gerüstet für den Ausnahmefall einer rückwirkend beschlossenen Anpassung der Vorschüsse zur Erhaltungsrücklage.

Die Übersichtstabelle enthält nicht mehr einen Ausweis der tatsächlichen Zahlungen auf die geschuldeten Vorschüsse, weil diese nicht Gegenstand der Abrechnung sind. Ebenso entfällt die Aufteilung von Rückständen oder Überzahlungen auf die Vorschüsse zur Kostentragung und zur Erhaltungsrücklage. Bereits in der Musterabrechnung 2.0 wurde auf die Entbehrlichkeit dieser Aufteilung hingewiesen, weil sie für die Vermögenslage irrelevant ist (ZMR Sonderheft 2017, S. 6). Fehlende Einnahmen beeinflussen in jedem Fall die Verfügbarkeit der Rücklagen (s. Ausführungen zur Entwicklung der Rücklagen auf S. 14 - 15).

I. 4. ENTWICKLUNG DER RÜCKLAGEN

MUSTER HAUSVERWALTUNG in Musterstadt

Wohnungseigentümergemeinschaft Musterstraße 1 in 50000 Musterstadt

I. Jahresabrechnung
4. Entwicklung der Rücklagen mit Schlüssigkeitskontrolle zum 31.12.20xx

Zeile				
1	Anfangsbestand Erhaltungsrücklage 01.01.20xx		40.700,00 €	
2				
3	Zuführung gem. Wirtschaftsplan 20xx		5.000,00 €	
4				
5	Entnahme Treppenhausrenovierung gem. Beschluss		-3.000,00 €	
6				
7	Endbestand Erhaltungsrücklage 31.12.20xx		42.700,00 €	42.700,00 €
8				
10	Anfangsbestand Liquiditätsrücklage 01.01.20xx		4.450,00 €	
11				
12	Rückführung der Entnahme für Liquiditätsbedarf Vorjahr		550,00 €	
14	*Erläuterung:*			
15	*Zahlung von Eigentümern (Hausgeldrückstände)*	*850,00 €*		
16	*Zahlung an Messdienstleister Heizkostenabrechnung*	*-90,00 €*		
17	*Zahlung an Eigentümer (Hausgeldguthaben)*	*-210,00 €*		
18				
19	Entnahme für Liquiditätsbedarf Abrechnungsjahr		-610,00 €	
20	*Erläuterung:*			
21	*Vorschussrückstand*	*-310,00 €*		
22	*Überzahlung Gas*	*-600,00 €*		
23	*Liquidität durch Planunterschreitung*	*200,00 €*		
24	*Liquidität durch in die Abrechnung eingestellte, noch nicht gezahlte Rechnung Messdienstleister*	*100,00 €*		
25				
26	Endbestand Liquiditätsrücklage 31.12.20xx		4.390,00 €	4.390,00 €
27				
28	**Rücklagen gesamt**			**47.090,00 €**
29	Schlüssigkeitskontrolle (Abgleich der ausgewiesenen Rücklagen mit Geldmitteln)			
30	Girokonto X-Bank Nr. xxxx			4.000,00 €
31	Festgeldkonto X-Bank Nr. xxxx			43.000,00 €
32	Kasse			90,00 €
33	Geldmittel per 31.12.20xx			47.090,00 €

Musterbeschluss zur Einrichtung und Verwendung einer Liquiditätsrücklage

Die Wohnungseigentümer beschließen die Einrichtung einer Liquiditätsrücklage in Höhe von € .... durch einmalige Umwidmung eines Betrags in gleicher Höhe aus der Erhaltungsrücklage.

Die Liquiditätsrücklage dient der Zwischenfinanzierung jeglichen Liquiditätsbedarfs, insbesondere durch

- **zwischenjährige Liquiditätsengpässe durch im voraus zu leistende Ausgaben, denen nur die ratierlichen Vorschüsse entgegenstehen,**
- **Überschreitung der im Wirtschaftsplan vorgesehenen Ausgaben,**
- **durch Zahlungen für noch nicht in die Heizkostenabrechnung eingestellte Energielieferungen bzw. Heizölvorräte,**
- **durch Einnahmeausfälle, insbesondere Rückstände von Wohnungseigentümern auf die geschuldeten Vorschüsse, insoweit wird der Verwalter angewiesen, auch Vorschüsse zur Erhaltungsrücklage oder sonstigen Rücklagen aus der Liquiditätsrücklage zu bedienen.**

Soweit Liquiditätsüberschüsse entstehen, insbesondere aus Unterschreitung der im Wirtschaftsplan vorgesehenen Ausgaben oder Überzahlungen von Wohnungseigentümern, sollen diese zur Deckung des Liquiditätsbedarfs eingesetzt werden und sich die Entnahme auf den verbleibenden Liquiditätsbedarf beschränken.

Die Liquiditätsrücklage darf einen Sockelbetrag von € .... nicht unterschreiten. Bei darüber hinausgehendem Liquiditätsbedarf hat der Verwalter die Eigentümer zu informieren und geeignete Maßnahmen vorzuschlagen.

Die Entnahmen und Rückführungen aus der Liquiditätsrücklage sind durch den Verwalter begleitend zur Jahresabrechnung darzustellen, ferner hat die Angabe des Gesamtstands aller Rücklagen zu erfolgen.

- 14 -

Da der durch § 28 Abs. 4 WEG neu geschaffene Vermögensbericht die Angabe des Stands der Rücklage(n) fordert, ist es nicht mehr zwingend erforderlich, diese Angaben in die Jahresabrechnung einzustellen. Die Angabe des Stands der Rücklage(n) im Vermögensbericht setzt aber die korrekte buchhalterische Ermittlung voraus, die - zumindest auf Anfrage - durch den Verwalter auch darzulegen ist. Die Musterabrechnung 3.0 beinhaltet daher weiterhin die Darstellung der Entwicklung der Rücklage(n) und macht sie allen Eigentümern zugänglich, damit diese die Angaben im Vermögensbericht nachvollziehen und auf ihre Schlüssigkeit überprüfen können.

Die Darstellung der Entwicklung von Rücklagen ist seit der BGH-Entscheidung „44/09" [5] eine der größten Herausforderungen für Verwalter. Nach der Formulierung des BGH muss die Darstellung sowohl die Zahlungen ausweisen, die die Wohnungseigentümer auf die Erhaltungsrücklage wirklich erbracht haben, als auch die Beträge, die sie noch schulden. In der Musterabrechnung 1.0 erfolgte dies durch die Darstellung einer Soll-Rückstellung und einer Ist-Rückstellung. Auch die so ermittelte Ist-Rückstellung ist aber tatsächlich nicht vorhanden, da die Rückstände auf die Bewirtschaftungskosten ebenso die Verfügbarkeit der Instandhaltungsrückstellung mindern. Das Ziel, den Eigentümern die Vermögenslage erkennbar zu machen, kann somit nicht erreicht werden. In der Musterabrechnung 2.0 erfolgte daher die Ermittlung einer „verfügbaren Instandhaltungsrückstellung", die alle Beträge, die faktisch aus der Rücklage (zwischen-)finanziert werden, erkennbar macht und den Eigentümern ein Monitoring ermöglicht.

Die Musterabrechnung 3.0 nutzt die durch das WEMoG ausdrücklich normierte Beschlusskompetenz für sonstige Rücklagen und arbeitet mit einer Liquiditätsrücklage, die gemäß Ausgangsfall im Vorjahr durch Umwidmung eines Teilbetrags aus der Erhaltungsrücklage gebildet wurde. Die Liquiditätsrücklage ist nur ein anderes Etikett: Bisher wurden alle die Verfügbarkeit der Rücklage(n) beeinflussenden Zwischenfinanzierungen über die Entwicklung der Erhaltungsrücklage abgebildet, was auch heute noch ein probates Mittel ist: Wichtig ist, dass die Darstellung der Erhaltungsrücklage alle beschlossenen und vor allem auch die faktischen Entnahmen abbildet. Genau dieser transparente Ausweis führt aber in die offensichtlich nicht enden wollende Diskussion über die Zweckbindung. Durch Umwidmung eines Teils der Erhaltungsrücklage wird diese Diskussion vermieden.

Die Liquiditätsrücklage ist insbesondere auch dann zweckmäßig, wenn mehrere Erhaltungsrücklagen bestehen: Wie an anderer Stelle bereits ausgeführt, macht es keinen Sinn, Zahlungsrückstände von Eigentümern den Bewirtschaftungskosten und Zuführungen zu Rücklagen zuzuordnen. Dies sollte dann auch nicht nur zum Zwecke des Ausweises des Stands der einzelnen Rücklagen wieder eingeführt werden. Es ist für die Verfügbarkeit im Ergebnis unerheblich, ob Rückstände auf einzelne Rücklagen verbucht werden oder von den Gesamtrücklagen in Abzug gebracht werden. Geld, das nicht da ist, ist nicht verfügbar.

[5] BGH-Urteil V ZR 44/09, siehe Seite 22

Ausgangspunkt der Darstellung der Entwicklung der Erhaltungsrücklage ist deren zum 31.12. des Vorjahres ermittelte Stand, vermehrt um die beschlossenen Vorschüsse zur Erhaltungsrücklage und vermindert um die beschlossenen Entnahme für die Erhaltungsmaßnahme.

Ausgangspunkt der Darstellung der Entwicklung der Liquiditätsrücklage ist ebenfalls deren zum 31.12. des Vorjahres ermittelte Stand. Gemäß Ausgangsfall wurden die Entnahmen des Vorjahres, die saldiert € 550,-- betrugen, wieder zurückgeführt: Die Hausgeldrückstände in Höhe von € 850,-- wurden ausgeglichen, die Hausgeldguthaben in Höhe von € 210,-- ausbezahlt und die Rechnung des Messdienstleisters für das Vorjahr in Höhe von € 90,-- beglichen.

Im Abrechnungszeitraum führen verschiedene typische Geschäftsvorfälle zu erneutem Zwischenfinanzierungsbedarf. Die Liquidität wird beansprucht durch die Überzahlung an den Gasversorger in Höhe von € 600,--, die nicht in die Verbrauchsabrechnung einfließt. Derartige Überzahlungen sollen gemäß Beschluss über die Liquiditätsrücklage zwischenfinanziert werden, was praxisgerecht ist: Die alternative Verteilung in der Jahresabrechnung gemäß allgemeinen Verteilungsschlüssel führt erst mit deren Verabschiedung zur Liquiditätsdeckung und damit zu einem Zeitpunkt, zu dem die Überzahlung schon durch den Versorger gutgeschrieben wurde.

Auch der Vorschussrückstand des ausgeschiedenen Eigentümers der Einheit 4 in Höhe von € 310,-- wird zwischenfinanziert, was ebenfalls praxisgerecht ist: Die Finanzierung solcher im Verhältnis zum Wirtschaftsplanvolumen geringer Vorschussrückstände erfordert keine Sonderumlage zur Liquiditätsüberbrückung. Im Ausgangsfall ist der Rückstand durch die Verrechnung mit der Überdeckung der Abrechnungseinheit faktisch auch bereits zurückgeführt.

Dieser vorübergehende Liquiditätsbedarf in Höhe von insgesamt € 910,-- reduziert sich jedoch durch die überschüssige Liquidität in Höhe von € 200,-- durch die Planunterschreitung und in Höhe von € 100,-- durch die in die Einzelabrechnungen zwar eingestellte, jedoch noch nicht bezahlte Rechnung des Messdienstleisters. Der Saldo in Höhe von € 610,-- stellt die faktische Entnahme aus der Liquiditätsrücklage dar, über die die Eigentümer transparent informiert werden.

Aus den ermittelten Endbeständen der Erhaltungs- und der Liquiditätsrücklage errechnet sich der Gesamtbestand der Rücklagen. Zur Kontrolle der Schlüssigkeit ist nachzuweisen, dass der ermittelte Gesamtbestand aller Rücklagen auch durch liquide Geldmittel gedeckt ist. Die Summe der Geldbestände muss mindestens so hoch sein wie die Summe aller Rücklagen. Der Betrag kann höher sein, wenn Verbindlichkeiten bestehen.

- 15 -

II. VERMÖGENSBERICHT

Zeile	MUSTER HAUSVERWALTUNG in Musterstadt	
	Wohnungseigentümergemeinschaft Musterstraße 1 in 50000 Musterstadt	
	II. Vermögensbericht gem. § 28 Abs. 4 WEG zum Stichtag 31.12.20xx	
1	**1. Stand der Rücklagen**	
2	Erhaltungsrücklage	42.700,00 €
3	Liquiditätsrücklage	4.390,00 €
4	**Rücklagen gesamt**	**47.090,00 €**
5	**2. Aufstellung über das wesentliche Gemeinschaftsvermögen**	
6	2.1 Geldkontenstände	
7	Girokonto X-Bank Nr. xxxx	4.000,00 €
8	Festgeldkonto X-Bank Nr. xxxx	43.000,00 €
9	Kasse	90,00 €
10	Geldmittel gesamt	47.090,00 €
11	2.2 Forderungen	
12	2.2.1 gegenüber Eigentümern:	
13	Vorschussrückstände (lfd. Jahr u. Vorjahre)	310,00 €
14	Nachschüsse aus Abrechnungen Vorjahre (ggf. Differenzierung nach Jahren)	0,00 €
15	Erstattungs-/ Schadenersatzansprüche gegenüber einem Miteigentümer (WEG führte Rohrreinigung aus, Verstopfung lag im Sondereigentum)	150,00 €
16	2.2.2 gegenüber Dritten:	
17	Erstattung Doppelzahlung (Saalmiete, Ausgleich ist zugesagt)	100,00 €
18	Schadenersatz Reparatur Rolltor (Übernahme durch Haftpflichtversicherer)	200,00 €
19	Erstattung Irrläufer (Zahlung objektfremder Handwerkerrechnung, Ausgleich ist zugesagt)	500,00 €
20	Überzahlung an Gasversorger	600,00 €
21	**Forderungen gesamt**	**1.860,00 €**
22	2.3 Verbindlichkeiten	
23	2.3.1 gegenüber Eigentümern:	
24	Guthaben aus Abrechnungen Vorjahre	0,00 €
25	2.3.2 gegenüber Dritten:	
26	Darlehen X-Bank	0,00 €
27	Nachzahlung an Gasversorger	0,00 €
28	Messdienstkosten für 20xx (bereits in Heizkosten Abrechnungsjahr beinhaltet, aber noch nicht bezahlt)	100,00 €
29	Schlusszahlung an Firma Y (Fertigstellung der Arbeiten sowie Schlussrechnung im Abrechnungsjahr, Zahlung im Januar Folgejahr)	-2.000,00 €
30	Sicherheitseinbehalt Fa. Z (fällig bei Gewährleistungsablauf 20xx)	-2.500,00 €
31	Verbindlichkeiten gesamt	-4.400,00 €
32	2.4 Bewegliches Vermögen	
33	Die Gemeinschaft verfügt über einen Rasentraktor, der in 20xx für € 9.000,-- angeschafft wurde.	
34	2.5 Immobilieneigentum	
35	Die Gemeinschaft verfügt über kein Immobilieneigentum.	

vdiv – Verband der Immobilienverwalter Nordrhein-Westfalen

Gemäß § 28 Abs. 4 WEG hat der Verwalter nach Ablauf eines Kalenderjahres einen Vermögensbericht zu erstellen. Dieser ist zwar nicht Bestandteil der Jahresabrechnung, entnimmt aber die dort dargestellten Informationen weitgehend der Jahresabrechnung. Die Musterabrechnung 3.0 umfasst daher auch ein Beispiel für einen Vermögensbericht, der sinnvoller Weise auch gemeinsam mit der Jahresabrechnung vorgelegt werden sollte.

Zwingender Bestandteil des Vermögensberichts ist der „Stand der Rücklagen", womit der Ist-Stand gemeint ist ●. Eine Darstellung der Entwicklung ist an dieser Stelle somit nicht geschuldet. Da der Vermögensbericht nur die Funktion einer Information hat, erfolgt die Darstellung der Entwicklung der Rücklagen inkl. Schlüssigkeitskontrolle in Teil I.4. der Musterabrechnung 3.0. Der Vermögensbericht übernimmt den dort errechneten Endbestand per 31.12. des Abrechnungsjahres.

● Gesetzesbegründung zu § 28 Absatz 3 Entwurfsfassung = § 28 Absatz 4 WEMoG, siehe Seite 21

Der Vermögensbericht muss darüber hinaus eine Aufstellung des wesentlichen Gemeinschaftsvermögens enthalten. Es ist daher der Stand der Bankkonten und der Bar-Kassen anzugeben. Diese Angaben sind auch in Teil I. 1. und I. 4. der Musterabrechnung angegeben. Die Angabe ermöglicht eine Schlüssigkeitsprüfung insoweit, als der Betrag der ausgewiesenen Rücklagen nicht niedriger als die Summe der Geldmittel sein darf.

Der Vermögensbericht hat die Geldforderungen auszuweisen. In aller Regel sind diese Hausgeld-, Schadensersatz- oder sonstige Erstattungsforderungen. Das Gesetz beinhaltet keine Definition, wann diese als „wesentlich" anzusehen sind. Diese Bewertung sollte von der Größe der Eigentümergemeinschaft abhängig gemacht werden. Im Ausgangsfall handelt es sich um eine kleine Eigentümergemeinschaft, so dass auch die betragsmäßig geringen Forderungen in dieses Muster aufgenommen wurden. Es handelt sich um die im Ausgangsfall beschriebenen Sachverhalte, die in der Musterabrechnung auch abgebildet werden. Zu beachten ist, dass die farbig hinterlegten Positionen durch ihre Verteilung in der Einzelabrechnung buchhalterisch nicht mehr existent sind und in einer Nebenbuchhaltung nachgehalten werden müssen.

Umgekehrt sind in den Vermögensbericht auch die Verbindlichkeiten, soweit diese auf Geld gerichtet sind, aufzunehmen. Über die bereits in der Jahresabrechnung abgebildeten Geschäftsvorfälle hinaus sind insoweit aber auch Verbindlichkeiten zu beachten, die sich aus Verträgen ergeben. Im Ausgangsfall sind dies die zum Stichtag noch nicht bezahlte Rechnung für die Herstellung des Außenstellplatzes und der Sicherheitseinbehalt für eine bereits in den Vorjahren durchgeführte Handwerkerleistung, die zum Ablauf der Gewährleistungsfristen eingefordert werden wird und die Vermögenssituation der Eigentümergemeinschaft beeinflusst.

Zum Gemeinschaftsvermögen gehören auch im Eigentum der Gemeinschaft stehende bewegliche Sachen, soweit diese einen eigenen wirtschaftlichen Wert verkörpern. Bei der Angabe des Wertes kann der damalige Anschaffungswert herangezogen werden.

Immobilieneigentum ist aufzunehmen, soweit es sich nicht um das gemeinschaftliche Eigentum (etwa an einer Hausmeisterwohnung), sondern um ein echtes Sondervermögen handelt (z.B. beim Erwerb einer Sondereigentumseinheit durch die Gemeinschaft der Wohnungseigentümer).

RELEVANTE PARAGRAFEN AUS WEG ...

§ 16 Nutzungen und Kosten
(1) Jedem Wohnungseigentümer gebührt ein seinem Anteil entsprechender Bruchteil der Früchte des gemeinschaftlichen Eigentums und des Gemeinschaftsvermögens. Der Anteil bestimmt sich nach dem gemäß § 47 der Grundbuchordnung im Grundbuch eingetragenen Verhältnis der Miteigentumsanteile. Jeder Wohnungseigentümer ist zum Mitgebrauch des gemeinschaftlichen Eigentums nach Maßgabe des § 14 berechtigt.

(2) Die Kosten der Gemeinschaft der Wohnungseigentümer, insbesondere der Verwaltung und des gemeinschaftlichen Gebrauchs des gemeinschaftlichen Eigentums, hat jeder Wohnungseigentümer nach dem Verhältnis seines Anteils (Absatz 1 Satz 2) zu tragen. Die Wohnungseigentümer können für einzelne Kosten oder bestimmte Arten von Kosten eine von Satz 1 oder von einer Vereinbarung abweichende Verteilung beschließen.

(3) Für die Kosten und Nutzungen bei baulichen Veränderungen gilt § 21.

§ 19 Regelung der Verwaltung und Benutzung durch Beschluss
(1) Soweit die Verwaltung des gemeinschaftlichen Eigentums und die Benutzung des gemeinschaftlichen Eigentums und des Sondereigentums nicht durch Vereinbarung der Wohnungseigentümer geregelt sind, beschließen die Wohnungseigentümer eine ordnungsmäßige Verwaltung und Benutzung.

(2) Zur ordnungsmäßigen Verwaltung und Benutzung gehören insbesondere
1. die Aufstellung einer Hausordnung,
2. die ordnungsmäßige Erhaltung des gemeinschaftlichen Eigentums,
3. die angemessene Versicherung des gemeinschaftlichen Eigentums zum Neuwert sowie der Wohnungseigentümer gegen Haus- und Grundbesitzerhaftpflicht,
4. die Ansammlung einer angemessenen Erhaltungsrücklage
5. die Festsetzung von Vorschüssen nach § 28 Absatz 1 Satz 1 sowie
6. die Bestellung eines zertifizierten Verwalters nach § 26a, es sei denn, es bestehen weniger als neun Sondereigentumsrechte, ein Wohnungseigentümer wurde zum Verwalter bestellt und weniger als ein Drittel der Wohnungseigentümer (§ 25 Absatz 2) verlangt die Bestellung eines zertifizierten Verwalters.

§ 28 Wirtschaftsplan, Jahresabrechnung, Vermögensbericht
(1) Die Wohnungseigentümer beschließen über die Vorschüsse zur Kostentragung und zu den nach § 19 Absatz 2 Nummer 4 oder durch Beschluss vorgesehenen Rücklagen. Zu diesem Zweck hat der Verwalter jeweils für ein Kalenderjahr einen Wirtschaftsplan aufzustellen, der darüber hinaus die voraussichtlichen Einnahmen und Ausgaben enthält.

(2) Nach Ablauf des Kalenderjahres beschließen die Wohnungseigentümer über die Einforderung von Nachschüssen oder die Anpassung der beschlossenen Vorschüsse. Zu diesem Zweck hat der Verwalter eine Abrechnung über den Wirtschaftsplan (Jahresabrechnung) aufzustellen, die darüber hinaus die Einnahmen und Ausgaben enthält.

(3) Die Wohnungseigentümer können beschließen, wann Forderungen fällig werden und wie sie zu erfüllen sind.

(4) Der Verwalter hat nach Ablauf eines Kalenderjahres einen Vermögensbericht zu erstellen, der den Stand der in Absatz 1 Satz 1 bezeichneten Rücklagen und eine Aufstellung des wesentlichen Gemeinschaftsvermögens enthält. Der Vermögensbericht ist jedem Wohnungseigentümer zur Verfügung zu stellen.

- 18 -

vdiv Verband der Immobilienverwalter Nordrhein-Westfalen

... UND BGB

§ 259 BGB Umfang der Rechenschaftspflicht
(1) Wer verpflichtet ist, über eine mit Einnahmen oder Ausgaben verbundene Verwaltung Rechenschaft abzulegen, hat dem Berechtigten eine die geordnete Zusammenstellung der Einnahmen oder der Ausgaben enthaltende Rechnung mitzuteilen und, soweit Belege erteilt zu werden pflegen, Belege vorzulegen.

(2) Besteht Grund zu der Annahme, dass die in der Rechnung enthaltenen Angaben über die Einnahmen nicht mit der erforderlichen Sorgfalt gemacht worden sind, so hat der Verpflichtete auf Verlangen zu Protokoll an Eides statt zu versichern, dass er nach bestem Wissen die Einnahmen so vollständig angegeben habe, als er dazu imstande sei.

(3) In Angelegenheiten von geringer Bedeutung besteht eine Verpflichtung zur Abgabe der eidesstattlichen Versicherung nicht.

§ 366 Anrechnung der Leistung auf mehrere Forderungen
(1) Ist der Schuldner dem Gläubiger aus mehreren Schuldverhältnissen zu gleichartigen Leistungen verpflichtet und reicht das von ihm Geleistete nicht zur Tilgung sämtlicher Schulden aus, so wird diejenige Schuld getilgt, welche er bei der Leistung bestimmt.

(2) Trifft der Schuldner keine Bestimmung, so wird zunächst die fällige Schuld, unter mehreren fälligen Schulden diejenige, welche dem Gläubiger geringere Sicherheit bietet, unter mehreren gleich sicheren die dem Schuldner lästigere, unter mehreren gleich lästigen die ältere Schuld und bei gleichem Alter jede Schuld verhältnismäßig getilgt.

- 19 -

AUSZÜGE AUS DER GESETZESBEGRÜNDUNG

Deutscher Bundestag
Drucksache 19/18791, Seite 76 ff.

Zu § 28 allgemein

Mit der Neufassung der Vorschriften für den Wirtschaftsplan und die Jahresabrechnung in § 28 werden drei Ziele verfolgt (vergleiche den Abschlussbericht der Bund-Länder-Arbeitsgruppe zur Reform des Wohnungseigentumsgesetzes, ZWE 2019, 430, 456 ff.):

Erstens sollen die Vorschriften klarer gefasst werden, sodass die wesentlichen Inhalte von Wirtschaftsplan und Jahresabrechnung dem Wortlaut des Gesetzes entnommen werden können.

Zweitens soll die Zahl der in der Praxis häufigen Streitigkeiten über den Wirtschaftsplan und die Jahresabrechnung verringert werden. Dafür wird der Beschlussgegenstand jeweils auf die Zahlungspflichten reduziert. Für den Erfolg einer Anfechtungsklage genügt es deshalb nicht mehr, dass lediglich einzelne Teile des Wirtschaftsplans oder der Jahresabrechnung fehlerhaft sind, solange sich dieser Fehler nicht auf die Zahlungspflicht der Wohnungseigentümer auswirkt.

Drittens soll die Kenntnis der Wohnungseigentümer über die wirtschaftliche Lage der Gemeinschaft durch den neu geschaffenen Vermögensbericht gestärkt werden (vergleiche Absatz 3).

Regelungstechnisch sind Absatz 1 (Wirtschaftsplan) und Absatz 2 (Jahresabrechnung) parallel aufgebaut: Satz 1 regelt jeweils den Beschlussgegenstand und begrenzt diesen auf die Zahlungspflicht. Satz 2 schreibt vor, welche Informationen den Wohnungseigentümern im Rahmen der Beschlussvorbereitung zur Verfügung gestellt werden müssen. Durch dieses System wird klar zwischen Beschlussgegenstand (jeweils Satz 1) und Beschlussvorbereitung (jeweils Satz 2) unterschieden. Dadurch wird deutlich gemacht, dass nicht jeder Fehler in der Beschlussvorbereitung den Beschluss selbst fehlerhaft macht.

Zu § 28 Absatz 1

§ 28 Absatz 1 befasst sich mit dem Wirtschaftsplan.

Zu § 28 Absatz 1 Satz 1

§ 28 Absatz 1 Satz 1 regelt den Gegenstand des Beschlusses über den Wirtschaftsplan. Gegenstand dieses Beschlusses sind die Vorschüsse zur Kostentragung und zu den nach § 19 Absatz 2 Nummer 4 WEG-E oder durch Beschluss vorgesehenen Rücklagen; Beschlussgegenstand sind also nur die diesbezüglichen Zahlungspflichten. Das zugrundeliegende Zahlenwerk, aus dem der Betrag dieser Zahlungspflichten abgeleitet wird, ist dagegen nicht Gegenstand des Beschlusses, sondern dient nur seiner Vorbereitung (vergleiche § 28 Absatz 1 Satz 2 WEG-E).

Der Wortlaut nimmt keinen Bezug auf ein Kalenderjahr. Erfasst sind damit sowohl die regelmäßig fällig werdenden Zahlungspflichten auf den Wirtschaftsplan als auch Sonderumlagen, die als Nachtrag zum Wirtschaftsplan beschlossen werden. Der Wortlaut steht auch der Fassung von Beschlüssen nicht entgegen, die für mehrere Jahre oder bis zur Beschlussfassung über den nächsten Wirtschaftsplan fortgelten sollen. Ob sich ein konkreter Beschluss nur auf ein Kalenderjahr bezieht oder darüber hinaus fortgelten soll, ist – wie bisher (vergleiche Häublein, in: Staudinger, WEG, 2018, § 28 Randnummer 58) – im Wege der Auslegung zu ermitteln.

Die Bezugnahme auf durch Beschluss vorgesehene Rücklagen stellt klar, dass auch über weitere Rücklagen – neben der gesetzlich vorgesehenen Erhaltungsrücklage – beschlossen werden kann; die dafür notwendige Beschlusskompetenz ergibt sich bereits aus § 19 Absatz 1 WEG-E.

Zu § 28 Absatz 1 Satz 2

§ 28 Absatz 1 Satz 2 regelt die Pflicht zur Vorbereitung eines Beschlusses nach Satz 1. Der Verwalter hat dafür einen Wirtschaftsplan aufzustellen. Diese Pflicht ist ausdrücklich auf das Kalenderjahr bezogen. Sie besteht deshalb auch dann, wenn ein Beschluss nach Satz 1 für mehrere Jahre oder bis zur nächsten Beschlussfassung fortgelten soll. Denn der jährlich vorzulegende Wirtschaftsplan soll die Wohnungseigentümer gerade in die Lage versetzen, einen neuen Beschluss zu fassen beziehungsweise einen bereits gefassten Beschluss abzuändern.

Der Wirtschaftsplan muss zunächst die nach Satz 1 zu beschließenden Zahlungspflichten enthalten, also die jeweiligen Vorschüsse zur Kostentragung und zu den nach § 19 Absatz 2 Nummer 4 WEG-E oder durch Beschluss vorgesehenen Rücklagen. Darüber hinaus muss der Wirtschaftsplan die voraussichtlichen Einnahmen und Ausgaben enthalten.

Wird gegen die Beschlussvorbereitungspflicht aus Satz 2 verstoßen, beschließen die Wohnungseigentümer aber dennoch nach Satz 1 über die dort genannten Zahlungspflichten, macht allein dies den Beschluss nicht fehlerhaft.

Zu § 28 Absatz 2

§ 28 Absatz 2 befasst sich mit der Jahresabrechnung.

Zu § 28 Absatz 2 Satz 1

§ 28 Absatz 2 Satz 1 regelt den Gegenstand des Beschlusses über die Jahresabrechnung. Gegenstand dieses Beschlusses ist die Einforderung von Nachschüssen oder die Anpassung beschlossener Vorschüsse. Beschlussgegenstand sind also nur Zahlungspflichten, die zum Ausgleich einer Unter- oder Überdeckung aus dem Wirtschaftsplan erforderlich sind. Damit wird zum einen klargestellt, dass das zugrundeliegende Zahlenwerk, aus dem der Betrag dieser Zahlungspflichten abgeleitet wird, nicht Gegenstand des Beschlusses ist, sondern nur seiner Vorbereitung dient (vergleiche § 28 Absatz 2 Satz 2).

Im Übrigen wird zwischen dem Fall der Unterdeckung („Einforderung von Nachschüssen") und dem Fall der Überdeckung („Anpassung beschlossener Vorschüsse") unterschieden:

Für den Fall der Unterdeckung stellt § 28 Absatz 2 Satz 1 im Einklang mit der Rechtsprechung des Bundesgerichtshofs klar, dass der Beschluss über die Jahresabrechnung anspruchsbegründend nur hinsichtlich des auf den einzelnen Wohnungseigentümer entfallenden Betrags ist, welcher die im Rahmen des Wirtschaftsplans beschlossenen Vorschüsse übersteigt (Urteil vom 1. Juni 2012 – V ZR 171/11 Randnummer 20). Dieser Betrag wird als Nachschuss bezeichnet.

Für den Fall der Überdeckung ist über die Anpassung der beschlossenen Vorschüsse und nicht etwa über davon losgelöste Rückzahlungen zu beschließen. Dem ist zu entnehmen, dass eine Rückzahlung ausscheidet, soweit Vorschüsse nicht erbracht wurden. Insbesondere im Fall der Veräußerung erwirbt der Erwerber deshalb keinen Rückzahlungsanspruch, wenn der Veräußerer die Vorschüsse nicht gezahlt hat (so bereits zum geltenden Recht Häublein, in: Staudinger, WEG, 2018, § 28 Randnummern 221 ff.).

Zu § 28 Absatz 2 Satz 2

§ 28 Absatz 2 Satz 2 regelt wiederum die Pflicht zur Vorbereitung eines Beschlusses nach Satz 1. Der Verwalter hat dafür eine Jahresabrechnung aufzustellen. Diese muss zunächst die nach Satz 1 zu beschließenden Zahlungspflichten enthalten, also die einzufordernden Nachschüsse beziehungsweise die Anpassung der beschlossenen Vorschüsse. Darüber hinaus muss die Jahresabrechnung die Einnahmen und Ausgaben enthalten.

Wird gegen die Beschlussvorbereitungspflicht aus Satz 2 verstoßen, beschließen die Wohnungseigentümer aber dennoch nach Satz 1 über die dort genannten Zahlungspflichten, macht allein dies den Beschluss nicht fehlerhaft.

Zu § 28 Absatz 3

§ 28 Absatz 3 schafft einen Informationsanspruch eines jeden Wohnungseigentümers gegenüber der Gemeinschaft der Wohnungseigentümer, der durch den Verwalter zu erfüllen ist. Die Wohnungseigentümer sollen dadurch ein möglichst genaues Bild über die wirtschaftliche Lage der Gemeinschaft erhalten.

Der Vermögensbericht muss zum einen den Stand der Erhaltungsrücklage (§ 19 Absatz 2 Nummer 4 WEG-E) und etwaiger durch Beschluss vorgesehener Rücklagen enthalten. Anzugeben ist jeweils der Ist-Stand des tatsächlich vorhandenen Vermögens, das für die Erhaltung beziehungsweise andere Zwecke reserviert ist; offene Forderungen oder zur Liquiditätssicherung umgewidmete Mittel sind insoweit nicht anzugeben. Der Stand der Rücklagen ist ungeachtet seiner Höhe anzugeben. Hierin liegt auch der Grund, warum das Gesetz die Rücklagen ausdrücklich erwähnt, obwohl sie begrifflich bereits vom Gemeinschaftsvermögen erfasst werden.

Daneben muss der Vermögensbericht eine Aufstellung des wesentlichen Gemeinschaftsvermögens enthalten. Das wesentliche Vermögen umfasst insbesondere:

- alle Forderungen der Gemeinschaft der Wohnungseigentümer gegen einzelne Wohnungseigentümer und Dritte (insbesondere Hausgeldschulden einschließlich offener Forderungen zu Rücklagen);
- alle Verbindlichkeiten (vor allem Bankdarlehen);
- sonstige Vermögensgegenstände (etwa Brennstoffvorräte). Stichtag ist jeweils der Ablauf des Kalenderjahres.

Das Vermögen ist dabei lediglich aufzustellen, also zu benennen. Die einzelnen Vermögensgegenstände müssen nicht bewertet werden; Geldforderungen und -verbindlichkeiten sind betragsmäßig anzugeben. In den Vermögensbericht müssen nur die wesentlichen Vermögensgegenstände aufgenommen werden. Unwesentlich sind Vermögensgegenstände, die für die wirtschaftliche Lage der Gemeinschaft unerheblich sind. Eine betragsmäßige Grenze sieht der Entwurf hierfür nicht vor; sie hängt insbesondere von der Größe der Gemeinschaft ab.

Der Vermögensbericht ist jedem Wohnungseigentümer zur Verfügung zu stellen. Wie das geschieht, schreibt der Entwurf nicht vor. Denkbar ist etwa eine Übersendung per Post oder E-Mail zusammen mit der Jahresabrechnung, aber auch die Einstellung auf eine Internetseite. Die Wohnungseigentümer können nach § 19 Absatz 1 WEG-E über die Art der Zurverfügungstellung beschließen.

Wird der Anspruch aus § 28 Absatz 3 gar nicht oder mangelhaft erfüllt, hat jeder Wohnungseigentümer einen Anspruch gegen die Gemeinschaft der Wohnungseigentümer, dass ihm der Vermögensbericht erstmals oder berichtigt zur Verfügung gestellt wird. Die Beschlüsse über den Wirtschaftsplan und die Jahresabrechnung werden dadurch aber nicht fehlerhaft.

WICHTIGE URTEILE UND URTEILSBEGRÜNDUNGEN
DES BUNDESGERICHTSHOFS (BGH)

BGH, Urteil vom 04.12.2009, V ZR 44/09

Leitsatz:
1. Tatsächliche und geschuldete Zahlungen der Wohnungseigentümer auf die Instandhaltungsrücklage sind in der Jahresgesamt- und -einzelabrechnung weder als Ausgabe noch als sonstige Kosten zu buchen. In der Darstellung der Entwicklung der Instandhaltungsrücklage, die in die Abrechnung aufzunehmen ist, sind die tatsächlichen Zahlungen der Wohnungseigentümer auf die Rücklage als Einnahmen darzustellen und zusätzlich auch die geschuldeten Zahlungen anzugeben.

Rz. 14:
Eine Abrechnung, in welcher der Soll-Betrag der beschlossenen Zuführung zur Instandhaltungshaltungsrücklage als fiktive Ausgabe angesetzt wird, entspricht nicht den gesetzlichen Anforderungen. Sie ist nämlich für den Wohnungseigentümer nicht mehr ohne fachkundige Unterstützung zu verstehen und in der Sache auch irreführend. Sie wird sogar sachlich falsch, wenn die Buchung des Soll-Betrags als Ausgabe, wie im vorliegenden Fall, bei der Darstellung der Entwicklung der Rücklage lediglich als Zugang nachvollzogen wird. Denn der Soll-Betrag steht der Gemeinschaft bei Rückständen einzelner Wohnungseigentümer nicht im ausgewiesenen Umfang zur Verfügung.

Rz. 15:
Die tatsächlich erfolgten Zahlungen der Wohnungseigentümer auf die Instandhaltungsrücklage sind wie die Vorschüsse auf das Wohn- oder Hausgeld eine Einnahme der Gemeinschaft. Diese muss in der Abrechnung als solche erscheinen. Daran ändert es nichts, wenn die Zahlungen der Wohnungseigentümer auf dem allgemeinen Konto der Gemeinschaft eingehen und von dort entsprechend ihrer Zweckbestimmung auf ein davon getrenntes Rücklagenkonto weitergeleitet werden. Denn das ist ein interner, bei Fehlen eines besonderen Rücklagenkontos sogar ein bloß buchungstechnischer Vorgang (Ott, ZWE 2007, 508, 509). Anders als die in § 28 Abs. 1 Satz 2 Nr. 1 WEG genannten Ausgaben führt die Zuordnung der Zahlungen zur Rücklage nicht zu einem Geldabfluss. Die Zahlungen bleiben der Gemeinschaft vielmehr, wie nach § 21 Abs. 5 Nr. 4 WEG auch geboten und mit den Zahlungen angestrebt, erhalten. Das schließt eine Behandlung als Ausgabe oder sonstige Kosten aus.

Rz. 17:
Wie die Zahlungen der Wohnungseigentümer auf die Instandhaltungsrücklage in der Abrechnung darzustellen sind, bestimmt sich nach dem Zweck der Abrechnung einerseits und der Darstellung der Entwicklung der Rücklage andererseits. Die Abrechnung soll den Wohnungseigentümern aufzeigen, welche Ausgaben und welche Einnahme die Wohnungseigentümergemeinschaft im Abrechnungszeitraum wirklich hatte..... Deshalb dürfen in ihr nur tatsächlich erzielte Einnahmen und tatsächlich erfolgte Ausgaben gebucht werden. Die Darstellung der Entwicklung der Rücklage in der Abrechnung soll den Wohnungseigentümern ermöglichen, die Vermögenslage ihrer Gemeinschaft zu erkennen und die Jahresabrechnung auf Plausibilität zu überprüfen (OLG Saarbrücken NZM 2006, 228, 229). Eine Prüfung der Abrechnung ist aber nur anhand des tatsächlichen Bestands der Instandhaltungsrücklage und auch nur möglich, wenn die Darstellung der Entwicklung der Rücklage erkennen lässt, in welchem Umfang die Wohnungseigentümer mit ihren Zahlungen im Rückstand sind. Das erfordert zwar keine gesonderte Abrechnung der Rücklage (insoweit zutreffend BayObLG NJW-RR 1991, 15, 16 a. E.), wohl aber eine Darstellung der Entwicklung der Instandhaltungsrücklage, die den Wohnungseigentümern diesen Einblick verschafft. Dazu muss die Darstellung sowohl die Zahlungen ausweisen, die die Wohnungseigentümer auf die Instandhaltungsrücklage tatsächlich erbracht haben, als auch die Beträge, die sie schulden, aber noch nicht aufgebracht haben.

BGH, Urteil vom 17.02.2012, V ZR 251/10:

Leitsatz:
In die Jahresgesamtabrechnung sind alle im Abrechnungszeitraum geleisteten Zahlungen, die im Zusammenhang mit der Anschaffung von Brennstoff stehen, aufzunehmen. Für die Verteilung in den Einzelabrechnungen sind dagegen die Kosten des im Abrechnungszeitraum tatsächlich verbrauchten Brennstoffs maßgeblich. Der Unterschiedsbetrag ist in der Abrechnung verständlich zu erläutern.

Rz. 16:
Die Verwaltung hat eine geordnete und übersichtliche Einnahmen- und Ausgabenabrechnung vorzulegen, die für einen Wohnungseigentümer auch ohne Hinzuziehung fachlicher Unterstützung verständlich ist (Senat, Urteil vom 4. Dezember 2009 - V ZR 44/09, NJW 2010, 2127, 2128, Rn. 10). Diesen Anforderungen genügt eine Abrechnung, wenn alle in dem betreffenden Wirtschaftsjahr tatsächlich erzielten Einnahmen und erfolgten Ausgaben eingestellt werden. Die Darstellung der tatsächlichen Geldflüsse ermöglicht durch einen Abgleich mit den Gesamtkontoständen ohne Weiteres die Überprüfung der rechnerischen Richtigkeit der Abrechnung. Diese einfache Prüfung ließe sich im Falle der Vornahme von Abgrenzungen nicht oder nur erschwert durchführen (Drasdo, NZM 2005, 721, 723). Ein sachlicher Grund, hiervon bei der Darstellung der Heiz- und Warmwasserkosten in der Gesamtabrechnung abzuweichen, besteht nicht, insbesondere lässt sich ein solcher nicht aus den Bestimmungen der Heizkostenverordnung herleiten. Diese erfordert lediglich eine Verteilung der tatsächlich angefallenen Heiz- und Warmwasserkosten auf der Grundlage des gemessenen Verbrauchs. Den Vorgaben der Heizkostenverordnung ist daher bereits dann Genüge getan, wenn zwar nicht in der Gesamtabrechnung, aber in den Einzelabrechnungen eine verbrauchsabhängige Abrechnung vorgenommen wird, dort also die Kosten des im Abrechnungszeitraum tatsächlich verbrauchten Brennstoffs verteilt werden. Der Umstand, dass sich insoweit ausnahmsweise die Einzelabrechnung nicht unmittelbar aus der Gesamtabrechnung herleitet, ist hinzunehmen, sofern die in der Einzelabrechnung enthaltene Abweichung deutlich ersichtlich und mit einer verständlichen Erläuterung versehen ist. An welcher konkreten Stelle der Gesamt- oder Einzelabrechnung diese Erläuterung erfolgt (vgl. etwa Casser/Schultheis, ZMR Sonderheft, Januar 2011, 1, 7 ff.), bleibt dem Verwalter überlassen. Entscheidend ist allein, dass die Darstellung verständlich und nachvollziehbar ist.

Rz. 17:
Hinsichtlich der Umlage der verausgabten Gelder für die angeschafften, aber noch nicht verbrauchten Brennstoffe enthält die Heizkostenverordnung keine Regelung. Diese Kosten sind daher zunächst nach dem allgemeinen, in § 16 Abs. 2 WEG bestimmten oder nach einem ansonsten vereinbarten Kostenverteilungsschlüssel zu verteilen (vgl. Drasdo, NZM 2010, 681, 683).

BGH, Urteil vom 11.10.2013, V ZR 271/12:

Leitsatz:
Die Gesamtabrechnung kann eine nähere Aufschlüsselung der in dem Abrechnungszeitraum eingegangenen Hausgeldzahlungen im Hinblick auf die Abrechnungszeiträume enthalten, für die sie geschuldet waren; weil die Jahresabrechnung eine reine Einnahmen- und Ausgabenrechnung darstellt, sind solche Angaben aber nicht zwingend erforderlich.

Rz. 6:
Die Verwaltung einer Wohnungseigentümergemeinschaft hat gemäß § 28 Abs. 3 WEG nach Ablauf des Kalenderjahres eine Abrechnung der Einnahmen und Ausgaben zu erstellen. Dazu hat die Verwaltung eine geordnete und übersichtliche Einnahmen- und Ausgabenrechnung vorzulegen, die auch Angaben über die Höhe der gebildeten Rücklagen enthält. Sie muss für einen Wohnungseigentümer auch ohne Hinzuziehung fachlicher Unterstützung verständlich sein. Diesen Anforderungen genügt eine Abrechnung nur, wenn sie, anders als der Wirtschaftsplan, nicht die geschuldeten Zahlungen und die vorgesehenen Ausgaben, sondern die tatsächlichen Einnahmen und Kosten ausweist (Senat, Urteil vom 4. Dezember 2009 - V ZR 44/09, NJW 2010, 2127 Rn. 10; Urteil vom 17. Februar 2012 - V ZR 251/10, NJW 2012, 1434 Rn. 16). Die Darstellung der Jahresabrechnung muss die Wohnungseigentümer in die Lage versetzen, die Vermögenslage der Wohnungseigentümergemeinschaft zu erfassen und auf ihre Plausibilität hin zu überprüfen. Sie müssen nachvollziehen können, was mit den eingezahlten Mitteln geschehen ist, insbesondere ob sie entsprechend den Vorgaben des Wirtschaftsplans eingesetzt worden sind. Die Jahresabrechnung ist nicht zuletzt die Grundlage für die Festlegung der endgültigen Höhe der Beiträge (Senat, Urteil vom 4. Dezember 2009 - V ZR 44/09, NJW 2010, 2127 Rn. 10, 17; Urteil vom 4. März 2011 - V ZR 156/10, ZWE 2011, 256 Rn. 6; Beschluss vom 15. Mai 2012 - V ZB 282/11, NJW-RR 2012, 1103 Rn. 7).

Rz. 9:
Weil die Jahresabrechnung als reine Einnahmen- und Ausgabenrechnung zu führen ist, stellt auch eine Nachzahlung auf Rückstände aus Vorjahren - im Gegensatz zu offenen Forderungen - in der Gesamtabrechnung eine Einnahme der Wohnungseigentümergemeinschaft aus Hausgeldzahlung dar, und zwar unabhängig von der Frage der Anrechnung (§ 366 BGB). Da in der Einzelabrechnung des säumigen Wohnungseigentümers rechnerisch ein Guthaben entsteht, kann sowohl die Einzel- als auch die Gesamtabrechnung den buchhalterischen Stand des Hausgeldkontos unter Einbeziehung der Rückstände aus den Vorjahren informatorisch aufzeigen (BayObLG, ZWE 2002, 577, 580; ZWE 2004, 372, 373; Müller, Praktische Fragen des Wohnungseigentums, 5. Aufl., 9. Teil Rn. 247). Ein solcher Nachweis von Buchhaltungskonten ist jedoch weder Bestandteil der Jahresabrechnung noch des Genehmigungsbeschlusses; die daraus ersichtlichen Informationen können lediglich Indizien gegen die Schlüssigkeit der Abrechnung liefern (Jennißen in Jennißen, WEG, 3. Aufl., § 28 Rn. 126a ff.).

WICHTIGE URTEILE UND URTEILSBEGRÜNDUNGEN DES BUNDESGERICHTSHOFS (BGH)

Rz. 16:
d) Schließlich ist es auch nicht – wie die Revision meint – Aufgabe der Gesamtabrechnung, aufzuzeigen, ob die in dem Jahr 2010 entstandenen Kosten durch die laufenden Hausgeldzahlungen des Jahres 2010 gedeckt werden; ein Vermögensstatus ist weder Gegenstand der Jahresabrechnung noch des Genehmigungsbeschlusses (Jennißen in Jennißen, WEG, 3. Aufl., § 28 Rn. 126a ff.). Für eine laufende Kostendeckung sorgt vornehmlich der Wirtschaftsplan. In diesem müssen Hausgeldzahlungen festgelegt werden, die es der Verwaltung ermöglichen, die voraussichtlich entstehenden Kosten zu begleichen.

BGH, Urteil vom 25.09.2020, V ZR 80/19

Leitsätze:
Für eine schlüssige Jahresgesamtabrechnung reichen die Angaben von Anfangs- und Endstand der Gemeinschaftskonten sowie der nach Kostenarten aufgegliederten Einnahmen und Ausgaben aus; entspricht der Anfangsstand der Gemeinschaftskonten zuzüglich Einnahmen abzüglich Ausgaben dem Endstand der Gemeinschaftskonten, ist die Abrechnung im Grundsatz plausibel

Es hält sich im Rahmen des dem Verwalter eingeräumten Ermessens bei der Gestaltung der Jahresabrechnung, wenn die Gesamtabrechnung bei mehreren Gemeinschaftskonten (hier: Giro- und Tagesgeldkonto) ausführlicher ausgestaltet wird, indem die Einnahmen und Ausgaben bezogen auf die unterhaltenen Konten dargestellt werden. Bei einer solchen Darstellungsweise müssen auch Kontenüberträge mitgeteilt und als nicht abrechnungsrelevant gekennzeichnet werden. c) Die Darstellung der Instandhaltungsrücklage in der Jahresabrechnung bezieht sich auf die Entwicklung der buchhalterischen Konten in dem Abrechnungsjahr (Soll- und Ist-Bestand). Die buchhalterische Ist-Zuführung für das Abrechnungsjahr entspricht regelmäßig nicht den in der Gesamtabrechnung aufgeführten, auf die Instandhaltungsrücklage bezogenen Zahlungseingängen in dem Abrechnungsjahr; ebenso wenig entspricht der buchhalterische Gesamtbestand der Instandhaltungsrücklage dem Stand eines für die Wohnungseigentümergemeinschaft geführten Tagesgeldkontos.

Rz. 15:
Die Jahresabrechnung gemäß § 28 Abs. 3 WEG ist eine reine Einnahmen-Ausgaben-Rechnung (st. Rspr., vgl. nur Senat, Urteil vom 27. Oktober 2017 – V ZR 189/16, NJW 2018, 942 Rn. 7 mwN). Sie muss auch den Anfangs- und Endstand der Gemeinschaftskonten ausweisen (vgl. Senat, Beschluss vom 25. September 2003 – V ZB 40/03, NJW 2003, 3554, 3555). Die Art der Darstellung steht im Ermessen des Verwalters, soweit er sich an die von der Rechtsprechung entwickelten Grundsätze hält (Bärmann/Becker, WEG, 14. Aufl., § 28 Rn. 115a).

Rz. 18:
❷ Im Ausgangspunkt richtig ist allerdings, dass die Einnahmen und Ausgaben in der Gesamtabrechnung nicht zwingend – wie es hier geschehen ist – kontenbezogen dargestellt werden müssen; eine komprimierte Darstellung ist zulässig. Denn für eine schlüssige Jahresgesamtabrechnung reichen die Angaben von Anfangs- und Endstand der Gemeinschaftskonten sowie der nach Kostenarten aufgegliederten Einnahmen und Ausgaben aus (so die „Musterabrechnung 2.0“, Casser/Schultheis, ZMR 2017, 609, 610, 616 f.; ähnlich Niedenführ in Niedenführ/Schmidt-Räntsch/Vandenhouten, WEG, 13. Aufl., § 28 Rn. 126). Entspricht der Anfangsstand der Gemeinschaftskonten zuzüglich Einnahmen abzüglich Ausgaben dem Endstand der Gemeinschaftskonten, ist die Abrechnung im Grundsatz plausibel (vgl. LG Hamburg, ZWE 2011, 129; Riecke/Schmid/Abramenko, WEG, 5. Aufl., § 28 Rn. 135; Spielbauer/Then, WEG, 3. Aufl., § 28 Rn. 45; Bärmann/Pick/Emmerich, WEG, 20. Aufl., § 28 Rn. 93). Dabei müssen Einnahmen und Ausgaben vollständig aufgeführt werden, also einschließlich nicht verteilungsrelevanter Zahlungszu- bzw. -abflüsse (vgl. Jennißen, Die Verwalterabrechnung nach dem Wohnungseigentumsgesetz, 7. Aufl., Rn. 616 f.; Bärmann/Pick/Emmerich, WEG, 20. Aufl., § 28 Rn. 90).

Rz. 19
❷ Im Rahmen des dem Verwalter eingeräumten Ermessens bei der Gestaltung der Jahresabrechnung bewegt es sich aber auch, wenn die Gesamtabrechnung bei mehreren Gemeinschaftskonten (hier: Giro- und Tagesgeldkonto) ausführlicher ausgestaltet wird, indem die Einnahmen und Ausgaben bezogen auf die unterhaltenen Konten wiedergegeben werden (so die „Musterabrechnung 1.0“, Casser/Schultheis, ZMR 2011, 85, 92). Bei einer solchen Darstellungsweise müssen auch Kontenüberträge mitgeteilt und als nicht abrechnungsrelevant gekennzeichnet werden. Zwar handelt es sich bei Überträgen um vermögensneutrale interne Umbuchungen (vgl. dazu Senat, Urteil vom 4. Dezember 2009 – V ZR 44/09, NJW 2010, 2127 Rn. 15). Sie müssen aber trotzdem berücksichtigt werden, weil andernfalls die Endstände der Gemeinschaftskonten nicht plausibel sind (vgl. auch „Musterabrechnung 1.0“, Casser/Schultheis, ZMR 2011, 85, 92). Unklarheiten können nicht entstehen, wenn die Kontenüberträge entweder – wie hier – ausdrücklich als nicht abrechnungsrelevant bezeichnet oder jedenfalls nicht in der Spalte der zu verteilenden Kosten aufgeführt werden (so in der „Musterabrechnung 1.0“, Casser/Schultheis, ZMR 2011, 85, 92).

NOTIZEN

3. Verordnung über die Anlegung und Führung der Wohnungs- und Teileigentumsgrundbücher (Wohnungsgrundbuchverfügung – WGV)

In der Fassung der Bekanntmachung vom 24. Januar 1995 (BGBl. I S. 134)
FNA 315-11-9

Zuletzt geändert durch Art. 8 WohnungseigentumsmodernisierungsG vom 16.10.2020 (BGBl. I S. 2187)

§ 1 [Geltung der Vorschriften der Grundbuchverfügung]

Für die gemäß § 7 Abs. 1, § 8 Abs. 2 des Wohnungseigentumsgesetzes vom 15. März 1951 (Bundesgesetzbl. I S. 175) für jeden Miteigentumsanteil anzulegenden besonderen Grundbuchblätter (Wohnungs- und Teileigentumsgrundbücher) sowie für die gemäß § 30 Abs. 3 des Wohnungseigentumsgesetzes anzulegenden Wohnungs- und Teilerbbaugrundbücher gelten die Vorschriften der Grundbuchverfügung entsprechend, soweit sich nicht aus den §§ 2 bis 5, 8 und 9 etwas anderes ergibt.

§ 2 [Bezeichnung des Grundbuchblattes]

In der Aufschrift ist unter die Blattnummer in Klammern das Wort „Wohnungsgrundbuch“ oder „Teileigentumsgrundbuch“ zu setzen, je nachdem, ob sich das Sondereigentum auf eine Wohnung oder auf nicht zu Wohnzwecken dienende Räume bezieht. Ist mit dem Miteigentumsanteil Sondereigentum sowohl an einer Wohnung als auch an nicht zu Wohnzwecken dienenden Räume verbunden und überwiegt nicht einer dieser Zwecke offensichtlich, so ist das Grundbuchblatt als „Wohnungs- und Teileigentumsgrundbuch“ zu bezeichnen.

§ 3 [Eintragung im Bestandsverzeichnis]

(1) Im Bestandsverzeichnis sind in dem durch die Spalte 3 gebildeten Raum einzutragen:

a) der in einem zahlenmäßigen Bruchteil ausgedrückte Miteigentumsanteil an dem Grundstück;
b) die Bezeichnung des Grundstücks nach den allgemeinen Vorschriften; besteht das Grundstück aus mehreren Teilen, die in dem maßgebenden amtlichen Verzeichnis (§ 2 Abs. 2 der Grundbuchordnung) als selbständige Teile eingetragen sind, so ist bei der Bezeichnung des Grundstücks in geeigneter Weise zum Ausdruck zu bringen, daß die Teile ein Grundstück bilden;
c) das mit dem Miteigentumsanteil verbundene Sondereigentum und die Beschränkung des Miteigentums durch die Einräumung der zu den anderen Miteigentumsanteilen gehörenden Sondereigentumsrechte; dabei sind die Grundbuchblätter der übrigen Miteigentumsanteile anzugeben.

(2) Wegen des Gegenstandes und des Inhalts des Sondereigentums kann auf die Eintragungsbewilligung und einen Nachweis nach § 7 Absatz 2 Satz 1 des Wohnungseigentumsgesetzes Bezug genommen werden (§ 7 Absatz 3 Satz 1 des Wohnungseigentumsgesetzes); vereinbarte Veräußerungsbeschränkungen (§ 12 des Wohnungseigentumsgesetzes) und Vereinbarungen über die Haftung von Sondernachfolgern für Geldschulden sind jedoch ausdrücklich einzutragen (§ 7 Absatz 3 Satz 2 des Wohnungseigentumsgesetzes).

(3) In Spalte 1 ist die laufende Nummer der Eintragung einzutragen. In Spalte 2 ist die bisherige laufende Nummer des Miteigentumsanteils anzugeben, aus dem der Miteigentumsanteil durch Vereinigung oder Teilung entstanden ist.

(4) In Spalte 4 ist die Größe des im Miteigentum stehenden Grundstücks nach den allgemeinen Vorschriften einzutragen.

(5) In den Spalten 6 und 8 sind die Übertragung des Miteigentumsanteils auf das Blatt sowie die Veränderungen, die sich auf den Bestand des Grundstücks, die Größe des Miteigentumsanteils oder den Gegenstand oder den Inhalt des Sondereigentums beziehen, einzutragen. Der Vermerk über die Übertragung des Miteigentumsanteils auf das Blatt kann jedoch statt in Spalte 6 auch in die Eintragung in Spalte 3 aufgenommen werden.

(6) Verliert durch die Eintragung einer Veränderung nach ihrem aus dem Grundbuch ersichtlichen Inhalt eine frühere Eintragung ganz oder teilweise ihre Bedeutung, so ist sie insoweit rot zu unterstreichen.

(7) Vermerke über Rechte, die dem jeweiligen Eigentümer des Grundstücks zustehen, sind in den Spalten 1, 3 und 4 des Bestandsverzeichnisses sämtlicher für Miteigentumsanteile an dem herrschenden Grundstück angelegten Wohnungs- und Teileigentumsgrundbücher einzutragen. Hierauf ist in dem in Spalte 6 einzutragenden Vermerk hinzuweisen.

§ 4 [Belastung des gesamten Grundstücks]

(1) Rechte, die ihrer Natur nach nicht an dem Wohnungseigentum als solchem bestehen können (wie z.B. Wegerechte), sind in Spalte 3 der zweiten Abteilung in der Weise einzutragen, daß die Belastung des ganzen Grundstücks erkennbar ist. Die Belastung ist in sämtlichen für Miteigentumsanteile an dem belasteten Grundstück angelegten Wohnungs- und Teileigentumsgrundbüchern einzutragen, wobei jeweils auf die übrigen Eintragungen zu verweisen ist.

(2) Absatz 1 gilt entsprechend für Verfügungsbeschränkungen, die sich auf das Grundstück als Ganzes beziehen.

§ 5 [Kennzeichnung des belasteten Grundstücks]

Bei der Bildung von Hypotheken-, Grundschuld- und Rentenschuldbriefen ist kenntlich zu machen, daß der belastete Gegenstand ein Wohnungseigentum (Teileigentum) ist.

§ 6 [Anlegung besonderer Grundbuchblätter]

Sind gemäß § 7 Abs. 1 oder § 8 Abs. 2 des Wohnungseigentumsgesetzes für die Miteigentumsanteile besondere Grundbuchblätter anzulegen, so werden die Miteigentumsanteile in den Spalten 7 und 8 des Bestandsverzeichnisses des Grundbuchblattes des Grundstücks abgeschrieben. Die Schließung des Grundbuchblatts gemäß § 7 Abs. 1 Satz 3 des Wohnungseigentumsgesetzes unterbleibt, wenn auf dem Grundbuchblatt von der Abschreibung nicht betroffene Grundstücke eingetragen sind.

§ 7 [aufgehoben]

§ 8 [Entsprechende Geltung]

Die Vorschriften der §§ 2 bis 6 gelten für Wohnungs- und Teilerbbaugrundbücher entsprechend.

§ 9 [Muster]

[1]Die nähere Einrichtung der Wohnungs- und Teileigentumsgrundbücher sowie der Wohnungs- und Teilerbbaugrundbücher ergibt sich aus den als Anlagen 1 und 3 beigefügten Mustern. [2]Für den Inhalt eines Hypothekenbriefs bei der Aufteilung des Eigentums am belasteten Grundstück in Wohnungseigentumsrechte nach § 8 des Wohnungseigentumsgesetzes dient die Anlage 4 als Muster. [3]Die in den Anlagen befindlichen Probeeintragungen sind als Beispiele nicht Teil dieser Verfügung.

§ 10 [Ergänzende Vorschriften]

(1) Die Befugnis der zuständigen Landesbehörden, zur Anpassung an landesrechtliche Besonderheiten ergänzende Vorschriften zu treffen, wird durch diese Verfügung nicht berührt.

(2) [1]Soweit auf die Vorschriften der Grundbuchverfügung verwiesen wird und deren Bestimmungen nach den für die Überleitung der Grundbuchverfügung bestimmten Maßgaben nicht anzuwenden sind, treten an die Stelle der in bezug genommenen Vorschriften der Grundbuchverfügung die entsprechenden anzuwendenden Regelungen über die Einrichtung und Führung der Grundbücher. [2]Die in § 3 vorgesehenen Angaben sind in diesem Falle in die entsprechenden Spalten für den Bestand einzutragen.

(3) Ist eine Aufschrift mit Blattnummer nicht vorhanden, ist die in § 2 erwähnte Bezeichnung an vergleichbarer Stelle im Kopf der ersten Seite des Grundbuchblatts anzubringen.

(4) Wurde von der Anlegung besonderer Grundbuchblätter abgesehen, sollen diese bei der nächsten Eintragung, die das Wohnungseigentum betrifft, spätestens jedoch bei der Anlegung des Datenbankgrundbuchs angelegt werden.

§ 11 [Inkrafttreten]

Hinweis zu den Anlagen

Im Zuge der Neufassung der Wohnungsgrundbuchverfügung vom 24.1.1995 wurden die Anlagen 1–4 ebenfalls neugefaßt. Bei den in Papierform geführten Grundbüchern sind:

- die Aufschriften eines Grundbuches und die Blätter des Bestandsverzeichnisses weiß
- die Blätter der 1. Abteilung rosa
- die Blätter der 2. Abteilung gelb
- die Blätter der 3. Abteilung grün

Diese farbliche Gestaltung ist hier nicht wiedergegeben.

Anlage
[vom Abdruck wurde abgesehen]

4. Allgemeine Verwaltungsvorschrift für die Ausstellung von Bescheinigungen nach dem Wohnungseigentumsgesetz (AVA)

Vom 6. Juli 2021
(BAnz AT 12.07.2021 B2)

Zuletzt geändert durch ÄndAV vom 19.12.2022 (BAnz AT 28.12.2022 B3)

§ 1 Anwendungsbereich

Diese Allgemeine Verwaltungsvorschrift gilt für die Ausstellung von Bescheinigungen gemäß § 7 Absatz 4 Satz 1 Nummer 2 und § 32 Absatz 2 Satz 2 Nummer 2 des Wohnungseigentumsgesetzes in der Fassung der Bekanntmachung vom 12. Januar 2021 (BGBl. I S. 34).

§ 2 Zuständigkeit

Die Bescheinigungen werden von der nach Landesrecht zuständigen Behörde erteilt.

§ 3 Antrag

(1) Antragsberechtigt ist der Eigentümer, der Erbbauberechtigte und jede andere Person, die ein berechtigtes Interesse glaubhaft macht (zum Beispiel Erwerber).

(2) Der Antrag ist schriftlich oder elektronisch zu stellen. Wird der Antrag elektronisch gestellt und hat die jeweilige Landesregierung durch Rechtsverordnung nach § 135 Absatz 1 Satz 2 der Grundbuchordnung festgelegt, dass dem Grundbuchamt Dokumente elektronisch übermittelt werden können, so sind die in der jeweiligen Rechtsverordnung enthaltenen Formvorgaben einzuhalten.[1]

(3) Dem Antrag ist eine Bauzeichnung beizufügen. Im Falle der schriftlichen Antragstellung ist die Bauzeichnung in zweifacher Ausfertigung beizufügen und darf sie das Format DIN A3 nicht übersteigen. Im Falle der elektronischen Antragstellung muss die Bauzeichnung als elektronisches Dokument übermittelt werden, das im Format DIN A3 druckbar ist. Die Bauzeichnung muss bei bestehenden Gebäuden eine Baubestandszeichnung sein.

§ 4 Voraussetzungen

(1) Die Bescheinigung ist auszustellen, wenn

1. die Wohnungen und die nicht zu Wohnzwecken dienenden Räume, an denen Sondereigentum begründet oder ein Dauerwohnrecht bestellt werden soll, in sich abgeschlossen sind (§ 3 Absatz 3 Alternative 1 des Wohnungseigentumsgesetzes) und

---

[1] § 3 Abs. 2 neu gef., Abs. 3 Satz 3 eingef., bish. Satz 3 wird Satz 4 mWv 29.12.2022 durch VwV v. 19.12.2022 (BAnz AT 28.12.2022 B3).

2. die Stellplätze, an denen Sondereigentum begründet werden soll, sowie die außerhalb des Gebäudes liegenden Teile des Grundstücks, auf die sich das Sondereigentum erstrecken soll, durch Maßangaben bestimmt sind (§ 3 Absatz 3 Alternative 2 des Wohnungseigentumsgesetzes).

(2) Die Bescheinigung ist ungeachtet bauordnungsrechtlicher Vorschriften zu erteilen.

§ 5 Abgeschlossenheit

(1) Abgeschlossen sind Wohnungen und nicht zu Wohnzwecken dienende Räume, wenn sie

1. baulich vollkommen von fremden Wohnungen und Räumen abgetrennt sind (zum Beispiel durch Wände und Decken) und
2. einen eigenen abschließbaren Zugang unmittelbar vom Freien, von einem Treppenhaus oder einem Vorraum haben; der Zugang darf nicht über ein anderes Sondereigentum oder ohne dingliche Absicherung über ein Nachbargrundstück führen.

(2) Zu einer abgeschlossenen Wohnung oder zu in sich abgeschlossenen, nicht zu Wohnzwecken dienenden Räumen können zusätzliche abschließbare Räume außerhalb des jeweiligen Abschlusses gehören.

§ 6 Maßangaben

Die Maßangaben zu Stellplätzen und Teilen des Grundstücks müssen es ermöglichen, die Größe und Lage der zum Sondereigentum gehörenden Flächen ausgehend von den Grenzen des Grundstücks oder eines Gebäudes zu bestimmen.

§ 7 Sondereigentum an Stellplätzen

(1) Das Sondereigentum an einem Stellplatz kann zu einer abgeschlossenen Wohnung oder zu in sich abgeschlossenen, nicht zu Wohnzwecken dienenden Räumen gehören. Wenn der Stellplatz über das gemeinschaftliche Eigentum zugänglich ist, kann er auch alleiniger Gegenstand einer Teileigentumseinheit sein.

(2) Absatz 1 gilt auch für einen Stellplatz in einer Mehrfachparkanlage. In der Bauzeichnung muss jeder Stellplatz in einer Mehrfachparkanlage, an dem Sondereigentum begründet werden soll, eindeutig bezeichnet werden (zum Beispiel „Nr. 5 (oben)", „Nr. 6 (unten)"). Zulässig ist es auch, jede Ebene einer Mehrfachparkanlage wie ein eigenständiges Stockwerk darzustellen (zum Beispiel „obere Stellplätze in den Mehrfachparkanlagen", „untere Stellplätze in den Mehrfachparkanlagen").

§ 8 Bescheinigung

(1) Die Bescheinigung nach § 7 Absatz 4 Satz 1 Nummer 2 des Wohnungseigentumsgesetzes ist nach dem Muster der Anlage 1, die Bescheinigung nach § 32 Absatz 2 Satz 2 Nummer 2 des Wohnungseigentumsgesetzes nach dem Muster der Anlage 2 auszustellen.

(2) Die Bescheinigung ist mit Unterschrift sowie Siegel oder Stempel zu versehen. Mit der Bescheinigung ist eine als Aufteilungsplan bezeichnete und mit

Unterschrift sowie mit Siegel oder Stempel versehene Ausfertigung der Bauzeichnung zu erteilen. Die Zusammengehörigkeit von Bescheinigung und Aufteilungsplan ist durch Verbindung beider mittels Schnur und Siegel ersichtlich zu machen oder durch übereinstimmende Aktenbezeichnung; auf Antrag ist sie nur durch übereinstimmende Aktenbezeichnung ersichtlich zu machen.

(3) Wurde der Antrag elektronisch gestellt und hat die jeweilige Landesregierung durch Rechtsverordnung nach § 135 Absatz 1 Satz 2 der Grundbuchordnung festgelegt, dass dem Grundbuchamt Dokumente elektronisch übermittelt werden können, so ist die Bescheinigung samt Aufteilungsplan elektronisch zu erteilen. An die Stelle der Unterschrift und des Siegels oder Stempels tritt eine qualifizierte elektronische Signatur, wobei das der Signatur zugrundeliegende qualifizierte Zertifikat die Behörde erkennen lassen muss. Die Zusammengehörigkeit von Bescheinigung und Aufteilungsplan ist durch übereinstimmende Aktenbezeichnung ersichtlich zu machen oder durch kryptografische Verfahren nach dem Stand der Technik herzustellen, wenn Bescheinigung und Aufteilungsplan nicht in demselben elektronischen Dokument enthalten sind.

§ 9 Inkrafttreten, Außerkrafttreten

Diese Allgemeine Verwaltungsvorschrift tritt am Tag nach ihrer Veröffentlichung in Kraft. Gleichzeitig tritt die Allgemeine Verwaltungsvorschrift für die Ausstellung von Bescheinigungen gemäß § 7 Abs. 4 Nr. 2 und § 32 Abs. 2 Nr. 2 des Wohnungseigentumsgesetzes vom 19. März 1974 (BAnz. Nr. 58 vom 23. März 1974) außer Kraft.

Sachverzeichnis

Die Buchstaben bezeichnen die Kapitel, die Zahlen die Randnummern.